Direito, Cultura, Método

Leituras da obra de Judith Martins-Costa

ORGANIZADORES
Giovana Benetti
André Rodrigues Corrêa
Márcia Santana Fernandes
Guilherme Carneiro Monteiro Nitschke
Mariana Pargendler
Laura Beck Varela

DIREITO, CULTURA, MÉTODO

Leituras da obra de Judith Martins-Costa

AUTORES

Ruy Rosado de Aguiar Júnior • Cristiane Avancini Alves • Ana Paula Oliveira Ávila • Humberto Ávila • Giovana Benetti • Gerson Luiz Carlos Branco • Maria Claudia Cachapuz • Bartolomé Clavero • Giovana Cunha Comiran • André Rodrigues Corrêa • Karime Costalunga • Almiro do Couto e Silva • Erika Donin Dutra • Márcia Santana Fernandes • Tércio Sampaio Ferraz Junior • Mariana Martins-Costa Ferreira • Jorge Cesa Ferreira da Silva • Véra Jacob de Fradera • José Roberto Goldim • Eros Grau • Giacomo Grezzana • Paolo Grossi • Gisela Sampaio da Cruz Guedes • Gustavo Haical • Felipe Kirchner • Maurício Licks • Marcos de Campos Ludwig • Francisco Paulo De Crescenzo Marino • Fernanda Mynarski Martins-Costa • Judith Martins-Costa • Cláudio Michelon Júnior • Giovanni Ettore Nanni • Teresa Negreiros • José Roberto de Castro Neves • Guilherme Carneiro Monteiro Nitschke • Mariana Pargendler • Miguel Reale Júnior • Carla Müller da Rosa • Kathrin Rosenfield • Gustavo Sanseverino • Claudio Scognamiglio • Guilherme Seibert • Luis Renato Ferreira da Silva • Rafael Peteffi da Silva • Luis Felipe Spinelli • Gustavo Tepedino • Laura Beck Varela • Arnoldo Wald • Tula Wesendonck • Rafael Branco Xavier • Cristiano de Sousa Zanetti

GZ
EDITORA

Rio de Janeiro
2021

1ª edição – 2019
1ª edição – 2021 – 2ª tiragem

Imagem da capa
Alfredo Aquino

CIP – Brasil. Catalogação-na-fonte.
Sindicato Nacional dos Editores de Livros, RJ.

A229d

Aguiar Júnior, Ruy Rosado de

Direito, cultura, método: leituras da obra de Judith Martins-Costa / Ruy Rosado de Aguiar Júnior ... [et al.]; organizadores Giovana Benetti ... [et al.]. - 1. ed. - Rio de Janeiro: LMJ Mundo Jurídico, 2019.
992 p.; 24 cm.

Inclui bibliografia e índice
ISBN 978-85-9524-059-9

1. Direito - Filosofia. I. Benetti, Giovana. II. Título.

19-55712
CDU: 340.12

contato@editoragz.com.br
www.editoragz.com.br

Av. Erasmo Braga, 299 – Sala 202 – 2º andar – Centro
CEP: 20020-000 – Rio de Janeiro – RJ
Tels.: (0XX21) 2240-1406 / 2240-1416 – Fax: (0XX21) 2240-1511

Impresso no Brasil
Printed in Brazil

Sumário

Apresentação

Direito, Cultura, Método. Leituras da obra de Judith Martins-Costa é fruto de um longo processo de elaboração, cujo princípio foi interrompido em 2010, dado o explícito rechaço da homenageada a obras dessa natureza, e reiniciado a partir de 2015, à revelia de seus vaticínios[1]. Desde as suas origens, no entanto, propôs-se a ser algo mais que uma mera coletânea de textos de encomenda, como soem ser os livros-homenagem, convidando os autores a que empreendessem um verdadeiro diálogo com sua obra, fugindo das meras apologias em uso. Um livro, noutras palavras, que respeitasse o "projeto intelectual"[2] da destinatária; que dialogasse com o trabalho "por décadas [...] levado a efeito"[3]; que se inspirasse, enfim, em seu "sopro de Zéfiro" para que, "solidários, e não solitários"[4], contribuíssem, solidariamente, os coautores na dissecação e "*reconstrução* de seu pensamento enquanto expressão de crítica, orientação e proposição de modelos jurídicos, e diálogo para com ele"[5].

Adotaram, os organizadores, o codinome "Projeto Machado de Assis", talvez inconscientemente para expressar aquela ideia de obra que pendurou-se-nos "no trapézio do cérebro", e "entrou a bracejar, a pernear, a fazer as mais arrojadas cabriolas de volatim, que é possível crer", até dar o "grande salto" e "tomar a forma de um X": publica-me ou devoro-te[6]! O verniz do codinome serviu para que, *obliquamente*, os organizadores tratassem do projeto sem o risco de que a astúcia da destinatária o descobrisse, mas ao fim e ao cabo resumiu o respeito generoso com que os coautores empregaram a machadiana "arte das transições"[7], traçando diálogos, cruzando ideias, combinando releituras e reconstruções para com a obra da homenageada.

1 Como narra o "Posfácio à revelia", escrito por Laura Beck Varela.

2 MARTINS-COSTA, Judith. Nota da coordenadora entre prestação de contas e introdução. In: MARTINS-COSTA, Judith (coord.). *Narração e Normatividade. Ensaios de Direito e Literatura.* Rio de Janeiro: GZ, 2013, p. VII.

3 MARTINS-COSTA, Judith. Apresentação – Autoridade e utilidade da doutrina: a construção dos modelos doutrinários. In: MARTINS-COSTA, Judith (coord.). *Modelos de Direito Privado.* São Paulo: Marcial Pons, 2014, p. 33.

4 MARTINS-COSTA, Judith. Introdução. In: MARTINS-COSTA, Judith (org.). *A Reconstrução do Direito Privado. Reflexos dos princípios, diretrizes e direitos fundamentais constitucionais no direito privado.* São Paulo: RT, 2002, p. 17.

5 Estas as palavras das "Diretrizes e Orientações Editoriais" remetidas a todos os coautores a partir de 2015.

6 MACHADO DE ASSIS. *Memorias Posthumas de Braz Cubas.* Rio de Janeiro: W. M. Jackson Inc., 1938, p. 15.

7 "[...] consistente em unir dois tópicos sem relação aparente mas que, justapostos,

O resultado é este *Direito, Cultura, Método. Leituras da obra de Judith Martins-Costa* – uma publicação prenhe de significados, que variam da capa epigrafada por solitária araucária, passeiam por sua publicação em ano de decenal aniversário do Instituto de Estudos Culturalistas e vazam da tríade de palavras que a encimam, a representar, respectivamente, o "canteiro de obras" da homenageada, seu cabedal de premissas e o escopo e inspiração de toda sua produção.

Tratando-se de *leituras* diversas, era natural que os vários eixos da sua produção intelectual e muitas das suas inquietudes se refletissem nas páginas que estruturam o presente volume, cujas seções evocam títulos e metáforas familiares a todos os seus leitores.

Tendo por pórtico um emocionado prefácio de Almiro do Couto e Silva (*Judith Martins-Costa, jurista eminente*), abrem-se os trabalhos com uma das razões do desassossego *juditheano*: a função da doutrina e dos modelos hermenêuticos no direito privado (*Doutrina e Hermenêutica: autoridade, modelos, dilemas*). Sem subterfúgios, diagnosticou sua crescente "perda da autoridade"[8], reinvocando, em contraveneno, a *utilitas* que se lhe deve reconhecer, reforçar e sobretudo empregar: "esclarecer os significados dos modelos jurídicos, elaborar conceitos, orientar sua aplicação, [...] criar modelos doutrinários"[9]. Sob essa inspiração, fazem jus ao seu esforço combativo e reflexivo os estudos de Cláudio Michelon Júnior (*A inferência à melhor explicação e a autoridade da doutrina*), Marcos de Campos Ludwig (*A Escola Civilista Gaúcha e a jurisprudência do Superior Tribunal de Justiça: modelos doutrinários e uniformização da interpretação da lei*), Maria Claudia Cachapuz (*Configuração e restrição de direitos subjetivos a partir da análise de um modelo de posições jurídicas fundamentais*) e Miguel Reale Júnior (*Colaboração premiada: natureza, dilemas éticos e consequências*).

A segunda seção como que segue os passos de Michel de Montaigne e, de cima do Mont Ventoux, desvela aos olhos do leitor *perspectivas* diversas sobre *Pessoa, Personalidade, Dignidade*[10], que ocuparam Judith Martins-Costa não somente em sua Tese de Livre-Docência[11], mas em trabalhos coletivos e em textos avulsos, publica-

oferecem resultado supreendente" (MARTINS-COSTA, Judith. Machado, a sociedade anônima e a modernidade impossível. In: MARTINS-COSTA, Judith (coord.). *Narração e Normatividade. Ensaios de Direito e Literatura*. Rio de Janeiro: GZ, 2013, p. 304).

8 MARTINS-COSTA, Judith. Apresentação – Autoridade e utilidade da doutrina: a construção dos modelos doutrinários. In: MARTINS-COSTA, Judith (coord.). *Modelos de Direito Privado*. São Paulo: Marcial Pons, 2014, p. 18.

9 MARTINS-COSTA, Judith. Apresentação – Autoridade e utilidade da doutrina..., cit., p. 26.

10 A noção de "perspectiva" a partir de Michel de Montaigne e a metáfora de sua escalada ao promontório da montanha da *Provence* é empregada por Judith Martins-Costa em Indivíduo, Pessoa, Sujeito de Direitos: contribuições renascentistas para uma história dos conceitos jurídicos. *Cadernos do PPG em Direito UFRGS*. Porto Alegre: UFRGS, 2007, v. 6, n. 7 e 8, p. 20.

11 MARTINS-COSTA, Judith. *Pessoa, Personalidade, Dignidade (ensaio de uma qualificação)*. Tese de Livre Docência em Direito Civil, Faculdade de Direito, Universidade de São Paulo, São Paulo. 2003.

dos em periódicos jurídicos e médico-obstetrícios[12]. Seus escritos sobre os diversos ângulos dos direitos da pessoa e da personalidade, sobre a definição do espaço da privacidade e o estatuto jurídico dos sujeitos vulneráveis são objeto dos diálogos propostos por Tula Wesendonck (*A capacidade civil e a interpretação do Estatuto da Pessoa com Deficiência: desafios da doutrina para além dos institutos tradicionais do Direito Civil brasileiro*), Cristiane Avancini Alves (*Nas teias da personalidade e da linguagem: o necessário diálogo entre a Bioética e o Direito*), José Roberto Goldim (*Consentimento, alteridade e capacidade*) e Márcia Santana Fernandes (*Privacidade, sociedade da informação e Big Data*). Abre esta seção o trabalho de Bartolomé Clavero (*Brasil entre Códigos y Derechos: el reto de la esclavitud*), que rompe o silêncio acerca de um tema tabu, indagando sobre as possíveis relações entre a codificação do Direito Privado e a abundância das práticas escravistas no Brasil contemporâneo.

Em um breve *Intermezzo: Narração e normatividade*, dois autores lembram que o Direito não pode petrificar, e que a literatura bem serve de "espelho de Medusa", transportando o olhar do intérprete, "permitindo visualizar, compreender, relativizar e preencher a concha do marisco abandonada entre as temporalidades profundas do Direito"[13]. Enlaçando narração e norma, constituintes e constituídas de um mesmo *nomos*[14], os autores que dialogam com dileta temática de Judith Martins-Costa são Felipe Kirchner (*Sujeito e capacidade existencial na narração literário-existencialista de Dostoievski e Lima Barreto*) e Kathrin Rosenfield (*Reflexões austro-brasileiras sobre Direito e Literatura. Diálogos com a obra de Judith Martins-Costa*), havendo lugar até mesmo para a tradução inédita de um texto de Robert Musil (*Política na Áustria*).

A terceira seção se aventura no *magnum opus* da homenageada, que a consagrou no panorama da civilística brasileira e que, indiscutivelmente, é a principal obra sobre o tema jamais publicada entre nós: O *Princípio da Boa-Fé: critérios para sua aplicação*. Sem descurar de que também o trabalho de doutrina, por vezes, deve variar de um princípio *otimista*, em que a boa-fé mostrava-se como capaz de atuar como *topos* subversivo, de "construção e reconstrução sistemática do direito privado no campo

12 E.g. MARTINS-COSTA, Judith. *Bioética e Responsabilidade*. Rio de Janeiro: Forense, 2009. Para uma consulta à lista de suas obras, vide ao final do presente a "Biobibliografia" de Judith Martins-Costa.

13 MARTINS-COSTA, Judith. A concha do marisco abandonada e o *nomos* (ou os nexos de narrar e normatizar). In: MARTINS-COSTA, Judith (coord.). *Narração e Normatividade. Ensaios de Direito e Literatura*. Rio de Janeiro: GZ, 2013, p. 13. A metáfora da "concha do marisco abandonada" foi apanhada de Walther Rathenau e utilizada, por primeiro, no texto Os avatares do abuso do direito e o rumo indicado pela boa-fé. In: TEPEDINO, Gustavo (org.). *Direito Civil Contemporâneo – Novos Problemas à luz da legalidade constitucional*. São Paulo: Atlas, 2008, p. 57-95.

14 Conceito caro a Judith Martins-Costa, colhido de COVER, Robert. *Nomos* and narrative. *Harvard Law Review*, v. 97:4, 1983, em especial p. 5, em que compreende a constituição do "mundo normativo" em que habitamos a partir das narrativas que o preenchem de significados: "Just as the development of increasingly complex responses to the physical attributes of our world begins with birth itself, so does the parallel development of the responses to personal *otherness* that define the normative world".

das relações obrigacionais"[15], para um olhar dirigido pelo "teste da experiência" e preocupado pela "verdadeira 'explosão' do emprego (nem sempre criterioso) da boa-fé", fazendo necessária a "filtragem", a "crítica" e o estabelecimento de "critérios dogmáticos"[16]; sem descuidar, então, desse movimento que, hoje, há de pender pela coagulação de "critérios para sua aplicação", e não pela exaltação vazia das potencialidades do princípio, Mariana Pargendler inaugura a seção com uma análise de certas vicissitudes da presunção de boa-fé sob sua face subjetiva (*Alcance e limites da "presunção de boa-fé": custos probatórios e normas profiláticas no Direito Privado*), e seguem-na Fernanda Mynarski Martins-Costa, que examina a incidência do princípio quando estão em jogo as cláusulas de condição suspensiva (*O princípio da boa-fé objetiva nos negócios sob condição suspensiva*), Rafael Xavier, enfocando os "A evolução do *venire contra factum proprium*" nas variações da obra de Judith Martins-Costa (*Momentos do venire contra factum proprium (um diálogo com a obra de Judith Martins-Costa)*), e Humberto Ávila e Gisela Sampaio da Cruz Guedes, enfrentando a questão da *suppressio*, ainda hoje de tormentosa aplicação (respectivamente, Suppressio *– limitação de direito por exercício tardio: definição e requisitos de aplicação*, e Suppressio *e prescrição: a confiança na estabilidade da situação jurídica subjetiva pode afetar o exercício da pretensão?*). A estes sucedem estudos sobre a boa-fé em campos de aplicação específicos, como os propostos por Arnoldo Wald (*A boa-fé na parceria: causas e consequências do escalonamento*), Karime Costalunga (*O exercício da boa-fé objetiva pelos sócios do separando: a distribuição de lucros prévia à partilha das quotas*) e Ana Paula Oliveira Ávila, que amplia a análise para o âmbito do Direito Público (*Boa-fé e imposição de obrigações pelo Estado: o caso da modulação dos efeitos das leis inconstitucionais*).

A quarta seção revisita a hercúlea tarefa de "limpar as cocheiras de Áugias"[17] e tratar do que pouco é tratado (ou do que bem pouco é bem tratado) em nosso direito: "*Dano e Responsabilidade*", a agregar escritos sobre "*princípios, diretrizes... e tomates*" que tematizam sobre uma diversidade de dimensões sob a casca da "responsabilidade", estabelecendo correlações com os campos do direito das obrigações e dos direitos reais. A ela pertencem os textos de André Rodrigues Côrrea (*Sobre um punhado de tomates, de novo. Uma pequena reflexão sobre um grande caso*), revisitando talvez o mais célebre dos casos tratados por Judith Martins-Costa em sua primeira edição do *Boa-Fé no Direito Privado*; os de Rafael Peteffi da Silva (*Antijuridicidade na responsabilidade civil extracontratual: da amplitude conceitual aos mecanismos de identificação*) e Claudio Scognamiglio (*I danni punitivi e l'ordinamento giuridico italiano attraverso il prisma del principio di effettività della tutela*), em matéria de responsabilidade civil aquiliana; o de Gustavo Haical (*O* ius tollendi *no Código Civil: primeiras linhas*), entrecruzando a temática de responsabilidade e indenização com o direito de se tolerem, ao invés de

15 MARTINS-COSTA, Judith. A *Boa-Fé no Direito Privado:* sistema e tópica no processo obrigacional. São Paulo: RT, 1999, p. 20.

16 MARTINS-COSTA, Judith. A *Boa-Fé no Direito Privado:* critérios para a sua aplicação. São Paulo: Marcial Pons, 2015, pp. 9-13.

17 MARTINS-COSTA, Judith. Dano Moral à Brasileira. In: SILVEIRA, R. de Mello Jorge *et alii* (Orgs.). *Livro Homenagem a Miguel Reale Júnior*. Rio de Janeiro: GZ Editora, 2014, pp. 289-322.

se indenizarem, certas *rei*; e o de Ruy Rosado de Aguiar Júnior (*Responsabilidade civil do auditor independente*), a entretecer responsabilidade e direito dos contratos.

Segue-se, por fim, "O *Canteiro de Obras: pactos, contratos, práticas negociais, sociedades*"[18], espaço em que "cuidadosos artífices e anônimos operários remexem, combinam e estruturam os materiais de que é construída a normatividade"[19]; *locus* "*complexo* e *situado*, operando no polimorfo *tempo* e nos concretos *espaços* geográficos, muito distantes do inefável *céu dos conceitos*"[20]. É prestando respeito a essa ilustrativa metáfora, tanto quanto à *construção* e à *arte* da homenageada, que os coautores da quinta seção apresentam leituras de temas por ela versados nos campos do direito obrigacional e do direito societário.

Há textos de Luis Renato Ferreira da Silva (*O conceito de contrato – permanência e função*), Gustavo Tepedino (*Formação progressiva dos contratos e responsabilidade pré-contratual: notas para uma sistematização*) e José Roberto de Castro Neves (*O comportamento das partes como elemento de integração dos contratos*) sobre conceito e formação dos contratos; há trabalhos de Guilherme Carneiro Monteiro Nitschke (*Usos e costumes no direito contratual brasileiro ou, sobre a precisão da doutrina face à imprecisão do legislador*), Giovana Cunha Comiran (*Usos comerciais, costumes e práticas das partes: notas para sua distinção*) e Gerson Luiz Carlos Branco (*Efeitos normativos das práticas negociais: atos de autonomia privada ou de heterocomposição?*) sobre o sempre novo tema dos usos e costumes; e há textos de Carla Müller da Rosa (*Os motivos enquanto elemento juridicamente relevante*), Giovanni Ettore Nanni (*A possibilidade de Convenção Tácita da Solidariedade no Direito Obrigacional: análise do artigo 265 do Código Civil*), Cristiano de Sousa Zanetti (*A perda de interesse do credor*), Giovana Valentiniano Benetti (*Omissão dolosa no contrato de seguro*), Teresa Negreiros (*Dos vícios redibitórios e da sua articulação com as cláusulas de declarações & garantias em contratos de compra e venda de empresas*) e Tércio Sampaio Ferraz Junior (*Teoria da imprevisão e onerosidade excessiva*) sobre temas sobranceiros ao *humus* da especificidade obrigacional.

Mais centrados nos campos da arbitragem e do direito empresarial situam-se os trabalhos de Francisco Paulo De Crescenzo Marino (*Eficácia da convenção de arbitragem perante terceiros: o caso do terceiro beneficiário*), Jorge Cesa Ferreira da Silva e Luis Felipe Spinelli (*Notas sobre a igualdade no Direito Privado: o exemplo do Direito*

---

18 Metáfora pescada em Friedrich Müller e adotada por Judith Martins-Costa em variados textos de sua autoria, e.g.: Os avatares do abuso do direito e o rumo indicado pela boa-fé. In: TEPEDINO, Gustavo (org.). *Direito Civil Contemporâneo – Novos Problemas à luz da legalidade constitucional*. São Paulo: Atlas, 2008, p. 57-95, ao falar do "conturbado canteiro de obras aonde o abuso vem sendo construído como instituto jurídico há mais de um século"; e Um aspecto da obrigação de indenizar: notas para uma sistematização dos deveres pré-negociais de proteção no direito civil brasileiro. *Revista dos Tribunais*. São Paulo: RT, 2008, v. 867, pp. 11-51, quando se refere ao "canteiro de obras da jurisprudência". A pioneira alusão, porém, está em MARTINS-COSTA, Judith. Sobre o princípio da insolidariedade: os cumes das montanhas e os universos submersos. *Revista do Programa de Pós-Graduação em Letras UFSM*. Santa Maria: UFSM, 2006, n. 32, pp. 147-148.

19 MARTINS-COSTA, Judith. Sobre o princípio da insolidariedade..., cit., pp. 147-148.

20 MARTINS-COSTA, Judith. Sobre o princípio da insolidariedade..., cit., p. 148.

Societário) e Mariana Martins-Costa Ferreira (*Limites à atuação do administrador da companhia em recuperação judicial na negociação do plano: a interfaces entre o Direito Societário e o Direito da Empresa em Crise*).

E encerra essa quinta seção um belo texto de outra civilista unida à nossa homenageada por amizade de longa data, oferecendo uma visão retrospectiva e prospectiva da temática contratual: Véra Jacob de Fradera, com sua *A Teoria Geral dos Contratos após 18 anos de vigência do Código Civil Brasileiro: um retrospecto e algumas previsões para o futuro*.

O final é de agradecimento. *Antidoralia varia* inicia por *Lettera* de Paolo Grossi a Judith Martins-Costa (*Lettera a Judith*), destacando os fios de admiração e amizade que, remotos, uniram-na ao mestre florentino. Traz também texto de quem apresentou Judith Martins-Costa ao mundo jurídico ao prefaciar a primeira edição do *Boa-Fé no Direito Privado*, Eros Grau (*Para dizer o belo e o terrível*), e que presente – como que *no belo* e *no terrível* – em sua despedida da Faculdade de Direito da UFRGS depois de quase 20 anos de docência. É também de agradecimento que fala o trabalho de um grupo de caros alunos de graduação (Erika Donin Dutra, Giacomo Grezzana, Maurício Licks, Gustavo Sanseverino e Guilherme Seibert) quando metaforizam o "desejo pelo mar" provocado pelo sopro da professora (*Dos Alunos à Professora: o desejo pelo mar*), como que embalando as jovens naus para longe, prenhes de ideias, provocadas pelo desafio do imenso e desconhecido oceano. É de agradecimento que também fala a própria *professora* Judith Martins-Costa (*Da Professora aos Alunos: a obrigação antidoral*), em oração de despedida à Faculdade de Direito que ora vem publicada à revelia da autora, mas indissociável à gratidão dos alunos, e que justifica sua combinada publicação. E é de gratidão que fala o Posfácio de Laura Beck Varela (*Posfácio à revelia*), um posfácio de "*um e de todos*", e "*de todos por um*", e que representa a gratidão de ex-alunas e ex-alunos, de orientadas e orientados; de todos os que, tocados pela epifania de sua inspiração e clamando pela *clementia* de uma publicação não autorizada (ou melhor: desautorizada!)[21], estão em dívida pelo que receberam, e a quem só resta, antidoralmente, retribuir.

Também é com agradecimentos que os organizadores encerram esta Apresentação. Antes, à tolerante espera de todos os coautores que, cedo ou tarde, remeteram seus textos e que os revisaram para a arte-final desta obra. Depois, à Editora GZ e, especialmente, a Guilherme Zincone, que do início ao fim do projeto foi um entusiasmado e entusiasmante apoiador.

Giovana Valentiniano Benetti
André Rodrigues Correa
Márcia Santana Fernandes
Guilherme Carneiro Monteiro Nitschke
Mariana Pargendler
Laura Beck Varela

21 "Posfácio à revelia".

Prefácio

Judith Martins-Costa, Jurista Eminente

Almiro do Couto e Silva
In memoriam

Entre as críticas que foram feitas ao Código Beviláqua, talvez a mais consistente delas todas é a de que o monumento legislativo que assumiu dignidade formal na segunda década do século passado era constituído por um conjunto de normas que refletia situações já firmemente consolidadas na sociedade, o que implica dizer que aquele Código atuava mais como um espelho da realidade existente, do que como um farol, um facho forte de luz criadora destinado a iluminar novos caminhos. Com outras palavras, e mais sinteticamente, o que se dizia é que o Código era muito mais uma obra do passado e dirigido à fixação e a projeção do passado no presente e no futuro, do que um instrumento inovador que não se limitasse apenas a manter o que existia, mas que, principalmente e antes de mais nada, buscasse modificar a sociedade, alterando-lhe suas instituições jurídicas no sentido do seu aperfeiçoamento, no vasto e importantíssimo campo do direito privado.

Ressentiu-se a codificação, portanto, de um certo anacronismo. Aliás palavras semelhantes foram ditas a propósito do BGB por GUSTAV BOEHMER, ao observar que o código germânico "em seu sistema, técnica legislativa e estilo, bem como no seu 'espírito' político, social e econômico [...] é muito mais um filho do século XIX do que mãe do século XX"(*Einführung in das Bürgerliche Recht*, Tübingen, J.C.B. Mohr, 1965, p. 83), em sintonia, aliás, com o pensamento de FRANZ WIEACKER que via no BGB um fruto e não uma semente do pensamento jurídico (*História do Direito Privado Moderno*, Lisboa, Gulbenkian, 1980, p. 548).

Crítica afinada com essa poderia dirigir-se também ao maior jurista brasileiro do século XX, PONTES DE MIRANDA, e ao seu *Tratado de Direito Privado,* como tive ocasião de observar em estudo que fiz sobre romanismo e germanismo no Código Civil brasileiro de 1916/1917, a propósito especificamente das cláusulas gerais e da falta de atenção que a elas deu o grande mestre. Então escrevi: "O que hoje com mais facilidade se pode criticar na obra de PONTES DE MIRANDA [...] é a sua concepção mecanicista do direito e o seu positivismo. Isso lhe impediu de avaliar corretamente a importância de algumas cláusulas gerais acolhidas pelo BGB, como, por exemplo, as que se extraem dos parágrafos 157, 162 e 242, relacionados com a boa-fé (*Treu und Glauben)* ou do parágrafo 138, que diz respeito aos bons costumes, censura que, em primeiro lugar se deverá fazer ao autor do projeto do nosso Código Civil e aos que colaboraram na elaboração do texto definitivo. São essas cláusulas gerais que impedem que os códigos envelheçam prematuramente, pois são elas as portas abertas para a ética social, os canais pelos quais penetram no direito as mudanças culturais e econômicas, os delicados sensores que adaptam os sistemas jurídicos às oscilações do meio a que se aplicam" (*Conceitos Fundamentais do Direito no Estado Constitucional*, São Paulo, Malheiros, 2015, p. 498).

Sobre esses temas a doutrina nacional ficou em silêncio, só quebrado no início da segunda metade do século passado com a obra pioneira de Clóvis V. do Couto e Silva a *Obrigação como Processo*, tese de concurso para Professor Titular de Direito Civil, realizado em 1964. Judith Martins-Costa foi aluna de Clóvis no Curso de Mestrado da Faculdade de Direito da Universidade Federal do Rio Grande do Sul. E foi nessa condição de discípula destacada que escreveu sua obra sobre *A Boa-Fé no Direito Privado- sistema e tópica no processo obrigacional*, logo transformada em tese para a obtenção do título de doutor, por ela obtido, na Faculdade de Direito da USP, no largo de São Francisco, em São Paulo.

Trata-se, sem dúvida, da primeira e creio que até hoje da melhor publicação verdadeiramente importante da pesquisa jurídica brasileira sobre matéria que, embora tivesse suas bases e seus lineamentos gerais estabelecidos pelos escritos de Clóvis V. do Couto e Silva, necessitava ainda que fosse analisada em trabalho monográfico de maior extensão e profundidade, carências que foram amplamente supridas pela tese da Doutora Judith Hofmeister Martins-Costa. A obra logo ocupou a posição de um clássico, na galeria dos sucessos da produção jurídica nacional, tais os aplausos com que foi merecidamente recebida.

O que desde logo chama a atenção nesse trabalho é o seu rigor estrutural – o *ostinato rigore* de Leonardo da Vinci – a ordem lógica em que os assuntos são versados, num encadeamento de admirável coerência e tudo isso elaborado e construído com o apuro da linguagem, sempre clara e elegante. Judith escreve bem porque pensa bem.

A simples leitura dos títulos das três partes que compõem o livro é um convite à viagem do espírito a regiões até então inexploradas por nossos civilistas, como é fácil de verificar e difícil de resistir à curiosidade de investigar, com a autora, os vários subitens desses três blocos em que o todo foi organizado. Assim, nesse passeio intelectual, já à entrada, na Primeira Parte, a autora nos explica como se deu a construção da ideia de sistema jurídico, passando "dos conjuntos ao sistema", ao "sistema, razão e ciência" e daí "à codificação, espelho e metáfora do sistema fechado". Tudo isso em contraste com "o sistema aberto e a cláusula geral da boa fé", que é o título da Segunda Parte, na qual se estuda a questão das cláusulas gerais, distinguindo-as de outros conceitos que lhes são próximos, como os "conceitos jurídicos indeterminados" e "os princípios jurídicos", até chegar à conclusão parcial da "conjugação entre o pensamento tópico e o sistemático: o 'novo pensamento sistemático'". Por fim, na Terceira Parte é examinada a "boa-fé e o direito das obrigações", na qual, entre outros pontos, se dá especial relevo "à concepção dinâmica da relação obrigacional", "à boa-fé objetiva como *topos* subversivo do direito obrigacional", "à boa-fé e a criação de deveres jurídicos" e "à boa-fé e a responsabilidade pré-negocial: o preço da confiança iludida"

Hoje Judith Martins-Costa é uma jurista que tem o irrestrito reconhecimento da comunidade jurídica nacional e estrangeira. Do direito, que é como o deus Jano, com suas duas faces, tem ela o domínio do direito privado e do direito público, como professora que foi, quanto a este último, de Direito Administrativo e em razão também de sua atividade como Auditora frequentemente chamada a exercer a função de Conselheira do Tribunal de Contas do Estado do Rio Grande do Sul. Quanto à civilista, embora já não docente na UFRGS, sua atividade é constante, como revelam as publicações de suas obras nesse setor da ciência jurídica, seus artigos sempre instigantes e os inúmeros Pareceres que nessa área tem elaborado.

Têm peculiar realce, nesse contexto, seus *Comentários ao Novo Código Civil* brasileiro, no vol. V, da coleção coordenada pelo Ministro SÁLVIO DE FIGUEIREDO TEIXEIRA, da Editora Forense, versando os arts. 304 a 388, que tratam do Direito das Obrigações, especificamente do adimplemento e da extinção das obrigações, publicados em 2003; a *Reconstrução do Direito Privado* – Reflexos dos princípios, diretrizes e direitos fundamentais constitucionais no Direito Privado (RT, 2002) e *Diretrizes Teóricas do Novo Código Civil* (Saraiva, 2002), (em co-autoria com Gerson Branco).

Judith Martins-Costa pertence à quarta geração de uma família ilustre do Rio Grande do Sul, assinalada, sobretudo, pela vocação jurídica. Não é obviamente porque todos os seus membros fossem ou sejam advogados. Isso seria impossível. Mas, de qualquer modo é nítida a predominância dos advogados e juristas na família Martins-Costa. É algo semelhante ao que se dizia na Alemanha que os Fugger eram banqueiros e que os Bach eram músicos: os Martins-Costa são advogados e juristas.

Na geração do meu pai talvez a mais prestigiada banca de advocacia do Rio Grande do Sul com atuação na área do Direito Privado fosse a dos Martins-Costa, liderada por dois irmãos, os Professores Camillo Martins-Costa, Professor de Direito Constitucional na PUC gaúcha, e o Professor José Luiz de Almeida Martins-Costa, Professor Titular de Direito Civil da Universidade Federal do Rio Grande do Sul, pai do Professor, também de Direito Civil da mesma Universidade, Antônio Martins-Costa, de quem Judith Martins-Costa é filha. O Professor José Luiz, conhecido em todo o Rio Grande do Sul com o carinhoso apelido de Zeca Martins-Costa, foi meu mestre na Faculdade, na disciplina de Obrigações. Ele impressionava pela clareza da exposição em que juntava os aspectos teóricos do Direito, de que se nutria pelo amplo domínio da doutrina francesa, com sua rica experiência de advogado habilidoso e experiente, de integral honradez e no qual seus clientes tinham a mais absoluta confiança.

Um dos grandes amigos que tive na vida foi Celso Inácio de Almeida Martins-Costa, filho do Professor Zeca, irmão de Antônio e tio de Judith, advogado talentoso e combativo como quase todos da mesma estirpe e, também ele, como seu pai e seu avô, professor de Direito Civil, tendo exercido por muitos anos o magistério dessa disciplina na Faculdade de Direito da Pontifícia Universidade Católica do Rio Grande do Sul. Celso foi meu colega de trabalho na Procuradoria Jurídica do Departamento de Estradas de Rodagem do Estado do Rio Grande do Sul, até sua morte numa idade em que deveria ser proibido morrer: muito moço ainda, pouco além dos cinquenta anos, com a cabeça e a alma cheia de projetos.

Essas fortes ligações sentimentais e de admiração intelectual com os Martins-Costa levou-me a prestar atenção especial à carreira de Judith, de aluna aplicada, e depois de servidora pública exemplar, na Procuradoria Geral do Estado e no Tribunal de Contas do Estado. Concluída a graduação em Direito, ingressou no corpo docente da UFRGS e, após, no Curso de Mestrado da mesma Faculdade, que Clóvis fundara e fazia funcionar com a estreita colaboração dos alunos, onde Judith Martins-Costa e também Véra Fradera desempenharam papel de grande importância. O Curso de Pós-Graduação em Mestrado abriu as portas da Faculdade aos ventos de todas as tendências no campo da cultura jurídica, iniciando uma fase de intenso intercâmbio de professores das universidades mais famosas do mundo, como a Sorbonne, a de Heidelberg, as de Florença, Veneza, Roma, a de Coimbra, a de Harvard – entre tantas outras, muitas delas da América do Sul, como a de Buenos Aires e Rosário, na Argentina e a de Montevidéu, no Uruguai. Foi nesse ambiente e respirando esse ar de efervescência cultural é que se estruturou a vocação jurídica da Professora Judith Martins-Costa, hoje plenamente amadurecida, como evidencia a obra já realizada que a consagra como exímia jurista no total manejo dos seus dotes de talento e erudição, na comprovação do altíssimo nível de excelência a que atingiram os bons juristas brasileiros.

Porto Alegre, Santa Teresa, Março de 2016.

Parte I

DOUTRINA E HERMENÊUTICA: AUTORIDADE, MODELOS, DILEMAS

A INFERÊNCIA À MELHOR EXPLICAÇÃO E A AUTORIDADE DA DOUTRINA

Claudio Michelon Júnior

Em 1993, a professora Judith H. Martins-Costa me apresentou a um tipo de doutrina jurídica que eu não conhecia até então e que certamente, àquela altura, não entendia. Nos seminários de Teoria Geral do Direito Privado do programa de mestrado da UFRGS, que ela liderava juntamente com o prof. Ruy Rosado de Aguiar Junior, os argumentos se moviam com suavidade da interpretação de artigos do Código Civil à utilidade de metáforas biológicas para a compreensão de conceitos jurídicos, da noção de validade ao desenvolvimento histórico do conceito de legítima, da utilidade de diferentes técnicas legislativas ao surgimento de microssistemas dentro do Direito Privado. Diversas formas de investigação se entrecruzavam e se influenciavam mutuamente. Argumentos sobre a história do desenvolvimento de um conceito ofereciam pistas sobre uma interpretação das fontes contemporâneas do Direito Privado brasileiro; argumentos sobre a função do Direito ajudavam a construir hipóteses sobre a melhor forma de entender um instituto; argumentos sobre a arquitetura geral do sistema jurídico sugeriam novas maneiras de reformar e desenvolver as fontes do Direito Privado. As constantes, múltiplas e inesperadas combinações de argumentos de tipos diferentes que se fertilizavam mutuamente deixavam em todos, ao final das três (ou quatro ou cinco) horas de seminário, a sensação que um explorador deve ter ao desembarcar nas praias de um novo continente.

A estrutura dos debates naquela disciplina não era apenas uma opção estilística ou pedagógica dos professores, mas refletia uma certa visão de como fazer doutrina jurídica. Esta visão não consistia em um conjunto claramente articulado de princípios que estabelecem prioridades e estratégias argumentativas comuns a todos os que compartilhavam dela. No melhor estilo Aristotélico, este modo de conceber e praticar doutrina jurídica era ensinada não por meio da defesa articulada de um método, mas pela *experiência*[1] de observar e participar da produção de diversos aspectos do Direito. Esta forma de conceber o modo de fazer doutrina não foi inventada pela professora Judith Martins-Costa, que sempre fez questão de reclamar a sua inserção em uma

1 ARISTÓTELES. Ética a *Nicômaco*. Tradução de David Ross. Oxford: Oxford University Press, 1980, 1.103ª11-20, p. 28.

tradição precedente de investigação sobre o Direito, mas encontrou expressão escrita singularmente feliz na obra da homenageada.

Não é incomum na literatura contemporânea sobre a investigação doutrinária encontrar a opinião de que esta concepção de doutrina se encontra hoje sitiada. As forças sitiantes não formam uma tropa coesa, mas contam em suas linhas com posições teóricas (como certas versões do pós-modernismo), com políticas públicas (como as que condicionam a disponibilidade de dinheiro público ao volume de publicações), com a estrutura da academia contemporânea (onde se enraíza cada vez mais a máxima do "*publish or perish*"), e mesmo com certas macroestruturas sociais, como a "colonização" de diversas esferas de interação social pelo Direito, algo que é tanto causa quanto efeito da atomização das sociedades pós-industriais (e que, por sua vez, causa uma inflação de litigância e na proletarização dos profissionais do Direito)[2].

Como sói acontecer com forças que se encontram sitiadas, uma estratégia possível é a do encastelamento, na esperança de que o inverno dê conta das forças sitiantes. Assim como os monges medievais protegeram a cultura da antiguidade em monastérios durante a alta Idade Média, na esperança de um ressurgimento de condições políticas e sociais que permitissem a proteção e o desenvolvimento daquela cultura (algo que só ocorre no baixo medievo)[3], aos herdeiros da tradição doutrinária da qual este texto se ocupa pode parecer tentador se recolher ao seu atraente castelo intelectual e declinar o conflito.

O presente artigo adota a estratégia oposta, a saber, a de refinar a compreensão das credenciais racionais da doutrina e, por consequência, contribuir para a compreensão do valor desta tradição de investigação racional. Em particular, o artigo discute um modo de inferência característico desta tradição.

Uma tradição madura e reflexiva de investigação racional não possui necessariamente (nem normalmente necessita possuir) clareza sobre as formas inferenciais e estruturas argumentativas que os participantes da tradição utilizam em suas investigações. De fato, a *capacidade de obter sucesso* em uma investigação racional particular não implica a capacidade (nem a necessidade) de produzir uma explicação completa e articulada desta prática. A investigação racional em que consiste a doutrina jurídica é uma forma de conhecimento habilitativo, não uma forma de conhecimento proposicional,

---

2 Um diagnóstico lúcido dessas pressões pode ser encontrado em: MARTINS-COSTA, Judith. A autoridade e utilidade da doutrina: a construção de modelos doutrinários. In: MARTINS-COSTA, Judith (ed.) *Modelos de direito privado*. São Paulo: Marcial Pons, 2014, pp. 18-26.

3 Como na famosa sugestão de MacIntyre no último parágrafo de *After virtue* (MACINTYRE, Alisdair. *After virtue*. 2. ed. Londres: Duckworth, 1985, p. 263).

um *know-how*, e não um *know-that*[4]. Esta não é uma propriedade exclusiva da atividade de um investigador (e, mais especificamente, de um doutrinador), mas é compartilhada com diversas outras atividades: um bom nadador pode não ser capaz de descrever todos os detalhes do que está fazendo quando nada; saber andar de bicicleta não implica saber descrever com precisão todos os movimentos e decisões (racionais) tomadas pelo ciclista bem-sucedido. Portanto, do fato de que tradição de investigação racional seja sofisticada e madura não se pode inferir que quem participa dela tenha completa clareza sobre as estruturas argumentativas que lhe subjazem, os tipos de inferência que são utilizados e a divisão de trabalho entre eles.

Todavia, em momentos nos quais a prática de investigação se encontra sob pressão há boas razões para procurar produzir uma explicação deste tipo. Uma tal explicação deve oferecer uma plataforma adequada para (i) a melhor compreensão das condições nas quais a prática pode ser justificada, (ii) a reflexão sobre a prática e sobre as possibilidades de seu refinamento (um refinamento que, diga-se de passagem, é visível no desenrolar da obra de Judith Martins-Costa), e (iii) uma melhor compreensão de seus limites e dos compromissos e ônus que lhe são implícitos.

Neste artigo, portanto, nenhuma tese particular defendida pela homenageada sobre este ou aquele instituto jurídico, conceito, ou norma será criticada, apoiada ou desenvolvida. O que se procura é desvelar aspectos centrais da concepção de doutrina que subjaz a sua produção intelectual, uma compreensão que não é exclusiva da homenageada e que, de fato, é compartilhada por diversas contribuições ao presente volume (muitas de autores que foram, como eu, seus estudantes).

Mas ao apresentar uma concepção plausível das estruturas racionais centrais de doutrina jurídica, o artigo também procura oferecer um ponto de partida para a avaliação e crítica de produtos que procuram reclamar para si a autoridade da doutrina.

1. A autoridade da doutrina

A doutrina, diz-se, é uma fonte do Direito. Não há consenso sobre o que significa dizer que algo é uma fonte do Direito, mas uma propriedade que lhe pode ser plausivelmente atribuída é a de ser capaz de produzir *razões* dotadas de *autoridade*. Dizer que uma razão é dotada de autoridade, por seu turno, significa dizer que ela deve ser utilizada para orientar ações ou crenças inde-

4 A distinção seminal introduzida por Ryle no capítulo 2 de *The concept of mind* (RYLE, Gilbert. *The concept of mind*. Londres: Harmondsworth, Penguin Books, 1949, pp. 26-60).

pendentemente de seu mérito[5]. Nesta concepção de uma fonte do Direito, a doutrina seria, portanto, capaz de produzir razões que *devem guiar* ações e/ou crenças sobre um determinado objeto, mesmo que estas não sejam boas razões do ponto de vista substantivo[6].

Mas por que razão dever-se-ia atribuir à doutrina esta capacidade de produzir razões dotadas de autoridade? A resposta a uma pergunta análoga que fosse feita sobre a legislação atrairia um tipo de resposta direta: o Congresso Nacional (ou qualquer outro *locus* de produção legislativa) é autorizado pela Constituição Federal a produzir razões para agir dotadas de autoridade. Algo similar poderia ser dito sobre a autoridade dos tribunais quando estes geram precedentes judiciais: decisões judiciais são dotadas de autoridade porque assim prevê a Constituição (como a regra do *stare decisis* nos sistemas jurídicos de Inglaterra e Escócia) ou alguma outra fonte de Direito criada pela Constituição. Em ambos os casos, o *status* de "fonte do direito" é atribuído pela posição do texto em relação a outro texto dotado de autoridade.

A mesma pergunta, se feita em relação à doutrina, atrai um tipo de resposta diferente. A capacidade da doutrina de criar razões é frequentemente justificada por meio das credenciais intelectuais que a doutrina possui. Como disse Judith Martins-Costa:

> À doutrina (assim mesmo, no singular, em sinédoque) é atribuída a *auctoritas* como *autoridade epistemológica*, autoridade originada não de um poder político (*imperium*), não de um mandato divino, mas de uma *autoridade intelectual*, reconhecendo-se, ao menos como ponto de partida, que o doutrinador, por sem quem é intelectualmente, possa emitir opiniões confiáveis ou oferecer soluções provavelmente plausíveis. Obras doutrinárias são, portanto, aquelas dotadas de *autoridade explicativa* e *valor de orientação*[7].

A autoridade dos textos nos quais consistem a legislação e do precedente judicial é *prática*, no sentido de que legislação e precedente (se sua autoridade é justificada) são ambos capazes de produzir *razões para agir*. A autoridade da doutrina é, como regra[8], de outro tipo: trata-se de autoridade

5 Para uma explicação sucinta do que significa dizer que uma razão é dotada de autoridade: MICHELON, Claudio. *Being apart from reasons*. Dordrecht: Springer, 2007, pp. 111-114.

6 Fábio Shecaira recentemente defendeu uma concepção de doutrina como capaz de produzir razões dotadas de autoridade em seu *Legal scholarship as a source of law* (Dordrecht: Springer, 2013).

7 MARTINS-COSTA, Judith. Op. cit., p. 14 (itálicos no original).

8 A mais famosa exceção na modernidade são os chamados *institutional writers* na Escócia, cujas obras ganharam autoridade de uma fonte formal do Direito (*vide* verbete: *Sources*

teórica, capaz de criar *razões para crer* que algo é o caso (inclusive razões para crer que algo deve ser feito). É, neste sentido, análoga à autoridade que se dá aos pronunciamentos de um cientista: minha crença de que o aquecimento global está sendo causado pela atividade humana não se justifica pelo meu conhecimento das razões científicas que justificam minha crença (seus méritos, do ponto de vista do método científico), mas sim pelo fato de que eu identifico corretamente as pessoas que dominam este método e atribuo a suas conclusões autoridade teórica. A autoridade teórica, quando justificada, me dá razões não substanciais para crer. Seria irracional que eu não acreditasse no que a cientista dotada de autoridade afirma ser a verdade sobre o aquecimento global, atribuindo tanto a mim quanto a ela o mesmo *status* epistemológico com relação ao tema. De fato, seria irracional preferir o meu julgamento, *mesmo que, ao fim e ao cabo, a cientista estivesse enganada*[9].

Neste particular, tanto o texto doutrinário quanto o texto legislativo ou o texto da decisão judicial dotados de autoridade se aproximam: todos clamam a capacidade de produzir razões "independente dos méritos". A peculiaridade do texto doutrinário é a de que o tipo de razão que ele produz é uma razão para crer que algo é o caso (seu "valor explicativo"), ainda que estas crenças sejam elas mesmas normativas (seu "valor de orientação").

Resta claro, portanto, que a capacidade do texto doutrinário de produzir ações é fundada em sua "autoridade intelectual". Mas como identificar um texto que possui esta autoridade intelectual? O modo mais comum de identificar a autoridade de um texto (seja ela prática ou teórica) é perguntar sobre se o autor do texto (o Congresso Nacional, certos tribunais, certas pessoas) possui uma ou mais propriedades que justificariam tratar os textos que produzem como capazes de gerar razões para agir ou para crer em algo. O Congresso é capaz de gerar razões para agir porque, *inter alia*, seus membros foram eleitos de certa forma (nos termos da Constituição e da Lei Eleitoral). Portanto, a pergunta sobre a autoridade da doutrina torna-se uma pergunta sobre a propriedade (ou propriedades) que deve possuir o autor de um texto para que ele seja capaz de produzir razões autoritativas para crer. Em outras palavras, que propriedades fazem de um autor de livros sobre o Direito (que são uma legião) um doutrinador (que são raros)?

---

of law (general and historical), legal method and reform. In: *Stair memorial encyclopaedia*, v. 22, § 534. Disponível em: <https://lexisweb.co.uk/guides/sources/stair-memorial-encyclopaedia>. Acesso em: 24 jul. 2017)

9 Uma conclusão indigesta para quem, como o político britânico conservador Michael Gove (ou como os adeptos da política pós-verdade), está farto de ouvir o que os experts têm a dizer.

Algumas propriedades possuídas por autores de livros sobre o Direito, obviamente, não dizem nada sobre sua capacidade de produzir razões para crer: a notoriedade, a produtividade, a capacidade de produzir textos de fácil compreensão. Algumas delas podem ser positivas (e.g., um doutrinador produtivo terá contribuição maior para a investigação do Direito do que um improdutivo), mas não são estas propriedades, positivas ou negativas, que justificam o tratamento de um autor como capaz de produzir doutrina. Outras podem, dado um certo contexto, produzir indícios de que o autor possui certas propriedades que devem ser possuídas para que seja considerado um doutrinador: uma posição acadêmica elevada em uma universidade respeitada, homenagens prestadas por certas instituições etc. Mas elas só oferecem prova indiciária de que o autor possui as propriedades que fazem dele um doutrinador. A pergunta persiste sobre quais são estas propriedades.

Um modo de começar a respondê-la é examinar um tipo de evidência comumente utilizada para identificar um doutrinador: seu histórico, ou seja, as opiniões anteriores que ele emitiu sobre temas jurídicos complexos e os argumentos que ofereceu para justificar estas opiniões. Ao olhar para o histórico de opiniões e argumentos, é possível reconhecer certas qualidades nestas opiniões e argumentos: (i) as opiniões são verdadeiras e os argumentos são robustos, (ii) estas opiniões e argumentos são originais, (iii) a opinião e, principalmente as razões que a justificam, não teriam sido percebidas sem o "roteiro" argumentativo oferecido pelo doutrinador. De fato, não é incomum a experiência de ser incapaz de *produzir* um bom argumento para resolver um problema complexo, mas ser capaz de *reconhecer* um argumento proposto por outrem como bom e uma opinião como verdadeira. Ou seja, a habilidade de reconhecer argumentos e teses como respectivamente sólidos e verdadeiras não implica a possibilidade de produzir estes argumentos.

Este apelo ao histórico de sucessos oferece uma razão para aceitar opiniões futuras como criando razões para crer. Mas a razão é relativamente fraca já que está baseada (neste estágio) puramente em uma coincidência estatística. Portanto, na ausência de clareza sobre precisamente o que faz o doutrinador que é mais capaz de produzir os argumentos necessários para resolver o caso do que eu sou, a razão que eu poderia ter para atribuir autoridade de doutrina a um texto ainda é precária.

Aqui parece residir uma parte importante da crise da atividade doutrinária à qual aludiu-se acima. O doutrinador deve ser reconhecido como autoridade teórica por ser capaz de fazer certas coisas melhor do que eu. Mas se eu não tenho clareza sobre quais são estas atividades nas quais o doutrinador é peculiarmente competente, seria difícil justificar a opinião de que o argumento produzido pelo autor X é sólido, enquanto o argumento produzido pelo autor Y não é. Como explicação eu não teria mais do que um apelo à minha "percepção" do primeiro como sendo melhor do que o segundo. Isto pode ser o suficiente em certos contextos, mas é possível insistir e perguntar se é possível explicar com mais precisão o objeto desta percepção: O que, precisamente, o nosso investigador está percebendo? Qual a habilidade na qual o doutrinador é mais versado do que eu sou? A falta de clareza sobre isto torna difícil separar livros "sobre o Direito" de "livros de doutrina".

2. A atividade intelectual do doutrinador

Clareza sobre a natureza da autoridade da doutrina não vem acompanhada de clareza sobre *em que consiste a atividade intelectual* que justifica atribuir a alguém esta autoridade.

Em parte, isto se deve ao fato da atividade intelectual do doutrinador ser complexa. Ela consiste em uma combinação de diversas habilidades de diferentes tipos, entre as quais uma forma particular de percepção[10], a capacidade de produzir certos tipos de argumento, e a capacidade de julgar (com base em um conjunto de critérios de variada precisão) as diferentes forças persuasivas que diferentes argumentos possuem. O foco desta contribuição é aclarar um aspecto desta complexa atividade intelectual (i.e., uma de suas formas inferenciais características).

Em parte, a falta de clareza sobre a atividade intelectual na qual o doutrinador deve possuir excelência resulta de falta de clareza sobre no que exatamente consistem estas conclusões. As conclusões em favor das quais a doutrina milita, como veremos a seguir, são de diversos tipos, cada qual necessitando ser suportada por diferentes aspectos da atividade intelectual do doutrinador.

Portanto, uma teoria sobre um tipo de argumento doutrinário deve satisfazer (*inter alia*) dois *desiderata*: (i) avançar uma explicação plausível sobre como este argumento se relaciona com as fontes positivas do Direito e (ii) avançar uma explicação plausível dos tipos de conclusão que o argumento procura estabelecer.

As fontes positivas do Direito (leis, costumes, precedentes) não são normas jurídicas, mas textos normativos[11]; são os textos normativos sobre os

10 Quando procurando identificar o significado de uma fonte positiva (por exemplo) um bom doutrinador será capaz de perceber certas relações entre normas e entre normas e fatos sociais que passariam desapercebidas por outros. Desta capacidade de percepção aguçada resulta a capacidade de projetar os efeitos intra e extrassistêmicos que diversas interpretações de uma fonte positiva teriam e, desta projeção, pode-se produzir argumentos a favor de uma ou outra interpretação. Sobre esta capacidade perceptiva, *vide*: MICHELON, Claudio. Practical wisdom in legal decision-making. In: AMAYA, Amalia. HOCK LAI, Ho. (Eds.). *Law, virtue and justice*. Oxford: Hart, 2012, pp. 29-49.

11 No sentido abrangente que Michael Moore dá ao termo, ou seja, aproximadamente: algo cujo significado pode produzir razões (sejam elas razões teóricas ou práticas (MOORE, Michael. Interpreting Interpretation. In: MARMOR, Andrei (Ed.). *Law and inter-*

quais a doutrina jurídica procede sua investigação. Sobre as fontes positivas do Direito cabe fazer diversos tipos de indagação. A forma mais adequada de iniciar uma explicação da Inferência à Melhor Explicação[12] no Direito é procurar identificar a classe de *juízos* em favor da qual este tipo de argumento tipicamente milita, os tipos de *respostas* que se pode dar a cada tipo de indagação.

Por vezes, doutrinadores perguntam *sobre o valor* de certas fontes do Direito e produzem argumentos que criticam as fontes e, frequentemente, propõem mudanças. Estes argumentos *de lege refenda* são normativos e dizem respeito às fontes do Direito, mas não as tratam como autoritativas: elas não são a razão que justifica o argumento sobre o seu próprio valor. Não é deste tipo de (respeitável) empreendimento intelectual da doutrina que se trata no presente texto.

Um tipo de indagação que se pode fazer sobre as fontes positivas do Direito em um determinado ordenamento jurídico diz respeito a quais *tipos* de fontes positivas de Direito são admitidas pelo ordenamento em questão. A questão se pôs no Brasil recentemente com a entrada em vigor do novo Código de Processo Civil (em particular em face dos art. 489, § 1°, V e VI, 926, 927): teria o sistema de fontes positivas do Direito brasileiro sido alterado para a inclusão de um novo tipo de fonte positiva, a saber, o precedente judicial[13]? Este tipo de indagação diz respeito ao significado dos textos normativos que versam sobre quais textos devem constar como possuindo autoridade prática em um sistema jurídico.

---

pretation. Oxford: OUP, 1995, pp. 2-8). Neste sentido costumes jurídicos são texto para o doutrinador no mesmo sentido em que sonhos são texto para o psicanalista ou nuvens são texto para o pajé.

12 No presente texto utilizarei "Inferência à Melhor Explicação" e "Abdução" como sinônimos. A literatura por vezes reserva estes termos para diferentes argumentos, como faz, exemplificativamente, Hanna Maria Kreuzbauer em texto recente (Inference to the best explanation in the legal universe: two challenges and one opportunity. *Rechtstheorie*. Berlim: Duckert & Humblot, 2016, v. 47, pp. 333-347.

13 É notório que a importância de decisões judiciais como fonte do Direito no Brasil cresceu muito nas últimas décadas. Daniel Mitidiero oferece uma linha de tempo sucinta e muito instrutiva em seu Precedentes: da persuasão à vinculação (São Paulo: RT, 2016, pp. 94-95). Antes do Código já havia razões estruturais para considerar que decisões judiciais deveriam ter força de precedente no Direito brasileiro, um ponto defendido com vigor por Luiz Guilherme Marinoni na primeira parte de seu Precedentes obrigatórios em edições anteriores ao novo CPC (5. ed. São Paulo: Revista dos Tribunais, 2016). O art. 489, § 1°, incs. V e, em especial, VI, do novo CPC inovou ao obrigar o julgador a adotar o método de argumentação por precedentes ao estabelecer como elemento essencial da sentença a justificação para adotar a ratio decidendi de casos anteriores na decisão do caso presente, ou bem a explicação de o que os distingue.

Pode-se perguntar também sobre se este ou aquele item particular satisfaz os critérios para constar como uma fonte positiva em um ordenamento jurídico determinado. Este tipo de indagação se encontra no cerne do controle de constitucionalidade: Teria a Lei n.15.299/2013, do Estado do Ceará (promulgada pela Assembleia Legislativa cearense, em regulamentação das "vaquejadas"), cumprido todos os requisitos constitucionais necessários para que possa constar como uma fonte positiva no sistema jurídico brasileiro? O Supremo Tribunal Federal considerou que sim no julgamento da ADIN 4.983[14]. O mesmo tipo de questão pode ser feito em relação à legalidade de fontes infralegais

Dar resposta a estes dois tipos de pergunta sobre fontes do Direito é parte da tarefa da doutrina. Para responder a estas perguntas pode ser necessário fazer uma outra pergunta sobre as fontes do Direito: Qual "conteúdo normativo" deve ser atribuído às fontes de Direito. A resposta ao problema sobre se os precedentes são ou não fontes formais do Direito no Brasil depende da resposta ao problema de qual seja o conteúdo normativo dos arts. 489, § 1º, V e VI, 926, 927 do Código de Processo Civil. A resposta ao problema sobre se a Lei estadual cearense n. 15.299/2013 cumpriu os requisitos constitucionais necessários depende da determinação do conteúdo normativo do art. 225 da Constituição Federal.

Mas a resposta à pergunta sobre o conteúdo normativo de fontes formais do direito não é apenas necessária para resolver os problemas de pertinência de fontes a um sistema jurídico. A atividade intelectual da doutrina é caracteristicamente polarizada pela necessidade de oferecer respostas deste tipo. Não é nenhuma surpresa, portanto, que a atividade doutrinária inclua recursos intelectuais úteis para o processo de determinação do conteúdo normativo das fontes de Direito (e.g., tipos canônicos de argumento, formas de argumentação, formas inferenciais, habilidades perceptivas): argumentos sobre as prescrições, proibições e permissões contidas no texto dotado de autoridade.

Muitos desses argumentos dizem respeito ao significado das fontes formais do Direito e a doutrina emprega conhecidas estratégias argumentativas, como a utilização de cânones de interpretação legislativa (muitos dos quais, *mutatis mutandis*, são também utilizados na interpretação de precedentes judiciais). Entre esses argumentos se encontram os cânones tradicionais de interpretação legislativa (e.g., a interpretação literal, a interpretação segundo a vontade da lei ou do legislador, a interpretação com base em consequências). Cada qual destes cânones compreende uma série de subespécies: o argumento fundado nas consequências, por exemplo, pode dizer respeito (i) às consequências "intrassistêmicas" de uma determinada interpretação; ou (ii) às

14 Supremo Tribunal Federal, Ação Direta de Inconstitucionalidade n. 4.983, Rel. Min. Marco Aurélio (j. 06.10.2016, e publicação do acórdão em 27.04.2017).

consequências sociais de adotar uma determinada interpretação; ou (iii) uma combinação de ambas. O argumento fundado na interpretação literal pode dizer respeito (i) ao significado ordinário de um termo ou expressão ou (ii) ao seu significado técnico. A forma inferencial primária neste modo de argumentar não é abdutiva. Um argumento fundado na interpretação literal, por exemplo, identifica evidência do sentido literal de uma expressão ou termo (frequentemente por meio do apelo à autoridade teórica de um dicionarista ou jurista), e procede de modo dedutivo para oferecer razões *pro tanto* em favor de uma determinada interpretação. Ao identificar as *consequências* que se seguiriam à atribuição de um conteúdo normativo a uma fonte, o doutrinador pode utilizar inferências do tipo indutivo. Doutrinadores utilizam todos esses argumentos e formas inferenciais.

A forma inferencial que me interessa aqui, porém, é capaz de dizer algo sobre a existência de razões para agir em situações que não estão cobertas pelo *significado* das fontes. Esta forma inferencial é a inferência à melhor explicação em sua variante especificamente jurídica (a assim chamada "abdução jurídica") e a excelência na utilização desta forma inferencial no campo jurídico é uma das marcas do doutrinador.

Neste uso jurídico da inferência à melhor explicação, *a conclusão é uma proposição descritiva sobre qual programa normativo* (i.e., qual conjunto articulado de permissões, prescrições ou proibições) *dá sentido às normas jurídicas que estão* prima facie *contidas nas fontes formais do Direito*. Isto significa que sua plausibilidade e cogência dependem da capacidade de demonstrar uma conexão entre, de um lado, um determinado programa normativo e, de outro, um conjunto de fontes formais do Direito. Esta conexão com as fontes é a principal peculiaridade do uso da inferência à melhor explicação no Direito em relação a outras formas de argumentação normativa como, por exemplo, a argumentação moral *tout court*.

Portanto, nem todos os argumentos doutrinários são abduções jurídicas, mas alguns dos mais ambiciosos e difíceis argumentos produzidos por doutrinadores são precisamente desse tipo. De fato, sucesso em produzir esse tipo de argumento é um dos critérios que se pode utilizar para distinguir pessoas que escrevem sobre o Direito de doutrinadores.

3. A inferência à melhor explicação

No conhecido conto "*The Adventure of Silver Blaze*"[15], Sherlock Holmes enfrentava os mistérios do desaparecimento do cavalo *Silver Blaze* e da morte

15 DOYLE, Arthur Conan. Memoirs of Sherlock Holmes. In: *Sherlock Holmes – The complete novels and stories*. Londres: Bantam Dell, 1986, p. 540 (tradução do autor).

de seu treinador. A certo ponto da narrativa, Arthur Conan Doyle cunha o seguinte diálogo entre Gregory (um detetive da Scotland Yard) e Holmes:

> Gregory: "Há mais algum aspecto da situação que o senhor crê merecer atenção?"
> Holmes: "O curioso incidente do cão durante a noite."
> Gregory: "Mas o cão não fez nada durante toda a noite."
> Holmes: "E isto, justamente, é o curioso."

Mais tarde, Holmes produz uma explicação para o fato do cão não ter latido durante a noite: ele não latiu para um estranho que teria entrado no estábulo porque não havia nenhum estranho no estábulo. O "visitante noturno" era alguém que o animal conhecia. Combinando esta informação com outros dados aparentemente irrelevantes, Holmes conclui que o próprio treinador (Stalker) removeu *Silver Blaze* da sua baia e conduziu-o ao brejo, antes de sofrer um acidente fatal. É comum dizer que Holmes "deduziu" a solução do caso e falar de seus poderes de dedução[16]. Mas o tipo de inferência produzido por ele não é dedutivo. Na dedução *a forma* da relação entre premissas e conclusão é tal que a verdade das premissas *garante* a verdade da conclusão. O tipo de suporte dado à conclusão pelas premissas de um argumento dedutivo é absoluto: se as premissas são verdadeiras, e a conclusão se segue formalmente das premissas, a conclusão é também verdadeira. Sem exceções. Os argumentos modelados em formas válidas (*modus ponens*, *modus tollens*, silogismo disjuntivo, silogismo jurídico etc.) "*preservam*" a verdade das premissas na conclusão. Por outro lado, argumentos dedutivos *não são ampliativos*. A conclusão nunca pode conter mais do que o que já está contido nas premissas.

O argumento apresentado por Holmes não possui nenhuma dessas duas propriedades. Em primeiro lugar, suas premissas ("o cão não latiu" etc.), ainda que verdadeiras, não *garantem* a verdade da conclusão ("Stalker removeu *Silver Blaze* da sua baia"). As premissas dão suporte à conclusão, mas a conclusão pode ser falsa ainda que as premissas sejam verdadeiras (talvez o cão tivesse sofrido uma indigestão, ou sido drogado). No tipo de argumento empregado por Holmes, a conclusão é *a explicação mais plausível* dos fatos narrados nas premissas. É isto que suporta a crença na conclusão. Em segundo lugar, o argumento de Holmes é *ampliativo*: a conclusão não está totalmente contida nas premissas[17]. Estas duas características apontam para o fato de que

16 O próprio Conan Doyle por vezes se refere ao método de Holmes como "a ciência da dedução" como, por exemplo, em A *study in scarlet* (DOYLE, Arthur Conan. Memoirs of Sherlock Holmes. In: *Sherlock Holmes – The complete novels and stories*. Londres: Bantam Dell, 1986, p. 127).

17 Uma observação feita por vários autores, e.g., DOUVEN, Igor (Abduction. In: *Stanford encyclopedia of philosophy*. Disponível em: <https://plato.stanford.edu/archives/

os argumentos de Sherlock Holmes são inferências à melhor explicação[18]. Os decantados poderes dedutivos de Sherlock Holmes são, na verdade, poderes abdutivos[19].

A forma precisa da inferência à melhor explicação é objeto de controvérsia na Filosofia. Tome-se a seguinte tentativa de formulação geral como ponto de partida: dados certos fatos $F_1, F_2, \ldots F_n$, se a explicação E_1 explica estes fatos melhor do que qualquer outra explicação, pode-se inferir que E_1 é mais próxima da verdade do que qualquer outra explicação.

Esta formulação captura alguns aspectos centrais da inferência à melhor explicação utilizada no método científico, nos romances policiais e na vida cotidiana: o ponto de partida nesses usos da forma inferencial são fatos, a conclusão diz algo sobre a verdade de uma explicação (ou seja, sobre um outro fato ou sobre um padrão de relação entre fatos)[20]. Todavia a abdução jurídica não se encaixa facilmente neste modelo. Em primeiro lugar, na abdu-

sum2017/entries/abduction>. Acesso em: 24 jul. 2017). Em relação especificamente à natureza ampliativa da abdução jurídica, *vide* AMAYA, Amalia. *The tapestry of reason:* an inquiry into the nature of coherence and its role in legal argument. Oxford: Hart Publishers, 2015, p. 505. Giovanni Tuzet parece também concordar, apesar de apontar para certas diferenças no tipo de ampliação que ocorre em uma abdução científica e em uma abdução sobre os fatos no contexto da análise probatória em um processo judicial (TUZET, Giovanni. Legal abduction. *Cognitio*, 2005, v. 6, p. 274).

18 Charles Sanders Pierce foi quem primeiro sugeriu a existência desta forma inferencial, que não seria redutível nem à dedução, nem à indução. O próprio Pierce utilizou diferentes termos para designar esta forma inferencial e, mais importante, evoluiu na forma de conceber esta inferência (como demonstrou K.T. Fan em seu excelente *Pierce's theory of abduction* (Haia: Martinus Nijhoff, 1970). A discussão recente sobre a abdução avançou muito em relação ao *insight* original de Pierce, mas as propriedades básicas da inferência abdutiva (não-preservativa e ampliativa) permaneceram constantes durante toda esta evolução.

19 A inferência à melhor explicação não é apenas um elemento central de bons romances policiais, mas é a peça central da atividade intelectual nas ciências naturais. O movimento intelectual que vai da observação à formulação de uma teoria explicativa para o fenômeno observado é o que explica tanto a necessidade de produzir e desenhar experimentos quanto o papel central da criatividade nas ciências naturais (algo que o insight original de Pierce procurava explicar). Mas a inferência abdutiva não é apenas uma parte estrutural de romances policiais e das ciências naturais, é ubíqua na vida cotidiana.

20 Este modo de tentar caracterizar a forma inferencial da abdução não é isenta de problemas. Certas ideias como a "proximidade da verdade" não são facilmente analisáveis em ideias mais básicas como a de "probabilidade" (para uma noção interessante de proximidade, *vide* KUIPERS, Theo. *From instrumentalism to constructive realism.* Dordrecht: Kluwer, 2000). Estes são problemas relevantes, mas não pretendo enfrentá-los no que se segue, uma vez que minha principal preocupação é discutir algumas das peculiaridades da abdução jurídica.

ção jurídica[21], o ponto de partida é um conjunto de normas jurídicas, e não de fatos[22]. Em segundo lugar, o que as normas suportam é a conclusão de que há uma razão (*pro tanto*) para agir de acordo com um determinado programa normativo. Em terceiro lugar, a relação de explicação na abdução jurídica é uma relação de *justificação*, na qual um determinado programa normativo é tido como a *melhor justificativa* para um dado conjunto de normas jurídicas. Considere a seguinte formulação da abdução jurídica: dadas certas normas jurídicas N_1, N_2, ...N_n, se um *programa normativo* PN_e *justifica* estas normas melhor do que qualquer outro programa normativo, há razão para agir em conformidade com PN_e.

A partir desta formulação, é possível construir um modelo de argumento jurídico que utilizasse a forma inferencial da inferência à melhor explicação:

> N_1, N_2, ...N_n são normas jurídicas.
> *PN_1 melhor justifica,* do ponto de vista substancial, N_1, N_2, ...N_n.
> Portanto, segue-se de (1) e (2) que:
> Há razão para agir em conformidade com PN_1.

Três aspectos desta formulação requerem esclarecimentos adicionais: (i) o significado de "justificar" no contexto de abdução jurídica; (ii) o significado de "programa normativo"; e (iii) o porquê de uma relação de justificação entre um conjunto de normas jurídicas por um programa normativo ser capaz de produzir razões para agir. Os primeiros dois esclarecimentos são necessários para que se tenha melhor noção da forma inferencial da abdução jurídica. A última diz respeito ao suporte que uma inferência deste tipo é capaz de gerar em favor da conclusão de que há razões para agir de uma determinada maneira. Minha preocupação primária diz respeito aos dois primeiros esclarecimentos[23] e a estratégia escolhida para explicá-los passa pela introdução de um exemplo concreto.

---

21 O foco da presente contribuição é a abdução jurídica em sentido estrito, o que exclui o comum (e importante) uso da inferência abdutiva na avaliação da prova e, consequentemente, na determinação dos fatos aos quais normas jurídicas se aplicam. Este foco mais estrito não é incompatível com a existência de uma concepção mais geral de abdução jurídica que possa incorporar tanto a abdução de programas normativos quanto a abdução de fatos (como procurou fazer AMAYA, *The tapestry of reason*, p. 503 e ss.)

22 A intenção aqui não é me comprometer com a tese metafísica de que normas jurídicas não são "fatos". Com efeito, algumas definições de "fato" na literatura sobre a inferência à melhor explicação são suficientemente abrangentes para cobrir normas jurídicas (v.g., Kreuzbauer, op. cit., pp. 336-337). O ponto é simplesmente que a norma jurídica é um tipo de entidade (independentemente de ser ou não um fato) que se presta a tipos específicos de explicação aos quais outros "fatos" não necessariamente se prestam.

23 Ainda que minha preocupação primária não seja com o problema da força da inferência abdutiva, o tema é enfrentado de modo sintético adiante.

O Código Civil brasileiro de 1916, em seu art. 964, primeira parte, dispunha que: "Todo aquele que recebeu o que lhe não era devido fica obrigado a restituir". O art. 965, por sua vez, dispõe que: "[a]o que voluntariamente pagou o indevido incumbe a prova de tê-lo feito por erro". Pode-se *explicar* estas normas por meio de sua genealogia. Dispositivos similares podem ser encontrados no *Esboço* de Teixeira de Freitas (1029) e no Código Civil francês (art. 1.376, em 1804, equivalente ao art. 1302-1 atual), que possuem origens mais distantes no Digesto (Livro XII, título VI). É possível também explicar o que teria levado os juristas citados no Digesto (Ulpiano, Papiniano etc.) a adotarem os princípios que influenciaram o codificador de 1916. E a opção por promulgar essa norma não se explica apenas por sua similaridade com textos precedentes, mas é o resultando da percepção de parte de um grupo social de que a adoção de tal regra seria necessária ou conveniente. Esta forma de explicação da norma diz respeito aos eventos que influenciaram a criação da norma em 1916. Elas explicam o que *causou* o ato de promulgação. Não é nessa relação entre fatos e normas que consiste a relação de justificação na abdução jurídica[24]. Outra forma de explicação de uma norma jurídica (mais precisamente do texto normativo) diz respeito à fonte de sua normatividade. No caso dos arts. 964 e 965 esta explicação se dá declinando as razões que explicam por que o ato de promulgação da Lei n. 3.071/1916 tem o condão de criar fontes formais do Direito. Essas razões, por sua vez, dizem respeito ao procedimento legislativo constitucional, seus limites em disposições constitucionais substantivas etc. Também não é este tipo de explicação o típico da abdução jurídica, vez que, na abdução jurídica, a juridicidade das normas "fonte" é pressuposta.

O que se procura estabelecer ao buscar a "melhor explicação" na abdução jurídica é qual seria a melhor justificação, do ponto de vista substancial, para um conjunto de normas que deve sua existência, em última análise[25], à sua forma (i.e., ao fato de que certos requisitos formais estabelecidos em outras normas jurídicas foram cumpridos). É importante notar que esta não é uma justificação substantiva para *as ações de incluir ou procurar manter* um conjunto de normas em um determinado ordenamento jurídico. Na abdução jurídica a justificação relevante para que a inferência funcione não relaciona

24 Ainda que nessa relação possa se encontrar pistas para a construção de argumentos cuja forma inferencial é uma inferência à melhor explicação, como ocorria frequentemente nas aulas de Teoria Geral do Direito Privado mencionadas no primeiro parágrafo deste capítulo.

25 A inferência à melhor explicação pode ocorrer tanto em normas que são a interpretação mais natural de textos dotados de autoridade (e.g., leis, decretos) quanto em relação a normas que só indiretamente se relacionam com textos autoritativos, como aquelas que são parte de um programa normativo que tenha sido, ele mesmo, suportado por uma inferência abdutiva anterior.

a *ação* de promulgar certas normas a um determinado programa normativo. A relação se expressa na pergunta: Que razões poder-se-ia ter para considerar que as normas jurídicas do conjunto C fossem também normas substantivas (i.e., normas capazes de justificar, de modo independentemente de suas credenciais formais, que certos fatos contem como *boas razões para agir*).

Com isto em mente, podemos voltar ao nosso exemplo. Pode-se explicar as normas contidas nos arts. 964 e 965 do CC/1916 oferecendo uma justificativa para que o pagamento indevido resulte de um erro substancial do devedor putativo sobre a existência de uma dívida. Poder-se-ia sugerir, por exemplo, que os dispositivos mencionados se justificam porque "um ato praticado como resultado de erro substancial por parte do agente não deve produzir os mesmos efeitos jurídicos de atos praticados sem erro substancial". Note-se que a forma da frase contida entre as aspas, no período anterior, é deôntica, i.e., afirma que algo *não deve ocorrer* (i.e., atos jurídicos praticados com ou sem erro não devem ter os mesmos efeitos jurídicos). Denominemos esta justificativa "Princípio dos efeitos atípicos do ato praticado em erro" (PEAAE).

Como em qualquer inferência abdutiva, a conclusão (o PEAAE) não é cogentemente implicada pelas premissas (as normas contidas nos arts. 964 e 965 do CC/1916). Portanto, uma tal inferência possui uma certa *força*, mas esta pode ser aumentada ou diminuída utilizando estratégias que são "segunda natureza" para o bom doutrinador (e, mais genericamente, para o bom profissional do Direito).

Uma estratégia comumente utilizada para reforçar a cogência de uma inferência abdutiva no Direito é a ampliação do conjunto de normas jurídicas na base da inferência. No nosso exemplo, suporte adicional para o princípio poderia ser buscado nas regras sobre a anulabilidade dos atos jurídicos por erro substancial, contida nos arts. 86-91 do Código de 1916. Estes diversos dispositivos, de uma forma ou de outra, regulam a eficácia de atos jurídicos praticados com erro substancial e em todos eles efeitos jurídicos atípicos são prescritos pela norma jurídica.

A conclusão de que PEAAE melhor explica os arts. 964 e 965 do CC/1916 pode ser suficiente, em certos contextos, para satisfazer o ônus argumentativo do autor do argumento. É possível que os envolvidos no processo argumentativo se satisfaçam com esta explicação por considerarem que, *do ponto de vista substancial*, é correto tratar de modo diverso (em relação à eficácia jurídica) atos jurídicos conforme tenham ou não sido praticados em erro. Mas é também possível que o PEAEE não seja considerado suficiente: pode-se levantar a questão sobre *o que torna PEAEE atraente do ponto de vista substancial.*

Esta questão poderia ser respondida apontando um outro *princípio* ou *bem* no qual PEAEE está ancorado. Na explicação discutida acima, poder-se-ia argumentar que a coincidência entre os dispositivos resulta (i) de ser a atribuição de eficácia jurídica para atos praticados por particulares fundada no valor de proteção à autonomia privada (i.e., à capacidade de sujeitos privados regularem seus próprios interesses) e (ii) de que atos praticados a partir de representações mentais equivocadas da realidade não são atos de autorregulação de interesses privados, em sentido próprio.

Portanto, nesta forma de "explicação" a pergunta que se procura responder diz respeito aos bens que se procura proteger por meio das normas (e os correspondentes princípios que determinam a persecução desses bens). É importante lembrar que este enunciado não é meramente descritivo: ele não descreve quais bens (ou valores) a autoridade que efetivamente emitiu a norma buscava proteger[26].

A expressão "programa normativo" designa justamente o conjunto de princípios/bens/valores (como o princípio que protege a autonomia privada e o PEAEE), julgamentos (como o constante no item (ii) acima), conceitos (como o de erro substancial), e assunções fáticas que se articulam na justificação substantiva de um grupo de normas jurídicas. A pergunta que o programa normativo responde é: O que justificaria este conjunto de regras? Em outras palavras: assumindo que fosse substancialmente obrigatório restituir o que se recebeu como pagamento, mas que não era devido, e assumindo que fosse substancialmente correto que a prova do erro no pagamento incumbe a quem pagou com erro, qual seria a melhor justificativa para estas normas?

O argumento no nosso exemplo poderia ser reconstruído da seguinte forma (na qual o nome PN_1 é utilizado para designar o programa normativo que contém PEAEE, o princípio da autonomia privada, e o julgamento em (ii)):

> (1) As normas contidas nos arts. 964 e 965 do Código Civil de 1916 são jurídicas.
> (2) PN_1 melhor justifica, do ponto de vista substancial as normas contidas nos arts. 964 e 965 do Código Civil de 1916.
> Portanto, segue-se de (1) e (2) que:
> (3) Há razão para agir em conformidade com PN_1.

Nesta formulação fica evidente que a abdução jurídica não é apenas a inferência a *uma explicação*; ela é uma inferência à *melhor explicação*[27]. Para que ela

---

26 Ainda que, por vezes, a investigação descritiva possa oferecer pistas sobre a melhor explicação normativa. Esta é a razão pela qual, nas aulas de Teoria Geral do Direito Privado, em 1993, muitos dos argumentos discutidos diziam respeito à origem histórica de certas fontes do Direito.

27 Uma significativa parte da literatura sobre a inferência à melhor explicação (em geral) e sobre a abdução jurídica (em particular) ressaltam sua natureza comparativa. Peter Lipton, em seu importante trabalho sobre o tema, propõe que inferência à melhor explicação seja analisada em duas fases: uma fase de formulação das explicações plausíveis e uma fase subsequente de adjudicação entre as diversas explicações encontradas na primeira fase (*Inference to the best explanation*, 2. ed. Londres: Routledge, 2004, p. 148 e ss.)

ofereça suporte a um determinado programa normativo é necessário que não haja melhor explicação para a(s) norma(s) da(s) qual(is) parte o argumento.

Mas a mesma estratégia que foi utilizada acima para procurar reforçar o suporte na inferência abdutiva, a saber, a expansão do *explanandum*, pode ser utilizada para levantar dúvidas sobre um determinado programa normativo. Tome-se o art. 970 do antigo Código, que determinava: "[N]ão se pode repetir o que se pagou para solver dívida prescrita, [...]". Este dispositivo se encontra na mesma seção do Código no qual se encontram os artigos dos quais partiu nosso exemplo de abdução jurídica (964 e 965). Esse dispositivo não permite que o pagamento de dívida prescrita seja repetido, mesmo que haja erro substancial do pagante. PN_1 não é capaz de explicar por que isto seria o caso. A regra contida neste dispositivo, não apenas por sua proximidade topológica com os outros dispositivos (964 e 965), mas também porque regulam o mesmo direito (o direito subjetivo à repetição do pagamento indevido), reclama uma explicação unificada. Comparativamente, as regras sobre erro substancial invalidante (contidas nos arts. 86-91 do antigo Código) não apenas estão topologicamente distantes, mas tratam de outros tipos de posição jurídica ativa (o direito potestativo à anulação e o eventual direito subjetivo a uma prestação indenizatória). Se for possível identificar um programa normativo que possa justificar o conjunto de normas jurídicas original, expandido para incluir a norma contida no dispositivo do art. 970 do Código de 1916 (chamemo-lo PN_2, por conveniência) este programa normativo será uma melhor explicação dos arts. 964 e 965 do que PN_1. E de fato, a evolução da investigação doutrinária sobre o pagamento indevido na vigência do Código de 1916 produziu uma explicação melhor do que a oferecida por PN_1.

A doutrina posterior ao Código, pouco impressionada com o posicionamento dos artigos que regulam o pagamento indevido no capítulo do Código dedicado ao pagamento e no título dedicado aos "Efeitos das Obrigações", logo percebeu que esses dispositivos (incluindo os arts. 964 e 965) **não** regulavam um aspecto da extinção de obrigações (o pagamento), mas sim o surgimento de uma nova obrigação. Não havia inicialmente absoluta clareza sobre a razão para que o pagamento indevido gerasse obrigações, afinal de contas as fontes obrigacionais tradicionais fundadas na vontade de se obrigar e na ação voluntária culposa não eram condições necessárias para o surgimento da obrigação de restituir. Como se sabe, o Código Civil brasileiro de 1916 não possuía uma cláusula geral que regulasse os casos de enriquecimento sem causa[28] e diversos tipos específicos de obrigação de restituir o que fora recebido sem causa eram regulados dispersamente naquele Código.

---

28 Por opção consciente, ainda que equivocada, do autor do projeto, Clóvis Beviláqua (Do enriquecimento illegitimo: logar que se lhe deve assignalar nos Códigos Civis. *Revista Academica da Faculdade de Direito do Recife*, Recife: 1903, ano XI, p. 9.

Mas a doutrina se adiantou ao legislador ao identificar, em colaboração com a jurisprudência, um programa normativo capaz de explicar os arts. 964, 965 e 970 (e, de fato, muitos dos outros dispositivos na Seção VII, que versa sobre o pagamento indevido), fundado na obrigação de restituir o enriquecimento sem causa[29]. Em apertada síntese, este programa normativo poderia ser identificado como derivando do Princípio da Conservação Estática dos Patrimônios (PCEP), segundo o qual uma transferência que ocorrer sem causa jurídica gera uma obrigação de restituir. A referência ao erro, no art. 965, neste contexto, visa apenas a excluir uma possível causa capaz de justificar a transferência, a saber, a *causa donandi* (i.e., a intenção de gratuitamente transferir patrimônio)[30]. Ao mesmo tempo este programa normativo pode explicar por que o pagamento da dívida prescrita não gera a obrigação restituitória (conforme o art. 970). Como a prescrição não extingue a dívida, mas apenas a sua exigibilidade (a pretensão de direito material), em havendo pagamento, mesmo que por erro, de dívida prescrita, não se pode concluir que houve ausência de causa. A causa *solvendi* está presente também na dívida prescrita e, portanto, dá causa ao enriquecimento. A eficácia normal do pagamento (ou seja, a exoneração da dívida) se segue, portanto, do ato de pagamento de dívida prescrita, mesmo se praticado com erro substancial (lembre-se que o pagamento é ato-fato jurídico e, portanto, não está sujeito às regras sobre invalidade dos atos jurídicos).

Esta construção teve impacto significativo na doutrina e na jurisprudência anterior ao Código de 2002. Com base nela, introduziu-se a distinção entre "indébito objetivo" e "indébito subjetivo" cuja nomenclatura parece ter sido inspirada na doutrina e na jurisprudência de outros ordenamentos jurídicos, mas cujo conteúdo adquiriu contornos próprios no Brasil[31], onde a jurisprudência aceitou a tese de que pode haver pagamento sem que haja erro, em diversos casos específicos. Como a importância do art. 965 era simplesmente a de excluir a *causa donandi*, percebeu-se que outras razões podem levar a uma transferência de valor a título de pagamento de uma dívida inexistente, *mesmo em não havendo erro substancial*. Vários argumentos foram

---

29 Um sumário desta evolução pode ser encontrado em MICHELON, Claudio. *Direito restituitório*. São Paulo: Revista dos Tribunais, 2007, pp. 15-35.

30 Sobre as três "causas" centrais no Direito Privado (*credendi, donandi, solvendi*), *vide* PONTES DE MIRANDA, Francisco Cavalcanti. *Tratado de direito privado*. 2. ed. Rio de Janeiro: Borsoi, 1954, Tomo III, § 263, pp. 82-86.

31 A distinção produzida pela doutrina italiana procura explicar a diferença entre os arts. 2.033 e 2.036 do Código de 1942. A diferença é entre o pagamento de dívida que inexiste não apenas em relação ao *solvens*, mas em relação a qualquer outro (o indébito objetivo) e o pagamento de uma prestação devida por terceiro (GALLO, Paolo. *Arricchimento senza causa e quasi contratti*: i rimedi restitutori. Torino: Utet, 1996, p. 144 e ss.). A distinção produzida pela doutrina francesa é similar.

aduzidos pelos ministros do STJ em relação a contratos bancários procurando demonstrar que neles o *solvens* pode ser levado ao pagamento não apenas por erro, mas por medo de sanções extrajudiciais frequentemente utilizadas por bancos como a inscrição em cadastros de inadimplentes ou a prática de contatos telefônicos constantes por empresas de cobrança[32]. A matéria chegou a ser objeto da Súmula n. 322[33] do STJ. Estes argumentos fazem sentido se percebermos os dispositivos dos arts. 964 e 965 como sendo justificados pela necessidade de coibir o enriquecimento sem causa[34].

Este segundo argumento abdutivo construído a partir dos arts. 964 e 965 para apoiar o programa normativo construído a partir de PCEP (PN_2) possui a mesma *forma* do argumento que havia sido construído para apoiar o programa normativo constituído a partir de PEAEE (PN_1):

> As normas contidas nos arts. 964 e 965 do Código Civil de 1916 são jurídicas.
> *PN_2 melhor justifica*, do ponto de vista substancial, as normas contidas nos arts. 964 e 965 do Código Civil de 1916.
> Portanto, segue-se de (1) e (2) que:
> Há razão para agir em conformidade com PN_2.

Como se vê, a diferença entre este argumento e o argumento anterior não é estrutural, mas diz respeito à verdade da segunda premissa em cada argumento: elas não podem ser ambas verdadeiras já que não pode ser verdadeiro que PN_1 e PN_2 sejam cada qual e exclusivamente, do ponto de vista substancial, a melhor justificativa para os arts. 964 e 965 do Código de 1916.

Poder-se-ia objetar que este tipo de explicação é incompleto. A conclusão desse argumento, como afirmamos acima, não é propriamente normativa, mas assevera a existência de razões para agir: o argumento dá *razões para crer* que haja uma *razão para agir.*

Uma justificativa completa teria de produzir um argumento para explicar por que haveria razão para agir de forma a implementar um programa normativo determinado quando este programa normativo fosse a melhor explicação de um certo conjunto de normas jurídicas. Um argumento deste

32 Por exemplo, Superior Tribunal de Justiça, Recurso Especial 331.416/RS, 3ª Turma, Rel. Min. Menezes Direito, j. 11.04.2003, *DJ* 02.06.2003, p. 295 e Recurso Especial 505.734/MA, 3ª Turma, Rel. Min. Menezes Direito, j. 20.05.2003, *DJ* 23.06.2003, p. 369.

33 Súmula n. 322: "Para a repetição de indébito, nos contratos de abertura de crédito em conta-corrente, não se exige a prova do erro".

34 Por exemplo, Superior Tribunal de Justiça, Recurso Especial 67.731/SC, 3ª Turma, Rel. Min. Sálvio de Figueiredo Teixeira, *DJ* 09.12.1997.

tipo, todavia, não é necessário para que se compreenda a utilização da abdução jurídica pela doutrina.

De fato, parece haver um conjunto de argumentos diferentes (alguns dos quais são mutuamente excludentes) para tal conclusão: (i) argumentos em favor da coerência (ou, mais precisamente, de uma certa concepção de coerência) na aplicação do Direito[35]; (ii) argumentos fundados no valor da previsibilidade de decisões judiciais (e, consequentemente, do incremento da coordenação social); (iii) argumentos fundados no fato de que a comunidade política procurou proteger os bens consubstanciados em um determinado programa normativo, a partir da criação de certas regras gerais, são apenas alguns exemplos de tais argumentos.[36]

O que é relevante para compreender a atividade da doutrina é o fato de que, quaisquer que sejam essas razões, há uma grande convergência na prática do Direito em sistemas jurídicos ocidentais em considerar que há razões para agir de acordo com o programa normativo que melhor explica um dado conjunto de fontes do Direito.

Também não tem interesse (no presente contexto e, possivelmente, em geral), perguntar se o programa normativo que melhor explica certas normas contidas em fontes formais é ele mesmo, parte do Direito ou se, alternativamente, trata-se apenas de razões substanciais que surgem como resultado da positivação de certas normas jurídicas ($N_1, N_2, \ldots N_n$). O que importa é a prática convergente de tomar os programas normativos que subjazem a estas normas como a gerar, eles mesmos, razões para agir.

4. O joio do trigo

A excelência na utilização da abdução jurídica é, como vimos acima, apenas uma das propriedades que o doutrinador possui. Mais clareza sobre no que precisamente consiste esta forma inferencial oferece critérios que nos permitem diferenciar o doutrinador (cujo produto intelectual merece ser tratado como autoridade) de quem meramente escreve sobre o Direito (cujo produto intelectual pode, quando muito, ter algum valor didático para o neófito).

Em primeiro lugar, a inferência abdutiva depende da capacidade de identificar corretamente as fontes do Direito (o "texto") e interpretá-las de forma a identificar (*prima facie*) normas jurídicas. Como vimos acima, estas normas figuram nas premissas da inferência jurídica à melhor explicação. A identificação de fontes, em ordenamentos jurídicos complexos (como os or-

35 AMAYA, *The tapestry of reason*, p. 471 e ss.

36 É possível que esta razão para agir surja apenas (ou surja com mais força) em relação àqueles que exercem funções "políticas" (paradigmaticamente o juiz), mas a existência de uma tal razão parece ser o que dá importância ao argumento abdutivo.

denamentos ocidentais contemporâneos) não é uma habilidade trivial, mas apenas uma condição necessária, e não suficiente, para a excelência na produção de argumentos que utilizam a inferência à melhor explicação. Pode-se ser excelente em identificar fontes sem se ter atingido o mesmo grau de excelência como doutrinador.

A atividade interpretativa que permite extrair normas dessas fontes é, por sua vez, complexa e dinâmica, vez que pode ser, ela mesma, influenciada por argumentos modelados na inferência à melhor explicação. Ao identificar um programa normativo perseguido por um conjunto de normas, o argumento abdutivo retroalimenta o processo interpretativo (ao menos nos ordenamentos jurídicos que aceitam a interpretação teleológica da fonte do Direito).

Nem todo aquele que escreve (e publica) textos sobre o Direito possui a capacidade de interpretá-lo de forma a identificar normas capazes de figurar nas premissas de uma abdução jurídica. Nos casos em que a interpretação teleológica se faz necessária (por exemplo), a excelência no processo interpretativo depende da existência de uma habilidade intelectual que está no cerne da abdução jurídica: a habilidade de identificar e argumentar sobre os bens perseguidos por um determinado conjunto de normas jurídicas. Em outras palavras, a capacidade de identificar o *programa normativo* que melhor justifica um conjunto finito de normas.

De fato, a excelência na produção de inferências à melhor explicação no Direito não depende apenas da habilidade de extrair normas jurídicas dessas fontes por meio da interpretação. Como vimos acima, a abdução jurídica implica essa mesma capacidade de produzir concepções articuladas e suficientemente complexas do programa normativo subjacente a normas jurídicas.

Essa capacidade é o justo meio entre dois vícios intelectuais dos quais muitos escritores sobre o Direito padecem. De uma parte, o *quietismo* que reduz o escritor do Direito a um repórter das fontes e que o impede de produzir algo que tenha, nas palavras de Judith Martins-Costa mencionadas acima, "valor de orientação". O quietismo é uma condição intelectual que resulta (ou pode resultar) de diversos fatores, entre os quais merece destaque o limite na capacidade de imaginar conexões valorativas entre normas. Lembre-se que a inferência à melhor explicação, diferentemente do argumento dedutivo, é ampliativa: a conclusão contém mais do que o que existe nas premissas. Mais ainda, a construção da segunda premissa depende da capacidade de criar hipóteses plausíveis sobre as conexões valorativas entre um conjunto dado de normas.

No extremo oposto ao quietismo, encontra-se o *romantismo* que sugere conexões excessivamente abstratas entre, de um lado, as normas especificamente examinadas e, de outro, um determinado bem ou princípio. O bem ou princípio identificado por quem padece deste vício pode estar conectado às normas que constituem o seu *explanandum*, mas também poderiam estar conectados a outras normas, algumas das quais incompatíveis com as que se encontram nesse *explanandum*. A excessiva abstração não torna falsa a afirmação de que há uma conexão conceitual ou valorativa entre (i) as normas e (ii) o bem ou princípio, mas torna a conexão trivial. Como dito acima, a inferência à melhor explicação no Direito requer a articulação de um conjunto de princípios/bens/valores, julgamentos, conceitos e assunções fáticas de modo a produzir uma justificação substantiva para um grupo de normas jurídicas. O que se escreve sobre o Direito com a pena turvada pelo romantismo, portanto, também possui pouco ou nenhum "valor de orientação". O doutrinador, por outro lado, possui a capacidade de julgar o grau de complexidade e concreção necessários para produzir clareza sobre as razões para agir geradas pelo Direito em determinados contextos.

A natureza ampliativa da inferência à melhor explicação (em contraste com a inferência dedutiva) permite também que os argumentos sejam refinados. A conclusão de uma dedução é necessariamente implicada pelas premissas: no que diz respeito ao suporte dado pelas premissas à conclusão, o argumento dedutivo não pode ser aprimorado (ainda que, obviamente, deduções possam ser mais ou menos elegantes). A inferência à melhor explicação, por outro lado, pode ser mais ou menos cogente e, por esta razão, é possível refletir sobre, e refinar, a segunda premissa de argumentos produzidos anteriormente.

É possível reforçar esta cogência, por exemplo, por meio da identificação de outras normas jurídicas que também possam ser explicadas pelo programa normativo originalmente proposto. É possível também identificar normas que militem *contrariamente* à explicação por não serem facilmente acomodadas dentro do programa normativo originalmente proposto. Nestes casos, surge o ônus de (i) ou bem explicar por que a incapacidade de dar conta desta norma jurídica específica não diminui a cogência do argumento original (ii) ou bem reformular o programa normativo originalmente proposto para acomodar a norma, (iii) ou bem abandonar o programa normativo original e partir em busca de outro que possa justificar as normas relevantes (nos termos descritos acima). Para tanto, o doutrinador deve ter desenvolvido não apenas a sua imaginação jurídica e um certo desapego aos resultados anteriores de sua atividade intelectual, mas uma capacidade refinada de perceber "familiaridade" entre normas jurídicas. Esta habilidade de perceber familiaridade entre normas jurídicas que não estão conectadas de modo óbvio não é, ela mesma, uma capacidade vulgar.

Esta capacidade de refinamento da inferência à melhor explicação não é restrita aos argumentos produzidos por um mesmo doutrinador. O mesmo processo de refinamento, reformulação e, por vezes, refutação é uma característica do empreendimento intelectual comunitário (mais do que meramente coletivo) que chamamos doutrina jurídica. A doutrina jurídica é uma *tradição de investigação racional*[37] e o sucesso neste tipo de prática social requer o en-

37 O conceito e seus elementos característicos, tomei emprestado de Alisdair MacIntyre (*Whose justice? Which rationality?* London: Duckworth, 1988, cap. 05, p. 80).

gajamento apropriado com os programas normativos construídos por outros doutrinadores, sejam eles do passado, sejam eles contemporâneos. Entre os elementos essenciais de uma tradição de investigação racional encontram-se, por exemplo, (i) a necessidade de explicar o erro de concepções rivais sobre os programas normativos putativamente capazes de justificar um conjunto determinado de normas; (ii) uma explicação de como a concepção favorecida pelo autor não comete os mesmos erros das rivais; e (iii) uma explicação de como a concepção sugerida refina a *arché*[38] da investigação.

Aqui também há que se buscar o justo meio virtuoso entre dois extremos viciosos. De um lado, há o *solipsismo* de quem pretende encontrar as soluções para problemas jurídicos complexos sem qualquer engajamento com a tradição doutrinária. Este solipsismo por vezes se manifesta na forma de opiniões oraculares que só alguém que não se vê engajado em um empreendimento intelectual comum pode conceber como merecendo alguma autoridade. Outras vezes o solipsismo vem acompanhado de ingenuidade sobre os poderes intelectuais do autor, que procura produzir justificações racionais no vácuo.

De outro lado, há a *idolatria* de quem repete a opinião de outros sem submetê-la à análise racional. Frequentemente (mas não sempre) referências ao direito comparado no contexto de uma investigação doutrinária padecem deste mal. Os programas normativos propostos por outros para explicar um conjunto de normas são fetichizados e a tradição de investigação se enrijece. Para o doutrinador, esses programas normativos propostos por outros são apenas isto: propostas. Sua cogência, e a cogência dos argumentos que se fundam nelas, devem ser testadas, medidas e avaliadas. Se necessário, deve-se reformá-las ou abandoná-las[39]. Entre o solipsismo e a idolatria está o engajamento do doutrinador com as construções intelectuais dos que o precederam.

O ambiente intelectual no qual se insere o doutrinador contemporâneo (em especial, mas não exclusivamente, no Brasil) é inóspito à investigação doutrinária. É cada vez mais difícil ouvir a voz dos textos canônicos que cons-

---

38 A *arché* de uma tradição de investigação racional é uma certa concepção preliminar sobre o objeto da investigação. Esta noção é preliminar pois, se houvesse absoluta clareza sobre o objeto da investigação, não haveria nada a investigar. É uma marca da investigação racional saudável que as sucessivas formulações de investigadores apresentem uma versão progressivamente mais refinada da *arché* (*vide* MACINTYRE, Alisdair. *Whose justice? Which rationality?*, p. 80, e MACINTYRE, Alisdair. *First principles, final ends and contemporary philosophical issues*. Milwaukee: Marquette University Press, 1990, pp. 34-9).

39 Estes não são os únicos vícios intelectuais que podem impedir a criação de doutrina jurídica, em sentido próprio. Por vezes, por exemplo, o investigador (mesmo aquele que é competente) pode ser afetado por uma certa "naturalização" de certas formas de pensar aspectos do direito positivo. O passado não se fetichiza de modo consciente, mas se reifica. Uma certa forma de ver a justificação de um conjunto de normas jurídicas se coisifica e se torna algo que não passa pela cabeça do investigador questionar.

tituem a espinha dorsal da tradição doutrinária em meio a cacofonia de vozes que instanciam um ou mais dos vícios intelectuais mencionados acima.

Nesta situação, é urgente refinar e esclarecer a compreensão do que constitui a atividade doutrinária. A utilização da inferência à melhor explicação é um aspecto central desta atividade e, como procurei demonstrar acima, sua compreensão esclarece também outros aspectos centrais da doutrina. Em particular ela ajuda a identificar as virtudes do doutrinador, plantadas que estão no "justo meio" Aristotélico entre dois vícios intelectuais.

Maior clareza sobre o papel da abdução jurídica na doutrina me ajudou a compreender o projeto intelectual subjacente aos seminários da disciplina de Teoria Geral do Direito Civil que cursei em 1993. Nossos professores tentaram fornecer-nos as ferramentas que nos permitiriam participar do empreendimento intelectual comunitário que é a doutrina jurídica (com maior ou menor sucesso). O constante exame de clássicos, o treinamento para separar meticulosamente publicações que merecessem exame aprofundado de outras tantas publicações, a fertilização cruzada entre diversas disciplinas jurídicas e não jurídicas, o respeito às fontes do Direito, tinham por objetivo proteger-nos deste ambiente inóspito e permitir que, por nossas próprias forças, pudéssemos participar ativamente desse empreendimento.

A ESCOLA CIVILISTA GAÚCHA E A JURISPRUDÊNCIA DO SUPERIOR TRIBUNAL DE JUSTIÇA: MODELOS DOUTRINÁRIOS E A UNIFORMIZAÇÃO DA INTERPRETAÇÃO DA LEI

Marcos de Campos Ludwig

Introdução

Um dos temas mais caros à Judith Martins-Costa, refletido na sua obra por vezes de forma direta e por outras de forma indireta, como pano de fundo metodológico, é o papel da doutrina no fluxo de desenvolvimento da experiência jurídica.

Nesse sentido, desponta o seu artigo de apresentação à obra coletiva *Modelos de Direito Privado*, por ela própria organizada, com o título "Autoridade e utilidade da doutrina: a construção dos modelos doutrinários"[1]. Nesse texto, Martins-Costa empresta à professora francesa Michelle Gobert uma definição de doutrina em sentido próprio – digamos, *doutrina de verdade* – que a restringe ao círculo de pessoas "que, tendo por missão ensinar o Direito, têm por vocação refletir sobre o Direito"[2]. Martins-Costa então explora essa definição para concluir que a doutrina em sentido próprio é aquela que goza de *auctoritas* – e a doutrina que goza de *auctoritas* é, em última análise, aquela que, a partir da racionalidade crítica, "produz obra útil aos fins que o Direito, ciência prática (e, pois, *prudentia*), está direcionado"[3]. Essa utilidade (*utilitas*), finalmente, a doutrina conquista ao desenvolver *modelos dogmáticos*, isto é, "criações/qualificações de ordem teórica que, estruturando fato e valor, fornecem, com maior liberdade de ação, esquemas de [apreensão e] solução para os casos não regulados (lacunas) ou mal regulados (insuficiência, deficiência, inadequação valorativa) pelos modelos jurídicos, possibilitando uma ordenada atividade de integração hermenêutica"[4].

---

1 MARTINS-COSTA, Judith. Autoridade e utilidade da doutrina: a construção dos modelos doutrinários. In: MARTINS-COSTA, Judith (Org.). *Modelos de direito privado*. São Paulo: Marcial Pons, 2014, pp. 9-32.

2 GOBERT, Michelle. Le temps de penser la doctrine. Droits – *Revue Française de Théorie Juridique*, v. 20, Paris: PUF, 1994, p. 97 – apud: MARTINS-COSTA, Judith. Autoridade, cit., p. 11.

3 MARTINS-COSTA, Judith. Autoridade, cit., p. 26.

4 MARTINS-COSTA, Judith. Autoridade, cit., p. 26.

No presente ensaio, proponho um diálogo com essa parte "metadogmática" da obra de Martins-Costa – a reflexão sobre o papel da doutrina na experiência jurídica – a partir de um estudo de caso cuja escolha, de escopo bem reduzido, sugere um segundo diálogo com outra parte dessa mesma obra – a parte dogmática propriamente dita, aquela que propõe e desenvolve modelos dogmáticos. Para contextualizar esse segundo diálogo, situamos a obra de Martins-Costa como fruto de uma escola doutrinária de Direito Civil iniciada por Clóvis do Couto e Silva, na década de 1980, em torno da criação do Programa de Pós-Graduação em Direito da Universidade Federal do Rio Grande do Sul (PPGDir – UFRGS)[5]. Essa escola promoveu um estilo ou modo de pesquisa e ensino do Direito ao mesmo tempo rigoroso, adstrito à diretriz da racionalidade crítica, e sensível à natureza dinâmica e complexa da experiência jurídica – estilo ou modo que poderíamos chamar de *mos Clodovici jura docendi*. Para evitar o termo latino, farei referência a essa escola – do seu fundador Couto e Silva aos seus vários e valorosos discípulos e sucessores, entre os quais desponta Martins-Costa – como Escola Civilista Gaúcha, ou simplesmente "ECG".

A proposta do presente ensaio, enfim, é aplicar o teste da *utilitas* da doutrina, nos moldes sugeridos por Martins-Costa no seu artigo "metadogmático" acima referido, a partir da análise da influência de modelos doutrinários desenvolvidos pela ECG – especificamente, da obra de Couto e Silva (seção I) e da própria Martins-Costa (seção II) – na jurisprudência do Superior Tribunal de Justiça (STJ), na execução do seu papel de Corte de uniformização da interpretação da legislação federal[6]. Assim, ressalvo desde logo que aqui não tenho a pretensão de fazer doutrina de verdade, ou seja, de desenvolver modelos dogmáticos com *utilitas* para a experiência jurídica. Mantenho-me suspenso, consciente e cautelosamente, no nível da "metadogmática".

---

5 Para um rico relato sobre a vida e obra de Couto e Silva, com menção à criação do PPG-Dir – UFRGS e o seu significado, *vide* COUTO E SILVA, Almiro. *Clóvis Veríssimo do Couto e Silva:* advogado e jurista. Porto Alegre: Ordem dos Advogados do Brasil – Seção do Rio Grande do Sul (OAB/RS), 1992.

6 Constituição da República Federativa do Brasil, de 5 de outubro de 1988 (com a redação dada pela Emenda Constitucional n. 45, de 2004), art. 105: "Compete ao Superior Tribunal de Justiça: [...] III – julgar, em recurso especial, as causas decididas, em única ou última instância, pelos Tribunais Regionais Federais ou pelos tribunais dos Estados, do Distrito Federal e Territórios, quando a decisão recorrida: a) contrariar tratado ou lei federal, ou negar-lhes vigência; b) julgar válido ato de governo local contestado em face de lei federal; c) der a lei federal interpretação divergente da que lhe haja atribuído outro tribunal".

1. Primórdios da recepção dos modelos doutrinários desenvolvidos pela ECG na jurisprudência do STJ

1.1. A primeira citação de Couto e Silva no STJ: estreia pela via do Direito Processual (1989)

O Clóvis do Couto e Silva que primeiro foi invocado em decisão do STJ, poucos meses depois da implantação dessa Corte, não foi o civilista, em torno do qual se formou a ECG, mas o processualista. Atualmente poucos parecem saber ou lembrar, mas em 1977 Couto e Silva publicou pela Editora Revista dos Tribunais os seus *Comentários ao Código de Processo Civil*[7]. A obra era oportuna, pois a Lei n. 5.869, de 11 de janeiro de 1973, que introduzira um novo Código de Processo Civil, havia entrado em vigor no dia 1º de janeiro de 1974 e, portanto, estava recém em seu quarto ano de vigência.

A decisão do STJ que primeiro citou Couto e Silva foi proferida em sede de agravo regimental em agravo de instrumento – como dito, em questão meramente processual – no dia 12 de dezembro de 1989[8]. Nessa data, o STJ fora instalado havia oito meses (em 7 de abril de 1989), em obediência ao comando previsto na Constituição de 5 de outubro de 1988, e ainda ocupava as instalações do extinto Tribunal Federal de Recursos – TFR; o contrato de construção da nova sede fora assinado com o arquiteto Oscar Niemeyer havia menos de seis meses (em 21 de junho de 1989); o seu Regimento Interno ainda era novo, com pouco mais de cinco meses de vigência (em 7 de julho de 1989)[9].

Foi nesse contexto, em que o STJ enfrentava questões processuais novas ou, por vezes, revisitava e eventualmente revia a jurisprudência do extinto TFR à luz da nova Constituição e do seu próprio Regimento Interno, que o Ministro Fontes de Alencar[10], relator do caso na 4ª Turma, recorreu aos

---

7 COUTO E SILVA, Clóvis do. *Comentários ao código de processo civil.* São Paulo: Revista dos Tribunais, 1977, v. 11, t. I e II.

8 BRASIL. Superior Tribunal de Justiça. 4ª Turma. Agravo Regimental no Agravo de Instrumento n. 837/RJ. Rel. Min. Fontes de Alencar. Brasília, 12 de dezembro de 1980. *DJ* 5 de março de 1990, p. 1.409.

9 SUPERIOR TRIBUNAL DE JUSTIÇA. Institucional: História: Surge o STJ. Disponível em: <http://www.stj.jus.br/sites/STJ/default/pt_BR/Institucional/História/Surge-o-STJ>. Acesso em: 3 jul. 2017.

10 Luiz Carlos Fontes de Alencar nasceu em 31 de dezembro de 1933 em Estância/SE e faleceu em 2 de julho de 2016. Bacharel em Direito pela Universidade Federal de Pernambuco e doutorando pela mesma instituição em 1959 e 1960, foi juiz de direito da comarca de Tobias Barreto/SE em 1961, de Maruim/SE em 1968, de Itabaianinha/SE em 1969 e de Aracaju/SE até 1979, membro do Tribunal Regional Eleitoral de Sergipe nos biênios 1972/1974 e 1974/1976, desembargador do Tribunal de Justiça de Sergipe de 1979 a 1989, tendo presidido essa Corte no biênio 1985/1987, e ministro do STJ de

Comentários ao Código de Processo Civil de Couto e Silva. E o fez para reforçar, em seu voto, o argumento que adotara o acórdão proferido pelo Tribunal de Justiça do Rio de Janeiro – TJRJ, que havia motivado o recurso especial inadmitido e que, por sua vez, se embasava na doutrina de outro processualista gaúcho, Adroaldo Furtado Fabrício[11]. Dessa forma, o Ministro Fontes de Alencar negou provimento ao agravo regimental, em decisão unânime que os Ministros Sálvio de Figueiredo e Barros Monteiro acompanharam, sob a presidência (sem voto) do Ministro Athos Gusmão Carneiro – ele também, por sinal, processualista e gaúcho[12].

---

18 de maio de 1989 a 5 de dezembro de 2003, tendo presidido a 4ª Turma dessa corte no biênio 1993/1995. Foi professor de Direito na Universidade Federal de Sergipe e vice-reitor dessa instituição no biênio 1977/1979, além de professor de processo penal na Universidade de Brasília de 1990 a 1995, entre outras afiliações (SUPERIOR TRIBUNAL DE JUSTIÇA. Institucional: Ministros: Ministros Aposentados e Ex-Ministros: Luiz Carlos Fontes de Alencar. Disponível em: <http://www.stj.jus.br/web/verCurriculoMinistro?parametro=4&cod_matriculamin=0001086>. Acesso em: 3 jul. 2017).

---

11 Adroaldo Furtado Fabrício nasceu em 31 de agosto de 1934 em São Luiz Gonzaga/RS. Bacharel em Direito pela UFRGS em 1957 e doutor em Direito pela mesma instituição em 1977, mediante aprovação em concurso para livre-docência em Direito Processual Civil, foi pretor da comarca de Ijuí/RS de 1958 a 1960, juiz de direito no Rio Grande do Sul de 1961 a 1980, juiz do Tribunal de Alçada do Rio Grande do Sul – TARGS de 1980 a 1983 e desembargador do Tribunal de Justiça do Rio Grande do Sul – TJRS de 1983 a 1998, tendo presidido essa Corte no biênio 1996/1998. Atualmente é advogado em Porto Alegre/RS e professor na Escola Superior da Magistratura do Rio Grande do Sul – Ajuris em Porto Alegre/RS, professor visitante do Instituto Brasiliense de Ensino e Pesquisa – IBEP em Brasília/DF e do Centro de Estudos, Pesquisa e Aperfeiçoamento em Direito – CEPAD no Rio de Janeiro/RJ, entre outras afiliações, e publicou diversas obras na área do Direito Processual Civil (FABRÍCIO ADVOGADOS S/C. Advogados: Adroaldo Furtado Fabrício: *Curriculum Vitae* (Resumo). Disponível em: <http://www.fabricioadvogados.com.br/tcurriculo.htm>. Acesso em: 3 jul. 2017).

12 Athos Gusmão Carneiro nasceu em 11 de dezembro de 1925 em São Leopoldo/RS e faleceu em 2 de julho de 2014. Bacharel em direito pela UFRGS em 1949 (orador da turma), exerceu a advocacia no Rio de Janeiro/RJ entre 1950 e 1951, foi juiz nas comarcas de São Francisco de Assis/RS, Ijuí/RS, Uruguaiana/RS e Porto Alegre/RS de 1952 a 1975, juiz do TARGS de 1975 a 1977, desembargador do TJRS de 1977 a 1989, tendo sido 2º e 1º vice-presidente dessa Corte de 1988 a 1989, e ministro do STJ de 18 de maio de 1989 a 29 de outubro de 1993. Foi professor de Direito Processual Civil na UFRGS de 1967 a 1994, na Pontifícia Universidade Católica de Porto Alegre – PUC/RS, na Escola Superior da Magistratura do Rio Grande do Sul – Ajuris e na Universidade de Brasília. Integrou a Comissão de Reforma do Código de Processo Civil por Portaria do Ministro da Justiça datada de 6 de março de 1991 e publicou diversas obras na área do Direito Processual Civil (SUPERIOR TRIBUNAL DE JUSTIÇA. Institucional: Ministros: Ministros Aposentados e Ex-Ministros: Athos Gusmão Carneiro. Disponível em: <http://www.stj.jus.br/web/verCurriculoMinistro?parametro=4&cod_matriculamin=0001083>. Acesso em: 3 jul. 2017).

Cinco anos depois, como se verá, essa mesma 4ª Turma teve papel fundamental para a recepção crescente, na jurisprudência do STJ, de modelos doutrinários da ECG – ou seja, de modelos doutrinários não mais apenas de Direito Processual, mas também de Direito Civil e, especialmente, de Direito das Obrigações. Ainda assim, de um total de 21 acórdãos do STJ que citaram alguma obra de Couto e Silva desde 1989 até 2007[13], a maioria (doze acórdãos) fez referência aos *Comentários ao Código de Processo Civil* a que acima se aludiu. Pelo menos em termos quantitativos, portanto, mais lembrado nos acórdãos do STJ foi o Couto e Silva processualista, autor de obra de viés prático (comentários a legislação) e publicado por editora com boa distribuição nacional a partir de São Paulo (Revista dos Tribunais), do que o Couto e Silva civilista que propulsionou a criação e difusão da ECG.

1.2. A recepção do Couto e Silva civilista no STJ: o princípio da boa-fé (1994)

Foi novamente em sede de agravo regimental em agravo de instrumento que, pela primeira vez, em 12 de setembro de 1994[14], o STJ recepcionou a obra de Couto e Silva no campo em torno do qual se desenvolveu a ECG: o Direito Civil e, especificamente, o Direito das Obrigações. Se não parece demasiado longo esse intervalo de menos de cinco anos entre a acolhida, em Brasília, do Couto e Silva processualista e a recepção, nesse mesmo STJ, do Couto e Silva civilista, infelizmente este último reconhecimento acabou sendo póstumo devido ao falecimento repentino do jurista em 21 de maio de 1992, ainda em plena atividade profissional, intelectual e de difusão da ECG[15].

---

13 O último acórdão do STJ que cita alguma obra de Couto e Silva foi julgado em 28 de junho de 2007, em mais um caso de referência aos *Comentários ao código de processo civil*, desta vez para enfrentar uma questão processual em sede de ação penal (BRASIL. Superior Tribunal de Justiça. 6ª Turma. Recurso Especial n. 281.406/RJ. Rel.ª Min.ª Maria Thereza de Assis Moura. Brasília, 28 de junho de 2007. *DJ* 6 de agosto de 2007, p. 703). De lá para cá, Couto e Silva foi citado no STJ apenas em decisões monocráticas, totalizando quinze até a data do presente artigo desde a primeira decisão monocrática que referiu alguma obra sua no STJ, de autoria do Min. Ari Pargendler, em 26 de julho de 1999 (BRASIL. Superior Tribunal de Justiça. Decisão monocrática. Agravo de Instrumento n. 139.120/SP. Rel. Min. Ari Pargendler. Brasília, 26 de julho de 1999. *DJ* 10 de agosto de 1999).

14 BRASIL. Superior Tribunal de Justiça. 4ª Turma. Agravo Regimental no Agravo de Instrumento n. 47.901-3/SP. Rel. Min. Ruy Rosado de Aguiar Júnior. Brasília, 12 de setembro de 1994. *DJ* 31 de outubro de 1994, p. 29.505.

15 Couto e Silva faleceu repentinamente "logo após deixar a sala de conferências da Faculdade de Direito da Universidade Gama Filho, no Rio de Janeiro, onde acabara de falar sobre o seu mais caro projeto intelectual – o curso de Pós-Graduação em Direito

Discutia-se a responsabilização ou não da empresa pela indenização dos prejuízos sofridos pelo cliente que teve seu veículo furtado no estacionamento do estabelecimento. No caso em análise, a empresa responsável pelo estabelecimento (Banco Itaú) insistia que não deveria ser responsabilizada com base em uma dupla tese. Do ponto de vista contratual, porque o fato de o cliente ter estacionado o seu veículo não configurava um contrato de depósito. Do ponto de vista extracontratual, porque a ausência de culpa por parte da empresa afastava a responsabilidade civil por ato ilícito nos termos do art. 159 do Código Civil de 1916 (vigente à época). Mais uma vez no âmbito da 4ª Turma do STJ, sob a presidência do Ministro Fontes de Alencar, coube a relatoria do caso ao Ministro Ruy Rosado de Aguiar Júnior[16], que partia de uma jurisprudência já consolidada no STJ em favor do reconhecimento da responsabilidade civil da empresa perante o cliente naquele tipo de situação.

Jurista gaúcho oriundo do TJRS, com menos de seis meses no STJ na data do julgamento, o Ministro Ruy Rosado de Aguiar Júnior fora aluno de Couto e Silva na faculdade de Direito da UFRGS e, como professor, um dos incentivadores e viabilizadores do Programa de Pós-Graduação em Direito daquela instituição, que fora idealizado por Couto e Silva justamente como centro de reflexão da ECG e de irradiação intelectual dos seus modelos doutrinários. Coube a ele, nessas circunstâncias, invocar pela primeira vez em Brasília a obra do Couto e Silva civilista. E o fez para incrementar a argumentação que sustentava a jurisprudência anterior do STJ no julgamento daquele tipo de litígio, de um modo de pensar o Direito Civil que se revela

---

da Universidade Federal do Rio Grande do Sul" (MARTINS-COSTA, Judith, e FRADERA, Véra Jacob de. Clóvis do Couto e Silva (1930-1992). In: MARTINS-COSTA, Judith, e FRADERA, Véra Jacob de (Org.). *Estudos de direito privado e processual civil em homenagem a Clóvis do Couto e Silva*. São Paulo: RT, 2014, p. 43).

---

16 Ruy Rosado de Aguiar Júnior nasceu em 30 de abril de 1938 em Iraí/RS. Bacharel em Direito, especialista em Direito Penal e mestre em Direito Civil na UFRGS, foi promotor de justiça de 1963 a 1980, juiz do TARGS de 1980 a 1985, desembargador do TJRS de 1985 a 1994, tendo sido presidente do Conselho Estadual dos Juizados Especiais e de Pequenas Causas de 1989 a 1992, 2º vice-presidente do TJRS em 1994, e ministro do STJ de 29 de abril de 1994 a 12 de agosto de 2003, tendo sido presidente da 4ª Turma no biênio 1999/2001 e coordenador-geral da Justiça Federal em 2003. Foi professor de Direito Constitucional na Faculdade de Direito de Santo Ângelo de 1967 a 1973, de Direito Penal na Unisinos de 1973 a 1984, da Escola Superior da Magistratura do Rio Grande do Sul – Ajuris a partir de 1981 e do Programa de Pós-Graduação em Direito da UFRGS até 1994, entre outros cargos (SUPERIOR TRIBUNAL DE JUSTIÇA. Institucional: Ministros: Ministros Aposentados e Ex-Ministros: Ruy Rosado de Aguiar Júnior. Disponível em: <http://www.stj.jus.br/web/verCurriculoMinistro?parametro=4&cod_matriculamin=0001102>. Acesso em: 3 jul. 2017).

característico da ECG como idealizada e construída em torno da atividade intelectual de Couto e Silva.

A característica básica desse *mos Clodovici jura docendi*, que parece implícita no voto do Ministro Ruy Rosado de Aguiar Júnior como fundamento teórico da sua análise e resolução do problema, é a compreensão do Direito como fenômeno cultural, que se forma e reconstrói continuamente através de uma atividade de modelagem jurídica da experiência social. Como fenômeno cultural, o Direito e a sua aplicação prática não se esgotam nos modelos legislativos, nas normas do Direito posto pela atividade legiferante do Estado, mas abrangem também os modelos jurisdicionais (referência a precedentes) e modelos doutrinários. Por esta última via, dos modelos doutrinários, é que em princípio também se legitima a busca do direito comparado, não para aplicar Direito estrangeiro como se doméstico fosse, mas para enriquecer a atividade de compreensão e aplicação dos modelos jurídicos e hermenêuticos próprios ao caso, reconhecendo a possibilidade de pontos de contato entre distintas formas de lidar com problemas similares.

É esse fundamento teórico, entendemos, que leva o Ministro Ruy Rosado de Aguiar Júnior além da referência à jurisprudência do STJ (modelos jurisdicionais) para aludir à categoria dogmática das "relações contratuais de fato", contemplada pelo "Direito Civil moderno" (modelo doutrinário), e o faz primeiro citando o *Direito das Obrigações* do civilista português Mário Júlio de Almeida Costa, que por sua vez se inspirou em uma construção jurisdicional e doutrinária alemã[17]. Ao mesmo tempo, por abordar doutrina de alhures, o

17 Cunhada em 1942 pelo jurista alemão Günther Haupt, talvez sob a inspiração da noção jurisprudencial inglesa de *necessaries* (que Couto e Silva traduziu por "atos existenciais"), a categoria dogmática das "relações contratuais de fato" (*faktische Vertragsverhältnisse*) foi desenvolvida em 1953 pelo também alemão Karl Larenz na primeira edição do seu *Manual de Direito das Obrigações* (*Lehrbuch des Schuldrechts*), este preferindo o termo "conduta socialmente típica" (*sozialtypisches Verhalten*), e recepcionada em 14 de julho de 1956 pela jurisprudência alemã na decisão do Tribunal Federal de Justiça (*Bundesgerichtshof* – BGH) no "caso do estacionamento de Hamburgo" (*Hamburger Parkplatzfall* – in: BGHZ 21, 319. Disponível em: <https://dejure.org/1956,22>. Acesso em: 3 jul. 2017). Imediatamente após essa decisão, diversos juristas alemães, como Wolfgang Siebert e o próprio Larenz, e o italiano Emilio Betti comentaram o caso e as suas implicações para a teoria do negócio jurídico e o Direito das Obrigações, o que chamou a atenção de Couto e Silva já em 1964, quando da redação da primeira versão d'A *obrigação como processo* ainda (*vide* nota 18 abaixo), e se manteve no seu foco de preocupação teórica por pelo menos duas décadas (*vide* COUTO E SILVA, Clóvis do. *Para uma história dos conceitos no direito civil e no direito processual civil*. Separata. Coimbra: Universidade de Coimbra, 1983, pp. 19-22). Em 12 de setembro de 1994, enfim, quase quarenta anos depois da decisão do BGH e cerca de três anos após o falecimento de Couto e Silva, o influxo da obra e docência deste jurista leva o STJ a recepcionar na jurisprudência brasileira aquele mesmo modelo doutrinário – coincidentemente, também em um caso de responsabilidade civil em estacionamento.

exercício não deixa de ser de direito comparado, pelo menos no sentido de buscar subsídios fora das fronteiras dos modelos legislativos, jurisdicionais e doutrinários produzidos no Brasil.

É no contexto desse exercício, justamente, desse movimento de abertura intelectual a serviço da atividade judicante, que o Ministro Ruy Rosado de Aguiar Júnior introduz na jurisprudência do STJ o Couto e Silva civilista. Saúda-o como difusor no Brasil de uma perspectiva funcionalista do Direito Contratual, caracterizada por uma "nova compreensão da vontade no fenômeno negocial" e informada pela "cláusula geral da boa-fé objetiva", e cita o *locus classicus* da obra civilista de Couto e Silva, *A Obrigação como Processo*[18], além de artigo monográfico sobre o princípio da boa-fé objetiva em perspectiva de direito comparado[19]. Apoiando-se nesses modelos doutrinários, o Ministro Ruy Rosado de Aguiar Júnior reconhece na oferta de vaga de estacionamento pelo estabelecimento bancário, "para o conforto de seus clientes e maior vantagem às operações bancárias", a existência de uma "conduta socialmente típica" (outra categoria doutrinária alemã) que atrai para o estabelecimento bancário "o dever, derivado da boa-fé, de proteger a pessoa e os bens do usuário", independentemente da formalização de contrato de depósito.

Também a fonte desse reconhecimento, comum à responsabilidade tanto contratual quanto extracontratual, extrai o Ministro Ruy Rosado de Aguiar Júnior da obra de Couto e Silva: a noção sociológica de "contrato social", também importada do pensamento alemão, a que Couto e Silva havia recorrido na preparação do curso que lecionou em 1988 na Universidade de Paris XII sobre os princípios fundamentais da responsabilidade civil no Direito brasileiro e comparado[20]. As notas que Couto e Silva redigiu para esse curso, em francês, não chegaram a ser publicadas, mas em cópia datilogra-

18 COUTO E SILVA, Clóvis do. *A obrigação como processo*. São Paulo: José Bushatsky, 1976 (reeditado – Rio de Janeiro: FGV, 2006). A versão original do livro foi apresentada por Couto e Silva como tese para concurso para a cátedra de Direito Civil na UFRGS em 1964, cujo plano e conteúdo pouco foi alterado na versão publicada doze anos depois. Uma cópia encadernada da tese de 1964 encontra-se (ou pelo menos encontrava-se) no acervo da biblioteca da faculdade de Direito da UFRGS.

19 COUTO E SILVA, Clóvis do. O Princípio da Boa-Fé no Direito Brasileiro e Português. In: CAETANO, Marcello; MOREIRA ALVES, José Carlos; COUTO E SILVA, Clóvis do; ALMEIDA COSTA, Mário Júlio de (Org.). *Estudos de direito civil brasileiro e português. I Jornada Luso-brasileira de Direito Civil*. São Paulo: Revista dos Tribunais, 1980, pp. 43-72 (reeditado – In: FRADERA, Vera Maria Jacob de. *O direito privado brasileiro na visão de Clóvis do Couto e Silva*. Porto Alegre: Livraria do Advogado, 1997, pp. 33-58).

20 COUTO E SILVA, Clóvis do. *Principes fondamentaux de la responsabilité civile en droit brésilien et comparé. Cours fait à la Faculté de droit et sciences politiques de St. Maur (Paris XII)*. Paris: [s.n.], 1988. Datilografado.

fada circularam pelos corredores da faculdade de Direito da UFRGS, entre professores e alunos do Programa de Pós-Graduação em Direito, e acabaram também citadas no acórdão do STJ em análise. Após percorrer essa trajetória intelectual, enfim, o Ministro Ruy Rosado de Aguiar Júnior costurou o seu voto no modelo legislativo consubstanciado na cláusula geral do art. 159 do Código Civil de 1916 (vigente à época), mantendo assim a necessária vinculação com a legislação federal em vigor no Brasil e reforçando a *ratio decidendi* que embasara os precedentes do STJ acerca da matéria.

2. A obra doutrinária de Judith Martins-Costa e a sua influência no desenvolvimento de modelos jurisprudenciais no STJ

2.1. A primeira citação de Martins-Costa no STJ: princípio da boa-fé e administração pública (2004)

Herdeira direta do projeto intelectual idealizado e desenvolvido por Couto e Silva e figura de proa da ECG desde cedo pela sua atividade docente no Programa de Pós-Graduação em Direito da UFRGS, Judith Martins-Costa projetou-se na cena jurídica nacional a partir da defesa em 1995 da sua influente tese de doutoramento, na faculdade de Direito da Universidade de São Paulo (USP), sobre a história e os critérios de aplicação do princípio da boa-fé no Direito Privado. Os reflexos do que chamamos acima de *mos Clodovici jura docendi* revelam-se no recurso frequente, abrangente e ao mesmo tempo profundo às fontes doutrinárias, especialmente luso-brasileiras, espanholas, italianas, francesas e alemãs – em um momento em que ainda vigia em nosso País o Código Civil de 1916, relativamente tímido nas referências à boa-fé – e na perspectiva do ordenamento jurídico como sistema aberto e móvel, contendo cláusulas gerais que admitem e, em certo sentido, dependem do raciocínio tópico para viabilizar a aplicação justa do Direito ao caso concreto.

Em versão revisada, a tese foi publicada em 1999 pela Editora Revista dos Tribunais como livro intitulado *A Boa-Fé no Direito Privado*[21], que em pouco tempo se firmou como obra de referência incontornável sobre o tema, especialmente no âmbito dos programas de pós-graduação em Direito. Essa afirmação de alcance nacional tornou-se ainda mais marcante a partir da sanção presidencial do atual Código Civil (Lei n. 10.406, de 10 de janeiro de 2002), que entrou em vigor em 12 de janeiro de 2003.

Nesse contexto, não surpreende que a primeira obra de Martins-Costa que o STJ recepcionou em sua jurisprudência de forma expressa foi *A Boa-Fé no Direito Privado*, em decisão proferida em sede de recurso especial em 14 de

21 MARTINS-COSTA, Judith. *A boa-fé no direito privado:* sistema e tópica no processo obrigacional. São Paulo: Editora Revista dos Tribunais, 1999.

dezembro de 2004[22]. Curiosamente, o caso não versava sobre matéria de Direito Privado, mas sim de Direito Administrativo: por essa razão, foi julgado pela 2ª Turma do STJ (no âmbito da 1ª Seção, competente para matérias de Direito Público), sob a relatoria da Ministra Eliana Calmon[23], e não pela 3ª ou 4ª Turmas (no âmbito da 2ª Seção, competente para matérias de Direito Privado).

No caso, após licitação, a Empresa Brasileira de Infraestrutura Aeroportuária – Infraero firmou com a empresa Luciano Cavalcante Administradora de Imóveis S/C Ltda. um contrato de concessão para exploração de estacionamento no antigo terminal de passageiros do Aeroporto Pinto Martins, em Fortaleza, Estado do Ceará, em 11 de outubro de 1997, com termo final em 1º de julho de 1998 e possibilidade de prorrogação por prazo adicional de três anos (ou seja, até 30 de junho de 2001). Menos de quatro meses depois da celebração do referido contrato, em 7 de fevereiro de 1998, a Infraero inaugurou um novo terminal (internacional) no Aeroporto Pinto Martins e tomou as medidas necessárias para realizar nova licitação para conceder à iniciativa privada a exploração de um novo estacionamento nesse novo aeroporto, com capacidade maior que o estacionamento do antigo terminal. Este continuou em operação, mas redirecionado para atender a voos regionais. Nesse contexto, a concessionária da área antiga buscou impedir judicialmente a realização da nova licitação pela Infraero, alegando ter direito tanto à transferência para a nova área quanto a obter a prorrogação da concessão pelo prazo adicional de três anos (ou seja, até 30 de junho de 2001).

Após acórdão do Tribunal de Justiça do Estado do Ceará – TJCE que dera ganho de causa à concessionária da área antiga, o STJ proveu parcialmente o recurso especial da Infraero, em decisão unânime, apontando um duplo equívoco no acórdão de origem. Primeiro, ao dar prevalência aos princípios da boa-fé e da preservação do equilíbrio econômico-financeiro em detrimento de outro princípio, "este basilar ao Direito Administrativo" e com sede constitucional (art. 37, inc. XXI, da Constituição) e infraconstitucional (art. 2º da Lei n. 8.666, de 21 de junho de 1993): a indispensabilidade da licitação para o Poder Público adquirir, alienar ou locar bens, ou contratar a exe-

22 BRASIL. Superior Tribunal de Justiça. 2ª Turma. Recurso Especial n. 524.811/CE. Rel.ª Min.ª Eliana Calmon. Brasília, 14 de dezembro de 2004. *DJ* 11 de abril de 2005, p. 235.

23 Eliana Calmon Alves nasceu em 5 de novembro de 1944 em Salvador/BA. Bacharel em Direito pela Universidade Federal da Bahia – UFBA em 1968, foi procuradora da República de 1974 a 1979, juíza federal na seção judiciária da Bahia de 1979 a 1989, juíza do TRF da 1ª Região de 1989 a 1999 e ministra do STJ de 30 de junho de 1999 a 18 de dezembro de 2013, bem como exerceu o magistério na área de Direito Processual Civil, entre outras atividades (SUPERIOR TRIBUNAL DE JUSTIÇA. Institucional: Ministros: Ministros Aposentados e Ex-Ministros: Eliana Calmon Alves. Disponível em: <http://www.stj.jus.br/web/verCurriculoMinistro?parametro=4&cod_matriculamin=0001114>. Acesso em: 3 jul. 2017).

cução de obras ou serviços. Segundo, em "afronta ao princípio da supremacia do interesse público", ao ordenar a Infraero a prorrogar o prazo contratual até a nova data (30 de junho de 2001), em vez de buscar fixar uma indenização com base nos prejuízos que a empresa concessionária viesse a comprovar.

O responsável por primeiro recepcionar a doutrina de Martins-Costa na jurisprudência do STJ, no entanto, não foi a Ministra Eliana Calmon, mas sim o Ministro Franciulli Netto[24]. Este concordou com a argumentação da relatora nos dois pontos acima, mas destacou que fora comprovado nos autos que a conduta da Infraero havia criado na concessionária "uma legítima expectativa de prorrogação do contrato de concessão", ou seja, de que o prazo inicial do contrato, de apenas oito meses e dezenove dias, seria acrescido de mais três anos, como contemplado como possibilidade no próprio contrato. Segundo o voto do Ministro Franciulli Netto, o teor das correspondências trocadas entre as partes evidenciava que a concessionária havia considerado assegurada a prorrogação do contrato, sem oposição da Infraero, quando aceitara assumir certas obrigações de investimento na área, incluindo a compra e instalação de máquinas diversas.

Do recurso ao princípio da boa-fé, finalmente, valeu-se o Ministro Franciulli Netto para fundamentar o reequilíbrio econômico-financeiro do contrato de concessão original. Na medida em que a inauguração do novo terminal internacional do Aeroporto Pinto Martins era conhecida por ambas as partes, argumentou, não cabia falar na teoria da imprevisão ou outras baseadas na noção de álea, como havia feito a relatora, Ministra Eliana Calmon. A fundamentação adequada, para o Ministro Franciulli Netto, estaria na teoria dos atos próprios, ou *venire contra factum proprium*, "fórmula consagrada pelos canônicos para elucidar a impossibilidade de se praticar atos incompatíveis com condutas anteriormente externadas". Na falta de modelos legislativos específicos, enfim, reportou-se a modelos jurisprudenciais – um precedente consubstanciado em decisão de relatoria do Ministro Ruy Rosado

24 Domingos Franciulli Netto nasceu em 16 de novembro de 1935 em São Paulo/SP e faleceu em 21 de novembro de 2005. Bacharel em Direito pela Pontifícia Universidade Católica de São Paulo – PUC/SP em 1964, foi juiz em diferentes comarcas do Estado de São Paulo de 1967 a 1972, juiz substituto na comarca de São Paulo a partir de 1972, juiz do Segundo Tribunal de Alçada Civil do Estado de São Paulo a partir de 1979, desembargador do Tribunal de Justiça do Estado de São Paulo – TJSP a partir de 1983 e ministro do STJ de 27 de outubro de 1999 a 15 de novembro de 2005, bem como exerceu o magistério nas áreas de Direito Civil e de Direito Processual Civil de 1972 a 1985, entre outras atividades (SUPERIOR TRIBUNAL DE JUSTIÇA. Institucional: Ministros: Ministros Aposentados e Ex-Ministros: Domingos Franciulli Netto. Disponível em: <http://www.stj.jus.br/web/verCurriculoMinistro?parametro=4&cod_matriculamin=0001117>. Acesso em: 3 jul. 2017).

de Aguiar Júnior[25] – e doutrinários – a obra do próprio Ministro Ruy Rosado de Aguiar Júnior[26], do jurista português Antonio Menezes Cordeiro[27] e do professor titular de Direito Civil da USP e advogado Antonio Junqueira de Azevedo[28]. É com base nas palavras deste último – por sinal, orientador da tese de doutoramento de Martins-Costa na USP – que o Ministro Franciulli Netto destaca como "expoentes máximas" do desenvolvimento da teoria dos atos próprios as obras do jurista espanhol Díez-Picazo[29], do já citado Menezes Cordeiro[30], do jurista alemão Franz Wieacker (sem indicar a fonte) e, finalmente, como única referência na doutrina brasileira, as páginas 469 a 471 d'A *Boa-Fé no Direito Privado*, de Martins-Costa.

"A supremacia do interesse público", concluiu o Ministro Franciulli Netto com base no modelo doutrinário acima exposto, "não socorre a Administração Pública em práticas destoantes do princípio da boa-fé objetiva". A aplicação dessa doutrina moldada no âmbito do Direito Privado aos contratos administrativos, *mutatis mutandis*, o Ministro Franciulli Netto defende com base na obra do professor titular de Direito Administrativo da Pontifícia Universidade Católica de São Paulo – PUC/SP Celso Antônio Bandeira de Mello[31]. Tudo isso, no entanto, apenas para rever a fundamentação teórica da decisão de que caberia, no caso, alguma forma de reequilíbrio econômico-financeiro do contrato de concessão, já que inaplicável a teoria da imprevisão. De resto, o Ministro Franciulli Netto acompanhou o voto da relatora no sentido de não permitir a prorrogação "forçada" do contrato de concessão, mas apenas reconhecer a obrigação de a Infraero indenizar a concessionária pelas perdas e danos que esta comprovou com relação ao período entre 7 de fevereiro de 1998 (data de inauguração do novo terminal internacional do Aeroporto Pinto Martins) e 30 de junho de 1998 (termo final

25 BRASIL. Superior Tribunal de Justiça. 4ª Turma. Recurso Especial n. 141.879/SP. Rel. Min. Ruy Rosado de Aguiar Júnior. Brasília, 17 de março de 1998. *DJ* 22 de junho de 1998, p. 90.

26 *Extinção dos contratos por incumprimento do devedor*: resolução. 2ª ed. Rio de Janeiro: AIDE, 2004, p. 254.

27 *Tratado de direito civil português*: parte geral. 2. ed. Coimbra: Almedina, 2000, t. I, pp. 250-251.

28 *Estudos e pareceres de direito privado*. São Paulo: Saraiva, 2004, p. 167.

29 *La doctrina de los actos propios*. Barcelona: Bosch, 1963.

30 *Da boa-fé no direito civil*. Coimbra: Almedina, 1985.

31 Curso de direito administrativo. 14. ed. São Paulo: Malheiros, 2002, p. 579 e 583-585; Licitação – Inexigibilidade e Dispensa – Objeto Singular – Serviços Técnicos Especializados – Notória Especialização – Enriquecimento Sem Causa – Boa-fé – Consequências de Atos Nulos ou Anuláveis. Boletim de Licitações e Contratos, abril de 1998, ano XI, n. 4, p. 196-197.

do contrato de concessão, sem prorrogação). Dessa forma, o STJ equilibrou os princípios de Direito Administrativo, de um lado, e o princípio da boa-fé como fundamento para proteção razoável dos prejuízos comprovados que o particular sofreu em decorrência de conduta reprovável do Poder Público.

2.2. A recepção de Martins-Costa em casos de Direito Civil (2005)

Após a estreia pelo viés do Direito Administrativo, transcorreram cerca de quatro meses até que a obra de Martins-Costa fosse recepcionada pelo STJ no âmbito do Direito Privado. O primeiro caso, em matéria de Direito do Consumidor, foi em acórdão julgado pela 3ª Turma do STJ em 19 de abril de 2005[32], sob a relatoria da Ministra Nancy Andrighi[33].

A Associação Brasileira de Defesa do Consumidor, da Vida e dos Direitos Civis – ADCON ajuizou ação civil pública no Estado do Rio Grande do Sul para questionar a validade de certas cláusulas, por alegada abusividade, em todos os contratos celebrados, por adesão, com base nos termos oferecidos pela empresa administradora de cartões de crédito do grupo Unibanco (Cartão Unibanco Ltda.), pelos consumidores residentes no referido Estado. As cláusulas questionadas eram aquelas que fixavam juros superiores a 12% ao ano, que autorizavam a pós-fixação da data de juros e que autorizavam a cobrança de comissões de permanência, entre outras. A ADCON pleiteava, ainda, a condenação da instituição financeira à restituição em dobro, aos consumidores, do valor cobrado a maior nos diversos contratos com base nas cláusulas questionadas. Em sede de agravo de instrumento, o Tribunal de Justiça do Rio Grande do Sul – TJRS reconheceu de ofício a ilegitimidade da ADCON por ter formulado pedidos individualizados, entendendo que a tutela de direitos individuais homogêneos requereria pedido de condenação genérica. A ADCON então interpôs recurso especial contra o acórdão do TJRS, alegando negativa de vigência aos arts. 82, inc. III, e 91 do Código de Defesa do Consumidor (Lei n. 8.078, de 11 de setembro de 1990) e dissídio jurisprudencial.

---

32 BRASIL. Superior Tribunal de Justiça. 3ª Turma. Recurso Especial n. 681.872/RS. Rel. Min. Nancy Andrighi. Brasília, 19 de abril de 2005. *DJ* 23 de maio de 2005, p. 287.

33 Nancy Andrighi nasceu em 27 de outubro de 1952, em Soledade/RS. Bacharel em Direito pela Pontifícia Universidade Católica do Rio Grande do Sul – PUCRS em 1975, foi juíza de direito no Tribunal de Justiça do Rio Grande do Sul – TJRS entre 1976 e 1980 e no Tribunal de Justiça do Distrito Federal e Territórios – TJDF entre 1980 e 1992, desembargadora do TJDF entre 1992 e 1999 e ministra do STJ desde 27 de outubro de 1999, além de ter sido Corregedora Nacional de Justiça no biênio 2014/2016, entre outras atividades judiciárias, administrativas e acadêmicas (SUPERIOR TRIBUNAL DE JUSTIÇA. Institucional: Ministros: Ministros em Atividade: Nancy Andrighi. Disponível em: <http://www.stj.jus.br/web/verCurriculoMinistro?parametro=1&cod_matriculamin=0001118>. Acesso em: 3 jul. 2017).

No seu voto, de início, a Ministra Nancy Andrighi deu razão ao TJRS por entender primeiramente que interesses individuais homogêneos necessitam de solução de conflito idêntica para todo o grupo e, portanto, que o pedido deveria ser formulado de forma genérica. Discordou do acórdão recorrido, no entanto, ao reconhecer nos pedidos da ADCON – especialmente, quanto à limitação dos juros à taxa de 12% ao ano – "carga genérica" suficiente para permitir ao magistrado entregar a prestação jurisdicional. Nesse sentido, invocou a obra de Ada Pellegrini Grinover (*A marcha do processo*) e de Miguel Reale (noção de "ética da situação concreta") para justificar a necessidade de revisitar a interpretação tradicional das regras de Direito Processual Civil. "Ao se ultrapassar a divisa das relações individuais", arguiu a Ministra Nancy Andrighi, "muitas regras necessitam de nova carga interpretativa a fim de que possam ser aplicadas às relações coletivas".

E foi para reforçar essa tese – um exercício de hermenêutica, pois, e não propriamente de dogmática jurídica – que a Ministra Nancy Andrighi fez remissão a Martins-Costa. Mais precisamente, citou uma passagem de artigo publicado ainda antes da aprovação do projeto de lei que resultou no atual Código Civil (Lei n. 10.406, de 10 de janeiro de 2002), que aponta as limitações da noção de sistema legislativo fechado, com pretensão de totalidade, cuja linguagem cerrada "dificilmente permite comunicação com a realidade que está em seu entorno, notadamente com os chamados 'elementos metajurídicos', tais como valores éticos, dados econômicos, tecnológicos, elementos sociais etc."[34]. Uma simples, mas necessária, "releitura de conceitos jurídicos", nas palavras da Ministra Nancy Andrighi, permite ao juiz acolher uma pretensão coletiva como a ADCON, "que leva à solução do Judiciário, de uma só vez, conflitos que envolvem milhares, quiçá milhões de indivíduos". Nesses termos, por unanimidade, a 3ª Turma do STJ conheceu do recurso especial da ADCON e deu-lhe provimento, com o retorno dos autos à origem para prosseguimento da ação civil pública.

Em casos de Direito Civil, portanto, o STJ recepcionou a obra de Martins-Costa não pela via da dogmática jurídica, mas sim para justificar, em recurso à analogia com base em obra doutrinária que versava sobre o Código Civil, uma hermenêutica renovada sobre outro texto normativo de linguagem cerrada – o desde então revogado Código de Processo Civil (Lei n. 5.869, de 11 de janeiro de 1973). Menos de oito meses mais tarde, porém, um acórdão julgado pela 2ª Seção do STJ em 14 de dezembro de 2005[35], sob a relatoria

34 MARTINS-COSTA, Judith. O projeto de código civil brasileiro: em busca da "ética da situação". *Revista Jurídica*, ano 49, n. 282, 2001, p. 40.

35 BRASIL. Superior Tribunal de Justiça. 2ª Seção. Recurso Especial n. 680.237/RS. Rel. Min. Aldir Passarinho Júnior. Brasília, 14 de dezembro de 2005. *DJ* 15 de março de 2006, p. 211.

do Ministro Aldir Passarinho Júnior[36], foi responsável pela primeira citação àquela que se tornou, por margem folgada, a obra de Martins-Costa mais citada pelo STJ até hoje: o volume de sua autoria dos *Comentários ao Novo Código Civil*, dedicado aos temas do adimplemento e extinção das obrigações (tomo I: arts. 304 a 388) e do inadimplemento das obrigações (tomo II: arts. 389 a 420)[37], parte de uma obra mais abrangente que a Editora Forense publicou a partir de 2003 sob a coordenação de Sálvio de Figueiredo Teixeira. Esta foi a primeira citação que o STJ fez dos *Comentários* de Martins-Costa – por coincidência, em outro acórdão proveniente do TJRS – de um total de 58 citações, das quais três em sede de acórdão e 55 em sede de decisão monocrática, invariavelmente, aí sim, para esclarecer alguma questão dogmática de Direito das Obrigações em um momento histórico em que se começava a consolidar a interpretação do atual Código Civil[38].

Conclusão

Para encerrar, alguns números. Até onde alcançou a minha pesquisa *on-line* da jurisprudência do STJ em busca dos indícios de influência da ECG, nos limites a que me propus conforme indicado na introdução, encontrei: (i) 36 decisões citando alguma obra de Couto e Silva (21 acórdãos e 15 decisões

36 Aldir Guimarães Passarinho Júnior nasceu em 19 de maio de 1952, no Rio de Janeiro/RJ. Bacharel em Direito pela Universidade do Estado da Guanabara (atual Universidade do Estado do Rio de Janeiro – UERJ) em 1974, foi advogado de 1975 a 1989, juiz do Tribunal Regional Federal – TRF da 1ª Região de 1989 a 1998 e ministro do STJ de 28 de maio de 1998 a 18 de abril de 2011, entre outras atividades administrativas e reconhecimentos (SUPERIOR TRIBUNAL DE JUSTIÇA. Institucional: Ministros: Ministros Aposentados e Ex-Ministros: Aldir Guimarães Passarinho Júnior. Disponível em: <http://www.stj.jus.br/web/verCurriculoMinistro?parametro=4&cod_matriculamin=0001110>. Acesso em: 3 jul. 2017).

37 MARTINS-COSTA, Judith. *Comentários ao novo código civil*. Sálvio de Figueiredo Teixeira (Coord.). Rio de Janeiro: Forense, 2003, v. V, t. I e II.

38 No caso do acórdão acima referido, o Ministro Aldir Passarinho Júnior recorreu aos *Comentários* de Martins-Costa para esclarecer a distinção de regimes jurídicos (ou "microssistemas") em matéria de juros, a partir dos comentários ao art. 406 do Código Civil. "Em função da qualificação dos sujeitos envolvidos e/ou da finalidade do negócio", Martins-Costa diferencia: a) o "sistema especial" dos juros aplicáveis às relações em que é parte credora entidade integrante do Sistema Financeiro Nacional, cujo objeto é o crédito negociado como atividade institucional; b) o "sistema especial" dos juros incidentes às atividades cuja finalidade é rural, industrial ou comercial; e c) o "sistema comum", que apanha todos os demais casos não abrangidos em a) ou em b). Foi essa distinção doutrinária que o Ministro Aldir Passarinho Júnior acolheu em seu voto, que concluiu pela não sujeição dos juros remuneratórios dos contratos de mútuo bancário aos arts. 591 e 406 do Código Civil e, nesses termos, serviu de base para a decisão unânime da 2ª Seção do STJ – nesse particular, favorável ao recorrente Unibanco – União de Bancos Brasileiros S.A.

monocráticas), entre 1989 (estreia) e 2017, sendo 1997 o ano com mais citações, e (ii) 110 decisões citando alguma obra de Martins-Costa (sendo 7 acórdãos e 103 decisões monocráticas), entre 2004 (estreia) e 2017, sendo 2011 o ano com mais citações, seguido de perto por 2016. Os ministros do STJ que foram responsáveis pelo maior número de citações de obras de Couto e Silva foram Ruy Rosado de Aguiar Júnior[39] e Ari Pargendler[40], enquanto no caso de obras de Martins-Costa foi Paulo de Tarso Vieira Sanseverino[41] – todos os três, vale notar, juristas gaúchos também oriundos da ECG, com maior ou menor grau de envolvimento.

De Couto e Silva, a obra mais citada pelo STJ ao longo dos anos foi, por larga diferença, talvez surpreendentemente, os seus *Comentários ao Código de Processo Civil* (17 citações)[42], seguido de um artigo influente ainda não mencionado no presente ensaio, publicado um ano antes do seu falecimento, "O conceito de dano no Direito brasileiro e comparado"[43] (10 citações), e só então, finalmente, aquela que é considerada a sua obra seminal, *A Obrigação como Processo* (4 citações)[44]. De Martins-Costa, a obra mais citada pelo STJ foi também uma publicação de comentários, e também por ampla margem –

39 Ver nota de rodapé 16, *supra*.

40 Ari Pargendler nasceu em 11 de outubro de 1944 em Passo Fundo/RS. Bacharel em Direito na UFRGS, foi advogado de 1969 a 1972, procurador da República de 1972 a 1976 (incluindo como procurador-chefe da Procuradoria Regional da República do Rio Grande do Sul), juiz federal de 1976 a 1989, juiz do Tribunal Regional Federal da 4 Região de 1989 a 1995 e ministro do STJ de 19 de junho de 1995 a 15 de setembro de 2014 (inclusive como Presidente do STJ de 3 de setembro de 2010 a 31 de agosto de 2012). Foi professor na Faculdade de Direito da UFRGS de 1985 a 1995, entre outros cargos (SUPERIOR TRIBUNAL DE JUSTIÇA. Institucional: Ministros: Ministros Aposentados e Ex-Ministros: Ari Pargendler. Disponível em: <http://www.stj.jus.br/web/verCurriculoMinistro?parametro=4&cod_matriculamin=0001104>. Acesso em: 3 jul. 2017).

41 Paulo de Tarso Vieira Sanseverino nasceu em 16 de junho de 1959 em Porto Alegre/RS. Bacharel em Direito pela Pontifícia Universidade Católica do Rio Grande do Sul (PUCRS), mestre e doutor em Direito na UFRGS, foi promotor de justiça de 1984 a 1986, juiz de direito de 1986 a 1999, juiz corregedor de 1992 a 1995, desembargador do TJRS de 1999 a 2010 e ministro do STJ desde 10 de agosto de 2010. Foi professor de Direito Civil na Faculdade de Direito da PUCRS e na Escola Superior da Magistratura do Rio Grande do Sul – Ajuris, entre outros cargos (SUPERIOR TRIBUNAL DE JUSTIÇA. Institucional: Ministros: Ministros em Atividade: Paulo de Tarso Vieira Sanseverino. Disponível em: <http://www.stj.jus.br/web/verCurriculoMinistro?parametro=1&cod_matriculamin=0001205>. Acesso em: 3 jul. 2017).

42 Ver nota de rodapé 7, *supra*.

43 COUTO E SILVA, Clóvis. O conceito de dano no direito brasileiro e comparado. *Revista dos Tribunais*, v. 667, maio de 1991, pp. 7-16.

44 Ver nota de rodapé 18, *supra*.

os seus *Comentários ao Novo Código Civil* (58 citações)[45] – seguida pelo seu artigo "Usos e abusos da função punitiva" (14 citações)[46] e só então, de modo semelhante ao que ocorreu com Couto e Silva, aquela que é considerada o seu *locus classicus*, *A Boa-Fé no Direito Privado* (13 citações)[47].

Os resultados da pesquisa aqui resumidos e a análise dos "casos de estreia" que apresentei no corpo do presente ensaio e da sequência das linhas de influência que as obras de Couto e Silva e de Martins-Costa traçaram na jurisprudência do STJ, em suma, confirmam a utilidade dos modelos dogmáticos por eles desenvolvidos no seio da ECG, desde os primórdios do PPGDir – UFRGS. Indicam, ainda, um maior grau de influência, pelo menos em termos quantitativos, daquelas obras publicadas na forma de comentários. Além de ter propiciado um duplo diálogo com a obra de Martins-Costa, portanto, de um lado com a parte dogmática (citada pela jurisprudência do STJ) e de outro com a parte "metadogmática" (como chave de análise adotada no presente ensaio), este estudo de caso permite concluir que a parte dogmática da obra de Martins-Costa, como fruto da ECG e sucessora da obra de Couto e Silva, fornece esquemas de apreensão e solução que atendem, de forma inegável, ao teste da *utilitas* proposto na parte "metadogmática" da sua própria obra. A pessoa sábia, afinal, prega com o exemplo.

45 Ver nota de rodapé 37, *supra*.

46 MARTINS-COSTA, Judith, PARGENDLER, Mariana Souza. Usos e abusos da função punitiva (*punitive damages* e o direito brasileiro). *Revista CEJ*, n. 28, jan./mar. 2005, pp. 15-32.

47 Ver nota de rodapé 21, *supra*. Se computadas também as citações da ainda recente nova versão dessa obra (MARTINS-COSTA, Judith. *A boa-fé no direito privado*: critérios para a sua aplicação. São Paulo: Martins Pons, 2015), ela passa para segundo lugar com um total de 21 citações, o que indica que o *locus classicus* segue influenciando, com atualidade, a jurisprudência do STJ.

Configuração e restrição de direitos subjetivos a partir da análise de um modelo de posições jurídicas fundamentais

Maria Cláudia Cachapuz

Introdução

Dialogar com a obra de Judith Martins-Costa – e, por extensão, com o pensamento da doutrinadora – exige complexidade. Primeiro, por tratar-se de uma obra com conteúdo amplo, capaz de abranger não apenas as estruturas dogmáticas do campo do Direito Privado[1], como também os estudos na área da Teoria Geral do Direito[2] e da Filosofia jurídica[3]. É um trabalho, portanto, que exige um comprometimento com a precisão de conceitos e com a definição clara do uso dos modelos doutrinários pressupostos ao estudo. Um desafio que impõe, a quem participe desse processo comunicativo, a percepção de que é necessário conectar doutrina e dogmática sob a perspectiva da interpretação[4].

---

1 Entre outros: MARTINS-COSTA, Judith. Princípio da confiança legítima e princípio da boa-fé objetiva. Termo de compromisso de cessação (TCC) ajustado com o Cade. Critérios da interpretação contratual: os "sistemas de referência extracontratuais" ("circunstâncias do caso") e sua função no quadro semântico da conduta devida. Princípio da unidade ou coerência hermenêutica e "usos do tráfego". Adimplemento contratual. *Revista dos Tribunais*. São Paulo, 2006, v. 852, pp. 87-126; MARTINS-COSTA, Judith. *A reconstrução do direito privado – reflexos dos princípios, diretrizes e direitos fundamentais constitucionais no direito privado*. São Paulo: Revista dos Tribunais, 2002. v. 1; MARTINS-COSTA, Judith. *A boa-fé no direito privado*. 1. ed. São Paulo: Revista dos Tribunais, 1999. v. 1.

2 A exemplo: MARTINS-COSTA, Judith.2013 MARTINS-COSTA, Judith. Autoridade e utilidade da doutrina: A construção dos modelos doutrinários. In: MARTINS-COSTA, Judith. *Modelos de direito privado*. São Paulo: Marcial Pons, 2014.

3 Em destaque: MARTINS-COSTA, Judith. A concha do marisco abandonada e o *nomos* (ou os nexos entre narrar e normatizar). *Revista do Instituto do Direito Brasileiro*, 2013, v. 5, p. 4.121; MARTINS-COSTA, Judith. Direito e literatura, linguagem. In: João Maurício Adeodato; Eduardo C. B. Bittar (Org.). *Filosofia e teoria geral do direito – homenagem a Tercio Sampaio Ferraz Junior*. 1. ed. São Paulo: Quartier Latin, 2011, pp. 703-718.

4 Em outra oportunidade de desenvolvimento do tema, anotou-se que "é fundamental que se parta da premissa de que é necessário compreender-se uma estreita relação entre dogmática e interpretação. Algo que, por definição, não deve ser visto como simples oposição ou complementaridade entre dois mundos independentes. Tal relação evidencia, em verdade, o esforço conjunto do intérprete e da própria linguagem para permitir que se chegue a uma solução adequada a cada novo caso concreto, ao mesmo tempo

Segundo, por tratar-se de obra que requer comprometimento permanente com uma pretensão pragmática de estudo[5]. Ou seja, o Direito é visto, de forma clara, como ciência aplicada, que interessa à vida de relação dos indivíduos em determinado contexto histórico e cultural. Não é, por consequência, produto de estrita construção estética. Na expressão da doutrinadora, "tanto a palavra quanto o seu significado têm história e, portanto, vicissitudes e marcas no tempo"[6]. Com tal referência, Judith Martins-Costa torna presente o destaque conferido à historicidade em cada texto e cada aula proferida, não apenas porque lhe encanta o enfoque histórico, mas porque reconhece que é ele o fio condutor capaz de estruturar o pensamento jurídico.

E é justamente nesta marca que se distingue o trabalho de Judith Martins-Costa na doutrina brasileira. É na costura histórica e culturalista[7] de temas do Direito Privado que toma força a construção dos modelos[8] doutrinários utilizados pela jurista para "desvendar o sistema ínsito ou imanente ao material jurídico"[9] que lhe está à disposição. E tem nisso a herança de quem lhe antecedeu[10] na preocu-

em que se mantém aberta a estrutura da norma às experiências novas" (CACHAPUZ, Maria Cláudia. A construção de um conceito de privacidade, as cláusulas gerais e a concreção de direitos fundamentais. In: Judith Martins-Costa (Org.). *Modelos de direito privado*. 1. ed. São Paulo: Marcial Pons, 2014, v. 1, p. 50-75).

5 Nas palavras da autora, "o mister doutrinário não é apenas o de explicitar o direito positivado, esclarecendo o significado dos textos, mas, justamente, o de construir soluções jurídicas úteis à prática, possibilitando resolver os problemas da humana convivência" (MARTINS-COSTA, Judith. Autoridade e utilidade da doutrina: a construção dos modelos doutrinários. In: MARTINS-COSTA, Judith. *Modelos de direito privado*. São Paulo: Marcial Pons, 2014, p. 14).

6 MARTINS-COSTA, Judith. Autoridade e utilidade da doutrina: a construção dos modelos doutrinários. In: MARTINS-COSTA, Judith. *Modelos de direito privado*. São Paulo: Marcial Pons, 2014, p. 12.

7 Assim, exemplificativamente, em MARTINS-COSTA, Judith. Os direitos fundamentais e a opção culturalista do novo código civil. In: Ingo Wolfgang Sarlet (Org.). *Constituição, direitos fundamentais e direito privado*. 3. ed. Porto Alegre: Livraria do Advogado, 2010, pp. 77-96; MARTINS-COSTA, Judith. Culturalismo e experiências no novo código civil. In: Fredie Didier Jr.; Rodrigo Mazzei (Org.). *Reflexos do novo código civil no direito processual*. Salvador: Edições Podivm, 2006, pp. 01-22.

8 Na referência específica à obra MARTINS-COSTA, Judith. *Modelos de Direito Privado*. São Paulo: Marcial Pons, 2014.

9 MARTINS-COSTA, Judith. Autoridade e utilidade da doutrina: A construção dos modelos doutrinários. In: MARTINS-COSTA, Judith. *Modelos de direito privado*. São Paulo: Marcial Pons, 2014, p. 13.

10 Assim, nas referências sempre presentes às obras de Miguel Reale, Paolo Grossi, Karl Larenz, Clóvis Veríssimo do Couto e Silva e Tércio Sampaio Ferraz Júnior (MARTINS-COSTA, Judith. Autoridade e utilidade da doutrina: a construção dos modelos doutrinários. In: MARTINS-COSTA, Judith. *Modelos de direito privado*. São Paulo: Marcial Pons, 2014, pp. 9-32).

pação histórico-filosófica e no comprometimento em conferir – pela experiência, pelas fontes e pela comunidade docente[11] – autoridade epistemológica à doutrina. É um diálogo, portanto, que pressupõe, retrospectivamente, respeito à tradição e, prospectivamente, desafio pelo teste da força do argumento[12].

Mesmo para quem trabalhe o Direito Privado, em termos filosóficos, a partir de estruturas distintas de construção do processo comunicativo, como no caso do discurso jurídico[13], o diálogo com a obra de Judith Martins-Costa é pontuado por um tronco comum de permanente preocupação de construção dogmática pelo intérprete e de correção em termos jurídicos. É, portanto, uma conversa que não se ocupa da fragmentação do conhecimento jurídico, mas do desafio permanente das estruturas do Direito tendo em vista a convivência possível em sociedade e a promoção ao pleno desenvolvimento da personalidade e da autonomia dos indivíduos.

Daí a escolha, para este momento, de um dos temas centrais relacionado à análise dos direitos subjetivos no âmbito da Teoria Geral do Direito e dos conceitos fundamentais de Direito Civil: a configuração e a restrição de direitos[14]. Parte-se da constatação de que o Direito Civil, por integrar o

11 MARTINS-COSTA, Judith. Autoridade e utilidade da doutrina: a construção dos modelos doutrinários. In: MARTINS-COSTA, Judith. *Modelos de direito privado*. São Paulo: Marcial Pons, 2014, pp. 15-18.

12 MARTINS-COSTA, Judith. Autoridade e utilidade da doutrina: a construção dos modelos doutrinários. In: MARTINS-COSTA, Judith. *Modelos de direito privado*. São Paulo: Marcial Pons, 2014, p. 17.

13 Conforme referência prévia, adota-se o discurso jurídico como processo de "argumentação segura no sentido de promoção de uma fundamentação racional para a construção da dogmática [...]. Primeiro, porque o discurso tem como premissa básica uma pretensão de correção, a ela correspondendo o dever jurídico de decidir corretamente. Segundo, porque o discurso confere ao intérprete o papel destacado na reconstrução do próprio Direito, oferecendo-lhe instrumentos à construção do juízo a partir da argumentação. Na medida em que impõe regras à argumentação, o discurso tanto oferece instrumentos de crítica a quem se opõe à solução jurídica adotada – e, então, a abertura ao argumento novo – como permite ao próprio intérprete a sustentação de uma base segura à pretensão de correção pela decisão" (CACHAPUZ, Maria Cláudia. A construção de um conceito de privacidade, as cláusulas gerais e a concreção de direitos fundamentais. In: MARTINS-COSTA, Judith (Org.). *Modelos de direito privado*. 1. ed. São Paulo: Marcial Pons, 2014, v. 1, p. 55).

14 A ideia fundamental, segundo Alexy, é que "los derechos están sujetos a restricciones y pueden ser delimitados o limitados" (ALEXY, Robert. *Teoría de los derechos fundamentales*. Madrid: CEPC, 2001, p. 267). O problema jurídico, portanto, não é relacionado ao conceito de restrição, senão que ao alcance de sua manifestação: "Éstos" (problemas) "resultan exclusivamente de la determinación del contenido y alcance permitido de las restricciones como así también de la distinción entre restricción, por una parte, y cosas tales como regulaciones, configuraciones y concreciones, por otra" (ALEXY, Robert. *Teoría de los derechos fundamentales*. Madrid: CEPC, 2001, p. 267). Para Alexy, a distin-

sistema jurídico[15], sofre a irradiação dos efeitos das normas jusfundamentais. O que corresponde a afirmar que não há como se desassociar o exame dos institutos do Direito Civil – e de todas as relações que o integram – do âmbito de atuação dos direitos fundamentais[16].

A ideia é de que as relações jusfundamentais tanto podem estar associadas a uma dimensão universal de estabelecimento de institutos jurídico-civis, por meio da construção de enunciados dogmáticos (normativos, jurisprudenciais, doutrinários, argumentativos), como a uma dimensão particular de apropriação dos efeitos jurídicos no âmbito das relações civis entre os indivíduos. Häberle sistematizou esta dupla dimensão do problema ao enfrentar o tema da dualidade dimensional dos direitos fundamentais, reconhecendo tanto uma dimensão institucional, implicada pelo alcance universal adquirido pelos direitos fundamentais quando compreendidos por critérios de liberdade, como uma dimensão jurídico-individual desses mesmos direitos, quando compreendidos como "derechos de la persona"[17]. Os reflexos desse "duplo caráter dos direitos fundamentais"[18] é o que, na visão de Alexy[19], permite que se

ção essencial é relacionada às normas restritivas e não restritivas de direitos, justamente, porque implicam em consequências para a justificação jusfundamental: "Una norma no restrictiva en el ámbito de un derecho fundamental es una norma que tiene algo que ver con aquello que abarca el derecho fundamental. Siguiendo una terminología difundida, puede decirse que esta norma lo configura" (ALEXY, Robert. *Teoría de los derechos fundamentales*. Madrid: CEPC, 2001, p. 322).

15 Na doutrina de Alexy, isto encontra relação com a própria ideia de direito fundamental "como un todo": "Un derecho fundamental como un todo es un haz de posiciones iusfundamentales", que, por su tiempo, corresponde a "la adscripción de un haz de normas a una disposición de derecho fundamental" (ALEXY, Robert. *Teoría de los derechos fundamentales*. Madrid: CEPC, 2001, p. 241).

16 A análise distintiva aparece na doutrina de H.C. Nipperdey, quando oferece interpretação ao art. 2.I da Constituição Federal alemã: "O artigo 2.I contém direito imediatamente vigente no sentido do artigo 1.III, contudo vincula ele não somente o poder estatal, mas também cada particular imediatamente (...)". Ele contém, portanto, não somente um direito constitucional público-subjetivo, mas também direitos, constitucionalmente documentados, de cada pessoa contra cada outra, isto é, portanto, um direito privado subjetivo" (NIPPERDEY, Hans Carl. Livre desenvolvimento da personalidade. In: DÜRIG, Günter; NIPPERDEY, Hans Carl; SCHWABE, Jürgen. *Direitos fundamentais e direito privado. Textos clássicos*. Porto Alegre: Sérgio Antônio Fabris Editor, 2012, p. 76).

17 HÄBERLE, Peter. *La garantía del contenido esencial de los derechos fundamentales*. Madrid: Dykinson, 2003, p. 73.

18 HÄBERLE, Peter. *La garantía del contenido esencial de los derechos fundamentales*. Madrid: Dykinson, 2003, p. 73.

19 Para endosso e críticas à adoção de uma concepção ampla de configuração em Häberle, conferir ALEXY, Robert. *Teoría de los derechos fundamentales*. Madrid: CEPC, 2001, p. 322: "Quien más lejos llega es Häberle, Según el, todos los derechos fundamentales son

extraia uma compreensão igualmente dual em relação às restrições a direitos fundamentais – e, por extensão da irradiação de efeitos, a direitos subjetivo-civis –, como hipóteses de configuração e de restrição propriamente dita a direitos fundamentais[20].

Uma polêmica que, para Alexy, não se traduz como mera questão de dupla constituição conceitual – entre o que seria hipótese de aplicação de uma teoria interna ou externa de restrição a direitos[21] –, mas que demonstra as íntimas conexões existentes entre restrições e pressupostos normativos gerais. Conforme Alexy, "quien sostiene una teoría individualista del Estado y la sociedad, tenderá más a teoria externa y aquél a quien le interese la posición de miembro o membrecía en una comunidad, tenderá a la teoría interna"[22]. A explicação para tal afirmativa, contudo, não é de caráter político-jurídico, ainda que possa permitir uma associação entre o ato de interpretar-se a possibilidade de restrições a direitos subjetivos com visões ideológicas distintas sobre questões de liberdade e justiça. A preocupação de Alexy está centrada, ao fundo, na medida de associação possível entre a restrição de um direito e a

---

'susceptibles y requieren' no sólo una restricción legal sino también una 'configuración legal'. Häberle no sólo extiende el ámbito de la configuración a todos los derechos fundamentales, sino que utiliza también un concepto muy amplio de configuración." (...) "No habría nada que objetar en contra de una tal concepción amplia del concepto de configuración como concepto superior, tanto para la actividad restrictiva como no restrictiva del legislador. Pero, mientras juegue (también) un papel como concepto opuesto al de restricción (limitación), hay razones para criticarlo. Cuando algo es restrictivo desde algún punto de vista, sigue siendo restrictivo, aun cuando desde algún otro punto de vista sea configurador" (ALEXY, Robert. *Teoría de los derechos fundamentales*. Madrid: CEPC, 2001, p. 323).

---

20 Segundo Alexy, "la cuestión de saber si y en qué medida las así fundamentadas restricciones de la libertad jurídica general deben ser consideradas como restricciones de derechos fundamentales conduce" (también) "al problema del llamado efecto horizontal o en terceros de los derechos fundamentales" (ALEXY, Robert. *Teoría de los derechos fundamentales*. Madrid: CEPC, 2001, p. 325).

21 Seguindo Alexy, a distinção entre teoria externa e interna de restrições a direitos fundamentais tem relação com o conceito de Direito e suas restrições: "Según la teoría externa, no existe ninguna relación necesaria entre el concepto de derecho y el de restricción. La relación es creada solo a través de una necesidad externa al derecho, de compatibilizar los derechos de diferentes individuaos como así también los derechos individuales y los bienes colectivos. Una imagen totalmente distinta subyace a la llamada teoría interna. Según ella, no existe dos cosas, el derecho y sus restricciones, sino sólo una: el derecho con un determinado contenido. El concepto de restricción es sustituido por el de límite" (ALEXY, Robert. *Teoría de los derechos fundamentales*. Madrid: CEPC, 2001, pp. 268-269).

22 ALEXY, Robert. *Teoría de los derechos fundamentales*. Madrid: CEPC, 2001, p. 269.

simultânea, ou não, situação de configuração desse mesmo direito – seja por parte do legislador, seja por parte do intérprete para o caso[23].

É verdade que a preocupação de Häberle é centrada na atividade do legislador e não, de uma forma específica, com a ocupação do intérprete para o caso. Mas suas conclusões, para fins legislativos, condicionam a atividade de interpretação, na medida em que se possa considerar que toda interpretação em abstrato também condiciona a interpretação em concreto[24]. Daí por que este estudo parte do exame da extensão do conceito de restrição (*lato sensu*) aplicado pelo intérprete jurídico[25] e da medida em que tal aplicação corresponde às exigências de uma racionalidade suficiente à justificação das restrições adotadas. A ideia é a de se enfrentar, a partir do exame das distinções as teorias de restrições a direitos em Alexy e Häberle, a possibilidade de restringir-se os direitos subjetivos civis e justificar-se a medida desta restrição no âmbito jurídico. Ao mesmo tempo, a investigação se conecta com a proposta de W. N. Hohfeld, de estabelecimento de modelos[26] de conceitos jurídicos fundamentais[27], que agrupa em dois conjunto distintos – um de cor-

---

23 Como explica o autor, "la corrección de la teoría externa o de la interna depende, esencialmente, del hecho de que las normas iusfundamentales sean consideradas como reglas o principios y las posiciones iusfundamentales, como posiciones definitivas o prima facie. Si se parte de posiciones definitivas, es posible refutar la teoría externa; si se parte de posiciones prima facie, la teoría interna" (ALEXY, Robert. *Teoría de los derechos fundamentales*. Madrid: CEPC, 2001, p. 269).

24 A distinção oferecida é sustentada na doutrina de Guastini, para quem há uma separação da ideia de interpretação jurídica, como interpretação em abstrato e interpretação em concreto (GUASTINI, Riccardo. Distinguiendo. *Estudios de teoría y metateoría del derecho*. Barcelona: Gedisa, 1999). Como explica Lifante Vidal, "en el primer caso" – de la interpretación en abstracto – "se trataría de identificar el contenido del significado – esto es, el contenido normativo (la norma o las normas) – expresado por y/o lógicamente implícito en un texto normativo, y ello sin hacer referencia a ningún caso concreto. En el caso de la interpretación \`en concreto\` se trataría, sin embargo, de subsumir un caso concreto en le campo de aplicación de una norma previamente identificada \`en abstracto" (VIDAL, Isabel Lifante. Interpretación y aplicación del derecho. In: LAGIER, Daniel (Coord.). *Conceptos básicos del derecho*. Madrid: Marcial Pons, 2015, p. 193).

25 A expressão "intérprete jurídico" é apreendida por uma concepção ampla, de forma a considerar-se integrada tanto à atividade do intérprete em abstrato – a exemplo do papel do legislador – como à atividade do intérprete em concreto – aqui considerada a atividade do juiz ou do doutrinador para o exame do caso.

26 Aqui, a conexão com a proposta de modelos em MARTINS-COSTA, Judith. Autoridade e utilidade da doutrina: a construção dos modelos doutrinários. In: MARTINS-COSTA, Judith. *Modelos de direito privado*. São Paulo: Marcial Pons, 2014.

27 Na apreciação de Genaro Carrió, "Hohfeld cumpre su tarea mediante el examen de una abundante cantidad de usos vigentes, tomados de fallos judiciales y de obras teóricas de juristas. Sobre esa base aísla ocho conceptos jurídicos fundamentales, que agrupa en dos tablas, una de correlativos y otra de opuestos. Ambas tienen los mismos ingredien-

relatos e outro de opostos jurídicos – situações de tipos muito diversos em termos jurídicos.

1. O duplo caráter dos direitos fundamentais em Häberle

Häberle, ao se preocupar com a discussão normativa sobre a garantia de um conteúdo essencial aos direitos fundamentais, defende a tese de que os direitos fundamentais compartilham de um duplo caráter na sua estrutura, como que a evidenciar duas dimensões de um mesmo fenômeno simultaneamente. Ou seja, tanto apresentam uma dimensão institucional-objetiva, em que estaria contida uma "garantía jurídico-constitucional de ámbitos vitales regulados y conformados com arreglo a criterios de libertad"[28], como uma dimensão jurídico-individual, em que estariam garantidos a titulares (individuais ou coletivos) direitos públicos subjetivos. Trata-se de dimensões complementares que, seguindo Häberle, não se contrapõem isoladamente nem se relacionam numa coordenação de meio/fim, mas antes se veem integradas numa simultaneidade de atuação em termos interpretativos: "En este enfoque de los derechos fundamentales se toma en consideración tanto lo 'inevitablemente institucional' en el Derecho como lo personal"[29].

Este condicionamento recíproco das duas dimensões que compõem a essência dos direitos fundamentais[30] deve seguir coordenado por uma pretensão de promoção de liberdade. Em mais de uma oportunidade, Häberle acentua que o objetivo do reconhecimento de uma dupla dimensão aos direitos fundamentais é o de promoção de um sentido de liberdade às relações jusfundamentais[31], inclusive quando se trata de estabelecer um caráter institucional pela dogmática jurídica.

tes, sólo que agrupados con criterios distintos" (CARRIÓ, Genaro. Nota preliminar. In: HOHFELD, Wesley. *Conceptos jurídicos fundamentales*. México: Fontamara, 2009, p. 15).

28 HÄBERLE, Peter. *La garantía del contenido esencial de los derechos fundamentales*. Madrid: Dykinson, 2003, p. 73.

29 HÄBERLE, Peter. *La garantía del contenido esencial de los derechos fundamentales*. Madrid: Dykinson, 2003, p. 75. Na visão do autor, a dimensão institucional dos direitos fundamentais e a dimensão jurídico-individual devem ser entendidas a partir de "una relación reciproca y de paridad jerárquica" (2003, 74).

30 HÄBERLE, Peter. *La garantía del contenido esencial de los derechos fundamentales*. Madrid: Dykinson, 2003, p. 74.

31 Conforme o autor, "la institucionalización de los derechos fundamentales no va paralela a una difuminación de la libertad individual; al contrario, pretende y opera un fortalecimiento de la libertad" (HÄBERLE, Peter. *La garantía del contenido esencial de los derechos fundamentales*. Madrid: Dykinson, 2003, p. 75).

A liberdade que é pressuposta e considerada como orientadora ao estabelecimento de direitos fundamentais não tem traços, ademais, de um pensamento voluntarista[32]. Tampouco deve seguir, para Häberle, uma visão formalista ou positivista ao Direito[33]. A dimensão institucional-objetiva estruturada pelo autor pretende ser justificada por uma orientação de interpretação que promova a conexão entre o processo de recepção de direitos fundamentais no âmbito de uma Constituição e a própria identificação desses direitos em sociedade: "Por medio de estas normas jurídicas, que no son mera 'transformación' de la libertad o de los derechos fundamentales, se hace efectiva la idea de derechos fundamentales em la realidad social"[34]. O âmbito institucional é complementado pela dimensão subjetiva dos direitos fundamentais, oferecida pela atuação do indivíduo em concreto ao preencher "de vida" os institutos jurídicos[35].

Se há uma simultânea identificação das dimensões pertinentes aos direitos fundamentais, de forma que uma esteja essencialmente vinculada à outra na própria configuração dos direitos, a lógica em Häberle é de que toda e qualquer restrição a direitos fundamentais esteja necessariamente relacionada a uma concepção ampla de configuração desses mesmos direitos. Häberle chega a sustentar que "entre otras cosas, es característico de la dimensión institucional de los derechos fundamentales que no se trata de espacios jurídicamente vacíos, sino de ámbitos vitales jurídicamente conformados"[36]. O contrário é visto na doutrina de Alexy, ainda que este proponha a extensão de estudo da interpretação também ao exame do caso por meio da

---

32 Segundo Häberle, "el voluntarismo reduce el Derecho a las relaciones entre voluntades". Em: HÄBERLE, Peter. *La garantía del contenido esencial de los derechos fundamentales*. Madrid: Dykinson, 2003, p. 88).

33 Na crítica ao positivismo jurídico, sustenta Häberle: "El positivismo y el formalismo ignoran la relación con la realidad del derecho y los derechos fundamentales. Su validez fáctica – y ésta es esencialmente un fenómeno institucional – no tiene ningún tipo de relevancia para este pensamiento" (HÄBERLE, Peter. *La garantía del contenido esencial de los derechos fundamentales*. Madrid: Dykinson, 2003, p. 97). A discussão discusión filosófica, segundo Moreso y Vilajosana, não se trata, de outra parte, de distinguir e classificar as distintas concepções do direito, senão que oferecer "análisis crítico de los argumentos que son usados en la defensa de las respectivas tesis" (MORESO, José Juan, VILAJOSANA, Josep María. *Introducción a la teoría del derecho*. Madrid: Marcial Pons, 2004, p. 192).

34 HÄBERLE, Peter. *La garantía del contenido esencial de los derechos fundamentales*. Madrid: Dykinson, 2003, p. 97.

35 HÄBERLE, Peter. *La garantía del contenido esencial de los derechos fundamentales*. Madrid: Dykinson, 2003, p. 99.

36 HÄBERLE, Peter. *La garantía del contenido esencial de los derechos fundamentales*. Madrid: Dykinson, 2003, p. 115.

ponderação. Como anotado pelo autor[37], o simples fato de haver justificação a uma norma para que desempenhe função restritiva a direito de alguém não confere, simultaneamente, caráter de configuração ou de conformação a esse mesmo direito. Na perspectiva de promoção de liberdade, a norma que restringe a conduta – seja na definição do tipo penal, seja no estabelecimento de uma determinada proibição ou ordem em termos administrativos ou civis – permanece sendo restritiva, descabendo que se pressuponha, pelo seu estabelecimento, um ato de configuração a direito.

Ao sustentar que a função do legislador é tanto a de limitação como a de conformação a direitos fundamentais – referindo-se de forma específica não apenas a normas que estabeleçam competências, senão que, principalmente, a normas que garantam direitos fundamentais –, Häberle retoma o parâmetro da dualidade para, então, reconhecer um duplo conteúdo à garantia dos direitos fundamentais e, precisamente, no que se refere à restrição e configuração de direitos. Esclarece que, por parte do legislador, há tanto um condicionamento que implique na proibição de lesionar um direito fundamental, como uma determinação dirigida à conformação específica de cada direito[38]. Isso corresponde a conferir à hipótese de configuração um caráter ainda mais amplo que ao de restrição, na medida em que a atividade de restrição dissolve-se na ideia de existência de um limite imanente à conformação de todo e qualquer direito. E este é um ponto central na doutrina de Häberle para o estabelecimento da interpretação em termos abstratos.

O problema é que tal compreensão jurídica, pelo próprio exame do argumento exposto, conduz à impossibilidade de sustentação da relação de dualidade pretendida pelo autor. É que existe, para Häberle, sempre, configuração de direitos, estabelecendo-se limites pelos próprios parâmetros oferecidos pela conformação do agir humano a um "ideal" destacado no âmbito constitucional. Na seara ordinária, dados os limites superiores estabelecidos na Constituição, a atividade legislativa passa a obedecer a uma atividade de tipo discricionário. Algo que, portanto, não afasta a crítica sustentada pelo autor de construção de uma justificação eminentemente formalista em matéria de restrições a direitos fundamentais[39].

---

37 Segundo Alexy, "Häberle no sólo extiende el ámbito de la configuración a todos los derechos fundamentales, sino que utiliza también un concepto muy amplio de configuración." Mencionando Häberle, refere que "en la configuración, de lo que se trata es 'del objetivo de la Constitución, de la realización de los derechos fundamentales en la vida social" (ALEXY, Robert. *Teoría de los derechos fundamentales*. Madrid: CEPC, 2001, p. 322).

38 HÄBERLE, Peter. *La garantía del contenido esencial de los derechos fundamentales*. Madrid: Dykinson, 2003, p. 169.

39 A crítica não consegue ser afastada nem quando Häberle explica que, conceitualmente, não se deve falar de discricionariedade quando a atividade do legislador está pautada

> De "conformación" puede ya conceptualmente solo hablarse donde existe algo a conformar: es el "ideal" que la Constitución ha elaborado de cada derecho fundamental. En lo restante, la Constitución se despojó de su propio rango, abrió al legislador el camino para la regulación normativa de tipo discrecional[40].

A explicação de Häberle acerca do problema da conformação de direitos de forma ampla igualmente não afasta o risco apontado a um voluntarismo jurídico. Tal se verifica justamente pela dificuldade de sustentação, pelo autor, da forma como deve ocorrer a intervenção do legislador em termos de conformação de direitos pela identificação de determinados ideais sociais[41]. Häberle, ainda ao tratar da natureza e da função da legislação aos direitos fundamentais, chega a afirmar, como premissa e sem a ressalva de que se trate de um argumento meramente conceitual, que "el contenido de la Constitución no está en ningún caso amenazado por uno de tales procesos de concretización; al contrario, experimenta una reafirmación"[42]. Mas se poderia sustentar que não há desafio jurídico, pela ideia de progresso[43] ao enunciado

---

por uma dupla dimensão de garantia aos direitos fundamentais: "Conceptualmente también le es retirada al legislador la discrecionalidad, dado que se habla de la función de limitación y de conformación. La cuestión sobre la función del legislador es, así pues, al mismo tiempo la cuestión sobre los límites (internos) de su actividad" (HÄBERLE, Peter. *La garantía del contenido esencial de los derechos fundamentales*. Madrid: Dykinson, 2003, p. 169). Tratando-se de efetivo exercício de competências por parte do legislador, não se pode justificar a discricionariedade com bases eminentemente conceituais, como referido pelo autor.

---

40 HÄBERLE, Peter. *La garantía del contenido esencial de los derechos fundamentales*. Madrid: Dykinson, 2003, p. 169.

41 A interpretação é a mesma exigida ao exame do caso concreto, como aponta Häberle, recorrendo a um argumento por analogía: "La limitación y la conformación legislativas de los derechos fundamentales es análoga al descubrimiento creativo del Derecho por el juez. En uno y otro caso se desarrollan el sentido y alcance de las normas por medio del encuentro con las circunstancias de la vida" (HÄBERLE, Peter. *La garantía del contenido esencial de los derechos fundamentales*. Madrid: Dykinson, 2003, p. 173).

42 HÄBERLE, Peter. *La garantía del contenido esencial de los derechos fundamentales*. Madrid: Dykinson, 2003, p. 173.

43 Deve haver também na função de progresso um dado abstrato de correção ao que é estável, na mesma medida em que se pressupõe à normatividade – ainda que em abstrato – uma correção de rumos ao discurso proposto em concreto. Isso ocorre não porque o progresso, nessa hipótese, dependa de um determinado fato concreto para se impor como ideia reguladora. E sim, porque o enunciado dogmático se ocupa tanto da tarefa de fundamentação realizada pela atividade legislativa, como dos valores em permanente alteração em sociedade. É o que sustenta Alexy ao afirmar que "la ampliación de la discusión jurídica en la dimensión temporal, objetiva y personal, hace posible ofrecer

dogmático, quando se vê estabelecida, de forma rígida, uma preponderância da dimensão de configuração de direitos com relação à atividade restritiva. E justamente porque se identifica uma substituição da ideia de restrição pela de limite. Como bem aponta Alexy, isso é assim porque "cuando algo es restrictivo desde algún punto de vista, sigue siendo restrictivo, aun cuando desde algún otro punto de vista sea configurador"[44].

Daí o rechaço, devidamente justificado em Alexy, à adoção de uma teoria interna de restrição a direitos fundamentais, como é a ideia defendida por Häberle à luz da doutrina de Wolfgang Siebert[45]. Para Häberle, quando lida a teoria interna de restrição a direitos em conexão ao instituto do abuso do direito, o que permitiria, em termos cíveis, a conexão com a delimitação do exercício de direitos individuais –, restaria explicada a relação do conceito de limite com a ideia de conteúdo de um direito: "El objetivo de la teoría interna es ver en una unidad el contenido y los límites de un derecho"[46]. A ideia de limite ao exercício de um direito, intimamente identificada ao conteúdo e à essência desse direito, apenas permite, em Häberle, reforçar a compreensão referida de que o desafio argumentativo a cada caso novo proposto é praticamente inviável em termos jurídicos. Uma vez que o Direito segue apenas se reafirmando institucionalmente – como uma finalidade própria do sistema – a cada estudo particular proposto à análise do intérprete, qualquer função de progresso efetivamente conectado a um ideal de liberdade individual segue comprometido quando adotada uma teoria interna de restrições a direitos. E isto porque, seguindo Häberle, ou há um comprometimento individual ao que resta conformado legislativamente, ou não há direito: "Cualquier deli-

comprobaciones y diferenciar los enunciados dogmáticos en una medida considerablemente mayor de lo que sería posible en discusiones que se desarrollan en forma puntual. Con ello se hace posible algo así como un progreso de la dogmática" (ALEXY, Robert. *Teoría de la argumentación jurídica*. Madrid: CEPC, 2012, p. 257).

44 ALEXY, Robert. *Teoría de los derechos fundamentales*. Madrid: CEPC, 2001, p.323.

45 Na análise da conformação de direitos subjetivos, com reflexos específicos no campo do Direito Civil, Siebert defende a adoção de uma teoria interna de restrições a direitos fundamentais entre os anos de 1934 y 1935, contribuindo, na mesma oportunidade, como professor na Alemanha nazista e identificado com a Escola de Kiel, juntamente com Karl Larenz, Franz Wieacker, Ernst Rudolf Huber, Georg Dahm y Frederich Schaffstein (BLANC, Carlos Aguilar. La fundamentación teórica del terror de estado en la filosofía jurídica nacionalsocialista de Karl Larenz. *Anuario de Filosofía del Derecho (AFD)*, a. XXX, Madrid: CPAGR, 2014, pp. 119-137).

46 HÄBERLE, Peter. *La garantía del contenido esencial de los derechos fundamentales*. Madrid: Dykinson, 2003, p. 167.

mitación de un derecho fundamental por el legislador es simultáneamente material, determinación puntual del contenido del derecho"[47].

2. A concepção estreita de configuração em Alexy

Em sentido distinto, segue o empenho de Alexy na adoção de uma teoria externa de restrições a direitos fundamentais[48]. O autor, partindo de uma visão discursiva do sistema jurídico, orientada por uma interpretação fundada em argumentos jurídicos e em bases racionais, com pretensão de correção, sustenta que a tarefa da dogmática assume três compromissos centrais[49]: (i) a análise lógica de conceitos jurídicos; (ii) a recondução desta análise a um sistema que opera por meio de enunciados, conectando fontes jurídicas; e (iii) a aplicação dos resultados desta análise na fundamentação das decisões jurídicas, tenham elas uma finalidade de alcance ideal e abstrato (universal) ou mesmo real e concreto (particular). Isso não reduz, contudo, a tarefa do intérprete a um trabalho puramente analítico.

Há, na definição de Alexy, o compromisso assumido pelo intérprete em relação à argumentação jurídica, de forma que toda e qualquer interpretação no Direito – seja pelo legislador, em abstrato; seja pelo juiz, para o caso – tenha um alcance institucional e, simultaneamente, uma preocupação de tornar possível a correção de rumos na adoção de soluções jurídicas que se apresentem necessárias à resolução de conflitos reais. Algo que se desdobra em funções próprias do exercício da interpretação por meio da análise das funções de estabilização, progresso, descarga, técnica, controle e heurística da própria dogmática[50].

Nesse panorama, a compreensão é de que, em termos de direitos fundamentais, há efetivamente uma dupla dimensão de análise quando se trata do tema da restrição a direitos. Alexy identifica, na possibilidade de permanente correção do sistema, um pressuposto de liberdade máxima ao indivíduo em seu agir público, que importa em proporcional liberdade negativa em termos restritivos. O controle por parte do Direito é, portanto, externo, sempre que

---

47 HÄBERLE, Peter. *La garantía del contenido esencial de los derechos fundamentales*. Madrid: Dykinson, 2003, p. 167. E aqui se pode identificar a força que a interpretação em abstrato assume na doutrina de Häberle, a ponto de determinar, *a priori*, o conteúdo do direito.

48 A defesa de uma teoria externa em Alexy é conexa com a preocupação do autor de conectar a interpretação do legislador à interpretação para o caso por meio de argumentos de interpretação. Conferir em: VIDAL, Isabel Lifante. Interpretación y aplicación del derecho. In: LAGIER, Daniel (coord.). *Conceptos básicos del derecho*. Madrid: Marcial Pons, 2015, pp. 194-199).

49 ALEXY, Robert. *Teoría de la argumentación jurídica*. Madrid: CEPC, 2012, p. 243.

50 ALEXY, Robert. *Teoría de la argumentación jurídica*. Madrid: CEPC, 2012, p. 255.

identificada situação de conflito suficiente e necessária para promover uma intervenção institucional. Daí a relevância assumida pelo problema das restrições ao tema dos direitos fundamentais.

Para elucidar o alcance da dupla dimensão restritiva aos direitos fundamentais pelo Direito – como configuração e restrição propriamente dita –, parte o autor de alguns pressupostos específicos de análise. Por primeiro, o pressuposto de que o conceito de restrição compreende duas particularidades bastante distintas: o direito e suas restrições. Isto importa reconhecer que há dois momentos de identificação de um direito. O momento do direito em si mesmo, sem qualquer espécie de restrição; e o momento em que o direito, por circunstâncias especiais e justificadas, pode sofrer restrições. Este, para Alexy, é o "derecho restringido"[51]. Por consequência, quando efetuado o mesmo exame restritivo em relação à norma jusfundamental, o pressuposto de que se parte é o de que nem toda norma de direito ordinário, que tenha por objeto uma situação de interesse de um direito fundamental, importa numa restrição a direito. É possível que se trate de norma que simplesmente tenha por finalidade a configuração de um direito[52].

Exemplo claro de tal construção normativa no ordenamento jurídico brasileiro é o do enunciado do art. 21 do Código Civil, quando, na primeira parte, refere que "a vida privada da pessoa natural é inviolável". Não há qualquer indicação de restrição ao direito fundamental igualmente positivado no art. 5º, inc. X, da Constituição Federal brasileira quando trata da proteção à intimidade e à vida privada da pessoa natural em termos abstratos. Ao contrário, o que estabelece a norma infraconstitucional é uma configuração, no âmbito das relações entre privados – portanto, a facilitar, *a priori*, a interpretação para o caso, pela descarga de argumentação que oferece – de garantia a direito fundamental positivado na Constituição[53]. O artigo referido difere-se, por consequência, do alcance normativo evidenciado no enunciado do *caput* do art. 20 do Código Civil, cuja redação oferece norma de restrição legislativa à garantia constitucional do mesmo art. 5º, inc. X, da Constituição Federal, especificamente em relação à proteção à honra e à imagem das pessoas. Uma diferenciação relevante em termos de interpretação, que acaba permitindo a identificação clara da distinção entre uma norma construída com finalidade imprópria de configuração (art. 20 do CC) – ou seja, que indevidamente acaba por explicitar uma situação de limitação de liberdades – e outra de correto

51 ALEXY, Robert. *Teoría de la argumentación jurídica*. Madrid: CEPC, 2012, p. 268.

52 ALEXY, Robert. *Teoría de la argumentación jurídica*. Madrid: CEPC, 2012, p. 322.

53 Para um desenvolvimento amplo do tema no Direito Civil brasileiro, abordou-se a questão previamente em CACHAPUZ, Maria Cláudia. *Intimidade e vida privada no novo código civil brasileiro*. Porto Alegre: Fabris Editor, 2006.

enfrentamento normativo de restrição de direitos no âmbito de legislação ordinária (art. 21 do CC).

Um segundo pressuposto diz respeito ao destaque necessário para o alcance possível a um conceito de configuração de direitos. Apenas uma concepção estreita do conceito de conformação de direitos se apresenta possível, para Alexy, se a intenção é a de potencializar a liberdade do indivíduo em sociedade de forma a desenvolver, efetivamente, a sua autonomia[54]. Em contrapartida, deve-se conceber um conceito amplo de restrição, possibilitando-se o permanente desafio ao que está posto no sistema jurídico.

Há uma proporcionalidade em tal construção oferecida também em termos abstratos. Quando se está frente a um conceito estreito de conformação e um conceito amplo de restrição de direitos, o equilíbrio, no exercício de argumentação, é alcançado pelo funcionamento do próprio sistema jurídico e das funções exigidas aos enunciados dogmáticos. Ou seja, aquilo que se vê configurado como um direito não necessita de justificação. A restrição ao direito, de outra parte, tanto em abstrato como em concreto, exige argumentação necessária e suficiente para o desafio à garantia jusfundamental, ainda que seja para a edição de uma norma pela via ordinária[55]. E esta é a distinção

---

54 Quando se fala de autonomia, se está, em verdade, discutindo uma questão mais ampla que a pressuposta em um direito geral de liberdade do indivíduo. Habermas é que estabelece uma distinção bastante clara: os conceitos se diferenciam pelo âmbito de sua extensão. Enquanto a liberdade é sempre subjetiva, porque fundada nas peculiaridades do indivíduo – suas "máximas de prudencia, por las preferencias o motivos racionales" (Habermas, 2004) –, a autonomia é um conceito que pressupõe uma estrutura de intersubjetividade, determinado por máximas aprovadas pela prova da universalização. Segundo Habermas, "en cuanto a la libertad subjetiva, no es difícil imaginar que algunas personas puedan gozar de la libertad y otras no, o que algunas personas puedan ser más libres que otras. La autonomía, por el contrario, no es un concepto distributivo y no puede ser alcanzado individualmente. En tal sentido enfático, una persona solo puede ser libre si todas las demás lo son igualmente. La idea que quiero subrayar es la siguiente: con su noción de autonomía, Kant ya introduce un concepto que solo puede explicarse plenamente dentro de una estructura inter-subjetivista" (HABERMAS, Jürgen. *O futuro da natureza humana*. São Paulo: Martins Fontes, 2004, p. 13).

55 A relação estabelecida por Alexy, em termos restritivos, é também compreendida na doutrina de Carlos Bernal Pulido a partir de uma aplicação do princípio da proporcionalidade. Conforme o autor, "en el Estado constitucional no puede valer cualquier restricción a los derechos fundamentales sino sólo aquellas restricciones que sean: idóneas para contribuir a la obtención de cierto fin legítimo; necesarias, es decir, las más benignas entre los medios alternativos que gocen de por lo menos la misma idoneidad para conseguir la finalidad deseada; y proporcionales en sentido estricto, es decir, aquéllas que logren un equilibrio entre los beneficios que su implementación representa y los prejuicios que ella produce. De esta manera, el principio de proporcionalidad es la restricción de la restricción, el límite de los límites a los derechos fundamentales, el criterio que condiciona la validez de los límites que el Estado impone a los derechos fundamentales" (PULIDO, Carlos Bernal. *El derecho de los derechos*. Bogotá: Universidad Externado de Colombia, 2005, p. 82).

essencial a ser efetuada pela adoção de uma teoria externa de restrição a direitos fundamentais.

Tais considerações acerca do âmbito de atuação das configurações e restrições a direitos permitem, ademais, quando pressuposto o exame de um caso concreto, que se identifique que toda a solução extraída de uma ponderação realizada em face de um conflito de direitos fundamentais seja compreendida como o produto de uma restrição em concreto, e não como a consequência de uma subsunção à configuração, em abstrato, de um direito previamente definido em seu conteúdo. Disso se extrai, em termos interpretativos e com coerência suficiente à pretensão de reconhecimento de uma dimensão institucional ao sistema jurídico, a regra estabelecida para o caso. Esta, como resultado de uma ponderação efetuada de forma particular, não necessariamente configura enunciado dogmático suficiente para que seja utilizada genericamente como regra a toda e qualquer situação de conduta em termos análogos. Mas permite, pela própria analogia, que seja utilizada para o estabelecimento de um *par de comparação* em termos interpretativos, por meio de um exercício próprio de ponderação[56].

Não se despreza, ademais, a mesma racionalidade, para efeito de teste da universalidade, quando a restrição é proposta legislativamente – portanto, quando dirigida ao legislador, e não ao juiz. Mesmo comprometimento de descarga de argumentos em relação ao desafio da proteção de direitos gerais de liberdade e igualdade é exigido ao intérprete em abstrato, quando, na edição de lei infraconstitucional, reste evidenciada uma justa restrição – e, portanto, lícita – ao direito fundamental.

Há ainda um terceiro pressuposto, em Alexy, decorrente dos anteriores e relativo à distinção entre configuração e restrição, a ser levado em consideração: o fato de que o caráter de razoabilidade ou mesmo de justiça acolhido para a edição de uma norma e para a tipificação de uma conduta (pelo estabelecimento de uma proibição, de um fazer obrigatório ou mesmo pelo estabelecimento de competências que atinjam o exercício de posições jurídico-civis) a partir do uso de argumentos jusfundamentais, não afasta a dimensão restritiva desta mesma norma, quando atinja um direito geral de liberdade ou de igualdade da pessoa[57]. Aqui, o exame de análise da fundamentação em Alexy

56 Na referência de Alexy, a analogia não deve ser desconsiderada como forma de argumento. No entanto, como se baseia em princípios de universalidade e de igualdade, exige que seja enfrentada toda a dificuldade típica de aplicação de um princípio de igualdade: "El establecimiento de la semejanza jurídicamente relevante no puede surgir únicamente de semejante análisis, (...) presupone valoración. Para la fundamentación de esta valoración son admisibles todos los argumentos posibles en el discurso jurídico" (ALEXY, Robert. *Teoría de la argumentación jurídica*. Madrid: CEPC, 2012, p. 269).

57 ALEXY, Robert. *Teoría de los derechos fundamentales*. Madrid: CEPC, 2001, p. 324.

exige um detalhamento mais amplo a evitar equívocos, justamente porque afeta a situação central de distinção de compreensão jurídica para a adoção de uma teoria externa ou interna de restrições a direitos fundamentais.

A preocupação de Alexy, no ponto, é com o fato determinante, em Häberle, ainda que em termos legislativos, para a adoção de uma teoria interna de restrições de direitos fundamentais: a constatação de que qualquer limitação de um direito fundamental deve ser vista como parte da determinação de seu conteúdo. Segundo Häberle, "el legislador que limita los derechos fundamentales también los determina con ello en cuanto a su contenido y al revés"[58].

A fragilidade de tal construção – ainda que limitada à perspectiva de análise da interpretação pelo legislador – restou previamente apontada pela crítica oferecida por Alexy, no sentido de que, para a adoção de uma teoria interna, restaria sempre necessário um condicionamento do exame de qualquer restrição à hipótese de abuso de um direito, porque pressuposto um determinado conteúdo conformador de um direito previamente pelo sistema jurídico. Tal situação, aparentemente, permite ao intérprete do caso aceitar, de forma mais flexível, uma relativização à concepção material de um direito quando se trata de analisar um caso concreto – ainda que o exercício de interpretação se torne bastante dificultado, pela necessidade, na mesma medida, de configuração prévia do próprio conceito de abuso de direito. Mas trata-se de uma situação de construção argumentativa extremamente dificultada quando o problema é de um suposto abuso por parte do legislador na configuração do tipo normativo, ao editar norma restritiva de um direito fundamental no âmbito infraconstitucional.

Há que se distinguir: uma realidade é a das normas de configuração de institutos de Direito Civil – gerando competências específicas para o caso de capacidade, casamento, propriedade, estabelecimento de sociedade –, em que há a confirmação de determinadas garantias constitucionais jusfundamentais. Nessas hipóteses, é possível que se vejam estabelecidas situações de conformação de direitos, para garantir-se, justamente, a titularidade de determinadas posições jurídicas. Outra circunstância é a das normas que, estabelecendo proibições ou determinações de um fazer específico, gerem restrições ao exercício de liberdades. Ainda que sejam necessárias tais restrições, não se reconhece na liberdade residual – que é o produto da interpretação em abstrato pelo legislador – a configuração de um direito.

58 HÄBERLE, Peter. *La garantía del contenido esencial de los derechos fundamentales*. Madrid: Dykinson, 2003, p. 167.

3. O sistema de posições jurídicas como um sistema de posições jurídicas fundamentais

Situação conexa ao tema das restrições e configurações de direitos é a de análise das posições jurídicas fundamentais que podem ser identificadas no sistema jurídico quando observados os direitos fundamentais como direitos subjetivos. Isto ocorre quando se conectam os direitos fundamentais positivados no ordenamento jurídico com o exercício de direitos por seus titulares, a partir de um enfoque analítico[59], de forma tal que se identifiquem situações específicas de exercício de direito ou de sujeição das pessoas a determinadas restrições. A conexão parece resultar da forma como os indivíduos se vinculam no espaço público, assumindo posições e interesses diversos, na medida em que se conectam ao exercício de determinados direitos e, nessa medida, conferem-lhe determinado conteúdo.

Alexy parte de um sistema tríade de posições jurídicas fundamentais quando estuda, com base numa teoria analítica, a estrutura de um direito subjetivo. Para tanto, oferece uma estrutura tríplice à concepção de um direito subjetivo, partindo das relações jurídicas estabelecidas entre titulares de pretensões de agir em sociedade. Segundo Alexy, são três as concepções possíveis à compreensão da estrutura dos direitos subjetivos: (a) os direitos a algo; (b) as liberdades; (c) as competências.

Quando se refere a *direitos a algo* se preocupa Alexy com uma relação entre titulares de direitos e deveres a partir da estruturação de uma relação jurídica em que há, claramente, o foco no objeto do direito em questão – no caso, para reconhecer que o objeto de um direito a algo "es siempre una acción del destinatário"[60]. De forma direta, ao tratar dos *direitos a algo*, Alexy os associa à estrutura oferecida por W. N. Hohfeld na definição de opostos e correlatos de posições jurídicas entre deveres e direitos, ainda que acentue

59 Na análise dos direitos fundamentais como direitos subjetivos, Alexy sustenta a possibilidade de estabelecimento de um modelo de três níveis de conceituação de direitos subjetivos. Os direitos podem ser vistos, (i) por um enforque normativo, como correspondentes às razões oferecidas para saber o porquê de alguém ser titular de um direito e que direito é esse – algo que aproxima a interpretação dos direitos subjetivos de uma visão mais positivista do Direito; (ii) em uma perspectiva empírica, pela abordagem de análise dos direitos subjetivos em relação a argumentos históricos e teleológicos – portanto, com aproximação a uma visão mais funcionalista e sociológica do Direito; (iii) e, por fim, por um enfoque analítico, em que se adota como elemento constitutivo do conceito de direito, tanto o fim prático alcançado por determinado direito subjetivo – "es decir, la utilidad, ventaja, ganancia, que ha de ser proporcionada por el derecho" (ALEXY, Robert. *Teoría de los derechos fundamentales*. Madrid: CEPC, 2001, p.179) –, como a proteção oferecida por esse direito no sistema jurídico. A aproximação, em tal caso, é a uma doutrina de caráter discursivo.

60 ALEXY, Robert. *Teoría de los derechos fundamentales*. Madrid: CEPC, 2001, p.187.

determinadas diferenças específicas[61]. Na estrutura da ideia de *direitos a algo*, reconhece Alexy uma posição jurídica forte em relação à realização do objeto pretendido, independentemente de se tratar de uma relação entre privados ou de uma relação entre o particular e o Estado, naquilo que poderia ser identificado, ao titular do direito, como um "direito de defesa" – quando se trate de um direito a uma ação negativa de alguém ou do Estado, capaz de abranger (i) o direito de não impedir ações individuais; (ii) o direito à não afetação de propriedades e situações de garantias individuais; (iii) o direito à não eliminação de posições jurídicas – ou como um "direito a uma pretensão" – na realização de direitos a ações positivas, tanto em relação a prestações fáticas como em relação a prestações normativas[62].

Outra concepção de direito subjetivo, para Alexy, relaciona-se a uma prerrogativa de *liberdade*. Na estrutura analítica referida, há uma relação igualmente tríplice entre o titular de uma liberdade – ou da negativa a esta –, um impedimento a esta liberdade e um objeto de liberdade. Em tal hipótese, defende Alexy que o objeto de uma liberdade – tratada como uma concepção aplicada de liberdade ao sistema jurídico – é sempre uma "alternativa de ação"[63], porque pressuposta a possibilidade ampla de uma liberdade negativa.

O objeto de uma *liberdade*, portanto, ao contrário de um *direito a algo*, traduz a seu titular uma posição jurídica apenas *prima facie* ao estabelecimento de uma conformação desse direito, justamente porque permite apenas uma determinação não definitiva com relação ao exercício da liberdade pressuposta. O que se quer confirmar com tal afirmação, não é a circunstância de ausência de liberdade, e sim, a consideração de que, sendo esta pressuposta, a liberdade jurídica é sempre correspondente – justamente para potencializar iguais prerrogativas de liberdade em sociedade – a um dever oposto de cumprimento, e este privilégio, assegurado, na relação jurídica, por uma concepção ampla de liberdade negativa.

Em Hohfeld, esta relação jurídica é esclarecida a partir de um modelo de opostos jurídicos, em que na mesma proporção que se estabelece uma relação entre liberdade e dever associa-se uma proporcionalidade entre direito subjetivo e não direito. Corresponde, portanto, à inversão proposta por Hohfeld quanto aos correlatos jurídicos, em que a uma liberdade – traduzida por Hohfeld como um *privilégio*[64] – correlaciona-se um não direito, e a um direito subjetivo se correlaciona um dever[65].

---

61 ALEXY, Robert. *Teoría de los derechos fundamentales*. Madrid: CEPC, 2001, p. 202.

62 ALEXY, Robert. *Teoría de los derechos fundamentales*. Madrid: CEPC, 2001, pp. 189-194.

63 ALEXY, Robert. *Teoría de los derechos fundamentales*. Madrid: CEPC, 2001, p. 214.

64 HOHFELD, Wesley. *Conceptos jurídicos fundamentales*. México: Fontamara, 2009, p. 53.

65 HOHFELD, Wesley. *Conceptos jurídicos fundamentales*. México: Fontamara, 2009, p. 49.

> Un privilegio es el opuesto de un deber, y el correlativo de un no-derecho. En ejemplo último, mientras que X tiene un derecho o pretensión a que Y no entre en el inmueble del primero, X tiene el privilegio de entrar en el inmueble; o, con otras palabras, X no tiene el deber de permanecer fuera del mismo. El privilegio de entrar en el inmueble es la negación del deber de permanecer fuera de él[66].

Não há como deixar de identificar que entre os modelos de opostos e os modelos de correlatos jurídicos, como apresentados em Hohfeld, há a mesma determinação de razões distintivas para a interpretação às razões oferecidas por Alexy na diferenciação entre princípios e regras. Quando se parte de um modelo de *opostos jurídicos* – como entre direito e não direito; liberdade e dever[67] –, há uma determinação apenas *prima facie* do direito em discussão, permitindo, tal qual na relação normativa ao nível dos princípios, que, muito pouco possa ser dito sobre a conformação do direito em caráter definitivo. É diferente da associação que possa ser feita a partir de modelos de *correlatos jurídicos* – como entre direito e dever; liberdade e não direito. Nestes, a determinação parte de uma razão definitiva *prima facie*, como ao nível das regras, justamente porque pressupõe descarga de argumentos distintos com relação à posição jurídica de onde se parte – por correlação de direitos e deveres; de liberdades e não direitos. Pressupõe-se, de um ponto de vista formal, que esta correlação de posições jurídicas deva corresponder a uma universalidade ideal de condutas. Isto não evita, por certo, que, evidenciado o conflito concreto, ocorra um desafio da situação de igualdade ou liberdade pressuposta no modelo de correlação – por exemplo, quando se questiona a medida de autonomia determinante à declaração do contratante para o estabelecimento de uma cláusula contratual reconhecida como abusiva. Desde logo, o desafio pressuposto permite compreender a necessidade de adoção de um modelo de *opostos jurídicos*, conduzindo-se a interpretação a uma determinação não mais definitiva com relação à conformação de um direito.

Mas há ainda uma terceira concepção possível ao reconhecimento de um direito subjetivo, segundo Alexy, que corresponde às *competências*. Trata-se da perspectiva de análise de um direito a partir da ideia de exercício de um poder ou, mais especificamente, de um poder jurídico. A aproximação aqui oferecida é com a possibilidade de modificar-se uma situação jurídica do indivíduo pela prática de determinadas ações que conduzam a uma posição jurídica reconhecida institucionalmente. O que se reconhece é a prerrogativa de que, a partir de um conjunto de atos, configure-se ao indivíduo, por meio de um prévio estabelecimento institucional – fático ou normativo –, a condi-

66 HOHFELD, Wesley. *Conceptos jurídicos fundamentales*. México: Fontamara, 2009, p. 53.

67 HOHFELD, Wesley. *Conceptos jurídicos fundamentales*. México: Fontamara, 2009, p. 49.

ção de titularidade de um direito que, a princípio, não possua por natureza. Assim, por exemplo, no Direito Civil, quando se configura titularidade jurídica em situações de propriedade, de casamento, de sucessões.

Hohfeld igualmente tratou do tema das competências como relacionado à ideia de exercício de direitos ao estabelecer parâmetros de correlação ou de oposição entre posições jurídicas resultantes (i) de uma competência ou da ausência de uma competência (uma não competência) e (ii) de uma imunidade (não sujeição) ou de uma sujeição ao poder de outrem. Não se limitou, portanto, ao sistema tríplice de posições jurídicas fundamentais de Alexy, mas ofereceu um quadro ampliado de variáveis que possibilitam a identificação de um modelo de tábuas comparativas de correlatos e opostos jurídicos. Neste, quando propostas posições jurídicas *correlatas*, competência e sujeição guardam a mesma relação existente entre direito subjetivo e dever, assim como a ausência de competência gera uma situação de imunidade genérica à observância de titularidade de uma determinada posição jurídica institucional por parte de terceiro, na mesma proporção que se identifica uma relação correlata entre o exercício de uma liberdade e a observância contrária de um não direito. Desde a perspectiva de posições jurídicas *opostas*, uma competência e uma ausência de competência guardam a mesma relação que a ideia de um direito a um não direito. O mesmo é visto entre a imunidade genérica à observância de titularidade de uma determinada posição jurídica institucional por parte de um terceiro e uma sujeição à titularidade de terceiro em relação à situação oposta de exercício de uma liberdade e o dever contraposto (a liberdade negativa)[68].

Ao estabelecer um modelo de visualização de concepções assemelhadas a direitos e deveres a partir do exercício de posições jurídicas no agir público, Hohfeld restou por oferecer um esquema analítico bastante amplo, que permite uma explicação lógica da dinâmica de manifestação do fenômeno jurídico para qualquer relação do Direito. E isto é assim porque parte o autor, para a observação de uma concepção ao direito – aqui tomado de forma ampla –, tanto de uma ideia de direito a algo, como das ideias de liberdade, de competência (poder) ou de imunidade (não sujeição).

4. Oposição e correlação de direitos e a aproximação de uma interpretação pela restrição e configuração de direitos

Se considerado correto o teste analítico proposto por Hohfeld ao sistema jurídico, permitindo que se possa substituir as variáveis de condicionamento

68 Assim, o esquema proposto por Hohfeld, a partir de um modelo de correlatos e opostos jurídicos (HOHFELD, Wesley. *Conceptos jurídicos fundamentales*. México: Fontamara, 2009, p. 49).

à manifestação de posições jurídicas exercidas pelos sujeitos de direito, a ideia é a de que se possa igualmente confirmar, pelo modelo, se há racionalidade na construção de uma interpretação – então relacionada à solução concreta de casos propostos à discussão jurídica – que sustente que a concepção de direito deva, necessariamente, partir de uma restrição externa ou de uma restrição interna a direitos fundamentais. Em parte, Alexy propôs um teste assemelhado, ao analisar, a partir da concepção de direito como uma *competência* em caráter estrito – e não como um comportamento decorrente do estabelecimento de uma competência – a distinção entre as dimensões de ilicitude e de invalidade de um ato jurídico[69].

A comparação que se propõe é dirigida ao tema inaugural deste estudo – no campo da interpretação em concreto –, de restrições e configurações a direitos subjetivos. Ou seja, provar, a partir de um modelo analítico de posições jurídicas fundamentais, em que medida se justifica, racionalmente, a aplicação das teorias interna e externa a direitos. Tratando-se de uma relação bidimensional, como inicialmente sustentada por Alexy e Häberle – de distinção de dimensões de restrição e de configuração de direitos –, a hipótese seria a de provar em que medida as relações *de oposição* e *de correlação* de posições jurídicas, correspondentes a direitos e deveres, podem ser substituídas por situações de *restrição* e de *configuração* de posições jurídicas, respectivamente, para efeito de interpretação do caso concreto proposto à análise.

Uma pista inicial é oferecida por Alexy quando esclarece sobre os bens que podem sofrer restrições: "Restringibles son bienes iusfundamentalmente protegidos (libertades/situaciones/posiciones de derecho ordinario) y posiciones *prima facie* concedidas por principios iusfundamentales"[70]. O que se pode afirmar a partir de tal premissa é que quando não houver relação direta a uma proposição jusfundamental, não se está a falar em restrições a direitos: "Las normas que no tienen nada que ver con un derecho fundamental no son con respecto a este derecho fundamental normas restrictivas y tampoco normas configuradoras"[71]. Mas sempre que houver um conteúdo jurídico relacionado a direitos fundamentais – porque pertinente a uma discussão sobre um direito geral de liberdade ou de igualdade –, deve se falar em restrição a direitos.

69 ALEXY, Robert. Teoría de los derechos fundamentales. Madrid: CEPC, 2001, p. 233. Para uma distinção das concepções de efetividade e de nulidade frente ao problema da efetividade constitutiva (ou existência), sugere-se a doutrina de ALEMANY, Macario. Validez y nulidad. In: LAGIER, Daniel (Coord.). Conceptos básicos del derecho. Madrid: Marcial Pons, 2015, pp. 175-184. No direito brasileiro, noção muito próxima é conhecida pela doutrina de VILANOVA, Lourival. Causalidade e relação no direito. 5. ed. São Paulo: Noeses, 2015.

70 ALEXY, Robert. *Teoría de los derechos fundamentales*. Madrid: CEPC, 2001, p. 272.

71 ALEXY, Robert. *Teoría de los derechos fundamentales*. Madrid: CEPC, 2001, p. 322.

Partindo-se da mesma observação de Alexy, é possível ainda encaminhar a discussão a uma questão complementar: a de que nem sempre que se trate de uma interpretação acerca de um direito fundamental esteja autorizada a identificação de uma situação restritiva de um direito. Na explicitação de Alexy, "una norma no restrictiva en el ámbito de un derecho fundamental es una norma que tiene algo que ver con aquello que abarca el derecho fundamental. Siguiendo una terminología difundida, puede decirse que esta norma lo configura"[72], ainda que não ofereça qualquer conteúdo restritivo ao direito de que se trata. Quando, portanto, oferecida argumentação que não desafie, *prima facie*, uma situação de restrição a direitos subjetivos – porque não promovida uma discussão jurídica sobre restrição a uma liberdade, por exemplo[73] – a aproximação de uma situação de análise das posições jurídicas em jogo por correlatos jurídicos do modelo de Hohfeld deve ser observada, a tornar suficiente a interpretação e a aplicação de uma teoria interna de restrições a direitos subjetivos para o caso. Em tal hipótese, deve-se partir da configuração definitiva e *a priori* do exercício de posições jurídicas correspondentes, pressupondo uma determinada configuração do exercício de um direito aceita e desejada pelos indivíduos. Trata-se de compreender a configuração preliminar de determinadas situações fáticas e jurídicas aceitas em concreto para a interpretação do caso em análise, observando aquilo que é típico ao Direito Privado, justamente pelo valor pressuposto à ideia de autonomia e personalidade[74], característico ao âmbito privado das relações jurídicas.

Isto é distinto da situação que deve ser pressuposta quando haja a proposta de desafio jurídico pela análise de restrições a direitos fundamentais, a partir da constatação de um conflito entre bens jusfundamentais protegidos. Em casos tais, porque se parte, seguindo Alexy, de uma concepção de que sempre há restrição de direitos quando se fala em limitação de direitos fundamentais, a aproximação, em termos interpretativos, deve ser como o modelo de opostos jurídicos de Hohfeld. Ou seja, quando se diz que alguém tem direito a algo é porque, em oposição, a outra parte sofrerá uma restrição por não ter o mesmo direito a algo – a ideia de um não direito –, devendo tolerar a ação de outrem. O exemplo utilizado por Alexy relaciona-se aos modelos de normas de ordens e proibições, em que visualizada a relação do indivíduo

---

72 ALEXY, Robert. *Teoría de los derechos fundamentales*. Madrid: CEPC, 2001, p. 322.

73 Assim, em Direito Civil, quando em debate a medida de cumprimento de um contrato entre particulares em que não proposta qualquer discussão sobre a autonomia dos contratantes, por exemplo.

74 Conferir sobre o tema em MARTINS-COSTA, Judith. Pessoa, personalidade, dignidade (Ensaio de uma qualificação). In: MARTINS-COSTA, Judith. Tese de livre-docência em Direito Civil apresentada à Congregação da Faculdade de Direito da Universidade de São Paulo. São Paulo, maio de 2003.

com o Estado[75]. Mas o mesmo se pode aplicar com relação a quaisquer conflitos de liberdades entre os indivíduos.

No Direito Civil, ao se discutir uma limitação à autonomia do indivíduo – em uma situação de validade de uma obrigação contratual por vulnerabilidade de uma das partes contratantes, por exemplo –, se está a tratar de posições jurídicas em oposição, porque o discurso proposto se refere à restrição de liberdade de um dos contratantes em relação à do outro. Em tais casos, a análise jurídica não pode partir, *prima facie*, da mesma compreensão de interpretação por uma teoria interna de restrição a direitos, justamente porque a discussão proposta é sobre o equilíbrio evidenciado em concreto entre as posições jurídicas pressupostas em oposição. E sobre a possibilidade de desafio dessas posições em face de princípios de liberdade ou de igualdade jurídica. O intérprete para o caso, portanto, deve valer-se de elementos externos ao de configuração do caso e adotar uma teoria externa de restrição a direitos subjetivos, permitindo o teste, em concreto, das situações de conflito de liberdade ou de igualdade pressupostas a partir de uma ponderação de princípios, e não da simples subsunção à vontade declarada em concreto[76].

É possível que se reconheça que entre posições jurídicas fundamentais e restrições a direitos subjetivos existam conexões bastantes mais estreitas. Segundo Alexy, ao menos em termos jusfundamentais, a resposta mais simples está no fato de que "un derecho fundamental como un todo es un haz de posiciones iusfundamentales"[77]. Adaptando-se o mesmo exercício interpretativo para toda e qualquer relação jurídica – incluindo-se, principalmente, as relações de Direito Civil de forma geral e os reflexos de concepções jusfundamentais no âmbito das relações civis entre privados –, é possível que se extraia a compreensão de que *um direito subjetivo, visto de forma ampla, é um feixe de posições jurídicas fundamentais*. Nessa medida, é a identificação de uma determinada posição jurídica, em perspectiva de correlação ou de oposição a uma situação de vantagem (um direito, uma liberdade, uma competência ou uma imunidade) ou de desvantagem jurídica (um dever, um não direito, uma não competência ou uma sujeição), seguindo o modelo de Hohfeld, que permitirá identificar-se, frente à condição concreta proposta, hipótese de análise restritiva ou conformativa de um direito subjetivo em concreto, orientando-se a interpretação no sentido de aplicação de uma teoria externa ou interna de restrições a direitos fundamentais.

---

75 ALEXY, Robert. *Teoría de los derechos fundamentales*. Madrid: CEPC, 2001, p. 325.

76 Nesse sentido, o alcance de interpretação possível ao intérprete para o caso, nos termos do art. 187 do Código Civil brasileiro, pela configuração de situações de ilicitude civil a partir de parâmetros de ponderação externos e determinados no sistema jurídico como suficientes e necessários à restrição de direitos subjetivos.

77 ALEXY, Robert. *Teoría de los derechos fundamentales*. Madrid: CEPC, 2001, p. 241.

Assim, para o exame do caso, quando se trate de uma discussão jurídica que demande exame sobre posições fundadas em *opostos jurídicos*, a discussão proposta deve corresponder, *prima facie*, a uma situação de análise quanto à ocorrência de restrições a direitos subjetivos e de orientação à aplicação de uma teoria externa de restrição aos direitos em termos interpretativos – o que permite ao juiz uma interferência justificada sobre a liberdade dos indivíduos para a constituição de situações de ilicitude ou de invalidade jurídicas no ordenamento jurídico brasileiro (art. 187 do CC brasileiro; art. 51 do CDC); tratando-se do exame de posições jurídicas baseado, argumentativamente, em correlatos jurídicos – e desde que inexistente uma discussão preliminar entre liberdades ou igualdades em jogo –, corresponderá, *a priori*, a uma situação de configuração a um determinado direito subjetivo. Isto exigirá, para o caso, a aplicação de uma teoria interna de restrições a direitos, posto que orientada a interpretação por um consenso prévio em relação à conformação de determinado direito.

Conclusões

Em resumo, partindo da orientação por modelos jurídicos proposta por Judith Martins-Costa para fins de interpretação, o presente estudo ocupa-se do problema relativo à análise do conteúdo dos direitos subjetivos e de sua configuração e restrição. Parte da constatação de que o Direito Civil, por integrar o sistema jurídico, sofre os efeitos das normas jusfundamentais em um caráter genérico. A matéria interessa na medida em que permite o enfrentamento do problema das limitações e da ponderação a direitos subjetivos, tanto em uma dimensão institucional como em uma relação específica e particular de determinada situação concreta de conflito de interesses.

Por argumentos distintos, Häberle defende a teoria de que os direitos fundamentais compartilham de um duplo caráter na sua estrutura: tanto apresentam uma dimensão institucional-objetiva como uma dimensão jurídico-individual, em que garantidos a titulares direitos públicos subjetivos. A lógica em Häberle é de que toda e qualquer restrição a direitos fundamentais encontra-se, necessariamente, relacionada a uma concepção ampla de configuração desses mesmos direitos. Por sua parte, Alexy adota uma teoria externa de restrições dos direitos fundamentais, partindo de uma visão discursiva do sistema jurídico, orientada por uma interpretação fundada em argumentos jurídicos e em bases racionais, com pretensão de correção. Como pressuposto à interpretação, defende o autor a compreensão de que o conceito de restrição compreende duas particularidades distintas: o direito e suas restrições.

Situação conexa ao tema das restrições e configurações de direitos é a de análise das posições jurídicas fundamentais que podem ser identificadas no sistema jurídico quando observados os direitos fundamentais como direitos subjetivos. A conexão decorre da forma como os indivíduos se vinculam no espaço público, assumindo posições e interesses diversos no exercício de direitos e deveres, liberdades e não direitos. A comparação que se propõe, por consequência, é ao modelo analítico de posições jurídicas fundamentais, como apresentado por Hohfeld, buscando justificar, racionalmente, a aplicação das teorias interna ou externa de restrição a direitos subjetivos. É o que se propõe pela compreensão de que *um direito subjetivo, visto de forma ampla, é um feixe de posições jurídicas fundamentais* a depender, para o correto exame e interpretação dos conflitos propostos, da forma como proposto o desafio jurídico ao consenso previamente estabelecido no ordenamento jurídico e – principalmente quando se trate da relação entre privados – entre os indivíduos.

Nesse sentido, é a identificação de uma determinada posição jurídica, em perspectiva de correlação ou de oposição a uma situação de vantagem (um direito, uma liberdade, uma competência ou uma imunidade) ou de desvantagem jurídica (um dever, um não direito, uma não competência ou uma sujeição), que permitirá identificar, frente à condição concreta proposta, hipótese de análise de restrição – pela adoção de uma teoria externa – ou de configuração – pela adoção de uma teoria interna – de um direito subjetivo.

Colaboração premiada: natureza, dilemas éticos e consequências

Miguel Reale Júnior[1]

1. Colaboração: quebra de paradigmas

A Lei n. 12.850/2013 veio a disciplinar este novel instituto, estabelecendo os requisitos exigíveis para admissão da proposta de colaboração, as obrigações a serem assumidas pelas partes, acusação e defesa, os direitos garantidos ao colaborador, os benefícios possíveis de serem concedidos, o papel do juiz no acordo de colaboração e a hipótese de retratação ou rescisão do contrato de colaboração[2].

---

1 À Judith, mulher de múltiplas vertentes, com quem me casei, com a certeza de que seria uma aventura de cada dia. Só não esperava que fosse uma aventura de cada hora, como felizmente é.

2 Art. 4º O juiz poderá, a requerimento das partes, conceder o perdão judicial, reduzir em até 2/3 (dois terços) a pena privativa de liberdade ou substituí-la por restritiva de direitos daquele que tenha colaborado efetiva e voluntariamente com a investigação e com o processo criminal, desde que dessa colaboração advenha um ou mais dos seguintes resultados: I – a identificação dos demais coautores e partícipes da organização criminosa e das infrações penais por eles praticadas; II – a revelação da estrutura hierárquica e da divisão de tarefas da organização criminosa; III – a prevenção de infrações penais decorrentes das atividades da organização criminosa; IV – a recuperação total ou parcial do produto ou do proveito das infrações penais praticadas pela organização criminosa; V – a localização de eventual vítima com a sua integridade física preservada.
§ 1º Em qualquer caso, a concessão do benefício levará em conta a personalidade do colaborador, a natureza, as circunstâncias, a gravidade e a repercussão social do fato criminoso e a eficácia da colaboração.
§ 2º Considerando a relevância da colaboração prestada, o Ministério Público, a qualquer tempo, e o delegado de polícia, nos autos do inquérito policial, com a manifestação do Ministério Público, poderão requerer ou representar ao juiz pela concessão de perdão judicial ao colaborador, ainda que esse benefício não tenha sido previsto na proposta inicial, aplicando-se, no que couber, o art. 28 do Decreto-Lei n. 3.689, de 3 de outubro de 1941 (Código de Processo Penal).
§ 3º O prazo para oferecimento de denúncia ou o processo, relativos ao colaborador, poderá ser suspenso por até 6 (seis) meses, prorrogáveis por igual período, até que sejam cumpridas as medidas de colaboração, suspendendo-se o respectivo prazo prescricional.
§ 4º Nas mesmas hipóteses do *caput*, o Ministério Público poderá deixar de oferecer denúncia se o colaborador: I – não for o líder da organização criminosa; II – for o primeiro a prestar efetiva colaboração nos termos deste artigo.

A Colaboração Premiada veio romper com dois princípios fundamentais, um do Direito Penal e outro do Direito Processual Penal.

No campo do Direito Penal, desfez-se o princípio da legalidade ao se impor penas não previstas na lei, sendo autorizada até mesmo progressão de regime mesmo que os dados objetivos, como tempo da pena ou reincidência, segundo o Código Penal, não autorizassem a execução da pena em regime aberto, por exemplo.

Instituiu-se, então, todo um sistema de pena fruto do acordado na convenção de colaboração premiada. Surgem novas formas: sistema fechado diferenciado, semiaberto diferenciado, aberto diferenciado, fruto da imaginação criadora do Ministério Público Federal, com o que se quebra efetivamente o paradigma: *pena sem lei anterior*[3], tão ciosamente cultivado pelo Direito Penal a partir do Iluminismo.

---

§ 5º Se a colaboração for posterior à sentença, a pena poderá ser reduzida até a metade ou será admitida a progressão de regime ainda que ausentes os requisitos objetivos.
[...]
§ 10. As partes podem retratar-se da proposta, caso em que as provas autoincriminatórias produzidas pelo colaborador não poderão ser utilizadas exclusivamente em seu desfavor.
§ 11. A sentença apreciará os termos do acordo homologado e sua eficácia.

---

3 Criou o Ministério Público Federal um novo sistema de penas, especificando formas de cumprimento não previstas no Código Penal e na própria Lei de Execução Penal. Verifique-se, por exemplo, o que dispõe proposta de Acordo: a) XX de reclusão no regime fechado prisional, a ser cumprido em estabelecimento prisional a ser definido pelo Juízo de homologação ou a quem este delegar;
b) XX de reclusão no regime fechado diferenciado, a ser cumprido mediante recolhimento à sua residência situada na Rua XX, período no qual o COLABORADOR deverá observar as seguintes condições:
i) não poderá se ausentar de sua residência, exceto mediante autorização do Juízo ou do Ministério Público, ressalvados casos de emergência do colaborador e de seus familiares, os quais deverão ser objeto de comunicação em até 24 (vinte e quatro) horas ao juízo de execução e ao MPF;
ii) ficará submetido a vigilância eletrônica pessoal em tempo integral, mediante o uso de tornozeleira.
c) XX de reclusão no regime semiaberto diferenciado, a ser cumprido mediante recolhimento à sua residência situada na Rua XX, período no qual o COLABORADOR deverá observar as seguintes condições:
i) deverá se recolher à residência nos sábados, domingos e feriados e, nos dias úteis, das 22 horas às 06 horas, ressalvados casos de emergência do COLABORADOR e de seus familiares, os quais deverão ser objeto de comunicação em até 24 (vinte e quatro) horas ao Juízo de execução e ao MPF, com saída autorizadas nos finais de semana exclusivamente para prestar serviços à comunidade conforme disposto na alínea "v" abaixo;
ii) poderá, em cada período de 12 (doze) meses no presente regime, recolher-se por até 3 (três) dias em local diverso do previsto no *caput*, desde que comunique previamente ao Juízo de execução, com antecedência mínima de uma semana;

Na área do Direito Processual Penal, findou a aplicação do princípio da obrigatoriedade da ação penal, prevalecendo a análise da conveniência, em face da colaboração, de se propor a Ação Penal.

Há uma transformação decorrente da criminalidade organizada de âmbito global, que trouxe, especialmente por força de documentos internacionais, da ONU e da UE, a indicação de dar relevo penal aos atos preparatórios[4] e de combater o crime perseguindo o pós-fato, a lavagem de dinheiro. A Colaboração Premiada, a ação controlada e a infiltração, por policiais, em atividade de investigação, constituem novos métodos de obtenção de provas que se inserem nesta mudança de paradigmas em face do crime globalizado organizado.

A Colaboração Premiada, nos moldes estabelecidos pela Lei n. 12.850/2013, constitui um negócio jurídico bilateral, tendo por objeto a contraposição entre o poder-dever de punir do Estado e o direito de liberdade do cidadão ao qual é imputado um crime.

---

iii) ficará submetido a vigilância eletrônica pessoal em tempo integral, mediante o uso de tornozeleira;

d)d) XX de reclusão no regime aberto diferenciado, a ser cumprido mediante recolhimento à sua residência situada na Rua XX, período no qual o COLABORADOR deverá observar as seguintes condições:

i) deverá se recolher à residência nos sábados, domingos e feriados, cabendo ao Juízo de execução a definição da forma de fiscalização do cumprimento da pena privativa de liberdade, ressalvados casos de emergência do colaborador e de seus familiares, os quais deverão ser objeto de comunicação em até 24 (vinte e quatro) horas ao juízo de execução e ao MPF.

---

4 Veja-se a Convenção Internacional contra o crime organizado transnacional, cujo art. 5º assim dispõe: 1. Cada Estado Parte adotará as medidas legislativas ou outras que sejam necessárias para caracterizar como infração penal, quando praticado intencionalmente: a) Um dos atos seguintes, ou ambos, enquanto infrações penais distintas das que impliquem a tentativa ou a consumação da atividade criminosa: i) O entendimento com uma ou mais pessoas para a prática de uma infração grave, com uma intenção direta ou indiretamente relacionada com a obtenção de um benefício econômico ou outro benefício material e, quando assim prescrever o direito interno, envolvendo um ato praticado por um dos participantes para concretizar o que foi acordado ou envolvendo a participação de um grupo criminoso organizado; ii) A conduta de qualquer pessoa que, conhecendo a finalidade e a atividade criminosa geral de um grupo criminoso organizado, ou a sua intenção de cometer as infrações em questão, participe ativamente em: a. Atividades ilícitas do grupo criminoso organizado; b. Outras atividades do grupo criminoso organizado, sabendo que a sua participação contribuirá para a finalidade criminosa acima referida; b) O ato de organizar, dirigir, ajudar, incitar, facilitar ou aconselhar a prática de uma infração grave que envolva a participação de um grupo criminoso organizado.

O negócio jurídico, segundo ensinamento de Pontes de Miranda, constitui a "classe dos *atos jurídicos* em que há, como elemento fático, manifestação de vontade"[5], compreendendo, de tal modo, "os casos em que a vontade humana pode criar, modificar ou extinguir direitos, pretensões, ações ou exceções, tendo por fito esse acontecimento do mundo jurídico"[6].

O *negócio jurídico processual*, nessa perspectiva, traduz-se em uma espécie de *ato jurídico*, a partir da qual os indivíduos "escolhem a categoria jurídica, ou estabelecem, dentre dos limites fixados no próprio ordenamento jurídico, certas situações jurídicas processuais"[7], por meio de *manifestação de vontade*, a qual o ordenamento jurídico vincula e reconhece os efeitos necessários para sua realização.

O caráter de *negócio jurídico processual* do Acordo de Colaboração Premiada foi reconhecido pelo Ministro Dias Toffoli, ao apreciar o *Habeas Corpus* n. 127.483/PR. Em seu ponto de vista, o objeto da delação premiada é justamente a "cooperação do imputado para a investigação e para o processo penal criminal, atividade de natureza processual, ainda que se agregue a esse negócio jurídico o efeito substancial (de direito material) concernente à sanção premial a ser atribuída a essa colaboração"[8], razão pela classificou-o como *negócio jurídico processual*.

Não há, propriamente, um *acordo* que, no ensinamento de Orlando Gomes, consistiria em uma convergência de vontades, instituindo-se regras para disciplinar, por exemplo, uma associação que se venha a criar. No acordo, há uma vontade comum, e os "sujeitos se propõem a conseguir o mesmo

---

5 PONTES DE MIRANDA, Francisco Cavalcanti de. *Tratado de direito privado*, t. III. São Paulo: Revista dos Tribunais, 2012, p. 55, atualizado por Marcos Bernardo de Mello e Marcos Ehrhardt Jr.
Pontes de Miranda refere, ainda, que a função prestante do conceito de negócio jurídico diz respeito à distinção entre negócio jurídico e ato jurídico *stricto sensu*. Assim sendo, diferente do ato jurídico *stricto sensu*, em que, conquanto haja declaração de vontade, inexiste escolha de sua categoria jurídica, no negócio jurídico há, a rigor, uma regulação dos interesses das partes escolhida por estas por meio de declaração de vontade, que põe em vigor uma regulação jurídica vinculante.

6 PONTES DE MIRANDA, Francisco Cavalcanti de. *Tratado de direito privado*, t. III. São Paulo: Revista dos Tribunais, 2012, p. 55, atualizado por Marcos Bernardo de Mello e Marcos Ehrhardt Jr.

7 NOGUEIRA, Pedro Henrique. Sobre os acordos de procedimento no processo civil brasileiro, In: Fredie Didier Jr. (Coord.), *Negócios processuais*. Salvador: JusPodivm, 2016, p. 96.

8 Voto do Ministro Dias Toffoli no julgamento: STJ, HC 127.483, Plenário, Rel. Min. Dias Toffoli, j. 27.08.2015. Neste sentido, também, DANTAS, Leonardo. *Delação premiada*. Curitiba: Juruá, 2017, p. 107.

escopo prático, que é o de estatuir regras pelas quais passarão a regular a própria conduta[9]".

O contrato vem a ter outra estrutura, pois as partes são contrapostas, e por via dele criam-se, modificam-se ou extinguem-se relações jurídicas, sendo, o "Direito das Obrigações o seu *habitat natural*", como grifa Orlando Gomes. Tal não torna exclusivo do Direito Obrigacional o negócio jurídico bilateral modificativo, extintivo ou criador de relações jurídicas.

Mas, para não se confundir com o contrato, comumente referido ao campo obrigacional, é melhor intitular-se a colaboração ou delação premiada como Acordo, malgrado as partes estejam contrapostas.

A bem ver, o Estado tem o monopólio do poder-dever de punir, cuja titularidade é privativamente outorgada pela Constituição ao Ministério Público, nas ações penais públicas, como estatui o art. 139, I, da Carta Magna.

Anteriormente, já manifestei ter o Estado, por meio de seus órgãos dotados de autoridade, Ministério Público e Judiciário, o poder e um dever público[10] de agir contra aquele que deixou de se motivar pela ameaça contida na lei penal. Não há um direito de executar o direito frente ao infrator[11], mas um poder-dever de punir.

Ao praticar-se o delito, surge concretamente a imposição de propor a Ação Penal, por meio do Ministério Público que faz atuar o poder-dever de punir, que se contrapõe ao direito de liberdade, ao direito da ampla defesa e do contraditório, ao direito de permanecer calado, sem reconhecimento de responsabilidade em face do silêncio.

No "acordo" de delação, o Estado, por meio do titular da Ação Penal, o Ministério Público, abre mão de parte ou até da totalidade da punição prevista na lei em face do ato delituoso praticado, em troca[12] não só da confissão e da identificação dos demais coautores e partícipes da organização criminosa, bem como da indicação das infrações penais por eles praticadas, além de se revelar a estrutura hierárquica e a divisão de tarefas da organização criminosa.

Troca-se a punição, legalmente estatuída na norma incriminadora, por uma punição negociada, reduzida, ou até mesmo, em face do relevo da cola-

---

9 GOMES, Orlando. *Introdução ao direito civil.* 21. ed. Atualizada por Edvaldo Brito e Reginalda Paranhos de Brito. Rio de Janeiro: Forense, 2016, p. 250.

10 PABLOS DE MOLINA, A. G., *Derecho penal, introducción*. Madrid: Universidad Complutense, 2000, p. 310; SERRANO MAÍLLO, A. *Ensayo sobre el derecho penal como ciência.* Madrid: Dykinson, 1999, p. 108,

11 PABLOS DE MOLINA, A. G. *Derecho Penal,* cit., p. 311.

12 FONSECA, Ivete Benevides da (*Colaboração premiada.* Belo Horizonte: Del Rey, 2017, p. 89) diz ser "importante reforçar o aspecto de Justiça Negociada, através da qual acusação e defesa barganham ganhos e perdas em prol de um ponto ótimo consistente no acordo escrito de colaboração.

boração, pela imunidade, com renúncia ao direito de agir, malgrado a existência de elementos para promoção da Ação Penal. Modifica-se a relação jurídico-penal oriunda da prática de um crime.

Dessa maneira, as partes convencionam os termos de um ajuste no campo penal e processual penal, decidindo a quantidade e qualidade das penas, *independentemente de sua previsão legal para o tipo legal de crime*, bem como medidas processuais penais, renúncia ao direito de agir, suspensão temporária do processo, como prevista no § 3º do art. 4º.

Há, portanto um *negócio jurídico bilateral*, de partes contrapostas que se obrigam a abrir mão de alguns de seus direitos, para em contrapartida receber uma vantagem[13]: O Estado, em vista de um interesse social, obtém provas acerca de uma organização criminosa; o colaborador ganha a concessão de benefício penal e processual penal e passa a ter direito de usufruir dos benefícios outorgados no Acordo[14].

2. Colaboração e prisão provisória[15]

Em artigo publicado em Tendências e Debates, do jornal *Folha de S.Paulo* de 3 de dezembro de 2016, dois Procuradores da República defenderam o instituto da delação ou Colaboração Premiada por visar à punição dos culpados e ao ressarcimento dos danos, mas também por interessar à própria defesa na tentativa de minimizar as consequências do processo. Dizem, então, os Procuradores da República que a legitimação da delação está na obediência do devido processo legal, ou seja, no respeito aos ditames legais, a todas as garantias de um processo regular e justo. Correta esta ponderação, pois sem dúvida a colaboração premiada, como a prática recente comprova, é efetivamente um possível expediente de defesa.

Todavia, em parecer ofertado em dois *Habeas Corpus*, interpostos por presos na operação Lava Jato, o ilustre Procurador Manoel Pastana defendeu

---

13 DANTAS, Leonardo. *Delação premiada*. Curitiba: Juruá, 2017, p. 110. Cavali afirma que o Acordo de Colaboração Premiada é um negócio jurídico de caráter bilateral e sinalagmático, contendo a previsão de deveres e direitos contrapostos. CAVALI, Marcelo Costenaro. Duas faces da colaboração premiada: visões conservadora e arrojada do instituto na Lei 12.850/2013 (In: *Colaboração premiada*. Maria Thereza de Assis Moura e Pierpaolo Cruz Bottini (Coords). São Paulo, RT, 2018, p. 264).

14 FERRO, Ana Luiza *et alii* (*Criminalidade organizada – comentários à Lei 12.850, de 02 de agosto de 2013*, Curitiba: Juruá, 2014, p. 109) consideram em substância a delação premiada é acordo, portanto negócio jurídico estabelecido entre o acusado ou investigado e o Estado (as partes) em que aquele declara a vontade (jurígena de colaborar com a persecução penal por meio de informações [...] com o propósito de beneficiar-se".

15 Parte dessas ponderações integraram artigo publicado no jornal *Folha de S.Paulo*, sob o título "A prisão como pressão".

a manutenção da prisão preventiva por entender que a segregação cautelar tem a importante função de convencer os infratores a colaborar com o desvendamento dos ilícitos penais, havendo a possibilidade de os influenciar na vontade de colaborar na apuração de responsabilidade.

Todavia, a prisão antes da sentença condenatória é medida excepcional, cabível apenas em vista do interesse de preservação da prova, da considerável probabilidade de reiteração delituosa ou de fuga do investigado. Só é de se admitir a prisão preventiva quando a liberdade do investigado constitua um perigo para o processo, um risco para a apuração dos fatos e para a garantia de aplicação futura da lei penal.

Transformar a prisão, sem culpa reconhecida por sentença, em instrumento de constrangimento para forçar a delação é, patentemente, uma proposta que repugna no Estado de Direito: ou confessa e entrega seus cúmplices ou permanece preso à espera do julgamento.

Evidentemente, não se compadece com o regime democrático o Estado se valer do uso da violência para extrair confissões[16], pois se atinge direito fundamental[17] de não se oprimir psíquica e fisicamente o investigado ou réu por meio de encarceramento incabível, imposto apenas para forçar uma confissão ou mais gravemente com a ameaça ou a efetividade da tortura.

Em manifesto à nação, a OAB – Conselho Federal asseverou, no último dia 2 de abril de 2016, com ênfase, "ser inadmissível que prisões provisórias se justifiquem para forçar a confissão de acusados", sendo imprescindível o respeito ao devido processo legal e à presunção de inocência.

A delação pode ser de interesse da defesa, mas deve, antes de tudo, ser *voluntária*, o que não sucede com a conquistada por via da imposição de uma prisão injusta e desnecessária se ditada apenas pelo objetivo de se obter uma confissão. A prisão para delatar desfigura a delação.

---

16 ADEODATO, João Maurício. O paradoxo entre a retórica do paternalismo e o pragmatismo de uma ética da tolerância diante do diante do problema da tortura. In: Filosofia e teoria geral do direito –homenagem a Tércio Sampaio Ferraz. João Maurício Adeodato e Eduardo Bittar (Orgs.). São Paulo, Quartier Latin, 2011, p. 392 e ss. Lembra Adeodato o recurso à ameaça de tortura para que um sequestrador informe em que local estava aprisionada a vítima, como sucedeu recentemente na Alemanha, que levou o delinquente a informar o cativeiro, mas o jovem sequestrado estava morto por falta de alimentação. Diz Adeodato que admitir ou não a tortura, em caso como este, vem a ser uma questão tabu da ética democrática, com o dilema de saber admissível a tortura por ser eficaz ou inadmissível por não ser aceitável combater-se pelo direito com o não direito. Para Adeodato, com razão, só a indignação ética incondicionada e a piedade fundamentam a rejeição da tortura.

17 VERDÚ, Pablo Lucas. *La lucha por el estado de derecho* (Bolonha, Colegio de Espana, 1975, p. 108), observa que os direitos elementares são um limite absoluto da ação estatal e entenda-se que são eminentemente espirituais, distintos do bem-estar material.

Além do aspecto moralmente negativo e da afronta à integridade psíquica e física do investigado quando preso para confessar, esta finalidade outorgada à segregação cautelar desrespeita o devido processo legal, exigência posta tanto pelos Procuradores da República como pela OAB. Com efeito, no art. 4º da Lei de Organização Criminosa, Lei n. 12.850/2013, se estabelece que na delação o indiciado deve ter colaborado efetiva e *voluntariamente* com a investigação e com o processo criminal.

Assim, é condição da delação a voluntariedade, sendo a prisão, como meio de pressão para confessar, o inverso da exigência de ser voluntária a delação, pois só há voluntariedade quando não se é coagido moral ou fisicamente.

A delação há de ser *voluntária*, pouco importando se os motivos determinantes consistem em efetivo arrependimento face aos delitos cometidos ou em interesse desonesto. Não deve influir na valoração da voluntariedade o aspecto ético dos motivos que a determinaram, sendo indiferente a constatação do aspecto interno de arrependimento do colaborador.

Difere, todavia, a colaboração premiada do instituto da desistência voluntária, pois nesta a conduta do agente ocorre no *iter criminis*, impedindo a consecução do delito que poderia consumar. A colaboração premiada ocorre, em grande parte dos casos, quando o crime já se consumou.

A voluntariedade na desistência voluntária recebeu de Frank a seguinte explicação: a desistência é voluntária quando o agente poderia prosseguir no processo de execução, mas deixa de o fazer porque não quer; involuntária, se o agente quer prosseguir mas deixa de o fazer porque não pode.

Como se vê, diz respeito à desistência de prosseguir na execução do crime, que deixa de se perfazer pela interferência voluntária do próprio agente, situação diversa da encontrável na colaboração premiada.

Para Nélson Hungria há voluntariedade quando o agente não é coagido moral ou materialmente, pouco importando a natureza dos motivos determinantes (piedade, remorso, medo, covardia, decepção com o escasso proveito que poderia auferir). A seu ver, há voluntariedade mesmo quando ocorreu resistência por parte da vítima, vencível pelo agente, que no entanto desiste, então, de dar continuidade à ação delituosa.

A *colaboração premiada é mais próxima, no entanto,* do disposto no art. 16 do Código Penal, relativo ao *arrependimento posterior*, por via do qual a reparação do dano ou a restituição da coisa antes do recebimento da coisa ou da queixa leva a se reduzir a pena de um a dois terços. No caso, a ação já se consumou e os atos posteriores podem indicar uma menor reprovabilidade.

O arrependimento posterior passou, todavia, a ter relevo diante das súmulas do Supremo Tribunal Federal no sentido de se desconstituir o tipo penal da emissão de cheque sem provisão de fundos com o pagamento antes da denúncia (Súmulas n. 246 e 544) bem como diante do reconhecimento jurisprudencial de não se perfazer a apropriação indébita se a coisa apropriada é restituída antes do recebimento da denúncia.

Cabe lembrar duas decisões do Supremo Tribunal Federal. A primeira, relativa ao crime de emissão de cheque sem fundos, no sentido de que com o pagamento antes da denúncia fica descaracterizado o crime por ausência de fraude, inexistente, portanto, o elemento subjetivo do tipo penal do estelionato[18]. A segunda decisão, referente à restituição da coisa antes da denúncia na apropriação indébita, considera que a restituição descaracteriza a apropriação indébita, pois a vontade de restituir confronta com a de se apropriar, não havendo, portanto dolo[19].

A jurisprudência vacila, no entanto, se haveria nas hipóteses descaracterização do estelionato e da apropriação indébita ou incidência de uma causa de diminuição de pena. Nas hipóteses por criação jurisprudencial deu-se relevo imenso à reparação do dano, com o desfazimento posterior das consequências do delito, de molde a se considerar atípico o que já se apresentara típico.

Hoje, com a regra do art. 16 do Código Penal, sendo possível a aplicação de penas substitutivas ou suspensão do processo, que tem por requisito a reparação do dano, não se justifica mais forçar o reconhecimento de uma inexistência de dolo ou de fraude já ocorridos na realidade, e que a restituição ou a reparação posterior não desmancham.

O arrependimento posterior, a meu ver, tem natureza de medida de política criminal para incentivar a minimização das consequências do crime e para premiar uma culpabilidade diminuída pela reparação do dano. Tem idêntica característica a colaboração premiada, sendo também uma medida de Política Criminal para não só trazer o autor do crime para a zona de licitude, como visa, evidentemente, à obtenção de provas e sendo em si uma prova, se corroboradas as declarações com outros elementos de convicção.

3. Colaboração premiada sob o crivo ético

Como já frisado acima a colaboração premiada é, ao mesmo tempo, um instrumento da defesa do investigado ou réu e de proteção da sociedade.

A maior parte das colaborações premiadas ocorridas em processos relativos à corrupção recente em órgãos estatais, com obtenção de vantagens como retribuição de favores ou da mantença de sistemas de poder na Administração Pública, tem ocorrido com os acusados em liberdade. E mesmo se presos, nem por isso se desfaz a voluntariedade quando o objetivo perseguido pelo colaborador é evitar as consequências de uma condenação grave e não apenas a soltura frente a uma prisão cautelar.

18 Decisão relatada pelo Ministro Francisco Rezek. In: SILVA FRANCO, Alberto. *Código penal e sua interpretação jurisprudencial*. São Paulo, RT, p. 2.768.

19 Decisão relatada pelo Ministro Sydney Sanchez. In: SILVA FRANCO, Alberto. Op. cit., p. 2.648.

O colaborador leva ao Ministério Público relatos da trama criminosa e provas de toda a natureza sobre o desenrolar do processo delituoso, o que não só permite conhecer os meandros da prática criminosa em crimes com sofisticação executória, mas indica quais os demais coautores em suas específicas situações. É, portanto, um meio de produção de prova e um meio de prova, como admite Badaró[20].

Se este é um instrumento de persecução penal, no entanto, não deixa de ser um expediente importante da defesa para minimizar o máximo possível a reprimenda penal a ser imposta pelo Estado.

O titular do direito de punir recebe elementos essenciais para a acusação e também vem a saber do destino dos produtos do crime a serem apreendidos, repatriados, em benefício da Administração Pública ou de vítima privada. A colaboração minimiza os efeitos do crime, seja permitindo desvendar toda a trama delituosa para desconstituição da rede constituída para a consecução do delito, seja viabilizando a redução dos danos, com apreensão do produto do crime, mas também pela imposição de multa, em alguns casos vultosa. São vantagens importantes auferidas pelo Estado e pela vítima.

Como se trata de um negócio jurídico, tal como acima examinado, em contraprestação a esta vantagem obtida pelo titular do direito de punir e pela vítima, o colaborador, recebe, como troca, uma redução da pena ou até mesmo a imunidade.

Cabe ao colaborador avaliar voluntariamente se enfrenta o processo ou se se "arrepende" e reduz as consequências do delito praticado. É uma decisão a ser sopesada pelo próprio réu e seu defensor. É, sem dúvida, um instrumento de defesa a ser adotado por advogado que não pretende, ingenuamente, fazer na advocacia criminal atos de "heroísmo" temerário, ao preço de arriscar a liberdade do cliente pelo gosto do embate.

O réu ou investigado pode decidir proteger seus comparsas de empreitada delituosa, mantendo a honra de não revelar como e com quem praticou o crime, ou auxiliar a sociedade desmantelando a rede criminosa com isto beneficiando o conjunto social e a si mesmo, graças ao recebimento de benesses penais.

A confissão é reconhecida na legislação penal como uma circunstância atenuante. Na colaboração ocorre uma confissão qualificada, pois não se limita ao reconhecimento da própria responsabilidade em face do delito

20 BADARÓ, Gustavo Henrique (Meio de prova, meio de obtenção de prova ou um novo modelo de justiça penal? In: *Colaboração premiada*. São Paulo, RT, 2018, op. cit., p. 136) diz que a colaboração premiada é tanto um meio de prova, no que diz respeito às declarações do colaborador, quanto um meio de obtenção de prova a partir da necessidade de que sejam descobertos e levados ao processo outros elementos de corroboração da declaração heteroincriminatória.

cometido, mas requer a revelação do processo de realização do crime, com indicação de como, quando, quem e de que modo se efetuou ao longo do tempo o delito com a apresentação de provas, de toda natureza, suficientes dos fatos.

Com a colaboração premiada tenta-se quebrar o pacto de silêncio que muitas vezes vigora entre membros de uma associação criminosa, bastando lembrar o dever de "omertá" prevalecente no seio da Máfia. Mesmo entre delinquentes há um código de honra de silêncio a ser enfraquecido pelo instituto da colaboração premiada.

Incentiva-se, dessa maneira, a infidelidade do partícipe do delito, abrindo-se uma brecha na possibilidade de se instalar a confiança entre membros da associação criminosa. De uma parte, enfraquece-se o valor da confiança, importante cimento da convivência social, mesmo entre criminosos, e de outra favorece-se a segurança pública.

Sob a ótica utilitarista tem-se por medida da aprovação de uma ação a sua tendência geral de aumentar ou diminuir a felicidade, o bem-estar. Para Sauer determina-se ter maior valor o bem que revela "em sua tendência geral generalizadora ser mais útil do que danoso à comunidade" em face daquele mais danoso do que útil[21].

Pelo princípio da utilidade, a régua por meio da qual se avalia a positividade ou negatividade de uma ação ou de uma norma jurídica consiste, como diz Bentham, em saber se esta ação ou mandamento possui a tendência geral de aumentar ou diminuir a felicidade da pessoa ou o bem-estar social. Segundo Bentham "a virtude está no sacrifício de um interesse menor a um interesse maior, de um interesse momentâneo a um interesse durável, de um interesse duvidoso a um interesse certo[22]".

No plano ético, pode-se perspectivar ser negativo o Estado valer-se da confissão do culpado, do "dedo-duro", para desvendar a trama delituosa. De outro ângulo, todavia, é positivo auferir os benefícios que interessam a toda a sociedade[23], não só por se desvelar a autoria e o processo da prática criminosa,

---

21 SAUER, Wilhelm. *Derecho penal – parte general.* Tradução de Juan del Rosal. Barcelona, 1956, p. 108.

22 BENTHAN, Jeremie. *Traité de legislatión civile et penale* . Paris, Gravier, 1830, t. 1, p. 29 e ss.

23 RIBEIRO, Renato Janine reconhece ser a colaboração premiada "um problema ético complicado, mas justificado como mal menor. O pior é deixar toda a quadrilha operando. Podemos ter uma ética de valores, como a dos Dez Mandamentos, ou uma outra, utilitarista. É a do carro desgovernado sem freio. Virar o volante para o lado onde há várias pessoas ou para o outro, onde só tem uma? Pela regra utilitária, matar um é ruim, mas é menos ruim do que matar muitos. Aí a gente sai de uma ética perfeita, ideal, e vai para uma ética viável nesse mundo hoje". Para Janine Ribeiro, se bandido desconfia de bandido, a Justiça deve se aproveitar disso. Considera também que o resultado global para a sociedade é positivo. Disponível em: <https://oglobo.globo.com/brasil/professor-

mas por permitir obter a redução dos danos, prevenindo novos fatos, a recuperação de parte dos prejuízos e a reparação das consequências, com a imposição de multas vultosas, bem como a responsabilização dos demais coautores.

Pode, então, o Estado promover a infidelidade, o desfazimento da confiança que é um cimento nas relações sociais no cerne das associações criminosas para garantia da segurança social?

Seria o ditame legal de propor benefício penal para o delator uma norma imoral? Ora, o Direito não contém apenas normas moralmente aprovadas[24], em vista do que se pode advogar a resistência a uma norma imoral, porém, a moralidade da norma não fundamenta o reconhecimento da legitimidade do preceito, nem condiciona o respeito a ele.

Se se considera imoral a norma da Colaboração Premiada, dever-se-ia entender como moral permanecer o delinquente na fidelidade ao grupo criminoso ao qual pertence[25], protegendo seus comparsas e impedindo o desfazimento de trama delituosa?

Como se avaliaria, então, a negativa do titular do direito de agir, o Ministério Público, que se negasse a receber os elementos de prova carreados por um colaborador, sob a escusa de não negociar com um "dedo-duro", por estar ele a trair seus comparsas delinquentes, indigno, portanto, de fazer Acordo com o Estado, recebendo benefício por sua delação?

-diz-que-dilema-etico-sobre-uso-da-delacao-premiada-para-desarticular-corrupcao-na-petrobras-um-mal-menor>.

---

24 HART, H. L. A. (*Derecho y moral – contribuiciones a su analisis.* Tradução de Genaro Carrió. Buenos Aires, Depalma, 1962, p. 12, nota 21) reproduz o pensamento de Austin no sentido de que a lei mesma pode ser imoral, caso em que possa ser nosso dever moral desobedecê-la. REALE, Miguel (*Lições preliminares de direito.* 3. ed. São Paulo, Saraiva, 1976, p. 43) pondera: O Direito infelizmente tutela muita coisa que não é moral. Embora possa provocar nossa revolta, tal fato não pode ficar no esquecimento. Muitas relações amorais ou imorais realizam-se à sombra da lei, crescendo e desenvolvendo-se sem meios de obstá-las. Segundo Miguel Reale, o ideal seria que o Direito tão só tutelasse o "lícito moral", mas na realidade sempre "permanece um resíduo de imoralidade tutelado pelo Direito".

25 AZEVEDO, David Teixeira. Quando a delação premiada cruza com a ética. In: O *Estado de S.Paulo*, de 16 de dezembro de 2012. Disponível em: <https://politica.estadao.com.br/noticias/eleicoes,quando-a-delacao-premiada-cruza-com-a-etica-imp-,974156>. " Não se pode é prestigiar uma ética torta, fixada na fidelidade de membros de grupo criminoso". De modo similar BUCCI, Eugênio. A ética do crime e a delação premiada. In: Revista Época, abril de 2015. Disponível em: <epoca.globo.com/colunas-eblogs/eugeniobucci/noticia/2015/04/etica-do-crime-e-delacao-premiada.html>. Para Bucci, a delação premiada (desde que empregada sem abuso): quebra a falsa "ética" do crime (uma "ética" essencialmente antiética), que se resume à lealdade irracional entre bandidos.

E como julgar o advogado que, diante da probabilidade de obtenção de provas contra o seu cliente pelo Ministério Público, teima em não realizar a delação em benefício do seu patrocinado, por amor ao confronto, enaltecendo o "heroísmo" de enfrentar uma luta já perdida por orgulho de não ceder à evidência dos fatos condutores fatalmente a uma condenação "honrosa"?

Há, no caso, evidente conflito entre valores: de um lado, o valor negativo de propulsão da delação, da infidelidade da qual o Estado se vale para obtenção de provas, quebrando o código de honra entre criminosos, e de outro, os benefícios de desmantelamento, por dentro, das tramas delituosas, concedendo-se, todavia, em contrapartida benesses ao delator. Importante lembrar que a ameaça que paira sobre o colaborador não é injusta, consistindo na probabilidade de uma sentença decorrente de processo regular, com a imposição da pena legalmente prevista.

Desse modo, a visão utilitarista, no cotejo de valores, resolve o dilema, para alicerçar a aprovação da colaboração premiada. Cabe, então, registar a dificuldade de se destacar um valor na colaboração, que independentemente da referência à utilidade social, possa impor sua positividade moral. Complicado, portanto, submeter a questão ao exame kantiano de indagar se é admissível generalizar a aprovação, no plano ético, da Colaboração Premiada sem levar em conta a perspectiva utilitarista.

A meu ver, promover o retorno do agente à área de licitude, motivado por uma ameaça de pena justa imposta em processo justo não atinge a dignidade da pessoa, nem repugna, como nas hipóteses de se impor prisão provisória indevida e mais ainda submeter o réu a tortura, esta última inadmissível medida de desprezo à dignidade do torturado, malgrado realizada com o fim de desvendar uma trama delituosa. Mas, nem por isso pode-se reconhecer a Colaboração Premiada prevista na Lei dotada de um valor geral em si mesma, sem avaliação dos benefícios que traz.

Sob uma perspectiva utilitarista, como acima analisado, cumpre, portanto, considerar a Colaboração Premiada, criada pela Lei, como moralmente aprovada diante da tendência geral de esse modelo de ação ser socialmente positivo, com consequências favoráveis ao conjunto social.

Além do mais, é relevante a análise do caso concreto para a exata ponderação[26], pois a traição aos comparsas de uma organização criminosa promotora de tráfico de drogas ou de esquema de corrupção em largo prejuízo

26 ADEODATO, João Maurício. O paradoxo entre a retórica do paternalismo e o pragmatismo de uma ética da tolerância diante do diante do problema da tortura, In: *Filosofia e teoria geral do direito*, cit. p. 596, diz ao examinar a questão da tortura: "só o caso concreto vai permitir uma avaliação adequada, como ocorre com todo o conflito ético".

da sociedade é de pequeno peso sob o prisma ético, mesmo porque a ameaça sofrida pelo colaborador é de *receber uma pena justa decorrente de um processo justo*, respeitado o devido processo legal e imposta uma sanção dentro dos limites da lei penal.

Já se dá o inverso na hipótese de infidelidade a uma associação de pessoas que luta contra um regime autoritário ou frente a uma discriminação social.

Não se pode cotejar um José Silvério dos Reis que, para perdão de dívidas com a Coroa, denunciou os inconfidentes, libertadores do jugo de Portugal, com a colaboração de um empreiteiro delator de esquema de corrupção corrosivo da democracia no Brasil e em outros países do nosso continente? A regra moral de reprovar a traição não é de ser aplicada igualmente na avaliação de todas as delações levadas à autoridade.

A Colaboração Premiada, segundo a experiência mostra, não constitui uma decisão fácil seja para o réu, seja para seu defensor, no plano subjetivo, ao dever encarar uma confissão detalhada, com reconhecimento de culpa pelos fatos praticados e acusação aos comparsas. No campo objetivo, o desafio está em atender à exigência de apresentação, acompanhada de provas, de todo o *iter* delituoso, muitas vezes complexo, indicando toda a trama e o destino das vantagens auferidas, tendo a firmeza de requerer e lutar pela concessão proporcional de benefícios em face do valor probante dos elementos revelados.

A Colaboração Premiada consiste, portanto, em medida de Política Criminal, moralmente aprovável pelos benefícios sociais trazidos e pela superioridade valorativa de se contribuir para desfazer a trama delituosa em face da manutenção de fidelidade aos comparsas da associação criminosa. Destarte, a norma instituidora da Colaboração Premiada não é destituída de moralidade.

A contrapartida oferecida pelo Estado, em face da delação, possibilitando a redução da pena ou a concessão de imunidade ao colaborador, não desmerece a colaboração no plano ético, apenas indica tratar-se de um negócio, com obrigações de ambas as partes, revelando-se, se proporcional a troca havida: um meio justo para um fim justo.

4. A concessão e a rescisão dos benefícios

Examinada esta questão angustiante do aspecto ético da Colaboração Premiada, cabe, então, passar a analisar a concessão de benefícios e a rescisão conforme o estabelecido na lei.

Como estatuído no § 2º do art. 4º da Lei n. 12.850/2013, o juiz, a pedido do Ministério Público ou do delegado de polícia, poderá conceder ao colaborador o perdão judicial, tendo em vista a relevância da colaboração prestada. A pena privativa de liberdade pode ser reduzida em até 2/3 da cominada na lei penal ou substituída por pena restritiva de direitos.

No § 4º do art. 4º, prevê a lei poder o Ministério Público "deixar de oferecer denúncia", se o colaborador não for o líder da organização criminosa e for o primeiro a prestar efetiva colaboração, elucidando de forma relevante a organização criminosa em suas atividades e organização.

Sempre deverá, todavia, a concessão de benefícios levar em conta, na sua fixação pelas partes, como disciplina o § 1º do art. 4º, a personalidade do colaborador, a natureza, as circunstâncias, a gravidade e a repercussão social do fato criminoso e a *eficácia da colaboração*.

O juiz deve homologar o Acordo, mas sem dele participar, constituindo a homologação, com bem destaca o voto do Ministro Dias Toffoli, condição de eficácia, cabendo ao magistrado "recusar homologação à proposta que não atender aos requisitos legais, ou adequá-la ao caso concreto", conforme edita o § 8º do art. 4º.

De outra parte, homologado o acordo, as partes podem *retratar-se*, ou seja, denunciar o Acordo, hipótese na qual a sentença apreciará os termos do acordo homologado e sua *eficácia*, segundo determina o § 11 do art. 4º.

Por outro lado, se rescindido o Acordo, as provas que incriminam os colaboradores poderão, eventualmente, contra os mesmos ser usadas, na hipótese de já terem embasado a denúncia apresentada contra terceiros?

Conforme o disposto no § 10 do art. 4º, "as partes podem retratar-se da proposta, caso em que as provas autoincriminatórias produzidas pelo colaborador não poderão ser utilizadas exclusivamente em seu desfavor". E se as provas estão sendo utilizadas contra terceiros, poderão ser eventualmente valer contra os próprios colaboradores? O mesmo aplicar-se-ia à rescisão[27]?

Estas indagações são importantes em face do exame da eficácia da colaboração e da exigência de proporcionalidade entre o que se entende ter havido como afronta ao acordo e a proposta de sua rescisão, que pode gerar a perda total dos benefícios, e também a possibilidade de as provas apresentadas por um colaborador poderem valer contra o outro e virem a embasar uma condenação.

5. Rescisão e segurança jurídica

A celebração do Acordo de Colaboração confere ao colaborador o *direito subjetivo*[28] à aplicação das sanções premiais nele determinadas, cujas caracte-

27 Acerca da distinção entre retratação e descumprimento das condições do acordo e rescisão do avençado *vide* VALDEZ, Frederico. *Delação premiada*. Curitiba: Juruá, 2016, p. 149 e ss. Igualmente, VASCONCELLOS, Vinicius Gomes. *Colaboração premiada*, op. cit. São Paulo: Revista dos Tribunais, p. 248 e ss.

28 Direito subjetivo consiste "no poder jurídico (reconhecido pela ordem jurídica a uma pessoa de livremente exigir ou pretender de outrem um comportamento positivo (ac-

rísticas marcantes são as suas judicialidade e justiciabilidade[29]. Ao ser conferido ao colaborador esse direito de exigir a sanção premial judicialmente, o princípio da segurança jurídica torna impreterível "o dever estatal de honrar o compromisso assumido no acordo de colaboração, concedendo a sanção premial estipulada, legítima contraprestação ao adimplemento da obrigação por parte do colaborador"[30].

A segurança jurídica, segundo ensinamento de Humberto Ávila, traduz-se em uma norma princípio que "exige, dos Poderes Legislativo, Executivo e Judiciário, a adoção de comportamentos que contribuam mais para a existência, em benefício dos cidadãos e na sua perspectiva, de um estado de confiabilidade e de calculabilidade jurídica", [...] para que qualquer cidadão possa, "sem engano, frustração, surpresa e arbitrariedade, plasmar digna e responsavelmente o seu presente e fazer um planejamento estratégico juridicamente informado do seu futuro"[31].

O princípio da segurança jurídica, por conseguinte, impõe a proteção das expectativas das partes[32], bem como a atuação estatal cognoscível, confiável e calculável juridicamente, acarretando, inevitavelmente, o dever do Poder Judiciário de cumprir o avençado no Acordo de Delação Premiada.

Na homologação do Acordo não adentra o juízo no mérito do avençado[33], mas nem por isso realiza uma mera adesão ao convencionado, pois pode, conforme edita o art. 4º, § 8º, "adequar a proposta ao caso concreto". Assim

ção) ou negativo (omissão) ou de por um acto livre de vontade, só de per si ou integrado por um acto de uma autoridade pública, produzir determinados efeitos jurídicos que inevitavelmente se impõem a outra pessoa (contraparte ou adversário)" (MOTA PINTO, Carlos Alberto da. *Teoria geral do direito civil.* 4. ed. Coimbra: Coimbra Editora, 2005, p. 179). A expressão "poder de exigir ou de pretender" utilizada na definição do direito subjetivo refere-se ao fato de que, "na quase totalidade das hipóteses, o titular do direito subjectivo, se a contraparte não cumpre o dever jurídico a que está adstrito, pode obter dos tribunais e autoridades subordinadas a estes providências coercitivas aptas a satisfazer o seu interesse" (MOTA PINTO, Carlos Alberto da. *Teoria geral do direito civil.* 4. ed. Coimbra: Coimbra Editora, 2005, p. 182).

29 Voto do Ministro Dias Toffoli no julgamento: STJ, HC 127.483, Plenário, Rel. Min. Dias Toffoli, j. 27.08.2015.

30 STF, HC 127.483, Plenário, Rel. Min. Dias Toffoli, j. 27.08.2015.

31 ÁVILA, Humberto. *Teoria da segurança jurídica.* 4. ed. São Paulo: Malheiros, 2016, p. 286.

32 LAFER, Celso. *Incerteza jurídica.* Artigo de o *Estado de S.Paulo*, de 18.03.2018, p. 2. O Autor bem frisa: "É a segurança jurídica que possibilita a segurança de orientação, que dá à cidadania condições de lidar com o seu presente e organizar o seu futuro de maneira juridicamente informada".

33 Voto do Ministro Dias Toffoli no julgamento: STJ, HC 127.483, Plenário, Rel. Min. Dias Toffoli, j. 27.08.2015.

com maior razão, exatamente em atendimento ao princípio da segurança jurídica, deve com mais profundidade avaliar o pedido de rescisão.

Esta exigência decorre da precaução de não se dar imensa carga potestativa a uma das partes do Acordo, ao Ministério Público, em prejuízo do direito de liberdade e das legítimas expectativas do colaborador que, do contrário, ficaria absolutamente entregue ao alvitre do órgão acusador após ter prestado colaboração e aberto o caminho para a obtenção de provas relevantes.

De outra parte, no § 11º do art. 4º, tendo-se tratado da retratação no parágrafo anterior, o legislador edita que a sentença apreciará os termos do acordo homologado e sua eficácia. Se tal se dá na hipótese de retratação, torna-se ainda mais imperioso no caso de *rescisão* imposta pelo órgão acusador dado o atingimento ao direito de liberdade.

Destarte, deverá o Juízo, em seu poder discricionário, em vista do princípio da segurança jurídica, ao examinar a decisão de rescisão do Ministério Público, efetivamente apreciar com precisão a procedência dos fatos e argumentos em que se baseia o pedido de rompimento da colaboração.

Em especial, em vista de estar em jogo a liberdade do colaborador, a análise da rescisão não pode ficar sujeita ao alvitre do órgão acusador, que já usufruiu das provas apresentadas, cabendo, para proteção da segurança jurídica, o exame da decisão de rescisão ser feita pelo Juízo, vindo a evitar, então, o arbítrio que surpreende.

Esta apreciação judicial da rescisão é de realizar-se, também, à luz do princípio da proporcionalidade. Desse modo, cabe ao Juízo examinar se há excesso no pedido, em face do que já foi realizado como possível afronta ao avençado, em vista também do já cumprido pelo colaborador, tendo-se por critério, inclusive, a *eficácia* das provas oferecidas à acusação.

Em vista de se ter instaurado o contraditório, resta demonstrado que cumpre ao Juízo uma decisão de mérito, como aliás, ressalta Vinicius Gomes de Vasconcellos[34].

Assim, a apreciação, dosada pela proporcionalidade, poderá não só julgar indevida a proposta de rescisão, como adequá-la ao caso concreto ajustando, por exemplo, uma repactuação.

34 VASCONCELLOS, Vinicius Gomes (*Colaboração premiada no processo penal*. São Paulo: Revista dos Tribunais, 2017, p. 252), que inclusive entende cabível haver uma audiência de justificação.

PARTE II

PESSOA, PERSONALIDADE, DIGNIDADE: ENSAIOS E PERSPECTIVAS

Brasil entre Códigos y Derechos: el reto de la esclavitud

Bartolomé Clavero

Ficou comprovado que desde o início do século XX existe no Brasil uma prática que favorece a existência de trabalho escravo, a qual foi intensificada a partir de meados do século.

Comisión Interamericana de Derechos Humanos, 2011

1. Código Civil con derecho mercantil de función social

La República Federativa del Brasil cuenta hoy, desde 2002, con un Código Civil que destaca en el panorama transestatal y pluricontinental de la codificación del derecho. Lo hace por plantearse, frente a la propia tradición del fenómeno codificatorio desde los tiempos napoleónicos europeos, sobre unas bases de inspiración social en un marco de derecho constitucional. Se sitúa así bien lejos de la concepción de la entera codificación como derecho de los poderes domésticos, propietarios y mercantiles, derecho del varón padre de familia, de la propiedad privada y del tráfico del mercado. No es por esto extraño que en algunas ediciones oficiales de este Código Civil se le anteponga todo lo que hay en la Constitución interesante, más o menos directamente, al derecho privado, lo que hoy resulta bastante[1]. La Constitución federal brasileña es sabidamente de 1988, anterior al Código Civil. Como reciprocidad, en éste, en el Código, hay también actualmente en Brasil un tanto que interesa, en mayor o menor medida, a la Constitución, a derechos constitucionales y a políticas sociales. Esto hoy resulta así aunque en origen el proyecto del Código, que viene de tiempos anteriores a la recuperación del sistema constitucional en 1988, no respondiese a tal tipo de inspiración[2]. Son todos

1 <https://www2.senado.leg.br/bdsf/bitstream/handle/id/506294/codigo_civil_5ed.pdf?sequence=6>.

2 FONTOURA DE BARCELLOS, Daniela Silva. *Código civil:* professores entre as faculdades de direito e o governo federal. Rio de Janeiro: Programa de Pós-Graduação em Ciência Politica da Universidade Federal do Rio Grande do Sul (<http://www.lume.ufrgs.br>), 2011. Acerca de su larga gestación y con noticia del marcado contraste de opiniones sobre su carácter finalmente constitucional, más una historia de la enseñanza del derecho y del derecho mismo en Brasil, de su derecho de Estado.

ellos detalles cuyo pormenores pueden analizarse indudablemente mejor por juristas de Brasil desde una perspectiva ante todo interior, pero un observador exterior, como es mi caso, puede por su parte calibrar el mérito brasileño en el contexto de los sistemas de codificación y constitucionalización[3].

Judith Martins-Costa es jurista que ha fomentado, acompañado y comentado los valores del nuevo Código Civil, cifrándolos fundamentalmente en la función social de los contratos y en el juego de la buena fe objetiva dentro del mismo campo de los negocios jurídicos entre privados, lo uno y lo otro como elementos promotores y garantistas de derechos[4]. Ese par de operativos, el de la buena fe y el de la función social pueden ciertamente, de tomarse en serio y aplicarse a fondo, más de lo que lo hace el propio Código, desarticular los mecanismos que, con codificación o sin ella, han convertido el ordenamiento civil y mercantil en un espacio, no de ejercicio de libertades privadas, sino de institución de poderes sociales. Aunque el Código no guarde en todo consecuencia, es respecto a tal *background* aún presente y virulento que debe de entrada valorársele. Ahí se sitúa la aportación doctrinal de Judith Martins-Costa en la misma pugna por valores de funcionalidad social y buena fe contractuales capaces de lograr que el derecho privado constituya un ordenamiento no sólo permisivo, sino también promotor de la libertad de todas y todos; dicho de otra forma, capaces de lograr que los ordenamientos civil y mercantil se funden en bases consistentemente constitucionales o, formulado todavía de otro modo, capaces de lograr que se tenga un derecho civil y mercantil constitucional, algo así incipiente en Brasil y no desconocido, de diverso modo, por otras latitudes. He ahí, reducido a sus expresiones más sintéticas, el empeño de Judith Martins-Costa como iuscivilista desde antes y para después del Código[5].

3 CLAVERO, B. *Ama Lunku, Abya Yala. Constituyencia indígena y código ladino por América*. Madrid: Centro de Estudios Políticos y Constitucionales, 2000, cap. III: "Aventuras y desventuras de Napoleón, el código, por América: trasplantes ladinos y rechazos indígenas" (primera versión en *Quaderni Fiorentini*, 23, 1994, pp. 81-194).

4 Me he servido del currículum de la profesora Judith Hofmeister Martins-Costa en la *Plataforma Lattes*, en el sitio de la *Universidade Federal do Rio Grande do Sul* (<https://lattes.ufrgs.br>). Contribuyo a su homenaje queriéndoselo rendir, con citas como testimonios, en la compañía de otras y otros exponentes de la renovación en curso y a contracorriente, esto detectaremos cuánto, de derecho e historiografía jurídica en Brasil. Asistencia debo y agradezco a Laura Beck Varela.

5 MARTINS-COSTA, J. (Org.). *A reconstrução do direito privado. Reflexos dos princípios, diretrizes e direitos fundamentais constitucionais no direito privado*. São Paulo: Revista dos Tribunais, 2002; Os campos normativos da boa-fé objetiva: as três perspectivas do direito privado brasileiro. *Estudos de Direito do Consumidor*, 6, 2004, pp. 85-128; Reflexões sobre a função social dos contratos. *Revista Direito GV*, 1, 2005, pp. 41-66; Novas reflexões sobre o princípio da função social dos contratos. *Estudos de Direito do Consumidor*, 7, 2005, pp. 49-109; *A boa-fé no direito privado. Critérios para a sua*

Empeño lo es ante todo ahora del propio Código, extendiéndolo hasta el punto de no reducirse al ámbito convencionalmente civil para hacerse también cargo del netamente mercantil. Es un código común en materia contractual, con sus principios de función social y buena fe: "(...) comete ato ilícito o titular de um direito que, ao exercê-lo, excede manifestamente os limites impostos pelo seu fim econômico ou social, pela boa-fé ou pelos bons costumes"; "A liberdade de contratar será exercida em razão e nos limites da função social do contrato"; "Os contratantes são obrigados a guardar, assim na conclusão do contrato, como em sua execução, os princípios de probidade e boa-fé" (arts. 187 y 421-422). Y añade este pronunciamiento en su *Livro complementar* de *Disposições Finais e Transitórias*: "Nenhuma convenção prevalecerá se contrariar preceitos de ordem pública, tais como os estabelecidos por este Código para assegurar a função social da propriedade e dos contratos" (art. 2035, par. 1), lo cual no ha de resultar substancialmente afectado por la salvedad todavia de algún derecho mercantil: "Salvo disposição em contrário, aplicam-se aos empresários e sociedades empresárias as disposições de lei não revogadas por este Código, referentes a comerciantes, ou a sociedades comerciais, bem como a atividades mercantis" (art. 2037). Así, para todo el derecho privado, inclusive el mercantil, son ahora de *orden público*, no valores de familia patriarcal o de mercado sin más como ocurriera tradicionalmente en el movimiento de la codificación, sino la función social y la buena fe de la propiedad y de los contratos. Para la propiedad es en la Constitución donde primeramente figura la función social: "a propriedade atenderá a sua função social" (art. 5.XXIII, abundando en 170.III, 173.I, 182.2 y 184-186)[6]. He ahí principios que resultan en especial desafiantes respecto al derecho mercantil, un orden que, codificado o no codificado, viene constituyendo un buen instrumento, donde los haya, tanto de dominio social como de expansión colonial[7]. Un código de comercio no renovado conforme a tales exigencias, conjuntamente o por separado del civil, queda entonces

aplicação. São Paulo: Marcial Pons, 2015; ampliando panorama, MARTINS-COSTA, J. y VARELA, Laura Beck (Orgs.). *Código: dimensão histórica e desafio contemporâneo*. Estudos em homenagem ao professor Paulo Grossi. Porto Alegre: Sergio Antonio Fabris, 2013. El proyecto de investigación sobre A *Reconstrução do Direito Privado* desde bases constitucionales dirigido por J. Martins-Costa y en el que se comprenden esos y otros trabajos e iniciativas suyos tuvo inicio en 1999, antes del Código.

6 Para usos anteriores, incluso alguno en sede constitucional, del motivo de la función social de la propiedad, CUNHA, Alexandre dos Santos. The social function of property in Brazilian law. *Fordham Law Review*, 80-3, 2011, pp. 1171-1781.

7 Para esto último, lo colonial, KOSKENNIEMI, Martti, RECH, Walter y JIMÉNEZ FONSECA, Manuel (Eds.). *International law and empire:* historical explorations. Oxford: Oxford University Press, 2017, subrayándose desde la propia introducción del primer editor.

fuera de lugar. Martins-Costa no ha dejado de indicarlo desde la perspectiva de la codificación común civil y mercantil[8].

El Código Comercial brasileño data de 1850, aunque, por efecto del Código civil y de otras leyes como una de quiebra de 2005, sólo está ya prácticamente en vigor en lo que se refiere a derecho marítimo[9]. Su valor es ahora residual, a la espera de pasar definitivamente a la historia como ya lo haya hecho el anterior Código Civil, que databa de 1916[10]. Esto no quiere decir que el derecho mercantil esté quedando en Brasil bajo la égida de un ordenamiento privado común de inspiración social. No sólo se tienen en contra las dificultades intrínsecas de sujetar el mercado a las exigencias de la función social y la buena fe objetivamente calificables. Hay algo más. Por estas latitudes americanas como por doquier, un derecho mercantil internacional está actualmente desbordando fronteras de Estados bajo principios precisamente contrarios a tales otros, a los representados por función social y buena fe[11]. En el mundo de hoy, para lo malo y para lo bueno, no cabe confiar exclusivamente en el derecho del Estado para vencer la resistencia de los poderes sociales de propiedad, familia y mercado sostenidos por la codificación clásica, lo que viene significando que por el mismo Estado. Hoy hay un derecho internacional privado que ya no se reduce a la concurrencia y composición para resolución de conflictos entre ordenamientos de Estados. Hay un derecho transestatal de carácter sustantivo en materia tanto civil como mercantil desarrollándose además en direcciones contradictorias, una favorable y otra adversa a la funcionalidad social y a la buena fe promotoras y garantistas de derechos. Vamos a interesarnos también, en el apartado siguiente, por la primera tendencia, la halagüeña, lo que es hacerlo por el derecho de derechos humanos.

El Código Civil brasileño es realmente singular. No tiene al menos parangón por la llamada América Latina. Se le vino a comparar enseguida con el Código Civil italiano, que le precede en sesenta años, porque ya lo es común

8 MARTINS-COSTA, J. O Projeto de Código Comercial: desnecessário e inoportuno. *Letrado* (Instituto dos Advogados de São Paulo), 98, 2012, pp. 16-17; también, por interesar a la función social en el ámbito del derecho mercantil, sus trabajos citados en *Estudos de direito do consumidor*.

9 <http://www.planalto.gov.br/Ccivil_03/LEIS/L0556-1850.htm>, para expresiva edición del Código de 1850 con tachadura para lo derogado.

10 <http://www.planalto.gov.br/ccivil_03/leis/L3071.htm>, para su edición completamente tachado.

11 Para un capítulo bien significativo, con ulteriores referencias, CLAVERO, B. *Constitucionalismo global. Por uma história verossímil dos direitos humanos*. Goiânia: Vieira, 2017, cap. 3: "Globalização do constitucionalismo? Transnacionalidade de empresas entre poderes e direitos, 1947-2012" (original en *Quaderni Fiorentini*, 41, 2012, pp. 483-580).

a derecho civil y derecho mercantil[12]. Mas no hay color. Ya hemos apreciado que lo decisivo no se cifra tanto en la codificación común civil y mercantil como en que ambos sectores del ordenamiento se renueven bajo unos mismos principios de alcance constitucional. El *Código* de Brasil se plantea bajo una inspiración de constitucionalismo social que en 1942, en pleno fascismo, era sencillamente impensable, ya sólo por constitucional, para el *Codice* de Italia. Por mucho que se le quiera abstraer de sus circunstancias históricas por mantenérsele en vigor tras la derrota del fascismo, el Código italiano ni vino ni se le ha atraído a un planteamiento de raíz constitucional que alcance a sus propios principios y no sólo a algunos de sus capítulos[13]. Lo propio cabe decir, mudando lo que haya de mudarse, acerca de los intentos latinoamericanos de unificación del derecho de obligaciones en un Código Civil común, como el de Perú de 1984, el de Paraguay de 1987 o el de Cuba de 1988[14]. Aun con todo esto y con toda la singularidad de sus méritos, el Código Civil brasileño puede que haya llegado tarde. El derecho ya no está tan a disposición del Estado como la codificación presume. Por esto y por cuanto hemos visto hasta ahora es por lo que hemos de ocuparnos de los derechos humanos.

2. Derecho constitucional, de Brasil, en el seno de derecho transnacional, de Naciones Unidas

Está indicado que, por la sintonía ahora existente, el Código Civil puede editarse junto a las secciones de la Constitución que interesan a toda la materia del derecho privado. Lo hace por ejemplo el Senado Federal, a cuya edición, "atualizada até outubro de 2014", llamaré en adelante la edición constitucional del Código Civil[15]. Es, sin género de dudas, una iniciativa en-

12 CORAPI, Diego. L'unificazione del codice di commercio e del codice civile in Brasile. En CALDERALE, Alfredo (Ed.). *Il nuovo codice civile brasiliano*. Milán: Giuffrè, 2003, pp. 3-14.

13 CAPPELLINI, P. Il fascismo invisibile. Una ipotesi di esperimento historiografico sui rapporti tra codificazione civile e regime. *Quaderni Fiorentini*, 28, 1999, *Continuità e trasformazione:* la scienza giuridica italiana tra fascismo e repubblica, pp. 175-292. Para contextos, otras renovaciones y más perspectivas, CAPPELLINI, Paolo; SORDI, Bernardo (Eds.). *Codici. Una riflessione di fine millennio*. Milán: Giuffrè, 2002; MARTINS-COSTA, J.; VARELA, L. B. (Orgs.). *Código: dimensão histórica e desafio contemporâneo*, cit.

14 CARVAJAL, Lorena. La unificación del derecho de las obligaciones civiles y comerciales. *Revista de Derecho de la Pontificia Universidad Católica de Valparaíso*, 27, 2006, pp. 37-53; PÉREZ-SERRABONA, Francisco Javier. El nuevo (proyecto de) código civil y comercial de Argentina y la unificación del derecho de obligaciones y contratos. *Revista Electrónica de la Facultad de Derecho de la Universidad de Granada* (<http://www.refdugr.com>), estudios doctrinales, 2012.

15 Es la edición citada en la primera nota: *Código civil e normas correlatas*. 5ª ed. Brasília: Secretaria do Senado Federal de Editoração e Publicações, 2014.

comiable en la línea de planteamiento y desarrollo de un ordenamiento civil y mercantil de fondo constitucional, pero que resulta insuficiente a los efectos de traer a la vista y tener a mano toda la normativa que interesa en Brasil al derecho privado. A nuestras alturas y al propósito, han de tenerse en cuenta normas no sólo constitucionales, de la Constitución de la República, sino también internacionales, del derecho de los derechos humanos. No conozco, ni en Brasil ni en parte alguna, un Código Civil editado con la integridad de estos complementos, los constitucionales y los transestatales. No hay ediciones de códigos acompañados por derechos humanos.

"A República Federativa do Brasil rege-se nas suas relações internacionais pelos seguintes princípios: [...] prevalência dos direitos humanos [...]", es la primera referencia de la Constitución a los derechos humanos (art. 4.II). Resulta un tanto ambigua. Tales derechos se reconocen como vigentes en el orden de las relaciones internacionales cuando su vocación inequívoca es la de regir ante todo en el interior de los Estados. En este sentido la misma Constitución, reforma mediante, enseguida modula:

> Os direitos e garantias expressos nesta Constituição não excluem outros decorrentes do regime e dos princípios por ela adotados, ou dos tratados internacionais em que a República Federativa do Brasil seja parte. Os tratados e convenções internacionais sobre direitos humanos que forem aprovados, em cada Casa do Congresso Nacional, em dois turnos, por três quintos dos votos dos respectivos membros, serão equivalentes às emendas constitucionais (art. 5, pars. 2 y 3, conforme a reforma constitucional de 2004).

Constando en tratados así ratificados, con mayores exigencias que para las ratificaciones comunes, los derechos humanos se convierten en derechos constitucionales en Brasil, derechos equivalentes a los que figuran en la Constitución. Debieran entonces comenzar por comprenderse en ediciones del Código Civil de inspiración constitucional. En la del Senado no deja de recogerse, como parte de la Constitución, dicha recepción de 2004, pero sin el efecto de la reproducción de instrumentos internacionales en su propia edición constitucional del Código Civil.

De hecho, la vigencia interior de los derechos humanos puede ir más allá de su recepción mediante tratados. De una parte, existe ahora en las Naciones Unidas, desde 2006, el mecanismo del Examen Periódico Universal ante el Consejo de Derechos Humanos mediante el que los Estados son no sólo examinados sobre el cumplimiento de tratados ratificados, sino también llamados a capítulo por la no ratificación de otros o por la desatención a meras declaraciones, mecanismo al que por supuesto Brasil se somete. Ha pasado un examen en 2012[16].

16 <http://www.ohchr.org/SP/HRBodies/UPR/Pages/BRSession13.aspx>.

De otra parte, hay también ahora declaraciones de derechos humanos que contienen cláusulas vinculantes para los Estados. La más significada interesa neurálgicamente a Brasil, pues es la Declaración sobre los Derechos de los Pueblos Indígenas[17]. Invito a que se comparen los derechos que ahí se registran con los que se consignan en la edición del Código Civil del Senado, los cuales resultan extremadamente inferiores: la posesión, y no la propiedad, de sus territorios (Constitución, arts. 20.XI y 231), el reconocimiento de la personalidad jurídica de sus comunidades y organizaciones con legitimación procesal mediatizada por el ministerio fiscal (Constitución, art. 232; Código Civil, art. 4, par. 1) y la excusación de la inscripción en el registro civil (Ley de Registros Públicos, art. 50, par. 2)[18]. ¿No debería entonces comprenderse la entera Declaración sobre los Derechos de los Pueblos Indígenas en la edición constitucional del Código Civil? No cabe ratificársele porque no es un tratado[19]. Y no es lo único desde luego del cuerpo internacional de derechos humanos que habría de incorporarse a la edición constitucional del Código.

Brasil viene ratificando un buen número de tratados de derechos humanos que interesan a capítulos de su Código Civil, comenzando por el Pacto Internacional de Derechos Civiles y Políticos y el de Derechos Económicos, Sociales y Culturales. Indiquemos que Brasil es también parte, por ejemplo, de la Convención sobre la Eliminación de Todas las Formas de Discriminación Racial, la Convención contra la Tortura y Otros Tratos o Penas Crueles, Inhumanos o Degradantes, la Convención sobre la Eliminación de Todas las Formas de Discriminación contra la Mujer, la Convención sobre los Derechos del Niño, la Convención sobre los Derechos de las Personas con Discapacidad o la Convención para la Protección de Todas las Personas contra las Desapariciones Forzadas[20]. Brasil no siempre es además signatario de los correspondientes protocolos de supervisión jurisdiccional por organismos de Naciones Unidas, pero estos instrumentos, los tratados de derechos huma-

---

17 <http://www.un.org/esa/socdev/unpfii/documents/DRIPS_es.pdf>, arts. 38 y 42 para las cláusulas vinculantes.

18 Para un desarrollo que se mueve entre hacer valer ya el reconocimiento, ya sus limitaciones, CLAVERO, B. El valor del derecho: caso Raposa Serra do Sol, y Celebración indígena y contraofensiva judicial. *Servindi. Servicios en Comunicación Intercultural* ambos (<https://www.servindi.org>), 2009; CARNEIRO DA CUNHA, Manuela. *Índios no Brasil:* história, direitos e cidadania. São Paulo: Claro Enigma, 2012.

19 Bolivia en todo caso, aun con desigual eficacia, ha incorporado la Declaración sobre los Derechos de los Pueblos Indígenas mediante ley: CLAVERO, B. *Constitucionalismo latinoamericano:* estados criollos entre pueblos indígenas y derechos humanos. Santiago de Chile: Olejnik, 2016, caps. 2 y 5.

20 <https://treaties.un.org/Pages/Treaties.aspx?id=4&subid=A&lang=en>, para acceso a la información sobre ratificaciones tratado por tratado.

nos, han sido incorporados a la Constitución misma por la reforma referida de 2004. ¿No deberían todos ellos comprenderse en la edición constitucional del Código Civil? ¿Es que no interesan a materias suyas, a veces con superior compromiso y mayores pormenores que los de la propia Constitución? Incorporados están aunque no se refleje en la edición constitucional del Código. El procedimiento previsto por la reforma de 2004, el de aprobación por dos quintos de cada cámara del Congreso, se ha aplicado a instrumentos de fecha posterior y no parece que haya de hacerse con los ratificados previamente. En todo caso, tienen valor normativo interno por virtud de la ratificación conforme a las reglas antes del propio derecho internacional que del constitucional brasileño[21].

He invitado a la comparación entre la edición constitucional del Código Civil y la Declaración sobre los Derechos de los Pueblos Indígenas. Hay otra que quiero hacer por mí mismo, una que considero aún más significativa[22]. Se refiere a lo que puede considerarse la piedra de toque respecto a los derechos fundamentales que inspiran a la Constitución y al Código. Si hay uno realmente básico es el que condiciona la misma posibilidad de existencia de todo el resto: el derecho a la vida garantizada, a la dignidad respetada, a la libertad asegurada y a la personalidad reconocida por el ordenamiento (Constitución, arts. 1.III, 5 y 170; Código Civil, art. 1 e inmediatos). Si hay algo radicalmente contrario a vida, dignidad, libertad y personalidad humanas es la práctica de la esclavitud. Si hay un envés de derecho humano en vida, no es otro que el esclavismo. He aquí la piedra de toque que digo en relación a las bases constitucionales del Código Civil. Tal vez se piense que la comparación es anacrónica, puesto que la esclavitud ya está de tiempo abolida tanto por Brasil como por el derecho internacional. No nos anticipemos. Comencemos por el segundo. Respecto a la esclavitud vamos a ver ante todo lo dispuesto por el derecho de los derechos humanos incorporado al derecho brasileño. Luego veremos lo que hay en el derecho de Brasil.

Brasil tiene ratificados los instrumentos de derecho internacional abolitorios de la esclavitud. El compromiso entre los Estados se inició en 1926, en tiempos de la Sociedad de Naciones con una Convención no inspirada en el derecho humano a la libertad. Contemplaba la inmediata supresión

21 Maria Lucia RIBEIRO DOS SANTOS, Da Convenção Internacional sobre os Direitos das Pessoas com Deficiência e sua recepção com hierarquia constitucional, en Ubirajara COELHO NETO (Org.), *Temas do Direito Constitucional:* estudos em homenagem ao professor Carlos Augusto Alcântara Machado, Aracaju, Universidade Federal de Sergipe, 2014, pp. 121-140.

22 Para confrontación entre dicha Declaración junto a otro derecho internacional sobre pueblos indígenas y una Constitución cercana no sólo en el tiempo a la brasileña como sea la Colombia de 1991, CLAVERO, B. *Constitucionalismo latinoamericano:* estados criollos entre pueblos indígenas y derechos humanos, cit., cap. 4.

de la trata y una abolición diferida, como objetivo último, de la esclavitud misma. Esta Convención se ha mantenido como término de referencia por los instrumentos antiesclavistas de las Naciones Unidas[23], los cuales sólo trabajosamente han venido a situarse en el ámbito de los derechos humanos que requieren la abolición terminante no sólo de la misma esclavitud, sino también de toda forma de trabajo forzoso y todo género de prácticas análogas[24]. La visión usual sobre este proceso internacional es más bien celebratoria, a veces solapadamente, sin percepción para las dificultades del propio derecho de los derechos humanos para llegar a un planteamiento neto del imperativo abolicionista por razón de libertad y dignidad del ser humano. Incluso en el día de hoy, frente a lo que usualmente ocurre con otros instrumentos de derechos humanos, Naciones Unidas no ha sido para establecer una instancia colegiada permanente para supervisión de la trayectoria de los Estados en relación a la abolición de la esclavitud y prácticas análogas[25]. Hay comités de tratados de derechos humanos para cada uno de los pactos internacionales y para diversas convenciones, pero ninguno para los instrumentos abolitorios de la esclavitud[26].

Conviene dejar todo ello señalado para que podamos ubicar la persistencia en Brasil de situaciones prácticamente esclavistas y del reto que tal dato supone para un ordenamiento civil y mercantil de bases constitucionales, ordenamiento de derechos no sectorializados por códigos ni subordinados en cuanto tales, en cuanto que derechos de libertad, a ellos. Que tales situaciones esclavistas existen en Brasil se constata por las propias Naciones Unidas. El Consejo de Derechos Humanos ya sabemos que ha examinado a Brasil en 2012. En su informe el dato se registra[27]. Se deja ante todo constancia de que está luchándose contra prácticas esclavistas, lo que supone desde luego su existencia. Se reconocen "the Government's efforts to eliminate

23 ALLAIN, Jean, *The slavery conventions:* the travaux preparatoires of the 1926 League of Nations Convention and the 1956 United Nations Convention, Leiden: Martinus Nijhoff, 2008.

24 <http://www.ohchr.org/SP/ProfessionalInterest/Pages/UniversalHumanRights Instruments.aspx>, apartado *Esclavitud, servidumbre, trabajo forzoso e instituciones y prácticas análogas* para enlaces a los instrumentos internacionales.

25 Para bibliografía y polémica, CLAVERO, B. *Europa y su diáspora. Debates sobre colonialismo y derecho*. Santiago de Chile: Olejnik, 2016, cap. II: "¿Se debe a derechos humanos la abolición de la esclavitud?" (original en *Quaderni Fiorentini*, 44, 2015, pp. 1075-1109).

26 <http://www.ohchr.org/SP/HRBodies/Pages/HumanRightsBodies.aspx>.

27 <https://documents-dds-ny.un.org/doc/UNDOC/GEN/G12/151/15/PDF/G1215115.pdf?OpenElement>. *Report of the Working Group on the Universal Periodic Review: Brazil*, 9 de julio de 2012 (A/HRC/21/11), pars. 10, 21, 24, 87, 89, 103 y 119.106-109 para lo que refiero.

slave labour". Se alaba una enmienda constitucional para "the expropriation of properties where slave labour is practised", que veremos en su momento. Se expresa con todo preocupación porque, pese a reforma constitucional y también a unos Planes Nacionales para la Erradicación del Trabajo Esclavo[28], sigan recibiéndose "reports of slave labour" en Brasil. Se formulan unas recomendaciones: "Take effective legislative measures for special protection and integration mechanisms for victims of slave labour"; "Secure what is prescribed in Article 149 of the Brazilian Penal Code, relating to the criminal prosecution of the crime of slavery", Código que igualmente veremos; "Give greater importance to the recommendations made by the Committee of the International Labour Organisation Experts as regards the combat of slavery labour". El Consejo de Derechos Humanas no es el único concernido. También, como él mismo nos recuerda, se ocupa y preocupa por las prácticas esclavistas la Organización Internacional del Trabajo[29].

Está dicho que no hay en Naciones Unidas un comité permanente que se ocupe de la esclavitud, pero, entre los procedimientos especiales del Alto Comisionado para los Derechos Humanos, existe, desde 2007, una instancia unipersonal y temporal, la del Relator Especial sobre Formas Contemporáneas de Esclavitud, cuya titular a la sazón realizó una visita a Brasil en mayo de 2010, emitiendo informe prestamente en agosto[30]. Sus evidencias y recomendaciones van en la misma dirección de constancias e insuficiencias:

> The Special Rapporteur found that forced labour in the rural areas is most prevalent in the cattle ranching industry, followed by the agricultural industry. [...] In urban centres, forced labour is a feature of the garment industry. Such sectors are in need of urgent reform to prevent slavery-like practices, such as forced labour, from being used. In all these situations, the victims of forced labour work long hours, with little or

---

28 <http://www.sdh.gov.br/assuntos/conatrae/direitos-assegurados/pdfs/pnete-2>. *2º Plano Nacional para a Erradicação do Trabalho Escravo*. Brasília: CONATRAE (Comissão Nacional para a Erradicação do Trabalho Escravo), 2008, a lo que volveremos.

29 COSTA, Patricia Trindade Maranhão. *Fighting forced labour:* the example of Brazil. Ginebra: International Labour Office, 2009.

30 <http://www2.ohchr.org/english/bodies/hrcouncil/docs/15session/A.HRC.15.20..Add.4_en.pdf>. *Rapport of the special rapporteur on contemporary forms of slavery, including its causes and consequences, Gulnara Shahinian: mission to Brazil.* Cito ahora del *Summary*. Para un cuestionamiento, en todo caso, de la interpretación de los instrumentos antiesclavistas por parte de Gulnara Shahinian en la línea de la Organización Internacional del Trabajo, como si la alternativa obligada a la esclavitud hubiera de ser el trabajo asalariado, CLAVERO, B. *¿Hay genocidios cotidianos? Y otras perplejidades ante la América indígena*. Copenhague: Grupo Internacional de Trabajo sobre Asuntos Indígenas, 2011 (<http://www.bartolomeclavero.net/wp-content/uploads/2014/08/genocidio-cotidiano.pdf>), pp. 211-214.

> no pay. They are threatened with or subjected to physical, psychological and sometimes sexual violence. The Special Rapporteur commends Brazil for recognizing that forced labour exists in the country, and for the exemplary policies that the Government has put in place to combat contemporary forms of slavery in Brazil. These exemplary actions are, however, threatened by the impunity enjoyed by landowners, local and international companies and intermediaries.

Hay más instancias internacionales que interesan al efecto no sólo además en Naciones Unidas, sino también en el sistema americano de derechos humanos, en este derecho regional y en sus instancias supervisoras y jurisdiccionales. La Convención Americana de Derechos Humanos, de 1969, de la que Brasil es parte desde 1992, prohíbe la esclavitud, la trata y las prácticas análogas (art. 6). Prontamente, en 1994, un caso de esclavismo en el Estado de Pará llegó ante la Comisión Interamericana de Derechos Humanos, resolviéndose en 2003 por la asunción de responsabilidades por Brasil, tanto particulares respecto a la víctima como generales en relación a la dejación oficial en la lucha contra la esclavitud[31]. Este caso ha constituido un factor influyente en la adopción de una política antiesclavista más resuelta que veremos[32]. Sin embargo, a estos y otros efectos relacionados, Brasil sólo viene muy irregularmente ateniéndose a las directrices marcadas por las instancias de derechos humanos, tanto de las interamericanas como de las de Naciones Unidas[33].

Como cuestión jurídica de presente, en países como Brasil se tiene el problema de la esclavitud no sólo actual, sino también de la histórica. Está pendiente el asunto de las responsabilidades por los siglos de tráfico esclavista transatlántico, de la servidumbre consiguiente y de todas sus secuelas hasta hoy. La Constitución brasileña reconoce derechos de descendientes de esclavos, pero no dice nada en relación a la reparación[34]. En Naciones Unidas

31 <https://cidh.oas.org/annualrep/2003port/Brasil.11289.htm>.

32 FIRME, Telma Barros Penna. *O caso José Pereira:* a responsabilização do Brasil por violação de direitos humanos em relação ao trabalho escravo. Brasília: Jus Laboris, Biblioteca Digital da Justiça do Trabalho (<https://juslaboris.tst.jus.br>), 2005.

33 <http://www.oas.org/es/cidh/decisiones/corte/2015/12066FondoPt.pdf>, para la resolución de un caso por la Comisión Interamericana contra Brasil: NODA, Juliana Markendorf y GONZALEZ DE OLIVEIRA, Thâmisa. Trabalho escravo contemporâneo: o caso trabalhadores da fazenda Brasil Verde *v.* Brasil. *Conjuntura Global* (<http://revistas.ufpr.br/conjgloblal>), 5-2, 2016, pp. 382-391. De ese informe de la Comisión (par. 154) procede mi cita capitular.

34 Hebe M. MATTOS. *Terras de quilombo*: citoyenneté, mémoire de la captivité et identité noire dans le Brésil contemporain. En HEBRARD, J. (Ed.). *Brésil. Quatre siècles d'esclavage*, cit., pp. 331-358; MARQUES, Carlos Eduardo y GOMES, Lilian.

viene abriéndose espacio al desafío de afrontar reparaciones pendientes por responsabilidades que han de recaer sobre los Estados, los que en el caso serían Portugal, otros países europeos, España incluida, el mismo Brasil desde luego y la Santa Sede como Estado internacionalmente reconocido de una iglesia cristiana. Entre los procedimientos especiales no permanentes del Alto Comisionado para los Derechos Humanos existe también, desde 2002, el Grupo de Trabajo de Expertos sobre Personas de Ascendencia Africana, ante el que cabe por supuesto plantearse la cuestión de las reparaciones debidas a comunidades y personas descendientes de la diáspora africana causada por la esclavitud, así como a los pueblos que fueron afectados por la sangría del tráfico[35]. Ya ha habido reparaciones para casos de menor envergadura. ¿Hace falta decir que no basta con la memoria por muy cuidadosamente que se le recupere?[36]. En esta historia hay cuestiones más que políticas, cuestiones de derecho, no sólo de pasado y de presente, sino también de futuro[37].

A Constituição de 1988 e a ressignificação dos quilombos contemporâneos: limites e potencialidades. *Revista Brasileira de Ciências Sociais*, 81, 2013, pp. 137-255. El reconocimiento constitucional, ciertamente restrictivo, se refiere a cultura afrobrasileña y a la propiedad colectiva de las comunidades formadas por esclavos fugitivos: "O Estado protegerá as manifestações das culturas populares, indígenas e afro-brasileiras, e das de outros grupos participantes do processo civilizatório nacional"; "Ficam tombados todos os documentos e os sítios detentores de reminiscências históricas dos antigos quilombos"; "Aos remanescentes das comunidades dos quilombos que estejam ocupando suas terras é reconhecida a propriedade definitiva, devendo o Estado emitir-lhes os títulos respectivos" (arts. 215.1 y 216.V.5 y Disposições Transitórias, art. 68).

---

35 <http://www.ohchr.org/EN/Issues/Racism/WGAfricanDescent>. Último informe a la Asamblea General, de 2016, par. 34.b: "(...) importancia de la justicia restaurativa para reparar a las víctimas de la trata de esclavos y la esclavitud transatlánticas, la colonización y el colonialismo como la única vía para hacer frente a las consecuencias de esos crímenes de lesa humanidad (...)" y, por tanto, imprescriptibles. Una delegación del Grupo realizó a finales de 2013 una visita a Brasil cuyo informe también se tiene en el mismo sitio. No contiene ninguna referencia a reparación.

36 RIOS, Ana Lugão; MATTOS, H. M. *Memórias do cativeiro. Família, trabalho e cidadania no pós-abolição*. Rio de Janeiro: Civilização Brasileira, 2005 (hay versión filmada con sus testimonios de base, Laboratório de História Oral e Imagem da Universidade Federal Fluminense); ARAÚJO, Ana Lúcia (Ed.). *Politics of memory:* making slavery visible in the public space. Nueva York: Routledge, 2012, caps. 11 y 12 respecto a Brasil; la misma. *Shadows of the slave past:* memory, heritage, and slavery. Nueva York: Routledge, 2014; la misma (Ed.). *African heritage and memories of slavery in Brazil and the South Atlantic World*. Nueva York: Cambria, 2015.

37 BARKAN, Elazar. *The guilt of nations:* restitution and negotiating historical injustices. Nueva York: W.W. Norton and Co., 2000, cap. 12; DIBIE, Robert y NJOKU, Johnston. Cultural perceptions of africans in diaspora and in Africa on atlantic slave trade and reparations. *African and Asian Studies*, 4-3, 2005, pp. 403-426; revista *Almanack* (<http://www.almanack.unifesp.br>), 12, 2016, dossier sobre esclavitud; ARAÚJO, A. L. *Reparations for slavery*

3. Abolición y prácticas esclavistas entre leyes brasileñas y derechos humanos

La que hemos llamado edición constitucional del Código Civil, la que lo publica precedido por las secciones de la Constitución que le interesan, no hace mención alguna de la esclavitud, ni a favor por supuesto, pero tampoco en contra. Como podría esperarse y ya además nos consta, entre Constitución y Código se reconocen los derechos a la vida, a la dignidad, a la libertad y a la personalidad que inmediatamente suponen el repudio más radical de la esclavitud. En cualquier caso, a la altura de una edición que, como hemos visto, se declaraba "atualizada até outubro de 2014", el silencio sobre la esclavitud era la opción de una pieza tan importante del derecho brasileño. De hecho, como ahora veremos, la edición cometió un serio descuido en este extremo tan crucial de la esclavitud.

En junio del mismo año, 2014, la Constitución, como igualmente ya nos consta, había roto el silencio, un silencio nada recomendable si a lo que se da por supuesto, la abolición, no ha respondido enteramente la sociedad. Las prácticas esclavistas estaban ahí. Y el silencio tiene una tradición en otra línea precisamente. La primera consolidación del derecho civil, de 1858, emprendida como trabajo preparatorio del Código, ya lo practicaba, en su caso para mantener la esclavitud[38]. Se oscilaba entonces entre el silencio y la confección de un *Código Negro* como si fueran dos opciones para una misma posición de fondo[39]. El Código de 1916 vino a su vez acompañado por la opinión doctrinal de que el esclavismo no había constituido un elemento ni influyente ni contaminante en la historia del derecho brasileño[40]. Así se negaba para el presente y se minimizaba para el pasado.

---

and slave trade: a transnational and comparative history. Londres: Bloomsbury Academic, anunciado para 2017. Desde España no cabe dar lecciones ni para antes ni para ahora: CLAVERO, B. *España, 1978. La amnesia constituyente*. Madrid: Marcial Pons, 2014.

---

38 GRINBERG, Keila. Esclavage, citoyenneté, et élaboration du code civil au Brésil, 1855-1917. En Jean HEBRARD (Ed.). *Brésil. Quatre siècles d'esclavage. Nouvelles questions, nouvelles recherches*. París: Karthala-CIRESC, 2012, pp. 309-329, pp. 315-316, 318 y 328.

39 FONTOURA DE BARCELLOS, D. S. *Código civil:* professores entre as faculdades de direito e o governo federal, cit., p. 81: "As leis concernentes à escravidão, que não são muitas, serão pois classificadas à parte e formarão nosso Código Negro", dicho por el autor material de la consolidación de 1858, Augusto Teixeira de Freitas. Para la referencia, SALA-MOLINS, Louis. *L'Afrique aux Amériques:* le code noir espagnol. París: Presses Universitaires de France, 1992; LUCENA SALMORAL, Manuel. *Los códigos negros en la América española.* Alcalá de Henares: Universidad de Alcalá, 1996.

40 GRINBERG K. *Código civil e cidadania* (2001). Rio de Janeiro: Zahar, 2008, pp. 34-37, libro de algunos de cuyos apartados procede, sin la advertencia, su *Esclavage, citoyenneté, et élaboration du code civil au Brésil*, traducción de J. Hébrard.

Que el silencio ahora ya no era tal lo sabemos. Nos lo ha notificado el informe del Consejo de Derechos Humanos. Sobre la esclavitud, contra ella por supuesto, se pronuncian el Código Penal y una reforma constitucional, esta de junio de 2014[41]. En esta fecha la política antiesclavista hace su entrada en la Constitución de 1988 para establecer no alguna regla general, sino una medida concreta de carácter penal:

> As propriedades rurais e urbanas de qualquer região do País onde forem localizadas culturas ilegais de plantas psicotrópicas ou a exploração de trabalho escravo na forma da lei serão expropriadas e destinadas à reforma agrária e a programas de habitação popular, sem qualquer indenização ao proprietário e sem prejuízo de outras sanções previstas em lei [...]. Todo e qualquer bem de valor econômico apreendido em decorrência do tráfico ilícito de entorpecentes e drogas afins e da exploração de trabalho escravo será confiscado e reverterá a fundo especial com destinação específica, na forma da lei (Constituição, art. 243).

Es un agravamiento de pena que se atiene al extremo concreto de la confiscación porque da por supuesto que se trata de un añadido a lo ya previsto por el Código Penal. No entremos aquí en los casos de cultivo de sicotrópicos y tráfico de estupefacientes así asimilados nada menos que al esclavismo aunque en la confusión se generan problemas en cuanto a la misma clave de conceptuación del trabajo esclavo[42].

El actual Código Penal, que data de 1940, no guarda silencio. Se ocupa de la esclavitud, esto es, de la tipificación de delitos con el objetivo de su erradicación. Lo hace desde su edición original y, con mayor empeño, desde una reforma de 2003[43]. Originalmente tan sólo contemplaba el delito de "reduzir alguém a condição análoga à de escravo" sin más especificación. Al cabo de sesenta años, el compromiso se reitera y fortalece. Se define ahora mejor, más comprometidamente, el tipo: "reduzir alguém a condição análoga à de escravo, quer submetendo-o a trabalhos forçados ou a jornada exaustiva, quer sujeitando-o a condições degradantes de trabalho, quer restringindo, por qualquer meio, sua locomoção em razão de dívida contraída com o empregador ou preposto" (art. 149). Otra reforma, en 2016, añade otros su-

41 <http://www.planalto.gov.br/ccivil_03/constituicao/Emendas/Emc/emc81.htm>.

42 NEVES, Débora Maria Ribeiro. Consequências de promulgação da EC 81/2014: retrocesso no combate ao trabalho escravo. *Revista de Direito de Trabalho*, 158, 2014, pp. 61-72; DE BARBUDA, Alex Soares; FERREIRA, Nisiélia Soares. Desapropriação confiscatória dos bens imóveis. EC 81/2014 e a problemática na conceituação de trabalho escravo. *Revista Electrónica Jurídica de Fupacto* (<http://www.unipacto.com.br/revista2>), 2015, artículo 11.

43 <http://www.planalto.gov.br/ccivil_03/decreto-lei/Del2848.htm>.

puestos delictivos. Es delito "agenciar, aliciar, recrutar, transportar, transferir, comprar, alojar ou acolher pessoa, mediante grave ameaça, violência, coação, fraude ou abuso, com a finalidade de [...] submetê-la a trabalho em condições análogas à de escravo" y "submetê-la a qualquer tipo de servidão" (art. 149-A). Con todo ello así también Brasil se conforma mejor con el derecho internacional de los derechos humanos, particularmente con la Convención sobre la Abolición de la Esclavitud, la Trata de Esclavos y las Instituciones y Prácticas Análogas a la Esclavitud de 1956, cuya ratificación por Brasil data a su vez de 1966[44]. Por lo que podemos sospechar y por lo que veremos, ni la legislación ni la jurisprudencia habían hecho honor a este instrumento de derechos humanos. Comprobaremos que la justicia tampoco es que se haya hecho cargo tras 2003, con posterioridad a la reforma del Código Penal.

Legalmente en Brasil no existe la esclavitud desde 1888, desde un siglo antes de la Constitución actual. Es una fecha ciertamente bien tardía, aunque prácticamente coetánea a la de las colonias españolas, en el contexto de las Américas[45]. Tal, 1888, es el año de la llamada encomiásticamente *Lei Áurea* o ley de oro, la ley que *Declara extincta a escravidão no Brasil* según su epígrafe[46]. Y eso es lo que hacía de forma harto sumaria: "Artigo 1º. É declarada extincta desde a data desta Lei a escravidão no Brasil. Artigo 2º. Revogam-se as disposições em contrário". Esto era todo tras algún intento de baremar legislativamente la indemnización por emancipación[47], lo que ahora queda así cancelado por completo. Respecto a la misma ley de abolición, se debatió y rechazó no sólo la indemnización para los propietarios, sino también la reparación para los esclavos, ésta defendida con el argumento, no de compensación por la libertad sustraída, sino de asistencia a la integración social, mas las instituciones imperiales, como el Consejo de Estado, no estaban por la labor[48].

44 <http://www2.camara.leg.br/atividade-legislativa/comissoes/comissoes-permanentes/cdhm/comite-brasileiro-de-direitos-humanos-e-politica-externa/ConvSupAboEscTrafEscInstPraAnaEsc.html>.

45 DRESCHER, Seymour, *From slavery to freedom*: comparative studies in the rise and fall of atlantic slavery. Londres: MacMillan Press, 1999, cap. 5 (1988): Brazilian abolition in comparative perspective. BLACKBURN, Robin. *The american crucible*: slavery, emancipation and human rights. Londres: Verso, 2011, *American* significando de las Américas, no solo de los Estados Unidos, Brasil así inclusive; DRESCHER, S., *Abolition*: a history of slavery and antislavery, Nueva York, Cambridge University Press, 2009, pp. 348-371.

46 <http://www.planalto.gov.br/ccivil_03/leis/lim/LIM3353.htm>.

47 <http://legis.senado.gov.br/legislacao/ListaPublicacoes.action?id=66550>.

48 <http://www.senado.gov.br/noticias/jornal/arquivos_jornal/arquivosPdf/encarte_abolicao.pdf>. MENDONÇA, Joseli Maria Nunes. *Cenas da abolição. Escravos e senhores no parlamento e na justiça*. São Paulo: Fundação Perseu Abramo, 2001; VELOSO, Graziela Pontes. *A lenta, gradual e discriminatória política de liberdade para os escravos*

La ley finalmente evitó cualquier previsión en uno u otro orden y se limitó a la ilusa declaración de finalización de la esclavitud el mismo día de su promulgación, el 13 de mayo de 1888, fecha de celebración de fiesta nacional durante un tiempo[49]. A efectos operativos, a lo más, en lo sucesivo, las prácticas esclavistas no podrían lograr amparo por la justicia, lo que incluso sería problemático como comprobaremos. Tampoco es que este del incierto alcance de la abolición sea ningún descubrimiento a estas alturas[50]. Que se viera sucedida por formas de trabajo nada libres ha llegado a considerarse la pauta general[51]. En sociedades de subordinaciones tan marcadas como la de mujeres a padres o maridos con un largo etcétera no desentonaba que el acceso del trabajo al mercado no constituyese precisamente una vía de liberación[52].

No hubo pronunciamientos legislativos sobre principios relevantes para la puesta en práctica de la abolición como fueran los de su motivación en derechos o en políticas y, si fuese el primer caso, el de si el derecho a tener en cuenta hubiera de ser el de la propiedad abolida del esclavista o el de la libertad lesionada del esclavo. Una cosa estaba clara. El derecho a la compensación por todos los años, colectivamente los siglos, de sustracción de

no Brasil: o processo político de abolição no parlamento brasileiro. Brasília, Câmara dos Deputados, Centro de Formação, Treinamento e Aperfeiçoamento, Programa de Pós-Graduação (<http://www2.camara.leg.br/responsabilidade-social/edulegislativa/educacao-legislativa-1/posgraduacao>), 2007; LOPES, José Reinaldo de Lima. *O oráculo de Delfos. O conselho de estado no Brasil-império.* São Paulo: Saraiva, 2010, pp. 177-179 y 286-291.

49 SAKAMOTO, Leonardo. Por que a Lei Áurea não representou a abolição definitiva? ONG *Repórter Brasil* (<http://reporterbrasil.org.br>), mayo de 2008, con esta entradilla: "Os escravos modernos são herdeiros dos que foram libertados em 13 de maio de 1888", y señalando cómo el contexto normativo sobre inmigración, sobre crédito y sobre tierras permitió y alentó la continuidad de prácticas esclavistas. Sobre la clave de la Lei de Terras de 1850, HOLSTON, James, *Insurgent citizenship:* disjunctions of democracy and modernity in Brazil, Princeton, Princeton University Press, 2008, cap. 4: "Restricting access to landed property".

50 SCOTT, Rebecca J.; DRESCHER, S.; MATTOS, H. M.; REID ANDREWS, George; LEVINE, Robert M. *The abolition of slavery and the aftermath of emancipation in Brazil.* Durham: Duke University Press, 1988, con ocasión del centenario de la abolición; BARONOV, David. *The abolition of slavery in Brazil: the "liberation" of Africans through the emancipation of capital.* Westport: Greenwood Press, 2000. Para el capítulo precedente de la abolición no menos problemática de la trata, BETHELL, Leslie. *The abolition of Brazilian slave trade:* Britain, Brazil and the slave trade question, 1807-1869. Cambridge: Cambridge University Press, 1970.

51 ALLEN, Richard B. Slaves, convicts, abolitionism and the global origins of the post-emancipation indentured labor system. *Slavery and Abolition*, 35-2, 2014, pp. 328-348.

52 STANLEY, Amy Dru. *From bondage to contract:* wage labor, marriage, and the market in the age of slave emancipation. Nueva York: Cambridge University Press, 1998.

libertad no lo tomaban en consideración ni siquiera quienes proponían una compensación a los esclavos a fin de que se facilitase su tránsito de salida de la esclavitud. Del resarcimiento independiente a las esclavas ni se hablaba. Si había alguna consideración de derecho se dirigía al de propiedad, mirándosele con favor aunque legislativamente no se previera su indemnización. Y esto podía tener sus consecuencias prácticas. Ni para el derecho ni para la economía ni para la política dominantes cabía un tránsito expedito de la esclavitud a la libertad aunque sea otra la impresión que aún hoy se transmite[53]. A efectos celebrativos, el 13 de mayo de 1888 puede seguir presentándose en el imaginario brasileño como el parteaguas entre esclavitud y libertad.

Mediaba, entre tanto, un estado de emancipación durante el que se debía reverencia y subordinación al expropietario, lo mismo, se entendía, que el hijo emancipado, mayor de edad y todo, no quedaba totalmente exonerado de obligaciones exigibles hacia el padre[54]. Emancipaciones eran ambas, la servil y la filial. La asimilación en Brasil llega al punto de que la justicia de huérfanos, el *Juiz de Órfãos*, contaba con competencia sobre los esclavos emancipados[55]. Nada de esto tenía por qué quedar automáticamente cancelado por la abolición de la esclavitud[56]. En el mismo Brasil había estado

53 Incluso por los mejores estudios: CORRÊA DO LAGO, Luiz Aranha. *Da escravidão ao trabalho livre. Brasil, 1550-1900*. São Paulo: Companhia das Letras, 2014, con epígrafes (2.3 y otros por regiones) sobre "abolição definitiva da escravidão" dentro del siglo XIX.

54 MALHEIRO, Agostinho Marques Perdigão. *A escravidão no Brasil. Ensaio histórico-jurídico-social*. Parte 1 (*Jurídica*), *Direito sobre os escravos e os libertos*. Rio de Janeiro: Typographia Nacional, 1866, cap. 3, sec. V: "Patronos. Seus Direitos. Revogação da alforria", arguyéndose que, aunque la relación ya no sería tan fuerte como en derecho romano, existe siempre, cual "a regra para nós", la obligación "do respeito e bons officios para com o patrono a semelhança do bom filho para com seu pai" (p. 193).

55 AZEVEDO, Gislane Campos. Os juízes de órfãos e a institucionalização do trabalho infantil no século XIX. *Histórica. Arquivo Público do Estado de São Paulo* (<http://www.arquivoestado.sp.gov.br>), 27, 2007, pp. 1-9, registrando esa extensión de competencia.

56 CARNEIRO DA CUNHA, M. *Antropologia do Brasil:* mito, história, etnicidade. São Paulo: Editora Brasiliense, 1987, pp. 123-144: "Sobre os silêncios da lei: lei costumeira e positiva nas alforrias de escravos no Brasil do século XIX"; MOURA, C. *Dicionário da escravidão negra no Brasil*. São Paulo: Universidade de São Paulo, 2004, pp. 18-20 y 24, voces *Africano livre*, *Africanos libertos* y *Alforria, Revogação por Ingratidão*; SCHWARCZ, Lilia Moritz. Dos males da dádiva: sobre as ambiguidades no processo da Abolição brasileiro. En GOMES DA CUNHA, Olívia Maria y GOMES, Flávio dos Santos (Orgs.). *Quase-cidadão. Histórias e antropologias da pós-emancipação no Brasil*. Rio de Janeiro: FGV Editora, 2007, pp. 23-54; TEIXEIRA, Talita. O negro nos meandros dos debates parlamentares da Primeira República (1889-1894). *Revista Crítica Histórica* (<http://www.ufal.br/seer/index.php/criticahistorica>), 10, 2014, pp. 243-270; CHALHOUB, Sidney. The politics of ambiguity: conditional manumission, labor contracts, and slave emancipation in Brazil, 1850s-1888. *International Review of Social History*, 60-2, 2015, pp. 161-191.

precedida, en 1879, por una *lei da locação de serviços* que ha podido ser justamente caracterizada como un código de trabajo forzado por cómo impelía y vinculaba al no propietario al contrato Aún de corta vida, pues se deroga en 1890, marcó la pauta[57]. La esclavitud venía y siguió contaminando. Andaba además más pujante de lo que suele presumirse por efecto del espejismo causado por la abolición[58].

Con estas condiciones, podía activarse incluso judicialmente la subordinación del emancipado o liberto, de la emancipada o liberta. La libertad deparada por la emancipación era por sí precaria[59]. Precedentes de regulación de este estado sin necesidad de que las medidas de abolición lo previeran se dan desde temprano en el ámbito latinoamericano[60]. Con previsión de estado de emancipación o sin ella, las condiciones estaban allí, entre sectores que consideraban natural la subordinación acentuada del trabajo presuntamente libre a propiedad, de deudores a acreedores, de comunidades a haciendas, de los exesclavos a los exesclavistas. Y exesclavo podía presumirse a todo afrobrasileño. Los indígenas no se encontraban en mejor posición ante la

57 LAMOUNIER, Lúcia. *Da escravidão ao trabalho livre:* a lei da locação de serviços de 1879. Campinas: Mestrado do Departamento de História do Instituto de Filosofia e Ciências Humanas, Universidade Estadual de Campinas (<http://repositorio.unicamp.br>), 1986 (no he visto la edición impresa, São Paulo, Papirus, 1988); GRINBERG, K. *Esclavage, citoyenneté, et élaboration du code civil au Brésil*, pp. 321-327.

58 GRINBERG, K. Re-escravização, direitos e justiças no Brasil do século XIX. En LARA, Silvia Hunold y MENDONÇA, J. M. N. (Orgs.), *Direitos e justiças. Ensaios de história social*. Campinas: Universidade Estadual de Campinas, 2006, pp. 101-128.

59 CHALHOUB, S. *A força da escravidão. Ilegalidade e costume no Brasil oitocentista*. São Paulo: Companhia das Letras, 2012, cap. 9: "Liberdade precária"; versión exenta, The precariousness of freedom in a slave society (Brazil in the nineteenth century). *International Review of Social History*, 56, 2011, pp. 405-439; DIAS PAES, Mariana Armond. Aquisição de propriedade e ilegalidade no Brasil oitocentista: uma agenda de pesquisa para a história de direito. En *Actas. VIII Jornadas de Jóvenes Investigadores en Historia del Derecho*. Buenos Aires: Instituto de Investigaciones de Historia del Derecho, 2016, pp. 117-124, anunciando una investigación que interesa a esa precariedad tanto de propiedad como de libertad por un estado de "ilegalidad" permitido y hasta fomentado por el mismo ordenamiento jurídico.

60 COOPER, Frederick, HOLT, Thomas C. y SCOTT, R. J. *Beyond Slavery:* exploration of race, labor, and citizenship in postemancipation society. Chapel Hill: The University of North Carolina Press, 2000 (ed. brasileña, 2005); TEMPERLEY, Howard (Ed.). *After slavery:* emancipation and its discontents. Londres: Frank Cass, 2000 (=*Slavery and Abolition*, 21-2, 2000); SCOTT, R. J. *Degrees of freedom:* Louisiana and Cuba after slavery. Cambridge, Mass.: Balknap, 2005; SCHMIDT-NOWARA, Christopher. *Slavery, freedom, and abolition in Latin America and the Atlantic world*. Albuquerque: University of New Mexico Press, 2011; CANDIOTI, Magdalena. Regulando el fin de la esclavitud. Diálogos, innovaciones y disputas jurídicas en las nuevas repúblicas sudamericanas, 1810-1830. *Jahrbuch für Geschichte Lateinamerikas*, 52, 2015, pp. 149-171.

apropiación y la depredación racistas. Dicho todo esto de otra forma, las condiciones para prácticas análogas a la esclavitud estaban dadas para los unos como para los otros, para indígenas como para afrodescendientes[61]. El racismo en Brasil no ha venido siendo tan residual hasta el día de hoy como suele finalmente entenderse[62].

Acerquémonos de nuevo a la actualidad. Desde mediados de los años noventa del siglo pasado, el XX, Brasil oficialmente reconoce la existencia de unas prácticas esclavistas que nunca habían desaparecido y a las que venía prestando ojos ciegos salvo por el registro inoperante del delito de esclavismo sin más especificación. No sólo fue un gesto para la galería exterior, pues al mismo tiempo el Ministerio del Trabajo federal puso en marcha un servicio de inspección para la detección de haciendas esclavistas y correspondiente denuncia a la justicia[63]. A esta política le dio un notable impulso el establecimiento en 2003, en el seno del Ministerio de Justicia y Ciudadanía federal, de la Comisión Nacional para la Erradicación del Trabajo Esclavo, formada por representación de los poderes legislativo, ejecutivo y judicial federales, de agencias de Naciones Unidas y de organizaciones sociales, con el mandato principal de elaborar planes para el avance en dicha erradicación[64]. Al mismo tiempo se estableció un registro de empresas que recurriesen a prácticas esclavistas a fin de impedirles no sólo el acceso a ayudas u obras públicas, sino también relaciones de negocios con las que hubieran suscrito

61 MIKI, Yuko. Slave and citizen in black and red: reconsidering the intersection of African and indigenous slavery in post-emancipation Brazil. *Slavery and abolition*, 35-1, 2014, pp. 1-22.

62 FRENCH, John. As falsas dicotomias entre escravidão e liberdade: continuidades e rupturas na formação politica e social do Brasil moderno. En Douglas Cole Libby y Júnia Ferreira Furtado (Orgs.), *Trabalho livre, trabalho escravo. Brasil e Europa, séculos XVIII e XIX*, São Paulo, Annablume, 2006, 2006, pp. 75-96; ALBUQUERQUE, Wlamyra R. de. *O jogo da dissimulação. Abolição e cidadania negra no Brasil*. São Paulo: Companhia das Letras, 2009. De otro modo lo considera la literatura que tiene a Brasil como una "democracia racial" en comparación con Estados Unidos: MAIO, Marcos Chor. Unesco and the study of race relations in Brazil: regional or national issue? *Latin American Research Review*, 36-2, 2001, pp. 118-136. Es tópico justamente desacreditado: TELLES, Edward E. *Race in another America:* the significance of skin color in Brazil. Princeton: Princeton University Press, 2004; BAILEY, Stanley R. *Legacies of race:* identities, attitudes, and politics in Brazil. Stanford: Stanford University Press, 2009; Robert STAM y SHOHAT, Ella, *Race in translation:* culture wars around the postcolonial Atlantic. Nueva York: New York University Press, 2012, Cap. 6: "Brazil, the United States, and the Culture Wars".

63 *Rapport of the special rapporteur on contemporary forms of slavery:* mission to Brazil, cit., pars. 10 y 36-37.

64 <http://www.sdh.gov.br/assuntos/conatrae/programas/comissao-nacional-para-a-erradicacao-do-trabalho-escravo>.

un Pacto Nacional para la Erradicación del Trabajo Esclavo promovido por la Comisión[65].

En 2008 se lanza el Segundo Plan Nacional con especial empeño en promover instancias equivalentes en las entidades federativas. Estados como Pará, Maranhão, Mato Grosso, Tocantins y Bahia establecen sus propias comisiones para luchar coordinadamente contra la impunidad e impulsar conjuntamente programas de rescate social de los trabajadores y las trabajadoras víctimas de prácticas esclavistas[66]. Entre reforma del Código Penal, asunción de responsabilidades ante la Comisión Interamericana de Derechos Humanos y lanzamiento de políticas antiesclavistas, el año 2003 supuso un verdadero giro[67]. Toda esta política pone además de manifiesto cómo las prácticas análogas a la esclavitud distan de ser tan sólo del *hinterland*. Se tienen hasta en casa con el trabajo doméstico, a lo que se sale también al paso por la ley[68]. Han sido años en los que las evidencias de las diversas formas de esclavitud tras la abolición han emergido a la conciencia ciudadana además de a la política[69].

Aparte los avatares no siempre constitucionales de la política que han llevado a mediados de 2016 el gobierno federal a manos de sectores nada entusiastas de tales compromisos emancipatorios y además de un ambiente parlamentario tampoco muy halagüeño[70], existe un telón de Aquiles incardinado en los momentos de la verdad doctrinal y, lo que es más grave por supuesto, judicial. Hay historiografía del derecho que lo está poniendo de relieve y

65 *Rapport of the special rapporteur on contemporary forms of slavery:* mission to Brazil, cit., pars. 38-40.

66 *2º Plano Nacional para a Erradicação do Trabalho Escravo*, cit., donde puede también compulsarse las entidades que dan vida a la Comisión.

67 SCHWARZ, Rodrigo Garcia. *Trabalho escravo:* a abolição necessária. Uma análise da efetividade e da eficácia das políticas de combate à escravidão contemporânea no Brasil. São Paulo: LTr Editora, 2008.

68 <http://www.planalto.gov.br/ccivil_03/leis/LCP/Lcp150.htm>. GOMES DA CUNHA, O. M. Criadas para servir: domesticidade, intimidade e retribuição. En la misma y GOMES, F. S. (Orgs.), *Quase-cidadão:* histórias e antropologias da pós-emancipação no Brasil, cit., pp. 377-417; PORTO, Dora. Trabalho doméstico e emprego doméstico: atribuições de gênero marcadas pela desigualdade. *Revista Bioética* (<http://revistabioetica.cfm.org.br>), 16-2, 2008, pp. 287-303.

69 PEREIRA, Gladison S.B. Escravidão contemporânea no Brasil: a trajetória histórica de um debate teórico-metodológico e político (1985-2003). *Redos. Revista do Corpo Discente do Programa de Pós-Graduação em História da UFRGS* (<http://www.seer.ufrgs.br>), 1-1, 2008, pp. 252-267.

70 Recientemente se reedita en sede parlamentaria un par de volúmenes celebratorios de la abolición como si fuese un hecho consumando en el siglo XIX: *1823-1888. A abolição no parlamento. 65 anos de lutas* (1988). Brasília: Senado Federal, 2012, con presentación de esta segunda edición, suscrita por José Sarney en su calidad de presidente del Senado, que elude la cuestión de la esclavitud contemporánea.

analizándolo cuidadosamente. Comienza por interrogarse sobre el posicionamiento, más taciturno que locuaz, de la jurisprudencia tanto doctrinal como judicial sobre la esclavitud en los ámbitos civilista y, más particularmente, penalista, cuestión de toda evidencia crucial desde que, evidentemente, el Código Penal no puede hacerse valer por sí sólo ni el poder ejecutivo cabe que se baste para erradicar el esclavismo. Advirtamos ya que la renovación doctrinal activa en el impulso y la promoción de los mejores valores del Código Civil, la que nos ha ejemplificado Judith Martins-Costa, no es representativa de la generalidad de la doctrina académica brasileña. Parece que falla en especial la doctrina penal predominante, la de un sector tan decisivo para la erradicación de las prácticas esclavistas[71].

Hemos visto el giro que se ha producido en la tipificación del delito de esclavismo entre el Código de 1940 y la reforma de 2003. Pues bien, la doctrina penal predominante no puede decirse que se diera por enterada. Ya hemos visto lo sumamente escueto que era la definición del tipo originalmente: "Reduzir alguém a condição análoga à de escravo". No podía decirse menos. La referencia se hacía a condición análoga a la esclavitud porque la esclavitud ya estaba abolida. Así, prácticamente todo quedaba a la interpretación doctrinal y judicial. En la Exposición de Motivos de la Parte Especial de aquella primera edición, en 1940, se ofrecía una interpretación: el tipo se refiere al "o fato de reduzir alguém, por qualquer meio, à condição análoga à de escravo, isto é, suprimir-lhe, de fato, o *status libertatis*, sujeitando-o o agente ao seu completo e discricionário poder", prosiguiéndose aún con la prestidigitación: "É o crime que os antigos chamavam *plagium*. Não é desconhecida a sua prática entre nós, notadamente em certos pontos remotos do nosso *hinterland*"[72]. Adviértase. Difícilmente puede darse una lectura más restrictiva. *Plagium* se había convertido en Brasil durante el siglo XIX en una especie de eufemismo como sinónimo de la esclavitud que de paso servía para legitimarla con invocación de derecho romano[73].

71 DIAS PAES, M.A. *O estatuto jurídico dos escravos na civilística brasileira*. Belo Horizonte: Universidade Federal de Minas Gerais, 2010, disponible en academia.edu; "Eu vos acompanharei em vosso voo, contanto que não subais muito alto": as escolhas de Teixeira de Freitas sobre o direito da escravidão. *Anais da XXVIII Simpósio Nacional de História* (<http://www.snh2015.anpuh.org>), 2015, *Lugares dos historiadores:* velhos e novos desafios, enlaces a trabajos por orden alfabético de autores; La esclavitud contemporánea en la doctrina jurídica brasileña: un análisis desde la perspectiva de la historia del derecho. *Revista Electrónica del Instituto de Investigaciones Ambrosio L. Gioja* (<http://www.derecho.uba.ar/revistas-digitales>), 17, 2016, pp. 6-34.

72 <https://www.diariodasleis.com.br/busca/exibelink.php?numlink=1-96-15-1940-12-07-2848-CP>.

73 CUNHA, Simone Estrellita da. *Atualidade do "plagium". Redução à condição análoga à de escravo*. Rio de Janeiro: Escola da Magistratura do Estado do Rio de Janeiro (<http://www.emerj.tjrj.jus.br>), Monografias dos Alunos, 1995; DINIZ, Débora y TERRA,

A partir de todo esto, lo que opera es una doble reducción. De una parte, ell esclavismo se remite a un fenómeno residual y remoto, cosa del *hinterland*. Por otra más decisiva, se concreta la definición de un modo que lo convierte en un delito prácticamente imposible. Sería la privación consumada del estado de libertad, esto es, esclavitud pura y dura cuando la esclavitud formal o institucionalizada ya no existe, esclavitud en un grado de absoluta sujeción humana que estrictamente ni siquiera existió en otros tiempos[74]. En época colonial, el esclavo podía ejercer derechos sin que ello implicase reconocimiento como sujeto de derecho[75]. El estereotipo histórico de la esclavitud reducida absolutamente a objeto sirve ya a la humanización de la imagen de la colonial[76], ya a la negación de la contemporánea. Aquí tenemos el auténtico *plagium*.

Sobre tales tópicos más o menos sobrentendidos, a veces incluso inconscientes, la doctrina recurrió a la lectura doblemente reduccionista como si fuera interpretación auténtica del Código Penal y formara así parte de la tipificación del delito. Y la justicia se sumó de forma incondicional. Inoperante el poder ejecutivo y neutralizado el Código Penal, el mandato legislativo de erradicar las prácticas esclavistas desapareció del mapa. Y ha habido algo peor. Esta doctrina y esta jurisprudencia se han hecho traslaticias. Tras la reforma de 2003 que, en la línea que venía marcando el derecho de derechos humanos, venía claramente a corregir la neutralización del delito de esclavismo, se ha mantenido en

---

Ana. *Plágio:* palavras escondidas. Brasília: Letras Livres, 2014 (<http://books.scielo.org>), p. 15, n. 1; COSTA, Renata Ferreira, Estudo diacrônico da mudança semântica da palavra 'plagio'. *Revista da Anpoll* (<https://revistadaanpoll.emnuvens.com.br>), 1-39, 2015, pp. 128-140.

---

74 Resaltando que el esclavo no es objeto a efectos penales, REALE, Miguel Jr. O escravo como não sujeito no direito brasileiro do século XIX. En MARTINS-COSTA, J. y VARELA, L.B. (Orgs.). *Código: dimensão histórica e desafio contemporâneo*, cit., pp. 131-149; a más efectos, DIAS PAES, M. A. *Sujeitos da história, sujeitos de direitos:* personalidade jurídica no Brasil escravista, 1860-1888. São Paulo: Universidade de São Paulo, 2014, disponible en academia.edu.

75 HESPANHA, António Manuel. *A ordem do mundo e o saber dos juristas. Imaginários do antigo direito europeu*. Lisboa: Create Space, 2017, cap. 3: "Direito e imaginação antropológica na época moderna".

76 Poco menos que resucitándose a Gilberto Freyre, *Casa-grande e senzala* (1933) y Frank Tannenbaum, *Slave and Citizen* (1946), con sus miradas complacientes hacia el esclavismo de ámbitos católicos, la constatación de la capacidad de hecho o, a algunos efectos incluso procesales, prácticamente jurídica, de esclavos, en particular urbanos, está hoy exagerándose hasta el extremo de convertirse la excepción en regla hasta para el tiempo colonial: MCKINLEY, Michelle A. *Fractional freedoms:* slavery, intimacy, and legal mobilization in colonial Lima, 1600-1700. Nueva York: Cambridge University Press, 2016. Puede interesar todavía la crítica de GORENDER, Jacob. *A escravidão reabilitada*. São Paulo: Ática, 1990.

la academia y en la justicia, con contadas excepciones, la interpretación que convierte el esclavismo en un delito imposible con la impunidad consiguiente de su práctica. No hay que añadir que doctrina y jurisprudencia predominantes se muestran indiferentes al derecho de los derechos humanos por muy vigentes que estén en Brasil. La política antiesclavista se encuentra con la yerba segada bajo sus pies por el celo de una justicia, no diremos tanto como esclavista, pero permisiva de la impunidad del esclavismo frente a las propias previsiones del Código Penal al que se debe[77].

¿En qué situación estamos? En líneas generales, ante casos detectados o denunciados, los trabajadores o las trabajadoras son liberados por acción ejecutiva, pero los esclavistas, ellos y ellas, quedan impunes en sede judicial. De mantenerse las cosas así, de no establecerse, por ejemplo, mediante reforma constitucional una jurisdicción federal solvente e independiente para el enjuiciamiento de las prácticas esclavistas[78], las eventuales responsabilidades de esclavistas y encubridores brasileños, jueces o juezas prevaricadores en casos, podrían ser residenciadas ante la Corte Penal Internacional, cuyo Estatuto, de 1998. ha sido ratificado por Brasil en 2002. El compromiso se había contraído constitucionalmente con anterioridad[79]. Su competencia se da desde que Brasil no garantiza la justicia. Aun con un concepto un tanto restrictivo,

77 Para estudio pormenorizado de doctrina y de jurisprudencia, DIAS PAES, M. A. La esclavitud contemporánea en la doctrina jurídica brasileña, *Revista Electrónica del Instituto de Investigaciones Ambrosio L. Gioja (Dossier: Codificación, lenguajes jurídicos y usos del Derecho. Algunas reflexiones desde la historia social de la justicia)*, 17, 2016, pp. 6-34; id., O crime de "redução a condição análoga à de escravo" em dados: análise dos acórdãos do Tribunal Regional Federal da 1ª Região. En FIGUEIRA, Ricardo Rezende, PRADO, Adoina Antunes y GALVÃO, Edna Maria (Orgs). *Discussões contemporâneas sobre o trabalho escravo:* teoria e pesquisa. Rio de Janeiro: Mauad, 2016, pp. 81-98. La cuestión estaba en el aire: ANDRADE, Shirley Silveira y BARROS, José Ivan Alves, Trabalho escravo contemporâneo: por que tantas absolvições? En FIGUEIRA, R. R., GALVÃO, E. M.; PRADO, A. A. (Orgs.). *Privação de liberdade ou atentado à dignidade:* escravidão contemporânea. Rio de Janeiro: Mauad, 2013, pp. 143-162.

78 Como en principio ni mencionaba la esclavitud, no había en la Constitución pronunciamiento sobre la competencia judicial sobre prácticas esclavistas, pero la federal se dedujo del art. 109.VI: "Aos juízes federais compete processar e julgar: (...) os crimes contra a organização do trabalho (...)"; además, conforme a la reforma vista de 2004 y por la misma, se agregó en este artículo un inciso V-A: "as causas relativas a direitos humanos (...)" y un parágrafo 5º: "Nas hipóteses de grave violação de direitos humanos, o Procurador-Geral da República, com a finalidade de assegurar o cumprimento de obrigações decorrentes de tratados internacionais de direitos humanos dos quais o Brasil seja parte, poderá suscitar, perante o Superior Tribunal de Justiça, em qualquer fase do inquérito ou processo, incidente de deslocamento de competência para a Justiça Federal", todo lo cual interesa por supuesto al efecto.

79 Constitución, Tít. X, *Ato das Disposições Constitucionais Transitórias*, art. 7: "O Brasil propugnará pela formação de um tribunal internacional dos direitos humanos". La ratificación se constitucionaliza mediante reforma de 2004; art. 5, par. 4: "O Brasil se submete à jurisdição de Tribunal Penal Internacional a cuja criação tenha manifestado adesão".

salvo por su extensión a la esclavitud sexual, y una práctica que por el momento aún lo resulta más, el Estatuto tipifica como crimen de lesa humanidad la esclavitud (art. 7.1c y 2.c)[80]. No habrá de decirse a estas alturas que, por virtud de la ratificación, los delitos contemplados por el Estatuto de la Corte Penal Internacional lo son igualmente en el derecho brasileño. Habrán de serlo en los términos como se tipifican salvo en el caso de hacerlo de una forma en comparación restrictiva. Por lo que se refiere en particular al trabajo y a los efectos estrictos de determinación del tipo, hoy el Código Penal de Brasil tiene mejor definida la esclavitud que el derecho penal internacional. Lo procedente habría de ser la complementariedad[81].

¿Qué decir finalmente del Código Civil brasileño y de su edición constitucional, la del Senado, en relación a la esclavitud? En todo el contexto visto, su silencio puede parecer clamoroso. En realidad es aparente. El Código no contiene ciertamente un artículo como pudiera ser el siguiente: "É ilícita qualquer forma de propriedade que, direta ou indiretamente, implique domínio sobre as pessoas". En el mismo hay título, el tercero del libro tercero, *Dos Atos Ilícitos*, donde podía haber tenido perfectamente cabida. En todo caso, implícitamente, demasiado implícitamente para la significación del asunto, la declaración de ilicitud se contiene por supuesto en un artículo como el 187 ya citado: "(...) comete ato ilícito o titular de um direito que, ao exercê-lo, excede manifestamente os limites impostos pelo seu fim econômico ou social, pela boa-fé ou pelos bons costumes". No obstante, al registrar este pronunciamiento, la proscripción de la esclavitud no estaba en la mente del Código, si esto existe, puesto que, en otro caso, no hubiera dejado de especificarlo.

¿Cabe remediarse el aparente silencio con la aplicación de la función social de la propiedad y del contrato a la proscripción de las prácticas esclavistas?[82]. Hubiera sido conveniente entonces que el Código Civil aplica-

80 ALLAIN, J. *Slavery in international law:* of human exploitation and trafficking. Leiden: Martinus Nijhoff, 2013. Estatuto de la Corte, art. 7.2c referido: "Por *esclavitud* se entenderá el ejercicio de los atributos del derecho de propiedad sobre una persona, o de algunos de ellos, incluido el ejercicio de esos atributos en el tráfico de personas, en particular mujeres y niños". Compárese con los arts. 149 y 149-A. citado del Código Penal brasileño o también, en el propio derecho internacional, con la Convención sobre la Abolición de la Esclavitud, la Trata de Esclavos y las Instituciones y Prácticas Análogas a la Esclavitud.

81 Sobre la frustración de este planeamiento respecto al caso cercano de Colombia, CLAVERO, B. *¿Hay genocidios cotidianos?*, cit., pp. 258-259, páginas de un informe a Naciones Unidas que realicé en su día (2010) como miembro de su Foro Permanente sobre Cuestiones Indígenas, mismas que fueron suprimidas, no diré que censuradas, en la edición oficial.

82 CORRÊA DE MELO, Helena Nevés Maués. *O trabalho escravo contemporâneo como fator de descumprimento da função social da propriedade rural*. Belém: Universidade Federal

ra específica y circunstanciadamente al contrato de trabajo tanto individual como colectivo la función social; dicho de otra forma, que se hubiera extendido como derecho común, igual que a lo mercantil, a lo laboral, a un ordenamiento que, como el del trabajo, ya de por sí aporta funcionalidad social. No es sólo que los derechos constitucionales tengan validez entre privados; es también que el derecho privado, todo él, responda a constitucionalismo de derechos. Por esta vía podría quedar abierto el horizonte para el desenvolvimiento efectivo de un derecho civil constitucional integrador tanto de derecho mercantil constitucional y como de derecho laboral constitucional, piezas realmente necesarias donde las haya[83]. La lucha contra la esclavitud habría podido inspirar el objetivo en el caso de Brasil.

En su caso, para la erradicación definitiva de la esclavitud, estrictamente para esto, ¿es todo ello necesario cuando el derecho de los derechos humanos y el derecho penal internacional, con su rechazo más comprometido y contundente, tienen, deben tener, valor normativo en Brasil? En todo caso, lo que conviene subrayar es que el Código Civil encaja y sirve. No desentona en el contexto constitucional y de derechos humanos. Dije que a efectos mercantiles está el Código sobrepasado por el derecho internacional adverso en este campo, pero también cabe la utilización del principio de la función social de los contratos para intentar contrarrestar. ¿Está la doctrina predominante respondiendo o el caso es el mismo, mudando lo que haga falta, que el del

do Pará, Programa de Pós-Graduação em Direitos Humanos (<http://repositorio.ufpa.br>), 2009; RISSATO, Graziella Pavan. *Trabalho escravo contemporâneo e função social da propriedade:* a expropriação de terras no combate à servidão por dívidas na zona rural. Brasília: Universidade de Brasília, Biblioteca de Monografias (<http://bdm.unb.br>), 2013. Sobre la previsión constitucional penal, BARROS, Kênia Barcelos Drumond. Função social da propriedade rural. Expropriação de terras particulares onde exista exploração da mão de obra escrava. *Percurso Acadêmico* (<http://periodicos.pucminas.br/index.php/percursoacademico>), 2-3. 2012, pp. 59-89.

83 CLAVERO, B. *Sujeto de derecho entre estado, género y cultura.* Santiago de Chile: Olejnik, 2016, cap. 6: "Derecho constitucional del trabajo ayer y hoy". Como pieza separada, STÜRMER, Gilberto. *Direito constitucional do trabalho no Brasil.* São Paulo: Atlas, 2014. Sobre el derecho civil, LACERDA, Andrey Felipe. A constitucionalização do direito civil e seus efeitos. *Revista da Faculdade de Direito de São Bernardo do Campo* (<http://www.ojs.fdsbc.servicos.ws/ojs/index.php/fdsbc>), 20, 2014, artículo primero. A más efectos, con tendencia sintomáticamente restrictiva mediante la conversión de la autonomía de la voluntad o libertad de los privados en límite de la constitucionalización del derecho como si la una no pudiera ser función de la otra, BARROSO, Luís Roberto. Neoconstitucionalismo e constitucionalização do direito. O triunfo tardio do direito constitucional no Brasil. *Jus Navigandi* (<https://jus.com.br>), 851, noviembre de 2005; SARMENTO, Daniel y de SOUZA NETO, Claudio Pereira (Orgs.). *A constitucionalização do direito:* fundamentos teóricos e aplicações específicas. Rio de Janeiro: Lumen Juris, 2007.

derecho penal? ¿Hasta qué punto la función social tanto civil como mercantil y la buena fe, con su carácter objetivo ambas, han servido para transformar la jurisprudencia? No mucho al parecer, comenzando por no renovarse la información precisa[84]. En todo caso, no soy yo, un observador exterior, quien está en las mejores condiciones para ofrecer respuestas[85].

Una historia jurídica de presente puede justamente poner de relieve la perversión del derecho que constituye, ella misma, derecho, mediante tanto doctrina como justicia. De nada sirve que la reforma constitucional de 2014 haya agravado drásticamente la pena del delito de esclavismo si la justicia está ignorando su misma tipificación. Que por esta vía haya hecho su aparición en el texto constitucional el término de esclavo resulta más significativo por sí que por lo que dispone. Y así sucesivamente. Al final, lo que tenemos es, en un extremo, que la esclavitud figura en la Constitución y, en otro, que se practica no sólo por el *hinterland*. Que venga la historia del derecho y lo vea[86]. La historiografía puede que esté en condiciones de asistir al abordaje jurídico, a la tipificación normativa y al escrutinio judicial de las prácticas esclavistas de presente[87]. Digo de asistir, no más. Y el caso de la esclavitud contemporánea no tiene por qué ser el único. Confluyendo con el derecho, su historiografía de presente tiene ante sí un horizonte inédito de función social propia.

---

84 SCHWARZ, R.G. *Trabalho escravo:* a abolição necessária, cit., p. 17, en relación a nuestro medio profesional: "A exígua oferta de informação acadêmica regular sobre a questão da escravidão contemporânea, e mesmo sobre outros procedimentos degradantes, relacionados ao mundo do trabalho, com seu declinante silêncio". Respecto al Código de 2002, tampoco es que su potencial de principios en definitivas cuentas proscriptivos de explotación humana se aprecie en el exterior. Confróntese CALDERALE, A. (Ed.), *Il nuovo codice civile brasiliano*, cit.

85 MARTINS-COSTA, J. *Comentários ao novo código civil. Do inadimplemento das obrigações*, v. 2, Rio de Janeiro: Forense, 2009, p. 16, señala para el derecho civil la inercia de la doctrina traslaticia que hemos visto en el ámbito penal. Tomo esta cita de VARELA, L. B. Leituras das sesmarias entre a história e os modelos de direito privado. En MARTINS-COSTA (Org.). *Modelos de direito privado*. São Paulo: Marcial Pons, 2014, pp. 457-483 (p. 470).

86 SCOTT, R. J. O trabalho escravo contemporâneo e os usos da história. *Mundos do trabalho* (<https://gtmundosdotrabalho.org>), 5-9, 2013, pp. 129-137, con evidencias históricas del estilo de las proporcionadas por DIAS PAES, M. A. *Sujeitos da historia, sujeitos de direitos*, cit., para salir al paso de las acusaciones de anacronismo y abuso de lenguaje contra la tipificación actual de prácticas esclavistas como tales, como nuevas formas de esclavitud. Y se habrá observado que *La esclavitud contemporánea en la doctrina jurídica brasileña* de Dias Paes lleva por subtítulo *un análisis desde la perspectiva de la historia del derecho*.

87 SCOTT, R. J. Under color of law: "Siliadin *v* France" and the dynamics of slavery in historical perspective. En ALLAIN, J. (Ed.). *The legal understanding of slavery:* from the historical to the contemporary. Oxford: Oxford University Press, 2012, pp. 152-164.

A CAPACIDADE CIVIL E A INTERPRETAÇÃO DO ESTATUTO DA PESSOA COM DEFICIÊNCIA: DESAFIOS DA DOUTRINA PARA ALÉM DOS INSTITUTOS TRADICIONAIS DO DIREITO CIVIL BRASILEIRO

Tula Wesendonck

Introdução

No dia 17 de fevereiro de 2017 o Jornal *Zero Hora* noticiou que Marina Marandini Pompeu, 27 anos, alcançaria o título de bacharel em Artes visuais, na Universidade Federal do Rio Grande do Sul, depois de ter obtido o grau 10 ao apresentar o seu Trabalho de Conclusão de Curso.

A matéria não está na página social do jornal, está veiculada no caderno *Sua Vida*, com o subtítulo *Superação* e conta a trajetória acadêmica de Marina, que desde a infância enfrentou grandes dificuldades e desafios.

Marina precisou encarar o preconceito para frequentar a escola regular já na pré-escola, pois os pais dos outros alunos "não queriam ver seus filhos ao lado de Marina". Contrariando o posicionamento da maioria, o Diretor da escola decidiu enfrentar a situação e advertiu: "Podem sair os 30, ela fica".

Esse fato ocorreu numa época em que a sociedade, de modo geral, entendia que os "diferentes" deveriam ser tratados como "cidadãos de segunda classe"[1]. Casos mais severos de deficiência, associada a outros fatores sociais, resultaram em fatos extremamente graves de nossa história, como aqueles vinculados ao Hospital Colônia de Barbacena[2]. Em certa medida a deficiên-

---

1 REQUIÃO, Maurício. As mudanças na capacidade e a inclusão da tomada de decisão apoiada a partir do estatuto da pessoa com deficiência. *Revista de Direito Civil Contemporâneo*, v. 6/2016, p. 37-54, jan.-mar. 2016.

2 O Hospital Barbacena foi considerado o maior hospício do Brasil, localizado no interior de Minas Gerais, tendo ficado em evidência depois de receber a qualificação de holocausto brasileiro, adjetivo atribuído em virtude do tratamento desumano que os internos recebiam, já que no local era feita uma limpeza social, nos moldes da teoria eugenista em pleno século XX. Os horrores ocorridos no hospício podem ser conferidos na obra de ARBEX, Daniela. *Holocausto brasileiro:* genocídio: 60 mil mortos no maior hospício do Brasil. São Paulo: Geração, 2013. Na obra é possível constatar que mais de 70% dos internos no hospício nem mesmo tinham diagnóstico de alguma doença ou deficiência mental. A autora denuncia que o hospício servia como local de descarte de todos os indivíduos que a sociedade pretendia descartar como os homossexuais, os dissidentes políticos, a moça que perdia a virgindade antes do casamento, a empregada que ficava grávida depois dos abusos cometidos pelo patrão etc.

cia levava à segregação e ao "depósito" de pessoas, que muitas vezes ficavam esquecidas em instituições psiquiátricas.

Embora sejam referidas as dificuldades de Marina, a história é tratada como exemplo de superação alcançada através da ajuda de pessoas que se sensibilizaram com a situação e auxiliaram no enfrentamento de obstáculos. Interessante mencionar que a reportagem, de folha inteira, fala da vida de Mariana, de seu crescimento e do crescimento das pessoas que a cercaram nessa jornada e reserva somente a última linha para dizer que ela é portadora de síndrome de Down[3].

Pouco tempo depois de mostrar a história de Marina, o mesmo jornal noticiou que Olga Souza foi vítima de constrangimento ao ser abordada por policiais militares na praia de Balneário Camboriú, em Santa Catarina. A abordagem policial objetivou retirar Olga e o seu cão Darwin da praia, já que naquele local não é permitido a permanência de animais. Ao ser abordada, Olga esclareceu que era cega e precisava da companhia do cão-guia para locomover-se com segurança; por isso não sairia da praia e ficaria com Darwin.

Se não fosse trágica a situação poderia ser considerada irônica, já que o constrangimento foi perpetrado por aqueles que deveriam estar empenhados em proteger os direitos dos menos afortunados.

O que ocorreu foi justamente o contrário: os policiais chegaram à Olga depois de uma denúncia de outra banhista incomodada com a presença do cão na praia. Ainda que os policiais tivessem percebido que o animal não era uma mascote de estimação, continuaram insistindo na retirada do cão do local, pois afirmaram que Olga não poderia utilizar o cão-guia em situações de lazer (?!), afirmaram que seria aceitável utilizar o cão para o trabalho mas não para o lazer.

Mesmo já estando em vigor o Estatuto da Pessoa com Deficiência, e também havendo regulamentação que trata sobre o acesso de pessoas cegas em locais com cão-guia, Olga precisou argumentar exaustivamente sobre o seu direito de permanecer na praia na companhia de Darwin. Somente depois da intervenção do Comandante da Brigada, que esclareceu os soldados sobre o livre acesso de pessoa cega com o cão-guia, Olga pôde permanecer no local acompanhada por Darwin.

Esses fatos são narrados com o objetivo de reforçar a relevância e pertinência de problemas cotidianos da vida privada que foram objeto de disciplina no Estatuto da Pessoa com Deficiência, para a promoção e proteção dos direitos humanos da pessoa com deficiência, conforme assegurado pela Convenção de Nova Iorque sobre os Direitos das Pessoas com Deficiência.

3 Carlos, o monitor da faculdade desenvolveu uma ferramenta para evitar que Marina se cortasse com tesouras e estiletes, a criação da ferramenta deu origem ao projeto de TCC de Carlo que também foi aprovado com nota 10.

Assim, mesmo conhecendo as inúmeras críticas que têm sido tecidas ao Estatuto da Pessoa com Deficiência, o objetivo deste artigo é resgatar a sua relevância e propor um novo enfoque para sua interpretação, que precisa passar pela superação do que Carlos Alberto da Mota Pinto chamou de "criptoargumentos", uma forma de tentar resolver problemas contemporâneos através de institutos tradicionais do Direito Civil[4].

Neste sentido é extremamente importante o papel que a doutrina tem de não apenas tentar enquadrar os fatos em modelos ultrapassados, mas fundamentalmente de elaborar os modelos dogmáticos adequados à realidade jurídica vigente[5].

Nesse sentido, é preciso perceber que o Estatuto da Pessoa com Deficiência propõe um novo olhar para as pessoas com deficiência, que devem ser tratadas como protagonistas da sua história, a exemplo do que ocorreu com Marina e que precisam ser realmente incluídas em todos os espaços para que não se repita situações como as vivenciadas por Olga.

A matéria é rodeada por debates acalorados. De um lado, estão aqueles que reconhecem na gradação da capacidade civil um instrumento de proteção e de outro estão os que enxergam a incapacidade como um rótulo social. O objetivo deste artigo é confrontar os argumentos em conflito, para melhor compreender os efeitos do Estatuto sobre o Direito Civil.

Para alcançar o objetivado neste artigo a matéria será tratada em duas partes, na primeira serão apresentadas as repercussões do Estatuto no regime da capacidade civil e na segunda serão apresentadas as possibilidades interpretativas das alterações considerando o papel da doutrina, o tratamento dado à matéria em outros ordenamentos e como tem sido o seu enfrentamento nos Tribunais brasileiros.

---

4 MOTA PINTO, Carlos Alberto da. *Cessão da posição contratual.* Coimbra: Livraria Almedina, 2003, p. 21. O autor adverte a necessidade de abandonar a prática de invocar conceitos e princípios tradicionais que são aceitos e redundam na inércia decorrente do peso da tradição. A adesão comodista ou arbitrária, desprovida de crítica sobre dogmas esconde atrás de um criptoargumento a opção por interesses determinados. A adoção de criptoargumentos se baseia no temor reverencial que inspira o efeito persuasivo de um dogma que deve ser superado.

5 Modelos dogmáticos no sentido atribuído por MARTINS-COSTA, Judith. Atualidade e utilidade da doutrina. *Modelos de direito privado.* São Paulo: Marcial Pons, 2014, p. 27: "A doutrina também cria modelos, justamente os modelos dogmáticos a que acima fiz referência. Estes constituem criações/qualificações de ordem teórica que, estruturando fato e valor, fornecem, com maior liberdade de ação, esquemas de solução para os casos não regulados (lacunas) ou mal regulados (insuficiência, deficiência, inadequação valorativa) pelos modelos jurídicos, possibilitando uma ordenada atividade de integração hermenêutica".

1. O Estatuto da Pessoa com Deficiência e a definição da capacidade civil

A Lei n. 13.146/2015, que instituiu no Direito brasileiro o Estatuto das Pessoas com Deficiência, derivou da ratificação da Convenção de Nova Iorque sobre os Direitos das Pessoas com Deficiência, cujo objetivo foi promover uma política pública para alterar a perspectiva de que a deficiência (mental ou física) deva ser encarada como condição incapacitante. A partir do Estatuto deixou de ser estabelecida a correlação normativa entre deficiência e incapacidade, pois a deficiência, seja mental ou física não determina a incapacidade civil, pois desde que o indivíduo possa manifestar a sua vontade será considerado plenamente capaz[6].

Essa política pública realizada através do Estatuto da Pessoa com Deficiência tem por objetivo incluir a pessoa com deficiência na vida comunitária, pois a enfermidade deixa de ser considerada causa irrefutável de incapacidade. A partir do Estatuto a incapacidade deverá ser aferida no caso concreto e quando for determinada precisará ter os seus efeitos modulados, limitando-se estritamente ao necessário[7].

Pode-se dizer que a alteração provocou uma modificação do "discurso normativo", no sentido de que o modo como são definidos os institutos jurídicos e sua conotação no meio social precisam ser compatibilizados. O Estatuto promoveu, portanto, uma alteração no sentido da linguagem jurídica, tendo em vista o caráter estigmatizante que a adjetivação "incapaz" provoca sobre a pessoa, não obstante possa o regime promover a proteção dessa pessoa.

Essa alteração de "discurso" pode ser percebida na redação do próprio art. 1º da Convenção, que dispôs:

> O propósito da presente Convenção é promover, proteger e assegurar o exercício pleno e equitativo de todos os direitos humanos e liberdades fundamentais por todas as pessoas com deficiência e promover o respeito pela sua dignidade inerente.

Promover e proteger são palavras que merecem destaque porque o sentido empregado na convenção foi o de assegurar o exercício pleno e equitativo dos direitos humanos e liberdades fundamentais às pessoas com deficiência, que

---

6 MASSONI DA COSTA, Aline Maria Gomes e BRANDÃO, Eric Scapim Cunha. *As alterações promovidas pela Lei n. 13.146/2015 (Estatuto da pessoa com deficiência) na teoria das incapacidades e seus consectários*. Disponível em: <http://www.tjrj.jus.br/documents/10136/3543964/artigo-interdicao.pdf>. Acesso em: abr. 2017.

7 TEPEDINO, Gustavo e OLIVA, Milena Donato. *Personalidade e capacidade na legalidade constitucional*. Disponível em: <https://www.academia.edu/31740015/A_tutela_da_personalidade_no_ordenamento_civil-constitucional_brasileiro>. Acesso em: maio 2017.

por serem em regra plenamente capazes, passaram a ter melhores condições de protagonizar a sua própria vida. As pessoas com deficiência não serão mais vistas como indivíduos que fatalmente precisarão ser interditados e submetidos ao regime das incapacidades e suas limitações.

A ótica do Estatuto é que todos são capazes. A exceção ocorre quando o indivíduo não puder exprimir a sua vontade, hipótese em que será submetido ao sistema de incapacidades vigente no Código Civil. A incapacidade absoluta é reservada somente para os menores de dezesseis anos. A incapacidade relativa fica destinada aos casos previstos no art. 4º do Código Civil, cuja disposição no inciso III, prevê a incapacidade relativa para aquelas situações nas quais o indivíduo não terá condições de exprimir a sua vontade[8]. A incapacidade deixa de ser definida por uma característica do indivíduo e passa a ser determinada pela possibilidade desse indivíduo de exprimir ou não a sua vontade[9].

O sistema de proteção derivado da incapacidade também foi alterado, pois as pessoas com deficiência passaram a ser submetidas à curatela somente de maneira excepcional e limitada. Além disso, a curatela assume um papel de medida protetiva e não mais de interdição de direitos[10].

A partir da Convenção, e também do Estatuto, passa a ser introduzido um novo conceito de pessoa com deficiência, que tem como ponto de partida não somente a condição de cada indivíduo, mas principalmente as barreiras impostas pelo meio social.

Assim, deficiência é o "impedimento de longo prazo de natureza física, mental, intelectual ou sensorial, o qual, em interação com uma ou mais barreiras, pode obstruir sua participação plena e efetiva na sociedade em igualdade de condições com as demais pessoas".

---

8 "Art. 4º São incapazes, relativamente a certos atos ou à maneira de os exercer:
I – os maiores de dezesseis e menores de dezoito anos;
II – os ébrios habituais e os viciados em tóxico;
III – aqueles que, por causa transitória ou permanente, não puderem exprimir sua vontade; IV – os pródigos.
Parágrafo único. A capacidade dos indígenas será regulada por legislação especial."

9 "A incapacidade será uma resposta residual, excepcional e restritiva que só procederá quando a alternativa menos gravosa da restrição da capacidade resulte inadequada frente à absoluta impossibilidade da pessoa interagir com o seu entorno e expressar vontade, ao tempo que o sistema de apoios previsto como inicial auxilio em favor do exercício da capacidade pareça insuficiente." ROSENVALD, Nelson. Capítulo 14. *Curatela.* Material inédito cedido pelo autor.

10 LAGO JÚNIOR, Antonio e BARBOSA, Amanda Souza. Primeiras análises sobre o sistema de (in)capacidades, interdição e curatela pós estatuto da pessoa com deficiência e código de processo civil de 2015, *Revista de Direito Civil Contemporâneo,* v. 8, jul.-set. 2016, p. 49-89.

Como se vê, o critério utilizado para definir a pessoa deficiente é a existência de barreiras sociais. A deficiência deixa de ser problema do indivíduo, para ser considerado como um problema da sociedade, que tem o dever de integrar a todos e adequar-se àqueles que por alguma condição física, mental, intelectual ou sensorial encontram barreiras para participação no meio social.

O Estatuto atribui um caráter promocional aos seus dispositivos, de modo que a pessoa com deficiência não possa ser considerada como alguém invisível sob o ponto de vista jurídico, tampouco sob o ponto de vista normativo não pode mais ser possível depositar, esconder ou esquecer alguém em uma instituição por conta de uma determinada condição pessoal de deficiência física ou mental. O discurso normativo da Convenção e do Estatuto é de inclusão da pessoa com deficiência, na mesma esteira do movimento antimanicomial e também da Lei n. 10.216/2001, que propõe um modelo de atendimento à saúde mental aberto e de base comunitária[11].

Outro aspecto merecedor de destaque é que a partir da vigência do Estatuto a capacidade civil passa a ser desvinculada da existência de deficiência física ou mental. O Estatuto promoveu modificação significativa no regime da incapacidade vigente no Direito brasileiro tendo alterado os arts. 3º e 4º do Código Civil.

Assim, segundo a perspectiva do Estatuto e de seus fins, a Pessoa com deficiência deve deixar de ser categorizada como incapaz, não estando mais sujeita a *capitis diminutio* que representava o adjetivo "incapaz" vigente no sistema anterior pelo processo de interdição. A tônica do Estatuto é retirar rótulos, evitar discriminação, porque parte da perspectiva de que a segregação não protege[12].

O Estatuto provocou verdadeira revolução nas regras da capacidade civil, pois rompeu com toda a tradição civilista a respeito do regime das incapacidades vigente no Código Civil de 2002, que utilizava como critério para caracterizar a incapacidade absoluta a ausência de "discernimento" provocado por deficiência física ou mental. Além disso, considerava-se como incapaz absolutamente aquele que não podia exprimir sua vontade, ainda que por "causa transitória".

11 A lei visou à reforma no atendimento com o objetivo de extinguir progressivamente os manicômios. O Deputado Paulo Delgado, autor da lei, defendia: "Quem encarcera, seda e isola não acredita na razão, nem no resto dela. A lei da reforma psiquiátrica, ao contrário é humanista, mas baseada em fundamentos técnicos da própria medicina, os quais permitem a realização do tratamento em liberdade". ARBEX, cit., p. 227.

12 O Hospital Colônia, mais conhecido como Manicômio de Barbacena pode ser citado como exemplo disso, funcionou com verdadeiro depósito para esconder pessoas com deficiência e aqueles que eram considerados "diferentes". O objetivo do estatuto é o resgate da autodeterminação.

A doutrina considerava o discernimento como a aptidão para a pessoa decidir por si tudo o que estava relacionado com a sua própria vida. Para tanto, a pessoa precisava compreender os fatos e as relações estabelecidas com os seus semelhantes, ter condições de "manifestar a sua vontade com inteireza", saber conduzir-se no meio social, defender-se dos interesses individualistas de terceiros, saber o que lhe é conveniente ou não, ter consciência dos atos e das suas consequências[13].

Esse critério foi afastado pelo Estatuto, e a pessoa com deficiência deixou de ser referida no art. 3º do Código Civil, que trata da incapacidade absoluta, reservada agora unicamente para os menores de 16 anos.

A partir do Estatuto, a deficiência não rotula o indivíduo como incapaz. A pessoa com deficiência poderá, no máximo, ser considerada relativamente incapaz, nos casos em que não puder exprimir a vontade, em virtude de causa transitória ou permanente, pela aplicação por analogia do art. 4º, III, do Código Civil.

O regime das incapacidades previsto no Código Civil brasileiro era considerado afeito ao que poderia se denominar núcleo duro do Direito Civil, fazia parte dos institutos e estudos tradicionais civilistas. A matéria aparentava estar suficientemente solidificada pois, a maioria da doutrina não apresentava estudos ou discussões que indicassem a necessidade de submetê-la a reparos.

Os manuais de Direito Civil limitavam-se a tratar a matéria apontando as causas de incapacidade relativa e absoluta baseadas no critério do discernimento e da idade que poderiam limitar ou impedir a capacidade de exercício. Somente parcela da doutrina, mais atenta ao impacto provocado pelos direitos da personalidade e "concomitantemente, da maior atenção à complexidade da subjetividade e psiquismo humanos como suporte fático da capacidade", apresentava questionamentos à forma tradicional de tratamento da matéria, distinguindo assim a capacidade jurídica (de direito), da capacidade de exercício e da capacidade para consentir no que concerne ao exercício de alguns direitos da personalidade (vida, saúde, imagem), havendo também o reconhecimento de paraincapacidades[14].

Segundo a mais atualizada doutrina, a matéria da capacidade deveria incluir a capacidade para consentir, noção derivada do Direito Médico e tem

13 BARROS MONTEIRO FILHO, Raphael et al. *Comentários ao novo código civil:* das pessoas. Sálvio de Figueiredo Teixeira (Coord.). Rio de Janeiro: Forense, 2010, v. I, p. 46.

14 A esse respeito impende consultar o v. I do Tratado de Pontes de Miranda, mais especificamente no que concerne às notas de atualização da obra feitas por Judith Martins-Costa, Gustavo Haical e Jorge Cesa Ferreira da Silva. PONTES DE MIRANDA, Francisco Cavalcanti. Tratado de direito privado – parte geral, t. I, Pessoas físicas e jurídicas, atualizado por Judith Martins-Costa, Gustavo Haical e Jorge Cesa Ferreira da Silva. São Paulo: Editora Revista dos Tribunais, 2012, p. 250 e ss.

como objeto a tomada de decisão sobre cuidados com a saúde (autorização para participação de pesquisas e disposição lícita do próprio corpo). O que está em questão é a possibilidade de dispor sobre bens da personalidade. Nesse sentido, também é possível uma validação de consentimento de pessoa incapaz o que se verifica em relação aos menores que são destinatários de informação sobre sua saúde, e também podem decidir sobre questões relativas a ela, conferindo-se espécie de maioridade antecipada. Essa orientação também foi acolhida pelo Enunciado n. 138 do CJF que considerou a vontade dos absolutamente incapazes relevante para a concretização de situações existenciais, desde que demonstrado discernimento para tanto[15]. Ou seja, a manifestação da vontade permanecia vinculada à noção de "discernimento".

Além disso, merecem referência as situações de paraincapacidades, nas quais podem ser constatados casos de incapacidades intermitentes ou graduáveis ou incapacidades mitigadas. Esse modelo é seguido na França (caso do maior protegido), na Alemanha (acompanhamento) e em Portugal (inabilitações) e tem como característica a intervenção externa somente em situações excepcionais, limitadas a certos atos, revelando a preferência dos ordenamentos civis por um sistema de proteção do indivíduo que se mostre menos radical do que o baseado na interdição[16].

Essa doutrina serve para demonstrar que mesmo antes do Estatuto já havia necessidade de questionar o tratamento dado ao regime das incapacidades. Embora não representasse posicionamento unânime, parte da doutrina estava preocupada com a necessidade de dar um tratamento individualizado para a determinação da incapacidade[17].

Para alcançar as conclusões acima referidas a doutrina precisou perceber que, mesmo nos casos de incapacidade, era necessário discernir entre os interesses patrimoniais e pessoais. Com exceção dos casos de interdição por prodigalidade, essa separação não era tratada pela legislação brasileira[18]. No

---

15 PONTES DE MIRANDA, cit., p. 251-253.

16 PONTES DE MIRANDA, cit., p. 251-253.

17 "A doutrina civil constitucionalista, aliás, já destacava a necessidade de resguardar a prática de atos existenciais pelas pessoas incapazes. Já se sustentava que os atos existenciais integravam o conceito de personalidade, e, que, portanto, a pessoa seria apta a praticá-los." MASSONI DA COSTA, Aline Maria Gomes e BRANDÃO, Eric Scapim Cunha. *As alterações promovidas pela Lei n. 13.146/2015 (Estatuto da pessoa com deficiência) na teoria das incapacidades e seus consectários.* Disponível em: <http://www.tjrj.jus.br/documents/10136/3543964/artigo-interdicao.pdf>. Acesso em: abr. 2017.

18 MARTINS-COSTA, Judith. Capacidade para consentir e esterilização de mulheres tomadas incapazes pelo uso de drogas: notas para uma aproximação entre a técnica jurídica e a reflexão bioética. In: *Bioética e responsabilidade*. MARTINS-COSTA, Judith e MÖLLER, Letícia (Orgs.). Rio de Janeiro: Forense, 2009, p. 323.

entanto, a pessoa pode estar alijada da capacidade negocial, porém ter capacidade para decidir sobre questões relacionadas aos aspectos pessoais.

Essa orientação nem sempre era seguida pela doutrina tradicional, que em regra justificava o regime das incapacidades considerando a proteção que determinadas pessoas necessitavam para "evitar a ruína econômica"[19], porque eram pessoas "desprovidas de condições de participar do comércio civil"[20]. Com o Estatuto da Pessoa com Deficiência a distinção entre os aspectos patrimoniais e pessoais fica melhor evidenciada, pois mesmo nos casos em que for determinada a curatela, esta fica restrita aos aspectos patrimoniais.

A separação entre os interesses pessoais e patrimoniais já foi objeto de importante estudo a respeito da definição da capacidade para consentir na esterilização nos casos de mulheres tornadas incapazes pelo uso de drogas. Nesse estudo, Judith Martins-Costa enfatiza que, embora desprovidas de capacidade negocial, as mulheres que se encontram incapazes pelo uso de drogas, podem autorizar os procedimentos para esterilização, desde que demonstrem discernimento sobre o ato em si. A autora analisou um conjunto de casos nos quais era questionado se a mulher poderia manifestar a vontade para autorizar o procedimento de esterilização. O questionamento é relevante. Algumas mulheres sofrem restrições à capacidade civil pelo uso excessivo de drogas, e mesmo manifestando vontade para a esterilização, não conseguem realizar o procedimento por não serem consideradas detentoras de capacidade civil plena. No entanto, a autora ressalta a necessidade de se fazer a distinção entre o âmbito pessoal e patrimonial das decisões que acompanham a vida do indivíduo, assim pontuando que seria possível admitir a manifestação da vontade nesses casos.

Embora esse estudo tenha sido publicado já no ano de 2009, a maioria da doutrina da época não se debruçava sobre a matéria, o Direito Civil, mais especificamente o regime das incapacidades, parecia reinar estável.

A pretensa estabilidade do Direito Civil foi quebrada pela publicação da lei que deu origem ao Estatuto e que alterou as disposições do Código Civil, modificando o regime das incapacidades. Essa alteração legislativa não teve a participação da comunidade jurídica civilista, por isso foi recebida com surpresa, e acompanhada por duras críticas em virtude da alteração dos critérios definidores do regime das incapacidades.

O Estatuto foi recebido com grande perplexidade pela comunidade civilista. Em certa medida foram desconsideras ou esquecidas as alterações pelas quais passou o regime das incapacidades no Direito brasileiro, modificado drasticamente desde o Código Civil de 1916. Basta lembrar, que até a Lei n.

19 GOMES, ORLANDO. *Introdução ao direito civil.* Rio de Janeiro: Forense, 1996, p. 174.

20 PEREIRA, Caio Mário da Silva. *Instituições de direito civil. Introdução ao direito civil.* Rio de Janeiro: Forense, 2005, p. 272.

4.121/62, a mulher casada era considerada relativamente incapaz. Além disso, o Código Civil de 1916 considerava absolutamente incapazes os "loucos de todo o gênero" e os surdos-mudos que não pudessem expressar sua vontade. Considerava ainda os silvícolas como relativamente incapazes.

A partir do Código Civil de 2002 o modelo de incapacidades foi alterado, não sendo repetida a expressão *loucos de todo o gênero*, a solução adotada pelo legislador foi a de considerar absolutamente incapazes os que por enfermidade ou deficiência mental não tivessem o necessário discernimento para a prática de atos da vida civil e os que, mesmo por causa transitória, não pudessem exprimir a vontade.

Além disso, o legislador considerou relativamente incapazes os ébrios habituais, os viciados em tóxicos, os que por deficiência mental tivessem o discernimento reduzido e os excepcionais sem desenvolvimento mental completo.

O sistema adotado no Código Civil de 2002 não diferenciava as espécies de enfermidades e deficiências, também não estabelecia tratamento distinto para o exercício dos atos existenciais[21] e patrimoniais. Essa situação impedia a modulação dos efeitos da incapacidade, como se verificava nos casos de prodigalidade. Assim, em nome da proteção que deveria ser conferida às pessoas elencadas no rol das incapacidades, o incapaz passou a ser tolhido de sua autonomia em especial no que se refere aos atos existenciais[22], como por exemplo as decisões e escolhas sobre a vida profissional, religiosa, sexual, opções de lazer etc.

As pessoas identificadas como relativamente ou absolutamente incapazes não tinham a possibilidade de tomar decisões sem autorização do curador, ainda que fosse para exercer os atos existenciais, pois sob a justificativa de proteger os interesses dessas pessoas, retiravam-se-lhes a viabilidade de fazer escolhas sob o plano existencial.

É claro que não havendo divergência entre a vontade do interdito e do curador a matéria não representava propriamente uma limitação. Entretanto, quando havia divergência entre curador e interdito, este não tinha voz e portanto não havia quem pudesse ouvi-lo. Isso significa que raramente existia uma divergência juridicamente relevante.

---

21 O sentido adotado para atos existenciais neste texto abrange a esfera relacionada aos direitos da personalidade, ao poder de decidir sobre questões que interferem no livre desenvolvimento da personalidade da própria pessoa, como poder escolher com quem e como se relacionar, liberdade de escolha profissional, sexual, religiosa, crença, possibilidade de se colocar na sociedade como sujeito etc.

22 TEPEDINO, Gustavo e OLIVA, Milena Donato. Personalidade e capacidade na legalidade constitucional. Disponível em: <https://www.academia.edu/31740015/A_tutela_da_personalidade_no_ordenamento_civil-constitucional_brasileiro>. Acesso em: maio 2017.

Interessante mencionar que o legislador estabeleceu um sistema que objetivava a proteção patrimonial, porque através da interdição o curador representava os interesses patrimoniais do curatelado. Os interesses de cunho pessoal, que tocam às questões existenciais e repercutem no desenvolvimento humano do indivíduo, ficavam desconsiderados, porque o curatelado não os podia exercer e o curador não os exercia. Havia assim afronta direta aos direitos fundamentais e humanos da pessoa considerada relativa ou absolutamente incapaz, pois o modelo de incapacidades construído tanto no Código Civil de 1916 quanto no de 2002 (ainda que tenha sofrido alterações e mudado o paradigma anterior), inviabilizava a realização e a promoção dos direitos da pessoa.

A solução apresentada para o regime das incapacidades do Código Civil de 2002 determinava que as pessoas sem discernimento não tinham capacidade para a administração pessoal de seus interesses. No entanto, esses interesses eram somente considerados sob o ponto de vista patrimonial.

Por isso, o modelo deveria ter sido objeto de críticas mesmo antes do Estatuto da Pessoa com Deficiência. E parte da doutrina fazia isso, ainda que de forma tímida, pois não chegava a propor um novo regime, mas sugeria uma nova perspectiva para o regime das incapacidades, pois a forma como o regime de incapacidades estava previsto no Código, estava "calcado na lógica de que ao Direito Civil tão somente é dado preocupar-se com as situações patrimoniais que tocam ao sujeito de direito"[23].

No entanto, o Direito Civil também deve estar preocupado com as situações de caráter existencial que dizem respeito à pessoa, para que a sua personalidade possa ser desenvolvida livremente. Essa orientação decorre não somente dos princípios constitucionais, em especial da dignidade humana, mas também dos princípios norteadores do próprio Código Civil de 2002, como a socialidade e a eticidade que passaram a demonstrar maior preocupação com a pessoa tanto que o próprio Código Civil de 2002 introduziu capítulo específico a respeito dos direitos da personalidade, como resultado da compreensão de Miguel Reale sobre as variantes axiológicas associadas à dignidade da pessoa[24].

Nesse sentido, a vontade daquele que é tido pelo Código Civil de 2002 como incapaz não pode ser desqualificada ou desprezada, porque embora exista um sentimento tradicional de que esses indivíduos estariam melhor protegidos se os seus interesses fossem geridos por seus representantes, a prá-

23 RODRIGUES, Rafael Garcia. A pessoa e o ser humano no novo código civil. In: TEPEDINO, Gustavo (Coord.). *A parte geral no novo código civil – estudos na perspectiva civil-constitucional.* 2. ed. Rio de Janeiro/São Paulo: Renovar, 2003, p. 24.

24 MARTINS-COSTA, Judith e BRANCO, Gerson Luiz Carlos. *Diretrizes teóricas do novo código civil brasileiro.* São Paulo: Saraiva, 2002, p. 130 e ss.

tica de excessiva proteção figura como violação ao princípio constitucional da dignidade humana, e não se pode falar em dignidade sem liberdade[25].

A liberdade nesse âmbito é revelada pela autodeterminação, ou possibilidade de a pessoa gerir seus próprios interesses de modo autônomo. Ainda que a pessoa não tenha plena capacidade para atos de autonomia privada, deve poder autodeterminar-se[26].

O sistema de curatela previsto no ordenamento anterior ao Estatuto estava calcado na substituição da pessoa do interdito pelo curador e por isso afrontava a dignidade humana, pois desprezava completamente a individualidade do curatelado. Nesse sentido é necessário perceber que a dignidade da pessoa não pode ser tratada somente sob o enfoque da eficácia negativa no sentido de proibir a ofensa à dignidade, mas também é preciso enfatizar a eficácia positiva com o objetivo de alcançar a promoção dos direitos das pessoas com deficiência o que perpassa pela possibilidade de resguardo da autonomia individual e na viabilidade de fazer as próprias escolhas[27].

Assim, não é possível aplicar a mesma lógica para a definição de regras concernentes à incapacidade, no que se refere às questões patrimoniais e existenciais. Seguindo essa orientação, o Enunciado n. 138 da III Jornada de Direito Civil do CNJ já indicava a preocupação da comunidade jurídica reunida na referida jornada: "A vontade dos absolutamente incapazes, na hipótese do inc. I do art. 3º é juridicamente relevante na concretização de situações existenciais a eles concernentes, desde que demonstrem discernimento bastante para tanto." A redação do enunciado demonstra a preocupação de que mesmo os menores de 16 anos, que agora são os únicos caracterizados como absolutamente incapazes, também tivessem a possibilidade de fazer escolhas no âmbito existencial[28].

---

25 Assim como ensinou a Ministra Cármen Lúcia Rocha em seu voto na ADIN 4.277: "Para ser digno há que ser livre. E a liberdade perpassa a vida de uma pessoa em todos os seus aspectos, aí incluído o da liberdade de escolha sexual, sentimental e de convivência com outrem".

26 A esse respeito é sempre salutar lembrar da distinção entre autonomia privada e autodeterminação: "autodeterminação como liberdade de escolha para prática de certos atos e os atos de autonomia privada, pelo qual o indivíduo fica vinculado aos efeitos de uma declaração pretérita de vontade, com eficácia de "ato jurídico perfeito" e suscetível de execução forçada". BRANCO, Gerson e WESENDONCK, Tula. Limitações voluntárias aos direitos da personalidade: um estudo comparativo entre o direito brasileiro e português. *Direito civil contemporâneo II* [Recurso eletrônico *on-line*] CONPEDI/UFMG/ FUMEC/ Dom Helder Câmara (Orgs.). César Augusto de Castro Fiuza, Orlando Celso Da Silva Neto, Otavio Luiz Rodrigues Junior (Coords.). Florianópolis: CONPEDI, 2015, p. 257.

27 ROSENVALD.

28 A respeito dos menores de 16 anos, o regime especial do Estatuto da Criança e do Adolescente possui mecanismos como por exemplo, o previsto no art. 28, § 2º, que levam em consideração a vontade do adolescente na hipótese de colocação em família substituta.

Além dessa orientação, o Enunciado n. 574 da VI Jornada de Direito Civil do CNJ exprime outro consenso do grupo de juristas que participou do evento: "A decisão judicial de interdição deverá fixar os limites da curatela para todas as pessoas a ela sujeitas, sem distinção, a fim de resguardar os direitos fundamentais e a dignidade do interdito (art. 1.772)". Esse enunciado já estava afinado com as orientações do Estatuto da Pessoa com Deficiência, no sentido de fixar limites à curatela, instituto que não pode ser encarado como medida para retirada dos direitos do interdito, já que "impossibilitar aos incapazes a escolha, por si mesmos, de constituir família, procriar, registrar filhos, interferir na educação destes, equivale a alijá-los dessas situações existenciais"[29].

O Estatuto ainda foi além, pois estabeleceu um sistema de cuidado especial que não está obrigatoriamente vinculado à interdição da pessoa. Esse cuidado pode ser exercido por representação sem a decretação da interdição preservando a capacidade civil das pessoas portadoras de deficiência física que em virtude das limitações físicas dependem do auxílio de outras pessoas para o exercício de sua autonomia[30].

Assim, vê-se que o sistema das regras das incapacidades que vigorava no Código Civil de 2002 até o Estatuto não estava blindado, pois não resolvia adequadamente algumas situações próprias da vida moderna. No entanto, não é possível ignorar que muitas têm sido as críticas apontadas à nova legislação, que são apresentadas no sentido de alertar sobre os possíveis efeitos nefastos da nova legislação.

Uma das críticas apontadas é no sentido de que a nova lei colocaria pessoas sem discernimento em situação de risco e que todas as proteções estendidas ao incapaz (prescrição, sistema de nulidades, subsidiariedade na responsabilidade civil) deixariam de existir. Em virtude disso a doutrina aponta que as pessoas que antes eram consideradas incapazes ficariam numa situação de "abandono jurídico"[31].

---

29 TEPEDINO, Gustavo e OLIVA, Milena Donato. Personalidade e capacidade na legalidade constitucional. Disponível em: <https://www.academia.edu/31740015/A_tutela_da_personalidade_no_ordenamento_civil-constitucional_brasileiro>. Acesso em: maio 2017.

30 MENEZES, Joyceane Bezerra. O direito protetivo no Brasil após a convenção sobre a proteção da pessoa com deficiência: impactos do novo CPC e do estatuto da pessoa com deficiência. *Civilistica.com*. Rio de Janeiro, a. 4, n. 1, jan.-jul. 2015, p. 4. Disponível em: <http://civilistica.com/wp- content/uploads/2016/01/Menezes-civilistica.com--a.4.n.1.2015.pdf>. Acesso em: maio 2017.

31 SIMÃO, José Fernando. Estatuto da pessoa com deficiência causa perplexidade (Parte 2). *Revista Consultor Jurídico*. São Paulo, 7 de agosto de 2015. Disponível em: <http://www.conjur.com.br/2015-ago- 07/jose-simao-estatuto-pessoa-deficiencia-traz-mudancas#_ftn3>. Acesso em: maio 2017.

Além dessas questões, foi suscitado que a partir da vigência do Estatuto, a pessoa com deficiência jamais poderia ser considerada absolutamente incapaz, e por isso deveria ser assistida e não representada. Esse aspecto foi recebido com surpresa, dúvida e indignação: Como ficariam as pessoas desprovidas de qualquer discernimento?

Tome-se como exemplo a pessoa em estado de coma profundo, que pela nova legislação deixaria de figurar como absolutamente incapaz, e por isso deveria ser assistida. Evidentemente que nesse caso, a pessoa acabaria sendo efetivamente representada porque, sob o ponto de vista prático, não teria como manifestar qualquer vontade e por isso não participaria do ato jurídico[32].

O Estatuto alterou substancialmente o regramento da capacidade civil, e a interpretação dessas alterações tem se revelado desafio constante ao civilista na atualidade. Em questões como a que é objeto deste artigo, a doutrina exerce papel fundamental para apontar caminhos na direção da interpretação da nova norma, pois forma modelos hermenêuticos ou dogmáticos que contribuem para o adequado entendimento das regras e princípios[33]. Espera-se que a doutrina esteja aberta a receber a nova legislação e lhe conferir a interpretação adequada. Na tentativa de auxiliar essa tarefa é necessário ver como a jurisprudência brasileira tem se posicionado a respeito da matéria e também apontar algumas soluções adotadas por outros ordenamentos, como se verá no capítulo a seguir.

2. Bases para a interpretação da repercussão do Estatuto da Pessoa com Deficiência – o enfrentamento de algumas questões práticas na jurisprudência e nos ordenamentos estrangeiros

Como visto acima, o Estatuto modificou o sistema das incapacidades e isso gerou certa inquietação na doutrina. Passou-se a ponderar que a altera-

32 A esse respeito pode ser citada a posição de Flávio Tartuce para quem "a pessoa que se encontra em coma profundo, sem qualquer condição de exprimir o que pensa, no atual sistema será enquadrada como relativamente incapaz, o que parece não ter sentido jurídico". TARTUCE, Flávio. *Direito civil*, v. V, 12. ed., 2017, p. 683.

33 "Em suma: é mister da doutrina atuar como instância de orientação e reflexão produzida pelo conjunto dos juristas aos quais é reconhecida, por seus pares, autoridade na formulação de modelos dogmáticos que servem para explicitar, confirmar, sistematizar, propor, e corrigir os modelos prescritivos (legais, jurisprudenciais, costumeiros, negociais) em vigor. A doutrina desempenha o seu papel social quando não apenas explica o sistema, mas, por igual, ao antecipar possibilidades de sentido e soluções práticas que venham a atender as necessidades sociais, e – principalmente – ao formular e permitir a sobrevivência – de modelos orientadores, provendo a comunidade jurídica com representações, indicações e proposição de comportamentos." MARTINS-COSTA, Judith. Atualidade e utilidade da doutrina. Modelos de direito privado. São Paulo: Marcial Pons, p. 32.

ção legislativa poderia ter colocado a pessoa com deficiência em uma situação pior do que a prevista anteriormente à sua vigência.

Segundo alguns doutrinadores[34], considerar a pessoa com deficiência como plenamente capaz importaria na retirada da proteção conferida anteriormente pelo ordenamento às pessoas desprovidas de discernimento ou com discernimento reduzido. Nesse sentido, é corrente a preocupação dos juristas no grande desafio de determinar como devem ser aplicadas as disposições decorrentes da nova legislação, sem retirar direitos ou proteção daqueles que mais precisam.

Para fazer uma interpretação adequada do ordenamento atual, é necessário não perder de vista o objetivo principal do estatuto que é o de proteção e promoção dos direitos da pessoa com deficiência. Essa preocupação precisa sempre ser tomada como ponto de partida na interpretação do Estatuto, pois a partir dela, a pessoa com deficiência, física ou mental, passa a ser considerada plenamente capaz, podendo figurar no máximo como relativamente incapaz.

Essa alteração legislativa precisa ser interpretada não somente como retirada de proteção, mas também deve ser vista como medida de inclusão.

As soluções já utilizadas em ordenamentos estrangeiros, e também a forma como a jurisprudência brasileira tem se portado na aplicação do Estatuto, podem servir de suporte para a interpretação da legislação.

Nesse sentido, na tentativa de efetivamente proteger a pessoa deficiente e evitar que ela sofra com uma possível redução de direitos, é pertinente tomar como exemplo a solução utilizada pelo Código Civil argentino de 2015, que no art. 32 estabelece hipóteses nas quais a pessoa pode ser considerada incapaz ou ter a capacidade restringida[35].

---

34 "Pode ser asseverado que a emancipação proporcionada pelo EPD sem a preservação dos efeitos gerais protetivos derivados da incapacidade e desde que adequados ao novo *status* de autossuficiente impõe ameaças incalculáveis às pessoas com deficiência." MARTINS, Fernando Rodrigues. A emancipação insuficiente da pessoa com deficiência e o risco patrimonial ao novo emancipado na sociedade de consumo, *Revista de Direito do Consumidor*, v. 104, mar.-abr. 2016, p. 203-255. No mesmo sentido: PASQUAL, Cristina Stringari e PASQUAL, Marco Antonio. O estatuto da pessoa com deficiência como instrumento de tutela da vulnerabilidade e o novo regramento da incapacidade civil, *Revista de Direito Imobiliário*, v. 80, jan.-jun. 2016, p. 273-291. MARTINS, Silvia Portes Rocha. O estatuto da pessoa com deficiência e as alterações jurídicas relevantes no âmbito da capacidade civil, *Revista dos Tribunais*, v. 974, dez. 2016, p. 225-243.

35 "ARTICULO 32. Persona con capacidad restringida y con incapacidad. El juez puede restringir la capacidad para determinados actos de una persona mayor de trece años que padece una adicción o una alteración mental permanente o prolongada, de suficiente gravedad, siempre que estime que del ejercicio de su plena capacidad puede resultar un daño a su persona o a sus bienes.

Segundo o dispositivo, a caracterização da incapacidade é medida extrema e excepcional, somente sendo determinada nos casos de impossibilidade de relacionamento do incapaz com os demais e quando este não conseguir expressar de qualquer modo a sua vontade; nessas situações, a declaração de incapacidade será acompanhada da designação de um curador.

Já nos casos de capacidade diminuída, o legislador estabelece que ela será reconhecida, quando o maior de 13 anos, sofre de um vício ou deficiência mental permanente ou prolongada, grave o suficiente para prejudicar o exercício da sua plena capacidade, podendo gerar danos à sua pessoa ou aos seus bens. Nesse caso, haverá a designação de medidas de apoio sem a determinação de curatela.

No art. 44 do Código Civil argentino, o legislador dispõe que serão nulos os atos praticados por pessoa incapaz ou com capacidade reduzida, se contrariarem a disposição da sentença que as decretar desde que tenha sido registrada. O legislador ainda prevê a possibilidade de considerar a nulidade do ato mesmo que a sentença não tenha sido registrada[36].

Como se vê, o legislador não faz distinção entre a capacidade diminuída ou incapacidade total para determinar a consequência do ato praticado, nas duas hipóteses o ato será considerado nulo.

A escolha do legislador argentino resolveria o problema apontado pela doutrina brasileira no que concerne ao fato de estar agora a pessoa com deficiência enquadrada como relativamente incapaz, o que fatalmente redundaria na conclusão de que o ato por ela praticado seria somente anulável e não mais nulo.

Além de considerar a pessoa com deficiência como capaz ou, se não puder exprimir sua vontade, como relativamente incapaz, o Estatuto introduziu a figura da tomada de decisão apoiada como medida de proteção.

En relación con dichos actos, el juez debe designar el o los apoyos necesarios que prevé el artículo 43, especificando las funciones con los ajustes razonables en función de las necesidades y circunstancias de la persona.
El o los apoyos designados deben promover la autonomía y favorecer las decisiones que respondan a las preferencias de la persona protegida.
Por excepción, cuando la persona se encuentre absolutamente imposibilitada de interaccionar con su entorno y expresar su voluntad por cualquier modo, medio o formato adecuado y el sistema de apoyos resulte ineficaz, el juez puede declarar la incapacidad y designar un curador." Disponível em: <http://servicios.infoleg.gob.ar/infolegInternet/anexos/235000-239999/235975/norma.htm#4>. Acesso em: mar. 2017.

36 "ARTICULO 44. Actos posteriores a la inscripción de la sentencia. Son nulos los actos de la persona incapaz y con capacidad restringida que contrarían lo dispuesto en la sentencia realizados con posterioridad a su inscripción en el Registro de Estado Civil y Capacidad de las Personas." Disponível em: <http://servicios.infoleg.gob.ar/infolegInternet/anexos/235000-239999/235975/norma.htm#4>. Acesso em: mar. 2017.

O sistema da tomada de decisão apoiada é um mecanismo que convive com a curatela e que tem sido utilizado em outros ordenamentos com a finalidade de torná-la cada vez menos utilizada (cabe lembrar que pelo sistema atual a pessoa com deficiência é em regra plenamente capaz).

A opção pelo sistema de decisão apoiada também pode ser estudada no Direito italiano que, a partir da modificação dos arts. 404 e seguintes do Código Civil, procedida pela Lei n. 06, de 09 de janeiro de 2004, introduziu a *amminstrazioni di sostengo*. O instituto é destinado a pessoas que, em alguma medida, estão privadas de autonomia, não conseguem cuidar de si próprias, e por isso, necessitam de ajuda[37].

O beneficiário conserva a capacidade de agir para todos os atos que não dependem de representação exclusiva ou de assistência necessária do administrador, disposição semelhante à que foi introduzida no Direito brasileiro.

No Direito francês também existe instituto semelhante à tomada de decisão apoiada e que recebe a denominação *sauvegarde de justice*[38]. Com base nesse instituto o legislador francês pretendeu oferecer proteção aos interesses do maior de idade que estiver com as suas faculdades mentais ou corporais alteradas a ponto de não ter condições de administrar sozinho o seu patrimônio. É um instituto utilizado como medida antecedente da curatela, solução que também poderá ser utilizada no Direito brasileiro, nos casos em que o agente sofre de alguma doença, está em idade avançada e sabe que a curatela será necessária no futuro.

Importante mencionar que embora o instituto da tomada de decisão apoiada guarde certa semelhança com os institutos estrangeiros, não pode ser com eles confundido.

No que se refere ao sistema italiano, a lei italiana é de 2004, anterior, portanto, à Convenção Internacional das Nações Unidas sobre os Direitos das Pessoas com Deficiência, que é de 2006. O instituto foi criado para dar mais flexibilidade e proporcionalidade aos institutos tradicionais da *interdizio-*

37 ALPA, Guido. *Manuale di dirito privato.* 8. ed. Padova: CEDAM, 2013, p. 161 e ss.

38 "Art. 433. Le juge peut placer sous sauvegarde de justice la personne qui, pour l'une des causes prévues à l'article 425, a besoin d'une protection juridique temporaire ou d'être représentée pour l'accomplissement de certains actes déterminés. Cette mesure peut aussi être prononcée par le juge, saisi d'une procédure de curatelle ou de tutelle, pour la durée de l'instance. Par dérogation à l'article 432, le juge peut, en cas d'urgence, statuer sans avoir procédé à l'audition de la personne. En ce cas, il entend celle-ci dans les meilleurs délais, sauf si, sur avis médical, son audition est de nature à porter préjudice à sa santé ou si elle est hors d'état d'exprimer sa volonté." Disponível em: <https://www.legifrance.gouv.fr/affichCode.do;jsessionid=7FB34D57EE9DE4A63E6E7FC1E-5FD1BDD.tpdila08v_2?idSectionTA=LEGISCTA000006150532&cidTexte=LEGI-TEXT000006070721&dateTexte=20170308>. Acesso em: mar. 2017.

ne giudiziale e da *inabilitazione*, podendo ser utilizado para um leque amplo de situações tanto mediante assistência quanto representação[39].

Também não é idêntico ao sistema francês pois na França a *sauvegard de justice* se dá por via administrativa e o no caso do sistema brasileiro irá depender de processo judicial com intervenção do Ministério Público, o que tem gerado críticas porque se o portador de deficiência é plenamente capaz não seria justificada tal intervenção. Segundo a doutrina, o sistema brasileiro é extremamente burocratizado, e isso fará com que o instituto da tomada de decisão apoiada perca o sentido e a utilidade[40].

Muito embora sejam tecidas essas críticas, não é possível desconsiderar a relevância de utilizar a curatela como medida excepcional. Essa orientação também tem sido acolhida pelos Tribunais brasileiros, que a partir do Estatuto passaram a demonstrar maior preocupação com a autonomia da pessoa com deficiência, questionando assim a pertinência da curatela, como se vê na ementa a seguir:

> Curatela – Interditanda idosa, deficiente física, com sequelas de AVC – Ausência de incapacidade permanente ou transitória que afete a manifestação da vontade – Laudo pericial que aponta pela habilidade de prática dos atos da vida civil – *Caso em que não se verifica incapacidade relativa, o que desautoriza o estabelecimento de curatela – Limitação de direitos da pessoa sobre sua própria gestão que, com a introdução das alterações realizadas pelo Estatuto da Pessoa com Deficiência, se tornou medida excepcionalíssima* – Hipótese em que outros meios jurídicos, como o mandato ou tomada de decisão apoiada, se mostram mais adequados à pretensão da filha sobre a genitora e gestão de seus negócios – Sentença mantida – Recurso improvido[41] (grifou-se).

A decisão acima demonstra que a partir do Estatuto a curatela passa a ser considerada medida excepcional, exercendo função residual já que a deficiência não determina mais a incapacidade, seja relativa ou absoluta.

Além de considerar a curatela uma medida extraordinária, o Estatuto também influenciou no sentido de determinar a extensão da curatela. Assim, se o Juiz reconhecer o seu cabimento deverá especificar minuciosamente os seus limites, conforme se pode ver pelo acórdão proferido já no ano de 2016 pelo Tribunal de Justiça do Rio Grande do Sul:

---

39 SCHREIBER, Anderson. NEVARES, Ana Luiza Maia. Do sujeito à pessoa: uma análise da incapacidade civil. *Quaestio Iuris*, v. 09, n. 03, Rio de Janeiro, 2016, pp. 1.545-1.558, p. 1.555.

40 SCHREIBER, p. 1.556.

41 Apelação Cível n. 00062903320138260242, 6ª Câmara de Direito Privado, j. 02.06.2016, Rel. Eduardo Sá Pinto Sandeville.

> Apelação cível. Família. Ação de interdição. Contradição das provas angariadas ao feito. Necessidade de nova perícia por equipe multidisciplinar. Sentença desconstituída. Razoável a desconstituição da sentença, a fim de que seja realizada nova perícia por equipe multidisciplinar, nos termos do art. 1.771 do Código Civil (com a nova redação dada pela Lei n. 13.146/2015), com vistas *a especificar minuciosamente a capacidade e as responsabilidades de Jéssica, em conformidade com a ótica do Estatuto da Pessoa com Deficiência ou, se for o caso, o procedimento especial de Tomada de Decisão Apoiada, destinado às pessoas que possuem algum tipo de deficiência, mas que podem exprimir vontade,* na forma prevista no art. 1.783-A do Código Civil, introduzido pela Lei n. 13.146/2015. Recurso provido (Apelação Cível n. 70070966890, 7ª Câmara Cível, TJRS, Rel.ª Liselena Schifino Robles Ribeiro, j. 28.09.2016) (grifou-se).

A decisão acima foi escolhida como referência sobre o tema porque demonstra como a jurisprudência já está aplicando o Estatuto nos problemas vinculados à capacidade, considerando que há uma verdadeira "cláusula geral" no art. 1.783-A, de modo que o Juiz acolha em suas decisões elementos fornecidos pela equipe multidisciplinar de que trata o § 3º do mesmo artigo, a fim de estabelecer os limites da capacidade.

Em outras palavras, as cláusulas gerais chegaram ao regime da capacidade civil!

A partir dessa disposição, o objetivo do Estatuto foi preservar, na medida do possível, a autonomia e autodeterminação da pessoa com deficiência, havendo maior preocupação com o desenvolvimento da personalidade do sujeito do que propriamente com a limitação da sua capacidade, o que não se verificava no sistema anterior, outorgando-se, entretanto, poderes para que o Juiz faça as devidas adaptações no caso concreto, conforme as peculiaridades e a situação fática, devendo ser guiado, sempre, pela teleologia do Estatuto.

A legislação anterior colocava a pessoa com deficiência mental nos dispositivos que tratavam da incapacidade relativa e absoluta, e mesmo que o Código Civil de 2002 já permitisse a interdição parcial, na prática o Judiciário continuava aplicando o instituto nos moldes do Código Civil de 1916, determinando a interdição absoluta do sujeito sem oportunizar a ele a viabilidade de definir os contornos de sua vida, nem mesmo no que se referia aos aspectos pessoais[42].

---

42 GONZAGA, Eugênia Augusta. *Novos comentários à convenção sobre os direitos das pessoas com deficiência.* Disponível em: <http://www.pessoacomdeficiencia.gov.br/app/sites/default/files/publicacoes/convencao-sdpcd-novos-comentarios.pdf>. Acesso em: abr. 2017, p. 85 e ss. Embora estatísticas do gênero sempre possam ser objeto de críticas e de dúvidas sobre os seus métodos, especialmente quando divulgadas pelos órgãos de governo, trata-se de dados que de algum modo precisam ser considerados, já que são os únicos disponíveis e possivelmente se não forem exatos, são substancialmente representativos da realidade.

Em certa medida havia um excesso de proteção, que acabava por desconsiderar e suprimir a subjetividade do indivíduo, já que geralmente a partir da interdição deixava ele de ter qualquer ingerência sobre a sua própria vida. Esse dado pode ser confirmado pelas estatísticas a serem colhidas nos processos de interdição, nos quais é possível perceber flagrante desproporção entre as decisões que determinam a interdição parcial e absoluta[43].

Essa ótica é invertida pelo Estatuto da Pessoa com Deficiência que passa a adotar a orientação segundo a qual a regra será a sua capacidade plena, sendo excepcional e limitada a curatela. Isso pode ser conferido em decisão do Tribunal de Justiça do Distrito Federal, na ementa que segue:

> 1. Por tratar de alterações alusivas ao estado de pessoa, enquanto sujeito de direito, o Estatuto da Pessoa com Deficiência tem aplicação imediata, mesmo aos processos em curso. 2. No caso da curatela, em hipóteses de doenças mentais graves e realmente incuráveis, como a esquizofrenia paranoide, *o Estatuto da Pessoa com Deficiência, apesar de privilegiar a inclusão social dessas pessoas, acabou por desconsiderar situações que revelam nítido interesse público na interdição, ainda que parcial*, até mesmo como forma de proteção dos que padecem de enfermidade mental, como seria o caso de se evitar a incidência de prescrição e decadência sobre seus direitos (arts. 198, inc. I, e 208 do Código Civil) 3. No caso dos autos, justifica-se uma *interdição parcial porquanto a Ré não pode ficar à mercê de sua vontade viciada em razão de sua própria doença, que lhe provoca "manifestações delirantes de natureza persecutória" e "comprometimento do juízo crítico"*. Assim, justamente visando a proteção da interditanda e de sua dignidade enquanto pessoa humana, deve esta ser enquadrada, por analogia, como *relativamente incapaz* no inc. III do art. 4º do Código Civil, pelo fato de que em razão da doença que a acomete (esquizofrenia paranoide), a Requerida não é capaz de exprimir sua vontade sem vício capaz de anulá-la. 4. *Como forma de preservação de sua autonomia e de manutenção da vida ativa da interditada, é recomendável o estabelecimento de um percentual dos seus rendimentos para que seja de sua livre utilização*, isento de prestação de contas, máxime quando esta se mostra capaz de administrar certo montante como lhe aprouver. 5. Recurso parcialmente provido. Sentença reformada[44] (grifou-se).

---

43 Esse dado por ser confirmado em pesquisa realizada no Estado de São Paulo na qual foi verificado que 99,3% dos processos de interdição culminaram com a interdição total. LAGO JÚNIOR, Antonio e BARBOSA, Amanda Souza. Primeiras análises sobre o sistema de (in)capacidades, interdição e curatela pós estatuto da pessoa com deficiência e código de processo civil de 2015. *Revista de Direito Civil Contemporâneo*, v. 8, jul.-set. 2016, p. 49-89.

44 Apelação n. 20130110979607, TJDF, Rel. Cruz Macedo, j. 29.09.2016.

A decisão acima acompanha a diretriz que a curatela é excepcional e determina que mesmo havendo o reconhecimento da curatela, é necessário assegurar a viabilidade de disposição de certo numerário, o que da mesma forma contribui para o desenvolvimento da personalidade do indivíduo para que possa também ser agente e protagonista de sua própria vida.

Além, desse aspecto a jurisprudência também tem reconhecido a possibilidade de determinar a curatela mediante a decretação de incapacidade relativa, como se vê na decisão proferida pelo TJRS a seguir:

> (...). 2. Ademais, se o exame psiquiátrico já realizado pelo DMJ e a entrevista da magistrada com a curatelada, em audiência, já apresentam lastro probatório suficiente acerca do estado da apelante, não se justifica a desconstituição da sentença para a realização de nova perícia com equipe multidisciplinar. 3. *No mérito, considerando as alterações ao CC trazidas pelo Estatuto da Pessoa com Deficiência, conclui-se que a condição da apelante – transtorno afetivo bipolar – configura-se como hipótese de incapacidade relativa* (art. 4º, III, do CC, com a nova redação dada pela Lei n. 13.146/2015), não sendo caso, portanto, de curatela ilimitada. Desacolheram a preliminar e, no mérito, deram parcial provimento. Unânime[45] (Grifou-se).

A decisão acima demonstra a preocupação em manter a incapacidade relativa mesmo quando é necessária a curatela da pessoa com deficiência. Não há mais vinculação entre a deficiência e a incapacidade, assim como não se pode mais relacionar a curatela à incapacidade absoluta.

As decisões apresentadas servem para demonstrar também que, muito embora não se ignore os problemas da nova legislação, a jurisprudência tem aplicado o Estatuto, isso demonstra que embora tenha sido objeto de muitas críticas, dentre elas muitas efetivamente pertinentes, a necessidade de adaptação ou reparo na nova legislação, não podem ser considerados justificativa para a sua inobservância ou desobediência, pois se mostra mais adequado preservar a nova legislação que tem o propósito de promover e proteger os interesses das pessoas com deficiência.

Conclusão

A pesquisa acima exposta tem uma conclusão primária: o Estatuto da Pessoa com Deficiência revolucionou o regime das incapacidades!

São muitas as críticas apresentadas à nova legislação, e, considerando os institutos tradicionais para o tratamento do regime das incapacidades, elas

45 Apelação Cível n. 70069122794, 8ª Câmara Cível, TJRS, Rel. Luiz Felipe Brasil Santos, j. 11.08.2016.

são pertinentes, porque aplicar as regras do sistema anterior à nova legislação seria o mesmo que montar um quebra-cabeças com peças que não fazem parte do mesmo jogo, e evidentemente torna-se uma empreitada fadada ao insucesso, porque as disposições do Estatuto não se encaixam no sistema anterior. Prova disso é a repercussão que as disposições do Estatuto terão no conceito de representação e assistência.

Talvez seja necessário admitir que o jogo agora é outro, e para conseguir montar o quebra-cabeças é necessário preencher os espaços vazios com outras peças, é necessário criar novas ou fazer o recorte, modelagem e adaptação das antigas, porque as peças que existiam até agora não vão se encaixar.

Assim, muito embora não seja possível afirmar que o Estatuto da Pessoa com Deficiência tenha aniquilado o regime das incapacidades, como o faz a parte da doutrina crítica ao Estatuto, é necessário perceber que ele promoveu duras alterações nesse sistema e por isso algumas categorias formais ou abstratas do Direito Privado, aprimoradas no século XIX pela pandectística alemã, foram suplantadas "em prol da proteção da pessoa concretamente considerada, daí decorrendo a valorização do discernimento humano, notadamente nas situações existenciais"[46].

Muitos dos artigos publicados sobre o tema apresentam somente os defeitos do Estatuto, e isso porque a interpretação da nova lei tem se dado com base na forma tradicional de resolução dos problemas do Direito Civil.

Essa ótica precisa ser alterada para que o Estatuto efetivamente alcance os seus objetivos, e faça com que as pessoas com deficiência possam ser consideradas verdadeiramente protagonistas de suas próprias vidas.

Para tanto, o Estatuto tenta retirar o rótulo de que o deficiente é pessoa incapaz, rótulo que na visão do legislador tinha a contribuição da própria lei revogada, que situava a pessoa com deficiência nos arts. 3º e 4º, correspondentes às hipóteses de incapacidade absoluta e relativa.

Seguindo essa lógica, o Estatuto não prevê o processo de interdição para a pessoa com deficiência, o que tem sido considerado por muitos doutrinadores como a extinção da interdição (necessário lembrar que o novo CPC, nos arts. 753 e ss. ressuscitou esse instituto, sendo importante um trabalho no sentido de harmonizar a legislação material e processual, até porque a matéria relativa à interdição é norma de direito material e não processual).

Além da alteração no plano da caracterização da pessoa deficiente, é necessário referir que o Estatuto também estabeleceu novas orientações em relação às medidas de apoio à pessoa com deficiência. Nesse sentido, dispõe

46 TEPEDINO, Gustavo e OLIVA, Milena Donato. Personalidade e capacidade na legalidade constitucional. Disponível em: <https://www.academia.edu/31740015/A_tutela_da_personalidade_no_ordenamento_civil-constitucional_brasileiro>. Acesso em: maio 2017.

que a pessoa com deficiência poderá ser submetida à curatela, medida que deverá ser determinada em caráter extraordinário, limitado e pelo menor espaço de tempo possível. Ao dispor sobre a curatela, o Estatuto determina a separação entre os aspectos de natureza patrimonial e pessoal, ficando restrita a curatela aos atos de natureza patrimonial e negocial, como determinam os arts. 84 e 85 do Estatuto da Pessoa com Deficiência.

O Estatuto introduz no Direito brasileiro a tomada de decisão apoiada como mecanismo de proteção dos interesses da pessoa com deficiência. Esse instituto tem por objetivo auxiliar a pessoa com deficiência na tomada de decisões sobre os atos de sua vida. Essa hipótese não interfere na capacidade civil da pessoa com deficiência, que permanece inalterada mesmo que o indivíduo opte por esse mecanismo de proteção. Por isso, a tomada de decisão apoiada não pode ser confundida com a curatela, já que é preservada a liberdade e autonomia da pessoa com deficiência. Assim, quando a própria pessoa entender que é necessário apoio ou acompanhamento, por alguém de sua confiança, poderá eleger pelo menos duas pessoas que a auxiliem da tomada de decisões importantes para a sua vida.

Com isso, vê-se que o ordenamento não desconhece que a pessoa com deficiência pode precisar do auxílio de outras que irão lhe prestar informações ou suprir dificuldades físicas que possam prejudicar o exercício de sua capacidade. A tomada de decisão apoiada pode ser utilizada tanto pela pessoa com deficiência mental ou física e também por pessoas que tenham alguma doença degenerativa e queiram antecipar-se nos preparativos de um processo de curatela que será inevitável no futuro. Ou seja, a própria pessoa com deficiência poderá utilizar o processo de tomada de decisão apoiada como um antecedente da curatela que se aproxima.

Os avanços apresentados pelo Estatuto são relevantes pois trazem à discussão a necessidade de se estabelecer a distinção entre as esferas do direito pessoal e patrimonial, matéria que não era suficientemente tratada sob a disciplina anterior. Também trouxe avanços porque determinou que mesmo nos casos em que seja necessária a curatela o Juiz deverá definir o seu limite deixando de ser medida ilimitada, oportunizando o livre desenvolvimento da personalidade da pessoa.

Assim, cabe à doutrina, ao lado das duras críticas ao Estatuto, considerar esses avanços, bem como fazer um esforço no sentido de construir soluções dogmaticamente adequadas para que o Código Civil, como constituição do cidadão comum não se transforme em um inimigo do Estatuto da Pessoa com Deficiência.

Como se pode ver acima, na apresentação de algumas decisões judiciais, a jurisprudência está provendo critérios interpretativos. Entretanto, cabe à doutrina prover os elementos teóricos e dogmáticos que resolvam os problemas sistemáticos decorrentes do conflito principiológico e de técnica legislativa.

Como disse Judith Martins-Costa:

> É mister da doutrina atuar como instância de orientação e reflexão produzida pelo conjunto dos juristas aos quais é reconhecida, por seus pares, autoridade na formulação de modelos dogmáticos que servem para explicitar, confirmar, sistematizar, propor, e corrigir os modelos prescritivos (legais, jurisprudenciais, costumeiros, negociais) em vigor. A doutrina desempenha o seu papel social quando não apenas explica o sistema, mas, por igual, ao antecipar possibilidades de sentido e soluções práticas que venham a atender as necessidades sociais, e – principalmente – ao formular e permitir a sobrevivência – de modelos orientadores, provendo a comunidade jurídica com representações, indicações e proposição de comportamentos"[47].

Em outras palavras, nas hipóteses de leis deficientes, mal elaboradas ou que ignorem coerência sistemática, cabe à doutrina o papel de guia da jurisprudência, e não o papel de mera comentadora de decisões já realizadas, situação cujo risco é evidente diante da postura crítica e pouco propositiva dos trabalhos que se tem visto sobre o novo regime da capacidade após a edição do Estatuto da Pessoa com Deficiência.

47 MARTINS-COSTA, Judith. Atualidade e utilidade da doutrina. *Modelos de direito privado*, cit., p. 32.

Nas teias da personalidade e da linguagem: o necessário diálogo entre a Bioética e o Direito

Cristiane Avancini Alves

Introdução

TECENDO A MANHÃ

Um galo sozinho não tece uma manhã:
ele precisará sempre de outros galos.
De um que apanhe esse grito
e o lance a outro; de um outro galo
que apanhe o grito de um galo antes
e o lance a outro; e de outros galos
que com muitos outros galos se cruzem
os fios de sol de seus gritos de galo,
para que a manhã, desde uma teia tênue,
se vá tecendo, entre todos os galos.

2.
E se encorpando em tela, entre todos,
se erguendo tenda, onde entrem todos,
se entretendo para todos, no toldo
(a manhã) que plana livre de armação.
A manhã, toldo de um tecido tão aéreo
que, tecido, se eleva por si: luz balão[1].

No alvorecer, o encontro de vozes e sons forma o tecido dessa "luz balão", da totalidade de elementos que compõem a manhã do poema de João Cabral de Melo Neto. Essa imagem traz sensíveis e essenciais percepções ao diálogo entre a Bioética e o Direito, especialmente na esfera do estudo da pessoa humana. Se um galo, sozinho, não tece uma manhã, o ser humano, sozinho, também não constitui, em si, o amplo espectro social de formação da própria humanidade. A teia tênue tecida entre todos os galos remete nosso pensar às teias da personalidade e da linguagem, na medida em que essas conjugações e conexões, em suas complexidades, formam, para além da "luz

1 MELO NETO, João Cabral de. Tecendo a manhã. In: *A educação pela pedra*. Rio de Janeiro: Objetiva, 2008, p. 219.

balão", a luz da vida, que compõe o debate bioético no estudo dessa mesma vida – e, assim, do seu viver.

A relação entre a Bioética e o Direito possui força e presença inerentes ao estudo da personalidade. A primeira parte deste artigo visa a traçar o percurso de conjugação entre esses campos, especialmente porque, nesse contexto, há uma importante ligação entre as esferas pública e privada na conexão com os princípios jurídicos e o Direito Civil. A razão principal desse enfoque advém de pioneira análise de Judith Martins-Costa em artigo que trata da relação entre a dignidade da pessoa humana e a formação desse novo campo de investigação bioético. Em suas palavras, "falar em Direito é falar fundamentalmente em pessoa e em relação – o modo como se estabelecem as relações entre as pessoas (individual ou coletivamente consideradas), e as relações das pessoas com as coisas, bens materiais e imateriais"[2,3].

O desafio percebido no citado estudo desdobra-se em indagações que permeiam os debates nacional e internacional. Ressalta-se que, em 2005, foi promulgada a Lei n. 11.105 pelo Congresso Nacional brasileiro, também denominada Lei de Biossegurança, que trouxe a temática acerca da utilização de embriões humanos para pesquisa. No mesmo ano, foi adotada a Declaração Universal sobre Bioética e Direitos Humanos pela Conferência Geral da Organização das Nações Unidas para a Educação, Ciência e Cultura (UNESCO) que, entre outros fatores, reconheceu a importância da análise das questões éticas suscitadas pelos rápidos progressos da ciência, bem como o exame dessas implicações à luz do respeito pela dignidade da pessoa humana, pelos direitos humanos e liberdades fundamentais[4].

A segunda parte do presente artigo objetiva, assim, trazer o debate acerca da formação da referida lei, em que pessoa e linguagem atuam, novamente, como protagonistas na estruturação jurídica e, assim, social do tema. A análise de Judith Martins-Costa e os reflexos dessa percepção na construção de pesquisas sobre o assunto participam da referência à primeira audiência pública[5] do Supremo Tribunal Federal (STF), que abordou o debate sobre a

---

2 MARTINS-COSTA, Judith. Bioética e dignidade da pessoa humana: rumo à construção do biodireito. *Revista da Faculdade de Direito da UFRGS*, v. 18, 2000, p. 158.

3 A dignidade humana é fundamento do Estado Democrático de Direito, presente no art. 1º da Constituição da República Federativa do Brasil. Disponível em: <http://www.planalto.gov.br/ccivil_03/constituicao/constituicao.htm>. Acesso em: 24 abr. 2017.

4 Declaração Universal sobre Bioética e Direitos Humanos – UNESCO. Disponível em: <http://unesdoc.unesco.org/images/0014/001461/146180por.pdf>. Acesso em: 24 abr. 2017.

5 "A primeira audiência pública realizada pelo Tribunal foi convocada pelo Min. Ayres Britto, Relator da ADI 3.510, que impugnava dispositivos da Lei de Biossegurança (Lei n. 11.105/2005), e ocorreu no dia 20 de abril de 2007". Disponível em: <http://www.stf.jus.br/portal/audienciaPublica/audienciaPublicaPrincipal.asp>. Acesso em: 24 abr. 2017.

Lei de Biossegurança. Remete-se, assim, à força da unidade do ordenamento jurídico centrado na pessoa humana, dotada de imanente dignidade[6]. Essa análise conjuga-se a discussões internacionais, na medida em que a construção de modelos para um adequado processo decisório é desafio comum no âmbito de indagação sobre a aplicação das novas tecnologias.

O panorama traçado retoma, portanto, a citação poética de João Cabral de Melo Neto: ela é ligada à temática da personalidade e sua conexão com a Bioética e com o Direito também pelo caminho da literatura, que reflete um importante aspecto cultural trabalhado na obra de Judith Martins-Costa. A percepção de "cruzamento entre narrações e normatizações"[7] que permeiam a construção e formação de mentalidades no campo jurídico atua na tessitura da linguagem, meio de nossa comunicação e, assim, de adequada difusão científica e social na potencialidade da força da palavra e de seus reflexos para nossa ínsita humanidade.

Parte I
Personalidade, Bioética e Direito: percurso de conexões

O estabelecimento de fios condutores e conectivos entre personalidade, Bioética e Direito perpassa percursos históricos. O presente artigo e, especificamente, a sua primeira parte, irá traçar e unir alguns desses fios, pois a amplitude e profundidade de todas as costuras e tramas inerentes a sua completude extrapolam essas páginas. Contudo, é possível indicar caminhos de reflexão, e esse trajeto se alicerça na obra de Judith Martins-Costa, no diálogo que ela habilmente tece entre as diferentes linhas de indagação e interpretação entre as esferas pública e privada no que concerne à proteção da pessoa humana.

6 Na obra *A reconstrução do direito privado*, a presença dessa análise é fundante e essencial: "Entendemos, como outros autores que, alhures e entre nós, vêm procedendo a uma salutar revisão na disciplina das relações privadas, que o ordenamento jurídico se apresenta como uma unidade, estando no centro do Direito Público e do Direito Privado a pessoa humana, não já vista tão somente como o sujeito titular de capacidade jurídica – conceito fundamental, por certo ,–, mas igualmente como o ente que, possuindo uma imanente dignidade, resultado do exclusivo fato de ser pessoa, é tutelado pelo ordenamento privado na tríplice dimensão do ser, do ter e do haver". MARTINS-COSTA, Judith. Introdução. In: MARTINS-COSTA, Judith (Org.). *A reconstrução do direito privado:* reflexos dos princípios, diretrizes e direitos fundamentais constitucionais no direito privado. São Paulo: Editora Revista dos Tribunais, 2002, p. 16.

7 MARTINS-COSTA, Judith. A concha do marisco abandonada e o *nomos* (ou os nexos entre narrar e normatizar). In: MARTINS-COSTA, Judith (Coord.). *Narração e normatividade*: ensaios de literatura e direito. Rio de Janeiro: GZ Ed., 2013, p. 2.

1. A ideia de personalidade e sua construção histórica

O diálogo entre os campos constitucional e civil é particularmente estabelecido no que se refere aos direitos da personalidade. A inserção de um capítulo específico sobre o tema no Código Civil brasileiro de 2002 remete às diretrizes de sistematicidade, operabilidade, socialidade e eticidade propugnadas na sua estruturação[8]. Em especial, a percepção de socialidade vem a transpassar o "espírito individualista"[9] do Código de 1916, que refletiu o contexto daquela época. Nesse sentido, segundo Miguel Reale, pessoa, história e sociedade são conceitos correlatos, unidos numa concreção dialética, em que não é possível a compreensão de um destes elementos sem a presença dos outros dois.

> A sociedade, longe de constituir um fator originário e supremo, é condicionada pela sociabilidade do homem, isto é, por algo que é inerente a todo ser humano e que é condição de possibilidade da vida de relação. O fato do homem só vir a adquirir consciência de sua personalidade em dado momento da evolução histórica, não elide a verdade de que o "social" já estava originariamente no ser mesmo do homem, no caráter bilateral de toda atividade espiritual: a tomada de consciência do valor da personalidade é uma expressão histórica da atualização do ser do homem como ser social, uma projeção temporal, em suma, de algo que não se teria convertido em experiência social se não fosse inerente ao homem a condição transcendental de ser pessoa, ou, por outras palavras, de ser todo homem *a priori* uma pessoa[10].

É na teia dessas relações e na percepção da centralidade da pessoa humana que, em 2002, no decorrer da disciplina de Teoria Geral do Direito Privado ministrada por Judith Martins-Costa no âmbito do Programa de Pós-Graduação em Direito da Universidade Federal do Rio Grande do Sul (UFRGS), foi proposto o desenvolvimento de seminário acerca dos "Direitos da Personalidade e suas conexões intra, inter e extrassistemáticas"[11]. O desafio indicado residia, propriamente, na conjugação das diretrizes de Miguel

---

8 MARTINS-COSTA, Judith. O novo código civil brasileiro: em busca da "ética da situação". In: BRANCO, Gerson Luiz Carlos e MARTINS-COSTA, Judith. *Diretrizes teóricas do novo código civil brasileiro*. São Paulo: Saraiva, 2002, p. XVIII.

9 MARTINS-COSTA, Judith. O novo Código Civil brasileiro: em busca da "ética da situação". In: BRANCO, Gerson Luiz Carlos e MARTINS-COSTA, Judith. *Diretrizes teóricas do novo código civil brasileiro*. São Paulo: Saraiva, 2002, p. 88.

10 REALE, Miguel. *Pluralismo e liberdade*. São Paulo: Editora Saraiva, 1963, p. 64.

11 O citado seminário resultou no seguinte artigo: AVANCINI ALVES, Cristiane. Os direitos da personalidade e suas conexões intra, inter e extrassistemáticas. *Revista Jurídica*, ano 53, abr. 2005, n. 330, pp. 35-53.

Reale com a relação público e privado acerca de novos temas que instigavam (e ainda instigam) o pensamento jurídico[12]. Nesse contexto, o tratamento de temas bioéticos remeteram à extrassistematicidade dos direitos da personalidade frente às novas tecnologias, especialmente no âmbito da reprodução assistida. Relembra-se, aqui, que ainda não havia sido editada a atual Lei de Biossegurança no momento de realização da referida pesquisa. Portanto, a (re) construção da ideia de personalidade tornou-se ponto basilar para essa reflexão.

O percurso traçado para essa análise advém do permanente estudo de Judith Martins-Costa quanto à estruturação do discurso jurídico e, no presente panorama, parte-se da referência de que "Pessoa, Sujeito, Personalidade são palavras que têm diversas conotações no tempo e no espaço"[13]. Para delinear esse caminho, é importante perceber que o passo inicial dessa fundamentação diz respeito ao reconhecimento da igualdade como elemento partícipe da proteção de cada pessoa e, assim, da efetividade dos direitos humanos. Essa constatação baseia-se no fato de que a afirmação desses direitos surge com a concretização de princípios fundamentais decorrentes da ideia de centralidade da pessoa humana no cenário jurídico, social e político mundial, numa história que perpassa a Antiguidade.

Inicia-se, assim, esse percurso. Numa primeira acepção, tem-se a igualdade percebida num plano divino, identificada pela fé monoteísta e, por outro lado, tem-se a presença de diversos deuses que refletem, mesmo na sua imortalidade, as paixões e defeitos dos seres humanos[14]. No século V a.C., a filosofia que começa a ser desenvolvida na Ásia e na Grécia afasta o caráter mitológico da tradição pelo saber lógico da razão, quando o ser humano passa a ser considerado em sua igualdade essencial[15]. Associada a esse cenário, conjuga-se a lei escrita, elemento que leva à possibilidade de se estabelecer regras

12 Tem-se, nesse sentido, a visão de Miguel Reale quanto à formação do CCB e às mudanças promovidas pela própria sociedade. Como supervisor da Comissão elaboradora e revisora do Anteprojeto do Código Civil, Reale ressaltou que o Código deveria cuidar das "normas gerais consagradas ao longo do tempo, ou, então, de regras novas dotadas de plausível certeza e segurança, não podendo dar guarida, incontinenti, a todas as inovações ocorrentes". Ele sugere, então, a elaboração de uma "legislação especial aditiva" para os assuntos que ultrapassassem as esferas da área civil ou que requeressem problemas de alta especificidade técnica, como no âmbito da reprodução assistida. REALE, Miguel. *O projeto do novo código civil:* situação após a aprovação pelo Senado Federal. São Paulo: Saraiva, 1999, p. 3.

13 MARTINS-COSTA, Judith. Bioética e dignidade da pessoa humana: rumo à construção do biodireito. *Revista da Faculdade de Direito da UFRGS*, v. 18, 2000, p. 159.

14 COMPARATO, Fábio Konder. A *afirmação histórica dos direitos humanos*. São Paulo: Saraiva, 2003, p. 1.

15 LOPES, José Reinaldo de Lima. O *direito na história*: lições introdutórias. São Paulo: Atlas, 2012, p. 21.

gerais e uniformes, igualmente aplicáveis a todos os indivíduos que vivem numa sociedade organizada[16]. Ainda, há a expressão da igualdade mediante a oposição entre a individualidade própria de cada homem e as funções ou atividades que ele exerce em sociedade[17]. Essa função social "designava-se, figurativamente, pelo termo *prósopon*, que os romanos traduziam por *persona*, com o sentido próprio de rosto ou, também, de máscara de teatro, individualizadora de cada personagem"[18]. É, portanto, um cenário que denota o surgimento da percepção da ideia de personalidade, em que a oposição entre a máscara teatral, considerada como o papel de cada indivíduo na sociedade, e a essência individual de cada ser humano (sua personalidade), passam a permear todo o debate que daí decorre quanto à qualificação da palavra e do significado de "pessoa" no âmbito cultural, social e jurídico.

Em meados do século XVII, traça-se uma importante linha temporal quanto ao conceito de pessoa. De acordo com Bartolomé Clavero, Thomas Hobbes foi o primeiro teórico que estabeleceu um igual significado entre *pessoa* e *indivíduo*. Antes desse período, relata o autor que *pessoa* significava a faculdade social ou a legitimidade processual para atuar no mundo do Direito em nome de interesses próprios, ou de interesses alheios, através de mandato. O indivíduo "tinha pessoa" e, por isso, poderia, então, atuar juridicamente. "Pessoa é, tradicionalmente, algo que se possui, não que se seja. Desde tempos antigos, o sintagma jurídico se formulava como '*habere personam*', não como 'ser pessoa'. O homem, por tê-la, não o era. E este possuir era dependência"[19]. O homem, por "ter pessoa", não era pessoa, não era indivíduo.

A questão referente a uma "lógica proprietária"[20] quanto à ideia de pessoa perpassa estudos organizados por Judith Martins-Costa na esteira dessa construção. Nesse sentido, Gláucia Alves pontua que o pensamento de Hobbes possui fortes resquícios medievais, por estabelecer a definição de *pes-*

16 COMPARATO, Fábio Konder. *A afirmação histórica dos direitos humanos*. São Paulo: Saraiva, 2003, p. 12.

17 Considerações aprofundadas sobre esse percurso estão presentes em: AVANCINI ALVES, Cristiane. *Bioética e direitos humanos:* análise sobre o início e o fim de vida. Porto Alegre: Ed. UniRitter, 2015.

18 COMPARATO, Fábio Konder. *A afirmação histórica dos direitos humanos*. São Paulo: Saraiva, 2003, p. 15.

19 Tradução livre. CLAVERO, Bartolomé. *Happy Constitution*. Madrid: Editorial Trotta, S.A., 1997, p. 13.

20 Expressão utilizada por Judith Martins-Costa ao citar Davide Messinetti em: MARTINS-COSTA, Judith. Bioética e dignidade da pessoa humana: rumo à construção do biodireito. *Revista da Faculdade de Direito da UFRGS*, v. 18, 2000, p. 159.

soa pelo seu papel. Refere-se a autora a uma "identidade estatutária"[21], em que pessoa é, na verdade, a atuação – novamente, o papel exercido – dentro da organização social.

Na sequência temporal e analítica dessa formação, tem-se a relação entre o indivíduo como sujeito de direitos, titular e ator de liberdades, como também, paralelamente, uma concepção do Estado como instituição de respaldo e garantia desta mesma posição do indivíduo como sujeito[22]. Essa relação é encontrada em John Locke que, em seu *Segundo Tratado sobre o Governo*, afirma que "todo hombre tiene la propriedad de su propia persona". Na análise de Clavero, esse direito proprietário é, sobretudo, um direito sobre si mesmo, um direito de autodisposição da pessoa, um radical direito de liberdade. O indivíduo é a pessoa. Entretanto, ainda que pareça uma categoria universal, destinada a todo homem, sua concepção é dirigida para pessoas determinadas, ou seja, essa propriedade não é apenas consequência, mas, também, pressuposto. O "individuo constitucional es el sujeto propietario", aquele que dispõe das coisas porque dispõe de si mesmo, aquele que dispõe de si mesmo porque dispõe das coisas. "A falta de requisito, a carência de um título que não é questão apenas de fato, mas, antes, de direito, cancela o acesso à condição de sujeito"[23].

Hobbes e Locke conectam duas situações. Ainda que o primeiro tenha percebido a pessoa como alguém que exerce determinado papel social, num sentido, conforme acima exposto, de "identidade estatutária", ele propicia, paralelamente, segundo Judith Martins-Costa, a construção de uma nova ideia: junto à noção de "ator jurídico", "isto é, *sujeito de direito*, a palavra *pessoa* passará a designar o ser humano individual, por si só sujeito de direitos, e de direitos não por acaso denominados 'direitos subjetivos', o primeiro deles sendo o domínio, ou propriedade"[24]. Ocorre, dessa forma, uma primeira conexão entre ser humano, indivíduo, pessoa e sujeito de direitos (subjetivos). Refere-se, nesse ponto, a análise da autora quanto ao fato de que "foi só no Iluminismo que se construiu o instrumental jurídico correspondente

---

21 ALVES, Gláucia Correa Retamozo Barcelos. Sobre a dignidade da pessoa. In: MARTINS-COSTA, Judith (Org.). *A reconstrução do direito privado:* reflexos dos princípios, diretrizes e direitos fundamentais constitucionais no direito privado. São Paulo: Editora Revista dos Tribunais, 2002, p. 216.

22 CLAVERO, Bartolomé. *Happy Constitution*. Madrid: Editorial Trotta, S.A., 1997, p. 20.

23 Tradução livre. CLAVERO, Bartolomé. *Happy Constitution*. Madrid: Editorial Trotta, S.A., 1997, pp. 21e 26.

24 MARTINS-COSTA, Judith. *Pessoa, personalidade, dignidade (ensaio de uma qualificação)*. Tese de livre-docência em Direito Civil apresentada à Congregação da Faculdade de Direito da Universidade de São Paulo, maio de 2003, p. 38.

à concepção abstrata e universalizante de *sujeito de direitos*"[25], o que levou à unificação conceitual da capacidade como categoria jurídica. Nesse percurso, a própria autora cita Jean Domat, que, no século XVII, postula que à universalidade do homem deveria corresponder uma definição jurídica com valência também universal. Vislumbra, portanto, a possibilidade de um conceito unitário de sujeito de direito, que seria, assim, generalizante, na medida em que a capacidade seria o elemento comum e unificante que tornou possível "pensar nos 'homens' como uma categoria universal: não mais as secções que situavam 'o homem', cada homem concreto no seu respectivo papel (na sua pessoa), mas o elemento que, afastando cada homem de sua concreta situação (pessoal), os torna sujeitos abstratos e iguais, na abstrata capacidade para produzir atos jurídicos".

É interessante perceber que, no seguimento dessa análise, tem-se a palavra "pessoa" com o significado formal com que será, mais tarde, codificada, "isto é: 'pessoa' como conceito eminentemente jurídico, distinto da noção de 'ser humano', pessoa como sujeito de direitos e atribuições na ordem jurídica, como ente dotado de capacidade jurídica"[26]. Essa percepção irá conectar-se à formalização da ideia de pessoa por Savigny: "pessoa" que será, para o autor, elemento da relação jurídica. De acordo com Hans Hattenhauer, na medida em que as pessoas se tornavam elementos de relação, elas não eram, em si, o fundamento do Direito, visto que o decisivo nelas era exclusivamente a qualidade que garantia sua aplicabilidade nas relações jurídicas, pois a ordem jurídica "se situava sobre o individual, como algo objetivamente preestabelecido, em que a pessoa tinha de se adequar"[27]. Verifica-se, assim, uma estreita conexão entre o público e o privado, relação importante para Judith Martins-Costa no diálogo e formação do discurso jurídico.

No traço realizado, paralelamente a essa conceituação de "pessoa", o final do século XVIII é palco da emergência do constitucionalismo, movimento que visava a elaboração de uma constituição, entendida como conjunto de normas jurídicas que institucionaliza o poder[28]. Em estudo sobre

---

25 Citações deste parágrafo em: MARTINS-COSTA, Judith. Capacidade para consentir e esterilização de mulheres tornadas incapazes pelo uso de drogas: notas para uma aproximação entre a técnica jurídica e a reflexão bioética. In: MARTINS-COSTA, Judith; MÖLLER, Letícia Ludwig (Orgs.). *Bioética e responsabilidade*. Rio de Janeiro: Forense, 2009, pp. 310-311.

26 MARTINS-COSTA, Judith. Capacidade para consentir e esterilização de mulheres tornadas incapazes pelo uso de drogas: notas para uma aproximação entre a técnica jurídica e a reflexão bioética. In: MARTINS-COSTA, Judith; MÖLLER, Letícia Ludwig (Orgs.). *Bioética e responsabilidade*. Rio de Janeiro: Forense, 2009, p. 311.

27 Tradução livre. HATTENHAUER, Hans. *Conceptos fundamentales del derecho civil*. Barcelona: Ariel, 1987, p. 20.

28 Citações deste parágrafo em: AMARAL JÚNIOR, José Levi Mello do. Constituição

o tema, no âmbito do binômio "constituição" e "codificação", tem-se que, neste contexto, ser sujeito de direito é ter capacidade jurídica numa esfera de atuação ainda embebida de uma lógica proprietária: "A burguesia, sequiosa por consolidar suas conquistas, logo percebe o valor político do jurídico e o utiliza, habilmente, em seu proveito". Desta forma, "declarados os direitos fundamentais e firmada a separação dos poderes segundo a receita liberal de Montesquieu, entraram em cena os códigos, destinados a fixar o ideário da revolução burguesa".

Vale ressaltar que, na percepção de Clavero, os Códigos e as Constituições identificam igualmente Estado e Nação e, assim, um primeiro *status*, o da pertença e dependência da pessoa individual e de seus direitos em relação à instituição política e seu ordenamento[29]. Afirma o autor:

> Há entre constitucionalismo e codificação, entre direitos e leis, toda uma micro-história constitucional, a do sujeito individual, a mais importante e menos atendida desde que se impôs a astuta divisão entre "direito civil e direito constitucional". Com esta divisão entre o civil e o constitucional que foi selada pela codificação, deixou-se de considerar o principal: um "direito de pessoas", de indivíduos, como questão básica ou como questão primeira do constitucionalismo. Logo começará uma recuperação de "direitos constitucionais" de caráter subjetivo que, entre titulares individuais e titulares sociais, entre condições e situações que podem retornar a ser de "*status*", não vem a resgatar como sujeito de partida o ser humano. [...] Por mais que o direito todo tenha padecido com a perda do sujeito e porque também, todavia, se ressinta deste padecimento, nunca será tarde para um resgate que interessa ao indivíduo e seus direitos, a todos, a todas e nossas liberdades. Por enquanto, entre o longo trajeto da pessoa que não é indivíduo e o curto transcurso do indivíduo que é pessoa, o que temos é toda uma história perdida e toda uma historiografia futura[30].

A análise de Clavero conjuga-se à importância da conjugação social e histórica na "construção da normatividade"[31], que exige atos contínuos de

e codificação: primórdios do binômio. In: MARTINS-COSTA, Judith. (Org.). *A reconstrução do direito privado:* reflexos dos princípios, diretrizes e direitos fundamentais constitucionais no direito privado. São Paulo: Editora Revista dos Tribunais, 2002, pp. 56, 58-59.

29 CLAVERO, Bartolomé. *Happy Constitution*. Madrid: Editorial Trotta, S.A., 1997, p. 32.

30 Tradução livre. CLAVERO, Bartolomé. *Happy Constitution*. Madrid: Editorial Trotta, S.A., 1997, pp. 32-33.

31 BRANCO, Gerson Luiz Carlos. O culturalismo de Miguel Reale e sua expressão no novo código civil. In: BRANCO, Gerson Luiz Carlos e MARTINS-COSTA, Judith. *Diretrizes teóricas do novo código civil brasileiro*. São Paulo: Saraiva, 2002, p. 4.

escolha situados no tempo e no espaço e, assim, interpelados que são pela sociedade e sua história. A análise do percurso sobre a ideia de personalidade tem, em si, a universalidade da humanidade. Nesse contexto, a linguagem atua como elemento norteador de crítica e reflexão:

> Os deslizamentos conceituais que a construção dessas noções implicou, operando a sobreposição do termo "sujeito" à palavra "pessoa", tiveram como bônus a universalização do conceito de sujeito (conduzindo, por exemplo, ao princípio da igualdade de todos os sujeitos perante a lei e às Declarações Universais de Direitos Humanos) e, como ônus, a fragmentação entre a noção técnico-positiva e a realidade ontológica e social da pessoa. Essa fragmentação foi consequente à circunstância de se retirar da consequência (ter direitos) a causa – o ser pessoa – bem como do fato de se esconder, sob a capa formal, a efetiva desigualdade de poderes, de condições e de características das pessoas na ordem social[32].

Entra-se, então, em campo interdisciplinar para uma efetiva percepção da totalidade da pessoa humana e de sua proteção. Das denominadas "Constituições-garantia"[33], que dispuseram sobre a distribuição de competência dos poderes políticos e elencaram os direitos voltados para assegurar a liberdade, chega-se às Constituições elaboradas após a Segunda Guerra Mundial que, além das regras de atribuição de competências, possuem a importante presença dos princípios gerais.

Tem-se, aqui, um importante fato histórico que introduz essa reformulação jurídica quanto à importância dos princípios na prática legal, especialmente porque foi um acontecimento que tolheu, ao ser humano, os mesmos princípios pelos quais havia lutado no decorrer dos últimos séculos: sua liberdade e igualdade, sua autonomia e, sobretudo, sua dignidade. Emerge, em 1939, a Segunda Guerra Mundial, como consequência das atrozes práticas em forma de experimentação em seres humanos. Os campos de concentração, como "gigantescas máquinas de despersonalização de seres humanos"[34], suscitaram, assim, novo debate quanto à proteção da pessoa humana[35].

---

32 MARTINS-COSTA, Judith. Capacidade para consentir e esterilização de mulheres tornadas incapazes pelo uso de drogas: notas para uma aproximação entre a técnica jurídica e a reflexão bioética. In: MARTINS-COSTA, Judith; MÖLLER, Letícia Ludwig (Orgs.). *Bioética e responsabilidade*. Rio de Janeiro: Forense, 2009, p. 313.

33 Considerações deste parágrafo em: LAFER, Celso. *A internacionalização dos direitos humanos*: Constituição, racismo e relações internacionais. Barueri, São Paulo: Manole, 2005, p. 12.

34 Expressão de: COMPARATO, Fábio Konder. *A afirmação histórica dos direitos humanos*. São Paulo: Saraiva, 2003, p. 23.

35 O fim da Segunda Guerra Mundial levou os países vencedores a estabelecer um julgamento das práticas efetuadas naquele contexto, no qual o genocídio foi classificado,

É nesse sentido que a internacionalização dos direitos humanos constitui um movimento extremamente recente na história, que surge com o pós-guerra. Nele, a percepção da totalidade da pessoa humana vem reforçada na definição de saúde presente na Constituição da Organização Mundial de Saúde (OMS)[36]. Essa importância associa-se à Bioética, que configura um importante campo de encontro de diversas áreas do conhecimento conectadas à proteção da vida humana em suas variadas perspectivas. Nesse sentido, a conjugação entre os princípios bioéticos e jurídicos torna-se importante alicerce no percurso da personalidade humana e de sua proteção.

2. Os princípios bioéticos e jurídicos na esfera de proteção da pessoa humana

A referência à Bioética remete a um amplo cenário que envolve o processo de evolução do ser humano e das mudanças sociais, econômicas e políticas que instigaram a busca de novos questionamentos e reflexão quanto à vida e, também, quanto ao seu fim. Na Antiguidade, a cultura ocidental possui um dos marcos da área médica com o Juramento de Hipócrates (séculos VI-I a.C.) como um primeiro testemunho da relação entre a prática da Medicina e as implicações éticas de sua aplicação. As primeiras escolas de Medicina que surgem no período da Idade Média mantêm a tradição de citar o Juramento de Hipócrates ao final do curso como pré-requisito para o exercício da profissão. Já no contexto do século XIX, a obra do médico inglês Thomas Percival sobre ética médica retrata os aspectos éticos do exercício da medicina. Nesse período surgem, também, os primeiros códigos deontológicos, que "sintetizam, a partir dos valores inspirados na ética hipocrática, as obrigações que os médicos devem observar"[37].

A indagação ética acerca da prática médica remete, assim, ao possível enquadramento jurídico sobre determinado tema que envolva a complexidade do fato a ser analisado. Conforme já referido, a indagação de Judith Martins-Costa acerca dessa relação aponta para a dimensão dos direitos da

portanto, como um dos crimes contra a humanidade. Caracterizou-se, assim, como "uma das consequências da ruptura totalitária". LAFER, Celso. *A reconstrução dos direitos humanos:* um diálogo com o pensamento de Hannah Arendt. São Paulo: Companhia das Letras, 1988, p. 167.

36 "Health is a state of complete physical, mental and social well-being and not merely the absence of disease or infirmity". Disponível em: <http://www.who.int/governance/eb/who_constitution_en.pdf>. Acesso em: 25 abr. 2017.

37 Considerações e citação deste parágrafo em: FERNÁNDEZ, Javier Gafo. *10 palavras-chave em bioética*. São Paulo: Paulinas, 2000, p. 13.

personalidade e de sua operatividade como meio de enfrentamento jurídico de alguns aspectos apontados, pela Bioética, como suas questões centrais[38].

Na passagem do tempo, o atual contexto e o desenvolvimento de novas tecnologias formam uma estreita relação entre a Bioética e a Responsabilidade[39]. Denota-se, nesse contexto, a conexão estabelecida pelos princípios: a responsabilidade bioética através da prática médica associada ao direito pela dimensão da pessoa humana e sua proteção. É interessante referir que, de acordo com Hans Jonas, o desenvolvimento de novas tecnologias modificou o caráter da ação humana: ao se entender que a ética está relacionada às ações, há de se afirmar que a mudança na natureza das ações humanas exige uma mudança também da ética[40]. Ela – a ética – sempre esteve relacionada com o aqui e o agora, com as situações que se apresentavam ao homem, com "as repetidas e típicas situações da vida pública e privada"[41]. O agente e o "outro" da ação participavam de um presente comum. Com os avanços tecnológicos, a ética da responsabilidade emerge neste novo contexto, que perpassa a esfera diária, das relações interpessoais, para alcançar um âmbito coletivo, em que o agente, as ações e os efeitos destas ações já não são mais os mesmos da esfera cotidiana. Ela ganha, assim, uma nova dimensão.

Essa dimensão é analisada, no contexto contemporâneo, por estudo de José Roberto Goldim na esteira da Bioética e de sua complexidade[42], associada ao campo jurídico e em estreito discurso com a interdisciplinaridade propugnada por Judith Martins-Costa nessa interface. Da inicial percepção de emprego da palavra "Bioética" por Van Rensselaer Potter em seu livro *Bioética: uma ponte para o futuro*[43], estudos revelam que o termo "bio-ethics" foi utilizado pela primeira vez em 1926, por Fritz Jahr, pastor protestante, filósofo e educador alemão, no texto "Life science and ethics: old knowledge in new clothing", sendo que, até pouco tempo, o primeiro registro da palavra datava de 1927, também em um texto de Jahr, publicado na revista *Kosmos*, quando o autor designou a "assunção de obrigações éticas não apenas com

38 MARTINS-COSTA, Judith. Bioética e dignidade da pessoa humana: rumo à construção do biodireito. *Revista da Faculdade de Direito da UFRGS*, v. 18, 2000, p. 162.

39 MARTINS-COSTA, Judith; MÖLLER, Letícia Ludwig (Orgs.). *Bioética e responsabilidade*. Rio de Janeiro: Forense, 2009.

40 JONAS, Hans. *El principio de responsabilidad*: ensayo de una ética para la civilización tecnológica. Barcelona: Editorial Herder, 1995, p. 23.

41 Tradução livre. JONAS, Hans. *El principio de responsabilidad*: ensayo de una ética para la civilización tecnológica. Barcelona: Editorial Herder, 1995, p. 30.

42 GOLDIM, José Roberto. Bioética e complexidade. In: MARTINS-COSTA, Judith; MÖLLER, Letícia Ludwig (Orgs.). *Bioética e responsabilidade*. Rio de Janeiro: Forense, 2009.

43 POTTER, Van Rensselaer. *Bioethics:* bridge to the future. Englewood Cliffs, New Jersey: Prentice-Hall, 1971.

relação ao homem, mas a todos os seres vivos"[44]. Para Jahr, plantas e animais "são parceiros morais dos seres humanos, e essa relação atribui obrigações aos humanos para que tratem animais e plantas apropriadamente"[45]. É por isso que, de acordo com José Roberto Goldim, a percepção de bioética de Fritz Jahr era, como a de Potter, completa e abrangente, não limitada ao âmbito da saúde e da Medicina[46].

Ressalta-se, portanto, a importância desses novos posicionamentos, que irão atuar na formulação da indagação e da resposta jurídica. Nesse caminho, o olhar é voltado ao pensamento de Judith Martins-Costa quanto à concreção e expressão da normatividade na fonte legal: ao lado dos modelos cerrados, em que os fatos ou comportamentos sociais vêm caracterizados e conectados a uma determinada consequência, tem-se, também, os modelos abertos, que possibilitam ampliar a extensão do campo semântico. Segundo a autora, "estes modelos abertos, vazados em linguagem 'vaga', são apropriados para canalizar, juridicamente, as exigências axiológicas fundamentais da comunidade, tanto na Bioética quanto no Direito"[47].

Indica-se, brevemente, que falar em princípios jurídicos remete à concepção de Robert Alexy, para quem os princípios são normas[48] que ordenam

44 O texto "Life science and ethics: old knowledge in new clothing" possui a seguinte referência: *Fritz Jahr: Wissenschaft vom Leben und Sittenlehre*. In: *Die Mittelschule. Zeitschrift für das gesamte mittlere Schulwesen, 1926, 40:604-6-5 [15. dezember 1926]*. Citação: tradução livre. ENGELS, Eve-Marie. O desafio das biotécnicas para a ética e a antropologia. *Veritas – Revista Trimestral de Filosofia da PUCRS*. Porto Alegre, v. 50, n. 2, jun. 2004, p. 218.

45 Tradução livre. GOLDIM, José Roberto. Revisiting the beginning of bioethics: the contribution of Fritz Jahr (1927). *Perspectives in biology and medicine*, v. 52, n. 3 (summer 2009):377-80, by The Johns Hopkins University Press.

46 Jahr compartilhou, juntamente com Potter e André Hellegers, a necessidade de uma especial atenção ao ensino da ética num contexto profissional e pessoal, na medida em que o progresso nos campos da ciência e da tecnologia requeriam novos posicionamentos no campo social. André Hellegers usou o termo "bioethics" em 1970 para indicar os novos estudos relacionados à reprodução assistida. Ele foi um dos fundadores do Kennedy Institute of Ethics da Georgetown University, Washington, D.C., EUA. Mais informações em: GOLDIM, J. R. Bioética: origens e complexidade. *Rev HCPA* 2006;26(2):86-92; WALTERS, LeRoy. The birth and youth of the Kennedy Institute of Ethics. In: WALTER, Jennifer K. and KLEIN, Eran P. (Ed.). *The story of bioethics*: from seminal works to contemporary explorations. Washington, D.C.: Georgetown University Press, 2003, p. 215 e ss.

47 MARTINS-COSTA, Judith. Bioética e dignidade da pessoa humana: rumo à construção do biodireito. *Revista da Faculdade de Direito da UFRGS*, v. 18, 2000, p. 156.

48 De acordo com Humberto Ávila, as normas não são textos nem o conjunto deles, "mas os sentidos construídos a partir da interpretação sistemática de textos normativos". ÁVILA, Humberto. *Teoria dos princípios*: da definição à aplicação dos princípios jurídicos. São Paulo: Malheiros Editores Ltda., 2002, p. 22.

que algo seja realizado, na maior medida possível, dentro das possibilidades jurídicas e reais existentes. Por isso, os princípios são "mandatos de otimização", caracterizados pelo fato de que podem ser cumpridos em diferentes graus, e a medida devida de seu cumprimento não só depende das possibilidades reais, bem como das jurídicas. O âmbito das possibilidades jurídicas é determinado pelos princípios e regras opostos[49]. Desta forma, eles são normas que prescrevem fins a serem atingidos[50], exercendo uma função interpretativa e conferindo coerência ao sistema[51]. A inserção da reflexão bioética nesse contexto, através de princípios comuns como a responsabilidade e a dignidade da pessoa humana, possibilita uma reconstrução de sentidos, na medida em que a atividade do intérprete não consiste na mera descrição do significado prévio dos dispositivos, mas na construção destes significados. Isso não quer dizer que não haja significado algum antes desta construção. Há "significados mínimos" que fazem parte do contexto interpretativo[52].

Destaca-se, no contexto internacional, o artigo I da Declaração Universal dos Direitos Humanos (1948), que pontua a afirmação da dignidade inerente a toda pessoa humana, titular de direitos iguais e inalienáveis. O artigo III garante o direito à vida, e o artigo XII dispõe sobre a proteção à privacidade e a informações pessoais. Esse documento, "retomando os ideais da Revolução Francesa, representou a manifestação histórica de que se formara, enfim, em âmbito universal, o reconhecimento dos valores supremos da igualdade, da liberdade e da fraternidade entre os homens [...]"[53]. Sua implementação requer o esforço sistemático de cada país para que a sociedade incorpore os direitos humanos como prática efetiva da vida em comunidade.

---

49 Em breve percepção sobre a relação entre regras e princípios, pode-se referir que, para Alexy, as regras se diferenciam dos princípios na medida em que são normas que podem ou não ser cumpridas. Se uma regra é válida, deve ser feito o que ela exige. Por isso, as regras contêm "determinações" no âmbito do que é fático e juridicamente possível. Isto significa que a diferença entre regras e princípios é qualitativa e não de grau. "Toda norma es o bien una regla o un principio". ALEXY, Robert. *Teoría de los derechos fundamentales.* Madrid: Centro de Estudios Políticos y Constitucionales, 2002, p. 87.

50 ÁVILA, Humberto. *Teoria dos princípios*: da definição à aplicação dos princípios jurídicos. São Paulo: Malheiros Editores Ltda., 2002, p. 15.

51 Considerações de GRAU, Eros Roberto. *Ensaio e discurso sobre a interpretação/aplicação do direito.* São Paulo: Malheiros Editores Ltda., 2002, p. 180.

52 A reflexão quanto à "reconstrução de sentidos" e a presença de "significados mínimos" no processo interpretativo é extraída das considerações de ÁVILA, Humberto. *Teoria dos princípios*: da definição à aplicação dos princípios jurídicos. São Paulo: Malheiros Editores Ltda., 2002, pp. 24-25.

53 COMPARATO, Fábio Konder. A *afirmação histórica dos direitos humanos.* São Paulo: Saraiva, 2003, p. 223.

Na década de 1970, o denominado "Relatório Belmont", que reuniu conclusões acerca da pesquisa em seres humanos nos EUA, fez a indicação dos princípios que se tornam referência nesse campo: o princípio da beneficência (ou não maleficência), o da autonomia, e o da justiça. Com eles, "os problemas de bioética já não são analisados de acordo com os códigos deontológicos, mas com base nos princípios citados e nos procedimentos deles derivados"[54]. Quanto aos princípios de ética médica, eles se configuram como diretrizes gerais "que deixam um espaço considerável para um julgamento em casos específicos e que proporcionam uma orientação substantiva para o desenvolvimento de regras e políticas mais detalhadas"[55].

A institucionalização internacional dos direitos humanos, com base na já citada Declaração Universal dos Direitos Humanos, ocorreu em 1966, com o Pacto Internacional dos Direitos Civis e Políticos. Ele trouxe, em seu art. 7º, a importância e a necessidade da utilização do consentimento informado como documento que atesta a adequada informação no processo de tomada de decisão na área biomédica. Essa percepção conecta-se ao art. 12 do Pacto Internacional dos Direitos Econômicos, Sociais e Culturais, publicado no mesmo ano, ao ressaltar o acesso à saúde e o pleno exercício desse direito como elemento fundante da afirmação dos direitos humanos. O Brasil ratificou esses documentos, inserindo-os, assim, em sua ordem jurídica.

Lembra-se, ainda, que o Conselho da Europa, através da Convenção sobre Direitos Humanos e Biomedicina realizada em 1997, também conhecida como "Convenção de Oviedo", buscou harmonizar o delineamento de reflexões ou soluções para os questionamentos ou conflitos oriundos do desenvolvimento de novas tecnologias nesse campo. Posteriormente à Convenção de Oviedo, outros três importantes documentos que tratam da área biomédica surgem no cenário internacional: a Declaração Universal sobre o Genoma Humano e os Direitos Humanos (1997), a Declaração Internacional sobre os Dados Genéticos Humanos (2003), e a Declaração Universal sobre Bioética e Direitos Humanos (2005). Este último é de grande importância, pois é o primeiro documento internacional que, numa esfera global, estabelece a relação entre a Bioética e os Direitos Humanos.

Entre os objetivos das disposições gerais da Declaração Universal sobre Bioética e Direitos Humanos, destaca-se a contribuição para o respeito pela dignidade da pessoa humana e a proteção dos direitos humanos, garantindo o respeito pela vida dos seres humanos e as liberdades fundamentais de modo compatível com o Direito Internacional, bem como a promoção do acesso equitativo aos progressos da Medicina, da ciência e da tecnologia. O

54 FERNÁNDEZ, Javier Gafo. *10 palavras-chave em bioética.* São Paulo: Paulinas, 2000, p. 22.

55 BEAUCHAMP, Tom L. e CHILDRESS, James F. *Princípios de ética biomédica.* São Paulo: Edições Loyola, 2002, p. 55.

documento indica, logo após, os princípios e sua aplicação, e como deverá ser feita a promoção da Declaração pelos Estados, pela esfera educacional, pela cooperação internacional, além de expor as iniciativas de acompanhamento da UNESCO. Ressalta-se, em suas disposições finais, que a Declaração "deve ser entendida como um todo e os princípios devem ser entendidos como complementares e interdependentes"[56].

Tem-se, assim, a percepção da humanidade ínsita a cada pessoa, o que torna possível falar da universalidade dos direitos humanos e, portanto, da possibilidade de sua aplicação num amplo e importante espectro de diversidade cultural. É nesse sentido que países de orientações políticas, religiosas ou sociais diversas ratificam ou aderem aos tratados e convenções que envolvem esse tema, pois "trata-se essencialmente de um *direito de proteção*, marcado por uma lógica própria, e voltado à salvaguarda dos direitos dos seres humanos e não dos Estados"[57]. Torna-se importante referir que o ordenamento jurídico brasileiro estabelece, no art. 4º, II, da Constituição Federal, a prevalência dos direitos humanos como princípio que rege as relações internacionais[58].

Esse panorama permite traçar, na teia das relações entre os princípios bioéticos e jurídicos, a percepção de Judith Martins-Costa acerca da sistematicidade e axiologia que permeiam os modelos de análise quanto aos fatos ou comportamentos sociais. Em obra lapidar sobre o princípio da boa-fé[59], a autora distingue princípios e cláusulas gerais, na medida em que percebe que essa diferenciação irá possibilitar uma adequada operabilidade do sistema jurídico. Ao indicar que o "conteúdo axiológico dos princípios justifica o seu caráter fundante", remete à análise desse fundamento em órbitas de generalidade e dedução do seu sentido no tratamento entre duas normas, de atuação entre elas, ou de estabelecimento de competências[60]. Contudo, ressalta que

56 Ainda: "Cada princípio deve ser considerado no contexto dos outros, na medida apropriada e pertinente, de acordo com as circunstâncias". Declaração Universal sobre Bioética e Direitos Humanos. UNESCO – Organização das Nações Unidas para a Educação, Ciência e Cultura. Disponível em: <http://unesdoc.unesco.org/images/0014/.../146180por.pdf>. Acesso em: 24 abr. 2017.

57 CANÇADO TRINDADE, Antônio Augusto. *Tratado de direito internacional dos direitos humanos*. Porto Alegre: Sergio Fabris Editor, 1997, v. I, p. 20.

58 "Art. 4º A República Federativa do Brasil rege-se nas suas relações internacionais pelos seguintes princípios: [...] II – – prevalência dos direitos humanos [...]." Disponível em: <http://www.planalto.gov.br/ccivil_03/constituicao/constituicao.htm>. Acesso em: 24 abr. 2017

59 MARTINS-COSTA, Judith. *A boa-fé no direito privado*: critérios para a sua aplicação. São Paulo: Marcial Pons, 2015.

60 Nesta última acepção, não se trataria, especificamente, de um princípio, pois indicaria ser cláusula geral, na medida em que seria norma que confere ao juiz competência para buscar o valor ou o *standard* que fundamenta o caso concreto. MARTINS-COSTA, Judith. *A boa-fé no direito privado*: critérios para a sua aplicação. São Paulo: Marcial Pons, 2015, pp. 153-154.

a distinção entre princípios e cláusulas gerais não ocorre pela linguagem, estrutura, finalidade ou pelo modo de raciocínio que ensejam, mas pelo tipo de cláusula geral, que nem sempre reenvia a valores.

Nesse sentido, as cláusulas gerais irão atuar perante o caso concreto[61]. É nele que a concretização da valoração e a formação da estatuição vai operar, numa relação de diálogo entre o sistema e o problema. É importante perceber e verificar, assim, o sentido do enunciado, para que se possa avaliar tanto o reenvio dos valores propugnados na cláusula geral, quanto a presença do próprio princípio no enunciado normativo da cláusula geral.

> Por não haver, no enunciado normativo, a descrição do comportamento e a fixação punctualizada da consequência jurídica correlata à hipótese legal, haverá, a par da necessidade de precisar a hipótese, mediante o processo de reenvio, o dever de estabelecer a consequência conforme o instrumental oferecido pelo sistema, do que derivará uma imensa potencialidade de sua formação, tarefa para a qual é chamada a cooperar a doutrina para propor soluções, delimitar o âmbito de ação dos conceitos tipicamente vagos e estabelecer relações entre as soluções alcançadas por via da cláusula geral. Porém, embora não esteja textualmente apontada no enunciado a determinação prévia dos modos e dos casos em que a norma deve ser aplicada, é evidente que, ainda assim, *a norma deve ser aplicada*. O fato de conter expressões ou termos vagos não significa seja um enunciado despido das qualidades essenciais às normas jurídicas, como a possibilidade de incidência, coercibilidade e a obrigatoriedade[62].

A importância dessa análise remete à complexidade do pensamento jurídico associado ao campo bioético. O desenvolvimento constante da área biomédica enseja, ao pensamento jurídico, sua permanente atualização e compreensão da relação entre os princípios envolvidos e a efetivação de sua aplicabilidade ao caso concreto. Essa ponte, atravessada pelos passos normativos, leva a que as cláusulas gerais sejam instrumentos de incidência para a garantia da proteção humana.

61 MARTINS-COSTA, Judith. A *boa-fé no direito privado*: critérios para a sua aplicação. São Paulo: Marcial Pons, 2015, p. 156

62 MARTINS-COSTA, Judith. A *boa-fé no direito privado*: critérios para a sua aplicação. São Paulo: Marcial Pons, 2015, pp. 156-157.

Parte II
Personalidade e linguagem: aplicabilidade normativa

A designação de "pessoa" e seu percurso histórico no âmbito da formação da personalidade, traçados na primeira parte deste artigo, conectam-se à importância da linguagem no contexto normativo, na medida em que ela possui uma forte influência na formação do nosso pensar. Um estudo indica que diversas pesquisas "vêm mostrando como a linguagem molda dimensões mais fundamentais da experiência humana: espaço, tempo, causalidade e relacionamentos com os outros"[63]. Acrescenta-se a essa percepção o fato de que a elaboração de documentos relativos ao início e fim de vida, na esteira dos avanços biomédicos, pode gerar interpretações diversas na extensão de sua aplicação. Nesse contexto, a discussão acerca do início da vida, especificamente na esfera da reprodução assistida, suscita, no campo jurídico, um amplo debate que, no Brasil, resultou em audiência pública do STF quanto à constitucionalidade do art. 5º da Lei de Biossegurança.

1. A questão legislativa sobre a utilização de células-tronco embrionárias

A Lei de Biossegurança foi publicada em 2005 (Lei n. 11.105/2005)[64] e trouxe diversas controvérsias, especialmente porque estabeleceu, num mesmo documento, normas sobre o uso de organismos geneticamente modificados (OGM) e embriões humanos para pesquisa, ou seja, temas que "são ontologicamente diversos, participam de natureza diversa"[65]. O art. 5º do referido documento permite, para fins de pesquisa e terapia, a utilização de células-tronco embrionárias obtidas de embriões humanos produzidos por fertilização *in vitro*, seguidas algumas indicações[66]. A lei não deixa clara a

63 BORODITSKY, Lera. Como a linguagem modela o pensamento. *Scientific American/ Mente Cérebro*, ano XIX, n. 247, ago. 2013, pp. 30-35.

64 BRASIL, Casa Civil, Lei de Biossegurança, Lei n. 11.105, de 24 de março de 2005. Disponível em: <http://www.planalto.gov.br/ccivil_03/_ato2004-2006/2005/lei/l11105.htm>. Acesso em: 30 abr. 2017.

65 Tradução livre. SESSAREGO, Carlos Fernández. Hacia una nueva sistematización del daño a la persona. *Revista de Direito Civil, Imobiliário, Agrário e Empresarial*, n. 75, ano 20, jan.-mar. 1996, p. 10.

66 "Art. 5º É permitida, para fins de pesquisa e terapia, a utilização de células-tronco embrionárias obtidas de embriões humanos produzidos por fertilização *in vitro* e não utilizados no respectivo procedimento, atendidas as seguintes condições: I – sejam embriões inviáveis; ou II – sejam embriões congelados há 3 (três) anos ou mais, na data da publicação desta Lei, ou que, já congelados na data da publicação desta Lei, depois de

posição legal do embrião nesse contexto, bem como suscita dúvidas relativas a outros termos empregados no documento.

As controvérsias oriundas desse texto culminaram com a Ação Direta de Inconstitucionalidade (ADIN) 3.510 ajuizada no STF pelo então Procurador-Geral da República. A ação aborda, exatamente, o art. 5º, ao entender que ele denota violação ao direito à vida e ao princípio da dignidade humana. Conforme já referido, pela primeira vez na história do STF houve a realização de uma audiência pública e, em 2008, a Corte considerou que o art. 5º da Lei de Biossegurança não poderia ser considerado inconstitucional[67]-[68], não violando os princípios constitucionais do direito à vida e da dignidade humana.

O referido dispositivo, contudo, manteve fatores de insegurança quanto a sua aplicabilidade. Em estudo sobre o tema, Judith Martins-Costa e coautores indicam, nesse sentido, três elementos[69]. Em primeiro lugar, referem a percepção de uma ausência de método quanto à elaboração da lei, na medida em que houve uma miscelânea de temas, sem ter sido feita uma ordenada sistematização de matérias de acordo com critérios técnicos e científicos e valores juridicamente tutelados. Em segundo lugar, tem-se uma linguagem legislativa confusa e ambígua, demasiadamente aberta no campo semântico. Entre outros exemplos, os autores remetem ao inadequado emprego do termo "clonagem terapêutica", tendo em vista que o uso correto seria "a expressão *clonagem não reprodutiva*, pois os indivíduos gerados seriam apenas fornecedores de material biológico". Em terceiro lugar, está o próprio mérito ou conteúdo da lei, "biossegurança é termo polissêmico, estando os seus sentidos

---

completarem 3 (três) anos, contados a partir da data de congelamento. § 1° Em qualquer caso, é necessário o consentimento dos genitores. § 2° Instituições de pesquisa e serviços de saúde que realizem pesquisa ou terapia com células-tronco embrionárias humanas deverão submeter seus projetos à apreciação e aprovação dos respectivos comitês de ética em pesquisa. § 3° É vedada a comercialização do material biológico a que se refere este artigo e sua prática implica o crime tipificado no art. 15 da Lei n. 9.434, de 4 de fevereiro de 1997." Disponível em: <http://www.planalto.gov.br/ccivil_03/_ato2004-2006/2005/lei/l11105.htm>. Acesso em: 30 abr. 2017.

67 Decisões disponíveis em: <http://www.stf.gov.br>.

68 O texto "Embrião humano: diretrizes para um estatuto jurídico no direito privado brasileiro" foi citado no voto do então Ministro Eros Grau, texto que resultou de síntese da dissertação de mestrado da autora do presente artigo. A dissertação ocorreu sob orientação de Judith Martins-Costa. O texto encontra-se em: AVANCINI ALVES, Cristiane. Embrião humano: proposição de um estatuto jurídico no direito privado brasileiro. In: Mauro Nicolau Júnior (Org.). *Novos direitos*. Curitiba: Juruá Editora, 2007, pp. 81-131.

69 Considerações e citações deste parágrafo em: MARTINS-COSTA, Judith; FERNANDES, Márcia e GOLDIM, José Roberto. Lei de biossegurança – revisitando a *medusa* legislativa. In: NICOLAU JÚNIOR, Mauro (Coord.). *Novos direitos*. Curitiba: Juruá Editora; 2007, pp. 234-235.

especificamente conectados a determinadas áreas do conhecimento", sendo que esses sentidos não se enquadram com a questão da utilização de embriões e células-tronco embrionárias, tema tratado pela lei.

A análise do estudo revela, ainda, a ausência de critérios quanto às "Disposições preliminares e gerais" do capítulo I, tido como "verdadeiro pórtico"[70] na fixação dos princípios e regras gerais que levam a conferir à lei seu "travejamento conceitual, axiológico e científico". Ao indicar a observância do princípio da precaução como princípio basilar presente no art. 1º do texto, os autores ressaltam que não houve maior esclarecimento e estabelecimento mínimo de diretrizes de aplicabilidade para sua concretização. Segundo eles, o referido princípio possui relevância e atuação não apenas no campo civil, mas, também, no Direito Penal (centrado no princípio da tipicidade) e no Direito Administrativo (em que a Administração Pública se embasa em regras de certeza e segurança). Assim:

> Abre-se uma perigosa combinação entre uma ausência e um excesso: a falta de indicação de critérios de concretização do *princípio da precaução* (art. 1º) combinada com o excessivo poder discricionário cometido à CNTBio (art. 14, de forma especial), pode atentar contra o *princípio da segurança* que está nos fundamentos do Estado Democrático de Direito [...].

Novamente, a linguagem assume papel fundante nesse debate, pois outros elementos atuam na dificuldade de efetivação jurídica e bioética em razão da insegurança estrutural e semântica do documento. O inc. I do art. 5º dispõe que poderão ser utilizados para pesquisa e terapia células-tronco obtidas de embriões inviáveis. Entretanto, não há indicação sobre o que são "embriões inviáveis", e se inviáveis, inviáveis para o quê[71]. Ao se referir aos "genitores" de embriões, o Decreto n. 5.591/2005[72], que trata sobre a regulamentação da Lei n. 11.105/2005, também não esclarece essa delimitação:

---

70 Considerações e citações deste parágrafo em: MARTINS-COSTA, Judith; FERNANDES, Márcia e GOLDIM, José Roberto. Lei de biossegurança – revisitando a *medusa* legislativa. In: NICOLAU JÚNIOR, Mauro (Coord.). *Novos direitos*. Curitiba: Juruá Editora; 2007, p. 236.

71 Considerações e citações deste parágrafo em: MARTINS-COSTA, Judith; FERNANDES, Márcia e GOLDIM, José Roberto. Lei de biossegurança – revisitando a *medusa* legislativa. In: NICOLAU JÚNIOR, Mauro (Coord.). *Novos direitos*. Curitiba: Juruá Editora; 2007, pp. 240-242.

72 Decreto n. 5.591, de 22 de novembro de 2005. Regulamenta dispositivos da Lei n 11.105, de 24 de março de 2005, que regulamenta os incs. II, IV e V do § 1º do art. 225 da Constituição, e dá outras providências. Disponível em: <http://www.planalto.gov.br/ccivil_03/_ato2004-2006/2005/decreto/d5591.htm>. Acesso em: 1º maio 2017.

> Ao se supor que os embriões têm genitores, a Lei n. 11.105/2005 pode abrir ensejo ao ingresso num intrincado campo jurídico-conceitual, que é o de estabelecer se os embriões são "pessoas", tendo, portanto, ascendentes, pai e mãe ou não: o critério será jurídico (pessoas têm pai e mãe) ou naturalista (seres vivos têm genitor e genitora)?

O referido decreto indica que os genitores serão os "usuários finais da fertilização *in vitro*", mas o documento também não estabelece como irá ocorrer sua identificação[73].

Um elemento que perpassa essas indagações está presente, também, no aspecto referente ao resguardo da privacidade. Remete-se, aqui, às teias de conexões sistemáticas abordadas na primeira parte do presente artigo e ao emprego das cláusulas gerais. O art. 21 do Código Civil garante a proteção da vida privada, e os autores ressaltam que ela deve ser considerada "'inviolável' e direito integrante da personalidade humana, sendo a proteção da privacidade condição inafastável para o livre desenvolvimento da personalidade humana"[74]. Conforme anteriormente indicado[75], a estruturação do Código Civil realiza-se como eixo de um sistema a ser constantemente atualizado em relação a novos temas que interpelam, cotidianamente, a ordem jurídica. O caso da reprodução assistida atua nesse sentido: segundo Miguel Reale, a formulação de uma "legislação especial aditiva" seria fator necessário de orientação e normatização. Entretanto, o que se vislumbra com a Lei n. 11.105/2005 é a ausência de devida proteção da privacidade nesse contexto. Entre os questionamentos sobre o tema, tem-se:

> Como os pesquisadores interessados em utilizar embriões terão acesso aos dados de suposta inviabilidade? Poderão invadir a privacidade dos "genitores" para conferir o estado ou o tempo de congelamento, de 3 (três) anos, exigido por lei? Quem será o responsável pela obtenção do

73 Torna-se interessante indicar, ainda, que a Lei 11.105/2005, em seu parágrafo 3º,se refere aos embriões congelados como a "material biológico", vedando sua comercialização. Mesmo que tenha havido a percepção de proibição deste comércio, o texto trata, contudo, de "material biológico", ou seja, coisa. Sendo assim, indicar "genitores" para "material biológico" demonstra, novamente, a inadequação da linguagem. Observações presentes em: AVANCINI ALVES, Cristiane. Células-tronco embrionárias: algumas reflexões sobre o atual cenário brasileiro. *Revista de Bioética y Derecho*, n.14, septiembre 2008, pp. 19-22.

74 MARTINS-COSTA, Judith; FERNANDES, Márcia e GOLDIM, José Roberto. Lei de biossegurança – revisitando a *medusa* legislativa. In: NICOLAU JÚNIOR, Mauro (Coord.). *Novos direitos*. Curitiba: Juruá Editora; 2007, p. 242.

75 Ver nota 12 do presente artigo.

> consentimento informado – o próprio pesquisador ou o médico assistente responsável pelos procedimentos de reprodução assistida?[76]

A publicação da denominada "legislação especial aditiva" propugnada por Miguel Reale, especificamente nesse contexto relacionada às técnicas de reprodução assistida, ainda não está presente do cenário jurídico nacional. Os principais documentos sobre o tema encontram-se, atualmente, na órbita de Resoluções do Conselho Federal de Medicina (CFM). É interessante perceber a linha temporal desses documentos. Em 1992, a Resolução n. 1.358 do CFM estabeleceu normas éticas relativas à reprodução assistida e, após 18 anos de vigência, este documento foi substituído pela Resolução n. 1.957/2010. Não muito tempo depois, é publicada a Resolução n. 2.013/2013, revogada pela Resolução n. 2.121/2015, por sua vez também revogada pela Resolução n. 2168/2017. Verifica-se que as últimas resoluções tiveram um menor espaço de tempo entre suas alterações. A Exposição de Motivos da Resolução n. 2.013/2013 indicava que "A Resolução CFM n. 1.957/10 mostrou-se satisfatória e eficaz, balizando o controle dos processos de fertilização assistida. No entanto, as mudanças sociais e a constante e rápida evolução científica nessa área tornaram necessária a sua revisão"[77]. Por sua vez, a Resolução n. 2.168/2017 (nos mesmos termos da Resolução n. 2.121/2015), refere que o CFM "age sempre em defesa do aperfeiçoamento das práticas e da obediência aos princípios éticos e bioéticos, que ajudarão a trazer maior segurança e eficácia a tratamentos e procedimentos médicos"[78].

Ressalta-se que a Resolução n. 2.013/2013 trouxe, em seu item V, 4, inovação ao dispor que: "Os embriões criopreservados com mais de 5 (cinco) anos poderão ser descartados se esta for a vontade dos pacientes, e não apenas para pesquisas de células-tronco, conforme previsto na Lei de Biossegurança". A Resolução n. 2.121/2015 indicava que: "Os embriões criopreservados com mais de cinco anos poderão ser descartados se esta for a vontade dos pacientes. A utilização dos embriões em pesquisas de células-tronco não é obrigatória, conforme previsto na Lei de Biossegurança". A

76 MARTINS-COSTA, Judith; FERNANDES, Márcia e GOLDIM, José Roberto. Lei de biossegurança – revisitando a *medusa* legislativa. In: NICOLAU JÚNIOR, Mauro (Coord.). *Novos direitos*. Curitiba: Juruá Editora; 2007, p. 242.

77 BRASIL, Conselho Federal de Medicina. Resolução CFM n. 1.957/2010. Disponível em: <http:// www.portalmedico.org.br/resolucoes/CFM/2013/2013_2013.pdf>. Acesso em: 27 abr. 2017.

78 BRASIL, Conselho Federal de Medicina. Resolução CFM n. 2.121/2015 e Resolução n. 2.168/2017. Disponíveis, respectivamente, em: <http://www.portalmedico.org.br/resolucoes/CFM/2015/2121_2015.pdf> e <https://sistemas.cfm.org.br/normas/visualizar/resolucoes/BR/2017/2168>. Acesso em: 1º ago. 2018. As demais referências às Resoluções n. 2.121/2015 e n. 2.168/2017 são remetidas à presente nota de rodapé.

Resolução n. 2.168/2017, contudo, alterou de 5 (cinco) para 3 (três) anos o prazo de descarte, considerando que a Lei de Biossegurança "permitiu a utilização para pesquisa de embriões congelados há três anos ou mais, na data da publicação da Lei (28.03.2005). Assim, por analogia, a alteração passa de cinco para três anos o período de descarte de embriões".

Por serem normas deontológicas, as resoluções citadas e suas alterações devem atentar para um necessário cuidado na elaboração normativa, de maneira que teoria e prática possam ser associadas adequadamente e realizar suas devidas funções em prol da sociedade. Nos dizeres de Stefano Rodotà, "[...] é a mudança da regra, em muitos casos, a permitir a remoção do impedimento, do vínculo. O obstáculo pode consistir não na presença do direito, mas em um seu peculiar modo de atuar"[79]. Esse "modo de atuar", quando não possui claros caminhos, necessita de orientações que levem a uma segura estrada, em especial quando o tema a ser trilhado lida, diretamente, com nossa própria humanidade. A percepção sistemática e os elementos conectivos desenhados na análise de Judith Martins-Costa servem como bússola para o trajeto de estabelecimento desse processo decisório.

2. A reconstrução do processo decisório na interface entre a Bioética e o Direito

A referência aos direitos da personalidade e suas conexões intra, inter e extrassistemáticas, indicada no decorrer do presente artigo, torna-se ponto basilar de expansão conectiva através das denominadas "cláusulas gerais", examinadas profundamente por Judith Martins-Costa em sua trajetória profissional. Com base na análise da boa-fé no Direito Privado, a autora traça um detalhado estudo sobre o tema[80]. Evidentemente, em razão do espaço aqui delimitado, serão trazidos apenas alguns aspectos que iluminam a estrada de reconstrução do processo decisório no âmbito da interface entre a Bioética e o Direito. Eles serão, contudo, cernes de reflexão e ampliação da profundidade intelectual e reflexiva da autora, na medida em que atuam com a seriedade e honestidade do pensar e, assim, do propagar do questionamento humano.

A presença de cláusulas gerais no inovativo capítulo Dos Direitos da Personalidade do Código Civil brasileiro de 2002 remete à análise dos critérios de aplicação dessas mesmas cláusulas gerais em seu amplo sentido.

---

79 Tradução livre. RODOTÀ, Stefano. *La vita e le regole*: tra diritto e non diritto. Milano: Feltrinelli Editore, 2006, p. 23.

80 MARTINS-COSTA, Judith. *A boa-fé no direito privado*: critérios para a sua aplicação. São Paulo: Marcial Pons, 2015.

Segundo Judith Martins-Costa, pode-se referir a dois critérios[81]. O primeiro critério está "na adstrição ao direcionamento do mandato ou delegação que foi atribuído pelo legislador ao intérprete para que complete o enunciado, detalhando a hipótese normativa e desenvolvendo soluções jurídicas". Nesse sentido, e à vista do caso concreto, o julgador "é reenviado para elementos cuja concretização podem estar ou em outros 'espaços' do sistema (intersistematicidade), ou, até mesmo fora do sistema (extrassistematicidade)". Portanto, "o objetivo do reenvio promovido pelas cláusulas gerais consiste na concretização especificativa das pautas de valoração do caso concreto".

O segundo critério relaciona-se ao que a autora denomina de "locus"[82] do objeto do direcionamento: "as pautas de valoração estão ou já indicadas em outras disposições normativas integrantes do sistema (caso tradicional de reenvio), ou são objetivamente vigentes no ambiente social em que o juiz opera (caso de direcionamento)". É interessante perceber, nessa análise, que o intérprete "deve atentar a essas pautas, a fim de concretizá-las em forma *generalizante*, isto é, com a função de uma *tipologia social*". Sendo assim,

> Os elementos extrassistemáticos ou intersistemáticos a que é o juiz direcionado pelo reenvio *fundamentarão a decisão*, motivo pelo qual esses fundamentos, uma vez reiterados no tempo, alcançarão uma relativa abstração que, por sua vez, viabilizará a *ressistematização* destes elementos originariamente inter e extrassistemáticos no interior do ordenamento jurídico. Essa passagem do assistemático ao sistema, do particular ao que será geral, é complexa e permeada por riscos. Cabe atenção, assim, ao do exame das funções das cláusulas gerais e dos problemas suscitados por sua aplicação[83].

A atenção quanto ao fato concreto remete ao diálogo sistemático e à interface entre questões biomédicas e jurídicas no tratamento de questões que impelem a essa relação. No âmbito da reprodução assistida, um contexto sensível a esse ponto é a gestação de substituição, técnica que decorre do avanço dos estudos relativos à reprodução humana. O elemento que diferencia essa prática reside na participação de uma terceira pessoa, especificamente de um "ventre de terceiro"[84], que irá compor a relação entre o casal que deseja

81 Citações deste parágrafo em: MARTINS-COSTA, Judith. A *boa-fé no direito privado*: critérios para a sua aplicação. São Paulo: Marcial Pons, 2015, p. 158.

82 Citações deste parágrafo em: MARTINS-COSTA, Judith. A *boa-fé no direito privado*: critérios para a sua aplicação. São Paulo: Marcial Pons, 2015, p. 158.

83 MARTINS-COSTA, Judith. A *boa-fé no direito privado*: critérios para a sua aplicação. São Paulo: Marcial Pons, 2015, pp. 158-159.

84 As técnicas de reprodução assistida "também podem utilizar esperma, óvulo e o ventre de terceiros que não farão parte do crescimento da criança". ASCH, Adrienne and MARMOR, Rebecca. Assisted reproduction. From birth to death and bench to clinic: *The Hastings Center Bioethics Briefing Book for Journalists, Policymakers*, 2008-2009, p. 6.

ter seu filho, mas que não pode, efetivamente, gestar e, assim, participar do desenvolvimento físico da gravidez. A definição dessa técnica é de grande importância, pois tem-se verificado uma certa variedade de expressões que podem levar à ambiguidade ou à interpretação errônea dessa possível prática em relação ao ordenamento jurídico brasileiro.

A Lei n. 11.105/2005, ao possibilitar a utilização de embriões humanos para pesquisa, levou à reformulação das resoluções do CFM sobre o tema da reprodução assistida. A expressão "gestação de substituição", utilizada na Resolução CFM n. 2.121/2015, repetiu-se na Resolução CFM n. 2.168/2017 (que revogou a de 2015), em seu item VII. Torna-se interessante referir que, no documento de 2015, ao lado da indicação "gestação de substituição", utilizava-se, entre parêntesis, "doação temporária de útero", denominação que se repetia nas indicações sucessivas sobre o tema. A resolução de 2017 manteve o termo "gestação de substituição", mas alterou a indicação entre parêntesis para "cessão temporária do útero". Em ambos os documentos, não há uma explicação definida a respeito da utilização de duas denominações, o que deixa uma inadequada abertura na interpretação da técnica, em virtude de termos que possuem diferentes significados.

Registra-se que falar em "gestação de substituição" remete à palavra de língua inglesa "*surrogacy*", que advém de "*surrogate*": um substituto, alguém que irá substituir outra pessoa em alguma específica situação ou tarefa[85]. A origem dessa palavra remonta ao século XVII, do latim "*surrogatus*", particípio passado de "*surrogare*", que quer dizer "eleito como um substituto. Na passagem do tempo e com os avanços biomédicos, os casos que chegaram pela primeira vez a conhecimento do público e dos tribunais ocorreram na década de 1980, na Inglaterra e nos Estados Unidos[86].

Torna-se interessante verificar que as Resoluções n. 1.358/92 e n. 1.957/2010 do CFM mantiveram a mesma redação ao tratar de gestação substituição (ou doação temporária do útero, segundo os documentos referidos). Já a Resolução n. 2.013/2013 alterou consideráveis situações sobre o assunto. Entre as modificações ocorridas, está, no primeiro item, a inclusão de outra situação que não trata, unicamente, de problema médico que impeça ou contraindique a gestação na doadora genética: foi incluída a afirmação "ou em caso de união homoafetiva"[87]. Ainda, houve a inclusão da limitação de

85 "Surrogate: a substitute, especially a person deputizing for another in a specific role or office" (*Oxford dictionaries*).

86 O tema é aprofundado, também com a análise do debate internacional, em: AVANCINI ALVES, Cristiane. *Bioética e direitos humanos:* análise sobre o início e o fim de vida. Porto Alegre: Ed. UniRitter, 2015.

87 A Resolução refere que essa inclusão ocorreu "CONSIDERANDO que o pleno do Supremo Tribunal Federal, na sessão de julgamento de 05.05.2011, reconheceu e qualificou como entidade familiar a união estável homoafetiva (ADI 4.277 e ADPF 132); (...)".

idade para o procedimento, definida em 50 anos, e de que o pertencimento à família poderá ser "de um dos parceiros num parentesco consanguíneo até o quarto grau". A Resolução n. 2.121/2015 complementou a questão do limite de idade, ao indicar em seu item I, 3, que "as exceções ao limite de 50 anos para participação do procedimento serão determinadas, com fundamentos técnicos e científicos, pelo médico responsável e após esclarecimento quanto aos riscos envolvidos", sendo que a Resolução n. 2.168/2017 altera essa redação para "as exceções a esse limite serão aceitas baseadas em critérios técnicos e científicos fundamentados pelo médico responsável quanto à ausência de comorbidades da mulher e após esclarecimento ao(s) candidato(s) quanto aos riscos envolvidos para a paciente e para os descendentes eventualmente gerados a partir da intervenção, respeitando-se a autonomia da paciente". A ausência de caráter lucrativo ou comercial para o procedimento foi mantida.

O Conselho Nacional de Justiça (CNJ), em 14 de março de 2016, publicou o Provimento n. 52, que dispõe sobre o registro de nascimento e emissão da respectiva certidão dos filhos havidos por reprodução assistida. O documento trouxe importantes indicações para esse procedimento, especialmente em seu art. 1º, ao referir que o assento de nascimento "independe de prévia autorização judicial e observada a legislação em vigor, no que for pertinente, mediante o comparecimento de ambos os pais, seja o casal heteroafetivo ou homoafetivo, munidos da documentação exigida por este documento"[88]. Refere-se que a Resolução n. 2.168/2017 do CFM indica, em seu item VII, 3.5, que, entre os documentos que deverão constar no prontuário do paciente, está o "Compromisso do registro civil da criança pelos pacientes (pai, mãe ou pais genéticos), devendo esta documentação ser providenciada durante a gravidez".

Decisões de tribunais pátrios já indicavam, antes da publicação dos citados documentos, a importância de esclarecimentos acerca da referida prática. Em caso de inseminação heteróloga abordado pelo Tribunal de Justiça do Estado de Santa Catarina, o juiz solicitou exame de DNA para verificação da linhagem genética. A decisão que concedeu o registro ao casal empregou, por analogia, o art. 1.597, V, do Código Civil[89], bem como adotou os princípios constitucionais da dignidade da pessoa humana e da igualdade entre homens e mulheres[90]. O

88 Corregedoria Nacional de Justiça. Provimento n. 52, de 14 de março de 2016. Disponível em: <http://www.cnj.jus.br/files/conteudo/arquivo/2016/03/6bd953c10912313a24633f1a1e6535e1.pdf>. Acesso em: 1º maio 2017.

89 "Presumem-se concebidos na constância do casamento os filhos: V – havidos por inseminação artificial heteróloga, desde que tenha prévia autorização do marido."

90 "Casal consegue reconhecimento de filho nascido em útero de outra mulher". Caso descrito pela página eletrônica do Tribunal de Justiça de Santa Catarina. Disponível em: <http://app.tjsc.jus.br/noticias/listanoticia!viewNoticia.action?cdnoticia=21552>. Acesso em: 2 maio 2017.

Tribunal de Justiça do Rio Grande do Sul também enfrentou o tema referente ao tratamento de fertilização *in vitro* com material genético retirado do casal autor da ação. Tanto a mulher que emprestou o útero e seu marido como o casal genitor concordaram com o procedimento. A decisão definiu que o homem e a mulher que forneceram os gametas é que deveriam constar como pais no registro, considerando, como pressuposto, o melhor interesse da criança, em razão da ausência de legislação específica sobre o tema e com base na denominada "verdade biológica" do caso em questão, fato que coincidiu com "a verdade socioafetiva, da filiação, demonstrada no exame genético"[91].

Verifica-se, nesse contexto, a presença de elementos intra, inter e extrassistemáticos para a fundamentação das decisões, especialmente pela referida ausência de legislação específica sobre o tema. Alerta-se, ainda, que esse diálogo propugnado pelo estudo de Judith Martins-Costa perpassa outros contextos referentes à prática de gestação de substituição. Ainda que a realização do procedimento e sua ausência de lucro ou caráter comercial sejam fatos que protegem, por um lado, a prática e, assim, a não instrumentalização dos seres humanos envolvidos nesse panorama, existe uma realidade social composta por um mercado paralelo relativo à comercialização de material genético ou do próprio ventre materno (coloquial e erroneamente conhecida como "barriga de aluguel"). Sendo assim, indaga-se como (e se) será possível a efetivação do registro de nascimento de criança gerada, por exemplo, através de procedimento considerado não permitido no país (ou seja, aquelas nascidas de negociação financeira para a gestação), mesmo na ausência de legislação específica sobre o tema[92].

Outro elemento de indagação que clama pela análise sistemática diz respeito ao fato de que a Resolução n. 2.013/2013 do CFM determinava, entre os documentos e as observações relacionados à prática, "a impossibilidade de interrupção da gravidez após iniciado o processo gestacional, salvo em casos previstos em lei ou autorizados judicialmente". Essa disposição não estava presente na Resolução n. 2.121/2015, bem como é ausente na Resolução n. 2.168/2017. O Provimento n. 52 do CNJ também não aborda essa questão. Refere-se, também, que não há maiores esclarecimentos, nos documentos

---

91 "Filho gerado em útero de terceira pessoa deve ser registrado por casal que forneceu material genético". Caso descrito pela página eletrônica do Tribunal de Justiça do Rio Grande do Sul. Disponível em: <http://www.tjrs.jus.br/site/imprensa/noticias/?idNoticia=138658>. Acesso em: 2 maio 2017.

92 Recente legislação portuguesa proíbe a referida prática comercial, dispondo, em seu art. 5º, 12, que: "São nulos os negócios jurídicos, gratuitos ou onerosos, de gestação de substituição que não respeitem o disposto nos números anteriores". Lei n. 25/2016, de 22 de agosto. Regula o acesso à gestação de substituição, procedendo à terceira alteração à Lei n. 32/2006, de 26 de julho (procriação medicamente assistida). Disponível em: <https://dre.pt/application/file/75180114>. Acesso em: 2 maio 2017.

citados, sobre indicação acerca de como poderá ser feita a construção jurídica de aspectos delicados dessa relação (veja-se que o item VII, 3.4 da Resolução n. 2.168/2017 do CFM refere-se a "pacientes contratantes de serviços de RA"), como, por exemplo, se tratar de casal que não queira receber o filho gestado por substituição caso seja constatada alguma má-formação. Nesse contexto, princípios bioéticos e jurídicos possuem forte conexão, especialmente quando se faz, novamente, referência à não instrumentalização dos seres humanos.

Por fim, no âmbito da Resolução n. 2.128/2017 do CFM, conforme já exposto, foi alterada de "doação temporária do útero" para "cessão temporária do útero" (e, assim, "cedente temporária do útero") a expressão que indica o procedimento de "gestação de substituição". A explicação quanto às alterações de "doação" para "cessão" teria sido iniciativa adequada e necessária para a compreensão pacífica dos termos utilizados, pois a linguagem possui um papel fundamental na delimitação dos conceitos e, assim, da efetivação prática e correta dos mesmos.

Nesse contexto, verifica-se a importância da retomada de "ressistematização" de elementos presentes no ordenamento jurídico, de forma a se empreender a adequada passagem "do assistemático ao sistema", conforme as palavras de Judith Martins-Costa acima expressas. Ainda, a percepção da intransmissibilidade e irrenunciabilidade dos direitos da personalidade[93] atua como base importante de conexão, não apenas no âmbito das partes envolvidas, mas, também, na ressignificação do entendimento da formação das gerações futuras e do livre desenvolvimento de suas personalidades. Sendo assim, na interface entre a Bioética e o Direito essa relação é plena de significado, na medida em que o constante diálogo que deve ser estabelecido entre esses campos é o elemento propulsor da adequada formulação social e jurídica quanto à resolução do caso concreto.

Conclusão

As teias da personalidade e da linguagem no percurso relacional entre a Bioética e o Direito tendem à expansão e a ramificações que interpelam, constantemente, nosso pensar e agir. O desenvolvimento biomédico amplia essa reflexão, na medida em que a rapidez com que surgem e são implementadas novas tecnologias no campo da vida e do viver trazem o questionamento das efetivas práticas associadas a esses processos. Retoma-se, então, o já citado texto de Judith Martins-Costa, que embasou as primeiras reflexões

93 CCB, "Art. 11. Com exceção dos casos previstos em lei, os direitos da personalidade são intransmissíveis e irrenunciáveis, não podendo o seu exercício sofrer limitação voluntária".

da autora do presente artigo sobre o tema: nele, no texto de Judith Martins-Costa, há a fundamental conexão entre a reflexão bioética e a "reconstrução da ideia de pessoa fundada na coincidência entre pessoa e ser humano"[94]. Na esteira dessa percepção, a dignidade da pessoa humana passa de uma quadro de singularidade, presente no século XX, para

> A apreensão daquilo que, no conceito, relaciona-se com o gênero humano, preenchendo-se o conteúdo do princípio com a noção de "dignidade da humanidade" que, entendida concreta, e, portanto, historicamente, atue como guia, critério e limite aos dilemas trazidos pela Revolução Biotecnológica.

O percurso histórico traçado e a presença dos princípios bioéticos e jurídicos situados no debate aqui suscitado demonstram o caminho de reflexão e a formulação de efetivas diretrizes de atuação, embasados no campo normativo e na referência axiológica e sistemática propugnados por Judith Martins-Costa. A reconstrução do processo decisório indica, propriamente, essa constante ressignificação do pensar, pois "ao assumir que a incerteza e a mudança são componentes sempre presentes, assume-se, igualmente, que os resultados das reflexões são sempre passíveis de discussão. A humildade permite reconhecer que não são definitivos nem imutáveis"[95].

Tem-se, portanto, as linhas que tecem a manhã, e que serão guiadas pelas mãos e pensamentos questionadores e propositivos para que, do alvorecer ao entardecer, seja traçado o caminho de efetiva formulação bioética e jurídica ao caso concreto. Esse percurso é permeado pela "luz balão", referida no início do presente artigo, para que ela possa trazer a luz do conhecimento e da análise crítica no tecer de ideias e formação de "mentalidades", tão caras à homenageada dessa obra – que, com seu exemplo intelectual e amigo, sabe iluminar esse mesmo céu, expandindo generosidade e compartilhando o bem maior: luz educação.

---

94 MARTINS-COSTA, Judith. Bioética e dignidade da pessoa humana: rumo à construção do biodireito. *Revista da Faculdade de Direito da UFRGS*, v. 18, 2000, p. 168.

95 GOLDIM, José Roberto. Bioética e complexidade. In: MARTINS-COSTA, Judith; MÖLLER, Letícia Ludwig (Orgs.). *Bioética e responsabilidade*. Rio de Janeiro: Forense, 2009, p. 59.

Consentimento, capacidade e alteridade[1]

José Roberto Goldim

Introdução

O consentimento é um dos mais importantes temas discutidos pela Bioética desde os seus primórdios[2]. A interrelação dos aspectos da Ética com os do Direito fica evidente na história de sua construção conceitual e na sua aplicação prática, especialmente na área da saúde. Consentir não é apenas receber informações e ter capacidade para escolher uma alternativa. Ao longo do tempo foram agregadas outras importantes questões como a liberdade, a intenção do agente, a voluntariedade, a autonomia, a autodeterminação e a vulnerabilidade.

Nesta perspectiva integradora, Judith Martins-Costa propôs o conceito de Capacidade para Consentir, que é uma "categoria especial com caráter geral, é dizer: categoria da capacidade especialmente adaptada à gestão daqueles bens de personalidade que, atingindo o âmago da existência humana, são facilmente susceptíveis de violação"[3].

Este capítulo visa a refletir sobre algumas questões associadas a esta perspectiva integradora do processo de consentimento, abordando questões históricas, do consentimento em si, da capacidade, dos contextos associados, da liberdade, do conhecimento e da alteridade. Estas reflexões acabam por convergir sobre a questão da pessoa, da sua vida e do seu viver.

---

1 Este capítulo foi elaborado durante atividade acadêmica realizada em 2018 na Universidade de Augsburg/Alemanha, com apresentação do tema no Internationales Blockseminar "Autonomie und Persönlichkeitsschutz", sob coordenação do Prof. Jörg Neuner.

2 FADEN, R. R.; BEAUCHAMP, T. L. A *history and theory of informed consent*. New York: Oxford; 1986, pp. 1.116-1.117.

3 MARTINS-COSTA, J. Capacidade para consentir e esterilização de mulheres tornadas incapazes pelo uso de drogas: notas para uma aproximação entre a técnica jurídica e a reflexão bioética. In: Martins-Costa J.; Möller L. L. *Bioética e responsabilidade*. Rio de Janeiro: Forense; 2009, p. 324.

1. Consentimento e aspectos históricos

Desde a antiguidade existem relatos sobre situações de consentimento. Na Bíblia existem inúmeras descrições a respeito de fazer escolhas, de manifestar publicamente as suas vontades, de ter liberdade para optar, ou seja, de poder dar seu consentimento para que uma ação ocorra[4].

Uma das primeiras reflexões específicas sobre consentimento ocorreu no século XII, quando Pedro Abelardo propôs que o valor moral de uma ação é devido à intenção do agente que faz a ação, assim como pelo necessário consentimento de quem sofre a ação. Esta perspectiva estabeleceu uma relação ativa entre a intenção e o consentimento na realização de uma ação [5].

Talvez a primeira citação jurídica sobre consentimento informado tenha sido a do caso *Slater v. Baker & Stapleton*, da Justiça do Reino Unido, em 1767[6]. Os médicos Baker e Stapleton refraturaram a perna de um paciente. Baker, no sentido de posicionar melhor a fratura ocorrida anteriormente. O paciente entrou com uma ação na Justiça alegando que este procedimento foi realizado sem qualquer discussão ou autorização. Os médicos, que perderam a ação, alegaram que fizeram o procedimento com a intenção de beneficiar o paciente. Na decisão judicial o juiz escreveu: "[...] tem-se a evidência de que os cirurgiões desuniram o calo ósseo de maneira imprópria e sem consentimento, que é usual e obrigatório para os cirurgiões. (...) se baseou na ausência de informação e consentimento"[7].

Thomas Percival, em 1803, ao criar a reflexão sobre a Ética Médica propôs que o consentimento do paciente é necessário para a realização de visitas clínicas com grupos de alunos de Medicina, para examinar o próprio paciente e para realizar procedimentos cirúrgicos. Ele especificou que, após ser apresentada a proposta de realização de uma cirurgia, deveria ser dado um prazo mínimo de 24 horas para o paciente refletir sobre sua decisão, exceto em situações de emergência[8].

O consentimento também foi utilizado na literatura. Em 1845, Edgar Allan Poe publicou um conto sobre um experimento com um paciente, chamado Ernest Valdemar, que é convidado a participar de um experimento sobre mesmerismo, nos momentos que antecedem a sua morte. Após o convite,

---

4 BÍBLIA. São Paulo: Loyola, 1989.

5 ABELARD, P. *Ethical writings*. Indianapolis: Hackett Publishing, 1995, pp. 35-40.

6 LECLERCQ, W. K. G.; KEULERS, B. J.; Scheltinga, M. R. M.; Spauwen, P. H. M.; VAN DER WILT, G. J. A review of surgical informed consent: past, present, and future. A quest to help patients make better decisions. *World J Surg*. 2010;34(7):1.406-15.

7 SHOKROLLAHI, K. Request for treatment: the evolution of consent. *Ann R Coll Surg Engl*. 2010;92(2):93-100.

8 PERCIVAL, T. *Medical ethics*. Manchester: S. Russell; 1987, pp. 14-15,101,107.

o paciente aceitou a proposta dos procedimentos a serem realizados. O objetivo da pesquisa era verificar a possibilidade de ter seu estado mental acessado ao longo do processo de morrer. Esta é uma das primeiras citações sobre utilizar o processo de consentimento em pesquisa[9].

A primeira norma efetiva sobre pesquisa em seres humanos foi aprovada na Prússia em 1901. Esta norma proibia a realização de pesquisa em menores ou pessoas que não estivessem plenamente competentes em suas capacidades. Ela também estabelecia que a decisão deveria ser manifestada de forma inequívoca pela própria pessoa, após ter recebido explicações apropriadas das intervenções a serem realizadas[10]. É a associação do consentir com a capacidade e com a informação.

Na Justiça norte-americana, o caso *Schloendorff v. Society of New York Hospital*, ocorrido no início do século XX, foi o desencadeador de inúmeras reflexões sobre consentimento. Esta paciente alegou que, em 1908, havia consentido apenas à realização de um procedimento cirúrgico diagnóstico, tendo reiterado, inclusive com testemunhas, que qualquer outra ação deveria ser previamente discutida entre ela e a equipe médica. Os médicos durante o procedimento diagnóstico se depararam com a possibilidade de retirar um tumor abdominal da paciente neste mesmo procedimento, sem a necessidade de nova cirurgia. Os médicos alegaram que a retirada do tumor foi no melhor interesse da paciente. O caso foi relatado pelo Juiz Benjamin Cardozo, em 1914. Nas suas alegações constava um raciocínio que se tornou célebre:

> Todo ser humano de idade adulta e com plena consciência tem o direito de decidir o que pode ser feito no seu próprio corpo; e um cirurgião que realiza uma cirurgia sem o consentimento de seu paciente comete uma agressão pela qual ele responderá pelos danos. Isto é verdadeiro exceto nos casos de emergência quando o paciente está inconsciente e quando é necessário operar antes que o consentimento possa ser obtido[11].

Ou seja, a reflexão sobre este caso agregou ao consentimento a questão da capacidade e a excepcionalidade dos casos atendidos em situações de emergência. A paciente Mary Schloendorff entrou com a ação contra o hospital e não contra os médicos. Os juízes julgaram que a instituição tinha uma imunidade para ações deste tipo por ser uma instituição de caridade.

---

9 POE, E. A. The fact in the case of M. Valdemar. 1845 *Am Rev A Whig J Polit Lit Art*, Sci. II(VI):306.

10 Minister der geistlichen, Unterrichts- und Medizinal-Angelegenheiten. Anweisung an die Vorsteher der Kliniken, Polikliniken und sonstigen Krankenanstalten (29.12.1900). Centralblatt für die Gesamte Unterrichtsverwaltung in Preußen, 1901, p. 188-9.

11 CARDOZO, B. *Dissenting opinion in Schloendorff v. Society of New York Hospital*, [Internet], v. 211, N.Y. 1. 1914.

No primeiro documento de repercussão mundial sobre pesquisa em seres humanos, o Código de Nuremberg, o consentimento foi qualificado como sendo voluntário. Esta caracterização foi associada à capacidade legal, que deve ser exercida de forma livre, qualificada pela ausência de força, fraude, mentira, coação, astúcia ou outras formas de restrição posterior. Por outro lado, este mesmo consentimento deve estar baseado em um conjunto de conhecimentos que permita entender o que irá de fato ocorrer[12]. A liberdade foi incluída na reflexão, tanto como possibilidade de decidir como decidir sem pressões externas indevidas.

Posteriormente, o Relatório Belmont, que estabeleceu as Diretrizes e Princípios Éticos para a Proteção de Participantes Humanos em Pesquisas, estabeleceu que um dos pontos centrais de sua reflexão foi o Respeito às Pessoas. Duas convicções éticas devem ser levadas em consideração: "Os indivíduos devem ser tratados como agentes autônomos, e a segunda, que pessoas com autonomia diminuída devem ser protegidas". Este mesmo documento caracteriza a pessoa autônoma como aquela "capaz de deliberar sobre objetivos pessoais e agir de acordo com esta deliberação"[13]. A reflexão volta a ser ampliada com a inclusão da vulnerabilidade.

Como é possível constatar, a história da reflexão sobre consentimento passa tanto por situações vinculadas a assistência quanto a pesquisa em humanos.

2. Consentimento

Muitas vezes a referência ao consentimento se restringe à obtenção de uma assinatura em um Termo de Consentimento, como um processo burocrático ou defensivo, que afasta o consentimento de seu real objetivo.

Obter um consentimento apenas para cumprir um preceito legal ou uma determinação institucional, sem que haja um envolvimento efetivo do profissional, pode gerar um efeito contrário ao desejado. A obrigação de obter o consentimento dos potenciais participantes para uma pesquisa não deve ser transposta acriticamente para a assistência[14].

Por outro lado, entender a utilização de Termo de Consentimento como uma medida defensiva pode ser duvidoso. Em um estudo envolvendo 54 decisões judiciais brasileiras de segunda instância sobre situações envolvendo

12 Trials of war criminal before the Nuremberg Military Tribunals. *Control Counc Law*. 1949;10(2):1812.

13 USGovernment. *The Belmont report:* Ethical Guidelines for the Protection of Human Subjects. Washington: DHEW Publications (OS) 78-0012; 1979.

14 LAKASING, E.; Francis, H. Bureaucracy in general practice: time to halt a proliferating malaise. *Br J Gen Pract*. 2009;59(566):696-8.

médicos, foi avaliada a decisão final e a possível influência do uso de Termo de Consentimento. O resultado final demonstrou que a simples utilização do Termo de Consentimento, como elemento de prova, não garante um resultado favorável. Não foi verificada uma associação estatisticamente significativa entre a presença ou não de um Termo de Consentimento e o resultado final da ação. Ou seja, os juízes levaram em consideração o processo de consentimento como um todo e não apenas a assinatura de um documento em particular[15].

O processo de consentimento informado também pode ser entendido de uma forma que se restrinja apenas ao dever de informar por parte do profissional e ao direito de consentir por parte do paciente ou participante de uma pesquisa. O processo de obtenção de um consentimento envolve uma série de outras características, tais como a capacidade das pessoas envolvidas, a liberdade associada à decisão e o próprio contexto onde esta decisão está ocorrendo. O processo de consentimento envolve uma perspectiva de interdependência[16].

3. Consentimento e capacidade

A capacidade para consentir é muitas vezes entendida apenas na sua perspectiva legal. Na legislação brasileira, incluindo a Constituição Federal, o Código Penal, o Código Civil, o Código de Defesa do Consumidor, o Estatuto da Criança e do Adolescente, o Estatuto do Idoso e o Estatuto da Pessoa com Deficiência, o processo de tomada de decisão está associado a quatro termos: autonomia, autodeterminação, vontade e discernimento. A autonomia é o termo mais citado nesses documentos legais, com 26 citações, seguida da palavra vontade, com 22 inserções, do discernimento, com 10 citações, e finalmente a autodeterminação com apenas duas utilizações. A autonomia está presente em três documentos legais: na Constituição Federal brasileira, em 14 situações; no Estatuto da Pessoa com Deficiência, em 11 citações; e no Estatuto do Idoso com apenas uma menção. Por outro lado, a autodeterminação é citada uma vez na Constituição Federal e outra no Estatuto do Idoso. A vontade é o termo mais presente em diferentes documentos legais, com predominância do Código Penal, com oito citações. Apenas a Constituição Federal e o Estatuto do Idoso não utilizam essa palavra. O discernimento, por

15 PITHAN, L. H. O consentimento informado no Poder Judiciário brasileiro. *Rev. AMRIGS*. 2012;56(1):87-92.

16 GOLDIM, J. R. O consentimento informado numa perspectiva além da autonomia. In: Souza, R. T. (Ed.). *Ciência e ética:* os grandes desafios. Porto Alegre: EDIPUCRS, 2006, p. 168.

outro lado, foi utilizado apenas pelo Código Penal, pelo Código Civil e pelo Estatuto do Idoso[17].

É interessante notar algumas associações existentes entre esses quatro conceitos. A Constituição Federal é o único documento a citar apenas a autonomia e a autodeterminação. Por outro lado, o Código Penal e o Código Civil citam apenas a vontade e o discernimento. O Estatuto da Pessoa com Deficiência associa a autonomia apenas à vontade, retirando o discernimento como característica necessária ao processo de decisão. Estas considerações apenas servem para evidenciar como esses conceitos são abordados de maneira confusa e ambígua[18].

Desde o ponto de vista conceitual também ocorrem confusões com a utilização das palavras *autonomia* e *autodeterminação* como se fossem sinônimos. As duas se referem à capacidade, ao processo de tomada de decisão, mas cada uma delas com uma abordagem distinta. A capacidade se associa à autonomia, é a expressão do processo de desenvolvimento psicológico-moral de uma pessoa. Por sua vez, a autodeterminação é o exercício dessa mesma capacidade.

A autonomia é uma etapa do processo de desenvolvimento psicológico-moral singular de um indivíduo, que resulta em uma maior ou menor compreensão e integração com o mundo que o cerca. Durante muito tempo, vários autores afirmavam que autonomia era a culminância deste processo[19],[20]. A noção de autonomia não deve ser entendida como autossuficiência, mas sim como integração do indivíduo ao seu entorno, onde a sua percepção de mundo inclui as suas vontades, desejos e interesses, mas também tem a noção da repercussão das suas escolhas[21],[22].

A autodeterminação é o exercício da autonomia, é decidir por uma das alternativas apresentadas. Quanto maior o desenvolvimento psicológico-moral, ou seja, a autonomia, tanto melhor a qualidade da autodeterminação, ou seja, das escolhas realizadas por uma pessoa.

17 GOLDIM, J. R. Autonomia e autodeterminação: confusões e ambiguidades. In: *Conversa sobre autonomia privada*, v. 6, Canela: IEC, 2016, pp. 117-26.

18 ALVES, R. G. de O.; FERNANDES, M. S.; GOLDIM, J. R. Autonomia, autodeterminação e incapacidade civil: uma análise sob a perspectiva da bioética e dos direitos humanos. *Rev. Direitos e Garantias Fundam.* 2018;18(3):215-42.

19 PIAGET, J. *El juicio moral en el niño*. Madrid: Francisco Beltrán, 1935, p. 27.

20 KOHLBERG, L. *Essays on moral development*. v. I. The philosophy of moral development: moral stages and the idea of justice. New York: Harper & Row; 1981, p. 37.

21 KANT, I. *Fundamentação da metafísica dos costumes*. Lisboa: 70, 2005, p. 66.

22 LOEVINGER, J.; WESSLER, R. *Measuring ego development*: construction and use of a sentence completion test, v. 1, San Francisco: Jossey-Bass; 1970, p. 33.

A abordagem simplificada da autonomia associa esta capacidade apenas em uma perspectiva estática, ou seja, apenas a uma faixa etária. O indivíduo adulto é tomado como modelo.

A utilização do critério etário estático para caracterizar a capacidade de uma pessoa é muito utilizado por diferentes sistemas morais e legais. Um exemplo disto é a utilização, por muitos países, de uma idade única para considerar as pessoas como sendo legalmente capazes, como por exemplo, 18 anos. Assim, as crianças e adolescentes, genericamente denominados como menores de idade, são genericamente considerados como não capazes. Porém para algumas atividades as suas decisões são consideradas legalmente válidas em outros limites etários, como para votar, para dirigir automóveis, para beber bebidas alcoólicas, para ser eleito para determinados cargos públicos.

Os idosos também sofrem este tipo de discriminação meramente baseada na idade. Mesmo sem base legal alguma, em determinadas situações de saúde, são exigidas as autorizações de filhos ou cônjuges, ou até mesmo de outras pessoas. Isto ocorre mesmo quando a própria equipe assistencial julga o paciente como sendo capaz[23]. Existe o reconhecimento de que o paciente é capaz, mas lhe é negado o direito à autodeterminação.

Inúmeros estudos demonstraram que adolescentes e idosos também tomam decisões no seu melhor interesse e podem ser equiparados aos indivíduos adultos[24],[25],[26]. Isto demonstra o quanto este desenvolvimento psicológico-moral é um processo dinâmico e singular.

Na área de assistência à saúde vários países utilizam o critério da capacidade legal como critério para o consentimento, mas alguns países consideram esta capacidade caso a caso.

Na área da pesquisa o critério legal é o predominante. Como forma de permitir a participação dos adolescentes e crianças no processo de consentimento foi proposto o uso do assentimento, que se agrega ao consentimento dos pais ou responsáveis legais. Isto é estabelecido por regras deontológicas[27]

---

23 BAJOTTO, A. P.; GOLDIM, J. R. Case-report: autonomy and self-determination of an elderly population in south Brazil. *J Clin Res Bioeth*. 2011;2(2):109-11.

24 RAYMUNDO, M. M.; FRANCISCONI, C. F. M.; GOLDIM, J. R. Aspectos éticos relativos ao processo de obtenção do consentimento por representação. *Rev. HCPA*. 2007;27(Supl.1):273.

25 GLOCK, R. S.; GOLDIM, J. R. Utilização e adequação do processo de consentimento informado em pesquisas com idosos. *Rev. HCPA*. 2002;22(Supl.):118.

26 MIRANDOLA, A. R.; BÓS, A. J. G. Relationship between physical function and decision-making capacity in oldest-old. *PAJAR - Pan Am J Aging Res*, Porto Alegre. 2015;3(2):53-9.

27 CONSELHO FEDERAL DE MEDICINA. *Código de ética médica* (Resolução CFM n. 1.931/2009), v. 2009, Brasília: CFM, 2010, p. 48.

e pelo marco regulatório da pesquisa no Brasil[28]. Neste caso, cabe um comentário bioético adicional. A utilização da denominação *assentimento* pode gerar equívocos conceituais. Nas Diretrizes de Pesquisa, estabelecidas pelo Conselho Nacional de Saúde, consta apenas a definição de assentimento, idêntica à utilizada para o consentimento, sem outros esclarecimentos. A obrigatoriedade do consentimento de representante legal ratifica o critério da capacidade legal. Se, desde o ponto de vista legal, a capacidade de uma criança ou adolescente não é considerada válida para consentir e se o consentimento é um ato personalíssimo, os pais ou responsáveis não deveriam dar um consentimento, mas sim uma autorização por representação[29]. Não fica claro, nas regras atualmente vigentes, qual a decisão que o profissional deverá tomar no caso de haver discordância entre as posições do menor e a de seus representantes legais. Isto é particularmente preocupante na pesquisa clínica.

Muitas confusões conceituais já foram realizadas ao utilizar a autonomia como sinônimo de autodeterminação. Autonomia e autodeterminação, assim como a vontade e o discernimento, são elementos do processo de tomada de decisão.

4. Consentimento em múltiplos contextos

O processo de consentimento apresenta diferentes perspectivas de acordo com o contexto em que está sendo obtido. Na área da saúde, três contextos são possíveis de identificar: a assistência, a pesquisa e a pesquisa clínica. A estes três contextos se associam diferentes operadores modais – necessidade, possibilidade e contingência – que permitem melhor explicar as suas peculiaridades[30].

As atividades assistenciais se baseiam nas necessidades trazidas, direta ou indiretamente, pelo paciente, que gerarão ações por parte de profissionais de saúde. A intenção para a ação é do próprio paciente, que dá um consentimento para uma ação considerada como sendo necessária.

As atividades de pesquisa, diferentemente, partem de uma ação gerada pelo próprio pesquisador, que oferece a possibilidade de sua realização a um potencial participante de um projeto. As ações de pesquisa estão inseridas neste projeto. Desta forma, a intenção para a ação é do próprio pesquisador,

---

28 BRASIL. Ministério da Saúde. Conselho Nacional de Saúde. *Resolução n. 466/2012*. Diretrizes e normas regulamentadoras de pesquisas envolvendo seres humanos, 2013, Item II.2.

29 RAYMUNDO. M. M.; GOLDIM, J. R. Moral-psychological development related to the capacity of adolescents and elderly patients to consent. *J Med Ethics*. 2008;34:602-5.

30 CIRNE-LIMA, C. R. *Dialética* [Internet], 2007, p. 13. Disponível em: <http://www.cirnelima.org/dialetica-site.pdf>.

é dele o interesse em realizar as ações. O potencial participante, ao ser convidado, tem liberdade, ao consentir, para aceitar ou negar a possibilidade que lhe foi oferecida, sem qualquer outra consequência associada.

A pesquisa clínica, por sua vez, tem uma peculiaridade que a distingue das demais realizadas em seres humanos. Nela existe uma sobreposição das atividades de pesquisa com as de assistência. Assim, os possíveis participantes desses projetos serão selecionados dentre pacientes com características e necessidades assistenciais associadas. Na pesquisa clínica existe uma conjugação da necessidade assistencial do paciente com a possibilidade de poder tornar-se um sujeito de pesquisa. A associação da necessidade assistencial com a possibilidade da pesquisa resulta em um novo operador, denominado contingência.

Na assistência é necessário fazer o tratamento, se e somente se não for possível fazer o tratamento. É a impossibilidade que impede a necessidade de tratar. A impossibilidade, que pode ser gerada por múltiplos fatores associados ao profissional, ao paciente ou a terceiros, deve ser sempre adequadamente registrada no prontuário do paciente, com a finalidade de justificar.

O profissional, por exemplo, pode não estar capacitado para realizar um determinado procedimento ou não ter condições técnicas para tal[31].

O paciente, por outro lado, pode apresentar uma situação que caracterize uma impossibilidade terapêutica para o profissional. Isto pode ocorrer em função do sistema de crenças e valores pessoais do paciente, como no caso dos Testemunhas de Jeová[32], ou, quando um paciente está sem condições de manifestar a sua vontade em um consentimento mas tenha uma decisão manifestada anteriormente, por meio de uma diretiva antecipada de vontade[33], que também pode impedir a utilização de uma alternativa que era anteriormente considerada como sendo possível.

Por outro lado, as impossibilidades geradas por terceiros incluem as restrições impostas pelo gestor do sistema de saúde, seja público ou privado. Este tipo de impossibilidade tem gerado crescentes demandas judiciais no sentido de garantir o acesso a tratamentos considerados como necessários[34]. Um novo cenário que se agrega aos anteriores é o derivado da utilização de

31 CONSELHO FEDERAL DE MEDICINA. *Código de ética médica.* Resolução CFM n. 1.931/2009. Brasília, DF: Conselho Federal de Medicina, 2010, pp. 30 e 34.

32 DEZORZI, L. W.; RAYMUNDO, M. M.; GOLDIM, J. R. Religiões e credos do Brasil: um guia breve para profissionais de saúde. 1. ed. Porto Alegre: WWLivros, 2016, pp. 2-4.

33 CONSELHO FEDERAL DE MEDICINA. *Resolução CFM n. 1.995/2012.* Dispõe sobre as diretivas antecipadas de vontade dos pacientes. DOU 2012;Seção I(170):269-70.

34 ZAGO, B.; SWIECH, L. M.; BONAMIGO, E. L.; SCHLEMPER JUNIOR, B. R. Aspectos bioéticos da judicialização da saúde por medicamentos em 13 municípios no meio-oeste de Santa Catarina, Brasil. *Acta Bioeth.* 2016;22(2):293-302.

grandes volumes de dados, denominados Big Data, e de algoritmos para a tomada de decisão. Esta nova maneira de abordar o processo de tomada de decisão se baseia na análise de múltiplas variáveis associadas e na utilização de regras de decisão que extrapolam a figura do profissional e do paciente, pois são estabelecidas por outras pessoas, com outros interesses associados. Esta interferência de terceiros cria limitações nas alternativas e no próprio processo de consentimento.

Na pesquisa, por outro lado, é possível participar, se e somente se é necessário participar dela. É a possibilidade que garante a liberdade para a escolha. Na pesquisa não clínica em seres humanos é fundamental que não haja qualquer componente coercitivo no processo de consentimento.

Na pesquisa clínica, a contingência é que serve de operador modal para as ações, ou seja, é possível participar da pesquisa para fazer o tratamento, mas não necessariamente tem que participar da pesquisa para se tratar. É da síntese da necessidade com a possiblidade que surge esta diferença, que não deve ser entendida como uma oposição entre a necessidade da assistência e a possibilidade da pesquisa.

Isto pode ser evidenciado pela própria Declaração de Helsinki, em sua primeira versão de 1964, quando em um de seus princípios básicos estabelece:

> O médico pode combinar a pesquisa clínica com o cuidado profissional, desde que o objetivo represente a aquisição de uma nova descoberta médica, apenas na extensão em que a pesquisa clínica é justificada pelo seu valor terapêutico para o paciente[35].

Posteriormente, na sua versão de 2000, a Declaração de Helsinki altera esta posição. A redação deste item passou a ser:

> O médico pode combinar pesquisa médica com cuidados médicos, somente na medida em que esta pesquisa é justificada pelo seu potencial valor profilático, diagnóstico ou terapêutico. Quando a pesquisa médica é combinada com cuidados médicos, padrões adicionais devem ser aplicados aos pacientes que são participantes de pesquisa[36].

Desta forma, a pesquisa clínica se integra à assistência na perspectiva do processo de consentimento e ambas se diferenciam das pesquisas não clínicas. A maioria dos marcos regulatórios para a pesquisa faz exatamente o oposto, associa a pesquisa clínica à pesquisa não clínica distanciando o cuidar do pes-

35 WORLD MEDICAL ASSOCIATION. Code of ethics of the World Medical Association. Declaration of Helsinki. *Br Med J.* 1964;2:177.

36 WORLD MEDICAL ASSOCIATION. *Declaration of Helsinki* [Internet], 2000. Disponível em: <https://www.wma.net/wp-content/uploads/2016/11/DoH-Oct2000.pdf>.

quisar. Por outro lado, aplica esses critérios da pesquisa à assistência, fazendo com que o processo de consentimento possa até mesmo abalar a relação de confiança entre médico e paciente.

A abordagem integrada do processo de consentimento permite dar sentido ao próprio processo de cuidar. As causas e os efeitos associados não existem por si sós, nem devem ser entendidos como um mero processo linear, devem ser abordados de forma não linear. É a síntese, entendida como autocausação, que permite a sua compreensão adequada, inclusive em termos de liberdade[37].

5. Consentimento e liberdade

A liberdade de poder escolher uma dentre as alternativas apresentadas é uma das bases fundamentais do consentimento. Esta situação pode ser muito influenciada, como já visto anteriormente, pelo contexto em que este consentimento está sendo obtido. Na pesquisa a liberdade para decidir é plena. Já na assistência e na pesquisa clínica, em função da necessidade associada, a liberdade pode sofrer restrições.

Uma característica importante que deve ser avaliada no processo de consentimento é a presença de elementos de coerção e de vulnerabilidade, ambos podem restringir a liberdade de decidir.

A vulnerabilidade pode ter múltiplos significados estáticos e dinâmicos. A vulnerabilidade estática atinge grupos específicos, como crianças, gestantes, idosos, que pelo simples fato de serem membros destes grupos são entendidos como tendo uma redução na sua capacidade de consentir. A vulnerabilidade dinâmica, por outro lado, é caracterizada pelas situações nas quais o indivíduo pode estar submetido, como por exemplo a de estar doente ou necessitando de cuidados de outras pessoas. A identificação da vulnerabilidade gera a necessidade de estabelecer medidas adicionais de proteção a essas pessoas, de forma a garantir a sua possibilidade de escolha[38].

A coerção pode estar associada a essas situações de vulnerabilidade. Entende-se por coerção a relação entre duas ou mais pessoas na qual um elemento de autoridade ou de prestígio influencia a decisão[39]. Vale lembrar que a coerção existe na medida em que é percebida, independentemente do grau efetivo de reciprocidade existente[40].

---

37 FRAGOSO, E. A. da R. *O conceito de liberdade na ética de Benedictus Spinoza.* Conatus – Filos Spinoza. 2007;1(1):27-36.

38 BAJOTTO, A. P.; GOLDIM, J. R. What is vulnerability? A qualitative study about the perception of vulnerability in adults and older adults. *J Clin Res Bioeth.* 2017;08(02):1-5.

39 PIAGET, J. *Études sociologiques.* 3. ed. Genevè: Groz; 1977, p. 225.

40 CAVALCANTI, M. de O. A.; Gomes, I.; Goldim, J. R. Avaliação da percepção de coerção em idosos não institucionalizados submetidos a pesquisa para diagnóstico da disfunção temporomandibular. *Rev Gaucha Enferm* [Internet], 2015;36(2):28-34.

A coerção na área da saúde pode ser caracterizada em três grandes estágios crescentes: pressão simbólica positiva, pressão simbólica negativa e força. A pressão simbólica positiva é aquela que ocorre no próprio ato de perguntar as preferências ao paciente, e nos comportamentos de persuasão e indução para uma dada escolha. As pressões simbólicas negativas envolvem o engano deliberado, a dar ordens e até mesmo ameaçar os pacientes. O último grau, a força, desde a demonstração de força até o uso da força física, culminando com a utilização de ordens judiciais[41].

6. Consentimento e conhecimento

Na obtenção de um consentimento, não basta apenas repassar as informações, a pessoa que a está recebendo tem que ser informável. Ser informável inclui ter a possibilidade de receber a informação, de reconhecer a sua relevância e de poder relembrar os fatos[42].

A pessoa que está obtendo o consentimento deve estar apropriada dos conhecimentos necessários ao adequado esclarecimento do que está envolvido na situação à qual este processo se refere. Mais do simplesmente informar, este profissional deve ter a qualificação necessária para esclarecer, para responder às dúvidas trazidas pelo paciente ou participante de um pesquisa, ou de outras pessoas que estejam envolvidas neste processo de tomada de decisão.

A comunicação pressupõe interação entre as pessoas que estão em contato. A comunicação ocorre quando há uma sobreposição do repertório de informação da pessoa que transmite com o repertório de informações da pessoa que recebe. É neste espaço de troca que a comunicação se torna efetiva[43].

O paciente ou potencial participante de um projeto de pesquisa deve ter os conhecimentos mínimos necessários para que as novas informações tenham sentido, que a sua relevância seja adequadamente entendida. Isto pressupõe que esta pessoa tenha um grau mínimo de alfabetismo funcional, que nem sempre se associa com o grau de escolaridade. Podem ser identificadas pessoas que, mesmo tendo tido uma educação formal, não conseguem entender adequadamente as informações que lhes são apresentadas[44]. Uma

41 GARDNER, W.; HOGE, S.; LIDZ, C.; EISENBERG, M.; MONAHAN, J.; ENNETT, N. et al. Family, clinician, and patients perceptions coercion in mental hospital admission. *Int J Law Psychiatry*. 1998;21(2):131-46.

42 WHITE, B. C. *competence to consent*. Washington DC: Georgetown University; 1994, p. 51.

43 COELHO NETTO, J. T. *Semiótica, informação e comunicação*. São Paulo: Perspectiva; 1980, p. 123-5.

44 BITTENCOURT, V. C.; ARAÚJO, D. V. P.; PROTAS, J. S.; SILVA, CAM.; GOLDIM, J. R. Processo de consentimento e alfabetismo funcional. *Rev HCPA*. 2007;27(Supl.1):273.

parcela considerável de pessoas consente sem ter a compreensão do que estava consentindo[45].

Um outro problema que se associa à transmissão de informações é a própria qualidade da informação. Muitas vezes os profissionais repassam apenas informações aparentes, sem se preocupar com o significado em si, com a informação essencial à compreensão do paciente ou potencial participante[46].

Os participantes de uma pesquisa percebem de forma diferente as informações que recebem com relação aos procedimentos e aos riscos e benefícios associados a eles. A recordação dos riscos é sempre inferior a dos procedimentos e benefícios, que se equivalem. Por outro lado, os pacientes, nas situações assistenciais, se recordam mais das informações associadas aos procedimentos e aos riscos[47].

A comunicação de conhecimentos entre profissionais e pacientes, tanto nas atividades de assistência quanto nas de pesquisa clínica, deve ser baseada em orientações e não apenas em informações. Os pacientes esperam que os profissionais agreguem sentido e finalidade às informações. O que interessa, efetivamente, não é um grande conjunto de dados que são simplesmente repassados, mas sim aquelas informações que fazem sentido no contexto em que elas estão sendo compartilhadas, ou seja, que sejam orientações[48].

7. Consentimento e alteridade

A alteridade, proposta por Emanuel Levinas, é um excelente modelo explicativo para o processo de consentimento. A relação entre pessoas, na perspectiva da alteridade, é um mútuo comprometimento, fruto de um diálogo, e não apenas reciprocidade: é corresponsabilidade. O reconhecimento do outro, ao gerar comprometimento, impede a neutralidade, que seria, talvez, a sua própria negação. Ao contrário, é este reconhecimento que permite a abertura para o mistério do convívio com o outro[49]. Desde que reconhecido como alguém singular, o outro é sempre importante e significativo. É ele, o

---

45 GOLDIM, J. R.; CLOTET, J.; RIBEIRO, J. P. Adequacy of informed consent in research carried out in Brazil. *Eubios J Asian Int Bioeth.* 2007;17:17780.

46 REYNA, V. F. A theory of medical decision making and health: fuzzy trace theory. *Med Decis Mak.* 2008;28(6):850-65.

47 FRANCISCONI, C. F. *O processo de obtenção do consentimento informado em situações de prática endoscópica e de atendimento clínico no Hospital de Clínicas de Porto Alegre.* Porto Alegre: UFRGS; 2003 [Tese de Doutorado].

48 MITTELSTRASS, J. The loss of knowledge in the information age. In: *From information to knowledge, from knowledge to wisdom:* challenges and changes facing higher education in the digital age. London: Portland Press, 2010, pp. 19-23.

49 LEVINAS, E. *Totalité et infini.* La Haye: Martinus Nijhoff, 1961, p. 167.

outro, que estabelece a possibilidade do viver, do estabelecimento de relações que dão significado à vida. O outro sempre tem o que nos ensinar, é ele que abre a necessidade do aprender, do ressignificar[50].

Uma importante questão associada à obtenção do consentimento é a redução das interações entre profissional e paciente e a fragmentação do cuidado. A duração do atendimento dos pacientes tem sido progressivamente reduzida em termos de tempo e de interação direta. A intervenção e a mediação por equipamentos durante o atendimento contribuem ainda mais nesta redução. Muitas vezes o registro dos dados passa a ser mais importante do que a relação com o paciente. A fragmentação do cuidado, isto é, a perda da continuidade do atendimento de um paciente pelo mesmo profissional de referência também influencia na qualidade das decisões a serem tomadas.

Quando a alteridade é afastada, ou seja, quando não mais se reconhece a singularidade de cada relação, tudo passa a ser igual, tudo é o mesmo[51]. Quando este é o referencial para a obtenção do consentimento o processo passa a ser meramente burocrático, um ritual destituído de qualquer outro significado, a não ser a obtenção de uma assinatura em um Termo de Consentimento. É muitas vezes entendido como um repasse burocrático de responsabilidades. É uma relação que se estabelece com base na desconfiança.

Na visão da alteridade, o processo de consentimento, mais do que informação, é comprometimento recíproco do profissional e do paciente, quando a relação de confiança é a base. A formalização deste comprometimento pode ser múltipla, não apenas em um único tipo de documento pré-formatado, mas se realiza na convivência respeitosa entre ambos. Ao basear esta relação na confiança, o registro pode transcender ao documento.

É neste sentido que o processo de consentimento se ressignifica. Existe a necessidade de uma mudança da informação para a orientação; do entendimento estático da capacidade e da vulnerabilidade para a sua dimensão dinâmica; de uma visão única e padronizada para uma perspectiva de entendimento dos diferentes contextos associados; da preservação da liberdade inerente ao ato de consentir com a identificação de comportamentos e atitudes coercitivas.

Com base nas colocações anteriores, as relações entre consentimento, capacidade e conhecimento levam a considerar que mais do que apenas o processo de consentimento informado atualmente utilizado, existe o desafio e a necessidade de se construir estratégias éticas e legais para uma adequada decisão orientada e compartilhada que seja diferenciada e adequada à assistência, à pesquisa e à pesquisa clínica.

50 GOLDIM, J. R. Bioethics after Levinas. In: *eLS*. Chichester, UK: John Wiley & Sons, Ltd., 2016, p. 1-4.

51 LEVINAS, E. *Entre nós:* ensaios sobre a alteridade. 2. ed. Petrópolis: Vozes, 2005, p. 34.

Privacidade, sociedade da informação e *Big Data*

Márcia Santana Fernandes

É preciso fazer como os animais,
que apagam seu rastro na porta da toca.
Montaigne[1]

Introdução

Será que podemos apagar "nosso rastro" na Era do conhecimento? A resposta não é simples. A reflexão de Montaigne, escrita em 1588, aguça e ressalta desafios à privacidade e à sua valoração, postos pela sociedade do conhecimento e pelo fenômeno denominado *Big Data*.

O estudo sobre a privacidade envolve a necessária compreensão hermenêutica, espacial e histórica do seu sentido. Indiscutivelmente, a valoração da privacidade como pressuposto do individualismo adquiriu impacto na modernidade, assim como a percepção do esvaziamento de sentido na sociedade de informação e de comunicação.

O mundo moderno – como definiu Mittelstraß[2] – é o produto da história racional, baseada na epistemologia e na natureza humana, por isso, significativa parcela dos seres humanos compreendem a si próprios e entendem o seu mundo como um elemento histórico, isto é, a racionalidade do humano e o de seu mundo se desenvolvem historicamente.

No sentido histórico, é também a privacidade um direito da modernidade, destaca-se na perspectiva individual ou conectado ao humano como uma propriedade ou como um direito fundamental, sustentado por demandas sociais e econômicas. Algumas demandas são relacionadas às tecnologias de comunicação e oscilam entre o individualismo, a apropriação pessoal e a humanização do Direito.

1 MONTAIGNE, Michel de. *Os ensaios*. São Paulo: Companhia das Letras, 2010.

2 MITTELSTRAß, Jürgen. *The loss of knowledge in the information age. From information to knowledge, from knowledge to wisdom:* challenges and changes facing higher education in the digital age. London: Portland Press, 2010, pp. 19-23. No original: "[...] the rationality of man and his world develops historically. [...] But if the modern world is the product of a rational history, based on man's epistemic and technical nature, then a significant portion of the way rational man understands himself and his".

A humanização do Direito expressa-se pelo reconhecimento dos direitos fundamentais, essenciais ao desenvolvimento da personalidade dos seres humanos, entre os quais a privacidade é um deles. É o que apresenta Stig Strömholm em seu importante trabalho de direito comparado, de 1967, *Right of privacy and rights of the personality*[3].

A privacidade, também, é central aos direitos humanos. Em seu conteúdo reside o pressuposto da proteção de direito à privacidade, para assegurar o exercício autônomo e com autodeterminação para compartilhar e controlar escritos, imagens, dados e informações pessoais. O sistema igualmente pressupõe a prevenção ou a minimização de danos e a responsabilização dos culpados quando ocorrer. Esta visão incide nas diferentes perspectivas sobre a proteção da privacidade e, consequentemente, nos diferentes desdobramentos no âmbito social e jurídico.

A percepção individual da privacidade é confrontada pela sociedade do conhecimento, em um contexto de *Big Data*. Há quem entenda que a privacidade nesse contexto deve ser percebida pluralmente ou além do indivíduo, ou seja, deve ser percebida como a privacidade de grupo, considerando o seu contexto e certos perfis das pessoas[4].

Há muitos estudos analisando a privacidade na *sociedade de informação*, mas prefiro tratá-la na perspectiva articulada por Mittelstraß. O autor argumenta no artigo *The Loss of Knowledge in the Information Age* que a *sociedade da informação* é evidenciada na apatia da reflexão e na aceitação da imbecilização da sociedade. Por esta razão, devemos buscar a transição da *sociedade de informação* para a *sociedade do conhecimento*, quando as Tecnologias de Informação e Comunicação (*Information and Communication Technologies – ICTS*) sejam instrumentos de agregação e difusão da informação, para ampliar os horizontes do conhecimento reflexivo e experimentado.

A internet, surgida na década de 1980, é o paradigma tecnológico que transformou o formato de comunicação do Século XX. Ela alçou as tecnologias de informação e comunicação e possibilitou a expansão e o estabelecimento de redes interligadas por meio de computadores para receber, fornecer e promover serviços, gerar, difundir e compartilhar dados e informação em escala global. Em 2016, estas redes encontram-se, aproximadamente, com

3 STRÖMHOLM, Stig. *Right of privacy and rights of the personality:* a comparative survey. Stockholm: Norstedt & Söners Förlag, 1967.

4 FLORIDI, Luciano. Group privacy: a defence and an interpretation. In: FLORIDI, Luciano TAYLOR, Linnet; VAN DER SLOOT, Bart (Eds.). *Group privacy:* new challenges of data technologies. New York: Springer International Publishing, 2017, pp. 83-100.

3,5 bilhões de usuários, o que corresponde a 47% da população mundial de 7,6 bilhões de pessoas[5].

Da mesma forma, a internet possibilitou novas formas de relacionamento entre os seres humanos, visto que ampliou o acesso a dados e informações. As atividades dos internautas são diversas, são eles: leitores de conteúdos, acervos e bibliotecas digitais; consumidores de *e-commerce*; promotores e usuários de marketing digital; usuários de serviços nas áreas das finanças e bancários, da saúde, dos serviços e atividades governamentais e privadas. Estas atividades dinamizaram os modelos de negócios jurídicos. Estes e outros aspectos envolvendo a internet têm alcance internacional, sinalizados por contornos geopolíticos e de biopoder para estabelecimento do controle dos dados e do conteúdo que transita via *on-line* e das condições e possibilidades de acesso[6].

A título de exemplo, estes *novos espaços sociais* são intangíveis e com volume estimado de dados e informações circulantes na internet correspondentes, em 2015, a 1 Zetabyte ($1x10^{21}$). Isto equivale a dizer que teríamos todo o conteúdo armazenado na Biblioteca do Congresso dos Estados Unidos, hoje com 119 milhões de volumes, multiplicado por 7,5 trilhões de vezes. Esta estimativa, que já deve estar superada, é aumentada pelo denominado fenômeno *Big Data*. Isto é, os dados e informações circulantes não estão limitados aos canais possibilitados via internet, mas por um complexo e caótico aglomerado de sistemas de informação de ordem, qualidade, domínio e volume diferentes. O fluxo contínuo de postagens de textos, vídeos, fotos, filmes, entre outros, na *internet* evidencia os desafios e as responsabilidades[7].

A compreensão do *Big Data*, fenômeno da *sociedade da informação*, perpassa pela internet, mas não só; ela envolve a percepção de um volume maciço de dados e informações, originados de múltiplas fontes; envolve a extração de informações e o estabelecimento de conexões, probabilidades, confiando aos algoritmos e à inteligência artificial (*machine learning*) a elaboração de respostas e correlações. Vale lembrar que as correlações não estabelecem relações de causa e efeito[8].

---

5 INTERNATIONAL TELECOMMUNICATION UNION (ITU). *Measuring the information society report*. Geneva: Place des Nations, 2016.

6 INTERNATIONAL TELECOMMUNICATION UNION (ITU). Idem.

7 CISCO. *The zettabyte era:* trends and analysis. 2017. Disponível em: <https://www.cisco.com/c/en/us/solutions/collateral/service-provider/visual-networking-index-vni/vni-hyperconnectivity-wp.html>; CISCO. *Cisco visual networking index:* global mobile data traffic. 2017. Disponível em: <https://www.cisco.com/c/en/us/solutions/collateral/service-provider/visual-networking-index-vni/mobile-white-paper-c11-520862.html>.

8 LANE, Julia et al. *Privacy, big data, and the public good*. Cambridge: Cambridge University Press, 2014; MAYER-SCHÖNBERGER, Viktor; CUKIER, Kenneth. *Big data*. New York: Eamon Dolan/Houghton Mifflin Harcourt, 2014; CRAVO, Victor. O *big data* e os desafios da modernidade: uma regulacão necessária? *Revista de Direito, Estado e Telecomunicações*. Brasília: Universidade de Brasília, 2016, v. 8.1, pp. 177-192.

A revolução da informação possibilitou a criação, o processamento, o gerenciamento e a utilização da informação como tema vital, trazendo enormes desafios, benefícios e oportunidades, como diagnosticou Luciano Floridi[9].

Floridi, inclusive, defende a necessidade do desenvolvimento de uma Filosofia da Informação para refletir, pesquisar e compreender, em sentido amplo, os impactos da Tecnologias de Informação e Comunicação (*Information and Communication Technologies – ICTS*) na vida dos seres humanos tanto individualmente como na sociedade. O autor entende que é necessário compreender o ambiente da informação e sua transformação, conhecer o que denominou Infosfera (*Infosphere*, neologismo a partir de biosfera), pois a informação está presente no mundo vivo e em tudo que corresponde ao humano. E para compreender a natureza intrínseca da informação e sua transformação, também é necessária uma *reontologia* (*re-ontology*), isto é uma forma radical de reengenharia; que transforma a natureza intrínseca, sua ontologia, ou seja, o próprio ser. Exemplifica o autor: a nanotecnologia ou a biotecnologia não estão apenas realizando uma reengenharia, mas sim estão alterando a essência da realidade compreendida ou percebida, assim como as ICTS na sociedade da informação[10]. Todas elas correspondem a formas de tecnologias disruptivas.

A Filosofia da Informação reconhece a informação e o seus sistemas de registro e armazenamento como elementos cruciais aos seres humanos, pois sem os registros da informação não haveria a informação ou mesmo dados históricos. Diz ele, em outras palavras: *A história é sinônimo da era da informação – já que a pré-história é aquela que precede qualquer disponibilidade de sistemas de registro*[11].

O dado e a informação estão no epicentro da *sociedade da informação*. O dado é compreendido como elemento bruto da informação ou fonte para a informação. Por sua vez, a informação não pode existir isoladamente do receptor da informação, pois este dará significado à informação e de alguma forma atuará sobre ela. Este ato do receptor envolve análise e interpretação. Assim, os dados organizados e agrupados significativamente para uma específica perspectiva caracterizam a informação[12].

---

9 FLORIDI, Luciano. *The ethics of information*. Oxford: Oxford University Press, 2013.

10 FLORIDI, Luciano. Group privacy: a defence and an interpretation. In: FLORIDI, Luciano TAYLOR, Linnet; VAN DER SLOOT, Bart (Eds.). *Group privacy:* new challenges of data technologies. New York: Springer International Publishing, 2017, pp. 83-100; FLORIDI, Luciano. *The ethics of information*. Oxford: Oxford University Press, 2013.

11 FLORIDI, Luciano. *The ethics of information*. Oxford: Oxford University Press, 2013, p. 3.

12 LIEBENAU, Jonathan; BACKHOUSE, James. *Understanding information:* an introduction. London: Palgrave, 1990.

Assim, a descuidada busca de dados e informações prevalece sobre a busca qualificada e motivada pela experiência e pela pré-compreensão. O conhecimento então resume-se a meras opiniões e estas, por sua vez, são tratadas como o próprio conhecimento – a opinião e o conhecimento fundamentado são percebidos como indistinguíveis. E é justamente o positivismo, sem negação, como entende Han[13], e do condicionamento, como afirma Mittelstraß[14], que promove *a abertura de novas formas de estupidez*. Neste contexto, três cenários são facilmente detectáveis.

O primeiro é caracterizado pelo acesso a sistemas de informação, cadastros ou tecnologias de informações por pessoas autorizadas, com a finalidade de coleta ou extração de dados e informações. Outro cenário é o que ocorre quando pessoas não autorizadas acessam estes mesmos sistemas ilicitamente com a finalidade de comercializar estes dados e informações ou por finalidade criminosa. Um último cenário é o da autoexposição, da disponibilidade autônoma ou induzida de dados e informações pessoais, disponibilizados nas redes sociais, sites de busca, cadastros governamentais ou de comércio digital, entre outros.

A coleta de dados e informações pessoais e perfis de grupos de pessoas criou um mercado promissor, com grande potencial de crescimento econômico, Solove dá como exemplo as empresas norte-americanas, *Catalina Marketing Corporation* e *Aristotle International*. E estas empresas comercializam seu banco de dados, contendo informações e dados pessoais, familiares ou de eleitores – realizam o "supermercado de compra de histórias" (*supermarket-buying-history*), como aponta Solove[15]. A Catalina dispõe de um banco de dados de 310 milhões de pessoas originado a partir da oferta de cupons de compra em lojas e supermercados e a Aristotle detém um banco de mais de 192 milhões de eleitores, contendo mais de 500 informações sobre cada pessoa, incluindo dados pessoais, filiação partidária, histórico de votações e *hobbies*.

É o caso da empresa britânica Cambridge Analytica e sua associação para a manipulação e utilização dos perfis dos usuários do Facebook. Há uma estimativa de que mais de 87 milhões de pessoas e em particular de 240 perfis de pessoas norte-americanas tiveram seus dados rastreados e utiliza-

13 HAN, Byung-Chul. *Sociedade da transparência*. Petrópolis: Vozes, 2017.

14 MITTELSTRAß. Op. cit.: "Top put it even more clearly: whenever the distinction between knowledge and opinion, when either is taking the form of information, is not made at all or obscured, in a surprising manner a niche for a new stupidity is opened, though a stupidity at a high level", p. 20.

15 SOLOVE, Daniel J. The digital person and the future of privacy. In: STRANDBURG, Katherine J.; RAICU, Daniela Stan (Eds.). *Privacy and technologies of identity:* a cross-disciplinary conversation. New York: Springer US, 2006, p. 4.

dos para venda a outras empresas. Este fato era amplamente conhecido pela Cambridge Analytica (CA) e Facebook, inclusive a empresa CA utilizava esta possibilidade como ferramenta de marketing e influência nas eleições presidenciais de diversos países, tais como a Nigéria e Estados Unidos. A Empresa Cambridge Analytica pediu falência em 2 de maio de 2018 e está sendo processada pelo Governo britânico[16] .

Não é nova a concepção de que a informação e os dados pessoais são bens intangíveis, transformados em mercadoria, mas a realidade e a voracidade da *sociedade da informação* e do *Big Data* está presente em nosso dia a dia, colocando em risco direitos essenciais e básicos, como a privacidade.

A proposta deste ensaio, considerando este contexto, é refletir sobre a privacidade na *sociedade da informação* e do *Big Data,* assim como alguns de seus desafios em uma perspectiva interdisciplinar.

1. A sociedade da Informação

O computador é burro, pois lhe falta a capacidade de hesitar[17].

É indiscutível que as Tecnologias de Informação e Comunicação (*Information and Communication Technologies – ICTS*) e o *Big Data* apresentam desafios para toda a sociedade, pois alteram de uma forma profunda, irreversível e sem precedentes o mundo, havendo uma transição da sociedade do conhecimento para a sociedade da comunicação.

A *sociedade da informação* se baseia na acumulação de dados e informações, que podem ser buscados ou associados por muitas pessoas que a eles tenham acesso. Nela, a confusão entre informação e conhecimento é sempre presente. Existe a fantasia de que é possível conhecer sem aprender, basta acessar. É a opinião que se confunde com a própria informação e com o conhecimento.

O estudo da privacidade na *sociedade da informação*, em um contexto de *Big Data*, pressupõe que toda informação e dados estão na rede, podendo estar expostos e a descoberto mesmo quando guarnecidos por sistemas de proteção. No entanto, não podemos esquecer que estes dados e informações circulantes, muitas vezes erraticamente, na rede são pessoais e individuais ou mesmo são perfis de grupos de pessoas.

16 KAISER, Brittany. Written testimony to the fake news inquiry. London: 2018; *The Guardian*. UK regulator orders Cambridge Analytica to release data on US voter. London: *UK News*, 5 September 2018; BBC. Cambridge Analytica: closure will not stop investigation. London: *BBC News UK*, 3 May 2018.

17 HAN, Byung-Chul. *Sociedade do cansaço*. Petrópolis: Vozes, 2015.

A autodeterminação dos indivíduos para divulgar informações e/ou dados pessoais em ambientes de rede, mesmo quando plenamente capazes jurídica e psicologicamente, complexifica a situação jurídica. A autonomia da vontade e a autonomia privada, quando da realização de negócios jurídicos, são contempladas, a princípio, nos *clicks* para aceitar as ofertas realizadas pela internet. A autonomia da vontade e a autonomia privada validam juridicamente a decisão e são essenciais para a manifestação livre – isenta de coerção.

Entretanto, esta mesma afirmação não pode ser facilmente aceita quando os dados ou informações são de crianças ou de pessoas que por qualquer razão não possam deliberar (de = originalmente de; liberar = *liberare* = balancear, equilibrar, refletir sobre um assunto). Eles são assolados com informações, demandas, solicitações não compreendidas, situações vivenciadas frequentemente na atualidade: a utilização de dados e de informações sem o consentimento e a sua exposição sem prévio aviso ou autorização amplificam a vulnerabilidade de todos.

A questão que se apresenta em tensão neste cenário é que os indivíduos – todos nós, indistintamente – estamos expostos a utilização e a manipulação de informações ou dados por nós disponibilizados, em algum momento e para algum propósito, nas redes sociais, nos cadastros oficiais ou privados e nos serviços utilizados *on-line* ou *off-line*. A redundância de bases de dados e a possibilidade de espelhamento de dados podem manter estas informações disponíveis, mesmo quando deletadas de seu local original. A conclusão é simples: não temos controle dos dados e das informações pessoais acumuladas nas redes, que poderão ser utilizadas por terceiros autorizados ou não.

A divulgação de dados e informações nas mídias sociais pode ocorrer pelos próprios indivíduos, por terceiros de forma autorizada, por terceiros de forma desautorizada e por associações (indiretas) de informações sobre os indivíduos ou grupos de indivíduos. Isto pode ocorrer, além das utilizações previamente autorizadas para divulgação ou registro, com finalidade diversa, como, por exemplo, um simples cadastro no Sistema Único de Saúde (SUS), inscrevendo o CPF e o nome da mãe.

Recentemente, foi divulgado a fragilidade do sistema DATASUS, base governamental que alimenta dados para o SUS. O jornal *Folha de S.Paulo* noticiou que o aplicativo *E-saúde*, do Ministério da Saúde, foi lançado com brecha de segurança, o que expôs por mais de sete meses dados e informações de saúde de seus cadastrados, usuários do SUS[18].

18 FELITTI, Chico. Brecha em aplicativo do SUS expôs informações de saúde até de Temer. Cotidiano, Saúde. São Paulo, *Folha de S.Paulo*, 2018. Disponível em: <http://www1.folha.uol.com.br/cotidiano/2018/01/1953472-brecha-em-aplicativo-do-sus-expos-informacoes-de-saude-ate-de-temer.shtml>.

Justamente por viver neste contexto, na *sociedade expositiva*, na qual *cada sujeito é seu próprio objeto-propaganda*, disponibilizamos espontaneamente dados, informações, imagens, áudios e vídeos de conteúdo pessoal. Também somos diariamente *coagidos* a apresentar e a disponibilizar informações e dados pessoais, por terceiros, por órgãos governamentais ou por agentes privados. Na maioria das vezes, fizemos isso por impotência ou por acreditar que vivemos em um momento *pós-privacidade* – como se a privacidade fosse algo externo a nós mesmos.

Mas o desafio persiste: Como garantir à privacidade (direito da personalidade, reconhecido como intrínseco a todos os seres humano, para garantir seu pleno desenvolvimento) em um ambiente de *algoritmos inteligentes* e de dados e informações (abertos e restritos) em volume maciço circulantes na rede, acessível via tecnologias de informação (ICTS)? O Direito poderá assegurar a proteção à privacidade neste contexto, em vista a garantir a integridade moral e psíquica dos seres humanos?

2. *Big Data* e suas características

> *[...] Você era obrigado a viver – e vivia, em decorrência do hábito transformado em instinto – acreditando que todo som que fizesse seria ouvido e, se a escuridão não fosse completa, todo o movimento examinado meticulosamente*[19].

Em licença poética, recorro a obra de Orwell. A criação artística, muitas vezes, antecipa a realidade e muitas vezes é a forma de se exaltar as diferenças e oportunizar abertura para a reflexão contra a opacidade e aplastamento promovido pela velocidade das mídias digitais e tecnologias de informação e comunicação. A naturalização da perda da privacidade em razão dos avanços dessas tecnologias e a interferência do *establishment* (estatal e privado) na atuação individual e social torna-se fora de controle em um contexto de *Big Data*.

O fenômeno denominado *Big Data* pode ser reconhecido como o volume maciço de informações geradas, armazenadas, processadas e compartilhadas de diversas fontes e locais. Por exemplo, informações fornecidas da *Internet*, de banco de dados pessoais, originados em razão de serviços (bancários, de saúde, de seguros, do comércio, de censos populacionais e/ou para finalidades específicas por instituições governamentais ou privadas).

É pressuposto do *Big Data* romper a lógica de causa e efeito para a busca de correlações não previsíveis; observar múltiplos lados e perspectivas; reconhecer padrões, mas sem comprometer-se com a correção ou a exatidão. Isto é, o *Big Data* assume a probabilidade como regra dirigente[20].

19 ORWELL, George. *1984*. São Paulo: Companhia das Letras, 2009.

20 MAYER-SCHÖNBERGER; CUKIER. Op. cit.; JUST, Natascha; LATZER, Michael. Governance by algorithms: reality construction by algorithmic selection on the internet. *Media, Culture and Society*. New York: SAGE Journals, 2017, v. 39.2, pp. 238-58.

As Tecnologias de Informação e Comunicação (TICs), métodos e modelos associados ao *Big Data* para sustentar o volume, a velocidade e a variedade de dados e informações adquiridos, transmitidos, armazenados, analisados e descartados podem ser: sensores; tecnologias de bancos de dados, mecanismos de busca (*search engines*), mineração de dados, aprendizagem de máquina (*machine learning*), inteligência artificial, análise estatística, computação distribuída, processos de visualização, modelagem e simulação, modelagem matemática para desenvolvimento de algoritmos, entre outros[21]. Podemos até falar, algumas vezes, em computação invisível, pois os usuários sequer sabem que estão fornecendo informações a grandes bancos de dados.

Os algoritmos devem ser destacados, pois o *Big Data é um novo produto econômico e os algoritmos são um novo método de extrair valores econômicos e sociais do Big Data*, conforme afirmam Koonin e Holland. Os algoritmos são aplicados em programas de computador ou sites para instruir, buscar, agregar, observar, realizar previsões e prognósticos, filtrar, recomendar, publicizar, estabelecer sistemas de pontuação, e aprender a responder a objetivos predeterminados e/ou reconhecer a frequência das informações ou dados utilizados. Os dados e informações maciços (*Big Data*) podem gerar informações buscadas e outras não previstas[22].

As modificações são operadas no conjunto da sociedade. Observa-se que os países desenvolvidos são dependentes da informação, bens intangíveis, serviços relacionados diretamente à informação (*information-intensive services*) e setores de orientação e informação ao público (*information-oriented public sectors*). Há um crescimento das empresas que lidam com um grande volume de dados e documentação, inclusive com os perfis dos usuários, como apontamos em nossa introdução[23].

Os algoritmos têm sido instrumentos utilizados para auxiliar ou assumir totalmente a tomada de decisão em áreas relevantes na vida de todos, eles são utilizados nos serviços públicos; no sistema de saúde, em atividades de e-comércio, de serviços de seguros, no sistema bancário e indiscutivelmente na área da pesquisa científica, entre outras atividades da vida cotidiana. Os algoritmos são responsáveis por controlar as propagandas que recebemos, di-

---

21 KOONIN, Steven E.; HOLLAND, Michael J. The value of big data for urban science. In: LANE, Julia et al. (Eds.). *Privacy, big data, and the public good*. New York: Cambridge University Press, 2014, pp. 137-52.

22 CRAVO, Victor. O *Big Data* e os desafios da modernidade: uma regulação necessária? *Revista de Direito, Estado e Telecomunicações*. Brasília: Universidade de Brasília, 2016, v. 8.1, pp. 177-192.

23 FLORIDI, Luciano. Group privacy: a defence and an interpretation. Ibidem.

recionar o recebimento de informações baseados na tendência reconhecida como padrão de comportamento publicizada por nós mesmos[24].

Não podemos esquecer que os algoritmos são elaborados pelos seres humanos e, ao mesmo tempo, são utilizados pelos próprios seres humanos para criar, condicionar e reforçar posicionamentos.

A seleção de informações via algoritmos, é um risco significativo à liberdade de expressão. Isto ocorre em função do filtro e da polarização de opiniões, tendo como consequência a redução da variedade de fontes. Os meios de comunicação cada vez menos refletem a diversidade de opiniões, mas espelham apenas eles mesmos e o jogo de interesses políticos e econômicos por meio de suas opiniões[25].

A Teoria da Exposição Seletiva (*Selective Exposure Theory*), base de muitos algoritmos, explica que as pessoas preferem receber informações que estão alinhadas ou de acordo com suas próprias crenças e entendimentos, e preferem evitar informações que não contradigam às suas crenças ou opiniões. Esta postura é facilmente observada nas redes sociais – as pessoas não refletem ou questionam informações ou dados, não comprovam suas fontes e propagam mentiras que passam a ser verdades irrefutáveis, despegadas de qualquer conteúdo[26]. Os algoritmos reconhecem padrões e passam a direcionar o conteúdo das informações. A consequência latente é a intolerância e os radicalismos.

O controle da informação ou o papel e a influência da mídia na tomada de decisão de indivíduos, instituições e governos não são algo novo. Tampouco a manipulação da informação para servir e/ou estabelecer agendas para benefício de determinados interesses ou gerar a *desinformação*. A *desinformação*, fenômeno destacado na clássica obra *Sociedade do espetáculo*, de Guy Debord, *não seria a simples negação de um fato que convém às autoridades, ou a simples afirmação de um fato que não lhes convém: isso se chama psicose.[...] Em suma, a desinformação seria o mau uso da verdade. Quem a profere é culpado, e quem nela crê, imbecil[...]*[27].

A diferença é que talvez no contexto dos "algoritmos ditadores" não tenhamos o inimigo oculto da tecnocracia, mas sim sejamos nós ao mesmo tempo culpados e imbecis por nos deixar manipular e não resistir – vivendo *em decorrência do hábito transformado em instinto*.

24 PENTECOST, Michael J. Big Data. *Journal of the American College of Radiology*. New York: Elsevier, 2015, v. 12, p. 129. Disponível em: <http://dx.doi.org/http://dx.doi.org/10.1016/j.jacr.2014.10.018>; EDITORIAL. Big data meets mechanism. *Nature*. London: Nature Publishing Group, 2015, v. 21.7, p. 673.

25 MITTELSTRAß. Op. cit.

26 JUST; LATZER. Op. cit.

27 DEBORD, Guy. *A sociedade do espetáculo*. Rio de Janeiro: Contraponto, 1997, p. 202.

A construção da realidade na sociedade de informação, via algoritmos, não é uma imposição, como tradicionalmente comportavam-se os meios de comunicação de massa, mas a *construção da realidade algorítmica* é predominantemente delegada, autônoma ou inconscientemente admitida por todos nós, usuários da Internet[28]. Corretíssimo diagnóstico de Debord[29].

As tecnologias de informação e comunicação, a *Internet e o Big Data* não podem ser prenúncio do retorno do *Demônio de Laplace*[30] – conter ou armazenar todas as informações necessárias para substituir a autonomia, a capacidade de hesitar do humano e traduzir a sua complexidade e impermanência.

Da mesma forma, não podemos esquecer que essas tecnologias têm limites físicos de energia e o armazenamento de dados e informações tem limites de espaço, dificuldades que já são avaliadas do ponto de vista ambiental, ético e econômico. Um exemplo é o crescente interesse mundial sobre o uso de criptomoedas, especialmente o Bitcoin, que virou "mineração" de lucro individual, sem nenhuma forma de regulação. Atualmente, já há mais de mil outras criptomoedas. No entanto, para criação dessas criptomoedas é necessária a elaboração de complexos modelos matemáticos, os quais são processados por meio de computadores. Por sua vez, os computadores necessitam para funcionar de energia e de outras condições ambientais e para manter esta estrutura – dos pavilhões de criptocriadores ou criptomineradores – gasta-se o equivalente a 0,22% de toda a energia produzida na Terra, conforme dados de janeiro de 2018 – dado certamente já superado[31].

Há também aspectos positivos do *Big Data* que devem ser destacados para uma visão mais adequada do fenômeno. O *Big Data* pode auxiliar no acesso a múltiplas fontes, posições, teorias, enfoques e críticas. A conexão e a ordenação dos dados e informações antes dispersos podem contribuir para a reflexão e para formação de juízo crítico, o que em tese é fundamental para a tomada de decisão de forma racional[32].

---

28 PAYTON, Theresa; CLAYPOOLE, Theodore. *Privacy in the age of big data:* recognizing threats, defending your rights, and protecting your family. Washington: Rowman & Littlefield, 2014.

29 DEBORD, Guy. Op. cit.

30 "Um intelecto que, em dado momento, conhecesse todas as forças que dirigem a natureza e todas as posições de todos os itens dos quais a natureza é composta, se este intelecto também fosse vasto o suficiente para analisar essas informações, compreenderia numa única fórmula os movimentos dos maiores corpos do universo e os do menor átomo; para tal intelecto nada seria incerto e o futuro, assim como o passado, seria presente perante seus olhos." Pierre-Simon Laplace, Essai.

31 GOLDIM, J. R. A bioética e os novos desafios ambientais. *10 ensaios de bioética.* São Leopoldo: Unisinos, 2018, pp. 77-83.

32 LOUGHEED, Tim. Rethinking barriers to big data. *Canadian Medical Association Journal.* Ontario: Canadian Medical Association, 2015, v. 187.1.E1–E1. Disponível

Neste sentido, os algoritmos têm sido referendados como a possibilidade de otimizar, organizar, sistematizar e extrair informações e dados deste emaranhado maciço de dados e informações[33].

Na opinião de alguns, a utilização de algoritmos pode contribuir para o desenvolvimento econômico e social e estabelecer políticas públicas para incrementar a qualidade de vida das pessoas à medida que a tomada de decisão possa estar amparada em um volume vultuoso de dados e informações ajustadas às necessidades e prioridades comprovadas pelos números[34], [35].

3. A Privacidade

É consenso na literatura estudada que a privacidade na *sociedade do conhecimento* e *Big Data* é uma noção muito ampla e vaga, dificultando, muitas vezes, o seu reconhecimento. Conforme já mencionado em nossa introdução, a privacidade é um conceito que provoca muita contestação e desencontro de posições quanto ao seu alcance e abrangência. Em razão disso, gostaria de abordar este tema em duas perspectivas distintas: a privacidade conectada ao indivíduo, apresentada como um conceito jurídico único, e a privacidade em uma perspectiva conceitual plural e coletiva.

3.1. A privacidade e a pessoa natural

A privacidade é emoldurada na modernidade. E é no século XIX que o sentido do privado passa a ser considerado, propriamente, conectado ao indivíduo[36].

A privacidade no século XIX estava calcada na proteção dos escritos (no direito autoral), na violação de correspondência, na exposição da ima-

em: <http://dx.doi.org/10.1503/cmaj.109-4942>; More accountability for big-data algorithms. *Nature*. London: Nature Publishing Group, 2016, v. 537, pp. 449-449. Disponível em: <http://dx.doi.org/10.1038/537449a>.

33 PAYTON; CLAYPOOLE. Ibidem.

34 HARVARD BUSINESS REVIEW INSIGHT REPORT. *From data to action*. 2014; JUST; LATZER. Op. cit.

35 Pode ser exemplo o *Billion Prices Project*, iniciado em 2008, por uma iniciativa acadêmica no MIT, por Alberto Cavallo e Roberto Rigobon, que expandiram a coleta de dados para 50 países, usando dados *on-line* postados por varejistas, e criaram um índice para medir a inflação real. Atualmente, PriceStats cobre informações sobre preços de mais de mil varejistas em quase 70 países. Publica séries diárias de inflação para mais de 20 países e índices PPP (*Purchasing Power Parity*) para 8 economias. Disponível em: <https://www.pricestats.com/>.

36 VINCENT, David. *Privacy:* a short history. Cambridge: Polity, 2016.

gem e na restrição ao acesso do espaço familiar e da casa. No século XX é que a noção do direito à privacidade, nos países democráticos e ocidentais, se propaga como uma garantia individual, reconhecido como direito humano, direito fundamental e direito civil, conectado ao pleno desenvolvimento da personalidade humana.

A mudança acompanha uma alteração de espaços de vida e o crescente deslocamento das pessoas das regiões rurais para as regiões urbanas, o crescimento das cidades, a diversificação das atividades laborais, a proliferação da mídia de massa e o desenvolvimento tecnológico – como o telefone e a fotografia.

O crescimento e a ascensão da classe média urbana no século XX alteram também a radiografia dos espaços residenciais, e o desejo de a casa ser o sinônimo de espaço reservado – privado – de ambientes compartilhados por outros – público – passa a ser um requisito fundamental de *status* social e estilo de vida. Neste período, a arquitetura das casas, de certo modo, prescrevia a forma e os graus de privacidade que as pessoas poderiam atingir individualmente em relação a seus familiares, amigos e demais pessoas[37].

A crise da urbanidade, estabelecida com o liberalismo, trouxe a reboque *o racionalismo burguês e a secularização da cultura, preparando paradoxalmente (em relação ao individualismo)* para a massificação e para os regimes tecnocráticos[38].

O entendimento dos espaços público e privado sinalizavam os limites de exposição ou de autoexposição. Na partilha destes espaços eram estabelecidos os graus de ocultação ou de vigilância. Estes graus relacionavam-se com as condições e com as situações fáticas e de vida das pessoas – a esfera privada se alongava ou se restringia.

A esfera da privacidade compreendida *é estar junto de si, sem o olhar do outro*[39] –, da pessoa natural poder determinar os limites, os espaços e os conteúdos de exposição – *o dentro e o fora*. Havia uma busca necessária do reconhecimento dos espaços e de sua distinção entre o público e o privado, marcada por aquilo *que deve ser exibido ou ocultado*, como reflete Hannah Arendt[40].

Na perspectiva arquitetônica e geográfica a privacidade era concebida como integrante da estrutura e organização da casa, da morada, do habitat. As classes sociais economicamente desfavorecidas, que habitam os casebres, as favelas, as praças, as ruas e as residências desfavorecidas de área, a falta de privacidade era e continua a ser a regra.

37 VINCENT. Idem.

38 SALDANHA, Nelson. *O jardim e a praça:* ensaio sobre o lado privado e o lado público da vida social e histórica. Porto Alegre: Sérgio Antonio Fabris, 1986, pp. 17 e 19.

39 HAN, Byung-Chul. *Sociedade da transparência*. Op. cit.

40 ARENDT, Hannah. *A vida do espírito:* o pensar, o querer, o julgar. 5. ed. Rio de Janeiro: Relume Dumará, 2002.

Nelson Saldanha pondera que a ética do jardim e da praça é perceptível em um dado contexto histórico e entre diferentes classes sociais; ela aparece na representação do jardim como uma delimitação de um espaço privado e da praça como um *ethos* público. A *praça* seria *épica* e *os jardins* traduziriam a vivência pessoal em espaço restrito, contemplariam *a biografia* dos seus moradores. Portanto, a praça e os jardins são ao mesmo tempo representações *antagônicas* e *complementares entre a vida humana como experiência pessoal e como estrutura grupal.* A *privacidade luta hoje por sobreviver, mas a morada coletiva não a propícia, nem nos playgrounds dos apartamentos grã-finos nem nos cortiços e favelas*[41].

As *duas dimensões do viver* existencial – pública e privada – de o indivíduo experienciar ora *ser particular* e ora *ser público, que idealmente tem um sentido de equilíbrio e complementariedade,* evidenciou na modernidade sua fragilidade. Inicialmente, esta fragilidade ficou expressa na ignorância dos regimes totalitários; na imersão em sociedades institucionalmente planificadas e padronizadas culturalmente; na vigilância e interferência estatal ou originadas por fontes desconhecidas ou mesmo não autorizadas. O trato do indivíduo como mero consumidor ou como receptor passivo da objetivação dos seres humanos ou, mais assustadoramente, como atores ativos da imbecilidade em desconsideração de si próprios[42].

Assim, como forma de proteção de pessoas naturais e a grupo de pessoas no âmbito internacional, a percepção da privacidade integra o núcleo central dos direitos humanos, como uma de suas facetas, conforme art. 12 da Declaração Universal dos Direitos Humanos (DUDH)[43] e art. 17 do Pacto Internacional sobre os Direitos Civis e Políticos,[44] inclusive em conexão com os desafios decorrentes das novas tecnologias – diretrizes que envolvem o Brasil diretamente.

No âmbito jurídico-legal do direito interno, gostaria de destacar brevemente duas importantes vertentes sobre os direitos à privacidade, quanto ao tratamento nas legislações nacionais: a norte americana e a posição germânica-suíça. Ambas são protagonistas no mundo ocidental nesta matéria e

---

41 SALDANHA. *O jardim e a praça:* ensaio sobre o lado privado e o lado público da vida social e histórica. Porto Alegre: Sérgio Antonio Fabris, 1986, pp. 13, 17 e 19.

42 SALDANHA. Idem, pp. 13, 25 e 26.

43 ORGANIZAÇÃO DAS NAÇÕES UNIDAS - ONU. *Declaração Universal dos Direitos Humanos (DUDH)*. 1948. Disponível em: <http://www.onu.org.br/img/2014/09/DUDH.pdf>.

44 BRASIL. Presidência da República. Decreto n. 592, de 6 de julho de 1992. *Pacto Internacional sobre os Direitos Civis e Políticos*, 1992.

demarcaram o caminho jurídico para o reconhecimento da privacidade como um direito fundamental e civil[45].

O clássico artigo *The Right to Privacy*, de autoria de Samuel D. Warren e Louis D. Brandeis, em 1890[46], emoldura a construção jurídica norte-americana sobre o direito à privacidade. O objetivo central desse artigo foi criticar a intervenção da mídia na vida privada das pessoas. Os autores amplificam, no contexto norte-americano, a discussão sobre o direito à privacidade, sugerindo que além da propriedade o escopo da privacidade deveria ser relacionado aos direitos pessoais.

No notável artigo, Warren e Brandeis apesar de não detalharem o conteúdo do direito à privacidade, enfatizam a necessidade do seu reconhecimento como forma de proteção da inviolabilidade da personalidade (*inviolate personality*), com o fim de proteger interesses pessoais[47]. Entretanto, a percepção do *right of privacy* foca nos aspectos negativos, ou seja, na abstenção da ofensa ou violação deste direito para garantir o direito de estar só (*the right to be alone*)[48].

Por sua vez, a Alemanha é responsável por uma construção teórica do direito à privacidade como direito da personalidade, construção doutrinária que remonta ao século XIX. Em particular a partir de 1890 muitas monografias foram desenvolvidas tratando dos direitos das pessoas – logicamente aplicadas após a Segunda Guerra Mundial. Três pioneiros para essa construção doutrinária, nos anos 1800 devem ser citados: Otto von Gierke, Karl Gareis e Josef Kohler[49].

Gierke, "inventor" dos direitos gerais de personalidade, postula que se deve integrar uma série de direitos relacionados ao desenvolvimento das pessoas individualmente, entre eles: os direitos das pessoas ao seu corpo, a sua vida, a liberdade, a honra, a posição social, a atividade livre, a liberdade para a atividade comercial, ao nome, as marcas e a propriedade intelectual. Já Gareis defende a liberdade das pessoas de cuidar dos seus próprios interesses, assim como entende que deve haver o direito ao nome e a honra. Kohler teve um papel de muito destaque na construção dos direitos da personalidade

---

45 STRÖMHOLM. *Right of privacy and rights of the personality:* a comparative survey. Stockholm: Norstedt & Söners Förlag, 1967, pp. 25, 28.

46 WARREN, Samuel D.; BRANDEIS, Louis D. The right to privacy. *Harvard Law Review*. Cambridge: The Harvard Law Review Association, 1890, v. 4.5, pp. 193-220. Disponível em: <https://www.jstor.org/stable/pdf/1321160.pdf?refreqid=excelsior%3A0ba8b44cb29ff590eff27ad57ea4756f>.

47 STRÖMHOLM. Op. cit., p. 25.

48 WARREN; BRANDEIS. Idem.

49 STRÖMHOLM. Ibidem.

na legislação germânica, seus primeiros estudos foram realizados ainda na década de 1880, como aponta Strömholm[50].

O reconhecimento normativo de que as informações privadas, assim como os direitos autorais e anotações pessoais, associados à vida das pessoas – denominados como *direito ao segredo* por Kohler – assume uma posição protagonista, fortalecendo a proteção da personalidade da pessoa natural na modernidade.

É importante destacar também que os juristas suíços colaboraram, no início do século XX, com a construção dos direitos de personalidade, em particular, os direitos da personalidade contemplando a privacidade[51]. A Suíça foi o primeiro país europeu a estabelecer regras, em seu Código Civil, para proteger os direitos da personalidade.

O Código Civil suíço (ZGB) de 1907, que entrou em vigor em 1912, previu em seu art. 28 os direitos da personalidade, estabelecendo os seguintes princípios: (1) Qualquer pessoa que seja ilegalmente ofendida na sua personalidade pode recorrer ao tribunal para proteção contra qualquer pessoa que colabore com o ato ilícito. (2) Um ato é ilícito se não for justificado pelo consentimento da parte lesada, por um interesse privado ou público primordial ou por lei[52].

A privacidade no Direito germânico, em particular após a Segunda Guerra, assumiu um dos tópicos de destaque. A privacidade é protegida como um direito geral de personalidade, expresso no art. 2.1, combinado com o art. 1.1 da Lei Geral alemã (*Grundgesetz*) – em outras palavras, a liberdade do pleno desenvolvimento da personalidade deve ser respeitada em consideração à dignidade humana[53].

A Corte Constitucional da Alemanha (*Bundesverfassungsgericht*) no caso do Censo estabeleceu que a individualidade e a sua autoexpressão devem ser protegidas como formas do pleno desenvolvimento do indivíduo e também deliberou que a proteção dos dados pessoais é essencial à autodeterminação do indivíduo, criando o direito à *autodeterminação informacional* (*the right to informational self-determination*). Este direito envolve dois aspectos importantes: o primeiro envolve resguardar uma esfera privada que evite interferências indesejadas e o segundo envolve a garantia da participação democrática dos

50 STRÖMHOLM. p. 30 – tradução livre da autora. Idem.

51 STRÖMHOLM. Ibidem, p. 85 (n. 49).

52 SUISSE, *Code Civil Suisse (ZGB)* (Suiça). Disponível em: <https://www.admin.ch/opc/fr/classified-compilation/19070042/index.html> (A tradução é livre da autora, por isso o texto não expressa a tradução oficial em português do art. 28 do ZGB).

53 GERMANY, *Basic Law for Federal Republic of Germany*. Disponível em: <https://www.btg-bestellservice.de/pdf/80201000.pdf>.

indivíduos, sem vieses, para garantir uma comunicação livre e democrática[54]. Estes efeitos são diversos da percepção individualista norte-americana do direito de estar só (*right to be alone*), porque a percepção da privacidade como um direito de personalidade amplia seu alcance e este passa a ser considerado como direito essencial para o pleno desenvolvimento da pessoa individualmente e na sociedade.

A posição brasileira quanto à proteção da privacidade está alicerçada em dois pilares, na Constituição Federal como direito fundamental e no Código Civil como direito da personalidade.

A Constituição Federal (CF) de 1988, garante a todo cidadão, em seu Título II (Dos Direitos e Garantias Fundamentais), Capítulo I (Dos Direitos e Deveres Individuais e Coletivos), art. 5º, os direitos fundamentais à inviolabilidade do direito à vida e à liberdade e o inciso X, especificamente, garante a inviolabilidade da intimidade, da vida privada, da honra e da imagem das pessoas[55].

Sarlet e Keinert entendem que diversamente de outras ordens constitucionais a Constituição Federal *não reconheceu apenas um genérico direito à privacidade (ou vida privada), mas optou – pelo menos do ponto de vista textual – por referir tanto a proteção da privacidade, quanto da intimidade, como bens autônomos*. Os autores reconhecem, no entanto, que apesar de a intimidade ser tratada como uma esfera mais restrita da privacidade, elas não podem ser dissociadas e por isso, recomendam *um tratamento conjunto de ambas as situações*[56].

O Brasil consagra e positiva os direitos da personalidade a todos os seres humanos em lei. Destacamos o Código Civil (Lei n. 10.406/2002), Parte Geral, Capítulo II, arts. 11 a 21. Em particular o direito à privacidade como um núcleo essencial aos direitos da personalidade é reconhecido expressamente em seu art. 21.

Maria Claudia Cachapuz[57] entende que o art. 21 facilitou a identificação do núcleo de proteção da personalidade humana no que tange à privacidade e à intimidade, reconhecendo que ele não apenas disciplinou a proteção à personalidade sob uma ótica indenizatória, mas também compreendeu a

54 ROUVROY, Antoinette; POULLET, Yves. The right to informational self-determination and the value of self-development: reassessing the importance of privacy for democracy. In: GUTWIRTH, S.; POULLET, Y.; DE HART, P.; DE TERWANGNE, C.; NOUWT, S. (Eds.). *Reinventing data protection?* Dordrecht: Springer Netherlands, 2009, pp. 45-76. Disponível em: <http://dx.doi.org/10.1007/978-1-4020-9498-9_2>.

55 BRASIL. *Constituição da Republica Federativa do Brasil*. Brasília: 1988.

56 SARLET, Ingo Wolfgang; KEINERT, Tania Margarete Mezzomo. O direito fundamental à privacidade e as informações em saúde: alguns desafios. In: KEINERT, Tania Margarete Mezzomo et al. (Eds.). *Temas em saúde*. São Paulo: Instituto de Saúde, 2015, p. 121.

57 CACHAPUZ, Maria Claudia. *Intimidade e vida privada no novo código civil brasileiro:* uma leitura orientada no discurso jurídico. Porto Alegre: Sérgio Antonio Fabris, 2006.

intimidade como esfera restrita da vida privada – posição coincidente com Ingo e Keinert.

Também, o CCB disciplinou em seu art. 12, igualmente, medidas impeditivas e indenizatórias. Na concepção de Cachapuz, com quem concordamos, o art. 21 é instrumento que possibilita a condução pelo intérprete de outros enunciados normativos capazes de assegurar a efetiva tutela à privacidade do indivíduo. Da mesma forma, estabeleceu em seu art. 187, ampliando a potencialidade de garantir efetiva tutela à privacidade, a cláusula geral de ilicitude, que considera ilícito o ato que é exercido com violação manifesta aos *limites impostos pelo seu fim econômico ou social, pela boa-fé ou pelos bons costumes*[58].

A importância do reconhecimento no sistema normativo brasileiro do direito à privacidade pela Constituição Federal e pelo Código Civil e o reconhecimento das diretrizes de Direito Internacional ampliam a interpretação deste direito, sendo este não apenas um direito subjetivo conectado *a uma figura de indivíduo sempre igual – forjada* [em] *uma noção abstrata de sujeito*, mas potencializa a sua interpretação via categoria das *situações jurídicas existenciais*, possibilitando a ideia do *indivíduo situado*[59].

Judith Martins-Costa, em sua obra, *Pessoa, personalidade, dignidade (ensaio de uma qualificação)* concebe que a "situação jurídica existencial" *é mais adequada do que o direito subjetivo para tratar dos direitos da personalidade e para conectar o livre desenvolvimento da personalidade à autonomia*[60].

A categoria das *situações jurídicas existenciais subjetivas* pode ser a categoria jurídica que permita uma interpretação hermenêutica e ponto de partida para enfretamento jurídico de questões relacionadas à privacidade na sociedade do conhecimento. Entendemos que o art. 21 do Código Civil[61] apresenta uma construção textual aberta, para possibilitar a interpretação do caso concreto as situações jurídicas correspondentes, considerando a complexidade das relações interpessoais e das relações pessoais com o Estado e os desafios agregados pelas inovações tecnológicas, em particular as tecnologias de comunicação, *Big Data e Internet.*

Isto porque, como leciona Martins-Costa, esta categoria abarca a *complexidade* que indica a diversidade das *situações existenciais, de poderes, direitos e deveres, ônus e faculdades que se apresentam na prática social* – as *concretas circunstâncias* – relevantes para o Direito. Examina o interior (a *interioridade*) e

---

58 CACHAPUZ. Idem.

59 REALE, Miguel. *Estudos preliminares do código civil.* São Paulo: Revista dos Tribunais, 2003, p. 231.

60 MARTINS-COSTA, Judith. *Pessoa, personalidade, dignidade (ensaio de uma qualificação).* Tese de livre-docência em Direito Civil. Congregação da Faculdade de Direito da Universidade de São Paulo, 2003, p. 188.

61 BRASIL. *Código civil.* Lei n. 10.406/2002, 2002.

não apenas o exterior ou os aspectos meramente descritivos da *teia de relações jurídicas em causa*. Ela permite avaliar a *dinamicidade* das relações, pois estas não são estáticas ou isoladas no tempo e no espaço. Por fim, ela encaminha para uma análise das situações jurídicas em termos concretos – a *concretude*, isto é, *os poderes jurídicos não são vistos em abstrato, já modelados e modulados na teia de interesses que cabe ao direito, como ordenamento, ordenar, pôr em ordem*[62].

Em razão dessas características, a categoria de *situações jurídicas existenciais* amplia a percepção tradicional da dogmática jurídica privatista, em três de seus limites centrais, como aponta Martins-Costa, importantes de serem ressaltados:

> a) a identificação das normas privadas às normas que atribuem direitos patrimoniais; b) a identificação da juridicidade com a coercibilidade; c) a identificação da juridicidade com a mera tutelabilidade do interesse mediante o processo judicial (pp.190/191).
>
> *[...]*
>
> *A essa mudança verificada na metodologia do Código Civil correspondente a relevância que tem adquirido para a ciência jurídica privatista de uma noção de pessoa que se define não apenas por sua abstrata liberdade de firmar vínculos jurídicos, mas por sua concreta e multidimensional vivência num espaço que é, concomitantemente, privado ou particular e público ou comum, tudo conduzido, ao fim do cabo, à indiscutível necessidade de serem utilizados parâmetros concretos que permitam visualizar, para além da categoria formal do sujeito de direito, a pessoa que participa dos vínculos jurídicos e sociais*[63].

A categoria das situações jurídicas existenciais tem como o foco a proteção integral dos seres humanos e amplia as condições de seu reconhecimento em contextos de complexidade social – como é o caso da *sociedade da informação e do Big Data*. Nesta perspectiva, a proteção da privacidade, como já mencionado, é reconhecida via constituição (direitos fundamentais), direitos civis (direitos da personalidade e direitos pessoais) e regime dos direitos humanos, entretanto estes sistemas devem atuar, por vezes, complementarmente, apesar dos seus diferentes níveis de atuação e de utilizarem categorias jurídicas e qualificações específicas.

A Resolução das Nações Unidas, Assembleia Geral, n. 68/167, de 2013, reafirma o direito humano à privacidade, segundo o qual ninguém deve ser sujeito a interferências arbitrárias ou ilegais em sua privacidade, família, lar ou correspondência, o direito à proteção da lei contra tais interferências, reconhecendo que o exercício do direito à privacidade é importante para a realização do direito à liberdade de expressão e para realizar opiniões sem

---

62 MARTINS-COSTA. *Pessoa, personalidade, dignidade (ensaio de uma qualificação)*. Idem.

63 MARTINS-COSTA. Idem, p. 231.

interferência e é um dos fundamentos de uma sociedade democrática. Esta resolução reafirma que o direito à privacidade deve ser respeitado e protegido mesmo em um contexto de comunicação digital e que os Estados Membros devem tomar medidas de proteção em suas legislações nacionais, em respeito a normas internacionais de direitos humanos e do Relatório sobre o *direito à privacidade na era digital*[64].

O Conselho e o Alto Comissariado das Nações Unidas para os Direitos Humanos, por meio da Resolução n. 69/166, de 2014[65], e Resolução n. 28/16, de 2015[66], determinaram que fosse realizado um Relatório Especial sobre a privacidade em um contexto de *Big Data* e das tecnologias digitais, em razão do reconhecimento de que este contexto gera situações que efetivamente podem restringir os direitos de privacidade provocadas pelas tecnologias de informação e comunicação.

Em outubro de 2017, Joseph Cannataci, relator especial, manifestou sua preocupação com a garantia da privacidade na *sociedade da informação* e *Big Data*, em razão do número significativo de dados e informações amealhados dos cidadãos comuns sem o seu consentimento e da realização de vigilância nacional e internacional estatal e/ou privada da vida das pessoas naturais[67].

É importante referir que o Relatório Especial tem a finalidade de examinar: *a proteção e promoção do direito à privacidade no contexto da vigilância e/ou intercepção interna e extraterritorial de comunicações digitais e coleta de dados pessoais, inclusive em grande escala.* Isso é, de grupos de pessoas naturais não reconhecidos *a priori*, mas amealhados por características de interesses de mercado (p.ex., moradores de determinada região, consumidores de baixa renda, consumidores de artigo de luxo etc.); interesses governamentais (p.ex., pacientes usuários do Sistema Único de Saúde – SUS); interesses de marketing (p.ex., identificar grupos que compartilham de posições políticas ou religiosas semelhantes) etc.

---

64 THE GENERAL ASSEMBLY – UNITED NATIONS. *The right to privacy in the digital age – Resolution 68/167*. Geneve, 2013. Disponível em: <http://undocs.org/A/RES/68/167>.

65 THE GENERAL ASSEMBLY – UNITED NATIONS. *The right to privacy in the digital age – Resolution 69/166*. Geneve, 2014. Disponível em: <http://dag.un.org/bitstream/handle/11176/158167/A_RES_69_166-EN.pdf?sequence=3&isAllowed=y>.

66 THE GENERAL ASSEMBLY – UNITED NATIONS. *The right to privacy in the digital age – human rights council – Resolution 28/16*. Geneve, 2015. Disponível em: <http://repository.un.org/bitstream/handle/11176/311688/A_HRC_RES_28_16-EN.pdf?sequence=3&isAllowed=y>.

67 CANNATACI, Joseph. *Report of the special rapporteur on the right to privacy:* surveillance, big data and open data top UN expert's privacy agenda. Geneve: United Nations Human Rights. 2017. Disponível em: <http://www.ohchr.org/EN/NewsEvents/Pages/DisplayNews.aspx?NewsID=22271&LangID=E>.

As declarações, resoluções e estudos promovidos no âmbito das Nações Unidas sobre os direitos à privacidade influenciam e são influenciados pelo posicionamento dos Estados Membros e suas normas internas. Atualmente observa-se uma preocupação internacional na organização de normas, políticas preventivas e diretrizes especificamente relacionados à garantia da proteção de dados pessoais em um ambiente de *Big Data*. Podemos destacar como exemplos: o primeiro documento normativo nesta área, a Convenção n. 108 (*Convention for the Protection of Individuals with Regard to Automatic Processing of Personal Data*)[68], proposta pelo Conselho da Europa, em 1981, e a recente diretriz, publicada em 23 de janeiro de 2017, para aplicação e interpretação da Convenção n. 108, de *Guidelines on the Protection of Individuals With Regard to the Processing of Personal Data in a World of Big Data*, elaborada pela Directorate General of Human Rights and Rule of Law do Council of Europe[69]. Esses documentos amparam-se na possibilidade da utilização de *Big Data* em geral em prol da sociedade e em particular para instrumentalizar decisões de políticas públicas, de investimentos e ações comerciais, entretanto apontam as fragilidades e os riscos do ambiente de *Big Data*.

Não há discordância no sentido de a privacidade ser percebida como um núcleo essencial ao desenvolvimento existencial e pessoal dos seres humanos, em prol da proteção daquilo *que deve ser exibido ou ocultado*, como propõe Hannah Arendt[70]. Portanto, a noção dos espaços, público, privado, sociais e digital, deve estar atrelada aos casos concretos e às situações jurídicas relacionadas e é inquestionável que estes espaços são dispersos, nebulosos na *sociedade de informação*.

As classificações são úteis e importantes para o Direito, entretanto não devem ser taxativas. Compreendendo a dinâmica dos tempos, a identificação de problemas envolvidos no controle e no resguardo da privacidade na *sociedade de informação* deve ser aberta e flexível, conforme proposto por Judith Martins-Costa, ao mencionar a categoria das *situações jurídicas existenciais*.

Contudo, as modificações provocadas na *sociedade de informação*, as TICs, a *Internet*, o *Big Data* e sua conjugação alteram dinâmicas sociais e comportamentos reconhecidos. Os espaços digitais democratizaram a "fave-

68 COUNCIL OF EUROPE. *108 Convention for the Protection of Individuals with Regard to Automatic Processing of Personal Data*. Srasboug: European Treaty Series, 1981. Disponível em: <https://rm.coe.int/1680078b37>.

69 CONSULTATIVE COMMITTEE OF THE CONVENTION FOR THE PROTECTION OF INDIVIDUALS WITH REGARD TO AUTOMATIC PROCESSING OF PERSONAL DATA. *Guidelines on the protection of individuals with regard to the processing of personal data in a world of big data*. 2017. Disponível em: <https://rm.coe.int/16806ebe7a>.

70 HANNAH, Arendt. *Origens do totalitarismo:* antissemitismo, imperialismo, totalitarismo. Tradução de Roberto Raposo. São Paulo: Companhia de Bolso, 2013.

lização" da privacidade, pois todas as fronteiras espaciais preestabelecidas e reconhecidas entre o público e o privado são rompidas. Neste contexto, a fragilidade das pessoas naturais torna-se ainda mais desfalecida, com a produção de novos espaços sociais – os espaços virtuais – que são caóticos, narcísicos e privatizados, no sentido que aponta Han[71].

A reflexão de Han é muito importante. O autor aborda a questão filosoficamente, não da perspectiva negativa, da obstrução da privacidade em razão do espaço digital em função da publicização de dados, informações e imagens de conteúdos que, supostamente, "deveriam" (por convenções sociais) ser privados; mas, ao contrário, ele entende que há excessiva privatização no espaço digital. Esta privatização gera a aproximação que é desvinculada do respeito e do afeto – o que ele denomina *prostituição da vivência e convivência social* e há uma *coerção por encenação*[72].

Talvez tenhamos que refletir sobre a privacidade além do indivíduo, além da pessoa natural, para absorver uma perspectiva plural, reconhecendo os significativos efeitos de massa e de grupo da *sociedade de informação e do Big Data*.

3.2. A privacidade além da pessoa natural

A privacidade assumiu um protagonismo distorcido e irreconhecível, por isso a dificuldade em sua proteção na *sociedade de informação*, potencializada pelos instrumentos e tecnologias de informação e comunicação, amplia a rapidez, o volume e a fluidez na transmissão e na difusão de dados e informações. Estas, muitas vezes, manipuladas, com ampla distorção dos fatos e a produção da mentira (*fake news*) e da ignorância.

Na verdade, em nosso tempo, os espaços da própria casa e de suas paredes não delimitam as fronteiras – *não podemos apagar nosso rastro* nos espaços virtuais e o exercício político privatiza-se. Na *sociedade de informação* e do *Big Data* a perda dos referenciais do público e do privado e com ela o sentido de privacidade e de publicidade é desconstruído.

A privacidade deve ser observada e estudada sob uma concepção plural – parte da perspectiva individual, mas a ela não deve se restringir. É importante agregar a compreensão de que os dados e informações transitam globalmente sem barreiras físicas ou mesmo de controle para múltiplos interesses, sejam eles governamentais ou privados. Esta internacionalização se reflete significativamente no olhar e nas respostas que o direito, em âmbito nacional e internacional, deverá observar para promover a garantia da privacidade.

---

71 HAN, Byung-Chul *The swarm:* digital prospects. Cambridge: MIT Press, 2017; HAN, Byung-Chul. *Sociedade da transparência*. Op. cit.

72 HAN, Byung-Chul. *Sociedade da transparência*. Op. cit., pp. 81-82.

No contexto do *Big Data*, os desafios para o Direito são escalonados quanto ao direito à privacidade e sua extensão como um direito individual, fundamental e de personalidade. O Direito parte do pressuposto de que haverá a proteção do direito à privacidade quando ameaçado ou ofendido por outrem. O Direito, como uma ciência aplicada ao concreto, deve promover, garantir e proteger a privacidade e deve assegurar a adequação jurídica do tratamento, coleta, armazenamento, uso e transferência de dados, informações e imagens. Mas também observar a inter-relação e a participação de todos nesse processo, pois, nós somos fonte provedora, somos providos e somos coletadores – ao mesmo tempo, temos um papel ativo e passivo.

Será que a autoexposição dos indivíduos, a impulsão para encenar o pessoal, *é o hábito transformado em instinto?*

É importante considerar na perspectiva jurídica os aspectos sociológicos. A imposição maciça das tecnologias de comunicação e informação e o controle, ou a falta dele, no que concerne ao trânsito das informações, dados e imagens pessoais deslocam o *habitus*[73] do espaço privado, resguardado e separado, para construção de um *habitus* de um espaço privado-público.

A *sociedade de informação* estrutura categorias de juízo e de ação favoráveis à predominância das tecnologias de informação e comunicação em todas as instâncias sociais e ao mesmo tempo é estruturada por comportamentos e por matrizes mentais individuais que valorizam a simploriedade do conhecimento e da autoexposição. A naturalização da autoexposição é socialmente construída, é *habitus, interiorizado* como *valor e regra de pertencimento da sociedade.*

O respeito ao outro ou aos outros como valor moral de convivência social e como dever jurídico de não causar danos é desfalecido na *sociedade de informação.* O desrespeito e o autodesrespeito não ocorrem porque fazemos parte de uma massa. A comunidade digital não tem atitude de massa (porque não tem identidade), mas sim de individualidades anônimas. E não há respeito no anonimato, pois nele falta *a estabilidade, a constância e a continuidade*, nele falta o *espírito*, a unidade e o valor do respeito – o reconhecimento do outro. *O homo digitalis de hoje é qualquer coisa menos "ninguém". Ele mantém sua identidade privada, mesmo quando faz parte do enxame*[74].

---

73 BOURDIEU, Pierre. *Razões práticas:* sobre a teoria da ação. 7. ed. Campinas: Papirus, 1996; BOURDIEU, Pierre. *Os usos sociais da ciência:* por uma sociologia clínica do campo científico. São Paulo: Unesp, 2004. Utilizo a expressão *habitus* de Pierre Bourdieu. *Habitus*, para Bourdieu, pode ser compreendido como sistema das disposições socialmente constituídas que, enquanto estruturas estruturantes, constituem o princípio gerador e unificador do conjunto das práticas e das ideologias características de um grupo de agentes. O *habitus*, na perspectiva de Bourdieu, produz o indivíduo e faz com que ele *interiorize os valores e as regras de pertencimento da sociedade.*

74 HAN, Byung-Chul *The swarm:* digital prospects. Cambridge: MIT Press, 2017, p. 11. Diz o autor: "Today's Homo digitalis is anything but 'nobody'. He retains his private identity, even when forming part of the swarm".

Assim, em resposta aos desafios impostos pela *sociedade de informação* e do *Big Data*, alguns autores têm reconhecido a necessidade da abrangência da noção de privacidade de uma concepção individual para uma noção contextualizada e grupal. Passo a analisar essas preposições[75].

Floridi, servindo-se da concepção da proteção à privacidade de grupos, defende que no contexto das ICTS e do *Big Data* o foco de interesse são os grupos, sejam estes grupos organizados ou aleatórios, agrupados por interesses em comum – por exemplo amadores de um estilo específico de música, os defensores de animais, pessoas que vivem em determinadas áreas ou países, ou visitam determinados restaurantes ou locais; pessoas integrantes em movimentos, ONGs, partidos políticos etc.

O autor critica o antropocentrismo (apenas a pessoa natural conta) e o atomismo (apenas o indivíduo conta) como percepções filosóficas e jurídicas predominantes[76]. Ele defende que essa perspectiva deve ser mais inclusiva e a percepção nesse contexto deve incluir a proteção de grupos – a privacidade do grupo. Esses grupos não são necessariamente pré-reconhecidos por características comuns, mas são estabelecidos aleatoriamente, na agregação de perfis, selecionados por algoritmos, *Big Data* e tecnologias digitais, entre outras. Os grupos são silenciosamente organizados, sem o conhecimento prévio de seus integrantes e os perfis dos grupos são selecionados visando a diversos interesses.

O reconhecimento da privacidade de grupos, ampliando a abrangência da noção de direitos da personalidade, permitirá ao Direito a regulação prévia da formação de perfis, impondo às empresas e/ou profissionais de tecnologias de informação e comunicação, de *Big Data*, mineradores de dados, organizadores de algoritmos e de mineração de dados e futuras atividades afins o compromisso do desvelamento de suas atividades em relação às pessoas individualmente e aos grupos perfilados.

Assim, a abstração na formação de grupos, denominado na computação *níveis de abstração*, também não é estranha ao Direito há muito tempo. Por exemplo, a categoria das pessoas jurídicas, grupos socialmente percebidos via uma categoria jurídica abstrata, são reconhecidos como titulares de direitos e deveres e têm suas atividades juridicamente reconhecidas. As pessoas jurídicas podem ter suas características preestabelecidas em lei, assim como o seu reconhecimento pode ser "de fato", percebido em razão de situações jurídicas concretas.

Portanto, a abstração jurídica também pode estar direcionada aos grupos perfilados, anônima e silenciosamente criados (por vezes para situações instantâneas e transitórias) pelas tecnologias digitais, algoritmos e metodolo-

75 FLORIDI, Group privacy: a defence and an interpretation. Idem.

76 FLORIDI, Luciano. Open data, data protection, and group privacy. *Philosophy & Technology*. Netherlands: Springer Netherlands, 2014, v. 27.1, pp. 1-3. Disponível em: <http://dx.doi.org/10.1007/s13347-014-0157-8>.

gias informacionais de rastreamento, coleta, agrupamento, descarte e armazenamento de informações, dados, vídeos, imagens e voz.

A proteção integral dos seres humanos, fonte dos sistemas normativos democráticos e central ao regime dos direitos humanos, se manterá relevantíssima para proteção da privacidade, considerando os diferentes sistemas sociais e jurídicos e diferentes níveis de atuação. Entretanto, é fundamental refletir em uma ação global que possa estender a proteção da privacidade além da pessoa natural.

A Declaração Universal dos Direitos Humanos e as declarações seguintes em prol dos direitos humanos, após a Segunda Guerra Mundial até o presente, não mantêm seu foco apenas no ser humano individualmente, mas sim busca garantir a proteção e o respeito de grupos de seres humanos ou povos excluídos, marginalizados, escravizados, de integrantes de minorias.

Não podemos olvidar que o Direito é a ciência do ser e do dever ser e sua dinamicidade deve estar acoplada à vida social em suas múltiplas capilaridades – individual, grupal, ambiental e de futuras gerações. O certo é que o Direito em geral tem uma tarefa árdua, há anos destacada por Noronha, a de estabelecer meio efetivos de evitar a precarização do direito à privacidade.

> *Nos ordenamentos jurídicos de hoje, um problema frequente vem sendo o de preservar a privacidade, ameaçada pela onda das comunicações (e pelo "Direito à informação"), bem como pela onipresença do poder público.*
>
> *(NS, p. 25)*

Considerações Finais

Em nossos dias, a privacidade tem sido objeto de inúmeras discussões para reafirmar a sua proteção ou para negar a sua existência ou para demonstrar a sua fluidez conceitual. Por sua vez, o direito à privacidade é desacreditado e apesar das inúmeras normas nacionais e declarações internacionais que reafirmam a sua importância, as medidas para a sua proteção são apontadas como não efetivas.

Entendo que o direito à privacidade deve ser uma das preocupações centrais ao Direito em geral e aos sistemas jurídicos – nacionais e internacionais – em particular.

Entendo que a categoria das situações jurídicas existenciais amplia a interpretação dos direitos da personalidade e o reconhecimento do direito à privacidade da pessoa natural, considerando a complexidade social na *sociedade de informação* e do *Big Data*.

Manter o reconhecimento do direito à privacidade significa manter uma conquista civilizatória e valorizar o respeito ao outro como atitude moral essencial ao pleno desenvolvimento da personalidade dos seres humanos e de grupos de seres humanos. É ainda mais relevante na *sociedade de informação* e do *Big Data* a defesa do direito à privacidade, como núcleo central da vida humana, para atingirmos, quiçá, a *sociedade do conhecimento*.

Por fim, gostaria de expressar minha gratidão e agradecimento a minha querida Professora Judith Martins-Costa, ser humano especial por sua generosidade, inteligência, sensibilidade, honradez e honestidade. Tenho plena convicção de que os meus agradecimentos e o meu profundo respeito não poderão ter o seu alcance nas palavras, mas na ação, na coerência, na atitude e na concretude da vida – como ela é o exemplo para todos nós. Finalizo também este ensaio com as palavras de Montaigne, que bem a representa.

> *Se fosse para buscar os favores do mundo, teria me enfeitado de belezas emprestadas. Quero que me vejam aqui em meu modo simples, natural e corrente, sem pose nem artifício: pois é a mim que retrato. Meus defeitos, minhas imperfeições e minha forma natural de ser hão de ler ao vivo, tanto quanto a decência pública me permitiu.*
>
> *Montaigne*[77]

77 MONTAIGNE, Michel de. *Os ensaios*. São Paulo: Companhia das Letras, 2010.

INTERMEZZO: NARRAÇÃO E NORMATIVIDADE

Sujeito e capacidade existencial na narração literário-existencialista de Dostoievski e Lima Barreto

Felipe Kirchner

Introdução

O nascimento e a consecução deste ensaio são indissociáveis da vida acadêmica e da narração jurídica produzida por Judith Martins-Costa e dos reflexos de seu exemplo em minha trajetória pessoal, os quais provocaram profundas marcas na forma de enxergar, pensar e aplicar a ciência jurídica, realizar a pesquisa científica e exercer a atividade docente com paixão, seriedade e humildade, assim como ocorreu com tantos alunos cativados pelos seus ensinamentos nesses anos dedicados ao ensino do Direito.

Para além de seus muitos predicados pessoais – modelo de caráter pessoal e dignidade acadêmica, como pude reconhecer em minha dissertação por ela orientada – a trajetória da professora Judith merece destaque não apenas pelos incontáveis e imprescindíveis esforços voltados à evolução da tradição de pensamento que constitui a escola civilista gaúcha desde os idos de Clóvis do Couto e Silva, mas também em virtude da importância decisiva na formação de mais de uma geração de juristas (e depois do convívio não mais apenas operadores jurídicos) que passaram pelas suas mãos nesses anos de docência, alguns dos quais – tenho certeza que cumprindo com um imperativo moral próprio, de tentar retribuir o tanto que nos foi dado pela educadora – se encontram aqui reunidos para esta justa homenagem.

Como as minhas formas de pensar o fenômeno jurídico ganham esteio no sólido pensamento da homenageada, este artigo se consuma como um verdadeiro ponto de encontro ao congregar como temas centrais assuntos tratados no convívio acadêmico com a professora[1]. O trato da categoria da

---

1 O estudo entre Direito e Literatura foi aprofundado pelo autor em duas disciplinas ministradas pela homenageada (2008/1 e 2009/2) no Programa de Pós-Graduação da Faculdade de Direito da Universidade Federal do Rio Grande do Sul, as quais tinham como tema central os Fundamentos Culturais do Direito Privado. Em uma dessas oportunidades houve o desenvolvimento da pesquisa e apresentação de seminário sobre as figuras do "sujeito de direitos" e da "capacidade" perante as obras de Dostoiévski e Lima Barreto. Este artigo, que agregou à discussão o desvelamento da categoria da capacidade existencial é, portanto, produto das discussões desenvolvidas nesse lócus privilegiado.

capacidade existencial[2] – por ela designada como capacidade para consentir[3] – foi incitado ao autor a partir da leitura de um escrito que ainda se encontrava "no prelo" logo após o término de meu mestrado, e que, posteriormente, veio a ser publicado em belíssima obra sobre Bioética[4]. Ainda, a forma de tratamento do tema proposto encontra guarida na visualização das categorias jurídicas a partir da literatura[5]. Em síntese: este artigo terá como objeto a investigação da possível bifurcação da capacidade de exercício na proteção da dimensão negocial e da esfera existencial do sujeito, tendo a narrativa literária como método de aproximação desvelador da categoria jurídica em exame[6].

---

2 A doutrina utiliza o termo "capacidade para consentir" como designativo da categoria objeto deste estudo. Contudo, embora seja aqui utilizado como expressão sinônima, prefere-se a nomenclatura "capacidade existencial", por duas razões. A uma, para enfocar não o ato volitivo do sujeito, mas a natureza da situação jurídica em que o ato decisório é concretizado, a fim de contrapor as situações negociais às de natureza existencial. A duas, porque por meio deste novo viés da capacidade resta ao sujeito a emissão não apenas de um mero consentimento (ex.: como ocorre no processo de adoção do maior de doze anos, nos termos do art. 28, § 2°, do ECA), mas a abrangência de situações onde lhe será permitida a tomada de decisão plena.

3 Historicamente a figura da *capacidade para consentir* advém do Direito Médico, marcando o limite entre as intervenções médicas praticadas em vista de um ato de autodeterminação do paciente daquelas praticadas com a assistência ou mediante representação do responsável legal, visando sempre a analisar se o sujeito consegue compreender adequadamente aquilo que lhe é dito e qual é o alcance da sua compreensão, o que objetiva verificar a existência (ou não) de um consentimento esclarecido. MARTINS-COSTA. *Capacidade para consentir e esterilização de mulheres tornadas incapazes pelo uso de drogas:* notas para uma aproximação entre a técnica jurídica e a reflexão bioética. In: MARTINS-COSTA, Judith; MÖLLER, Letícia Ludwig (Org.). *Bioética e responsabilidade*. Rio de Janeiro: Forense, 2009, pp. 324-325.

4 MARTINS-COSTA, 2009.

5 Para uma análise das primeiras linhas de pensamento da relação entre Direito e Literatura – Direito como Literatura (*Law as Literature*) de Benjamin Cardoso e Direito na Literatura (*Law in Literature*) de Henry Wigmore – e do desenvolvimento de novas perspectivas – pensamento americano de Richard Weisberg, James Boyd White, Stanley Fish, Owen Fiss, Dworkin e Posner, e universo francófono de Salas, Garapon, François Ost, Christian Biet e Anne Teissier-Ensminger – sugere-se: MARTINS-COSTA, 2013, pp. 2-7; NITSCHKE, Guilherme Carneiro Monteiro. A noção de cronótopo no cruzamento entre literatura e direito. In: MARTINS-COSTA. Judith (Coord.). *Narração e normatividade*: ensaios de direito e literatura, Rio de Janeiro: GZ, 2013, 75-79.

6 Judith Martins-Costa menciona que a aproximação entre Direito e Literatura não se dá pela via da assimilação, mas pela comparação como método estruturado na aproximação entre diferenças, eis que se constituem em narrativas dialogais que testemunham uma mesma experiência social e cultural e um mesmo *Nomos*. MARTINS-COSTA, Judith. A concha do marisco abandonada e o nomos (ou os nexos entre narrar e normatizar). In: MARTINS-COSTA. Judith (Coord.). *Narração e normatividade:* ensaios de direito e literatura, Rio de Janeiro: GZ, 2013, pp. 12-16 e 19.

Nesse contexto, o presente ensaio irá enfocar as figuras jurídicas do *sujeito de direitos* e da *capacidade*, analisadas a partir do universo literário constituído pelo amálgama das obras *O jogador*, de Dostoiévski, e *O cemitério dos vivos*, de Lima Barreto. Mais concretamente, o fio condutor da narração aqui desenvolvida será a construção de respostas para as seguintes questões: (i) A lógica binária capacidade-incapacidade consegue representar e abranger toda a realidade social, marcada profundamente pela polifonia[7] do *sujeito de direitos*[8]? (ii) A liberdade de opção é garantida apenas às pessoas com capacidade de exercício ou incapazes também detém uma margem de autodeterminação e autonomia, possível de ser verificada concreta e topicamente, especialmente em face de decisões que afetem sua esfera existencial? (iii) O sistema de capacidade, com suas categorias abstratas[9], foi construído historicamente sob quais premissas e está voltado à proteção de interesses existências, ou apenas negociais (segurança do tráfego jurídico)? Este artigo representa um esforço voltado ao desvelamento da polifonia na narração do texto normativo e no discurso dos operadores jurídicos que, inegavelmente, como será demonstrado, são demandados a trabalhar com lógicas distintas daquelas pelas quais a categoria das incapacidades[10] foi criada.

7 Danilo Chiovatto Serpa refere que "a polifonia é um conceito emprestado da música, é o encontro de várias vozes, música que tem duas ou mais partes (ou vozes) soando de forma simultânea. No conceito literário, polifonia é a multiplicidade de vozes depreensíveis de um texto. Essas vozes não são dadas em diálogo representado por discurso direto, essas vozes são pontos de vista, são modos de presença no mundo. [...] Nesse ponto o romance de Dostoiévski é dialógico, mas não no sentido dramático, em que as vozes convergem para um fim [...] O discurso aqui é divergente de si mesmo, as vozes se opõem e não há resolução, não há conclusão, o sujeito se dá pela incompletude" (SERPA, Danilo Chiovatto. Mecanismos de construção da polifonia na obra *O jogador* de Dostoiévski. In: *Estudos semióticos*, n. 3, São Paulo: Universidade de São Paulo, 2007. Disponível em: <http://www.fflch.usp.br/dl/semiotica/es/eSSe3/2007-eSSe3-D.C.SERPA.pdf>. Acesso em: 10 set. 2009).

8 O presente estudo enfoca as questões existenciais atinentes à pessoa natural, deixando à margem da discussão aqui estabelecida a problemática da pessoa jurídica.

9 Embora conceitos ontologicamente conexos, parece relevante diferenciar a incapacidade, enquanto instituto jurídico formado por determinadas categorias (incapacidade absoluta, incapacidade relativa e capacidade plena), de um sistema de capacidade, que se constitui em uma rede axiológica e hierarquizada de normas (FREITAS, Juarez. *A interpretação sistemática do direito*. 3. ed. São Paulo: Malheiros, 2002, p. 54) que contempla todos os diplomas legais (v.g. CC, ECA, Estatuto da Pessoa com Deficiência) e institutos (ex.: representação, assistência, curatela, interdição) afetos às questões teóricas, normativas e práticas do instituto da capacidade.

10 MARTINS-COSTA, 2009, p. 314.

Como pano de fundo foi escolhido o universo literário essencialmente polifônico de Dostoiévski[11] e Lima Barreto, por meio do qual se fará um esforço de reconstrução conceitual das capacidades, evitando o trespasse dos institutos que visam a proteção da esfera patrimonial ao campo da dimensão existencial da pessoa humana, devido ao abismo valorativo existente. Aqui se discutirá acerca da validade dos institutos oferecidos pelo Código Civil para a delimitação de uma (possível) nova categoria de capacidade, construída e resultante da relevância (também constitucional) da proteção dos bens da personalidade.

Reconhecendo que a capacidade de exercício já detém um viés tópico, se procurará estabelecer outros paradigmas de concreção, alcançando uma nova espécie de capacitação, qual seja, a chamada *capacidade existencial* ou *para consentir*[12], em cujo terreno a configuração jurídica de incapacidade exige condições diversas daquelas estabelecidas para o reconhecimento da incapacidade negocial.

O tema em exame ganha enorme relevância quando verificado que em diversas situações em que o Direito é chamado a regular as relações humanas por meio do sistema de capacidades – a fim de verificar se os sujeitos envolvidos possuem condições de deliberar e decidir sobre determinadas questões (o que envolve o binômio liberdade-responsabilidade) – não se está tratando de relações econômicas ou que envolvam o tráfico negocial, mas sim de situações que dizem com o espaço mais íntimo do ser humano e do desenvolvimento de sua personalidade, o que alcança o conteúdo normativo dos princípios da autodeterminação e da dignidade da pessoa humana.

Devidamente posto o problema jurídico a ser discutido, cabe enfrentar o paradigma metodológico proposto, ou mais especificamente: em que medida a literatura serve, na condição de fio condutor, para a análise da problemática envolvendo as fragilidades materiais e jurídicas da categoria das incapacidades? Cabe reconhecer que o Direito é uma estrutura (normativa) imaginária, assim como o universo literário[13]. As palavras, assim como os conceitos jurí-

---

11 Refere Judith Martins-Costa ser a obra de Dostoiévski um *lócus* privilegiado para discutir e desvelar os interstícios da capacidade. MARTINS-COSTA, 2013, pp. 15-16.

12 No plano etimológico, adverte Judith Martins-Costa que "a ideia de 'capacidade para consentir' tem sido por vezes traduzida pelo termo 'competência', certamente pelo uso do falso cognato 'competence', da língua inglesa. No idioma português 'competência' conota poder atribuído a alguém, sendo um conceito de Direito Processual e de Direito Administrativo que não se aproxima conceitualmente da noção de 'capacidade' que está na Parte Geral do Código Civil" (MARTINS-COSTA, 2009, p. 323).

13 É de todo evidente que o potencial ficcional do Direito é limitado, uma vez que a facticidade dos contextos humanos (sociais, econômicos, existenciais, afetivos etc.) se misturam simbioticamente com as construções jurídicas positivas, surgindo apenas deste amálgama o que conhecemos por Direito. No que tange ao objeto deste estudo, refere

dicos – capacidade de direito, capacidade de exercício etc. – não são naturais e não possuem essência, mas certamente tem história (tradição, também de ordem linguística). Assim, é por meio da literatura que se pretende desvelar a possibilidade de, a partir da secular categoria da capacidade, se alcançar uma nova espécie, a capacidade existencial ou para consentir, diversa (embora conexa) à categoria da capacidade jurídica de natureza negocial[14]. É a partir da narração literário-existencialista de Dostoiévski e Lima Barreto que será construído o discurso deste ensaio, objetivando alcançar as exigências e especificidades da capacidade existencial, diversas daquelas requeridas ao suprimento da incapacidade negocial.

Mergulhar na intersecção entre Direito e Literatura importa em resgatar a tradição[15] que envolve a figura do jurista como um ser humano voltado para a cultura, ou seja, do profissional que não se limita ao tecnicismo da ciência jurídica (representado na figura do operador jurídico), mas que compreende o Direito como estando em constante conexão com as demais racionalidades científicas e sistemas sociais que regem a sociedade[16]. Isso envolve romper com um traço marcante da modernidade, que limitou o Direito ao método, impedindo-o de verificar a existência de outros universos possíveis (ainda que meramente narrativos), capazes de orientar uma visão do real e ampliar o horizonte referencial dos juristas[17].

José de Oliveira Ascensão que "a pessoa é uma categoria incômoda (que) perturba a autossuficiência do discurso técnico-jurídico", transportando-nos "para outros planos, incompatíveis com a linearidade habitual das exposições que visam a práxis" (ASCENSÃO, 2006, p. 10).

14 MARTINS-COSTA, 2009, pp. 306-307.

15 OST, François. *Contar a lei:* as fontes do imaginário jurídico. São Leopoldo: Unisinos, 2004, p. 58.

16 Interessante a observação de Lima Barreto: "Eu não tenho nenhuma espécie de superstição pelos nossos títulos escolares ou universitários; eles dão algumas vezes algum saber profissional, muito restrito e ronceiro, e nunca uma verdadeira cultura" (BARRETO, Lima. *O cemitério dos vivos*, p. 13. Disponível em: <*virtualbooks.terra.com.br/.../o_cemiterio_dos_vivos.htm*>. Acesso em: 1º set. 2009).

17 RESTA, Elígio. Códigos narrativos. In: TRINDADE, André Karam; GUBERT, Roberta Magalhães; COPETTI NETO, Alfredo (Org.). *Direito & literatura:* ensaios críticos. Porto Alegre: Livraria do Advogado, 2008, p. 47; TRINDADE, André Karam; GUBERT, Roberta Magalhães. Direito e literatura: aproximações e perspectivas para repensar o direito. In: TRINDADE, André Karam; GUBERT, Roberta Magalhães; COPETTI NETO, Alfredo (Org.). *Direito & literatura:* reflexões teóricas. Porto Alegre: Livraria do Advogado, 2008, p. 16. A importância da análise literária no campo do Direito não se resume as aproximações narrativas (embora este aspecto seja extremamente relevante), uma vez que a Literatura traz consigo uma realidade palpável, fazendo surgir novas formas de sociabilidade que refletem os conflitos, as contradições e as diferenças

Considerando que o Direito se situa para além dos textos normativos positivados e codificados[18], cabe resgatar esta ciência humana (e do espírito) do cativeiro invisível em que se encontra aprisionada pela força e pelo jugo do tecnicismo metodológico próprio das ciências da natureza, fazendo com que o Direito transcenda os limites da lógica formal (sem que sejam desconsideradas as virtudes desta)[19],[20].

A partir da interseção proposta se apresenta a ideia de que o Direito pode ser estudado e compreendido fora dos grilhões trazidos pelo ideal metodológico representado pelo viés dogmático, por meio do qual secularmente dezenas de gerações de juristas têm sido formados, ao ponto de estes terem, paulatinamente, se esquecido da existência de outros caminhos possíveis ao estudo do mundo jurídico e, no particular, do questionamento crítico acerca da categoria das incapacidades. E este "esquecimento" passa pela ignorância

---

histórica, social e culturalmente emergentes, as quais são cotidianamente tratadas na práxis forense.

---

18 ASCENSÃO, José de Oliveira. *O direito*: introdução e teoria geral. 8. ed. Rio de Janeiro: Renovar, 1995, p. 383; NALIM, 1997, p. 383; NALIM, Paulo Roberto Ribeiro. Direito e psicanálise: análise interdisciplinar com enfoque de seus sujeitos. In: *Revista de Estudos Jurídicos*, v. IV, n. 1, pp. 23-32, ago. 1997, pp. 28-29.

19 A modernidade impõe aos operadores o desafio de reduzir uma sociedade extremamente complexa à unidade formal da lei, razão pela qual cabe à doutrina alargar a visão dos juristas, ampliando o alcance de seus pressupostos e conceitos, sob pena de ver-se esgotada a operacionalidade e a eficácia do próprio Direito em razão da crescente expansão das contradições normativas em face dos conflitos sociais. FARIA, José Eduardo Campos de Oliveira. Fato jurídico, sujeito e objeto do direito, relação jurídica: notas para uma revisão conceitual. In: *Revista Forense*, v. 291, Rio de Janeiro, pp. 506-514, 1985, p. 506.

20 Interessante verificar que esta pretensão resta amplamente delineada nas obras literárias aqui tratadas: "Há um grande mal em querer os nossos estudiosos de hoje desprezar as observações dos leigos; muitas vezes é preciso estar livre de construções lógicas, erguidas *a priori*, para se chegar à verdade, e não há como levar em linha de conta aquelas. Isis, como todos os Deuses e Deusas, gosta muitas vezes de abrir uma frestazinha no seu véu impenetrável aos simples e aos néscios" (BARRETO, [s.d.], p. 98). Cabe mencionar outra passagem de Vicente Mascarenhas: "Tinha que ser examinado pelo Henrique Roxo. [...] Ele me parece inteligente, estudioso, honesto [...] Lê os livros da Europa, dos Estados Unidos, talvez; mas não lê a natureza" (BARRETO, [s.d.], p. 4). Em interessante passagem, Lima Barreto retrata a apropriação indevida de teorias estrangeiras, pouco adaptáveis as realidades tropicais, como sói ocorrer cotidianamente na prática forense: "De resto, é bem sabido que os especialistas, sobretudo de países satélites, como o nosso, são meros repetidores de asserções das notabilidades europeias, dispensando-se do dever mental de examinar a certeza das suas teorias, princípios etc., mesmo quando versam sobre fatos ou fenômenos que os cercam aqui, dia e noite, fazendo falta, por completo, aos seus colegas da estranja. Abdicam do direito de crítica, de exame, de livre exame; e é como se voltássemos ao regimen da autoridade" (BARRETO, [s.d.], p. 55).

cotidiana das narrações e comprometimentos que constroem e suportam o que conhecemos como universo normativo (*Nomos*)[21].

A abordagem transdisciplinar[22] visa a desconstruir algumas pré-compreensões acerca das possibilidades e limites da compreensão do Direito, aqui mais especificamente no que se refere ao binômio capacidade-incapacidade. Este estudo considera a narrativa literária como uma representação da realidade, a partir da qual procurará refletir sobre a realidade própria (e também em certa medida ficcional) do Direito, por meio da análise da narrativa que constitui não apenas os textos jurídicos e literários, mas também nós mesmos.

Contudo, imprescindível frisar que o objetivo não é discutir as possíveis interpretações da trama literária, mas utilizar a narrativa de Dostoiévski e Lima Barreto para enriquecer a discussão sobre a figura jurídica do *sujeito de direitos* e da sua *capacidade* no âmbito negocial e existencial, partindo das obras como referencial crítico. O potencial de intersecção e convergência entre Direito e Literatura reside, definitivamente, na compreensão do Direito e na análise da linguagem que o constitui, tópicos que tocam os elementos formativos do lugar-comum destas disciplinas, eis que parece inegável o reconhecimento de que narrações, mitos e metáforas são o substrato tanto da Literatura quanto do Direito[23].

Nesse contexto, parece forçoso admitir que, conforme atesta a hermenêutica filosófica gadameriana[24], a arte se constitui em uma experiência

21 COVER, Robert M. Nomos and narrative. In: *Harvard Law Review*, v. 97, 1983, pp. 4-5, 7, 44-46 e 53.

22 O olhar e a pesquisa transdisciplinar surgem como um dos desideratos da ciência, havendo a necessidade de o pesquisador enxergar além de seu campo de trabalho, encarando as suas reflexões com novos ares e oxigenando questões há muito tempo conhecidas.

23 DWORKIN, Ronald. De que maneira o direito se assemelha à literatura. In: DWORKIN, Ronald. *Uma questão de princípio*. São Paulo: Martins Fontes, 2000, p. 228; OST, 2004, p. 58; MARTINS-COSTA, 2013, pp. 12-13; ZACCARIA, Giuseppe. *Questioni di interpretazione*. Padova: Casa Editrice Dott. Antonio Milani (CEDAM), 1996, pp. 80-85, 164 e 220-222. Contudo, a intersecção entre direito e literatura não é constituída apenas por aproximações, mas também por importantes idiossincrasias, inclusive em termos de expectativas. Ao Direito, situado no plano deontológico, é requerido os limites da ordem, da segurança e da medida, enquanto com a literatura, que reside na dimensão axiológica, se quer a expansão lúdica da beleza, do sonho e da transgressão.

24 GADAMER, Hans-Georg. Verdade e método: traços fundamentais de uma hermenêutica filosófica, v. 1, 7. ed. Petrópolis: Vozes, 2005, p. 15; GADAMER, Hans-Georg. *Verdade e método*: traços fundamentais de uma hermenêutica filosófica, v. 2, 2. ed. Petrópolis: Vozes, 2004, pp. 50, 61-63, 297, 368, 508-509, 512, 535 e 565; GADAMER, Hans-Georg. *El giro hermenéutico*. Madrid: Rogar, 1998, pp. 15, 153-154, 159 e 167; GADAMER, Hans-Georg. *El problema de la conciencia histórica*. 2. ed. Madrid: Editorial Tecnos, 2003, pp. 47-48; STEIN, Ernildo. *Aproximações sobre hermenêutica*. 2. ed. Porto Alegre: EDIPUCRS, 2004, pp. 10, 20 e 31-33; GRAU, Eros Roberto. *Ensaio e discurso sobre a interpretação/aplicação do direito*. São Paulo: Malheiros, 2003, pp. 90-91.

de verdade existencial e ontológica, que ultrapassa o campo do controle da metodologia científica, a qual proporciona uma certeza que não se mostra suficiente à garantia da verdade (ou certeza e correição) hermenêutica. A força motriz deste ensaio é exatamente a preocupação em escapar das amarras da cientifização da práxis jurídica, a qual reduz a forma de apreensão dos existenciais humanos tratados e regulados pelo Direito. Interessante observar que, em grande medida, os personagens-narradores das obras aqui tratadas se colocam no lado oposto do discurso científico quando reiteram o mistério que envolve a demência e a compulsão, lugares onde as fronteiras são abolidas e as certezas caem por terra[25].

Assim, este estudo parte daquilo que Direito e Literatura têm em comum – seus discursos e narrativas (reconhecidos na força instituinte da palavra) –, e sem ignorar as diferenças de cada campo, procura aproximar as perspectivas técnicas e estéticas por meio de práticas de intertextualidade, permitindo a reavaliação de conceitos por meio da literatura, revelando parte dos traços ocultos do *Nomos*, trazendo novas luzes à questão das *incapacidades*.

Em termos estruturais, na primeira parte deste ensaio serão enfrentados os conteúdos narrativos das obras literárias examinadas, a partir da discussão acerca dos seus enredos e das suas metanarrativas (Item A), com a proposição de ser o existencialismo a linha narrativa comum às tramas (Item B). Com esse aporte, a segunda parte será destinada a enfrentar as figuras do sujeito de direitos e da capacidade civil, apresentando-as como categorias vocacionadas à proteção do tráfego negocial (Item A), a partir do que será discutida a necessidade de construção de uma capacitação voltada à proteção de relações jurídicas existenciais (Item B), findando com uma tentativa de sistematização de fundamentos que amparem essa pretensão.

1. Os conteúdos narrativos subjacentes ao referencial literário

Analisada a importância da apreensão transdisciplinar entre Direito e Literatura, desvelados os caminhos a serem percorridos no desenvolvimento desta pesquisa e devidamente pontuado que o objetivo deste ensaio não é discutir as possíveis interpretações da trama literária, mas utilizar as narrativas

25 LIMA. Elizabeth Gonzaga de. A escrita íntima em Lima Barreto: o cemitério dos vivos. *Revista dos Cursos de Pós-Graduação da UNICAMP*, v. 11, 2006, p. 315. Cabe mencionar interessante passagem da obra de Lima Barreto: “Eu sou dado ao maravilhoso, ao fantástico, ao hipersensível; nunca, por mais que quisesse, pude ter uma concepção mecânica, rígida do Universo e de nós mesmos. [...] Todas as prosápias sabichonas, todas as sentenças formais dos materialistas, e mesmo dos que não são, sobre as certezas da ciência, me fazem sorrir e, creio que este meu sorriso não é falso, nem precipitado, ele me vem de longas meditações e de alanceantes dúvidas” (BARRETO, [s.d.], p. 11).

de Dostoiévski e Lima Barreto para enriquecer a discussão sobre a figura jurídica do *sujeito de direitos* e da sua *capacidade* no âmbito existencial, mister se faz, nesta primeira parte, ressaltar algumas importantes considerações acerca do enredo e das metanarrativas de cada uma das obras (Tópico A), bem como dos pontos de encontro entre a constituição literária de *O jogador* e de *O cemitério dos vivos*, onde será enfocada a importância do existencialismo como linha narrativa comum às narrações (Tópico B).

Respeitando as individualidades de cada texto, torna-se imprescindível a busca por uma aproximação das narrativas e o desvelamento dos pressupostos filosóficos que unem os enredos criados por Dostoiévski e Lima Barreto, eis que é o conjunto destes – considerado em seu aspecto dinâmico (influências recíprocas que tornam o produto final maior do que a soma das suas individualidades) – que servirá de referencial crítico à análise do *sujeito de direitos* e da *capacidade* na segunda parte deste ensaio.

1.1. O enredo e as metanarrativas das obras O jogador e O cemitério dos vivos

O jogador, de Dostoiévski, possui um pano de fundo semiautobiográfico (principalmente no que respeita às temáticas do superendividamento dos personagens e da incontrolável atração pelo jogo)[26], respeitando a vertente existencialista do autor, posto que abordadas questões como a autodestruição do ser humano e as consequências particulares e sociais de estados patológicos (v.g., sordidez da avareza humana).

Aleksei Ivánovitch trabalha como preceptor dos filhos de um General na cidade Alemã de Roletemburgo. O personagem-narrador é um jovem com notável carácter crítico (acerca das posições mesquinhas da aristocracia decadente com a qual precisa conviver), mas que carece de claros objetivos na vida (o que pode ser facilmente verificado na situação servil com que trata a paixão que sente por Polina Aleksandróvna, enteada do General). Havendo uma série de fatos (indicativos do caos familiar) que inicialmente escapam ao conhecimento do personagem-narrador, a grande virada da história se dá quando a rica, eloquente e ferina Babuschka – parente do General a que todos julgavam à beira da morte, esperando o evento derradeiro para se aproriarem da sua herança – chega inesperadamente à cidade e perde boa parte de sua fortuna no Cassino, o que desvela as incapacidades pessoais dos persona-

26 FREUD, Sigmund. Dostoiévski y el Parricídio. In: *Obras completas de Sigmund Freud*, v. XXI. Buenos Aires: Santiago Rueda; 1928; DIAS, Fernando Machado Vilhena; CANO-PRAIS, Hugo Alejandro; KEHDY, Sérgio; TEIXEIRA, Antônio Lúcio. Um jogador patológico por Dostoiévski. In: *Revista de Psiquiatria do Rio Grande do Sul*, v. 30, Porto Alegre, set.-dez. 2008.

gens (fraquezas e desequilíbrios mentais): o General acaba "enlouquecendo"; Des Grieux desaparece; Polina foge com Mr. Astley; e Aleksei perde toda a fortuna ganha na Roleta em Paris com *Mademoiselle* Blanche. O desvelamento das falhas pessoais fica evidente no dilema pessoal de Aleksei no trágico final da obra, que coloca em xeque o clássico conflito dos jogadores compulsivos, indicativo da quebra da proporcionalidade de valores, da parcimônia e do senso de responsabilidade: utilizar o dinheiro ganho para viver com Polina (seu amor verdadeiro) ou gastar tudo na Roleta.

Já a obra *O cemitério dos vivos*, que também possui uma narração semiautobiográfica de seu autor (Lima Barreto sofria de alcoolismo e foi internado ao menos duas vezes para tratamento), relata a vida de Vicente Mascarenhas, sujeito culto que, descrente das lides burocráticas, volta-se à atividade literária. Desapegado de maiores sentimentos, e movido por uma necessidade de acomodação social, casa-se com Efigênia, filha da dona da pensão onde reside, com a qual tem um filho que sofre de doença mental. Passando a valorizar a relação com a esposa somente após a morte desta[27], e ficando responsável pelos cuidados de sua sogra e filho (o que potencializa as frustrações pessoais do personagem), Vicente acaba se entregando ao alcoolismo[28], sendo internado em um hospital psiquiátrico em duas oportunidades.

A narração retrata a decadência pessoal e os sonhos desfeitos do personagem-narrador, abordando suas tragédias pessoais (vivência no hospício, relatada na primeira parte)[29] e familiares (desgostos afetivos, relatados na segunda parte)[30]. A alienação, marginalização e estigmatização do personagem-narrador não deriva apenas das consequências do vício alcoólico, mas também de seu interesse exagerado pelo mundo literário, o que provoca um distanciamento das coisas mundanas (*v.g.*, relação afetiva com a esposa, alcançada apenas de forma platônica e romântica após o falecimento desta). A trama culmina de forma abrupta e inacabada, mas a cena final – de Mascarenhas

27 BARRETO, [s.d.], p. 53.

28 BARRETO, [s.d.], p. 74.

29 A primeira parte da obra traz as anotações pessoais de Lima Barreto sobre a vida cotidiana de internação no Hospital Psiquiátrico, o que não se destinava à publicação. Contudo, este "diário pessoal" do autor, estando arquivado na Seção de Manuscritos da Biblioteca Nacional, acabou sendo publicado em 1956 pela Editora Brasiliense na coleção de obras completas do escritor.

30 Há um inequívoco hibridismo e ambiguidade entre a primeira e a segunda parte da obra *O cemitério dos vivos* (ROCHA, Fátima. Cemitério dos vivos, de Lima Barreto: entre o documento biográfico e a elaboração ficcional. In: *Anais do XI Congresso Internacional da ABRALIC*. Disponível em: <http://www.abralic.org.br/cong2008/AnaisOnline/simposios/pdf/075/FATIMA_ROCHA.pdf>. Acesso em: 9 set. 2009).

prostrado contemplativamente no vão da janela – indica um comportamento de profunda solidão e passividade em relação às mazelas da vida[31].

Se *O jogador* retrata o mundo da compulsão pelo jogo, *O cemitério dos vivos* desvela o estigmatizado "*mundo dos loucos*", e além de apresentar uma contundente critíca ao sistema (verdadeiramente carcerário) imposto nos Hospitais Psiquiátricos da época (sistema manicomial), procura incluir no discurso indivíduos absolutamente excluídos dos olhos da sociedade, o que de forma indireta é ao que se destina este ensaio: dar voz aos considerados abstratamente incapazes na narração constitutiva do *Nomos*, reconhecendo o poder de autodeterminação destes na defesa de sua esfera existencial, instância que se considera necessária à concretização do livre desenvolvimento de suas persoanlidades.

Findas estas breves considerações acerca do enredo e das metanarrativas, cabe analisar os pontos de encontro entre as obras literárias aqui analisadas.

1.2. O existencialismo como linha narrativa comum às obras literárias

Feita a análise individual das obras, cabe adentrar no exame dos pontos de contato existentes entre os textos, os quais, como já mencionado, servirão de referencial à discussão travada na segunda parte deste esnsaio de forma unitária e dinâmica, e não de maneira individual e estática. No exame abrangente do universo literário a ser trabalhado, cabe delienar pontualmente algumas aproximações existentes entre *O jogador* e *O cemitério dos vivos*, havidas também pela postura pessoal e opção filosófica dos discursos desenvolvidos por seus autores.

Primeiramente, cumpre delinear que, como antes mencionado, as duas obras trazem narrações semiautobiográficas, posto que os autores foram excluídos do convívio social (cada qual por sua razão) e utilizaram a literatura como forma de tratar (e catalisar) suas experiências, realizando processos de "ficcionalização de si mesmos" e de "doação do eu por meio da literatura". Ademais, as duas obras contam com personagens-narradores, o que se mostra significativo quando percebido que esta opção limita e parcializa o espaço narrativo e comunicativo desenvolvido no texto literário. Por fim, os dois livros partem da mesma matriz filosófico-literária, que é o existencialismo, o que parece ser a chave teórica e a linha narrativa correta para a análise do *su-*

31 Aqui a imagem do cemitério, invocada no título da obra e em sua narração (BARRETO, [s.d.], pp. 22 e 80), se converte em uma espécie de metáfora da condição pessoal do personagem-narrador: a loucura e a morte nivelam as pessoas (LIMA, 2006, pp. 313-314).

jeito de direitos e da *capacidade* sob o prisma literário das obras de Dostoiévski e Lima Barreto.

O existencialismo é a corrente filosófica e literária[32] que destaca e valoriza a liberdade, a responsabilidade e a subjetividade do ser humano, considerando cada indivíduo como um ser único que é o mestre supremo de seu destino (homem condenado a ser livre), afirmando o primado da existência sobre a essência (a existência precede e governa a essência, que jamais é predeterminada). Sartre assim posiciona sua concepção acerca do existencialismo:

> O existencialismo ateu, que eu represento, é mais coerente. Declara ele que, se Deus não existe, há pelo menos um ser no qual a existência precede a essência, um ser que existe antes de poder ser definido por qualquer conceito, e que este ser é o homem ou, como diz Heidegger, a realidade humana. Que significará aqui o dizer-se que a existência precede a essência? Significa que o homem primeiramente existe, se descobre, surge no mundo; e que só depois se define. O homem, tal como o concebe o existencialista, se não é definível, é porque primeiramente não é nada. Só depois será alguma coisa e tal como a si próprio se fizer. Assim, não há natureza humana, visto que não há Deus para a conceber[33].

Este viés existencial se encontra bem representado na construção narrativa das obras, nas quais a realidade do cenário já naturalmente alucinada (devido às impiedosas consequências da Roleta ou à internação no Manicômio) é construída literariamente de forma caótica e desordenada. Exemplo desta vertente pode ser dado pela lógica polifônica presente no romance de Dostoiévski[34], que apresenta uma série de personagens com pontos de vista diferentes e que possuem espaço narrativo para a realização de discursos conflitantes que não convergem para um fim determinado. Parece representativo deste cenário o questionamento do personagem Aleksei Ivánovitch: "*Não teria eu perdido a razão e passado todo aquele período* (cassino) *internado no hos-*

32 Diz-se filosófica e literária porque moldada por narrativas transdiciplinares, principalmente nas obras de Schopenhauer, Kierkegaard, Heidegger, Nietzsche, Husserl, Dostoiévski, Satre, Camus, Simone de Beauvoir etc.

33 SARTRE, Jean-Paul. O existencialismo é um humanismo. In: *Os pensadores*. São Paulo: Abril Cultural, 1978, p. 6. Importante salientar que o existencialismo não se resume a concepções ateístas ou niilistas. Diversos exemplos são significativos, e para ficarmos apenas na seara literária, poder-se-á mencionar que Dostoiévski era greco-ortodoxo e Kafka judeu.

34 Segundo Bakhtin, "a multiplicidade de vozes e consciências independentes e imiscíveis e a autêntica polifonia de vozes plenivalentes constituem, de fato, a peculiaridade fundamental dos romances de Dostoiévski" (BAKHTIN, Mikhail. *Problemas da poética de Dostoiévski*. 3. ed. Rio de Janeiro: Forense Universitária, 2002, p. 4),

pício? Quem sabe se não continuo no manicômio, ainda agora, de forma que tudo aquilo foi e continua sendo mais do que uma ilusão?"[35]

Esta vertente remete à algumas ideias-guia (palavras encantadas) de nosso Direito Privado, tais como as noções de liberdade e responsabilidade, que culminam na noção de autorresponsabilidade, a qual ainda não foi plenamente introjetada na cultura brasileira e no discurso narrativo de nosso Direito. Sobre esta temática, interessante o ocorrido com Aleksei Ivánovitch após o episódio da briga com o Barão, em diálogo com o General:

> Como tomou a si responder por mim ao barão? Que pretende dizer ao declarar que eu faço parte de "sua casa"? Sou pura e simplesmente o preceptor dos meninos, e nada mais. Nao sou nem seu filho, nem seu tutelado, e, portanto, o senhor não pode responder por meus atos. No senso jurídico, tenho personalidade. Conto vinte e cinco anos de idade, sou nobre e diplomado. Sou completamente estranho ao senhor[36].

Nesse contexto, resta subjacente à narração literária existencialista a apreensão filosófica desta escola, bem representada pela figura do *Dasein* (*ser-aí*) heideggeriano. A expressão *indica a situação existencial do ser humano em sua facticidade e finitude, ou seja, a* condição (humana) que compromete o homem com situações e instâncias por ele não escolhidas. A chave para o entendimento do conceito está na *partícula aí, significativa do mundo concreto, real e cotidiano, no qual o ser humano está imerso e que se constitui no espanto primordial e na origem de toda e qualquer indagação e compreensão ontológica. A identidade existencial do homem e o mundo estão completamente fundidos, pois o ser é sempre ser-mundano ou ser-no-mundo.*

Os textos aqui analisados são fiadores desta concepção hermenêutica de mundo. Nas duas obras vê-se claramente a construção da narrativa explorando a questão da finitude do homem[37] *e as inúmeras* condições humanas e *questões existenciais que agrilhoam os personagens a uma determinada facticidade (compulsão de Aleksei Ivánovitch e alcoolismo de Vicente Mascarenhas)*, comprometendo-os com situações e instâncias por ele não escolhidas (incerteza da sorte na Roleta e internação hospitalar compulsória).

No campo do Direito, a premissa existencialista de que nenhuma atividade do ser humano está livre de sua condição concreta e situada remete a

35 DOSTOIÉVSKI, Fiódor. *O jogador*. 2. ed. São Paulo: Martim Claret, 2008, p. 117.

36 DOSTOIÉVSKI, 2008, p. 59.

37 Aqui cabe salientar o apelo à morte da Babuschka que centraliza as atividades dos personagens de *O jogador*, e a reconciliação afetiva de Vicente Mascarenhas com sua esposa, o que ocorre somente após o falecimento desta. O personagem-narrador de Lima Barreto chega a referir que "não há dinheiro que evite a Morte, quando ela tenha de vir" (BARRETO, [s.d.], p. 22).

duas importantes questões, quais sejam, ao movimento de repersonalização do Direito Privado[38] e ao chamado raciocínio por concreção, concepções que partem diretamente da quantificação do *momento situacional* (*Dasein*) do sujeito (e do objeto), o que passa a se constituir em componente integrante, intrínseco e necessário da atividade hermenêutica construtiva do próprio *Nomos*.

No curso de seu pensamento culturalista (e ontognoseológico)[39], afirma Miguel Reale que a relevância hermenêutica não está na norma, mas na *situação normada*, referindo expressamente que "*a 'concreção jurídica' caracteriza-se pelas observações das* species juris, *não em abstrato, mas no conjunto de suas circunstâncias existenciais, levando-se em conta a totalidade congruente dos motivos e fatos ocorrentes*"[40]. Trazendo estas lições para o horizonte do problema aqui enfrentado, conclui-se que a *identidade existencial do elemento normativo e a realidade (ser-aí) estão completamente fundidas, sendo a norma sempre uma norma-no-mundo (norma-mundana)*. Vicente Mascarenhas defende que sua grande obra literária deveria ser construída "*sem nenhum aparelho rebarbativo e pedante de fraseologia especial ou um falar abstrato que faria afastar de mim o grosso dos legentes*"[41].

Se no campo do Direito é correto afirmar que a relevância dos fatos é mensurada em função dos elementos normativos, também é verdadeiro que a norma é selecionada e determinada (mesmo no campo da significação) em função da estrutura concreta do caso a decidir. O processo de aplicação do Direito apresenta duas faces: a assimilação do fato pela norma e a assimilação da norma pelo fato. A desconsideração do concreto, com privilégio exacerbado do legalismo abstrato, parece bem representada na seguinte menção de Vicente Mascarenhas:

> Logo após o café, fui chamado à presença de um jovem médico, muito simpático, pouco certo dos seus poderes para curar-me. Fez-me umas perguntas, e senti mesmo que seu desejo era mandar-me embora. Disse-me mais ou menos isso, ou melhor, as suas palavras foram estas, depois de

38 MARTINS-COSTA, Judith. O novo código civil brasileiro: em busca da "ética da situação". *Revista da Faculdade de Direito da UFRGS*, Porto Alegre, v. 20, pp. 211-260, 2001, pp. 228-256; REALE, Miguel. História do novo código civil. São Paulo: Revista dos Tribunais, 2005, pp. 36-45.

39 REALE, 2002, p. 301; REALE, 1999a, p. 114. Para uma compreensão total da concepção do filósofo do direito como experiência cultural, que se realiza para além das estruturas normativas (REALE, Miguel, *O direito como experiência*. São Paulo, 1968).

40 REALE, Miguel, *Teoria e prática do direito*: concubinato e sociedade concubinária. São Paulo: Saraiva, 1984, pp. 175 e 201.

41 BARRETO, [s.d.], p. 54.

dizer o que eu tinha tido: – Não há dúvida... Mas o senhor ou você – não me recordo – *veio pela polícia, tem que se demorar um pouco*[42].

Nas possibilidades trazidas pelo dedutivismo e pela tópica, cabe ao operador encontrar um ponto de equilíbrio entre o abandono da normatividade em favor da dominação das relações fáticas e a concepção de uma normatividade despida de qualquer elemento de realidade, posicionando a concreção num quadro de inteligibilidade e controle intersubjetivos, pois como adverte Judith Martins-Costa, o *excesso de concretização* (apanágio à figura do caso concreto) acaba impedindo o próprio raciocinar científico, que depende de tarefas atinentes à valoração, ordenação e sistematização de critérios[43].

É a partir desta visão do universo literário de Dostoiévski e Lima Barreto, e de suas reverberações no mundo jurídico, que se adentra na segunda parte do estudo, destinada ao exame das categorias das *incapacidades* e à construção de uma categoria de capacidade voltada ao resguardo do consentimento em face de situações de natureza existencial.

2. O sujeito de direitos e a capacidade existencial

2.1. A narração constitutiva do sujeito de direitos e das capacidades enquanto categorias voltadas à segurança do tráfico jurídico

São próximos e controversos os conceitos de *pessoa* e *sujeito de direitos*[44], *personalidade* e *capacidade*, razão pela qual cabe enfrentar as idiossincrasias etimológicas e normativas de tais termos e institutos.

---

42 BARRETO, [s.d.], p. 75.

43 MARTINS-COSTA, Judith. Prefácio. In: CACHAPUZ, Maria Claudia. *Intimidade e vida privada no novo código civil brasileiro*. Porto Alegre: Fabris, pp. 31-38, 2006, p. 35.

44 Se há diferenciações (NICOLO, Lipari. *Le categorie del diritto civile:* la soggettivita giuridica. Giufré, 2013, p. 61), é sabido que parte significativa da doutrina elenca "pessoa" e "sujeito de direitos" como sendo sinônimos (RODOTÁ, Stefano. Dal soggetto alla persona: transformazioni di una categoria giuridica. In: *Filosofia Politica*, ano XXI, n. 3, Editorale Scientifica, dez. 2007, 365). Nesse sentido, em caráter meramente exemplificativo: BEVILÁQUA, Clóvis. *Código civil dos Estados Unidos do Brasil commentado*, v. 1, Rio de Janeiro: Livraria Francisco Alves, 1916, pp. 80 e 166; FREITAS, Augusto Teixeira de. *Esboço, v.* 1, Brasília: Ministério da Justiça e dos Negócios Interiores, 1952, p. 17; CARVALHO SANTOS, J. M. *Código civil brasileiro interpretado*, Rio de Janeiro: Freitas Bastos, 1956, 1956, p. 229; FARIAS, Cristiano Chaves de; ROSENVALD, Nelson. *Curso de direito civil:* parte geral e LINDB. Salvador: Ed. JusPodivm, 2013, p. 163; LIMA, Ruy Cirne. O sujeito de direitos e o código civil. In: *Revista da Faculdade de Direito de Porto Alegre*, v. 5, n. 1, Porto Alegre: Universidade Federal do Rio Grande do Sul, pp. 13-17, 1971, pp. 13-14; SÁ, Andréa Alves de. Limites e possibilidades do sujeito de direito: comparação entre a teoria e a prática. In: *Revista*

A noção de *pessoa humana* abre o texto constitucional de 1988,[45] o que também ocorre no vigente Código Civil, o qual estabelece em seu art. 1º[46] que "*toda pessoa é capaz de direitos e deveres na ordem civil*", em conceituação que consolida a chamada *capacidade jurídica* ou *de direito*. Para o sistema jurídico o termo *pessoa* designa o ente com *personalidade jurídica*, qualidade inerente a todo ser humano[47] (enquanto ente existencial, mas não apenas a este, eis que o conceito abarca também as pessoas jurídicas), que possibilita a tais entes participarem de relações jurídicas, tornando-se titular de direitos e deveres[48]. Por deter esta qualidade no plano jurídico é que o indivíduo é normativamente chamado de *pessoa*, instituto que designa, assim, quem é dotado de personalidade.

Nesses termos, o Direito se apropria da dimensão existencial e natural do ser humano (em termos normativos, a pessoa não se confunde com a cons-

---

de Estudos Jurídicos, v. IV, n. 1, pp. 233-246, ago. 1997, p. 243; VINCENTI, Umberto. *Diritto senza identità*: la crisi delle categorie giuridiche tradizionali. Laterza, 2007.

---

45 Princípio da dignidade da pessoa humana previsto no art. 1º, inc. III.

46 Segundo Judith Martins-Costa, a norma tem um conteúdo propositivo quando dispõe que todos os seres humanos são pessoas, possuindo, ainda, uma dimensão restritiva, quando determina que somente os seres humanos (ainda que em sua dimensão coletiva) são pessoas (MARTINS-COSTA, 2009, p. 307), embora neste ensaio se defenda a inexistência de sinonímia entre ser humano e pessoa.

47 Se vulgar e coloquialmente o termo designa o "ser humano", tecnicamente é célebre a definição de pessoa como sendo *o Ser ao qual se atribuem direitos e deveres por possuir personalidade jurídica e participar, potencialmente, de relações jurídicas*. Aqui importante definir duas premissas. A primeira a de que "ser humano" é um conceito existencial e biológico situado no *Plano do Ser* (mundo natural), e que nessa condição deve ser definido por outras racionalidades que não a jurídica, tais como a biologia, a medicina, a filosofia, a teologia etc. Já *pessoa* é conceito normativo situado no *Plano de Dever-Ser* (mundo do direito), razão pela qual cabe reconhecer que esta definição tem uma natureza jurídica e, necessariamente politica e axiológica. Isso fica muito claro tanto perante a profunda discussão envolvendo as teorias natalistas e concepcionistas, como quando verificada a existência de uma exclusão histórica de seres humanos da categoria de pessoas (como ocorria com os escravos e os chamados mortos civis). Assim, embora sejam categorias com íntima e umbilical relação (eis que a definição jurídica de pessoa provocará consequências reais para os seres humanos), se constituem em expressões que não são sinônimas. Em um primeiro viés o conceito de *pessoa* é mais restrito que o de *ser humano*, eis que existem entes que podem ser considerados seres humanos (pela concepção ética, cultural, teológica de cada indivíduo), mas não serem juridicamente considerados pessoa (v.g., o que ocorre com o nascituro perante a teoria natalista). Em outra viés o conceito de *pessoa* é mais amplo do que o de *ser humano*, eis que abarca entes não humanos como as pessoas jurídicas (não descurando das teses que discutem esse enquadramento para animais não humanos, na qualidade de seres senscientes).

48 AMARAL, Francisco. *Direito civil*. Introdução. 4. ed. Rio de Janeiro, Renovar, 2002, p. 212.

ciência do "eu"), cunhando a ideia de indivíduo-pessoa como mera categoria jurídica abstrata aparelhada para o exercício de direitos subjetivos, que se constituem em um poder de atuação na ordem social[49]. Devido a seus fins ideológicos[50], o paradigma oitocentista desumanizou completamente o conceito de pessoa humana, tornando-a mero instrumento técnico-jurídico, ou seja, um mecanismo para a imputação de obrigações e deveres[51]. E os perigos da abstração do indivíduo não passaram desapercebidos do olhar arguto de Lima Barreto, na fala de Vicente Mascarenhas, como se percebe nessas duas passagens:

> A polícia, não sei como e porquê, adquiriu a mania das generalizações, e as mais infantis. Suspeita de todo o sujeito estrangeiro com nome arrevesado, assim os russos, polacos, romaicos são para ela forçosamente cáftens; todo o cidadão de cor há de ser por força um malandro; e todos os loucos hão de ser por força furiosos e só transportáveis em carros blindados[52].
> Como é que eu, em vinte e quatro horas, deixava de ser um funcionário do Estado, com ficha na sociedade e lugar no orçamento, para ser um mendigo sem eira nem beira, atirado para ali que nem um desclassificado?[53]

Já a *capacidade* diz com a aptidão para atuação na órbita jurídica, sendo atributo próprio do *sujeito de direitos*, que é o indivíduo, portanto, dotado de *capacidade* de agir na órbita jurídica[54]. Como se sabe, esta aptidão, em nível abstrato, é regulada pela categoria da *capacidade jurídica* ou *de direito* (art. 1º do Código Civil), enquanto a aptidão concreta para a prática pessoal (direta, sem representação ou assistência) de atos da vida civil é normatizada pelo instituto da *capacidade de fato* ou *de exercício* (arts. 3º, 4º e 5º do Código Civil).

---

49 MARTINS-COSTA, 2009, p. 303.

50 CASAGRANDE, Rodrigo de Jesus. Sujeito de direito: a nova e velha ótica no direito brasileiro. In: *Verba Iuris*, Curitiba, v. 3, n. 1, pp. 101-109, ago. 2000, p. 104.

51 CUNHA, Alexandre dos Santos. *A normatividade da pessoa humana*: o estatuto jurídico da personalidade e o código civil de 2002. Rio de Janeiro: Forense, 2005, p. 61; MACIEL, Fernando Antônio Barbosa. *Capacidade & entes não personificados*. Curitiba: Juruá, 2001, p. 33.

52 BARRETO, [s.d.], p. 61.

53 BARRETO, [s.d.], p. 77.

54 Devido a esta aproximação, Pontes de Miranda defende que se deve estudar primeiro o sujeito de direito, para então invadir-se a seara da pessoa, pois no seu entender "*ser pessoa é apenas ter a possibilidade de ser sujeito de direito*" (PONTES DE MIRANDA. *Tratado de direito privado*: Parte geral – Introdução. Pessoas físicas e jurídicas, t. I, São Paulo: Revista dos Tribunais, 1977, p. 153). No mesmo sentido: EBERLE, Simone. A *capacidade entre o fato e o direito*. Porto Alegre: Sérgio Antônio Fabris Editor, 2006, p. 26.

Judith Martins-Costa desvela importante traço histórico do desenvolvimento desta categoria jurídica. Diferentemente do entendimento contemporâneo, onde a capacidade é entendida de modo unitário – com base na liberdade e na igualdade de todos perante a lei –, o Direito Romano conheceu esta categoria[55] enquanto elemento essencialmente tópico, fundado no princípio do particularismo, em razão de estar revestida de *elementos de especificação* que representavam juridicamente a posição do indivíduo na sociedade (*status*)[56]. Se a capacidade sempre dependeu de requisitos físicos (condições pessoais como idade e higidez mental), nesse período também dependia de determinados fatores "sociais". Esta apreensão fragmentada se manteve nos períodos do Direito Medieval e Moderno[57], onde a categoria jurídica da capacidade permaneceu revestida de variados elementos de especificação, representativos da posição do indivíduo na ordem social. Assim, a concreção excessiva culminou na fragmentação normativa do instituto por estratificações sociais, podendo-se afirmar que não havia uma verdadeira categoria geral de capacidade.

O movimento de abstração e universalização do instituto da capacidade é explicado historicamente[58] por meio dos anseios socioeconômicos amparados (e

55 O Direito Romano ainda não compreendia a distinção entre capacidade jurídica e capacidade de exercício, a qual surge posteriormente pela doutrina de Savigny, como será delineado.

56 MARTINS-COSTA, 2009, p. 309. Os estados estavam atrelados à liberdade (*status libertatis*), cidadania (*status civitatis*) e posição familiar (*status familiae*). Nesse sentido, de uma maneira geral, detinha capacidade de atuação plena na ordem jurídica quem era livre, cidadão romano e pai de família.

57 Em uma definição meramente referencial, entende-se que o período de Direito Romano perdurou da criação de Roma até a morte do Imperador Justiniano (753a.C.-565d.C.); o Direito Medieval, da conquista de Roma até a queda de Constantinopla (476-1453); o Direito Moderno, da queda de Constantinopla até a Revolução Francesa (1453-1789); e o Direito Contemporâneo se estrutura após este evento (1789), sob os fundamentos dos pensamentos liberal e cartesiano, que no campo do Direito promoveram, dentre outras, as seguintes modificações substanciais: (i) abstração do sujeito pela noção de igualdade formal; (ii) ênfase metodológica na aplicação do Direito, derivada do racionalismo e do processo de subsunção; (iii) divisão do Estado em Poderes (teoria do *check and balances* advinda da Revolução Americana de 1787); (iv) divisão moderna entre o campo do Direito Público e Privado; (v) crença na completude e na neutralidade do Direito; (vi) cogência, generalidade e abstração como características intrínsecas da norma jurídica (sendo o Código de Napoleão o primeiro exemplo substancial de lei na acepção moderna). AMARAL, 2002, pp. 133-174; MARTINS-COSTA, Judith. Indivíduo, pessoa, sujeito de direitos: contribuições renascentistas para uma história dos conceitos jurídicos. In: *Philia&Filia*, v. 01, n 1, Porto Alegre, pp. 69-95, jan.-jun. 2010.

58 Refere Judith Martins-Costa que a questão passou pela discussão da filosofia medieval entre realistas, corrente que defende que os conceitos podem ser aplicados a todos os indivíduos da mesma espécie (ideias são universais) e nominalistas, para quem os universais são apenas nomes e conceitos, não constituindo nenhuma realidade (indivíduos é que são realidade). MARTINS-COSTA, 2010.

ideologicamente fomentados) pelo Direito[59]. E foi no Iluminismo que o Direito assumiu uma concepção abstrata e universal do *sujeito de direitos*, o que implicou, como corolário lógico, na unificação conceitual da *capacidade jurídica*, libertando esta categoria da excessiva fragmentação evidenciada até o período moderno.

Quem capitaneou esse movimento foi Domat, que assumindo como pressuposto o postulado cristão da "natureza universal do homem" (qualidade designativa de todo ser humano), cunhou uma definição jurídica de validade também universal. Em termos mais específicos, Domat constatou ser a capacidade um "elemento comum", e elevando este à universalidade, tornou possível pensar no "homem" como categoria universal, não mais fragmentado pelo seu papel social, mas como sujeito abstrato e igual aos seus pares no que respeita à capacidade para produção de atos jurídicos[60]. A partir desta construção teórica, Savigny desenvolveu o panorama normativo, tornando a pessoa elemento essencial da relação jurídica, o que culminou na distinção entre capacidade jurídica e capacidade de exercício[61].

Tais desenvolvimentos da teoria jurídica atenderam as necessidades do tráfego de bens na passagem do capitalismo mercantil (revolução comercial) para o industrial (revolução industrial), onde já surgiam os primeiros traços de impessoalidade e massificação que marcam de forma indelével a atividade comercial contemporânea. A noção abstrata de pessoa, aliada à distinção entre capacidade geral (ser sujeito de direitos) e específica (agir pessoalmente no tráfico jurídico), conferiu segurança às transações ao afastar do "mercado" as pessoas inaptas a assumirem a responsabilidade patrimonial por suas ações negociais[62] e a garantir abstratamente a validade e eficácia jurídica de relações comerciais impessoais. E como toda escolha axiológica, este panorama trouxe vantagens e desvantagens com relação ao sistema anterior[63].

59 MARTINS-COSTA, 2009, pp. 301-311. Sobre a relação do Direito com a forma de produção e circulação de bens e serviços no sistema capitalista, sugere-se a obra de Enzo Roppo, que nessa análise enfoca a principal categoria jurídica voltada à transferência de bens, que é o contrato (ROPPO, Enzo. *O contrato*. Coimbra: Almedina, 1988).

60 A doutrina oitocentista concedia relevo ao sujeito de direitos e à capacidade jurídica, em detrimento da pessoa humana e de sua personalidade. Perante este paradigma, o Direito entendia que a atuação do poder jurídico de um sujeito era mais relevante do que a pessoa a ele subjacente, o que explica a dificuldade da dogmática oitocentista com o manejo dos direitos da personalidade. CUNHA, 2005, pp. 104-105.

61 MARTINS-COSTA, 2009, pp. 312-313.

62 MARTINS-COSTA, 2009, p. 313. Embora a pretensão normativa derive em uma abstração, cabe reconhecer que, ontologicamente, a capacidade diz com a apropriação normativa de uma realidade existencial. Nesse sentido as regras do art. 1º do Código Civil/2002 e dos arts. 15, II, 100, § 5º, e 208, inc. V, da CRFB/88.

63 Interessante mencionar que atualmente o Direito apresenta um retorno ao processo de concessão de direitos de forma estratificada em diplomas que protegem vulneráveis (ex.:

Em termos de benefícios cumpre mencionar tanto a inclusão de todos na categoria de sujeitos de direitos, independentemente da classe ou da posição social que ocupem, quanto a segurança para transações comerciais e patrimoniais. Contudo, da universalização da capacidade por meio da abstração do sujeito deriva: (i) um déficit na defesa e na proteção dos direitos da personalidade e na tomada de decisões existenciais; (ii) indução ao pensamento dedutivo, com prevalência da norma sobre os fatos sociais; (iii) desconsideração do contexto fático no processo de aplicação do Direito, ou seja, desprezo pelos interesses existenciais e pela realidade ontológica da pessoa na defesa de sua personalidade (circunstâncias físicas, psíquicas e espirituais que indicam a concreta desigualdade dos seres humanos). Desta última consequência deriva tanto a abstração das categorias jurídicas, a partir do que a prática do Direito (doutrina e jurisprudência) concede mais relevância à atuação do poder jurídico de um sujeito do que ao indivíduo a ele subjacente, pensando e transformando a pessoa em meros estereótipos normatizados (v.g., credor/devedor, comprador/vendedor, proprietário/possuidor, autor/réu), quanto a abstração do sujeito no contexto social, o que é retratado com exatidão na obra de Lima Barreto.

Adentrando no mérito da técnica jurídica que se ocupa das incapacidades, evidencia-se um triplo cruzamento conceitual operante em círculos concêntricos[64]: (i) o círculo mais amplo define a capacidade jurídica (de direito ou de gozo) e a capacidade de exercício (de fato ou negocial)[65]; (ii) o círculo intermediário se situa no âmbito da capacidade de exercício, distinguindo os sujeitos capazes e incapazes; e (iii) o círculo mais restrito se encontra no universo da incapacidade (enquanto categoria jurídica), diferenciando as incapacidades em absoluta e relativa, âmbito que perdeu parte da significação

consumidor, criança e adolescente, idoso, mulher vítima de violência, estatuto da pessoa com deficiência). Mas como refere Luis Renato Ferreira da Silva (em aula proferida no PPGD/UFRGS) a adoção desse paradigma ocorre por critério distinto, pois atualmente serve para incluir pessoas na órbita jurídica, diferentemente do que ocorria até então, onde a estratificação visava a excluir pessoas da órbita de proteção do Direito.

64 MARTINS-COSTA, 2009, p. 315.

65 Conforme adverte José de Oliveira Ascensão, deve ser abandonada a concepção da capacidade como medida da personalidade, pois esta não é passível de ser medida (o homem não detém mais ou menos personalidade em razão de possuir mais ou menos capacidade de fato). A capacidade é apenas medida dos direitos que a pessoa humana tem condições jurídicas de exercer por ato próprio, jamais limitando a dimensão existencial do ser humano (ASCENSÃO, José de Oliveira. Prefácio. In: EBERLE, Simone. A *capacidade entre o fato e o direito*. Porto Alegre: Sérgio Antônio Fabris Editor, pp. 9-14, 2006, p. 13). Aquele que não possui capacidade de exercício possui plena personalidade jurídica.

(inclusive na práxis processual) com o advento do Estatuto da Pessoa com Deficiência (Lei n. 13.146/2015), o qual deslocou as causas de incapacidade absoluta (art. 3º do CC) – com exceção do critério etário – para a categoria da capacidade relativa (art. 4º do CC).

A noção de *capacidade jurídica* não traz maiores problematizações no que tange à sua aplicação, uma vez que o art. 1º do Código Civil adota um critério eminentemente naturalista e biológico: todos os seres humanos são possuidores de capacidade jurídica[66]. Cabe salientar que a lei civil é abrangente, dotando todas as "pessoas" (naturais ou jurídicas), de capacidade para a titularidade de direitos e de obrigações na ordem civil, porquanto detentoras de personalidade, excluindo formalmente deste âmbito apenas os seres humanos ainda não nascidos (e também aqueles não concebidos)[67].

Relevante considerar que nem todos aqueles que ingressam no primeiro círculo (por possuírem capacidade jurídica) possuem *capacidade de exercício*. Como estabelece Judith Martins-Costa;

> Conquanto detenham capacidade jurídica desde o seu nascimento, as pessoas surgem para a vida como incapazes para a prática de atos, lícitos ou ilícitos, de ordem pública ou privada, vindo a adquirir – ou não adquirir, ou a perder – essa capacidade conforme suas condições pessoais ou outros fatores explicitados nas leis[68].

Como antes brevemente suscitado, enquanto a capacidade jurídica se constitui em uma aptidão geral e abstrata (e que, portanto, não permite graduações), a capacidade de exercício é uma competência dotada de elementos de especificação (tais como idade, saúde etc.)[69] que estabelecem escalona-

---

66 Esta qualidade não admite graduações, não existindo "incapacidade de direito", pois este *status* não pode ser recusado ao indivíduo, sob pena de se negar sua qualidade de pessoa, despindo-o dos atributos da personalidade (GAMA, Guilherme Calmon Nogueira da; BARTHOLO, Bruno Paiva. Personalidade e capacidade jurídicas no código civil de 2002. In: *Revista Brasileira de Direito de Família*, v. 8, n. 37, Porto Alegre: Síntese: IBDFAM, pp. 27-41, ago.-set. 2006, p. 35).

67 O Direito dota os entes pré-natais de certa proteção, conforme a parte final do art. 2º do Código Civil ("*A lei põe a salvo, desde a concepção, os direitos do nascituro*") e o art. 4º do Pacto de San Jose da Costa Rica (Convenção Americana sobre Direitos Humanos de 1969): "*Artigo 4º Direito à vida: 1. Toda pessoa tem o direito de que se respeite sua vida. Esse direito deve ser protegido pela lei e, em geral, desde o momento da concepção*".

68 MARTINS-COSTA, 2009, p. 317.

69 Embora a capacidade de exercício plena seja a regra, sua aquisição depende da observância de três critérios: (i) biopsicológico, o qual observa a idade e a maturidade psicológica da pessoa; (ii) psicopatológico puro, que considera a condição psicológica da pessoa; (iii) objetivo-excepcional, relativo as diversas formas de aquisição da capacidade pela via da emancipação.

mentos e graduações, que vão da incapacidade relativa à absoluta[70]. Em se tratando de uma técnica distintiva, o essencial é conhecer os critérios utilizados, o que não é simples, pois o art. 4º do Código Civil não espelha todos os casos de incapacidade[71] e, em certas situações (como nas questões existenciais), os critérios se mostram inadequados. A obra *O jogador*, que trata do estado de compulsão do personagem-narrador, bem delineia os critérios possíveis que conduzam à incapacidade, sendo o final da obra muito representativo deste pormenor: já derrotado pelo vício, Aleksei Ivánovitch acaba comparando o seu comportamento (ou força de vontade) ao de uma criança[72].

Porém, o que aqui se pretende demonstrar é que a abstração conceitual do Direito não permite ao jurista ignorar os interesses existenciais do ser humano e a realidade ontológica da pessoa na defesa de sua personalidade, especialmente quando as circunstâncias fáticas indicam a concreta desigualdade dos seres humanos e, topicamente, demonstram a possibilidade de autodeterminação daquele considerado abstratamente como incapaz. Assim, a partir dos elementos de concreção que margeiam a noção de capacidade de exercício (saúde, idade etc.) pode-se buscar a introdução de outros fatores de especificação, conformando o instituto das incapacidades ao *princípio da desigualdade real entre as pessoas*, o que importará significativamente na defesa dos interesses existenciais e nos casos das incapacidades intermitentes[73]. É a essa discussão que se destina o tópico subsequente.

---

70 MARTINS-COSTA, 2009, pp. 312-313; CUNHA, 2005, pp. 20-21. Muito embora a capacidade de exercício conte com elementos de especificação, sua aplicação atende à lógica da abstração, o que torna os sujeitos de direitos também abstratos na sua aptidão para a produção de atos jurídicos (MARTINS-COSTA, 2009, pp. 326-327). Ainda por meio deste processo de abstração, a narração constitutiva do universo jurídico expulsou certos seres humanos do papel de atores do *Nomos* ao reduzir sua capacidade ou até mesmo cassá-la, de forma também abstrata (MARTINS-COSTA, Judith. Prefácio. In: CUNHA, Alexandre dos Santos. *A normatividade da pessoa humana*: o estatuto jurídico da personalidade e o código civil de 2002. Rio de Janeiro: Forense, pp. VII-XIV, 2005, p. VII). Contudo, importante mencionar que, embora haja um inequívoco processo de abstração também na verificação da capacidade de exercício, a qualificação da pessoa como sujeito de direitos ainda atende a uma natureza distintiva de individualidade. Nesse sentido: "Recurso Especial. Danos morais. O direito à reparação por danos morais é personalíssimo. Assim, é correta a sentença que condena a ré a indenizar cada um dos litisconsortes ativos. Não faz sentido a pretensão de indenizar o grupo familiar, que não é sujeito de direitos nem tem personalidade jurídica" (REsp 753.253, Min. Humberto Gomes de Barros, 3ª Turma, STJ, 15.12.2005).

71 MARTINS-COSTA, 2009, pp. 315-316.

72 DOSTOIÉVSKI, 2008, p. 164.

73 MARTINS-COSTA, 2009, pp. 314-315.

2.2. Os pressupostos aplicativos da capacidade existencial ou para consentir

As categorias da capacidade jurídica e de exercício exercem com maestria a função para a qual foram criadas: afastar do mercado e do tráfico negocial as pessoas que não detêm condições de se responsabilizar pelo comportamento próprio ou de terceiro. Para estes incapazes, no exercício de atos negociais, basta a representação ou assistência por pessoa razoável e com discernimento suficiente ao exercício dos atos da vida civil (ou ao menos abstratamente considerados como tal pela categoria das capacidades).

O problema surge quando se trata de suprir o consentimento do incapaz com relação aos atos situados no âmbito de sua esfera existencial, nos quais se exige daquele responsável pelo suprimento da incapacidade mais do que o mero discernimento, bom senso e razoabilidade. Aqui estamos falando de decisões íntimas à esfera de dignidade do ser humano e atinentes ao desenvolvimento de sua personalidade, tais como: submissão a tratamento de risco; doação de seus órgãos em vida; exercício de direitos sexuais e reprodutivos; sujeição coativa a procedimento de esterilização ou internação compulsórias; efetivação de procedimento de adoção ou colocação em família substituta; realização de eutanásia, ortotanásia ou distanásia; sujeição à operação de transgenitalização; formação de família por meio de casamento ou união estável; exercer guarda ou adotar; e manutenção de convivência familiar e comunitária[74].

Parece de todo evidente a insuficiência do regime de incapacidades no atendimento ao pleno exercício dos direitos da personalidade[75], razão pela qual urge que seja discutida a legitimidade da separação entre titularidade e possibilidade de exercício quando se encontram em jogo questões existenciais envolvendo o desenvolvimento humano do indivíduo abstratamente considerado como incapaz. Assim, a missão deste tópico é a de instigar o debate e construir propostas para conectar (ainda que narrativamente) a categoria das incapacidades com os valores da liberdade individual[76], autodeterminação[77]

74 Interessante mencionar que parte dessas decisões é legalmente reconhecida como existenciais, com regime diferenciado de capacidade, por diversos diplomas normativos, como os arts. 28, § 1º; 45, § 2º, do ECA e art. 6º do Estatuto da Pessoa com Deficiência (Lei n. 13.146/2015), como será enfatizado em oportunidade própria.

75 GAMA, 2006, p. 40.

76 A liberdade é um conceito político-filosófico, enquanto a autonomia privada é um conceito técnico-jurídico, correspondendo a um espaço de liberdade jurígena e, portanto, atribuída pelo Direito às pessoas, sendo relativa a uma permissão genérica de produção de efeitos jurídicos (MENEZES CORDEIRO. *Tratado de direito civil português*, t. I, 2. ed. Coimbra: Almedina, 2000, p. 217).

77 Autonomia privada e autodeterminação não se confundem, pois enquanto aquela diz com o processo de ordenação que faculta a livre constituição e modelação das relações

e autonomia privada, o que sistemicamente remete aos preceitos constitucionais da dignidade da pessoa humana e do livre desenvolvimento de sua personalidade[78].

A construção de uma linha narrativa voltada à repersonalização do Direito Privado se dá perante a necessidade (imperativo ético) de quantificação do contexto fático da pessoa, o que Judith Martins-Costa designa como a *ética da situação*[79]. Forte nesta perspectiva, a noção de sujeito de direitos evolui da ideia patrimonialista (ser pessoa é um *status* que se possui; *habere personam*) para uma dimensão existencial (ser pessoa é uma condição do que se é; *essere persona*)[80]. Interessante a passagem de Vicente Mascarenhas voltada à concreção do sujeito, negada no ambiente alienante e abstracionista da reclusão do nosocômio:

> Que dizer da loucura? Mergulhado no meio de quase duas dezenas de loucos, não se tem absolutamente uma impressão geral dela. Há, como em todas as manifestações da natureza, indivíduos, casos individuais,

---

jurídicas pelos sujeitos que nelas participam, a autodeterminação situa-se em um plano mais abrangente, dizendo com a orientação de vida e gestão de interesses referentes à individualidade do sujeito, implicando juízos de valor que normativamente se encontram associados aos princípios da dignidade e do livre desenvolvimento da personalidade humana. Nesses termos, a autonomia privada constitui-se em princípio operativo da autodeterminação do ser humano (RIBEIRO, Joaquim de Sousa. *O problema do contrato*: as cláusulas contratuais gerais e o princípio da liberdade contratual. Coimbra: Almedina, 1999, pp. 22-23 e 30).

---

78 A própria autonomia privada está vinculada à dignidade da pessoa humana e ao livre desenvolvimento da personalidade, também pelo fato de estes preceitos axiológicos traduzirem instrumentos de autodeterminação.

79 MARTINS-COSTA, 2001. Esta concepção não se afasta, necessariamente, da visão de que alcançamos o mesmo desiderato em uma perspectiva civil-constitucional, no sentido de que a busca pela existencialidade se dá perante o enquadramento do sujeito como derivativo do *status* constitucional da dignidade da pessoa humana (TEPEDINO, Gustavo José Mendes. *Temas de direito civil*, t. II. Rio de Janeiro: Renovar, 2006, pp. 341-342; GAMA, 2006, p. 29). O processo de "abstração social" contraria a ideia de dignidade subjacente ao processo de repersonalização ao sujeito, pois como observa o Ministro Carlos Britto, em voto proferido no Processo de Extradição n. 986, "todo indivíduo é um microcosmo: se faz parte de um todo social, é também um todo à parte; se faz parte de algo, é também algo à parte" (Ext 986/Bolívia, Rel. Min. Eros Roberto Grau, Tribunal Pleno STF, j. 15.08.2007).

80 Ampara esta perspectiva o processo de despatrimonialização e repersonalização do Direito Civil havido com a edição do *Codex* de 2002, sustentado pelas suas novas diretrizes conceituais (sistematicidade, operabilidade, socialidade, eticidade e concreção) que conformam o eixo central da nova codificação civil, como salientado nesse ensaio.

> mas não há ou não se percebe entre eles uma relação de parentesco muito forte. Não há espécies, não há raças de loucos; há loucos só[81].

No contexto da perspectiva supramencionada, a qualidade de pessoa passa a ser uma condição existencial, que meramente é reconhecida pelo Direito, mas não é constituída por este. Nessa nova linha de narração normativa, a ideia de pessoa (e de personalidade) é pensada para além do conjunto de normas, e o enquadramento do indivíduo na condição de sujeito de direitos deriva diretamente da sua dignidade enquanto pessoa humana.

Contudo, o alcance da dimensão existencial do sujeito de direitos conduz, em certa medida, à fragmentação deste mesmo sujeito, indicando um *pluralismo* referido a uma multiplicidade de sujeitos (por vezes difusos) a serem protegidos, o que pode ser facilmente percebido nos textos de Dostoiévski[82] e Lima Barreto[83]. Ademais, é forçoso reconhecer que as fragmentações de nossa paisagem cultural complexa (ex.: classe, gênero, sexualidade, etnia, raça, nacionalidade etc.) são responsáveis pelo constante deslocamento do lugar onde deve ser achado o indivíduo social (o qual é constantemente retirado de seu lugar no mundo)[84]. Sobre este aspecto, interessante notar que os dois protagonistas da trama literária subjacente a esta análise jurídica são indivíduos inadaptados aos seus respectivos mundos, como bem demonstra a seguinte passagem resgatada das notas de Lima Barreto:

> Aborrece-me este hospício; eu sou bem tratado; mas me falta ar, luz, liberdade. Não tenho meus livros à mão; entretanto, minha casa, o delírio de minha mãe... Oh! Meu Deus! Tanto faz, lá ou aqui... Sairei desta catacumba, mas irei para a sala mortuária que é minha casa. Meu filho ainda não delira; mas a toda a hora espero que tenha o primeiro ataque...[85]

Se a pretensão deste ensaio não alcança a reconstrução das categorias da personalidade e capacidade, almeja a construção de uma nova categoria de capacitação, no âmbito de situações que envolvam a proteção de bens da personalidade. Assim, a partir dos elementos de concreção que margeiam a noção de capacidade de exercício (saúde, idade etc.) busca-se que o operador

81 BARRETO, [s.d.], p. 11.

82 SERPA, [s.d.].

83 LIMA, 2006, p. 314; ROCHA, [s.d.].

84 FRISSO, Giovana Maria. A declaração universal dos direitos humanos e a identidade do sujeito de Direito: um retorno a valorização do homem. In: *Revista da Fundação Escola Superior do Ministério Público do Distrito Federal e Territórios*, v. 13, Brasília, pp. 263-306, 1999, p. 295.

85 BARRETO, [s.d.], p. 23.

jurídico promova: (i) a quantificação da situação concreta; (ii) a mensuração dos direitos envolvidos; (iii) a introdução de outros fatores de especificação, a fim de conformar o instituto da capacidade/incapacidade ao *princípio da desigualdade real entre as pessoas* (ou da igualdade material)[86]. Assim refere Judith Martins-Costa:

> Considerando as sorrateiras modificações nos sentidos que se escondem por detrás da continuidade aparente na superfície das palavras, então poderemos perceber que a velha palavra "capacidade", trabalhada secularmente pela dogmática como aptidão para a atuação na ordem jurídica, se presta a abranger uma nova espécie, a "capacidade para consentir", diversa da "capacidade jurídica" e da "capacidade negocial", embora a elas conexa[87].

Nesses termos, questiona-se a possibilidade de uma reconstrução conceitual que promova a figura da capacidade existencial, garantidora do direito ao consentimento para sujeitos abstratamente considerados incapazes para o desempenho de atos negociais, na condição de espécie própria[88] que visa, então, a regular a validade da autodeterminação nas relações que envolvam a esfera existencial da pessoa[89].

Salvo as hipóteses dos "loucos de todo o gênero" e "pródigos", no Código Civil de 1916 os casos de incapacidade (arts. 5º e 6º) estavam postos perante raciocínios de natureza geral-abstrata (minoridade, surdo-mudez, ausência e condição de silvícola). Como o Código Civil de 2002 originalmente inseriu como elemento de concreção na construção da (in)capacidade a presença,

86 As obras retratam narrativas onde os *status* pessoais são relevantes, principalmente na sociedade aristocrata de *O jogador*, onde a dissolução do indivíduo se dá apenas no momento sublime do encontro com o pano verde da roleta, onde todos são iguais. Já em *O cemitério dos vivos* a história pessoal, dinheiro, títulos e posição social do protagonista se diluem no todo do Hospício, mas estes critérios servem para a comutação de benefícios pessoais aos internos (BARRETO, [s.d.], p. 5, 16 e 47). Contudo, interessante notar que a prisão de cada protagonista – a compulsão pela roleta de Aleksei Ivánovitch e o Hospício de Vicente Mascarenhas – provoca consequências bem diversas: enquanto Ivánovitch se singulariza na roleta, a individualidade de Mascarenhas nunca é exercida em meio à loucura do Nosocômio.

87 MARTINS-COSTA, 2010, p. 76.

88 Embora a capacidade para consentir componha, juntamente com a capacidade negocial, o gênero "capacidade de exercício", pode ser enquadrada como espécie própria, em razão de suas particularidades (MARTINS-COSTA, 2009, pp. 324 e 343). A categorização permitiria o enquadramento como nova espécie de capacidade negocial ou como espécie autônoma de capacidade de exercício, o que efetivamente parece ser a melhor solução.

89 MARTINS-COSTA, 2009, p. 319.

ausência ou redução do *discernimento*[90], a doutrina pretendeu conformar a noção de capacidade para consentir a partir desse núcleo semântico, uma vez que o "discernimento necessário" se constituía em elemento comum tanto à incapacidade absoluta (art. 3º, inc. II) quanto à incapacidade relativa (art. 4º, inc. II)[91].

Contudo, o Estatuto da Pessoa com Deficiência (Lei n.13.146/2015) restou por suprimir o discernimento como critério de aferição da capacidade de exercício. Esta opção legislativa – questionável do ponto de vista sistêmico – ocasiona diversos problemas práticos. Em termos normativos, exemplificativamente verifica-se que uma interpretação literal do art. 4º, inc. II, do Código Civil, conduziria a incapacitação dos ébrios habituais e dos viciados em tóxico pela mera existência de drogadição, sem necessidade de verificação da real afetação do "discernimento", fator ou condição que certamente continuará a ser analisado pela jurisprudência, não obstante a supressão legal. No que tange à realidade prática, cite-se o caso de paciente internado em hospital e que se encontre em estado de incapacidade pela utilização de determinado medicamento prescrito, o qual formalmente não poderá ser impedido de deixar o hospital se puder exprimir vontade nesse sentido. A partir do novo marco normativo, a decisão sobre a restrição e a curatela passa a se centrar mais ao nível da vontade do que da cognição, o que se constitui em substancial modificação da teoria das incapacidades.

Como solução para esse impasse sugere-se a aplicação sistemática conjunta de dois dispositivos legais. Trata-se do art. 1.772 do Código Civil, o qual determina que "*o juiz determinará, segundo as potencialidades da pessoa, os limites da curatela*", e do art. 755 do Código de Processo Civil,[92] o qual estabelece em seus incisos que o juiz "*fixará os limites da curatela, segundo o estado e o desenvolvimento mental do interdito*" e "*considerará as características pessoais do interdito, observando suas potencialidades, habilidades, vontades e preferências*".

---

90 Entre as categorias da capacidade e das incapacidades, cabe reconhecer a existência de situações de "paraincapacidades", de "incapacidades intermitentes" e de "incapacidades mitigadas" (BULHÕES CARVALHO, Francisco Pereira de. *Incapacidade civil e restrições de direito*, t. II, § 422. Rio de Janeiro, Borsói, 1957, p. 403). Se estas situações não são desconhecidas da doutrina e da jurisprudência, a diferença de proteção surge ao se conectar o critério do discernimento com a proteção conferida pelo Direito à personalidade da pessoa humana, ou seja, a dignidade do indivíduo não como *homo oeconomicus*, proprietário ou contratante, mas como ser humano na facticidade de sua esfera existencial, o que juridicamente é atinente aos chamados bens da personalidade, como salienta Judith Martins-Costa (MARTINS-COSTA, 2009, p. 321).

91 O critério também é utilizado pelo Código Civil nos arts. 228, inc. II (inadmissão de testemunha), 1.549, inc. I (nulidade do casamento) e 1.860 (capacidade para testar).

92 MARTINS, Fernando Rodrigues. *A emancipação insuficiente da pessoa com deficiência e o risco patrimonial ao novo emancipado na sociedade de consumo.* No prelo.

Por meio desses novos núcleos semânticos parece possível a verificação do "discernimento", suprindo a omissão trazida pelo Estatuto da Pessoa com Deficiência e estabelecendo critério de prudência judicial[93].

Como o discernimento e a autodeterminação individual sofrem graduações materiais (em relação ao estado do indivíduo e perante a situação em que ele é chamado a decidir), na verificação da existência ou do grau de redução da possibilidade de compreensão o operador deve adotar um raciocínio por concreção, atento à facticidade e às singularidades do indivíduo, diversamente do que ocorre quando a incapacidade é positivada de forma geral e abstrata (ex.: capacidade/incapacidade em razão da idade). Tal conclusão deriva do reconhecimento de que a aferição da possibilidade de autodeterminação (possivelmente pela noção de discernimento, como aqui proposto) não é naturalmente homogênea, pois a existência de capacidade de compreensão e de autodeterminação depende da presença de uma série de elementos contextuais e funcionais da pessoa. Nesse sentido, pode haver "discernimento" para a tomada de decisão em certa situação, não havendo, para o mesmo indivíduo, capacidade efetiva para decidir (ou obrigar-se) em situações diversas.

A verificação da capacidade para tomada de decisão da pessoa requer que seja apurada a existência de algumas habilidades, relacionadas especificamente com a possibilidade de compreensão, de avaliação de alternativas e de comunicação de determinadas preferências. Tecnicamente, André Gonçalo Dias Pereira discerne quatro "momentos" estruturantes da configuração da capacidade para consentir: (i) capacidade de decidir sobre valores, ponderando racionalmente os custos e os benefícios da decisão (verificação da decisão sob o prisma do sistema de valores do sujeito); (ii) capacidade para apreciar os fatos, relacionando-os com processos causais futuros (quantificação das consequências futuras da decisão); (iii) capacidade para compreender as alternativas à decisão a ser tomada; (iv) capacidade para se autodeterminar com base nas informações recebidas (verificando se o consentimento é realmente esclarecido)[94]. Tais critérios formam uma base mínima de verificação, uma vez que o caso concreto pode exigir a análise da existência de outras competências do sujeito.

93 Caso não seja realizada esta construção, parece que a redução do discernimento deva ser substituída pela impossibilidade de expressão da vontade, conforme parâmetro hermenêutico de salvaguarda.

94 DIAS PEREIRA, André Gonçalo. A capacidade para consentir: um novo ramo da capacidade jurídica. In: *Comemorações dos 35 anos do código civil e dos 25 anos da reforma de 1975*, v. II. A parte geral do código e a teoria geral do direito civil. Faculdade de Direito da Universidade de Coimbra. Coimbra, Editora, 2006, pp. 209-213.

A qualificação e a avaliação dos critérios supramencionados também demanda juízos valorativos essencialmente tópicos, envolvendo exames relativos ao risco e ao benefício derivado da situação existencial a decidir. Nesse sentido, perante uma relação de risco-benefício favorável ao sujeito (ex.: incapaz abrigado chamado a decidir acerca de sua adoção por núcleo familiar, onde se presume tenha mais condições de se desenvolver enquanto ser humano) a tendência é exigir uma menor capacidade para a expressão do consentimento, favorecendo, assim, a efetivação do ato. Já perante uma relação de risco-benefício desfavorável ao sujeito (ex.: incapaz chamado a escolher sobre um dos pais que terá a sua guarda ou submissão a tratamento que importa em risco de morte) a tendência é exigir uma maior capacidade para a expressão do consentimento[95].

A capacidade para consentir, ainda, deve ser ajustada ao grau de autonomia do sujeito abstratamente considerado incapaz. Devem ser considerados os diferentes níveis ou graus de capacidade de decidir, que vão do simples assentimento passivo (não se opor à decisão heterônoma, que sempre deve ser informada ou construída em uma instância decisória partilhada com o "incapaz"), até a plenitude da decisão sobre a sua situação existencial atual e futura, o que pressupõe a existência efetiva de uma capacidade de tratamento racional da informação, de sopesamento das alternativas e de dedução das consequências do ato decisório (apreciação cognitiva e afetiva da situação concreta)[96].

A verificação da capacidade para consentir visa a aproveitar ao máximo as possibilidades concretas de discernimento, quando os incapazes estão aptos a expressá-lo, concretizando o princípio da autodeterminação do sujeito no maior âmbito possível[97], que pugna pela análise concreta da existência de

95 Como se sabe, no campo da bioética a ciência médica condiciona a exigência do grau de capacitação também levando em consideração a decisão tomada pelo sujeito em face da relação de risco-benefício. Assim, na relação risco-benefício favorável ao sujeito, para a aceitação a exigência é de baixa capacidade, enquanto para a recusa é de alta capacidade. Já na relação risco-benefício desfavorável ao sujeito a questão se inverte, exigindo-se alta capacidade para a aceitação (pois aquele estaria aceitando algo potencialmente desfavorável) e baixa capacidade para a recusa (ROTH, L. H.; MEISEL, A.; LIDZ, C. W. Tests of competence to consent to treatment. *American Journal of Psychiatry*, n. 134, 1977, pp. 279-284). Ocorre que, no campo do Direito, como a análise da capacidade é precedente ao chamamento do sujeito a decidir, o condicionamento da valoração da capacitação à sua decisão implicaria em uma possível tomada de decisão por aquele que decide acerca da capacidade, implicando, ainda que indiretamente, em um processo de heterodeterminação.

96 O consentimento (ato de consentir) envolve não apenas a vontade e os sentimentos do sujeito, mas também a sua adesão ao que é desejado.

97 MARTINS-COSTA, 2009, p. 337; DIAS PEREIRA, 2006, p. 200.

um espaço para a autodeterminação também dos indivíduos abstratamente considerados incapazes. Desta feita, adotar-se-ia a heterodeterminação (decisão tomada por terceiros) somente após a averiguação concreta de inexistência da possibilidade de exercício da autodeterminação perante uma decisão existencial, em razão da falta de discernimento pessoal do sujeito para a prática de determinado ato. E mesmo quando verificada a incapacidade para a tomada de decisão, na heterodeterminação deve ser construído um espaço dialogal, onde o incapaz seja consultado, ainda que de forma mediada[98].

O texto literário bem denota a agrura a que se submete um indivíduo considerado incapaz, quando chamado a raciocinar e decidir sobre questões de ordem afetiva e existencial, cabendo mencionar as palavras de Vicente Mascarenhas:

> Eu sofria honestamente por um sofrimento que ninguém podia adivinhar; eu tinha sido humilhado, e estava, a bem dizer, ainda sendo, eu andei sujo e imundo, mas eu sentia que interiormente eu resplandecia de bondade, de sonhos de atingir a verdade, do amor pelos outros, de arrependimento dos meus erros e um desejo imenso de contribuir para que os outros fossem mais felizes do que eu, e procurava e sondava os mistérios da nossa natureza moral, uma vontade de descobrir nos nossos defeitos o seu núcleo primitivo de amor e de bondade[99].

Ainda, é imprescindível mencionar que a categoria da capacidade para consentir tem uma consequência dúplice. E um primeiro viés, que talvez tenha sido aquele mais desenvolvido na fundamentação deste ensaio, serve para dar voz aos incapazes, ou seja, permitir a quantificação jurídica de sua autodeterminação, o que ocorre, por exemplo, no caso do adolescente que deve consentir com o procedimento de adoção (art. 45, § 2º, do ECA) ou que é chamado a decidir sobre a doação de seus órgãos em vida ou sobre a submissão a tratamento de risco. Porém, deve ser considerado que esta mesma categoria serve para "retirar" a voz de capazes em situações excepcionais, exigindo que pessoas abstratamente consideradas como capazes demonstrem certeza decisória ou ausência de patologias associadas à decisão, tal como ocorre na exigência de submissão a avaliação psicológica para a realização de cirurgia de transgenitalização e a verificação de ausência de doença mental nos atos de disposição sobre a própria morte (ex.: eutanásia e ortotanásia).

Feitas estas considerações, mister se faz adentrar nas bases de fundamentação teórica, axiológica, normativa e jurisprudencial ao paradigma aqui delineado.

98 MARTINS-COSTA, 2009, p. 328.

99 BARRETO, [s.d.], p. 78.

2.3. A sistematização da fundamentação teórica, axiológica, normativa e jurisprudencial acerca da categoria da capacidade existencial

Em termos teóricos, a primeira vertente de amparo à pretensão de verificação concreta da capacidade em face de atos existenciais advém de uma filosofia existencialista e mais especificamente no campo do Direito, do pensamento culturalista[100] e ontognoseológico[101], de Miguel Reale, para quem a relevância hermenêutica, no processo de realização do Direito, não está na norma, mas na *situação normada*, referindo expressamente que *"a 'concreção jurídica' caracteriza-se pelas observações das* species juris, *não em abstrato, mas no conjunto de suas circunstâncias existenciais, levando-se em conta a totalidade congruente dos motivos e fatos ocorrentes"*[102].

Ainda neste prisma, destaca-se a diretriz da eticidade[103], que conforma o texto do Código Civil de 2002, instituindo uma visão antropocêntrica e determinando a superação do caráter formalista do Direito Privado (concepção abstrata da capacidade) pela prevalência de critérios éticos (busca pela real capacidade de decidir em um contexto de decisão de natureza existencial).

Um terceiro paradigma teórico relevante, já antes mencionado, diz com o raciocínio por concreção, que é assim definido por Judith Martins-Costa[104]:

> A concreção é um método hermenêutico pelo qual as normas de dever ser [...] são compreendidas "em essencial coordenação com o caso concreto, que os complementa e lhes garante força enunciativa", assim se possibilitando a sua *determinação* ou *especificação*. [...] trata-se de um *processo multidirecional* em que direito e realidade se complementam e in-

100 REALE, 1984, pp. 54 e 165; REALE, Miguel. *O projeto de código civil*: situação atual e seus problemas fundamentais, 1986, p. 112.

101 REALE, Miguel. *Experiência e cultura*. Campinas: Bookseller, 1999, pp. 54, 60, 84 e 114; REALE, Miguel. *Filosofia do direito*. 20. ed. São Paulo: Saraiva, 2002, p. 301.

102 REALE, 1984, pp. 175 e 201. Gerson Branco desvela a junção dos pensamentos culturalista e ontognoseológico na obra de Miguel Reale: BRANCO, Gerson Luiz Carlos. *As origens doutrinárias e a interpretação da função social dos contratos no código civil brasileiro*. Dissertação (Mestrado em Direito) – Faculdade de Direito, Universidade Federal do Rio Grande do Sul, Porto Alegre, 2006, p. 62.

103 Esta diretriz foi tratada de maneira superficial quando no presente ensaio foi feita menção ao processo de repersonalização do Direito Privado.

104 Sobre o tema, remete-se às seguintes obras: ESSER, Josef. *Precomprensione e scelta del metodo nel processo di individualizione de diritto*, Napoli: Edizione Scientifiche Italiane, 1983; ENGISCH, 1968. Em termos conceituais, salienta Miguel Reale que, no plano legislativo, a concreção jurídica constitui-se na "obrigação que tem o legislador de não legislar em abstrato, para um indivíduo perdido na estratosfera, mas quando possível legislar para o indivíduo situado" (REALE, 1986, pp. 6 e 13).

> terpenetram continuamente, fornecendo os elementos necessários à decisão final. Em tal sentido, o termo "concreção" designa a construção, no caso, do significado da norma jurídica (legal ou contratual) levando-se em consideração as circunstâncias concretas do caso analisado (elementos fáticos) *em sua correlação* com determinados elementos normativos, a saber, os princípios, os postulados normativos e as regras jurídicas considerados relevantes para aquele caso. Por essa razão, concretizar implica sopesar os referidos elementos fáticos e normativos, de modo que ao "tornar concreto" o intérprete adota uma *atitude de ordenação* e de *estabelecimento de relações* compondo e entretecendo elementos de ordem fática e normativa[105].

Em termos estruturais[106], o *método concretista*[107] gravita em torno de três dados essenciais: (i) compreensão prévia do intérprete (pré-compreensão)[108]; (ii) elemento normativo a ser concretizado (categoria da capacidade); (iii) problema concreto a ser solucionado (decisão de questão de natureza existencial pela via da heteronomia ou da autonomia)[109].

---

105 MARTINS-COSTA, Judith. O método da concreção e a interpretação dos contratos: primeiras notas de uma leitura suscita pelo Código Civil. In: DELGADO, Mário Luiz; ALVES, Jones Figueirêdo (Org.). *Novo código civil*: questões controvertidas, v. 4. São Paulo: Método, 2005, p. 137.

106 HESSE, Konrad. *Elementos de direito constitucional da República Federal da Alemanha*. Porto Alegre: Sérgio Antonio Fabris, 1998, pp. 50-51, 61 e 70; HESSE, Konrad. *A força normativa da Constituição*. Porto Alegre: Sérgio Antonio Fabris, 1991, p. 22; HÄBERLE, Peter. *Hermenêutica constitucional. A sociedade aberta dos intérpretes da Constituição*: contribuição para a interpretação pluralista e "procedimental" da Constituição. Porto Alegre: Sérgio Antonio Fabris, 1997, pp. 10, 13 e 30; LARENZ, Karl. *Metodologia da ciência do direito*. 2. ed. Lisboa: Calouste, 1989, p. 160; BONAVIDES, Paulo. *Curso de direito constitucional*. São Paulo: Malheiros, 1994, pp. 228, 456 e 472; GRAU, 2003, p. 54; STRECK, Lenio Luiz. *Hermenêutica jurídica e(m) crise*: uma exploração hermenêutica da construção do direito. Porto Alegre: Livraria do Advogado, 2002, p. 244.

107 A expressão *método concretista* deve ser vista com ressalvas. Embora seja amplamente aceita pela doutrina, a forma de raciocinar por concreção não atende, necessariamente, a um pensamento galgado no ideal metódico.

108 Engisch refere que o raciocínio por concreção contempla referências tanto da individualidade do caso quanto da individualidade de quem decide (ENGISCH, Karl. *La idea de concreción en el derecho y en la ciencia juridica actuales*. Pamplona: Navarra, 1968, p. 183).

109 HECK, Luís Afonso. Apresentação. In: CACHAPUZ, Maria Claudia. *Intimidade e vida privada no novo código civil brasileiro*. Porto Alegre: Fabris, 2006, p. 14. Tais elementos são encarados de forma dialética e orgânica, pois a teoria da concreção jurídica não aceita nenhuma explicação do fenômeno jurídico que derive tão somente de um dos seus aspectos, procurando, antes, integrá-los em uma unidade sociodinâmica que detenha natureza lógico-normativa (conciliando as exigências estruturais e funcionais do Direito) (REALE, Miguel. A teoria da interpretação segundo Tullio Ascarelli. In:

Em termos axiológicos, com especial brevidade, destaca-se que a categoria da capacidade existencial está lastreada nos princípios da igualdade material (ou da desigualdade real entre as pessoas) e da autodeterminação do sujeito (ampliado ao maior âmbito possível dentro das condições subjetivas da pessoa, na condição de mandado de otimização)[110], assim como da dignidade da pessoa humana e do livre desenvolvimento de sua personalidade. Ademais, a busca pela construção de uma categoria que permita a valoração do espaço de autonomia daqueles que abstratamente são tidos como incapazes deriva da prevalência[111] do *direito da personalidade à capacidade* (o qual também detém natureza de direito fundamental), em relação ao que Marcos Bernardes de Mello chama de *direito subjetivo do incapaz à inimputabilidade*[112].

Adentrando no apoio existente no plano normativo, destaca-se que a aceitação normativa do paradigma aqui estabelecido – tanto quanto à diferenciação de regramento de situações envolvendo interesses patrimoniais e existências[113], quanto à graduação do discernimento por parte do operador (de forma tópica) – não é estranha à narração construída pelo Código Civil de 2002 acerca das incapacidades[114]. Nesse sentido: (i) art. 1.782, que prevê a mitigação da incapacidade relativa do pródigo, restringindo apenas a prática de atos que afetam a esfera de interesses patrimoniais e salvaguardando as decisões existenciais; (ii) art. 1.860, que regulando a capacidade para testar utiliza o critério da verificação tópica do discernimento; (iii) art. 1.740, inc. III, o qual determina que o tutor ouça a opinião do menor, se este já contar

REALE, Miguel. *Questões de direito*. São Paulo: Saraiva, pp. 1-16, 1981, p. 7). Assim sendo, a interpretação surge como elemento necessário e imprescindível da construção normativa, e a concreção não se debruça apenas por sobre o caso concreto, como a nomenclatura poderia falsamente indicar (HESSE, 1998, p. 63).

110 ALEXY, Robert. *Teoría de los derechos fundamentales*. Madrid: Centro de Estudios Constitucionales, 1997.

111 Em se tratando da ponderação de princípios, o juízo de equivalência somente pode ocorrer perante as circunstâncias de determinado caso concreto (ALEXY, 1997; ÁVILA, Humberto Bergmann. *Teoria dos princípios:* da definição à aplicação dos princípios jurídicos. São Paulo: Malheiros, 2006). Assim, pela análise complexa das variáveis fáticas (discernimento do sujeito, relevância dos direitos envolvidos etc.) haverá a prevalência das consequências trazidas pelo direito da personalidade à capacidade (validação da decisão autônoma) ou do direito subjetivo do incapaz à inimputabilidade (validade da decisão heterônoma).

112 MELLO, Marcos Bernardes de Mello. Achegas para uma teoria das capacidades em direito. In: *Revista de Direito Privado*, v. 1, n. 3, pp. 9-34, jul.-set. 2000.

113 MARTINS-COSTA, 2009, p. 323; DIAS PEREIRA, 2006, p. 203.

114 MARTINS-COSTA, 2009, pp. 323-324 e 343.

doze anos de idade. Destaca-se, ainda, a possibilidade de o incapaz usucapir, o que implica no reconhecimento de que este possui *animus domini*.

Outras parcelas do ordenamento jurídico expressamente admitem a suspensão dos efeitos das restrições legais ao exercício da capacidade em face de questões de cunho existencial. Em um âmbito geral, no campo do Direito Privado – embora a questão tenha extrapolado este ramo, alcançando até mesmo o plano internacional[115] e outros sistemas normativos[116] –, pode-se mencionar a validade das relações contratuais de fato (ou paracontratuais)[117] firmadas com absolutamente incapazes e os diversos atos que o Direito (embasado na lei ou no entendimento jurisprudencial) admite sejam praticados pelo relativamente incapaz sem assistência[118].

Ainda, diversos microssistemas legais trazem disposições semelhantes. É o caso do Estatuto da Criança e do Adolescente (Lei n. 8.069/90), o qual confere a estes incapazes um enorme espaço de autodeterminação nas delibe-

115 No plano internacional – sistemas europeu e interamericano de proteção – se reconhece a personalidade jurídica e a capacidade processual (*locus standi in judicio*) a indivíduos que no plano interno de seus Estados não possuam capacidade de fato, permitindo que os mesmos, em nome próprio (ou em nome das vítimas, por legitimação extraordinária), movam medidas contra agressões aos direitos humanos, as quais afrontam o núcleo dos direitos humanos, fundamentais e da personalidade. TRINDADE, Antônio Augusto Cançado. A pessoa humana como sujeito do direito internacional: In: DIREITO, Carlos Alberto Menezes; TRINDADE, Antônio Augusto Cançado; PEREIRA, Antônio Celso Alves (Coord.). *Novas perspectivas do direito internacional contemporâneo:* estudos em homenagem ao professor Celso Renato Duvivier de Albuquerque Mello, Rio de Janeiro: Renovar, 2008, pp. 500-504, 508 e 528-532.

116 Cabe mencionar que até mesmo sistemas normativos de natureza teológica adotam o critério da capacidade para consentir. Apenas para exemplificar, entre as causas que podem tornar nulo o matrimônio sacramental católico estão as chamadas falhas de consentimento, dentre as quais se destaca a falta de capacidade para consentir, prevista no cânon 1.095 do Código de Direito Canônico: "*São incapazes de contrair matrimônio: 1º os que não têm suficiente uso da razão*" (VATICANO. *Código de direito canônico da igreja*. Disponível em: <http://www.vatican.va/archive/cdc/index_po.htm> Acesso em: 9 jul. 2010).

117 As chamadas relações contratuais de fato ou paracontratuais (surgidas da proteção da confiança) advêm do contato social, comportamentos socialmente típicos (Larenz), relações comunitárias (societárias e de trabalho) e resultantes da prestação de bens e serviços essenciais (ex.: água, luz, transporte coletivo) (FERREIRA DE ALMEIDA, Carlos. *Texto e enunciado na teoria do negócio jurídico*. Coimbra: Almedina, 1992, pp. 27-28; SILVA, Clóvis Veríssimo do Couto e. *A obrigação como processo*. São Paulo: Bushatsky, 1976, p. 92; FERREIRA DA SILVA, Luis Renato. *A noção de sinalagma nas relações contratuais e paracontratuais*: uma análise à luz da teoria da causa. Tese apresentada na Universidade de São Paulo, Faculdade de Direito, jun. 2001).

118 São exemplos a capacidade para votar, celebrar contrato trabalho, ser testemunha, aceitar mandato, fazer testamento, exercer emprego público etc.

rações sobre o seu desenvolvimento[119], em especial no que respeita aos arts. 16, inc. II; 17; 28, § 1º; 45, § 2º; e 53, inc. III[120]. No mesmo sentido o paradigma trazido pelo Estatuto da Pessoa com Deficiência (Lei n. 13.146/2015), que não apenas retira esses sujeitos do rol de abstratamente incapazes, exigindo uma análise tópica e concreta de aferição, mas elenca uma claríssima diferenciação de proteção de atos negociais e existenciais nos arts. 6º, 11, 12, 84 e, especialmente, 58, o qual determina que *"a curatela afetará tão somente os atos relacionados aos direitos de natureza patrimonial e negocial"*, salvaguardando, assim, os atos relativos ao desenvolvimento da personalidade da pessoa com deficiência.

Em termos de amparo jurisprudencial[121], menciona-se o paradigma da Súmula n. 265 do STJ, a qual determina que *"é necessária a oitiva do menor infrator antes de decretar-se a regressão da medida socioeducativa"*, o que promove não apenas uma garantia formal do contraditório e da ampla defesa (eis que esta poderia ser consubstanciada pelos seus representantes materiais e processuais), mas a inclusão do incapaz na dialética da tomada de decisão pelo órgão jurisdicional.

Entende-se que as fontes teóricas, axiológicas, normativas e jurisprudenciais supramencionadas demonstram a diferenciação já reconhecida sistemicamente entre a capacitação para a prática de atos negociais e existenciais, a partir do que se entende possa ser pensado o reconhecimento de uma categoria geral que ampare os atos decisórios vinculados à essencialidade da personalidade humana.

Conclusão

Entendendo que as figuras da capacidade jurídica e de exercício foram criadas como categorias abstratas com a função precípua de conferir segurança ao tráfico negocial, o presente ensaio procurou delinear fundamentos para uma categoria geral de capacidade especialmente voltada e adaptada à gestão dos bens de personalidade.

---

119 ALBUQUERQUE, Luciano Campos de. A capacidade da pessoa física no direito civil. In: *Revista de Direito Privado*, n. 18, São Paulo: Revista dos Tribunais, 2004, p. 96.

120 São estas as disposições da Lei n. 8.069/90 que foram supramencionadas: liberdade de opinião e expressão (art. 16); direito ao respeito de autonomia, ideias e crenças (art. 17); oitiva prévia no caso de colocação em família substituta (art. 28, § 1º); consentimento prévio na hipótese de adoção de maior de doze anos (art. 45, § 2º); e oportunidade de contestação dos critérios avaliativos e de interposição de recurso às instâncias escolares superiores (art. 53, III).

121 Cumpre mencionar que escapa dos limites deste ensaio a realização de uma pesquisa abrangente acerca do entendimento dos tribunais sobre o tema em exame, proposta de análise que merece ser realizada em momento oportuno.

Aqui foi demonstrado que no consentimento que verse sobre bens existenciais não pode haver a simples aplicação das categorias da capacidade negocial, insuficientes para a conformação da dimensão ontológica da pessoa humana. Ocorre que neste âmbito existencial se exige do responsável pelo suprimento da incapacidade mais do que o mero discernimento, bom senso e razoabilidade.

No desafio de reconstrução conceitual, foram utilizadas práticas de intertextualidade com as narrações existencialistas de Dostoiévski e Lima Barreto, o que permitiu a reavaliação das categorias jurídicas por meio da literatura e a quebra de paradigmas na secular narração das *incapacidades*. A tarefa foi executada perante o processo de repersonalização do Direito Privado, o que permitiu o enquadramento do sujeito de direitos em sua realidade ontológica e como derivativo do *status* constitucional da dignidade da pessoa humana, e não mais como mero instrumento técnico-jurídico para a imputação de obrigações e deveres.

Na conformação e delimitação da categoria da capacidade para consentir ainda foi observada a validade dos institutos oferecidos pela teoria do Direito (culturalismo, eticidade e concreção), pela axiologia jurídica (princípio da igualdade material, preceito da autodeterminação do sujeito e direito à capacidade), pelo sistema jurídico (dispositivos do Código Civil e das Leis n. 8.069/90 e 13.146/2015) e pela jurisprudência (Súmula n. 265 do STJ), cujo resultado derivou das possibilidades do núcleo semântico *discernimento* – reconstruído perante os arts. 1.772 do Código Civil e 755 do Código de Processo Civil, em razão da retirada deste como critério de aferição da capacidade pelo Estatuto da Pessoa com Deficiência – com a relevância (até mesmo constitucional) da proteção dos bens da personalidade.

A partir dos elementos de concreção que margeiam a noção de capacidade de exercício, este ensaio ressaltou a importância de o operador jurídico promover a quantificação da situação concreta e dos direitos envolvidos, introduzindo novos fatores de especificação da capacidade, a fim de conformar o instituto ao *princípio da desigualdade real entre as pessoas* (ou da igualdade material).

Foi demonstrado que, perante decisões existenciais, a configuração da capacidade para consentir requer seja apurada a existência de algumas habilidades, relacionadas especificamente com a possibilidade de compreensão, de avaliação de alternativas e de comunicação de uma preferência. Mais especificamente, cabe ao operador verificar no sujeito, ao menos, a capacidade de decidir sobre valores, de racionalizar suficientemente sobre os fatos, de compreender as alternativas à sua decisão e de se autodeterminar com base nas informações recebidas, critérios que formam uma base mínima de verificação, uma vez que o caso concreto pode exigir a análise da existência de outras competências do sujeito.

A verificação da capacidade para consentir visa a aproveitar ao máximo as possibilidades concretas de discernimento, quando os incapazes estão aptos a expressá-lo, concretizando o princípio da autodeterminação do sujeito no maior âmbito possível. A partir deste preceito, defendeu-se que, na seara dos bens da personalidade, a heterodeterminação somente é válida após a averiguação tópica da inexistência da possibilidade de exercício da autodeterminação, se legitimando, ainda, apenas quando estabelecida em um espaço dialogal, onde o incapaz seja consultado, ainda que de forma mediada pelo seu representante ou assistente.

Reflexões austro-brasileiras sobre Direito e Literatura Diálogos com a obra de Judith Martins-Costa (com tradução de Política na Áustria, de Robert Musil)

Kathrin Rosenfield

Há quase trinta anos tenho a sorte de cruzar, sempre de novo, os caminhos acadêmicos da Prof.ª Judith Martins-Costa, a honra de poder contar com suas colaborações em eventos ou publicações e o privilégio de participar em prestigiosos colóquios que ela organiza. Nosso foco comum é a pesquisa e a troca de ideias em torno de temas literários e jurídicos, sobre cultura e educação envolvendo esses dois âmbitos do conhecimento.

Reconhecendo meu limitado conhecimento em matérias jurídicas, posso frisar apenas a admiração que me inspiram as inúmeras e importantes obras da Prof.ª Judith. Títulos como *A boa-fé no direito privado*[1] ou o monumental *Comentários ao novo código civil*[2] se destacam não apenas pela atualização e a modernização de uma série de institutos do Direito Privado, mas também porque oferecem ao leitor brasileiro uma melhor compreensão das nossas leis à luz das mais sofisticadas doutrinas europeias. Menciono em particular o primeiro desses dois títulos para destacar uma constante nas ricas e instrutivas contribuições literárias que Judith trouxe para o debate com os nossos colegas brasileiros e internacionais.

É característica, aliás, a abertura de suas contribuições para uma visão mais ampla sobre os horizontes do Direito. Seus ensaios e livros sempre procuram afinar o olhar para além das fronteiras geográficas e para além de estreitas delimitações históricas. A mesma amplidão de espírito manifesta-se também no viés interdisciplinar, no interesse de confrontar as preocupações

---

1 MARTINS-COSTA, Judith. *A boa-fé no direito privado:* sistema e tópica no processo obrigacional. São Paulo: RT, 1999. Recentemente reformulada e republicada como: MARTINS-COSTA, Judith. *A boa-fé no direito privado*: critérios para a sua aplicação. São Paulo: Marcial Pons, 2015; e MARTINS-COSTA, Judith. *A boa-fé no direito privado:* critérios para a sua aplicação. São Paulo: Saraiva, 2018.

2 MARTINS-COSTA, Judith. *Comentários ao novo código civil*. 2. ed. Rio de Janeiro: Forense, 2005, v. 5, t. 1; e MARTINS-COSTA, Judith. *Comentários ao novo código civil. Do inadimplemento das obrigações. Arts. 389 a 420*. 2. ed. Rio de Janeiro: Forense, 2009, v. 5, t. 2.

do Direito com outros domínios do conhecimento – os filosóficos e éticos, os literários e culturais.

Gostaria de me debruçar sobre alguns dos estudos que remontam a colaborações nos numerosos colóquios que organizamos, abordando alguns dos aspectos mais marcantes das contribuições de minha querida e admirada colega. Todas elas abordam temáticas precisas sob o foco da compreensão ética do Direito, das relações do indivíduo com o bem coletivo da sociedade, muitas delas envolvendo, explícita ou implicitamente, a questão da boa-fé – e das burlas que a boa-fé objetiva tende a sofrer nas circunstâncias muitas vezes confusas ou traiçoeiras do Brasil.

Essas questões já estavam presentes no primeiro evento, no início dos anos 1990, sobre *O Pacto Faústico e outros pactos*. Aprendi muito na época com esse pequeno tratado sobre "A noção de contrato na história dos pactos"[3] que acompanha, num primeiro momento, a transformação do Direito Romano através da Idade Média ao Código Civil Francês de 1804 – uma evolução que marca a evolução do sentido objetivo (o contrato romano não é a "expressão da manifestação da vontade humana") para o contrato como vínculo subjetivo: "O contrato visto como a suprema metáfora da liberdade individual do cidadão"[4]. A segunda e a terceira etapa leva da "força da vontade" individual à "objetivação da vontade e à massificação social", da "tutela da vontade" à tutela da confiança e à proteção da boa-fé objetiva"[5].

Indivíduo, pessoa, e sociedade, vontade e boa-fé são as noções que sempre voltam nos ensaios de Judith Martins-Costa, também quando ela lança mão das obras de Guimarães Rosa e Goethe, dos dramas de Sófocles, de Ésquilo e de Shakespeare, ou dos romances e contos de Machado de Assis. No evento de 2010, "Mutações do conhecimento. Renascimentos do homem moderno", ela apresentou a reflexão sobre "Indivíduo, Pessoa, Sujeito de Direitos: contribuições renascentistas para uma história dos conceitos jurídicos"[6]. Ela visa a demonstrar como se opera no Renascimento a reconfiguração dos termos "indivíduo", "pessoa" e "sujeito" como artefatos jurídicos que

3 MARTINS-COSTA, Judith. A noção de contrato na história dos pactos. *Organon. Revista do Instituto de Letras da UFRGS*. Porto Alegre: UFRGS, 1992, v. 6, n. 19.

4 MARTINS-COSTA, Judith. A noção de contrato na história dos pactos. *Organon. Revista do Instituto de Letras da UFRGS*. Porto Alegre: UFRGS, 1992, v. 6, n. 19, p. 22.

5 MARTINS-COSTA, Judith. A noção de contrato na história dos pactos. *Organon. Revista do Instituto de Letras da UFRGS*. Porto Alegre: UFRGS, 1992, v. 6, n. 19, pp. 24, 28 e 32.

6 Publicado em: MARTINS-COSTA, Judith. Indivíduo, pessoa, sujeito de direitos: contribuições renascentistas para uma história dos conceitos jurídicos. *Revista Philia&Filia (Philosophy, Literature and Arts/Filosofia, Literatura e Artes)*. Porto Alegre: UFRGS, 2010, v. 1, n. 1.

possibilitaram uma nova forma de apreender o mundo e de transformá-lo. Começa anotando que as noções que hoje temos da personalidade, como também a sinonímia entre "ser humano", "sujeito de direitos" e "pessoa", escondem séculos de laboriosa construção semântica e jurídica. Ela reencontra no Renascimento uma constelação já presente dois milénios antes, no Prometeu de Ésquilo: o instrumental jurídico-dogmático que elabora a noção de pessoa e viabiliza a assimilação entre indivíduo e pessoa. Ele firma as conexões entre as noções de sujeito, direito subjetivo e dignidade da pessoa, criando a base para nossa noção moderna da pessoa humana que distingue entre as categorias de "pessoa" e de "coisa", assegurando assim o tratamento dogmático adequado acerca do estatuto do embrião humano.

Além desses estudos memoráveis, o que mais me ficou na memória são dois ensaios – um apresentado num colóquio em torno de Machado de Assis, o outro sobre o tema da cordialidade. Ambos são marcos para uma reflexão profunda sobre os usos e abusos das conquistas jurídicas no nosso país (mas não apenas!) e a exploração muitas vezes oblíqua da lei devido a costumes nefastos que desviam conceitos jurídicos sofisticados dos seus objetivos, adulterando seu sentido e seus efeitos.

Vários dos seus estudos buscam demonstrar com a ajuda de obras literárias como as potencialidades do Direito e das relações obrigacionais são inoperantes na história das inovações jurídicas e econômicas brasileiras. Em particular, o ensaio "Machado, a sociedade anônima e a modernidade impossível"[7] é uma das contribuições valiosas nesse sentido. Nesse ensaio, ela reconstrói a história do instituto jurídico da "sociedade anônima" e a perversão das formas de atuação da sociedade anônima, tal como foi inventada e aplicada na Europa e nos Estados Unidos, num país de latifúndio e escravidão.

Com lucidez jurídica e sensibilidade literária, o capítulo desenha o retrato das aberrações que podem sofrer institutos jurídicos excelentes e inovadores, quando seu intuito – democrático na Europa – é inflexionado no Brasil, subjugado aos interesses de elites com mentalidade de especulador e rentista mais que do acionista de verdade. Em vez de igualizar e emancipar a população através de um instrumento jurídico revolucionário, em vez de criar novas possibilidades de integração e socialização, os ardis do rentista-"medalhão" corrompem o sentido da lei, perpetuando o privilégio.

Gostaria de mencionar mais um artigo notável da Prof.ª Judith, antes de contribuir para essa homenagem tão merecida com a tradução de um dos artigos de meu autor austríaco favorito, Robert Musil. O breve ensaio musiliano versa sobre temas afins ao que sempre estavam no centro dos debates com minha admirada colega e amiga: as formas sutis de subversão da boa-fé atra-

7 Publicado em: MARTINS-COSTA, Judith (Coord.). *Narração e normatividade. Ensaios de direito e literatura*. Rio de Janeiro: GZ, 2013.

vés de burlas culturalmente toleradas ou silenciadas. É do mais vivo interesse a contribuição ao Colóquio Ética e Cordialidade (2005) para o qual Judith trouxe uma reflexão "Sobre o princípio da insolidariedade: Os cumes das montanhas e os universos submersos"[8]. Partindo de Grossi e Müller, Judith comenta o art. 421 do Código Civil, que determina: "a liberdade de contratar será exercida nos limites e em razão da função social dos contratos", e introduz "o princípio da socialidade, formal e igualitária"[9]. A socialidade, entretanto, encontra-se subvertida no Brasil, pois nosso país "guarda resquícios de uma sociedade arcaica, patriarcal e escravocrata, para a qual a solidariedade era desnecessária – na qual, em lugar da civilidade, abstrata e cooperativa, havia a cordialidade, individualista e desigual"[10]. O artigo desenvolve como esse resíduo arcaico dos costumes individualistas redunda, por exemplo na sistemática "fraude do segurado" ou em "ações visando impedir o corte de energia elétrica por falta de pagamento." Em outras palavras, o costume cordial adultera a liberdade situada do indivíduo que vive em sociedade, em liberdade estritamente individualista que se põe a cima e à margem – ou em oposição – à vida social. Remetendo a Oliveira Vianna, Judith desmistifica as mazelas modernas e contemporâneas do velho mal da cordialidade que G. Freyre e S. Buarque de Holanda desmascaram como o avesso da aparente simpatia emotiva no Brasil – mas não só no Brasil, como também veremos no ensaio de Musil sobre Política na Áustria.

****

Começo com uma pequena introdução sobre o ensaio de Musil, intitulado *Política na Áustria*. Esse ensaio não trata propriamente de política. Reflete sobre "política" a partir de sua base cultural. Analisa, na verdade, a inflexão das intenções públicas e democráticas da política sob o impacto de costumes e práticas culturais implícitas. Trata-se, no fundo, da *Gemütlichkeit* – daquela sensibilidade emotiva austríaca que corresponde à "cordialidade" brasileira. Musil começa por ironizar a estratégia de encobrir a falta de objetividade e o pouco amor às regras e leis através do uso mistificador de ideais. Um deles

8 MARTINS-COSTA, Judith. Sobre o princípio da insolidariedade: os cumes das montanhas e os universos submersos. *Revista do Programa de Pós-Graduação em Letras*. Santa Maria: UFSM, 2006, n. 32.

9 MARTINS-COSTA, Judith. Sobre o princípio da insolidariedade: os cumes das montanhas e os universos submersos. *Revista do Programa de Pós-Graduação em Letras*. Santa Maria: UFSM, 2006, n. 32, p. 145.

10 MARTINS-COSTA, Judith. Sobre o princípio da insolidariedade: os cumes das montanhas e os universos submersos. *Revista do Programa de Pós-Graduação em Letras*. Santa Maria: UFSM, 2006, n. 32, p. 145.

é a ideia de que existiria uma misteriosa "alma austríaca", uma sensibilidade barroca que se distinguiria favoravelmente do sóbrio fleuma alemão. O leitor brasileiro descobrirá nas ironias de Musil sobre a envolvente simpatia austríaca o correspondente da desmistificação do espírito cordial brasileiro. A Áustria imperial tem afinidades com as feições esquivas da dissimulação "mineira", com as aparências mansas, amáveis e "orientais" que Sérgio Buarque de Holanda e Gilberto Freyre listam entre as características da convivência brasileira. A afabilidade cordial não passa de um pacto de cooptação e cumplicidade, com o objetivo de fugir, quando útil ou necessário, dos rigores da ética e do cumprimento de leis, regras e acordos claros.

No seu ensaio emblemático *Política na Áustria*, publicado em 1912, Musil destaca os entraves culturais que impedem a Áustria, à revelia de boas leis e intenções, a entrar na maturidade institucional, que permite desenvolver políticas adequadas para a era moderna. Apegada a velhos costumes e burlas inconscientes, a "alma austríaca" inviabiliza a vida democrática, a justiça social e a responsabilidade política, sem as quais o espírito republicano permanece um sonho vão.

Com sarcasmo mordaz, Musil fustiga as secretas resistências austríacas à modernidade do século XX que se mostram nas atitudes inconsequentes diante dos desafios sociais e culturais, políticos, científicos e econômicos que a cultura burguesa europeia impôs ao longo do século XIX. A ironia do último parágrafo dá a entender que a Áustria sequer abrira-se à era burguesa, mantendo-se, com seus costumes ambíguos e esquivos num limbo pré-revolucionário, numa fantasia barroca que torna os austríacos imunes às grandes inovações da cultura e do Estado modernos. Com ludismo barroco, Musil combate a falha oculta da simpatia barroca austríaca: sua assombrosa rigidez, e sua incapacidade de conciliar as demandas emocionais da alma com as exigências do intelecto, da razão e do conhecimento. Para os leitores de *O homem sem qualidades*, esse pequeno ensaio já prepara algumas das reflexões do grande romance.

***

Robert Musil, *Política na Áustria* (dezembro de 1912)[11]

Seria limitado associar a noção "política" de modo unilateral com o problema das nacionalidades[12]. Pois essa questão – embora seja de fato uma

11 Robert Musil. *Kleine Prosa und Stücke*. Reinbek bei Hamburg, Rowohlt, 1978, pp. 992-5.

12 O Império austro-húngaro agregava inúmeros países aspirando ao reconhecimento de sua autonomia nacional, mas apenas certos países tiveram o privilégio do estatuto ambí-

questão difícil – transformou-se, há muito, em comodidade; ela é um desvio e uma procrastinação que ultrapassam a seriedade do assunto. Como amantes murchos, que pretendem superar, sempre de novo, separações e resistências porque já adivinham que nada saberiam fazer um com o outro quando os obstáculos estivessem removidos. A paixão, em geral, é o biombo ideal que permite não ter sentimentos. Quando chegarmos ao fim do grande acerto de contas, teremos a felicidade de emoldurar com as aparências do nosso idealismo depravado até mesmo as péssimas maneiras que adotamos – e tudo isso até nas ocasiões mais triviais. Mas por trás de tudo, balançará o vazio da vida interior, como o tecido arrasado no estômago do alcoólatra.

Há poucos países que fazem política com tanta paixão quanto a Áustria; e nenhum no qual, apesar de paixões comparáveis, a política permanece tão indiferente quanto aqui; paixão [serve] como biombo e pretexto. Por fora, tudo é tão profundamente parlamentar, que podemos atirar e matar mais gente do que em outros lugares, mas [ao mesmo tempo] todas as roldanas e molas param quietas, aguardando a próxima inflexão partidária; altos funcionários, generais, conselheiros do trono podem ser insultados, podemos intimidar superiores com a ameaça de uma denúncia ao Parlamento, ganha-se dinheiro com política e troca-se bofetadas. Mas tudo isso é mais ou menos uma convenção, um jogo de cena em vista de algum acordo. O medo que se costuma suscitar, o poder que se exerce, as honras que são acumuladas permanecem inverídicos – apesar do fato que sejam perfeitamente autênticos no que diz respeito às relações reais e geralmente tidas por importantes: eles estão na alma como fantasmas, algo no qual se acredita e que se respeita, mas pelo qual perdemos todo sentimento. Levamos a sério [esses fantasmas] ao ponto de em nome deles nos sacrificarmos, mas a vida toda resta assim orientada numa direção que não tem o sentido de algo último e verdadeiro. Poderíamos ver nisso um idealismo grandioso, embora negativo. A ação nunca dá firmeza nem padrão aos austríacos. Não podemos crer na sua religiosidade, nem na sua ingênua docilidade de súditos fiéis, nem nas suas preocupações; eles apenas estão à espreita por trás de tudo isso; eles têm a fantasia passiva dos espaços não preenchidos, e, com inveja ciumenta, concedem tudo, fora o direito à compenetração séria de cada pessoa com seu trabalho – que é tão prejudicial para a alma. Os alemães, ao contrário, têm uma relação tão íntima com seus ideais, que se parecem com aquelas fiéis esposas coladas nos seus maridos como um maiô molhado.

guo de autonomia-na-subordinação do qual gozava a Hungria. Consequentemente, as tensões políticas e econômicas se desdobraram em reivindicações étnicas que alcançaram um ponto culminante ao final da primeira década do século XX, levando – devido à infeliz concatenação com a crise geopolítica europeia – à eclosão da Primeira Guerra Mundial.

No estado atual, no entanto, o que tem mais peso é a falta de sentido, e o passatempo preferido é fazer barulho. A exibição dos músculos ainda é um sinal de fraqueza, ao passo que alhures o simulacro de fraqueza já anuncia massas e forças represadas. Assim, o parlamentarismo alemão se compara a um pangaré no arado que protesta contra a chicotada abanando o flanco dolorido com o rabo, e vemos na vida pública [alemã] paixões que não impedem, lá no fundo, bocejos entediados vindo do âmago sóbrio. Nós, porém, não sabemos quem, nem o que deixamos reinar sobre nós; volta e meia começa um furacão e todos os ministros caem num instante, como ginastas experimentados, – *porém*: eis que o furacão se acalma e seus sucessores já ocupam a exata mesma posição dos anteriores. Ocorreram pequenas mudanças – elas garantem alguma satisfação profissional, embora restem incompreensíveis para o público externo; mesmo assim, também esse público se declara de pronto satisfeito e serenado. Há algo inquietante nesse ritmo obstinado sem melodia, sem palavras, sem emoção. Deve haver, em algum lugar desse estado, um segredo, uma ideia. No entanto, não há como evidenciá-la. Esse segredo não está na ideia do estado [austro-húngaro], ele não é de ordem dinástico, e tampouco se refere à simbiose cultural dos povos diversos que compõem esse Estado (a Áustria poderia ser um experimento de dimensão mundial!), – e há de se suspeitar que tudo isso é apenas o movimento que traduz a falta de uma ideia propulsora, como o cambalear de um ciclista que não pedala para frente.

O mal-estar político costuma ter suas causas no mal-estar cultural. Política na Áustria não tem fins humanos, mas apenas austríacos. Nela, não se adquire um Eu nem uma identidade, embora possa-se alcançar inúmeras outras coisas com ela; e tampouco há qualquer Eu que possa manifestar-se a partir dela. Os instrumentos da democracia social não são, aqui, suficientemente firmes, nem há qualquer outro contraste – por exemplo, entre, de um lado, o pulsar espiritual de algumas pessoas com inquietações, vivendo como parasitas magníficos dos resíduos da Alemanha mercantil, de outro, o legalismo (*Rechtmässigkeit*) dos proprietários de terras que vivem com dois pés na Bíblia, e com os outros dois enraizando-se no solo. A estrutura social é até o topo um misto homogêneo dos modos do *Bürger* e do cavaleiro cordial[13]. Nosso estado natural é a disposição fina e saudável. Um ajudante

13 NdT: *Bürger*, em alemão, não é bem o burguês, mas um termo que alia a identidade cívica, a econômica e a social do cidadão; ao passo que o "*cavaleiro*" (sobretudo em compostos como *Kavaliersmoral*, *Kavaliersdelikt*), é o sujeito dúbio, sobrevivente da sociedade aristocrática e do antigo patriciado que perderam sua legitimidade, embora exerçam ainda seus privilégios, desconsiderando as leis e os costumes que valem para o grande número [que grande número? o povo em geral?a grande maioria]. Eis a razão pela qual acrescentei o adjetivo "cordial", tão evocativo para as relações brasileiras.

de cabelereiro que durante suas artificiosas ondulações confessou seus ideais às damas da alta aristocracia, por pouco não fez uma carreira como poeta alemão, não tivesse ele vestido numa festa, por engano, um casaco de pele que ainda não lhe pertenceu. Ele já ia e vinha nas mais nobres casas, lia suas poesias durantes os chás, e nossa famosa imprensa burguesa, sem dúvida, não teria resistido por mais tempo a esse calígrafo das cabeleiras. Pois a *finesse* é também o fraco dela.

Não há aqui nas terras austríacas a grande antítese de ideias opondo a burguesia e a aristocracia. Essa encontrou sua expressão, também alhures, apenas de modo superficial e distorcido – ou seja, no âmbito do Liberalismo – e ela é hoje ocultada pela antítese econômica: proletariado – propriedade, embora esta seja apenas um desvio na marcha daquela. No entanto, em Estados de maior importância, com comércio mundial e pano de fundo de relações internacionais, desenvolveu-se, nesse meio tempo, algo novo, um paradoxo: uma base quebradiça e desprovida de espírito, em cujas frinchas e frestas a cultura viceja – não obstante as atitudes desfavoráveis do Estado – e viceja melhor que na superfície razoavelmente adequada [dos favores estatais]. A arte não cumpre mais seus fins por intermédio do Estado, como antigamente em Atenas ou Roma, mas em vez de valer-se da perfeição do todo, e contar com ele (o que permitiria inúmeras intensificações), vale-se de suas imperfeições, lacunas e fraquezas, as quais não permitem mais nem alcançar tudo, nem estrangulá-lo. O que distingue a identidade cultural do nosso tempo de todos os outros é a dissolução pelo número incontável, a solidão e o *tornar-se anônimo de cada pessoa singular numa massa crescente*, e isso traz uma nova postura espiritual, cujas consequências ainda são incalculáveis. Como exemplo mais falante, observe-se aquela mínima quantia da nossa arte séria, que se destaca pela sua incapacidade de ser ao mesmo tempo boa e de agradar a muitos; isso é, de fato, uma novidade única, que ultrapassa de longe as disputas convencionais sobre arte e estética, significando, ao que parece, o início de uma nova função da arte.

No entanto, a condição real dessa cultura [moderna] é a burguesia no sentido do espírito cívico e burguês. Pois entre as atribuições burguesas está a de produzir famílias – à condição que essas de pronto se dissolvam; a obrigação, portanto, de evitar a tradição, os ideais hereditários e os costumes, e de eliminar todas aquelas coisas que servem para aprender a andar, mas que impedem a corrida livre. A missão cultural burguesa é de não cuidar ela mesma da cultura – devido aos negócios –, mas de gastar determinadas somas *para* a cultura. Não produz homens fascinantes, protótipos, e tampouco aquela tentação ligada a estes: a tentação do flerte com um tipo ideal oriundo do círculo mais próximo e mais recente da realidade humana, em vez de inventá-lo – com fantasia ilimitada – a partir das possibilidades humanas. A cultura burguesa deixa o criador, que não mais pertence ao seu próprio âmbito, ser um desconhecido – um ser que é mais ideia e intuição do que homem de carne e osso – de forma que ele possa criar no laboratório das almas-de-diversas-formas, sem ter a responsabilidade do fabricante oficial que é obrigado, de imediato, a garantir a utilidade do seu produto. E até mesmo a incompreensão com que [a cultura burguesa] acolhe os cultos termina sendo uma vantagem para esses, pois a indecisão no juízo é hoje o que será a falta de preconceito de amanhã.

Na Áustria, essa força cívica e burguesa não existe; o destino ainda quer que cada austríaco seja criado como austríaco apenas através de uma recomendação pessoal, e continua sendo muito difícil não honrar esse costume. Por isso, amamos as catástrofes que nos livram da responsabilidade; por isso precisamos da infelicidade que produz veementes gesticulações e apaga cada indivíduo, tornando-o convencional. Vivemos nossas vidas políticas como uma epopeia heroica da Sérvia, já que o heroísmo é a forma mais impessoal da ação. A pequena Jeanne de Domrémy foi uma vaqueira vestindo calças, o penitente ganhou suas pulgas ao longo da ascese, o herói tem que observar os limites da ação heroica que coloca entraves como a jaula a um animal; sua vestimenta ficou dura como uma tábua pelo sangue, o suor e o pó, mas ele não pode tomar banho, tem assaduras da roupa rígida – ele chacoalha como um núcleo maluco no seu invólucro; seu horizonte é apertado e não passa do que vê a *fovea centralis*, seus olhares ficam emperrados em poucos objetos. A indigência pertence ao herói como a febre à doença. Cada façanha violenta tem por isso alguma aura patológica, uma consciência reduzida, uma derradeira ascensão em redemoinhos e rompantes progressivos. O herói político na Áustria, no entanto, incarna a redução da consciência também sem ascensão. É um vício maligno, adquirido em frequentes doenças, um vício que, com razão, não é levado a sério, mas que não se perderá enquanto não existirem conteúdos que mobilizem o raio inteiro da consciência.

Parte III

O PRINCÍPIO DA BOA-FÉ: CRITÉRIOS PARA SUA APLICAÇÃO

Alcance e limites da "presunção de boa-fé": custos probatórios e normas profiláticas no Direito Privado

Mariana Pargendler

If men were angels, no government would be necessary.
James Madison, The Federalist n. 51 (1788)

Introdução

Nas últimas décadas – na esteira da publicação da já clássica obra da Professora Judith Martins-Costa sobre *A boa-fé no direito privado*[1] em 1999, bem como de uma série de importantes trabalhos subsequentes[2] – a boa-fé tem assumido papel central no Direito brasileiro. Consagrada pelo Código Civil de 2002, a boa-fé objetiva vem sendo acolhida com enorme entusiasmo por nossos tribunais, que não hesitam em recorrer ao conceito nas mais diversas áreas do Direito e com os mais variados objetivos. A adesão à boa-fé foi tamanha que a própria autora, em posterior estudo sobre o tema, passa a alertar para a tendência de "hiperinvocação" do conceito como "espécie de *princípio passe-partout* que a tudo embala na mesma genérica etiqueta"[3].

O crescente apelo à boa-fé pela doutrina e jurisprudência, portanto, nem sempre vem acompanhado das devidas *distinções* que Martins-Costa preconiza[4].

---

1 MARTINS-COSTA, Judith. *A boa-fé no direito privado:* sistema e tópica no processo obrigacional. São Paulo: Revista dos Tribunais, 1999.

2 Veja-se, a título exemplificativo: MARTINS-COSTA, Judith. *Comentários ao novo código civil. Do inadimplemento das obrigações. Arts. 389 a 420*, v. V, t. II. 2. ed. Rio de Janeiro: Forense, 2008; MARTINS-COSTA, Judith. *Comentários ao novo código civil. Do direito das obrigações – Do adimplemento e da extinção das obrigações. Arts. 304 a 388*, v. V, t. I. 2. ed. Rio de Janeiro: Forense, 2005; MARTINS-COSTA, Judith. Os campos normativos da boa-fé objetiva: as três perspectivas do direito privado brasileiro. *Estudos de direito do consumidor*, 2004, v. 6, pp. 85-128; MARTINS-COSTA, Judith. A boa-fé objetiva e o adimplemento das obrigações. *Revista Brasileira de Direito Comparado*, 2004, v. 25, pp. 229-282; MARTINS-COSTA, Judith; BRANCO, Gerson Luiz Carlos. *Diretrizes fundamentais do novo código civil*. São Paulo: Saraiva, 2002.

3 MARTINS-COSTA, Judith. *A boa-fé no direito privado:* critérios para a sua aplicação. São Paulo: Marcial Pons, 2015, p. 443.

4 MARTINS-COSTA, Judith. *A boa-fé no direito privado:* critérios para a sua aplicação. São Paulo: Marcial Pons, 2015, p. 259 ("A dogmática jurídica seria inútil se indiferente fosse à técnica das distinções", assevera a autora).

No que concerne ao conceito de boa-fé, a mais basilar *divisio* – sublinhada por Martins-Costa desde o seu primeiro livro sobre o tema[5], mas nem por isso já integralmente assimilada pelos operadores do Direito[6] – é aquela entre a boa-fé subjetiva e a boa-fé objetiva. Tendo o exame desta última sido magistralmente conduzido pela obra da autora[7], busca-se aqui contribuir para a análise "da outra boa-fé", a subjetiva – reconhecida há mais tempo na prática jurídica nacional, mas nem por isso imune a dúvidas e equívocos quanto ao seu significado e regimes jurídicos.

O argumento central a ser abordado é o de que, diante da indevida confusão conceitual entre boa-fé objetiva e subjetiva, os aplicadores do Direito vêm, por vezes, erroneamente atribuindo força normativa a esta última. Nos últimos anos, têm proliferado decisões que aludem à existência de um "princípio geral da presunção de boa-fé" no Direito brasileiro, fundamentando-o, por vezes, nos ditames da boa-fé objetiva. A referida presunção tem sido utilizada de forma ampla, inclusive para afastar a letra da lei quando esta parece presumir o comportamento autointeressado ou malicioso.

Neste breve capítulo, pretende-se explicar por que (i) inexiste um princípio geral de presunção de boa-fé no Direito positivo brasileiro apto a afastar regras legais expressas em sentido contrário e (ii) há boas razões para tanto, de modo que a criação jurisprudencial nesse sentido é equivocada. O desenvolvimento desse argumento tomará como base tanto razões de dogmática jurídica quanto considerações de política pública – recorrendo-se, nesse último caso, a lições de Direito e Economia. Para tanto, analisaremos como o problema se apresenta em duas controvérsias paradigmáticas do Direito Civil e Comercial brasileiro, relativas (i) ao regime jurídico aplicável à cobertura do suicídio em contratos de seguro de vida, conforme disciplina prevista no art. 798 do Código Civil, e (ii) ao significado e aos efeitos jurídicos do conflito de interesses para fins de impedimento de voto, nos termos do art. 115 da lei acionária brasileira.

---

5 MARTINS-COSTA, Judith. *A boa-fé no direito privado:* sistema e tópica no processo obrigacional. São Paulo: Revista dos Tribunais, 1999, pp. 410-427.

6 MARTINS-COSTA, Judith. *A boa-fé no direito privado:* critérios para a sua aplicação. São Paulo: Marcial Pons, 2015, p. 693.

7 MARTINS-COSTA, Judith. *A boa-fé no direito privado:* critérios para a sua aplicação. São Paulo: Marcial Pons, 2015, p. 40 ("Já quanto às acepções, o idioma português, tal qual o italiano, o espanhol, o francês e o inglês, dispõe de uma mesma e única expressão linguística para designar duas realidades jurídicas diversas a que são atribuídas distintas funções, gerando, cada qual, específicas e inconfundíveis eficácias normativas, discernidas pelo adjetivo: a boa-fé subjetiva e a boa-fé objetiva. Apenas essa última é objeto de estudo neste livro, embora a boa-fé subjetiva compareça tanto para efetivar-se a distinção, quanto para indicar um estado de confiança objetivado ou objetivável, segundo critérios (por exemplo, os usos").

A exposição será organizada da seguinte forma. A seção I descreverá sucintamente como a ideia de que a "má-fé não se presume" vem sendo utilizada para afastar a aplicação literal da lei em dois casos relevantes de Direito Privado. A seção II retomará a distinção fundamental entre boa-fé subjetiva e objetiva, sublinhando o caráter fático da primeira e normativo da segunda. A seção III examinará o regime aplicável à presunção de boa-fé (subjetiva), demonstrando inexistir princípio geral sobre a matéria no Direito positivo brasileiro, seja para presumir a boa-fé, seja para presumir a sua ausência. A seção IV desenvolverá o conceito de "normas profiláticas", técnica jurídica tradicionalíssima e dotada de forte racionalidade econômica – e que, portanto, merece ser preservada. Por fim, a seção IV apresentará brevemente as principais conclusões.

1. Dois casos paradigmáticos sobre a presunção de boa-fé

Partindo dos problemas concretos, passa-se agora a analisar duas controvérsias jurídicas recentes nas quais a ideia de que a "má-fé não se presume" tem sido invocada. Elas se referem à interpretação (i) da regra contida no art. 798 do Código Civil, que afasta a cobertura do seguro de vida em caso de suicídio cometido nos primeiros dois anos de vigência inicial do contrato, e (ii) da disposição prevista no art. 115, § 1º, da Lei n. 6.404, de 1976 (Lei das Sociedades por Ações – "LSA"), segundo a qual "o acionista não poderá votar nas deliberações da assembleia-geral" que "puderem beneficiá-lo de modo particular, ou em que tiver interesse conflitante com o da companhia". Em ambos os casos, a noção de que a má-fé não se presume foi aduzida para afastar a expressa dicção legal, a qual – vale frisar – não faz qualquer referência ao conceito de boa-fé ou má-fé.

1.1. Art. 798 do Código Civil

O art. 798 do Código Civil de 2002 dispõe que o "[o] beneficiário não tem direito ao capital estipulado quando o segurado se suicida nos primeiros dois anos de vigência inicial do contrato, ou da sua recondução depois de suspenso, observado o disposto no parágrafo único do artigo antecedente". Seu parágrafo único, por sua vez, diz que, "ressalvada a hipótese prevista neste artigo, é nula a cláusula contratual que exclui o pagamento do capital por suicídio do segurado". O texto legal parece deixar pouca margem para dúvidas: a hipótese de suicídio fica excluída da cobertura do contrato de seguro de vida nos dois primeiros anos da sua vigência, mas obrigatoriamente incluída na sua cobertura após esse período, por força de regra legal de natureza cogente.

Não obstante, o dispositivo em questão veio a suscitar relevante controvérsia jurisprudencial, a qual foi, inclusive, objeto de elucidativo parecer de Judith Martins-Costa[8]. Conforme explica a jurista em sua ampla digressão histórica sobre a jurisprudência anterior ao Código Civil de 2002 e o processo legislativo que antecedeu a sua promulgação, a adoção do art. 798 tinha o claro objetivo de afastar o regime jurídico anteriormente vigente. Em síntese apertada, sob a égide do art. 1.440 do Código Beviláqua, a cobertura do suicídio dependia de sua caracterização como "voluntário" ou "involuntário"[9] – pelo que se veio a entender que apenas o suicídio premeditado anteriormente à contratação (dito voluntário) afastaria o dever de indenizar por parte da seguradora. Contudo, é certo que a comprovação da premeditação do suicídio[10], exigida por súmulas dos tribunais superiores, representava verdadeira "prova diabólica" para a seguradora relativamente às intenções do segurado, a qual, quando bem conduzida, levaria à "pesquisa invasiva de sua privacidade ou exposição de suas mais íntimas dores"[11]. Diante dessas dificuldades, a codificação de 2002 procurou abandonar o critério da voluntariedade/premeditação do suicídio, que depende de prova, em prol de um critério objetivo de natureza temporal.

Ocorre que, mesmo após a promulgação do novo diploma, muitos tribunais inicialmente mantiveram o posicionamento jurisprudencial anterior para impor a cobertura securitária do suicídio cometido dentro do prazo de dois anos a partir da celebração do contrato, salvo se a seguradora efetivamente provasse a premeditação do ato. A manutenção do antigo entendimento jurisprudencial em face de alteração legislativa destinada a alterá-lo não pode deixar de surpreender.

Qual foi, então, o fundamento utilizado pelos tribunais para afastar a clara dicção do texto legal? Justamente o princípio da boa-fé, consagrado pelo novo Código, o qual obstaria a "presunção de má-fé" suscitada pela interpre-

---

8 MARTINS-COSTA, Judith. Contrato de seguro. Suicídio do segurado. Art. 798, código civil. Interpretação. Diretrizes e princípios do código civil. Proteção ao consumidor. *Revista Brasileira de Direito Civil*, 2014, v. 1, pp. 223-270.

9 *In verbis*: "Art. 1.440. A vida e as faculdades humanas também se podem estimar como objeto segurável, e segurar, no valor ajustado, contra os riscos possíveis, como o de morte involuntária, inabilitação para trabalhar, ou outros semelhantes. Parágrafo único. Considera-se morte voluntária a recebida em duelo, bem como o suicido premeditado por pessoa em seu juízo".

10 Cf. Súmula n. 105 do Supremo Tribunal Federal, editada em 13 de dezembro de 1963 ("Salvo se tiver havido premeditação, o suicídio do segurado no período contratual de carência não exime o segurador do pagamento do seguro"); Súmula n. 61 do Superior Tribunal de Justiça, editada em 14 de outubro de 1992 ("O seguro de vida cobre o suicídio não premeditado").

11 MARTINS-COSTA, Judith. Contrato de seguro. Suicídio do segurado. Art. 798, código civil. Interpretação. Diretrizes e princípios do código civil. Proteção ao consumidor. *Revista Brasileira de Direito Civil*, 2014, v. 1, p. 260.

tação literal do art. 798. No julgamento do Agravo Regimental em Agravo de Instrumento n. 1.244.022, em 2011, em decisão que inclusive cita extensamente as lições de Martins-Costa sobre o papel da boa-fé na interpretação[12], a Segunda Seção do STJ assentou:

> O dispositivo contido no Código Civil de 2002 não teve o condão de revogar a jurisprudência tranquila da Corte, cristalizada na Súmula 61, sobretudo porque o novo diploma legal não poderia presumir a má-fé de um dos contratantes, sendo um dos fundamentos principais do Código Civil justamente a boa-fé.
> Segundo os princípios norteadores do Código Civil, o que se presume é a boa-fé, devendo a má-fé ser sempre comprovada (grifou-se)[13].

---

12 O trecho citado é o seguinte: "Segundo já assinalava Couto e Silva na década de 60, 'não se pode recusar a existência de relação entre a hermenêutica integradora e o princípio da boa-fé'. Com efeito, a primeira função, hermenêutico-integrativa, é a mais conhecida: atua aí a boa-fé como cânon hábil ao preenchimento de lacunas, uma vez que a relação contratual consta de eventos e situações, fenomênicos e jurídicos, nem sempre previstos ou previsíveis pelos contratantes. A conjuntiva que assinala a denominação desta função deve ser bem marcada. 'Em muitos casos' – é novamente Clóvis do Couto e Silva que o ensina – é difícil determinar, com firmeza, o que é resultado do princípio da boa-fé e o que é conquista da interpretação integradora'. Esta, embora sirva para 'aumentar o conteúdo do negócio jurídico', tem, todavia, como ponto nuclear, 'a pesquisa e explicitação volitiva das partes no momento da constituição do negócio, não abrangendo, por consequência, as mesmas situações atingidas pelo princípio da boa-fé, o qual traça uma órbita bem mais ampla, assumindo, por vezes, função limitadora de direitos [...] e alcançando todos os momentos e fases do vínculo, desde o seu nascimento até o inadimplemento de deveres e obrigações'. [...] Os passos essenciais à plena realização desta técnica hermenêutica se iniciam com a constatação de que, na interpretação das normas contratuais, deve cuidar o juiz de considerá-las como um conjunto significativo, partindo para tal escopo, do complexo contratual concretamente presente – o complexo de direitos e deveres instrumentalmente postos para a consecução de certa finalidade e da função social que lhes é cometida. Em todo e qualquer contrato, mas com particular relevância nos de trato sucessivo ou de execução diferida, as cláusulas e disposições contratuais não devem ser apartadas do conjunto formado pelas demais disposições que, eventualmente, passarem a integrar o complexo contratual ao longo do tempo de sua vigência. Por igual, infletem na formação deste conjunto significativo as circunstâncias concretas do desenvolvimento e da execução contratual visualizadas como um todo" (MARTINS-COSTA, Judith. A *boa-fé no direito privado:* sistema e tópica no processo obrigacional. São Paulo: Revista dos Tribunais, 1999, pp. 428-430)".

13 Superior Tribunal de Justiça. Segunda Seção. Agravo Regimental em Agravo de Instrumento n. 1.244.022-RS. Rel. Min. Luis Felipe Salomão, j. 13.04.2011, *DJ* 25.10.2011, assim ementado: "Agravo regimental em agravo de instrumento. Ação de cobrança. Seguro de vida. Suicídio cometido dentro do prazo de 2 (dois) anos de início de vigência da apólice de seguro. Negativa de pagamento do seguro. Art. 798 do CC/2002. Interpretação lógico-sistemática. Boa-fé. Princípio norteador do diploma civil. Presunção. Necessidade de prova da premeditação para afastar-se a cobertura securitária.

Esse entendimento somente veio a ser revertido em 2015, quando a Segunda Seção do Superior Tribunal de Justiça passou a acolher o argumento central desenvolvido no parecer de Judith Martins-Costa, a saber, o de que o art. 798 consagra critério objetivo, o qual absolutamente afasta a investigação acerca da premeditação do suicídio e da boa-fé ou má-fé do segurado[14] – posicionamento que culminou na edição da Súmula n. 610 em 2018[15]. No

Precedente. Acórdão do tribunal. Análise de provas. Afastada a premeditação. Revisão. Súmula 7/STJ. Agravo regimental a que se nega provimento. 1. Nas razões do recurso especial, não foi evidenciado de que forma o acórdão recorrido teria vulnerado os arts. 130, 330, 331 e 332 do CPC. Incidência da Súmula 284/STF. 2. A interpretação do art. 798, do Código Civil de 2002, deve ser feita de modo a compatibilizar o seu ditame ao disposto nos arts. 113 e 422 do mesmo diploma legal, que evidenciam a boa-fé como um dos princípios norteadores da redação da nova codificação civil. 3. Nessa linha, o fato de o suicídio ter ocorrido no período inicial de dois anos de vigência do contrato de seguro, por si só, não autoriza a companhia seguradora a eximir-se do dever de indenizar, sendo necessária a comprovação inequívoca da premeditação por parte do segurado, ônus que cabe à Seguradora, conforme as Súmulas 105/STF e 61/STJ expressam em relação ao suicídio ocorrido durante o período de carência. 4. "O art. 798 do Código Civil de 2002, não alterou o entendimento de que a prova da premeditação do suicídio é necessária para afastar o direito à indenização securitária" (REsp 1.077.342/MG, Rel. Min. Massami Uyeda, 3ª Turma, j. 22.06.2010, *DJe* 03.09.2010). 5. Não há falar-se em violação ao art. 333, I, do CPC, uma vez que, nos termos do precedente citado, compete à Companhia Seguradora a prova da ocorrência de premeditação no suicídio ocorrido nos primeiros dois anos de vigência do contrato, para se eximir do pagamento da cobertura securitária contratada. 6. Na hipótese, a Corte Estadual expressamente consignou que os elementos de convicção dos autos evidenciam que o suicídio não foi premeditado. Entender-se de forma diversa demandaria necessária incursão nos elementos fático-probatórios dos autos, com o consequente reexame de provas, conduta vedada em sede de recurso especial, ante o óbice previsto na Súmula 7/STJ, consoante afirmado na decisão ora agravada. 7. Agravo regimental a que se nega provimento.

14 Superior Tribunal de Justiça. Segunda Seção. Recurso Especial n. 1.334.005-GO. Rel. Min. Paulo de Tarso Sanseverino. Rel. p/ acórdão Min. Maria Isabel Galotti, j. 08.04.2015, *DJ* 23.06.2015, assim ementado: "Recurso especial. Ação de cobrança. Seguro de vida. Suicídio dentro do prazo de dois anos do início da vigência do seguro. Recurso especial provido. 1. Durante os dois primeiros anos de vigência do contrato de seguro de vida, o suicídio é risco não coberto. Deve ser observado, porém, o direito do beneficiário ao ressarcimento do montante da reserva técnica já formada (Código Civil de 2002, art. 798 c/c art. 797, parágrafo único). 2. O art. 798 adotou critério objetivo temporal para determinar a cobertura relativa ao suicídio do segurado, afastando o critério subjetivo da premeditação. Após o período de carência de dois anos, portanto, a seguradora será obrigada a indenizar, mesmo diante da prova mais cabal de premeditação. 3. Recurso especial provido".

15 Súmula n. 610, editada em 25 de abril de 2018: "O suicídio não é coberto nos dois primeiros anos de vigência do contrato de seguro de vida, ressalvado o direito do beneficiário à devolução do montante da reserva técnica formada". Na mesma ocasião, cancelou-se a Súmula n. 61, segundo a qual "[o] seguro de vida cobre o suicídio não premeditado".

entanto, nem o parecer, nem o acórdão da Segunda Seção examinaram de forma mais detida o princípio, referido nas decisões anteriores e citado no voto vencido do Ministro Paulo de Tarso Sanseverino (cuja tese de doutorado Martins-Costa orientou), segundo o qual "a boa-fé é sempre pressuposta, enquanto a má-fé deve ser comprovada"[16]. Antes de enfrentar este ponto, porém, cumpre analisar mais uma questão importante, desta vez na seara societária, que a presunção de boa-fé tem sido chamada a solucionar.

1.2. Art. 115, § 1º, da LSA

A parêmia de que "a má-fé não se presume" também tem aparecido no contexto da controvérsia relativa ao tratamento do conflito de interesses, e do eventual impedimento de voto, de acionistas em sociedades anônimas. A questão concerne à interpretação do art. 115, § 1º, da LSA. Reza o *caput* do art. 115:

> O acionista deve exercer o direito a voto no interesse da companhia; considerar-se-á abusivo o voto exercido com o fim de causar dano à companhia ou a outros acionistas, ou de obter, para si ou para outrem, vantagem a que não faz jus e de que resulte, ou possa resultar, prejuízo para a companhia ou para outros acionistas.

Já o § 1º do artigo citado dispõe:

> O acionista *não poderá votar* nas deliberações da assembleia-geral relativas ao laudo de avaliação de bens com que concorrer para a formação do capital social e à aprovação de suas contas como administrador, *nem em quaisquer outras que puderem beneficiá-lo de modo particular, ou em que tiver interesse conflitante com o da companhia*[17].

Exemplo de situação fática que potencialmente enseja a aplicação do dispositivo é aquela verificada no já célebre caso Tractebel[18], decidido em 2010 pela Comissão de Valores Mobiliários: o acionista controlador de uma Companhia X pode votar na assembleia-geral que deliberará sobre a aquisição, pela Companhia X, das ações de uma Companhia Y, detidas integralmente pelo mesmo acionista controlador? A contraposição de interesses entre companhia adquirente e acionista controlador é nítida: a companhia adquirente teria inte-

16 Trecho da ementa do Superior Tribunal de Justiça. Terceira Turma. Recurso Especial n. 1.188.091-MG, Rel.ª Min.ª Nancy Andrighi, j. 26.04.2011, *DJ* 06.05.2011.

17 Grifou-se.

18 Comissão de Valores Mobiliários, Processo Administrativo n. RJ 2009-13179, Diretor-relator Alexsandro Broedel Lopes, j. 09.09.2010.

resse econômico em fixar o menor – e o acionista controlador, como vendedor, o maior – preço possível para a transferência das participações societárias.

Apesar da clara dicção legal ("não poderá votar") e da nítida contraposição de interesses em tal caso, surgiram duas correntes doutrinárias sobre a interpretação do art. 115, § 1º, em situações como essa. A primeira, defendida por juristas como Modesto Carvalhosa[19], Fabio Konder Comparato[20] e Calixto Salomão Filho[21], sustenta que o conflito de interesses impeditivo do direito de voto tem natureza *formal*. Isto é, basta a configuração da contraposição de interesses verificável *ex ante* para que seja o acionista impedido de exercer o direito de voto em assembleia. Já a segunda corrente, acolhida por autores como Luiz Paes de Barros Leães[22], Nelson Eizirik[23] e Erasmo Valladão Azevedo e Novaes França[24], defende que o conflito de interesses tem natureza *substancial*: quer dizer, o acionista *pode* votar em tais situações, desde que o faça tendo em vista o interesse da companhia. Segundo essa concepção, o impedimento abrange tão somente o voto que seja efetivamente contrário ao interesse da companhia, o que só pode ser aferido *ex post*.

O posicionamento da Comissão de Valores Mobiliários (CVM) sobre o assunto tem oscilado entre as duas correntes[25]. Chama a atenção, porém, que um dos argumentos aduzidos em favor da concepção substancial do conflito de interesses é precisamente o da "presunção de boa-fé". Em voto vencido proferido no caso TIM[26], de 2001, e reproduzido na decisão da CVM no caso Tractebel, o Diretor Luiz Antonio de Sampaio Campos formulou a seguinte crítica à posição do conflito formal, caracterizando-a como "algo muito violento e assistemático dentro do regime do anonimato, pois afasta a presunção de boa-fé, que me parece ser a presunção geral e mais tolhe um direito funda-

---

19 CARVALHOSA, Modesto. *Comentários à lei de sociedades anônimas*, v. II: Arts. 75 a 137. 5. ed. São Paulo, Saraiva, 2011, pp. 513 e ss.

20 COMPARATO, Fábio Konder. *Direito empresarial*: estudos e pareceres. São Paulo: Saraiva, 1990, p. 91.

21 SALOMÃO FILHO, Calixto. *O novo direito societário*. 3. ed. São Paulo: Malheiros, 2006, pp. 99-100.

22 LEÃES, Luiz Gastão Paes de Barros. *Pareceres*, v. I. Singular: São Paulo, 2004, p. 181.

23 EIZIRIK, Nelson. *A lei das S/A comentada*, v. I: Arts. 1º a 120. São Paulo: Quartier Latin, 2011, p. 663.

24 FRANÇA, Erasmo Valladão Azevedo e Novaes. *Conflito de interesses nas assembleias de S.A. (e outros escritos sobre conflito de interesses)*. 2. ed. São Paulo: Malheiros, 2014, pp. 96 e ss.

25 Para uma síntese dos posicionamentos da CVM em julgamentos anteriores, cf. Comissão de Valores Mobiliários, Processo Administrativo n. RJ 2009-13179, Diretor-relator Alexsandro Broedel Lopes, j. 09.09.2010.

26 Comissão de Valores Mobiliários, Processo Administrativo Sancionador CVM n. TA/RJ2001/4977, Diretora-relatora Norma Jonssen Parente, j. 19.12.2001.

mental do acionista ordinário que é o direito de voto, no pressuposto de que ele não teria como resistir à tentação"[27]. E continua:

> Dito de outra forma, estar-se-ia a expropriar o direito de voto do acionista no pressuposto de que ele poderia vir a prejudicar a companhia mediante o seu exercício, em virtude de um aparente conflito de interesse. Haveria a presunção de que o acionista perpetraria uma ilegalidade acaso fosse lícito que proferisse o seu voto, numa espécie de consagração da fraqueza humana. Prefiro, em situações genéricas, entender que as pessoas cumprem a lei, que não se deixam trair por seus sentimentos egoísticos, porque, como disse, a boa-fé é a regra igualmente o cumprimento da lei e a inocência. Ora, se isto não fosse verdade, talvez fosse melhor não haver sociedade, pois a confiança é algo fundamental nas relações societárias, até mesmo nas companhias abertas, pois ninguém, em sã consciência, gostaria de ser sócio de alguém em que não confia, principalmente se este alguém for o acionista controlador. Parece-me, assim, evidente a distorção, pois a presunção de hoje e sempre é que as pessoas cumprem a lei.

Antes de confrontar esses argumentos – que parecem equiparar a dita "presunção de boa-fé" à presunção de inocência tão cara ao Direito Penal no Estado de Direito – passemos agora a retomar as lições básicas de Martins-Costa sobre os significados da boa-fé, em suas acepções subjetiva e objetiva, para, em seguida, examinar o regime aplicável às presunções.

2. Boa-fé subjetiva e boa-fé objetiva: distinção entre fato e norma

A boa-fé é termo sabidamente polissêmico[28]. A principal divisão conceitual na matéria – absolutamente crucial, mas ainda reiteradamente ignorada – se dá entre a boa-fé subjetiva e a boa-fé objetiva[29]. A boa-fé subjetiva, também conhecida como "boa-fé crença", é a convicção íntima, de natureza psicológica, de estar-se agindo em conformidade com o Direito[30]. Trata-se do que o Direito anglo-saxônico chama, de forma didática, de teste do "coração puro e cabeça vazia" (*pure heart and empty head*). Tem a boa-fé subjetiva, por-

27 Comissão de Valores Mobiliários, Processo Administrativo n. RJ 2009-13179, Diretor-relator Alexsandro Broedel Lopes, j. 9.9.2010, item 10, citando o Diretor Luiz Antonio.

28 MARTINS-COSTA, Judith. *A boa-fé no direito privado:* critérios para a sua aplicação. São Paulo: Marcial Pons, 2015, p. 39 ("[o] sintagma "boa-fé" é utilizado na linguagem dos juristas de modo multifacetado, nem sempre designando o mesmo fenômeno jurídico").

29 MARTINS-COSTA, Judith. *A boa-fé no direito privado:* critérios para a sua aplicação. São Paulo: Marcial Pons, 2015.

30 MARTINS-COSTA, Judith. *A boa-fé no direito privado:* sistema e tópica no processo obrigacional. São Paulo: Revista dos Tribunais, 1999, pp. 411-412.

tanto, caráter nitidamente *fático* (mundo do "ser"), podendo estar presente ou ausente na realidade e ser presumida ou não pelo direito.

A boa-fé subjetiva tem por escopo justamente tutelar aquele que age em erro ou ignorância acerca de sua posição jurídica, em casos específicos merecedores de tal proteção. Tem ela relevância mais tradicional no âmbito do direito das coisas, que tutela com consequências jurídicas distintas a posse de boa-fé e a posse de má-fé[31]. Há, no entanto, outras áreas em que o sistema jurídico igualmente protege quem acredita naquilo que "parece mas não é", como é o caso daquele que paga ao credor putativo (Código Civil, art. 309) ou daquele que contrai casamento sem ter ciência sobre a existência de causa de nulidade ou anulabilidade (Código Civil, art. 1.561), entre tantas outras.

Embora as referências legais à boa-fé subjetiva sejam várias, ela ainda assim tem alcance comparativamente restrito no Direito Privado. Diferentemente da boa-fé objetiva, modelo jurídico que norteia uma vasta gama de relações jurídicas, a boa-fé subjetiva é elemento do suporte fático de norma jurídica e, portanto, produz efeitos jurídicos apenas quando o legislador expressamente assim optar. Contrariando o senso comum – bem como, na minha experiência em docência, a intuição dos estudantes de Direito antes do devido aprofundamento dogmático – a caracterização da boa-fé ou má-fé associada a determinada conduta é, no mais das vezes, irrelevante no Direito Privado.

Pouco importa, na esfera cível, se o médico que causa dano por imperícia, ou o contratante que deixa de cumprir o pactuado, o fazem sem ciência da ilicitude de sua conduta ou com a melhor das motivações. Com efeito, são relativamente raras as ocasiões em que o Direito Privado opta por valorizar o aspecto psicológico, premiando ou tutelando a ignorância, ou, ao contrário, exigindo a violação intencional de dever jurídico para a configuração da ilicitude da conduta ou a quantificação da sanção. Afinal, como diz o ditado, "de boas intenções o inferno está cheio".

Já a boa-fé objetiva apresenta caráter nitidamente normativo ou prescritivo. Especificamente, ensina Martins-Costa que a boa-fé objetiva "aponta a um modelo ou instituto jurídico indicativo de (i) uma estrutura normativa dotada de prescritividade; (ii) um cânone de interpretação dos contratos e (iii) um *standard* comportamental"[32]. Ligada ao ideal de lealdade e cooperação intersubjetiva, a boa-fé objetiva habita, portanto, o mundo do "dever ser", não se confundindo com a boa-fé subjetiva, nem tampouco sendo pas-

31 Ver, a título exemplificativo, Código Civil, arts. 1.214, 1.217, 1.219, 1.222, 1.238 e 1.242, entre outros.

32 MARTINS-COSTA, *supra*, nota 3, p. 263 ("A boa-fé subjetiva (ou o "agir de boa-fé") expressa um estado de fato (ignorância escusável, crença escusável na juridicidade ou na aparência de certa situação). Esse estado é constatado, ou é presumido, ou não").

sível de presunção. Aliás, é perfeitamente plausível que uma parte de um contrato aja "de boa-fé" (isto é, na crença de estar agindo em conformidade a direito) e, não obstante, viole a boa-fé objetiva, pois a sua crença não corresponde ao padrão comportamental de cooperação e lealdade exigido pelo ordenamento jurídico. Ao mesmo tempo, também é verdade que, em um mundo de anjos, no qual a preocupação com o interesse alheio é onipresente, a imposição legal do dever de atuar segundo a boa-fé objetiva tende a ser, no mais das vezes, desnecessária.

Em suma: boa-fé subjetiva e objetiva distinguem-se tanto no que respeita à sua carga semântica, como no que se refere ao caráter fático da primeira e normativo da segunda. Segundo a clássica proposição de Hume, de um "*is*" nunca se pode derivar um "*ought to*"[33]. O reverso, aliás, também é verdadeiro, sendo impossível derivar a verificação de boa-fé subjetiva no caso concreto (ou a sua presunção) do princípio da boa-fé objetiva. Desde logo, portanto, já se pode concluir que as decisões judiciais incorrem em flagrante confusão conceitual e em manifesto *non sequitur* quando afirmam que a "presunção geral de boa-fé" (subjetiva, porque apenas fatos são suscetíveis de presunção) se fundamenta na boa-fé objetiva consagrada pelo Código Civil e tão valorizada em sede jurisprudencial.

3. A boa-fé subjetiva sempre se presume?

Já vimos que a dita "presunção geral de boa-fé" não decorre da boa-fé objetiva, não podendo, portanto, se beneficiar do grande prestígio e legitimidade de que goza este conceito. Cabe, agora, examinar questão igualmente basilar: Existe fundamento jurídico para o chamado "princípio geral da presunção de boa-fé", que vem sendo reiteradamente invocado pelos órgãos decisores? Pode esse princípio ser invocado para afastar a expressa dicção legal? A resposta, adiante-se, será negativa.

Como fato que é, a boa-fé subjetiva, quando alçada a elemento do suporte fático de norma jurídica, fica sujeita à prova. No entanto, como fato de natureza íntima ou psicológica, a sua prova é notoriamente difícil. Assim, pode o legislador nesta seara, como em outras, optar por erigir presunções *juris tantum*, sujeitas a prova em contrário, acerca da presença ou não da boa-fé. Sobre este ponto, é possível fazer duas considerações sobre a opção do legislador brasileiro e as suas implicações concretas.

Primeiro, inexiste qualquer regra geral de direito positivo sobre a presunção de boa-fé subjetiva, seja para presumir-lhe a presença, seja para pre-

33 Cf. HUME, David. *Tratado da natureza humana*: uma tentativa de introduzir o método experimental de raciocínio nos assuntos morais. Tradução de Deborah Danowski. São Paulo: Unesp, 2001. Livro III, parte I, seção I.

sumir-lhe a ausência sempre que ela seja invocada. Ao contrário, o legislador estipula, de forma casuística, diversas presunções relativas à configuração ou não da boa-fé subjetiva em hipóteses específicas. Ocorre que, diferentemente do que é sugerido pelo dito "princípio geral da presunção de boa-fé", as presunções legais existentes no direito positivo nem sempre seguem a orientação de presumir a boa-fé.

Em vários casos, o legislador de fato presume a boa-fé[34]. Em outros, porém, opta-se por presumir a má-fé, normalmente quando as circunstâncias fáticas do caso, segundo regras da experiência, sugiram que o comportamento de má-fé é mais provável ou que as consequências da presunção de má-fé são menos custosas do que as de presunção de boa-fé[35]. Isto é, a lei civil não apenas deixa de presumir a boa-fé em todas as circunstâncias como, em determinados casos, efetivamente presume a má-fé.

Segundo, deve-se perquirir qual seria o tratamento adequado para os casos em que o legislador refere o conceito de boa-fé ou má-fé, mas é silente sobre a sua presunção. Nesse caso, a melhor solução parece ser a de recorrer ao regime geral em matéria probatória, segundo o qual incumbe ao autor provar os fatos constitutivos de seu direito e ao réu provar a existência de fato impeditivo, modificativo ou extintivo do direito do autor, salvo inversão fundamentada do ônus da prova pelo juiz[36]. Existem, por certo, opiniões respeitáveis no sentido de que, na hipótese de a lei referir à boa-fé ou má-fé, mas silenciar sobre a sua presunção, caberia invocar a presunção de boa-fé, "não legal, mas jurídica"[37]. Ainda assim, adverte-se que "[a] boa-fé, quer como presunção legal relativa, quer como presunção jurídica ou *hominis*, tem de

34 Ver, a título exemplificativo: Código Civil, art. 1.201 ("É de boa-fé a posse, se o possuidor ignora o vício, ou o obstáculo que impede a aquisição da coisa. Parágrafo único. O possuidor com justo título *tem por si a presunção de boa-fé*, salvo prova em contrário, ou quando a lei expressamente não admite esta presunção"); art. 164 ("*Presumem-se, porém, de boa-fé* e valem os negócios ordinários indispensáveis à manutenção de estabelecimento mercantil, rural, ou industrial, ou à subsistência do devedor e de sua família") (grifou-se).

35 Ver, a título exemplificativo: Código Civil, art. 163 ("*Presumem-se fraudatórias* dos direitos dos outros credores as garantias de dívidas que o devedor insolvente tiver dado a algum credor"); art. 1.256, parágrafo único ("*Presume-se má-fé* no proprietário, quando o trabalho de construção, ou lavoura, se fez em sua presença e sem impugnação sua"); art. 1.802 ("São nulas as disposições testamentárias em favor de pessoas não legitimadas a suceder, ainda quando simuladas sob a forma de contrato oneroso, ou feitas mediante interposta pessoa. Parágrafo único. *Presumem-se pessoas interpostas* os ascendentes, os descendentes, os irmãos e o cônjuge ou companheiro do não legitimado a suceder") (grifou-se).

36 Código de Processo Civil de 2015, art. 373.

37 SILVEIRA, Alipio. *A boa-fé no código civil:* doutrina e jurisprudência. São Paulo: Universitária de Direito, 1972, p. 52.

ceder 1º) diante da prova em contrário, prova essa que pode ser composta de presunções comuns, 2º) diante da presunção legal de má-fé ou dolo"[38]. Seja como for, em nenhuma hipótese, a parêmia de que "a má-fé não se presume" pode ser legitimamente utilizada para frustrar a aplicação de dispositivo expresso de lei.

4. Normas profiláticas e seus méritos

Esclarecido o regime jurídico aplicável às presunções relativas de boa-fé ou má-fé, o que dizer do regramento previsto no art. 798 do Código Civil e no art. 115, § 1º, da LSA, os quais parecem, para alguns intérpretes, contemplar presunções absolutas de má-fé? Configuram elas técnicas úteis e legítimas no nosso ordenamento jurídico? Ou atentariam elas contra princípios e valores fundamentais, como a presunção de inocência?

A fim de compreender esse ponto, é fundamental examinar a distinção entre duas técnicas legislativas distintas, que chamaremos aqui de *normas corretivas* de cunho customizado, de um lado, e de *normas profiláticas* de cunho abstrato, de outro, conforme definidas a seguir[39]. As regras corretivas possuem abertura às características fáticas do caso concreto conforme aferido *a posteriori*, diferenciando o regramento jurídico adequado (porque mais eficiente ou mais justo) para cada hipótese. A regra do Código Civil de 1916, que tratava de forma diferenciada o suicídio premeditado do não premeditado, configura norma corretiva. Também é corretiva a regra de conflito de interesses nas sociedades anônimas segundo a corrente que defende que o conflito é substancial, pois novamente o tratamento será dado segundo os fatos do caso concreto (isto é, conforme a decisão em questão tenha sido ou não danosa à companhia).

No entanto, essa averiguação dos fatos do caso concreto necessariamente implica custos, aqui referidos como custos probatórios. Em um mundo em que a prova dos fatos *ex post* fosse sempre exata e sem custos (isto é, os custos probatórios fossem nulos), o ordenamento jurídico sempre optaria por normas corretivas. Esse não é, porém, o mundo em que vivemos. Assim como o mundo real apresenta custos de transação positivos e normalmente altos, como alertou Ronald Coase, os custos probatórios são também significativos

---

38 SILVEIRA, Alipio. *A boa-fé no código civil:* doutrina e jurisprudência. São Paulo: Universitária de Direito, 1972, p. 52.

39 Em verdade, não se trata de dicotomia estanque, havendo verdadeiramente um espectro entre normas corretivas e profiláticas. Além disso, não se pretende aqui sugerir que apenas a modalidade de regras aqui denominadas profiláticas tenha conteúdo preventivo ou dissuasório, pois as regras corretivas também o têm, embora operem de forma distinta.

– sendo, em muitos casos, efetivamente inviável reconstruir a realidade dos fatos ocorridos[40].

Nessas hipóteses, que são muitas, o sistema jurídico pode optar por um regramento único e objetivo, de caráter profilático, como o previsto no art. 798 do Código Civil e no art. 115, § 1º, da LSA, interpretado segundo a corrente do conflito formal. Optamos por chamá-las de normas profiláticas porque desestimulam certas ações potencialmente contrárias ao bem-estar social, sem exigir prova do caráter nocivo da conduta no caso concreto. Essas regras refletem uma ponderação de três considerações de política pública: (i) o potencial socialmente danoso de uma dada conduta (como a contratação de seguro de vida com premeditação do suicídio ou a aprovação de negócio jurídico prejudicial à companhia), (ii) os custos probatórios relativos à identificação da conduta danosa no caso concreto e (iii) as consequências de uma regra geral de caráter preventivo. Tais considerações são extremamente comuns na técnica legislativa, manifestando-se em um grande número de regras legais.

Por exemplo, as regras concernentes à incapacidade absoluta e relativa partem do pressuposto de que os menores de 18 anos, de um modo geral, não têm suficiente discernimento para praticarem sozinhos atos da vida civil. Isso evidentemente não quer dizer que inexistam pessoas de 16 ou 17 anos com discernimento suficiente, nem tampouco indivíduos com mais de 18 anos que sejam especialmente imaturos. Significa apenas que as dificuldades em se verificar e comprovar o discernimento de cada pessoa no caso concreto, aliadas às desvantagens modestas em se exigir a assistência ou representação dos pais ou outros responsáveis legais nessa faixa etária, militam em favor de uma regra que não admita prova em contrário.

Outro exemplo de norma profilática, desta vez mais próximo da temática aqui tratada, é dado pelas proibições ao nepotismo na Administração Pública, tão caras ao sistema jurídico brasileiro atual que o Supremo Tribunal Federal derivou o conteúdo preciso da Súmula Vinculante n. 13 diretamente dos princípios da impessoalidade, eficiência, igualdade e moralidade plasmados no art. 37 da Constituição Federal[41]. A premissa fática que justifica a vedação ao nepotismo é a de que os vínculos afetivos levam as pessoas a

---

40 COASE, Ronald. The problem of social cost, *Journal of Law and Economics*, 1960, v. 3, pp. 1-44.

41 *In verbis*: "A nomeação de cônjuge, companheiro ou parente em linha reta, colateral ou por afinidade, até o terceiro grau, inclusive, da autoridade nomeante ou de servidor da mesma pessoa jurídica, investido em cargo de direção, chefia ou assessoramento, para o exercício de cargo em comissão ou de confiança, ou, ainda, de função gratificada na Administração Pública direta e indireta, em qualquer dos Poderes da União, dos Estados, do Distrito Federal e dos municípios, compreendido o ajuste mediante designações recíprocas, viola a Constituição Federal".

tentar promover o bem-estar de seus parentes próximos, ou exagerar as suas qualidades, de modo que o princípio republicano e o bom funcionamento do Estado seriam prejudicados na ausência de proibição da contratação. É possível, porém, que, em certas situações, pessoas com vínculos de parentesco sejam as mais qualificadas para o cargo sob o ponto de vista objetivo. Ainda assim, considerações sobre o caráter socialmente danoso da tendência ao favorecimento de parentes, bem como a dificuldade probatória em se aferir a competência ou conveniência da contratação no caso concreto, aliada às modestas desvantagens da proibição absoluta, militam em favor de uma regra geral objetiva.

De um modo geral, a ideia subjacente às normas profiláticas é a de que "é melhor prevenir do que remediar" – sobretudo em razão dos altos custos probatórios associados à administração do remédio jurídico alternativo, comparativamente aos custos de prevenção do potencial dano. Tal como as vacinas ou medicações profiláticas, é possível que a intervenção seja desnecessária em alguns casos (por conta de sistema imunológico excepcionalmente forte ou de hábitos particularmente seguros de um dado indivíduo) ou que existam efeitos colaterais associados à sua administração (febre, dor de cabeça), mas ainda assim os benefícios da prevenção geral superam essas desvantagens, até porque a verificação desses fatores no caso concreto é extremamente custosa, se não impossível. O mesmo ocorre com as normas profiláticas: é possível que o regime jurídico preventivo seja desnecessário e desvantajoso no caso do segurado com saúde mental impecável no momento da contratação e do acionista controlador excepcionalmente justo, mas, ainda assim, os benefícios gerais da prevenção subsistem.

Dito de outro modo, o direito literalmente não "paga para ver" o que aconteceria em cada caso, mas busca coibir o mal pela raiz. É precisamente porque as sanções previstas pelas normas profiláticas de Direito Privado são relativamente pouco gravosas para as partes no tocante aos interesses em jogo (anulabilidade do ato ou negócio jurídico, ausência de cobertura do seguro etc.) que a técnica se justifica. Não estão aqui em jogo penas restritivas de liberdade ou de direitos de modo a autorizar extensão analógica da presunção de inocência que vigora no Direito Penal e é constitucionalmente tutelada.

Examinando mais detidamente a aplicação dessas considerações aos casos em exame, percebe-se que o art. 798 visa sobretudo a prevenir a contratação de seguro de vida por aqueles que planejam se suicidar. Tal contratação representaria não apenas um problema jurídico, pois eliminaria a álea ínsita ao contrato de seguro, mas também um problema econômico. Caso fosse permitida ou facilitada a contratação de seguro de vida por suicidas, teria lugar o problema econômico conhecido como "seleção adversa"[42]. Ocorre a seleção

42 O problema foi identificado pelo economista norte-americano George Akerlof, em ar-

adversa quando, diante da dificuldade em se diferenciar os "bons" dos "maus" contratantes no momento da celebração do acordo, incentiva-se a participação desses últimos (sendo "maus contratantes", neste caso, os que agem em fraude contra a comunidade segurada). Isso, por sua vez, conduz a um aumento do preço, desestimula a participação por "bons" contratantes (para quem o seguro se torna excessivamente caro) e, em última análise, pode levar à redução ou mesmo à aniquilação do mercado de seguros.

Se a contratação de seguro de vida com premeditação do suicídio é um problema comum, também é verdade que a prova da premeditação é não apenas de difícil concretização por parte da seguradora (o que conduz, inelutavelmente, a um aumento no número de potenciais suicidas no *pool* de segurados, em detrimento dos demais), como também se mostra lesiva à intimidade do segurado, como bem sublinhou Judith Martins-Costa[43]. Sendo assim, as vantagens dessa norma profilática – que tem por objetivo dissuadir a contratação por futuros suicidas – provavelmente superam as suas desvantagens.

Aliás, a profilaxia, nesse caso, tem efeitos mais amplos. Para além do problema da seleção adversa, a regra do art. 798 ainda mitiga, durante o período inicial de dois anos outro problema econômico fundamental, conhecido como risco moral (*moral hazard*). Tal como a seleção adversa, o risco moral também pressupõe a assimetria de informações. Porém, enquanto na seleção adversa o objeto dessa assimetria é um fato anterior à contratação (decisão, já tomada, de tirar a própria vida), no risco moral o problema é posterior à contratação, sendo que a própria existência de cobertura contratual pode afetar a predisposição do segurado ao suicídio. Em outras palavras, a existência de cobertura por suicídio acaba por estimulá-lo mesmo com relação àqueles que não premeditaram o ato anteriormente à contratação. Com efeito, estudos empíricos sugerem que este efeito é real, pois é possível verificar um aumento na taxa de suicídios em diversos países após o transcurso do tempo mínimo exigido por lei para a sua cobertura[44].

A preocupação com a profilaxia se coaduna com abordagens de Direito e Economia, pois compartilham o olhar voltado ao futuro. Sob a perspectiva

---

tigo que lhe rendeu o Prêmio Nobel de Economia em 2001. AKERLOF, George A. The market for lemons: quality uncertainty and the market mechanism, *The Quarterly Journal of Economics*, 1970, v. 84, n. 3, pp. 488-500.

---

43 MARTINS-COSTA, Judith. Contrato de Seguro. Suicídio do Segurado. Art. 798, Código Civil. Interpretação. Diretrizes e Princípios do Código Civil. Proteção ao Consumidor. Interpretação. *Revista Brasileira de Direito Civil*, 2014, v. 1, p. 284.

44 *Vide*, por exemplo, CHEN, Joe; CHOI, Chen Yun Jeong; SAWADA, Yasuyuki. *Suicide and life insurance*. Working Paper (2008). Disponível em: <https://core.ac.uk/download/pdf/6341736.pdf> (encontrando evidências empíricas sobre a existência dos problemas de seleção adversa e risco moral em contratos de seguro de vida).

econômica, o que passou, passou ("*bygones are bygones*"); é somente olhando para o futuro que se consegue incentivar condutas que maximizem os objetivos de uma dada sociedade. E é justamente esse olhar orientado para o futuro que permite que se obtenha uma diferente percepção sobre as consequências de diferentes regimes jurídicos.

Por exemplo, as decisões do STJ que afastavam a letra do art. 798 mencionavam, para além da boa-fé, os "ditames da justiça social".[45] Olhando para o passado (isto é, para os fatos do processo que refletem necessariamente um suicídio que já ocorreu), a decisão mais justa e humanitária parecia ser a de facilitar a indenização dos familiares vitimados pela tragédia. Contemplando o futuro, porém, é possível alcançar solução distinta. Não apenas a regra do art. 798 promove a função social do contrato ao proteger a comunidade de segurados, mas também, nas palavras do Ministro Sidnei Benetti:

> Atende muito mais ao sentido humanitário do que a da liberação pura e simples de pagamento de indenização em favor do beneficiário do suicida, porque é a que mais protege a vida contra o suicídio, visto que fortemente desestimula o ato extremo durante os dois primeiros anos do contrato[46].

A regra sobre o impedimento de voto em caso de conflito de interesses também configura norma profilática. Em razão do conflito de interesses, é possível, se não provável, que o acionista conflitado vote em benefício próprio. Essa é a premissa não apenas da análise econômica tradicional de viés neoclássico, que presume o comportamento autointeressado, mas também da análise baseada na economia comportamental, segundo a qual as pessoas tendem a formar opiniões que lhes beneficiem (*self-serving* bias), acreditando na justiça daquilo que atende aos seus interesses[47]. Isso, aliás, confirma a inutilidade em examinar a situação à luz do conceito de má-fé, pois a psicologia humana é tal que os indivíduos tendem a crer na justiça daquilo que lhes beneficia, de modo que a boa-fé subjetiva frequentemente coexiste com a lesão ao interesse alheio.

---

45 Superior Tribunal de Justiça. Segunda Seção. Agravo Regimental em Agravo de Instrumento n. 1.244.022-RS. Rel. Min. Luis Felipe Salomão, j. 13.04.2011, *DJ* 25.10.2011 (voto-vista do Min. Raul Araújo).

46 Trecho do voto do Min. Sidnei Benetti no Recurso Especial 1.077.342-MG, Rel. Min. Massami Uyeda, 3ª Turma, j. 22.06.2010, *DJ* 03.09.2010, p. 20.

47 BABCOCK, Linda; LOEWENSTEIN, George. Explaining bargaining impasses? The role of self-serving biases. *Journal of Economic Perspectives*, 1997, v. 11, n. 1, pp. 109-126, p. 110 (descrevendo "the tendency of parties to arrive at judgments that reflect a self-serving bias – to conflate what is fair with what benefits oneself").

A adoção do regime do conflito substancial suscita grandes dificuldades e custos na seara probatória, pois, diante da complexidade dos juízos empresariais e das controvérsias relativas à avaliação de bens e contratos, não é fácil demonstrar que um determinado negócio jurídico foi celebrado em condições não equitativas, nos termos do art. 117, XX, da LSA. Assim, busca-se novamente prevenir, em vez de remediar. As desvantagens dessa regra, por sua vez, são relativamente modestas. Sempre que o contrato com acionista em questão for de fato benéfico à companhia, os acionistas desinteressados terão incentivos adequados em aprová-lo. Tanto é assim que, nos países nos quais os controladores têm menos influência política, são comuns as hipóteses de aprovação de decisões societárias pela "maioria da minoria" (*majority of the minority*) em caso de conflito de interesses[48]. A mesma lógica de dissuasão a negócios jurídicos eivados por conflitos de interesses é também prevalente em outras áreas do nosso ordenamento jurídico, justificando, por exemplo, a anulabilidade do contrato consigo mesmo (art. 117 do Código Civil) independentemente de prova do efetivo prejuízo.

Por fim, vale abordar uma última questão: as normas profiláticas apenas adotam critérios objetivos ou acolhem, a bem da verdade, presunções absolutas (*jure et de jure*) relativamente a algum dos elementos fáticos? Nos casos dos arts. 798 do Código Civil e 115, § 1º, da LSA, estar-se-ia presumindo a má-fé do segurado ou o caráter injusto do voto do acionista em situação de conflito de interesses? Aqui a questão parece ser apenas terminológica, refletindo o que os anglo-saxônicos chamam de "*distinction without a difference*". Não há, a bem da verdade, diferença substantiva entre as chamadas presunções absolutas e os diferentes critérios objetivos traçados por lei, que evidentemente tomam por base certas pressuposições fáticas acerca da realidade. Referindo o legislador ou não ao termo *presunção*, atinge-se precisamente o mesmo resultado concreto, o qual, como vimos, é lícito e mesmo desejável[49].

48 Cf. ENRIQUES, Luca; HERTIG, Gerard; KANDA, Hideki; PARGENDLER, Mariana. Related-party transactions. In: ARMOUR, John et al. *The anatomy of corporate law*: a comparative and functional approach. Oxford: Oxford University Press, 2017, pp. 156-158.

49 Compare-se, por exemplo, o tratamento conferido por lei ao estupro de menor de 14 anos pela redação original do Código Penal (que, em seu art. 224, caracterizava a hipótese como presunção de violência) com o regime da Lei n. 12.015, de 2009 (que, ao incluir o novo art. 217-A no Código Penal, agora tipifica a hipótese como "estupro de vulnerável", sem aludir à necessidade de presunção). Perceba-se que a interpretação segundo a qual o art. 224 original exigia presunção absoluta (*jure et de jure*) e aquela que diz que o novo art. 217-A não contempla exceções são funcionalmente idênticas. Nesse ponto, portanto, discordamos respeitosamente do argumento aduzido por Judith Martins-Costa no parecer supracitado, ao dizer que "não há que se falar em presunção" no caso do art. 798, até porque "se presunção houvesse [em favor da seguradora] (como quer o Enunciado n. 187 da III Jornada sobre o Código Civil, promovida pelo Conselho da Justiça Federal) essa seria uma presunção violadora do sistema, pois estaria posta

Conclusão

Por fim, cabe retomar a pergunta inicial: A boa-fé objetiva justifica a existência de "princípio geral de presunção de boa-fé" no Direito brasileiro? A resposta há de ser negativa, pelas seguintes razões:

(i) os conceitos de boa-fé subjetiva e objetiva não se confundem. A primeira tem caráter fático (crença de agir em conformidade ao Direito), enquanto a segunda tem caráter normativo (relacionado à imposição de um standard de conduta leal);

(ii) a verificação ou não da boa-fé subjetiva no mundo dos fatos (bem como a sua presunção ou não, de acordo com o Direito) não se confunde com a boa-fé objetiva, como querem alguns tribunais;

(iii) diferentemente da boa-fé objetiva, que se aplica a um grande leque de relações jurídicas, a boa-fé subjetiva – bem como o seu antônimo, a má-fé – é apenas raramente relevante no âmbito do Direito Privado. O Direito Privado não costuma, como regra geral, premiar a ignorância, nem tampouco exigir, para a caracterização de ato ilícito, uma ação dolosa ou intencional. A relevância da boa-fé subjetiva e má-fé, portanto, fica adstrita às hipóteses em que o legislador explicitamente as acolhe como elemento do suporte fático;

(iv) não há, no Direito brasileiro, regra ou princípio geral expresso sobre a presunção de boa-fé subjetiva, nos poucos casos em que ela é relevante;

(v) tampouco é possível derivar das esparsas e casuísticas referências legais à boa-fé subjetiva ou má-fé um princípio implícito que imponha ou vede a sua presunção. Ao contrário, o legislador dispensou à questão

---

contra a parte vulnerável (beneficiário) do contrato". Entretanto, embora não fale em presunção, o regime imposto pelo art. 798 do Código Civil é funcionalmente equivalente ao de uma presunção absoluta.

A interpretação conferida pela III Jornada da CJF no sentido de uma presunção relativa em favor da seguradora é descabida justamente por não ter amparo legal, e não em razão da legislação consumerista. Se o resultado defendido pela autora (com razão), em tudo equivalente a uma presunção absoluta em detrimento do consumidor, não viola a legislação consumerista, a presunção relativa em favor da seguradora tampouco a infringiria. Judith Martins-Costa, Parecer. Contrato de seguro. Suicídio do segurado. Art. 798, código civil. Interpretação. Diretrizes e princípios do código civil. Proteção ao consumidor. *Revista Brasileira de Direito Civil*, v. 1, jul.-set. 2014, p. 284. Em verdade, como bem alerta Martins-Costa em outro momento, o regime aparentemente contrário ao consumidor individual consagrado pelo art. 708 beneficia os consumidores como um todo, pois "[u]ma vantagem dada indevidamente a um só, ou a alguns", como queria a jurisprudência anterior, "atingirá o *surplus* cooperativo, transmutando-se em desvantagem à comunidade de interesses envolvidos na relação securitária". Idem, p. 245.

da presunção (e do ônus da prova) tratamento variado e divergente conforme o caso, ora presumindo a boa-fé, ora presumindo a sua ausência;

(vi) são comuns e tradicionais no Direito Privado o que aqui chamamos de "normas profiláticas", isto é, regras que desestimulam certas ações potencialmente contrárias ao bem-estar social, sem exigir prova do caráter nocivo da conduta no caso concreto;

(vii) em razão dos altos custos probatórios, as normas profiláticas consagradas pela tradição civilista costumam ser eficientes do ponto de vista econômico, frequentemente tutelando, ainda, outros valores jurídicos relevantes;

(viii) inexiste qualquer fundamento jurídico para se negar validade ou eficácia a normas legais profiláticas com fundamento no "princípio geral de presunção de boa-fé".

O PRINCÍPIO DA BOA-FÉ OBJETIVA NOS NEGÓCIOS SOB CONDIÇÃO SUSPENSIVA

Fernanda Mynarski Martins-Costa

Introdução

A boa-fé objetiva tem sido objeto de intensos estudos nas últimas décadas no Brasil, sobressaindo, nesse cenário, a obra da professora homenageada que representa, indubitavelmente, o marco do desenvolvimento do exame desse princípio.

A caracterização da locução "boa-fé objetiva", como já relatado por Judith Martins-Costa, não é tarefa fácil[1]. De maneira geral, a boa-fé objetiva configura um instituto jurídico que impõe uma normativa de conduta leal às partes que entram em uma relação obrigacional, em que se destacam as três seguintes características: "(i) uma estrutura normativa dotada de prescritividade; (ii) um cânone de interpretação dos contratos e (iii) um *standard* comportamental"[2].

Costuma-se referir que, pelo fato de a boa-fé objetiva ter sido positivada em nosso ordenamento por meio de cláusula geral (arts. 113, 187 e 422 do Código Civil), técnica normativa intencionalmente "vaga"[3], que exige do

---

1 MARTINS-COSTA, Judith. *A boa-fé no Direito Privado:* critérios para a sua aplicação. 2.ed. São Paulo: Saraiva 2018, p. 42.

2 MARTINS-COSTA, Judith. *A boa-fé no Direito Privado:* critérios para a sua aplicação. 2.ed. São Paulo: Saraiva 2018, pp. 42-43.

3 Segundo lições de Judith Martins-Costa, as cláusulas gerais são enunciados elásticos, caracterizados pela ausência, na previsão legal, de uma pré-figuração descritiva. Os termos empregados apresentam uma tessitura semântica aberta, frequentemente dotados de cunho valorativo. Diferenciam-se, assim, da casuística, técnica normativa em que prevalece o elemento descritivo, resultando na tipificação de condutas no próprio texto legal (MARTINS-COSTA, Judith. *A boa-fé no Direito Privado:* critérios para a sua aplicação. 2.ed. São Paulo: Saraiva 2018, pp. 145 e ss).
A vagueza, característica das cláusulas gerais e de outras técnicas legislativas, pode se apresentar de duas maneiras: mediante vagueza socialmente típica e vagueza comum. No caso das referências à boa-fé utilizadas na nossa codificação civil, apresenta-se a vagueza socialmente típica, i.e., "nesses casos, não se trata de utilizar as regras de experiência, mas do uso de valorações tipicizantes das regras sociais. O intérprete é reenviado a valores objetivamente assentados pela tipologia social (por exemplo, bons costumes) porque o legislador renunciou a determinar diretamente os critérios (ainda que parciais)

intérprete uma operação intelectiva complexa[4], emergiu a necessidade de um mecanismo para auxiliar na complementação de seu conteúdo e para comportar a sua concreta operatividade.

A primeira alternativa encontrada pela doutrina para auxiliar a busca de um significado concreto à boa-fé objetiva foi o exame de sua tríplice funcionalidade – assim composta: (i) função hermenêutica (art. 113); (ii) função de "baliza de licitude" (art. 187); e (iii) função integrativa e criadora de deveres (art. 422).

A operatividade da boa-fé, no entanto, não se restringe ao mecanismo da tríplice funcionalidade, abarca outros aspectos auxiliares – que não atuam de modo estático entre si, pelo contrário, estão sempre exercendo um jogo de combinações/ponderações –, tais como a eficácia subjetiva, os aspectos temporal (fases da relação jurídicas) e contextual. Por outros termos, a operatividade deste princípio está ligada à diretriz da concreção[5], que foi adotada pela codificação civil e que exerce uma considerável relevância na compreensão da própria boa-fé, uma vez que seu significado, essencialmente, refere-se a um conjunto de expectativas e valores compartilhados[6].

Destaca-se, nesse aspecto, novamente a obra da homenageada, por meio da qual foram desenvolvidos cinco critérios para auxiliar na aplicação do princípio da boa-fé objetiva, a saber, critério das noções de boa-fé, subjetiva e objetiva; critério dos campos normativos; critério da tríplice função da boa-fé objetiva, critério da materialidade da situação subjacente; critério da fase da relação obrigacional[7].

---

para qualificação dos fatos, fazendo implícito ou explícito reenvio a parâmetros variáveis no tempo e no espaço" (MARTINS-COSTA, Judith. A *boa-fé no Direito Privado:* critérios para a sua aplicação. 2.ed. São Paulo: Saraiva 2018, pp. 154-155).

4 Ao se deparar com uma cláusula geral, o juiz deverá "além de averiguar a possibilidade de subsunção de uma série de casos limite na *fattispecie*, averiguar a exata individuação das mutáveis regras sociais às quais o envia a metanorma jurídica. Deverá, por fim, determinar também quais são os efeitos incidentes ao caso concreto, ou, se estes já vierem indicados, qual a graduação que lhes será conferida no caso concreto, à vista das possíveis soluções existentes no sistema" (MARTINS-COSTA, Judith. A *boa-fé no Direito Privado:* critérios para a sua aplicação. 2.ed. São Paulo: Saraiva 2018, pp. 159).

5 MARTINS-COSTA, Judith. In: TEIXEIRA, Sálvio de Figueiredo (Coord.). *Comentários ao novo código civil.* São Paulo: Revista dos Tribunais, 2009, v. 5, t. II, p. 79. Ver ainda: MARTINS-COSTA, Judith e BRANCO, Gerson Kuiz Carlos. *Diretrizes teóricas do novo código civil brasileiro.* São Paulo: Saraiva, 2002.

6 MARTINS-COSTA, Judith. In: TEIXEIRA, Sálvio de Figueiredo (Coord.). *Comentários ao novo código civil.* São Paulo: Revista dos Tribunais, 2009, v. 5, t. II, p. 79.

7 Sobre os critérios de aplicação ver: MARTINS-COSTA, Judith. Critérios para aplicação do princípio da boa-fé objetiva (com ênfase nas relações empresariais). In: MARTINS-COSTA, Judith; FRADERA, Véra Jacob de (Orgs.). *Estudos de direito privado e*

Indubitavelmente o alcance do significado da boa-fé objetiva sempre exigirá uma análise apurada de todos os referidos critérios, o que, porém, seria uma empreitada desproporcional à elaboração do presente trabalho. Sem desprezar a importância de todos os referidos aspectos, para os fins da análise da incidência do princípio da boa-fé objetiva nos negócios sob condição suspensiva, elegeu-se, para exame, o critério das fases da relação obrigacional, isso porque, como será exposto adiante, a peculiaridade dos negócios sob condição suspensiva é justamente o fato de que após sua celebração não se passa automaticamente para a fase executória do negócio. Pelo contrário, constituído o vínculo jurídico, as partes estarão submetidas a um regime jurídico específico até que o evento futuro e incerto ocorra ou que a impossibilidade da ocorrência desse evento seja constatada.

A fim de enfrentar a questão da incidência da boa-fé objetiva no negócio sob condição suspensiva é imprescindível, preliminarmente, examinar essa espécie negocial e suas etapas.

1. O negócio sob condição suspensiva e suas etapas

A condição suspensiva nada mais é do que uma cláusula que se encontra integrada, de modo incindível, à declaração negocial, mediante a qual se torna um *motivo irrelevante* em *relevante* ao negócio, que não interfere, porém, na função da *fattispecie típica* central do negócio[8]. Esse motivo expressa um *interesse externo* comum às partes, que decorre, necessariamente, da *incerteza* quanto à ocorrência de uma situação fática, futura, própria para produzir o resultado prático perseguido, a qual é prevista no instrumento contratual como "condição".

Na prática, portanto, os figurantes constituem um *vínculo jurídico* em um momento em que não há certeza sobre a efetiva ocorrência do escopo prático final perseguido. Há, desse modo, um deslocamento temporal da *exigibilidade* de todos, ou alguns, efeitos do negócio jurídico, em razão da *incerteza* decorrente da indisponibilidade de um dado decisivo para se alcançar um resultado prático final.

A condição, assim, opera no *plano da eficácia* do negócio, na medida em que a ocorrência dos efeitos, eleitos pelas partes como condicionados, somen-

---

processual civil em homenagem a Clóvis do Couto e Silva. São Paulo: Revista dos Tribunais, 2014, pp. 189-229; MARTINS-COSTA, Judith. *A boa-fé no Direito Privado:* critérios para a sua aplicação. 2.ed. São Paulo: Saraiva 2018.

8 MARTINS-COSTA, Fernanda Mynarski. *Condição suspensiva:* função, estrutura e regime jurídico. São Paulo: Almedina, 2017, p. 37.

te se dará se e quando o evento condicional acontecer, o qual, nos termos da lei, é um evento futuro e incerto (art. 121 do Código Civil de 2002)[9].

Celebrado, portanto, o negócio sob condição suspensiva, há *fato jurídico*, porém com restrição parcial e temporária de determinados efeitos. Assim, durante a pendência da condição, o negócio jurídico estará submetido a um regime condicional, cuja finalidade é assegurar o resultado desejado pelos figurantes, a saber, o desenvolvimento dos efeitos condicionados, caso o evento condicional venha a se realizar.

A etapa de pendência chegará ao seu fim quando a *incerteza* acerca do evento condicional se dissipar, seja pela verificação do evento condicional, seja pela constatação precisa de que a condição não ocorrerá.

Quando verificada a condição[10], os efeitos condicionados começam a fluir, passando-se, desse modo, da fase da pendência da condição à fase executória do contrato. Por outro lado, quando for constatado que a condição não se realizará (*condição falha*), o vínculo negocial desaparece, passando-se automaticamente da fase da pendência da condição à fase pós-contratual[11].

---

9 Em outra oportunidade, porém, registramos que, embora a condição opere essencialmente no plano da eficácia, excepcionalmente poderá atuar no plano da validade, quando a condição de eficácia completar o elemento da declaração de vontade. Isso poderá ocorrer, por exemplo, quando se condicione a venda de coisa de menor à apresentação do alvará judicial autorizando a venda, até determinada data. A simples existência da referida exigência, sem limitação temporal, não torna a condição em sentido técnico. Porém, havendo a limitação temporal – i.e., efetiva atuação da autonomia privada – o alvará dentro do prazo não será só excludente de anulabilidade, como, também, implemento de condição (MARTINS-COSTA, Fernanda Mynarski. *Condição suspensiva:* função, estrutura e regime jurídico São Paulo: Almedina, 2017, p. 51, reportando-se parcialmente a lições de PONTES DE MIRANDA, Francisco Cavalcanti, *Tratado de direito privado*, t. V. São Paulo: Revista dos Tribunais, 2013, p. 178). Note-se, por fim, que a condição jamais interferirá no plano da existência, isso porque é imprescindível para existência da condição que exista um fato jurídico constituído previamente. Por outros termos, os elementos constitutivos do negócio jurídico, a rigor, não podem corresponder ao evento previsto na condição.

10 O momento da verificação da condição diz respeito ao instante no qual os efeitos condicionados passam a fluir e dependerá da espécie de condição. Caso seja condição positiva (i.e., quando a condição corresponder a uma alteração de um estado anterior de coisas), a verificação se dará no momento em que o evento futuro incerto efetivamente ocorrer no mundo dos fatos. Por outro lado, caso seja negativa (i.e., quando a condição corresponder a uma não alteração de uma situação de coisas preexistentes), a verificação decorrerá da constatação da impossibilidade de o evento acontecer.

11 A não verificação da condição é o momento em que as partes se desvinculam do negócio, podendo livremente dispor dos bens objeto do contrato e dependerá da espécie de condição. Se condição positiva (i.e., quando a condição corresponder a uma alteração de um estado anterior de coisas), a não verificação acontece quando sobrevier a impossibilidade da realização do evento condicional; se condição negativa (i.e., quando a condição corresponder a uma não alteração de uma situação de coisas preexistentes),

Delimitado tanto o negócio sob condição suspensiva quanto às suas fases, chega-se ao momento de analisar a aplicação do princípio da boa-fé objetiva na fase pré-negocial.

2. Incidência da boa-fé objetiva nas tratativas do negócio condicional

O momento anterior à constituição do vínculo do negócio sob condição suspensiva não difere substancialmente da fase pré-negocial dos demais negócios jurídicos. Haverá, a rigor, a incidência da boa-fé objetiva, de sorte que se exigirá das partes um comportamento probo, por meio do qual serão impostos aos figurantes diversos deveres, destacando-se os seguintes: o dever de lealdade, o dever de informação, o dever de proteção e o dever de não interromper abruptamente as negociações.

O dever de lealdade atua na fase pré-contratual de modo a exigir que os contratantes mantenham entre si uma relação proba, impedindo as partes de praticarem, antes da conclusão do negócio, atos que frustrem as legítimas expectativas das partes[12]. Tal dever determina que as partes adotem uma postura séria nas tratativas, que mantenham o sigilo das informações confidenciais circuladas durante as negociações, que não adotem atitudes contraditórias, permeadas por meios ardis.

Frisa-se que a apuração acerca da deslealdade ou não de determinada conduta exige que diversos aspectos sejam examinados, isto é, dever-se-á igualmente verificar a qualidade das partes contratantes, a finalidade econômico-social do futuro negócio; o contexto geral em que desenvolvida a negociação[13].

Adverte-se, nesse contexto, que é inclusive tolerado certo nível de malícia em negociações (*dolus bonus*)[14], consistentes nas práticas usuais e comuns

quando ocorrer o fato condicional. Caso tenha havido execução provisória, o *expectante* deve restituir os bens ou valores recebidos com os respectivos acessórios, enquanto o *expectado* deve restituir o preço acaso recebido, com juros legais, ou, caso estipulados, com juros convencionais (MARTINS-COSTA, Fernanda Mynarski. *Condição suspensiva:* função, estrutura e regime jurídico. São Paulo: Almedina, 2017,pp. 100-101).

12 MARTINS-COSTA, Judith. Um aspecto da obrigação de indenizar: notas para uma sistematização dos deveres pré-negociais de proteção no direito civil brasileiro. *Revista dos Tribunais*. São Paulo: Revista dos Tribunais, 2008, v. 867, p. 33.

13 MARTINS-COSTA, Judith. Um aspecto da obrigação de indenizar: notas para uma sistematização dos deveres pré-negociais de proteção no direito civil brasileiro. *Revista dos Tribunais*. São Paulo: Revista dos Tribunais, jan. 2008, v. 867, pp. 33-34.

14 Adverte-se, porém, que dificilmente existirá *dolus bonus* quando, por exemplo, existir uma relação de consumo ou quando manifesta a assimetria informativa" (MARTINS-COSTA, Judith. Um aspecto da obrigação de indenizar: notas para uma sistematização dos deveres pré-negociais de proteção no direito civil brasileiro. *Revista dos Tribunais*. São Paulo: Revista dos Tribunais, 2008, v. 867, p. 35).

do comércio, sem que haja, porém, a criação, no outro, de uma representação efetivamente falsa da realidade[15]. São práticas que, a rigor, são toleradas pela opinião comum, como naturais do mercado, uma vez que há uma igualdade de condição envolvida, justamente pelo costume geral de serem adotadas. Desse modo, o outro contratante deverá ser cauteloso, tendo em vista a usualidade dessa prática[16]. É o que acontece, por exemplo, nos exageros comuns da publicidade comercial, na valorização da coisa pelo vendedor, no fato de o comprador exagerar os defeitos do objeto a ser adquirido[17].

Com efeito, na averiguação da violação do dever de lealdade, segundo Judith Martins-Costa, tanto os elementos materiais (os artifícios empregados e o contexto nos quais foram realizados) quanto o elemento intencional (a intenção de enganar) deverão ser sopesados[18].

O dever de informação durante a fase pré-contratual tem caráter instrumental, de sorte que o "ato de informar" deve visar ao alcance de "um completo esclarecimento sobre o futuro contrato, seu conteúdo, suas repercussões e riscos [...]"[19]. Não se exige, entretanto, que toda e qualquer informação relativa ao negócio seja prestada, mas tão somente aquelas relevantes ao contrato, ao seu objeto e à sua execução.

Informações pertinentes são aquelas, por exemplo, que refletem a boa-execução do contrato, que se faltarem poderão acarretar danos à contraparte[20], aquelas acerca dos defeitos do objeto ou sua periculosidade inerente[21]. Por outro lado, não precisam ser revelados: fatos notórios[22], informações que

---

15 MARTINS-COSTA, Judith. Um aspecto da obrigação de indenizar: notas para uma sistematização dos deveres pré-negociais de proteção no direito civil brasileiro. *Revista dos Tribunais*. São Paulo: Revista dos Tribunais, 2008, v. 867, p. 35.

16 BETTI, Emílio. *Teoria geral do negócio jurídico*, t. II. Coimbra: Coimbra Editora, 1969, pp. 482-483, traduzido por Fernando de Miranda.

17 NEVARES, Ana Luiz Maia. O erro, o dolo, a lesão e o estado de perigo no Código Civil. In: Gustavo Tepedino (Coord.). *O código civil na perspectiva civil-constitucional*. Rio de Janeiro: Renovar, 2013, pp. 312.

18 MARTINS-COSTA, Judith. Um aspecto da obrigação de indenizar: notas para uma sistematização dos deveres pré-negociais de proteção no direito civil brasileiro. *Revista dos Tribunais*. São Paulo: Revista dos Tribunais, 2008, v. 867, p. 34.

19 MARTINS-COSTA, Judith. Um aspecto da obrigação de indenizar: notas para uma sistematização dos deveres pré-negociais de proteção no direito civil brasileiro. *Revista dos Tribunais*. São Paulo: Revista dos Tribunais, 2008, v. 867, p. 42.

20 GARCIA, Enéas Costa. *Responsabilidade pré e pós contratual à luz da Boa-fé*. São Paulo: Juarez de Oliveira, 2003, pp. 231-232.

21 MARTINS-COSTA, Judith. Um aspecto da obrigação de indenizar: notas para uma sistematização dos deveres pré-negociais de proteção no direito civil brasileiro. *Revista dos Tribunais*. São Paulo: Revista dos Tribunais, v. 867, 2008, pp. 41-42.

22 MARTINS-COSTA, Judith. *A boa-fé no Direito Privado:* critérios para a sua aplicação. 2.ed. São Paulo: Saraiva 2018, pp. 591-593.

a parte tinha condições de conhecer[23], esclarecimento sobre a conveniência do negócio, informações confidenciais[24].

Especificamente sobre os negócios condicionais, além das informações referentes ao contrato e ao seu objeto, a depender da escolha do evento condicional, poderá recair sobre uma contraparte o dever de prestar informações relativas justamente à condição eleita contratualmente. A título exemplificativo, se A compromete-se a comprar um terreno de B, caso consiga licença ambiental para realizar determinada obra no referido terreno, e se B souber de um fato característico do terreno que prejudique consideravelmente a possibilidade de sucesso na obtenção da licença em tempo razoável, deverá esse informar tal fato ao A.

Evidente, porém, que o dever de informar precisa ser concretamente considerado, isso porque, nunca se pode esquecer que a característica primordial da condição é a sua *incerteza*, razão pela qual não se pode exigir da contraparte informações que não sejam previsíveis. Por outro lado, tal contraparte não pode valer-se da incerteza da condição para deixar de prestar uma informação previsível e relevante sobre o evento condicional.

Cabe lembrar também que o grau da informação pode variar conforme o contexto, a qualidade das partes, o fim comum do negócio. Por exemplo, em uma relação de consumo, pelo fato de a lei tanto prever com detalhes o dever de informar quanto presumir a vulnerabilidade de todos os consumidores, a incidência do dever de informar será mais acentuada nesses tipos de relações do que nas de direito obrigacional (relações paritárias), nas quais a lei não previu com tanta ênfase o dever de informar. Nesses casos, como afirma Judith Martins-Costa, vigora o princípio da igualdade concretamente considerada, em que se reconhece a desigualdade concreta[25].

A violação dos deveres de informação pode acarretar consequências invalidantes ou indenizatórias[26]. Na hipótese de o descumprimento do dever de informar produzir dano, mas não comprometer o plano da validade, como, por exemplo, na infração culposa, haverá somente dever de indenizar. Caso, porém, o plano da validade for comprometido, quando houver, por exemplo,

---

23 MARTINS-COSTA, Judith. *A boa-fé no Direito Privado:* critérios para a sua aplicação. 2.ed. São Paulo: Saraiva 2018, pp. 592-593.

24 MARTINS-COSTA, Judith. *A boa-fé no Direito Privado:* critérios para a sua aplicação. 2.ed. São Paulo: Saraiva 2018, pp. 592-593.

25 MARTINS-COSTA, Judith. Um aspecto da obrigação de indenizar: notas para uma sistematização dos deveres pré-negociais de proteção no direito civil brasileiro. *Revista dos Tribunais.* São Paulo: Revista dos Tribunais, 2008, v. 867, pp. 43-44.

26 MARTINS-COSTA, Judith. Um aspecto da obrigação de indenizar: notas para uma sistematização dos deveres pré-negociais de proteção no direito civil brasileiro. *Revista dos Tribunais.* São Paulo: Revista dos Tribunais, 2008, v. 867, pp. 47.

dolo essencial, haverá anulação do negócio. Vale lembrar que nos casos de dolo acidental, a consequência será perdas e danos[27].

Outro dever de considerável relevância na fase pré-negocial é o dever de proteção, o qual impõe que os contratantes levem em consideração os interesses dos parceiros, exigindo certa diligência e consideração para com o outro[28]. Isso significa que as partes devem adotar as precauções e medidas de segurança razoáveis para que a outra parte não sofra prejuízos, tanto a seu patrimônio quanto a sua pessoa.

Note-se que diferentemente dos deveres anexos, que têm vinculação imediata com os interesses à prestação, os deveres de proteção têm relação mediata com aqueles interesses[29], podendo, ainda, conforme afirma Judith Martins-Costa, "não ter *nenhuma relação*, quando ainda não há o *praestare*, ou quando não há mais este dever – são, respectivamente, os casos que geram a responsabilidade pré e pós-contratual"[30]. Sendo assim, embora na pendência da condição suspensiva não haja, a rigor, a prestação[31], nada impede que estejam presentes os deveres de proteção que podem não ter qualquer relação com aquela.

O dever de não romper injustificadamente as negociações é, talvez, a figura mais conhecida da responsabilidade pré-contratual. As partes, quando começam a negociar, podem criar legítimas expectativas de que o futuro contrato será concluído. Criadas tais expectativas, não poderá um figurante interromper injustificadamente as negociações sem sofrer as consequências da frustração das expectativas no outro. As tratativas, portanto, não vinculam, mas a sua ruptura injustificada é fonte de responsabilidade[32].

Se a ruptura abrupta das negociações gerar danos para a outra parte – seja por ter efetuado despesas, seja por ter perdido outras oportunidades –,

---

27 THEODORO JÚNIOR, Humberto. *Comentários ao novo código civil:* Livro III – Dos fatos jurídicos: Do negócio jurídico. 4. ed. Rio de Janeiro: Forense, 2008, v. 3, t. 1, p. 138-139.

28 MARTINS-COSTA, Judith. Um aspecto da obrigação de indenizar: notas para uma sistematização dos deveres pré-negociais de proteção no direito civil brasileiro. *Revista dos Tribunais*. São Paulo: Revista dos Tribunais, 2008, v. 867, pp. 36-37.

29 MARTINS-COSTA, Judith. *A boa-fé no Direito Privado:* critérios para a sua aplicação. 2.ed. São Paulo: Saraiva 2018, pp. 598-599.

30 MARTINS-COSTA, Judith. *A boa-fé no Direito Privado:* critérios para a sua aplicação. 2.ed. São Paulo: Saraiva 2018, pp. 598-599.

31 Exceto nos casos em que há restrição parcial dos efeitos. Nesses casos, logicamente, haverá prestação em relação aos efeitos que não foram condicionados.

32 AGUIAR JÚNIOR, Ruy Rosado de. In: TEIXEIRA, Sálvio de Figueiredo (Coord.). *Comentários ao novo código civil.* Rio de Janeiro: Forense, 2011, v. 4, t. II, p. 94.

o desistente[33] estará obrigado a indenizá-la[34] em razão da existência de uma relação obrigacional fundada na boa-fé entre os negociantes, a despeito de inexistir contrato[35]. Por outro lado, se não houver legítimas expectativas, se as negociações eram incipientes ou ainda muito difusas, também inexistirá tal dever[36]. Cabe referir que a prova da existência da legítima expectativa é de quem postula a indenização.

Poder-se-ia equivocadamente cogitar que, em razão da *incerteza* da verificação da condição, a ruptura abrupta das negociações jamais acarretaria a indenização por perdas e danos, já que no momento da celebração do negócio não seria possível saber se o evento condicional efetivamente aconteceria. Ocorre que, pelo fato de a indenização pela ruptura abrupta das tratativas so-

---

33 Registre-se que se reconhece, na doutrina, a possibilidade de o dever de indenizar pela ruptura de negociações recair sobre o terceiro que contratou com o figurante: SANTOS, Paula Tavares dos. Responsabilidade civil e teoria da confiança: análise da responsabilidade pré-contratual e o dever de informar. *Revista de Direito Privado.* São Paulo: Revista dos Tribunais, 2012, v. 49, p. 221; CHAVES, Antônio. *Responsabilidade pré-contratual.* 2. ed. São Paulo: LEJUS, 1997, p. 189; FIGUEIREDO, Helena Lanna. *Responsabilidade civil do terceiro que interfere na relação contratual*, 2008. Tese apresentada à Banca Examinadora como exigência parcial para obtenção do título de Mestre em Direito das Relações Sociais/Direito Civil pela Pontifícia Universidade Católica de São Paulo, sob a orientação do Prof. Doutor Renan Lotufo, São Paulo, pp. 141-143.

34 Judith Martins-Costa entende que o regime de responsabilidade decorrente de rompimento injustificado de tratativas é o de responsabilidade extracontratual, sob a seguinte fundamentação: "Penso ser tecnicamente mais adequado construir o raciocínio a partir do enunciado no art. 187 do mesmo Código, em combinação com o art. 927, *caput.* Nesse último caso, a ilicitude estaria situada no *exercício jurídico* (i.e., retirada das tratativas, que é modalidade do exercício de direito subjetivo). Havendo dano derivado diretamente do exercício manifestamente contrário à boa-fé, há dever de indenizar (Código Civil, art. 927), seguindo-se o regime da responsabilidade civil extracontratual já que não se trata de inadimplemento a contrato" (MARTINS-COSTA, Judith. *A boa-fé no Direito Privado:* critérios para a sua aplicação. 2.ed. São Paulo: Saraiva 2018, p. 470).

35 AGUIAR JUNIOR, Ruy Rosado. *Extinção dos contratos por incumprimento do devedor (Resolução)*. Rio de Janeiro: Aide, 1991, pp. 244-245.

36 MARTINS-COSTA, Judith. Um aspecto da obrigação de indenizar: notas para uma sistematização dos deveres pré-negociais de proteção no direito civil brasileiro. *Revista dos Tribunais.* São Paulo: Revista dos Tribunais, 2008, v. 867, pp. 29-30.
Registre-se, também, que não se reconhecerá o dever de indenizar pela ruptura abrupta das tratativas quando o prejudicado tinha conhecimento dos fatos que impediriam a celebração do contrato: "Se a parte prejudicada tiver conhecimento de fatos ou circunstâncias que impediriam a celebração do contrato pela outra, não poderá, por certo arguir a sua boa-fé, face ao rompimento unilateral das tratativas, desde que, como é óbvio, determinado por tais fatos ou circunstâncias" (GUERREIRO, José Alexandre Tavares. A boa-fé nas negociações preliminares. *Doutrinas essenciais de responsabilidade civil.* São Paulo: Revista dos Tribunais, 2011, v. 2, pp. 61-66).

mente abranger o interesse negativo[37] – i.e., aquilo que o indenizado perdeu ou deixou de ganhar por ter concluído o contrato –, a solução não se mostra incompatível com o regime condicional, uma vez que o prejudicado não teria direito ao que ganharia se o contrato tivesse sido formalizado.

Alerte-se que para a existência do dever de indenizar, decorrente da violação de todos os deveres acima elencados, é imprescindível a ocorrência do dano e do nexo de causalidade e a conduta imputável a um dos figurantes. Isso significa, portanto, que a indenização durante a fase pré-contratual exige a ocorrência de todos os elementos objetivos da responsabilidade civil[38].

Cabe lembrar, ainda, que se discute, no Direito brasileiro, qual deve ser o regime de responsabilidade civil na fase pré-contratual[39]. Judith Martins-

---

37 MARTINS-COSTA, Judith. A *boa-fé no Direito Privado:* critérios para a sua aplicação. 2.ed. São Paulo: Saraiva 2018, pp. 471.

38 MARTINS-COSTA, Judith. A *boa-fé no direito privado:* critérios para a sua aplicação. São Paulo: Marcial Pons, 2015, p. 485.

39 Na prática, as principais diferenças entre os regimes de responsabilidade contratual e extracontratual dizem respeito ao ônus da prova e ao prazo prescricional. Em relação ao ônus da prova, enquanto na responsabilidade contratual, a culpa é presumida (o credor deverá demonstrar, somente, que a obrigação não foi cumprida), na responsabilidade extracontratual, a vítima deverá demonstrar a culpa do réu. Quanto ao prazo prescricional, a questão é controvertida. Alguns doutrinadores (Por todos ver: CRUZ, Gisela Sampaio da Cruz; LGOW, Carla Wainer Chalréo. Prescrição extintiva: questões controversas. In: TEPEDINO, Gustavo; FACHIN, Luiz Edson (orgs.). *Diálogos sobre direito civil.* Rio de Janeiro: Renovar, 2012, vol. 3, p. 570 e ss.. Mais recentemente: MARTINS-COSTA, Judith; ZANETTI, Cristiano de Sousa. "Responsabilidade contratual: prazo prescricional de dez anos. V. 979. São Paulo: Revista dos Tribunais, mai. 2017, pp. 215-244) e diversos julgados de tribunais estaduais (exemplificativamente: TJ/SP, 34ª CDir. Priv., AC 0012656-04.2012.8.26.0637, Rel. Des. Kenarik Boujikian, j. 07/12/2016, v.u.; TJ/RS, 18ª CC, AC 70053717534, Rel. Des. Pedro Celso Dal Pra, j. 25.04.2013, v.u.; TJ/RJ, 1ª CC, AI 0042860-60.2013.8.19.0000, Rel. Des. Custodio de Barros Tostes, j. 21.08.2013, d. monocrática) defendem que a responsabilidade contratual se submete ao prazo geral do Código Civil de 10 anos (art. 205 do Código Civil). Judith Martins-Costa (*Comentários ao novo código civil.* In: TEIXEIRA, Sálvio de Figueiredo (coord.). 2. Ed. Rio de Janeiro: Forense, 2009, vol. 5, t. II, pp. 160-162) e Humberto Theodoro Júnior (Humberto Theodoro Júnior In. Sálvio de Figueiredo Teixeira (coord.), *Comentários ao novo código civil.* V. 3. t. II. 3. ed. Rio de Janeiro: Forense, 2005, p. 310; 333-334) foram os precursores dessa opinião, cujo fundamento tem como base uma interpretação sistemática do ordenamento: uma vez que inexiste prazo específico para o credor cobrar do devedor em mora a obrigação principal, o prazo aplicável é o geral de dez anos (art. 205), de sorte que seria uma incongruência sistemática admitir que a prescrição da obrigação substitutiva (perdas e danos) fosse três anos (art. 206, § 3º, V), já que estaria prescrita a pretensão substitutiva antes da relativa à obrigação principal. Outros na doutrina (Por todos ver: TEPEDINO, Gustavo; BARBOZA, Heloisa Helena; e MOARES, Maria Celina Bodin de. *Código Civil interpretado conforme a Constituição da República.* 2. Ed. Rio de Janeiro: Renovar, vol. 1. 2007, p. 411; BANDEIRA, Paula Greco. A prescrição na

Costa entende que se trata de responsabilidade extracontratual[40], tendo em vista que os deveres violados durante a fase pré-contratual são os de proteção, não os de prestação, razão pela qual a violação da boa-fé, nessa etapa, tem fundamento no art. 187 do Código Civil combinado com o art. 927 do Código Civil, e não, no art. 422 do Código Civil. Antonio Junqueira de Azevedo, por sua vez, defende que se trataria de responsabilidade contratual[41]. Em sua visão, o contrato é um processo distribuído em diversas fases,

responsabilidade civil contratual em debate. *Revista Magister de Direito Civil e Processual Civil*. Porto Alegre: Magister, vol. 70, 2016, pp. 84-97) e numerosos julgados dos tribunais estaduais (TJ/SP, 27ª CEx.Dir.Priv. Rel. Des. Milton Carvalho, j. 19.12.2016, v.u.; TJ/SP, 25ª CDPriv. AC 0173861-72.2010.8.26.0100, Rel. Des. Marcondes D'Angelo, j. 23.10.2014, v.u.), por outro lado, são no sentido de que prazo de três anos se aplica sem distinção à responsabilidade contratual e à extracontratual.

Oportuno registrar que a posição predominante do Superior Tribunal de justiça, até a pouco tempo, era no sentido de que o prazo decenal deveria ser aplicado às pretensões de responsabilidade contratual (por todos ver: STJ, 4ª T., AgRg no AResp 783719/SP, 4ª T., Rel. Min. Maria Isabel Galotti, j. 10.03.2016, v.u).

Em novembro de 2016, no entanto, a Terceira Turma do Superior Tribunal de Justiça manifestou-se no sentido de que a prescrição de três anos para reparação civil aplica-se de modo uniforme em relação à responsabilidade contratual e à extracontratual (REsp 1281594/SP, 3ª T., Rel. Min. Marco Aurélio Bellizze, j. 22.11.2016, v.u.). Após, em junho de 2018, a Segunda Turma do STJ, por maioria, retomou o posicionamento da aplicação do prazo decenal às pretensões do credor nas hipóteses de inadimplemento contratual (STJ, 2ª T., EREsp 1280825/RJ, Rel. Min. Nancy Andrighi, j. 27.06.2018, v.u.).

40 MARTINS-COSTA, Judith. *A boa-fé no Direito Privado:* critérios para a sua aplicação. 2.ed. São Paulo: Saraiva 2018, pp. 470-471. Também reconhecendo o caráter extracontratual da responsabilidade pré-contratual: AGUIAR JÚNIOR, Ruy Rosado de. In: TEIXEIRA, Sálvio de Figueiredo (Coord.). *Comentários ao novo Código Civil.* Rio de Janeiro: Forense, 2011, vol. 4, t. II, p. 93, nota de rodapé n. 93; WALD, Arnoldo. Inexistência de direito líquido e certo à restituição do valor residual garantido no contrato de arrendamento mercantil princípio da boa-fé objetiva. *Revista de Direito Bancário e do Mercado de Capitais*. São Paulo: Revista dos Tribunais, vol. 31, jan. 2006, p.112. Na jurisprudência: STJ, 3ª T., REsp 1051065/AM, Rel. Min. Ricardo Villas Bôas Cueva, j. 21.02.2013, DJe 27.02.2013; TJ/RS, 5ª CC., AC 70054065966, Rel. Des. Maria Cláudia Cachapuz, j. em 28.05.2014, v.u.; TJ/MG, 17ª CC., AC 1.0112.02.027737-5/002, Rel. Des. Eduardo Mariné da Cunha, j. 03.12.2009, DJ 17.12.2009; TJ/MG, 12ª CC., AC 1.0329.12.000145-1/001, Rel. Des. Alvimar de Ávila, j. 09.04.2014, DJ 15.04.2014; TJ/RJ, 1ª CC., AC 0002973-75.1990.8.19.0000 (1990.001.02757), Rel. Des. Renato Maneschy, j. 23.10.1990; TJ/RJ, 6ª CC., AC 0223434-85.2007.8.19.0001, Rel. Des. Pedro Freire Raguenet, j. 08.02.2012; TJ/SP, 1ª CDir.Emp., AC 0166582-35.2010.8.26.0100, Rel. Des. Francisco Loureiro, j. 10.10.2013.

41 JUNQUEIRA DE AZEVEDO, Antônio. Responsabilidade pre-contratual no Código de Defesa do Consumidor: estudo comparativo com a responsabilidade pre-contratual no Direito comum. *Revista de Direito do Consumidor*. São Paulo: Revista dos Tribunais, 1996, v. 18, pp. 23-24. Seguindo essa corrente: MARQUES, Cláudia Lima. Violação do

todas subordinadas à boa-fé objetiva, motivo pelo qual, ainda que surgido de ato ilícito, deve se submeter ao regime de responsabilidade contratual.

Por fim, vale ressaltar que os deveres decorrentes da boa-fé objetiva se farão presentes nas tratativas com menor ênfase quando comparados à fase da pendência da condição, em que há um vínculo constituído com regime próprio, e à fase de execução contratual, em que a boa-fé contratual se aplica em sua máxima intensidade.

3. Boa-fé objetiva na pendência da condição suspensiva

A etapa da pendência é a característica mais peculiar do negócio sob condição suspensiva. Durante essa fase, já existe um vínculo jurídico devidamente constituído entre as partes que dá origem a um "direito a crédito" – o qual carece de certeza e exigibilidade, mas que, desde já, compõe o patrimônio do expectante, podendo ser: transferido *inter vivo* ou *mortis causa*, garantido por fiança, hipoteca, penhor ou caução de títulos e objeto de contrato de seguro"[42].

Com efeito, durante a fase da pendência vigora um regime jurídico peculiar composto por efeitos ditos *secundários* que visam a, justamente, tutelar o "direito a crédito"; a regular tanto as modificações sofridas pela coisa objeto do negócio quanto as relações entre as partes expectante e expectada. O que se encontra pendente, nesse momento, são os *efeitos outrora condicionados*, os quais estão à espera de algo que lhes ative (a ocorrência do evento condicional).

Elementar que, ao se reconhecer que a boa-fé objetiva incide na fase pré-contratual sob o fundamento da existência de uma relação obrigacional, a despeito de inexistir um contrato, não há qualquer hesitação em admitir-se a aplicação daquele princípio à fase da pendência da condição suspensiva, uma vez que nessa fase o negócio jurídico já está constituído.

Percebe-se, desse modo, que a incidência da boa-fé objetiva na pendência da condição configura um momento híbrido, mesclando as características

dever de boa-fé de informar corretamente, atos negociais omissivos afetando o direito/liberdade de escolha. Nexo causal entre a falha/defeito de informação e defeito de qualidade nos produtos de tabaco e o dano final morte. responsabilidade do fabricante do produto, Direito à ressarcimento dos danos materiais e morais, sejam preventivos, reparatórios ou satisfatórios. *Revista dos Tribunais*. São Paulo: Revista dos Tribunais, v. 835, maio 2005, p. 85; GOMES, Luiz Roldão de Freitas. *Elementos de responsabilidade civil*. Rio de Janeiro: Renovar, 2000, pp. 264-265. Na jurisprudência: STJ, 3ª T., REsp 1.367.955/SP, Rel. Min. Paulo de Tarso Sanseverino, j. 18.03.2014, *DJe* 24.03.2014.

42 MARTINS-COSTA, Fernanda Mynarski. *Condição suspensiva:* função, estrutura e regime jurídico. São Paulo: Almedina, 2017, p. 104.

das fases pré-negocial e executória. Isso porque, há *negócio jurídico* constituído (o que lhe diferencia da fase pré-negocial), mas inexiste efetivamente a *prestação* relativa ao *efeito condicionado* (o que lhe difere da fase executória).

Seja como for, durante a pendência, exige-se, de modo geral, um *standard* comportamental correto e probo das partes, atraindo o arcabouço de deveres decorrentes da boa-fé objetiva. Tais deveres, porém, devem ser contextualizados pelas peculiaridades e limitações próprias da fase de pendência da condição.

Note-se, nesse aspecto, que, durante a pendência, à parte *expectante* – i.e., o titular do direito condicional – é permitido o exercício de medidas conservatórias de seu direito, conforme o art. 130 do Código Civil, as quais não se podem revestir de *caráter executório*[43]. Por outros termos, as medidas conservatórias não podem interferir no exercício legítimo do objeto da prestação pela parte *expectada* – i.e., aquele que se obriga a entregar ou restituir o objeto da prestação caso o evento futuro ocorrer. Ao *expectado*, por outro lado, é vedado realizar atos que ameacem ou prejudiquem o exercício futuro daquele direito pelo expectante[44].

Desse modo, para averiguação, pelo intérprete, da operatividade da boa-fé objetiva durante a pendência da condição é imprescindível que se leve em consideração a dupla limitação ao exercício das partes figurantes condicionais, a saber: por um lado, ao *expectante* não é permitido interferir no exercício do *expectado*; por outro, ao *expectado*, não é permitido ameaçar ou prejudicar o exercício futuro daquele direito pelo *expectante*.

Note-se, porém, que essa regra geral da dupla limitação é excepcionada pelo art. 129 do Código Civil, por meio do qual se estabelece uma "sanção reparatória" específica para situações de vicissitude fictícia da condição por ação maliciosa de um figurante, ao determinar que será reputada verificada, quanto aos efeitos jurídicos, a condição cujo implemento for maliciosamente obstado pela parte a quem desfavorecer, considerando-se, ao contrário, não verificada a condição maliciosamente levada a efeito por aquele a quem aproveita o seu implemento.

Por expressa permissão legal, portanto, será conferida ao *expectante* a realização de atos executórios, quando o *expectado* obstar maliciosamente

43 TEPEDINO, Gustavo; BARBOZA, Heloísa Helena; MORAES, Maria Celina Bodin de. *Comentários ao código civil conforme a Constituição da República.* 3. ed. Rio de Janeiro: Renovar, 2014, v. 1, p. 262; CARVALHO SANTOS, João Manuel. *Código civil brasileiro interpretado.* 14. ed. Rio de Janeiro: Freitas Bastos, 1991, v. 3, p. 83; MARTINS-COSTA, Fernanda Mynarski. *Condição suspensiva:* função, estrutura e regime jurídico. São Paulo: Almedina, 2017, p. 106.

44 MARTINS-COSTA, Fernanda Mynarski. *Condição suspensiva:* função, estrutura e regime jurídico. São Paulo: Almedina 2017, p. 105-106.

a realização do evento condicional, assim como ao *expectado* é conferida a possibilidade de se desvincular do negócio, quando a condição maliciosamente for levada a efeito por aquele a quem aproveita o seu implemento.

O cerne dessa norma consiste, portanto, no desestímulo do ato voluntário capaz de obstar ou fazer realizar a condição em seu próprio proveito[45], uma vez que o interesse legítimo da parte inocente foi prejudicado, saber, o de que o cumprimento da condição seguirá o curso normal e ordinário dos acontecimentos[46]. Desse modo, o legislador brasileiro criou uma hipótese de *reparação específica*, afastando-se do regime geral de responsabilidade civil[47].

O art. 129 do Código Civil, a rigor, opera como uma *baliza de licitude*, impondo vedações ao exercício inadmissível de posições jurídicas, atuando como *norma de eficácia*, tendo em vista que, artificialmente, impõe a produção, ou não, dos efeitos condicionados do contrato condicional, visando a impedir que a parte manipuladora não se aproveite de sua própria torpeza. Desse modo, impede-se que, por meio de uma conduta ilícita, o manipulador altere o curso natural dos acontecimentos e, assim, logre um benefício próprio. Além disso, age como uma espécie de reparação específica do prejuízo ao interesse legítimo do figurante inocente, a saber, de que o cumprimento da condição seguirá o curso normal e ordinário dos acontecimentos.

No âmbito do art. 129 do Código Civil, a boa-fé objetiva atua especificamente na interpretação do vocábulo "maliciosamente", para sanar a antiga controvérsia[48] se tal expressão abarca somente condutas dolosas ou se as cul-

---

45 Vale mencionar que se admite que o terceiro cúmplice responda pelo ilícito absoluto, se auxiliar nas hipóteses do art. 129 do Código Civil. Caso, porém, a verificação do evento condicional depender da atitude de terceiro, a indenização não será devida, em razão de a sua conduta ter sido lícita (*vide*, MARTINS-COSTA, Fernanda Mynarski. *Condição suspensiva:* função, estrutura e regime jurídico. São Paulo: Almedina, 2017, pp. 139-140).

46 MARTINS-COSTA, Fernanda Mynarski. *Condição suspensiva:* função, estrutura e regime jurídico. São Paulo: Almedina, 2017, pp. 132.

47 Registre-se que o art. 129 do Código Civil apresenta certas restrições quanto às espécies de condição para sua aplicação. Em princípio, não incide perante as condições simplesmente potestativas uma vez que, nessas hipóteses, o poder de escolha quanto à realização do evento condicional é uma faculdade legitimamente atribuída à parte. Porém, em tal assertiva cabem exceções, a serem apuradas no caso concreto. Quando, por exemplo, alguém se obriga a dar um percentual do valor da venda de um imóvel, caso houver alguém interessado em comprá-lo até tal data, e, surgindo um interessado em comprar durante o prazo, o vendedor maliciosamente retarda a venda para depois do prazo. Igualmente o art. 129 é incompatível com as *conditio iuris* (MARTINS-COSTA, Fernanda Mynarski. *Condição suspensiva:* função, estrutura e regime jurídico. São Paulo: Almedina, 2017, pp. 135).

48 Exigindo o dolo ao suporte fático: OLIVEIRA, Eduardo Ribeiro de. In: TEIXEIRA, Sálvio de Figueiredo (Coord.). *Comentários ao novo código civil.* Rio de Janeiro: Forense, 2008, v. 2, pp. 347-348; CARVALHO SANTOS, João Manuel. *Código civil brasileiro*

posas estariam igualmente abrangidas. Entendemos, assim, que a solução em maior consonância com o Código Civil é a segundo a qual a expressão "maliciosamente" inclui tanto a conduta dolosa quanto aquela frontalmente em desacordo com o padrão da boa-fé objetiva, isso porque a ilicitude prevista no art. 187 do Código Civil diz respeito àquela que decorre de um exercício irregular, disfuncional e abusivo.

Importante registrar que a incidência da boa-fé contratual na fase da pendência da condição não se limita ao disposto na norma do art. 129 do Código Civil. Pelo contrário, atrai todo arcabouço dos deveres impostos pela boa-fé objetiva, coibindo outras hipóteses de comportamento ilícito. A título exemplificativo, caso houver, durante a pendência, a divulgação de informação confidencial por um figurante, esse estará obrigado a indenizar a parte prejudicada. Na mesma medida, portanto, se houver a violação de um dever de não competição estabelecido pelas partes durante a pendência, a mesma consequência poderá ser aplicada.

Destaca-se, ainda, a questão de eventual obrigação de renegociação durante a pendência da condição suspensiva. Entre a celebração do negócio e a verificação do evento condicional pode, em algumas circunstâncias, existir um grande lapso temporal, o que pode motivar a indagação a respeito da existência de uma obrigação de renegociação entre as partes durante tal período, se ocorrerem significativas mudanças no contexto econômico.

Com efeito, caso a obrigação de renegociação seja prevista no contrato, logicamente a boa-fé objetiva atuará na sua interpretação, impondo às partes os seguintes deveres: "(i) as partes serão obrigadas, primeiramente, a se reunir de modo que a recusa de uma delas a renegociar configurará uma hipótese de culpa contratual; (ii) as negociações hão de ser procedidas segundo a boa-fé, não se admitindo artimanhas, protelações, deslealdades ou renitências irrazoáveis"[49].

---

interpretado. 14. ed. Rio de Janeiro: Freitas Bastos, 1991, v. 3, pp.78-79; AZEVEDO, Álvaro Villaça. In: AZEVEDO, Álvaro Villaça (Coord.), *Código civil comentado*. São Paulo: Altas, 2003, v. 2, p. 148; PONTES DE MIRANDA, Francisco Cavalcanti. *Tratado de direito privado*. São Paulo: Revista dos Tribunais, 2013, t. V, pp. 227-228; SILVA, Caio Mário Pereira da Silva. *Instituições de direito civil*. Rio de Janeiro: Forense, 2013, v. 1, p. 472; RÁO, Vicente. *Ato jurídico*. São Paulo: Max Limonad, 1961, p. 343. Em contrapartida, reconhecendo a incidência do art. 129 para as hipóteses em que há culpa do agente: TEPEDINO, Gustavo; BARBOZA, Heloísa Helena; MORAES, Maria Celina Bodin de. *Código civil interpretado conforme a Constituição da República*. 3. ed. Rio de Janeiro: Renovar, 2014, v. 1, p. 262.

---

49 MARTINS-COSTA, Judith. Critérios para aplicação do princípio da boa-fé objetiva (com ênfase nas relações empresariais). In: MARTINS-COSTA, Judith; FRADERA, Véra Jacob de (Orgs.). *Estudos de direito privado e processual civil em homenagem a Clóvis do Couto e Silva*. São Paulo: Revista dos Tribunais, 2014, pp. 212.

Situação, porém, mais complexa ocorre quando a obrigação de renegociação não estiver expressamente acordada no contrato. Sobre a questão, Ruy Rosado de Aguiar Jr. apresenta-nos o entendimento de Guido Alpa, no sentido de que a integração da boa-fé implica a inclusão, no contrato, de cláusula de renegociação, no caso de as partes não haverem-na previsto, por mera distração ou por haverem optado um texto lacônico, sem, entretanto, tê-la excluído explicitamente[50].

Outro dever a ser analisado quando se trata da pendência da condição, é o dever de proteção. É intuitivo, nesse cenário de pendência, reportar-se ao *dever de conservação*, uma vez que, se não convencionado diversamente, o *expectado* conserva, em seu patrimônio, o objeto da prestação enquanto pendente a condição suspensiva. Sobre a questão, a codificação civil determinou, em seu art. 234, que se a coisa se perder, com culpa do *expectado*, enquanto a condição suspensiva estiver pendente, aquele responderá pelo equivalente e mais perdas e danos. Trata-se, assim, de um *dever de diligência* imposto ao devedor pela lei[51].

---

50 AGUIAR JÚNIOR, Ruy Rosado de. In: TEIXEIRA, Sálvio de Figueiredo (Coord.). *Comentários ao novo código civil.* Rio de Janeiro: Forense, 2011, v. 4, t. II, p. 96, reportando-se às lições de Guido Alpa.
Nelson Nery Junior e Thiago Rodovalho dos Santos entendem que "é justamente como expressão dessa eficácia integrativa da boa-fé que surge o dever (obrigação *ex lege*) de renegociação contratual, consubstanciando-se a readequação do contrato (adequamento) como verdadeiro princípio geral dos contratos de execução diferida ou de longa duração, de tal sorte que a fonte primeira do dever de renegociação contratual é a própria lei (as obrigações devem ser executadas de boa-fé), daí falar-se em obrigação legal de renegociar (=dever de renegociação)" (NERY JÚNIOR, Nelson; SANTOS, Thiago Rodovalho. Renegociação contratual. *Revista dos Tribunais*: São Paulo: RT, v. 906, abr. 2011, pp. 141).

51 Indaga-se se a reparação, nesses casos, depende ou não do cumprimento da condição. Sobre o assunto, Caio Mário da Silva Pereira e Pontes de Miranda entendem que só haverá reparação do dano se futuramente ocorrer o implemento da condição (PEREIRA, Caio Mário da Silva. *Instituições de direito civil.* Rio de Janeiro: Forense, 2013, v. 1, p. 475; PONTES DE MIRANDA, Francisco Cavalcanti. *Tratado de direito privado.* São Paulo: Revista dos Tribunais, 2013, t. V, p. 200). Conforme em outra oportunidade tivemos a oportunidade de nos expressar, reportando-nos parcialmente às lições de Carmen Soutullo: "Essa conclusão, porém, pode levar à falha na proteção efetiva da parte expectante, uma vez que o devedor, mesmo agindo culposamente, estará isento de qualquer consequência jurídica, caso a condição não vier a ocorrer. Por essa razão, Carmen Soutullo defende que o devedor responderá pelos danos e prejuízos causados ao credor independentemente do cumprimento da condição, sempre que o devedor tenha prejudicado a legítima expectativa do credor, valorável economicamente. Entende, porém, que não cumprida a condição, a indenização não se referirá ao incumprimento da prestação devida, mas, sim, ao valor do crédito condicional durante o período de incerteza. Com efeito, essa conclusão parece encontrar acolhida no sistema brasileiro. Sem dúvida alguma, o direito do expectante goza de proteção pelo ordenamento, permi-

Por outro lado, em relação à deterioração da coisa durante a pendência, a lei foi omissa, o que não afasta, entretanto, a existência de um dever de conservação imputável ao *expectado*. Não se verifica incompatibilidade entre as consequências do art. 236 e o negócio sob condição suspensiva, desde que a condição se verifique. Por outros termos, caso deteriorada a coisa, durante a pendência, com culpa do devedor, poderá o credor exigir o equivalente, ou aceitar a coisa no estado em que se acha, com direito a reclamar, em um ou em outro caso, indenização das perdas e danos, somente se o evento condicional ocorrer.

Ressalta-se, por fim, que todas as pretensões indenizatórias surgidas durante a pendência da condição deverão ser submetidas ao regime de responsabilidade negocial, tendo em vista que já existe negócio, a despeito de inexistir a prestação decorrente dos efeitos condicionados.

4. Boa-fé objetiva durante a execução do negócio sob condição suspensiva

A execução do negócio sob condição suspensiva, como antes referido, iniciar-se-á com a *verificação da condição*[52]. Nesse momento, a rigor, a incerteza acerca da ocorrência do evento se dissipa, de modo que o programa contratual desejado pelas partes concretiza-se.

Sendo assim, sobrevindo a condição, ingressar-se-á na *fase executória*, momento no qual o programa contratual idealizado pelos figurantes será integralmente efetivado, por meio do desenvolvimento de atos que dão concretude ao previsto durante a celebração do contrato – i.e., produzir-se-ão os efeitos jurídicos conforme o que foi planeja no acordo contratual[53].

Nessa transição, portanto, do plano abstratamente previsto no acordo para a realidade concreta, nas palavras de Judith Martins-Costa, a boa-fé objetiva "desempenha funções normativas de concretização reguladora, de

tindo qualificá-lo como um interesse legítimo. Portanto, tendo em vista que a finalidade da indenização é recompor interesses legítimos lesados, não há razão para que o direito expectativo não seja recomposto ao patrimônio do expectante. Afinal, até a constatação da não realização da condição-fato, o credor era titular do direito expectativo, o qual já integrava o seu patrimônio, podendo ser cedido, penhorado e dentre outras faculdades, que o expectante poderia legitimamente manejar" (MARTINS-COSTA, Fernanda Mynarski. *Condição suspensiva:* função, estrutura e regime jurídico. São Paulo: Almedina 2017, pp. 150-151).

52 Conforme nota de rodapé n. 11, a verificação da condição depende de sua espécie, se for positiva ou negativa.

53 MARTINS-COSTA, Judith. *A boa-fé no Direito Privado:* critérios para a sua aplicação. 2.ed. São Paulo: Saraiva 2018, pp. 471-472.

integração e também de delimitação"[54], sendo aplicada com sua máxima intensidade, determinando, em concreto, os efeitos do vínculo contratual[55].

Note-se, porém, que, na execução contratual, a boa-fé objetiva exerce um papel auxiliar e limitador em relação à vontade contratual. Isso significa que, na determinação dos efeitos contratuais, a boa-fé objetiva não substitui a vontade negocial, operando, dessa maneira, em um campo delimitado[56]. Por outros termos, ao intérprete não é autorizada a possibilidade de "modificar, por seus próprios critérios, a lógica determinada por (ou deduzida da) vontade das partes pelos critérios canônicos da interpretação dos negócios jurídicos contratuais"[57].

A boa-fé objetiva, portanto, auxiliará na indicação do modo correto de como executar a prestação e exigir o seu cumprimento[58], preenchendo, de modo integrativo, "as lacunas que só se farão sentir no momento executivo; e a estabelecer a fronteira entre o que é exercício lícito ou ilícito dos poderes, direitos e faculdades exsurgentes do vínculo contratual"[59].

Além disso, como explica Judith Martins-Costa, a boa-fé igualmente atuará como norma de responsabilidade, "em caso de violação injusta do contrato, contribuindo para a definição de situações de responsabilidade"[60], atuando, assim, no *plano da eficácia*, atribuindo, na maioria das vezes, a *eficácia indenizatória*. Poderá, conforme adverte Judith Martins-Costa, excepcionalmente, atuar como norma de validade[61].

---

54 MARTINS-COSTA, Judith. *A boa-fé no Direito Privado:* critérios para a sua aplicação. 2.ed. São Paulo: Saraiva 2018, pp. 471-472.

55 MARTINS-COSTA, Judith. Critérios para aplicação do princípio da boa-fé objetiva (com ênfase nas relações empresariais). In: MARTINS-COSTA, Judith; FRADERA, Véra Jacob de (Orgs.). *Estudos de direito privado e processual civil em homenagem a Clóvis do Couto e Silva*. São Paulo: Revista dos Tribunais, 2014, p. 219.

56 MARTINS-COSTA, Judith. *A boa-fé no Direito Privado:* critérios para a sua aplicação. 2.ed. São Paulo: Saraiva 2018, pp. 471-472.

57 MARTINS-COSTA, Judith. *A boa-fé no Direito Privado:* critérios para a sua aplicação. 2.ed. São Paulo: Saraiva 2018, p. 472.

58 MARTINS-COSTA, Judith. *A boa-fé no Direito Privado:* critérios para a sua aplicação. 2.ed. São Paulo: Saraiva 2018, p. 472.

59 MARTINS-COSTA, Judith. *A boa-fé no Direito Privado:* critérios para a sua aplicação. 2.ed. São Paulo: Saraiva 2018, p. 472.

60 MARTINS-COSTA, Judith. *A boa-fé no Direito Privado:* critérios para a sua aplicação. 2.ed. São Paulo: Saraiva 2018, pp. 473.

61 Sobre a questão, *vide*: MARTINS-COSTA, Judith. *A boa-fé no direito privado:* critérios para a sua aplicação. São Paulo: Marcial Pons, 2015, pp. 575-580. Em síntese, o pensamento da autora é de que: "fora da hipótese do art. 51, inc. IV, do Código de Defesa do Consumidor, o princípio da boa-fé não age diretamente no plano da validade, senão de forma residual, embora possa atuar no plano hermenêutico (via análise da conduta)

Ressalta-se ainda que a boa-fé objetiva "possibilita ao intérprete a emissão de um juízo de compatibilidade entre a normação privada e o sistema jurídico, para além dos casos expressamente previstos em lei"[62]. Nessas situações a boa-fé potencializa as soluções já existentes no ordenamento jurídico, atuando tanto pelo viés indenizatório quanto pela eficácia invalidade[63]. Por exemplo: incidindo no plano da validade, nos casos de dolo por omissão informativa (art. 147).

5. Boa-fé objetiva na fase pós-negocial do negócio sob condição suspensiva

O negócio condicional chega ao seu fim em duas hipóteses. Caso tenha havido a fase executória, em razão de o fato condicional ter ocorrido, o negócio findará quando houver o adimplemento da prestação ou a resolução do negócio. Caso não tenha havido a fase executória, pelo fato de o evento condicional não ter se verificado, passar-se-á da fase da pendência diretamente à pós-contratual.

Sabe-se que, na fase pós-contratual, os deveres de prestação se extinguem, remanescendo, porém, os de proteção, de informação e de lealdade[64]. As partes, portanto, devem abster-se de provocar danos à esfera jurídica da outra parte, prejuízos esses que tenham origem em ato ou fato relacionado

---

para potencializar determinadas eficácias legalmente previstas a outras figuras, como no caso do dolo por omissão informativa (Código Civil, art. 147) que pode conduzir ou à invalidade (quando configurado o dolo essencial) ou à satisfação das perdas e danos, sem declaração de invalidade (quando caracterizado o dolo acidental), hipótese que se reconduz aos esquemas ressarcitórios. Mas, em ambos os casos, estará em causa, primariamente, o dolo, não a boa-fé objetiva. Para ter-se a invalidade, o que se terá de comprovar é o dolo, e não o incumprimento de dever lateral, pois, neste último caso, a consequência será a indenização por culpa *in contrahendo*" (MARTINS-COSTA, Judith. A *boa-fé no Direito Privado:* critérios para a sua aplicação. 2.ed. São Paulo: Saraiva 2018, pp. 636.).

---

62 MARTINS-COSTA, Judith. Critérios para aplicação do princípio da boa-fé objetiva (com ênfase nas relações empresariais). In: MARTINS-COSTA, Judith; FRADERA, Véra Jacob de (Orgs.). *Estudos de direito privado e processual civil em homenagem a Clóvis do Couto e Silva.* São Paulo: Revista dos Tribunais, 2014, p. 221.

63 MARTINS-COSTA, Judith. Critérios para aplicação do princípio da boa-fé objetiva (com ênfase nas relações empresariais). In: MARTINS-COSTA, Judith; FRADERA, Véra Jacob de (Orgs.). *Estudos de direito privado e processual civil em homenagem a Clóvis do Couto e Silva.* São Paulo: Revista dos Tribunais, 2014, p. 221.

64 MENEZES CORDEIRO, António Manuel da Rocha e. *Da boa-fé no direito civil.* Coimbra: Almedina, 1984, v. 1, p. 629.

ao contrato[65], além de não deverem realizar atos que possam frustrar o escopo pelas partes perseguido com o negócio. Por outros termos, o objetivo contratual não pode ser frustrado a pretexto de que a obrigação se extinguiu[66]. Assim, por exemplo, o modelista não deve entregar ao concorrente os mesmos modelos com os quais cumpriu a sua prestação[67].

Quanto à intensidade da aplicação da boa-fé objetiva na fase pós-contratual, cabe lembrar que se dará com menor rigor do que na fase executória. Além disso, especificamente no que tange aos negócios sob condição suspensiva, também é possível verificar que nos casos em que se passa automaticamente da fase da pendência à pós-contratual (i.e., quando o evento condicional não ocorrer) haverá menor intensidade do princípio, se comparado às hipóteses em que houve fase executória do contrato (i.e., quando a condição houver acontecido), isso porque a relação dos figurantes, por não ter havido a fase executória, foi mais incipiente.

Conclusão

O quadro até aqui traçado, apesar de esquemático, permite constatar que a maior peculiaridade da atuação da boa-fé objetiva nos negócios sob condição suspensiva se dá durante a pendência da condição, justamente pelo fato de ser essa a característica própria de tais negócios.

A incidência da boa-fé objetiva, durante a pendência do evento condicional, não se limita ao disposto no art. 129 do Código Civil; pelo contrário, a boa-fé atua pontualmente nas hipóteses de vicissitude artificial da condição, somente visando à ampliação do significado do vocábulo "maliciosamente", para englobar não só condutas dolosas, mas também as condutas que, não sendo dolosas, estão frontalmente em desacordo com o padrão da boa-fé objetiva.

Com efeito, a boa-fé objetiva incide consideravelmente durante a fase da pendência, atraindo o arcabouço dos deveres da boa-fé objetiva, devendo, porém, observar a dupla limitação ao exercício das partes, a saber: por um lado, ao *expectante* não é permitido interferir no exercício do *expectado*; por

65 MARTINS-COSTA, Judith. Critérios para aplicação do princípio da boa-fé objetiva (com ênfase nas relações empresariais). In: MARTINS-COSTA, Judith; FRADERA, Véra Jacob de (Orgs.). *Estudos de direito privado e processual civil em homenagem a Clóvis do Couto e Silva*. São Paulo: Revista dos Tribunais, 2014, p. 213.

66 MENEZES CORDEIRO, António Manuel da Rocha e. *Da boa-fé no direito civil*. Coimbra: Almedina, 1984, v. 1, p. 630.

67 AGUIAR JÚNIOR, Ruy Rosado de. In: TEIXEIRA, Sálvio de Figueiredo (Coord.). *Comentários ao novo código civil*. Rio de Janeiro: Forense, 2011, v. 4, t. II, p. 98.

outro, ao *expectado*, não é permitido ameaçar ou prejudicar o exercício futuro daquele direito pelo expectante.

Em relação às demais fases negociais, não foram observadas consideráveis peculiaridades quanto aos negócios condicionais e aos não condicionais. Ressalta-se, porém, que durante a fase pré-negocial, há o dever de informação acentuado em relação ao acontecimento eleito pelas partes como condição. Além disso, durante a fase pós-negocial, a incidência da boa-fé, que já é diminuta em relação à executória, poderá apresentar menor intensidade ainda quando houver, por não ocorrência do evento condicional, passagem direta da fase de pendência à pós-negocial, já que inexistiu a fase executória do negócio.

Espera-se, por fim, que essas breves reflexões possam estimular (mais ainda) a imprescindível análise das insuperáveis lições de Judith Martins-Costa sobre a boa-fé objetiva nos diversos campos do Direito Privado.

A evolução do *venire contra factum proprium* (um diálogo com a obra de Judith Martins-Costa)

Rafael Branco Xavier

Introdução

"*Já li mais de 100 vezes* A obrigação como processo. *E cada vez que leio, descubro algo novo.*" Esta frase é dita e repetida pela homenageada. Refere-se ao principal livro de autoria do Professor Clóvis Veríssimo do Couto e Silva, Catedrático de Direito Civil da Faculdade de Direito da Universidade Federal do Rio Grande do Sul, seu orientador e mestre. Ao Professor Clóvis se atribui a perspicácia em constatar – e destacar – o fenômeno da "circularidade do pensamento na academia", consistente em atribuir, a seus alunos, o encargo de serem "os futuros professores e doutrinadores, que formarão os futuros professores e doutrinadores"[1].

Estou honrado com a possibilidade de apresentar breve ensaio para fazer compor este livro[2], expressivo do fenômeno da circularidade acadêmica, em meio a tão renomados autores instigados a refletir e dialogar com a obra da Professora – e assim também permito-me referi-la ao longo deste texto[3].

---

1 MARTINS-COSTA, Judith. FRADERA, Véra. (Orgs.). Apresentação. In: *Estudos de direito privado e processo civil:* em homenagem ao Professor Clóvis do Couto e Silva. São Paulo: Revista dos Tribunais, 2014, p. 11. Também referido neste livro, em *Dos alunos à Professora: o desejo pelo mar*, de Erika, Giacomo, Seibert, Sanseverino e Licks, p.945

2 Agradeço o honroso convite dos organizadores da obra, Giovana Benetti, André Corrêa, Márcia Santana Fernandes, Guilherme Nitschke, Mariana Pargendler e Laura Beck Varela, sobretudo pela *confiança* em entenderem que poderia redigir texto que alcançasse mínimo de *autoridade* intelectual e de *utilidade* prática (nos termos do referido pela homenageada em MARTINS-COSTA, Judith. A autoridade e utilidade da doutrina. In: MARTINS-COSTA, Judith (Org.). *Modelos de direito privado.* São Paulo: Marcial Pons, 2014, pp. 9-40).

3 Forma pela qual dirijo-me a Judith Martins-Costa, e assim não poderia ser diferente em texto voltado a dialogar com sua obra. A letra maiúscula justifica-se objetivamente, já que as cinco qualidades mais destacadas dos melhores professores de Direito, são características da homenageada: *Thoughtfullness*; *Caring about their students*; *High Expectations*; *Commitment to Students Learning*; *Ability to engage their students.* SCHWARTZ, Michel; HESS, Gerald; SPARROW, Sophie. (Orgs.). *What the best law teachers do.* Cambridge: Harvard University Press, 2011, p. 1.

Atrevo-me a tratar do princípio da boa-fé no direito privado[4]. Assim o faço após longa e intensa hesitação, justificada tanto pela óbvia predileção pelo tema na obra da Professora – o que, por si só, elevaria o grau de exigência na execução da tarefa; quanto pela intensa atividade prática da Professora Judith com o assunto. Nesse particular, afirmo, sem hesitar, que o princípio é objeto de debate e discussões semanalmente no escritório.

Essa intensa atividade tem duas repercussões. A primeira, o fato de este artigo nascer desatualizado. A segunda, é que certas vezes as pessoas acreditam que a homenageada teria uma visão "ampla" do princípio, voltada ao seu reconhecimento e aplicação a praticamente todos os casos que envolvam discussões no Direito Privado, em especial, no Direito dos Contratos. Pensam que ela a veria como ferramenta mágica à resolução dos problemas.

Trata-se de mito. A boa-fé objetiva é um *mer sans rivages*[5], porém isso não significa, de nenhuma maneira, que se preste a uma aplicação despida de critérios técnicos e de um intenso e cuidadoso exame dos fatos ocorridos em cada caso. Esse parece-me ser o exato ponto de partida.

O presente artigo visa a analisar tais critérios relativos à figura específica; uma *instituição*, cujo fundamento no Direito brasileiro reside na aplicação do princípio da boa-fé objetiva. Trata-se da máxima que proíbe a um sujeito de direito atuar em contradição com sua própria conduta, isto é, o *nemo potest venire contra factum proprium* – referido também, adiante, simplesmente como *venire*.

Tem-se o campo normativo[6] do Direito Privado, em especial, do Direito das Obrigações, e, ainda mais especialmente, as de direito comum ou relações

---

4 Confio em ato ainda mais ousado praticado pela homenageada, quando ainda integrando formalmente o quadro de professores da Faculdade de Direito da Universidade Federal do Rio Grande do Sul, propôs a mim, seu aluno do segundo ano da graduação, que desenvolvesse um projeto de iniciação científica, baseado sobretudo na análise da jurisprudência do tema no Superior Tribunal de Justiça. Desenvolvi o projeto sob sua orientação durante os quatro anos seguintes; o que me colocou em uma privilegiadíssima posição de espectador próximo, apto a investigar e debater as nuances de aplicação da boa-fé objetiva diretamente com a Professora. Devo registrar que aproveitei que o "*cavalo estava passando encilhado*" – por uma segunda vez, contrariando o adágio popular gaúcho de que só passaria uma – e tenho tido o privilégio em trabalhar, conviver, dialogar e aprender com Judith Martins-Costa há sete para oito anos, diariamente. Esse privilégio extrapola a possibilidade de estar em contato com toda a sua obra e prática jurídica – isto é, o já escrito; o que está sendo escrito e o que será escrito – mas me permite o contato com uma mente brilhante um coração gigante e com o ser humano extraordinário que a Professora é.

5 Conforme assinala DAVID-CONSTANT, Simone. La bonne foi: une mer sans rivages. In: *La bonne foi*. Liège: Éditions du Jeune Barreu de Liège, 1990, texto frequentemente referido pela Professora.

6 Para a investigação das funções concretas da boa-fé, a Professora adota como ponto preliminar fundamental o "campo normativo", isto é, a área do Direito em que a relação

comerciais – como norte a balizar a análise[7]. Trace-se aqui, aliás, um breve parêntesis: embora a máxima tenha suas raízes históricas no Direito Privado material, atualmente o maior número de incidências da figura está no campo normativo do Processo Civil e do Processo Penal, considerando os acórdãos do Superior Tribunal de Justiça[8]. Desde há muito, a homenageada afirmava esse espraiamento na aplicação do *venire* em todos os âmbitos do Direito[9].

---

se desenvolve. Isso porque a boa-fé apresenta, nos distintos *espaços jurídicos*, "diferentes feições, às quais correspondem, semelhantemente, diversas *funções*" (MARTINS-COSTA, Judith. Os campos normativos da boa-fé objetiva: as três perspectivas do direito privado brasileiro. In: *Estudos de direito do consumidor*, v. 6. Centro de Direito do Consumo da Faculdade de Direito da Universidade de Coimbra, Coimbra, 2004, p. 87. O artigo também foi publicado em JUNQUEIRA DE AZEVEDO, Antonio; TÔRRES, Heleno Taveira; CARBONE, Paolo (Orgs.). *Princípios do novo código civil brasileiro e outros temas.* Homenagem a Tullio Ascarelli. São Paulo: Quartier Latin, 2008, pp. 388-421).

---

7 Consideradas essas relações, a maior utilidade prática – ao menos em termos numéricos – está no Direito Contratual – embora a figura também seja aplicada em outras esferas – como no Direito de Família, nos Direitos Reais e no âmbito da Responsabilidade Civil. Essas informações foram obtidas conforme a pesquisa mencionada na nota de rodapé imediatamente abaixo, considerados 55 (cinquenta e cinco) julgados que foram classificados como atinentes ao campo normativo do Direito Civil.

8 Pesquisou-se por julgados com o verbete "*venire contra factum proprium*" na ferramenta de busca do Superior Tribunal de Justiça. Trata-se de ferramenta conhecida e muito útil, disponível no website do Tribunal Superior (<http://www.stj.jus.br>) – que permite realizar a busca conforme o "espelho do acórdão", síntese com as principais informações de indexação, ementa e referências legislativas. Até o dia 19 de agosto de 2017, foram registrados 207 acórdãos publicados entre 03.09.1996 até 27.06.2017. Os dados de cada um dos julgados foram fichados e tabelados conforme os seguintes critérios: "data do julgamento", "campo normativo", "tipo de relação jurídica específico", e a pergunta "o julgado cita diretamente a obra da Professora Judith Martins-Costa?". Especificamente quanto ao "campo normativo", os julgados foram classificados entre "administrativo", "civil", "consumidor", "empresarial", "penal", "previdenciário", "processo civil", "processo penal", "regulatório" e "tributário", podendo um caso estar arrolado entre mais de um desses campos. Em números absolutos entre essas áreas, o critério "processo civil" foi o mais frequente – aparecendo em 69 (sessenta e nove) julgados, seguido do "processo penal", constante em 61 (sessenta e uma) oportunidades. Divididos em direito material ou processual, os julgados envolvendo processo correspondem a 53,3% ("processo penal" e "processo civil"), enquanto os de direito material, em 46,7% dos casos, dos quais 27,5% – Direito Privado ("civil", "empresarial" e "consumidor"), 16,4% Direito Público em geral ("administrativo", "regulatório", "tributário" e "previdenciário") e 2,9% Direito Penal ("penal").

9 Por exemplo, em MARTINS-COSTA, Judith. A proteção da legítima confiança nas relações obrigacionais entre a administração e os particulares. In: *Revista da Faculdade de Direito da Universidade Federal do Rio Grande do Sul*. Porto Alegre, Universidade Federal do Rio Grande do Sul, v. 22, set. 2002, pp. 228-255, p. 238.

Considera-se, analiticamente, o modelo jurídico doutrinário[10] do *venire contra factum proprium* a partir da visão da homenageada. Pretende-se traçar, em retrospectiva, a evolução dos contornos dogmáticos deste modelo jurídico em toda a sua obra.

É possível assinalar a evolução da operatividade do *venire contra factum proprium* a partir de três momentos de sua obra, adotando-se o recorte cronológico. Esses momentos permitem identificar diferentes ênfases a respeito dos critérios técnicos para a concreção da figura: permitem a identificação do modelo doutrinário do venire na obra da Professora, e transformar-se em modelo jurisprudencial[11].

---

10 Como é próprio dos modelos jurídicos – estruturas dinâmicas que, por decorrerem das fontes do direito (estáticas), tem aspecto retrospectivo; mas que estão abertas "pois se projetam no presente e para o futuro, assim agregando a experiência do passado, mas estando abertos para o que está por vir, nesta perspectiva possibilitando a solução de novos problemas ou a adequação das soluções tradicionais às novas escalas axiológicas vigentes" (MARTINS-COSTA, Judith. A boa-fé como modelo (notas para a compreensão da boa-fé obrigacional como modelo doutrinário e jurisprudencial no direito brasileiro). In: *Rivista Roma e America. Diritto Romano Comune*, Modena, Mucchi Editore, v. 13, pp. 71-97, 2002, pp. 72, 74 e 75. O texto também foi publicado em livro, já esgotado: MARTINS-COSTA, Judith. A boa-fé como modelo (uma aplicação da teoria dos modelos de Miguel Reale). In: MARTINS-COSTA, Judith; BRANCO, Gerson Luiz Carlos. *Diretrizes teóricas do novo código civil brasileiro*. São Paulo: Saraiva, 2002, pp. 187-221). A visão da boa-fé como modelo jurídico apto a criar ou receber novas instituições jurídicas constitui base metodológica da obra da homenageada. Veja-se, por exemplo, o supracitado texto, bem como MARTINS-COSTA, Judith. Critérios para aplicação do princípio da boa-fé objetiva (com ênfase nas relações empresariais). In: MARTINS-COSTA, Judith; FRADERA, Véra. *Estudos de direito privado e processo civil:* em homenagem ao professor Clóvis do Couto e Silva. São Paulo: Revista dos Tribunais, 2014, p. 216.

11 Doze julgados, do total de casos correspondentes ao *venire*, conforme a pesquisa de jurisprudência mencionada no rodapé n. 8, *supra*, fazem menção direta à obra da Professora Judith Martins-Costa (arrolados conforme a ordem cronológica): REsp 524.811/CE. 2ª Turma. Rel.ª Min.ª Eliana Calmon, j. 14.12.2004. Publicado em 11.04.2005; RMS 2.0572/DF. 5ª Turma. Rel.ª Min.ª Laurita Vaz, j. 1º.12.2009. Publicado em 15.12.2009; REsp 953.389/SP. 3ª Turma. Rel.ª Min.ª Nancy Andrighi, j. 23.02.2010. Publicado em 15.03.2010; REsp 1.112.796/PR. 4ª Turma. Relator para Acórdão Min. Honildo Amaral de Mello Castro, j. 10.08.2010. Publicado em 19.11.2010; REsp 1.154.737/MT. 4ª Turma. Rel. Min. Luis Felipe Salomão, j. 21.10.2010. Publicado em 07.02.2011; REsp 1.283.796/RJ. 4ª Turma. Rel. Min. Luis Felipe Salomão, j. 14.02.2012. Publicado em 22.02.2012; REsp 1.040.606/ES. 4ª Turma. Rel. Min. Luis Felipe Salomão, j. 24.04.2012. Publicado em 16.05.2012; REsp 880.605/RN. Segunda Seção. Rel. para Acórdão Min. Massami Uyeda, j. 13.06.2012. Publicado em 17.09.2012; REsp 1.200.105/AM. 3ªTurma. Rel. Min. Paulo de Tarso Sanseverino, j. 19.06.2012. Publicado em 27.06.2012; REsp 1.192.678/PR. 3ª Turma. Rel. Min. Paulo de Tarso Sanseverino, j. 13.11.2012. Publicado em 26.11.2012; REsp 1.116.108/RO. 4ª Turma. Rel. para Acórdão Min. Marco Buzzi, j. 02.12.2014. Publicado em 27.10.2015; REsp 1.245.645/RS. 4ª Turma. Rel. Min. Luis Felipe Salomão, j. 24.05.2016. Publicado em 23.06.2016.

Em primeiro lugar, está a sua tese de doutorado – *A boa-fé no direito privado:* sistema e tópica no processo obrigacional, transformada em livro publicado em 1999, mas desenvolvido, principalmente, ao longo da década de 1990. O trabalho inicialmente consistia na dissertação de mestrado na Faculdade de Direito da UFRGS, sob a orientação do Professor Clóvis do Couto e Silva[12]; mas acabou sendo convertido em tese de doutoramento na Universidade de São Paulo, concluída no ano de 1996. Nessa primeira perspectiva, o *venire* é abordado de maneira geral e é ressaltada sua vinculação à boa-fé objetiva (Parte 1).

Em segundo lugar, o período que representa o intervalo entre a primeira e segunda "edições" de *A Boa-Fé no Direito Privado* – revela uma segunda apreciação na visão da autora acerca das potencialidades aplicativas da boa-fé objetiva e; consequentemente, do *venire contra factum proprium*. Nessa segunda etapa, com o reconhecimento legislativo do princípio da boa-fé, acompanha-se efervescência na aplicação do *venire*, o que demandou a reflexão a respeito de critérios mais específicos e objetivos (Parte 2).

Em terceiro, a própria visão consolidada da autora na segunda edição de *A boa-fé no direito privado* – na qual, como o próprio subtítulo assinalou – tratou de forma mais analítica os *critérios de aplicação*. Nessa etapa verifica-se a necessidade de uma filtragem ainda mais intensa (Parte 3).

Por fim, comparam-se os requisitos assinalados ao *venire* em cada um desses momentos (Parte 4).

1. Primeiro momento: ideia geral e vinculação à boa-fé objetiva

A Professora Judith se ocupa do tema da boa-fé no Direito Privado em trabalhos publicados desde há muito antes de seu doutoramento. O foco na aplicação do *venire contra factum proprium*[13] passa a adquirir contornos mais robustos a partir deste momento. O avanço dogmático permitido pelo estudo

12 Assim refere em MARTINS-COSTA, Judith. Critérios para aplicação do princípio da boa-fé objetiva (com ênfase nas relações empresariais). In: MARTINS-COSTA, Judith; FRADERA, Véra. *Estudos de direito privado e processo civil:* em homenagem ao professor Clóvis do Couto e Silva. São Paulo: Revista dos Tribunais, 2014, p. 191.

13 Tratando de boa-fé objetiva, a autora também menciona o instituto em MARTINS-COSTA, Judith. O Princípio da boa-fé, *Revista da Ajuris*, v. 50. Porto Alegre, 1990, pp. 207-227, no qual trata do caso da loja do vestuário, abaixo referido. Também de modo genérico em: Os princípios informadores do contrato de compra e venda internacional na convenção de Viena de 1980. In: CASELLA, Paulo Borba (Org.). *Contratos internacionais e direito econômico no mercosul*: São Paulo, Editora LTr, 1996, p. 174, fazendo-se referência ao "caso Amco" e analogia entre o *venire*, brocardo geralmente adotado em sistemas da *civil law*, e o *estoppel*, próprio dos sistemas anglo-saxões.

é notório: cabe ressaltar que, na época de redação, era vigente o Código Civil de 1916; e a jurisprudência na matéria era parca.

Judith Martins-Costa propunha-se a examinar casos concretos para avaliar a operatividade da boa-fé[14]. Tomava como premissa a "impossibilidade de tabular ou arrolar o significado da valoração a ser procedida mediante a boa-fé", pois seu conteúdo normativo sempre depende de circunstâncias concretas[15]. A autora atribuía ao princípio da boa-fé as funções de cânone hermenêutico-integrativo; criação de deveres jurídicos e a de limite ao exercício de direitos subjetivos. O *venire* encontrava guarida na terceira.

A homenageada criticava o fato de que por muito tempo a inadmissibilidade do exercício jurídico esteve adstrita à configuração do abuso do direito[16] e da *exceptio doli*, o que tornava o tema inundado por perspectiva subjetiva e de difícil sistematização[17]. Referiu que o venire insere-se na Teoria dos Atos Próprios. Àquele momento servia de fundamento a explicar a paralisação do direito de invocar a exceção de contrato não cumprido[18] (assim concretizando o papel da boa-fé objetiva no campo da resolução contratual[19]), contudo na análise concreta já verificava potencialidades normativas do *venire contra factum proprium* de forma muito mais ampla.

Por exemplo, o *venire contra factum proprium* permitiu fosse enquadrada dogmaticamente a violação ao dever de lealdade no *caso da loja de vestuário*[20]. Também nesse particular, anotou-se o julgado do Supremo Tribunal

14 MARTINS-COSTA, Judith. A *boa-fé no direito privado*: sistema e tópica no processo obrigacional. São Paulo: Revista dos Tribunais, 1999, p. 382

15 MARTINS-COSTA, Judith. A *boa-fé no direito privado*: sistema e tópica no processo obrigacional. São Paulo: Revista dos Tribunais, 1999, p. 412.

16 Quanto a este particular, assinala que o abuso de direito leva à ilicitude; e não à invalidade do ato "prendendo-se à questão da regularidade do exercício"; e assim o fazia mediante interpretação *a contrario* do art. 160, I, segunda parte, do Código Civil de 1916. MARTINS-COSTA, Judith. A *boa-fé no direito privado*: sistema e tópica no processo obrigacional. São Paulo: Revista dos Tribunais, 1999, p. 455.

17 MARTINS-COSTA, Judith. A *boa-fé no direito privado*: sistema e tópica no processo obrigacional. São Paulo: Revista dos Tribunais, 1999, p. 456.

18 MARTINS-COSTA, Judith. A *boa-fé no direito privado*: sistema e tópica no processo obrigacional. São Paulo: Revista dos Tribunais, 1999, p. 460.

19 MARTINS-COSTA, Judith. A *boa-fé no direito privado*: sistema e tópica no processo obrigacional. São Paulo: Revista dos Tribunais, 1999, pp. 457-459.

20 TJRS. Ap Cív. 589073956. Quinta Câmara Cível. Rel. Des. Ruy Rosado de Aguiar Jr., j. 19.12.1989. O caso versava sobre o trepasse de estabelecimento comercial ("a loja de vestuário"). Logo após a alienação, a vendedora – que prometera e inicialmente auxiliava o comprador por meio do pedido de novas mercadorias "em seu nome" e até que o comprador obtivesse sua inscrição como comerciante, cancela pedidos de mercadorias junto aos fornecedores e busca proibir o comprador de utilizar o seu registro

Federal que, em 1978, reconheceu a aplicação da figura; vinculando-a, porém, à boa-fé subjetiva[21]. A análise dos casos permitiu à autora perceber dois principais problemas quanto à operatividade do venire: a delimitação de seu âmbito de aplicação e a articulação de sua incidência com o princípio da boa-fé objetiva[22].

Quanto ao âmbito de aplicação, afirmava que embora se retire do conteúdo normativo do *venire* a proibição de um comportamento contraditório, não é possível vedar de forma absoluta as contradições da vida humana; e as contradições entre os contratantes, em especial. O Direito veda os comportamentos contraditórios que "minem a relação de confiança" existente entre as partes; cabendo mencionar que, na prática, o *venire* permite o estabelecimento de requisitos de conduta. Estes comportamentos são revelados pela finalidade do contrato em si; e também por alguma situação jurídica, da qual decorre um benefício; ou expectativa de benefício à contraparte[23]. A incidência da proibição não tem por escopo preservar a conduta inicial, mas sancionar a violação objetiva do dever de lealdade[24].

Justamente a lealdade é o elemento a denotar a articulação da figura com o princípio da boa-fé, sobretudo a partir do fundamento técnico jurídico da aplicação do *venire*: a proteção da confiança da contraparte. A

---

profissional. Essa contradição entre condutas sem motivo razoável legitimou pleito indenizatório decorrente de tal violação.

---

21 MARTINS-COSTA, Judith. *A boa-fé no direito privado:* sistema e tópica no processo obrigacional. São Paulo: Revista dos Tribunais, 1999, p. 469. Todos os julgados mais recentes, nesse tribunal, estão no campo do Direito Público: seja no Direito Constitucional propriamente dito; Direito Penal; Direito Administrativo. No total, são 11 (onze) julgados registrados até 13 de maio de 2017 no STF. No Superior Tribunal de Justiça o primeiro acórdão a aplicar o *venire* foi o "caso da falta de assinatura" em 1996. No caso, entendeu-se por inadmissível a exigência de outorga uxória em compromisso de compra e venda de imóvel – a qual estava prevista no art. 132 do Código Civil de 1916, em função de que por ação – uma denunciação à lide, em processo paralelo – e por omissão – a não oposição quanto à posse do imóvel – o casal reconhecera o negócio de compra e venda celebrado, embora a ausência de assinatura da consorte feminina. A tentativa de se basear na falta de outorga uxória foi vedada pela proibição do agir contraditório, revelado por tais condutas. *Vide*: REsp 95.539/SP. 4ª Turma. Rel. Min. Ruy Rosado de Aguiar, j. 03.09.1996.

22 Todas as ideias reproduzidas neste parágrafo e nos seguintes foram desenvolvidas em MARTINS-COSTA, Judith. *A boa-fé no direito privado:* sistema e tópica no processo obrigacional. São Paulo: Revista dos Tribunais, 1999, pp. 452-472.

23 MARTINS-COSTA, Judith. *A boa-fé no direito privado:* sistema e tópica no processo obrigacional. São Paulo: Revista dos Tribunais, 1999, pp. 470-471.

24 MARTINS-COSTA, Judith. *A boa-fé no direito privado:* sistema e tópica no processo obrigacional. São Paulo: Revista dos Tribunais, 1999, p. 471.

noção de confiança explicita o alcance do *venire*[25]. Para que a confiança fosse deslealmente atacada, vislumbrou-se quatro elementos, subjetivos e objetivos, ora transcritos: (a) a atuação de um fato gerador de confiança, nos termos em que ela é tutelada pela ordem jurídica; (b) a adesão da contraparte – porque confiou – neste fato; (c) o fato de a contraparte exercer alguma atividade posterior em razão da confiança que nela foi gerada; (d) o fato de ocorrer, em razão de conduta contraditória do autor do fato gerador da confiança, a supressão do fato no qual fora assentada a confiança, gerando prejuízo ou iniquidade insuportável a quem confiara[26].

A essa primeira apreciação, sucedeu-se um período de estudos de aproximadamente 15 anos, em que novos contornos dogmáticos se somaram às reflexões iniciais.

2. Segundo momento: reconhecimento legislativo da boa-fé e efervescência na aplicação

Logo antes da entrada em vigor do Código Civil, a Professora ocupou-se de retornar ao tema da boa-fé, examinando também o *venire*.

Afirmava a homenageada que "ao operar negativamente, por forma a impedir condutas contraditórias, a boa-fé é reconduzida à máxima que proíbe *venire contra factum proprium*". É enfatizada a atuação negativa do princípio – que atua em todos os ramos do Direito (exemplificados os campos do Direito Civil, Administrativo, Penal e Processual "com particular intensidade") – sendo aplicável a despeito de recepção legislativa, pois, "trata-se de regra de fundo conteúdo ético [...] verificando-se nos ordenamentos como vedação genérica à deslealdade"[27] – por isso tratou do

25 MARTINS-COSTA, Judith. *A boa-fé no direito privado:* sistema e tópica no processo obrigacional. São Paulo: Revista dos Tribunais, 1999, p. 466.

26 Assim refere a homenageada em MARTINS-COSTA, Judith. *A boa-fé no direito privado:* sistema e tópica no processo obrigacional. São Paulo: Revista dos Tribunais, 1999, p. 471.

27 MARTINS-COSTA, Judith. A boa-fé como modelo (notas para a compreensão da boa-fé obrigacional como modelo doutrinário e jurisprudencial no direito brasileiro). In: *Rivista Roma e America. Diritto Romano Comune*, Modena, Mucchi Editore, v. 13, pp. 71-97, 2002, p. 90.

venire em exemplos de Direito Concorrencial[28], Empresarial[29], Consumidor[30] e Público[31]. Conclui que:

28 A incidência do *venire contra factum proprium* se dá como uma das projeções do princípio da confiança, na conduta do CADE. O caso dizia respeito a Termos de Compromisso de Cessação de práticas concorrenciais, cujo cumprimento foi reconhecido pelo CADE em uma série de oportunidades; mas que, de maneira surpreendente, voltou atrás e atribuiu à empresa particular a violação à boa-fé objetiva. Do ponto de vista dogmático, analisou-se as relações entre o princípio da boa-fé objetiva – este expressando, primariamente "*o civiliter agere* traduzido na conduta reta, honesta e leal" e o princípio da confiança – este denotando "[...] o dever de atender às legítimas expectativas criadas pela própria conduta". Entrecruza-se um e outro pois "integra a boa-fé, numa relação obrigacional, não fraudar as expectativas legítimas suscitadas pela própria conduta". Sinalizou, como elementos do *venire*, "a existência de uma situação de confiança; a boa-fé, o investimento de confiança, e a imputabilidade da confiança ao responsável", tendo a situação de confiança dirigido "à permanência de uma atitude" – isto é, a indicação, pelo CADE, de que haveria o cumprimento do TCC. Chegou à conclusão de ter se consolidado o investimento de confiança inspirado no particular pela chancela que o CADE dera anteriormente, vindo, depois, intentar culpar a parte por fundamento já chancelado, voltando atrás, e agindo, portanto, em *venire contra factum proprium*. Assim em: Princípio da confiança legítima e princípio da boa-fé objetiva. Termo de compromisso de cessação (TCC). Ajustado com o Cade. Critérios da interpretação contratual: os "sistemas de referência extracontratuais" ("circunstâncias do caso") e sua função no quadro semântico da conduta devida. Princípio da unidade ou coerência hermenêutica e "usos do tráfego". Adimplemento contratual. Parecer. *Revista dos Tribunais*. São Paulo: Revista dos Tribunais, v. 852, pp. 87-126, out. 2006, p. 123.

29 MARTINS-COSTA, Judith. Critérios para aplicação do princípio da boa-fé objetiva (com ênfase nas relações empresariais). In: MARTINS-COSTA, Judith; FRADERA, Véra. *Estudos de direito privado e processo civil:* em homenagem ao professor Clóvis do Couto e Silva. São Paulo: Revista dos Tribunais, 2014, p. 215, ao mencionar incidentalmente que a boa-fé como baliza da ilicitude no modo de exercício de direitos e de posições jurídicas, repele condutas deslealmente contraditórias, assegurando o "respeito às legítimas expectativas, o que é fundamental para a previsibilidade das condutas empresariais e uma adequada avaliação dos riscos a serem assumidos ou evitados".

30 MARTINS-COSTA, Judith. Mercado e solidariedade social entre *cosmos* e taxis: a boa-fé nas relações de consumo. In: MARTINS-COSTA, Judith (Org.). *A reconstrução do direito privado*. São Paulo: Revista dos Tribunais, 2002, pp. 645-646, no qual exemplifica que também o consumidor, por agir de forma contraditoriamente desleal, pode incorrer no *venire*.

31 Em duas oportunidades, ao mencionar o *venire* e julgados do Superior Tribunal de Justiça, à luz do princípio da confiança: MARTINS-COSTA, Judith. A proteção da legítima confiança nas relações obrigacionais entre a administração e os particulares. In: *Revista da Faculdade de Direito da Universidade Federal do Rio Grande do Sul*. Porto Alegre, UFRS, v. 22, set. 2002, pp. 228-255, p. 238, bem como em: MARTINS-COSTA, Judith. Almiro do Couto e Silva e a ressignificação do princípio da segurança jurídica na relação entre o estado e os cidadãos. In: ÁVILA, Humberto (Org.) *Fundamentos do estado de direito*. Estudos em homenagem ao Professor Almiro do Couto e Silva. São Paulo: Malheiros, 2005, p. 142 e p. 144.

> "[a] expressão *venire contra factum proprium* significa a proibição de agir de modo a frustrar a justa confiança, ou a contradizer as legítimas expectativas que uma parte suscita no outro polo da relação contratual e, sucessivamente, desilude, pois não é lícito contradizer o próprio comportamento, frustrando a expectativa legitimamente despertada"[32].

Com a entrada em vigor do Código Civil de 2002, houve o reconhecimento do princípio da boa-fé objetiva no texto legislativo atinente aos negócios jurídicos e ao Direito das Obrigações. Nada que alterasse, na visão da homenageada, a possibilidade de incidência de figuras dele derivadas, como a proibição do *venire contra factum proprium*, "adágio ou 'máxima jurídica' [...] que [assim como o princípio da boa-fé] independe de recepção legislativa pois reflete princípio geral de tão palmar carga ética que a lacuna é tida como inadmissível"[33]. O Direito brasileiro valida tal afirmação, já que, mesmo na vigência do Código de 1916, a máxima era aplicada[34].

A investigação voltou-se ao modo de atuação do *venire*, ao seu possível âmbito operativo, e – a partir do texto do art. 187 – a definir qual o seu papel no regime da ilicitude civil de meios, ambiente no qual prevista a boa-fé no Código Civil[35].

---

32 MARTINS-COSTA, Judith. Mercado e solidariedade social entre *cosmos* e taxis: a boa-fé nas relações de consumo. In: MARTINS-COSTA, Judith (Org.). *A reconstrução do direito privado*. São Paulo: Revista dos Tribunais, 2002, pp. 654-646.

33 MARTINS-COSTA, Judith. A ilicitude derivada do exercício contraditório de um direito: o renascer do *venire contra factum proprium*. *Revista Forense*, Rio de Janeiro, v. 376, 2004, pp. 109-129, p. 110. Artigo também publicado em REALE, Miguel; REALE JR., Miguel et al. *Experiências do direito*. São Paulo: Millenium, 2004, pp. 23-62. O raciocínio é semelhante à ideia de COUTO E SILVA, Clóvis. O princípio da boa-fé. In: FRADERA, Véra (Org.). *O direito privado brasileiro na visão de Clóvis do Couto e Silva*. Porto Alegre: Livraria do Advogado, pp. 48-49. Também está em MARTINS-COSTA, Judith. A boa-fé como modelo (notas para a compreensão da boa-fé obrigacional como modelo doutrinário e jurisprudencial no direito brasileiro). In: *Rivista Roma e America. Diritto Romano Comune*, Modena, Mucchi Editore, v. 13, pp. 71-97, 2002, pp. 77-78, ao argumentarem que a ausência de forma expressa do princípio, embora represente uma dificuldade para a sua aplicação à falta de uma lei de referência, "não poderia levar à conclusão de que o mesmo não integra o ordenamento". A explicação está em que "a aplicação do princípio é resultado de necessidades éticas essenciais".

34 MARTINS-COSTA, Judith. A ilicitude derivada do exercício contraditório de um direito: o renascer do *venire contra factum proprium*. *Revista Forense*, Rio de Janeiro, v. 376, 2004, pp. 109-129, p. 116. Refere-se, neste particular, o julgado do Supremo Tribunal Federal mencionado *supra*, RE. 86.782-2.

35 MARTINS-COSTA, Judith. A ilicitude derivada do exercício contraditório de um direito: o renascer do *venire contra factum proprium*. *Revista Forense*, Rio de Janeiro, v. 376, 2004, pp. 109-129, p. 110.

Os institutos que compõem a *Teoria dos Atos Próprios* refletem, em suma, a ideia de a ninguém ser lícito fazer valer um direito em contradição com a sua anterior conduta, interpretada objetivamente segundo a lei, segundo os bons costumes e a boa-fé, ou quando o exercício posterior se chocasse com a lei, os bons costumes e a boa-fé[36]. A amplitude de tal constatação levava a que hipóteses relacionadas à *Teoria dos Atos Próprios* fossem vistas de maneira muito próximas dogmaticamente – por exemplo, guardando identidade o *venire* e o adágio *nemo turpitudinem suam allegans*[37]. Embora a mistura "interna" em relação às figuras, aqui já se percebe uma dissociação mais marcada entre a *Teoria dos Atos Próprios* e a exceção de contrato não cumprido – reconhecida legislativamente com o Código de 2002 no artigo 476.

A impossibilidade em proceder-se à eliminação, pelo Direito, da contradição na conduta humana[38] é uma ideia que se mantém fixa no pensamento da Professora. Esse limite se justifica porque "nem toda a conduta contraditória constitui requisito suficiente para a invocação do princípio, nem há um dever de coerência absoluta que possa ser apreciado *in abstracto*"[39].

A Professora anotava desenvolvimento jurisprudencial adjetivado como "extenso" até 2004. Incluía-se a menção a 5 (cinco) julgados no STJ relativos à matéria – sem que necessariamente estivessem restritos ao âmbito do Direito das Obrigações –; e outros tantos em Tribunais Estaduais, sobretudo no TJRS.

A figura passou a ser mais diretamente reconhecida. Cada vez ficou menor a necessidade de justificar abstratamente a aplicabilidade do *venire*, isto é, de fundamentar a vigência do *venire* como "máxima" a vedar condutas contraditórias; cada vez menor a necessidade de brandir seu fundamento lógico e legal no princípio da boa-fé. Essa consolidação abstrata foi acompanhada de uma enxurrada de tentativas de vê-lo reconhecido nos casos concretos. Por isso, a questão passou a ser o delineamento dogmático – tanto quanto possível – do "dever geral de coerência com as próprias atuações"; com vistas a se impedir um recurso indiscriminado à figura.

Justamente por isso a homenageada passou a afirmar que a coibição pelo *venire* dá-se como resposta à deslealdade, sendo sua finalidade a tutela daque-

---

36 MARTINS-COSTA, Judith. A ilicitude derivada do exercício contraditório de um direito: o renascer do *venire contra factum proprium*. *Revista Forense*, Rio de Janeiro, v. 376, 2004, pp. 109-129, p. 110.

37 MARTINS-COSTA, Judith. A ilicitude derivada do exercício contraditório de um direito: o renascer do *venire contra factum proprium*. *Revista Forense*, Rio de Janeiro, v. 376, 2004, pp. 109-129, p. 116.

38 MARTINS-COSTA, Judith. A ilicitude derivada do exercício contraditório de um direito: o renascer do *venire contra factum proprium*. *Revista Forense*, Rio de Janeiro, v. 376, 2004, pp. 109-129, p. 113.

39 MARTINS-COSTA, Judith. A ilicitude derivada do exercício contraditório de um direito: o renascer do *venire contra factum proprium*. *Revista Forense*, Rio de Janeiro, v. 376, 2004, pp. 109-129, p. 120.

la parte que *confiou fundamentadamente*. "A inadmissibilidade decorrente da aplicação do *venire* é produzida objetivamente, prescindindo do grau de consciência ou conhecimento que tenha tido o agente ao atuar"[40]. Assim, a desarmonia entre as condutas pode decorrer de "palavras, atos, gestos, omissões, silêncios ou de quaisquer formas de comportamentos concludentes, bastando que tenham valor de declaração"[41].

O *venire* tem caráter residual, não invocável quando haja outra solução traçada para a conduta objetivamente contraditória[42]. Além da (*i*) configuração de duas condutas contraditórias, a Professora elencava a necessidade de cinco outros requisitos: (*ii*) a identidade entre as partes; (*iii*) as situações contraditórias darem-se em situações jurídicas semelhantes ou coligadas; (*iv*) que o *factum proprium* possa ter criado confiança – averiguada esta conforme os usos, os bons costumes, o fim econômico-social do negócio jurídico e a boa-fé; bem como (*v*) o caráter vinculante do *factum proprium*, que tenha induzido – ou possa ter induzido – a confiança. Por fim, ainda haveria requisito negativo: (*vi*) se a parte que alega o *venire* assim o faz em má-fé, afasta-se a sua incidência, "pois do contrário a torpeza estaria tutelada", incidindo-se de maneira conjugada o *venire* e o *tu quoque*[43].

A título exemplificativo de tais requisitos, a Professora assinalou "o fato de a parte dar ao contrato determinada interpretação, comunicar à contraparte por palavras ou comportamentos, tal atribuição de sentido, e, posteriormente, agir ou buscar interpretação diversa e contraditória com a primeira"[44]. Pontualmente também referiu a aplicação lógica do *venire* na interpretação e aplicação prática de alguns dos artigos do Código Civil[45].

---

40 MARTINS-COSTA, Judith. A ilicitude derivada do exercício contraditório de um direito: o renascer do *venire contra factum proprium*. *Revista Forense*, Rio de Janeiro, v. 376, 2004, pp. 109-129, p. 120.

41 MARTINS-COSTA, Judith. A ilicitude derivada do exercício contraditório de um direito: o renascer do *venire contra factum proprium*. *Revista Forense*, Rio de Janeiro, v. 376, 2004, pp. 109-129, p. 120.

42 MARTINS-COSTA, Judith. A ilicitude derivada do exercício contraditório de um direito: o renascer do *venire contra factum proprium*. *Revista Forense*, Rio de Janeiro, v. 376, 2004, pp. 109-129, p. 121.

43 MARTINS-COSTA, Judith. A ilicitude derivada do exercício contraditório de um direito: o renascer do *venire contra factum proprium*. *Revista Forense*, Rio de Janeiro, v. 376, 2004, pp. 109-129, p. 121.

44 MARTINS-COSTA, Judith. A ilicitude derivada do exercício contraditório de um direito: o renascer do *venire contra factum proprium*. *Revista Forense*, Rio de Janeiro, v. 376, 2004, pp. 109-129, p. 122.

45 MARTINS-COSTA, Judith. *Comentários ao novo código civil.* Do adimplemento e da extinção das obrigações. 2. ed., v. V, t. I, 2005, pp. 408-409 (relativo ao art. 333 do Código); p. 661 (relativo ao art. 372) e ainda *Comentários ao novo código civil*. Do

A homenageada criticou a conclusão de que a figura do abuso de direito estaria consagrada no art. 187 do Código Civil[46]. A discordância está em que, na visão da Professora, cabe deduzir do texto as "balizas do *exercício inadmissível de posição jurídica*" (nesse particular o *venire* abarcando não apenas o exercício de direitos subjetivos no sentido técnico, como também o de "poderes, liberdades, pretensões e faculdades"), não havendo necessariamente culpa ou dolo para sua configuração. Com isto, não se perquire a voluntariedade do ato, "mas atém-se à desconformidade com a norma legal que determina a verificação *in concreto*, da concordância, ou não, entre o ato (comportamento) e certos valores ou finalidades considerados relevantes pelo Ordenamento"[47], sendo certo que tais valores "têm *diferentes medidas de intensidade*, a serem sopesadas no caso em vista da totalidade das circunstâncias"[48].

Ademais, a respeito dos planos do mundo jurídico, afirma que o exercício inadmissível tem como eficácia a cominação de ilicitude do ato, e não necessariamente o nascimento do dever de indenizar[49]-[50]. Além disso, a

inadimplemento das obrigações, v. V, t. II. 2. ed. Rio de Janeiro: Forense, 2009, p. 395 (relativo ao art. 396); p. 451, (relativo ao art. 401).

46 Assim o faz ao investigar as raízes históricas e realizar exercício de comparação jurídica do texto do dispositivo, chegando à conclusão de que nenhum de seus antecedentes exige a intenção de abusar, em: MARTINS-COSTA, Judith. A contribuição do código civil português ao código civil brasileiro e o abuso do direito: um caso exemplar de transversalidade cultural. In: *Revista da Faculdade de Direito da UNL*. Edição Especial. Código civil português. Evolução e perspectivas actuais. Lisboa, Almedina, 2008, pp. 107-128, em especial pp. 115-116. Refira-se este como exemplo de uma marca que perpassa toda a obra de Judith Martins-Costa: os métodos "diacrônico" e "sincrônico", denotados, em outras palavras, pela investigação histórica e do direito comparado (MARTINS-COSTA, Judith. Critérios para aplicação do princípio da boa-fé objetiva (com ênfase nas relações empresariais). In: MARTINS-COSTA, Judith; FRADERA, Véra. *Estudos de direito privado e processo civil:* em homenagem ao professor Clóvis do Couto e Silva. São Paulo: Revista dos Tribunais, 2014, p. 214).

47 MARTINS-COSTA, Judith. A ilicitude derivada do exercício contraditório de um direito: o renascer do *venire contra factum proprium*. *Revista Forense*, Rio de Janeiro, v. 376, 2004, pp. 109-129, p. 122, p. 124.

48 MARTINS-COSTA, Judith. A ilicitude derivada do exercício contraditório de um direito: o renascer do *venire contra factum proprium*. *Revista Forense*, Rio de Janeiro, v. 376, 2004, pp. 109-129, p. 122, p. 124.

49 MARTINS-COSTA, Judith. A ilicitude derivada do exercício contraditório de um direito: o renascer do *venire contra factum proprium*. *Revista Forense*, Rio de Janeiro, v. 376, 2004, pp. 109-129, p. 122.

50 A Professora destaca a eloquente mudança no texto ao longo da elaboração do Projeto do Código Civil, a partir da qual o exercício jurídico disfuncional passou a estar conectado, com maior ênfase, à ideia de ilicitude, e menor à reparação do dano em: MARTINS-COSTA, Judith. A contribuição do código civil português ao código civil

Professora critica o raciocínio de que o art. 187 leva ao abuso – pois essa visão permite a confusão entre a ilicitude objetiva denotada pelo artigo e situações de abusividade constantes das regras do Código de Defesa do Consumidor – cuja consequência está na invalidade do ato[51], de forma já predeterminada pela lei.

A partir do enquadramento dogmático do art. 187 como baliza para a verificação da ilicitude de meios – e expressando o *venire* a proteção à boa-fé – estava a categoria apta para, funcionalmente, ser invocada na forma ativa e na defensiva. De um lado, funda a existência de um direito; e, inclusive, se verificados os demais pressupostos da responsabilidade civil, o direito à indenização. De outro, pode incidir como meio de defesa[52]. Esse afastamento em relação ao "abuso do direito", enfatizado o aspecto objetivo da contradição deslealmente contraditória, é paulatinamente reforçado[53].

Por fim, em termos numéricos, o reconhecimento legislativo permitiu uma aplicação muito mais intensa do princípio da boa-fé[54] e consequentemente do *venire*. Dos 186 acórdãos que respondem ao filtro de pesquisa "*venire contra factum proprium*" na ferramenta de busca do Superior Tribunal de Justiça (considerando como data base o mês de maio de 2017), apenas quatro são anteriores a 2002. O número de julgados aumentou exponencialmente. A explosão no emprego do *venire* resultou na necessidade de filtros, analiticamente ainda mais discernidos.

---

brasileiro e o abuso do direito: um caso exemplar de transversalidade cultural. In: *Revista da Faculdade de Direito da UNL*. Edição Especial. Código civil português. Evolução e perspectivas actuais. Lisboa, Almedina, 2008, pp. 107-128, p. 117, nota de rodapé 28.

---

51 MARTINS-COSTA, Judith. A ilicitude derivada do exercício contraditório de um direito: o renascer do *venire contra factum proprium*. *Revista Forense*, Rio de Janeiro, v. 376, 2004, pp. 109-129, p. 122, pp. 125-126.

52 MARTINS-COSTA, Judith. A ilicitude derivada do exercício contraditório de um direito: o renascer do *venire contra factum proprium*. *Revista Forense*, Rio de Janeiro, v. 376, 2004, pp. 109-129, p. 122, p. 127.

53 MARTINS-COSTA, Judith. *Comentários ao novo código civil*. Do inadimplemento das obrigações, v. V, t. II. 2. ed. Rio de Janeiro: Forense, 2009, p. 92. MARTINS-COSTA, Judith. A contribuição do código civil português ao código civil brasileiro e o abuso do direito: um caso exemplar de transversalidade cultural. In: *Revista da Faculdade de Direito da UNL*. Edição Especial. Código civil português. Evolução e perspectivas actuais. Lisboa, Almedina, 2008, pp. 107-128, p. 119, em que se assinala a maior objetivação inclusive na jurisprudência.

54 Até agosto de 2014 no Superior Tribunal de Justiça, registrou-se 386 acórdãos para o filtro "boa-fé objetiva", dos quais apenas 18 foram publicados até a data de início de vigência do Código Civil atual.

3. Terceiro momento: filtragem

O terceiro "momento" ou "marco" na obra da homenageada acerca da boa-fé no Direito Privado – e, consequentemente, no trabalho doutrinário acerca do *venire* está refletido na filtragem realizada quando da atualização de sua tese doutoral, republicada em 2015.

A mudança no subtítulo (de "sistema e tópica no processo obrigacional" para "critérios para a sua aplicação") revela a diferença de ênfase no exame da boa-fé objetiva. Se, à época da tese original, era necessária a "garimpagem nos repertórios de jurisprudência", progressivamente se vê que se passa à necessidade de sua "filtragem"[55].

É este contexto que permeia a visão da homenageada sobre o *venire* neste terceiro momento. Do ponto de vista geral, buscou melhor descrever o *locus* dogmático da figura, sobretudo a partir da incidência da boa-fé como baliza de controle do exercício dos direitos e posições jurídicas. Também destacou o *venire* em relação às demais hipóteses decorrentes da admissão da *Teoria dos Atos Próprios* – tendo, neste, papel central. Enfatizou a distinção frente à hipótese de inadimplemento contratual, concluindo "quando através de um mesmo sintagma [...] se quer significar um repertório muito largo de situações, desenvolvendo-se em extensíssimo repertório argumentativo, se acaba, na verdade, por significar muito pouco"[56].

Nesse momento, consolida-se o relevo da própria noção de *exercício jurídico*. Em sentido amplo, de exercício jurídico consiste em "uma atuação humana relevante para o Direito, abrangendo atos jurídicos lícitos e ilícitos; é dizer, a uma *atuação prática* do *conteúdo* previsto abstratamente nas normas jurídicas"[57]. Já em sentido próprio, *exercício* "traduz a concretização, por uma pessoa, de uma situação, activa ou passiva, que lhe tenha sido conferida pelo Direito"[58].

---

55 MARTINS-COSTA, Judith. A *boa-fé no direito privado:* critérios para a sua aplicação. São Paulo: Marcial Pons, 2015, p. 10.

56 MARTINS-COSTA, Judith. Os campos normativos da boa-fé objetiva: as três perspectivas do Direito Privado Brasileiro. In: *Estudos de direito do consumidor*, v. 6. Centro de Direito do Consumo da Faculdade de Direito da Universidade de Coimbra, Coimbra, 2004, p. 99.

57 MARTINS-COSTA, Judith. A *boa-fé no direito privado:* critérios para a sua aplicação. São Paulo: Marcial Pons, 2015, p. 609.

58 MARTINS-COSTA, Judith. A *boa-fé no direito privado:* critérios para a sua aplicação. São Paulo: Marcial Pons, 2015, p. 609. Assim afirma com base em MENEZES CORDEIRO, Antonio Manuel. *Tratado de direito civil português*, t. IV. Coimbra: Almedina, 2005, p. 13. Ainda MARTINS-COSTA, Judith. O exercício jurídico deslealmente contraditório e concreção do princípio da boa-fé. In: Livro em homenagem ao Min. Ruy Rosado de Aguiar Junior. Redigido em 2014 – e ao que se tem notícia, ainda no prelo.

A homenageada exaltou que o art. 187 alberga a ilicitude objetiva como concretização de situações em que há o exercício de posições jurídicas inadmissíveis[59], verificada no *modo de exercício*, concretamente considerado, "inexistindo um conteúdo pré-definido pelo legislador do que seja o exercício *regular* e *funcionalmente* adequado"[60].

Realçou não estar o art. 187 do Código limitado à coibição do abuso de direito[61]. Nesse sentido, o dispositivo alberga três hipóteses de ilicitude objetiva: "(i) o exercício contraditório, quando desleal" – este o *locus* normativo do *venire*; "(ii) o exercício disfuncional (pois divorciado da função atribuída ao direito subjetivo, potestativo ou faculdade)"; e (iii) "o exercício *desmesurado* ou desmedido" – este sim, determinador do abuso[62]. O *venire* não se confunde com o abuso, portanto.

Seguindo a perspectiva constante de que o *venire* não incide em todas as situações de contradição pela impossibilidade de se vedar todas as condutas contraditórias – não sendo "possível, nem justo, responder por toda e qualquer representação mental feita pelo alter"[63], a Professora reitera a opinião de que o *venire* somente incide em situações nas quais a contradição é acompanhada de deslealdade. Por isso, reafirma não ser o objetivo imediato do *venire* a preservação da conduta inicial, "mas antes sancionar a própria violação objetiva do dever de lealdade para com a contraparte"[64].

A Professora assinalou que "rege a matéria uma perspectiva escalonada [a permitir] perceber graus de autovinculação e formas diversas de ordenação das condutas contraditórias"[65]. Embora seja necessário que a

---

59 MARTINS-COSTA, Judith. *A boa-fé no direito privado:* critérios para a sua aplicação. São Paulo: Marcial Pons, 2015, p. 610.

60 MARTINS-COSTA, Judith. *A boa-fé no direito privado:* critérios para a sua aplicação. São Paulo: Marcial Pons, 2015, p. 612.

61 A ideia fora já inicialmente traçada em: A contribuição do código civil português ao código civil brasileiro e o abuso do direito: um caso exemplar de transversalidade cultural. In: *Revista da Faculdade de Direito da UNL*. Edição Especial. Código civil português. Evolução e perspectivas actuais. Lisboa, Almedina, 2008, pp. 107-128 e está reiterada em MARTINS-COSTA, Judith. *A boa-fé no direito privado:* critérios para a sua aplicação. São Paulo: Marcial Pons, 2015, p. 611.

62 MARTINS-COSTA, Judith. *A boa-fé no direito privado:* critérios para a sua aplicação. São Paulo: Marcial Pons, 2015, p. 612.

63 MARTINS-COSTA, Judith. *A boa-fé no direito privado:* critérios para a sua aplicação. São Paulo: Marcial Pons, 2015, p. 618.

64 MARTINS-COSTA, Judith. *A boa-fé no direito privado:* critérios para a sua aplicação. São Paulo: Marcial Pons, 2015, p. 619.

65 MARTINS-COSTA, Judith. *A boa-fé no direito privado:* critérios para a sua aplicação. São Paulo: Marcial Pons, 2015, p. 618.

contradição seja "manifesta", nos termos do art. 187 do Código Civil, o grau mais forte de contradição está em prometer-se algo, ao contratar, e inadimplir a promessa feita, nos termos do art. 389 e seguintes do Código Civil. Por isso, o *venire* não é útil às hipóteses de inadimplemento – pois este é, "em linha de princípio, perfeitamente suficiente para sancionar a contraditoriedade que está em descumprir culposamente o que se prometeu cumprir"[66]. Assim reforçou o seu papel residual nas situações em que há descumprimento imputável, podendo-se concluir que quando há inadimplemento, desnecessário é a invocação ao *venire*. Em suma, a contradição desleal atinge o seu mais alto grau na forma de uma promessa explicitamente descumprida.

O *venire* pode ocorrer, então "tanto quando uma pessoa manifesta a intenção, mesmo em termos que não a vinculem, de não vir a praticar determinado ato, e depois o praticar, quanto na situação inversa, qual seja o de a pessoa declarar, também em termos que não a vinculem especificamente, que praticaria determinado ato e, posteriormente, não o praticar"[67].

A Professora examinou profundamente a jurisprudência na matéria, criticando-a em vista de melhor delinear os requisitos[68]. Uma série de casos foram anotados – como o já referido "caso da loja de vestuário"; o "caso do sócio que queria ser sócio e credor"[69] – no qual o *venire* impediu o ajuizamento de duas ações societárias contraditórias; o "caso da legitimidade pelos aluguéis"[70], no qual o STJ estabeleceu que se uma locatária havia reconhecido uma parte como legítima para receber os aluguéis – por ter a esta parte realizado pagamentos – não poderia brandir, sem contradição, que a locadora não era legítima para recebê-los em ação de cobrança, pelo fato de não deter a propriedade plena sobre o imóvel; o "caso da assinatura do vice-presidente"[71] – em que o *venire* configurou-se como impeditivo de se arguir a nulidade em contrato por defeito de representação causado pela própria

---

66 MARTINS-COSTA, Judith. *A boa-fé no direito privado:* critérios para a sua aplicação. São Paulo: Marcial Pons, 2015, p. 618.

67 MARTINS-COSTA, Judith. *A boa-fé no direito privado:* critérios para a sua aplicação. São Paulo: Marcial Pons, 2015, pp. 619-620.

68 A análise dos casos referidos está nas pp. 620-628 de MARTINS-COSTA, Judith. *A boa-fé no direito privado:* critérios para a sua aplicação. São Paulo: Marcial Pons, 2015.

69 TJSP. Ap. Cív. 0001083-02.2010.8.26.0002. Sexta Câmara de Direito Privado. Rel. Des. Paulo Alcides Amaral Salles. Rev. Des. Francisco Loureiro, j. 13.09.2012.

70 STJ. AgRg no AgRg no Ag 610.607/MG. 6ª Turma. Rel.ª Min.ª Maria Thereza de Assis Moura, j. 25.06.2009.

71 STJ. REsp 681.856/RS. 4ª Turma. Rel. Min. Hélio Quaglia Barbosa, j. 12.06.2007.

parte que arguiu a nulidade; o "caso da advogada avalista"[72], no qual restou indeferida a alegação de advogada de que seria nula a alienação fiduciária prestada por si – por incidência da Súmula n. 28 do STJ – em bem de terceiro, pois sua qualificação profissional permitia compreender exatamente o risco da garantia que prestava; entre outros julgados.

Estes últimos casos chamaram a atenção da discussão acerca de hipóteses de alegação de nulidades por aqueles que a praticaram. A homenageada destacou que é consensualmente aceito, nessas hipóteses, estarem barradas pelo *venire* as nulidades formais; sendo, no entanto, questão tormentosa, a invocação da figura quando as nulidades envolvidas são materiais, sobretudo pela afronta ao postulado da "irrenunciabilidade das alegações de nulidade"[73].

A Professora diferenciou o *venire* de hipóteses geralmente citadas de maneira conjunta, embora possa haver sobreposição[74]. O *venire* se diferencia do *nemo turpitudinem suam allegans* por lhe ser desnecessário à sua incidência o elemento subjetivo; sendo, no mais das vezes, uma questão de "determinar qual o bem jurídico mais fortemente tutelado. Se a questão é a proteção da confiança, o *venire* há de ser chamado. Se é a rejeição da malícia, invoca-se o *turpitudinem suam allegans non auditur*"[75]. Distingue-se da *suppressio* e da *surrectio*, pois estas figuras não necessariamente incidem quando há dois atos sucessivos, mas quando o transcorrer do tempo permitiu uma confiança na estabilidade da situação jurídica. Dessa maneira, o exercício posterior, "modificando a situação que estava estabilizada pelo tempo, provoca uma surpresa que abala o estado de confiança na situação criada"[76].

Sob perspectiva entrelaçada entre Direito e Literatura, a Professora examinou a *coerência* – valor jurídico tutelado pelo *venire*. Afirma ser a literatura instrumento apto a refinar a sensibilidade. Um exemplo é a as-

---

72 STJ. AgRg no REsp 1.110.839/PE. 4ª Turma. Rel.ª Min.ª Maria Isabel Galotti, j. 27.03.2012.

73 MARTINS-COSTA, Judith. *A boa-fé no direito privado:* critérios para a sua aplicação. São Paulo: Marcial Pons, 2015, p. 628, e pp. 639-640. A esse respeito, faz referência a PONTES DE MIRANDA, Francisco Cavalcanti. *Tratado de direito privado*, t. IV. 3. ed. São Paulo: Revista dos Tribunais, 1983, §§ 408 e 409 e SCHREIBER, Anderson. *A proibição do comportamento contraditório.* Tutela da confiança e *venire contra factum proprium*. Rio de Janeiro: Renovar, 2005.

74 MARTINS-COSTA, Judith. *A boa-fé no direito privado:* critérios para a sua aplicação. São Paulo: Marcial Pons, 2015, p. 635.

75 MARTINS-COSTA, Judith. *A boa-fé no direito privado:* critérios para a sua aplicação. São Paulo: Marcial Pons, 2015, p. 628.

76 MARTINS-COSTA, Judith. *A boa-fé no direito privado:* critérios para a sua aplicação. São Paulo: Marcial Pons, p. 647.

sertiva que qualifica o homem como "criatura *giddy*, inconstante, volúvel, frívola e contraditória". O homem, por si, tem contradições; a contradição é característica humana.

Apanhada pelo Direito, nem toda contradição narrada se revela como ilícita. A total coerência seria um "injusto cárcere"; a "proibição de toda e qualquer conduta seria, mais que uma abstração, um castigo"[77]; "não seria razoável, nem justo, responder por toda e qualquer representação mental feita pelo *alter* acerca de nossa própria conduta"[78]. Apesar do Direito dos Contratos ser o terreno da constância – pois existe "funcionalmente, para regular o amanhã do que se quer hoje"[79] – há diversos exemplos de institutos do Direito Civil em que a contradição é vista de maneira lícita – como a pactuação do direito de arrependimento, a resolução *ex tunc*, a extinção da dívida pela remissão, com o perdão, a renúncia a direitos, a revogação da proposta, dentro de certos limites, a revogação de um mandato, entre outros exemplos[80].

Nesse paralelo com a Literatura, o Direito – que não apenas narra, mas também norma e ordena – limita a incoerência quando houver "fundado investimento de confiança de outrem no significado de nossos atos, e quando nossa inconstância, em vista da legitimidade do investimento de confiança alheia em nossa própria conduta – revela deslealdade para com o *alter*". Apenas então entra em cena o *nomos*[81]. A Professora acompanhou a crítica de autor alemão que se insurge quanto à utilização do *venire* como mecanismo argumentativo a coibir alegação de invalidade posterior. Sendo "tão humana" a contradição, enfatizou que não pode a aplicação do *venire* "a torto e a direito, com ou sem fundamento" vir descolada de seus pressupostos[82].

---

77 MARTINS-COSTA, Judith. Os dilemas da incoerência. In: CASTRO NEVES, José Roberto (Org.). Ele, *Shakespeare, visto por nós, os advogados*. Rio de Janeiro: Edições de Janeiro, 2017, p. 164.

78 MARTINS-COSTA, Judith. Os dilemas da incoerência. In: CASTRO NEVES, José Roberto (Org.). Ele, *Shakespeare, visto por nós, os advogados*. Rio de Janeiro: Edições de Janeiro, 2017, p. 164.

79 MARTINS-COSTA, Judith. Os dilemas da incoerência. In: CASTRO NEVES, José Roberto (Org.). Ele, *Shakespeare, visto por nós, os advogados*. Rio de Janeiro: Edições de Janeiro, 2017, p. 161.

80 MARTINS-COSTA, Judith. Os dilemas da incoerência. In: CASTRO NEVES, José Roberto (Org.). Ele, *Shakespeare, visto por nós, os advogados*. Rio de Janeiro: Edições de Janeiro, 2017, p. 158.

81 MARTINS-COSTA, Judith. Os dilemas da incoerência. In: CASTRO NEVES, José Roberto (Org.). *Shakespeare visto por nós, Advogados*. Rio de Janeiro: Edições de Janeiro, 2017, p. 161.

82 MARTINS-COSTA, Judith. Os dilemas da incoerência. In: CASTRO NEVES, José Roberto (Org.). Ele, *Shakespeare, visto por nós, os advogados*. Rio de Janeiro: Edições

É justamente nessa toada que a Professora se propõe, na segunda edição de *A boa-fé no direito privado:* critérios para a sua aplicação[83] – cuja atualização foi concomitante à redação deste artigo – a destrinchar, ainda mais analiticamente, os critérios aplicativos do *venire*.

Para esse destrinchamento, elenca nove requisitos: "(*i*) a ação de uma pessoa da qual se segue um benefício para alguém; (*ii*) a contrariedade a essa ação, em desfavor daquele a quem fora criado o benefício, por meio de outra ação do mesmo agente; (*iii*) a conexidade entre as condutas contraditórias, entre si e com o inconformismo que a contradição gera no lesado; (*iv*) o investimento de confiança por parte do suposto lesado, sendo esse investimento de confiança traduzido em atos ou atividades; (*v*) o fato de a contraparte exercer alguma atividade posterior em razão da confiança que nela foi gerada, em geral ocasionando um dano, atual ou potencial, para o lesado, por ter confiado, legitimamente, na primeira conduta; (*vi*) a não vinculabilidade obrigacional do *factum proprium*; (*vii*) a ausência de motivo justo para a mudança no comportamento; (*viii*) a deslealdade implicada no voltar atrás, lesando a confiança legitimamente investida; e (*ix*) a imputabilidade do ato a quem, deslealmente, voltou atrás"[84].

de Janeiro, pp. 163-165, assim referindo entendimento de SCHMIDT, Jan Peter. Comentário ao REsp 1.461.301/MT. *Revista de Direito Civil Contemporâneo*, São Paulo, ano 3, v. 7, abr.-jun. 2016, pp. 419-437.

83 MARTINS-COSTA, Judith. *A boa-fé no direito privado:* critérios para a sua aplicação. 2. ed. São Paulo: Saraiva, 2018, §74, pp. 674-689.

84 MARTINS-COSTA, Judith. *A boa-fé no direito privado:* critérios para a sua aplicação. 2. ed. São Paulo: Saraiva, 2018, pp. 679-680.

4. Comparação entre momentos

É possível traçar a seguinte evolução nos requisitos de aplicação do *venire contra factum proprium*, a partir do quadro abaixo:

PRIMEIRO MOMENTO	SEGUNDO MOMENTO	TERCEIRO MOMENTO
(a) a atuação de um fato gerador de confiança, nos termos em que ela é tutelada pela ordem jurídica; (b) a adesão da contraparte – porque confiou – neste fato; (c) o fato de a contraparte exercer alguma atividade posterior em razão da confiança que nela foi gerada; (d) o fato de ocorrer, em razão de conduta contraditória do autor do fato gerador da confiança, a supressão do fato no qual fora assentada a confiança, gerando prejuízo ou iniquidade insuportável a quem confiara.	(i) configuração de duas condutas contraditórias; (ii) a identidade entre as partes; (iii) que as situações contraditórias deem-se em situações jurídicas semelhantes ou coligadas; (iv) que o factum *proprium* possa ter criado confiança – averiguada esta conforme os usos, os bons costumes, o fim econômico-social do negócio jurídico e a boa-fé; (v) o caráter vinculante do *factum proprium*, que tenha induzido – ou possa ter induzido – a confiança; (vi) se a parte que alega o *venire* assim o faz em má-fé, afasta-se a sua incidência, "pois do contrário a torpeza estaria tutelada", incidindo-se de maneira conjugada o *venire* e o *tu quoque*.	(i) a ação de uma pessoa da qual se segue um benefício para alguém; (ii) a contrariedade a essa ação, em desfavor daquele a quem fora criado o benefício, por meio de outra ação do mesmo agente; (iii) a conexidade entre as condutas contraditórias, entre si e com o inconformismo que a contradição gera no lesado; (iv) o investimento de confiança por parte do suposto lesado, sendo esse investimento de confiança traduzido em atos ou atividades; (v) o fato de a contraparte exercer alguma atividade posterior em razão da confiança que nela foi gerada, em geral oc asionando um dano, atual ou potencial, para o lesado, por ter confiado, legitimamente, na primeira conduta; (vi) a não vinculabilidade obrigacional do *factum proprium*; (vii) a ausência de motivo justo para a mudança no comportamento; (viii) a deslealdade implicada no voltar atrás, lesando a confiança legitimamente investida; e (ix) a imputabilidade do ato a quem, deslealmente, voltou atrás.

No primeiro momento, ausentes do texto legal o *venire* e a boa-fé objetiva, tinha-se um contexto em que era necessário justificar-se, abstratamente, a vigência da figura. Por isso os quatro pressupostos inicialmente arrolados são genéricos. Ressaltava-se o papel da confiança como valor jurídico a ser tutelado de acordo com a seguinte sequência: o *factum proprium* gera a confiança à contraparte que a ele adere; há uma atividade posterior da contraparte que age no pressuposto dessa confiança. A esse momento segue-se uma conduta contraditória que é ilícita *por contrariar a confiança* inicialmente gerada e, em razão dessa contradição, configurar-se em prejuízo ou iniquidade à contraparte que confiara. A ênfase está no elemento subjetivo que restou violado; na expectativa do lesado contrariada.

Marcado por essa subjetivação (não se diga que com isso se confundisse o *standard* com a boa-fé subjetiva, pois o elemento subjetivo atine ao lesado) quando da ênfase no elemento "confiança", proliferou-se a tentativa de aplicação do *venire.*

Por isso, no segundo momento, a homenageada passou a detalhar os pressupostos, realçando os aspectos objetivos. Na segunda visão, duas condutas entre as mesmas partes devem suceder-se e estarem ligadas a uma mesma situação jurídica. A criação da confiança pela primeira conduta deve revestir-se de caráter vinculante; não pode estar apenas amparada em um pilar subjetivo, mas deve estar atrelada aos usos, bons costumes ou fim econômico do negócio jurídico e, somente a partir desse amparo fático-jurídico, considera-se fundamentada a criação de expectativas. O estado subjetivo do lesado adquire também um requisito negativo: configura-se o *venire* apenas se ausente a má-fé – neste caso, sim, oposta à boa-fé subjetiva – do lesado, de modo que não se premie a torpeza a pretexto de se proteger confiança iludida. Essa averiguação serve de diretriz interpretativa para a verificação, na prática, do advérbio "manifestamente" constante da fórmula do art. 187 do Código Civil.

A ênfase que se segue é ainda mais analítica – tanto em relação aos qualificativos da confiança iludida, quanto em relação às partes e às condutas envolvidas. A ligação entre as condutas e as partes é melhor detalhada. É necessário que uma pessoa execute uma ação apta a criar um benefício a alguém. A essa ação inicial segue-se uma segunda, do mesmo agente, a este imputável e tomada sem motivo justo, que é contraditória à primeira e afeta o benefício criado. Há de existir conexão entre as condutas contraditórias entre si; e a segunda deve ter sido o fator necessário a ensejar o inconformismo daquele que teve o benefício frustrado. O investimento de confiança e gerador do inconformismo somente será tutelado se traduzido em atos ou atividades e tiver ensejado (ou tiver o potencial de gerar) dano ao lesado por ter confiado na primeira ação. Por fim, o requisito negativo adota prisma mais objetivado: a conduta inicial não deve implicar vinculabilidade *obrigacional* – a ênfase sendo necessária para justificar que, embora deva o *factum proprium* ensejar expectativas legítimas e por isso estar dotado de caráter vinculante – não configure propriamente obrigação em sentido técnico, pois do contrário se verificaria o inadimplemento e não o exercício disfuncional de posição jurídica.

Conclusão

É falsa a percepção de que a Professora Judith defenda uma aplicação ampla da incidência do *venire* – e consequentemente do princípio da boa-fé. Pelo contrário, sua obra sempre ressaltou que o *venire* só incidirá se configurados os seus critérios de aplicação, os quais estão em lapidação constante. Nem todas as situações contraditórias ensejam a aplicação do *venire* ou do princípio da boa-fé objetiva, no qual se funda. A vigência de ambos justifica-se pelo art. 187 do Código Civil, por frequente jurisprudência dos Tribunais Superiores em sua aplicação em todos os campos normativos e, mesmo que assim não fosse, por exigências éticas fundamentais do ordenamento jurídico que deve tutelar a lealdade e a confiança.

O "crescimento" no número de pressupostos de acordo com a perspectiva da homenageada não indica, propriamente, uma mudança na caracterização da figura. Pelo contrário, revela uma perspectiva analítica e rigorosa, como modelo doutrinário a cumprir sua função: atento às invocações práticas, evolui e indica os corretos rumos que a aplicação do *venire* deve seguir. Trata-se de resposta à utilização indevida ou desnecessária, despida de apreensão e reflexão sobre critérios técnicos e muitas vezes invocada de maneira cumulativa a outros requisitos. O *venire* não se confunde com o abuso do direito; tampouco com as demais figuras decorrentes da *teoria dos atos próprios*.

Voltado a vedar ao exercício disfuncional de posições jurídicas contraditoriamente desleais, é possível deduzir que a concepção dogmática do *venire contra factum proprium* alicerça-se em três pilares. Estes podem ser sumarizados pela ênfase conferida pela homenageada em cada um dos momentos em que versou a respeito da figura. Para configurar-se o *venire*, é necessário: (*i*) a contraditoriedade do comportamento de uma das partes que atente à *relação de confiança* estabelecida. Tal confiança deverá estar (*ii*) amparada em uma série de elementos objetivos. Deve, ainda, haver (*iii*) linhas lógicas de conexões entre as condutas contraditórias entre si, entre as partes envolvidas e o prejuízo – potencial ou futuro – gerado. O desfalque à confiança materialmente perceptível denotará o exercício jurídico ilícito, por desleal – e por isso desbordante da boa-fé objetiva; o que sempre deve ser concretamente verificado.

Lendo-se mais de 100 vezes A *boa-fé no direito privado*, cada vez se descobrirá algo novo.

Suppressio – LIMITAÇÃO DE DIREITO POR EXERCÍCIO TARDIO: DEFINIÇÃO E REQUISITOS DE APLICAÇÃO

Humberto Ávila

Introdução

O estudo da boa-fé é tema central da obra da homenageada[1]. Um dos seus corolários é a denominada *suppressio*: perda de direito pelo seu titular em decorrência do seu exercício tardio[2]. O objetivo deste artigo é, de um lado, construir requisitos de aplicação do referido instituto; de outro, verificar a sua aplicação no caso de erro cometido pelo titular do direito.

Nesse aspecto, a eficácia de contratos pode ser afetada por erros na prestação contratual. Nesse sentido, há dois tipos de erro que devem ser analisados[3]. De um lado, há o erro previsto no art. 138 e seguintes do Código Civil, inserido no Capítulo "Dos Defeitos do Negócio Jurídico" dentro do Título "Do Negócio Jurídico". Trata-se de erro essencial, também denominado "erro invalidante", que qualifica um defeito que repercute sobre o conteúdo da manifestação de vontade das partes exteriorizada na formação do negócio jurídico, atingindo a sua própria validade. A sua constatação visa a preservar a manifestação de vontade das partes, afastando-a quando decorrente de erro escusável ou reconhecível por terceiro.

De outro lado, há o erro previsto no art. 877 do Código Civil, inserido no Capítulo "Do Pagamento Indevido" dentro do Título "Dos Atos Unilaterais". Trata-se de erro no pagamento, que qualifica um defeito que repercute sobre o motivo jurídico da prestação e atinge a eficácia do negócio jurídico. A sua constatação visa a evitar o deslocamento patrimonial sem causa e a inadequação do ato unilateral da prestação, afastando-o ou modificando-o quando decorrente de representação equivocada de uma das partes.

---

1 MARTINS-COSTA, Judith. *A boa-fé no direito privado*. São Paulo: RT, 1999. Idem. *A boa-fé no direito privado*: critérios para a sua aplicação. São Paulo: Marcial Pons, 2015.

2 MARTINS-COSTA, Judith. *A boa-fé no direito privado*. São Paulo: RT, 1999, p. 461. Idem. *A boa-fé no direito privado*: critérios para a sua aplicação. São Paulo: Marcial Pons, 2015, p. 647.

3 MICHELON JR., Cláudio. *Direito restituitório*: enriquecimento sem causa, pagamento indevido, gestão de negócios. São Paulo: RT, 2007, p. 143 e ss.

O presente artigo tem como finalidade examinar a ocorrência deste segundo tipo de erro e da permissão para corrigi-lo a partir de um determinado momento. Nesse caso, imediatamente após a verificação do erro, deve-se informar a constatação do erro e a sua imediata correção para o período subsequente da execução contratual, propondo-se negociação relativamente ao período passado. É nesse contexto que surge a discussão acerca do instituto da *suppressio*, ou seja, da perda de um direito por seu exercício tardio. Isso porque a percepção acerca do erro pode ocorrer depois de transcorrido determinado período do contrato, o que levanta a discussão acerca da definição e dos requisitos para a aplicação deste instituto. A questão a ser discutida, portanto, diz respeito a saber se a persistência do erro pela parte contratual durante determinado período pode provocar a perda do seu direito de corrigi-lo dali para frente em razão de o seu comportamento ter supostamente criado na outra parte a legítima expectativa de que ela não mais o exerceria. É o que se passa a analisar.

1. O instituto da limitação de direito por exercício tardio

O exercício de determinado dever contratual por um período pode, ao primeiro lance d'olhos, ser enquadrado como um comportamento apto a produzir aquilo que se convencionou chamar de "supressão" (*suppressio*), "renúncia" (*Verzicht*) ou "limitação" (*Verwirkung*) de direito ou a direito por exercício tardio pelo seu titular.[4]

Originalmente desenvolvido na Alemanha sob a denominação de *Verwirkung*, o instituto da limitação de direito por exercício tardio foi paulatinamente construído pela jurisprudência daquele país, com base na boa-fé originária do Direito Romano, para permitir a correção do Direito escrito onde ele não permitia o restabelecimento de uma justa proporção entre as prestações estabelecidas pelas partes contratantes. Assim, quando a direta aplicação do

4 ROTH, Günther H. Leistung nach Treu und Glauben. In: Bürgerliches Gesetzbuch. Schuldrecht Allgemeiner Teil. 2. ed. München: Beck, 1985, p. 170 e ss.; BIRR, Christiane. *Verjährung und Verwirkung*. 2. ed. Berlin: Erich Schmidt, 2006, p. 195 e ss.; SCHULZE, Reiner. Leistung nach Treu und Glauben. In: *BGB Handkommentar*. 8. ed. Baden-Baden: Nomos, 2014, p. 273 e ss.; HEINRICH, Christian. Die Generalklausel des § 242 BGB. In: *Humaniora, Medizin – Recht – Geschichte. Festschrift für Adolf Laus zum 70. Geburtstag*. Heidelberg: Springer, 2006, p. 599 e ss.; STEINKE, Tina. *Die Verwirkung im Immaterialgüterrecht*. Göttingen: V&R, 2006, p. 25 e ss.; PIEKENBROCK, Andreas. *Befristung, Verjährung, Verschweigung und Verwirkung*. Tübingen: Mohr, 2006, p. 148 e ss.; DELAHAYE, Thierry. *Le Facteur Temps das le Droit des Obligations – La temporalité du contrat*, t. I. Bruxelas: Larcier, 2013, p. 279 e ss.; LOOSCHELDERS, Dirk; OLZEN, Dirk. Leistung nach Treu und Glauben. In: STAUDINGER, J. von (Org.). *Kommentar zum Bürgerlichen Gesetzbuch mit Einführungsgesetz und Nebengesetzen*. Berlin: Sellier – de Gruyter, 2015, p. 433 e ss.

Direito (*ius civile*) não proporcionava uma solução justa, a decisão do caso concreto era feita por meio de uma aplicação corretiva (*ius honorarium*) mediante interpretação (*interpretatio*), especialmente orientada à finalidade do Direito (*utilitas*) ou baseada no caráter criativo da *bona fides* com vistas ao atingimento da maior justiça possível diante do caso concreto (*aequitas*)[5].

Reconstruído e aperfeiçoado ao longo do tempo pela jurisprudência, o instituto da limitação de direito por exercício tardio traduz uma espécie peculiar de exercício irregular de direito e pode ser definido como a suspensão da eficácia de um direito que surge quando o titular de um direito exequível deixa de exercê-lo durante um longo período e, com isso, cria, no devedor, a legítima e concretamente exteriorizada expectativa de que não mais irá exercê-lo[6]. O referido instituto corresponde, assim, a uma espécie muito particular de comportamento contraditório decorrente do transcurso do tempo: o súbito e inesperado exercício atual de um direito apresenta-se em contradição com a falta prolongada do seu exercício pelo seu titular, que criou, na parte contrária, a razoável expectativa de que o referido direito não mais seria exercido[7].

O instituto da limitação de direito por exercício tardio não se confunde, contudo, com outras categorias afins. Ele não se iguala à prescrição (e, em similar medida, à decadência): enquanto a prescrição depende de um prazo fixo preestabelecido em lei, visa a garantir a segurança jurídica, destina-se a permitir um período razoável para a produção de provas e produz automaticamente o efeito de anular o direito do seu titular, o instituto da limitação de direito por exercício tardio decorre de um período a ser casuisticamente estabelecido, visa a garantir a justiça particular, suspende o exercício de direito e é condicionado à verificação concreta de uma série de requisitos[8].

O mencionado instituto também não se identifica com a renúncia tácita: enquanto a renúncia tácita a direito corresponde à hipótese de um negócio jurídico para o qual são exigidas duas declarações de vontade congruentes ou, no mínimo, uma concludente, e conduz invariavelmente à perda total do direito, o instituto da limitação de direito por exercício tardio não exige para

---

5 KASER, Max. *Römisches Privatrecht*. 15. ed. München: Beck, 1989, p. 32; SALZMANN, Andreas. *Die zivilrechtliche Verwirkung durch Nichtausübung*. München: Beck, 2015, p. 11.

6 SALZMANN, Andreas. *Die zivilrechtliche Verwirkung durch Nichtausübung*. München: Beck, 2015, pp. 5-6, 62; ROTH, Günther H. Leistung nach Treu und Glauben. In: Bürgerliches Gesetzbuch. Schuldrecht Allgemeiner Teil. 2. ed. München: Beck, 1985, p. 170.

7 BIRR, Christiane. *Verjährung und Verwirkung*. 2. ed. Berlin: Erich Schmidt, 2006, p. 196.

8 SALZMANN, Andreas. *Die zivilrechtliche Verwirkung durch Nichtausübung*. München: Beck, 2015, p. 7; STEINKE, Tina. *Die Verwirkung im Immaterialgüterrecht*. Göttingen: V&R, 2006, p. 25 e ss.; HEINRICH, Christian. Die Generalklausel des § 242 BGB. In: *Humaniora, Medizin – Recht – Geschichte. Festschrift für Adolf Laus zum 70. Geburtstag*. Heidelberg: Springer, 2006, p. 599 e ss.

a sua configuração qualquer declaração expressa ou concludente de vontade, nem conduz necessariamente à perda total do direito (*Verlust*), apenas à suspensão parcial do seu exercício (*Hemmung*)[9].

O referido instituto igualmente não se identifica com a mera proibição de comportamento contraditório (*nemo potest venire contra factum proprium*): enquanto no caso da proibição de comportamento contraditório a conduta anterior é ilícita e a proibição de exercício posterior do direito decorre da contradição entre as atitudes anterior e posterior, no caso do instituto da limitação de direito por exercício tardio somente em razão de algumas circunstâncias específicas é que o comportamento anterior se revela obrigatório, e a proibição de exercício posterior do direito decorre da inatividade prolongada do seu titular relativamente a um direito exequível e cujo exercício é obrigatório[10].

Pelas razões brevemente expostas acima, o instituto ora examinado deve melhor ser definido, pela relação com as figuras que lhe são afins e pelos efeitos que produz, como uma espécie de limitação de direito por exercício tardio, apresentando-se, a rigor, não abaixo, como se fora uma espécie, mas ao lado da proibição de comportamento contraditório, especificamente como subespécie de comportamento desleal e atentatório contra as exigências de boa-fé.

Por não estar preestabelecido em lei, não decorrer automaticamente do transcurso de um prazo certo, ter um efeito variável conforme as circunstâncias do caso concreto e estar condicionado à verificação individualizada de uma série de requisitos, o instituto da limitação de direito por exercício tardio deve ser empregado com extrema cautela e apenas como *ultima ratio* para os casos que, na sua ausência, seriam solucionados de maneira individualmente injusta[11]. Daí a importante advertência de Salzmann:

> A objeção proveniente do instituto da limitação de direito por exercício tardio (*Verwirkung*) é, por consequência, um recurso jurídico de natureza extraordinária, que deve manter-se limitado aos casos excepcionais, para não levar a uma erosão dos prazos de prescrição e decadência existentes[12].

O seu uso desmedido pode não apenas aniquilar com a função prática dos prazos de prescrição e decadência, como também facilmente conduzir a

9 BIRR, Christiane. *Verjährung und Verwirkung*. 2. ed. Berlin: Erich Schmidt, 2006, pp. 197, 218; SALZMANN, Andreas. *Die zivilrechtliche Verwirkung durch Nichtausübung*. München: Beck, 2015, pp. 8-9.

10 SALZMANN, Andreas. *Die zivilrechtliche Verwirkung durch Nichtausübung*. München: Beck, 2015, pp. 6, 54, 56, 60-61.

11 BIRR, Christiane. *Verjährung und Verwirkung*. 2. ed. Berlin: Erich Schmidt, 2006, p. 200.

12 SALZMANN, Andreas. *Die zivilrechtliche Verwirkung durch Nichtausübung*. München: Beck, 2015, p. 95.

um subjetivismo do julgador, na medida em que o referido instituto traduz uma espécie de "dupla cláusula geral": tanto a sua hipótese de incidência quanto a sua consequência são indeterminadas, e precisam ser casuística e prudentemente concretizadas pelo julgador[13].

É também por essa razão que a sua aplicação deve estar condicionada à verificação de requisitos sem os quais a sua utilização pode facilmente se transformar numa "catástrofe da ordem jurídica" ou numa "mera e despida arbitrariedade judicial", como há muito advertido pela doutrina especializada[14]. Para evitar esses potenciais malefícios aplicativos, a evolução doutrinária e jurisprudencial construiu requisitos para a aplicação segura do instituto da limitação de direito por exercício tardio[15]. É sobre eles que se passa a dissertar.

2. Os requisitos de aplicação do instituto

A aplicação do instituto depende de três requisitos fundamentais: inatividade, imputabilidade e protetividade[16]. Em primeiro lugar, o requisito da inatividade diz respeito ao longo período em que o titular de um direito, devendo exercê-lo, manteve-se inerte. Isso significa que o titular do direito deve ter se omitido totalmente no que se refere ao exercício do seu direito. Se o direito tiver sido exercido, de algum modo, pelo seu titular, a aplicação do instituto da limitação de direito por exercício tardio deve ser afastada. Nesse sentido, Piekenbrock:

> Também a jurisprudência tem levado em conta, a respeito da ideia de silêncio, que qualquer forma de exercício de direito contrapõe-se à limitação de direito por exercício tardio (*Verwirkung*)[17].

---

13 BIRR, Christiane. *Verjährung und Verwirkung*. 2. ed. Berlin: Erich Schmidt, 2006, p. 196; SALZMANN, Andreas. *Die zivilrechtliche Verwirkung durch Nichtausübung*. München: Beck, 2015, pp. 2, 3, 28, 42 e 95.

14 HEDEMANN, Justus Wilhelm. *Die Flucht in die Generalklauseln*. Tübingen: Mohr Siebeck, 1933, p. 71.

15 STEINKE, Tina. *Die Verwirkung im Immaterialgüterrecht*. Göttingen: V&R, 2006, p. 25 e ss.; HEINRICH, Christian. Die Generalklausel des § 242 BGB. In: *Humaniora, Medizin – Recht – Geschichte. Festschrift für Adolf Laus zum 70. Geburtstag*. Heidelberg: Springer, 2006, p. 599 e ss.; SALZMANN, Andreas. *Die zivilrechtliche Verwirkung durch Nichtausübung*. München: Beck, 2015, p. 75 e ss.

16 SALZMANN, Andreas. *Die zivilrechtliche Verwirkung durch Nichtausübung*. München: Beck, 2015, p. 75 e ss., 121.

17 PIEKENBROCK, Andreas. *Befristung, Verjährung, Verschweigung und Verwirkung*. Tübingen: Mohr, 2006, p. 367.

Esse requisito significa, portanto, que se o titular de um direito exerceu o seu direito de alguma forma, ainda que de maneira equivocada, a sua atitude não pode ser simplesmente censurada como omissa e, por isso, contrária às exigências de boa-fé. Como a inatividade mantém relação com o prazo esperado para o exercício regular de um direito, o significado concreto do instituto da limitação de direito por exercício tardio é tanto menor quanto menor for o prazo de prescrição, precisamente porque o devedor sempre deve contar com a possibilidade do exercício do direito pelo seu titular dentro do prazo prescricional que lhe é atribuído pela ordem jurídica. Nesse sentido, Birr, em trecho cuja importância recomenda a longa transcrição:

> Em geral, todo credor pode, para fazer valer a sua pretensão, esgotar, até o último dia, o prazo que lhe é oferecido pelo Direito Prescricional, e todo devedor deve preparar-se para que o credor utilize, em toda a sua extensão, o prazo prescricional legal ou contratual. O instituto da limitação de direito por exercício tardio (*Verwirkung*) só pode intervir em casos excepcionais, para não condenar os prazos de prescrição à perda de sentido prático (BGH NJW, 1980, 880) e para que a segurança do tráfego jurídico, que é garantida pela clareza e calculabilidade dos prazos prescricionais, não seja substituída pela insegurança de decisões equitativas dependentes do caso concreto e difíceis de serem previstas[18].

Assim, nos casos em que o prazo prescricional é curto, o instituto da limitação de direito por exercício tardio deve ser afastado, pois a sua função é precisamente a de preservar os interesses do devedor naqueles casos de prazos prescricionais muito longos em que o credor já deu mostras claras, durante longo período, no sentido de que não exerceria mais o seu direito, provocando, com isso, a necessidade de uma antecipação prudencial dos efeitos da prescrição, mesmo antes do término do prazo legal abstratamente fixado. Exatamente por isso, no caso de prazos prescricionais muito curtos, como aqueles fixados em três anos, o instituto da limitação de direito por exercício tardio encontra uma possibilidade muito restrita de aplicação[19]. Por essa razão a advertência categórica de Birr, no sentido de que "dentro de

---

18 BIRR, Christiane. *Verjährung und Verwirkung*. 2. ed. Berlin: Erich Schmidt, 2006, p. 201.

19 LOOSCHELDERS, Dirk; OLZEN, Dirk. Leistung nach Treu und Glauben. In: STAUDINGER, J. von (Org.). *Kommentar zum Bürgerlichen Gesetzbuch mit Einführungsgesetz und Nebengesetzen*. Berlin: Sellier – de Gruyter, 2015, p. 437; BIRR, Christiane. *Verjährung und Verwirkung*. 2. ed. Berlin: Erich Schmidt, 2006, p. 203; STEINKE, Tina. *Die Verwirkung im Immaterialgüterrecht*. Göttingen: V&R, 2006, p. 37; DELAHAYE, Thierry. *Le Facteur Temps das le Droit des Obligations – La temporalité du contrat*, t. I. Bruxelas: Larcier, 2013, p. 280.

prazos prescricionais mais curtos não pode assim a inatividade do credor em princípio conduzir à perda do direito"[20].

Da mesma forma, não há que se falar em limitação de direito por exercício tardio quando há algum tipo de reserva com relação ao exercício de direitos pelas partes. Nesse caso, não se pode qualificar a atitude do titular do direito como uma mera inatividade digna de ser censurada por desleal e, por consequência, atentatória contra as exigências decorrentes da boa-fé. Assim Salzmann, relativamente à necessidade de compreensão ampla do conceito de exercício de direito:

> Assim também deve ser considerado suficiente quando o direito ainda não foi exercido, mas o exercício de um direito existente é expressamente reservado, já que também assim é afastada qualquer criação de confiança[21].

As observações precedentes demonstram que o requisito da inatividade só se verifica quando houver: (a) total passividade do titular de um direito que seja exequível e deva ser exercido; e (b) a referida passividade tenha perdurado durante longo período de tempo, período este a ser definido de acordo com as circunstâncias do caso concreto. A inatividade deixa de se configurar, portanto, quando: (a) o prazo prescricional for muito curto e o devedor deva contar com o exercício do direito pelo titular dentro do referido prazo; e (b) houver algum tipo de reserva expressa com relação ao significado da falta de exercício do direito pelos contratantes, que afaste o caráter desleal da conduta tardia do seu titular.

Em segundo lugar, o requisito da imputabilidade diz respeito à necessidade de o descumprimento do dever de exercer o direito poder ser imputável ao seu titular. Isso significa que a responsabilidade pela passividade deve poder ser atribuível ao titular do direito, sem ser causada por outra pessoa ou decorrer de alguma circunstância específica e determinante que afaste o seu conhecimento a respeito do conteúdo do seu direito. Uma das circunstâncias que pode afastar a aplicação do instituto da limitação do direito por exercício tardio em razão da ausência de imputabilidade é o fato de o seu titular, por algum motivo, não estar vinculado ao seu comportamento anterior. Como esclarece Wieling:

> Uma violação à lealdade em virtude de comportamento posterior só pode se verificar quando o titular do direito estiver vinculado ao seu

20 BIRR, Christiane. *Verjährung und Verwirkung*. 2. ed. Berlin: Erich Schmidt, 2006, p. 201.

21 SALZMANN, Andreas. *Die zivilrechtliche Verwirkung durch Nichtausübung*. München: Beck, 2015, p. 96.

> comportamento anterior. Se ele não estiver a este vinculado, então o exercício posterior do direito não é contrário à exigência de lealdade. Se ele estiver vinculado ao seu comportamento anterior – e ele deve estar totalmente vinculado a ele –, então ele terá aberto mão da sua posição jurídica de maneira definitiva[22].

Por conseguinte, esse requisito significa que se o contrato, por exemplo, contiver disposição expressa no sentido de que as partes estão vinculadas apenas ao estabelecido no contrato e não ao seu comportamento anterior, quando este discrepe daquilo que o contrato estabelece, não há como aplicar o instituto da limitação de direito por exercício tardio.

Outra circunstância que pode impedir a incidência do referido instituto em virtude da falta de imputabilidade é o comportamento anterior do seu titular ter sido causado pelo desconhecimento da situação ou por erro de avaliação relativamente a uma das condições contratuais. Nesse sentido se pronunciou Salzmann sobre os casos que podem afastar a imputabilidade da omissão:

> Depois de ter sido verificada a falta de exercício apesar da obrigação de agir, coloca-se a questão de saber se a omissão é imputável ao titular do direito. Nesse sentido, são concebíveis multifacetadas constelações, nas quais existam dúvidas sobre a imputabilidade da falta de exercício. Pode-se pensar em casos nos quais o credor não tenha conhecimento algum da sua pretensão. Também se pode cogitar de um erro sobre a condição existente[23].

Isso quer dizer que se o titular do direito tiver deixado de exercê-lo por não ter conhecimento pleno da situação pressuposta pelo contrato ou por ter agido com representação mental equivocada sobre alguma condição contratual, não se pode aplicar o instituto da limitação do direito por exercício tardio por falta de imputabilidade da inatividade ao seu titular.

Outra particularidade que também pode afastar a aplicação do mencionado instituto em razão da inexistência de imputabilidade é o fato de a inatividade do titular, por algum motivo, não poder ser qualificada como comportamento irregular nem como atraso desleal[24]. Nesse sentido, se o contrato, por exemplo, contiver disposição expressa admitindo que o comportamento anterior deva ser qualificado como mera liberalidade, jamais implicando renúncia ou modificação dos direitos previstos na declaração de vontade, não há como aplicar o referido instituto. E isso porque faltaria um dos requisitos

---

22 WIELING, Hans Josef. Venire contra factum proprium und Verschulden gegen sich selbst. In: *Archiv für die civilistische Praxis*, 1976, p. 336.

23 SALZMANN, Andreas. *Die zivilrechtliche Verwirkung durch Nichtausübung*. München: Beck, 2015, p. 97.

24 Ibidem, p. 5, 12.

que lhe são essenciais: o comportamento do titular do direito poder ser qualificado como um comportamento desleal e, por isso, atentatório contra as exigências decorrentes da boa-fé. Nesse caso, a previsão contratual simplesmente descaracterizaria o comportamento do titular do direito como sendo uma espécie de exercício irregular de um direito.

As considerações anteriores demonstram que o requisito da imputabilidade só se verifica quando: (a) o comportamento passivo anterior, em razão da sua vinculação e da responsabilidade que lhe é inerente, puder ser imputável ao titular do direito; e (b) o referido comportamento puder por algum motivo ser qualificado como desleal. A imputabilidade deixa de se configurar, por conseguinte, quando: (a) o titular do direito não estiver vinculado ao seu comportamento anterior; (b) o comportamento anterior tiver sido adotado com desconhecimento da situação ou com erro sobre condição contratual; (c) o referido comportamento não puder ser caracterizado como irregular nem desleal.

E, em terceiro lugar, o requisito da protetividade faz referência à necessidade de o devedor ter justificadamente confiado na falta de exercício futuro do direito pelo seu titular. Isso significa que só se pode cogitar da aplicação do instituto da limitação de direito por exercício tardio quando o comportamento do seu titular tiver gerado a legítima expectativa na parte contrária no sentido de que o referido direito não mais seria por ele exercido. Mais do que legítima, essa expectativa deve ter sido exteriorizada pelo devedor por meio de atos de disposição patrimonial que mantenham relação de causalidade com a omissão do titular relativamente ao exercício do seu direito[25]. Em suma, para que possa ser protegida, a confiança do devedor, além de justificada, deve ter sido exercida ou colocada em prática por meio de atos de disposição patrimonial. Uma das peculiaridades que pode afastar a aplicação do citado instituto em razão da ausência de protetividade é a falta de probabilidade de o direito não mais ser exercido no futuro pelo seu titular. Como esclarece Salzmann:

> Assim, no caso de limitação de direito por exercício tardio (*Verwirkung*) em virtude do descumprimento de dever concretamente verificável deve ser protegida apenas a elevada probabilidade de que o direito não mais será exercido no futuro[26].

Tal ressalva quer dizer que não se poderá cogitar da aplicação do referido instituto quando o contrato, por exemplo, contiver cláusula no sentido de que o comportamento da parte contrária, posto que incompatível com o

25 STEINKE, Tina. *Die Verwirkung im Immaterialgüterrecht*. Göttingen: V&R, 2006, p. 42 e ss.

26 SALZMANN, Andreas. *Die zivilrechtliche Verwirkung durch Nichtausübung*. München: Beck, 2015, p. 111.

disposto no contrato, deverá ser interpretado como mera liberalidade, jamais como renúncia ou modificação de direito. Nesse caso, a crença de que o direito não mais seria exercido pelo seu titular deixa de ser justificável e, por consequência, de ser protegida.

Outra circunstância que pode impedir a incidência do instituto ora analisado em virtude da falta de protetividade é não ter havido aquilo que se convencionou chamar de "investimento de confiança" (*Vertrauensinvestition*). Como dito, o devedor não apenas deve ter confiado na falta de exercício futuro do direito pelo seu titular como deve ter praticado atos concretos em razão dessa confiança, de tal sorte que, se esta não for individualmente protegida, o devedor sofrerá um prejuízo adicional que inexistiria se o direito tivesse sido exercido pelo seu titular no momento apropriado[27].

Isso significa que não basta o mero atraso para a aplicação do instituto da limitação do direito por exercício tardio. É necessário que o devedor, em razão da justificável confiança que o comportamento do titular nele gerou, tenha exteriorizado a sua confiança por meio de atos concretos de disposição patrimonial que o coloquem em situação francamente prejudicial quando comparada com a situação em que se encontraria no caso de exercício temporâneo do direito pelo seu titular[28]. A esse respeito, é preciso lembrar que o instituto sobre o qual ora se discorre destina-se precipuamente a restabelecer o equilíbrio contratual que foi afetado pelo comportamento brusco e inesperado de uma das partes. Se nenhum desequilíbrio foi produzido pelo exercício tardio do direito pelo seu titular, não há que se cogitar da incidência do referido instituto.

As preleções anteriormente consignadas atestam que o requisito da protetividade só se verifica quando: (a) o devedor, conforme a situação de fato e o contrato respectivo, puder justificada e plausivelmente acreditar que o titular do direito não mais o exercerá; (b) o devedor tiver exercido atos de disposição patrimonial que mantenham relação causal com o exercício tardio do direito pelo seu titular; e (c) a desconsideração da confiança investida pelo devedor causar-lhe prejuízo que não surgiria caso o titular do direito o tivesse exercido no momento adequado. A protetividade deixa de se configurar, por consequência, quando: (a) não houver probabilidade de não exercício futuro pelo seu titular; (b) não houver exercício concreto de confiança legítima pelo devedor; e (c) não tiver sido produzido prejuízo no patrimônio do devedor que conduza a desequilíbrio contratual digno de ser prudentemente reparado.

---

27 SALZMANN, Andreas. *Die zivilrechtliche Verwirkung durch Nichtausübung*. München: Beck, 2015, pp. 64, 68, 112, 113, 115 e 166.

28 BIRR, Christiane. *Verjährung und Verwirkung*. 2. ed. Berlin: Erich Schmidt, 2006, p. 206.

Conclusões

As considerações anteriores demonstram que a existência de um erro concernente ao motivo jurídico da prestação, ou seja, um erro que traduz uma representação mental equivocada que atinge o ato unilateral da prestação e afeta unicamente a eficácia do negócio jurídico praticado levanta a possibilidade que a outra parte fundamente a sua não correção no instituto da limitação de direito por exercício tardio. Tal instituto, no entanto, não está previsto em lei, sendo fruto de evolução doutrinária e jurisprudencial. Desse modo, como seu efeito é variável de acordo com as circunstâncias do caso concreto e está condicionado à verificação individualizada de uma série de requisitos, ele deve ser empregado com extrema cautela e apenas como *ultima ratio* para os casos que, na sua ausência, seriam solucionados de maneira individualmente injusta.

Assim, sua aplicação depende da ocorrência de três requisitos: inatividade, imputabilidade e protetividade.

Primeiro, o requisito da inatividade só se verifica quando houver: (a) total passividade do titular de um direito que seja exequível e deva ser exercido; e (b) a referida passividade tenha perdurado durante longo período de tempo, período este a ser definido de acordo com as circunstâncias do caso concreto.

Segundo, o requisito da imputabilidade só se verifica quando: (a) o comportamento passivo anterior, em razão da sua vinculação e da responsabilidade que lhe é inerente, puder ser imputável ao titular do direito; e (b) o referido comportamento puder por algum motivo ser qualificado como desleal.

E, terceiro, o requisito da protetividade só se verifica quando: (a) o devedor, conforme a situação de fato e o contrato respectivo, puder justificada e plausivelmente acreditar que o titular do direito não mais o exercerá; (b) o devedor tiver exercido atos de disposição patrimonial que mantenham relação causal com o exercício tardio do direito pelo seu titular; e (c) a desconsideração da confiança investida pelo devedor causar-lhe prejuízo que não surgiria caso o titular do direito o tivesse exercido no momento adequado.

Sem a presença destes requisitos específicos, portanto, o instituto da limitação de direito por exercício tardio não deverá ser aplicado.

Suppressio e prescrição:

A confiança na estabilidade da situação jurídica subjetiva pode afetar o exercício da pretensão?

Gisela Sampaio da Cruz Guedes

A confiança é um ato de fé, e esta dispensa raciocínio.
Carlos Drummond de Andrade

Nota introdutória para situar o leitor

Situações há, como explica a Professora Judith Martins-Costa[1], em que a "contraditoriedade desleal" não decorre de dois atos sucessivos da mesma pessoa, ou da malícia de quem pretende valer-se da própria torpeza, nem da violação de uma estrutura sinalagmática, mas, sim, do descompasso entre o não uso de um direito subjetivo, durante certo tempo, e o seu exercício posterior repentino. Segundo Judith Martins-Costa:

> [E]ste não uso pode criar na contraparte – contra a qual poderia ter sido dirigido o direito subjetivo do credor da prestação – a *confiança na estabilidade da situação*. Assim, o seu exercício posterior, modificando a situação que estava estabilizada no tempo, provoca uma surpresa que abala o estado de confiança na situação criada[2].

Nesses casos, continua a autora, por concreção da boa-fé, "cogita-se de o devedor poder paralisar o exercício do direito subjetivo do credor"[3]. Este é

---

1 Este texto foi escrito em homenagem à Professora Judith Martins-Costa, que tanto tem contribuído para o estudo do Direito Civil, servindo de inspiração às novas gerações de professores.

2 MARTINS-COSTA, Judith. A *boa-fé no direito privado*: critérios para a sua aplicação. São Paulo: Marcial Pons, 2015, p. 647. Para a Professora Judith Martins-Costa: "O eixo da figura [*suppressio*] está na afronta à boa-fé como regra de lealdade e como norma tutelar de uma legítima expectativa, pois a *suppressio* visa a minorar os efeitos de uma surpresa desleal: o titular de um direito por longos anos não exercido repentinamente, e contra todas as fundadas expectativas, passa a exigi-lo, muito embora tenha suscitado no cocontratante a fundada confiança de que não o exigiria" (op. cit., p. 649).

3 MARTINS-COSTA, Judith. A *boa-fé no direito privado*: critérios para a sua aplicação, op. cit., p. 648.

o efeito da chamada *suppressio*[4], figura parcelar da boa-fé objetiva[5] em cujo cerne está a estabilidade e/ou previsibilidade do comportamento, manifestada sobretudo pela consolidação no tempo de certas situações. Invoca-se a *suppressio*, normalmente, quando há o transcurso de razoável período de tempo desde o estabelecimento de certa situação, sem que tenha havido o exercício do direito que poderia, licitamente, modificá-la, havendo, ao invés disso, indícios objetivos e comprovados de que o direito subjetivo da contraparte *não* seria exercido.

Sua consequência, a rigor, é tão severa quanto os próprios efeitos da prescrição[6]: a *suppressio* impede, obsta, limita o próprio exercício do direito subjetivo, deixando imobilizada a pretensão em razão da incidência da boa-fé objetiva como norma impositiva de um comportamento estável, coerente. E assim o faz – afirma a doutrina – quando o credor ainda tem uma pretensão exigível[7]. Afinal, sequer faria sentido o devedor invocar a *suppressio* já tendo decorrido o prazo prescricional para o exercício da pretensão. Transcorrido o prazo prescricional, o devedor não precisa mais valer-se da *suppressio*, porque terá em sua defesa a própria prescrição (a *suppressio* perderia, assim, toda a sua utilidade), a fulminar qualquer tentativa de exercício da pretensão por expressa determinação legal[8].

---

4 Como explica Menezes Cordeiro: "Diz-se *suppressio* a situação do direito que, não tendo sido, em certas circunstâncias, exercido durante determinado lapso de tempo, não possa mais sê-lo por, de outra forma, se contrariar a boa-fé" (MENEZES CORDEIRO, António Manuel da Rocha e. *Da boa-fé no direito civil*. Coimbra: Almedina, 1984, v. 2, p. 797).

5 Muito embora seja impossível identificar uma definição apriorística da locução *boa-fé objetiva*, segundo Judith Martins-Costa, tal expressão pode ser compreendida como: "um modelo ou instituto jurídico indicativo de (i) uma estrutura normativa dotada de prescritividade; (ii) um cânone de interpretação dos contratos e (iii) um *standard* comportamental" (MARTINS-COSTA, Judith. *A boa-fé no direito privado:* critérios para a sua aplicação. São Paulo: Marcial Pons, 2015, p. 40).

6 Sobre prescrição, cf. o artigo clássico de AMORIM FILHO, Agnelo, Critérios para distinguir a prescrição e para identificar as ações imprescritíveis. *Revista dos Tribunais*. São Paulo: RT, v. 836, jun. 2005, pp. 733-763.

7 Fala-se aqui na figura do "credor", mas a *suppressio*, a rigor, não incide apenas no âmbito do chamado Direito das Obrigações; abrange, em realidade, todos os livros do Código Civil, assim como a boa-fé, que lhe serve de fundamento.

8 Nessa linha: "Ambos [*suppressio e surrectio*] não se confundem com a prescrição e a decadência, pois se aplicam a direitos ainda não alcançados por tais institutos, pois, do contrário, não haveria necessidade de desenvolvimento de uma figura autônoma. Para a sua configuração, há de se exigir não só o decurso considerável de tempo, que pode ser variável caso a caso, como também indícios objetivos de que o direito não seria exercido, não sendo necessário, contudo, se cogitar de intenções subjetivas" (LIMA, Ricardo Seibel de Freitas. Pautas para a interpretação do art. 187 do novo Código Civil. *Revista dos Tribunais*. São Paulo: RT, v. 838, ago. 2005, p. 35).

As dúvidas surgem a partir de uma constatação inicial: como regra geral, pode-se dizer que, no curso de um prazo prescricional estabelecido pelo legislador, o credor tem legitimidade para exercer a sua pretensão até o último dia do prazo. Afinal, é fora de dúvida que o último dia do prazo também faz parte do prazo[9]. Como, então, o devedor poderia ter a legítima expectativa de que o credor não irá exercer sua pretensão, se este, por sua vez, tem o direito de exercê-la até o último dia do prazo prescricional? Por outras palavras: faz sentido falar-se em *suppressio* quando se está diante de um prazo prescricional estabelecido de forma imperativa pelo legislador? O campo de atuação deste instituto não deveria ser, por isso mesmo, reduzido às situações não sujeitas à prescrição ou às pretensões imprescritíveis? *Suppressio* e prescrição seriam, por assim dizer, institutos que se excluem, como o dia e a noite?

Outra pergunta que se põe, como desdobramento das anteriores, é se realmente faz sentido admitir-se a *suppressio* quando há prazo prescricional em curso, notadamente num ordenamento em que os prazos prescricionais são imperativos, muito curtos[10] e nem mesmo podem ser negociados[11]; o juiz deve declarar de ofício a prescrição[12], que se distancia cada vez mais da autonomia privada; as causas impeditivas e suspensivas são supostamente taxativas; a interrupção, pela letra da lei, somente pode dar-se uma única vez[13]. Não soa estranho, então, num sistema aparentemente tão objetivo, admitir-se a *suppressio* no curso de um prazo prescricional estabelecido impositiva-

9 Aliás, se essa questão fosse posta para advogados, em relação aos prazos processuais, ou para alunos, no que tange aos prazos acadêmicos, certamente as respostas seriam a mesma: é precisamente nesse momento – o último dia do prazo – em que os prazos costumam ser cumpridos.

10 Os prazos estão previstos nos arts. 205 e 206 do CC2002.

11 CC2002: "Art. 192. Os prazos de prescrição não podem ser alterados por acordo das partes".

12 CPC2015, art. 487, inc. II: "Haverá resolução de mérito quando o juiz: [...] II – decidir, de ofício ou a requerimento, sobre a ocorrência de decadência ou prescrição".

13 CC2002: "Art. 202. A interrupção da prescrição, que somente poderá ocorrer uma vez, dar-se-á: I – por despacho do juiz, mesmo incompetente, que ordenar a citação, se o interessado a promover no prazo e na forma da lei processual; II – por protesto, nas condições do inciso antecedente; III – por protesto cambial; IV – pela apresentação do título de crédito em juízo de inventário ou em concurso de credores; V – por qualquer ato judicial que constitua em mora o devedor; VI – por qualquer ato inequívoco, ainda que extrajudicial, que importe reconhecimento do direito pelo devedor. Parágrafo único. A prescrição interrompida recomeça a correr da data do ato que a interrompeu, ou do último ato do processo para a interromper". Sobre as controvérsias suscitadas pela prescrição, seja-nos consentido remeter o leitor para: Cf. SAMPAIO DA CRUZ GUEDES, Gisela; LGOW, Carla Wainer Chalréo. Prescrição extintiva: questões controversas. In: TEPEDINO, Gustavo. *O código civil na perspectiva civil-constitucional*: parte geral. Rio de Janeiro: Renovar, 2013.

mente pelo legislador? A *suppressio* não deveria, exatamente por isso, ter um campo de incidência restrito às situações jurídicas subjetivas não sujeitas a prazos prescricionais?

A resposta não é óbvia. A verdade é que a doutrina tem procurado flexibilizar praticamente todas as regras de prescrição, que não podem mesmo ser interpretadas de forma tão restrita. Por mais que se queira proteger a segurança jurídica, sendo esta uma das funções atribuídas à prescrição, um sistema tão objetivo de prescrição poderia comprometer a própria efetividade da tutela de direitos garantidos constitucionalmente.

Essa *necessária* flexibilização das regras prescricionais, que tem sido feita por meio do processo de interpretação, já gera, por assim dizer, certa insegurança no sistema – daí dizer-se que é mesmo tão paradoxal que o instituto da prescrição, que visa a tutelar a segurança jurídica, seja tão cercado de vicissitudes[14] –, mas antes isso do que um ordenamento que não respeitasse direitos constitucionais. Reconhecer a possibilidade de a *suppressio* ocorrer dentro de um prazo prescricional mandatoriamente estabelecido pelo legislador pode gerar, por um lado, mais insegurança, mas, por outro, deve-se lembrar que, no cerne da *suppressio*, está a boa-fé (e a tutela da confiança), cujo fundamento também é constitucional[15].

Paralelamente a essa discussão, que divide até mesmo a doutrina especializada, outras dúvidas surgem. Indaga-se também se o mero decurso do tempo seria suficiente para configurar a *suppressio* ou se seria necessário algum requisito adicional. Quais são, afinal, os pressupostos ou

---

14 Cf. SAMPAIO DA CRUZ GUEDES, Gisela; LGOW, Carla Wainer Chalréo. Prescrição extintiva: questões controversas, op. cit., pp. 475-498.

15 Na opinião de Teresa Negreiros: "Com efeito, o princípio da boa-fé representa, no modelo atual de contrato, o valor da ética: lealdade, correção e veracidade compõem o seu substrato, o que explica a sua irradiação difusa, o seu sentido e alcance alargados, conformando todo o fenômeno contratual e, assim, repercutindo sobre os demais princípios, na medida em que a todos eles assoma o repúdio ao abuso da liberdade contratual a que tem dado lugar a ênfase excessiva no individualismo e no voluntarismo jurídicos. A fundamentação constitucional do princípio da boa-fé assenta na cláusula geral de tutela da pessoa humana – em que esta se presume parte integrante de uma comunidade, e não um ser isolado, cuja vontade em si mesma fosse absolutamente soberana, embora sujeita a limites externos. Mais especificamente, é possível reconduzir o princípio da boa-fé ao ditame constitucional que determina como objetivo fundamental da República a construção de uma sociedade solidária, na qual o respeito pelo próximo seja um elemento essencial de toda e qualquer relação jurídica. Neste sentido 'a incidência da boa-fé objetiva sobre a disciplina obrigacional determina uma valorização da dignidade da pessoa, em substituição à autonomia do indivíduo, na medida em que se passa a encarar as relações obrigacionais como um espaço de cooperação e solidariedade entre as partes e, sobretudo, de desenvolvimento da personalidade humana'" (NEGREIROS, Teresa. *Teoria do contrato*: novos paradigmas. Rio de Janeiro: Renovar, 2002, pp. 116-118).

requisitos da *suppressio*? E mais: qual é o lapso temporal hábil à configuração da *suppressio*? Qual é, por assim dizer, o tempo da confiança? E por fim, outra questão que não poderia ficar de fora: a *suppressio* pode restar configurada mesmo diante de um prazo prescricional curtíssimo, como, por exemplo, o prazo de um ano, previsto no art. 206, § 1º, do Código Civil? Em outros termos: faz sentido que, diante de um prazo prescricional tão curto, o devedor possa valer-se da *suppressio*, se a própria confiança depende do tempo?

São essas as principais dúvidas que circundam o tema objeto deste artigo, escrito, como dito já na primeira nota de rodapé, em homenagem à Professora Judith Martins-Costa. Para além de lhe render homenagem, este texto serve também como provocação à homenageada. O artigo trata de tema que envolve dois institutos que lhe são muito caros – *suppressio* e prescrição –, tendo sido, por isso mesmo, escolhido. Se o leitor espera encontrar, nas páginas que se seguem, respostas definitivas aos problemas lançados, muito provavelmente irá se decepcionar. O objetivo deste artigo não é tanto resolvê-los, mas antes dialogar com a homenageada – o seu brilho ilumina os problemas jurídicos de uma tal forma que ela consegue operar o Direito com a precisão científica de uma verdadeira cirurgiã, então ninguém melhor do que ela para escrever sobre dois temas tão complexos.

2. Controvérsias em torno do campo de atuação da *suppressio*

Para definir o campo de atuação da *suppressio*, no confronto direto com os prazos prescricionais, tome-se, desde logo, o seguinte exemplo: no curso de um prazo prescricional de cinco anos, em que o devedor já teve indícios objetivos de que o credor não exerceria mais sua pretensão, eis que decide o credor, no último ano do prazo, interromper a omissão prolongada, exercendo sua pretensão de forma repentina e abrupta. A legítima confiança criada na estabilidade da situação jurídica subjetiva pode afetar o exercício da pretensão a ponto de o devedor poder argumentar que o credor não mais poderá exercê-la porque perdeu o próprio direito subjetivo que lhe é inerente ou esse se tornou ineficaz?

Numa primeira análise, diante de prazos prescricionais preestabelecidos, não pode ser considerada inteiramente *legítima* a confiança despertada em outrem com relação ao não exercício do direito subjetivo sujeito a prazo legal inegociável (com mais razão em se tratando de decadência, que sequer admite interrupções)[16]. A questão é que, com esta conclusão, reduz-se muito

16 CC2002: "Art. 207. Salvo disposição legal em contrário, não se aplicam à decadência as normas que impedem, suspendem ou interrompem a prescrição".

o campo de atuação da *suppressio*, que ficaria restrito aos casos de exercício de posição jurídica sem prazo fixado em lei ou a pretensões que fossem consideradas imprescritíveis e, portanto, sequer sujeitas à prescrição – o que, embora comprometa a utilidade do instituto, não chega a ser propriamente um problema.

Diante dessa controvérsia, formam-se, então, duas correntes na doutrina. De acordo com a primeira corrente, no confronto com os prazos legais, o valor da segurança que os inspira deve ceder lugar para a tutela da confiança naquelas hipóteses em que ao simples decurso do tempo se somem outros indícios (comportamento do titular do direito, comprovado objetivamente, a indicar que não exerceria a pretensão, por exemplo). Na doutrina brasileira, esta é a opinião de Gustavo Tepedino[17], Anderson Schreiber[18] e Julio Gonzaga Andrade Neves[19]. Há quem chegue mesmo a registrar que, nesses

17 Em suas palavras: "Note-se que, em uma primeira análise, poderia a *suppressio* parecer incompatível com o sistema jurídico brasileiro, tendo em vista que, com a previsão dos institutos da prescrição e da decadência, não haveria amparo legal para defender a expectativa legítima de não exercício de direito cujo prazo é fixado em lei. Todavia, considerando a *suppressio* como verdadeira 'prescrição de fato', mais próxima do real dinamismo da sociedade, afigura-se 'razoável admitir que, neste confronto com os prazos legais (prescricionais ou decadenciais), o valor da segurança que os inspira ceda em favor da tutela da confiança naquelas hipóteses em que ao simples decurso do tempo se somem comportamentos do titular do direito [...] ou circunstâncias de fato, imputáveis a ele ou não, que justifiquem uma tutela da boa-fé objetiva independentemente e acima dos prazos fixados em lei'. Sublinhe-se que a aplicação da *suppressio* não depende da culpa ou da análise de qualquer outro elemento subjetivo por parte do titular do direito, sendo suficiente o seu comportamento omissivo ao lado de circunstâncias aptas a suscitarem na outra parte a confiança legítima de que o direito não mais seria exercido" (TEPEDINO, Gustavo. Direito de preferência previsto em estatuto societário. Soluções práticas de direito: pareceres, São Paulo: *Revista dos Tribunais*, v. 2, 2012, pp. 382-384).

18 Para Anderson Schreiber, a tutela da boa-fé deve ser feita "independentemente e acima dos prazos [prescricionais] fixados em lei" (*A proibição de comportamento contraditório*: tutela da confiança e *venire contra factum proprium*. 2. ed. Rio de Janeiro: Renovar, 2007, p. 192). No mesmo sentido: "Sustento que o instituto da *suppressio* pode ser aplicado em hipóteses como essas, independentemente da fluência do prazo prescricional, justamente porque não se trata, aqui, apenas e tão somente do fator exclusivamente temporal, a não permitir o exercício do direito" (WAMBIER, Luiz Rodrigues. A *suppressio* e o direito à prestação de contas, *Revista dos Tribunais*, São Paulo: RT, v. 915, jan. 2012, p. 290).

19 NEVES, Julio Gonzaga Andrade. *A suppressio (verwirkung) no direito civil*. São Paulo: Almedina, 2016, p. 92.

casos, a *suppressio* gera uma espécie de "prescrição de fato"[20] ou "caducidade"[21] – afirmações bastante arrojadas que não passaram imune a críticas[22].

Já a segunda corrente entende que a *suppressio* incide apenas nas hipóteses em que não há prazo expresso em lei para a prescrição ou para a decadência. Segundo essa corrente, esta é a melhor solução porque conjugaria os dois valores em jogo: justiça, de um lado, e segurança jurídica, de outro – assim o fazendo de forma supostamente equilibrada. No Brasil, esta é a posição de José Fernando Simão, para quem:

> Ainda que se diga que a *suppressio* e a *surrectio* decorrem da segurança jurídica material e a prescrição e a decadência refletem a segurança

---

20 A expressão é de MUNIZ, José Ferreira. O princípio geral da boa-fé como regra de comportamento contratual. In: *Textos de direito civil*. Curitiba: Juruá, 1998, pp. 45-46.

21 Para Luciano de Camargo Penteado, "trata-se de uma caducidade que tem por causa a inação prolongada em segmento temporal significativo" (Figuras parcelares da boa-fé objetiva e *venire contra factum proprium*, *Revista de Direito Privado*, São Paulo: RT, n. 27, jul.-set. 2006, p. 268).

22 A associação da figura da *suppressio* a uma espécie de "prescrição de fato" não passou ilesa a críticas, como se vê: "A primeira nota é a de que a tutela da confiança não é descrita pela doutrina apenas como forma de abreviar prazos prescricionais, mas também de alongá-los, à moda de uma *replicatio doli generalis*. O fenômeno se operaria por via reversa: se o titular da exceção de prescrição despertar no devedor do crédito prescrito a legítima expectativa de que não manejaria a defesa, dito manejo seria obstado pela *suppressio*, assegurando a eficácia da pretensão, em tese, vulnerada. Um exemplo ajudará a compreender melhor a interessantíssima cogitação do estudo. Suponha-se que um Lojista tenha contra um habitual Fornecedor crédito de R$ 1.000,00, decorrente da devolução de mercadorias entregues em desconformidade com o pedido. Prescrita a dívida, no curso de uma auditoria de livros o Lojista dá-se conta de que jamais a cobrou e envia mensagem ao Fornecedor participando-lhe do ocorrido e, mais ainda, dizendo que pagará a menor a próxima fatura, deduzindo do preço a dívida prescrita, atualizada monetariamente até aquele momento. O Fornecedor silencia. Passado o mês e feito o pagamento a menor, segue o silêncio. Passados alguns anos de ininterrupto silêncio, Lojista e Fornecedor rompem seu relacionamento e, ato contínuo, este ajuíza demanda para exigir a cobrança de há muito esquecida fatura, supostamente paga a menor, ao que o Lojista responde com a exceção imprópria de compensação. Para negar a compensação – que, como é cediço, pressupõe dívidas líquidas, exigíveis e fungíveis entre si –, o Fornecedor afirma que (i) a dívida usada para o abatimento estava prescrita; (ii) jamais renunciara à prescrição, nem poderia seu silêncio ser presumido como anuência. Convencido do ardil do Fornecedor, contudo, sempre será dado ao magistrado o afastamento da *exceptio* deslealmente invocada, reputando abusivo seu manejo para subtrair a eficácia da compensação. Tendo sido a confiança alimentada pela inércia, resta pouca ou nenhuma dúvida: a *suppressio* acabou por conferir ultratividade à pretensão creditícia do Lojista, e não abreviamento. Ter a *suppressio* como uma 'prescrição de fato' é, portanto, para além de uma imprecisão técnica, uma leitura limitada de seu espectro operativo" (NEVES, Julio Gonzaga Andrade. *A suppressio (verwirkung) no direito civil*, op. cit., pp. 89-90).

> jurídica formal, havendo prazos expressos em lei, seu afastamento não interessa ao sistema. Se interessasse, o legislador não teria optado por sua fixação[23].

O autor não deixa claro, porém, se está a se referir às hipóteses em que não há prazo expresso em lei, que seriam conduzidas ao prazo geral de dez anos (não parece ser esta a sua opinião), ou às pretensões imprescritíveis, ou, ainda, às situações jurídicas subjetivas que podem ser exercidas a qualquer tempo (a exemplo da denúncia imotivada do contrato celebrado por prazo indeterminado)[24].

---

23 SIMÃO, José Fernando. *Prescrição e decadência*: início dos prazos. São Paulo: Atlas, 2013, p. 197.

24 Alguns autores destacam a importância da *suppressio* no que tange aos direitos formativos sem prazo de exercício. Veja-se, a esse respeito, a opinião de Ruy Rosado de Aguiar Júnior: "A ação de resolução não tem um 'limite de tempo' para ser proposta, porquanto a lei não estabeleceu prazo para a decadência do direito formativo-extintivo de resolver. Porém, estando o direito formativo conexo com o direito de crédito do autor, a prescrição da ação e da pretensão creditícia deixam sem base a ação de resolução, a qual tem por pressuposto a vigência da relação a que está afeto (ver n. 8, *retro*). Ainda antes do término do prazo de prescrição da pretensão derivada do direito de crédito, pode ser vedado o uso da ação de resolução por aplicação dos princípios da *suppressio* ou do *venire contra factum proprium*, derivados da boa-fé, se o comportamento do credor gerou no devedor a fundada expectativa de não exercício do direito" (AGUIAR JÚNIOR, Ruy Rosado de. *Resolução do contrato por incumprimento do devedor*: resolução. Rio de Janeiro: AIDE, 2003, p. 196). Na mesma linha, a destacar a relevância da *suppressio* quando se discute resolução e revisão contratual: "O direito de resolver um contrato por inadimplemento, impossibilidade superveniente ou excessiva onerosidade da prestação e o direito de revisar o contrato também por onerosidade superveniente são direitos potestativos, também denominados direitos formativos; no primeiro caso, extintivo; no segundo, modificativo da relação jurídica. Francisco Amaral define os direitos potestativos como o 'poder que o agente tem de influir na esfera jurídica de outrem, constituindo, modificando ou extinguindo uma situação jurídica sem que este possa fazer alguma coisa se não sujeitar-se'. Sendo os direitos de resolução e revisão direitos formativos, estão submetidos a prazos decadenciais, pois como define Francisco Amaral: 'Decadência é a perda do direito potestativo pela inércia do seu titular no período determinado em lei. [...] A decadência traduz-se, portanto, em uma limitação que a lei estabelece para o exercício de um direito, extinguindo-o e pondo termo ao estado de sujeição existente. Aplica-se às relações que não contém obrigações, sendo objeto de ação constitutiva'. Estabelecido que o prazo para o exercício do direito de resolução e revisão é de natureza decadencial, seguindo a lógica da sistemática dada pelo Código Civil para a diferenciação da prescrição e da decadência, esta tem suas disposições gerais nos arts. 207 a 211 da Parte Geral, estando seus prazos fixados nos respectivos artigos a que se referem, ao longo da Parte Especial. Entretanto, no que tange ao exercício do direito de resolução e revisão por excessiva onerosidade, direitos potestativos que são, o Código omitiu o prazo decadencial para que as partes o exercitem. A primeira alternativa é posta pelo art. 211 do Código Civil, que autoriza as partes a convencionar um prazo decadencial.

O problema de a *suppressio* ser dirigida apenas às pretensões imprescritíveis é que, em tese, aí é que estão os direitos que mais necessitam de proteção, a exemplo dos direitos fundamentais ligados à dignidade da pessoa humana. Não parece razoável supor que o campo de incidência da *suppressio* deva ser reduzido para incidir logo nesse círculo tão restrito, composto por uma série de direitos considerados indisponíveis e, por isso mesmo, irrenunciáveis[25]. Se o credor sequer poderia renunciar a eles expressamente por serem indisponíveis, evidentemente não pode ser considerada *legítima* a expectativa do devedor de que o credor jamais iria exercê-los.

Filiando-se também à segunda corrente, no sentido de não admitir a incidência da *suppressio* no curso de um prazo prescricional (ou decadencial), mas com uma posição mais clara, Sylvio Capanema de Souza explica que:

> [A] *suppressio* implica a perda de uma situação jurídica não submissível à prescrição ou à decadência, como é exatamente a hipótese da denúncia imotivada do contrato que já está vigendo por prazo indeterminado há um longo tempo, ou seja, há mais de cem anos, como é a hipótese da consulta[26].

Mas, quando não se convenciona um prazo, a legislação não prevê limitação temporal expressa ao exercício de tais direitos. Na prática, a ausência de prazo para o exercício da resolução e da revisão pode acarretar demasiada insegurança jurídica, que afetará drasticamente a viabilidade do tráfico negocial. A boa-fé objetiva, princípio atualmente aceito de forma ampla e irrestrita no ordenamento pátrio (inclusive positivado), traz luzes a questão, por meio de sua função limitativa ao exercício de direitos subjetivos, na figura da *suppressio*, uma 'saída subsidiária, insuscetível de aplicação sempre que a ordem jurídica prescreva qualquer outra solução', que se caracteriza por ser "situação de direito que, não tendo sido, em certas circunstâncias, exercido durante um determinado lapso de tempo, não possa mais sê-lo por, de outra forma, se contrariar a boa-fé'. [...] Logo, a *suppressio* figura como a solução que mais adequadamente preenche a lacuna deixada pelo codificador, tanto no que concerne aos interesses do tráfego negocial quanto no que toca a precisão da dogmática. No entanto, observa-se que ficará a cargo do julgador apreciar se o lapso temporal transcorrido é suficiente para a caracterização da *suppressio*" (FRANTZ, Laura Coradini. *Revisão dos contratos*. São Paulo: Saraiva, 2007, pp.158-160).

---

25 De acordo com o art. 11 do Código Civil: "Com exceção dos casos previstos em lei, os direitos da personalidade são intransmissíveis e irrenunciáveis, não podendo o seu exercício sofrer limitação voluntária".

26 CAPANEMA DE SOUZA, Sylvio. Locação não residencial. Denúncia vazia. Duração centenária do contrato. Teoria do abuso de direito e da vedação dos atos emulativos. Figuras parcelares da boa-fé objetiva: *venire contra factum proprium* e *suppressio*. Aplicação à espécie. Função social dos contratos, da propriedade e da empresa. Prazo para desocupação. *Revista Semestral de Direito Empresarial* – RSDE, Rio de Janeiro: Renovar, n. 5, jul.-dez. 2009, p. 371.

Para complicar a discussão, a opinião do professor português Menezes Cordeiro, que é quase sempre citada, por vezes parece ser mal compreendida. Segundo Menezes Cordeiro, em trecho amplamente reproduzido, "no que toca ao seu relacionamento com outros remédios jurídicos, a *suppressio* é, por fim, apontada como saída extraordinária, insuscetível de aplicação sempre que a ordem jurídica prescreva qualquer outra solução. Tem, pois, natureza subsidiária"[27]. O fato de este autor ter se referido à *suppressio* como instituto de natureza subsidiária não o coloca, a nosso ver, na segunda corrente.

Ao lado da expressão "outra solução" que está no final do trecho citado, Menezes Cordeiro insere uma nota de rodapé, invocando jurista alemão que defende que a *suppressio* não operaria nos direitos com prazos fixados em lei (filiando-se, portanto, o autor alemão à segunda corrente). Na sequência, porém, ressalva Menezes Cordeiro o seguinte: "*esta afirmação só será de entender-se exacta nos casos em que, dadas as circunstâncias, o prazo deva ser considerado curto*"[28]. Ou seja, o que o autor está a dizer, nesta passagem, é que ele não concorda com a aplicação da *suppressio* se a hipótese incidir num prazo prescricional de curta duração, e não que é contra a aplicação do instituto quando há prazo prescricional fixado em lei.

Com efeito, a aplicação da *suppressio* diante de um prazo prescricional curto é mesmo temerária. Embora não se possa afastá-la *a priori* para toda e qualquer hipótese de prazo curto (até porque tal conceito é subjetivo), como a base da *suppressio* é a *confiança* gerada legitimamente na contraparte de que o credor não exerceria a pretensão e esta, por sua vez, definitivamente não se adquire de uma hora para outra, será extremamente difícil – e não seria exagero até dizer "quase impossível" – pensar-se numa hipótese ou num caso em que a *suppressio*, que depende da passagem de um tempo razoável (incerto, porém, por depender dos elementos de concretude), fosse corretamente aplicada mesmo no curso de um prazo prescricional de um ano, por exemplo.

Quando se diz que a aplicação do instituto é *subsidiária*, o que se está a defender é que tal figura não incide quando outros instrumentos jurídicos já resolvem a questão. Assim, por exemplo, o devedor não deve valer-se da *suppressio* fora do prazo prescricional, porque, neste caso, a própria prescrição já retira do credor a possibilidade de exercer sua pretensão de forma fundada. Em outra passagem, Menezes Cordeiro deixa mais evidente a sua opinião:

> [...] a *suppressio* é extremamente vaga. A sua afirmação, com generalidade, iria pôr em causa todas as vantagens permitidas pela prescrição e

27 MENEZES CORDEIRO, António Manuel da Rocha e. *Da boa-fé no direito civil*, op. cit., p. 812.

28 MENEZES CORDEIRO, António Manuel da Rocha e. *Da boa-fé no direito civil*, op. cit., p. 812, nota de rodapé n. 610.

> pela caducidade: institutos seguros, previsíveis e experimentados. Não podemos, contudo, prescindir da possibilidade de, em casos escandalosos e por manifesta exigência do sistema, complementar, por via honorária, as regras estritas sobre a repercussão nas situações jurídicas. E isso mesmo quando, em rigor, tais regras se reportem à confiança[29].

E, ao final, conclui: "O papel da *suppressio*, ainda que indirecto, será mesmo o de complementar a área tradicional da prescrição e da caducidade, aperfeiçoando-a e diferenciando-a"[30]. A *suppressio* não pode, porém, ser apenas uma questão de decurso do tempo, sob pena de se ferir, sem qualquer vantagem, a prescrição.

Salvo melhor juízo, deve admitir-se a *suppressio* quando se está dentro de um prazo prescricional em curso, como defendido pela primeira corrente, desde que tal prazo não seja tão curto ao ponto de não restar preenchido um dos requisitos do instituto: passagem de um tempo razoável, apto a criar o sentimento de confiança no devedor. Afinal, "estar em tempo de agir não é o mesmo que poder agir ilicitamente, em violação à boa-fé. Prescrição e *suppressio*, por isso, interagem e jogam a mesma partida de tutela da segurança jurídica, mas não se excluem mutuamente, nem se confundem"[31].

Assim como não há metro fixo para se estabelecer quanto tempo é necessário para se estabelecer a dita confiança, também não parece ser possível dizer, de antemão, que antes de se alcançar determinado limite mínimo de prazo prescricional não poderá haver *suppressio*. Seria, nas palavras de Julio Gonzaga Andrade Neves, "uma aposta feita às cegas"[32]. De modo geral, o que se pode afirmar é que, dificilmente, em prazos prescricionais que variem de um a três anos a *suppressio* restará configurada. Mais do que isso, não se pode afirmar.

Por fim, deve-se registrar que a *suppressio* é, sim, figura de aplicação extraordinária, que depende da comprovação de certos requisitos objetivos, como se verá mais à frente, e não incidirá em se tratando de direitos indisponíveis. Significa dizer, por outras palavras, que é preciso ter muito cuidado com o instituto, para que não caia em modismos e acabe sendo mal utilizado, como aconteceu com a própria boa-fé. Do contrário, a segurança jurídica,

29 MENEZES CORDEIRO, António Manuel da Rocha e. *Da boa-fé no direito civil*, op. cit., pp. 236-237.

30 MENEZES CORDEIRO, António Manuel da Rocha e. *Da boa-fé no direito civil*, op. cit., p. 237.

31 NEVES, Julio Gonzaga Andrade. *A suppressio (verwirkung) no direito civil*, op. cit., p. 92.

32 Numa passagem mais contextualizada, explica o autor: "A segunda nota é de que a extensão ou brevidade de prazos prescricionais não são predicados totalmente apreensíveis em tese, de modo que afirmar que a *suppressio* é imprestável a direitos com prazo prescricional curto – como faz parte da doutrina – é uma aposta feita às cegas" (NEVES, Julio Gonzaga Andrade. *A suppressio (verwirkung) no direito civil*, op. cit., p. 92).

que é uma das principais funções da prescrição – embora não seja a única –, será sacrificada em prol de uma figura cuja utilidade já foi até questionada. Nesse aspecto, a redução do campo de atuação da *suppressio* não parece ser, em si, um problema. Com isso, diriam os seus defensores, reduzem-se as potencialidades do instituto, mas, como a figura interfere nos prazos prescricionais imperativamente impostos pelo legislador, precisa mesmo de fronteiras muito bem delimitadas[33].

Cada vez mais a prescrição ganha cores de Direito Público e, muito embora a tutela da confiança seja de todo recomendável, também não se pode preterir a segurança jurídica sem a certeza de que a *suppressio* está, de fato, configurada. O fator tempo é de extrema importância para a análise do instituto:

> O que faz com que a *suppressio* deva ser interpretada em conformidade com as regras da prescrição e da decadência, seja para afastar a sua aplicação quando verificadas as causas voluntárias interruptivas da prescrição, seja para realçar a vocação do instituto especialmente para os casos de longos prazos prescricionais[34].

3. O tempo da confiança: requisitos para configuração da *suppressio*

Costuma-se dizer, em linguagem popular, que confiança[35] é uma questão de tempo. Para a configuração da *suppressio*, porém, não basta que tenha ocorrido o decurso de um prazo razoável. É que, em realidade, não é tanto o decurso do prazo que importa para a sua configuração, mas antes a convicção suscitada na parte contrária de que a pretensão não será mais exercida[36]. O decurso do tempo até é bastante relevante, mas, por si só, não é suficiente para configurar a *suppressio*. A figura depende, necessariamente, da criação na contraparte de uma legítima expectativa de que o credor já não mais exerceria a sua pretensão. Como explica Judith Martins-Costa:

---

33 Além do mais, a *suppressio* pode incidir em todos os livros do Código Civil, como a boa-fé, então nunca terá seu campo completamente reduzido.

34 FRAZÃO, Ana de Oliveira. Breve panorama da jurisprudência brasileira a respeito da boa-fé objetiva no seu desdobramento da *suppressio*. *Revista de Direito Privado*, São Paulo: Revista dos Tribunais, n. 44, out.-dez. 2010, p. 35.

35 Sobre a relação entre confiança e boa-fé, cf. MARTINS-COSTA, Judith. *A boa-fé no direito privado:* critérios para a sua aplicação, op. cit., pp. 233-237.

36 Cf. CORREA DE OLIVEIRA, José Lamartine. *A dupla crise da pessoa jurídica*. São Paulo: Saraiva, 1979, p. 346.

> Trata-se, portanto, de uma hipótese de inadmissibilidade do exercício deslealmente retardado de um direito ou de uma pretensão quando o seu titular, tendo-se mantido injustificadamente inerte por certo tempo (independentemente do prazo de decadência ou de prescrição eventualmente aplicável), criou na contraparte uma legítima expectativa de que já não os exerceria[37].

Não há, assim, um tempo de inércia preciso para ocasionar a *suppressio*. O tempo da confiança, diria a Professora Judith Martins-Costa, "é constatável circunstancialmente"[38]. E por isso mesmo depende, como não poderia deixar de ser, das circunstâncias fáticas e jurídicas que cercam o caso concreto. Não se constata a *suppressio* em tese ou no plano abstrato. O julgador deve, necessariamente, voltar-se para o caso concreto, a fim de verificar se o não exercício da pretensão, aliado a outros indícios objetivos, que precisam estar devidamente comprovados, criaram na contraparte a legítima confiança de que a pretensão não seria exercida, de tal modo que o exercício retardado da pretensão possa ser considerado forma de deslealdade. A *suppressio*, portanto, não se adequa a um modelo de aplicação mecânica; ao contrário, nunca poderá ficar afastada dos elementos de concreção.

Como observa a homenageada, não é incomum que se agreguem a *suppressio* e o *venire contra factum proprium*. As duas figuras podem estar superpostas na coibição à deslealdade. Com efeito, o comportamento que enseja a *suppressio* contém também uma dose de contradição, muito embora ambas as figuras guardem autonomia, na opinião da autora[39]. A contradição na *suppressio* está na omissão prolongada no exercício da pretensão em circunstâncias tais que suscitam, no devedor, a expectativa legítima de que o credor não mais a exerceria, sendo tal omissão interrompida por um exercício repentino, que chega mesmo a surpreender o devedor.

Embora já se tenha procurado sustentar a associação da *suppressio* com o instituto da renúncia tácita, a evolução história da *suppressio* mostra que, aos poucos, a figura foi se desprendendo de considerações subjetivistas, caminhando em direção à boa-fé, que é o seu verdadeiro fundamento[40]. A

37 MARTINS-COSTA, Judith. *A boa-fé no direito privado*: critérios para a sua aplicação, op. cit., p. 648.

38 MARTINS-COSTA, Judith. *A boa-fé no direito privado*: critérios para a sua aplicação, op. cit., p. 650.

39 MARTINS-COSTA, Judith. *A boa-fé no direito privado*: critérios para a sua aplicação, op. cit., p. 650.

40 Segundo o Enunciado n. 412 da V Jornada de Direito Civil CJF: "Art. 187: As diversas hipóteses de exercício inadmissível de uma situação jurídica subjetiva, tais como *suppressio*, *tu quoque*, *surrectio* e *venire contra factum proprium*, são concreções da boa-fé objetiva".

própria exigência de que o retardatário tivesse conhecimento do direito que deixava de exigir cedeu lugar para a necessidade de se proteger a confiança de terceiros, apontada como núcleo central do instituto.

Nesse contexto, como registra Anderson Schreiber, "não há como disfarçar a íntima relação entre a *Verwirkung* [como ficou conhecida a *suppressio* na Alemanha] e o *venire contra factum proprium*"[41]. Também a *suppressio* depende de uma contradição a um *factum proprium*, mas, no caso da *suppressio*, a contradição se "revela" num comportamento necessariamente omissivo e prolongado no tempo. Em suma, tem-se a *suppressio* quando se soma à omissão o comportamento comissivo inspirador da confiança. A omissão também pode ser qualificada por circunstâncias que, na ausência de qualquer comportamento do titular, sejam capazes de gerar a confiança de terceiros, mas tais indícios terão de ser contundentes, objetivos e plenamente comprovados.

O âmbito de aplicação da *suppressio* é extenso e transcende o da prescrição. De modo geral, afirma-se que todos os direitos ou posições similares lhe estão sujeitos, salvo determinadas exceções (não lhe estariam sujeitos, por exemplo, certos direitos submetidos a prazos curtos de prescrição ou decadência, por seu exercício ser, até o final, sempre possível ou aqueles considerados indisponíveis). Para sua configuração, exige-se, em suma: (i) o não exercício prolongado de um direito durante certo tempo, tempo esse que varia conforme as circunstâncias, o mercado e os costumes da região; (ii) uma situação de confiança; (iii) uma justificação para essa confiança, com indícios objetivos de que o direito em causa não será exercido; e, finalmente, (iv) a imputação da confiança ao não exercente.

De resto, a *suppressio* é instituto totalmente objetivo, de modo que não requer qualquer culpa do sujeito atingido, mas apenas o fato de sua inação. Considera-se a *suppressio* prejudicada pelos fatores que, nos termos da lei, interrompem ou suspendem a prescrição, já que em tais situações destrói-se, por completo, a ideia de que o direito não será mais exercido. Finalmente, como já adiantado, à *suppressio* tem sido atribuída a natureza de remédio subsidiário, de modo que só deve ser aplicada em situações extraordinárias, que não encontrem soluções em remédios já previstos pelo legislador (se a pretensão já estiver prescrita, por exemplo, a *suppressio* perde toda a sua utilidade).

---

41 SCHREIBER, Anderson. *A proibição de comportamento contraditório*: tutela da confiança e *venire contra factum proprium*, op. cit., p. 189. Na opinião deste autor, a *suppressio* é uma subespécie de *venire contra factum proprium*, caracterizada pelo fato de a conduta inicial ser um comportamento omissivo, quer dizer, o não exercício de uma situação jurídica subjetiva. A *suppressio* não teria, a seu ver, autonomia dogmática em relação ao *venire*. Também com essa opinião: MARTINS, Guilherme Magalhães. A *suppressio* e suas implicações, *Revista Trimestral de Direito Civil*. Rio de Janeiro: Parma, ano 8, v. 32, out.-dez. 2007, pp. 144-157.

São exemplos corriqueiros de *suppressio* encontrados na jurisprudência ou citados pela doutrina[42]: cobrança de valores pagos de forma atrasada ou distinta do convencionado sem a oposição do credor; interrupção do serviço ou aplicação de penalidades em hipóteses de tolerância à inadimplência ou ao descumprimento contratual da outra parte; possibilidade de requerer a resolução do contrato por descumprimentos contratuais tolerados ao longo do tempo; situações de fato consolidadas entre condôminos mesmo contrariamente à convenção do condomínio[43]; omissão no exercício do direito de pleitear ou executar alimentos pretéritos; prerrogativas contratuais não exercidas por muito tempo[44]; exigência de cumprimento de cláusula de não concorrência quando tal cláusula jamais foi respeitada pelas partes[45]; não renovação de seguro quando, pelo comportamento da seguradora, a justa expectativa de renovação foi criada[46] etc. Apesar disso, nem todos esses exemplos parecem, verdadeiramente, tratar do instituto.

Por outro lado, tem sido afastada a *suppressio*: quando não demonstrada a inércia desarrazoada do credor em cobrar[47] ou não demonstrada a sua contrariedade à boa-fé[48].

---

42 O leitor encontrará a referência a diversos casos da jurisprudência em FRAZÃO, Ana de Oliveira. Breve panorama da jurisprudência brasileira a respeito da boa-fé objetiva no seu desdobramento da *suppressio*, op. cit., pp. 41-53. Sobre a aplicação do instituto nas ações revisionais bancárias, cf. GUIMARÃES, Rafael de Oliveira. A *suppressio* e as ações revisionais bancárias. *Revista de Direito Bancário*, São Paulo: RT, v. 62, out.-dez. 2013, pp. 55-69.

43 STJ, 3ª Turma, REsp 1.096.639/DF, Rel.ª Min.ª Nancy Andrighi, j. 09.12.2008, v.u., *DJe*, 12.02.2009; STJ, 3ª Turma, REsp 325.870/RJ, Rel. Min. Humberto Gomes de Barros, j. 14.06.2004, v.u., *DJ*, 20.09.2004, p. 280, *LEXSTJ*, v. 183, p. 102, *RDR*, v. 34, p. 337, *RNDJ*, v. 60, p. 89; STJ, 3ª Turma, REsp 356.821/RJ, Rel.ª Min.ª Nancy Andrighi, j. 23.04.2002, v.u., *DJ*, 05.08.2002, p. 334, *RSTJ*, v. 159, p. 366; STJ, 4ª Turma, REsp 281.290/RJ, Rel. Min. Luis Felipe Salomão, j. 02.10.2008, v.u., *DJe*, 13.10.2008, *LEXSTJ*, v. 231, p. 86; STJ, 4ª Turma, REsp 214.680/SP, Rel. Min. Ruy Rosado de Aguiar, j. 10.08.1999, v.u., *DJ*, 16.11.1999, p. 214, *LEXSTJ*, v. 128, p. 228, *RSTJ*, v. 130, p. 366; TJSP, 4ª CDPriv., Embargos Infringentes 3044054302, Rel. Des. Francisco Loureiro.

44 TJSC, 3ª CC, AC 2009.051870-0, Rel.ª Des.ª Maria do Rocio Luz Santa Rita, j. 26.10.2010, v.u.

45 TJRS, 18ª CC, AC 70021236294, Rel.ª Des.ª Nara Leonor Castro Garcia, j. 28.05.2009, v.u.

46 WAMBIER, Luiz Rodrigues. A suppressio e o direito à prestação de contas, op. cit., pp. 283-284.

47 TJDFT, 2ª Turma Cível, AC 2006.07.1.000538-3, Rel. Des. Waldir Leôncio C. Lopes Júnior, j. 10.12.2008.

48 TJ/DFT, 3ª Turma Cível, AC 2006.07.1.000541-4, Rel. Des. Humberto Adjuto Ulhôa, j. 14.03.2007; TJRJ, 14ª CC, AC 2008.001.33165, Rel. Des. Ronaldo Álvaro Martins, j. 16.12.2009.

4. Renúncia, *suppressio* e prescrição

Numa análise mais superficial, a associação da *suppressio* com o instituto da renúncia tácita é quase imediata[49], mas a evolução histórica da *suppressio* mostra que, paulatinamente, a figura foi se despindo de considerações subjetivistas, desviando-se da matriz fortemente voluntarista da teoria geral do Direito Privado. Afastou-se, assim, da renúncia; e paralelamente foi se aproximando da boa-fé objetiva, na medida em que se reconheceu que, no núcleo central do instituto, está a confiança que é gerada no devedor de que a pretensão não mais será exercida.

Ao contrário da renúncia, que ainda tem um ranço subjetivo, a *suppressio* é instituto totalmente objetivo, não se confundindo, pois, nem mesmo com a renúncia tácita[50]. *Suppressio* e renúncia têm natureza, requisitos e efeitos diversos: enquanto a *suppressio* se situa no plano da ilicitude (em sentido genérico, pois não se confunde com o ato ilícito que se encontra no cerne da responsabilidade civil), a renúncia é negócio jurídico perfeitamente lícito; a *suppressio* depende de inércia e confiança, ao passo que a renúncia depende apenas de vontade; enquanto a *suppressio* subtrai o exercício do direito, a renúncia extingue por completo o direito[51]. Por trás de uma aparente semelhança, portanto, o que se vê são institutos absolutamente distintos.

As figuras apresentam pelo menos duas diferenças significativas. Em primeiro lugar, na renúncia (mesmo na tácita) há uma declaração de vontade no sentido de se abdicar de um direito, configurando um negócio jurídico unilateral[52],

---

49 Nesse sentido: "As aproximações entre a *suppressio* e a renúncia tácita – tomada aqui como exemplo, em todo aplicável às demais – são evidentes. Nesta o comportamento do indivíduo, observado sob o filtro da boa-fé, traduziria uma declaração de vontade no sentido de extinguir sua titularidade sobre o direito em questão, com efeitos liberatórios à contraparte interessada. Naquela o mesmíssimo comportamento, observado pela boa-fé, despertaria a confiança de que o sujeito não mais pretendia exercer o direito – ou seja, se comportaria como se renunciado estivesse tal direito –, obstando-se-lhe por essa razão seu ulterior emprego em desfavor da contraparte" (NEVES, Julio Gonzaga Andrade. *A suppressio (verwirkung) no direito civil*, op. cit., p. 92).

50 Apesar disso, reconhece-se que, se um direito é irrenunciável, não cabe falar em *suppressio* pelo seu não exercício, ainda que presentes os demais requisitos do instituto. Afinal, se nem expressamente e de forma ativa o credor poderia renunciá-lo, jamais poderia ser privado dele pelo seu não exercício, mesmo que estivesse associado a outros elementos. O não exercício de um direito irrenunciável não gera, no devedor, qualquer tipo de expectativa legítima. O devedor tem ciência (ou deveria ter) de que tal direito pode ser exercido a qualquer tempo, independentemente da postura ativa ou omissiva do credor, por se tratar de um direito sobre o qual não se pode dispor.

51 NEVES, Julio Gonzaga Andrade. *A suppressio (verwirkung) no direito civil*, op. cit., p. 95.

52 PONTES DE MIRANDA, Francisco Cavalcanti. *Tratado de direito privado*, t. 14. São Paulo: Revista dos Tribunais, 2013, p. 244. Para uma explicação mais completa, veja-se

enquanto na *suppressio* há um comportamento protraído no tempo que, a partir da aplicação da boa-fé objetiva, gera na contraparte uma confiança ou uma legítima expectativa de que o sujeito não pretende exercer seu direito, obstando seu exercício.

Em segundo lugar, a *suppressio* representa "uma hipótese de inadmissibilidade do exercício deslealmente retardado de um direito ou de uma preten-

a obra de Carlos Alberto da Mota Pinto: "II – Acerca dos negócios unilaterais. Importa focar as seguintes notas ou características do regime dos negócios unilaterais: a) É desnecessária a anuência do adversário; a eficácia do negócio unilateral não carece da concordância de outrem; [...] c) uma importante distinção neste domínio é a que se deve estabelecer entre negócios unilaterais receptícios (recipiendos) e negócios unilaterais não receptícios; nos primeiros a declaração só é eficaz, se for e quando for dirigida e levada ao conhecimento de certa pessoa, enquanto nos segundos basta a emissão da declaração, sem ser necessário comunicá-la a quem quer que seja. Alguns exemplos de negócios unilaterais: testamento, renúncia a certos direitos (art. 940°, 11° 2; renúncia à servidão – art. 1.569°, n. 5; renúncia ao usufruto – art. 1.476°; renúncia à hipoteca – art. 731°; renúncia à consignação de rendimentos – art. 663°; renúncia à prescrição – art. 302°), mas não a remissão dos créditos (art. 863°); promessa de cumprimento e reconhecimento de dívida (art. 458°); promessa pública (art. 459°), confirmação dos negócios anuláveis (art. 288°) ratificação dos negócios ineficazes (art. 268°), revogação do mandato (art. 1.170°); revogação dum contrato a favor de terceiro (p.ex., seguro de vida), enquanto o terceiro não manifestar a sua adesão ou enquanto o promissário for vivo (art. 448°), declaração de nomeação no contrato para pessoa a nomear (art. 453°) denuncia do arrendamento (arts. 1.055° e 1.096°), acto de instituição das fundações (arts. 185° e 186°); aceitação ou repúdio de herança (arts. 2.050° e ss. e 2.062° e ss.) etc. Nos exemplos acima apontados são não receptícios, isto é, não carecem de ser dirigidos e levados ao conhecimento de pessoa determinada, o testamento, o acto de instituição das fundações, a promessa pública, a aceitação e o repúdio da herança; nos outros casos estamos perante negócios receptícios. Quanto às renúncias a direitos reais limitados ou à prescrição e à confirmação, porém, é discutida a sua natureza receptícia ou não receptícia; quanto à confirmação, uma corrente doutrinal italiana (BARBERO, C. FERRARA) qualifica-a como negócio receptício, mas M. ANDRADE Q. deixa o problema em dúvida. Parece que a melhor solução é a que entende estarmos, nos dois casos, perante negócios não receptícios. Com efeito, desde logo, as renúncias unilaterais só reflexamente produzem efeitos na esfera de terceiros, mas, sobretudo, parece decisiva a ideia de que não se deve deixar influenciar a solução do problema da determinação dos requisitos jurídicos de eficácia de uma declaração negocial unilateral pela circunstância de ser, obviamente, necessário o conhecimento da declaração, para o destinatário dos seus efeitos a poder invocar. O problema põe-se justamente para as hipóteses em que, não sendo comunicada a declaração negocial ao beneficiário dos seus efeitos (p.ex., confirmação através dum acto jurídico com terceiro), este vem a ter conhecimento dela. Ora, dado que não há qualquer interesse que legitime a exigência da comunicação, parece que ambos os tipos negociais – renúncia e confirmação – devem ser qualificados como negócios unilaterais não receptícios. É a solução mais razoável, ponderados todos os interesses em causa" (MOTA PINTO, Carlos Alberto da. *Teoria geral do direito civil*, 3. ed. Coimbra: Coimbra Editora, 1991, pp. 388-390).

são"[53]. É, pois, uma reação contra o abuso do sujeito que não atua de acordo com a expectativa que criou na contraparte, enquanto a renúncia é um ato perfeitamente lícito, que gera a extinção de um direito por vontade de seu titular. Assim, em síntese, pode-se dizer que na renúncia há um ato lícito gerado por uma declaração de vontade do titular de um direito, enquanto na *suppressio* há uma coibição de comportamento desleal do titular de um direito que, diante do não exercício do direito por um período de tempo, gera a confiança de que não o exercerá mais.

Apesar das diferenças apontadas, o próprio legislador confunde renúncia com *suppressio*, a exemplo do disposto no art. 330 do Código Civil, que ilustra bem o problema[54]. Segundo o referido dispositivo, o pagamento "reiteradamente feito em outro local faz presumir a renúncia do credor relativamente ao previsto no contrato". São, portanto, três os requisitos exigidos pelo legislador para a incidência da norma: i) que o local de pagamento esteja determinado no contrato ou seja, pelo menos, determinável; ii) a sua alteração, por período de tempo reiterado; iii) a presunção de renúncia do credor ao direito que lhe fora estabelecido contratualmente.

O legislador não indica, porém, se se trata de uma presunção absoluta ou relativa, mas esse nem é o pior problema. A própria referência à "renúncia" já é, em si, equivocada, porque a renúncia constitui negócio jurídico unilateral em cujo suporte fático está, necessariamente, a vontade. Já a *suppressio*, como visto, independe de qualquer prova de vontade; seus requisitos, como visto, não passam por qualquer valoração subjetiva. Como explica Judith Martins-Costa, não andou bem o Código ao se referir a uma espécie de "ficção de renúncia":

> Já não andou bem o Código, ao nosso juízo, ao referir a ficção de renúncia, pelo titular do direito ou situação jurídica. Essa presunção é útil ou inútil à configuração da *suppressio*? Qual é a sua natureza, absoluta ou

53 Há quem estabeleça, inclusive, que nesse caso haveria a configuração de um ato ilícito do titular do direito (NEVES, Júlio Gonzaga Andrade. *A suppressio (verwirkung) no direito civil*, op. cit., p. 95.

54 O referido dispositivo é severamente criticado pela doutrina: "A expressão renúncia do credor é mal-empregada no dispositivo O lugar de pagamento não é direito exclusivo do credor, mas condição do pagamento estabelecida em benefício da segurança de ambas as partes e presumida por lei em favor do devedor. Não há na situação contemplada pelo art. 330 renúncia a um direito, mas presunção, a partir da conduta das partes, de um tácito acordo no sentido da alteração do lugar de pagamento. A alteração do lugar de pagamento produz efeitos para ambos os sujeitos da relação obrigacional, e opera com base em fatores objetivos, que não devem ser vinculados à eventual vontade do credor de renunciar a qualquer benefício" (TEPEDINO, Gustavo; SCHREIBERT, Anderson. In: VILLAÇA AZEVEDO, Álvaro (COORD.). *Código civil comentado*, v. 4. São Paulo: Atlas, 2008, p. 240).

> relativa? Observe-se que, tomada do ponto de vista do beneficiário, a *suppressio* não carece da prova da vontade: basta o decurso de razoável lapso de tempo no qual é feito "reiteradamente", o pagamento em local diverso do pactuado e a confiança despertada no beneficiário, a ser averiguada objetivamente, segundo o parâmetro da "pessoa razoável". A presunção é, pois, quanto ao menos, inútil, à vista dos outros dois elementos de incidência da regra. Além de inútil, por levantar problemas desnecessários à solução da causa – passível de resolução apenas com a consideração dos efeitos objetivos –, a presunção de renúncia introduz o tema da vontade das partes. A renúncia, como é sabido, constitui negócio jurídico unilateral receptício, e no seu suporte fático está, necessariamente, a vontade. Ora, como comprovar a "falta de vontade de renúncia"? Se a tomarmos como presunção *juris tantum*, será preciso que o credor prove que não existiu a "vontade de renúncia", e essa prova deve ser suficiente para afastar a proteção da confiança do beneficiário, claramente pretendida pela *ratio* do texto. A melhor solução é, assim, tomá-la como presunção absoluta, decorrente de um "comportamento concludente"[55].

A renúncia, a *suppressio* e a prescrição têm em comum o fato de que as três figuras afetam, de uma forma ou de outra, o exercício do direito subjetivo pelo seu titular.

A renúncia, segundo Orlando Gomes, "[...] inclui-se entre os modos de extinção subjetiva dos direitos, posto não dependa, para valer, de aceitação

---

55 MARTINS-COSTA, Judith. Do adimplemento das obrigações. In: Sálvio de Figueiredo Teixeira (Coord.), *Comentários ao novo código civil*, v. 5, t. I. Rio de Janeiro: Forense, 2003, pp. 300-318. Em sentido semelhante: "5.4 A expressão "faz presumir renúncia". O art. 330 refere expressamente a "presunção de renúncia" por parte do credor como elemento do suporte fático, o que deve ser interpretado em seu contexto histórico. Como visto, entendia-se, quando da redação do Projeto de novo Código, que a modificação seria o resultado de uma deliberação (volitiva) bilateral das partes, ou de uma renúncia do credor ao lugar. Em ambos os casos, está pressuposta a vontade, elemento que não se mostra essencialmente relevante para a determinação da alteração. Além disso, não se pode perder de vista que o local do pagamento não é um direito posto à disposição do credor, mas envolve os interesses das duas partes, pois tem efeitos no campo da mora e dos riscos, afora consequências econômicas práticas expressivas. Admitindo-se uma tal renúncia, ter-se-ia de se perguntar pelo que ocorreria se, ao lado de tal renúncia, o devedor não renunciasse ao local original do pagamento. A conduta reiterada do devedor, desvinculada de vontade de alteração, resultaria igualmente na presunção de renúncia? Cair-se-ia nos mesmos problemas apontados acima. Entendida a redação do texto em seu contexto histórico, resta explicada a referência à renúncia e à necessidade atual de uma interpretação evolutiva. Não há renúncia em sentido técnico: há, sim, aplicação da boa-fé objetiva, independente da existência de vontade específica" (SILVA, Jorge Cesa Ferreira da. *Adimplemento e extinção das obrigações*. São Paulo: Revista dos Tribunais, 2007, pp. 239-244).

por outrem"[56]. É ato unilateral, que independe do consentimento de terceiro, por meio do qual se processa a extinção de um direito pelo particular[57]. O seu efeito é, portanto, a extinção do próprio direito – não há dúvida – e, por isso mesmo, é considerada "ato de vontade abdicativo, de despojamento, de abandono de um direito por parte do titular. Trata-se de ato totalmente dependente da vontade do renunciante, sem necessidade de aprovação ou aceitação de terceiro"[58]. A renúncia afeta o exercício do direito subjetivo, fulminando-o, de forma expressa ou tácita.

Diferentemente da renúncia, em que não há discussão, é controverso se a *suppressio* extingue o próprio direito, porque há quem sustente que a *suppressio* apenas impede o seu exercício naquelas situações em que a omissão prolongada, aliada a outros indícios objetivos, criam na contraparte a confiança de que o direito não será exercido (situa-se, para esses autores, apenas no plano da eficácia)[59]. O exercício retardado do direito é, pois, contrário à boa-fé e, por isso mesmo, não deve ser tutelado pelo ordenamento. Afasta-se completamente da renúncia, porque sequer é negócio jurídico, nem mesmo ato de vontade abdicativo.

Já prescrição representa a perda da exigibilidade de um direito por força do decurso do tempo, mais especificamente, pelo transcurso do período predeterminado pelo legislador. A prescrição não fulmina o direito em si, mas a possibilidade de o seu titular exercê-lo; fulmina, portanto, a pretensão (= possibilidade de exigir), que é o aspecto dinâmico do direito subjetivo[60]. Se a

56 GOMES, Orlando. *Introdução ao direito civil*, 19. ed. Rio de Janeiro: Forense, 2008, p. 222.

57 TEPEDINO, Gustavo; BODIN DE MORAES, Maria Celina; BARBOZA, Heloisa Helena. *Código civil interpretado*, v. 1, 3. ed. Rio de Janeiro: Renovar, 2014, p. 363.

58 VENOSA, Sílvio de Salvo. *Direito civil*, v. 1, 8. ed. São Paulo: Atlas, 2008, p. 546.

59 A respeito desta discussão, vale conferir a explicação de Julio Gonzaga Andrade Neves, transcrita aqui apenas em parte: "A doutrina alemã é majoritária ao reconhecer, como efeito da violação à boa-fé, a extinção do direito em *suppressio*; vitimado pela *Verwirkung*, torna-se *verwirkt*, suprimido, inexistente. Inquestionavelmente majoritária, a doutrina não é pacífica. Há na própria Alemanha, na Espanha e Itália correntes que identificam na violação à boa-fé simples impedimento à eficácia e, ainda, teorias mistas, que relegam às circunstâncias concretas a simples ineficácia ou a extinção plena da posição a exercitar. No Brasil, o debate não rompeu as primeiras linhas de reflexão, mas as correntes estrangeiras são em boa medida referidas e os teóricos se dividem entre aqueles que defendem que, 'na Verwirkung, é o próprio direito subjetivo que se extingue' e aqueles para os quais o sujeito apenas 'perde a possibilidade de exercer o seu direito ou pretensão, ainda antes da fluência do prazo de prescrição e decadência. Respeitáveis que sejam as opiniões dos que defendem a extinção, uma reflexão mais detida retira qualquer dúvida sobre o acerto da tese da simples ineficácia" (NEVES, Julio Gonzaga Andrade. *A suppressio (verwirkung) no direito civil*, op. cit., pp. 129-130).

60 Para conceituar a prescrição, o legislador partiu da ideia de pretensão. Normalmente, o titular de um direito subjetivo – ou melhor, de uma situação jurídica subjetiva – o

dívida é paga apesar de prescrita, não há repetição (o ordenamento protege até mesmo o cumprimento das obrigações ditas naturais).

A prescrição e a decadência tangenciam a *suppressio*, porque as três são elementos estabilizadores das relações jurídicas. Apesar disso, nos pressupostos e efeitos, variam drasticamente, conforme explica Julio Gonzaga Andrade Neves:

> Naquelas [prescrição e decadência], a confiança é dado desimportante, bastando que o tempo flua; nesta [*suppressio*], é elemento central, sendo seu fluir relevante apenas e na exata medida que desperte legítima confiança na parte interessada. O efeito da prescrição será o da perpétua extinção da pretensão; da decadência, extinção do direito potestativo; mas a *suppressio* redundará apenas na imprescindível perda de ineficácia necessária à tutela da confiança, facultando, para além dessa régua, o pleno restabelecimento do direito afetado[61].

Na sequência dessa passagem, conclui o autor: "Na interrelação de prescrição e *suppressio*, esta provoca o curioso efeito análogo (mas não igual) à 'redução' dos prazos prescricionais, mas, como ensina a melhor doutrina, também pode redundar em seu (indireto) alargamento"[62].

Assim, muito embora as três figuras interfiram no direito subjetivo, os efeitos que produzem são distintos. A renúncia extingue o direito; a *suppressio* subtrai o seu exercício, situando-se para parte da doutrina, portanto, apenas no plano da eficácia; a prescrição retira a sua exigibilidade e extingue a pretensão, que é o aspecto, por assim dizer, dinâmico do direito subjetivo. Por fim, cabe observar que a renúncia e a *suppressio* podem interferir em qualquer situação jurídica subjetiva, o que não ocorre com a prescrição cujo campo de atuação se restringe aos direitos subjetivos.

---

exerce sem oposição. É possível, todavia, que ocorra a violação do direito do titular por outrem, momento em que nasce uma pretensão judicialmente exigível. Ao mesmo tempo em que a lei reconhece a esse titular a faculdade de intentar uma ação judicial – ou arbitral, a depender do caso – para defender seu direito, estabelece que a pretensão deve ser exercida em determinado prazo, sob pena de perecer. A configuração da prescrição, como se depreende, requer o consenso de dois elementos essenciais: o tempo e a inércia do titular do direito.

61 NEVES, Julio Gonzaga Andrade. *A suppressio (verwirkung) no direito civil*, op. cit., p. 185.

62 NEVES, Julio Gonzaga Andrade. *A suppressio (verwirkung) no direito civil*, op. cit., p. 185. Na opinião deste autor, a *suppressio* pode também provocar o "indireto" alargamento de um prazo prescricional. Para ilustrar esta afirmação, numa determinada passagem do seu livro, ele formula um exemplo curioso – no mínimo controverso –, que está transcrito na nota de rodapé n. 22 deste artigo.

Conclusão

De diversas formas, e em muitos aspectos, o tempo influencia o Direito. Ao disciplinar a eficácia das leis, o ordenamento estatui normas a que subordina o começo e, por vezes, o fim de sua vigência; ao disciplinar o negócio jurídico, estabelece elementos acidentais, como o termo, que sujeitam a certo tempo os seus efeitos; ao limitar o exercício de pretensões por certo período, impõe as normas que regulam a prescrição extintiva etc. A *suppressio* é mais um exemplo de como o tempo influencia o Direito.

Com fundamento na boa-fé, a *suppressio* é considerada um desdobramento dela, ou uma de suas especificações (situada ao lado de outras figuras parcelares que dão mais concretude ao princípio). Por meio da *suppressio*, o ordenamento tutela a *confiança gerada na estabilidade de uma situação*. O exercício retardado de um direito, antecedido de uma omissão prolongada, não pode quebrar esse estado de confiança (justificado por indícios que geraram a expectativa legítima de que aquele mesmo direito não seria exercido). A *suppressio* vem, então, para proteger a *confiança*.

O tempo é de extrema importância para a análise do instituto, que deve ser aplicado em conformidade com as regras da prescrição e da decadência, quer para afastar a sua aplicação quando verificadas as causas voluntárias interruptivas da prescrição, quer para realçar a vocação do instituto para os casos de longos prazos prescricionais. No confronto com os prazos legais de prescrição, o valor da segurança que os inspira deve ceder lugar para a tutela da confiança, de modo que a *suppressio* pode ser aplicada quando ainda está em curso prazo prescricional. Transcorrido o prazo prescricional, invocar a *suppressio* seria inócuo e, por isso mesmo, é que se diz que o instituto tem aplicação subsidiária.

O campo de atuação da *suppressio* é amplo, como também o é o da boa-fé e o do abuso do direito[63]. Não se reduz às pretensões que se sujeitam a prazos prescricionais; a *suppressio* tem potencial para interferir em qualquer situação jurídica subjetiva (diferentemente da prescrição, ligada que está aos direitos subjetivos). Deve-se ter muito cuidado com o instituto, porque a sua aplicação não se sujeita ao decurso de um prazo estabelecido em lei, como a prescrição.

O tempo da confiança depende das circunstâncias do caso concreto e, por isso mesmo, o instituto não pode sobreviver sem os olhos atentos do julgador. Para sua configuração, exige-se, em síntese, quatro requisitos: (i) o não exercício prolongado de um direito durante certo tempo, que varia de acordo com as circunstâncias, o mercado e os costumes da região; (ii) uma

---

63 Sobre o abuso do direito, cf. MARTINS-COSTA, Judith. Os avatares do abuso de direito e o rumo indicado pela boa-fé. In: DELGADO, Mário Luiz; ALVES, Jones Figueirêdo (Coords.). *Novo código civil:* questões controvertidas. São Paulo: Método, 2007, v. 6. pp. 505-544.

situação de *confiança*; (iii) justificável com indícios objetivos de que o direito em causa não será exercido; e, finalmente, (iv) a imputação da confiança ao não exercente.

O instituto guarda certa autonomia em relação às demais figuras parcelares da boa-fé e não deve ser confundido com a renúncia tácita, mas sua aplicação é residual e realmente extraordinária. Do contrário, não faria qualquer sentido ser conjugado com os prazos prescricionais imperativamente impostos pelo legislador, sem qualquer possibilidade de negociação entre as partes. A *suppressio* deve ser afastada sempre que não for demonstrada inércia desarrazoada e, mais do que isso, diria a Professora Judith Martins-Costa, sempre que não ficar evidenciada a sua contrariedade à boa-fé.

Apesar de tudo o que ficou aqui dito, e depois de todo o estudo realizado na elaboração deste artigo, parece-nos extremamente difícil, na prática, pensar-se num exemplo envolvendo um problema autônomo de *suppressio*, isto é, que não pudesse ser resolvido por meio de outros institutos ou mesmo pelo *venire*. Exatamente por isso, o tema precisa ser tratado pela nossa homenageada, a quem cabe esse desafio. Afinal, quem melhor do que ela – a nossa cirurgiã do Direito – para operar e resolver os problemas da *suppressio*?

A boa-fé na parceria
(Causas e consequências do escalonamento)

Arnoldo Wald

Introdução

É com grande prazer que participo da oportuna publicação dos "*Diálogos com a obra de Judith Martins-Costa*", organizada por André Rodrigues Correa, Giovana Benetti, Guilherme Carneiro Monteiro Nitschke, Laura Beck Varela, Márcia Santana Fernandes e Mariana Pargendler, não só pela importância da Professora na doutrina nacional e internacional, como também pelas profundas afinidades que temos, em virtude da nossa formação de direito comparado e da visão do papel exercido pela ciência jurídica da qual comungamos. Nela, vemos mais do que um elemento enriquecedor da cultura, considerando-a uma efetiva participação na vida da sociedade civil em virtude da qual podemos e devemos racionalizar os institutos e as técnicas e conseguir uma Justiça mais coerente e rápida, utilizando o Direito como meio para consolidar a paz social e assegurar o desenvolvimento econômico e social do país.

A boa-fé foi estudada pela Professora Judith como "cânone hermenêutico-integrativo", como criadora de deveres jurídicos e limite ao exercício de direitos subjetivos, ensejando a responsabilidade das partes que não se comportam com a necessária lealdade[1]. Tive, do meu lado, essa mesma preocupação com os fundamentos da responsabilidade civil, nos seus mais variados aspectos, desde o início da minha carreira, há mais de meio século[2], embora advertido pelos melhores juristas que ingressava numa área complexa e misteriosa, em fase de reconstrução. Dela se dizia, na época, que se aplicava ao estudioso que tratasse da matéria a lição de Dante quando escreveu na porta

---

1 MARTINS-COSTA, Judith. *A boa-fé no direito privado:* sistema e tópica no processo obrigacional. São Paulo: Revista dos Tribunais, 1999 e *A boa-fé no direito privado*: critério para a sua aplicação. São Paulo: Marcial Pons, 2015.

2 WALD, Arnoldo. A responsabilidade civil do comitente por atos do preposto no direito brasileiro, interpretação dos artigos 1.521, III e 1.523 do Código Civil, *Revista Jurídica*, Rio de Janeiro, n. 13/14, pp. 91-114, 1955/1956; *Influence du droit français sur le droit brésilien dans le domaine de la responsabilité civile*. Rio de Janeiro: Departamento de Imprensa Nacional, 1953 e mais recentemente, A responsabilidade civil dos sócios na sociedade civil e na sociedade anônima, *Revista do Ministério Público*, Rio de Janeiro, n. 36, pp. 3-16, abr.-jun. 2010.

do inferno: "Voi che entrate, lasciate ogni speranza..."[3] Mas nem a Professora Judith nem eu perdemos a esperança de resolver os problemas de um Direito em fase de grande transformação, dando-lhe, na medida do possível, uma sistemática adequada e cimentando a dogmática com a necessária flexibilidade, sem prejuízo do pleno atendimento dos princípios éticos.

Saudei a obra da Professora e cara amiga a partir da publicação da sua excelente tese pioneira na qual estudou exaustivamente a boa-fé, no seu histórico, na sua conceituação e na sua evolução, fazendo uma obra completa sobre um assunto que, no Brasil, não tinha sido examinado em profundidade numa obra específica. Pude fazer o seu elogio de público em resenha publicada na Revue Internationale de Droit Comparé[4] na qual dizia que era tão completa que nada se lhe poderia acrescentar.

Mas a imaginação é mais rica e fecunda do que os críticos podem pensar. Decorridos dez anos, a obra foi agora renovada e ampliada, dando-nos, na matéria, um panorama ainda mais extenso e mais profundo, aproveitando a experiência jurisprudencial dos tribunais e o novo fôlego que a arbitragem passou a ter desde o fim do século passado[5]. Reli a obra com imenso prazer e nela muito apreendi, incentivando-me a dialogar com a autora e seu texto, complementando os meus conhecimentos e fazendo com que eu passasse a apreciar ainda mais a riqueza e a importância teórica e prática da boa-fé no Direito brasileiro, graças à sistematização que a autora fez da matéria.

Acresce que o meu relacionamento com a Professora Judith é também consolidado pelo fato de ser uma amizade de segunda geração, herdada e consolidada no tempo, pois fui um admirador e discípulo tanto dos seus dois pais espirituais com os quais tive o prazer de conviver – os mestres Professores Miguel Reale e Clóvis do Couto e Silva – como também de Antonio Junqueira

---

3 Apud PAGE, Henri de. *Traité élémentaire de droit civil belge:* principes, doctrine, jurisprudence (Les incapables, les obligations – première partie). 3. ed. Bruxelles: Bruylant, 1964, t. 2, p. 857.

4 Escrevi na ocasião em relação à edição de 1999 que:
" [...] l'auteur a pu faire un remarquable travail de droit comparé, en examinant également le cadre historique du concept de la bonne foi, la position des divers Codes en cette matière et l'evolution de la doctrine et de la jurisprudence dans les différents pays qui ont exercé une influence importante sur le droit brésilien.
[...]
Cette nouvelle conception que nous retrouvons au Brésil, dans les travaux de Clóvis Couto e Silva et dans les rapports que nous avons présentés, le professeur Junqueira de Azevedo et moi-même aux Journées Capitant de 1992, a été développée par Judith Martins-Costa, dans la même ligne que la doctrine française" (*Revue Internationale de Droit Comparé*, 2/2000, pp. 472-474).

5 MARTINS-COSTA, Judith. A *boa-fé no direito privado*: critério para a sua aplicação. São Paulo: Marcial Pons, 2015.

de Azevedo, que acabou sendo o seu orientador na parte final da sua tese, e que talvez possamos considerar um "padrinho intelectual" da sua primeira obra, em virtude do falecimento de Clóvis[6].

Por outro lado, tive a honra e a alegria de participar de arbitragens nas quais ela foi sempre uma julgadora muito dedicada, atenta e que procurou incessantemente as soluções mais equitativas.

Por essas mesmas razões, recorri, em várias ocasiões, ao seu talento para obter pareceres que foram fundamentais para os meus clientes.

Essa nossa convivência profissional e cultural me incentiva a procurar um tema que seja da maior atualidade tendo sido desenvolvido pela Professora Judith tanto em livros, artigos e palestras como também nos seus pareceres.

Trata-se da boa-fé que se exige nas parcerias e que pode ser mais ou menos intensa, ou seja, escalonada de acordo com o momento e as circunstâncias, diante da flexibilidade que ambos reconhecemos ao Direito Comercial e especialmente ao Societário, atualmente cada vez mais dominado pela consensualidade.

1. A boa-fé no século das parcerias

O século XXI pode ser caracterizado pela importância crescente da parceria, em todos os seus aspectos, nas suas múltiplas formas. Ela tem um espírito próprio e uma cultura decorrente da terceira revolução industrial e das suas consequências[7].

Como bem salientou a professora Judith, na sua obra, as formas de parceria são as mais diversificadas, podendo criar, entre as partes, vínculos mais ou menos densos, que se refletem na boa-fé que delas se exige em cada caso[8].

---

6 Nota da autora. In: MARTINS-COSTA, Judith. *A boa-fé no direito privado*: critério para a sua aplicação. São Paulo: Marcial Pons, 2015, p. 8.

7 Há mais de meio século, defendemos a existência do "direito do desenvolvimento" baseado na colaboração e na parceria. Voltamos ao assunto, no campo do Direito Administrativo em geral, definindo os rumos de sua evolução e, de modo especial, demos ênfase à natureza das concessões como forma de parceira (WALD, Arnoldo; MORAES, Luiza Rangel de; WALD, Alexandre de M. *O direito de parceria e a lei de concessões*, com prefácio de Fernando Henrique Cardoso. 1. ed. São Paulo: Revista dos Tribunais, 1996, e 2. ed. São Paulo: Saraiva, 2004). Aos poucos, fomos admitindo que, ao lado do direito tradicional, no qual se dava maior ênfase aos litígios, era preciso sistematizar o direito da colaboração, evitando as divergências ou dando-lhes soluções rápidas e pouco onerosas para todos os interessados, substituindo a concorrência pela colaboração, que se consolidou nas "*joint ventures*". No mesmo sentido, RIFKIN, Jeremy. *A terceira revolução industrial*. São Paulo: M.Books do Brasil, 2012 e MAZIERO, Franco Giovanni Mattedi. *Manual da advocacia colaborativa*. Rio de Janeiro: Lumen Juris, 2016, com o nosso prefácio.

8 MARTINS-COSTA, Judith, O escalonamento da boa-fé, conforme a espécie associativa. In: *A boa-fé no direito privado*, 2015, p. 294.

No exame que fez das parcerias, a Professora Judith enumera desde as associações e as sociedades até os contratos de colaboração, as alianças, e tantas outras facetas que o instituto pode apresentar, sendo sempre inspirado pela boa-fé, embora funcionando os deveres de cooperação com maior ou menor intensidade. Assim reconhece que há "um escalonamento da boa-fé conforme a espécie associativa" que se vincula mais aos elementos reais do que aos formais. Conclui que a matéria apresenta uma "orientação bivalente: entre os sócios e entre estes e a sociedade"[9]. As circunstâncias do caso são, pois, da maior importância, levando, algumas vezes, a soluções casuísticas que temos, aliás, encontrado na jurisprudência. Também são relevantes o entendimento e o consenso das partes que podem, conforme o caso, agravar ou reduzir as obrigações secundárias assumidas em virtude do comportamento leal que delas se exige.

Passou a época na qual, como esclarecia o título de uma peça francesa, "*Les affaires sont les affaires*"[10] e alguns pseudojuristas admitiam o adágio: "*En affaires, trompe qui peut*". Sabe-se que, desde Alexandre Dumas e mais recentemente Louis Brandeis, "*les affaires, c'est l'argent des autres*" – ou seja, "*other people's money*"[11], mas que os negócios devem obedecer à regra moral[12].

A graduação da boa-fé é um problema que se torna capital na sociedade moderna e quase poderíamos afirmar que dela depende o futuro da nossa civilização, que pressupõe um equilíbrio de interesses, um direito que atenda todas as partes, todos os seus integrantes (*stakeholders*).

As parcerias, para sobreviverem, devem ser democráticas e equitativas, sem prejuízo de considerar as situações existentes e a vontade das partes, inclusive os riscos que cada uma delas aceitou no caso concreto.

Essa valorização da boa-fé no mundo atual se justifica pela importância crescente que a parceria tem tanto na empresa, onde reúne os *stakeholders* e não apenas os acionistas ou proprietários, como ainda em todos os casos de cooperação e colaboração empresarial, no Direito Comercial, e até nas parcerias público-privadas, no Direito Administrativo.

A economia colaborativa[13], que substituiu a anterior, concebida como uma pirâmide da hierarquia tradicionalmente aceita pelas redes[14], transfor-

---

9 MARTINS-COSTA, Judith, O escalonamento da boa-fé, conforme a espécie associativa. In: *A boa-fé no direito privado*, 2015, p. 294.

10 MIRBEAU, Octave. *Les affaires sont les affaires. Comédie*. Paris: Libraire Charpentier et Faquelle, 1913.

11 BRANDEIS, Louis. *Other's people money*. New York: Frederick A. Stokes, 1914.

12 RIPERT, Georges. *La regle morale dans les obligations civiles*. 4. ed. Paris: LGDJ, 1949.

13 JOURDAN, Loïc, LECLERC, Michel; MILLERAND, Arthur. Économie collaborative & *droit. Les clés pour comprendre*. Paris: Éditions FYP, 2016.

14 OST, François; KERCHOVE, Michel van de. *De la pyramide au réseau ? Pour une théorie dialectique du droit*. Bruxelles: Facultés Universitaires Saint-Louis, 2002.

mou o consumo, tanto pela eliminação relativa dos intermediários como pela dependência que em relação aos seus clientes passou a ter o fabricante ou produtor, já agora condicionados pelas necessidades do mercado e não mais podendo impor-lhes os seus interesses.

Aos poucos, a inovação penetrou no campo jurídico[15] e o direito de acesso se tornou mais importante do que a propriedade[16], levando a parcerias entre fornecedores e utilizadores dos bens, no caso dos serviços públicos, e também da locação de automóveis ou de imóveis, do transporte individual com a "uberização", e das diversas formas de arrendamento mercantil. É o que salienta a recente doutrina francesa[17].

Por outro lado, as reações de resistência do meio ambiente são compreensíveis, ensejando algumas vezes uma espécie de barreira ao progresso e ao desenvolvimento. Também os cocheiros das antigas carruagens se revoltaram contra a utilização do automóvel e os operários do século XIX tentarem destruir as primeiras máquinas a vapor. Mas o progresso tecnológico é inexorável e cabe ao Direto incentivar a inovação.

A inovação está dominando o Direito com a criação de novas técnicas, novas fórmulas e a revisão dos conceitos tradicionais que não mais se coadunam com a sociedade do século XXI e que devem ser reelaborados respeitando-se os princípios da ética[18].

---

15 MERLAND, Laure; MESTRE, Jacques. *Droit et innovation.* Paris: Presses Universitaires d'Aix-Marseille, P.U.A.M, 2013.

16 RIFKIN, Jeremy. *L'âge de l'acеès. La révolution de la nouvelle économie.* Paris: Découverte, 200 e *A terceira revolução industrial.* São Paulo: M.Books do Brasil, 2012. . . . .

17 JOURDAN, Loïc, LECLERC, Michel; MILLERAND, Arthur. Économie collaborative & droit. Les clés pour comprendre. Paris: Éditions FYP, 2016, pp. 10-11:
"Ce ne sont maintenant plus les acteurs économiques disposant de la maîtrise des ressources ou de la propriété de l'outil de travail qui dominent: Airbnb ne possède aucun logement et BlaBlaCar ne possède pas de voitures. Ces plateformes disposent en revanche de deux atouts de taille que sont une offre pléthorique sur leur secteur et une demande agrégée grâce au capital sympathie dont elles disposent auprès de leurs utilisateurs. La satisfaction de leurs clients est plus que jamais cruciale pour ces marketplaces et la maîtrise de la relation client est stratégique.
Ce changement profond de paradigme nous a convaincu que l'économie collaborative est une innovation radicale qui redéfinira le capitalisme du xxie siècle. Les perspectives offertes par cette nouvelle économie donne le vertige et les performances exceptionnelles de ces nouveaux acteurs en offrent un avant-goût. C'est sans aucun doute une chance pour notre économie, puisque ce mouvement permet l'émergence de nouvelles entreprises performantes qui contribuent à créer de la richesse, sociale et économique, pour l'ensemble de la collectivité".

18 Escrevem a respeito MERLAND, Laure; MESTRE, Jacques. *Droit et innovation.* Paris: Presses Universitaires d'Aix-Marseille, P.U.A.M., p.7:
"Droit et Innovation, Innovation et Droit... Deux mots qui, au moins jusqu'à une époque récente, n'ont pas été spontanément associés. Sans doute parce que l'un suggé-

A fase em que vivemos, dominada em parte pela "destruição criativa" à qual se referia Schumpeter[19] e que se realiza, em grande parte, em virtude das novas parcerias, que estão surgindo, atribui ao Direito o duplo papel de fazer as reformas e de manter os princípios éticos, entre os quais se destaca a boa-fé. Numa sociedade de riscos[20], que nem sempre são previsíveis, a boa-fé permite a transformação da economia, sem quebrar o equilíbrio dos contratos, numa situação difícil em que é preciso mudar a estação, sem paralisar o trânsito dos trens, que devem continuar a realizar a sua missão.

Assistimos, também, a uma modificação do papel do Estado, que deixa de ser operador, em várias áreas, para se tornar um regulador, devendo assegurar a liberdade das partes e evitar eventuais abusos e desvios.

André Hauriou sintetizou essa fase da história mundial ao afirmar que:

> [...] a transformação sofrida pelas Ciências não mais se limita às Ciências Naturais. As noções de condicionamento, aleatoriedades e relatividade desenvolvidas pelos matemáticos e que, inicialmente, renovaram a Física e a Química, começam a transformar as Ciências Jurídicas e, em particular, o Direito Administrativo.
>
> [...]
>
> Nosso Direito Administrativo clássico é um direito do comando, do privilégio, do controle e, numa palavra, da desconfiança (da administração em relação ao contratado). O Direito Administrativo do aleatório, que está sendo elaborado atualmente, apresenta e apresentará, cada vez mais, características diferentes: será um direito do esforço comum, en-

rait le dépassement d'un état donné, sa souhaitable remise en cause, bref une certaine révolution en marche, tandis que l'autre incarnait bien davantage, sinon le conservatisme, du moins le respect d'un ordre et l'affirmation d'institutions en place. Mais, assurément, beaucoup de choses sont, depuis, passées par là! En vrac, les multiples révolutions industrielles et technologiques, qui placent nécessairement l'innovation au coeur de tous les progrès qu'elles promeuvent, la mondialisation économique, qui secrète l'hyperconcurrence et donc le toujours mieux, la plus grande flexibilité d'un droit désormais attentif aux comportements et aux situations de fait, son souci déclaré de favoriser le développement de nos entreprises conquérantes, ou encore, via le prodigieux essor de la propriété intellectuelle, la fructueuse rencontre entre une soif humaine de créer et une faim tout aussi naturelle d'en vivre..."

19 *Capitalism, socialism and democracy*. New York: Harper Colophon, 1976. Cap. VII – The process of creative destruction.

20 BECK, Ulrich. *Risk society towards a new modernity*. London: Sage Publications, 1992; Valérie Lasserre-Kiesow, escreveu que: "Nom d'une ville, puis nom de la déesse Minerve, l'aléa, comme jeu de hasard, est devenu le fondement des grandes résolutions: le sort en est jeté". In: Association Henri Capitant. *L'aléa. Journées nationale. Le Mans*. Paris: Dalloz, 2011, t. XIV, p. 1.

quadrado em atos coletivos, da colaboração entre a Administração e os seus parceiros, ou, numa palavra, da confiança[21].

No fundo, a flexibilidade do Direito contemporâneo consiste na aplicação mais ampla e sofisticada do princípio da boa-fé, da lealdade e do dever de cooperação entre as partes, diante de fatos não previstos e muitas vezes não previsíveis pelos interessados. Para que a economia de colaboração ou nova economia não leve à destruição da nossa cultura, ou seja, para impedir que ocorra a "inovação destrutiva" a que se refere Luc Ferry[22], devemos reconstruir o Direito com base na boa-fé, como fez a Professora Judith[23].

A importância e a intensidade da revolução que vivemos na sociedade do século XXI foi definida com clareza por Al Gore, enfatizando a unicidade da nossa época[24].

No Direito brasileiro, o Professor Miguel Reale, com sua ampla visão do presente e do futuro, afirmou no início do nosso século que:

> Estou convencido de que a superação da crise capitalista depende tanto de providências econômicas quanto de determinações éticas e políticas, a fim de que não se assista ao drama de um mundo no qual cada novo progresso tecnológico importa em redução nos postos de trabalho, como fria e inexorável consequência da redução do número das máquinas indispensáveis à produção. É possível que tais desequilíbrios possam vir a ser superados graças apenas às leis competitivas do mercado, mas as necessidades vitais dos trabalhadores e de suas famílias não podem aguardar indefinidamente os reajustes espontâneos pregados pelos mentores do neoliberalismo. A bem ver, o que está em jogo não é apenas o bem-es-

---

21 Le droit administratif de l'aléatoire. In: *Mélanges offerts* à Monsieur le Doyen Louis Trotabas. Paris: LGDJ, 1970, pp. 198 e 224, respectivamente.

22 FERRY, Luc. *L'innovation destructrice*. Paris: Plon, 2014.

23 MARTINS-COSTA, Judith (Org.). *A reconstrução do direito privado*. São Paulo: Revista dos Tribunais, 2002. No mesmo sentido, FRAZÃO, Ana; TEPEDINO, Gustavo (Coord.). *O Superior Tribunal de Justiça e a reconstrução do direito privado*. São Paulo: Revista dos Tribunais, 2011.

24 "Há um consenso claro de que o futuro que começa a surgir será bem diferente de tudo o que vimos no passado. Não se trata de uma diferença de intensidade, mas de natureza. Até hoje, nunca houve um período de mudanças sequer parecido com o que a humanidade está prestes a viver. Já passamos por períodos revolucionários de transformações, mas nenhum tão poderoso e fértil de 'fatores gêmeos' (no caso, risco e oportunidade) como o momento que começamos a vivenciar. Da mesma forma, jamais testemunhamos tantas mudanças revolucionárias ocorrendo ao mesmo tempo, e em um movimento de convergência, como no cenário atual" (GORE, Al. *O futuro*. São Paulo: HSM, 2013, p. XV).

> tar de milhares e milhares de pessoas, expulsas dos quadros produtivos, mas é o próprio destino da economia capitalista, exigindo sua revisão[25].

E acrescentou, em outra obra, na qual generosamente citou a formulação de um de seus discípulos, que:

> O Código Civil, ao disciplinar a vida das associações e das sociedades, inclusive das empresas, tem por finalidade "democratizá-las", respeitando-lhes sua necessária autonomia.
>
> Também empresas há que se queixam de certas limitações estabelecidas pela nova Lei civil, mas, como salienta o grande jurista Arnoldo Wald, com suas normas "institui-se uma verdadeira democracia empresarial que deve corresponder à democracia política, vigorante em nosso país"[26].

2. O escalonamento da boa-fé no tempo

A professora Judith, ao examinar a matéria, tratou dos tipos de empresas, das circunstâncias do caso e de outros elementos. Podemos encontrar, na sua afirmação, a ideia de se ter que incluir, nos elementos definidores do comportamento das partes de boa-fé, algumas cláusulas dos acordos das partes, que permitiriam o escalonamento consensual dos deveres secundários ou implícitos de cada uma delas, ressalvadas as normas de ordem pública.

Cabe, pois, examinar a intensidade da boa-fé em três momentos:

a) antes de constituída a sociedade ou firmado o contrato de associação;

b) durante a vigência dos mesmos, e

c) em virtude da sua dissolução.

2.1. Antes da constituição da associação ou da sociedade

Na realidade, inicialmente realiza-se a *due dilligence* com os requisitos estabelecidos convencionalmente ou de acordo com a praxe, considerando-se os conhecimentos e a formação de cada um dos participantes, de modo que haja a *full disclosure*, que é como "a luz do sol, o melhor dos desinfetantes" na palavra do Justice Louis Brandeis[27].

Conforme o caso, a violação de dever de boa-fé poderá ensejar a anulação do negócio jurídico, por erro ou dolo, ou uma indenização correspondente à avaliação defeituosa ou errônea, ou ainda uma redução de preço. Embora tenhamos, na matéria, normas legais expressas do Código Civil, a boa-fé é um

---

25 REALE, Miguel. *Crise do capitalismo e crise do estado*. São Paulo: Senac, 2000, p. 15.

26 REALE, Miguel. *Estudos preliminares do código civil*. São Paulo: Revista dos Tribunais, 2003, pp. 83-84.

27 BRANDEIS, Louis. *Other's people money*. New York: Frederick A. Stokes, 1914, p. 92.

elemento que aperfeiçoa a exigibilidade de um comportamento determinado, que não é o mesmo tratando-se de empresas de igual nível econômico ou, ao contrário, de uma grande sociedade multinacional e de um operador local de reduzidas dimensões.

Temos não só numerosas decisões judiciais como também sentenças arbitrais que analisaram o detalhamento de cada situação, aplicando-se um casuísmo do qual não se pode escapar, considerando-se a situação das partes, os seus entendimentos e os seus propósitos e expectativas.

Ainda não existe entre elas, a *affectio societatis*, mas devem se comportar com lealdade, respondendo cada uma delas à confiança que nela depositou o outro contratante.

Assim, a matéria não nos parece necessitar maiores comentários específicos.

2.2. Na vigência da sociedade ou do contrato de colaboração empresarial, aliança ou contrato de cooperação

Firmado o contrato e iniciada a sociedade ou associação, a boa-fé exigida nos parece ser de maior intensidade, diante dos propósitos comuns estabelecidos e aceitos pelos contratantes, em virtude da *affectio societatis*. Ela se caracteriza pela ausência de subordinação entre as partes, a vontade de colaborar nos negócios sociais, participando da sua gestão ou fiscalizando-os e pela aceitação de riscos comuns, que dependem da estrutura societária e da convenção das partes. Na vigência da parceria, a Professora Judith já enfatizou que deve ocorrer a "*intensidade máxima da bona fides societatis*"[28], e acrescenta no parágrafo 38, intitulado "*Nostra res agitur*", que:

> [...] Reafirme-se agora – quanto ao contrato de sociedade e ao contrato de associação – exigirem essas relações a conjugação de esforços em vista de um fim comum. A vinculação dos sujeitos, partes do contrato societário e/ou associativo, é ao fim comum, mediante a coatividade, como está em Pontes de Miranda. Conjugam-se os esforços pela cola do fim comum, "elemento unificador das manifestações individuais de cada sócio e elemento determinante para a definição do alcance dos seus direitos e deveres".
>
> O intenso grau de colaboração é estrutural, portanto, no contrato de sociedade e no de associação[29].

Do nosso lado, já tivemos a ocasião de afirmar que:

28 MARTINS-COSTA, Judith. *A boa-fé no direito privado*: critério para a sua aplicação. São Paulo: Marcial Pons, 2015, p. 351.

29 MARTINS-COSTA, Judith. *A boa-fé no direito privado*: critério para a sua aplicação. São Paulo: Marcial Pons, 2015, p. 251.

> Examinando a *joint venture*, a doutrina e a jurisprudência chegaram a certas conclusões que se aplicam perfeitamente à parceria, no seu sentido amplo, concluindo que nela se exige, como vimos, o mais alto padrão de lealdade e de boa-fé de todos os parceiros, que devem cooperar para que ela dê a todos os interessados os maiores proveitos possíveis. Trata-se da *uberrima fides*, que caracteriza as relações entre os sócios na *partnership* do direito inglês e que os franceses consideram como sendo "*une loyauté renforcée*". Neste particular, os princípios gerais que se aplicam à parceria se aproximam do dever fiduciário (*fiduciary duty*), que encontramos no direito societário e no *trust* da prática norte-americana. Dentro da concepção de parceria, a lealdade consiste numa execução do contrato que seja útil e eficiente para o cocontratante e na qual nenhuma das partes deve beneficiar-se da mora ou da inexecução do contrato, privilegiando-se a estabilidade das relações negociais sobre os interesses estritamente individuais, mesmo quando legítimos[30].

A jurisprudência norte-americana teve o ensejo de definir a *joint venture* como uma associação que exige a mais estrita lealdade.

No caso *Meinhord v. Salmon*, em que se discutia a parceria entre o dono de um hotel e seu arrendatário que o gerenciava, considerado como *co-venturer*, decidiu a Corte:

> Joint adventurers, like copartners, owe to one another, while the enterprise continues, the duty of the finest loyalty. Many forms of conduct permissible in a workaday world for those acting at arm's length, are forbidden to those bound by fiduciary ties. A trustee is held to something stricter than the morals of the market place. Not honesty alone, but the punctilio of an honor the most sensitive, is then the standard of behavior. As to this there has developed a tradition that is unbending and inveterate. Uncompromising rigidity has been the attitude of courts of equity when petitioned to undermine the rule of undivided loyalty by the "disintegrating erosion" of particular exceptions[31].

Em resumo, podemos afirmar que, em todos os países, admitiu-se o escalonamento da densidade da boa-fé, tornando-a máxima no caso da sociedade por ser a mesma constituída para um fim comum (art. 981 do Código Civil), não podendo excluir qualquer dos sócios da participação nos lucros e nas perdas (art. 1.008).

---

30 WALD, Arnoldo; MORAES, Luiza Rangel de; WALD, Alexandre de M. *O direito de parceria e a lei de concessões*. 2. ed. São Paulo: Saraiva, 2004, p. 86.

31 BAPTISTA, Luiz O.; DURAND-BARTHEZ, Pascal. *Les associations d'entreprises (joint ventures) dans le commerce international*. 2. ed. Paris: FEC/LGDJ, 1991, p. 18, nota 30.

Sob a influência do Direito norte-americano, os países de direito codificado reconheceram a existência dos deveres fiduciários. A jurisprudência francesa, que dava efeitos pessoais ao direito de preferência entre os sócios, passou a considerá-la como tendo efeitos reais[32].

Examinou-se especificamente a boa-fé nos acordos de acionistas, entendendo alguns eminentes juristas que os mesmos não devem ser interpretados como restringindo excessivamente os poderes do controlador, pois o interesse comum não deveria implicar em sacrifício de interesses legítimos de uma das partes.

Assim, já escrevia o professor Alfredo Lamy que:

> Se, por um lado, a boa-fé objetiva em matéria societária deve ter por parâmetro funcional o melhor interesse da companhia, certo é que tal interesse "compreende também o interesse do sócio como tal, e quando resulta em conflito entre maioria e minoria, o conflito social se distingue do dos sócios individuais"[33].

E acrescenta o professor Gustavo Tepedino comentando a matéria que:

> O exercício do direito de voto, à evidência, atende os interesses do sócio que detém a sua titularidade[34].

O problema da exata definição e da prevalência do interesse social deverá ser resolvido em cada caso, de acordo com as suas peculiaridades, dentro do espírito do Código Civil.

No fundo, aplica-se a lição de Miguel Reale quando focalizou a função social, e lembrou a frase de Ortega quando afirmava:

> [...] eu sou eu e as minhas circunstâncias, a começar do meu próprio corpo.

---

32 DUBISSON, Michel. *Les accords de coopération dans le commerce international*. Paris: Lamy, 1989, p. 39, e RAYNAUD, Benoît, *Droit de l'ingénierie sociétaire*. Paris: Joly, 2014, p. 10.

33 LAMY FILHO, Alfredo. Abuso do direito de voto e conflito de interesses – interpretação do art. 115 e seu § 1º – O voto do controlador. In: *Temas de S.A.* Rio de Janeiro: Renovar, 2007, p. 351.

34 TEPEDINO, Gustavo. Notas sobre a incidência da boa-fé objetiva em acordos de acionistas. In: VENANCIO FILHO, Alberto; LOBO, Carlos Augusto da Silveira; ROSMAN, Luiz Alberto Colonna. *Lei das S.A. em seus 40 anos*. Rio de Janeiro: Forense, 2017, p. 519. Ver também DEXANT-De BAILLIENCOURT, Olympe. *Les pactes d'acctionnaires dans les sociétés cotées*. Paris: Dalloz, 2012, pp. 197-198.

E acrescentava:

> [...] Este princípio é que está na base do Código atual, que é um Código para o homem situado, implicando a visão concreta das relações jurídicas. É nesse sentido que se deve falar em função social do contrato, à luz da ideia de estrutura social.
> [...]
> O Código vai ser objeto de indagações profundas no que se refere à afirmada "função social" do contrato. Mesmo porque trabalha com cláusulas abertas, e esse é um ponto que deseja dizer, inclusive para o professor Silvio Rodrigues. O novo Código não seguiu a lição dos Pandectistas. Os Pandectistas queriam que todas as questões jurídicas fossem resolvidas tão somente à luz de critérios jurídicos, de categorias jurídicas. Nós, ao contrário, estabelecemos que existem categorias éticas e categorias científicas que devem ser levadas em consideração pelo advogado, ao propor a ação e pelo juiz ao proferir a sentença[35].

Cabe, pois, lembrar que o acionista não pode atuar de má-fé e que a sua conduta deve inspirar-se sempre na boa-fé, mas que, de acordo com a doutrina, não se aplicam, todavia, no caso, "as interpretações paternalistas próprias dos ambientes nos quais há vulnerabilidade maior de uma das partes[36]".

Aqui também verificamos quanto é útil e maleável o conceito de boa-fé e como deve ser aplicado com acuidade e inteligência no Direito Societário, pois, como conclui o professor Gustavo Tepedino:

> A partir desse vetor hermenêutico de aplicação de boa-fé às relações paritárias, concebe-se ordem econômica que estimula e promove, a um só tempo, a liberdade e a solidariedade, fazendo convergir os valores sociais da livre-iniciativa que, possuindo fundamento constitucional (art. 1º, IV, da CR), permeiam e plasmam o ordenamento em sua unidade e complexidade[37].

35 REALE, Miguel. O novo código civil, Reunião conjunta do Conselho Superior de Orientação Política e Social (COPS) e do Conselho Superior de Assuntos Jurídicos e Legislativos (CONJUR), realizada em 21 de maio de 2003, na sede da Fiesp/Ciesp. *Debates, Estudos e Documentos*, n. 24, p. 16 (Cadernos IRS, 2003).

36 "Nessa perspectiva, as relações obrigacionais desenvolvidas no âmbito empresarial representam campo fértil para a aplicação da boa-fé, afastando-se de orientação interpretativa paternalista – própria dos ambientes em que se faz necessária a tutela de vulnerabilidades –, de modo a promover a consecução do escopo econômico presente na autorregulamentação levada a cabo por seus titulares". TEPEDINO, Gustavo. Notas sobre a incidência da boa-fé objetiva em acordos de acionistas. In: VENANCIO FILHO, Alberto; LOBO, Carlos Augusto da Silveira; ROSMAN, Luiz Alberto Colonna. *Lei das S.A. em seus 40 anos*. Rio de Janeiro: Forense, 2017, pp. 519-520.

37 TEPEDINO, Gustavo. Notas sobre a incidência da boa-fé objetiva em acordos de acionistas. In: VENANCIO FILHO, Alberto; LOBO, Carlos Augusto da Silveira; ROS-

2.3. Quando desfeita a sociedade ou associação

Como bem salientou a Professora Judith, o vínculo associativo exige uma intensidade maior de cooperação[38] em virtude de se tratar de organizações finalísticas para consecução de fins comuns. Dissolvida a sociedade ou terminada a associação, as partes voltam ao estado anterior, ao *statu quo ante*, de casados que eram passam a ser solteiros (ou divorciados), sem manter as obrigações específicas com a finalidade comum, embora não podendo, nem devendo prejudicá-la e tendo obrigações de bom comportamento um em relação ao outro, que aliás podem ser mais importantes no campo familiar (na dissolução da sociedade conjugal) do que no societário (na dissolução ou cessão de participação do capital da sociedade comercial).

Assim, quando há mudança de controle ou mesmo simples transferência de ações relevante para as partes e a sociedade, alguns problemas podem surgir, especialmente quando se trata de uma sociedade *intuitu personae* ou que foi constituída considerando-se a contribuição que cada sócio lhe poderia dar, como quando, por exemplo, um deles é o financeiro e o outro o operador.

A situação ocorreu no passado e pode voltar a se apresentar, tanto nas sociedades fechadas como também, em tese, nas sociedades abertas nas quais haja um grupo controlador e a saída de um ou de todos os cocontroladores, não deve em tese constituir uma fonte de prejuízo para a sociedade.

Embora a preferência não limite o direito de transferência do titular das ações, pode, assim, o acordo de acionistas prever que a cessão de controle, ou de importante participação acionária, deverá atender ao interesse social ou, ao menos, não afetá-lo negativamente.

Há cerca de quinze anos tivemos um caso interessante em que a questão da boa-fé foi discutida e a doutrina brasileira se dividiu, num determinado momento, na apreciação dos direitos das partes e do modo pelo qual deviam ou podiam ser exercidos.

Tratava-se do exercício do direito de preferência previsto numa parceria, que ensejou uma arbitragem e provocou dúvidas e divergências quanto ao exato sentido que se devia dar à boa-fé no Direito Societário após ter desaparecido a *affectio societatis*. A polêmica surgiu em relação a uma empresa de grande porte, sociedade fechada, com dois sócios, um controlador nacional, que tratava da extração do minério e eventualmente da sua industrialização, e um minoritário com participação importante, que era estrangeiro e

MAN, Luiz Alberto Colonna. *Lei das S.A. em seus 40 anos*. Rio de Janeiro: Forense, 2017, p. 520.

38 MARTINS-COSTA, Judith. *A boa-fé no direito privado*: critério para a sua aplicação. São Paulo: Marcial Pons, 2015, p. 291.

se dedicava à comercialização internacional do minério, tendo amplo leque de clientes no mundo inteiro. Quando o controlador decidiu vender a sua participação, fez uma coleta de preços, espécie de licitação, escolhendo cinco ou seis eventuais interessados e verificando qual a melhor oferta que por eles lhe era feita para adquirir o controle da empresa.

Havia um dos candidatos que tinha um interesse especial em comprar o controle, por ter sinergia com as atividades da empresa, e estaria, eventualmente, preparado a pagar um valor superior ao do mercado, por este motivo. Receando perder o negócio, passou a ter contato com o sócio minoritário, ao qual o acordo de acionistas tinha garantido o direito de preferência, informando que faria um lance razoável, mas, se perdesse, gostaria que o minoritário lhe assegurasse que iria exercer a preferência e, em seguida, lhe venderia cinquenta por cento das ações, ficando ambas as partes em situações igualitárias, o minoritário e o novo comprador. Houve, assim, uma promessa condicional de cessão, sem lucro do minoritário, cujo único fim foi ter como sócio majoritário uma empresa nacional, que daria sustento à operação, em vez de estar casada com um concorrente internacional, que com ele (minoritário), iria competir no mercado internacional. Os lances na coleta de preços foram todos superiores ao mínimo estabelecido pelo vendedor, mas a empresa que fez o maior lance foi uma multinacional, competidora do minoritário no mercado internacional, à qual foi adjudicada a participação majoritária, ressalvado o direito de preferência do minoritário. Este a exerceu e, em seguida, revendeu quase toda a participação recém-adquirida para o outro candidato que tinha feito um lance um pouco menor, mas para o qual havia interesse estratégico na operação.

Assim sendo, o antigo majoritário entrou com uma arbitragem na *American Arbitration Association* – AAA, alegando que tinha sofrido falta de ganho ou até prejuízo, porque se não tivesse havido a promessa de cessão futura das ações ao outro candidato, este talvez tivesse oferecido um valor maior na licitação. O minoritário se defendeu alegando que o antigo majoritário nada lhe tinha dito quanto à coleta, escolhendo livremente os candidatos à compra que mais lhe convinham, pelo maior preço que pagariam, em prejuízo eventual dos interesses da sociedade e especialmente dele, minoritário estrangeiro, que acabaria podendo ser casado, contra a sua vontade, com um concorrente, desvalorizando-se a empresa pela nova constituição na qual não haveria um sócio minerador brasileiro.

As opiniões dos juristas variaram, em pareceres e depoimentos legais de vários eminentes professores que foram ouvidos ou consultados na ocasião, nas várias fases do processo.

Na realidade, alegou-se que, desconstituída a sociedade, não mais havia *affectio societatis* do controlador que estava vendendo a sua participação, e que era legítimo ambas as empresas escolherem os caminhos legais que mais conviessem a cada uma delas, especialmente pelo fato de o preço que o controlador conseguiu não ter sido manipulado e representar valor superior ao mínimo fixado para a licitação, ou seja, presumidamente era justo e razoável, não comportando uma eventual mais-valia que um dos candidatos poderia estar interessado em pagar. Ou seja, foram obedecidas as leis do mercado.

Houve apresentação de memoriais, com depoimentos escritos de uma dezena de testemunhas por cada uma das partes. Em seguida, realizou-se a audiência na qual falaram as partes e os pareceristas, os peritos legais (*legal experts*), professores conhecidos de duas grandes escolas de Direito, que como tais se apresentaram no início dos trabalhos a pedido do Presidente do Tribunal Arbitral. Após o debate e apresentação de razões finais, foram dispensadas novas provas.

A decisão finalmente proferida entendeu que não havia má-fé do sócio minoritário estrangeiro, pois, quando foi avisado de que haveria uma licitação, por parte do majoritário, aceitou fazer uma aliança estratégica com um dos candidatos à compra, caso este não tivesse conseguido oferecer o maior preço. Essa aliança estratégica não foi comunicada ao majoritário, que, tendo em seguida vendido as suas ações, pedia indenização por "conduta imprópria" e inadimplemento de obrigações por parte do minoritário, assim como danos morais. A sentença arbitral enfrentou o problema da boa-fé, reconhecendo que não era obrigação do minoritário informar ao antigo controlador da sua aliança estratégica, do mesmo modo que o majoritário não tinha o dever de comunicar-lhe a lista dos eventuais candidatos à compra que participariam da licitação, pois, em ambos os casos, havia plena liberdade de contratar ou prometer vender, por parte de ambos, não estando mais em jogo os interesses sociais da empresa na qual tinham a *joint venture*, já que o controlador estava dela saindo. Agiram, pois, livremente de acordo com os seus interesses próprios, sem culpa nem dolo, ou seja, sem intenção de prejudicar a outra parte, cada uma delas defendendo os seus próprios interesses.

O julgamento do tribunal arbitral entendeu que a concepção de boa-fé, defendida pelo controlador, demandante na arbitragem, era "inconsistente" com o sentido que tinha no Direito brasileiro, pois cada uma das partes podia legitimamente transferir os seus direitos a terceiros, ou prometer fazê-lo, ressalvado o direito de preferência que foi adequadamente exercido. Não houvera transmissão de dados confidenciais do minoritário ao seu promitente cessionário, que só soube o resultado da licitação quando ela foi encerrada. No tocante à licitação, foi considerado que a ação do minoritário não tinha esvaziado o preço de venda do controlador que foi o do mercado, sem qualquer vício. A posição do minoritário era de legítima defesa, por entender que não queria casar com um concorrente seu, nem com outra empresa estrangeira, numa operação importante na mineração brasileira.

Passados alguns anos, após uma sessão da Corte Permanente de Arbitragem, na qual tínhamos discutido uma sentença arbitral brasileira, lembrou-me o presidente do Tribunal Arbitral do caso acima referido o que tinha sido decidido, naquele âmbito, a respeito da boa-fé. E me disse:

> Embora se arguisse que a boa-fé no Direito brasileiro tem um sentido muito mais amplo do que a "*good faith*" ou a "*bonne foi*", não atinei com essa diferença. Achei o caso relativamente fácil de ser decidido diante das suas circunstâncias específicas e da livre disposição das ações pelos seus titulares, não obstante o talento e brilho dos advogados e dos *legal experts*.

Concluiu afirmando, em tom jocoso, que:

> Foi mais difícil chegar à conclusão quanto à melhor faculdade de Direito do Brasil, que os dois eminentes juristas, que depuseram na audiência, atribuíam respectivamente às suas próprias universidades. Mas a matéria não era objeto da arbitragem e não tive que decidir a respeito.

No diálogo com a Professor Judith, penso que ela concordaria com o julgamento, mas reconheceria que a questão poderia ter alguns aspectos mais polêmicos, não fossem as circunstâncias do caso, tanto assim que, na época, algumas dúvidas foram suscitadas na fase inicial do processo antes de feitas as provas pelas partes.

Conclusão

Em síntese, podemos afirmar, com a professora Judith, que no Direito Societário e na jurisprudência arbitral dos quais ela trata mais especificamente na segunda edição da obra, "o panorama da aplicação da boa-fé é, portanto, paradoxal"[39], pelas razões que aduz.

Mas, por outro lado, a boa-fé não deixa de ser um princípio e, ao mesmo tempo, uma técnica de interpretação da lei e dos fatos que permite assegurar, com eficiência e ética, a paz nas relações, tanto individuais como sociais, garantindo assim, o livre comércio, o desenvolvimento econômico e a democratização da sociedade, abrangendo todos os seus integrantes.

Se a advocacia empresarial e societária pode parecer agressiva, em muitos casos, não se pode esquecer que, também para os empresários, a finalidade do Direito é a pacificação social, como já salientava Rudolf von

---

39 MARTINS-COSTA, Judith. *A boa-fé no direito privado*: critério para a sua aplicação. São Paulo: Marcial Pons, 2015, p. 11.

Jhering[40]. Ora, como lembrava Spinoza, a paz não é "a ausência de guerra, é uma virtude, um estado de espírito, uma vontade de benevolência, de confiança e de Justiça"[41] que deve inspirar os juristas e os advogados.

Desde meados do século passado, comercialistas e internacionalistas, como Samuel Pisar, consideraram o comércio e a arbitragem verdadeiras "armas da paz"[42]. Assim, cada vez mais, estamos convencidos que a boa-fé se impõe tanto na conduta das partes como na solução das suas divergências qualquer que seja o caminho por elas escolhido para resolvê-los. É aliás, interessante o fato de a arbitragem ser considerada como um meio de indução ao acordo, como reconhecem tanto os advogados como os mediadores[43].

O excelente e exaustivo estudo da boa-fé pela professora Judith Martins-Costa, constitui, pois, uma importante contribuição para que todos – magistrados, advogados e membros do Ministério Público –, a entendam melhor e possam aplicá-la mais adequadamente constituindo, pois, um passo importante para o desenvolvimento do nosso Direito e da nossa Justiça.

---

40 O eminente jurista alemão escreve a respeito:
"A paz é o fim que o direito tem em vista, a luta é o meio de que se serve para o conseguir. Por muito tempo pois que o direito ainda esteja ameaçado pelos ataques da injustiça – e assim acontecerá enquanto o mundo for mundo – nunca ele poderá subtrair-se à violência da luta. A vida do Direito é uma luta: luta dos povos, do Estado, das classes, dos indivíduos. Todos os direitos da humanidade foram conquistados na luta" (JHERING, Rudolf von. *A luta pelo direito*. Rio de Janeiro: Forense, 1972, p. 21).

41 *Traité politique*, Chapitre V, § 4.

42 PISAR, Samuel. *Les armes de la paix*. Paris: Denoël, 1970. No mesmo sentido as conclusões do recente Congresso realizado pelo Centro de Direito Econômico da Universidade Aix-Marseille, em 3-4 de outubro de 2014, cujos Anais foram publicados, MESTRE, Jacques (Dir.). *La paix, un possible objectif pour les juristes de droit des affaires?* Paris: LGDJ, 2016.

43 WALD, Arnoldo. A arbitragem como indução de acordo entre as partes. *Revista de Arbitragem e Mediação*, n. 42, pp. 133-144, jul.-set. 2014.

O EXERCÍCIO DA BOA-FÉ OBJETIVA PELOS SÓCIOS DO SEPARANDO: A DISTRIBUIÇÃO DE LUCROS PRÉVIA À PARTILHA DAS QUOTAS

Karime Costalunga[1]

Introdução

A oportunidade trazida por este belo projeto, ao proporcionar o *diálogo*[2] com a obra de Judith Martins-Costa, além de inovadora, também é extremamente desafiadora, tendo em vista o alto calibre da obra da homenageada que, ao longo de sua tão bem trilhada trajetória acadêmica, voltou seus olhos sobremaneira para o desenvolvimento da boa-fé objetiva[3], tema que este estudo se atreve tangencialmente a abordar, na seara de intersecção entre o Direito de Família e o Direito Societário. Uma bela e merecida deferência que desperta enorme honra ao poder integrar, o que é realizado buscando o ponto de contato com o pensamento de vanguarda da jurista.

Assim sendo, foi realizado, ao longo da pesquisa, levantamento sobre o processo de transferência patrimonial que ora será abordado, considerando a finalização de vínculos horizontais de família, especificamente nos casos em que persista partilha de bens originados em quotas de sociedade limitada *intuitus personae*: vale dizer, separação, divórcio ou dissolução de união estável. Isso implica pesquisa aprofundada a respeito dos universos do Direito de Família e do Direito Societário, tendo-se em vista que são os palcos de estabelecimento dessa relação de que cuida a análise.

O Direito de Família, em suas grandes linhas, trata de relações de ordem pessoal e patrimonial estabelecidas entre quaisquer sujeitos que comparti-

---

1 Estudo realizado a partir de pesquisa desenvolvida para a conclusão de tese de Doutorado intitulada *"As diferentes lógicas do Direito na transmissão patrimonial em uma sociedade limitada* intuitus personae: *uma proposta de interpretação da matéria após o Código Civil de 2002"*, defendida no ano de 2013, junto à Faculdade de Direito da Universidade Federal do Rio Grande do Sul.

2 CORREA, André Rodrigues; BENETTI, Giovana Valentiniano; NITSCHKE, Guilherme Monteiro Carneiro; e FERNANDES, Márcia Santana. *Diretrizes e orientações editoriais para o livro homenagem "diálogos com a obra de Judith Martins-Costa"*. Inédito. 2016.

3 Diversas foram as obras da jurista sobre o tema da boa-fé objetiva, mas, em especial, seu último A *boa-fé no direito privado*: critérios para a sua aplicação. São Paulo. Marcial Pons, 2015.

lhem de algum vínculo de ordem familiar, seja por parentesco ou conjugalidade/convivência. A acolhida do sistema às formas de constituição de família em que exista a comunhão plena de vida fez com que se multiplicassem as origens dessas relações.

Por óbvio, devem ser observados os efeitos que decorrem do estabelecimento dos vínculos, tanto no caso de separação, quanto na eventualidade de ocorrer o falecimento do cônjuge sócio, ocasiões ambas que já vêm regradas no Código Civil quanto à transmissão patrimonial àqueles que dele eram meeiros ou herdeiros.

O Direito Societário, em contrapartida, lida com um grupo de sujeitos que se escolhem por características especiais, de tal forma que venham a ser determinantes para a configuração do quadro societário e formador de uma sociedade limitada[4]. Seu centro de preocupação surge na sociedade em si e nas formas de garantir que tenha sucesso e continuidade, sem deixar de atingir o lucro através das práticas conhecidas e que são costumeiras[5].

Não obstante, os mesmos sócios dessa sociedade, *pari passu* às relações de ordem societária que estabelecerem entre si, estarão, também, no caso concreto, mantendo relações de sociedade no âmbito familiar com seus consortes ou companheiros, de ordem patrimonial, tendo-se em vista a regra incidente do regime de bens da união. Observa-se, assim, só por essa breve menção, o relevante ponto de contato que se pode estabelecer entre ambos os regramentos: o do Direito de Família e o do Direito Societário.

Entretanto, é inegável relembrar-se que essas relações jurídicas são capazes de ver, em algum momento, o seu fim, o que pode ser motivado pela separação ou divórcio do casal – o que cessa, automaticamente, o regime de bens – ou pelo falecimento de um deles. Quando surgem quotas de sociedade limitada para realizar na partilha, irrompe, portanto, o questionamento acerca do procedimento, tendo-se em vista que o legislador foi avaro em relação ao meeiro do sócio, muito pouco direito concedendo a ele frente ao universo societário.

Referida afirmação remete ao direito aos lucros, somente originados no exercício empresarial, o que desde logo não é suficiente para que receba o cônjuge separando ou divorciando e que foi casado por regime de bens de que persista meação. Restam as quotas para posterior partilha e, se depender do

---

4 Conforme coloca Marco Antonio Karam da Silveira, "[...] a qualidade de sócio é singular e formada pela livre manifestação de vontade daqueles que pretendem juntar-se para a consecução de um objetivo comum, qual seja, a realização do objeto comum da sociedade". SILVEIRA, Marco Antonio Karam da. *A sucessão causa mortis na sociedade limitada:* tutela da empresa, dos sócios e de terceiros. Porto Alegre: Livraria do Advogado, 2009, p. 87.

5 FORGIONI, Paula. Interpretação dos negócios empresariais. In: FERNANDES, Wanderley (Coord.). *Contratos empresariais:* fundamentos e princípios dos contratos empresariais. 2. ed. São Paulo: Saraiva, 2012, pp. 95-173, p. 124.

legislador, para quando bem o quiser o cônjuge sócio, apoiado incondicionalmente pelos outros sócios.

Nesse particular que vem à luz o questionamento acerca da conduta que deve ser adotada pelos sócios do separando ou divorciando, tendo em vista a expectativa de comportamento que se instaura entre as partes em busca do fiel cumprimento dos deveres decorrentes do exercício da boa-fé objetiva durante eventual pagamento de lucros, até que sejam liquidadas as quotas do casal separando ou divorciando – entre o qual se estabeleceu uma subsociedade.

Vale dizer, como lidar com o terceiro com quem mantém ou mantinha relação jurídica o sócio, e quem passou a ser, portanto, sujeito de direitos originados na meação decorrente da relação na sociedade conjugal. Daí surge a pergunta em relação ao comportamento que irão adotar os sócios da sociedade, sócios do cônjuge separando ou divorciando, e que com ele possuem objetivamente relação de lealdade, mas não necessariamente com seu consorte, que passou a ser titular do direito, ao menos temporariamente, de obtenção de lucros, se é que lucros existem.

E para que bem se possa determinar o desenrolar de tal subsociedade, chave se torna o comportamento de todos os sócios da sociedade, muito embora relação jurídica alguma mantenham com o cônjuge do sócio. Não obstante, surge a pergunta: Devem algum tipo de conduta ou lealdade em relação ao terceiro?

Na sequência, será feita a análise, portanto, acerca da eventual necessidade de que seja mantido um mínimo de comportamento dotado de boa-fé objetiva, assim sendo a boa-fé objetiva considerada como modelo de conduta através da qual se esperaria obrasse um homem reto, honesto e probo[6]. Conduta esta, portanto, esperada do sócio do separando ou divorciando, muito embora não mantivesse esse qualquer vínculo com o consorte de seu sócio.

Seção I
Peculiaridades decorrentes das relações patrimoniais de família: o regime de bens na união e a onerosidade da operação econômica

1. A escolha do regime de bens

A estrutura do Código Civil ora vigente, no Livro de Direito de Família, parte de uma divisão específica em dois grandes eixos, Direito Pessoal[7] e

6 MARTINS-COSTA, Judith. O direito privado como um sistema em construção: as cláusulas gerais no projeto do código civil brasileiro. *Revista dos Tribunais*, São Paulo, n. 753, pp. 24-48, 1998.

7 "No Direito Pessoal de Família, as exigências éticas e o *quantum* de pessoalidade da relação, em muitos casos, tornam quase impróprio aludir-se ao conceito de direito subjetivo, na sua acepção corrente e mais adequada as relações designadamente patrimoniais."

Direito Patrimonial[8], tendo em vista a maior ou menor carga de pessoalidade das relações jurídicas estabelecidas entre os sujeitos de direito[9]. No primeiro título do Livro de Direito de Família – Do Direito Pessoal –, apresentou o legislador duas cláusulas gerais que servem de norte para o Direito de Família: a cláusula geral da comunhão plena de vida[10] e a cláusula geral da exclusividade[11].

Muito embora nenhuma dessas duas cláusulas gerais esteja no centro desta análise[12], ambas têm sua relevância, pois representaram paradigmas na maneira através da qual o Direito de Família passou a ser recepcionado no ordenamento. Por meio delas, veio o legislador registrar a necessidade dos particulares de buscar a satisfação de suas necessidades e seus desejos no momento da formação da família, podendo desenhar os seus contornos a partir de amplas margens e considerando muito mais os valores e interesses que os pares mantinham em comum do que um molde predeterminado.

Porém, do ponto de vista do Direito, pelo menos, uma família não se faz apenas de arranjos afetivos. Como manifesta a estrutura codificada, a família tem um eixo afetivo e pessoal – estreitamente ligado à personalidade – e outro patrimonial. Partindo-se do princípio de que é uma "sociedade conjugal o

---

COUTO E SILVA, Clóvis Veríssimo do. Direito patrimonial de família no projeto do código civil brasileiro e no direito português. *Revista de Informação Legislativa*. Brasília, n. 62, ano 16, pp. 133-168, p. 137, abr.-jun. 1979.

---

8 "No Direito Patrimonial de Família, encontram-se as relações em cuja estrutura se manifestam aspectos que as aproximam das do Direito das Obrigações e das de Direito das Coisas." COUTO E SILVA, Clóvis Veríssimo do. Direito patrimonial de família no projeto do código civil brasileiro e no direito português. *Revista de Informação Legislativa*. Brasília, n. 62, ano 16, pp. 133-168, p. 137, abr.-jun. 1979.

9 COUTO E SILVA, Clóvis Veríssimo do. Direito patrimonial de família. *Revista da Faculdade de Direito de Porto Alegre*. Porto Alegre, ano 5, n. 1, p. 39, 1971.

10 Art. 1.511/CC 2002. "O casamento estabelece comunhão plena de vida com base na igualdade de direitos e deveres dos cônjuges."

11 Art. 1.513/CC 2002. "É defeso a qualquer pessoa, de direito público ou privado, interferir na comunhão de vida instituída pela família."

12 Para análise aprofundada, *vide:* COSTALUNGA, Karime. O art. 1.829 do código civil e a Constituição: proposta de uma análise estrutural e axiológica. In: DELGADO, Mário Luiz; & ALVES, Jones Figueirêdo (Org.). *Questões controvertidas no direito de família e das sucessões*, v. 3. São Paulo: Método, 2005, pp. 397-415 (Grandes Temas de Direito Privado); SILVA, Eduardo. A dignidade da pessoa humana e a comunhão plena de vida: o direito de família entre a Constituição e o código civil. In: MARTINS-COSTA, Judith (Org.). *A reconstrução do direito privado*. São Paulo: Revista dos Tribunais, 2002, pp. 447-482; e SOUZA, Maria Isabel de Azevedo. O princípio da exclusividade como nota distintiva do direito privado. In: MARTINS-COSTA, Judith (Org.). *A reconstrução do direito privado*. São Paulo: Revista dos Tribunais, 2002, pp. 306-336.

que se estabelece entre cônjuges, com ou sem a comunhão de bens"[13], há que se voltar os olhos para a questão patrimonial e os efeitos – também patrimoniais – que podem surgir dessa comunidade.

Para determinar qual regra quer que incida sobre as relações patrimoniais a serem estabelecidas entre si e também com terceiros, pode o casal tomar dois rumos: escolher o regime de bens[14] através de instrumento formal, ou simplesmente omitir-se e não regular suas relações patrimoniais, neste caso incidindo, em linha de princípio, as regras legais supletivas.

Vale dizer que, a partir de mais um ato de autodeterminação, poderá o casal contratar um negócio jurídico em que passa a dispor sobre a forma de processamento de sua comunicação patrimonial ou até mesmo sobre a inexistência de qualquer ordem de comunicação[15] – entre si e em relação a terceiros.

Ao versar a matéria da contratação pelo pacto antenupcial, com incidência direta no campo dos contratos matrimoniais, cabe lembrar que o tema tem sido tradicionalmente regrado no sistema brasileiro[16]. Referido instrumento é utilizado para que os nubentes possam optar pelo regime de bens a viger em sua união, muito embora dependa a sua eficácia, para tanto, da efetiva realização das núpcias.

Ressalte-se que alternativa há para quem vive em união estável: como já foi reconhecida como entidade familiar, também cabe aos pares que convivem em união estável a contratação a respeito do regime de bens a viger durante a união, o que fazem por meio de contrato. A partir do momento em que surge a opção pelo contrato de convivência, inserida no ordenamento através da Lei n. 9.278/96, é por esse instrumento que podem optar os conviventes acerca do regramento de suas relações patrimoniais[17]. Com o Código

---

13 PONTES DE MIRANDA, Francisco Cavalcanti. *Tratado de direito privado*. 2. ed., t. XIII. São Paulo: Editor Borsoi, 1956, § 1.427, p. 13 (para esta edição e para todas as demais fica sempre mantida a ortografia original nas citações).

14 Conceitua-se regime dos bens "o complexo das normas que regulam as relações econômicas dos cônjuges". OLIVEIRA, José Lopes de. *Manual de direito de família*. Recife: Imprensa Universitária, Universidade Federal de Pernambuco, 1968, p. 166.

15 CAMPOS, Diogo Leite de. *Lições de direito da família e das sucessões*. 2. ed., rev. e atual. Coimbra: Almedina, 2003, p. 224.

16 Art. 1.639 CC/2002. "É lícito aos nubentes, antes de celebrado o casamento, estipular, quanto aos seus bens, o que lhes aprouver.
§ 1º O regime de bens entre os cônjuges começa a vigorar desde a data do casamento.
§ 2º É admissível alteração do regime de bens, mediante autorização judicial em pedido motivado de ambos os cônjuges, apurada a procedência das razões invocadas e ressalvados os direitos de terceiros.

17 "Art. 5º, Lei 9.278/96. [...]
"§ 1º. [...]
"§ 2º. A administração do patrimônio comum dos conviventes compete a ambos, salvo estipulação contrária em contrato escrito."

Civil, e a sua consequente recepção no ordenamento, originada na ab-rogação de referida lei, o mesmo ocorreu com o contrato em pauta[18].

A respeito do tema, vale ressaltar que até a entrada em vigor da Lei n. 6.515/77, a Lei do Divórcio, que apresentou as mais relevantes mudanças no Direito de Família – entre as quais o próprio divórcio (que significa a quebra total do vínculo entre as partes) –, o regime legal e vigente no Brasil era o regime da comunhão universal de bens[19], sendo considerado por Pontes de Miranda o mais puro regime de comunhão universal de bens[20].

Por outro lado, na comunhão parcial de bens[21] são considerados bens comuns somente os adquiridos na constância da união[22]. Segundo Orlando Gomes, tal regime "caracteriza-se pela coexistência de três patrimônios, o pessoal do marido, o pessoal da mulher e o comum"[23]. Passa a revelar, por isso mesmo, um acervo de bens que pertencerão exclusivamente ao marido, ou exclusivamente à mulher, ou que pertencerão a ambos. Para Pontes de Miranda, "a comunhão parcial quase se restringe aos adquiridos ou fruídos na constância da sociedade conjugal"[24].

É relevante mencionar-se que, muito embora tenha o estudo apresentado inicialmente análise dos regimes de comunhão universal e comunhão parcial de bens, há outras duas situações merecedoras de atenção. São os casos regrados pelo regime da participação final nos aquestos e pelo regime da separação de bens obrigatória, dado que, em ambos os casos, pode persistir meação quando do fim da comunidade patrimonial.

Tal pode ocorrer considerando-se as seguintes circunstâncias: no regime da participação final nos aquestos[25], leva-se em conta que constitui híbrido

---

18 Art. 1.725 CC/2002. "Na união estável, salvo contrato escrito entre os companheiros, aplica-se às relações patrimoniais, no que couber, o regime da comunhão parcial de bens."

19 Referido regime de bens está disciplinado nos arts. 1.667 a 1.671 do Código Civil.

20 PONTES DE MIRANDA, Francisco Cavalcanti. *Tratado de direito de família*. Atualizado por Vilson Rodrigues Alves, v. II. Campinas: Bookseller, 2001, p. 148.

21 Lei do Divórcio, em 26 de dezembro de 1977. Lei n. 6.515/77.
"Art. 50. São introduzidas no Código Civil as alterações seguintes: [...] 7) 'Art. 258. Não havendo convenção, ou sendo nula, vigorará, quanto aos bens entre os cônjuges, o regime de comunhão parcial'."

22 Arts. 1.658 a 1.666/CC 2002: artigos do Código Civil que tratam do regime da comunhão parcial de bens.

23 GOMES, Orlando. *O novo direito de família*. Porto Alegre: Sérgio Antônio Fabris, 1984, p. 16.

24 PONTES DE MIRANDA. *Tratado de direito privado*, op. cit., 2. ed., t. VIII, 1956, § 904, p. 331.

25 COUTO E SILVA. *Direito patrimonial de família no projeto do código civil brasileiro e no direito português*. Op. cit., p. 151.

regime de bens[26], de tal forma que sua natureza se altera, esteja o casal vivendo maritalmente ou a passar por momento do rompimento dos laços. Vale dizer: durante o casamento vige a disciplina da separação de bens. Entretanto, com o término, o regime vigente será, por analogia, o regime da comunhão parcial de bens, razão pela qual pode, eventualmente, existir meação a ser apurada.

É importante ressaltar que Clóvis do Couto e Silva apresentou tal regime, no Projeto de n. 634/75, como sendo a sua opção por melhor ocupar o espaço do regime de bens legal, o que não foi aceito. A razão para a proposta reside, segundo o jurista, na facilidade de se promover a igualdade entre o casal e garantir a divisão equânime originada no Estatuto da Mulher Casada[27], desde sua proposta pela assunção de cada um por suas dívidas. Isso faria com que, consequentemente, cada um assumisse as suas responsabilidades até o limite de sua meação[28].

O regime de separação obrigatória de bens, que resta disciplinado no art. 1.641 do Código Civil[29], também merece, por sua vez, observação específica. Conforme estudo, a razão para o surgimento da norma aponta diretamente para a proteção de casos específicos em que possa não existir o devido discernimento no momento da escolha do regime de bens. A respeito do tema, em específico a imposição do regime no casamento de menores, assim diz Pontes de Miranda: "Tornar obrigatório o regime da separação de bens quando se teme que o casamento se faça para aproveitamento de alguém, sendo rico exatamente esse alguém, é proteger cortando o protegido".[30]

Em contrapartida, pela Súmula n. 377 do Supremo Tribunal Federal, aprovada em sessão plenária no ano de 1964, passou a receber entendimento diverso a disciplina de referido regime, nos seguintes termos: "No regime de separação legal de bens, comunicam-se os adquiridos na constância do casamento". Isso significa dizer que subsistem, também, aquestos decorrentes do regime de bens, de tal forma que também irá existir meação a ser apu-

---

26 COUTO E SILVA. Direito patrimonial de família, *Revista da Faculdade de Direito de Porto Alegre*, op. cit., p. 39.

27 Assim previa o Estatuto:
Art. 3º Lei n. 4.121/62. "Pelos títulos de dívida de qualquer natureza, firmados por um só dos cônjuges, ainda que casado pelo regime de comunhão universal, sòmente responderão os bens particulares do signatário e os comuns até o limite de sua meação."

28 COUTO E SILVA. *Direito patrimonial de família no projeto do código civil brasileiro e no direito português*. Op. cit., p. 151.

29 Art. 1.641 CC/2002. "É obrigatório o regime da separação de bens no casamento:
I – das pessoas que o contraírem com inobservância das causas suspensivas da celebração do casamento;
II – da pessoa maior de 70 (setenta) anos; [Redação dada pela Lei n. 12.344, de 2010]
III – de todos os que dependerem, para casar, de suprimento judicial."

30 PONTES DE MIRANDA. *Tratado de direito de família*, op. cit., v. II, p. 150.

rada quando do desfazimento da união. Tal era o entendimento que vinha consolidado em todos os tribunais do País, até pelo fato de ter sido a situação sumulada pelo Supremo Tribunal. Entretanto, desde a entrada em vigor do Código de 2002, resulta a jurisprudência sobremaneira dividida quanto à aplicabilidade da Súmula.

2. A onerosidade da operação econômica

Para o tema ora em desenvolvimento importa registrar que as controvérsias giram diretamente em torno do que deve ser comunicado em regime de bens de que persista meação. A questão é polêmica, e, muito embora pareça estar taxativamente regrada na lei, tal estabilidade não acontece, ou melhor, os desdobramentos decorrentes da norma são vários – o que faz com que surjam chicanas sem fim em tribunais, tendo-se em vista discordâncias imensas acerca do que deve ser partilhado[31].

Para que se possa, efetivamente, apurar o quanto deve ser partilhado na operação regrada pelo regime da comunhão de bens cumpre analisar se existiu onerosidade na operação, até porque o legislador é claro ao qualificar, no art. 1.660 do Código Civil[32], que tipo de bens entra na comunhão.

O que surge de controverso a respeito da comunhão matrimonial diz, diretamente, com as seguintes questões: quando os bens são adquiridos por operação dotada de onerosidade, fato eventual, e ainda os frutos de bens comuns ou particulares[33].

---

31 Muito embora a necessidade de relembrar que tanto o regime de comunhão universal de bens, quanto o regime de comunhão parcial de bens promovam a existência de meação, a dificuldade que surge para a análise apresenta luz no que respeita ao regime da comunhão parcial de bens e nas incertezas provenientes da necessidade de partilhar ou não os frutos e produtos, tudo o que será visto na sequência.

32 Art. 1.660 CC/2002. "Entram na comunhão:
I – os bens adquiridos na constância do casamento por título oneroso, ainda que só em nome de um dos cônjuges;
II – os bens adquiridos por fato eventual, com ou sem o concurso de trabalho ou despesa anterior;
III – os bens adquiridos por doação, herança ou legado, em favor de ambos os cônjuges;
IV – as benfeitorias em bens particulares de cada cônjuge;
V – os frutos dos bens comuns, ou dos particulares de cada cônjuge, percebidos na constância do casamento, ou pendentes ao tempo de cessar a comunhão."

33 WALD, Arnoldo. As bonificações e o regime de bens. In: CAHALI, Yussef Said; & CAHALI, Francisco José (Orgs.). *Família e sucessões:* direito de família patrimonial. São Paulo: Editora Revista dos Tribunais, 2001 (Coleção Doutrinas Essenciais. v. 5), pp. 69-82, p. 71.

Apurar se houve onerosidade ou não na operação econômica[34] poderá determinar, na realidade, se será partilhado o resultado que surge hipoteticamente para a disputa entre o casal. Antes, porém, deve ser qualificada a operação econômica, que existirá, segundo Roppo, "[...] onde existe circulação da riqueza, actual ou potencial *transferência de riqueza* de um sujeito para outro"[35]. Claro que, quando o assunto é a transferência de riqueza, não se deve limitar o campo somente a dinheiro e a outros bens materiais, mas também a todas as utilidades suscetíveis de avaliação econômica[36].

E, juntamente com essa averiguação acerca da operação econômica em jogo, cabe o questionamento sobre a efetiva existência de onerosidade. É sabido que a operação pode ser a título gratuito ou oneroso, sendo que a onerosidade da operação, somente, é que irá determinar o seu enquadramento nas situações que tipificam a comunicação patrimonial. A onerosidade, portanto, deve ser localizada na recompensa atual ou potencial que surge da operação realizada.

Nos primórdios da civilística brasileira, Lafayette já tratava da comunicabilidade dos frutos e de outros rendimentos derivados de bens preexistentes à comunhão: "Communicão-se, porém, as novidades, os fructos e os rendimentos, provenientes dos ditos bens, percebidos ou vencidos na constância do matrimonio"[37]. Foi acompanhado por Pontes de Miranda, no *Tratado de direito de família*[38].

Isso significa dizer que o cônjuge que administra o bem não pode separar aquela que considera a sua parte e colher, como se só seus fossem os frutos. Deve, outrossim, prepará-los para alcançar o casal, eis que são bens indivisos, frutos de bens comuns, submetidos, portanto, às regras de administração de um único acervo.

Nesse diapasão, ao tratar de frutos, Pontes de Miranda claramente qualifica os lucros como frutos, dentro da perspectiva de que frutos são proveitos econômicos que derivam da coisa "conforme o destino que ela tem ou pode ter parte dela"[39]. Ora, é importante deixar-se claro que "fruto" apresenta va-

---

34 "As situações, as relações, os interesses que constituem a substância real de qualquer contrato podem ser resumidos na ideia de operação econômica." ROPPO, Enzo. *O contrato*. Tradução de Ana Coimbra e M. Januário C. Gomes. Coimbra: Almedina, 1988, p. 8.

35 Idem, p. 13.

36 Idem, ibidem.

37 PEREIRA, LAFAYETTE. *Direito de Família*. Rio de Janeiro: 1918, p. 98.

38 "Atentando-se à impossibilidade de se distinguirem os frutos de cada um dos cônjuges nas metades ideais da massa indivisa, consideram-se pertencentes à comunhão todos os frutos provenientes de bens comuns, ainda que o cabeça do casal os percebesse depois de aberta a sucessão." PONTES DE MIRANDA, *Tratado de direito de família*, op. cit., v. II, p. 263.

39 PONTES DE MIRANDA. *Tratado de direito privado*. 2. ed., t. II, 1956, § 140, p. 75.

lor econômico, ou, mais especificamente, surge como proveito resultante do uso, fruto ou uso e fruto da coisa[40].

Entretanto, cabe ressalvar a situação específica que se enquadra no regime de comunhão parcial, e que merece destaque aqui: quando surgem frutos originados de bens particulares de um dos consortes, de tal modo a promover uma análise a fim de se descobrir se existe comunicação sobre eles e, consequentemente, a separação desse pagamento dos frutos[41]. De início é de se relembrar que o dono da coisa tem direito ao recebimento dos frutos dela originados. De modo diferente irá ocorrer com aquele que usa, que se utiliza do bem, sem ser dele o proprietário original[42].

E complementa Pontes de Miranda com a explicação necessária, que leva à separação do que deve, efetivamente, ser comunicado pelo regime de bens, ficando claro que a comunicação dos frutos irá ocorrer de modo independente, em acerto com o disposto na lei em relação ao patrimônio anterior ao casamento e trazido para o acervo comum, portanto. A jurisprudência trata do tema de modo não tão pacífico, como no julgado[43] que diferenciou dividendos e bonificações, de tal forma a compreender que sobre os dividendos recai o regime de comunhão, persistindo o direito à meação, e sobre as bonificações, não.

Segundo Arnoldo Wald, a explicação para o procedimento reside na diferença de tratamento que merecem os frutos e os produtos[44] – o que faz com que se atente, mais ainda, nas outras e diversas classes de recebimentos que podem ser originados da atividade empresária, e ainda mais conside-

40 Idem, t. II, § 140, p. 85.

41 A jurisprudência do Egrégio TJRS trata de modo pacífico a questão. *Vide*: (Agravo de Instrumento n. 70044299543, Sétima Câmara Cível, Tribunal de Justiça do RS, Rel. Sérgio Fernando de Vasconcellos Chaves, j. 26.12.2011); (Apelação Cível n. 70026874040, Sétima Câmara Cível, Tribunal de Justiça do RS, Rel. José Conrado Kurtz de Souza, j. 26.05.2010); & (Agravo de Instrumento n. 70032663205, Sétima Câmara Cível, Tribunal de Justiça do RS, Rel. Sérgio Fernando de Vasconcellos Chaves, j. 24.03.2010).

42 "Se A empresta o dinheiro a B, o dinheiro passa a ser de B; não poderia dar frutos para A. Fica a A o crédito contra B, e êsse dá frutos *vi legis* a favor de A." PONTES DE MIRANDA. *Tratado de direito privado*. 2. ed., t. II, 1956, § 140, p. 86.

43 Trecho da ementa: "[...] Em vista disso, no caso, os dividendos que são frutos das ações que o agravado possui junto às empresas referidas nos autos, devem ser partilhados por representarem um acréscimo no patrimônio do casal. As bonificações, por se constituírem em produto, não ingressam na comunhão. Recurso desprovido". (Agravo de Instrumento n. 70014665061, Sétima Câmara Cível, Tribunal de Justiça do RS, Rel. Ricardo Raupp Ruschel, j. 17.05.2006).

44 "Productos são as utilidades que se retiram da cousa diminuindo-lhe a quantidade, porque não se reproduzem periodicamente." CASTRO, Americo Mendes de Oliveira. *Regimens matrimoniaes*. Rio de Janeiro: O Social, 1927, p. 266.

rando-se que muitos deles dependem da própria deliberação que ocorre em Assembleia. Diz o autor:

> Não há dúvida que, enquanto os dividendos das ações constituem incontestavelmente frutos, as ações dadas em bonificação são produtos, pois não decorrem necessária ou normalmente da vida societária e importam em desvalorização das ações bonificadas, que sofrem uma redução no seu preço ou valor em virtude da emissão das novas ações distribuídas gratuitamente aos acionistas[45].

Nessa esteira não se pode, portanto, confundir frutos com produtos, de tal sorte que, em sendo o produto um acessório, segue a natureza do principal. Dessa feita, se não é comunicável o principal, tampouco o é o acessório[46].

Seção II
A transmissão patrimonial *inter vivos*: o exercício da boa-fé objetiva pelos sócios e a participação nos lucros pelo Separando

1. O exercício da boa-fé objetiva pelos sócios

Importante alertar que é a predominância do caráter de pessoalidade decorrente das relações estabelecidas entre os sócios que faz com que seja definida a sociedade como uma sociedade de pessoas. A característica da pessoalidade, todavia, não é exclusiva dessas sociedades, pois pode haver pessoalidade[47], também, nas sociedades de capital. A própria polarização que surge entre o conceito de *sociedade de pessoas* e *sociedade de capital* merece anotada ressalva, observando-se, em doutrina específica[48], ser impossível haver qual-

---

45 WALD, Arnoldo. *O novo direito de família*. São Paulo: Editora Saraiva, 2005, p. 655.

46 CASTRO. *Regimens matrimoniaes*, op. cit., p. 266. E no mesmo sentido, *vide*: WALD. *O novo direito de família*, op. cit., p. 655.

47 "Por outro lado, não se há de pretender que, nas sociedades de pessoas, o vínculo seja pessoal, mas, nas sociedades por ações, real. O vínculo pessoal existe em tôdas as sociedades e, se, nas sociedades por ações, ações há que se tenham de considerar como bens móveis, *res*, negociáveis como coisas, nem isso se afasta a vincularidade pessoal, que se revela nos direitos dos sócios legitimados às assembléias e outras deliberações, nem a vincularidade é real." PONTES DE MIRANDA, Francisco Cavalcanti. *Tratado de direito privado*. 3. ed., t. XLIX. São Paulo: Revista dos Tribunais, 1984, § 5.179, p. 76.

48 A título de exemplificação: "Todas as sociedades são de pessoas e de capitais a um só tempo. Nas sociedades de capitais observam-se traços personalistas acentuados, como as limitações à circulação das ações, e nas sociedades de pessoas introduzem-se cláusulas permitindo a continuação da sociedade em caso de morte, falência ou incapacidade de um dos sócios, bem como a livre cessão das quotas a terceiros obedecidas essas for-

quer sociedade sem que existam pessoas e sem que persista, da mesma forma, capital investido.

Ressalvado que a característica da pessoalidade não é exclusiva, mas predominante, cabe a observação de Pontes de Miranda, ao alertar: "A distinção entre sociedades de pessoas e sociedades por ações é a que mais importa. Com ela é que se evitam as confusões oriundas de se opor ao conceito de sociedades de pessoas o de sociedades de capitais"[49].

De fato, nas sociedades de pessoas, sendo nuclear o elemento "pessoalidade", é de enorme importância abrir os olhos para a constante e necessária atenção às qualidades pessoais dos sócios e ao que podem desenvolver em prol da sociedade. Nominalmente, acabam por escolher os sócios tendo em vista que já se conhecem mutuamente[50]. E, assim como eles, os terceiros que com a sociedade se relacionam terminam por levar muito mais em conta na linha de frente da sociedade empresária a pessoa dos sócios[51]. Nas palavras de Dalmartello, quem contrata com a sociedade, na realidade, põe fé nas qualidades morais, intelectuais, profissionais ou na capacidade econômica de cada sócio[52].

No mesmo sentido, Egberto Lacerda Teixeira dispõe que nas sociedades de pessoas os atributos dos sócios são determinantes para se estabelecer o vínculo, e de tal forma que é na "confiança recíproca, no crédito, na solvência, na experiência dos sócios"[53] que irá repousar o nexo sustentador da união de todos. Consequentemente, isso vem a determinar, também, o tipo societário pelo qual acabam optando os sócios no momento da constituição da sociedade, sendo alto o grau de intensidade dos deveres de lealdade, entre outros, que tornam viável a mantença de relações de confiança e, consequentemente, da condição e da própria pessoa dos sócios em sociedades que foram constituídas *intuitus personae*.

Dessa forma, pelo contrato de sociedade, a partir de sua classificação clara e específica como um contrato de colaboração entre sócios, conseguem eles chegar ao denominador comum de se reunir em torno de um único in-

malidades". TEIXEIRA, Egberto Lacerda. *Das sociedades por quotas de responsabilidade limitada:* atualizado de acordo com o novo código civil. 2. ed. São Paulo: Quartier Latin, 2006, p. 25.

49 PONTES DE MIRANDA. *Tratado de direito privado.* 3. ed., t. XLIX. São Paulo: Revista dos Tribunais, 1984, § 5.179, p. 76.

50 LUCENA, José Waldecy. *Das sociedades por quotas de responsabilidade limitada.* 2. ed. atual. e ampl. Rio de Janeiro: Renovar, 1997, p. 41.

51 Idem, ibidem.

52 DALMARTELLO, Arturo. *L'esclusione de soci dalle società commerciali.* Padova: CEDAM, 1939, p. 75.

53 TEIXEIRA. *Das sociedades por quotas de responsabilidade limitada,* op. cit., p. 24.

teresse[54] – o interesse da sociedade. Assim coloca Francesco Ferrara: "Nos contratos de colaboração, ao contrário, o escopo que move os contratantes é comum a todos. Na sociedade, todos os contratantes buscam conseguir um ganho. Portanto, não há diversidade, e sim comunhão de fins"[55].

Para que isso possa acontecer, é indispensável a consideração que os sócios têm uns com os outros, que vai muito além das características de afinidade e de interesses em comum – e não só os econômicos, mais ainda: "[...] existe entre esses membros uma verdadeira relação de solidariedade, a qual muitas vezes exige o sacrifício do interesse próprio em prol da instituição"[56]. Vera Helena Mello Franco é uma das autoras que comunga da ideia relacionada ao alcance do fim comum, nos seguintes termos: "Desde o momento da conclusão do contrato os sócios comprometem-se a adequar seus comportamentos para a realização do fim comum"[57].

Portanto, consabido que os sócios dessa sociedade limitada se uniram a favor da realização de um único interesse – o fim comum –, que não necessariamente será o interesse individual de cada um. O interesse ou fim comum é supraindividual. É, igualmente, o elemento de ligação entre os sócios, que se uniram levando em consideração a proximidade de valores e a qualidade de que dispunham e que foi determinante para levar à sua união[58].

Reiterando, portanto, o caráter *intuitus personae* da sociedade, as cláusulas contratuais enunciadas pelos sócios no momento da contratação da sociedade podem ser, de certa forma, manifestação da pessoalidade que existe entre eles. Mas tal estado irá depender, por óbvio, das opções que realizarem, uma vez que já escolheram ser sócios entre si. E, dentre essas possibilidades, algumas se concretizam expressamente por meio de cláusulas que condicio-

---

54 "Allora se sosteneva que la società non presenta comme connotato essenziali un conflitto di interessi tra i soci, ma al contrario presenta un fenomeno di coincidenza, di convergenza di interessi, per cui la figura del contratto non sarebbe la più idonea a descriverlo". JAEGER, Pier Augusto; & DENOZZA, Francesco. *Appunti di diritto commerciale.* I. Impresa e società. Terza Edizione. Milano: Giuffrè, 1994, p. 110.

55 No original: "Nei contratto di collaborazione invece lo scopo che anima i contraenti è comune a tutti. Nella società tutti i contraenti mirano a conseguire un guadagno. Quindi non si ha diversità, ma comunanza di scopo". FERRARA, Francesco. *Gli imprenditori e le società.* Milano: Giuffrè, 1946, p. 97.

56 VITA NETO, José Virgílio. A sociedade limitada no novo código civil. *Revista de Direito Mercantil, Industrial, Econômico e Financeiro*. São Paulo, v. 42, n. 130, pp. 207-29, abr.--jun. 2003, p. 217.

57 FRANCO, Vera Helena de Mello. *Manual de direito comercial.* v. I, 2. ed. São Paulo: Revista dos Tribunais, 2004, p. 176.

58 SILVA, Américo Luís Martins da. *Sociedades empresariais.* v. 1. Rio de Janeiro: Forense, 2006, p. 51.

nam a manutenção da sociedade sobre qualquer manifestação do desempenho da figura *pessoal* do sócio[59].

Outras cláusulas podem, ainda, ser pactuadas, como as que venham a bloquear o ingresso de meeiros ou herdeiros de sócios no quadro social. Essas estão conectadas com a possibilidade, ou não, de *transferência de participação societária*, o que pode ser comprovado pela necessidade de concordância de todos os sócios, para que ocorra a continuidade da sociedade na pessoa dos seus meeiros ou herdeiros[60].

A respeito disso, portanto, mais especificamente, causa grande desconformidade a disposição do legislador, e configura uma forma em tudo desconexa com o necessário pagamento da meação do meeiro, o que deveria se desencadear automaticamente do desfazimento da sociedade conjugal da qual emergissem bens a partilhar.

Vale dizer, a forma como a lei propõe sejam partilhadas em decorrência do regime matrimonial as quotas de sociedade empresária necessita iminente alteração, tendo-se em vista a inviável imposição para que o cônjuge que não é sócio da sociedade passe a depender desta e do seu ex-consorte para receber seus haveres.

Bem sabido é que essas características de pessoalidade que aproximam os sócios também facilitam as escolhas entre si, ainda mais no momento em que um deles enfrenta processo de separação ou divórcio e necessita, portanto, alcançar ao ex-cônjuge a participação nos lucros a que tem direito, conforme determinado em lei.

---

59 José Waldecy Lucena desenvolve expressamente o tema das cláusulas e esmiúça a possibilidade de disposição no sentido de colocação da cláusula *mortis* ou cláusula de continuação, que pressupõe a continuidade da sociedade na pessoa dos herdeiros; a possibilidade de aquisição das quotas do falecido sócio pela sociedade; a dissolução parcial, com a liquidação das quotas do sócio falecido; e, ainda, a dissolução total da sociedade: "Assim, podem os sócios, a seu líbito, dispor a respeito no contrato social da maneira que melhor convier a seus interesses". LUCENA. *Das sociedades por quotas...*, op. cit., p. 768.

60 Muito embora uma das maneiras de se determinar e garantir o *intuitus personae* das sociedades seja no momento da transferência das quotas, é de se ressaltar que há outras formas de se prever o procedimento: "Tratando-se, porém, de Ltda., o falecimento do sócio quotista pode desencadear consequências diversas, dependendo do que estiver previsto no contrato social. Normalmente, ocorre o desfazimento parcial do vínculo societário em relação ao sócio falecido, com o pagamento de seus haveres aos respectivos herdeiros, ressalvado o prosseguimento das atividades sociais com os sócios sobreviventes". PINTO JUNIOR, M. E.. A opção entre a forma LTDA. ou a S.A.. *Revista de Direito Mercantil Industrial, Econômico e Financeiro*, v. 79, p. 26-33, 1990, p. 30. Alerta-se, contudo, que, conforme mencionado, não é objeto desta tese analisar de que forma irá ser partilhado o patrimônio se referidas cláusulas existirem, e sim apenas trata o discorrido de alertar para mais uma das formas em que a pessoalidade se manifesta.

Nesse momento surge o impasse a respeito do comportamento que deve ser esperado dos sócios, ignorando-se, desde logo, sua intenção frente ao caso concreto; vale dizer, nada importando a consciência individual do sujeito, observando-se, unicamente, que não esteja lesionando direito de outrem ou violando regra jurídica.[61]

Isso é o buscar o comportamento de acordo com um padrão de conduta objetivo, de acordo com a boa-fé objetiva. Segundo Menezes Cordeiro[62], o dever de atuar segundo a boa-fé objetiva – entendida como regra de conduta – diz diretamente com os deveres de proteção, seja qual fosse a fase de desenrolar da obrigação, considerada a obrigação como um processo, segundo o pensamento de Clóvis do Couto e Silva[63].

No caso concreto, discute-se o que é esperado dos sócios do separando ou divorciando, independentemente de existir ou não relação jurídica diretamente com o ex-cônjuge, que espera unicamente a participação nos lucros, conforme facultado por lei – por mais absurdo que referido reconhecimento possa ser.

Surgem daí deveres de colaboração entre as partes, deveres de proteção e de informação, aviso e aconselhamento[64]. Em especial, surgem os deveres de cooperação e de lealdade entre as partes, considerando a lealdade ao fim comum[65] – conjuntural ou ao pontualmente estabelecido.

Na seara da atividade empresarial, é necessária a clareza a respeito dos usos do tráfico para a realização da atividade e com o ambiente de mercado, adquirindo, assim, o princípio da boa-fé tons e cores modulados por paleta de significações decorrentes do viés confiança[66].

Assim sendo, conforme coloca Menezes Cordeiro, com a evolução da doutrina e da jurisprudência, deve ser destacada a evolução da concepção dos deveres emergentes da boa-fé objetiva, de tal sorte que:

---

61 MARTINS-COSTA, Judith. O direito privado como um sistema em construção: as cláusulas gerais no projeto do código civil brasileiro. *Revista dos Tribunais*, São Paulo, n. 753, pp. 24-48, 1998.

62 MENEZES CORDEIRO, António Manuel da Rocha e. *Da boa-fé no direito civil*. Coimbra: Almedina, 2001.

63 COUTO E SILVA, Clóvis Veríssimo do. *A obrigação como processo*. São Paulo: José Bushatsky Editor, 1976.

64 MARTINS-COSTA, Judith. O direito privado como um sistema em construção: as cláusulas gerais no projeto do código civil brasileiro. *Revista dos Tribunais*, São Paulo, n. 753, pp. 24-48, 1998.

65 MARTINS-COSTA, Judith. *A boa-fé no direito privado:* critérios para a sua aplicação. São Paulo: Marcial Pons, 2015.

66 MARTINS-COSTA, Judith. *A boa-fé no direito privado:* critérios para a sua aplicação. São Paulo: Marcial Pons, 2015.

> [...] a exigência duma actuação de boa fé deriva do sistema e não de qualquer vontade das partes, que mais não podem do que conformar-se, querendo permanecer no domínio do jurídico[67].

2. A eventual participação nos lucros pelo Separando não sócio

Os cônjuges, ao se tornarem meeiros e, portanto, coproprietários das quotas da sociedade empresária, passam a exercer os seus direitos de modo determinado pela disciplina do Direito Societário frente ao regramento específico da sociedade. Assim irá permanecer o patrimônio comum do casal até que seja realizada a partilha, quando, então, passará cada um deles a ter total e irrestrita possibilidade de administração sobre o que é, definitivamente, seu e somente seu.

Não obstante, o que surge para a análise aponta diretamente para a disciplina do direito patrimonial reconhecido aos ex-cônjuges de sócios, que devem, portanto, receber os lucros originados em exercício de sociedade, como determina o art. 1.027 do Código Civil, no momento do desfazimento da sociedade conjugal[68].

Cabe alertar que, muito embora a lei tenha aparentemente optado pelo método taxativo[69] ao se referir, somente, a ex-cônjuges, a interpretação há de ser sistemática e valorativa, a partir do pálio judicial, reconhecendo ao ex-companheiro os mesmos direitos concedidos no art. 1.027 do Código Civil, tendo em vista a equiparação alcançada às entidades familiares. Assim está no enunciado legal:

> Art. 1.027. (CC/2002) Os herdeiros do cônjuge de sócio, ou o cônjuge do que se separou judicialmente, não podem exigir desde logo a parte que lhes couber na quota social, mas concorrer à divisão periódica dos lucros, até que se liquide a sociedade.

---

67 MENEZES CORDEIRO, António Manuel da Rocha e. *Da boa-fé no direito civil*. Coimbra: Almedina, 2001.

68 É importante alertar que a referência é feita ao desfazimento da sociedade conjugal, muito embora a lei trate de separação judicial. Posteriormente à entrada em vigor do Código Civil, com a EC n. 66/2010, suprimiu-se o requisito da separação judicial prévia, bem como o requisito da separação de fato, podendo a parte optar pelo divórcio direto, sem tempo mínimo, ou então por separação judicial, se assim for conveniente.

69 O artigo, na realidade, deve ser aplicado não só aos cônjuges de sócios, mas também aos seus herdeiros, o que se depreende de sua leitura. Entretanto, o estudo diz respeito à análise da sociedade conjugal e à administração de seu patrimônio no momento de seu rompimento, de tal sorte que não realiza aprofundamento, a fim de aventar a possibilidade de que fosse dado início ao ajuizamento de processo para apuração de haveres por parte dos herdeiros do separando de sócio.

O desdobramento da posição da figura do cônjuge (ou do companheiro, portanto), por força do recebimento de sua meação originada ao fim da sociedade conjugal, pode ocorrer de diverso modo. Com a existência da subsociedade, estariam os cônjuges ligados um ao outro, mas aquele alheio à sociedade, a princípio, dela nada poderia exigir, tendo-se em vista que o seu direito seria limitado à sociedade existente em relação às quotas que são objeto da sociedade conjugal[70]. Assim vem decidindo a jurisprudência desde há muito, nos termos do voto proferido pelo Eminente Ministro Eduardo Ribeiro, que concluiu:

> As cotas de sociedade limitada, enquanto representando direito patrimonial de participar dos lucros e da partilha do acerto líquido, em caso de dissolução, integram, em princípio, a comunhão, nada importando que figurem em nome de um dos cônjuges. O que não se comunica é o *status* de sócio[71].

Dessa feita, o legislador, ao propor a disciplina do artigo em comento, tratou de facultar ao meeiro, apenas, a cobrança dos lucros da sociedade, de tal forma que poderia, no curso da separação ou do divórcio – enquanto ainda não finalizado –, exigir que lhe tivessem sido alcançados os valores que receberia pelos dividendos. Isso significa, também, negar ao meeiro qualquer direito de acionar a sociedade na cobrança de haveres decorrentes da participação societária[72], tudo nos termos do art. 1.027 do Código Civil. Segundo Arnoldo Wald, "esta escolha legislativa, à primeira vista, tem a in-

---

70 A jurisprudência vem consolidando cada vez mais o entendimento de que, no momento da partilha, o cônjuge ou companheiro recebe os seus haveres, mas não entra na sociedade. Surge trecho de julgado do TJRS: "Não há ingresso do outro cônjuge na sociedade, mas poderá exercer direitos sobre as quotas do cônjuge/sócio, dentre eles o de participar dos respectivos lucros sociais, e participar no acervo social que for apurado quando liquidada a sociedade" (Apelação Cível n.70002181428, Sétima Câmara Cível, Tribunal de Justiça do RS, Rel. Luiz Felipe Brasil Santos, j. 04.04.2001).

71 STJ, REsp n. 248.269-RS, 3ª Turma, Rel. Min. Eduardo Ribeiro, j. 02.05.2000, *RSTJ* 136/296.

72 Em tradução livre: "A dissolução do patrimônio unitário e a transferência de seus elementos para os patrimônios individuais dos participantes exigem sempre um estágio de liquidação cujo objeto, uma vez pagas as dívidas que gravavam o patrimônio, consiste em distribuir o ativo entre os diversos partícipes". No original: "La dissolución del patrimonio unitario, y la tranferencia de sus elementos a los patrimonios individuales de los partícipes, exige siempre un estadio de liquidación, cuyo objeto, una vez pagadas las deudas que gravaban el patrimonio, consiste en distribuir el activo entre los diversos partícipes". VON TUHR, Andreas. Derecho Civil - Teoria general del derecho civil aleman. Buenos Aires: Editorial Depalma, 1946, p. 437.

tenção de dar proteção ao patrimônio da sociedade, tentando-se evitar a sua descapitalização"[73].

Pelo que se depreende, o que procurou o legislador fazer foi, também, evitar o ajuizamento de ação de dissolução – ainda que parcial – por parte do meeiro, tendo-se em vista a necessidade de estabilidade, intrínseca ao desenvolvimento de qualquer atividade empresarial. Dessa forma, a única alternativa ao meeiro para que receba os seus direitos patrimoniais decorrentes da partilha de bens seria aguardar a liquidação de sua quota – ou melhor, da quota do casal, da qual são os dois proprietários em mão comum, o que faz com que se torne dependente do sócio da sociedade, que é o *seu* sócio na sociedade conjugal, porém, como dito, é o único sócio da sociedade empresária.

Portanto, deve-se relembrar que há pontos de encontro e congruência entre a sucessão de direitos pela transferência patrimonial que ocorre no universo societário entre um casal – ou seja, *inter vivos* ou *causa mortis*. E há, também, um ponto de desencontro e incongruência nesse mesmo fenômeno, a saber: o tratamento dado pelo legislador ao meeiro – quando, de antemão, a ele impossibilitou a cobrança de seus haveres, facultando-lhe apenas o recebimento em relação aos dividendos.

Por via dessa incongruência, parece que a sociedade empresária busca manter-se unida indefinitivamente ao meeiro do sócio – que dela *não* é sócio –, tendo-se em vista que não lhe faculta, pela lei, a exigência dos valores referentes à quota social. Isso significa dizer que permanece o exercício dos direitos em relação às quotas condicionado ao alvitre dos sócios outros da sociedade, considerando-se que ao meeiro dos sócios não cabe qualquer tipo de ingerência na administração de seu patrimônio, que passou a ser formado, também, pelas quotas – eis que o Código Civil concedeu o direito de divisão periódica sobre os lucros e somente estes.

Daí já surge a outra polêmica a respeito do que, e quanto, deverá ser distribuído, efetivamente, e qual a titularidade do recebimento por parte do meeiro, frente ao risco e à possibilidade de manipulação de resultados pelo consorte que é sócio – acompanhado de seus sócios –, e o único do casal, da sociedade empresária. Isso pode ocorrer tendo-se em vista que as margens de definição do que é efetivamente lucro e o que constitui os haveres podem deixar pouco espaço para a partilha de bens, ou, pelo contrário, até mesmo podem deixar muito a partilhar, e consequentemente desagradar, aquele consorte que é sócio da sociedade empresária e que pretende, portanto, trazer muito menos do que o devido à colação.

Assim sendo, depois de reiterada aplicação em sentido insustentável, ou seja, no sentido do art. 1.027 do Código Civil, em sua literalidade, o Superior Tribunal de Justiça acabou alterando seu posicionamento, de tal sorte a per-

73 WALD, Arnold. *Comentários ao novo código civil*, v. XIV, livro II, p. 202.

mitir que aquele meeiro que não fizesse parte da sociedade pudesse, enfim, apurar seus haveres, conferindo-lhe legitimidade para tanto.

A disposição legislativa, que se mostra incoerente e não harmônica ao sistema, vem sendo transformada por conta do nascente modelo jurisprudencial[74], elaborado pelo Tribunais – a se crer no acerto da virada promovida pelo Superior Tribunal de Justiça –, e que vem superar as deficiências no ordenamento legislativo[75].

De fato, esse nascente modelo permite a apuração de haveres, a fim de se garantir que não haja uma ligação *ad eternum* entre a sociedade empresária e o meeiro, até porque é de enorme importância relembrar-se que a própria sociedade conjugal que antes mantinham conjuntamente já se acabou.

Em palavras pontuais sobre o tema, o Ministro Alberto Menezes Direito reconheceu a necessidade de conceder o direito de busca dos seus haveres pelo cônjuge que não é sócio da sociedade empresária, nos seguintes termos[76]:

> Não autorizar que tal seja possível, ou seja, vedar a legitimidade ativa nesses casos, significa negar valor ao bem partilhado, gerando consequências lesivas ao patrimônio do cônjuge meeiro. Se sócio não é, não se lhe pode negar o direito de apurar os seus haveres, que judicialmente foram-lhe deferidos[77].

Por certo, resta claro que, ainda assim, mesmo com a superação proposta pelo Superior Tribunal, não são ultrapassadas as fronteiras estabelecidas pelo universo societário com o alcance dos direitos patrimoniais ao meeiro; vale dizer que este continua sem ter chance de exercer qualquer direito político[78]; ou, mais especificamente: "A qualidade de sócio é singular e formada pela livre manifestação de vontade daqueles que pretendem juntar-se para a consecução de um objetivo comum, qual seja, a realização do objeto comum da sociedade"[79].

---

74 REALE, Miguel. *Fontes e modelos do direito:* para um novo paradigma hermenêutico. São Paulo: Saraiva, 1994a, p. 69.

75 ENGISCH, Carl. Introdução ao pensamento jurídico. Lisboa: Fundação Calouste Gulbekian, 1972, p. 275.

76 Na ocasião, o Min. Menezes Direito contrariou o voto do relator, Min. Waldemar Zveiter, que não reconhecia o direito à apuração de haveres, e foi acompanhado pelo Pleno no seu voto, que veio a revolucionar o entendimento da Corte, de tal forma que teve sucesso o pleito, por maioria.

77 STJ, REsp n. 114.708-MG, 3ª Turma, Rel. Min. Waldemar Zveiter, j. 19.02.2001, *RSTJ* 148/277.

78 SILVEIRA. *A sucessão causa mortis na sociedade limitada*, op. cit., p. 64.

79 "Ou seja, no aspecto patrimonial das quotas, o contrato social pode limitar o direito hereditário dos herdeiros do sócio falecido, limitando o direito ao valor pecuniário das

Entretanto, finalmente, em 2015, com a entrada em vigor do novo Código de Processo Civil, foi normatizado o que até então era somente jurisprudência, a dizer, o direito do cônjuge do sócio de ajuizar o processo para a apuração de seus haveres[80]. Muito embora os ajuizamentos ainda sejam tímidos nesse sentido, já vem reconhecido o direito, tendo em vista a reforma na legislação, que já se fazia urgente[81].

Nessa esteira da recepção do novel Código de Processo Civil, mais razão ainda para que seja exercida a boa-fé dos sócios em relação aos cônjuges que formam subsociedades, mesmo que não exista previsão legal que a eles se aplique.

---

quotas, e no aspecto de direito pessoal, o contrato social pode criar o direito dos herdeiros do sócio falecido à participação societária na condição de sócio (*status socii*), em que estará agregado o aspecto patrimonial." SILVEIRA, *A sucessão causa mortis na sociedade limitada*, op. cit., p. 64.

80 "Art. 600. A ação pode ser proposta: [...]
Parágrafo único. O cônjuge ou companheiro do sócio cujo casamento, união estável ou convivência terminou poderá requerer a apuração de seus haveres na sociedade, que serão pagos à conta da quota social titulada por este sócio".

81 Para estudo mais aprofundado sobre o assunto, ver a tese desta autora, mencionada na primeira nota de rodapé, ainda inédita.

Boa-fé e imposição de obrigações pelo Estado: o caso da modulação dos efeitos das leis inconstitucionais

Ana Paula Oliveira Ávila

Introdução

A boa-fé, tema em que a homenageada é o maior expoente nacional, possui uma transversalidade que permite estudar também o Direito Público como um campo fértil à sua aplicação. Evidenciar as implicações da boa-fé no controle de constitucionalidade é uma forma de expressar a "marca de Judith" que trago comigo – em alusão ao fato de que a palavra ensinar tem sua origem no latim *in signare*, i.e., marcar com um sinal, gravar no espírito. Poucos professores ensinam seus alunos neste sentido e, aqui, escrevo sobre boa-fé e argumentação jurídica para expressar gratidão por tudo o que me foi "in signado" pela minha professora e amiga Judith, em suas aulas e para muito além delas. Às aulas de 1996 sobre argumentação e boa-fé se deve a escolha do caso para exame, oferecendo evidências de que a boa-fé pode orientar alguns pontos acerca dos efeitos produzidos pelos atos declarados inconstitucionais.

Quando a Lei n. 9.868 foi editada no ano de 1999, foi oficialmente introduzida em nosso sistema a possibilidade de o STF modular os efeitos dos atos declarados inconstitucionais nos casos em que razões de segurança jurídica e excepcional interesse social justificassem tal medida. Se, de um lado, a lei tinha a potencialidade de encerrar uma das mais acaloradas discussões do Direito Constitucional sobre a natureza do ato inconstitucional (se ato nulo ou anulável), por outro lado, novos problemas referentes à sua interpretação diante de questões concretas foram suscitados quanto à preservação dos efeitos produzidos pelas leis inconstitucionais. A proposta deste ensaio é discutir um desses problemas, respondendo, à luz do princípio da boa-fé, se o Estado pode se beneficiar da possibilidade de modulação dos efeitos quando as leis por ele editadas restringem a liberdade e o patrimônio dos cidadãos e são posteriormente declaradas inconstitucionais pelo Supremo Tribunal Federal.

A questão não é simples porque envolve, primeiro, a superação da tradicional dicotomia da teoria geral do Direito Civil que distingue entre o ato nulo e o anulável e deduz, a partir daí, o regime de efeitos aplicável. Com este exame, poderei responder a uma questão inicial, que é saber se é possível reconhecer efeitos jurídicos aos atos nulos e em que condições. Isso, contudo, só resolve parte do problema, pois outra pergunta pode ser formulada: a quem o reconhecimento dos efeitos do ato nulo deve aproveitar? Esta indagação implica a formulação de uma teoria interpretativa que deduza, a partir dos princípios fundamentais da Constituição, os cânones hermenêuticos adequados à integração da norma que autoriza a modulação dos efeitos dos atos inconstitucionais. Dois desses cânones serão pertinentes ao presente estudo: a dignidade da pessoa humana e a boa-fé.

As duas questões propostas exigem que se inicie pela compreensão da disposição contida no art. 27 da Lei n. 9.868/99. Esse dispositivo autoriza que o STF, por maioria de dois terços e diante de "razões de segurança jurídica" ou "excepcional interesse social", reconheça que os efeitos iniciais da declaração de inconstitucionalidade operem de modo parcial (*ex tunc* relativo ou parcial), *ex nunc* ou *pro futurum*. Tal autorização revolucionou, de certo modo, a tradição da Corte em declarar a inconstitucionalidade com efeitos *ex tunc* – tradição incorporada ao exercício da jurisdição constitucional brasileira por influência do Direito norte-americano, no qual o ato inconstitucional é equiparado a um ato nulo. De acordo com esta concepção, vigente por muitas décadas na jurisprudência do STF, a declaração de nulidade com efeitos *ex tunc* era a regra e a possibilidade de modulação dos efeitos temporais da decisão era algo absolutamente excepcional que ocorria longe de quaisquer das limitações contidas no art. 27 da Lei n. 9.868/99, a saber: maioria de 2/3 e justificativa com base na segurança jurídica ou excepcional interesse social.

É a indeterminação apriorística dos conceitos de "segurança jurídica" e "excepcional interesse social" que exige uma teoria interpretativa que oriente a integração desses conceitos. Isso porque, à margem de regras interpretativas adequadas, o dispositivo pode terminar sendo utilizado para solapar direitos e garantias constitucionais do indivíduo em detrimento de interesses obscuros ou pragmatismo político. Daí a importância em responder se o Estado, que é quem detém o poder legislativo limitador da autonomia do indivíduo, pode lograr benefício quando utiliza indevidamente o poder e edita normas contrárias aos limites estabelecidos na Constituição.

Passadas quase duas décadas da vigência da lei, percebe-se que a Corte tem se esforçado para manter os efeitos de ato inconstitucional somente em casos que implicam a preservação de direitos usufruídos pelo cidadão por conta da vigência da lei, numa das aplicações da chamada boa-fé objetiva: os direitos foram obtidos de boa-fé e na expectativa de que fossem legitimamente usufruídos[1]. De outro modo, nos casos em que as leis inconstitucionais,

1 Assim ocorreu, exemplificativamente, no *caso da modulação* ex nunc *dos efeitos de norma que criou a gratificação por risco de vida aos policiais militares e ao Corpo de Bombeiros do Distrito Federal* (ADI 3.791/DF, Pleno, Rel. Min. Ayres Britto, 16.06.2010; *o caso da manutenção de regras de aposentadoria e benefícios a servidores não efetivos* (ADI 3.106/MG, Pleno, Rel. Min. Luiz Fux, 13.08.2015); *caso da manutenção das regras de aposentadoria*

em decorrência de sua vigência, tenham imposto restrições ao cidadão ou estipulado deveres em detrimento da liberdade ou de outros direitos cuja inviolabilidade é assegurada pela Constituição, o desfazimento dos efeitos se impõe, com o retorno das partes ao *status quo ante*.

Esse "natural" desfazimento dos efeitos inválidos – ou a aplicação da regra geral do efeito *ex tunc* – vem sendo contestado em diversas ações de natureza tributária que aguardam julgamento pelo STF, principalmente no que diz respeito à inconstitucionalidade das contribuições sociais. São casos em que o Fisco requer ao Supremo a modulação de efeitos com o objetivo de bloquear a repetição do indébito ao contribuinte, ao argumento de que, fosse devida a devolução do tributo inconstitucionalmente exigido, estar-se-ia na iminência de grave prejuízo à saúde financeira do Estado. A tendência é de que, face à grave crise econômica que o país atravessa, argumentos desta natureza e propostas de arranjos políticos e pragmáticos se acumulem para exame dos Ministros. Pede-se que façam a "ponderação" entre os direitos de liberdade e propriedade do contribuinte, considerados invioláveis pela Constituição, e a "saúde financeira do Estado" – algo de que a Constituição se ocupa apenas implicitamente[2].

Este quadro justifica a relevância em se investigar as possibilidades de reconhecimento de efeitos aos atos nulos e a quem este reconhecimento pode beneficiar. Para respondê-las, este estudo se divide em duas partes, primeiro analisando o regime legal e jurisprudencial dos efeitos da inconstitucionalidade e, em seguida, propondo regras interpretativas a serem consideradas na aplicação da norma que permite a modulação de efeitos. É neste segundo momento que se poderá sentir a força da boa-fé e dos estudos de Judith Martins-Costa na integração do Direito Público brasileiro.

---

especial a policiais (ADI 2.904/PR, Pleno, Rel. Min. Menezes Direito, 15.04.2009); *caso da manutenção dos atos processuais praticados por defensores públicos em defesa de servidores públicos do RS* (ADI 3.022-2/RS, Pleno, Rel. Min. Joaquim Barbosa, 02.08.2004).

---

2 Não há na Constituição qualquer norma que eleve expressamente a proteção da saúde financeira à condição de princípio constitucional fundamental (alguns dos quais estão no art. 1º) ou objetivo fundamental da República (art. 3º), porém, trata-se de um fim implícito, garantido pela imposição de deveres ao Poder Público ao exigir-se, por exemplo, a responsabilidade fiscal dos governantes, a fiscalização por tribunal de contas e o equilíbrio nas contas públicas como princípio orçamentário. Portanto, segundo a Constituição, a saúde financeira e o equilíbrio nas contas públicas são fins que se garantem pela responsabilidade fiscal, e não às custas de obrigações indevidas pelo contribuinte à medida que seu patrimônio está expressamente protegido contra efeitos confiscatórios (art. 150, IV) e contra restrições à margem do devido processo constitucional e legal.

1. Regime de efeitos da inconstitucionalidade

Em geral, costuma-se definir qual tipo de invalidade atinge um determinado ato antes de recorrer-se ao regime de efeitos. Isso implicaria responder se o ato é nulo, do que decorreria uma censura de "inexistência"[3] ao ato e a consequente cassação de todos os efeitos por ele eventualmente produzidos, ou anulável, com potencialidade para produção de efeitos que pudessem ser posteriormente desconstituídos[4]. Por ocasião da tese de doutoramento que defendi junto ao programa da UFRGS, com esteio nas lições de Pontes de Miranda[5], sustentei que não se deve identificar nulidade com ineficácia, porquanto há atos nulos e anuláveis eficazes. Defendi também que os traços distintivos entre nulidade e anulabilidade remontam a aspectos exteriores às invalidades, não havendo uma identidade intrínseca a cada um desses tipos de invalidade[6]. Explico: muitas vezes o Direito expressa distinções concernentes à própria natureza das coisas (plano ontológico), como faz ao distinguir entre coisa móvel e imóvel, a fim de dispensar tratamento adequado a cada uma dessas situações. Outras vezes, as distinções são elaborações doutrinárias (metadiscurso) ou decorrem diretamente do direito objetivo (discurso), sem correspondência a atributos verificáveis na natureza das coisas porque são criações normativas. Tal é o caso da distinção entre ato nulo e anulável: será nulo tudo aquilo que o legislador assim definir, e o mesmo vale para o que seja anulável. Um exemplo ilustra essa circunstância: a simulação, no Código Civil de 1916, era tratada como ato anulável (art. 147, inc. II); agora, pelo CC de 2002, o mesmo defeito é causa de nulidade (art. 167), pois assim o legislador estipulou[7].

Essas observações interessam à medida que, por décadas, os constitucionalistas debateram acerca da natureza dos atos inconstitucionais, com a busca de argumentos peremptórios para classificá-los como ato nulo[8] ou

---

3 KASER, Max. *Direito privado romano.* Lisboa: Fundação Calouste Gulbenkian, 1992, pp. 80-81. Tal regime deve-se ao fato de que os romanos não distinguiam entre nulo e inexistência. Daí a afirmação de Pontes de Miranda: "Qualquer pessoa podia argüir ser nulo o ato, porque ele não existia, não era" (PONTES DE MIRANDA, Francisco Cavalcanti. *Tratado de direito privado.* São Paulo: Revista dos Tribunais, 1983, t. 4, p. 28).

4 MICHELON JÚNIOR, Cláudio Fortunato. Ensaio sobre a história, as possibilidades e os limites de uma teoria das invalidades dos atos jurídicos. *Revista do Ministério Público do Rio Grande do Sul,* Porto Alegre, Ciência Jurídica Nova Alvorada, n. 40, pp. 47-74, jan.-jun. 1998, pp. 67-68.

5 PONTES DE MIRANDA, 1983, op. cit., p. 23 e p. 29: "A distinção entre nulidade e anulabilidade é criação técnica".

6 AVILA, Ana Paula Oliveira. *A modulação de efeitos temporais pelo STF no controle de constitucionalidade.* Porto Alegre, Livraria do Advogado, 2009, p. 31.

7 Idem, pp. 32-33.

8 Conferir, na esteira do sistema de controle de constitucionalidade norte-americano:

anulável[9], sem que uma norma sequer (de quaisquer das Constituições brasileiras, nem na vigente e nem nas anteriores) dispusesse a respeito deste tipo de invalidade[10]. Daí que, no Brasil, até a Lei n. 9.868/99, ante a ausência de norma específica, o regime dos efeitos dos atos inconstitucionais decorria de uma tradição presente na jurisprudência do Supremo Tribunal Federal, a partir da interpretação do princípio da supremacia da Constituição e seu correlato "dogma da nulidade inconstitucional", em razão do qual:

> [...] atos inconstitucionais são, por isso mesmo, nulos e destituídos, em consequência, de qualquer carga de eficácia jurídica. [...] A declaração de inconstitucionalidade de uma lei alcança, inclusive, os atos pretéritos com base nela praticados, eis que o reconhecimento desse supremo vício jurídico, que inquina de total nulidade os atos emanados do Poder Público, desampara as situações constituídas sob sua égide e inibe – ante sua inaptidão para produzir efeitos jurídicos válidos – a possibilidade de invocação de qualquer direito[11].

BARBOSA, Rui. Os atos inconstitucionais do congresso e do executivo. In: *Trabalhos jurídicos*, Rio de Janeiro: Casa de Rui Barbosa, 1962, p. 70 et seq. CAPPELLETTI, Mauro. *O controle judicial de constitucionalidade das leis no direito comparado*. 2. ed. Porto Alegre: Fabris, 1992, pp. 47-48; WILLOUGHBY, W. W. *The constitutional law of the United States*. New York: 1910, v. 1, pp. 9-10; MARTINS, Ives Gandra da Silva; MENDES, Gilmar Ferreira. *Controle concentrado de constitucionalidade*. São Paulo: Saraiva, 2001, p. 313.

---

9 Na esteira do pensamento de Hans Kelsen a respeito do sistema de controle de constitucionalidade instituído na Constituição austríaca de 1920 (*Teoria pura do direito*. Tradução de João Baptista Machado. 3. ed. São Paulo: Martins Fontes, 1991, p. 287), computam-se entre os autores brasileiros: BONAVIDES, Paulo. *Curso de direito constitucional*. 9. ed. São Paulo: Malheiros, 2000, p. 301; MACHADO, Hugo de Brito. Declaração de inconstitucionalidade e direito intertemporal. *Revista Dialética de Direito Tributário*, n. 57, pp. 72-87, 2000, p. 76; FERRARI, Regina Maria Macedo Nery. *Efeitos da declaração de inconstitucionalidade*. 4. ed. São Paulo: Revista dos Tribunais, 1999, pp. 125-126.

10 Oportunamente, em 2009, critiquei: "É interessante questionar-se sobre *como* a regra da nulidade assumiu a condição de *dogma* na tradição brasileira. É que, constatada a existência de dois sistemas diferentes de controle de constitucionalidade das leis – modelo austríaco, abstrato, e modelo norte-americano, concreto – e, respectivamente, de duas formas distintas de atribuição de efeitos – *ex nunc* e *ex tunc* –, não se poderia, absoluta e aprioristicamente, negar validade a uma ou outra forma de se operar com os efeitos. Considerando que, no Brasil, os dois modelos de controle – abstrato e concentrado – operam paralelamente desde a Emenda Constitucional n. 16, de 26 de novembro de 1965, à Constituição de 1946, não deixa de causar estranheza a formação do *dogma da nulidade da lei inconstitucional*, que tornou a retroatividade dos efeitos da declaração um imperativo inarredável" (AVILA, Ana Paula. Op. cit., p. 45).

11 ADIQO 652/MA. Rel. Min. Celso de Mello, de 02.04.1992. Esta orientação segue, entre outros, precedente de 1977 – Representação n. 971, Pleno, Rel. Min. Djaci Falcão, 03.11.1977.

Essa concepção passou a ser excepcionada pelo art. 27 da Lei n. 9.868/99. Por meio dele, o legislador pretendeu regulamentar os efeitos decorrentes da declaração de inconstitucionalidade estabelecendo a prerrogativa de o Supremo Tribunal Federal, por maioria de dois terços e fundado em razões de segurança jurídica ou excepcional interesse social, restringi-los ou determinar que as declarações de inconstitucionalidade somente produzam efeitos a partir da publicação da decisão (*ex nunc*) ou de outro momento que entenda por bem fixar (*pro futurum*).

Criou-se, deste modo, um regime legal para conformar a tradição jurisprudencial, instituindo um novo sistema, em que a retroatividade dos efeitos é uma regra que deverá conviver com as exceções autorizadas em lei. Parece claro que, diante da ausência de atributos ontológicos às espécies de invalidade, é possível que tal regime seja normativamente conformado pelo legislador. Na disciplina escolhida:

> O legislador afastou-se de um modelo rígido e absoluto que obrigava à definição, por uma ou por outra natureza jurídica, a ser atribuída à inconstitucionalidade. Isso porque, quanto aos efeitos, o dispositivo permite que sejam disciplinados ora como se o ato inconstitucional fosse nulo, ora como se fosse anulável, ora como se fosse "ainda válido"[12].

Esta solução é adequada para ajustar uma série de problemas que decorrem da adoção de um regime rígido para a questão. Observe-se que no sistema norte-americano de controle, em que o ato inconstitucional é considerado nulo desde o célebre caso *Marbury v. Madison*, julgado em 1805 pela Suprema Corte norte-americana (em um sistema que se constrói a partir da jurisprudência como a expressão do *common law*), o dogma da nulidade já foi objeto de flexibilização diante de situações em que a cassação indistinta dos efeitos da inconstitucionalidade causaria grave prejuízo à segurança jurídica. O caso *Linkletter v. Walker*, de 1965, foi expressivo nesse sentido, ao considerar que a natureza dos efeitos da declaração de inconstitucionalidade – se retroativos ou prospectivos – é uma questão de política judicial (*judicial policy*), cabendo ao Poder Judiciário, a partir da valoração das circunstâncias e particularidades de cada caso concreto, fixar de que forma os efeitos seriam produzidos, se *ex tunc* ou *ex nunc*[13].

A seu turno, no sistema austríaco, em que o ato inconstitucional foi caracterizado como anulabilidade, com a consequente preservação dos efeitos por ele produzidos até o momento de sua anulação (*ex nunc*), o Tribunal Constitucional austríaco recebeu (mediante reforma constitucional operada

---

12 ÁVILA, Ana Paula. Op. cit., p. 22.

13 381 U.S. 618 (1965).

entre 1975 e 1976) poderes para a adoção de fórmulas diversas em relação aos efeitos temporais, que podem ser fixados *ex tunc*, *ex nunc* ou *pro futurum* (com termo inicial diferido, mas em prazo não superior a um ano)[14].

Esses dados, colhidos dos sistemas que inspiraram a conformação do controle judicial de constitucionalidade no Brasil, já poderiam justificar a superação do entendimento de que optar entre o nulo e o anulável seria algo indispensável para estabelecer o regime de efeitos dos atos inconstitucionais. Então, parece razoável que o legislador, num sistema em que coexistem os sistemas difuso e concentrado de controle, tenha fixado um regime inclusivo de diferentes formas de equacionamento dos efeitos, independente dessa tradicional classificação das invalidades. No regime legal da Lei n. 9.868/99, mesmo que seja a inconstitucionalidade um ato nulo, ela poderá ter seus efeitos reconhecidos (*ex nunc*) e até mesmo tolerados pelo período que seja fixado pelo STF (*pro futurum*). Portanto, o desfazimento segue sendo a regra, que admitirá exceções, com o que se pode responder à questão inicial afirmando que é possível reconhecer efeitos jurídicos aos atos nulos, desde que atendidas as seguintes condições: maioria qualificada de dois terços do tribunal e justificativa em razões de segurança jurídica ou excepcional interesse social.

No entanto, como dito na introdução, reconhecer que é possível manter a eficácia do ato nulo só resolve parte do problema, pois a ambiguidade dos motivos que justificam esta manutenção (razões de segurança jurídica ou excepcional interesse social) induz a novos questionamentos, a respeito da interpretação desses conceitos indeterminados e daqueles que possam se beneficiar das nulidades que justifiquem a invalidação das leis diante da situação concreta.

14 Cf. Constituição austríaca: Art. 140, "§ 5 The judgment by the constitutional court which rescinds a law as unconstitutional imposes on the federal chancellor or the competent state-governor the obligation to publish the rescission without delay. This applies analogously in the case of a pronouncement pursuant to Paragraph (4). The rescission enters into force on the day of publication if the Court does not set a deadline for the rescission. This deadline may not exceed one year." c/c § 7: "If a law has been rescinded on the score of unconstitutionality or if the constitutional court has, pursuant to Paragraph (4), pronounced a law unconstitutional, all courts and administrative authorities are bound by the court's decision. The law shall, however, continue to apply to the circumstances effected before the rescission, the case in point excepted, unless the court in its rescissory judgment decides otherwise. If the court has in its rescissory judgment set a deadline pursuant to paragraph (5), the law shall apply to all the circumstances effected, the case in point excepted, till the expiry of this deadline".

2. Argumentos que orientam a modulação de efeitos gerados por leis inconstitucionais

Essa prerrogativa de o Supremo Tribunal Federal determinar o reconhecimento e a permanência de efeitos de atos inconstitucionais gerou, e gera, muito desconforto em quem se propõe a estudar direitos fundamentais. Afinal, pela disciplina que o texto legal dispensa à matéria, o Supremo pode estipular os efeitos do ato inválido, algo que pode ocorrer "tanto em prejuízo dos direitos individuais, quanto de modo a assegurar a preservação dos bens jurídicos, direitos, garantias e princípios fundamentais, constitucionalmente previstos"[15]. Tudo dependerá da concretização do dispositivo, dos argumentos invocados na definição concreta dos seus conceitos abstratamente indeterminados e do sujeito beneficiado pelos efeitos reconhecidos.

Proponho analisarmos essa questão em duas partes, primeiro delimitando as regras argumentativas empregadas na interpretação de razões de segurança jurídica e excepcional interesse social e, após, cuidando da boa-fé e do problema em relação a quem a modulação deve aproveitar.

2.1. Das regras interpretativas que devem orientar a modulação de efeitos

A primeira norma a ser observada na interpretação é o *postulado da supremacia da Constituição*[16]. Para garantir que não haja ruptura da supremacia, parece lógico afirmar que a incidência do art. 27 da Lei n. 9.868/99 somente será compatível com a Constituição quando:

> Sua aplicação revelar o confronto entre pelo menos duas normas *constitucionais*, a saber: (norma X) a norma violada pela lei infraconstitucional; e (norma Y) a norma que protege as situações que se formaram por causa e durante a vigência da lei inconstitucional. Esse é o material a ponderar. A atribuição de efeitos diversos da regra (*ex tunc*) somente é válida se a melhor forma de resolver este confronto, segundo uma compreensão da Constituição como um todo, seja priorizar a segunda norma (Y) em face da primeira (X)[17].

---

15 AVILA, Ana Paula. Op. cit., p. 62.

16 Sobre a condição de postulado, e não de princípio, da supremacia da constituição, conferir AVILA, Ana Paula, op. cit., p. 65. Adota-se aqui o conceito de postulado normativo aplicativo proposto por ÁVILA, Humberto. *Teoria dos princípios:* da definição à aplicação dos princípios jurídicos. 17. ed. São Paulo: Malheiros, 2016, p. 163

17 AVILA, Ana Paula. Op. cit., pp. 66-67.

Noutras palavras, diante da decretação de uma inconstitucionalidade, a alteração do efeito *ex tunc* somente será adequada quando resultar a *sobrevalência de uma norma também constitucional* – aquela norma que tutela os bens preservados pela determinação de efeitos *ex nunc, ex tunc* parcial (reduzido) ou efeitos *pro futuro*, à decisão. Isso bloqueia, desde logo, interpretações casuísticas que considerem interesses meramente políticos ou pragmáticos em detrimento das normas constitucionais. A introdução de interesses não albergados na Constituição ao debate levaria à ruptura da supremacia, algo incompatível com as democracias constitucionais legítimas. Conforme já tive a oportunidade de registrar, "a grande questão está em demonstrar em quais situações a preservação dos efeitos de norma inconstitucional é também o meio de preservação da supremacia da Constituição"[18].

A delimitação da sede constitucional da discussão, contudo, não equaciona inteiramente o problema quando se está diante de uma Constituição analítica e compromissória, como é o caso da brasileira, que apresenta um rol bastante extenso de princípios, fins, competências, garantias, direitos e interesses que, frequentemente, encontram-se em situação de tensão. Nesse contexto, a tese defendida é a de que a modulação de efeitos só será válida quando o processo hermenêutico de integração resultar em proveito aos direitos fundamentais, sejam eles individuais ou coletivos.

A fluidez na significação abstrata das expressões "razões de segurança jurídica" e "excepcional interesse social" faz com que o intérprete realize uma integração da norma à luz dos elementos do caso concreto. Essa integração se opera geralmente com recurso ao pensamento tópico (problemático), proposto por Theodor Viehweg, em que se ponderam os *topoi* pertinentes ao caso. Contribuem nesse processo os valores, interesses, bens, pautas e argumentos materiais que o intérprete pode obter no próprio processo, a partir da problematização do conflito, os quais podem guiá-lo na escolha das normas e na sua compreensão[19]. A seleção desses *topoi*, no entanto, não ocorre livremente, sobretudo porque devem guardar referência com o direito objetivo para permitir a sindicabilidade da decisão. Larenz, neste ponto, de longa data asseverava que as normas que implicam uma dimensão valorativa pelo intérprete postulam um procedimento intersubjetivamente controlável, pressupondo que:

> O juiz concretize e especifique as diretrizes e os critérios de valoração que lhe são previamente dados na lei, mas também no direito jurisprudencial, tendo em vista a situação de fato a julgar, que precise e comple-

18 Idem, p. 69.

19 LARENZ, Karl. *Metodologia da ciência do direito*. 2. ed. Lisboa: Fundação Calouste Gulbenkian, 1989, p. 166.

mente, ponto por ponto, a situação de fato tomando em consideração os pontos de vista jurídicos que ache porventura adequados, e tal na justa medida e até o ponto em que nada mais se ofereça para uma decisão justa do caso[20].

Quem quer que tenha tido a oportunidade de conviver com Judith, sabe o quanto a tópica atraiu o seu interesse de pesquisadora na tarefa de uma delimitação do significado da cláusula geral da boa-fé. Apoiada por Zielinski e Viehweg, lecionava a mestra que a tópica é "a arte de ter presentes em cada situação vital as razões que recomendam e as que desaconselham dar um determinado passo – bem entendido, em ambos os sentidos, tanto as razões a favor como as razões em contrário". Essas razões relevantes são os tópicos. Estes tópicos são formados por pontos de vista e por tal razão não estão previamente fixados e ordenados, sendo que o intérprete os selecionará de forma mais ou menos arbitrária. Esta arbitrariedade na escolha dos tópicos que orientarão o processo de resolução não é, entretanto, absoluta, condicionando-se à sua função, que, para Viehweg, consiste em "servir a uma discussão de problemas". Até porque, ainda que não se tenha uma ordenação sistemática dos tópicos, não se poderá, por isso, considerá-los desordenados, ou seja, há a possibilidade de ordená-los em certos "repertórios de pontos de vista" ou "catálogos tópicos" previamente organizados[21].

Essa ideia inspira a proposta hermenêutica seguinte, cujo objetivo é orientar o intérprete na interpretação da norma que autoriza a modulação de efeitos, expressa em um conjunto de tópicos previamente organizados:

i. Só cabem na discussão tópicos filtrados pela Constituição

A primeira proposta, como já visto, é pela circunscrição dos *topoi* no âmbito das questões presentes na Constituição, sob pena de ruptura com a supremacia constitucional. Há um sistema interno que pode ser identificado nos princípios fundamentais que estruturam o sistema, tais como a legalidade e segurança jurídica, que fornecem parâmetros para uma hierarquização dos argumentos possíveis de serem empregados na justificação da decisão. Como decorrência desse sistema, outros tópicos podem ser aduzidos.

---

20 LARENZ, 1989, op. cit., p. 167, neste particular citando FIKENTSCHER.

21 MARTINS-COSTA, Judith. A *boa-fé no direito privado:* sistema e tópica no processo obrigacional. São Paulo: Revista dos Tribunais, 1999, p. 360.

ii. Entre vários argumentos, os institucionais prevalecem sobre os não institucionais

Argumentos institucionais são "aqueles construídos a partir do ordenamento jurídico vigente, assim da sua linguagem textual e contextual como dos seus valores e sua estrutura"[22], envolvendo tanto os *argumentos linguísticos* (que dizem respeito ao significado do texto que expressa a norma jurídica), como também os *argumentos sistemáticos* (aqueles que permitem a contextualização e combinação do texto com os demais elementos disponíveis no sistema jurídico). Esses argumentos operam para a compreensão inicial da norma, levando em conta os sentidos gramatical e semântico do texto a partir de sua relação com elementos textuais decorrentes da jurisprudência ou da doutrina que fazem parte de um fundo de conhecimento e convicções comuns partilhado a partir da experiência constitucional[23].

Em contraposição, há argumentos não institucionais, assim considerados aqueles que:

> Não fazem referência aos modos institucionais de existência do Direito. Eles fazem apelo a qualquer outro elemento que não o próprio ordenamento jurídico. São argumentos meramente práticos que dependem de um julgamento, feito pelo próprio intérprete, sob pontos de vista econômicos, políticos e/ou éticos[24].

Aqui reside o perigo dos argumentos meramente retóricos, pragmáticos ou consequencialistas, como por exemplo deixar de atribuir efeitos *ex tunc* à declaração de inconstitucionalidade apenas para evitar uma "enxurrada de

22 ÁVILA, Humberto. Argumentação jurídica e a imunidade do livro eletrônico. *Revista Diálogo Jurídico*, n. 5, 2001, p. 7. Disponível em: <http://www.direitopublico.com.br>.

23 MÜLLER, Friedrich. *Discours de la mèthode juridique*. Tradução de Oliver Jouanjan. Paris: Puf, 1993, p. 257. Mais adiante, na p. 263, Müller denomina essas "regras" não escritas de "standards" em Direito Constitucional. A lição de Müller corrobora a regra inicial que determina a filtragem dos argumentos relacionados às normas constitucionais (regra "a"): "O Direito Constitucional costumeiro, a título de complementar a Constituição, somente pode existir em conformidade com os fundamentos e regras particulares desta mesma Constituição, somente existindo *praeter constitutionem*. É uma consequência da opção pelo Direito Constitucional codificado, bem como da função limitadora dos textos constitucionais escritos. Nem o estabelecimento, nem a concretização do Direito infraconstitucional, nem a formação nem a concretização do Direito Constitucional não escrito podem se sobrepor aos limites inerentes à forma linguística da Constituição escrita" (traduzi).

24 AVILA, Humberto. Argumentação jurídica... Op. cit., p. 18. Prossegue o autor: "As consequências danosas de determinada interpretação e a necessidade de atentar para os planos de governo enquadram-se aqui."

ações individuais" ou um "rombo bilionário nas contas públicas". Na área tributária, esse tipo de modulação terminaria por instituir a "inconstitucionalidade útil", expressão cunhada pelo Ministro Marco Aurélio para referir o viés estimulante da atribuição de efeitos *ex nunc* às leis inconstitucionais:

> A partir do momento em que o Supremo não declara – como deve fazê-lo – inconstitucional uma lei desde o nascedouro, acaba por incentivar as Casas Legislativas do Brasil a editarem normas à margem da Carta Federal, para que subsistam, com a passagem do tempo, as situações constituídas – que, sob o ângulo do aperfeiçoamento, assim não se mostram –, as quais, posteriormente, serão endossadas, muito embora no campo indireto, presente a modulação. Acaba por surgir instituto novo, como já ressaltei no Plenário – o da inconstitucionalidade útil –, para o que, aliás, contribui a morosidade da máquina judiciária[25].

Por isso, a tríade legalidade-democracia-segurança, que é a base do sistema constitucional, fundamenta a regra de prevalência dos argumentos institucionais sobre os não institucionais, determinando que estes sejam considerados apenas quando fluírem na mesma direção daqueles, operando apenas no sentido de reforçar a decisão. Não se admite, deste modo, que argumentos políticos ou pragmáticos possam, sozinhos, justificar uma decisão. Trata-se de consequência da hierarquização formal do sistema jurídico, à medida que um argumento gramatical contextualizado no teor de um dispositivo constitucional vale mais que uma razão meramente pragmática não alcançada pela Constituição.

iii. Dentre os argumentos institucionais, os imanentes prevalecem sobre os transcendentes

Como visto, os argumentos não se equivalem à medida que possuem uma força justificativa distinta. Surge nova necessidade de hierarquização quando estamos diante de diversos argumentos institucionais que levam a soluções divergentes. Por isso distinguem-se os argumentos institucionais imanentes (gramaticais e sistemáticos) e transcendentes (*os argumentos históricos*, relativos ao momento em que a norma foi concebida e os *genéticos*, aqueles que consideram a vontade do legislador podendo adquirir uma conotação semântica, quando considera o significado que o legislador teria atribuído a

25 Embargos Declaratórios na ADI 352/RN, STF, Pleno, Rel. Min. Marco Aurélio, j. 27.09.2015.

determinada expressão ao legislar, ou uma conotação teleológica, se considera qual a finalidade por ele pretendida ao positivar a norma) [26].

Entre os autores contemporâneos da teoria constitucional, deve-se a Robert Alexy e a Friedrich Muller a preocupação com a organização da argumentação, por meio do estabelecimento de regras de preferência entre os diversos tipos de argumentos, que podem ser semânticos, genéticos, teleológicos, históricos, comparativos e sistemáticos[27]. Em face dessa diversidade, tais autores propõem uma hierarquização entre os argumentos, na direção de que alguns devem prevalecer sobre outros[28]. Nesse sentido, Alexy propõe a seguinte regra (J.7): "Os argumentos que exprimem uma ligação com o teor literal da lei ou com a vontade do legislador histórico prevalecem sobre os demais, a não ser que se possam apresentar outros motivos racionais que concedam prioridade a outros argumentos"[29].

A prevalência dos argumentos imanentes em face dos transcendentes decorre de que:

> O poder parlamentar é que tem representatividade democrática para tomar decisões; e o respeito a essas decisões é um elemento necessário ao princípio da separação dos poderes. Os argumentos sistemáticos decorrem da ideia de coerência do sistema jurídico, que se deixa reconduzir aos princípios fundamentais do Estado Democrático de Direito (art. 1º da Constituição Federal de 1988), sem os quais, em vez de controle jurídico do Estado, racionalidade do Direito pela clareza e previsibilidade e tutela plena dos direitos, há arbitrariedade. Os argumentos institucionais transcendentes (argumentos genéticos e históricos), por sua vez, não decorrem da força vinculativa do Poder Legislativo. Eles apenas indiretamente podem ser a ele reconduzidos, na medida em que exploram os trabalhos preparatórios ao conteúdo final dos atos legislativos

---

26 ÁVILA, Humberto. Argumentação jurídica..., op. cit., p. 17.

27 ALEXY, Robert. *Teoria da argumentação jurídica.* Tradução de Hilda Hutchinson Schild Silva. São Paulo: Landy, 2005, p. 204. Alexy divide os argumentos em seis grupos: os semânticos, que descrevem o uso da linguagem; os genéticos, que se referem à vontade do legislador; os teleológicos, que dizem respeito aos fins legalmente objetivados; os históricos, que fazem menção à reconstrução do momento em que a norma foi editada; os comparativos, que são concernentes à comparação entre os sistemas jurídicos; e os sistemáticos, que dizem respeito ao sistema jurídico globalmente considerado. É precisamente nesse contexto que Alexy propõe uma hierarquia entre os argumentos, considerando que alguns devem prevalecer sobre outros.

28 MÜLLER, Friedrich. *Metodologia do direito constitucional.* Tradução de Peter Naumann. 4. ed. São Paulo: RT, 2010, p. 97: em caso de contradição, os elementos metodológicos *strictiore sensu*, determinados elementos dogmáticos e os elementos do âmbito da norma precedem os elementos não diretamente referidos a normas.

29 ALEXY, op. cit., pp. 242-243.

> ou visam a reconstruir um momento histórico anterior. Os argumentos não institucionais ou meramente práticos nem mesmo indiretamente fazem referência à força vinculativa do Poder Legislativo; eles não se deixam reconduzir, por consequência, aos princípios imanentes ao Estado Democrático de Direito[30].

Com isso, se existem argumentos gramaticais e sistemáticos suficientes para a decisão, os históricos e genéticos terão uma força meramente persuasiva, se fluírem na mesma direção, ou serão impertinentes na decisão, caso sejam contrários àqueles. Ainda assim, a tensão entre normas constitucionais que protegem interesses conflitantes exige que a hierarquização seja ainda mais aprofundada, por meio do reconhecimento de uma regra de preferência material, para conflitos internos da Constituição.

iv. Dentre diferentes normas constitucionais concretamente conflitantes, prevalecem as que resguardam direitos fundamentais

Em relação às normas constitucionais, a própria Constituição, ao instituir que algumas normas são *normas fundamentais*, sugere o reconhecimento de uma hierarquia, no mínimo, axiológica, entre os seus preceitos. Daí por que, em congruência com o maior valor atribuído pela própria Constituição a determinados princípios e direitos, se haverá de atribuir maior peso ao argumento que privilegiar, dentro do contexto, esses mesmos princípios e direitos (os *fundamentais*).

Uma forma segura de reconhecimento dessa hierarquia axiológica dá-se pela própria interpretação literal: basta ater-se àquilo que o texto designa como fundamental e tem-se os valores a cuja proteção a argumentação haverá de convergir, em detrimento daquilo que não seja fundamental. Esse descompasso terminológico não é produto do acaso, por isso deve-se, na lição de Souto, ponderar que "os direitos e deveres individuais e coletivos do art. 5º são reunidos sob a rubrica constitucional: 'Dos direitos e garantias fundamentais'. Fundamental é aí o que está no fundo dos fundamentos. O que sustenta os próprios alicerces constitucionais"[31].

30 ÁVILA, 2001, op. cit., pp. 25-26. Na mesma direção segue a orientação de MÜLLER (1993, op. cit.), que concorda com a possibilidade de uma hierarquização abstrata que seja conforme ao princípio do Estado de Direito (p. 322); também considera que os argumentos diretamente relacionados ao texto normativo têm preferência em relação aos argumentos não diretamente relacionados ao texto normativo (pp. 320-321). Estes últimos "não oferecem mais que uma simples função auxiliar, ou sugestões quanto às possibilidades de precisão, determinação ou explicação da norma jurídica e da norma de decisão a ser estabelecida" (traduzi). Cf., ainda, pp. 323-324.

31 BORGES, José Souto Maior. Pró-dogmática: por uma hierarquização dos princípios constitucionais. *Revista Trimestral de Direito Público*, São Paulo, Malheiros, n. 1, 1993, p. 145.

De fato, a Constituição Federal, norma central e fundamental do ordenamento jurídico vigente, sustenta uma proposta teórica de hierarquização dos princípios, visto que é a base empírica da dogmática constitucional. Essa conclusão decorre da própria realidade normativa, consoante elucida Souto:

> Fora do ordenamento jurídico constitucional não há solução: nenhum outro critério para a hierarquização dos princípios constitucionais. Princípio fundamental, em contraposição aos demais, é o que a Constituição Federal diz que assim o é. Impossível portanto caracterizar aprioristicamente princípios de direito constitucional positivo, isto é, com prescindência de critérios ofertados pelo próprio texto constitucional. Conclusão que vale inclusive para a hierarquização dos princípios constitucionais. Essa solução não pode ser ofertada por nenhum direito alternativo[32].

Reconhecendo-se essa hierarquia, importantes consequências se farão sentir no jogo de argumentos que podem ser suscitados no preenchimento dos conceitos de *razões de segurança jurídica* e *excepcional interesse social*. Dela decorre um critério material de prevalência, que favorece a proteção dos direitos fundamentais do indivíduo e da dignidade humana em confronto com outros bens ou interesses, ainda que sejam constitucionais. Por isso, na tese defendida em 2007, asseverei que é preciso passar do discurso dos direitos fundamentais à prática dos direitos fundamentais no caso da modulação de efeitos:

> Ao lidar com os conceitos abertos do art. 27, é mister que o intérprete tenha em mente o dever de proteção dos direitos fundamentais e também o dever de otimização do sentido dos preceitos que os prevêem, de modo a jamais utilizar o dispositivo para assegurar a permanência de efeitos lesivos àqueles direitos, que eventualmente tenham sido produzidos por norma declarada inconstitucional. Com isso, quer-se afirmar que, quando a interpretação de *razões de segurança jurídica* ou *excepcional interesse social* ensejar um conflito que tenha em um dos pólos a proteção a direitos fundamentais do indivíduo, deve-se aplicar a regra de prevalência em favor desses direitos, em detrimento dos demais argumentos que possam ser invocados na questão[33].

v. Dentre normas fundamentais conflitantes, prevalecem aquelas que realizam mais intensamente a dignidade da pessoa

O constituinte de 1988 optou por não inserir a dignidade da pessoa humana no rol dos direitos e garantias fundamentais, atribuindo-lhe a condição

32 BORGES, idem, p. 146.

33 AVILA, Ana Paula, op. cit., p. 130.

de princípio fundamental. Esta previsão do art. 1º, inc. III, da CF, segundo Ingo Sarlet, declara explicitamente que o Estado existe em função da pessoa, e não a pessoa em função do Estado, uma vez que o indivíduo é, por essência, a finalidade principal e, não, meio para o Estado[34].

A par da condição de norma, a dignidade segue operante como um valor fundamental que orienta toda a interpretação do Direito, consubstanciando o principal *topos* a ser considerado, do qual se deduz "o imperativo segundo o qual em favor da dignidade não deve haver dúvida"[35].

Em suma, o emprego das regras argumentativas já acenaria para a conclusão de que a modulação de efeitos não pode operar em detrimento dos direitos fundamentais e da dignidade do indivíduo, que deverá ser considerado com primazia diante da pergunta final a ser respondida, sobre quem pode se beneficiar do reconhecimento de efeitos dos atos inválidos. Neste particular, a boa-fé também terá um papel a cumprir.

2.2. A cláusula geral da boa-fé e sua função no caso em exame

Na análise aqui proposta, sobressai a função hermenêutica da boa-fé, operando como uma diretriz valorativa que distancie essa cláusula de um mero "conjunto de *palavras encantadas*"[36]. O objetivo é evidenciar o *caráter orientador*[37] da boa-fé, pontuando, no campo da boa-fé objetiva, diversos

---

34 SARLET, Ingo. *Dignidade da pessoa humana e direitos fundamentais na Constituição Federal de 1988*. Porto Alegre: Livraria do Advogado, 2001, p. 67

35 SARLET. Ingo Wolfgang. *Dignidade da pessoa humana e direitos fundamentais na Constituição Federal de 1988*. Porto Alegre: Livraria do Advogado, 2001, p. 86. Considerando acertada a premissa de que os direitos fundamentais consistem em densificações da dignidade da pessoa, é de se concordar inteiramente com Sarlet que, em cada direito fundamental está presente um conteúdo ou, no mínimo, alguma proeminência, referente à dignidade da pessoa. Assim ocorre em relação à proteção da igualdade, da liberdade, da identidade pessoal, concretizada no respeito à privacidade, à intimidade, à honra e à imagem, todos princípios ligados à dignidade da pessoa, à sua integridade física e moral. O próprio direito à propriedade constitui-se em dimensão inseparável da dignidade da pessoa, na medida em que representa uma das condições para o exercício dos direitos de liberdade, bem como dos demais direitos ligados ao bem-estar do indivíduo. Sarlet afirma, inclusive, que o princípio da dignidade serve como critério para uma definição material de direito fundamental (que, ressalte-se, na Constituição Federal de 1988 é aberta, dado o teor do § 2º do art. 5º), de modo que seriam considerados fundamentais todos aqueles direitos cuja realização promova a dignidade, independente da catalogação formal do art. 5° da Constituição.

36 MARTINS-COSTA, Judith. *A boa-fé no direito privado:* critérios para sua aplicação. São Paulo: Marcial Pons, 2015, p. 441, nesta passagem citando a expressão original de Felix Cohen.

37 Idem, ibidem.

axiomas derivados da interpretação do direito objetivo pela doutrina e pela jurisprudência, aptos a auxiliar o operador na decisão sobre quais efeitos reconhecer em face dos atos inconstitucionais.

O *locus* constitucional da questão justifica-se nas razões apresentadas por Frotscher, ao relacionar o princípio da boa-fé com a necessidade de proteção da dignidade humana pelos Poderes Públicos. Forte na doutrina germânica, aduz que entre os principais objetivos do princípio da dignidade humana está a proteção e o respeito ao indivíduo, com a respectiva proteção dos seus direitos fundamentais, e tais objetivos não podem ser alcançados se o Estado, ao intervir na esfera social, não assegurar a estabilidade e a correção de sua ação[38]. Nesse sentido, parece lógico que um dos fundamentos da boa-fé seja a segurança jurídica, daí a afirmação de que sejam duas faces de uma mesma moeda, conforme Garcia Luengo:

> A segurança jurídica implica previsibilidade e estabilidade, tanto do ordenamento jurídico, como das disposições da autoridade estatal, sem consideração das relações pessoais. A boa-fé seria a vertente que leva em conta as relações pessoais que se travam entre o indivíduo e o Estado, pressupostas na ideia de confiança[39].

O poder de intervenção na esfera privada evidencia a desigualdade entre a posição ocupada pelo Estado (que está no comando e pode impor condutas aos cidadãos, operando restrições em sua liberdade por meio das leis), e a posição do cidadão, o sujeito obrigado ao cumprimento das leis criadas pelo Estado sob pena das sanções nelas previstas. Essa desigualdade é compensada de três modos: (a) a vigência de um regime democrático garante que, em tese, o cidadão tenha participação indireta (e em alguns casos, direta) na elaboração das leis que limitam suas liberdades; (b) dando forma à dignidade, existem direitos e garantias que a Constituição confere ao cidadão e que são oponíveis contra o próprio Estado, tais como a garantia do devido processo legal, que opera no modo de restrição das liberdades individuais ou do patrimônio; (c) o Poder Judiciário atua como garantidor desses direitos e garantias, devendo proteger o cidadão em caso de lesão ou ameaça (art. 5º, inc. XXXV, da CF/88).

A combinação entre esses elementos justifica a *confiança* do cidadão na ação estatal, um elemento central da boa-fé objetiva. Sobre o ponto, tem-se interessante tese sustentada por Otto Bachof, segundo a qual o princípio da proteção da confiança seria um instrumento de compensação da dependên-

---

38 Apud GARCIA LUENGO, Javier. *El principio de la protección de la confianza en el derecho administrativo*. Madrid: Civitas, 2002, p. 145.

39 Idem, pp. 149-150.

cia do indivíduo em face da ação estatal, protetivo da liberdade mediante a manutenção das decisões estatais que a implementam. Segundo Bachof:

> Quanto maior é a coação proveniente dos poderes públicos, quanto mais se restringe o comportamento dos indivíduos, quanto mais for o indivíduo dependente, em suas decisões e disposições, das resoluções dos poderes públicos, tanto mais está ele obrigado a confiar na confiabilidade dessas resoluções estatais. Por isso, [...] resulta que o poder unilateral de disposição do Estado (seja através de lei, seja através de ato administrativo) só resulta suportável e conciliável com o Estado de Direito, se corresponder ao indivíduo o direito a uma certa estabilidade das medidas estatais. A dependência, que tornou-se existencial, do indivíduo em função das resoluções dos poderes estatais deve corresponder-se com a possibilidade de se confiar em ditas resoluções[40].

Com efeito, a relação entre desiguais implica a noção de confiança ou *fides*, aqui expressa como os deveres de *amparo e proteção*, na melhor lição de Judith[41]. Além disso, implica a noção de lealdade, afigurando-se inconcebível que o Estado se volte contra o cidadão no exercício dos poderes e prerrogativas recebidos da Constituição.

Essa relação pontuada pela desigualdade nos leva a discernir duas situações: a atividade estatal que implementa direitos fundamentais do indivíduo (e assim deve fazê-lo em face do dever geral de proteção dos direitos fundamentais, a ele imposto pela Constituição) e a atividade estatal que restringe esses direitos ao impor obrigações legais aos cidadãos, a qual deve estar estritamente de acordo com a Constituição e o direito – afinal, ela é o nosso contrato, o *contrato social*. A proteção do cidadão é um dever; a restrição da liberdade, uma prerrogativa do Estado, e as prerrogativas estatais têm seu fundamento e forma de exercício determinados nas normas da Constituição.

Na primeira situação, em que a atividade estatal implementa direitos dos cidadãos, a boa-fé, na vertente da proteção da confiança, será invocada para garantir a permanência dos efeitos dos atos praticados em seu benefício, apesar do reconhecimento de sua invalidade. Esse regime é orientado, de um lado, pela prevalência dos direitos fundamentais e, de outro, dá-se em nome da boa-fé objetiva e da proteção das expectativas legitimamente criadas, que são aspectos indissociáveis da segurança jurídica (um dos motivos ensejadores da modulação de efeitos pelo STF). Nesta hipótese, a declaração de inconstitucionalidade de uma norma que tenha implementado direitos ao cidadão com efeito retroativo implicaria o retorno ao *status quo ante* em rela-

40 Apud GARCÍA LUENGO, op. cit., pp. 165-6.

41 MARTINS-COSTA, Judith. *A boa-fé no direito privado:* critérios para sua aplicação. São Paulo: Marcial Pons, 2015, p. 49.

ção a tais benefícios, mas a proteção da confiança (elemento da segurança jurídica), por ter assento constitucional, pode ser ponderada com a norma que justifica a declaração de inconstitucionalidade e obrigar o reconhecimento da permanência dos seus efeitos[42].

Para Almiro do Couto e Silva, a boa-fé e sua vertente de proteção da confiança é que dão conteúdo ao próprio princípio da segurança jurídica – fim visado pela modulação de efeitos. Segundo ele, exige-se a proteção da confiança para que:

> Nos vínculos entre o Estado e os indivíduos, se assegure uma certa previsibilidade da ação estatal, do mesmo modo que se garanta o respeito pelas situações constituídas em consonância com as normas impostas ou reconhecidas pelo poder público, de modo a assegurar a estabilidade das relações jurídicas e uma certa coerência na conduta do Estado[43].

Noutras palavras, os princípios da proteção da confiança e da segurança jurídica podem ser assim formulados: o cidadão deve poder ter confiança de que os atos ou decisões públicas, incidentes sobre os seus direitos, estão relacionados a efeitos duradouros, previstos ou calculados com base nas normas jurídicas vigentes. Esses princípios apontam basicamente para: (a) a proibição de leis retroativas; (b) a inalterabilidade do caso julgado; e (c) a tendencial irrevogabilidade de atos administrativos constitutivos de direitos[44].

Deste modo, explica Couto e Silva, o princípio da segurança jurídica deve ser considerado num duplo aspecto: o *objetivo*, que diz respeito à irretroatividade dos atos estatais (inclusive normativos) e à proteção do direito adquirido, do ato jurídico perfeito e da coisa julgada, consagrados no art. 5º, inc. XXXVI, da Constituição Federal de 1988; e o *subjetivo*, que diz respeito à proteção da confiança do cidadão em relação à validade dos atos, procedimentos e condutas do Estado, em todo o seu âmbito de atividades[45]. Nessa linha, é de se destacar a proibição do *venire contra factum proprium*, um importante aspecto da boa-fé objetiva que, aparentemente, apresenta semelhanças com a proteção da confiança. Por força do *non venire contra factum proprium*, exige-se a manutenção de condutas coerentes dentro do tráfego jurídico, es-

---

42 AVILA, Ana Paula. Op. cit., p. 151

43 COUTO E SILVA, Almiro. O princípio da segurança jurídica (proteção à confiança) no direito público brasileiro, *Revista de Direito Público*, ano 2, n. 6, pp. 7-59, Belo Horizonte, 2004, p. 9.

44 CANOTILHO, J. Joaquim Gomes. *Direito constitucional e teoria da Constituição*. 4. ed. Coimbra: Almedina, p. 252.

45 Idem, p. 10.

tando vedada a conduta contraditória[46]. O comando do *non venire* impediria, assim, o desfazimento de atos constitutivos de direitos e benefícios fruídos no passado por determinação legal. Nas palavras de Judith, "o seu fundo ético se justifica pela rejeição à malícia daquele que adotou certa conduta, contribuiu para certo resultado e depois pretende escapar aos efeitos do comportamento malicioso com base na alegação da própria malícia para a qual contribuiu"[47].

Porque os axiomas derivados da boa-fé também vão se conformando a partir de sua aplicação pelos tribunais, releva mencionar que esse sentido do princípio, para reconhecer a estabilidade dos efeitos favoráveis ao cidadão já está bem sedimentado na jurisprudência de direito público europeu[48] e

---

46 PÉREZ, Jesús Gonzáles. *El principio general de la buena fe en el derecho administrativo.* 3. ed. Madri: Civitas, 1999, p. 21.

47 MARTINS-COSTA, Judith. Op. cit. 2015, p. 629.

48 Para extenso exame jurisprudencial no direito comparado, cf. interessante monografia sobre a proteção das expectativas na Comunidade Europeia: SCHØNBERG, SØREN. *Legitimate expectations in administrative law.* Oxford: University Press, 2000. SCHØNBERG registra que, no Direito europeu, encontraram-se diferentes fórmulas para o problema, seja (a) pela proteção formal das expectativas (*procedural protection of expectations*), exigindo-se procedimentos inclusivos do contraditório e a ampla defesa; (b) oferecendo proteção material das expectativas (*substantive protection of expectations*); ou, ainda, (c) através de compensação ou indenização pelas expectativas frustradas (*compensatory protection of expectations*). A título de registro histórico, inicialmente, a proteção da confiança despertou o interesse jurídico em face do poder de revogação dos atos pela Administração Pública, quando firmou-se, no Direito francês, o princípio da irrevogabilidade das decisões administrativas criadoras de direitos (*intangibilité des décisions créatrices de droits*) com o caso *Mme. Cachet*, 1922. Uma decisão que tenha criado direitos é irrevogável (*intangible*) a não ser que leis ou provimentos explicitamente concedam o poder para revogá-la (SCHØNBERG, pp.70-71). No entanto, a utilização deste princípio está sujeita a condições específicas comuns ao Direito inglês, francês e comunitário: a decisão deve ser (a) favorável, (b) incondicional, e, com exceção do Direito francês, (c) ser comunicada para a pessoa afetada. Além disso, a jurisprudência inglesa sugere que (d) a pessoa afetada pela decisão deve ter confiado na decisão (*must have relied to his detriment on the decision*) (idem, pp. 73-79). Há, ainda forte tendência na Corte de Justiça da Comunidade Europeia em seguir-se o exemplo da Alemanha, que presta mais atenção nos efeitos da decisão do que na decisão em si. Nessa linha, uma decisão seria irrevogável se conferiu um benefício para uma pessoa, mas, não, se impôs um ônus (grifei). Assim, decisões legais que são favoráveis para o seu destinatário não podem, na falta de previsão legal, ser revogadas, pouco importando se a decisão foi exercício de ato vinculado ou discricionário (idem, pp. 71-73). No que concerne às decisões inválidas, inspirada pela jurisprudência alemã e francesa, a Corte de Justiça europeia tem desenvolvido um princípio de ponderação que visa atingir um equilíbrio entre as necessidades de legalidade e justiça para os indivíduos que planejam suas vidas confiando em decisões que, mais tarde, venham a ser consideradas ilegais (Id., pp. 96-101). O autor, a partir do exame das decisões da Corte europeia, aponta cinco condições que orientam a decisão sobre a revogação com efeitos retroativos: (1) a revogação é proibida apenas se a pessoa em favor de quem a decisão foi realizada tinha uma expectativa

também na brasileira. Em retrospecto histórico, alguns acórdãos do STF são ilustrativos: o *caso da irrevogabilidade do ato de nomeação de servidor público, consolidado pelo decurso do tempo*[49]; o *caso da irrevogabilidade de autorização de transferência de estabelecimento de ensino*[50]; bem como o *caso da irrevogabilidade de medida liminar reconhecendo a emancipação de menor*[51]. Mais um axioma se forma: salvo situações extremas, a boa-fé determina a irrevogabilidade de decisão do Poder Público em que tenha confiado o beneficiário.

A segunda situação é o caso oposto, em que o Estado lança mão de normas inconstitucionais para restringir direitos do cidadão e obtém proveito direto dessas restrições, como ocorre, por exemplo, com as normas que instituem de forma inconstitucional a cobrança de tributos. Diante desse quadro, caberia indagar se o Estado pode também invocar a segurança jurídica e a boa-fé para a manutenção das situações estabelecidas por causa de leis restritivas inconstitucionais. A resposta negativa se apresenta não só como o resultado do processo argumentativo visto na seção anterior, pela prevalência às normas de direitos fundamentais e à dignidade do indivíduo, mas também em virtude dos *topoi* derivados do âmbito da boa-fé.

---

legítima de que a decisão definitivamente resolvesse o assunto. Exige-se, no entanto, a demonstração de que o homem médio (*in possession of the aplicant's general knowledge and expertise*) poderia razoavelmente ter a expectativa de que a decisão finalizasse o assunto. Uma expectativa legítima será mais facilmente aceita se fosse difícil perceber a ilegalidade do ato que causou a expectativa; (2) se foi demonstrado que a pessoa tinha uma expectativa legítima, a instituição deve considerar o interesse do indivíduo que será afetado na decisão. Isto se torna particularmente importante se a pessoa contava financeiramente com esta decisão; (3) a importância ou peso do princípio da legalidade deve ser levada em conta. Quanto mais séria for a ilegalidade mais provável será a possibilidade de revogação. Uma decisão que viola direitos fundamentais está mais sujeita à revogação do que uma decisão que tem uma falha de procedimento ou é baseada numa interpretação errônea de uma ambígua *legislative provision*; (4) deve ser levado em consideração como terceiros serão afetados se a decisão contrária ao direito for mantida. No entanto, o efeito sobre terceiros deve ser direto para ser levado em consideração no momento da ponderação; (5) por fim, o tempo que transcorreu entre a decisão e sua revogação deve ser levado em conta. Revogação retroativa deve sempre ser realizada com um "período razoável". A extensão desse período depende da dificuldade em aferir-se a invalidade que afetava o ato (idem, pp. 89-95). As conclusões do autor, no entanto, em nada são estranhas ao observador local, eis que presentes na doutrina nacional de longa data (cf., por todos, COUTO E SILVA. Princípios da legalidade da administração pública e da segurança jurídica no Estado de Direito contemporâneo. *Revista de Direito Público*, n. 84, p. 43, 1982).

---

49 RE n. 85.179/RJ. 1ª Turma. Rel. Min. Bilac Pinto. *DJ* 02.12.1977.

50 RE n. 93.752. 1ª Turma. Rel. Min. Rafael Mayer. *DJ* 22.04.1981, p. 418.

51 RE n. 92.757. 1ª Turma. Rel. Min. Moreira Alves. *DJ* 03.10.1980, p. 731.

O fundamento da segurança jurídica em benefício do Estado e em prejuízo do cidadão também encontra, inicialmente, um óbice no fato de que a segurança jurídica é também um direito fundamental do cidadão (art. 5º, *caput*) oponível ao próprio Estado. Nesse particular, o Supremo Tribunal Federal, na esteira do pensamento constitucional germânico, tem confirmado o entendimento de que os direitos fundamentais aproveitam aos cidadãos e, não, ao Estado[52].

Outras linhas argumentativas corroboram a mesma conclusão. Se empregarmos uma linguagem análoga ao campo obrigacional/contratual, nas situações em que legisla em desconformidade à Constituição, o Estado não cumpre um contrato prévio (o contrato social), autorizando a aplicação da *exceptio non adimpleti contractus* para escusar o cidadão quanto ao cumprimento da norma inconstitucional. Contudo, por estarmos no campo das relações desiguais [e para estimular a confiança do cidadão no sistema], todos os atos normativos nascem com a presunção de validade, de modo que o exercício da *exceptio* pelo cidadão pressupõe, primeiro, uma decretação judicial de inconstitucionalidade e, segundo, o desfazimento de todos os efeitos produzidos pelo ato inconstitucional.

A boa-fé, aqui, será chamada a cumprir um dos seus papéis, complementando a segurança jurídica no sentido de proteção da confiança, e impedindo que o autor de um ato inválido possa lograr qualquer proveito por meio dele. A questão relaciona-se à cláusula do *tu quoque*, relevantíssima para a justificação a tese que propus, no sentido de que o art. 27 não pode ser invocado em benefício do Estado quando, mediante leis inconstitucionais, viola direitos do cidadão[53]. O *tu quoque* diz respeito ao exercício inadmissível de um direito quando "a posição jurídica alegada tenha sido obtida mediante uma conduta ilegal" (ou, nas relações contratuais, contrária ao contrato). De uma forma mais generalizada – ainda que menos exata –, diz Wieacker que "somente a própria fidelidade jurídica pode exigir fidelidade jurídica"[54].

Traduz-se, deste modo, novo axioma: a pessoa que viola uma norma jurídica não pode, sem abuso, exercer a situação jurídica que essa mesma norma lhe tenha atribuído[55]. Franz Wieacker considera o *tu quoque* como uma "exceção da aquisição de um direito de má-fé". O caso de aplicação mais concreta desta regra é a fórmula que impede à parte recorrer, em sua defesa, ao

52 Cf. RE n. 251.756/SP, Rel. Min. Moreira Alves, de 08.05.1998. Na doutrina, em defesa do argumento: SCHLAICH, Klaus. *Das bundesverfassungsgericht:* stellung, verfahren, entscheidungen. 4. ed. München: Verlag C. H. Beck, 1997, p. 102.

53 AVILA, Ana Paula. Op. cit., p. 157.

54 WIEACKER, Franz. *El princípio general de la buena fe.* 2.ed. Madri: Civitas, 1986, p. 66.

55 MENEZES CORDEIRO, Antonio Manuel. *Da boa-fé no direito civil.* Coimbra: Almedina, t. II, p. 837, também citado por MARTINS-COSTA, op. cit., 2015, p. 641.

ordenamento jurídico quando ele mesmo não o respeitou, presente em nosso ordenamento no art. 276 do novo Código de Processo Civil. Está em jogo um *vetor axiológico intuitivo* que aglutina "uma série de máximas forenses como *turpitudinem suam allegans non auditur*; *equity must come with clean hands; he who wants equity must do equity*[56]. Condensa-se uma espécie de represália à infidelidade jurídica, que significa, para a situação aqui tratada, a infidelidade do Estado em relação à Constituição que lhe ampara e constitui. Assim:

> Seria incongruente com os ditames da boa-fé (objetiva, saliente-se), a mais não poder, a solução que permitisse ao Estado usar (no caso, abusar) do poder de legislar em desrespeito à Constituição – ou seja, inconstitucionalissimamente –, e, como prêmio, ainda dispor da possibilidade de ver mantido o proveito que tenha logrado em virtude da lei inconstitucional, muito especialmente se esse proveito se dá em detrimento dos direitos individuais[57].

Surge então outro axioma – o de que aquele que dá causa a uma nulidade não pode dela tirar proveito – e, com isso, temos todos os elementos para justificar, na síntese que segue, as respostas às indagações formuladas na introdução deste estudo.

Considerações Finais

A questão inicial proposta neste estudo era saber se é possível reconhecer efeitos jurídicos aos atos nulos, em particular às leis inconstitucionais, e em que condições. Vimos que no Brasil vige um regime legislativo sinalizando essa possibilidade em situações excepcionais, quando razões de segurança jurídica e excepcional interesse social justifiquem que dois terços dos Ministros do STF realizem modulação de efeitos, reconhecendo a permanência dos atos inconstitucionais. Em seguida, sustentou-se uma proposta hermenêutica para a integração das expressões "razões de segurança jurídica" e "excepcional interesse social", de modo a assegurar que a norma autorizativa da modulação seja empregada para o fim de assegurar os direitos e a dignidade do indivíduo, e não a permanência de eventual lesão a esses direitos.

Finalmente, a questão sobre a quem o reconhecimento dos efeitos do ato nulo deve aproveitar foi respondida a partir da combinação entre a proposta hermenêutica articulada e a função interpretativa da dignidade da pessoa e suas intersecções com a boa-fé objetiva. Da convergência entre todos os *topoi* deduzidos, tem-se que o beneficiário da modulação não poderá ser

56 WIEACKER, idem, p. 67.

57 AVILA, Ana Paula. Op. cit., p. 155.

o Estado, pelo menos nas situações concretas em que, das leis declaradas inconstitucionais, decorram proveitos ao poder público ao custo de violações perpetradas aos direitos individuais. Em particular, chamou-se atenção à cláusula do *tu quoque*, um importante aspecto do princípio da boa-fé que reside, segundo Menezes Cordeiro, na própria virtude e na ética das comunidades juridicamente organizadas. A proposição do *tu quoque* veda que alguém se beneficie da própria torpeza porque, nas palavras de Menezes Cordeiro, "fere as sensibilidades primárias de qualquer um – éticas e jurídicas –, que uma pessoa possa desrespeitar um comando e, depois, vir exigir de outrem o seu acatamento"[58].

A proposição deve ser considerada na situação em foco, uma vez que o Estado deve exercer o poder de editar leis dentro dos limites da Constituição e, ao afrontá-la, dá causa à nulidade que será decretada pelo Poder Judiciário – e este seria o caso, por exemplo, da cobrança inconstitucional de tributos. Logo não poderia, por meio dela, lograr qualquer benefício em detrimento do cidadão, sob pena de violação do dever de boa-fé.

Isso posto, ao lidar com os conceitos abertos do art. 27, é mister que o intérprete tenha em mente o dever de proteção dos direitos fundamentais e também o dever de otimização do sentido dos preceitos que os preveem, de modo a jamais utilizar o dispositivo para assegurar a permanência de efeitos lesivos àqueles direitos que eventualmente tenham sido produzidos por norma declarada inconstitucional. Do contrário, uma modulação arbitrária, além de permitir que aquele que deu causa à nulidade se beneficie dela (algo desde logo inconcebível), coloca o cidadão justamente na posição que o Direito e a Moral desejam evitar: na condição de um meio de que se serve livremente o Estado para atingir os "seus" fins.

58 MENEZES CORDEIRO, A. Manuel. *Da boa-fé no direito civil*. Coimbra: Almedina, 1997, p. 837.

PARTE IV

DANO E RESPONSABILIDADE: PRINCÍPIOS, DIRETRIZES... E TOMATES

Sobre um punhado de tomates, de novo (uma pequena reflexão sobre um grande caso)

André Rodrigues Corrêa[1]

La tradición, [...] obra del olvido y de la memoria.[2]

Este é um texto em retribuição. Retribuição à pessoa que colocou em marcha uma cadeia de fatos que se inicia, mas não se exaure, com o folhear de páginas no distante ano de 1994 num dos cantos da biblioteca de uma Faculdade de Direito no sul do Sul do país. Naquele local, num dia úmido e sombrio como eram os de inverno naquela cidade, em uma estante que reunia alguns exemplares das chamadas "Revistas de Direito", um jovem estudante de Direito encontra um texto que se pode afirmar, sem exagero, mudou sua vida. Com o título de "Crise e modificação da ideia de contrato no Direito brasileiro"[3] o texto propunha ao leitor o desafio de compreender a novidade – representada naquele momento pela edição da Lei n. 8078/90 – através da perspectiva histórica, mas ressaltando que se deveria entender esse "conceito de história mais como inigualável fonte de compreensão do presente do que um nostálgico olhar sobre um passado congelado nos compêndios e manuais acadêmicos"[4]. Até aquele momento a "dieta de leitura" consumida

---

1 O autor gostaria de agradecer Roberto Daiello Moreira, Luciana Muller Brusco e a Comissão Permanente de avaliação e gestão de documentos do Tribunal de Justiça do Rio Grande do Sul pelo auxílio na obtenção dos documentos judiciais utilizados na produção deste texto e a Dilnei Cunha, Ruy Rosado de Aguiar Júnior e Adroaldo Furtado Fabricio pela concessão de entrevistas muito esclarecedoras sobre o contexto e o julgamento do caso.

2 BORGES, Jorge Luis. Historia del guerrero e la cautiva. In: *El Aleph*. FRÍAS, Carlos V. (Org.). *Obras Completas. 1923-1972*. Buenos Aires: Emecé Editores, 1974, p. 557.

3 O texto lido por aquele jovem estudante de Direito fora publicado em novembro de 1992 no volume de número 56 da *Revista da Associação de Juízes do Rio Grande do Sul* (Porto Alegre, pp. 56-86). O mesmo texto havia sido publicado também na *Revista do Direito do Consumidor*, v. 3, São Paulo, Revista dos Tribunais, pp. 125-154. Recentemente o texto foi republicado na obra TEPEDINO, Gustavo; FACCHIN, Luiz Edson (Org.). *Contratos:* princípios e limites. Edições Especiais. Revista dos Tribunais 100 anos. São Paulo: Revista dos Tribunais, 2011, Doutrinas Essenciais: Obrigações e Contratos, v. III, pp. 1.121-1.148). As citações de páginas utilizadas neste texto são relativas a essa última edição.

4 Judith Martins-Costa, Crise e modificação da ideia de contrato no Direito brasileiro, p. 1.124.

com dificuldade e fastio por aquele aluno era exatamente aqueles manuais e compêndios que, ao apresentarem um passado congelado, esfriavam mais e mais seu ânimo para as "coisas do Direito".

A leitura do texto escrito por Judith Martins-Costa no qual se descortinavam relações entre debates de teoria geral do Direito e Direito Privado (sistema, codificação e contrato) acabou por despertar um apetite que o jovem leitor até ali não sabia possuir e, melhor, as inúmeras referências bibliográficas acabaram por servir como orientação para que ele pudesse realizar uma mudança em seus "hábitos alimentares". Já nas primeiras páginas o leitor estava rendido pelo banquete de informações, mas o texto guardava próximo ao fim sua *pièce de résistance*, "um sol fresco, profundo, inesgotável"[5] na forma de um "punhado de tomates": exatamente na parte reservada a demonstração de como a tutela da confiança atuava de forma a relativizar o papel da vontade no âmbito contratual[6] lhe era apresentada o que hoje graças, indiscutivelmente, ao trabalho acadêmico de Judith Martins-Costa se conhece como "O caso dos tomates".

O termo correto para descrever o efeito sobre aquele leitor é epifania: a breve narrativa dos fatos e apresentação dos argumentos demonstrava que nesse caso pequenos agricultores obtinham vitória em demanda proposta contra grande empresa alimentícia. A Justiça se concretizava pelo recurso a um *standard* interno ao sistema jurídico e não por intermédio de um "uso alternativo do direito"[7] que, por vezes, parecia assumir a irrelevância do direito positivo e, consequentemente, a inutilidade de estudá-lo (irrelevância e inutilidade que a leitura dos manuais reforçava). Entretanto, logo após as saborosas revelações de que a "novidade" se assentava no passado, de que a opção pelo Direito como via de solução de conflitos sociais implicava uma postura intelectual/moral no uso das normas jurídicas, de que a Justiça estava sendo feita "logo ali"[8], vinha o gosto amargo da compreensão de que tudo isso vinha se passando sem que, até aquele momento, em seu percurso acadêmico den-

---

5 NERUDA, Pablo. Oda al tomate. In: *Odas elementales*. Buenos Aires: Losada, 1958, p. 198.

6 Judith Martins-Costa, Crise e modificação na ideia de contrato no Direito brasileiro, pp. 1.139-1.140.

7 Naquele momento o debate sobre o chamado "uso alternativo do direito" era onipresente em várias Faculdades de Direito do Rio Grande do Sul provavelmente em razão de inúmeras decisões judiciais prolatadas por juízes estaduais de primeira instância que, sob a justificativa de realizar a justiça, sustentavam argumentos que subvertiam radicalmente interpretações consolidadas de regras jurídicas ou, no limite, abandonavam qualquer base no direito positivo. Um exemplo de obra produzida no contexto desse debate é PORTANOVA, Rui. *Motivações ideológicas da sentença*. Porto Alegre: Livraria do Advogado Editora, 1992).

8 Os fatos do caso se passaram em Canguçu, município distante a apenas alguns quilômetros da Faculdade de Direito da Universidade de Pelotas.

tro da Faculdade de Direito, me houvesse sido dada notícia disso! Uma crise vinha ocorrendo, uma mudança estava em curso, revoluções e contrarrevoluções de paradigmas em curso e nada disso era transmitido para ele e seus colegas de curso. Tudo indicava que um dado poeta rebelde havia acertado quando afirmara que "a revolução não vai passar na televisão"[9] (pelo menos, não foi transmitida na frequência sintonizada naquela Faculdade). Mas aquele gosto "de amargo então salgado ficou doce"[10], já que talvez o poeta também estivesse certo quando disse que a "revolução" nos colocaria no "banco do motorista"[11] e seria "ao vivo"[12]: quem sabe aquele leitor não poderia assumir a tarefa de espalhar a notícia, fazer isso de viva-voz e para outras pessoas que estivessem ao seu lado no mesmo espaço físico. Repartir com outras pessoas descobertas e inquietações, pôr "ao volante" todos que tivessem disposição para "pegar a estrada"[13] e participar da revolução. O professor que hoje escreve este artigo acredita que é o eco[14] daquele leitor.

Este texto, é, como já disse acima, uma retribuição e para tanto pretende ser um reflexo, uma variante[15] das análises do referido caso feitas em algu-

---

9 SCOTT-HERON, Gil. The revolution will not be televised. In: SCOTT-HERON, Gil. *A new black poet: small talk at 125th and Lenox*. Nova Iorque: Flying Dutchman Records, 1970, faixa 1, Compact disc. Disponível em: <https://www.youtube.com/watch?v=-vwSRqaZGsPw>. Acesso em: 29 jul. 2018.

10 RUSSO, Renato. ROCHA, Renato. Daniel na Cova dos Leões. In: Legião Urbana, *Dois*. Ri o de Janeiro: EMI, 1986, faixa 1, Disco de vinil. Disponível em <https://www.youtube.com/watch?v=SLo9kz0VPrQ>. Acesso em: 29 jul. 2018.

11 SCOTT-HERON, Gil. The revolution will not be televised. In: SCOTT-HERON, Gil. *A new black poet: small talk at 125th and Lenox*. Nova Iorque: Flying Dutchman Records, 1970, faixa 1, Compact disc. Disponível em: <https://www.youtube.com/watch?v=-vwSRqaZGsPw>. Acesso em: 29 jul. 2018.

12 SCOTT-HERON, Gil. The revolution will not be televised. In: SCOTT-HERON, Gil. *A new black poet: small talk at 125th and Lenox*. Nova Iorque: Flying Dutchman Records, 1970, faixa 1, Compact disc. Disponível em: <https://www.youtube.com/watch?v=-vwSRqaZGsPw>. Acesso em: 29 jul. 2018.

13 "Estamos nos últimos dias de outrora/Caminho em linhas tortas divertidamente/Caia na estrada e perigas ver" (Galvão; Boca de Cantor, Paulinho, Pepeu Gomes. Caia na estrada e perigas ver. In: Novos Baianos, *Caia na estrada e perigas ver*. São Paulo:1976, faixa 8, Disco de vinil. Disponível em: <https://www.youtube.com/watch?v=aC6VPUI-XbBw>. Acesso em: 29 jul. 2018.

14 DREXLER, Jorge. Eco. In: Jorge Drexler. *Eco*. Montevidéu: Warner, 2005, faixa 1. Disponível em <https://www.youtube.com/watch?v=IlNJvbyzIYw>. Acesso em: 29 jul. 2018.

15 "Al destino le agradan las repeticiones, las variantes, las simetrias" (BORGES, Jorge Luis. La trama. In: *El hacedor*. Barcelona: Alianza Editorial, 1998, p. 11).

mas das obras da homenageada[16] e em textos de terceiros[17]. É uma tentativa de aproximação aos fatos do caso, tanto os lembrados quanto os esquecidos pelos julgadores, com o objetivo de esboçar uma resposta à pergunta singela e difícil (como soem ser as perguntas singelas) que outros jovens estudantes fazem ao professor quando apresentados pela primeira vez àquele caso e se exaurem no seu enfrentamento: na sua opinião, o caso foi bem decidido?

1. O caso, em segunda instância, mais uma vez

O *caso dos tomates* é o nome utilizado pela doutrina e jurisprudência brasileiras para se referirem, ao julgamento da Apelação Cível 5911028295 realizado pela 5ª Câmara Cível em 06 de junho de 1991 e aos Embargos Infringentes 5911083357 julgado pelo 3° Grupo de Câmaras Cíveis em 1º de novembro de 1991, ambos do TJRS.

Ocorre que ao se verificar o nome dos apelados em ambos os documentos surge uma discrepância: enquanto na apelação cível o nome do agricultor apelado é Willy Elert, o nome do apelado nos Embargos Infringentes é Osvaldino Dias. Uma pesquisa mais completa nos arquivos judiciais levou à descoberta de que a Apelação Cível que gerou os Embargos Infringentes 5911083357, citado e analisado nas obras acadêmicas, foi a de número 591027818 também julgada pela 5ª Câmara no dia 06 de junho de 1991 e cujo apelado era o mesmo Osvaldino Dias. A Apelação Cível 5911028295 gerou os Embargos Infringentes de número 591083753 também julgado pela 3° Grupo de Câmaras Civis do TJRS em 1º de novembro de 1991. O conteúdo de ambos os embargos é idêntico, mas há uma importante diferença na apresentação do voto do Desembargador Lio Cezar Schmitt na Apelação Cível 591027818 (cujo apelado é Osvaldino Dias), pois neste constam sua análise e avaliação acerca da prova documental e testemunhal colhida em primeiro grau (trecho omitido no inteiro teor da Apelação Cível 5911028295)[18].

---

16 Além do texto do artigo já mencionado é possível encontrar a análise do caso em MARTINS-COSTA Judith. *A boa-fé no direito privado:* sistema e tópica no processo obrigacional. São Paulo: Revista dos Tribunais, 1999, pp. 473-477 e MARTINS-COSTA, Judith. *A boa-fé no direito privado:* critérios para a sua aplicação. São Paulo: Marcial Pons, 2015, pp. 10, 422, 442 e 756.

17 Entre vários menciona-se: CAPPELARI, Récio Eduardo. *Responsabilidade pré-contratual:* aplicabilidade ao direito brasileiro. Porto Alegre: Livraria do Advogado Editora, 1995, pp. 111-112; ZANETTI, Cristiano de Sousa. *Responsabilidade pela ruptura das negociações.* São Paulo: Juarez de Oliveira Editora, 2005, pp. 177-179 e, mais recentemente, PEREIRA, Fabio Queiroz. *O ressarcimento do dano pré-contratual:* interesse negativo e interesse positivo. São Paulo: Almedina, pp. 330-333.

18 O Desembargador Lio Cezar Schmitt inicia seu voto afirmando que já havia examinado a questão nas Apelações Cíveis 591027818 e 591028808 e indica que transcreverá a

Em seu voto o referido Desembargador afirma que o autor não fez nenhuma prova documental, enquanto a demandada teria apresentado duas séries de documentos: a primeira pertinente à entrega, em janeiro e fevereiro de 1988, de caixas para o acondicionamento dos frutos, sendo que o autor não constava como tendo recebido alguma[19]. A segunda comprovaria a doação das sementes, em outubro de 1987, a pessoas que não ao autor[20]. Ressalta também que tanto autor como réu pretenderam amparar suas alegações com base em prova testemunhal.

Da parte do autor destaca o julgador que foi ouvido Ariano Lopes[21] que afirmava ter recebido sementes em doação e caixas. Era caminhoneiro e alegava transportar safras de tomates para a empresa demandada. Quando da safra 87/88 afirmava ter estado na propriedade de dez (10) agricultores clientes seus (do serviço de transporte) com representantes da empresa, Ernesto ou João, e teria presenciado a entrega de sementes a Paulino Eslabão e João Macedo. Nada menciona sobre ter presenciado tal entrega ao autor. Ainda afirma que teria também recebido sementes, entregues a título de doação, comprometendo-se a doadora (Cica) a receber a totalidade da produção a Cz$ 1,10 e Cz$ 1,20 o quilo. Quando da colheita retirou caixas na Cica e as entregou aos colonos. A primeira carga teria sido pesada na Cica e entregue em outra empresa, Agapê, sendo que também todas as demais cargas foram entregues na Agapê, que receberia toda a safra. Afirma que transportada metade da safra ele e os demais transportadores receberam ordem para não mais carregarem o produto. Ariano alegara ter perdido 30.000 quilos.

Apresenta depois, em seu voto, trecho do depoimento de Adão Garcez Rodeghiero que teria afirmado que há três anos realizava transporte para a empresa e que através dele era feita a distribuição das sementes. O depoente informou que "nos anos anteriores a semente era vendida aos produtores. Na safra 87/88 foi doada"[22]. Afirmou que na data das sementes não houve acerto quanto ao preço e que, a pedido da Cica, teria feito levantamento entre os produtores, tendo recebido, posteriormente, as sementes em sua casa e feito a distribuição. Afirma que no período da colheita retirou as caixas na Cica, que a primeira carga foi pesada na empresa, que a entrega foi feita na Agapê, que aos caminhoneiros foi informado que a comercialização se faria à Agapê,

parte de seu voto na Apelação Cível 591028808 (Apelação Cível 591028295, p. 10). Como o conteúdo é idêntico se utilizará a exposição presente na Apelação Cível que tem como apelado, Osvaldino Dias (Apelação Cível 591027818).

19 Apelação Cível 591027818, p. 2.

20 Apelação Cível 591027818, p. 2.

21 Apelação Cível 591027818, pp. 2-3.

22 Apelação Cível 591027818, p. 3.

e que após um tempo essa entrega à Agapê foi suspensa. Afirma que também não conseguiu entregar produto próprio[23].

O Desembargador Lio deixou de informar que nem Ariano Lopes, nem Adão Garcez Rodeghiero ingressaram com ações contra a empresa embora tenham alegado perda de safra.

O último dos depoimentos de testemunha do autor referido pelo Desembargador Lio Cezar Schmitt é o de Alceu Cardoso Evangelista que "soube pouco antes da colheita que a Cica não receberia o produto e que a Agapê adquiria para diminuir o prejuízo dos plantadores. Soube disso através de Adão Rodeghiero e Mário Luiz Rodeghiero. [...] que, sobre os fatos da safra 87/88 soube de Adão e Mário"[24].

Entre as testemunhas trazidas pela empresa ré, o Desembargador destacou o relato feito por João Ernesto Heidrich que tendo sido empregado da empresa havia sido demitido em 1988. Afirma que, em razão de prejuízos, a Cica resolveu não comprar mais tomates. Na safra 87/88, solicitada pelos intermediários que diziam que os produtores pretendiam plantar, doou as sementes, mas sem compromisso de compra da safra. Foi ele, João, o encarregado de falar com os intermediários acerca da distribuição de sementes. Afirma que a Agapê adquiriria os tomates e que a Cica emprestou vasilhames à Agapê. Nas safras anteriores a Cica fornecia sementes, insumo e prestava assistência técnica, ressaltou que "promessa de compra e venda, como nos anos anteriores, inexistiu na safra em questão; que haveria, por parte da Cica, apenas a intenção de comprar se lhe fosse conveniente, mas sem qualquer comprometimento"[25].

Não irei destacar as passagens do voto do Desembargador Ruy Rosado nas quais realiza menção às opiniões doutrinárias que sustentam haver dever de indenizar nas hipóteses nas quais a falta do dever de lealdade na fase de tratativas por uma das partes gera, para si, o dever de reparar o dano causado na parte que confiou na palavra dada[26]. O foco serão alguns dos trechos nos quais o referido julgador apresenta a prova sobre a qual pretende realizar seu juízo.

Começo pela menção retirada do depoimento de João Ernesto Heidrich de que "não havia contrato escrito de promessa de compra, mas 'haveria, por parte da Cica, apenas uma intenção de compra se lhe fosse conveniente. Essa conveniência não existiu, porquanto, explica o mesmo administrador: 'a quantidade de produto que entraria constatou-se que era pouca para a mo-

---

23 Apelação Cível 591027818, p. 3.

24 Alceu Cardoso Evangelista depôs nos autos da ação movida por Willy e proferiu, quanto a esses fatos, o mesmo depoimento (Processo 12666-299, p. 39).

25 Apelação Cível 591027818, p. 4.

26 Apelação Cível 591027818, p. 7.

bilização que precisaria ser feita na empresa'"[27]. A questão da "conveniência" em adquirir é apresentada no voto do Desembargador Ruy Rosado como se fosse uma manifestação que somente surgiu no momento da primeira entrega:

> Para sustento de sua tese e da inexistência de qualquer compromisso para com os colonos, defende-se a ré apontando para o fato de que estes entregaram sua produção à concorrente Agapê, companhia industrial, instalada na mesma região. Isso realmente aconteceu, pois parte da produção foi vendida à Agapê, mas pelos motivos também explicados nos autos: *depois de decidir, por sua conveniência, não mais industrializar o produto naquele ano*, a Cica 'chamou os caminhoneiros que faziam a ligação com os produtores, avisando que não receberia o produto e que eles deveriam encaminhá-lo à Agapê[28].

E como forma de apresentar que a empresa havia se comprometido desde o início dos contatos o Desembargador Ruy Rosado refere o depoimento de dois sujeitos qualificados como "vendedores de insumo". O primeiro deles, Miguel[29], afirmava ter "conhecimento de que a empresa ré teria, através de funcionário seu [dela], juntamente com caminhoneiros que faziam a ligação do produtor com a empresa, distribuído sementes de tomates na colônia, comprometendo-se a receber toda a produção'"[30]. O mesmo Miguel informava que a Cica "havia feito um convênio com a firma Agapê, que deveria receber a produção de tomates a que inicialmente se comprometera"[31]. No mesmo sentido o depoimento do segundo "vendedor de insumos", Alceu Evangelista[32]. Não há, no voto, nenhuma informação que explique como Miguel obteve a informação de que a Cica se comprometera com os agricultores[33], já quanto a Alceu Evangelista sabe-se que soube por terceiros (Adão e Mário Luiz Rodeghiero, donatários das sementes e transportadores que teriam distribuído as sementes).

Por fim, o Desembargador Ruy Rosado se vale do depoimento de Adão Garcez Rodeghiero de que somente a partir da segunda viagem a entrega passaria a ser feita diretamente na Agapê e a realização de reunião feita entre

27 Apelação Cível 591027818, p. 8.

28 Apelação Cível 591027818, p. 8 (grifei).

29 Há uma grande probabilidade que seja Miguel Almeida, comerciante de insumos, cujo depoimento se encontra no Processo 12666-299 (p. 22).

30 Apelação Cível 591027818, p. 8.

31 Apelação Cível 591027818, p. 8.

32 Apelação Cível 591027818, p. 8.

33 Segundo seu depoimento seria possível inferir que essa informação poderia ter-lhe sido dada pelos próprios agricultores.

Cica, Agapê e caminhoneiros para comunicar que "a partir daquela data, a firma Agapê era a responsável pela comercialização do produto e também pelo pagamento do frete, assim como do combustível para o transporte" com vistas a concluir que isso seria o "bastante para caracterizar o reiterado comportamento da ré em direção ao contrato de aquisição da produção de tomates da safra 87/88"[34].

Sobre a questão relativa à entrega de sementes a Willy afirma que "o fato de a Cica ter emitido documentos de saída de sementes em nome de alguns transportadores serve apenas para mostrar que estes estavam encarregados da redistribuição das sementes, mas não serve para provar que o autor-produtor, por não figurar nominalmente nas notas de expedição, não tenha sido um daqueles agricultores contatados pelos intermediários-transportadores a fim de que, utilizando-se da semente distribuída pela Cica, viesse a produzir tomates naquele ano"[35].

2. O caso, mais uma vez, agora do início

Tudo teria começado assim: estamos em Passo do Saraiva, Município de Canguçu, Estado do Rio Grande do Sul, no extremo sul do Brasil, mais precisamente na latitude 30 graus, 23 minutos e 42 segundos Sul e longitude 52 graus, 40 minutos e 32 segundos Oeste. Caminhamos neste momento numa plantação de tomates e podemos ver à frente, em pé, um ser humano, no caso, um descendente de alemães. Tal ser humano em questão chama-se Willy Elert[36]. Em 18 de julho de 1988 o sr. Willy ingressará com a ação de indenização contra a Indústria de Conservas Alimentícias (Cica S.A.) na qual narrará os seguintes fatos:

> Que no final do mês de outubro de 1987, a requerida, através de seus prepostos entregou na residência do requerente sementes de tomates pronta para o plantio, comprometendo-se a comprar toda a produção pelo valor de CZ$ 3,00 (três cruzados) o quilo do tomate, corrigido mensalmente conforme a OTN a partir do mês de março de 1988. O requerente providenciou a aquisição de adubo e efetivou o plantio, sendo que no final do mês de janeiro e início de fevereiro de 1988 a requerida mandou entregar no galpão do requerente as caixas para a coleta dos tomates. Após a entrega das caixas os prepostos da requerida nunca mais apare-

34 Apelação Cível 591027818, p. 9.

35 Apelação Cível 591028295, pp. 2-3.

36 Paráfrase do texto de abertura de "Ilha das Flores" cujo roteiro original e direção são de Jorge Furtado e cuja produção, da Casa de Cinema de Porto Alegre ocorreu em Porto Alegre no mesmo ano em que o sr. Willy ingressou com a ação, 1988, e trata também, como a ação de indenização do sr. Willy, de tomates e pontos de vista.

> ceram na residência do requerente, sendo que este comunicou àquela que os tomates já estavam todos em caixas, prontos para o transporte, todavia, a requerente não mandou retirar os tomates deixando que toda a produção apodrecesse. O requerente teve um prejuízo de 40.000 (quarenta mil) quilos de tomates, por culpa exclusiva da requerida que não mandou retirar o produto, conforme tinha sido contratado verbalmente. Assim pois, entende o requerente que a requerida deve ressarcir o prejuízo, eis que não cumpriu o prometido, deixando toda a produção de tomates apodrecer por não retirar o produto do galpão do requerente"[37].

No fim da inicial o autor solicitou, como forma de amparar sua pretensão, fossem ouvidas as seguintes testemunhas: Alceu Evangelista, Adão Rodeghiero e Miguel Almeida[38]. Abaixo destacar-se-á trechos desses depoimentos não mencionados no acórdão da Apelação Cível 591028295.

O primeiro a ser ouvido foi Miguel Almeida que teve, de início, seu testemunho contraditado pela requerida sob a alegação de que ele teria interesse no deslinde da questão[39]. A testemunha esclareceu que tinha ligação com a empresa M. Almeida e Filhos, revendedora de adubos, que manteve relação comercial com o autor. Afirma que não tem como informar se a empresa que representa teria recebido os valores decorrentes da alegada venda de adubos para o autor da ação. Disse "ter conhecimento de que a empresa ré teria, através de funcionário seu, juntamente com caminhoneiros que faziam a ligação do produtor com a empresa, distribuído sementes de tomate na colônia, comprometendo-se a receber toda a produção"[40].

A segunda testemunha a ser ouvida foi Alceu Cardoso Evangelista, que trabalhava como vendedor na empresa M. Almeida e Filhos Ltda. Afirmou que:

> tem conhecimento de que camioneiros (*sic*) autorizados pelo chefe do setor de compras da firma requerida, João Ernesto, procuraram os produtores rurais no interior de Canguçu e Pedro Osório, distribuindo sementes de tomate, informando que toda a produção seria recebida pela Cica como já era de costume[41].

O último a ser ouvido, Adão Garcez Rodeghiero, afirmou que há três anos realizava transporte para a empresa e que através dele era feita a distribuição das sementes. Informou que como havia sido feito a entrega de

37 Petição inicial do autor, processo 12666-299, pp.2-3.

38 Petição inicial do autor, processo 12666-299, p. 3.

39 Processo 12666-299, p. 22.

40 Processo 12666-299, p. 22.

41 Processo 12666-299, p. 22.

sementes na safra 87/8 e nos anos anteriores, tendo informado também que recebeu as sementes em sua casa (sem que houvesse qualquer acerto sobre o preço) vindo, posteriormente, a distribuí-las. Afirma que no período da colheita retirou as caixas na Cica e tendo a primeira sido pesada nessa empresa, a entrega foi feita na Agapê. Segundo o depoente houve uma escassez de caixas que, em sua opinião, teria "motivado o prejuízo dos produtores" e que "sabe que alguns produtores plantaram para a Agapê e que acredita que estes 'se defenderam melhor', pois eram dois caminhões a transportar"[42].

Em sua contestação a empresa sustentou que "os fatos não se passaram como narrados na inicial", mas da seguinte forma:

> No ano de 1987, a requerida contratou, com alguns produtores da região, a compra de tomate *in natura*. Alguns destes produtores, ao invés de entregarem os frutos colhidos à requerida, venderam-nos ao mercado, sendo que ficaram a dever quantidades compromissadas de frutos, para com esta. Em data de outubro do ano de 1988, alguns produtores procuraram a requerida, para novos contratos, com referência à safra que se iniciava. Oportunidade em que essa, não se interessando por novos contratos, mas possuindo sementes de tomate do ano anterior, e que se não plantadas, perderiam o seu valor germinativo, ofereceu a alguns produtores, e em sua maioria, a transportadores, as sementes referidas, para que fizessem uso que quisessem, mas bem esclarecido, sem qualquer compromisso de aquisição, posterior, dos frutos. Tais sementes foram distribuídas, via notas fiscais, onde constou como natureza da operação, doação, aos srs. Lourenço Pegoraro Filho, Ariano Lopes, Adão Garcez Rodeghiero, Osmar Vieira, Humberto Conrad, Ingo João Peter, Celso Hartwig Sromming, Adelino Aguiar e Geraldo Rodeghiero, onde não se encontra o nome do requerente. Posteriormente, procurada a requerente por alguns produtores para a compra do produto, lhes fez [saber] que não tinha qualquer compromisso de compra e que além do mais não iria industrializar tomate na fábrica de Pelotas. Procurada pela Indústria Agapê, que estaria negociando com os produtores a compra dos frutos, mas que estaria com dificuldades de caixas para o transporte, e também serem alguns destes produtores, seus [da Agapê] fornecedores de pêssego, dispôs-se a emprestar à Agapê, embalagens para transporte do tomate [...]. Tais caixas foram entregues aos seguintes produtores, o sendo via nota fiscal, caracterizando-se a operação como remessa p/ acondicionamento: Geraldo Rodeghiero, Osmar Vieira, Lourenço Pegoraro Filho, Ariano Lopes, Mário Rodeghiero, Adão Garcez Rodeghiero e Ingo João Peter, que como se pode constatar, também não foram entregues ao requerente. [...] Nestas razões, a requerida não assumiu qualquer compromisso de compra com os produtores, e muito menos com o agora

42 Processo 12666-299, p. 85.

requerente, motivo pelo qual nada lhe deve. Por outro lado, o preço do quilo do tomate na safra passada, não é aquele alegado."[43]

A ré solicitou que fossem ouvidos, como testemunhas, João Ernesto Heidrich e Ildomar Gilberto Weirich.

O primeiro perguntado afirmou que fora demitido um ano após ter trabalhado na empresa e que, de certa forma, participou da questão objeto dos autos e, em razão disso, foi ouvido sem que tivesse de prestar compromisso[44]. Afirmou não conhecer diretamente o autor e que "antes do fato em questão a Cica costumava fornecer a semente de tomate para o plantio e insumos para o plantio" e que "havia um contato direto com o produtor e ficava estabelecido que com a entrega da própria produção era realizado o pagamento", mas que "entretanto, muitos produtores acabavam não entregando o tomate para a requerida, como até hoje muitos não entregaram, nem pagaram" e em razão dessa situação "a Cica resolveu não mais fazer este tipo de acordo com os produtores, que na safra anterior àquela pertinente à lide, a Cica, como estava tendo constantes prejuízos em todos os anos anteriores, [...] nada fez".

Seguindo seu depoimento, João Heidrich esclareceu que nos anos anteriores a empresa em primeiro lugar entrava em contato com o intermediário e, posteriormente, entrava em contato com o produtor, mas que:

> No ano em questão o contato foi feito somente através de intermediário que, os aludidos intermediários, solicitaram a firma no sentido de que havia muitos produtores querendo plantar e, como havia, na ocasião sementes disponíveis a Cica resolveu doar, que tal doação foi feita verbalmente, que a aludida doação foi entregue ao transportador nada mais sabendo a firma sobre o que foi feito após a entrega[45].

Destacou também que o "departamento agrícola da Agapê solicitou empréstimo de vasilhames pois tinha outras safras e a quantidade de caixas não era suficiente que, não pediram as ditas caixas especificamente para o acondicionamento do tomate" e que "em razão do acúmulo de safra é comum acontecer que a indústria termine por ficar sem vasilhames suficientes"[46].

Sobre a flutuação da demanda de tomates que teria levado a que em outras safras alguns agricultores optassem por entregar a safra para terceiros desconsiderando compromissos assumidos com a empresa, explicou que:

---

43 Processo 12666-299/88, Contestação, pp. 34-35.

44 Processo 12666-299/88, p. 74.

45 Processo 12666-299/88, p. 75.

46 Processo 12666-299/88, p. 75.

> Embora não aconteça em todas as safras, mas em determinadas safras quando há a produção do tomate rasteiro muitas vezes há escassez no mercado de tomate para consumo, embora o aludido tomate rasteiro seja próprio para indústria e não para o mercado, como o mercado fica sem o tomate para consumo termina por gerar a situação de que próprio tomate rasteiro é solicitado por um preço de mercado superior ao preço da indústria[47].

Perguntado informou também que já "na safra anterior da safra ora em questão e também nessa a Cica não industrializou tomate em Pelotas", a razão, segundo ele, era que já havia sido verificado que a quantidade do produto que entraria em produção era pequena para a mobilização que precisaria ser feita pela empresa[48].

Já Ildomar Gilberto Weirich informou que havia trabalhado no setor agrícola da empresa entre o final de 1986 e junho de 1988 e que na safra anterior àquela ora em questão, vários produtores colheram bem, mas "muitos não entregaram a produção para a Cica, que quanto ao produtor em questão, ora autor, nada lembra, e que muitos que entregaram a produção não conseguiram saldar todo o débito com a Cica" e informou ainda que "alguns que não venderam a produção para a Cica, depois pagaram o débito que tinham para a mesma em dinheiro, que neste ano anterior, como o mercado estava com preço muito bom os produtores vendiam o mesmo, desrespeitando o pactuado com a Cica"[49].

Existindo outras ações semelhantes naquele Juízo, foram trazidos pela ré depoimentos de outras testemunhas apresentadas por outros agricultores em outros processos. Deles destacou três:

Em seu depoimento, Daltro Ferreira[50] afirma que Adão Rodeghiero lhe pediu a casa emprestada para fazer uma reunião com os produtores da região em busca de propostas para plantação de tomate. Adão buscava propostas dos produtores à requerida. Lembra o depoente que esta foi a primeira vez que Adão liderou tal tipo de reunião, vez que nos anos anteriores estas eram promovidas pela requerida. Esclareceu que na reunião promovida por Adão, não esteve presente nenhum representante da requerida. Lembra do vendedor de adubos presente na reunião.

No depoimento de João Miguel Ortiz, este afirma que em anos anteriores, não na safra em questão, plantou para a requerida. Na safra *sub judice* foi procurado por Adão Rodeghiero, mas não sabe em nome de quem este agia.

---

47 Processo 12666-299/88, p. 75.

48 Processo 12666-299/88, p. 75.

49 Processo 12666-299/88, p. 79.

50 Processo 12666-299/88, p. 107.

Adão se comprometera a transportar a produção, não esclarecendo se toda ou parte da mesma. Nos anos anteriores, quando plantou para a requerida, havia contrato por escrito, o acerto inicial era feito com supervisor da requerida, que transitava em veículo automóvel com o logotipo pintado na porta do mesmo, e recebeu desta todos os insumos necessários[51].

No depoimento de Lourenço Pegoraro Filho, afirma que "transportadores deixaram de carregar produto embalado"[52]. Por fim, destacou que no laudo é possível ler que grande parte do produto estava em processo adiantado de maturação sem que tivesse ocorrido sua colheita[53].

A sentença de primeiro grau, como é sabido, assumiu que as coisas se passaram como alegado na inicial e julgou procedente a ação[54]. A empresa recorreu da sentença e teve sua apelação provida em parte e com fundamento em voto divergente[55]; insatisfeita, apresentou embargos infringentes.

3. O problema da prova

Nos embargos infringentes o ponto de maior controvérsia foi acerca da prova dos fatos constitutivos do direito do autor[56]. No acórdão da apelação o Desembargador Ruy Rosado entendia haver inúmeros indícios a demonstrar comportamento da Cica que justificaria sua condenação[57].

Mas essa opinião não era compartilhada por todos os julgadores, tanto assim que o Desembargador Adroaldo Furtado Fabrício via "extrema debilidade dos indícios"[58] chegando a afirmar que diante do fato de que "o processo é todo um vazio de provas"[59] a admissão "do alegado pela inicial relativamente à quantidade de produto plantado, colhida e perdida" seria "verdadeiro ato de fé"[60]. Em suas palavras a "extrema indigência probatória" resultava evidenciada pela "singular solução, do tipo vulgarmente dito salomônico,

51 Processo 12666-299/88, p. 107.

52 Processo 12666-299/88, p. 126.

53 Processo 12666-299/88, p. 127.

54 Processo 12666-299/88, p. 113-119.

55 O Voto do Desembargador Sergio Pilla da Silva foi no sentido de que a "parte autora não se desincumbiu do ônus probatório acerca do fato constitutivo de seu direito à indenização" (Apelação Cível 591028295, p. 08).

56 A Lei n. 5.869/73 estabelecia em seu art. 333, I, que "o ônus da prova incumbe ao autor, quanto ao fato constitutivo do seu direito".

57 Apelação Cível 591028295, p. 7.

58 Embargos Infringentes 591082257, p. 05.

59 Embargos Infringentes 591082257, p. 05.

60 Embargos Infringentes 591082257, p. 05.

que a douta maioria teve de dar ao problema do valor da indenização"[61], assim diante da "dúvida invencível quanto a ser ou não o embargante um dos produtores que teriam entregue parte de sua produção à Agapê e quanto ao montante dessa venda levou a uma conclusão inteiramente desembasada na prova", e calcada numa "escolha aleatória, qual seja, a de que tal parcela vendida se presumiria" a 50% da produção alegada na inicial e que, portanto, o dano seria fixado em relação aos outros 50% presumidamente perdidos[62].

Ao que tudo indica o raciocínio levado a efeito pela maioria de julgadores no acórdão embargado revela que a história na qual se acredita e o estereótipo do qual se parte precedem os fatos e lhe conferem o sentido[63]: convencidos de que a Cica agiu de forma desleal os fatos relativos aos danos não seriam mais relevantes. Assim, seja por uma indevida[64] inversão do ônus da prova[65] (como se coubesse à empresa provar a inexistência do dano), seja por uma irrazoável apreciação dos indícios do caso acabou-se concluindo que, não se tendo demonstrado que o autor não havia sofrido dano, era possível assumir que certo dano havia ocorrido.

A satisfação com os indícios se justificou com argumentos como os do Desembargador Ruy Rosado de que seria "graciosa a pretensão de que o relacionamento estabelecido entre esses homens do campo, simples e rudes, estivesse documentado por escrito".[66] Mas, a alegação de que agricultores rudes não realizam registros é suficiente para desconsiderar completamente os registros realizados pela empresa? Como que em resposta a essa pergunta o Desembargador Ruy afirma que "o próprio administrador Heidrich admitiu que essas promessas de compra eventualmente, e apenas eventualmente eram formalizadas"[67].

---

61 Embargos Infringentes 591082257, p. 05.

62 Embargos Infringentes 591082257, p. 05.

63 Para Michele Taruffo "as narrativas *constroem os fatos* que são contados" e, portanto, "a construção da narrativa por parte do seu autor é também a construção dos fatos que o autor conta" (TARUFFO, Michele. *Uma simples verdade:* o juiz e a construção dos fatos. São Paulo: Marcial Pons, 2012, p. 73), já os preconceitos, tais como o do "pequeno e rude agricultor" e a "grande e desonesta empresa" são para Taruffo "eficazes para manipular os fatos" e para "tornar as narrativas particularmente coerentes e confiáveis para aqueles que compartilham dos mesmos preconceitos" (op. cit., p. 79).

64 Como forma de justificar essa inversão do ônus da prova o Desembargador Ruy Rosado refere-se à Lei n. 8.078/90 (Apelação Cível 591028295, p. 8.) Tal menção normativa somente faz sentido retórico, já que tal lei seria inaplicável ao caso, por não se tratar de relação agricultor-indústria, relação de consumo.

65 Apelação Cível 591028295, p. 6.

66 Apelação Cível 591028295, p. 6.

67 Apelação Cível 591028295, p. 6.

Quanto ao uso das caixas da Cica para recolhimento dos frutos infere o Desembargador Ruy Rosado que seria porque a empresa pretenderia inicialmente adquirir vindo, posteriormente, ao recebimento da primeira carga, se "arrepender"[68]. Mas desse fato, com base em vários outros indícios, se poderia igualmente inferir que poderia ter emprestado as caixas[69] ou mesmo poderia ter ocorrido que tais caixas fossem utilizadas de forma indistinta pelos intermediários sem qualquer restrição pelas empresas[70].

O Desembargador Ruy Rosado também aborda em seu voto que do "fato de a Cica ter emitido documentos de saída de sementes em nome de alguns transportadores"[71] se poderia concluir que "estavam encarregados da redistribuição das sementes", porém também seria possível concluir que estava a empresa registrando a saída das sementes doadas aos transportadores, doação essa mencionada por testemunhas. Não é um fato indubitável que a "semente foi distribuída pela Cica", o que ficou confirmado por várias testemunhas é que o foi pelos "transportadores/intermediários" e, portanto, se o agricultor foi contatado pelos intermediários poder-se-ia imaginar que teriam sido esses a fazê-lo crer que a Cica adquiriria a safra? Seria possível assumir a imprudência dos intermediários (e não sua má-fé) em assumir que a Cica viria a comprar no futuro a safra? Tal imprudência poderia ser tomada como a causa direta e imediata do dano do agricultor que mais do que confiar na Cica, com quem tinha pouco contato, teria confiado nos intermediários com quem estabelecia contato estreito?

Ainda na opinião do Desembargador tal registro de saída:

> Não serve para provar que o autor-produtor, por não figurar nominalmente nas notas de expedição, não tenha sido um daqueles agricultores contatados pelos intermediários-transportadores a fim de que, utilizando-se da semente distribuída pela Cica, viesse a produzir tomates naquele ano[72].

Mas também o fato de que poderia ter recebido é suficiente para assumir que recebeu? O fato de que recebeu é suficiente para assumir que plantou? O

68 Apelação Cível 591027818, p. 8.

69 Apelação Cível 591027818, p. 4.

70 Em entrevista um dos advogados a constar como procurador dos agricultores informou que os transportadores que atuavam em Canguçu eram os mesmos que atuavam em outras cidades da região como, por exemplo, Pedro Osório e prestavam esse serviço para as três empresas, e que não era incomum caixas de uma empresa serem utilizadas para embalar produtos destinados a outra.

71 Apelação Cível 591028295, p. 6.

72 Apelação Cível 591028295, p. 7.

fato de que plantou é suficiente para assumir que colheu? E, por fim, o fato da colheita é suficiente para assumir que perdeu o colhido?

Mas cabe separar os fatos que poderiam constituir o direito do autor: uma coisa é a "prova" de que houve uma promessa, um ou vários atos que geraram a legítima expectativa do autor, outra coisa é a prova da entrega das sementes ao agricultor, outra a prova do plantio e ainda outra, a da colheita[73]. Visualizando esse problema o Desembargador Ruy Rosado sustentou que, no caso:

> A imposição de rigorosos requisitos probatórios quanto às formalidades das tratativas (prova de que recebeu a semente; prova da quantidade da semente recebida; prova de que plantou aquela semente; prova de compromisso formal de compra) e demonstração de quantia exata do produto colhido (prova do número de caixas, peso, data, etc.) é maneira fácil de desviar a aplicação do princípio da responsabilidade civil, pois tais elementos jamais serão obtidos [...][74].

Mesmo se aplicável uma regra de inversão do ônus da prova ou mesmo que se concorde com o argumento de que "a exigência da prova deve ser adequada às circunstâncias do negócio e às condições pessoais das partes, sob pena de ser inviabilizado o reconhecimento do direito em grande número de situações, especialmente daqueles que maior dificuldade têm, pela sua ignorância ou pobreza, para a defesa dos seus interesses"[75], é fundamental que tais inversões e adequações sejam estabelecidas no início da lide e não no âmbito da decisão porque isso, em total desacordo com o princípio do contraditório, acaba por surpreender o réu que, portanto, não realiza as provas que poderia fazer para buscar provar que tais fatos não ocorreram.

Quanto à questão relativa à produção pela empresa de expectativa legítima no agricultor quanto à aquisição da safra o que mais chama a atenção é o fato de que foi dado grande peso a depoimentos de testemunhas que os julgadores sabiam ter interesse na causa: no caso dos vendedores de insumos (Miguel Alves de Almeida e Alceu Cardoso Evangelista), tal interesse direto na causa se dava porque muitos dos agricultores tinham retirado insumos para pagamento quando da venda da safra o que, no caso, não aconteceu. Ou seja, o prejuízo com os "gastos com insumo" não é exatamente dos agricultores, mas dos fornecedores "a crédito" desses materiais, entre eles adubos.

73 No depoimento de João Heidrich não há alegação de que algumas entregas de sementes e caixas em anos anteriores poderiam ter sido feitas sem registro, mas de que "nos anos anteriores havia promessa de compra, inclusive, em certos momentos com contrato escrito" (Processo 12666-299, p. 74).

74 Apelação Cível 591028295, p. 8.

75 Apelação Cível 591028295, p. 8.

Segundo alegação de ex-funcionário da empresa conclui-se que nas safras anteriores a 87/88 os fornecedores de insumo eram pagos pela empresa que lhes adquiria e os entregava aos agricultores vindo a descontar tais valores na ocasião da venda dos frutos[76]. Na safra em questão ficaram os fornecedores sem receber os insumos entregues aos agricultores porque não tendo sido pagos "à vista" pela empresa teriam sido retirados "a crédito" pelos agricultores por sua conta e risco.

O próprio Miguel Almeida, em trecho de seu depoimento, não referido pelo Desembargador Ruy Rosado, afirma: "Sabe também o depoente que a firma ré, na época ajustada para o recebimento da produção deixou de fazê-lo, causando a perda de diversos produtores. Esclarece que *muitos desses produtores haviam adquirido, da empresa a qual é ligada, adubos e defensivos*"[77].

Assim também no depoimento de Alceu Evangelista, em trecho não referido pelo Desembargador Ruy Rosado é possível ler que "a firma onde o depoente trabalha forneceu adubos, fungicidas e inseticidas para os produtores. Que só foram receber a maior parte dos valores em maio do ano seguinte, enquanto o vencimento das dívidas ocorrera em novembro do ano anterior" e que a empresa na qual trabalhava "teve problemas quanto ao pagamento dos títulos decorrentes das vendas a prazo aos colonos tanto em Pedro Osório como em Canguçu."[78]. Por fim, em outro momento de seu depoimento, afirma se interessar pela solução do litígio "já que não chegou a receber o que lhe era devido de alguns produtores."[79]

Assim não há nenhuma razão especial para que a esses depoimentos tivesse sido dado mais crédito do que aos que continham informação inversa, ou seja, de que a Cica não havia se comprometido, ou melhor, havia manifestado que somente adquiriria os produtos se lhe fosse conveniente.

Em seu depoimento João Heidrich afirmou que a empresa expressou "a intenção de comprar se lhe fosse conveniente, sem qualquer comprometimento"[80]. Dessa afirmação o Desembargador Lio Cezar Schmitt retirou o

---

76 Das descrições das operações feitas anteriormente é possível concluir que em todas as safras anteriores todos os custos economizados pelo agricultor – da aquisição gratuita da semente passando pela orientação e assistência técnica – eram "pagos" quando da entrega do produto por meio do mecanismo do "preço": a empresa descontava tais investimentos pela redução do valor de aquisição do fruto (isso, inclusive, é o que deve ter levado a alguns agricultores, segundo relatos de outras testemunhas em outros processos, a realizar a venda após a colheita para concorrentes da Cica que, exatamente por não terem incorrido naqueles gastos podiam oferecer preço maior ao produtor)

77 Processo 12666-299, p. 22.

78 Processo 12666-299, p. 22.

79 Processo 12666-299, p. 90.

80 Apelação Cível 591027818, p. 4.

entendimento de que a "intenção de comprar [parece-me] caracteriza compromisso"[81]. Mas resta imperioso discordar da interpretação dada pelo julgador se o sujeito expressa a intenção junto com a ressalva de que ocorrerá somente se lhe parecer conveniente, o que temos é justamente o oposto, ou seja, a ausência de compromisso. A questão, portanto, a saber é se tal "intenção sem comprometimento" foi comunicada aos agricultores e se tendo sido comunicada teria sido clara e inequívoca[82].

Quanto à questão relativa ao comportamento desleal da empresa vê-se que o momento em que se dá o juízo de "conveniência" em adquirir essa safra é apresentada no voto do Desembargador Ruy Rosado como se fosse uma manifestação que somente surgiu no momento da primeira entrega:

> Para sustento de sua tese e da inexistência de qualquer compromisso para com os colonos, defende-se a ré apontando para o fato de que estes entregaram sua produção à concorrente Agapê, companhia industrial, instalada na mesma região. Isso realmente aconteceu, pois parte da produção foi vendida à Agapê, mas pelos motivos também explicados nos autos: *depois de decidir, por sua conveniência, não mais industrializar o produto naquele ano*, a Cica chamou os caminhoneiros que faziam a ligação com os produtores, avisando que não receberia o produto e que eles deveriam encaminhá-lo à Agapê[83].

Pois bem, na forma como é apresentada na frase acima a "manifestação da decisão de não industrializar" é assemelhada à "manifestação da decisão de industrializar se conveniente" e tal assimilação é indevida porque a última, tendo sido comunicada no momento da *entrega das sementes* cria embaraços para que se tome por desleal a atitude de informar a decisão por não industrializar *apenas* no momento da entrega da safra, afinal: a) somente com o volume colhido se poderia saber da conveniência de industrializar o produto e b) diante da informação, prestada na entrega das sementes, de que a aquisição se daria somente se "conveniente", o risco de não aquisição já estava informado ao agricultor. Aliás, dado o ocorrido nas safras anteriores nas quais agricultores se sentiram "autorizados" a vender suas safras para terceiros desconsiderando terem assumido compromisso junto à Cica poder-se-ia enten-

81 Apelação Cível 591027818, p. 5.

82 Quanto a isso os relatos das testemunhas deixam dúvidas. Mas também cabe destacar que todas as testemunhas estão intensamente implicadas no deslinde da contenda seja porque também foram receptoras de semente e tendo plantado também tiveram prejuízos decorrentes da não aquisição dos frutos pela Cica, seja porque como intermediários/transportadores podem ter sido os responsáveis pela informação prestada pela empresa não ter chegado de forma clara e inequívoca nos agricultores.

83 Apelação Cível 591027818, p. 8 (grifei).

der que a "conveniência" era prática recíproca talvez mais instaurada do que a "confiança"[84].

Do fato do primeiro carregamento, do qual não se sabe se continha frutos colhidos pelo autor (aliás, com base no laudo pericial uma quantidade grande dos frutos desse específico agricultor não havia sido colhida), ter sido levado à Cica poder-se-ia, por exemplo, inferir que os transportadores fizeram isso para, após terem distribuído as sementes por sua conta e risco, realizar uma tentativa de vender os produtos à Cica e em não obtendo sucesso comercializá-los com outra empresa, como de fato ocorreu.

Poder-se-ia inferir também que dada a informação de que a Cica poderia vir a adquirir diante da "verificação de se era, naquele momento, conveniente para a Cica a aquisição do produto" era necessário levá-lo para que pela pesagem ela pudesse tomar a decisão sobre a conveniência em industrializá-los, não havendo tal conveniência, foram eles encaminhados para outra empresa que poderia ter interesse. Assim a reunião poderia ser apenas para formalizar junto aos intermediários a ausência de interesse nos termos de sua manifestação inicial quando da doação das sementes, nesse caso a reunião seria forma de atuação leal junto aos intermediários, inclusive, para que pudessem tanto economizar combustível num deslocamento inútil até a empresa como negociar valores de frete com quem, naquele momento, revelava interesse em adquirir o produto (a Agapê).

Assumindo a possibilidade de inversão surgem ainda algumas questões: como seria possível a empresa demonstrar que não houve, nessa situação específica, a realização de atos, a manifestação de promessa ou mesmo contrato escrito que teriam gerado no sr. Willy a expectativa legítima de que teria adquirida sua safra? Como poderia provar, por exemplo, a empresa que, naquela situação específica, não entregou ao sr. Willy nem sementes e nem caixas? Como fazer tais provas? No caso concreto no qual se exige a produção de uma prova negativa não se estaria criando o risco de que qualquer agricultor da região ingressasse com ação de indenização, mesmo se não tivesse recebido e plantado tais sementes ou se plantado nada ou muito pouco tivesse colhido?

---

84 Os fatos ocorridos tanto na safra 87/88 quanto nas safras anteriores talvez estejam a revelar que nosso "'indiferentismo jurídico' insocial e insolidário que permanecem nas estruturas mentais, disfarçadas e sorrateiras" (MARTINS-COSTA, Judith. Sobre o princípio da insolidariedade: os cumes das montanhas e os universos submersos. In: LIMA, Martonio Mont'Alverne Barreto et al. (Org.). *Democracia, direito e política:* estudos em homenagem a Friedrich Muller. Florianópolis: 2006, p. 431) são mais esparramados pelo tecido social do que gostaríamos de admitir e que, por essa razão, as relações entre agricultores e empresa estavam sempre pautadas não por uma confiança recíproca, mas pelo "descompromisso recíproco" de um "individualismo troglodítico" (expressão de Oliveira Viana referida por Judith Martins-Costa (op. cit., p. 429).

Para isso há que se distinguir entre a necessidade de provar a doação das sementes pela empresa[85] e a necessidade de provar que ela não iria adquirir os frutos decorrentes do plantio e, nesse sentido não é correta a conclusão do Des. Lio Cezar Schmitt de que a "Cica tinha todos os dados possíveis para provar que nada contratara e que a nada se comprometera. Ficou, porém, na negativa pura e simples", pois na própria decisão percebe-se que não foi isso que ocorreu, pois há testemunhas trazidas pela ré não para "provar que nada contratara", mas, pelo contrário, para provar que contratara doação e que a intenção expressa foi a de "não se comprometer".

O julgador usa como justificativa para seu convencimento de que a empresa havia assumido o compromisso de adquirir a safra o fato de que "os produtores, nos anos anteriores, plantaram para a Cica, e não tinham por que plantar, sem a garantia da compra"[86], mas tanto nas informações presentes em depoimentos reproduzidos no relatório da apelação como nos relatórios das inúmeras apelações que tais fatos originaram é possível perceber que há, pelo menos, dois bons motivos para os agricultores plantarem as sementes mesmo sem o compromisso de aquisição da Cica: o primeiro deles era economizar o preço de aquisição da semente e o segundo é a existência de outras empresas na região que poderiam (tanto que já o haviam feito em inúmeras outras oportunidades) comprar tais frutos dos agricultores[87].

Diante da presença de tais incentivos não se pode atribuir o plantio pelos agricultores, única e exclusivamente, à ausência de informações claras e inequívocas sobre se a empresa iria ou não adquirir a safra 87/88. Assim, uma explicação razoável do que teria ocorrido não é dada pela "ausência de informação", mas sim pela ocorrência simultânea de uma situação de "excedente de produção" (motivada pela gratuidade das sementes) e de "redução de demanda" (decorrente da redução tanto do número das empresas compradoras como do volume por essas adquirido). Não há, ao contrário do que pretende fazer crer, portanto, o Desembargador Lio Cezar Schmitt, como se concluir que o autor "plantou porque a Cica tinha intenção de comprar", assim como não há nem prova efetiva de que plantou, nem da quantidade plantada.

---

85 Por força do art. 1.168 do CC/1916 (atual art. 541, CC/2002) a doação das sementes poderia ser verbal e, portanto, somente poderia ser provada por testemunhas.

86 Apelação Cível 591027818, p. 6.

87 O argumento, utilizado pelo Desembargador Lio Cezar Schmitt, que pretende demonstrar a inverossimilidade dessa hipótese sob a alegação de que se soubesse do risco o agricultor não teria plantado é tornado frágil diante da possibilidade de plantio de sementes adquiridas de forma gratuita para venda a terceiros (com maior lucro, portanto), possibilidade de venda para terceiros que se vê demonstrada tanto pelos fatos dos autos (venda de parte da produção para AGAPÊ) como pelos fatos descritos no julgamento de outras Apelações Civis (Apelações Civis 591028758 e 591030861 julgadas no mesmo período pela 6ª Câmara do TJRS) e mesmo nos Embargos Infringentes 591083357 (p. 10).

Diante de tal obstáculo o Desembargador Lio Cezar Schmitt encaminha seu raciocínio no sentido de que "da prova extrai-se que os produtores entregaram cerca de 50% da safra à Agapê, em face da recusa da Cica. Não se têm elementos seguros, em cada processo, quanto cada agricultor entregou. Assim, considerando que há referências ao percentual de 50%, o pedido formulado na inicial deve ser reduzido"[88].

Ora, não há nada que aponte qual o percentual entregue (se é que entregue) pelo autor da referida ação à empresa Agapê. Parece óbvio (mas não lógico) que a referência ao percentual de 50% de toda a safra colhida pelos agricultores da região é um percentual aproximado, já que não há registro da safra total, assim como parece indubitável que não há nada a indicar quanto do percentual colhido por cada agricultor foi comercializado com a Agapê (até porque não há provas nem do plantio, nem da colheita, nem da comercialização).

Mesmo diante de todas essas dificuldades que se poderia entender insuperáveis para que se admita o surgimento do dever de indenizar concluiu o referido julgador que o autor teria provado de forma "suficiente" (*quantum satis*) o seu direito: teria provado que plantou, que tinha feito porque a Cica tinha intenção de comprar[89] (sem falar do fato de que tendo colhido um certo número de tomates esse produto no todo ou em parte deixou de ser comercializado). Depois de tudo que foi exposto acima só me resta discordar.

4. Grandes casos produzem bom direito?[90]

O enfrentamento do problema do dano na responsabilidade pré-contratual é, desde Jhering, calcado na perspectiva do dano patrimonial sendo esse o eixo sobre o qual gira o binômio "interesse contratual positivo"/"interesse contratual negativo"[91]. Tal perspectiva acaba por impor uma análise que se

---

88 Apelação Cível 591027818, p. 6.

89 Apelação Cível 591027818, p. 6.

90 "Great cases like hard cases make bad law" (HOLMES Jr., Oliver Wendell. In: *Northern Securities Co. v. United States*, 193 U.S. 197 (1904))

91 "O interesse do comprador pode, na nossa relação, ser concebido de duas maneiras: segundo uma delas, como interesse na *manutenção* do contrato, ou seja, no *cumprimento* – aqui o comprador receberia num equivalente em dinheiro tudo aquilo que teria tido em caso de validade do contrato; diversamente, como um interesse na *não conclusão* do contrato – aqui receberia o que teria tido se a realidade exterior da conclusão do contrato não se tivesse verificado. Alguns exemplos esclarecerão esta diferença, que pretendo designar, por razões de síntese, como *interesse contratual positivo* e *negativo*" (VON IHERING, Rudolf. *Culpa in contrahendo ou indenização em contratos nulos ou não chegados à perfeição*. 1. ed. Tradução de Paulo Mota Pinto. Coimbra: Almedina, 2008, pp. 12-13.

projete sobre a identificação da ocorrência de "danos emergentes" e/ou "lucros cessantes".

Haveria danos emergentes a solicitar uma vez que, por exemplo, fossem demonstrados gastos com preparo do solo, plantio, insumos, colheita e transporte. No caso concreto, não houve gastos com aquisição de sementes (doadas pela Cica aos transportadores/intermediários e repassadas aos agricultores) e assistência técnica (provida na região gratuitamente tanto pela Emater[92] quanto pela Embrapa[93]). Quanto aos gastos que teve por ter confiado na aquisição de sua safra pela Cica (assumindo-se que essa expectativa foi gerada pela empresa e por ela indevidamente frustrada) estariam as dívidas assumidas com fornecedores de insumo e transportadores. Configurar-se-ia o dano emergente na hipótese de se converterem, pela recusa de compra pela Cica e impossibilidade de venda a terceiros, em "gastos não aproveitados", uma vez que em ocorrendo a venda do produto seria possível considerar que esses custos incorridos comporiam os custos de produção que o agricultor deveria esperar cobrir, desde o princípio, com a venda dos frutos (seja para a Cica, como previsto originalmente ou para terceiros, em razão da injustificada recusa daquela).

Sendo o sr. Willy um agricultor, teríamos que desconsiderar os gastos que teria mesmo que não tivesse confiado na repetição das condutas anteriores da Cica. Assumir-se-ia assim que ainda que não fosse tomate e ainda que não fosse na expectativa de vender para a referida empresa teria cultivado algum produto, logo teria incorrido em todos os gastos relativos ao manejo, plantio, insumos, colheita e transporte. O problema está no fato de que tais custos não são definíveis facilmente, pois podem variar a depender do produto.

O lucro cessante é a perda de oportunidade de venda dos tomates para terceiros ou a perda de oportunidade de plantio de outro produto e, consequentemente, comercialização desse outro produto para terceiro? A segunda cadeia causal é mais difícil de demonstrar porque abre questões como: Qual produto teria sido plantado? Teria obtido sucesso e colhido boa safra? Teria conseguido comercializá-la? A primeira não está isenta de problemas: Se havia terceiro para quem poderia ter comercializado a safra, por que não o teria feito? Talvez se o fizesse poderia mitigar os prejuízos do devedor[94]. Mas não

92 Empresa de Assistência Técnica e Extensão Rural, empresa pública estatal vinculada à Secretaria da Agricultura do Estado do Rio Grande do Sul.

93 Empresa Brasileira de Pesquisa Agropecuária, empresa pública federal vinculada ao Ministério da Agricultura.

94 Ainda que indiscutível a relevância dessa figura jurídica que Judith Martins-Costa afirmou estar "a meio caminho entre a categoria do ônus jurídico (no sentido tradicional) e a do dever de proteção" (MARTINS-COSTA, Judith. *A boa-fé no direito privado:* critérios para sua aplicação, p. 557) e possuir "aparente aproximação ao fenômeno da concausa" (op. cit., p. 556, n. 161) não há como aprofundar, neste texto, seu tratamento.

tendo feito, como saber quanto teria recebido pelo produto que, no final das contas, não vendeu para o terceiro? Tendo vendido ao longo de vários anos para inúmeros compradores, entre eles o atual comprador infiel, como calcular a média de rentabilidade do negócio que poderia contribuir para a fixação do valor aproximado da perda? E, por fim, se não havia outra oportunidade de comercializar a safra senão para o relutante comprador, como calcular o que "razoavelmente" teria deixado de ganhar?[95]

Ao que parece, nessa última hipótese, não se poderia falar em "lucros cessantes", mas em "perda de chance". Novamente considerando que o sr. Willy tinha como atividade central a agricultura, temos que perquirir que lucro poderia ter caso não tivesse confiado na aquisição pela Cica. Nesse caso teria ele vendido produto (tomate ou outro) para terceiros. Aqui a decisão que poderia ter sido tomada, antes do plantio, é fundamental, uma vez que, por exemplo, poderia ter decidido ampliar a diversidade de produtos para reduzir o risco de não comercialização ou mesmo garantir ganhos em diversos momentos do ano (sazonalidade). O comportamento da Cica, portanto, poderia ter levado a uma perda de chance de adotar outra estratégia empresarial.

Ao que tudo indica essa dificuldade – o fato de que não havia terceiro que pudesse adquirir a safra do autor (pelo menos em sua integralidade) foi "superada" pelo TJRS ao usar o contrato que seria celebrado com a Cica como "situação hipotética" que teria o agricultor alcançado caso não houvesse tido "frustrada sua expectativa de venda" para a mesma Cica. Todavia, ao fixar a indenização em valor correspondente à metade do que entendeu ser o valor devido ao agricultor caso o contrato tivesse sido celebrado, o Tribunal converteu o que deveria ser uma indenização de interesse contratual negativo (dano decorrente da frustração da expectativa de que um contrato seja celebrado) em indenização mitigada de interesse contratual positivo (dano decorrente da frustração da expectativa de que o contrato seja adimplido),

95 Trata-se aqui do problema da possibilidade e não da previsibilidade do dano como limitador da reparação. Sobre o tema da previsibilidade do dano Judith Martins-Costa em sua análise do art. 402 do CC/2002 aponta que esse dispositivo não reproduziu o parágrafo único do antigo art. 1.059 do Código Civil de 1916 ("O devedor, porém, que não pagou no tempo e forma devidos, só responde pelos lucros, que foram ou podiam ser previstos na data da obrigação") e conclui que "pela extirpação dessa regra atende-se ao princípio da reparação integral e as perdas e danos têm maior amplitude" (MARTINS-COSTA, Judith. Do inadimplemento das obrigações. In. TEIXEIRA. Sálvio de Figueiredo (Org.). *Comentários ao novo código civil*. 1. ed. Rio de Janeiro: Forense, 2003, v. V, t. II, p. 335). Certamente tal ampliação não deverá impor a superação de todo e qualquer limite. Assim, nas hipóteses de responsabilidade subjetiva, ainda será inviável a fixação da obrigação de indenizar quando da ocorrência do dano que não era possível, com a diligência adequada, prever. Com isso parece concordar a autora quando afirma, ao analisar o art. 403 do CC/2002, que o dano para ser "certo" não pode ser uma "mera hipótese" (op. cit., p. 358).

ou seja, o agricultor recebeu metade do que alegou que teria recebido caso o contrato com a Cica tivesse sido celebrado.

Quanto aos lucros que teria deixado de obter por ter confiado que a Cica viria a adquirir sua safra, temos de considerar o ganho obtido com a venda do tomate para terceiros, porém somente se poderia falar na sua possibilidade de ocorrência se: a) houvesse terceiro com possibilidade de, à época do plantio, absorver a safra do agricultor (ainda que de outro produto), mas que diante do momento no qual recebe a oferta de venda (após, obviamente, a recusa injustificada da Cica) não pudesse mais adquiri-la; ou b) havendo terceiro para quem fossem vendidos os frutos, esse terceiro viesse a adquiri-los em menor quantidade do que o que seria adquirido pela Cica ou se o valor obtido pelo agricultor, pela unidade do produto, na venda ao terceiro fosse menor do que o que o agricultor esperava ser pago pela Cica, ou seja, houvesse uma diferença entre o valor praticado usualmente nas vendas para a Cica e o valor obtido na venda junto a terceiro.

Havendo período definido para a retirada do produto e não se apresentando sujeito para transportar (a cargo da compradora) seria razoável permitir ao vendedor, diante da possibilidade de situação que se configuraria como recusa injustificada do comprador, vender os bens a terceiro, logo após a notificação da compradora? Essa medida poderia ser compreendida como forma de diminuir o valor da indenização que, na hipótese de condenação, por violação de dever (pré-contratual ou contratual) a empresa (Cica) deveria pagar ao agricultor. Mas a venda para terceiro não seria a demonstração de que a violação do dever pelo esperado comprador não teria gerado, na hipótese concreta, perda de ganho para o agricultor?

Todas essas questões decorrem da assunção da premissa de que o dano é o efeito do atentado, é a consequência da agressão ao interesse. Nessa perspectiva, o dano não é a frustração da confiança, mas é o efeito decorrente dessa frustração (gastos não aproveitados, chances perdidas etc.).

Entretanto, poder-se-ia assumir a premissa de que o Direito mais do que prover tutela para os resultados decorrentes da agressão a interesses tem por objetivo garantir a expectativa legítima tanto de conservação de determinada situação jurídica[96] (fazendo retornar ao *status quo ante* ou restituí-la à condição original – *restitutio ad integrum*) como de mudança da situação jurídica (quando alguém possui um "crédito" frente a outrem tem a possibilidade de

96 Ao abordar os denominados "deveres de proteção" Judith Martins-Costa afirma que tais deveres atuam negativamente, isto é, impõem ao destinatário da norma que se abstenha de alterar a esfera jurídica de outrem, ou seja, preserve o *status quo* e, na hipótese de agressão a essa integridade impõe a recomposição do *status quo ante* (MARTINS-COSTA, Judith. A *boa-fé no direito privado:* critérios para a sua aplicação. São Paulo: Marcial Pons, 2015, pp. 224-225).

exigir do devedor que atue de forma a realizar seu "crédito"[97], de modo semelhante quando possui a crença legítima na celebração de um contrato tem essa crença protegida pelo direito). É de sublinhar que, nos parece, ambas as expectativas podem existir tanto no interior de uma relação contratual como independentemente da existência dessa.

Tomando-se essa premissa poder-se-ia afirmar que se a frustração dessas expectativas (de conservação ou mudança) se desse em razão da ocorrência de fatos contrários ao Direito o próprio sistema jurídico "reagiria" de forma a restabelecer a expectativa frustrada: na hipótese de uma frustração indevida da expectativa de conservação buscaria fazer a situação se mover ao que "existia antes", ou seja, retornar ao estado que existia antes da intervenção, já na hipótese de uma frustração indevida de expectativa de mudança buscaria fazer a situação se mover ao que "existiria sem", ou seja, promover o estado que existiria sem a intervenção.

Nas duas hipóteses temos que os pontos de partida para aplicação das medidas de correção, os fatos, são sempre conjecturais (tanto a situação que "era antes" quanto a que "seria sem" são realidades fugidias), assim como os resultados obtidos pela aplicação de tais medidas são sempre aproximativos, pois ninguém pode precisar onde o lesado estaria se a situação na qual confiou tivesse ocorrido (interesse positivo) assim como não se pode precisar onde estaria se não tivesse confiado (interesse negativo).

Dada essa dificuldade uma alternativa possível está em partir não do que "era antes" (preocupação com o retorno à situação anterior em nome do interesse na conservação) ou do que "seria sem" (preocupação com a promoção da situação projetada em nome do interesse na mudança) para o lesado, mas o que "é" para o lesante: assim a medida corretiva não tem como alvo a situação do lesado, mas do lesante.

Haveria aqui sanção direcionada não pela ideia de lesão/dano, mas de violação/agressão a um interesse: interesse como relação tutelada juridicamente entre pessoa e bem[98]. Se tomamos a confiança como o bem e o agricultor como a pessoa, haveria, não exatamente um "dano" à confiança como efeito produzido pelo ato de defraudação da confiança[99], mas, em verdade,

---

97 Judith Martins-Costa menciona o *status ad quem* a ser obtido pelo cumprimento da obrigação, ou melhor, do dever de prestação (MARTINS-COSTA, Judith. *A boa-fé no direito privado:* critérios para a sua aplicação. São Paulo: Marcial Pons, 2015, p. 225).

98 CARNELUTTI, Francesco. *Il dano e il reato.* Padova: Casa Editrici Dott. A. Milani, 1930, p. 12.

99 Na opinião de Oliveira Ascensão de "nada adianta falar em dano de confiança, que se contraporia ao dano do não cumprimento. É claro que este dano é alheio ao dano do não cumprimento, [...] mas não recebe esclarecimento nenhum pelo facto de ser designado dano de confiança. [...] as indicações que se lucram, pelo apelo à noção de confiança, são tão ténues que mais vale dispensar essa noção. Bastará o comando geral

um atentado, uma agressão ao ato de confiar[100] e, por essa razão, o que deveria ser objeto da medida jurídica não seria a "frustração" da confiança na perspectiva daquele que confiou, mas de quem deixou de, injustificadamente, corresponder àquela confiança.

Com isso, toma-se como foco o sujeito que "abala a fé" de outrem, não quem teve sua fé abalada. Aliás, isso permitiria que a medida jurídica pudesse ser imposta mesmo quando a "vítima" não teve sua fé abalada e continue a confiar no outro. Adotada essa perspectiva e mantida a linguagem estabelecida no âmbito do sistema de responsabilidade civil poder-se-ia dizer que o "dano à confiança" é um dano *in re ipsa*, decorre do próprio fato da "frustração indevida" (semelhante ao tratamento que se dá aos casos de "protesto indevido", "uso indevido de imagem"). Mas isso não seria transformar, no limite, reparação em pena, já que, no limite o dano, em razão do termo "indevido(a)" parece se configurar pela "antijuridicidade da conduta"[101]?

Bem, essa é uma questão que não teria como ser resolvida no pouco espaço que resta. Mas ainda há o suficiente para voltar à pergunta que intitula este capítulo final: Grandes casos produzem bom direito?[102] Sim, mas não pelo conteúdo das decisões que nele se encontram porque sendo também "complicados" são "complexos em demasia e difíceis de subsumir em uma clara regra de direito"[103], mas pela capacidade de estimular o debate em torno

---

da boa-fé e os deveres específicos em que este se traduz. A confiança só releva quando a lei para ela apelar numa situação típica". ASCENSÃO, José de Oliveira. *Direito civil:* teoria geral, v. II. 2. ed. Coimbra: Coimbra Editora, 2003, p. 447.

---

100 A adoção dessa perspectiva pode realizar uma aproximação analítica que pode ser útil para pensar categorias da responsabilidade contratual e extracontratual. VICENTE, Dário Moura. *Da responsabilidade pré-contratual em direito internacional privado*, Colecção Teses. Coimbra: Almedina, 2001, p. 318.

101 Da mesma forma para Jhering "um conselho, uma informação falsa, uma recomendação etc. dados com intenção dolosa não se revelam exteriormente, de modo algum, como intervenções numa esfera jurídica alheia, não são *em* si um ilícito e também não têm *em* si como resultado um dano, antes obtêm este carácter e esta consequência apenas pelo tipo da sua relação com a vontade de ambas as partes, quer a do demandado – o carácter de *ilícito* pela censurabilidade da *direcção* da vontade – quer a do demandante – a *influência prejudicial* mediante a *determinação* de vontade por eles causada" (op. cit., pp. 19-20). É possível uma aproximação entre o que Jhering identificava em atos como o de "mau" conselho e de "falsa" informação com o que se identifica hoje em atos como protesto "indevido" e no uso "indevido" de imagem: há uma atenção ao ato/omissão e não no resultado dele.

102 "Great cases like hard cases make bad law" (HOLMES Jr., Oliver Wendell. In: *Northern Securities Co. v. United States*, 193 U.S. 197 (1904)).

103 TARUFO, Michele. Op. cit., p. 60.

de si mesmos. São grandes casos pelo estoque de questões que continuamente produzem[104].

É à professora Judith Martins-Costa que devemos agradecer a descoberta e a incorporação desse problema envolvendo um punhado de tomates ao debate acadêmico brasileiro, bem como pelo fornecimento e sistematização de um imenso acervo de ideias, modelos, hipóteses para seu enfrentamento. E isso é apenas um pequeno punhado do conjunto de razões pelas quais me sinto no dever de retribuir a esta *Maître à penser*.

104 Grandes casos são como "grandes histórias" no sentido que dá Jerome Brumer a essa expressão: great narratives are an invitation to problem finding, not a lesson in problem solving" (*Making stries, law, literature, life*. Cambridge: Harvard University Press, 2002, p. 20).

Antijuridicidade na responsabilidade civil extracontratual: da amplitude conceitual aos mecanismos de identificação

Rafael Peteffi da Silva

Introdução

Para a merecida homenagem concretizada nesta obra, a missão que gentilmente me foi passada, pelos organizadores, consistia em desenvolver tema jurídico que fosse apto a propor um *diálogo* entre o pensamento do autor e o da homenageada.

Pela magnitude da obra da Professora Judith Martins-Costa e pela enorme influência que ela possui em minha trajetória acadêmica, fácil seria encontrar temas que se prestariam a um desenvolvimento conectado com suas ideias. A escolha centrou-se em assunto que julguei bastante esquecido pela dogmática nacional e para o qual as lições da homenageada constituem, como sói acontecer, linhas de incontestável modernidade. A antijuridicidade ou, como geralmente designada pela homenageada, ilicitude objetiva foi o instituto escolhido.

De uma maneira simplista e até mesmo tautológica, poder-se-ia afirmar que a antijuridicidade representa o ato contrário ao Direito. Essa noção básica de antijuridicidade permeia o imaginário nacional e está plasmada na essência das lições doutrinárias sobre o tema. Uma abordagem mais detalhada sobre o assunto, contudo, mostra-se essencial para guiar o estudioso da responsabilidade civil por entre os intrincados problemas atuais que a disciplina aporta.

A responsabilidade civil extracontratual constitui uma modalidade em que, na grande maioria dos casos, o dever obrigacional de indenizar a vítima surge de fatos jurídicos que afrontam diretamente normas jurídicas positivadas, sem a intermediação de um negócio jurídico realizado entre autor e vítima. Em ordenamentos jurídicos como o brasileiro, cujo sistema de responsabilidade civil extracontratual é caracterizado por grandes cláusulas gerais, a identificação de condutas que representem contrariedade ao ordenamento jurídico considerado em sua totalidade é, além de tarefa muitas vezes árdua, importante critério para selecionar condutas aptas a gerar danos indenizáveis.

Porém, difícil negar que a antijuridicidade, não apenas em terras brasileiras, sofre certo desprestígio como requisito da responsabilidade civil. Além de ser ignorada por parte da doutrina nacional que explora a *faute* francesa sem dar importância ao seu elemento objetivo, a ilicitude acabou sendo confundida com a culpabilidade ou *engolida* por teorias sobre o dano cada vez mais ampliativas, restando como único resquício do seu fator operativo as chamadas causas excludentes, como a legítima defesa e o exercício regular de direito[1].

Ademais, ainda que a antijuridicidade seja uma noção fundante da esmagadora maioria dos sistemas europeus[2], as modernas tentativas de harmonização da responsabilidade civil europeia acabam por trabalhar o espírito da antijuridicidade sob a roupagem dos interesses juridicamente protegidos ou dos *legally relevant damage*[3]. Por fim, a importação por vezes acrítica da figura italiana do *danno ingiusto*, acaba por dar ares novidadeiros a soluções já solidificadas em nossa tradição jurídica, que se utiliza dos múltiplos desdobramentos da antijuridicidade.

Como resposta a um cenário que poderia ser de crise, além dos trabalhos monográficos que abordam o instituto como seu tema fundante, a antijuridicidade continua a ser prestigiada nos mais modernos códigos civis, como os diplomas português, holandês e o recentíssimo Código Civil argentino, que possui na antijuridicidade um dos pilares do seu sistema de responsabilidade civil. No cenário brasileiro, o Código Civil de 2002 solidificou a tradição nacional de contar com a antijuridicidade ou ilicitude objetiva como elemento da cláusula geral de responsabilidade civil positivada no antigo art. 159, por intermédio dos atuais arts. 186 e 187.

Por ser a antijuridicidade geralmente tratada como sinônimo de ilicitude, um termo que permite variadas interpretações, o caminho inicial para o enfrentamento do tema deve centrar os esforços na construção de acordos semânticos sobre a ilicitude e a antijuridicidade, identificando o contexto em que esses termos são utilizados, de acordo com a estrutura sistemática dos diversos ordenamentos jurídicos estudados. Após o tratamento terminológico da antijuridicidade, a análise das diferenças entre a antijuridicidade formal e material representa a abordagem para descortinar a integralidade do conteúdo do instituto no contexto atual. Esses temas constituem o objeto do primeiro capítulo.

---

1 PENA LÓPEZ, José Maria, prólogo à obra de BUSTO LAGO, José Manuel. *La antijuridicidad del daño resarcible en la responsabilidad civil extracontractual*. Madri: Tecnos, 1998, p. 14 e ss.

2 EUROPEAN GROUP ON TORT LAW. *Principles of european tort law*. Viena: Springer, 2005, p. 25, comentários por KOZIOL, Helmut.

3 VON BAR, Christian; CLIVE, Eric; SCHULTE-NÖLKE, Hans (Orgs.). *Principles, definitions and model rules of european private law*: draft common frame of reference (DCFR). Outline Edition. Munique: Sellier, 2009. Para uma análise mais detida destes diplomas de harmonização veja-se o item 2.1 do presente trabalho.

Após a verificação do conteúdo da antijuridicidade em alguns ordenamentos jurídicos que se relacionam de maneira mais intensa com a realidade jurídica brasileira, o segundo capítulo do presente estudo dedicar-se-á a identificar o *locus* operacional da antijuridicidade, majoritariamente relacionado com a conduta do agente. Por fim, para a verificação da abrangência operacional da antijuridicidade, a investigação das maneiras pelas quais a contrariedade ao ordenamento jurídico ocorre assume importância prática inegável, atentando-se para as divergências entre as teorias do desvalor da conduta e do desvalor do resultado.

Advirta-se, desde logo, que o reconhecimento da importância da antijuridicidade não significa endossar o posicionamento que sustenta a antijuridicidade como requisito inafastável para surgimento do dever de indenizar. Entende-se que a responsabilidade civil convive harmonicamente com danos indenizáveis advindos de atos lícitos, pois em algumas situações, como na regulada pelos arts.188, 929 e 930 do Código Civil brasileiro, a conduta causadora de dano não constitui ato antijurídico, pois a "*previsão hipotética do dano vem inserida em norma permissiva*"[4]. As inúmeras teorias sobre a antijuridicidade como requisito da responsabilidade civil, contudo, estão além dos limites do presente estudo.

1. Amplitude conceitual e conteúdo da antijuridicidade

O termo antijuridicidade é fruto do desenvolvimento observado na dogmática penal alemã[5]. Quando os autores passaram a abandonar o latim e escrever em alemão, vários foram os termos utilizados para expressar o ato contrário ao Direito, tais como *Unrecht*, *Rechtswidrigkeit* ou *Widerrechtlichkeit*[6].

4 BAPTISTA, Silvio Neves. *Teoria geral do dano*. São Paulo: Atlas, 2003, p. 25. No mesmo sentido, exemplificativamente, PONTES DE MIRANDA, Francisco Cavalcanti. *Direito das obrigações:* obrigações e suas espécies, fontes e espécies de obrigações. Coleção Tratado de Direito Privado: parte especial, t. XXII. Atualização de Nelson Nery Jr. e Rosa Maria de Andrade Nery. São Paulo: Revista dos Tribunais, 2012, p. 266; e MONTENEGRO, Antônio Lindbergh. *Ressarcimento de danos*. 8. ed. Rio de Janeiro: Lumen Juris, 2005, p. 10

5 COSTA, Carlos Calvo. *Daño resarcible*. Buenos Aires: Hammurabi, 2005, p. 119; e MONTIJANO, Martín García-Ripoll. La antijuridicidad como requisito de la responsabilidad civil. *Anuario de Derecho Civil*, t. LXVI, fasc. IV, Madrid, Boletín Oficial del Estado, pp. 1.503-1.604, 2013, p. 1.504.

6 MONTIJANO, Martín García-Ripoll. Op. cit., p. 1.513. Texto original: "Cuando los autores del área germánica empezaron a escribir en su lengua materna, tradujeron el término iniuria bien como Unrecht (literalmente, 'no Derecho' o 'antiderecho'), bien como Rechtswidrigkeit o Widerrechtlichkeit ('antijuridicidad'), aunque probablemente el término más usado hoy día sea Rechtswidrigkeit. Al final de este proceso, el último autor del *Usus Modernus Pandectarum*, Christian F. Glück (1755-1831) escribió que 'El

As primeiras traduções do instituto feitas para algumas línguas latinas, como o espanhol, ocorreram já no século XX. Desde essa época, as complexidades foram notadas, principalmente em relação ao instável relacionamento semântico entre os termos *ilicitude* e *antijuridicidade*[7], muitas vezes tidos por sinônimos e outras tantas vezes utilizados para marcar diferenças conceituais. Passar-se-á a analisar as possibilidades terminológicas que envolvem o instituto aqui estudado, principalmente nos países de língua latina, tentando entender a sua relação com a amplitude conceitual observada nos ordenamentos jurídicos respectivos.

A literatura portuguesa, de grande influência em nosso país, tem na palavra *ilicitude* a manifestação comum do instituto estudado. A ilicitude possui lugar de destaque em grande parte das obras sobre responsabilidade civil, pois é considerada um dos requisitos fundantes do dever de indenizar. Muitos autores utilizam-na isoladamente[8], enquanto outros fazem conexão direta com a antijuridicidade, tratando-as como termos equivalentes[9]. Os portugueses, que majoritariamente consideram-se legatários de um sistema germânico de responsabilidade civil extracontratual, sem a presença de uma cláusula geral ao estilo francês[10], iden-

daño puede ser causado por una persona cabal mediante la lesión antijurídica (widerrechtlich) en la cosa de un tercero. Tal daño antijurídico (rechtswidrig) es llamado *damnum iniuria datum*'".

7 COSTA, Carlos Calvo. Op. cit., p. 119. Complementando, MONTIJANO, Martín García-Ripoll. Op. cit., p. 1.514: "Una aclaración sobre la terminología en castellano. El término que, desde el punto de vista etimológico, mejor traduciría 'Rechtswidrigkeit' sería 'injuria', hasta tal punto que la palabra alemana surgió para traducir el 'iniuria' latino. Sin embargo, injuria ha adquirido un significado muy particular en castellano que desaconseja su uso. Las palabras clásicas castellanas para designar estas situaciones han sido siempre 'ilícito' e 'ilicitud', mientras que 'antijuridicidad' es un neologismo doctrinal reciente. En nuestro idioma, tradicionalmente, lo jurídico ha sido lo referido al Derecho, no lo conforme al Derecho (ej., problema jurídico, estudios jurídicos, etc.). Además, está compuesta de muchas sílabas, lo que es bastante corriente en alemán, pero no en castellano; por ello, se la ha calificado de 'feo trabalenguas' [Jiménez de Asúa. *Tratado de derecho penal*, IV, 2. ed. Losada, Buenos Aires (1961)], que propuso luego el término 'antijuricidad', que es el que utilizan algunos autores, como Muñoz Conde, Derecho penal. Parte general, 8. ed., Tirant lo Blanch, Valencia (2010), p. 300 y ss.; o Pantaleón, *Comentario del código civil*, Ministerio de Justicia, t. II, Madrid (1993), artículo 1.902, p. 1.993".

8 FRADA, Manuel A. Carneiro da. *Responsabilidade civil:* o método do caso. Coimbra: Almedina, 2010, p. 76; MENEZES LEITÃO, Luís Manuel Teles. *Direito das obrigações*. 9. ed. Coimbra: Almedina, 2010, p. 298.

9 ALMEIDA COSTA, Mário Júlio. *Direito das obrigações*. 12. ed. Coimbra: Almedina, 2009, p. 561; ANTUNES VARELA, João de Matos. *Das obrigações em geral*. 10. ed. Coimbra: Almedina, 2011, p. 532.

10 MENEZES CORDEIRO, António. *Tratado de direito civil português*, v. 2, t. 3. Coimbra: Almedina, 2010, pp. 377-378; MENEZES LEITÃO, Adelaide Menezes. *Normas*

tificam na ilicitude um importante filtro para danos indenizáveis, sendo que o Código de 1967, mais restritivo, descreveria "*concretamente as duas variantes fundamentais através das quais se pode revelar o carácter antijurídico ou ilícito do facto*"[11].

Menezes Cordeiro situa a ilicitude abordada pela doutrina portuguesa como sendo correlata ao termo *unlawfulness*[12], utilizado pelos comparatistas europeus, que também têm na palavra *wrongfulness* um dos seus signos linguísticos preferidos[13]. Interessante a advertência feita pelo autor em relação aos trabalhos de harmonização da responsabilidade civil europeia, que se utilizam, majoritariamente, da língua inglesa,

> Passando à responsabilidade civil: vimos a dificuldade de exprimir, em inglês, locuções tão simples como a culpa e a ilicitude. Pode, convencionalmente, usar-se *fault e unlawfulness:* mas nessa altura não teremos como as retroverter para o francês. Mas se assim ocorre a nível das três principais línguas da União (inglês, francês e alemão), e com referência a noções basilares, imaginar-se-á o que se poderá suceder com as restantes. A questão, sendo linguística, torna-se dogmática: faltam palavras porque não existem, nos Direitos correspondentes aos idiomas em jogo, os inerentes conceitos. O Direito europeu teria de começar por fixar um léxico (grifou-se)[14].

A advertência de Menezes Cordeiro é salutar para justificar a pequena utilização dos estudos comparatistas neste item do trabalho, pois escritos majoritariamente em inglês[15], impedindo uma investigação dos termos utilizados na língua original dos ordenamentos jurídicos analisados. A advertência aludida também sustenta o caminho que se empreenderá neste item, em

de proteção de danos puramente patrimoniais. Coimbra: Almedina, 2009, p. 246; SINDE MONTEIRO, Jorge Ferreira. *Responsabilidade por conselhos, recomendações ou informações*. Coimbra: Almedina, 1989, p. 175 e ss., que também chama a atenção para algumas particularidades portuguesas em relação ao sistema alemão. Para uma recente comparação dos sistemas brasileiro e português de responsabilidade civil extracontratual veja-se: PETEFFI DA SILVA, Rafael; RODRIGUES JUNIOR, Otavio Luiz. Daño reflejo o por rebote: pautas para un análisis de derecho comparado. *Revista de Direito Civil Contemporâneo*, v. 7, ano 3, pp. 207-240, abr.-jun. 2016.

11 ANTUNES VARELA, João de Matos. Op. cit., p. 532.

12 MENEZES CORDEIRO, António. Op. cit., p. 349.

13 Utilizando os dois termos como sinônimos veja-se KOZIOL, Helmut. Wrongfull under austrian law. In: KOZIOL, Helmut (Coord.). *Unification of tort law*: Wrongfulness. Haia: Kluwer International. 1998, pp. 11-23, p. 11.

14 MENEZES CORDEIRO, António. Op cit., p. 349

15 KOZIOL, Helmut (Coord.). *Unification of tort law*: Wrongfulness. Haia: Kluwer International, 1998.

que, muitas vezes, a indicação dos termos utilizados para designar o instituto jurídico em apreço deverão, necessariamente, estar acompanhados de uma explicação sobre o sistema jurídico em que está inserido, ainda que de forma muito breve.

Essas particularidades impostas por um ordenamento jurídico específico são observadas na Itália, onde a identificação da antijuridicidade não é tão clara, devido à enorme discussão que existe a respeito das porosas fronteiras que esse instituto teria com a "*ingiustizia del danno*". Francesco D. Busnelli e Giovanni Comandé, em estudo de direito comparado, explicam que o Código italiano oitocentista contava com uma simples cópia da cláusula geral do Código de Napoleão, comportando pouco desenvolvimento do conceito de antijuridicidade (*wrongfulness*). No Código de 1942, a antijuridicidade foi recepcionada por intermédio da "*ingiustizia del danno*", um dos requisitos contidos na ampla norma positivada no art. 2.043. Os autores comentam que, vinte anos depois da promulgação do novo diploma civil, importante parte da doutrina italiana passou a entender que a injustiça não se relacionava com a conduta danosa, mas com o próprio dano[16], apesar de ainda contarmos com defesas importantes da antijuridicidade situada na conduta do agente[17]. Especificamente em relação ao aspecto terminológico, notam-se autores como Carlo Castronovo utilizando-se dos dois termos, ilicitude e antijuridicidade, mas com preferência para o termo *antigiuridicità*[18], enquanto Massimo Bianca expressamente admite a utilização de ilicitude e antijuridicidade como sinônimos: "*L´illiceità può essere igualmente indicata come antigiuridicitá. Illiceità e antigiuridicità esprimono infatti la medesima nozione di contrarietà alla norma*"[19].

Em Espanha, Busto Lago entende que, por influência da doutrina italiana, a civilística espanhola utiliza os termos antijuridicidade e ilicitude como sinônimos[20]. Assevera, ainda, que o termo "antinormatividade" representa fenômeno menor, pois expressaria apenas uma contrariedade a uma norma, mas não um ato contrário ao ordenamento como um todo, como poderia acontecer nos casos de uma conduta que desrespeitasse uma norma, mas que preenchesse, ao mesmo tempo, o suporte fático de uma excludente da antiju-

---

16 BUSNELLI, Francesco D.; COMMANDÉ, Giovanni. Wrongfulness in the italian legal system. In: KOZIOL, Helmut (Coord.). *Unification of tort law*: Wrongfulness. Haia: Kluwer International, 1998, pp. 69-86, p. 69 e ss.

17 BIANCA, Massimo. *Diritto civile*: la responsabilità. 2. ed. Milão: Giuffrè. 2012, v. 5, p. 551, nota 22.

18 CASTRONOVO, Carlo. *La nuova responsabilità civile*. 3. ed. Milão: Giuffrè, 2006, p. 17 e ss.

19 BIANCA, Massimo, Op. cit., p. 557.

20 BUSTO LAGO, José Manuel. *La antijuridicidad del daño resarcible en la responsabilidad civil extracontractual*. Madri: Tecnos, 1998, p. 47.

ridicidade, como o exercício regular do direito. O "injusto" igualmente possui significado distinto, pois conteria juízo valorativo moral que o aproximaria do conceito de justiça, enquanto a antijuridicidade representa uma contradição ao ordenamento jurídico sem qualquer relação com aquela valoração[21].

Para Martín García-Ripoll Montijano[22], o termo clássico para designar o fenômeno em língua espanhola sempre foi ilicitude, sendo o termo *antijuridicidade* observado nas obras mais recentes[23].

A França parece ser o campo de observação ideal para a identificação do alerta suprarreferido, sobre a estreita relação entre a falta de termos específicos para designar a antijuridicidade e a falta do conceito operacional correspondente. O ordenamento jurídico francês, caracterizado pela paradigmática cláusula geral de responsabilidade civil subjetiva positiva no art. 1382 do Código de Napoleão[24], baseada no conceito de *faute*, possui convívio errático com o conceito de antijuridicidade. Não se pode dizer que a doutrina francesa não se utilize da palavra *illicéité*, mas esta surge como integrante da estrutura da *faute*[25], sonegando-lhe campo operativo próprio.

Nesse contexto, existe a confusão entre a culpa e a antijuridicidade[26]. A *faute* pode ser alusiva à culpa, à ilicitude e a certos fenômenos que misturam

---

21 BUSTO LAGO, José Manuel. Op. cit., p. 47.

22 MONTIJANO, Martín Garcia-Ripoll. Op. cit., p. 1.514, nota 44.

23 Como exemplo de publicações recentes com a utilização preferencial do termo antijuridicidade tem-se: REGLERO CAMPOS, Luis Fernando. BUSTO LAGO, José Manuel (Coord.). *Tratado de responsabilidad civil.* Atualizado por PEÑA LOPEZ, Fernando. 5. ed. Madri: Arandiz, 2014, t. I., p. 76 e ss.; IZQUIERDO TOLSADA, Mariano. *Responsabilidad civil extracontractual:* parte general. Madri: Dykinson, 2015, p. 139 e ss.; DÍEZ-PICAZO, Luiz. *Fundamentos del derecho civil patrimonial.* Madri: Civitas/Thomson Reuters, 2011, p. 296 e ss.

24 VAN DAM, Cees. *European tort law.* 2. ed. Nova Iorque: Oxford University Press, 2013, p. 53. O autor mostra a imensa influência que a sistemática francesa de cláusula geral aberta teve em inúmeros sistemas jurídicos.

25 JOURDAIN, Patrice. *Les principes de la responsabilité civile.* 8. ed. Paris: Dalloz, 2010, pp. 46-51. No mesmo sentido, no Direito brasileiro veja-se: PINHEIRO, Denise. *Liberdade de expressão e o passado:* desconstrução da ideia de um direito ao esquecimento, 2016, 287p. Tese (Doutorado em Direito) – Universidade Federal de Santa Catarina (PPGD/USFC). Orientação de João dos Passos Martins Neto, Florianópolis, 2016.

26 VINEY, Geneviève. Le "wrongfulness" en droit français. In: *Unification of tort law:* wrongfulness. KOZIOL, Helmut (Org.). Haia: Kluwer International, 1998, pp. 57-64, p. 57: "En droit français, l' illicéité n' est pas un élément distinct de la faute: les deux notions sont confondues". No mesmo sentido, BARBOSA, Mafalda Miranda. *Liberdade v. responsabilidade:* a precaução como fundamento da imputação delitual? Coimbra: Almedina, 2006, p. 26.

esses dois elementos, sendo o centro de uma ampla cláusula geral que foi exportada com grande intensidade para os países latino-americanos[27].

A influência francesa em países como Brasil e Argentina, por exemplo, é inegável[28], causando reflexos profundos na doutrina ali produzida. Como a abordagem terminológica encontrada nos aludidos ordenamentos correlaciona-se com a distinção entre os conceitos de ilicitude objetiva e subjetiva, a sequência da análise dar-se-á no próximo item.

1.1. Ilicitude objetiva e subjetiva

A arquitetura legal que moldou o desenvolvimento das noções de ato ilícito, culpa e antijuridicidade, no Direito brasileiro, está preponderantemente positivada em alguns artigos, a saber:

> Antigo Código Civil brasileiro: Art. 159. Aquele que, por ação ou omissão voluntária, negligência, ou imprudência, violar direito, ou causar prejuízo a outrem, fica obrigado a reparar o dano.
> A verificação da culpa e a avaliação da responsabilidade regulam-se pelo disposto neste Código. Arts. 1.518 a 1.532 e 1.537 a 1.553.
> Atual Código Civil brasileiro: Art. 186. Aquele que, por ação ou omissão voluntária, negligência, ou imprudência, violar direito, e causar dano a outrem, ainda que exclusivamente moral, comete ato ilícito.
> Art. 187. Também comete ato ilícito o titular de um direito que, ao exercê-lo, excede manifestamente os limites impostos pelo seu fim econômico ou social, pela boa-fé ou pelos bons costumes.

Apesar da influência inegável do modelo napoleônico, importante notar que a legislação brasileira confere destaque maior à antijuridicidade, plasma-

---

27 MENEZES LEITÃO, Adelaide Menezes, op. cit., p. 52, assinala: "O modelo napoleônico assenta na *faute*, que a doutrina francesa faz corresponder a diferentes realidades. À culpa, à ilicitude, à ilicitude e culpa e, porventura, a aspectos relacionados com o nexo de causalidade. Esta indefinição conceptual é posteriormente exportada para os Códigos Civis de modelo napoleônico nos quais se assiste à alternativa entre uma referência expressa à culpa ou à ilicitude na formulação das grandes cláusulas gerais de responsabilidade delitual. Para os que fundem a ilicitude e a culpa na *faute*, esta corresponderia ao incumprimento de um dever, que a gente pode conhecer e observar, e comporta um elemento objectivo – o dever violado – e um elemento subjetivo – a imputabilidade ao agente".

28 AZEVEDO, Antonio Junqueira de. Influência do direito francês sobre o direito brasileiro. *Revista da Faculdade de Direito da Universidade de São Paulo*, São Paulo, v. 89, pp. 184-194, 1994, p. 193: "A teoria da responsabilidade civil no Código Civil brasileiro é totalmente derivada do Código de Napoleão". CAPANEMA DE SOUZA, Sylvio. O código Napoleão e sua influência no direito brasileiro. *Revista da EMERJ*, Rio de Janeiro, v. 7, n. 26, pp. 36-51, 2004.

da na locução "violação do direito[29]" encontrada tanto no Código Beviláqua como no atual Código Civil; ao contrário do que acontece com outros dispositivos legatários do paradigma francês, como o art. 1.092 do Código Civil espanhol, que não possui referência direta à antijuridicidade[30].

José de Aguiar Dias ensina que a ausência da antijuridicidade no modelo francês levou à obrigatoriedade de se afastar a *faute* da noção de culpa clássica, admitindo-se que a *faute* fosse composta por dois elementos diversos: (i) o objetivo, que representaria a ideia básica de antijuridicidade, caracterizando o ato contrário ao direito; (ii) e o subjetivo, vinculado à ideia clássica de culpa, que implicaria apreciação valorativa da conduta do agente[31].

Essa noção de *faute* justifica-se como opção de inúmeros doutrinadores franceses clássicos, pelas particularidades de seu sistema[32], mas não pode albergar a ideia de que a culpa, entendida dentro da sistemática do Direito brasileiro, também seria composta pelos dois elementos referidos, como admitido por parcela da doutrina, que realiza uma tradução simplista da palavra *faute*[33].

No ordenamento brasileiro, os elementos subjetivo e objetivo somente podem estruturar o ato ilícito, que é uma das outras traduções admitidas para a *faute* francesa. Com efeito, por seu "*enunciado e por sua posição estrutural na arquitetura codificada*"[34], o art. 159 do Código de Beviláqua naturalmente guiou a melhor doutrina brasileira, que entende que a violação do direito de outrem, somado à ação ou omissão culposa, não são elementos da culpa, mas, ao contrário, compõem o suporte fático do art. 159 do Código de Beviláqua, que tinha por missão precípua estruturar o conceito operacional de ato ilícito.

29 DIAS, José de Aguiar. *Da responsabilidade civil.* 10. ed. Rio de Janeiro: Forense, 1997, v. I, p. 32.

30 PANTALEÓN, Angel Fernando. Comentário al art. 1.029 del código civil. In: *Comentario del* código civil. Madri: Ministério de Justicia, 1991, t. III, p. 1.993 e ss.; PENA LOPEZ, José Maria de. Prólogo à obra de Busto Lago, José Manuel. Op. cit., p. 17; MONTIJANO, Martín Garcia-Ripoll. Op. cit., p. 1.505.

31 DIAS, José de Aguiar. Op. cit., p. 46.

32 Para uma visão da amplitude dogmática atingida pela *faute* no Direito francês, consulte-se, exemplificativamente, JOURDAIN, Patrice. Op. cit.

33 Para uma visão da doutrina brasileira e estrangeira que adota essa noção de culpa (*faute*), veja-se: LIMA, Alvino. *Culpa e risco.* São Paulo: Revista dos Tribunais, 1999, p. 52. Para uma recensão e crítica de autores que confundem a antijuridicidade com a culpa, veja-se PENA LOPEZ, José Maria de. Prólogo à obra de Busto Lago, José Manuel. Op. cit., p. 16-17.

34 MARTINS-COSTA, Judith. Os avatares do abuso do direito e o rumo indicado pela boa-fé. In: *Novo código civil:* questões controvertidas, parte geral do código civil, v. 6. DELGADO, Mário Luiz; ALVES, Jones Figueirêdo (Coord.). São Paulo: Método, 2007, pp. 505-544, p. 516.

Essa realidade deu causa às duas acepções do termo *ilicitude* aceitas no Direito brasileiro. Primeiramente, a "ilicitude subjetiva", sustentada por uma das acepções da *faute* e pela possibilidade semântica de se considerar que a consequência jurídica imediata da verificação de todos os requisitos do ato ilícito positivado em nosso ordenamento (art. 159/1916) geraria *ilicitude*. Com a tradição jurídica alicerçada na norma contida no art. 159 do antigo Código Civil, ilicitude subjetiva estaria, sempre, vinculada ao ato voluntário e culposo do agente que contraria o Direito. A chamada responsabilidade civil objetiva, por seu turno, vincular-se-ia à noção de antijuridicidade que vem sendo trabalhada no presente estudo[35].

Judith Martins-Costa pontua:

> Como consequência, admite-se uma complexa dimensão da ilicitude que engloba a chamada ilicitude subjetiva e a objetiva: é subjetiva quando a norma determina seja o nexo de imputação balizado pela culpa, impondo-se a verificação da negligência ou da imprudência ou, ainda no caso do dolo, também da intencionalidade; é objetiva quando não é necessário averiguar se, subjacente ao ato ou conduta, houve ato negligente ou imprudente, pois a ilicitude estará caracterizada pelo desvio ou pela contrariedade à norma de dever-ser imposta pelo Ordenamento [...][36].

Como corolário lógico da dupla acepção da ilicitude temos a dupla acepção do próprio ato ilícito[37]: (i) ato ilícito entendido como o conjunto de pressupostos necessários para preencher o suporte fático das normas supratranscritas (arts. 159/1916; 186 e 187/2002); e (ii) ato ilícito como conduta antijurídica, ou seja, com o qualificativo *ilícito* sendo polarizado para a *ilicitude objetiva*, restringindo-se a categoria à ação contrária ao Direito. Nesse trabalho, o termo *ato ilícito* será sempre utilizado na primeira acepção[38].

---

35 BUERES, Alberto. *Derecho de daños*. Buenos Aires: Hammurabi, 2001, pp. 476-477; CAVALIERI FILHO, Sérgio. *Programa de responsabilidade civil*. 9. ed. São Paulo: Atlas. 2010, pp. 9-10; e NORONHA, Fernando. *Direito das obrigações*. 4. ed. São Paulo: Saraiva. 2013, p. 383. Ressalte-se que alguns autores acabam por fazer a distinção entre antijuridicidade objetiva e subjetiva, nesse sentido MONTENEGRO, Antônio Lindbergh. Op. cit., p. 9.

36 MARTINS-COSTA, Judith. Op. cit., p. 520.

37 CAVALIERI FILHO, Sérgio. Op. cit., p. 10; NORONHA, Fernando. Op. cit., p. 383.

38 MONTENEGRO, Antônio Lindbergh. Op. cit., p. 31 e ss. O autor critica fortemente a segunda acepção de ato ilícito, que não será utilizada neste estudo. Em sentido semelhante, considerando o ato ilícito de acordo com a primeira acepção exposta, SCHREIBER, Anderson. *Novos paradigmas da responsabilidade civil*. São Paulo: Atlas, 2007, p. 153.

Apesar da utilização maciça do termo *ilicitude* na sua feição subjetiva, a melhor doutrina brasileira, todavia, não se furtou a isolar a antijuridicidade ou ilicitude objetiva como o elemento autônomo do ato ilícito. Utilizando-se dos termos *antijuridicidade* e *ilicitude* como sinônimos, Pontes de Miranda, identificando os dois elementos que determinam o conteúdo do ato ilícito, assevera que "a contrariedade a direito, o ir contra o conteúdo da regra jurídica, não é elemento da culpa. É elemento da ilicitude do ato: contrariedade a direito mais culpa igual a ilícito. Tal o suporte fático"[39].

O termo *antijuridicidade*, ao invés de ilicitude, também é prestigiado por outros autores, que o caracterizam como um dos pressupostos mais importantes para o nascimento do dever de indenizar. Alguns, inclusive, expressamente ressaltam a sinonímia existente entre os termos *ilicitude* e *antijuridicidade*[40], o que reforçaria uma visão atual de utilização do termo *ilicitude* em sua acepção objetiva. Ainda assim, pode-se afirmar que, no Direito brasileiro, a falta de uma padronização terminológica mais rigorosa constitui um obstáculo substancial para a racionalidade do debate sobre a ilicitude (objetiva) ou antijuridicidade.

Além dos percalços terminológicos, alguns autores condenam a antijuridicidade ao ostracismo, ignorando não apenas o termo, mas o próprio instituto jurídico, tratando apenas a culpa, o nexo de causalidade e o dano como elementos importantes na teoria geral da responsabilidade civil[41]. Acepções menos usuais do termo *antijuridicidade* também são encontradas[42].

Os próprios elementos caracterizadores do ato ilícito são, por vezes, alterados, adicionando-se o dano como elemento formador. Mesmo admitindo que "*não seria de boa lógica introduzir a função no conceito*", observam-se posicionamentos que entendem que o ato ilícito sem consequência danosa seria algo inútil juridicamente, pois o nascimento do dever de indenizar não

39 PONTES DE MIRANDA, Francisco Cavalcanti. Op. cit., p. 92. Apesar de comungar da mesma opinião, isolando a antijuridicidade com um elemento do ato ilícito, Noronha realiza uma clara distinção entre ilicitude e antijuridicidade, utilizando-se do primeiro termo preferencialmente em sua feição subjetiva, veja-se NORONHA, Fernando. Op. cit., p. 392.

40 MONTENEGRO, Antônio Lindbergh. Op. cit., p. 17.

41 PEREIRA, Caio Mario da Silva. *Responsabilidade civil*. Rio de Janeiro: Forense, 1993; GONÇALVES, Carlos Roberto. *Responsabilidade civil*. 7. ed. São Paulo: Saraiva. 2002, p. 36. Apesar de tratar da violação do dever jurídico, estes autores utilizam basicamente a modelagem da *faute* francesa, designando-a como culpa.

42 GOMES, Orlando. *Responsabilidade civil*. Texto atualizado, revisado e ampliado por Edvaldo Brito. Rio de Janeiro: Forense, 2011.

se verificaria[43]. Aqui é fundamental a crítica de Judith Martins-Costa[44], ao comentar a existência de várias formas de ilicitude sem dano indenizável, as quais, algumas vezes, podem atrair outras formas de tutela que não a indenizatória, como a tutela inibitória ou a possessória.

Se o Código Civil de 2002 prestou um grande desserviço ao rigor conceitual dos institutos ínsitos à teoria geral da Responsabilidade Civil incluindo o dano como um pretenso elemento do ato ilícito[45], no art. 186, também digno de nota é a inserção do art. 187 como uma espécie típica de ato ilícito, que auxilia na sedimentação de uma noção de ilicitude sem a presença da culpa em sentido clássico[46].

A distinção entre ilicitude objetiva e subjetiva sempre teve grande importância na doutrina argentina, apresentando os mesmos contornos conceituais aqui já abordados pelos doutrinadores brasileiros, inclusive em relação ao conceito de ato ilícito[47]. A corrente majoritária adota a acepção objetiva, utilizando os termos *ilicitude* e *antijuridicidade* como sinônimos[48].

Mesmo o Código Argentino oitocentista já continha um artigo que propiciava um isolamento conceitual da ilicitude, ainda que prescrevesse a voluntariedade do ato com um dos requisitos do ato ilícito positivado no art. 1.066[49]. A

---

43 GOMES, Orlando. Op. cit., p. 63: "Não interessa ao Direito Civil a atividade ilícita de que não resulte prejuízo. Por isso, o dano integra-se na própria estrutura do *ilícito civil*. Não é de boa lógica, seguramente, introduzir a função no conceito. Talvez fosse preferível dizer que a produção do dano é, antes, um requisito da responsabilidade do que do ato ilícito. Seria este simplesmente a conduta *contra jus*, numa palavra, a *injúria*. Fosse qual fosse a consequência. Mas, em verdade, o direito perderia seu sentido prático se tivesse de ater-se a conceitos puros. O *ilícito civil* só adquire substantividade se é *fato danoso*. Se alguém infringe intencionalmente regras de trânsito, mas não causa qualquer prejuízo, age contra direito, mas não comete *ilícito civil* (grifos no original).

44 MARTINS-COSTA, Judith. Op. cit., pp. 520-522.

45 PONTES DE MIRANDA, Francisco Cavalcanti. *Direito das obrigações:* fatos ilícitos absolutos... Coleção Tratado de Direito Privado: parte especial, t. LIII. Atualização de Rui Stoco. São Paulo: Revista dos Tribunais, 2012, p. 262. Para as severas críticas à redação do art. 186 do Código Civil veja-se: NORONHA, Fernando. Op. cit., p. 387. Em sentido semelhante, criticando o projeto do novo Código Civil brasileiro, veja-se: DIAS, José de Aguiar. Op. cit., p. 31.

46 MARTINS-COSTA, Judith. Op. cit., pp. 523-525.

47 COSTA, Carlos Calvo. Op. cit., p. 110 e ss.

48 COSTA. Carlos Calvo, op. cit., p. 115, enumera, como integrantes dessa corrente, nomes como Bueres, Orgaz, Alterini, López Cabana, Zavala de González, Agoglia, Vásquez Ferreyra, entre outros.

49 "Art. 1.066. Ningún acto voluntario tendrá el carácter de ilícito, si no fuere expresamente prohibido por las leyes ordinarias, municipales o reglamentos de policía; y a ningún acto ilícito se le podrá aplicar pena o sanción de este Código, si no hubiere una disposición de la ley que la hubiese impuesto."

esmagadora maioria da doutrina moderna alinhou-se ao conceito objetivo de ilicitude, entendendo que a voluntariedade, entendida como capacidade do agente do ato antijurídico, não se colocava como um requisito a ser observado, admitindo-se a antijuridicidade ou ilicitude mesmo quando da violação do ordenamento jurídico por um amental[50].

O tema da antijuridicidade ganhou renovada intensidade na doutrina argentina com as discussões para a elaboração do projeto do seu novo Código Civil, promulgado em 2014. Nesse sentido, Sebastián Picasso pontua:

> Tal vez en ningún otro sector del derecho de daños se han producido en las últimas décadas cambios tan trascendentes como en la teoría de la antijuridicidad. De la concepción decimonónica, basada en una antijuridicidad formal (necesidad de que haya una prohibición legal en cada caso concreto) y subjetiva (únicamente hay acto ilícito si media culpa o dolo) se pasó, al cabo de una paulatina evolución, a otra totalmente inversa, que la concibe como material y objetiva[51].

A referida "mudança transcendente" na teoria da antijuridicidade, apesar de intensas manifestações contrárias[52], fez-se notar nos artigos do novo diploma argentino[53], que isolou o instituto de qualquer tipo de fator de atribuição, em interessante arquitetura legislativa:

> Art. 1.717. Antijuridicidad. Cualquier acción u omisión que causa un daño a otro es antijurídica si no está justificada.

Interessante notar que o artigo trata de uma "antijuridicidade situada", pois regula o instituto na ambiência exclusiva da responsabilidade civil, por isso a referência ao dano, que, aqui, não é indevida. Ademais, a locução do dispositivo do Código argentino adota uma claríssima noção de antijuridicidade material, tema do próximo item.

---

50 ITURRASPE, Jorge Mosset; PIEDECASAS, Miguel. *Código civil comentado*. Buenos Aires: Rubinzal Culzoni, 2003, p. 13. No mesmo sentido, PRIETO MOLINERO, Ramiro. La cuestión de la antijuridicidad en la responsabilidad civil. *La Ley*, Buenos Aires, 2016.

51 PICASSO, Sebastián. La antijuridicidad en el proyecto de código. *La Ley*, Buenos Aires, ano LXXVII, n. 161, pp. 01-08, 2013.

52 Ver, por todos, DE LORENZO, Miguel Federico. *El daño injusto en la responsabilidad civil*. Buenos Aires: Abeledo-Perrot, 1996.

53 BUERES, Alberto. Op. cit., p. 479, ainda comentando o artigo do projeto de Código Civil argentino. Já comentando o diploma promulgado, veja-se PRIETO MOLINERO, Ramiro. Op. cit.; e PICASSO, Sebastián. Op. cit.

1.2. Antijuridicidade formal e antijuridicidade material: o conteúdo do conceito jurídico de antijuridicidade

É justa a imputação de tautologia à conceituação de antijuridicidade como "ato contrário ao Direito". São conhecidas as irônicas críticas de alguns autores que afirmam ser tal conceituação algo similar à situação do paciente que relata ao médico que está com dores nas costas e este observa que, na realidade, o paciente está com uma lombalgia. Não se fez nada mais do que traduzir para o grego o que o homem comum diz em linguagem corrente, sem revelar qualquer conteúdo explicativo[54].

A criminalística alemã do século XIX teve a dura missão de conferir conteúdo material ao termo *antijuridicidade*, por intermédio do estudo pormenorizado de suas excludentes. Para se verificar a existência da legítima defesa, exigia-se que o ataque realizado contra a pessoa fosse antijurídico, legitimando, *a contrario sensu*, as autorizadas ações realizadas, por exemplo, por um proprietário ao expulsar um invasor de seus domínios, ainda que este viesse a sofrer alguma sorte de dano. Pelo caminho menos óbvio de suas excludentes, a função básica do juízo de antijuridicidade seria, portanto, indicar uma série de hipóteses que justificassem a ação aparentemente vedada pelo Direito Criminal[55].

A amplitude da antijuridicidade é muitas vezes exposta mediante a distinção entre antijuridicidade formal e material[56], mais uma vez inspirando-se em construções advindas da criminalística germânica, especialmente Von Liszt[57]. Relaciona-se a modalidade formal com o anseio de segurança jurí-

54 BUSTO LAGO, José Manuel. Op. cit., pp. 45-46.

55 MONTIJANO, Martín García-Ripoll. Op. cit., p. 1.515. Para uma paradigmática ilustração desses casos consulte-se o exemplo da enfermeira, contido no item 2.2. deste trabalho.

56 PICASSO, Sebastián. Op. cit.; e COSTA, Carlos Calvo. Op. cit., p. 124 e ss.

57 BUSTO LAGO, José Manuel. Op. cit., p. 52; COSTA, 2005, p. 125. Os autores apontam a primazia da diferenciação à Von Liszt. BUERES, Alberto. Op. cit., pp. 522-526. Bueres indica que são múltiplas e variadas as interpretações da obra do professor Berlinense. Alguns autores entendem a modalidade formal como um atentado a todo o ordenamento jurídico, restando para a antijuridicidade material apenas as violações a normas metajurídicas. Ainda assim, pode-se afirmar que as concepções expostas no presente trabalho configuram o entendimento de importante parte da doutrina civilística., José Manuel Busto Lago, op. cit., p. 51 e ss., utiliza a divisão entre antijuridicidade formal e material de maneira diversa, entendendo que a primeira modalidade ocorreria quando a violação ao ordenamento não gerasse um dano ou lesão a interesse jurídico tutelado, relativo a determinado sujeito de direito, a antijuridicidade material, ao contrário, dependeria da observância de uma consequência específica, não bastando a simples contradição com o ordenamento.

dica, restringindo a ambiência do ato antijurídico à infração de uma norma, um mandato ou uma proibição, expressamente contidos no ordenamento[58].

A antijuridicidade material ou substancial, por outro lado, é observada na infração do ordenamento jurídico compreendido em sua totalidade, englobando os princípios jurídicos, normas consuetudinárias e, segundo alguns, normas de Direito Natural[59]. Nesses casos, abdica-se de uma expressa proibição legal para configuração da ilicitude[60]. Situações em que danos advêm de choques entre interesses contrapostos, ambos formalmente lícitos, ou nas quais o exercício do direito é realizado contra o seu conteúdo axiológico, são recepcionadas pelo conceito de antijuridicidade material ou substancial.

Essa pluralidade de manifestações da antijuridicidade foi bem apanhada por Judith Martins-Costa:

> A licitude demarca, portanto, o modo de coexistência numa comunidade ordenada pelo Direito, de modo que: (i) há ilicitude quando há contrariedade às regras de dever-ser postas no Ordenamento jurídico compreendido como uma dinâmica e complexa totalidade de regras, princípios e modelos jurídicos derivados das quatro fontes de produção de normatividade, quais sejam as fontes legal, jurisprudencial, consuetudinária e jurisprudencial; (ii) há formas de ilicitude a *priori* detectáveis, porque a conduta contrária ao Direito já vem descrita com suficiente previsão na norma legal; (iii) essa não é, porém, a única forma de ilicitude, pois há "configurações de ilicitude" que se hão de realizar depois de constituído um particular "contexto situacional" tramado pela conexão entre elementos fáticos (por exemplo, uma situação de confiança legítima, quando alguém pratica ou deixa de praticar algo porque acredita na regularidade de certa conduta alheia) e jurídicos (por exemplo, os princípios conducentes à responsabilização pela confiança; ou as regras de exclusão de ilicitude do art. 188 ou ainda as regras de validação de situações possessória, como as resultantes da usucapião etc.)[61].

Com efeito, há diferença, mas não há antinomia entre antijuridicidade formal e material, sendo esta última capaz de albergar a primeira. A lição transcrita inicia por uma abordagem substancial ou material da antijuridicidade, passando a exemplificar que muitas vezes a ilicitude é facilmente detectável pelo intérprete, pois contrária a normas com suporte fático bastante restrito, sem deixar de notar que a antijuridicidade amiúde é revelada após

58 COSTA, Carlos Calvo. Op. cit., p. 125.

59 BUERES, Alberto. Op. cit., pp. 522-526; COSTA, Carlos Calvo. Op. cit., p. 125.

60 PICASSO, Sebastián. Op. cit.

61 MARTINS-COSTA, Judith. Op. cit., pp. 518-519.

labor hermenêutico mais intenso, concretizando cláusulas gerais e interpretando conceitos indeterminados.

No âmbito da responsabilidade civil, essas ínsitas dificuldades em se identificar a antijuridicidade do ato em determinada hipótese específica, já que muitas vezes este não está expressamente proibido por norma jurídica[62], podem ser melhor visualizadas no entendimento da antijuridicidade em seu aspecto positivo e negativo: (i) observa-se o aspecto positivo com a violação de interesse juridicamente tutelado, representado por essa contrariedade do ordenamento jurídico como totalidade (*contra ius*); (ii) enquanto o aspecto negativo da antijuridicidade evidencia-se pela inexistência de justificação para o ato antijurídico violador de interesse juridicamente tutelado, centrando a análise na teoria das excludentes da antijuridicidade (*sine iure*)[63]. Não seria totalmente correto afirmar que a antijuridicidade ocorre pela soma das duas fases apresentadas, mas antes elas representam uma *síntese orgânica* da avaliação da existência da antijuridicidade[64].

Ainda que a abordagem da antijuridicidade em seu aspecto *contra ius* e *sine iure* possa parecer óbvia, esta sublinha a importância das excludentes da ilicitude como parte integrante para o entendimento do conteúdo da antijuridicidade. A noção de antijuridicidade que importa para a responsabilidade civil depende dessa estreita conexão sistemática com as causas excludentes, pois há hipóteses de violação de interesse jurídico alheio que gerarão danos não indenizáveis exatamente porque a ação ou omissão do agente está albergada por uma das excludentes consagradas pelo ordenamento jurídico[65].

Outrossim, considera-se insuficiente a identificação da antijuridicidade, na ambiência das demandas indenizatórias, apenas como a ação causadora de danos sem justificação jurídica, pois se poderia respaldar a indenização de prejuízos que não são fruto da lesão de interesses juridicamente protegidos. A negação da fase positiva poderia atrofiar o debate sobre a legitimidade dos interesses violados, segundo os parâmetros de um determinado ordenamento jurídico[66].

Como a antijuridicidade é fundamental requisito em grande parte das hipóteses de responsabilidade civil, a modelagem de identificação da antijuridicidade suprarreferida coloca-se como importante critério para a iden-

62 MONTENEGRO, Antônio Lindbergh. Op. cit., p. 9.

63 COSTA, Carlos Calvo. Op. cit., p. 151; e BUSTO LAGO, José Manuel, op. cit., p. 65, atesta que a modelagem *contra ius/sine iure* é central da maior parte da doutrina italiana que tenta definir a amplitude do "dano injusto".

64 BUERES, Alberto. Op. cit., p. 497.

65 REGLERO CAMPOS, Luis Fernando. Op. cit., p. 80.

66 COSTA, Carlos Calvo. Op. cit., p. 168. Vejam-se também as críticas de CASTRONOVO, Carlo. Op. cit., pp. 23-24; e BIANCA, Massimo. Op. cit., p. 587.

tificação dos prejuízos que podem ser considerados danos indenizáveis[67]. O mesmo pode ser dito sobre a legitimação de outras tutelas, como a inibitória. A congruente consideração dos interesses legitimamente tutelados com as causas de exclusão de ilicitude constitui metodologia adequada para guiar o intérprete nesse espinhoso mister.

Mesmo em ordenamentos que não contam com cláusulas gerais de responsabilidade civil extracontratual ao estilo francês, como ocorre em Portugal, o aspecto positivo e negativo da antijuridicidade é útil. O art. 483[68] do Código português, fortemente inspirado no BGB, prescreve que a responsabilidade se dará quando os direitos ou as normas de proteção sejam desrespeitados *ilicitamente*. A crítica a essa construção legislativa está baseada no entendimento que a lesão aos interesses protegidos ou às normas de proteção, elementos também presentes no dispositivo legal, já seriam suficientes para revelar a ilicitude, sem a necessidade da explícita adjetivação legal, ao menos em sua face positiva (*contra ius*)[69].

Para que o termo *ilicitamente*, contido no dispositivo legal luso, não seja considerado supérfluo, sem conteúdo operacional, evidencia-se a sua conexão sistemática com as causas de justificação da antijuridicidade, já que a lesão dos interesses tutelados ou das normas de proteção pode ocorrer, mas ao mesmo tempo estar justificada pelas clássicas hipóteses de exclusão da antijuridicidade. Assim, a lesão a esses interesses jurídicos não seria ilícita, pois justificada, impossibilitando a indenização do prejuízo sofrido pela vítima. A delimitação negativa da antijuridicidade se daria, portanto, pelas causas excludentes[70].

Além dos conhecidos casos em que a definição da ação antijurídica não é tarefa singela, como sói acontecer em casos de abuso de direito, Pontes de Miranda alerta para as dificuldades no reconhecimento de algumas hipóteses de antijuridicidade por omissão. Se é verdade que em algumas situações a ilicitude da conduta salta aos olhos, como no caso do professor de natação que não salva o aluno que se está afogando ou nas hipóteses de omissão de socorro[71], há caso em que existe grande subjetividade na identificação de

67 REGLERO CAMPOS, Luis Fernando. Op. cit., p. 79.

68 "Art. 483.1. Aquele que, com dolo ou mera culpa, violar ilicitamente o direito de outrem ou qualquer disposição legal destinada a proteger interesses alheios fica obrigado a indemnizar o lesado pelos danos resultantes da violação."
2. Só existe obrigação de indemnizar independente de culpa nos casos especificados na lei.

69 MENEZES CORDEIRO, António. Op. cit., p. 444.

70 MENEZES CORDEIRO, António. Op. cit., p. 444; e SINDE MONTEIRO, Jorge Ferreira. Op. cit., p. 301.

71 BUSTO LAGO, José Manuel. Op. cit., p. 69.

regras que se fizeram jurídicas pela "opinião geral do tráfico"[72]: "quem assistiu o desabamento da ponte e, estando na estrada, não adverte o automóvel, ou outro veículo, ou o transeunte que se aproxima, sem poder distinguir o que é e o que era o caminho, comete omissão ilícita"[73].

A antijuridicidade por omissão somente poderia ser observada quando da existência da violação de um dever de ação, isto é, uma conduta devida que não se cumpriu[74]. Ainda que se admita, como tratado acima, que esses deveres de conduta podem não estar previstos expressamente pelas regras jurídicas, é importante, para um mínimo de segurança jurídica, que existam parâmetros para sua definição, impedindo uma generalização absoluta de um dever de atuar, pois impossível admitir que as pessoas estejam a todo o tempo obrigados a evitar qualquer tipo de dano em relação a quem quer que seja[75]. Para que surja esse dever de atuar, De Lorenzo defende, com acerto, um mínimo "*contato social*" entre as partes, configurando certo dever de segurança por parte do lesante por omissão, capaz de sustentar o sacrifício de sua liberdade de abstenção[76].

Apesar dessas dificuldades hermenêuticas, que podem ser encontradas em determinados casos específicos, Carlo Castronovo adverte que não se pode concordar com a mui divulgada noção de que a antijuridicidade sempre seria produto de uma ponderação de interesses em jogo, como se o agente estivesse constantemente no exercício de algum tipo de direito e, portanto, estar-se-ia na dependência de uma hermenêutica concretizadora por parte do juiz em todos os casos. Destarte, a resposta para inúmeros casos concretos

---

72 PONTES DE MIRANDA, Francisco Cavalcanti. Op. cit., t. XXII, 2012, p. 279. Pontes de Miranda utiliza-se da construção alemã da categoria dos deveres de tráfego, formulando exemplo que, acredita-se, situa-se em uma zona limítrofe que pode flertar perigosamente com uma limitação abusiva da liberdade do transeunte que assiste ao desabamento da ponte. Para uma análise do desenvolvimento dos deveres do tráfego na Alemanha, principalmente em relação aos casos de responsabilidade por omissão, SINDE MONTEIRO, 1998, pp. 307-330.

73 PONTES DE MIRANDA, Francisco Cavalcanti. Op. cit., p. 279; e PICASSO, Sebastián, op. cit., assevera que a regra do art. 1.717 do novo Código Civil argentino aplica-se aos casos de omissão.

74 DE LORENZO, Miguel Federico, op. cit., p. 89, afirma que toda a doutrina tradicional apenas admitia uma omissão antijurídica se esta estivesse expressamente prevista em alguma norma jurídica. O art. 1.704 do antigo Código Civil argentino albergava essa posição.

75 PICASSO, Sebastián. Op. cit.; e DE LORENZO, Miguel Federico. Op. cit., p. 91.

76 DE LORENZO, Miguel Federico. Op. cit., pp. 91-92. Ainda, PICASSO, Sebastián, op. cit., sustenta que outros autores entendem que o abuso de direito e o princípio da solidariedade poderiam conferir úteis referenciais para se definir os deveres atípicos de ação.

está expressa em disposições normativas com suporte fático restrito, bastando a verificação da antijuridicidade formal[77].

2. *Locus* e abrangência operacional da antijuridicidade: o desvalor da conduta e o desvalor do resultado

O capítulo que agora principia mostra-se fundamental para o entendimento da funcionalidade da antijuridicidade no Direito Civil e para a compreensão da sua conexão com as diferentes modalidades de responsabilidade civil, principalmente a subjetiva e a objetiva.

A discussão sobre a matéria é muitas vezes turvada pela confusão entre dois aspectos da antijuridicidade que aqui serão explorados: identificação de seu verdadeiro *locus* operacional, se no fato (conduta) ou no resultado (dano); e a identificação da maneira de se verificar a efetiva contrariedade do ordenamento jurídico como totalidade, se pelo desvalor da conduta ou pelo desvalor do resultado.

2.1. Locus operacional da antijuridicidade: conduta ou resultado (dano)

Exceto pelas profundas discussões encontradas na doutrina italiana, condicionadas pela presença do conceito de *danno ingiusto* contido em seu ordenamento, a doutrina nacional e internacional acordam que a antijuridicidade somente pode ser verificada na conduta ou fato causador do dano[78].

Carlo Castronovo indica que, contrariamente ao encontrado no parágrafo 823 I do BGB, o art. 2.043 do Código Civil italiano não contém a antijuridicidade em sua *fattispecie*[79]. A ofensa a direito alheio seria suficiente para configurar a antijuridicidade da conduta causadora do dano, sendo que as causas de justificação apenas retirariam essa antijuridicidade. A antijuridicidade, portanto, seria apenas um elemento impeditivo do fato ilícito e não seu elemento constitutivo[80]. Notar-se-ia a antijuridicidade como elemento

---

77 CASTRONOVO, Carlo. Op. cit., pp. 27-29; BIANCA, Massimo. Op. cit., pp. 556-559.

78 MENEZES LEITÃO, Adelaide Menezes. Op. cit., p. 650; MOTA PINTO, Paulo. *Interesse contratual negativo e interesse contratual positivo*. Coimbra: Coimbra Editora. 2008, v. I, p. 505; COSTA, Carlos Calvo. Op. cit., p. 146; PONTES DE MIRANDA, Francisco Cavalcante. Op. cit., 2012, t. LIII, pp. 128-129 e 262; BAPTISTA, Silvio Neves. Op. cit., pp. 25 e 44; MONTENEGRO, Antônio Lindbergh. Op. cit., p. 9; NORONHA, Fernando. Op. cit., p. 493. Este autor enfatiza que o fato antijurídico é pressuposto da responsabilidade civil e pode se manifestar em forma de ato da natureza, apesar de, na maioria das vezes, consubstanciar conduta humana.

79 CASTRONOVO, Carlo. Op. cit., p. 17.

80 CASTRONOVO, Carlo. Op. cit., p. 18.

supérfluo e desnecessário, pois não se poderia imaginar a lesão ao direito de outrem sem a antijuridicidade como consequência jurídica. A alusão à injustiça do dano resultante de lesão a direito de outrem não dependeria da antijuridicidade da conduta, caracterizando como desnecessária a frequente alusão da Corte de Cassação italiana ao binômio *contra ius/sine iure* para identificar danos indenizáveis[81].

A compreensão da antijuridicidade como elemento inafastável do fato ilícito apenas poderia ocorrer, segundo o doutrinador peninsular, nas hipóteses em que a norma contivesse expressamente a conduta repudiada pelo Direito, como sói ocorrer nos dispositivos que compõem o plano diretor das cidades[82], situação em que o art. 2.043 do Código Civil italiano e, analogicamente, o parágrafo 823 I do BGB não seriam aplicáveis.

Poder-se-ia afirmar que o pensamento de Castronovo não chega a afastar a antijuridicidade da conduta, mas apenas sustenta que a própria antijuridicidade não faz parte dos elementos constitutivos do art. 2.043 do Código Civil italiano, que tem como grande requisito apenas a injustiça do dano. Bueres[83] afirma que o pensamento do autor assemelha-se às ideias que Puig Brutau possuía na metade do século passado. O civilista catalão entendia que, se a observância de um dano já seria suficiente para gerar a presunção de antijuridicidade, que somente seria afastada pela presença de uma de suas causas de justificação, assim, talvez fosse mais simples dizer que uma conduta é ilícita porque causou um dano e não sustentar que o dano é indenizável porque gerado por uma conduta antijurídica.

Esse entendimento não deve prosperar. Se as causas de justificação (excludentes de antijuridicidade) possuem a capacidade de "extrair" a antijuridicidade da conduta, é exatamente porque a antijuridicidade faz-se presente na ausência delas[84]. De acordo com o que se sustentou anteriormente, os elementos *contra ius* e *sine iure* não representam fatores que se somam na busca da antijuridicidade, mas uma síntese orgânica para a verificação do fato contrário ao ordenamento jurídico como totalidade. Com efeito, existe posicionamento que entende que o termo *excludentes* de ilicitude ou antijuridicidade é um termo incorreto, pois não se pode excluir algo que nunca existiu, pois a conduta nasce justificada[85].

---

81 CASTRONOVO, Carlo. Op. cit., pp. 20-22.

82 CASTRONOVO, Carlo. Op. cit., p. 19.

83 BUERES, Alberto. Op. cit., p. 500.

84 BUERES, Alberto. Op. cit., p. 491

85 BUERES, Alberto. Op. cit., p. 500.

Alijar a antijuridicidade da conduta da noção de dano indenizável é sistematicamente desaconselhável[86]. Massimo Bianca, admitindo expressamente que a antijuridicidade está na conduta e não no dano, entende que se a noção de "*dano injusto*" pudesse ser relacionada com qualquer tipo de prejuízo que gerasse uma reação jurídica, seria complexo diferenciar sistematicamente a responsabilidade civil de meros institutos securitários[87].

Como sustenta Antunes Varela, um dos problemas para o entendimento do *locus* operacional da antijuridicidade, de acordo com a visão de certa parte da doutrina italiana, é a colocação do "*acento tônico*" da ilicitude sobre o dano e não sobre o fato:

> Uma coisa é, com efeito, a calúnia ou a injúria (a difamação de um facto que fere a honra ou afecta o bom nome de uma pessoa) e outra o dano que a calúnia ou injúria causou (o despedimento do empregado; a perda da clientela, o rompimento do noivado, etc.). E a ilicitude reporta-se ao facto do agente, à sua actuação, não ao efeito (danoso) que dele promana, embora a ilicitude do facto possa provir (e provenha até as mais das vezes) do resultado (lesão ou ameaça de lesão de certos valores tutelados pelo direito) que ele produz[88].

Somente os seres humanos podem atuar contra o ordenamento jurídico como totalidade, pois são, na maioria dos casos, os destinatários das normas jurídicas. Desse modo, resta difícil afastar a antijuridicidade da conduta[89]. Para a aceitação do dano como *locus* operacional da antijuridicidade, ter-se-ia que se considerar o dano causado, mesmo entendido em seu conceito normativo, como violação do interesse juridicamente tutelado, de forma independente da conduta do autor do dano. Portanto, a lesão a um bem jurídico amplamente tutelado, como a vida, deveria ser sempre considerada como objetivamente ilícita.

Todavia, como a verificação da antijuridicidade, nos casos concretos, obrigatoriamente redireciona o intérprete para as possibilidades de excludentes – como a legítima defesa, por exemplo – resta impossível afastar a consideração da conduta do causador do dano[90]. A análise circunscrita ao

86 Nunca é demasiado relembrar a advertência já expressamente feita na introdução do presente trabalho: existe a possibilidade de danos indenizáveis em decorrência de atos lícitos.

87 BIANCA, Massimo. Op. cit., p. 551.

88 ANTUNES VARELA, João de Matos. Op. cit., p. 532.

89 KOZIOL, Helmut. Op. cit., p. 13.

90 MONTIJANO, Martín García-Ripoll. Op. cit., p. 1.539: "Prácticamente todos los autores que defienden la antijuridicidad del daño luego apelan a las llamadas causas de justificación como causas de la exclusión de la antijuridicidad. Ahora bien, si lo antijurídico

dano, portanto, fixa-se sempre em uma abordagem *prima facie* do interesse juridicamente tutelado da vítima, dependendo da análise do fato gerador para determinar a existência de antijuridicidade em determinado caso concreto.

A consciente decisão, por parte de alguns diplomas de harmonização da Responsabilidade Civil no continente europeu, pela migração da atenção sobre a conduta antijurídica para os interesses protegidos ou para o dano juridicamente tutelado (*legally relevant damage*) pode ter incentivado não apenas um recente desprestígio da antijuridicidade por parte da doutrina, como também uma suscitação de dúvidas, à italiana, sobre o seu *locus* operacional.

Destarte, os Princípios de Direito Europeu da Responsabilidade Civil prescrevem, em seu art. 2:101, o conceito de dano ressarcível:

> Art. 2:101. Recoverable damage
> Damage requires material or immaterial harm to a legally protected interest.
> Art. 2:101. Dano ressarcível
> O dano consiste numa lesão material ou imaterial a um interesse juridicamente protegido[91].

Helmut Koziol afirma que foi possível, durante o trabalho de harmonização, concluir que existe, em praticamente todos os países estudados, um princípio fundante do sistema de responsabilidade civil que se vincula com a antijuridicidade (*wrongfulness*)[92].

Contudo, seria impossível traduzir em um documento de harmonização as inúmeras diferenças e nuances que a antijuridicidade desempenha nos mais variados países[93], conforme explicitado no primeiro capítulo deste trabalho. A ênfase ao se tratar dos "interesses juridicamente protegidos" foi exatamente para exprimir a ideia de antijuridicidade que permeia a noção central

es el daño, lo es independientemente de la valoración conducta del agente. Es decir, la antijuridicidad del daño trataría de resolvernos el problema de qué bienes o valores son protegidos por las normas de responsabilidad extracontractual; cuestión distinta de si el que causó el daño antijurídico tiene alguna causa que justifique su conducta. Por eso, para que esta postura fuera coherente, tendría que considerar la muerte de otro en legítima defensa como antijurídica, pues si lo antijurídico es el daño, el que agente haya actuado correctamente no elimina el desvalor del resultado (aquí, la muerte de un ser humano). Pero tal postura no se encuentra en ningún autor o sentencia".

91 Tradução oficial do EUROPEAN GROUP ON TORT LAW. Disponível em: <http://www.egtl.org>. Acesso em: 19 jun. 2017.

92 EUROPEAN GROUP ON TORT LAW. *Principles of european tort law*. Viena: Springer, 2005, p. 25, comentários por KOZIOL, Helmut.

93 Idem, p. 26.

de Responsabilidade Civil nos ordenamentos europeus[94]. Resta claro que, nesse diploma, a noção de interesse protegido não se presta para demarcar os contornos dos prejuízos ou de seu remédio específico, mas para "*delimitar o campo de proteção, com uma função próxima da 'ilicitude'*"[95].

O *Draft Common Frame of Reference*, de 2009, segue caminho semelhante, ao dedicar o seu art. VI- 2:101[96] ao chamado dano juridicamente relevante (*legally relevant damage*). Aqui também nota-se o "hábil"[97] deslocamento dos questionamentos ínsitos à antijuridicidade para o conceito de dano juridicamente relevante, assemelhando-se aos interesses juridicamente protegidos dos PETLs. Pelas dificuldades do tratamento da antijuridicidade em trabalhos de harmonização de vários ordenamentos jurídicos, a escolha justifica-se, ainda que os substitutos do instituto da antijuridicidade contem com menor tradição jurídica[98].

2.2. O fator de avaliação da antijuridicidade: desvalor da conduta ou desvalor do resultado?

Utilizou-se o item anterior para demonstrar que a doutrina amplamente majoritária vincula o juízo de antijuridicidade ao fato gerador do dano (conduta), ficando a discussão entre as chamadas teorias da "ilicitude

---

94 Idem, p. 25. Texto original: "The idea behind placing the emphasis on 'legally protected interest", is of importance for the understanding of the fundamental concept of the Principles. Underlying the notion of interference with protected interests is one aspect of the concept which the European Group on Tort Law in its discussions has called 'wrongfulness'". Em sentido semelhante, REGLERO CAMPOS, Luis Fernando. Op. cit., p. 80.

95 MOTA PINTO, Paulo. Op. cit., p. 503.

96 VON BAR, Christian; CLIVE, Eric; SCHULTE-NÖLKE, Hans. Op. cit., "VI. – 2: 101: Meaning of legally relevant damage: (I) loss, whether economic or non-economic, or injury is legally relevant damage if: (a) one of the following rules of this Chapter so provides; (b) the loss or injury results from a violation of a right otherwise conferred by the law; or (c) the loss or injury results from a violation of an interest worthy of legal protection. VI.- 2:101 (2) In any case covered only by sub-paragraphs (b) or (c) of paragraph (I) loss or injury constitutes legally relevant damage only if it would be fair and reasonable for there to be a right to reparation or prevention, as the case may be, under V!. – I; *!D!* (Basic rule) or I: 102 (Prevention). (3) In considering whether it would be fair and reasonable for there to be a right to reparation or prevention regard is to be had to the ground of accountability. to the nature and proximity of the damage or impending damage, to the reasonable expectations of the person who suffers or would suffer the damage, and to considerations of public policy. (4) In this Book: (a) economic loss includes loss of income or profit, burdens incurred and a reduction in the value of property: (b) non-economic loss includes pain and suffering and impairment of the quality of life."

97 MENEZES CORDEIRO, António. Op. cit., p. 352.

98 REGLERO CAMPOS, Luis Fernando. Op. cit., p. 80.

da conduta" (*verhaltensunrecht*) e da "ilicitude do resultado" (*erfolgsunrecht*) mais voltadas a determinar a metodologia de análise do desvalor da conduta antijurídica, se mais centrada no resultado por ela alcançado ou em um determinado "dever de conduta" violado[99]. As preocupações agora expostas correlacionam-se diretamente com o campo teórico, sem consequências práticas marcantes, e foi profundamente desenvolvida apenas na dogmática alemã[100], recebendo menor destaque mesmo em ordenamentos ligados de maneira muito próxima à cultura germânica da responsabilidade civil extracontratual, como é o caso de Portugal[101]. Ainda assim, o seu estudo é importante para conferir coerência sistemática ao universo da antijuridicidade no Direito Obrigacional.

Os defensores da teoria da antijuridicidade da conduta, desenvolvida na Alemanha na metade do sec. XX, sustentam que não basta uma mera verificação do resultado da ação, como no caso da violação de um direito legalmente tutelado. Assim, em posicionamento dominante no sistema austríaco, é fundamental a violação, por parte da conduta antijurídica, de um dever de cuidado (*duty of care*)[102].

A verificação da antijuridicidade no momento da observância da conduta em si, por estar em contrariedade com o ordenamento jurídico, sem a necessidade de se observar seus eventuais resultados, é uma das características mais importantes dessa corrente[103]. A possível confusão entre antijuridicidade e culpa, nesse posicionamento, representa um dos ataques mais comuns dos seus opositores.

Helmut Koziol rebate essa crítica afirmando que a valoração da antijuridicidade é objetiva e a valoração clássica da culpa é subjetiva. Nos casos de antijuridicidade, não haverá maiores consequências se o ato for praticado por menores ou por amentais, pois o padrão de conduta antijurídico não se con-

---

99 MOTA PINTO, Paulo. Op. cit., p. 505, nota 1.451. "Não que se ignore que o juízo de ilicitude é sempre referido a uma conduta, e não a um outro qualquer acontecimento, ou que não era sequer isso o que estava em causa na conhecida contraposição entre as teorias da 'ilicitude do resultado' e da 'ilicitude da conduta', pois também para a primeira o objeto do juízo de ilicitude era um comportamento, embora o seu fundamento fosse o resultado, e não a conduta violadora de um dever."

100 Para uma atualizada e profunda análise da dogmática alemã em língua portuguesa consulte-se: REINIG, Guilherme Henrique Lima; CARNAÚBA, Daniel. Abuso de direito e responsabilidade por ato ilícito: críticas ao Enunciado 37 da 1 Jornada de Direito Civil. *Revista de Direito Civil Contemporâneo,* n. 3, v. 7, São Paulo, Revista dos Tribunais, abr.-jun., pp. 63-94, 2016, p. 79 e ss.

101 MOTA PINTO, Paulo. Op. cit., p. 505, nota 1.451.

102 KOZIOL, Helmut. Wrongfull under austrian law. In: KOZIOL, Helmut (Coord.). *Unification of tort law:* wrongfulness. Haia: Kluwer International, 1998, pp. 11-23, p. 13.

103 SINDE MONTEIRO, Jorge Ferreira. Op. cit., p. 302.

diciona à capacidade do sujeito. Entretanto, não bastará para a verificação da conduta antijurídica de um menor impúbere a mera violação de um direito alheio, pois a violação de um dever de conduta objetivo e diferente da culpa deverá ser comprovado[104]. A ilicitude aqui estaria sempre de acordo com a valoração de um comportamento, não sendo ilícito o comportamento de quem age "*com inteiro respeito pelos deveres de cuidado objectivamente exigíveis no tráfico (Verkehsrichtigen Verhalten)*"[105].

Há, entretanto, alguns exemplos que podem ilustrar a insuficiência dessa corrente, admitida até mesmo pelos seus defensores[106]. Destarte, uma das hipóteses mais discutidas na dogmática alemã[107] versa sobre o caso de uma enfermeira que está na iminência de injetar em um paciente um líquido que pode ser fatal para a sua vida, inexistindo qualquer tipo de desobediência a um dever de cuidado, pois o rótulo do frasco que continha o líquido fora trocado por terceiros, sem que a enfermeira pudesse ter qualquer tipo de ingerência sobre esse fato. O paciente, tomando consciência da situação e no afã de proteger a sua vida, retira a seringa da mão da enfermeira, abruptamente, causando-lhe danos físicos.

Pela teoria do desvalor do resultado, única representante do pensamento alemão até a metade do século XX, a antijuridicidade da conduta da enfermeira estaria caracterizada. O ato de injetar ou de tentar injetar um líquido venenoso é objetivamente antijurídico, pois atenta contra o direito à vida do paciente, legitimando a sua defesa, ainda que esta pudesse ser causa de algum tipo de dano para a enfermeira[108], que restaria sem indenização. Nenhuma lesão de qualquer tipo de dever de cuidado seria, portanto, necessária para a configuração da ilicitude objetiva.

Além de uma tendência moderna, entre estudiosos da dogmática alemã, de aceitação de harmônica convivência entre essas duas teorias[109], um aprofundamento do debate sobre essas duas correntes estaria condicionado a um detalhamento de especificidades do sistema alemão de responsabilidade

104 KOZIOL, Helmut. Op. cit., p. 14.

105 SINDE MONTEIRO, Jorge Ferreira. Op. cit., p. 302.

106 KOZIOL, Helmut. Op. cit., p. 14. "Although '*Etfolgsunrechtslehre*' does not seem preferable, it stresses some useful aspects which are important in considering the right of self-defence and to take action to restrain interference. Therefore, I think that a sort of compromise would be the most reasonable solution."

107 REINIG; Guilherme Henrique Lima; CARNAÚBA, Daniel. Op. cit., p. 77; e SINDE MONTEIRO, Jorge Ferreira. Op. cit., pp. 303-304.

108 REINIG; Guilherme Henrique Lima; CARNAÚBA, Daniel. Op. cit., pp. 77 e 81; e SINDE MONTEIRO, Jorge Ferreira. Op. cit., p. 304.

109 MENEZES CORDEIRO, António. Op. cit., p. 438; KOZIOL, Helmut. Op. cit., p. 14; e MOTA PINTO, Paulo. Op. cit., p. 505.

civil extracontratual, examinando elementos como a antijuridicidade pela violação de normas de proteção e os chamados "deveres de tráfego", algo que está fora dos limites do presente trabalho. Ademais, a dogmática alemã atrai para a antijuridicidade uma gama de discussão sobre ações diretas e indiretas, violadoras dos "deveres de tráfego", que em nosso sistema são muitas vezes tratadas dentro dos limites do nexo de causalidade[110].

A matéria também foi desenvolvida, ainda que de maneira mais tímida, por autores latinos advindos de sistemas com cláusula geral de responsabilidade civil extracontratual, com ampla vantagem para a teoria do desvalor do resultado[111]. O fundamento mais agudo a favor da teoria do desvalor do resultado centra-se na consideração da norma jurídica como produto de um juízo de valor, que prescreve certas condutas e protege certos bens e interesses em detrimento de outros. Frequentemente, ainda, a norma institui a sanção para o descumprimento dos seus preceitos[112].

Destarte, o juízo de antijuridicidade conecta-se com o desvalor que recai sobre o fato que está em contradição com o interesse preponderante declarado pela norma, afastando-se definitivamente de um juízo de culpabilidade[113]. Ainda que encontrar o chamado "interesse preponderante" possa exigir uma intrincada hermenêutica dos limites entre a ação (anti)jurídica e as excludentes da antijuridicidade, esse esforço interpretativo não faria com que a análise obrigatoriamente adentrasse o campo de um "dever de cuidado", que apresentaria limites conceituais extremamente porosos com a análise da culpa *in abstracto*.

Por exemplo, as fronteiras de proteção que determinado ordenamento jurídico, em determinado momento histórico, propicia à intimidade e à privacidade de um "homem público", conectam-se sistematicamente com os limites do exercício lícito (regular) das funções ínsitas à profissão de jornalista. A eventual causação de um dano ressarcível, advindo de ato antijurídico, por parte do jornalista, revela o desvalor do resultado (lesão ao interesse preponderante protegido pela norma) de sua conduta, ainda que esta não represente qualquer tipo de negligência ou desrespeito a um eventual "*duty of care*".

Assim como no exemplo da enfermeira, em que sua conduta antijurídica não se caracterizava nem dentro dos limites clássicos da culpa e nem

---

110 Essa característica do sistema alemão também pode ser verificada na limitação da indenização em relação a algumas classes de "*pure economic losses*", que entre nós é muitas vezes solucionada pela teoria do nexo de causalidade. Nesse sentido veja-se PETEFFI DA SILVA, Rafael; RODRIGUES JÚNIOR, Otávio Luiz. Op. cit., p. 211.

111 Nesse sentido DÍEZ-PICAZO, Luiz. Op. cit., pp. 303-304; COSTA, Carlos Calvo. Op. cit., p. 148; e BUERES, Alberto. Op. cit., p. 477 e ss.

112 COSTA, Carlos Calvo. Op. cit., p. 148.

113 COSTA, Carlos Calvo. Op. cit., p. 148.

como violadora de um "*duty of care*", um jornalista, extremamente ético e cuidadoso, poderia agir ilicitamente, por lesão à privacidade alheia, nos casos em que novos parâmetros de proteção são identificados por jurisprudência muito recente, por ele desconhecida, pois formada depois do ato, ou em algum caso em que a notícia somente torna-se danosa por uma modificação de seu conteúdo causada por um vírus eletrônico ainda desconhecido à época dos fatos[114]. Caso a hipótese em causa fosse regulada pela responsabilidade subjetiva, nenhuma responsabilidade poderia advir para o jornalista, tendo em vista a total inexistência de culpa. A antijuridicidade, entretanto, estaria muito bem caracterizada.

Há autores que apenas admitem a apreciação do desvalor da conduta nos casos de conduta perigosa *ex ante*, em que tutelas inibitórias poderiam ser deferidas[115]. Acredita-se, contrariamente, que a concessão de eventual tutela inibitória, em nosso ordenamento, não necessitaria de uma valoração de conduta nos moldes dos "deveres de tráfego" da doutrina alemã, sendo que um mero aumento radical dos riscos a determinado interesse tutelado – sem necessidade de efetivo dano para a vítima e sem poder ser imputado a qualquer tipo de desvio comportamental do agente – poderia configurar o desvalor do resultado dessa conduta, ainda que esta, em uma análise *prima facie*, seja lícita. Nos casos de responsabilidade objetiva, esse posicionamento pode ser observado, quando, por exemplo, a atividade lícita de exploração de uma jazida poderia ser interrompida por ordem judicial ante a prova de um aumento radical de riscos para o meio ambiente, ainda que nenhum tipo de dano e de violação de dever de cuidado tenham sido verificados.

As hipóteses reguladas pela responsabilidade objetiva normalmente produzem riscos para os direitos de outrem, sendo, ainda assim, consideradas atividades lícitas, mas que poderiam ser interrompidas judicialmente caso a produção de riscos atingisse, por fatores econômicos, climáticos, políticos, etc., patamares muito acima do normal, ainda que essa modificação no grau de perigo produzido não se devesse em nada a qualquer tipo de quebra de "*duty of care*". Considerar a antijuridicidade como requisito para os casos de responsabilidade civil objetiva, portanto, é posicionamento exclusivo dos que aceitam a teoria do desvalor do resultado[116].

---

114 Considera-se que o vírus eletrônico não estaria dentro da categoria de caso fortuito ou de força maior, pois faz parte dos riscos típicos de uma atividade, atualmente, amplamente informatizada.

115 Nesse sentido DÍEZ-PICAZO, Luiz. Op. cit., p. 303.

116 BUSTO LAGO, José Manuel. Op. cit., p. 174. Como exemplo de autor que defende a teoria do desvalor da conduta e reputa indevido considerar a antijuridicidade como um elemento integrante da responsabilidade civil objetiva, veja-se KOZIOL, Helmut. Op. cit., p. 12 e ss.

Uma corrente doutrinária denuncia o artificialismo em se considerar a conduta, ainda que não culposa, eivada de antijuridicidade apenas porque causou determinado dano. Os que sustentam essa posição entendem que se uma conduta é considerada lícita, ainda que cause consideráveis riscos para os direitos de outrem, não pode ser considerada ilícita de maneira "póstuma", isto é, pelo seu efeito danoso[117]. Nos casos de responsabilidade civil objetiva, portanto, não haveria antijuridicidade, apenas uma escolha do legislador em imputar a reparação do dano para o responsável pelo risco criado[118].

Não se pode admitir o acerto desse posicionamento. Não há contradição ou artificialismo em se entender a conduta geradora de risco como antijurídica somente quando exista a causação de dano, pois a efetiva lesão a interesse juridicamente tutelado, em muitos casos, integra um dos elementos do suporte fático da ilicitude[119]. Nas hipóteses de responsabilidade objetiva, o ordenamento jurídico cobre com o manto da antijuridicidade os fatos causadores de danos que estiverem dentro da área de atuação de determinado agente[120], ainda que a conduta *normalmente* desenvolvida, apesar de perigosa, não seja considerada, *per se*, ilícita.

O resultado é muitas vezes determinante para o próprio conhecimento do fato (conduta), e a ele se integra[121], não sendo mais possível dizer, portanto, que o dano adveio de uma "ação lícita", pois a ação danosa está eivada de ilicitude objetiva exatamente pela causação do dano. Diego Papayannis, explicando a integração do resultado como parte inafastável da conduta, afirma

---

117 Nesse sentido IZQUIERDO TOLSADA, Mariano. Op. cit., p. 142.

118 DE LORENZO, Miguel Frederico. Op. cit., pp. 23-25. "Una actividad que el derecho considera lícita (y podríamos agregar, útil socialmente, de allí que no la prohíba) no deja de serlo por causar un evento lesivo; y mucho menos tiene utilidad considerarla ilícita de manera póstuma. Una conducta ilícita podría ser preventivamente impedida. La creación de un riesgo lícito, no. De modo que si se abandona en estos casos la ficción de la antijuridicidad, se encontrará que ningún obstáculo media en aceptar que el legislador, por una cuestión de política legislativa, valorando comparativamente las necesidades sociales en juego, puede favorecer una actividad lícita riesgosa, sin perjuicio de transferir el menoscabo que aquella puede producir de la víctima a otro sujeto."

119 COSTA, Carlos Calvo. Op. cit., p. 158.

120 Entendendo que nos casos responsabilidade objetiva pela "periculosidade da indústria" existe antijuridicidade, PONTES DE MIRANDA, Francisco Cavalcanti. Op. cit., 2012, t. LIII, p. 175; BAPTISTA, Silvio Neves. Op., p. 54; e NORONHA, Fernando. Op. cit., p. 385. Caracteriza a ação causadora de danos nas hipóteses de responsabilidade civil objetiva como exemplos de ato-fato antijurídico. Contra, entendendo que não existe necessidade de antijuridicidade nos casos de responsabilidade civil objetiva, MONTENEGRO, Antônio Lindbergh. Op. cit., p. 9.

121 MENEZES CORDEIRO, António. Op. cit., pp. 438-439; e PAPAYANNIS, Diego. *Comprensión y justificación de la responsabilidad extracontractual.* Madri: Marcial Pons, 2014, p. 175 e ss.

que se um comediante está apresentando um espetáculo para algum público específico, os espectadores somente poderiam dizer que o comediante está "sendo engraçado", ou seja, somente poderiam descrever a sua conduta, pela observação do efeito (resultado) que a sua atuação causa no público[122].

Em alguns casos, o intérprete pode ter maior dificuldade para conectar a conduta antijurídica e a causação de danos, como no clássico exemplo de responsabilidade civil objetiva positivado no art. 938 do Código Civil brasileiro. Imagine-se que alguém tenha pendurado, diligentemente, um vaso de plantas em sua sacada. Se esse mesmo vaso cair, devido a um temporal, causando danos a terceiros, a conexão entre a conduta do agente, que no momento do temporal estava em outra cidade, e o dano causado ocorre apenas de forma mediata[123]. Para esse tipo de situação, Pontes de Miranda afirma que a responsabilidade é pela ilicitude da conduta transubjetiva, "[...] quando não se repara se não há ligação ao sujeito, pôsto que não provenha de ato dêle, diretamente, o dano. O que responde pelo dano, que o vaso, caído da sua janela, causou, não lançou o vaso: pondo-o lá, a sua conduta permitiu que a queda se desse [...]"[124].

Bueres empreende perspicaz comparação com as situações danosas reguladas pela responsabilidade subjetiva: imagine-se um pedestre que, por imperícia ou descuido, tropeça na calçada e acaba por machucar outro transeunte. A atividade de passear pela calçada é absolutamente lícita, a antijuridicidade é observada apenas quando o ato de caminhar (conduta) viola interesse juridicamente tutelado[125], ou seja, a ilicitude é observada pelo desvalor do resultado. Apenas haverá a necessidade de, além da antijuridicidade, provar-se a culpa, em hipóteses de aplicação da responsabilidade civil subjetiva[126].

Uma última advertência faz-se necessária. Não se quer afirmar, pelos exemplos acima, que a antijuridicidade da conduta, em atividades reguladas pela responsabilidade civil objetiva, somente pode ser observada com a causação de dano efetivo: o motorista que atravessa o sinal vermelho devido a um mal súbito estará cometendo ato-fato antijurídico. Mesmo nos sistemas jurídicos em que a responsabilidade civil automobilística for regulada pela teoria objetiva, a antijuridicidade estará configurada pela simples conduta contrária à norma jurídica de trânsito, ainda que nenhum dano venha a ser provocado. Na hipótese de causação de danos, a vítima teria direito à re-

---

122 PAPAYANNIS, Diego. Op. cit., p. 175 e ss.

123 PAPAYANNIS, Diego. Op. cit., p. 175 e ss.

124 PONTES DE MIRANDA, Francisco Cavalcanti. Op. cit., 2012, t. LIII, p. 176.

125 BUERES, Alberto. Op. cit., p. 480.

126 PENA LOPEZ, José Maria, Op. cit., p. 23; COSTA, Carlos Calvo. Op. cit., p. 161; e PAPAYANNIS, Diego. Op. cit., pp. 142-143.

paração correspondente. Nos países em que a responsabilidade civil automobilística for regulada pela teoria subjetiva, não será reparado o dano que porventura venha a ser causado pela aludida conduta do motorista; não por falta de antijuridicidade, mas porque o elemento culpa estará ausente[127].

A referida tendência de harmonização, no Direito alemão, entre a teoria do desvalor do resultado e a teoria do desvalor da conduta, pode ser observada em Fernando Noronha, ainda que com a utilização de termos distintos. O autor admite que a verificação da antijuridicidade, nos casos de responsabilidade objetiva, somente ocorreria mediante a observância de elementos "objetivo-exteriores", aproximando-se, ajunte-se, à ideia de antijuridicidade pelo resultado. Apenas em casos isolados seria necessário prestar atenção aos aspectos "subjetivos-interiores" da conduta, nos quais "apenas é possível falar em atuação contrária a uma norma quando no *pressuposto* desta estão incindivelmente ligados os elementos objetivo-exteriores e subjetivo-interiores" (grifos no original)[128]. Um dos exemplos que ilustrariam essa última modalidade de verificação da antijuridicidade seria o instituto do Abuso de Direito, apesar de o ato antijurídico não precisar ser, necessariamente, culposo[129].

Conclusão

O presente estudo demonstrou a necessidade de, seguindo a tradição da melhor doutrina nacional e internacional, empreender acordos semânticos para definir a amplitude conceitual da antijuridicidade e da ilicitude, promovendo a racionalidade do debate sobre a matéria, muitas vezes turvado pela falta de rigor conceitual que sempre caracterizou o tema no Direito brasileiro.

As precisões terminológicas foram apresentadas no primeiro capítulo, demonstrando-se a tendência majoritária de se considerar a antijuridicidade e a ilicitude (objetiva) como sinônimas. O conteúdo da antijuridicidade, principalmente em sistemas que contam com grandes cláusulas gerais de responsabilidade civil extracontratual, somente pode ser considerado como contrariedade ao ordenamento jurídico visto em sua totalidade, superando

127 Mais uma vez vale a pena invocar a lógica contida no exemplo da enfermeira para compreender que qualquer ato da vítima para tentar evitar os danos causados pelo motorista, ainda que desprovido de culpa, estariam justificados pela legítima defesa, pois evidente a presença da ilicitude objetiva.

128 NORONHA, Fernando, Op. cit., pp. 390-391.

129 NORONHA, Fernando, Op. cit., p. 391. A partir desta observação, apesar de o autor utilizar-se do termo "subjetivo-interior", a compreensão da totalidade do seu pensamento permite concluir que esse elemento "subjetivo-interior" não corresponde à ideia de culpa, estando mais conectado com o *duty of care* relacionado à teoria do desvalor da conduta.

em muito o viés formalista que exigia uma proibição expressamente positivada em lei.

A segunda parte do presente estudo revelou a inexorável conexão da antijuridicidade com o fato causador do dano, afastando o *locus* operacional do instituto do prejuízo sofrido pela vítima, ainda que esse prejuízo, por vezes, integre-se à conduta causadora e torne-se elemento importante para a identificação do fato antijurídico.

Mesmo com a referida conexão da antijuridicidade com a conduta do agente, demostrou-se que o desvalor do ato antijurídico relaciona-se, majoritariamente, com o resultado por ele alcançado, afastando-se da análise da culpa e de um objetivo "*duty of care*", ainda que se admita uma intensa tendência de uma solução de compromisso entre a teoria do desvalor da conduta e do desvalor do resultado em grande parte da doutrina.

I DANNI PUNITIVI E L'ORDINAMENTO GIURIDICO ITALIANO ATTRAVERSO IL PRISMA DEL PRINCIPIO DI EFFETTIVITÀ DELLA TUTELA

Claudio Scognamiglio

Premessa

Saggiare l'ammissibilità del rimedio dei danni punitivi, all'interno degli ordinamenti giuridici che non ne fanno oggetto di una specifica disciplina normativa o che non lo riconoscono nell'ambito del diritto giurisprudenziale, costituisce un'occasione particolarmente interessante di riflessione sulle linee di tendenza del diritto della responsabilità civile e, dunque, di una delle principali fonti di obbligazioni alle quali l'illustre Collega che in questa sede onoriamo, Judith Martins-Costa, ha dedicato la propria attenzione fin dall'importante scritto su *Os fundamentos da responsabilidade civil*[1].

Infatti, e come confidiamo che le considerazioni qui svolte possano confermare, il discorso sui danni punitivi intercetta innanzi tutto, in pieno, la riflessione sulle funzioni della responsabilità civile nel disegno complessivo delle tutele civili dei diritti e quindi permette di ricostruire la fisionomia del medesimo all'interno di un dato sistema normativo.

Sotto un angolo visuale distinto, ma comunque intimamente collegato a quello appena evocato, il problema dei danni punitivi consente di approfondire il tema dei rapporti fra istanza di tutela della situazione giuridica soggettiva lesa dalla condotta illecita altrui ed esigenza di non comprimere in maniera eccessiva, in quanto irragionevole, avuto riguardo all'esigenza di tutela della prima, la sfera di libertà di colui che ha posto in essere l'atto lesivo del diritto altrui: ed è infatti evidente che l'adozione di una condanna risarcitoria sovracompensativa, ove appunto non giustificata dalla necessità di tutelare la sfera giuridica del soggetto vittima del fatto lesivo, può risolversi in un rimedio irragionevolmente afflittivo per il responsabile, oltre tutto, e proprio perché collocato nell'area dei rimedi di diritto civile, non corredato dalle garanzie che caratterizzano l'applicazione della pena nel diritto penale.

Ancora – e questa sarà la prospettiva nella quale ci collocheremo in modo particolare in questo scritto, che trae origine da un recente intervento interlocutorio della Corte di Cassazione, il quale ha sollecitato una pronun-

1 Pubblicato nella *Revista Trimestral de Jurisprudência dos Estados*, v. 93, São Paulo, Editora Velenich, 1991, 29 ss.

cia delle Sezioni Unite della medesima, di ormai imminente pubblicazione – domandarsi se la condanna al risarcimento di danni punitivi possa essere delibata all'interno di un ordinamento giuridico che non conosce l'istituto (come accade in quello italiano) offre l'opportunità di riflettere sul modo in cui istituti propri di un sistema normativo straniero possano essere recepiti, attraverso il contenuto di una concreta decisione, all'interno di un altro sistema normativo.

Queste sono, dunque, alcune delle ragioni che hanno determinato questa riflessione, uno dei possibili risultati della quale, peraltro bisognoso di ulteriori verifiche ed approfondimenti, ci condurrà a sfiorare un altro dei campi nei quali la Collega qui onorata ha svolto la sua attività di ricerca[2]: e cioè il ruolo della buona fede nel diritto privato e, in particolare, la sua possibile funzione operativa all'interno del giudizio di responsabilità civile.

1. I tre livelli del discorso sui 'danni punitivi' (con una precisazione terminologica)

Chi intenda cimentarsi con il tentativo di una sistemazione dell'area delle questioni riconducibili al tema dei 'danni punitivi' – sistemazione per il giurista italiano inevitabilmente provvisoria e sulla base dell'attuale 'stato dell'arte', in attesa dell'ormai imminente intervento delle Sezioni Unite della Corte di Cassazione in argomento – è chiamato a svolgere un discorso imperniato su tre piani, che conviene illustrare qui brevemente, in sede di introduzione al problema.

Si tratta, infatti, ed in primo luogo, di verificare se, all'interno del sistema complessivo della tutela civile dei diritti (e, più specificamente ancora, nel quadro della responsabilità civile), così come disegnato nell'ordinamento giuridico italiano, sia dato ravvisare rimedi che, ove esperiti con successo dal titolare della corrispondente situazione giuridica soggettiva di potere, conducano, in caso di lesione della medesima, alla condanna di un altro soggetto – legato, o meno, da un previo rapporto a chi faccia valere il rimedio[3] – al pagamento di una somma di danaro; pagamento il quale, già perché in ipotesi commisurato a prescindere dalla rilevazione di una corrispondente perdita nel patrimonio dell'attore e tenendo conto invece della modalità anche soggettiva della condotta del convenuto, possa dirsi avere una *nuance* punitivo – sanzionatoria. Da questo punto di vista, dunque, il discorso si svolge sul piano

2 MARTINS-COSTA, Judith, *A boa-fé no direito privado:* critérios para a sua aplicação. São Paulo: Marcial Pons, 2015.

3 Vedremo, infatti, che alcune ipotesi di condanna al pagamento di somme di danaro recanti i caratteri richiamati nel testo si inseriscono in contesti di responsabilità da inadempimento di un'obbligazione preesistente.

della rilevazione di indici normativi ed intercetta, innanzi tutto, il problema delle funzioni della responsabilità civile, sia pure collocata, quest'ultima, accanto ad altre tecniche di tutela civile dei diritti.

Occorre, poi, verificare – è il secondo piano del discorso[4] – se una sentenza di un giudice straniero, portante la condanna della parte convenuta in giudizio al pagamento di una somma di danaro a titolo di danni punitivi possa essere "riconosciuta in Italia senza che sia necessario il ricorso ad alcun procedimento"[5], avuto riguardo ai criteri in questa prospettiva posti dall'art. 64, co. 1° lett. b) e g) L. n. 218/95 e, specificamente, in relazione al limite dell'ordine pubblico, cui si riferisce la seconda delle disposizioni citate. Naturalmente, questo secondo aspetto del discorso presenta quanto meno un profilo di interferenza con il primo. Infatti, l'acquisizione, a livello sistematico della compatibilità (anche) con l'istituto della responsabilità civile di una funzione sanzionatoria o punitiva rende, appunto sul piano sistematico, più sostenibile[6] l'assunto della possibilità di riconoscere la sentenza straniera recante condanna per un titolo di danni punitivi[7].

Il terzo piano del discorso si rivolge (ancora di più) al concreto e tenta di chiarire se l'interrogativo circa la possibilità di delibazione delle sentenze di condanna al risarcimento di danni punitivi possa davvero porsi sempre allo stesso modo ovvero non debba ricevere risposte diverse in relazione alle particolarità della singola vicenda processuale e delle situazioni giuridiche o delle condotte che di volta in volta vengano in considerazione.

Risulta, dunque, confermato, già da queste prime considerazioni introduttive, il particolare interesse della riflessione che qui si tratta di svolgere: essa, infatti, interpella il giurista sia sollecitandolo alla ricostruzione del sis-

---

4 Si tratta, naturalmente, di quello più specificamente investito dalla ordinanza della I sezione civile della Corte di Cassazione, n. 9978 del 16 maggio 2016, che ha ritenuto opportuno un intervento delle Sezioni Unite sul problema della riconoscibilità delle sentenze straniere comminatorie di danni punitivi, così rimettendo gli atti al Primo Presidente appunto per consentire a quest'ultimo di valutare l'eventuale assegnazione alla composizione più autorevole dell'Organo di nomofilachia del ricorso, che implicava l'esame della questione appena evocata.

5 Riprendendo qui la formulazione normativa dell'art. 64, co. 1° L. n. 218/95

6 Fermo restando, naturalmente, quanto si dirà tra breve sul fatto che, in quanto tale, la categoria dei danni punitivi, così come delineatasi nel diritto nordamericano della responsabilità civile, presenta caratteristiche che la rendono obiettivamente estranea al nostro sistema normativo.

7 Significativa, in questo senso, è la stessa impostazione dell'ordinanza di rimessione alle Sezioni Unite già menzionata, che muove appunto da un'accurata ricognizione delle ipotesi normative che hanno introdotto "rimedi risarcitori con funzione non riparatoria, ma sostanzialmente sanzionatoria" (così la p. 21 della motivazione); cfr., sul punto, in sede di commento all'ordinanza, anche Ponzanelli, Possibile intervento delle Sezioni Unite sui danni punitivi, in *Danno e resp.*, 2016, 838.

tema, così come esso allo stato è conformato, sulla base del dato normativo e della elaborazione giurisprudenziale del medesimo, sia sfidandolo alla individuazione di quelle che potranno essere, nel futuro, le sue linee di sviluppo applicative. Essa, soprattutto, fa entrare in risonanza, ed in potenziale contrasto, due principi, entrambi dotati di copertura a livello costituzionale: da un lato, il principio di effettività della tutela giurisdizionale, desumibile, com'è noto, tra l'altro, dall'art. 24 Cost. e che, secondo quanto avremo modo di osservare più ampiamente tra breve, può davvero costituire il referente normativo più solido per convincersi della compatibilità con il nostro sistema di quelle che potremmo sinteticamente definire le condanne in funzione punitiva; dall'altro, il principio di libertà, quanto all'esercizio delle situazioni giuridiche soggettive sottostanti all'attività che pure sia lesiva del diritto altrui, nella misura in cui questa libertà possa essere irragionevolmente compressa da una condanna al pagamento di una somma di danaro 'colorata' da una funzione punitiva[8].

E' proprio per questo che l'argomento che qui ci occupa impone in modo particolare all'interprete di muovere alla ricerca di soluzioni "considerando le cose da tutti i loro lati", per riprendere l'ammonimento di Sofocle[9], e dunque scansando il rischio delle scorciatoie e la tentazione delle semplificazioni: quali quelle che, nel contesto del problema qui esaminato, trascurino il vincolo discendente dalla norma racchiusa nell'art. 23 Cost. (che, ponendo una riserva di legge quanto ai fatti – fonte dell'obbligo di eseguire una prestazione patrimoniale, preclude la creazione diretta di essi in via pretoria) oppure, sul versante opposto, si chiudano in maniera aprioristica alle prospettive, in termini di tutela, suscettibili di derivare da una più chiara consapevolezza dell'esistenza di rimedi nei quali la condanna del convenuto al pagamento di una somma di danaro abbia una funzione non riparatoria ma, nella sostanza, sanzionatoria.

In questa tensione verso la completezza e l'articolazione del ragionamento può essere utile, in via in un certo senso preliminare, una precisazione (all'apparenza solo) terminologica, sulla quale ha richiamato, ancora di recente, l'attenzione la dottrina che si è soffermata sull'argomento oggetto di

8 Una particolare consapevolezza di questo aspetto del problema palesa la recentissima sentenza della CEDU, Case of Tavares de Almeida Fernandes and Almeida Fernandes v. Portugal, resa in data 17 gennaio 2017, dove, muovendo dalla premessa che il riconoscimento di una somma a titolo di risarcimento del danno per diffamazione deve mantenere una ragionevole relazione di proporzionalità con la lesione della reputazione sofferta, si afferma che l'assunto della Corte secondo il quale il risarcimento del danno dovrebbe essere, in questo caso, commisurato all'ammontare medio attribuito al valore della vita sulla base della precedente giurisprudenza della Suprema Corte di Giustizia portoghese, riflette un chiaro intento punitivo.

9 Sofocle, Antigone, v, 376.

questo scritto. E' stato, infatti, osservato che "la prestazione dovuta a titolo di 'danni punitivi' non è risarcimento ed i 'danni punitivi' non sono danni"[10], dovendosi piuttosto discorrere di "prestazione risarcitoria", disciplinata dalle regole in materia di responsabilità civile, quando si tratti di una prestazione funzionale a riparare il danno effettivamente subito dalla vittima di un fatto illecito; mentre, in presenza di una prestazione intesa a sanzionare una condotta illecita, a prescindere dal danno che ne sia concretamente derivato, il riferimento più proprio sarebbe ad "una 'prestazione sanzionatoria' del tutto estranea alla tematica della responsabilità civile ed alle sue regole"[11]. In altre parole, posto che lì dove vi è risarcimento e, dunque, secondo il significato anche etimologico di questa formulazione, ricostituzione di un bene alterato nella sua integrità strutturale o funzionale, deve necessariamente esservi una corrispondenza integrale tra prestazione posta a carico del responsabile del fatto e somma di danaro necessaria alla ricostituzione di quell'integrità, l'assenza di una commisurazione tra perdita e prestazione a carico del responsabile della medesima farebbe fuoriuscire il rimedio dall'ambito della responsabilità civile.

Si tratta di una precisazione non del tutto persuasiva, nella misura in cui rischia di trascurare il dato che – come diremo tra breve – all'istituto della responsabilità civile non è certamente estranea anche una funzione sanzionatoria. Tuttavia, essa ha sicuramente il merito di enfatizzare l'assunto, oggetto del resto da tempo di un consenso sufficientemente largo nell'elaborazione dottrinale della materia, che l'istituto dei danni punitivi, così come modellato nell'esperienza della *tort law* nordamericana, non è suscettibile di trapianto nel nostro sistema della responsabilità civile, per ragioni che attingono già il piano della struttura profonda del contesto normativo nordamericano. Sono stati condivisibilmente richiamati, in questa prospettiva, tra i tratti di quel sistema, la forte dipendenza dell'illecito civile da quello penale e, dunque, l'assenza di ostacoli di principio a che anche gli istituti del diritto civile espletino largamente una funzione sanzionatoria; il ruolo della giuria, i cui verdetti sono sottratti al vincolo stringente che può derivare da un apparato motivazionale idonei a sorreggerli, e che si pone di fatto, in presenza delle singole vicende di danno, in funzione di supplenza di un carente sistema di sicurezza sociale; la c.d. *american rule*, e cioè l'assenza di una regola che ponga a carico della parte soccombente nel processo il costo delle spese sopportate dalla

10 GRANELLI, C., In tema di 'danni punitivi', in *Resp. Civ. Prev.*, 2014, 1761.

11 Questa conclusione, prospettata da GRANELLI, *op. loc. cit.*, è ora condivisa anche da GUASTALLA, Lucchini. La compatibilità dei danni punitivi con l'ordine pubblico alla luce della funzione sanzionatoria di alcune disposizioni normative processualcivilistiche, in *Resp. Civ. Prev.*, 2016, 1488 s.

controparte per la propria difesa, che porta a lievitare l'entità della condanna risarcitoria per renderla tale da coprire anche quei costi[12].

Tuttavia, l'assunto dell'insuscettibilità di un trapianto dell'istituto dei danni punitivi[13], in quanto tale, all'interno del nostro sistema di responsabilità civile non costituisce affatto premessa alla conclusione secondo la quale la sentenza del giudice straniero recante condanna al pagamento di una somma a titolo di danni punitivi non possa essere delibata ai fini dell'esecuzione nel nostro ordinamento giuridico[14]: infatti, il giudizio di delibazione si svolge

---

12 I tre punti richiamati nel testo sono illustrati efficacemente da Ponzanelli, I danni punitivi, in *Nuova Giur. Civ. Comm.*, 2008, II, 26 s., il quale richiama anche il ruolo dell'analisi economica del diritto, nella misura in cui essa imporrebbe "in situazione di *undercompensation*, di trasferire tutte le somme globalmente non risarcite a favore dei soggetti che, per una ragione o per l'altra, sono riusciti ad ottenere il risarcimento"; quest'ultimo argomento appare tuttavia più opinabile, se non altro per la varietà delle soluzioni applicative cui l'accreditamento dell'uno o dell'altro modello ricostruttivo dell'analisi economica del diritto può dare luogo. L'estraneità dell'istituto dei danni punitivi al sistema italiano è affermata, da ultimo, anche da M. Di Marzio, *I danni punitivi, l'elemento psicologico e le impugnazioni*, relazione presentata al Convegno di Lerici del 26 giugno 2015, reperibile sul sito *Persona e danno*. Appare, poi, significativo che un Autore particolarmente impegnato nello sforzo di smentire il postulato dell'indissolubilità della sanzione dall'azione pubblica, come Quarta (del quale cfr., in particolare, *Risarcimento e sanzione nell'illecito civile*, Napoli, 2013, soprattutto 324 ss.; Illecito civile, danni punitivi e ordine pubblico, in *Resp. Civ. Prev.*, 2016, 1159 ss.), pur affermando che sarebbe un errore ritenere che il tema dell'ultracompensazione punitiva sia un'esclusiva dei sistemi di *common law*, non sembra sostenere la tesi del *legal transplant* dei danni punitivi, ricercando pur sempre anch'egli all'interno del sistema italiano le ragioni per un superamento "dell'adagio giurisprudenziale secondo cui la sanzione e la punizione sarebbero estranee alla responsabilità civile",

13 Il taglio di questo scritto induce a non affrontare direttamente l'argomento – che, del resto, richiede la competenza specifica del comparatista – relativo all'evoluzione della categoria dei danni punitivi nel sistema nordamericano della *tort law* o, più in generale, negli ordinamenti di *common law*. Sul punto, si può, dunque, rinviare alle accurate ricostruzioni offerte, in anni ancora recenti, da Tescaro, I punitive damages nordamericani: un modello per il diritto italiano?, in *Contratto e Impresa – Europa*, 2012, 599 ss.; Quarta, *Risarcimento e sanzione nell'illecito civile*, cit., 243 ss.; M. Di Marzio, *I danni punitivi...*, cit.

14 Una posizione analoga è quella espressa da Ponzanelli, *I danni punitivi*, cit., 25, che, pur considerando, come si è visto, i danni punitivi alla stregua di alieni per il nostro sistema normativo esprime delusione per la posizione della sentenza di Cass. 19 gennaio 2007, n. 1183 (tra gli altri luoghi in *Foro It.*, 2007, I, 1461 ss., con annotazione del medesimo Ponzanelli, *Danni punitivi? No grazie*; in *Danno e resp.*, 2007, 1126, con commento di Pardolesi, *Danni punitivi all'indice?*; in *Europa e dir. priv.*, 2007, 1129, con nota di Spoto, *I* punitive damages *al vaglio della giurisprudenza italiana*), che, com'è noto, è proprio una delle precedenti pronunce della Corte di Cassazione dalle quali l'ordinanza di rimessione del 16 maggio 2016 ha inteso discostarsi. Nello stesso senso, anche Di Marzio, I danni punitivi ecc. cit., che, pur considerando anch'egli un alieno rispetto al sistema italiano in materia

ontologicamente sul piano della singola sentenza e della vicenda che essa ha deciso, cosicché è della regola che essa ha dettato per il caso concreto che si dovrà valutare la contrarietà, o meno, al parametro dell'ordine pubblico.

Dal canto nostro, e per chiudere il discorso relativo alla precisazione terminologica della quale si diceva, utilizzeremo, per brevità, anche la formula risarcimento dei danni punitivi ovvero quella – più rigorosa e completa – proposta dall'ordinanza interlocutoria della Corte di Cassazione del 16 maggio 2016 n. 9978 di "rimedi risarcitori con funzione non riparatoria ma sostanzialmente sanzionatoria", pur nella consapevolezza che, quando vengano in considerazione rimedi con funzione sanzionatoria, il termine 'risarcimento' appare non del tutto pertinente, implicando lo stesso la ricostituzione dell'unità strutturale e funzionale del bene inciso dal fatto illecito e, dunque, evocando esso una funzione più propriamente riparatoria.

2. Il dibattito sulle funzioni della responsabilità civile

Il discorso sulle funzioni della responsabilità civile nel quadro delle tecniche di tutela civile dei diritti costituisce, come si è già osservato, un passaggio fondamentale della riflessione che qui si intende svolgere e forse quello di maggior interesse anche per chi legga queste pagine muovendo dalle premesse di un sistema normativo diverso da quello italiano.

Se, in una prospettiva generale, non occorrono molte parole per rendersi conto della costante centralità dell'approfondimento delle funzioni della responsabilità civile all'interno del dibattito sull'istituto aquiliano[15], centrali-

di responsabilità civile l'istituto nordamericano dei danni punitivi, esprime un dissenso integrale rispetto alle decisioni della Corte di Cassazione che avevano negato la possibilità di delibare sentenze straniere recanti condanna al risarcimento di danni punitivi.

15 Sono ancora fondamentali, sull'argomento, i contributi di Salvi. Si vedano, in particolare, di questi: Il paradosso della responsabilità civile, in *Riv. Crit. Dir. Priv.*, 1983, 123 ss.; *Il danno extracontrattuale. Modelli e funzioni*, Napoli, 1985, in particolare 90 ss. La centralità del tema delle funzioni della responsabilità civile deve essere affermata, anche in presenza della precisazione, di recente operata in dottrina, secondo la quale l'enfasi attribuita alle funzioni della responsabilità civile, che pure potrebbe sembrare un'apertura della dogmatica giuridica ad approcci funzionalistici al diritto ed alla sua interpretazione, rischia di rimanere, di per sé presa, "un mero espediente retorico, la posizione di una premessa del ragionamento nella quale sono stati previamente introdotti i presupposti delle conclusioni che si propone di raggiungere": così M. Barcellona, *Il danno extracontrattuale*, Torino, 2011. Infatti, osserva questo Autore, la rilevazione delle funzioni astrattamente riferibili all'istituto aquiliano (l'elenco completo proposto dall'Autore del quale stiamo riferendo il pensiero supera la decina) potrebbe risolversi in una mera constatazione sociologica, almeno finché non si dimostri che la disciplina della responsabilità sia conformata in modo tale da perseguire proprio l'esito funzionale di

tà che risulta confermata anche da una rilevazione pur assai superficiale degli sviluppi culturali in altre esperienze giuridiche[16], qualche considerazione ulteriore merita l'individuazione delle ragioni di quello che potremmo definire come un – ormai non più recentissimo, del resto[17] – risveglio di attenzione nei confronti della funzione preventiva o deterrente della responsabilità civile e, dunque, anche della coloritura sanzionatoria che la medesima può assumere.

Volendo anticipare subito una delle conclusioni del discorso, queste ragioni di fondo sembrano attenere, in maniera più o meno consapevole, nel quadro del pensiero dei singoli autori, all'esigenza di dotare lo strumentario della tutela civile dei diritti di un rimedio idoneo ad assicurare l'effettività

volta in volta preso in considerazione e cioè che questo scopo sia incorporato nella regola al punto da determinarne in tutto o in parte il contenuto. Tuttavia, come pure è stato notato dallo stesso Autore, la constatazione appena svolta in ordine ai limiti di un approccio ricostruttivo di mera rilevazione delle funzioni della responsabilità civile non delegittima la comprensione funzionale di quest'ultima né esclude che, a partire dalla funzione, si possa innescare un circolo interpretativo virtuoso. A ben vedere, è proprio l'argomento oggetto di questo scritto che dimostra l'utilità di un approccio al problema della responsabilità civile attento alle funzioni dell'istituto: infatti, la rilevazione di una polifunzionalità della responsabilità civile, comprensiva anche di quella sanzionatoria, costituisce – lo si è già osservato incidentalmente – una delle premesse alla conclusione della possibilità di delibare la sentenza straniera recante condanna per il titolo dei danni punitivi.

16 Si veda per un recente, brillante contributo in argomento Hershovitz, What does tort law do? What can it do?, in *Val. U. L. Rev.*, (47), 2012, 99 ss., il quale, secondo una linea di tendenza che, come vedremo nel testo, trova significativi punti di emersione anche all'interno della dottrina italiana, accredita una visione della funzione dell'istituto aquiliano fortemente imperniata sul profilo sanzionatorio, resa evidente dalla formulazione secondo la quale, pur non essendo un'azione giudiziale in *tort* un atto di vendetta, essa ha la stessa funzione di un atto di vendetta e cioè ricollocare vittima e responsabilità su un piano di parità. Una panoramica del dibattito nordamericano in materia emerge anche da alcuni passaggi della recente conversazione di N. Brutti con Calabresi: N. Brutti, Una conversazione con Guido Calabresi, in *Nuova Giur. Civ. Comm.*, 2015, 29 ss. Interessanti sono anche gli spunti che si colgono nel dibattito dottrinale francese: cfr., in particolare, Ge. Viney, *Rapport de synthèse, Responsabilité civile et assurances. La responsabilité civile à l'aube du XXI siècle: bilan prospectif*, 2001, 85, la quale sottolinea la necessità di collocare, accanto alla funzione indennitaria della responsabilità civile, la *fonction punitive* e la *fonction preventive* della medesima. Un quadro di comparazione efficace, nella recente dottrina brasiliana, è quello offerto da Nelson Rosenvald, *Tort liability from a civil law perspective*, Atlas, 2015.

17 In questa prospettiva, deve essere richiamato, innanzi tutto, *Le pene private*, a cura di Busnelli e Scalfi, Milano, 1985, volume che raccoglieva gli atti di un convegno pisano del 1984. Più di recente, vedi poi, e si tratta pure in questo caso degli atti di un convegno (tenutosi a Siena nel 2007), *La funzione deterrente della responsabilità civile alla luce delle riforme straniere e dei* Principles of European Tort Law, a cura di Sirena, Milano, 2011.

della loro protezione[18], tutte le volte che la condanna al risarcimento del danno in funzione puramente riparatoria risulti inadeguata allo scopo. Questa inadeguatezza è suscettibile di ricollegarsi a fattori assai diversificati tra di loro. Può trattarsi, innanzi tutto, della difficoltà di ravvisare (o quanto meno di provare) una perdita di utilità patrimoniali o personali di vita che sia conseguenza dell'illecito; può trattarsi, ancora, della circostanza che la concreta determinazione del danno risarcibile, in quanto largamente inferiore al profitto conseguito dall'autore dell'illecito, non sia in grado di svolgere un'apprezzabile funzione dissuasiva[19]; può trattarsi, infine, delle modalità assunte dalla condotta del candidato responsabile che, per la loro accentuata gravità, reclamino una reazione ordinamentale anche sul versante del diritto privato, reazione destinata ad esprimersi con il tipico strumento rimediale proprio di quest'ultimo: e cioè la costituzione di un'obbligazione avente ad oggetto il pagamento di una somma di danaro a carico del responsabile del fatto lesivo di una situazione giuridica soggettiva ed a beneficio del titolare di quest'ultima.

In presenza della crescente importanza assunta dalla funzione sanzionatoria della responsabilità civile deve ritenersi ormai definitivamente acquisito, e non certo da epoca recente, il superamento della concezione monofunzionale della responsabilità civile. Infatti, è sicuramente vero, per riprendere le parole con cui, ormai più di trenta anni fa, si concludeva un'indagine di fondamentale importanza sul problema del danno extracontrattuale, che "vi

18 Sia pure senza un esplicito richiamo al principio di effettività, già Ponzanelli, *I danni punitivi*, cit., 25, osservava di avere "più volte sottolineato l'insufficienza dei rimedi riparatori e che l'arsenale degli stessi dovesse necessariamente e preferibilmente dimagrire, così permettendo l'emersione di nuove figure non riparatorie".

19 Il problema è analizzato, da ultimo, con riferimento pressoché esclusivo all'area del danno contrattuale, da Maggiolo, Microviolazioni e risarcimento ultracompensativo, in *Riv. Dir. Civ.*, 2015, I, 1092, il quale si sofferma appunto sui casi in cui "il fatto illecito è... scarsamente pericoloso per i potenziali danneggiati e proprio per questo si può definire microviolazione. Ma questa microviolazione ha nel contempo due caratteristiche fondamentali, le quali danno ragione dell'interesse a commetterla non meno che della esigenza di un'adeguata tutela contro di essa. La prima caratteristica sta nel fatto di generare un lucro per l'autore, un vantaggio in linea di massima corrispondente al danno provocato...La seconda caratteristica è che la microviolazione è un comportamento ripetuto, la cui reiterazione comporta un effetto moltiplicativo del lucro, che viene così a concentrarsi in capo all'autore dei molteplici fatti dannosi, mentre il danno è ripartito tra tutti i numerosi fruitori di beni o servizi seriali". In un contesto del genere, osserva l'Autore, "la reazione individuale contro la microviolazione non è in alcun modo incentivata perché la prospettiva è quella di ottenere un risarcimento pari al danno, e il danno compensabile è scarso in confronto al costo della reazione, elevato in termini monetari e di tempo. Il singolo danneggiato, in base ad un'elementare analisi di costi e benefici, è quindi indotto a subire la perdita senza darsi ulteriore pena. Il giudizio – anche collettivo – sul comportamento microviolativo è invece severo".

sono più cose nel cielo dei conflitti sociali, di quante possa comprendere la filosofia aquiliana"[20], e che, dunque, detto con altre parole, non si può pensare di attribuire all'istituto aquiliano funzioni radicalmente diverse rispetto a quelle che discendono dalla disciplina normativa del medesimo, nel tentativo di offrire una risposta complessiva alle istanze di regolazione dei rapporti sociali e di tutela degli interessi che emergono nella realtà. Tuttavia, è, del pari, innegabile che l'evoluzione del sistema normativo nel suo complesso[21] può dare al singolo istituto una curvatura diversa rispetto a quella che, di esso, era tradizionalmente propria: soprattutto, ed ancora una volta, quando questa lettura sia suggerita da un valore o principio costituzionale, qual è quello di effettività[22].

Ricondotto il discorso all'interno della prospettiva delle funzioni della responsabilità civile, sembra, dunque, potersi dire che anche in questa materia si sia ormai consumata la fine del tempo delle grandi ricostruzioni dell'istituto aquiliano, di quelle che, a voler utilizzare un termine ormai entrato fin troppo largamente nell'uso corrente, potrebbero essere definite le grandi narrazioni: e cioè il tentativo di ricostruire l'istituto aquiliano attorno ad un presupposto unificante, che si tratti dell'illecito, del rischio di impresa, così come della stessa categoria del danno e della correlativa esigenza di ripararlo, collocata al centro del sistema aquiliano all'esito della rimeditazione dell'istituto da parte della civilistica italiana degli anni'60 del secolo scorso[23].

---

20 Il riferimento è a Salvi, *Il danno extracontrattuale*, cit.

21 Nei termini dei quali si riferirà al § 3.

22 In questa prospettiva, paiono del tutto condivisibili le notazioni finali di Busnelli, Deterrenza, responsabilità civile, in *Europa Dir. Priv.*, 2009, 921 s. nonché in Sirena, a cura di, *La funzione deterrente* ecc. cit., laddove questi osserva che "in un sistema dominato dalla compensazione sopravvive (se ci si riferisce all'art. 2059 nel suo raccordo privilegiato con l'art. 185 c.p.) o nasce (se ci si riferisce al nuovo art. 709 *ter* c.p.c., correttamente interpretato o alle recenti norme che prevedono misure giudiziarie in materia di tutela giurisdizionale contro la discriminazione) una prospettiva di deterrenza. Dilatarne la portata, fino a suggerire frettolose equazioni con i *punitive damages* del sistema nordamericano, è atteggiamento culturalmente sconsiderato oltre che operativamente improvvido. Valorizzarne gli effetti appare invece senz'altro opportuno, anche perché 'una responsabilità civile che non accarezzi la deterrenza non è una vera responsabilità civile'".

23 Da questo punto di vista, appare ispirata ad una lettura dell'istituto aquiliano e delle sue funzioni quanto meno un po' datata la pure assai recente sentenza delle Sezioni Unite della Suprema Corte in materia di danno tanatologico 22 luglio 2015 n. 15.350 (vedila, tra l'altro, in *Corr. Giuridico*, 2015, 1203 ss.), laddove questa pone l'accento su "l'esigenza (oltre che consolatoria) di riparazione (e redistribuzione tra i consociati, in attuazione del principio di solidarietà sociale di cui all'art. 2 Cost.) dei pregiudizi delle vittime di atti illeciti", così ravvisando "il momento centrale del sistema...(nel) danno, inteso come 'perdita cagionata da una lesione di una situazione giuridica soggettiva' (Corte Cost. n. 372 del 1994)",

In questa prospettiva, la riflessione sulle funzioni della responsabilità civile entra, per così dire, in pieno nel tempo della postmodernità e deve farsi dunque umile, laica presa d'atto della densità ed articolazione delle medesime nel complessivo disegno della tutela civile dei diritti, che, a sua volta, non può dirsi esaurito dalla tutela aquiliana, almeno nei termini in cui la stessa si è delineata per lunghi decenni[24].

Né si deve trascurare che la concezione monofunzionale della responsabilità civile restava confutata già dal rilievo della intrinseca ed insuperabile differenza tra le funzioni che lo strumento della condanna risarcitoria è destinato ad assumere in relazione alla natura – patrimoniale o non patrimoniale – del pregiudizio che esso mira a riparare[25]. Un risarcimento inteso – secondo la già richiamata etimologia del termine – come un 'rimettere insieme' l'unità strutturale e funzionale del bene, incisa dal fatto lesivo non è neppure in astratto configurabile quando il bene soppresso o alterato sia intrinsecamente refrattario a quest'operazione e, più in generale ancora, quando il pregiudizio che si è verificato non è immediatamente riconducibile ai circuiti valutativi propri di un'economia di mercato e, dunque, non può trovare in essi componimento.

Questa ragione di fondo, che osta all'affermazione della monofunzionalità della responsabilità civile, si presta, poi, ad essere rafforzata, per quel che specificamente concerne l'area del danno patrimoniale[26], dall'argomento, da tempo proposto nella riflessione dottrinale in materia, ed anche da ultimo richiamato con forza, secondo il quale la giustificazione dell'innesco del meccanismo della responsabilità civile non è quella di accordare in ogni caso alla vittima del danno un ristoro, bensì quella di "rendere costoso per l'agente la produzione del danno", determinando l'internalizzazione a carico del medesimo dei costi delle sue azioni e consentendo di raggiungere l'obiettivo di prevenzione del costo sociale degli incidenti[27].

---

24 Cfr., con riferimento all'area di problemi oggetto del presente scritto, quanto si osserverà alla nota 80 in ordine alle possibilità offerte dall'istituto dell'arricchimento senza causa.

25 Questo aspetto del discorso è stato, a suo tempo, approfondito in maniera particolarmente suggestiva da Salvi: vedi, in particolare, *Il danno extracontrattuale*, cit.

26 E' infatti proprio per il danno patrimoniale che vale l'assunto secondo il quale il danno, una volta prodottosi nella realtà giuridico – economica, non può essere posto nel nulla, ma solo traslato dalla sfera della vittima a quella del responsabile, per mezzo dell'operare del meccanismo dei criteri di imputazione.

27 Il brano virgolettato nel testo è di Monateri, Commento a Cass. 16 maggio 2016, ord., n. 9978, in *Danno e resp.*, 2016, 832, il quale sottolinea che "è rendendo costose le azioni colpose o dolose che provocano un danno ingiusto che la RC produce un ordine spontaneo delle attività umane: cioè che consente determinate attività purché si prendano le precauzioni necessarie a minimizzarne i costi sociali. Se vogliamo proibire determinate attività non bisogna ricorrere alla RC ma ad altri strumenti come la regolazione amministrativa".

Volendo ragionare nella prospettiva del dato normativo costituzionale, è, dunque, l'effettività[28] il valore o principio costituzionale che viene, a nostro avviso, in considerazione come possibile fondamento sistematico di scelte interpretative che (all'interno del limite tracciato dalla riserva di legge, desumibile – in questa materia – prima ancora dall'art. 23 Cost.[29], come si è anticipato, che non dall'art. 25 Cost.[30]), possono enfatizzare la funzione sanzionatoria della responsabilità civile ovvero rappresentare il referente di opzioni normative tali da introdurre senz'altro "prestazioni sanzionatorie" dell'illecito civile, destinate a coordinarsi variamente con la prestazione risarcitoria propriamente intesa[31].

Da questo angolo visuale, e cioè all'interno di un discorso calibrato sui termini di riferimento costituzionale di una possibile curvatura sanzionatoria della condanna risarcitoria, non sembra invece condivisibile la recente opinione, specificamente riferita al problema del danno discendente dalle c.d. microviolazioni,[32] secondo la quale il percorso argomentativo utile, almeno in astratto, al fine di superare la regola che, commisurando il risarcimento del danno patrimoniale a quello effettivamente patito, nega l'ammissibilità del risarcimento ultracompensativo, dovrebbe transitare attraverso il riferimento ai doveri costituzionali di solidarietà sociale. In particolare, secondo questa impostazione, si potrebbe ritenere che "la solidarietà verso la vittima di una microviolazione – fatto illecito da reprimere in ossequio alla funzione anche punitiva o sanzionatoria della responsabilità civile, in ragione della sua

28 Un richiamo all'effettività – benché in una prospettiva non del tutto coincidente con quella proposta nel testo – è anche quello del quale si legge in Quarta, *Illecito civile, danni punitivi e ordine pubblico*, cit., 1167, con particolare riferimento al possibile ruolo dell'azione dei privati, dall'angolo visuale dell'art. 2059 c.c., "nel controllo diffuso sull'effettività dei principi fondamentali"; cfr. anche, del medesimo Autore, *Risarcimento e sanzione nell'illecito civile* etc. cit., 216 ss.

29 Si veda, sul punto, Busnelli, Deterrenza, responsabilità civile, fatto illecito e danni punitivi, in *Europa Dir. Priv.*, 2009, 909 ss. (ed altresì in Sirena, a cura di, *La funzione deterrente della responsabilità civile* ecc. cit.), il quale osserva che "le premesse costituzionali, legittimanti il concetto di 'pena privata' potrebbero ravvisarsi, piuttosto che sul piano della portata estensiva degli artt. 25, co. 2° e 27 Cost., direttamente in un riferimento all'art. 23 Cost.", menzionando, in questa prospettiva, anche il pensiero di Bricola, *La riscoperta delle pene private*, in Busnelli – Scalfi, a cura di, cit., 50 ss.

30 Nel quadro di una riflessione della quale si riferirà criticamente tra breve nel testo, Maggiolo, *Microviolazioni e risarcimento ultracompensativo*, cit., 1093 ss. ravvisa, invece, il punto di emersione costituzionale della regola secondo la quale la misura punitiva della ultracompensazione non può essere riconosciuta in casi non previsti dalla legge al principio dell'art. 25, co. 2° Cost.

31 Secondo la già rammentata proposta di Granelli, In tema di 'danni punitivi', in *Resp Civ. Prev.*, 2014, cit. 1760.

32 Calibrata, come si è già rammentato, sullo specifico problema delle c.d. microviolazioni.

connotazione particolarmente maliziosa o profittatoria –,...voglia l'incentivo a reagire per la vittima delle microviolazioni, perché senza incentivo la vittima resterebbe inerte sopportando il pregiudizio provocato da un comportamento gravemente antisociale e quindi in radicale conflitto con i doveri di solidarietà"[33].

Sennonché, i doveri inderogabili di solidarietà, sanciti – com'è ben noto – dall'art. 2 Cost., non paiono in grado di offrire indicazioni interpretative sufficientemente univoche nella materia della tutela civile dei diritti. Basti considerare, al riguardo, che quei doveri, i quali nella dottrina sulla responsabilità civile degli anni'60 del secolo scorso[34] costituivano la chiave di volta di un sistema che si voleva tutto imperniato sull'esigenza di riparare il danno subito dalla vittima del fatto illecito, si sono visti successivamente affidare, all'interno di una sistemazione complessiva del problema del danno non patrimoniale[35] il compito di una delimitazione rigorosa delle pretese risarcitorie apprezzabili[36], dando così corpo ad una linea ricostruttiva di segno radicalmente opposto alla precedente. Ed in effetti, in relazione alla valutazione dell'impostazione complessiva e del tracciato evolutivo del sistema normativo fatta propria dal singolo interprete, il richiamo ai doveri di solidarietà, per la relazione bilaterale che gli stessi istituiscono, si presta altrettanto bene ad una concretizzazione di essi che ponga l'accento sulla posizione della vittima del fatto lesivo così come ad una loro lettura attenta alla natura ed alla consistenza della situazione giuridica soggettiva sottostante alla condotta lesiva.

Non pare del resto casuale che proprio l'Autore, il quale pure assai di recente ha ravvisato nei doveri di solidarietà la possibile chiave di volta per ammettere risarcimenti ultracompensativi a fronte di danni patrimoniali, dia infine atto, essenzialmente sulla base di argomenti in termini di efficienza economica del sistema, dell'inopportunità di una soluzione che accrediti i medesimi[37]. Infatti, ed anche nell'ambito in cui, da parte della dottrina della

---

33 Così Maggiolo, *Microviolazioni e risarcimento ultracompensativo*, cit., *loco cit.*

34 Il riferimento è, ovviamente, all'opera di Rodotà, *Il problema della responsabilità civile*, Milano, 1964.

35 Nell'impostazione delle sentenze delle Sezioni Unite dell'11 novembre 2008 nn. 26.972 – 5: vedile, tra i tantissimi altri luoghi, in *Resp Civ. Prev.*, 2009, 4 ss.

36 In particolare, è nota l'affermazione delle Sezioni Unite, nelle decisioni citate alla nota precedente, secondo la quale "il risarcimento del danno non patrimoniale è dovuto solo nel caso in cui sia superato il livello di tollerabilità ed il pregiudizio non sia futile", poiché "pregiudizi connotati da futilità ogni persona inserita nel complesso contesto sociale li deve accettare in virtù del dovere della tolleranza che la convivenza impone".

37 Infatti, secondo il pensiero di quest'Autore – ad avviso del quale "il principio solidaristico, il solo che per ipotesi potrebbe giustificare un risarcimento ultracompensativo, consiglia nel contempo che una parte dell'ultracompensazione attribuita dal giudice venga trasferita dal danneggiato a beneficio dell'intera collettività, in ossequio al principio

quale si sta riferendo il pensiero, più frequenti sarebbero le ipotesi di fatti dannosi definibili come microviolazioni, e cioè i comportamenti della Pubblica Amministrazione, si perviene alla conclusione secondo la quale "nell'auspicio di un risarcimento ultracompensativo che debba andare a beneficio della collettività, il fatto di imporre un risarcimento ultracompensativo a carico della Pubblica Amministrazione avrebbe il significato di addossarne il costo alla collettività stessa, che lo sosterrebbe mediante il prelievo fiscale per poi eventualmente beneficiarne dove il risarcimento fosse impiegato a suo vantaggio"[38]. Tuttavia, e lasciando da parte l'opinabilità della premessa, che ascrive all'area degli eventuali comportamenti illegittimi della Pubblica Amministrazione la gran parte delle ipotesi di microviolazioni[39], e la controvertibilità della conclusione[40], un argomento che, muovendo da una norma di rango costituzionale, si lasci confutare da semplici rilievi in termini di efficienza economica dimostra inevitabilmente la propria intrinseca debolezza.

La tenuta sistematica, per così dire, della scelta di ricondurre il discorso relativo ai c.d. danni punitivi sul piano del principio dell'effettività della tute-

della giustizia distributiva" – si perverrebbe ad uno scenario "il quale è attualmente in parte congetturale e in parte immaginario: è cioè congetturale là dove si voglia ammettere che la solidarietà costituzionale possa volere la ultracompensazione dei danni provocati da microviolazioni; ed è immaginario là dove si suggerisce invece che la ultracompensazione dovrebbe essere in parte ritrasferita sulla collettività o almeno sui fruitori di beni o servizi forniti dall'autore delle microviolazioni" (così Maggiolo, *Microviolazioni e risarcimento ultracompensativo*, cit., 1095).

38 Così ancora Maggiolo, *Microviolazioni e risarcimento ultracompensativo*, cit., 1102.

39 L'opinabilità della premessa riferita nel testo emerge, del resto, già dal rilievo che essa è affidata non ad argomenti logici né statistici, ma alla auto – percezione di ciascuno, che, secondo l'Autore in questione, deporrebbe appunto in tal senso: in questo modo, si finisce tuttavia per introdurre un criterio – appunto, quello della percezione soggettiva – insuscettibile di una verifica sul piano scientifico.

40 Mantenendosi sul piano degli argomenti di opportunità o efficienza economica, è, infatti, tutto da dimostrare che il soggetto privato, in ipotesi autore delle microviolazioni, possa traslare sul prezzo dei prodotti il costo del risarcimento ultracompensativo, che sia condannato in ipotesi a pagare, senza rischiare di andare incontro alla conseguenza di una propria espulsione dal mercato di riferimento; sul versante dei comportamenti della Pubblica Amministrazione in ipotesi tali da determinare microviolazioni, poi, non si può trascurare che un meccanismo di automatica traslazione del costo del risarcimento ultracompensativo sul carico fiscale sarebbe con ogni verosimiglianza ostacolato, se non dall'operare degli strumenti di controllo politico sull'operato della Pubblica Amministrazione, dalla possibilità di affermare la responsabilità per danno erariale dei titolari degli organi della medesima Amministrazione cui fossero ascrivibili i comportamenti lesivi (con conseguente effetto deterrente nei confronti di coloro che subentrassero nella titolarità dei medesimi organi quanto al tenere gli stessi comportamenti).

la risulta confermata anche dalla considerazione del rilievo che un approccio attento a quest'ultimo principio ha assunto nella elaborazione giurisprudenziale e nella riflessione dottrinale più recenti.

In particolare, e com'è noto, la Corte Costituzionale, muovendo dal coordinamento degli articoli 2, 3 e 24 della Costituzione, ha senz'altro, e da tempo, affermato il diritto ad una tutela sostanziale effettiva[41]. Dal canto suo, la Corte di Cassazione[42] ha posto l'accento, sul "diritto ad un rimedio adeguato al soddisfacimento del bisogno di tutela di quella specifica, unica, talvolta irripetibile situazione sostanziale di interesse giuridicamente tutelato", diritto del quale la medesima Corte di Cassazione ha colto i più precisi contorni all'interno di un ordinamento internazionale "nel quale il moltiplicarsi di accenti sul diritto al rimedio effettivo che emerge dalla lettura degli artt. 8 della Dichiarazione Universale dei diritti dell'uomo, 13 della Convenzione europea dei diritti dell'uomo...e 47 della Carta dei diritti fondamentali dell'Unione europea", ricostruendolo come diritto alla misura appropriata alla soddisfazione del bisogno di tutela.

Queste indicazioni hanno trovato un riscontro puntuale in dottrina, allorché si è osservato che "la riflessione sul tema (n.d.r.: dei rimedi) presuppone l'esistenza di un interesse protetto, sicché l'approccio rimediale non incide sull'*an* della protezione, ma solo sulle modalità di applicazione della tutela più efficiente", con il corollario che "il rimedio non si sostituisce al diritto o all'obbligo sostanziale ma intende fornire uno strumento di tutela adeguata, in presenza di violazione di interessi e diritti, specie in presenza di forme complesse e fondamentali e di nuovi beni da tutelare"[43].

E', dunque, proprio in questa direzione – e cioè sul versante della concreta verifica circa l'utilità dello strumento del riconoscimento dei danni punitivi nella prospettiva del reperimento della tutela davvero effettiva delle situazioni giuridiche soggettive – che dovrà dipanarsi l'ulteriore sviluppo del discorso; questo sarebbe tuttavia sicuramente monco se non rendesse conto già ora, e nel solco di un accenno operato da principio, dell'eventuale conflitto che si possa innescare tra il principio di effettività ed altri principi o valori, essi pure, in ipotesi, dotati di rilevanza costituzionale. La struttura intrinsecamente bilaterale di ogni giudizio di responsabilità civile (e, più in generale, di ogni vicenda nella quale il diritto privato sia chiamato a dispiegare la propria tipica funzione regolatrice delle situazioni di conflitto tra i soggetti dell'ordinamento) rende in altre parole necessario, a questo punto, individuare se vi sia, ed in caso affermativo quale sia, il valore o principio costitu-

41 Cfr. Corte Cost. sentenza n. 238 del 2014, in *Foro it.*, 2015, I, 1152

42 Cfr. Cass. 17 settembre 2013 n. 21.255, *Corriere giur.*, 2014, 489 ss., con note di Bona, Boccagna e di chi scrive.

43 Così G. Vettori, *Il contratto europeo fra regole e principi*, Torino, 2015, 23.

zionale antagonista rispetto a quello di effettività, riguardato, quest'ultimo, secondo la premessa assunta, quale possibile fondamento dell'apertura del nostro sistema normativo ai "rimedi risarcitori con funzione non riparatoria, ma sostanzialmente sanzionatoria"[44].

Si è già anticipato[45] che, a nostro avviso, il principio o valore antagonista è rappresentato, in prospettiva generale, dal principio di libertà e, più specificamente ancora, dall'ambito di protezione (e, dunque, appunto di libertà) che si possa ritenere assegnato alla situazione giuridica soggettiva sottostante alla condotta lesiva; si viene, dunque, a delineare un problema di bilanciamento di interessi, che finisce per essere particolarmente delicato e complesso proprio nelle ipotesi in cui tratti di situazioni giuridiche soggettive dotate di una protezione affidata a norme di rango equivalente.

Qui il discorso deve inevitabilmente scendere nel concreto e misurarsi con la rilevazione – condotta a partire delle scelte di volta in volta adottate dal legislatore – di tutte le circostanze che possano indurre a privilegiare l'esigenza di assicurare una tutela effettiva della situazione giuridica soggettiva lesa, dischiudendo la strada ad una condanna risarcitoria che possa assumere anche una funzione sanzionatoria ovvero, ed al contrario, a ritenere che una condanna di questo contenuto determini una compressione irragionevole della sfera di libertà del candidato responsabile: rilevazione che, a sua volta, potrà ricevere un contributo decisivo dalla ricognizione delle ipotesi individuate dal legislatore, e dunque proprio perché tali sicuramente conformi al paradigma dell'art. 23 Cost., di condanne risarcitorie dotate pure di una funzione sanzionatoria.

3. La funzione punitivo – sanzionatoria della responsabilità di diritto civile ed i suoi punti di emersione.

La ricognizione, svolta all'interno dell'ordinamento giuridico italiano e tanto in contesti di responsabilità extracontrattuale che contrattuale, di ipotesi di "rimedi risarcitori con funzione non riparatoria, ma sostanzialmente sanzionatoria", costituisce un passaggio ineludibile di tutti i contributi che hanno affrontato, anche in epoca antecedente all'ordinanza della Corte di Cassazione n. 9978/16[46], la questione della compatibilità con l'ordine pubbli-

---

44 Per riprendere ancora una volta la formulazione dell'ordinanza di rimessione alle Sezioni Unite della questione relativa alla delibabilità delle sentenze straniere recanti condanna al risarcimento per un titolo di danni punitivi.

45 Cfr. *supra* § 1.

46 Quest'ultima, a sua volta, dedica una considerazione molto accurata anche a questo aspetto del problema. I riferimenti proposti dall'ordinanza, a titolo dichiaratamente esemplificativo (e sulla possibilità di ravvisarne anche altri, all'interno del sistema,

co di una condanna al pagamento di una somma di danaro per un titolo di danni punitivi[47].

si avrà modo di tornare tra breve), l'art. 12 della legge 8 febbraio 1948 n. 47, che, nel caso di diffamazione a mezzo stampa, prevede il pagamento di una somma "in relazione alla gravità dell'offesa ed alla diffusione dello stampato"; l'art. 96, co. 3° c.p.c., così come aggiunto dall'art. 45 della legge 18 giugno 2009 n. 69, che prevede la condanna della parte soccombente al pagamento di una "somma equitativamente determinata" in funzione sanzionatoria dell'abuso del processo, così come l'analoga formulazione contenuta nell'art. 26 co. 2° del d. lgs. 2 luglio 2010 n. 104; l'art. 709 *ter* c.p.c., in base al quale nelle controversie tra genitori circa l'esercizio della responsabilità genitoriale o le modalità di affidamento della prole, il giudice ha il potere di emettere pronunce di condanna al risarcimento dei danni con una chiara valenza punitiva; gli artt. 158 della L. 633/1941 e l'art. 125 del d. lgs. 10 febbraio 2005 n. 30, laddove riconoscono al danneggiato un risarcimento corrispondente ai profitti realizzati dall'autore del fatto, connotato da una funzione preventiva e deterrente, nel caso in cui l'agente abbia lucrato un profitto di maggiore entità rispetto alla perdita subita dal danneggiato; l'art. 187 *undecies*, comma 2 del d. lgs. 24 febbraio 1998 n. 58, che prevede, nei procedimenti penali per i reati di abuso di informazioni privilegiate e di manipolazione del mercato che la Consob possa richiedere, a titolo di riparazione dei danni cagionati dal reato all'integrità del mercato, una somma determinata dal giudice, anche in via equitativa, "tenendo comunque conto della offensività del fatto, delle qualità del colpevole e dell'entità del prodotto o del profitto conseguito dal reato"; il decr. lgs. 15 gennaio 2016 n. 7, il quale, agli artt. 3 e 5, ha abrogato varie fattispecie di reato previste a tutela della fede pubblica, dell'onore e del patrimonio, e, se i fatti sono dolosi, ha previsto, accanto al risarcimento del danno, accordato in favore della parte lesa, l'irrogazione di sanzioni pecuniarie civili, caratterizzate da una funzione sia preventiva che repressiva, la cui concreta quantificazione è disposta dal giudice sulla base di parametri come la gravità della violazione, la reiterazione dell'illecito, l'arricchimento del soggetto responsabile, l'eventuale attività posta in essere dall'agente per l'eliminazione o l'attenuazione delle conseguenze dell'illecito, la personalità dell'agente e le condizioni economiche del medesimo.

47 Un quadro assai analitico di ipotesi analoghe a quelle rilevate dall'ordinanza di rimessione è quello offerto da M. Di Marzio, *I danni punitivi* etc. cit., il quale si sofferma anche su alcuni casi di pene private rinvenibili già all'interno del sistema del codice civile: dall'art. 129 – *bis* c.c., laddove questa norma, anche a prescindere dalla prova di un danno subito, riconosce, a favore del coniuge di buona fede, una congrua indennità posta a carico del coniuge al quale sia imputabile la nullità del matrimonio, alla disciplina della clausola penale, dall'art. 70 disp. att. c.c., che prevede la possibilità del regolamento di condominio di contemplare sanzioni a carico del condomino che violi una delle prescrizioni del medesimo, sanzioni che si aggiungono al risarcimento del danno in favore degli altri condomini o del medesimo condominio, all'art. 1224 c.c., laddove, in materia di obbligazioni pecuniarie, rimette al creditore la scelta fra il risarcimento del danno, eventualmente eccedente la misura degli interessi legali, ed il riconoscimento degli interessi legali, senza necessità di dimostrare di avere effettivamente subito un danno e restando preclusa al debitore inadempiente la possibilità di provare l'inesistenza di danni ovvero l'esistenza di danni di entità inferiore.

In particolare, e nell'ambito delle più recenti riflessioni sul tema, sembra acquisire un ruolo significativo la considerazione del contenuto precettivo, e delle prospettive applicative, dell'art. 96, co. 3° c.p.c.[48], anche alla luce di una recentissima decisione della Corte Costituzionale[49]. Quest'ultima ha, infatti, disatteso la questione di illegittimità costituzionale di quella disposizione, laddove essa prevede che la condanna della parte soccombente al pagamento, oltre che delle spese di lite, di un'ulteriore somma equitativamente determinata, sia adottata in favore della parte vittoriosa, e non dell'erario; ed ha formulato questa conclusione sulla premessa che "la novella del 2009 che ha esteso, con marginali varianti, a tutti i gradi di giudizio lo strumento deflattivo prima dettato per la sola fase di legittimità, non ha connotati di irragionevolezza ma riflette una delle possibili scelte del legislatore che non è costituzionalmente vincolato nella sua discrezionalità nell'individuare la parte beneficiaria di una misura che sanziona un comportamento processuale abusivo e che funga da deterrente al ripetersi di siffatta condotta".

Al riguardo, e tanto più in presenza del contenuto della sentenza della Corte Costituzionale appena citata, è sicuramente condivisibile l'orientamento che ravvisa nella condanna *ex* art. 96, 3° co. c.p.c. un istituto con funzione sanzionatoria, discorrendosi di una sorta di sanzione civile a carico del soccombente, anche se vanno considerate con cautela, se non altro dal punto di vista della precisione concettuale e terminologica[50], le argomentazioni che lo configurano come una forma di "danno punitivo diretto a scoraggiare l'abuso del processo e degli strumenti forniti dalla legge alle parti"[51]. Non pare, invece, percorribile con altrettanta facilità l'ulteriore passaggio del discorso, pure svolto da un assai recente orientamento dottrinale, secondo il quale potrebbe essere accreditata proprio dalla disposizione in questione l'esistenza di "una sanzione civile ultracompensativa parametrata al livello di reprensibilità (anche extragiudiziale) delle condotte lesive, da ritenersi operante finanche in ipotesi di contumacia del convenuto". Ne discenderebbe, ad avviso di questo orientamento dottrinale, il corollario che l'art. 96, 3° co.

48 Sul punto vedi, soprattutto, Quarta, *Risarcimento e sanzione nell'illecito civile*, cit., 180 ss.; Id., *Illecito civile, danni punitivi e ordine pubblico*, cit., 1165 ss.; Lucchini Guastalla, *La compatibilità dei danni punitivi* ecc. cit., 1483 ss.

49 Si tratta, com'è noto, di Corte Cost., 1° giugno 2016 n. 152, pubblicata, tra gli altri luoghi, in *Corr. Giuridico*, 2016, 1586 ss. con nota di Asprella; in *Foro It.*, 2016, I, 2.639 ss.

50 In relazione alle argomentazioni esposte al § 1 e cioè per la non trapiantabilità dell'istituto dei danni punitivi in quanto tale nel nostro sistema normativo, rispetto al quale esso si configura, in effetti, come un 'alieno'.

51 Sembra invece incline a leggere la previsione in esame in chiave di danni punitivi Lucchini Guastalla, *op. cit.*, 1.487: "l'istituto in esame presenta effettivamente tutti i caratteri dei danni punitivi, consistendo nella condanna alla corresponsione di una somma liquidata indipendentemente dalla dimostrazione del danno subito".

c.p.c., nato "per scoraggiare impieghi controfunzionali del processo, sembra in grado di assurgere a sede normativa dei danni punitivi, applicabili ogni volta che l'autore abbia fornito evidenze circa la malafede o la colpa grave del convenuto nella causazione dell'evento lesivo, magari con l'aggravante di un contegno processuale particolarmente disdicevole"[52]. Al riguardo, si deve osservare che il riconoscimento di una pluralità di luoghi, all'interno del vigente sistema normativo, nei quali la condanna del responsabile di un illecito al pagamento di una somma di danaro in favore della vittima del medesimo si veda attribuita una funzione sanzionatoria, se è argomento sicuramente di particolare rilievo sul piano della valutazione di compatibilità con l'ordine pubblico della sentenza straniera che rechi una condanna al pagamento di danni punitivi, non consente di superare il limite discendente dall'art. 23 Cost. e, dunque, di costruire un obbligo di eseguire una prestazione patrimoniale di natura sanzionatoria in difetto di una corrispondente previsione di legge; e questo tanto più ove si consideri che, anche dal punto di vista dell'enunciato linguistico per mezzo del quale si esprime l'art. 96, co. 3° c.p.c., questa disposizione non appare davvero esportabile al di fuori dell'ambito processuale nella quale si trova inserita.

Se non avrebbe, dunque, una particolare utilità, essendo stato questo compito svolto con accuratezza anche di recente, ripercorrere ancora una volta tutti i luoghi del sistema nei quali emergono ipotesi di "rimedi risarcitori con funzione...sostanzialmente sanzionatoria", un cenno meritano tuttavia, in relazione alle conclusioni che essi consentiranno di svolgere, alcuni spunti desumibili da disposizioni nelle quali viene in considerazione la tutela di situazioni giuridiche soggettive del lavoratore subordinato a fronte di inadempimenti datoriali (e, dunque, in contesti normativi di responsabilità contrattuale). Si pensi all'art. 18, co. 5° L. n. 300/70 che, in materia di tutela a fronte del licenziamento con riferimento al quale il giudice abbia accertato la non ricorrenza degli estremi del giustificato motivo soggettivo o della giusta causa addotti dal datore di lavoro, prevede che il contenuto della sentenza sia tale da "dichiara(re) risolto il rapporto di lavoro con effetto dalla data del licenziamento e condanna il datore di lavoro al pagamento di un'indennità risarcitoria onnicomprensiva determinata tra un minimo di dodici ed un massimo di ventiquattro mensilità dell'ultima retribuzione globale di fatto, in relazione all'anzianità del lavoratore e tenuto conto del numero dei dipendenti occupati, della dimensione dell'attività economica, del comportamento e delle condizioni delle parti, con onere di specifica motivazio-

52 Questa è la posizione di Quarta, *Illecito civile, danni punitivi e ordine pubblico*, cit., 1.166 nonché, prima ancora, Id,, *Risarcimento e sanzione*, cit., 395 ss., dove si legge un'ancora più articolata illustrazione dell'assunto, e Id., Legittimità e operatività dei danni punitivi nell'art. 96, 3° co. c.p.c., in *giustizia civile.com*, 14 febbraio 2014.

ne al riguardo": si tratta, infatti, di una condanna risarcitoria che prescinde totalmente dalla individuazione di un danno, che potrebbe anche mancare del tutto, come accade nell'ipotesi in cui il lavoratore, subito dopo il licenziamento, abbia trovato un'occupazione alternativa, che potrebbe essere in ipotesi anche maggiormente remunerativa. Non è, dunque, forzato ravvisare in questa previsione una valenza sanzionatoria di un comportamento datoriale che, in quanto tale da ledere il diritto del lavoratore subordinato a prestare la propria opera, interrompendo in ipotesi illegittimamente la continuità del rapporto di lavoro, palesa un grado elevato di disvalore sociale, a prescindere dal danno che quel comportamento sia in grado di creare.

Una valenza *lato sensu* sanzionatoria può ravvisarsi anche nella previsione dell'art. 28, co. 2° decr. Lgs. 81/2015, in materia di tutela del lavoratore assunto a tempo determinato con contratti nulli quanto alla clausola del termine, secondo la quale "nei casi di trasformazione del contratto a tempo determinato in contratto a tempo indeterminato, il giudice condanna il datore di lavoro al risarcimento del danno a favore del lavoratore, stabilendo un'indennità omnicomprensiva nella misura compresa tra un minimo di 2,5 ed un massimo di 12 mensilità dell'ultima retribuzione di riferimento per il calcolo del trattamento di fine rapporto, avuto riguardo ai criteri indicati nell'articolo 8 della legge n. 604 del 1966". Infatti, anche questa indennità prescinde dalla prova di qualsiasi profilo di danno, benché la precisazione secondo la quale "la predetta indennità ristora per intero il pregiudizio subito dal lavoratore, comprese le conseguenze retributive e contributive relative al periodo compreso tra la scadenza del termine e la pronuncia con la quale il giudice ha ordinato la ricostituzione del rapporto di lavoro" lasci intendere che nella predetta indennità prevale probabilmente la funzione di contenimento e forfettizzazione dei molteplici profili di danno che un lavoratore, il quale sia stato appunto assunto con contratti a termine illegittimi, può lamentare[53].

Disponiamo, a questo punto, di tutti gli elementi per (tentare di) individuare le ragioni sottostanti alle scelte normative che assegnano una funzione sanzionatoria al meccanismo tipicamente privatistico della costituzione di un rapporto obbligatorio avente ad oggetto il pagamento di una somma di danaro da parte dell'autore dell'illecito ed in favore del soggetto protetto dalla norma che per mezzo dell'illecito sia stata violata. In particolare, sembra possibile ribadire, così confermandosi un'ipotesi ricostruttiva già abbozzata, che quelle ragioni attengano alla presa d'atto, da parte del legislatore, che, nel

53 In quest'ordine di idee, accenni ad un aspetto sanzionatorio della condanna risarcitoria si colgono anche nella recentissima sentenza delle Sezioni Unite 14 marzo 2016 n. 4.914 in materia di risarcimento del danno in favore del lavoratore assunto a termine illegittimamente nel settore del pubblico impiego.

caso concreto, una tutela imperniata esclusivamente sul rimedio risarcitorio compensativo sarebbe inadeguata rispetto all'esigenza di una tutela effettiva. In alcuni casi, la percezione di non effettività della tutela si ricollega alla speciale rilevanza, nel quadro dei valori protetti dal sistema normativo nel suo complesso, della situazione giuridica incisa dal fatto illecito [54]; altre volte essa si spiega per la difficoltà di provare, nel caso concreto, l'esistenza di un danno, inteso come perdita[55]; altre volte ancora essa discende dalla consapevolezza che una condanna del responsabile ad una prestazione risarcitoria parametrata al solo danno subito dalla vittima sarebbe priva di qualsiasi efficacia deterrente, per essere il profitto dell'autore della violazione assai maggiore [56]; in ulteriori casi, infine, essa si riannoda all'esigenza di reagire con peculiare intensità, e dunque giustapponendo alla tutela compensativa anche una tutela genuinamente sanzionatoria, ad ipotesi di illeciti connotati da un elemento soggettivo particolarmente qualificato[57].

54 Si pensi agli esempi appena proposti in materia di valenza sanzionatoria della reazione avverso gli illeciti del datore di lavoro che comprimano variamente il diritto al lavoro del lavoratore subordinato; alle misure previste dall'art. 709 *ter* c.p.c., con riferimento alle quali è stato osservato che esse sono volte ad esercitare "una pressione psicologica sul genitore per indurlo a non perpetrare le condotte lesive e ad ottemperare alle statuizioni giudiziali per la migliore realizzazione dell'interesse del figlio" (cfr., in questo senso, La Rosa, Il nuovo apparato rimediale introdotto dall'art. 709 ter c.p.c. I danni punitivi approdano in famiglia?, in *Fam. e Dir.*, 2008, 60 ss.); all'art. 96, co. 3° c.p.c. ed all'art. 26, co. 2° del D. Lgs. 104/2010, dove la tutela della parte del processo che patisce l'altrui comportamento abusivo si salda con l'esigenza di portata generale di precludere appunto abusi del processo.

55 In questo ordine di idee debbono essere considerati, in particolare, ed oltre alle disposizioni in materia di abuso del processo anche da ultimo menzionate, l'art. 12 della legge 8 febbraio 1948 n. 47, in materia di diffamazione a mezzo stampa. Si argomenterà, *infra*, nel testo che in questa prospettiva deve essere letto anche l'art. 2.059 c.c., in considerazione della valenza fortemente sanzionatoria e deterrente, che, come si dirà, assume la condanna risarcitoria in presenza di un danno non patrimoniale,

56 Questa sembra dover essere la spiegazione sottostante agli artt. 158 della L. 633/1941 e 125 del d. lgs. 10 febbraio 2005 n. 30, in materia di riconoscimento al danneggiato di un risarcimento corrispondente ai profitti realizzati dall'autore del fatto, in chiara prospettiva di prevenzione e di deterrenza, nel caso in cui l'agente abbia lucrato un profitto di maggiore entità rispetto alla perdita del danneggiato. Da ultimo, su ipotesi del genere, vedi anche Corte Giust. V Sezione, sentenza del 25 gennaio 2017 nella causa C – 367/15. Una ragione analoga pare, almeno in parte, quella sottesa alla previsione dell'art. 187 *undecies* co. 2° del decr. lgs. 58/98, sia pure con la peculiarità che, in questo caso, la somma "a titolo di riparazione dei danni cagionati dal reato all'integrità del mercato... determinata dal giudice, anche in via equitativa, tenendo comunque conto dell'offensività del fatto, delle qualità personali del colpevole e dell'entità del prodotto o del profitto conseguito dal reato" deve essere corrisposta alla Consob.

57 Segnatamente, in termini di dolo. In questa prospettiva, si debbono collocare, in particolare, gli artt. 3 – 5 del decr. lgs. 15 gennaio 2016 n. 7. Si sofferma, da ultimo,

Naturalmente, e poiché spetta pur sempre al legislatore determinare il tipo di rimedio da predisporre a fronte della lesione di una situazione giuridica soggettiva, la mera circostanza che la natura delle utilità che quest'ultima attribuisce al titolare renda auspicabile una tutela (anche) di tipo sanzionatorio della medesima, non è sufficiente ad orientare in questo senso la soluzione, ove non sia vulnerato il principio di effettività. Significativa è, in questo senso, la materia del risarcimento del danno da violazione della disciplina *antitrust*, dove, ad una più risalente giurisprudenza della Corte di Giustizia[58], che rimetteva sostanzialmente alle singole discipline nazionali di valutare, in conformità alle regole vigenti in ciascuno degli Stati membri, l'introduzione anche di rimedi a carattere punitivo, ha fatto seguito, invece, una scelta di netta chiusura nei confronti di questi ultimi da parte della Direttiva 2014/104/UE[59]

sui danni aggravati dalla condotta, Monateri, *Commento* alla ordinanza di Cass. 9.978/2016, il quale tenta di argomentare, a partire dalla considerazione delle disposizioni dell'art. 1.225 c.c., in materia di responsabilità contrattuale, e dell'art. 2.056 c.c., in tema di responsabilità extracontrattuale, un principio generale, argomentato essenzialmente sulla base di considerazioni attente al piano dell'analisi economica del diritto, secondo il quale "i casi di dolo vanno trattati diversamente da quelli di colpa": infatti, tra le circostanze del caso del quale il giudice dovrebbe tenere conto, con equo apprezzamento, in sede di determinazione del lucro cessante, verrebbe in considerazione anche l'esistenza, o meno, di un contegno doloso. Su questa ricostruzione si veda quanto si dirà *infra* nel testo. Un discorso diverso, da tempo assunto al livello di piena consapevolezza dottrinale grazie al contributo di Cendon, *Il dolo nella responsabilità extracontrattuale*, Torino, 1976, è quello dell'esistenza di fatti illeciti che si qualificano come tali in quanto la corrispondente condotta dell'agente è sorretta da un elemento psicologico in termini di dolo.

58 Il riferimento è, ovviamente, alla decisione nella causa C – 298/04 (cause riunite C-295/04; C – 297/04; C – 298/04) del 13 luglio 2006, secondo la quale, sulla premessa che "in conformità del principio di equivalenza una forma particolare di risarcimento, qual è il risarcimento esemplare o punitivo, deve poter essere riconosciuta nell'ambito di azioni fondate sulle regole comunitarie di concorrenza, qualora possa esserlo nell'ambito di azioni analoghe fondate sul diritto interno", si era pervenuti alla conclusione che "in mancanza di disposizioni di diritto comunitario in materia, spetta all'ordinamento giuridico interno di ciascuno Stato membro, stabilire i criteri che consentono la determinazione dell'entità del risarcimento del danno causato da un'intesa o da una pratica vietata dall'art. 81 CE, purché siano rispettati i principi di equivalenza e di effettività". E' noto che, dal canto suo, il Libro verde della Commissione sulle azioni di risarcimento del danno per violazione delle norme antitrust comunitarie, Bruxelles, 9 dicembre 2005, aveva previsto, tra le altre misure, il rimedio della condanna al doppio del danno subito in favore della parte danneggiata da un cartello orizzontale, ma la regola era stata eliminata dal successivo Libro bianco del 2008.

59 L'art. 3, co. 3° della medesima, infatti, prevede che "il pieno risarcimento ai sensi della presente direttiva non conduce ad una sovracompensazione del danno subito, sia sotto forma di risarcimento punitivo che di risarcimento multiplo o di altra natura".

e, conseguentemente, anche ad opera della recentissima legislazione nazionale d'attuazione[60].

4. Danni punitivi, ordine pubblico e delibazione della sentenza straniera recante condanna per questo titolo: il ruolo del principio di effettività

I risultati da ultimo acquisiti, appunto nel senso della configurabilità, all'interno del sistema normativo italiano, di ipotesi di "rimedi risarcitori con funzione non riparatoria, ma sostanzialmente sanzionatoria", debbono essere ora utilizzati nella prospettiva della concretizzazione del parametro normativo specificamente rilevante al fine della delibazione di una sentenza straniera recante condanna al pagamento di una somma a titolo di danni punitivi: e cioè, in relazione all'art. 64, 1° co. lett. g), appunto il concetto di ordine pubblico.

Qui il termine di riferimento del discorso è, inevitabilmente, proprio la più volte citata ordinanza n. 9978/16, e, in particolare, l'evoluzione del concetto di ordine pubblico[61] della quale essa dà atto: dall'ordine pubblico "inteso originariamente come espressione di un limite riferibile all'ordinamento giuridico nazionale, costituito dal complesso dei principi che, tradotti in norme inderogabili o da queste desumibili, informano l'ordinamento giuridico e concorrono a caratterizzare la struttura etico – sociale della società nazionale in un determinato momento storico", all'ordine pubblico internazionale "da intendersi come complesso dei principi fondamentali caratterizzanti l'ordinamento interno in un determinato periodo storico, ma fondati su esigenze di tutela dei diritti fondamentali dell'uomo comuni ai diversi orientamenti e desumibili, innanzi tutto, dai sistemi di tutela approntati a livello sovraordinato rispetto alla legislazione ordinaria". Secondo l'ordinanza, un'evoluzione di questa portata del concetto di ordine pubblico configura un "progressivo e condivisibile allentamento del livello di guardia tradizionalmente opposto dall'ordinamento nazionale all'ingresso di istituti giuridici e valori estranei, purché compatibili con i principi fondamentali desumibili, in primo luogo, dalla Costituzione ma anche dai trattati fondativi e dalla Carta dei diritti fondamentali dell'Unione Europea e, indirettamente, dalla Convenzione Europea dei diritti dell'uomo"; e punti di emersione di ques-

60 Il riferimento è ovviamente al decr. lgs. 19 gennaio 2017 n. 3, il quale, all'art. 1, co. 2° afferma che "il risarcimento comprende il danno emergente, il lucro cessante e gli interessi e non determina sovracompensazioni".

61 Il punto è ben colto, in particolare, nella riflessione dottrinale sull'ordinanza, da Lucchini Guastalla, *La compatibilità dei danni punitivi*, etc. cit., 1.474 s. e, soprattutto, da Grondona, L'auspicabile 'via libera' ai danni punitivi, il dubbio limite dell'ordine pubblico e la politica del diritto di matrice giurisprudenziale (a proposito del dialogo tra ordinamenti e giurisdizioni), in *Dir. Civ. Cont.*, 31 luglio 2016.

ta evoluzione sono ravvisati anche nella disciplina normativa comunitaria[62], nella giurisprudenza comunitaria[63] e nella stessa giurisprudenza di legittimità[64].

Su queste premesse, la Corte di Cassazione, nell'ordinanza più volte richiamata, afferma che "l'ordine pubblico non si identifica con quello esclusivamente interno, poiché, altrimenti, le norme di conflitto sarebbero operanti solo ove conducessero all'applicazione di norme materiali aventi contenuto simile a quelle italiane, cancellando la diversità tra i sistemi giuridici e rendendo inutili le regole del diritto internazionale privato" e, nello sforzo di descrivere ancora meglio il contenuto del concetto di ordine pubblico rilevante ai fini del giudizio di delibazione, osserva che "se il legislatore è libero di atteggiarsi come meglio ritiene, allora potranno avere libero ingresso prodotti giudiziali stranieri applicativi di regole diverse, ma comunque non contrastanti con i valori costituzionali essenziali o non incidenti su materie disciplinate direttamente dalla Costituzione". In altre parole, "il giudice della delibazione, al quale è affidato il compito di verificare preventivamente la compatibilità della norma straniera con tali valori, desumibili direttamente da norme e principi sovraordinati (costituzionali e internazionali) dovrà negare il contrasto in presenza di una mera incompatibilità (temporanea) della norma straniera con l'assetto normativo interno, quando questo rappresenti una delle diverse modalità di attuazione del programma costituzionale, qua-

62 In quest'ordine di idee, l'ordinanza fa riferimento all'esclusione del riconoscimento nei soli casi di contrarietà manifesta all'ordine pubblico, così come previsto dall'art. 34 del reg. CE 22 dicembre 2001 n. 44, concernente la competenza giurisdizionale, il riconoscimento e l'esecuzione delle decisioni in materia civile e commerciale; l'art. 26 del reg. CE 11 luglio 2007 n. 864, sulla legge applicabile alle obbligazioni contrattuali; l'art. 22 e 23 del reg. CE 27 novembre 2003 n. 2201, in tema di riconoscimento ed esecuzione delle decisioni in materia matrimoniale e della responsabilità genitoriale; l'art. 24 del reg. CE 18 dicembre 2008 n. 4/2009, in materia di obbligazioni alimentari.

63 In questa prospettiva, viene menzionata la pronuncia della Corte Giust. UE, 4 ottobre 2012, C – 249/11, per giustificare le deroghe alla libera circolazione delle persone invocabili dagli Stati membri).

64 Al riguardo, l'ordinanza rammenta le precedenti pronunce della Suprema Corte secondo le quali "il rispetto dell'ordine pubblico debba essere garantito, in sede di controllo della legittimità dei provvedimenti giudiziari e degli atti stranieri, avendo riguardo non già all'astratta formulazione della disposizione straniera o alla correttezza della soluzione adottata assumendo come criterio di riferimento l'ordinamento straniero o quello italiano, bensì ai suoi effetti, "in termini di compatibilità con il nucleo essenziale dei valori del nostro ordinamento". In questa prospettiva, si precisa, da parte dell'ordinanza, che "le norme espressive dell'ordine pubblico sono quelle fondamentali e non coincidono con quelle, di genere più ampio, imperative o inderogabili" da ciò traendosi il corollario che "il contrasto con queste ultime non costituisce, di per sé solo, impedimento all'ingresso del provvedimento straniero" e si menzionano i precedenti di Cass. n. 4.040/2006, 13.928/1999, 2.215/1984.

le risulti dall'esercizio della discrezionalità del legislatore in un determinato momento storico[65].

Qui si innesta, nel percorso argomentativo dell'ordinanza, il passaggio che assume maggiore interesse ai fini delle considerazioni qui svolte: e cioè l'assunto secondo il quale "non dovrebbe considerarsi pregiudizialmente contrario a valori essenziali della comunità internazionale (e, quindi, all'ordine pubblico internazionale) l'istituto di origine nordamericana dei danni non risarcitori, aventi carattere punitivo", potendo pervenirsi, ad avviso dell'ordinanza, ad un giudizio di contrarietà di una condanna al pagamento di danni punitivi "solo quando la liquidazione sia giudicata effettivamente abnorme, in conseguenza di una valutazione, in concreto, che tenga conto delle 'circostanze del caso di specie e dell'ordinamento giuridico dello stato membro del giudice adito'"[66].

Superato l'ostacolo derivante dalla sussistenza del limite dell'ordine pubblico, l'ordinanza si volge ad esaminare le ragioni sottostanti ai precedenti orientamenti giurisprudenziali della Suprema Corte che avevano escluso la possibilità di delibare sentenze straniere contenenti statuizioni di condanna al pagamento di danni punitivi e che erano pervenute a questa conclusione proprio sull'assunto della tipica funzione dell'istituto aquiliano di restaurazione della sfera patrimoniale del soggetto vittima della lesione ed invece della estraneità al sistema dell'idea della punizione e della sanzione del responsabile civile, con la conseguente indifferenza della valutazione, a questo fine,

65 L'ordinanza precisa, sul punto, che "si tratta di un giudizio simile a quello di costituzionalità, ma preventivo e virtuale, dovendosi ammettere il contrasto con l'ordine pubblico soltanto nel caso in cui al legislatore ordinario sia precluso di introdurre, nell'ordinamento interno, una ipotetica norma analoga a quella straniera, in quanto incompatibile con i valori costituzionali primari".

66 In questa prospettiva, l'ordinanza cita, ed è il brano inserito a sua volte tra virgolette nel testo virgolettato dell'ordinanza, il considerando 32 del reg. CE 11 luglio 2007 n. 864 sulla legge applicabile alle obbligazioni extracontrattuali, aggiungendo anche una serie di puntuali riferimenti di giurisprudenza di altri sistemi giuridici europei: dalla pronuncia della Corte Costituzionale tedesca del 24 gennaio 2007, a quella del Tribunale Supremo spagnolo del 13 novembre 2001, che hanno escluso un'automatica contrarietà all'ordine pubblico delle pronunce contenenti statuizioni di condanna al pagamento di danni punitivi, alle sentenze della Corte di Cassazione francese – 7 novembre 2012 n. 11 – 23.871 e 1° dicembre 2010 n. 90 – 13.303, che hanno ritenuto i danni punitivi contrari all'ordine pubblico solo se liquidati in misura effettivamente eccessiva. In questo quadro, appare superata, e non soltanto sotto il profilo diacronico, la precedente decisione del *Bundesgerichtshof* del 4 giugno 1992, che si legge, tra gli altri luoghi, in *Juristenzeitung*, 1993, 261 ss. e che è largamente imperniata sulla premessa della natura soltanto compensativa della condanna risarcitoria.

della sua condotta[67]: e, dunque, all'esito di un discorso tutto imperniato sulla prospettiva funzionale dell'istituto.

L'impostazione critica adottata dall'ordinanza nei confronti di questo orientamento giurisprudenziale è assai persuasiva ed è condotta secondo due linee motivazionali. In primo luogo, e questo passaggio intercetta in pieno il discorso sulle funzioni della responsabilità civile[68], viene revocata in dubbio dall'ordinanza la perdurante attualità dell'assunto secondo il quale la funzione riparatorio – compensativa, benché prevalente nell'ambito del nostro sistema normativo, possa essere considerata l'unica attribuibile al rimedio risarcitorio, oltre che tale da assurgere ad un valore costituzionale essenziale ed imprescindibile, così da non essere consentito neppure al legislatore ordinario derogarvi, ponendosi, al tempo stesso, l'interrogativo se sia suscettibile di essere esclusa qualsiasi coloritura punitiva/deterrente nel rimedio aquiliano[69]. In secondo luogo, si osserva, da parte della medesima ordinanza, essere opi-

---

67 In questo senso, in particolare, Cass. 1.183 del 2007, cit. secondo la quale, com'è noto, "è incompatibile con l'ordinamento italiano l'istituto dei danni punitivi che, per altro verso, non è neanche riferibile alla risarcibilità dei danni non patrimoniali o morali. Tale risarcibilità è sempre condizionata all'accertamento della sofferenza o della lesione determinata dall'illecito e non può considerarsi provata 'in re ipsa'. E' inoltre esclusa la possibilità di pervenire alla liquidazione dei danni in base alla considerazione dello stato di bisogno e della capacità patrimoniale dell'obbligato", Nello stesso ordine di idee, cfr. anche Cass. n. 1.781 del 2012 (questa sentenza si può leggere, tra l'altro, in *Danno e resp.*, 2012, 609 ss., con nota di Ponzanelli, *La Cassazione bloccata dalla paura di un risarcimento non riparatorio* e in *Corr. Giur.*, 2012, 1.068 ss. con nota di R. Pardolesi, *La Cassazione, i danni punitivi e la natura polifunzionale della responsabilità civile: il triangolo no!*) ed ancora Cass. 15.814/2008, che pone l'accento sul fatto che, nell'attuale sistema normativo, il diritto al risarcimento del danno derivante dalla lesione di un diritto soggettivo non è riconosciuto con finalità e caratteristiche punitive, ma in relazione all'effettivo pregiudizio subito dal titolare dell'interesse leso, dovendosi escludere che l'ordinamento possa consentire l'arricchimento di una sfera giuridico patrimoniale in assenza di una causa giustificatrice dello spostamento patrimoniale da una sfera giuridica all'altra.

68 Sul punto ci siamo soffermati al § 2 di questo scritto.

69 Da questo punto di vista, il riferimento forse più significativo, contenuto anche nell'ordinanza, è a Cass. 15 aprile 2015 n. 7.613, in *Resp Civ. Prev.*, 2015, 1.899 ss., con nota di Venchiarutti, *Le* astreinte *sono compatibili con l'ordine pubblico interno. E i* punitive damages?; in *Giur. It.*, 2016, 562 ss. con nota di A. di Majo, Astreinte. *I confini mobili della responsabilità civile*, il quale sottolinea che "l'indirizzo giurisprudenziale, recato dalla sentenza che qui si commenta, è meritevole di attenzione perché diretto a modificare un indirizzo consolidato del nostro sistema giuridico, il quale, con lo scopo di limitare, nei rapporti civili, ogni potere discrezionale del giudice, che vada oltre la esatta commisurazione del risarcimento al danno provocato, ha così negato la possibilità che il risarcimento possa anche costituire una efficace risposta a forme gravi di violazioni di diritti, e ciò a prescindere dal danno da esse provocato. Ma, si ribadisce, già la violazione dei diritti della persona o di valori ad essa riferiti ed il risarcimento del danno 'non patrimoniale' (si pensi al c.d. danno esistenziale) hanno preso le distanze dal ravvisare nel risarcimento la (sola) compensazione di un danno conseguenza". Su questa sentenza si veda anche lo scritto di Francesca Benatti, *Dall'*astreinte *ai danni punitivi: un passo ormai obbligato*, in *Banca borsa titoli di credito*, 2015, 679 ss.

nabile che al riconoscimento di condanne risarcitorie straniere con funzione sanzionatoria possa effettivamente opporsi un principio di ordine pubblico desumibile da categorie e concetti di diritto interno, con l'esito paradossale di "trattare la sentenza straniera come se fosse una sentenza di merito emessa da un giudice italiano", con un discorso attento, in termini assai suggestivi, alla "dinamicità o polifunzionalità del sistema della responsabilità civile, nella prospettiva della globalizzazione degli ordinamenti giuridici in senso transnazionale, che invoca la circolazione delle regole giuridiche, non la loro frammentazione tra i diversi ordinamenti nazionali"[70].

I principali svolgimenti argomentativi dell'ordinanza n. 9978, fin qui illustrati, debbono ora essere scrutinati non tanto nella prospettiva della motivazione delle precedenti sentenze della Suprema Corte, delle cui statuizioni di rigetto della richiesta di delibazione di sentenze straniere recanti statuizioni di condanna al pagamento di danni punitivi la medesima ordinanza ha inteso evidenziare i profili di opinabilità[71], quanto avuto riguardo alle argomentazioni di una non remota pronuncia di merito che aveva in effetti individuato un'articolata serie di obiezioni alla tesi della possibilità di delibare in Italia una sentenza di condanna nordamericana al pagamento di *punitive damages*[72]. In particolare, le considerazioni che, secondo la pronuncia di merito in questione, ostavano alla delibazione di una sentenza straniera in materia di danni punitivi si sarebbero riferite al principio di proporzionalità, che, a sua volta, avrebbe dovuto dirsi ancorato all'art. 3 della Costituzione, e che terrebbe conto, tra l'altro, del concetto di giustizia retributiva, destinato ad informare di sé il diritto al risarcimento del danno; si sarebbero ricollegate, poi, alla

70 Preziosi sono gli spunti di riflessione al riguardo di Grondona, L'auspicabile 'via libera' ai danni punitivi, il dubbio limite dell'ordine pubblico e la politica del diritto di matrice giurisprudenziale (a proposito del dialogo tra ordinamenti e giurisdizioni), in *Dir. Civ. Cont.*, 31 luglio 2016, cit. il quale sottolinea che "non sarebbe sostenibile (o sarebbe argomentazione quanto meno assai debole) l'idea che la chiusura dell'ordine nazionale, che si fa scudo di una carta fondamentale, implica a sua volta la chiusura dell'ordine transnazionale, perché se così fosse, in punto di politica del diritto, rimarremmo incagliati nelle secche delle peculiarità nazionali come freno a qualunque cambiamento proveniente dall'esterno. Laddove la riflessione politologica e filosofico – politica oggi prevalente nel dibattito internazionale...guarda con favore a tutti quei cambiamenti funzionali alla concreta attuazione di diritti fondamentali che sono tali in tanto in quanto effettivi e non 'di carta' ovvero come si usa dire giustiziabili".

71 Si trattava, infatti, di pronunce imperniate essenzialmente, ed in maniera piuttosto autoreferenziale, sulla semplice premessa della funzione integralmente compensativa della responsabilità civile.

72 Il riferimento è ad App. Trento, sez. dist. Bolzano, 16 agosto 2008, in *Danno e resp.*, 2009, 92 ss., con nota di Ponzanelli, *Non riconoscimento dei danni punitivi nell'ordinamento italiano: una nuova vicenda*; su questa pronuncia, si vedano anche le ampie considerazioni di Tescaro, I punitive damages *nordamericani* etc. cit., 641 ss.

distinzione tra diritto civile e diritto penale, al quale soltanto dovrebbe essere riservato il compito di punire e di ammonire i soggetti dell'ordinamento, tanto più per le maggiori garanzie che il processo penale assicura a chi vi sia coinvolto; sarebbero discese, ancora, dalla necessità di evitare che la tutela civile sanzionatoria di interessi già protetti dal diritto penale possa dare luogo alla violazione ad un *bis in idem* ovvero alla violazione del principio nulla *poena sine lege*; si sarebbero ulteriormente fondate sull'assenza di limitazioni determinate ed attendibili delle condanne per danni punitivi nei sistemi normativi in cui sono adottate; ed avrebbero ricevuto maggior forza dalla considerazione, anche da un angolo visuale diverso rispetto a quello in precedenza richiamato, del principio di eguaglianza, per la irragionevole discriminazione che ne deriverebbe tra creditori italiani e creditori stranieri, i quali ultimi, ammettendo l'eseguibilità in Italia di condanne al pagamento di danni punitivi, potrebbero soddisfarsi più facilmente, rispetto ai primi, sui patrimoni dei debitori italiani.

Si tratta, per la gran parte, di argomentazioni che risentono della premessa, della quale la rilevazione degli indici normativi illustrati al § 3 di questo scritto ha consentito di dimostrare l'inconsistenza, nel senso della totale estraneità di rimedi sanzionatori rispetto al sistema del diritto privato italiano e della correlativa monofunzionalità della responsabilità civile. In particolare, e proprio per la ricchezza del plesso funzionale che ha ormai assunto, nella realtà del sistema, quest'istituto, è decisamente fuori bersaglio invocare, in materia, il principio della giustizia retributiva; così come appare sfocato il richiamo al divieto di *bis in idem*, ove si consideri che quello che potremmo definire il punto di rilevanza rimediale della condanna sanzionatoria di diritto privato, appuntandosi sulla posizione della vittima del fatto, è comunque diverso rispetto a quello della norma penale. Frutto di un equivoco è, ancora, il dubbio di contrasto con l'art. 3 Cost., posto che il danneggiato, il quale abbia ottenuto, in un ordinamento che conosca l'istituto dei danni punitivi, una condanna poi delibata in Italia non acquisirà certo una posizione di privilegio rispetto ad un danneggiato 'nazionale'; e questo tanto più ove si consideri che l'argomento basato sul principio di eguaglianza è discutibile già in astratto quando si tratti di una sentenza, chiamata proprio perché tale a decidere di un caso concreto e non certo a disciplinare casi riconducibili a classi omogenee.

Neppure sembra decisiva, almeno come ragione ostativa di carattere generale alla delibazione in Italia di una condanna straniera al risarcimento di un danno punitivo, la considerazione secondo la quale, nelle pronunce statunitensi, difetterebbe spesso, o sarebbe quanto meno succinta, la motivazione relativa ai danni, risultando impossibile distinguere tra danni compensativi e danni punitivi[73]. Questo, infatti, è un argomento che può semmai

73 Cfr. Tescaro, *I* punitive damages *nordamericani*, etc. cit., 643 s.

essere plausibilmente utilizzato per escludere la delibabilità di una specifica, concreta sentenza[74]. Precisa, al riguardo, l'ordinanza n. 9978/16 che al giudice della delibazione, ai fini della verifica di compatibilità con l'ordine pubblico interno, si chiede di "conoscere i criteri legali in concreto applicati dal giudice straniero nell'adozione della pronuncia e, segnatamente, con riferimento al tema controverso, quelli seguiti per qualificare la responsabilità e le conseguenti voci di danno ristorabili onde evincere la causa giustificatrice dell'attribuzione, il tutto nella prospettiva del controllo della "ragionevolezza e proporzionalità del liquidato in sede estera in rapporto non solo alla specificità dell'illecito ed alle patite conseguenze, ma anche ai criteri risarcitori interni". Questo, ad esempio, non era accaduto nel caso della sentenza oggetto del giudizio di impugnazione sul quale è intervenuta l'ordinanza di rimessione, perché quella sentenza aveva escluso che la pronuncia straniera contenesse una condanna al pagamento di una somma a titolo di danni punitivi, senza tuttavia "verificare la causa dell'attribuzione patrimoniale, le regole legali e/o i criteri applicati dal giudice americano nella liquidazione delle diverse voci di danno (neppure esplicitate) e, in definitiva, la ragionevolezza e proporzionalità del risarcimento": ciò, in termini ancora più significativi, in considerazione del fatto che l'importo era elevato e che era il risultato di una proposta transattiva del danneggiato, la quale conteneva anche un importo a titolo di danni punitivi.

---

74 Non sembrano, per contro, condivisibili i rilievi di Monateri, *Commento*, cit., 832, secondo il quale sarebbe "il processo italiano, in caso di ammissione dei punitive damages a porre il convenuto nel possibile arbitrio del giudice, onde ne seguirebbe che a) le sentenze americane sono delibabili, proprio perché rese dalla giuria – anche perché altrimenti non si capisce come siano accettabili nel nostro ordinamento le sentenze penali americane basate su un verdetto immotivato per definizione della giuria". Prosegue questo Autore, osservando essere naturale che "la Cassazione confonda la garanzia con la controllabilità della decisione, dal momento che questo è il suo lavoro quotidiano, onde delle decisioni immotivate significano essenzialmente una impossibilità per la Cassazione di controllare quel particolare sviluppo del diritto. Ma questo è infine un modo di sovvertire il sostanziale col formale. La controllabilità della motivazione della decisione non assicura affatto una maggior tutela dei diritti, tant'è che proprio nel campo delle sanzioni i nostri diritti sono decisamente inferiori a quelli degli americani, e non valgono a salvare questo dato chissà quali arzigogolati ragionamentini: nessuno nel mondo preferirebbe la giustizia penale italiana a quella americana, checché si voglia dire e cambiar le carte". Ora, sorvolando sull'evidente gusto del paradosso che è alla base dell'affermazione di preferibilità della giustizia penale americana a quella italiana, è davvero difficile sostenere che l'impossibilità di controllare il fondamento logico – giuridico di una decisione, per un'eventuale carenza di motivazione della medesima, sia irrilevante al fine di garantire i diritti sui quali quella decisione vada ad incidere: e ciò non soltanto per l'esistenza, nel nostro sistema costituzionale, di una norma (l'art. 111, co. 6° Cost.) secondo la quale i provvedimenti giurisdizionali debbono essere motivati.

Conclusioni

In conclusione, gli unici argomenti che sembrano davvero pertinenti nell'ambito del giudizio di delibazione di una sentenza straniera recante condanna al risarcimento di danni punitivi (e che possono, in tesi, indurre a negarla) sono, da un lato, quello attinente all'eventuale impossibilità di verificare, in relazione alla struttura stessa della motivazione della sentenza della cui delibazione si tratti, la ragionevolezza e la proporzionalità del risarcimento; dall'altro, quello che faccia leva sull'eventuale, irragionevole – perché non giustificato dall'esigenza di una tutela effettiva della situazione giuridica della vittima – sacrificio della posizione del responsabile, che la condanna pronunciata dal giudice straniero possa determinare.

Risulta, dunque, confermato che l'innesto del discorso sui danni punitivi, a livello del dato normativo costituzionale, sul principio di effettività rende possibile fornire, al tempo stesso, un ulteriore argomento a sostegno della soluzione che reputi compatibile con l'ordine pubblico la sentenza di un giudice straniero che rechi la condanna del responsabile al risarcimento di danni punitivi, così come un criterio concorrente di verifica della possibilità di delibare una decisione di questo contenuto: la sentenza del giudice straniero – ferma l'esigenza preliminare di controllo motivazionale della quale si è anche poc'anzi riferito – potrà, appunto, ritenersi certamente suscettibile di delibazione nella misura in cui, nel caso concreto, il riconoscimento del danno punitivo risulti essenziale al fine di apprestare una tutela davvero effettiva della situazione giuridica soggettiva lesa e non determini un sacrificio irragionevole della posizione del candidato responsabile.

Del resto, e sia pure con riferimento ad una questione specifica[75], anche la Corte di Giustizia ha ritenuto che, in presenza della disposizione di una direttiva la quale stabilisca che le sanzioni, le quali possono prevedere un risarcimento dei danni, debbono essere effettive, proporzionate e dissuasive, e nell'assenza, all'interno dell'ordinamento dello Stato membro, di una norma che riconosca in via generale l'attribuzione di danni punitivi, "spetta all'ordinamento giuridico interno di ciascuno Stato membro stabilire i criteri che consentano di determinare l'entità della sanzione, purché i principi di equivalenza e di effettività siano rispettati": così confermando che il principio

75 Si trattava, in quel caso, – Corte Giust. IV Sez., sentenza del 17 dicembre 2015 – di una domanda di pronuncia pregiudiziale sull'interpretazione dell'articolo 18 della direttiva 2.006/54/CE, riguardante l'attuazione del principio delle pari opportunità e della parità di trattamento fra uomini e donne in materia di occupazione e di impiego, pronuncia intervenuta nell'ambito di una controversia nella quale una lavoratrice spagnola aveva proposto una domanda di riconoscimento di danni punitivi.

di effettività, accanto a quello di proporzionalità della misura adottata, costituisce il termine di riferimento ineludibile di ogni riflessione in argomento[76].

Queste considerazioni possono, a questo punto, tentare di tradursi in linee guida per i procedimenti di delibazione da esperire di volta in volta. Tenendo conto di esse, le ipotesi di condanna al risarcimento del danno punitivo, adottate da provvedimenti giurisdizionali stranieri, destinate a suscitare i dubbi minori dal punto di vista della possibilità di delibazione dei provvedimenti stessi, saranno quelle nelle quali vengano in considerazione gravi violazioni dei diritti della persona e dei valori a questa più immediatamente riferibili[77]: proprio in quei casi, infatti, la difficoltà di individuare, e di provare, una perdita, suscettibile di innescare il meccanismo della liquidazione del danno secondo le previsioni codicistiche che presiedono allo stesso, potrà rendere particolarmente adeguato, ed appunto effettivo, il rimedio consistente nella condanna del responsabile al pagamento, in favore della vittima, di una somma di danaro quantificata in relazione ai criteri della gravità dell'elemento soggettivo dell'illecito e dell'entità dell'offesa arrecata al valore della persona presidiato dalla norma[78].

---

76 Un'analoga, e sia pure cauta, apertura verso ipotesi di risarcimento esemplare o punitivo era stata manifestata, in anni più risalenti, dalla Corte di Giustizia, relativamente alla questione delle azioni fondate sulle regole comunitarie di concorrenza qualora analogo riconoscimento fosse possibile nell'ambito di azioni fondate sul diritto interno: lo osserva Busnelli, *Deterrenza, responsabilità civile* ecc. cit., 914, nota 41.

77 In questa prospettiva, e pur non trattandosi in quel caso della delibazione di una sentenza straniera, si può richiamare la ancora assai recente decisione di Cass. 22 gennaio 2015 n. 1.126, in *Resp Civ. Prev.*, 2015, 829 ss., con nota di Citarella, *Identità sessuale, riservatezza e danno non patrimoniale*: questa pronuncia, com'è noto, ha cassato – proprio sotto il profilo della inadeguatezza della liquidazione del danno – una sentenza di merito in un caso in cui veniva in considerazione una lesione particolarmente grave del diritto alla riservatezza, che era stata anche lo strumento per un comportamento discriminatorio della persona in ragione del suo orientamento sessuale. Ad un'ipotesi di discriminazione basata, in quel caso, non sull'orientamento sessuale ma sul sesso si riferisce anche un'ormai remota, ma ancora interessante, pronuncia della Corte di Giustizia (sentenza del 10 aprile 1984 nella causa 14/83), che ha affermato, in una questione pregiudiziale relativa alla direttiva 76/07, che l'indennizzo mediante il quale il singolo stato membro ritenga di reprimere la discriminazione debba comunque essere adeguato ed andare oltre il risarcimento simbolico perché ne siano certi l'efficacia e l'effetto dissuasivo.

78 Una ragione analoga a quella evocata nel testo può essere richiamata, proprio per la particolare rilevanza della situazione giuridica soggettiva lesa, anche per quel che concerne, nell'ambito del rapporto di lavoro subordinato, comportamenti datoriali tali da incidere illegittimamente sul diritto al lavoro del prestatore, come si è visto *sub* § 3. Per un più ampio svolgimento delle ragioni che possono essere addotte a sostegno di una funzione sanzionatoria e deterrente della condanna risarcitoria a fronte di fatti produttivi di un danno non patrimoniale, ci si permetta il rinvio al nostro *Danno morale e funzione deterrente della responsabilità civile*, in *Resp civ. prev.*, 2007, 2.496 ss. (e, poi, in *La funzione*

Più problematica risulta la possibilità di apprezzare il principio di effettività della tutela giurisdizionale, di per sé preso, al fine di sancire la delibabilità delle sentenze straniere che rechino statuizioni di condanna al risarcimento di danni punitivi quando venga in considerazione una condotta qualificata da un elemento soggettivo di particolare intensità, come ad esempio il dolo specifico. Infatti, in questo caso, ed in presenza di una norma generale di responsabilità civile, nel nostro ordinamento, qual è l'art. 2.043 c.c., che non consente di attribuire autonomamente all'elemento soggettivo della condotta né l'idoneità a qualificare come ingiusto un danno privo di per sé di questa qualificazione, né quella ad incidere sull'entità dell'obbligazione risarcitoria, l'affermazione di una valenza sanzionatoria della condanna all'adempimento di quest'ultima dovrebbe pur sempre transitare attraverso l'eventuale qua-

---

deterrente della responsabilità civile ecc., cit., a cura di Sirena). In quest'ordine di idee sembra indirizzarsi anche Busnelli, *Deterrenza, responsabilità civile, fatto illecito e danni punitivi*, cit., 920, laddove questi rileva che "al risarcimento dei danni non patrimoniali, insuscettibili di valutazione economica, si addice una funzione diversa" (rispetto a quella tipicamente compensativa propria del risarcimento del danno patrimoniale) "che convenzionalmente si esprime in termini di funzione satisfattiva", la quale "può convivere con una funzione sanzionatoria, a seconda dei casi ancillare o trainante", pur con la – del tutto condivisibile, come si vedrà nel testo – precisazione secondo la quale "è al legislatore, e non al giudice, che compete il potere di prevedere l'innesto di questa funzione sanzionatoria e la giustificazione di una limitata sfera di risarcibilità di danni aventi un connotato *lato sensu* punitivo". Si veda anche, ancora più di recente, Ponzanelli, *Novità per i danni esemplari?*, in *Contratto e impr.*, 2015, 1.195 ss., il quale sottolinea che il settore più importante nel quale possono trovare applicazione i danni non riparatori è quello dei "pregiudizi, soprattutto non patrimoniali, che mal si prestano ad una misurazione oggettiva e, proprio per tale difficoltà operativa, il giudice (e non solo quello non professionale) è portato a valutare per eccesso la lesione dell'interesse compromesso", prospettando come unica soluzione per ovviare ad una incertezza insostenibile quella che passi attraverso la predisposizione di tabelle. Dal canto suo, di Majo, Astreinte – *i confini mobili della responsabilità civile*, cit., 564, ha osservato che "certamente sul terreno dei diritti della persona, il principio costituzionale della inviolabilità dei diritti (art. 2) esige che la loro tutela non sia limitata alla sola presenza del danno prodotto dalla loro violazione. Detta violazione già reca in sé la presenza di un'offesa alla persona la quale, come tale, non può restare priva di risposta sul terreno della tutela, proprio perché del diritto è predicata la inviolabilità. E l'onda lunga di tale inviolabilità non può non essere una risposta anche sul terreno sanzionatorio e non soltanto su quello del danno compensativo.". Occorre tuttavia dare atto che non pare muoversi in questa direzione il disegno di legge di riforma del risarcimento del danno non patrimoniale, che, quanto al danno non patrimoniale derivante dalla lesione di interessi della persona costituzionalmente garantiti – art. 2.059 *ter* c.c. – rinvia alla determinazione del giudice secondo i criteri di valutazione previsti dalla legge ovvero, in difetto, alla valutazione equitativa del giudice; di maggiore interesse, nella disposizione in esame, la previsione, come ultimo comma di un articolo 84 – *bis* nelle disposizioni di attuazione al c.c., di una raccolta annuale delle sentenze emesse in materia al fine di favorire l'uniformità dei criteri di liquidazione del danno non patrimoniale.

lificazione di rilevanza penale del fatto: quest'ultima, infatti, consentirebbe al giudice, in sede di liquidazione del danno, di tenere conto dell'elemento soggettivo dell'illecito[79]. Proprio per la ragione appena esposta non sembra agevolmente perseguibile, almeno allo stato del nostro sistema normativo, il tentativo di costruire una categoria generale di risarcimenti aggravati dalla condotta[80]; mentre è decisamente forzato l'assunto secondo il quale tra le circostanze del caso, delle quali il giudice deve tenere conto in sede di liquidazione del lucro cessante, secondo la previsione dell'art. 2056 c.c., dovrebbe essere compresa anche la presenza del dolo dell'agente, già per il rilievo che riuscirebbe davvero difficile comprendere perché questo elemento soggettivo dovrebbe essere apprezzato solo ai fini della liquidazione del lucro cessante e non anche del danno emergente.

Ancora una volta meno agevole è il percorso argomentativo per pervenire alla delibazione di sentenze recanti condanna al risarcimento di danni punitivi nell'ambito in parte già evocato, nel quale si verifica il fenomeno efficacemente definito di *undercompensation* e cioè allorché il risarcimento che può essere concretamente domandato dalla singola vittima del fatto lesivo è modesto per essere modesto anche il danno subito[81]. Infatti, in questo caso, la funzionalità del rimedio dei danni punitivi alle esigenze di una tutela effettiva rischia di essere in parte oscurata dalla irragionevolezza di un esito risarcitorio che, al fine di realizzare il risultato della deterrenza, evitando che il responsabile vada esente dalle micropretese risarcitorie dei singoli danneggiati dalla sua condotta, finisce per beneficiare in maniera eccessiva solo uno tra di essi[82].

---

79 Cfr., sul punto, da ultimo, ancora Ponzanelli, *Novità per i danni esemplari*, cit., 1.199.

80 Questa idea è, invece, sviluppata da Arnone – Calcagno – Monateri, *Il dolo, la colpa e i risarcimenti aggravati dalla condotta*, Torino, 2014. Un'apertura verso l'incidenza dell'elemento soggettivo della condotta dell'agente in materia di determinazione del danno risarcibile – anche se ovviamente con riferimento implicito alla sola graduazione della colpa – si riscontra tuttavia nel disegno di legge in materia di "sicurezza delle cure e della persona assistita nonché in materia di responsabilità professionale degli esercenti le professioni sanitarie", che, all'art. 7, co. 3°, attribuisce rilevanza, in sede di determinazione del risarcimento, al fatto che l'esercente la professione sanitaria si sia attenuto alle buone pratiche clinico assistenziali ed alle raccomandazioni contenute nelle linee guida.

81 In questi casi, come nota Ponzanelli, *Novità per i danni esemplari*, cit., quali possono essere, tipicamente, quelli nei quali viene in considerazione una responsabilità per danni da prodotto, "il costo della lite, e magari la sua incertezza, sconsigliano decisamente il consumatore – danneggiato dall'intraprendere la lite per il recupero di una somma non interessante".

82 Su questi aspetti, e sulla conseguente preferibilità, in questo ambito, della scelta dello strumento processuale della *class action*, cfr. ancora Ponzanelli, *op. loc. ult. cit.*, nonché Maggiolo, *Microviolazioni e risarcimento ultracompensativo*, cit., 1.095. Un problema che deve essere tenuto distinto da quello da ultimo evocato nel testo si delinea nei casi in cui, in presenza di violazioni della proprietà industriale, si tratti di reperire soluzioni argomentative in grado di attribuire al titolare del diritto violato il profitto conseguito

Restano invece da indagare, secondo quanto si accennava da principio, le prospettive argomentative, e gli spazi applicativi, che, in una prospettiva di comparazione, potrebbero dischiudersi – anche all'interno di un discorso sui danni punitivi – dall'utilizzazione della clausola generale di buona fede nel quadro del giudizio di responsabilità civile. Qui il riferimento culturale obbligato è all'art. 187 del Codigo Civil brasileiro, che riserva una qualificazione di illiceità analoga a quella che l'articolo 186 ricollega agli atti in violazione di un diritto altrui, al comportamento del titolare di un diritto che, esercitandolo, ecceda manifestamente i limiti imposti dal fine economico sociale dello stesso, dalla buona fede o dai buoni costumi. L'immediato raccordo che la disposizione in esame istituisce, all'interno della disciplina della responsabilità civile, tra il concetto di esercizio abusivo del diritto ed il canone di buona fede, così portando a definitiva emersione un processo che ha costituito oggetto di un'ampia elaborazione dottrinale e giurisprudenziale nell'ambito delle esperienze giuridiche europee e che ha appunto condotto ad individuare proprio nella regola di buona fede la tecnica attraverso la quale far emergere il divieto di abuso del diritto, potrebbe allora essere inteso anche su un altro piano: e cioè sul versante della individuazione di casi nei quali la contrarietà alla buona fede della condotta dell'autore del fatto rilevi anche al fine di porre a carico di quest'ultimo una condanna risarcitoria la quale, in

dal trasgressore, in presenza di un danno, inteso in senso stretto, di modesta entità o addirittura insussistente. Al riguardo, e come ancora di recente è stato argomentato in dottrina, il problema può trovare soluzione attraverso il ricorso all'istituto dell'arricchimento senza causa: cfr., sull'argomento, per una messa a punto sintetica ma esaustiva, Busnelli, *Deterrenza, responsabilità civile*, ecc. cit., 916. Con riferimento al problema della violazione del diritto di esclusiva spettante all'autore, in relazione all'art. 12 della L. 633/41, la recentissima Cass. 22 giugno 2016 n. 12.954 (il cui estensore è il medesimo Consigliere Relatore, Antonio Pietro Lamorgese, cui si deve l'ordinanza di rimessione che ha dato origine a queste riflessioni), ha osservato che "la violazione di un diritto di esclusiva che spetta all'autore, ai sensi della legge n. 633 del 1941, art. 12, analogamente a quella di un diritto assoluto o di un diritto personale, costituisce danno in re ipsa, senza che incomba al danneggiato altra prova che non quella della sua estensione (v. Cass. n. 9.854/2012, n. 8.730/2011, n. 3.672/2001)", ribadendo che "non è precluso al giudice il potere di commisurare il danno subito dal titolare del diritto di utilizzazione economica di un'opera dell'ingegno, nell'apprezzamento delle circostanze del caso concreto, al profitto che il danneggiante trae dall'attività vietata, assumendolo come utile criterio di riferimento del lucro cessante, nel senso che questi abbia sfruttato a proprio favore occasioni di guadagno di pertinenza del danneggiato, sottraendole al medesimo (v. tra le altre, Cass. n. 4.048/2016 e n. 11.464/2015: quest'ultima ha precisato che l'applicazione di tale criterio è legittima, ancorché i fatti oggetto di giudizio siano avvenuti in epoca anteriore alla riforma dell'art. 158 L.A., ad opera dell'art. 5 del d. lgs. n. 140 del 2006, che ha espressamente introdotto la possibilità di liquidare il danno per la violazione del diritto d'autore sulla base degli utili percepiti dal danneggiante".

quanto eccedente rispetto all'ammontare della perdita da questi subita, rilevi in chiave sanzionatoria della condotta[83].

Certamente, l'utilizzo di una clausola generale, qual è la buona fede, sul piano della individuazione dei casi in cui una condanna risarcitoria può vedersi attribuita anche una funzione sanzionatoria può sembrare tale da enfatizzare oltre misura, ed in termini incompatibili con un sistema che – almeno a livello del dato normativo costituzionale italiano – è governato da una riserva di legge, il momento della discrezionalità giudiziale. Così come, tornando all'argomento che ha costituito il termine di riferimento principale del nostro discorso, potrà forse dirsi che una verifica circa la suscettibilità di delibazione di una sentenza recante condanna al risarcimento di danni punitivi largamente imperniata sul criterio dell'effettività, per di più da bilanciare con altri valori o interessi, non è tale da soddisfare l'esigenza di prevedibilità, se non addirittura della calcolabilità, delle decisioni che pure sempre più frequentemente si avverte. Ma forse si tratta soltanto di prendere atto che la conclusione che si è venuta in questa sede argomentando non è che un'ulteriore conferma del fatto che, nel tempo presente, secondo la nota formula di Nicola Lipari, "il diritto vive costitutivamente nelle sue applicazioni".

83 Si tratterebbe di una prospettiva analoga a quella coltivata dagli Autori dei quali si è riferito *supra*, alla nota 80: naturalmente, in presenza di un diverso dato normativo, qual è quello rappresentato dalla disposizione appena richiamata del Codigo civil, l'obiezione che poc'anzi si formulava nel testo, con riferimento alla categoria dell'illecito aggravato dalla condotta, sarebbe destinata al superamento.

O *IUS TOLLENDI* NO CÓDIGO CIVIL: PRIMEIRAS LINHAS

Gustavo Haical

Introdução[1]

A obrigação de dar ou de restituir coisa certa apresenta significativas questões de direito e de fato, tanto no plano do direito obrigacional quanto no plano do direito real. Perante a gama de questões passíveis de exsurgir, destaca-se a proveniente do ato praticado por um dos figurantes da relação jurídica obrigacional ou real em efetuar despesas na coisa a dar ou restituir em sua posse imediata, direta ou indireta, ou detenção. Portanto, para enfrentar a questão apontada, introdutoriamente se deve analisar o conceito de despesa.

Conquanto, no direito romano, não tenha sido elaborado um conceito jurídico de despesa[2], no período clássico, ela foi identificada e classificada em dois tipos: (i) *impensae in fructus* – a despesa que se faz a fim de assegurar a produção e a percepção dos frutos; (ii) *impensae in rem ipsam* – a despesa realizada em determinada coisa, sendo constituída de três espécies: *necessariae, utile* e *voluptariae*[3]. As despesas realizadas *in rem ipsam*, ao contrário das despesas *in fructus*[4], suscitavam problemas de ordem econômica e social[5]. Por

---

1 O autor agradece ao colega Francisco Sabadin Medina a profícua revisão crítica do texto.

2 PONTES DE MIRANDA, Francisco Cavalcanti. *Tratado de direito privado*. 3. ed. São Paulo: Revista dos Tribunais, 1984, t. XXII, § 2.731, 1, p. 238.

3 PROVERA, Giuseppe. Spese (dir. rom.). *Enciclopedia de diritto*. Milano: Giuffrè, 1990, v. XLIII, p. 321. CERVENCA, Giuliano. Spese (Diritto romano). *Novissimo digesto italiano*. Torino: UTET, 1970, v. XVII, p. 1.109.

4 CERVENCA, Giuliano. Spese..., p. 1.109. "Da non confondersi con le spese necessarie, che mirano, come si è detto, alla conservazione della cosa (e che i Romani considerano fatte *in rem ipsam*), sono quelle spese che vengono effettuate al fine di assicurare la produzione e la percezione di frutti (*impensae fructuum percipiendorum causa*), e che i Romani sottopongono a una diversa regolamentazione, giacché in tal caso no si fa questione di rimborso, bensì di deduzione delle spese stesse dai frutti che con esse sono stati prodotti (da ciò la regola, enunciata dalle fonti d'età classica, «*Fructus intelleguntur deductis impensis*»".

5 RICCOBONO, Salvatore. Dal diritto romano classico al diritto moderno: a proposito del FR. 14 D. X. 3 Paulus III 'Ad Plautium'. *Annali del seminario giuridico della r. Università di Palermo*. Palermo: Stab. Tip. Ind. Diretto Dal Cav. G. Castiglia, v. III-IV,

consectário, os juristas romanos, com suporte em casos concretos, erigiram progressivamente uma disciplina normativa, ainda que articulada, fragmentária[6]. Por essa razão, a origem da tripartição das despesas é considerada obscura quanto à sua fonte não jurídica, embora se sustente existir fundamento no pensamento de Epicuro[7]. No plano jurídico foi Fulcinio, jurista contemporâneo de Labeão, quem primeiro formulou a distinção entre despesas necessárias, úteis e voluptuárias[8].

As despesas foram classificadas, no período clássico do direito romano, em razão do direito do marido, casado pelo regime dotal, de obter, após o divórcio, compensação pelas despesas efetuadas em alguma das coisas integrantes do dote a serem restituídas[9]. Portanto, o marido, por causa das despesas[10]: (*i*) necessárias, tinha direito à compensação, ainda que contra a vontade da mulher, sendo-lhe reconhecido o direito de retenção enquanto não obtida aquela, por não lhe ser reconhecida ação; (*ii*) úteis, tinha direito à compensação, se a mulher permitisse; (*iii*) voluptuárias, não tinha direito à compensação, apesar de a mulher tê-las permitido. Esse sistema manteve-se inalterado durante todo o período clássico. Essa classificação foi estendida, desde o início, a todos os juízos, em especial, na *rei vindicatio* e na *hereditatis*

1917, p. 653. "Le spese possono essere: 'in fructus' o 'in rem'. Le prime costituiscono sempre un onere dei frutti e non danno luogo a speciali indagini. Le altre si partiscono in tre categorie: spese necessarie, utili, e voluttuarie, le quali essendo diverse per la loro essenza e per l'efficacia economica suscitano problemi d'ordine sociale e giuridico di molta importanza".

6 PROVERA, Giuseppe. Spese..., p. 320. "Il diritto romano ci offre, anche in questa materia, un quadro più che mai variopinto di casi, dalla cui soluzione emerge una disciplina normativa molto frammentaria ed articolata che i giuristi andarono progressivamente elaborando, cercando di adeguarla alle esigenze proprie di ciascuna delle molteplici situazioni in cui si verificava il fenomeno sopra indicato, peraltro ben conosciuto anche nel diritto attuale".

7 CERVENCA, Giuliano. Spese..., p. 1.109. "L'origine della tripartizione è oscura, e scarsi e poco probanti sono i riferimenti ad essa che si rinvengono nelle fonti non giuridiche; di recente si è tuttavia avanzata l'ipotesi che il suo fondamento possa rintracciarsi nel pensiero di Epicuro".

8 RICCOBONO, Salvatore. Il compenso per spese fatte da possessori su cose altrui. *Bullettino dell'Istituto di Diritto Romano Vittorio Scialoja*. Milano: Giuffrè, 1940, v. XLVII, p. 5. "Così sappiamo che Fulcinio, contemporaneo di Labeone, formulò definizioni concernenti le varie categorie di spese. Le quali furono distinte in necessarie, utili, voluttuarie".

9 RICCOBONO, Salvatore. Dal diritto romano..., p. 333-334. RICCA-BARBERIS, Mario. *Spese utili, miglioramenti, innovazioni, piantagioni e edifici goduti in comune*. Torino: Giappichelli, 1946, p. 5. CERVENCA, Giuliano. Spese..., p. 1.109.

10 RICCOBONO, Salvatore. Il compenso..., p. 5-6.

petitio[11]. Contudo, foi no direito justinianeu que a tripartição das despesas alcançou ampla aplicação, estendendo-se a outras esferas do direito privado como critério para resolver situações relativas ao reembolso da despesa efetuada sobre a coisa de outro[12]. Essa concepção generalizante da tripartição das despesas passou ao Direito Comum e chegou aos códigos modernos, por exemplo, aos códigos civis brasileiro ab-rogado e em vigor[13].

Despesas, conforme lição de Pontes de Miranda, "são gastos, que se fazem para serviços, ou serviços que haveriam de ser pagos, mas cujo valor se emprega em alguma coisa ou direito ou patrimônio, ou inversões feitas em dinheiro ou outros bens que aproveitem a coisa, direito ou patrimônio"[14]. Nesse sentido, são despesas as que se fazem: (*a*) com a coisa – *e.g.*, incorporação de materiais em conserto; construção ou plantação[15], ou os alimentos para animais que se consomem[16], ou produtos de limpeza empregados na limpeza de um prédio[17]; (*b*) com a situação jurídica da coisa[18] – *e.g.*, pagamentos de impostos, taxa condominial; (c) com a exploração da coisa[19] – *e.g.*, para produção de frutos; (*d*) com as exigências para a transmissão de determinada coisa[20] – *e.g.*, registro; (*e*) com algum direito – *e.g.*, "como as que se fazem para se evitar a execução hipotecária ou pignoratícia"[21]; (*f*) "interiores à relação jurídica, ou melhor, para exercício de algum direito, ou em proveito de alguma relação jurídica"[22] – art. 856, parágrafo único do Código Civil[23]; (*g*) "com o corpo e psique de alguém" [24] – *e.g.*, alimentos pagos a alguém, na ausência

11 RICCOBONO, Salvatore. Il compenso..., p. 6.

12 PROVERA, Giuseppe. Spese..., p. 324. GALLEGO, María Teresa González-Palenzuela. *Las impensas en el derecho romano clásico*. Cáceres: Universidad de Extremadura, 1998, p. 239.

13 GALLEGO, María Teresa González-Palenzuela. *Las impensas*..., p. 115.

14 PONTES DE MIRANDA, Francisco Cavalcanti. *Tratado*..., t. XXII, § 2.731, 1, p. 237.

15 PONTES DE MIRANDA, Francisco Cavalcanti. *Tratado*..., t. XXII, § 2.731, 2, p. 239.

16 PONTES DE MIRANDA, Francisco Cavalcanti. *Tratado*..., t. XXII, § 2.731, 1, p. 237.

17 PONTES DE MIRANDA, Francisco Cavalcanti. *Tratado*..., t. XXII, § 2.731, 2, p. 239.

18 PONTES DE MIRANDA, Francisco Cavalcanti. *Tratado*..., t. XXII, § 2.731, 1, p. 237.

19 PONTES DE MIRANDA, Francisco Cavalcanti. *Tratado*..., t. XXII, § 2.731, 1, p. 237.

20 PONTES DE MIRANDA, Francisco Cavalcanti. *Tratado*..., t. XXII, § 2.731, 1, p. 238.

21 PONTES DE MIRANDA, Francisco Cavalcanti. *Tratado*..., t. XXII, § 2.731, 1, p. 238.

22 PONTES DE MIRANDA, Francisco Cavalcanti. *Tratado*..., t. XXII, § 2.731, 1, p. 238.

23 Art. 856 do Código Civil: "Antes de prestado o serviço ou preenchida a condição, pode o promitente revogar a promessa, contanto que o faça com a mesma publicidade; se houver assinado prazo à execução da tarefa, entender-se-á que renuncia o arbítrio de retirar, durante ele, a oferta. Parágrafo único. *O candidato de boa-fé, que houver feito despesas, terá direito a reembolso*" [itálico nosso].

24 PONTES DE MIRANDA, Francisco Cavalcanti. *Tratado*..., t. XXII, § 2.731, 1, p. 237.

de quem é obrigado (art. 871 e 872 do Código Civil[25]-[26]); (*h*) "com coisas coletivas, feixe de direitos ou patrimônio" [27] – *e.g.* 2.020 do Código Civil[28] ; (*i*) na prestação de serviço em favor de outrem – *e.g.*, "o médico que atende ao chamado de alguém porque o filho do vizinho que se feriu" [29] –; (*j*) a assunção de obrigação em favor de outrem – *e.g.*, "encomenda peças para as máquinas de outrem, devendo pagar o preço em certo tempo" [30].

Não se pode confundir despesa com dano[31]. Despesa é a diminuição "de patrimônio, que a pessoa se impõe de vontade própria, ou por dever, ou a favor de terceiro, ou de quem seja dono ou tenha direito real sobre bem ou bens ou patrimônio"[32] – *e.g.*, o mandatário, pelo cumprimento da obrigação irradiada do contrato de mandato, tem direito a ser reembolsado pelas despesas realizadas, ainda que o negócio concluído não surta o efeito esperado, salvo se comprovada culpa sua (art. 676 do Código Civil[33]). Dano é a "desvantagem no corpo, na psique, na vida, na saúde, na honra ao nome, no crédito, no bem-estar, ou no patrimônio"[34] sofrida por alguém[35], em decorrência de

---

25 Art. 871 do Código Civil: "Quando alguém, na ausência do indivíduo obrigado a alimentos, *por ele os prestar a quem se devem, poder-lhes-á reaver do devedor a importância, ainda que este não ratifique o ato*" [itálico nosso].

26 Art. 872 do Código Civil: "Nas despesas do enterro, proporcionadas aos usos locais e à condição do falecido, feitas por terceiro, podem ser cobradas da pessoa que teria a obrigação de alimentar a que veio a falecer, ainda mesmo que esta não tenha deixado bens. Parágrafo único. *Cessa o disposto neste artigo e no antecedente, em se provando que o gestor fez essas despesas com o simples intento de bem-fazer*" [itálico nosso].

27 PONTES DE MIRANDA, Francisco Cavalcanti. *Tratado...*, t. XXII, § 2.731, 1, p. 238.

28 Art. 2.020 do Código Civil: "Os herdeiros em posse dos bens da herança, o cônjuge sobrevivente e o inventariante são obrigados a trazer ao acervo os frutos que perceberam, desde a abertura da sucessão; *têm direito ao reembolso das despesas necessárias e úteis que fizeram*, e respondem pelo dano a que, por dolo ou culpa, deram causa" [itálico nosso].

29 PONTES DE MIRANDA, Francisco Cavalcanti. *Tratado...*, t. XXII, § 2.731, 2, p. 239.

30 PONTES DE MIRANDA, Francisco Cavalcanti. *Tratado...*, t. XXII, § 2.731, 1, p. 238.

31 PONTES DE MIRANDA, Francisco Cavalcanti. *Tratado...*, t. XXII, § 2.731, 2, p. 239. VAZ SERRA, Adriano Paes da Silva. Obrigação de reembolso de despesas (ou benfeitorias) e ius tollendi. *Boletim do Ministério da Justiça*. Lisboa: GDDCPGR, 1958, n. 80, p. 14.

32 PONTES DE MIRANDA, Francisco Cavalcanti. *Tratado...*, t. XXII, § 2.731, 2, p. 239.

33 Art. 676 do Código Civil. "É obrigado o mandante a pagar ao mandatário a remuneração ajustada e as despesas da execução do mandato, ainda que o negócio não surta o esperado efeito, salvo tendo o mandatário culpa.

34 PONTES DE MIRANDA, Francisco Cavalcanti. *Tratado...*, t. XXII, § 2.717, 2, p. 181. Igualmente: MARTINS-COSTA, Judith. *Comentários ao novo Código Civil*: do inadimplemento das obrigações. Coord. Sálvio de Figueiredo Teixeira. Rio de Janeiro: Forense, 2009, v. V, t. II, 166.

35 PONTES DE MIRANDA, Francisco Cavalcanti. *Tratado...*, t. XXII, § 2.731, 2, p. 239.

um fato jurídico *lato sensu* ilícito, imputável a outro sujeito – art. 927, *caput* do Código Civil – como por um ato-fato lícito indenizativo – *e.g.*, o dano causado a terceiro em razão de ato em estado de necessidade (artigo 188, II, 929 e 930 do Código Civil).

O principal efeito das despesas é gerar àquele que as efetuou *direito ao reembolso*, porque "não lhe aproveitam, ou entram no cômputo de indenização a ser-lhe paga, ou formam feitas em virtude de negócio jurídico bilateral, ou de gestão de negócios alheios"[36]. Entretanto, as despesas não se restringem a irradiar direito de reembolso. Quando realizadas sobre coisa ou patrimônio alheio, elas podem gerar[37]: (*a*) pretensão à indenidade ou reparação[38] – *e.g.*, ao possuidor de boa-fé, quanto às benfeitorias necessárias e úteis (art. 1.219 do Código Civil, primeira parte[39]) e ao possuidor de má-fé, quanto às benfeitorias às necessárias (art. 1.220 do Código Civil, primeira parte[40]); (*b*) *ius tollendi* [41] – *e.g.*, art. 1.219 do Código Civil, 1ª parte[42], art. 36 da Lei 8.245/91[43]; (*c*) o direito de retenção – *e.g.*, art. 1.219 do Código Civil, parte final[44]; art. 35 da Lei 8.245/91[45]; (*d*) pretensão a prestação de contas[46]; (*e*) *actio negotiorum*

36 PONTES DE MIRANDA, Francisco Cavalcanti. *Tratado*..., t. XXII, § 2.731, 2, p. 238-239.

37 PONTES DE MIRANDA, Francisco Cavalcanti. *Tratado*..., t. XXII, § 2.731, 2, p. 240.

38 PONTES DE MIRANDA, Francisco Cavalcanti. *Tratado*..., t. XXII, § 2.731, 2, p. 240.

39 Art. 1.219 do Código Civil: "O possuidor de boa-fé tem direito à indenização das benfeitorias necessárias e úteis, [...]".

40 Art. 1.220 do Código Civil: "Ao possuidor de má-fé serão ressarcidas somente as benfeitorias necessárias; [...]".

41 PONTES DE MIRANDA, Francisco Cavalcanti. *Tratado*..., t. XXII, § 2.731, 2, p. 240.

42 Art. 1.219 do Código Civil: "O possuidor de boa-fé tem direito à indenização das benfeitorias necessárias e úteis, bem como, quanto às voluptuárias, se não lhe forem pagas, a levantá-las, quando o puder sem detrimento da coisa, e poderá exercer o direito de retenção pelo valor das benfeitorias necessárias e úteis".

43 Art. 36 da Lei 8.245/91: "As benfeitorias voluptuárias não serão indenizáveis, podendo ser levantadas pelo locatário, finda a locação, desde que sua retirada não afete a estrutura e a substância do imóvel. Quanto às voluptuárias, se não lhe forem pagas, a levantá-las, quando o puder sem detrimento da coisa".

44 Art. 1.219 do Código Civil "O possuidor de boa-fé tem direito à indenização das benfeitorias necessárias e úteis, [...] e poderá exercer o direito de retenção pelo valor das benfeitorias necessárias e úteis".

45 Art. 35 da Lei 8.245/91: "Salvo expressa disposição contratual em contrário, as benfeitorias necessárias introduzidas pelo locatário, ainda que não autorizadas pelo locador, bem como as úteis, desde que autorizadas, serão indenizáveis e permitem o exercício do direito de retenção".

46 PONTES DE MIRANDA, Francisco Cavalcanti. *Tratado*..., t. XXII, § 2.731, 2, p. 240.

gestorum contraria utilis ou a que se irradiar da relação jurídica[47] – *e.g.*, art. 869 do Código Civil.

Dentre os possíveis modos de se efetuar despesa e os efeitos jurídicos relativos a cada um deles, o objeto de análise deste trabalho é o *ius tollendi* (direito de toler[48]) como efeito jurídico irradiado da despesa sobre coisa certa, imóvel ou móvel, importando em incorporação material de coisa móvel à primeira.

Investigando o tema proposto e observando os vários problemas passíveis de exsurgir, constatou-se uma quase omissão da doutrina em analisar o direito de toler no âmbito do sistema jurídico brasileiro. Para cumprir com o mister da doutrina de construir modelos hermenêuticos dogmáticos, passíveis de aclarar o sistema jurídico e orientar sua correta aplicação[49], o presente artigo está estruturado em dois parágrafos. No primeiro, analisam-se os conceitos propedêuticos de partes integrantes, benfeitorias, construções e plantações ao *ius tollendi*, bem como a importância desses conceitos à correta compreensão da categoria da acessão. No segundo, analisa-se o *ius tollendi* quanto à sua natureza jurídica, aos requisitos a seu nascimento e a seu exercício.

§ 1º Os conceitos propedêuticos ao direito de toler: partes integrantes, benfeitorias, construções, plantações e acessões

Como tema preliminar ao objeto investigado no presente trabalho é necessário minudenciar os conceitos propedêuticos ao direito de toler. Sem a correta identificação e compreensão desses conceitos, não se pode identificar quando existe o direito de toler. Por conseguinte, primeiro analisa-se o conceito de partes integrantes (art. 93 do Código Civil) que, por ausência de conceituação legal, precisa ser delimitado e definido por intermédio de modelo doutrinário. Posteriormente, distinguem-se os conceitos de benfeitorias e acessões, por intermédio de releitura crítica dos modelos hermenêuticos doutrinários, reiteradamente empregados, assim como apresenta-se o significado, na linguagem comum, dos elementos construções e plantações.

47 PONTES DE MIRANDA, Francisco Cavalcanti. *Tratado...*, t. XXII, § 2.731, 2, p. 240.

48 PONTES DE MIRANDA, Francisco Cavalcanti. *Tratado de direito privado*. 4. ed. São Paulo: Revista dos Tribunais, 1983, t. X, § 1.128, 4, p. 369. "O direito de tolher ou toler (= tirar, Joaquim De Santa Rosa de Viterbo, *Elucidário*, II, 255)". VITERBO, Joaquim de Santa Rosa de. *Elucidário de palavras, termos e frases que antigamente se usaram e que hoje regularmente se ignoram*: obra indispensável para entender sem erro os documentos mais raros que entre nós se conservam. 2. ed. Lisboa: A. J. Fernandes Lopes, 1865, t. II, p. 255. "TOLER. O mesmo que *Tolher*, embaraçar, tirar, impedir. He frequentissimo no séc. XIII e segs" [itálico do autor].

49 MARTINS-COSTA, Judith. Autoridade e utilidade da doutrina: a construção dos modelos doutrinários. *Modelos de direito privado*. Org. Judith Martins-Costa. São Paulo: Marcial Pons, 2014, p. 14.

1. As partes integrantes[50]

Foram os juristas romanos que legaram o conceito de parte integrante[51]. Parte (*pars*) é toda a coisa que, por ligação material e permanente (*perpetus usus*), contribui a *perfectio* ou *consummatio* da coisa principal[52]. Havia, assim, para se identificar a parte de uma coisa, dois critérios: um natural e um econômico-jurídico. Por intermédio dessa construção, foi elaborada a atual doutrina das partes integrantes.

Na Parte Geral do Código Civil não há um conceito de parte integrante. Há somente referência à categoria no art. 93 para contrapor-se à definição de pertença. Por essa peculiaridade legal, a parte integrante é um conceito jurídico indeterminado. Assim, para seu entendimento e aplicação, deve o intérprete tomar por arrimo os pressupostos apresentados por intermédio de modelo hermenêutico, advindo da doutrina e da legislação comparada, em conjunto com a análise sistemática do ordenamento[53].

Assente em fundamentos ontológico e econômico[54], o conceito de parte integrante visa proteger a unidade da coisa, porquanto, se separada uma parte integrante da coisa principal, essa pode se destruir ou sofrer alteração da essência[55]. Evitam-se, assim, separações improdutivas das partes integrantes da coisa principal.

---

50 O tema do subparágrafo 1, com algumas supressões, foi objeto de publicação anterior deste autor, sendo as considerações a seguir desenvolvidas simples reiterações de: HAICAL, Gustavo. As partes integrantes e a pertença no Código Civil. *Revista dos Tribunais*. São Paulo: Revista dos Tribunais, 2013, v. 934, p. 49-135.

51 PONTES DE MIRANDA, Francisco Cavalcanti. *Tratado de direito privado*. 4. ed. São Paulo: Revista dos Tribunais, 1983, t. XII, § 1.311, 10, p. 161. MENEZES CORDEIRO, António. *Tratado de direito civil português*: parte geral. 2. ed. Coimbra: Almedina, 2002, v. I, t. II, p. 133. ASTUTI, Guido. Cosa (storia). *Enciclopedia del diritto*. Milano: Giuffrè, 1962, v. XI, p. 9.

52 IGLESIAS, Juan. *Direito romano*. Atual. por Juan Iglesias Redondo. Trad. Cláudia de Miranda Avena. São Paulo: Revista dos Tribunais, 2011, p. 307. MOREIRA ALVES, José Carlos. *Direito romano*. 13. ed. Rio de Janeiro: Forense, 2004, v. I, p. 143. JUSTO, António dos Santos. *Direito privado romano: parte geral*. 4. ed. Coimbra: Coimbra Ed., 2008, v. I, p. 173. JÖRS, Paul; KUNKEL, Wolfgang. *Derecho privado romano*. Trad. L. Prieto Castro. Madrid: Labor, 1937, p. 114. PEREIRA, Alexandre Pimenta Batista. *Bens acessórios*: acessões, partes integrantes e pertenças. Curitiba: Juruá, 2010, p. 42-43. ASTUTI, Guido. Cosa..., p. 9.

53 OLIVEIRA, Eduardo Andrade Ribeiro de. *Comentários*..., p. 98.

54 PEREIRA, Alexandre Pimenta Batista. *Bens*..., p. 133-134.

55 PEREIRA, Alexandre Pimenta Batista. É necessária a figura das pertenças no Código Civil? *Revista de informação legislativa*. Brasília: Senado Federal, jul.-set. 2011, v. 48, n. 191, p. 9.

Contudo, não se revela suficiente identificar uma parte integrante perante a coisa principal para que esteja afastada a separação. É preciso observar os graus de vinculação existentes entre parte integrante e coisa principal. A depender do grau de vinculação, a parte integrante poderá ser essencial ou não essencial[56]. Essa conclusão encontra arrimo na precisa lição de Judith Martins-Costa: "Adotando-se uma perspectiva escalonada do ordenamento jurídico, observa-se que uma vinculação mais íntima dará lugar à noção de parte integrante essencial, como a que liga uma edificação ao terreno no qual construído. Uma vinculação não tão íntima dará lugar à categoria das partes integrantes não essenciais, como a que vincula uma fábrica ao seu maquinário"[57].

Destarte, identificada a categoria das partes integrantes no Código Civil, apresenta-se, nesse primeiro subparágrafo, os requisitos à existência de uma parte integrante e, sucessivamente, a distinção entre parte integrante essencial e não essencial, assim como falsa parte integrante.

1.1. *Os requisitos à existência da parte integrante*

Uma coisa é formada pela união de elementos concretos. Cada um desses elementos são partes integrantes porque formam a unidade[58]. Ao ordenamento jurídico o conceito de parte integrante interessa, quando uma das partes a integrar a unidade é corporalmente delimitada e identificada[59]. Esse

56 COUTO E SILVA, Clóvis do. In: ALVES, José Carlos Moreira. *A parte geral do projeto de Código Civil brasileiro* (subsídios históricos para novo Código Civil brasileiro). 2. Ed. São Paulo: Saraiva, 2003, p. 42, nota 5. FRADERA, Véra Maria Jacob de. Pertenças. *Revista Jurídica*. Porto Alegre: Revista Jurídica, 1988, v. 126, p. 24.

57 MARTINS-COSTA, Judith. O novo Código Civil brasileiro: em busca da 'ética da situação'. *Diretrizes teóricas do novo Código Civil brasileiro*. Coord. Judith Martins-Costa e Gerson Branco. São Paulo: Saraiva, 2002, p. 101.

58 PONTES DE MIRANDA, Francisco Cavalcanti. *Tratado de direito privado*. 4. ed. São Paulo: Revista dos Tribunais, 1983, t. II, § 127, 1, p. 40. PONTES DE MIRANDA, Francisco Cavalcanti. *Tratado de direito privado*. 4. ed. São Paulo: Revista dos Tribunais, 1983, t. XI, § 1.183, 1, p. 81. ALVES, Vilson Rodrigues. *Uso nocivo da propriedade*. São Paulo: Revista dos Tribunais, 1992, p. 80. GUSMÃO, Sady Cardoso de. Pertença. *Repertório enciclopédico do direito brasileiro*. Rio de Janeiro: Borsoi, [s.d.], v. XXXVII, p. 80.

59 PONTES DE MIRANDA, Francisco Cavalcanti. *Tratado...*, t. XI, § 1.183, 1, p. 81. ANDRADE, Manuel A. Domingues de. *Teoria geral da relação jurídica*. Coimbra: Almedina, 2003, v. I, p. 261-262. GOMES, Orlando. *Introdução ao direito civil*. 9. ed. Rio da Janeiro: Forense, 1987, p. 201. LEHMANN, Heinrich. *Tratado del derecho civil*: parte general. Traducción José M.ª Navas. Madrid: Revista de Derecho Privado, 1956, v. I, § 50, II, 2, p. 540. PEREIRA, Alexandre Pimenta Batista. *Bens...*, p. 134. LARENZ, Karl. *Derecho civil: parte general*. Trad. y notas de Miguel Izquierdo y Macías-Picavea. Madrid: Edersa, 1978, p. 378. ENNECCERUS, Ludwig; KIPP, Theodor; WOLFF, Martin. *Tratado de derecho civil*: parte general. 2. ed. Barcelona: Bosch, 1950, t. I, v. 2, § 118, I, p. 554.

conceito importa às coisas compostas[60]. Por essa razão, só coisa corpórea pode ser parte integrante. Não há parte integrante de direitos[61].

As partes integrantes podem existir tanto às coisas móveis como às imóveis[62].

Para haver possibilidade de se afirmar ser uma coisa parte integrante de outra, entre elas devem existir certos requisitos.

O primeiro requisito é entre as coisas existir conexão corporal[63]. Parte integrante é toda a coisa ligada materialmente a uma coisa principal. Contudo,

---

60 ANDRADE, Manuel A. Domingues de. *Teoria*..., v. I, p. 261-262. GOMES, Orlando. *Introdução*..., p. 201. LEHMANN, Heinrich. *Tratado*..., v. I, § 50, II, 2, p. 540. PEREIRA, Alexandre Pimenta Batista. *Bens*..., p. 134. LARENZ, Karl. *Derecho*..., p. 378. ENNECCERUS, Ludwig; KIPP, Theodor; WOLFF, Martin. *Tratado*..., t. I, v. 2, § 118, I, p. 554. CUNHA GONÇALVES, Luiz da. *Tratado de direito civil*. São Paulo: Max Limonad, 1958, v. III, t. I, p. 81-82. FERRARA, Francesco. *Trattato di diritto civile italiano*. Napoli: ESI, 1985, p. 772. SERPA LOPES, Miguel Maria de. *Curso de direito civil: introdução, parte geral e teoria dos negócios jurídicos*. 5. ed. Rio de Janeiro: Freitas Bastos, 1971, v. I, p. 329. Pontes de Miranda embora considere o conceito de parte integrante de maior relevância às coisas compostas, considera ter igual importância às coisas simples porque, ainda que o conceito dessas decorra do tráfico, ele pode "resultar da concepção de um certo círculo de interessados" (PONTES DE MIRANDA, Francisco Cavalcanti. *Tratado*..., t. II, § 127, 7, p. 47). Acompanha a posição de Pontes de Miranda: ALVES, Vilson Rodrigues. *Uso*..., p. 81.

61 PONTES DE MIRANDA, Francisco Cavalcanti. *Tratado*..., t. II, § 127, 2, p. 41: "Somente coisa ('coisa corpórea') pode ter parte integrante. Direitos não têm partes integrantes, no sentido que aqui se emprega". ALVES, Vilson Rodrigues. *Uso*..., p. 80. LIRA, Ricardo Pereira. Crédito imobiliário e sua concepção. A revogação da categoria dos bens imóveis por acessão intelectual pelo Código Civil brasileiro de 2002: consequências. As pertenças e seu regime jurídico. A securitização. Os recebíveis: Créditos Recebíveis Imobiliários (Cris) e as Cédulas de Crédito Imobiliário (CCIs). O Continuum Imobiliário como lastro da emissão desses títulos mobiliários. *Revista Forense*. Rio de Janeiro: Forense, 2004, v. 373, p. 211.

62 RÁO, Vicente. *O direito e a vida dos direitos*. 3. ed. anot. e atual. por Ovídio Rocha Barros Sandoval. São Paulo: Revista dos Tribunais, 1991, v. 2, p. 778. TERRA, Marcelo et. al. *Comentários ao Código Civil brasileiro*: parte geral. Rio de Janeiro: Forense, 2005, v. I, p. 638.

63 PONTES DE MIRANDA, Francisco Cavalcanti. *Tratado*..., t. XI, § 1.183, 2, p. 81. ENNECCERUS, Ludwig; KIPP, Theodor; WOLFF, Martin. *Tratado*..., t. I, § 118, I, 3, p. 554. LARENZ, Karl. *Derecho*..., p. 378. ANDRADE, Manuel A. Domingues de. *Teoria*..., v. I, p. 260. OLIVEIRA, Eduardo Andrade Ribeiro de. *Comentários*..., p. 99. CHAVES, Antônio. *Tratado de direito civil*: parte geral. São Paulo: Revista dos Tribunais, 1982, v. I, t. 2, p. 1.043. AMARAL, Francisco. *Direito civil*: introdução. 6. ed. Rio de Janeiro: Renovar, 2006, p. 333. SERPA LOPES, Miguel Maria de. *Curso*..., p. 329. TERRA, Marcelo et. al. *Comentários*..., p. 638. LIRA, Ricardo Pereira. Crédito..., p. 211. HÖRSTER, Heinrich Ewald. *A parte geral do código civil português*: teoria geral do direito civil. Coimbra: Almedina, 2009, p. 187. MENEZES CORDEIRO, António. *Tratado*..., p. 133. ASCENSÃO, José de Oliveira. *Direito Civil*: teoria geral. 3. ed. São Paulo: Saraiva, 2010, v. 1, p. 310. FULGÊNCIO, Tito. *Do direito das obrigações*:

não se exige à configuração da conexão corporal fixação, encaixe, cola etc.[64]. Ela pode restar configurada por força da gravidade[65]. Entretanto, nem toda a coisa a possuir conexão corporal com outra, salvo por circunstâncias do caso e concepções do tráfico, é considerada parte integrante, *e.g.*, o broche que prende o vestido e o cinto em relação ao terno[66].

O segundo requisito é o da *incorporação permanente*. Ainda que não tenha esse conceito sido reiterado no art. 79 do Código Civil, como era disposto no art. 43, II do Código Civil de 1916[67], ele há de ser considerado como inserto ao sistema atual[68]. Desse modo, a incorporação de determinada coisa ao solo, por exemplo, para que reste configurada como parte integrante há de

---

das modalidades de obrigações. 2. ed. atual. por José de Aguiar Dias. Rio de Janeiro: Forense, 1958, p. 44-45. GUSMÃO, Sady Cardoso de. Pertença..., p. 80. NETO, Abílio; MARTINS, Herlander A. *Código Civil anotado*. 6. ed. Lisboa: Livraria Petrony, 1987, p. 97. FARIAS, Cristiano Chaves de; ROSENVALD, Nelson. *Direito civil: teoria geral*. 6. ed. Rio de Janeiro: Lumen Juris, 2007, p. 361.

---

64 PONTES DE MIRANDA, Francisco Cavalcanti. *Tratado...*, t. II, § 127, 2, p. 41. ALVES, Vilson Rodrigues. *Uso...*, p. 84. ANDRADE, Manuel A. Domingues de. *Teoria...*, v. I, p. 260, nota 4. ANDREOLI, Giuseppe. *Le pertinenze*. Padova: Cedam, 1936, p. 126. LIRA, Ricardo Pereira. Crédito..., p. 211.

65 PONTES DE MIRANDA, Francisco Cavalcanti. *Tratado...*, t. XI, § 1.183, 2, p. 81. ALVES, Vilson Rodrigues. *Uso...*, p. 84. ENNECCERUS, Ludwig; KIPP, Theodor; WOLFF, Martin. *Tratado...*, t. I, § 118, I, 3, p. 554. ANDRADE, Manuel A. Domingues de. *Teoria...*, v. I, p. 260, nota 4. SERPA LOPES, Miguel Maria de. *Curso...*, p. 329. OLIVEIRA, Eduardo Andrade Ribeiro de. *Comentários...*, p. 99.

66 PONTES DE MIRANDA, Francisco Cavalcanti. *Tratado...*, t. XI, § 1.183, 2, p. 81. ALVES, Vilson Rodrigues. *Uso...*, p. 84. ENNECCERUS, Ludwig; KIPP, Theodor; WOLFF, Martin. *Tratado...*, t. I, § 118, I, 3, p. 554. SERPA LOPES, Miguel Maria de. *Curso...*, p. 329. OLIVEIRA, Eduardo Andrade Ribeiro de. *Comentários...*, I, p. 99.

67 Art. 43, II, do Código Civil de 1916: "São bens imóveis: [...]; II – Tudo quanto o homem incorporar permanentemente ao solo, como a semente lançada à terra, os edifícios e construções, de modo que se não possa retirar sem destruição, modificação, fratura, ou dano".

68 AMARAL, Francisco. *Direito...*, p. 320. DINIZ, Maria Helena. *Curso de direito civil brasileiro:* teoria geral do direito civil. 22. ed. São Paulo: Saraiva, 2005, v. 1, p. 318. OLIVEIRA, Eduardo Andrade Ribeiro de. *Comentários...*, p. 21. FARIAS, Cristiano Chaves de; ROSENVALD, Nelson. *Direito...*, p. 353. RIZZARDO, Arnaldo. *Parte geral do Código Civil*. 3. ed. Rio de Janeiro: Forense, 2005, p. 351. GONÇALVES, Carlos Roberto. *Direito civil brasileiro: parte geral*. 3. ed. São Paulo: Saraiva, 2005, v. 1, p. 249. PEREIRA, Caio Mário da Silva. *Instituições de direito civil*. 20. ed. rev. e atual. por Maria Celina Bodin de Moraes. Rio de Janeiro: Forense, 2004, v. I, p. 416. VENOSA, Silvio de Salvo. *Direito civil: parte geral*. 8. ed. São Paulo: Atlas, 2008, v. I, p. 293. COSTA, José Eduardo da. Dos bens. In: LOTUFO, Renan; NANNI, Giovanni Ettore. *Teoria geral do direito civil*. São Paulo: Atlas, 2008, p. 371.

ser permanente[69]. A incorporação será considerada permanente ou será por fim transitório não por intermédio de um critério subjetivo, auferido na vontade, mas por um critério objetivo[70], auferido com base nas circunstâncias do caso e concepção do tráfico[71]. No entanto, não se deve considerar excluído o caráter permanente da conexão corporal, quando a limitação temporal decorre da própria natureza e da existência física da parte integrante, relacionada à coisa principal. *E.g.*, os frutos e produtos[72]. Não havendo incorporação, não há que se buscar a existência ou não de fim de permanência quanto às partes integrantes[73].

Se houver incorporação, mas sem haver o critério da permanência, estar-se-á perante a categoria das falsas partes integrantes[74].

1.2. *Parte integrante essencial*

Uma coisa é parte integrante essencial de outra, se sua separação importar em destruição ou grande diminuição do valor dela ou das outras partes a compor a unidade[75]. *E.g.*, os materiais incorporados à construção do edifí-

69 PONTES DE MIRANDA, Francisco Cavalcanti. *Tratado...*, t. II, § 127, 3, p. 41-42: "As coisas que foram unidas ao terreno, ou ao edifício, com intuito temporário, não são partes integrantes. [...]. O emprego há de ser permanente, para o *usus perpetuus* do imóvel. O que se uniu para algum tempo não se fez parte integrante". PONTES DE MIRANDA, Francisco Cavalcanti. *Tratado...*, t. II, § 127, 5, p. 46. ENNECCERUS, Ludwig; KIPP, Theodor; WOLFF, Martin. *Tratado...*, t. I, § 118, I, 3, p. 555. ALVES, Vilson Rodrigues. *Uso...*, p. 81. PEREIRA, Alexandre Pimenta Batista. *Bens...*, p. 134. FULGÊNCIO, Tito. *Do direito...*, p. 45. OERTMANN, Paul. *Introducción al derecho civil*. Trad. Luis Sancho Seral. Barcelona/Buenos Aires: Labor, 1933, p. 148. CALIXTO, Marcelo Junqueira. Dos bens. In: TEPEDINO, Gustavo (coord.). *A parte geral do novo Código Civil:* estudos na perspectiva civil-constitucional. 2. ed. Rio de Janeiro: Renovar, 2003, p. 169.

70 ANDREOLI, Giuseppe. *Le pertinenze...*, p. 142, nota 1.

71 PONTES DE MIRANDA, Francisco Cavalcanti. *Tratado...*, t. II, § 127, 5, p. 46. "O que mais importa é a concepção do tráfico, com a qual não se deve pôr em contradição a temporariedade".

72 ANDREOLI, Giuseppe. *Le pertinenze...*, p. 146.

73 PONTES DE MIRANDA, Francisco Cavalcanti. *Tratado...*, t. II, § 127, 5, p. 47.

74 O tema é analisado no item 1.1.3 desse trabalho.

75 PONTES DE MIRANDA, Francisco Cavalcanti. *Tratado...*, t. II, § 127, 1, p. 40. PONTES DE MIRANDA, Francisco Cavalcanti. *Tratado...*, t. XI, § 1.183, 3, p. 82. ENNECCERUS, Ludwig; KIPP, Theodor; WOLFF, Martin. *Tratado...*, t. I, § 118, II, 1, p. 556. AZEVEDO, Antonio Junqueira de. Bens acessórios. *Estudos e pareceres de direito privado*. São Paulo: Saraiva, 2004, p. 85. ALVES, Vilson Rodrigues. *Uso...*, p. 80-81. GOMES, Orlando. *Introdução...*, p. 192. FRADERA, Véra Maria Jacob de. Pertenças..., p. 24. CHAVES, Antônio. *Tratado...*, v. I, t. 2, p. 1.042. CALIXTO, Marcelo Junqueira.

cio[76]; as máquinas incorporadas, de modo permanente, a um edifício, serão consideradas partes integrantes essenciais se sua retirada diminuir o valor ou causar deterioração, dela ou do edifício[77]. O que se visa com o conceito de parte integrante essencial é a proteção econômica da conexão entre coisas, a fim de se evitar a separação custosa[78]. Mas não só o critério econômico importa ao conceito, também importam os critérios estabelecidos nos usos do tráfico e no ordenamento jurídico[79].

É parte integrante essencial, ainda que possa ser separada sem que seja afetada a unidade ou a própria parte desmembrada do todo, a coisa que, pela circunstância do caso e pelos usos do tráfico, não pode ser compreendida em separado de outra, por haver considerável depreciação econômica[80]. *E.g.*,

---

Dos bens. In: TEPEDINO, Gustavo (coord.). *A parte geral do novo Código Civil: estudos na perspectiva civil-constitucional*. 2. ed. Rio de Janeiro: Renovar, 2003, p. 168. PEREIRA, Alexandre Pimenta Batista. *Bens*..., p. 138. FULGÊNCIO, Tito. *Do direito*..., p. 44-45. COSTA, José Eduardo da. Dos bens. In: LOTUFO, Renan; NANNI, Giovanni Ettore. *Teoria geral do direito civil*. São Paulo: Atlas, 2008, p. 379. TERRA, Marcelo et. al. *Comentários ao Código Civil brasileiro*: parte geral. Rio de Janeiro: Forense, 2005, v. I, p. 638. LIRA, Ricardo Pereira. Crédito..., p. 211. AMARAL, Luiz Otávio de Oliveira. *Teoria geral do direito*. 3. ed. São Paulo: Saraiva. 2011, p. 383. VENOSA, Silvio de Salvo. *Direito civil: parte geral*. 8. ed. São Paulo: Atlas, 2008, v. I, p. 297. GUSMÃO, Sady Cardoso de. Pertença..., p. 80. WESTERMANN, Harry; WESTERMANN, Harm Peter; GURSKY, Karl-Heinz; EICKMANN, Dieter. *Derechos reales*. 7. ed. Traducción Ana Cañizares Laso; José María Miguel Gonzáles; José Miguel Rodrigues Tapia; Bruno Rodríguez-Rosado. Madrid: Fundación Cultural del Notariado, 2007, t. I, p. 716. WESTERMANN, Harry. *Código Civil alemão: parte geral*. Trad. Luiz Dória Furquim. Porto Alegre: Sergio Antonio Fabris Ed., 1991, p. 92. SCHAPP, Jan. *Direito das coisas*. Trad. da 3. ed. alemã de Klaus-Peter Rurack e Maria da Glória Lacerda Rurack. Porto Alegre: Sergio Antonio Fabris Ed., 2010, p. 38-39. THUR, Adreas von. *Parte general del derecho civil*. Trad. Wenceslao Roces. San José Costa Rica: Juricentro, 1977, p. 59.

---

76 PONTES DE MIRANDA, Francisco Cavalcanti. *Tratado*..., t. II, § 128, 3, p. 55.

77 PONTES DE MIRANDA, Francisco Cavalcanti. *Tratado*..., t. XI, § 1.183, 3, p. 82. ENNECCERUS, Ludwig; KIPP, Theodor; WOLFF, Martin. *Tratado*..., t. I, § 118, II, 1, p. 556. LARENZ, Karl. *Derecho*..., p. 381. LEHMANN, Heinrich. *Tratado*..., v. I, § 50, IV, p. 544.

78 LARENZ, Karl. *Derecho*..., p. 380-381. GOMES, Orlando. *Introdução*..., p. 192. PEREIRA, Alexandre Pimenta Batista. *Bens*..., p. 136.

79 PONTES DE MIRANDA, Francisco Cavalcanti. *Tratado*..., t. II, § 127, 1, p. 41.

80 ENNECCERUS, Ludwig; KIPP, Theodor; WOLFF, Martin. *Tratado*..., t. I, § 118, II, 1, p. 556: "Si una de ellas está determinada únicamente por la otra y coordinada en ella de tal modo que después de la separación no pueda ya llenar su cometido, la separación implicará una alteración esencial". OERTMANN, Paul. *Introducción*..., p. 146. PONTES DE MIRANDA, Francisco Cavalcanti. *Tratado*..., t. XI, § 1.183, 3, p. 82-83. LEHMANN, Heinrich. *Tratado*..., v. I, § 50, IV, p. 544. GOMES, Orlando. *Introdução*..., p. 192.

determinada moldura em relação à tela; determinado anel em relação ao diamante; a encadernação de determinado livro[81]. Nesse contexto, igualmente serve como critério para se poder afirmar ser uma coisa parte integrante essencial de outra o fato de ser uma parte insubstituível perante a unidade[82]. *E.g.*, o aro de um automóvel do início do século XX, por ser impossível fabricar outro igual.

Ainda que a regra a se levar em consideração para se saber se determinada coisa é parte essencial ou não essencial independa da afetação que a separação cause ao todo[83], em determinados casos à proteção do todo se haverá de recorrer. Exemplo é o art. 36 da Lei 8.245/1991[84] que proíbe a retirada de benfeitoria voluptuária, se vier a afetar a estrutura e a substância do imóvel.

Ao se classificar determinada coisa como parte integrante essencial, ela não pode ser tida como coisa independente e, como tal, não pode ser objeto de direito real em separado da coisa principal à qual está unida[85]. Por consectário, os direitos reais que recaem sobre a coisa principal abrangem a parte integrante essencial[86]. Igualmente, o negócio jurídico obrigacional, que tem

---

81 ENNECCERUS, Ludwig; KIPP, Theodor; WOLFF, Martin. *Tratado*..., t. I, § 118, II, 1, p. 556. OERTMANN, Paul. *Introducción*..., p. 146.

82 PONTES DE MIRANDA, Francisco Cavalcanti. *Tratado*..., t. II, § 127, 10, p. 51. ALVES, Vilson Rodrigues. *Uso*..., p. 82.

83 PONTES DE MIRANDA, Francisco Cavalcanti. *Tratado*..., t. II, § 127, 1, p. 41 e § 127, 8, p. 47-48. PONTES DE MIRANDA, Francisco Cavalcanti. *Tratado*..., t. XI, § 1.183, 3, p. 82. ENNECCERUS, Ludwig; KIPP, Theodor; WOLFF, Martin. *Tratado*..., t. I, § 118, II, 1, p. 556. OERTMANN, Paul. *Introducción*..., p. 146. LARENZ, Karl. *Derecho*..., p. 380. LEHMANN, Heinrich..., v. I, § 50, III, p. 543. WESTERMANN, Harry. *Código*..., p. 92-93. SCHAPP, Jan. *Direito*..., p. 38-39.

84 Art. 36 da Lei 8.245/1991: "As benfeitorias voluptuárias não serão indenizáveis, podendo ser levantadas pelo locatário, finda a locação, desde que sua retirada não afete a estrutura e a substância do imóvel".

85 PONTES DE MIRANDA, Francisco Cavalcanti. *Tratado*..., t. XI, § 1.183, 3, p. 82 e § 1.184, 6, p. 84. LARENZ, Karl. *Derecho*..., p. 380 e 387. WESTERMANN, Harry; WESTERMANN, Harm Peter; GURSKY, Karl-Heinz; EICKMANN, Dieter. *Derechos*..., t. I, p. 713. GOMES, Orlando. *Introdução*..., p. 193. FRADERA, Véra Maria Jacob de. Pertenças..., p. 24. ANDRADE, Manuel A. Domingues de. *Teoria*..., v. I, p. 262. CUNHA GONÇALVES, Luiz da. *Tratado*..., v. III, t. I, p. 84. PEREIRA, Alexandre Pimenta Batista. *Bens*..., p. 136-137. BRANDELLI, Leonardo. Pertenças imobiliárias no Código Civil de 2002 e sua interconexão com o registro de imóveis. *Direito civil e registro de imóveis*. São Paulo: Método, 2007, p. 220. SCHAPP, Jan. *Direito*..., p. 39. FULGÊNCIO, Tito. *Do direito*..., p. 46. CALIXTO, Marcelo Junqueira. Dos bens..., p. 168. AMARAL, Luiz Otávio de Oliveira. *Teoria*..., p. 383. VENOSA, Silvio de Salvo. *Direito*..., v. I, p. 297.

86 THUR, Adreas von. *Parte*..., p. 59. WESTERMANN, Harry; WESTERMANN, Harm Peter; GURSKY, Karl-Heinz; EICKMANN, Dieter. *Derechos*..., t. I, p. 713.

por objeto mediato coisa principal, abrange a parte integrante essencial. *E.g.*, a alienação de imóvel implica a do forno de padaria incorporado, de modo permanente, ao imóvel[87].

1.3. *Parte integrante não essencial*

Não essencial é a parte integrante que pode ser separada da coisa principal sem ocasionar destruição ou diminuição do valor dela ou das partes a comporem a unidade[88]. O conceito foi formado pela doutrina e pela jurisprudência alemã, valendo-se de argumento em contrário do disposto no § 93 do BGB[89]. Esse conceito fica expresso, no direito pátrio, no *caput* e no § 1.º do art. 1.272 do Código Civil[90], quanto à possibilidade de serem ou não separadas as coisas confundidas, misturadas ou adjuntadas, pelo critério da deterioração ou dispêndio excessivo. Exemplo de parte integrante não essencial é a moldura em relação ao quadro; o anel em relação à pedra[91]; o pneumático em

87 TARS, Ap. Cív. n. 24980, 2.ª Câm. Cív., j. 05.05.1981, rel. Adroaldo Furtado Fabrício: "Ação possessória. Imóvel por acessão. Forno de padaria, constituído de construção de alvenaria e parte metálica, instalado quando da construção do próprio prédio em que se encontra: caracterização como coisa imóvel por acessão física e intelectual, e decorrente presunção de ter sido incluído na venda do prédio. Falta de prova capaz de elidir essa presunção. [...]".

88 PONTES DE MIRANDA, Francisco Cavalcanti. *Tratado...*, t. II, § 127, 1, p. 41. ALVES, Vilson Rodrigues. *Uso...*, p. 82. GOMES, Orlando. *Introdução...*, p. 192-193. AZEVEDO, Antonio Junqueira de. Bens..., p. 85. FRADERA, Véra Maria Jacob de. Pertenças..., p. 24. BRANDELLI, Leonardo. Pertenças..., p. 219. CUNHA GONÇALVES, Luiz da. *Tratado...*, v. III, t. I, p. 84. CHAVES, Antônio. *Tratado...*, v. I, t. 2, p. 1.042. PEREIRA, Alexandre Pimenta Batista. *Bens...*, p. 145. OLIVEIRA, Eduardo Andrade Ribeiro de. *Comentários...*, v. II, p. 100. COUTO E SILVA, Clóvis do. In: ALVES, José Carlos Moreira. *A parte...*, p. 42, nota 5. SCHAPP, Jan. *Direito...*, p. 38. CALIXTO, Marcelo Junqueira. Dos bens..., p. 170. VENOSA, Silvio de Salvo. *Direito...*, v. I, p. 297. GUSMÃO, Sady Cardoso de. Pertença..., p. 80. COSTA, José Eduardo da. Dos bens..., p. 379. AMARAL, Luiz Otávio de Oliveira. *Teoria...*, p. 383. WESTERMANN, Harry; WESTERMANN, Harm Peter; GURSKY, Karl-Heinz; EICKMANN, Dieter. *Derechos...*, t. I, p. 717.

89 PEREIRA, Alexandre Pimenta Batista. *Bens...*, p. 145.

90 Art. 1.272 do Código Civil: "As coisas pertencentes a diversos donos, confundidas, misturadas ou adjuntadas sem o consentimento deles, continuam a pertencer-lhes, sendo possível separá-las sem deterioração. § 1.º Não sendo possível a separação das coisas, ou exigindo dispêndio excessivo, subsiste indiviso o todo, cabendo a cada um dos donos quinhão proporcional ao valor da coisa com que entrou para a mistura ou agregado. [...]".

91 PONTES DE MIRANDA, Francisco Cavalcanti. *Tratado...*, t. II, § 127, 10, p. 51. ENNECCERUS, Ludwig; KIPP, Theodor; WOLFF, Martin. *Tratado...*, t. I, § 118, IV, p. 562.

relação ao veículo automotor[92]; a carga em relação à caneta[93]; o para-raios[94] e o aparelho de ar-condicionado[95] fixados em um edifício.

A parte integrante não essencial, em decorrência do princípio da consorte da parte integrante[96], participa da destinação jurídica da coisa principal. Entretanto, a esse princípio à parte integrante não essencial é dispositivo, por ela ser passível de separação, sem ocasionar destruição ou diminuição do valor dela ou das outras partes a comporem a coisa principal. Por ser dispositivo, esse princípio pode ter sua incidência afastada pela declaração de vontade dos figurantes do negócio jurídico obrigacional e júri-real[97]. Esse princípio consta no § 1º do art. 115 da Lei 7.565/1986[98], ao estabelecer que a alienação da aeronave importará a dos motores, em não havendo declaração de vontade expressa em contrário. Por conseguinte, em um contrato de compra e venda, cujo objeto mediato é um imóvel, há possibilidade de o armário embutido ser excluído da alienação, por declaração de vontade dos contratantes, quando for parte integrante não essencial.

Por tal particularidade, a parte integrante não essencial é passível de ser objeto de relação jurídica obrigacional e júri-real em separado da coisa principal[99]. Entretanto, muito embora apresente particularidades a importar

---

92 PONTES DE MIRANDA, Francisco Cavalcanti. *Tratado*..., t. II, § 127, 10, p. 51. LARENZ, Karl. *Derecho*..., p. 382. BRANDELLI, Leonardo. Pertenças..., p. 219. GOMES, Orlando. *Introdução*..., p. 193, nota 6. ALVES, Vilson Rodrigues. *Uso*..., p. 82.

93 PEREIRA, Alexandre Pimenta Batista. *Bens*..., p. 145.

94 JUSTO, António dos Santos. *Direitos reais*. 2. ed. Coimbra: Coimbra, 2010, p. 185, nota 856.

95 VASCONCELOS, Pedro Pais de. *Teoria geral do direito civil*. Coimbra: Almedina, 2010, p. 224.

96 PONTES DE MIRANDA, Francisco Cavalcanti. *Tratado*..., t. II, § 127, 10, p. 52.

97 PONTES DE MIRANDA, Francisco Cavalcanti. *Tratado*..., t. II, § 127, 10, p. 52. LEHMANN, Heinrich. *Tratado*..., v. I, § 50, VI, 2, p. 550. AZEVEDO, Antonio Junqueira de. Bens..., p. 86.

98 Art. 115 da Lei 7.565/1986: "Adquire-se a propriedade da aeronave: I – por construção; II – por usucapião; III – por direito hereditário; IV – por inscrição do título de transferência no Registro Aeronáutico Brasileiro; V – por transferência legal (artigos 145 e 190). § 1.º Na transferência da aeronave estão sempre compreendidos, salvo cláusula expressa em contrário, os motores, equipamentos e instalações internas. § 2.º Os títulos translativos da propriedade de aeronave, por ato entre vivos, não transferem o seu domínio, senão da data em que se inscreverem no Registro Aeronáutico Brasileiro".

99 PONTES DE MIRANDA, Francisco Cavalcanti. *Tratado*..., t. XI, § 1.184, 6, p. 84. ENNECCERUS, Ludwig; KIPP, Theodor; WOLFF, Martin. *Tratado*..., t. I, § 118, IV, p. 562. WESTERMANN, Harry; WESTERMANN, Harm Peter; GURSKY, Karl-Heinz; EICKMANN, Dieter. *Derechos*..., t. I, p. 717. ALVES, Vilson Rodrigues. *Uso*..., p. 82. CUNHA GONÇALVES, Luiz da. *Tratado*..., v. III, t. I, p. 85. AZEVEDO, Antonio Junqueira de. Bens..., p. 85. PEREIRA, Alexandre Pimenta Batista. *Bens*..., p. 146.

em distinção para com a parte integrante essencial, a parte integrante não essencial não pode ser considerada como coisa independente, pois não possui autonomia em relação à coisa principal[100].

1.4. *A falsa parte integrante*

A falsa parte integrante, também conhecida por parte integrante aparente[101], é a coisa que, embora incrustada a outra, mantém a qualidade de coisa móvel e independente, em face de ser transitória a incorporação ou de ser decorrente do exercício de um direito real ou pessoal[102]. Ela vem disposta no § 95 do Código Civil alemão. Nesse caso, a coisa não passa a ser parte integrante[103].

A falsa parte integrante é uma exceção ao regime da parte integrante essencial e não essencial. Por manter a qualidade de coisa móvel e independente[104], pode ser objeto de direito em separado da coisa principal à qual está ligada, sendo possível sobre ela incidir penhora, arresto ou sequestro[105]. Existem duas hipóteses à existência de falsa parte integrante.

A primeira ocorre se for transitória a incorporação de alguma coisa a outra, móvel ou imóvel, tida por principal[106]. São exemplos de falsas partes

---

COUTO E SILVA, Clóvis do. In: ALVES, José Carlos Moreira. *A parte geral*..., p. 42, nota 5. BRANDELLI, Leonardo. Pertenças..., p. 220. CALIXTO, Marcelo Junqueira. Dos bens..., p. 170. AMARAL, Luiz Otávio de Oliveira. *Teoria*..., p. 383.

---

100 PEREIRA, Alexandre Pimenta Batista. *Bens*..., p. 145.

101 ENNECCERUS, Ludwig; KIPP, Theodor; WOLFF, Martin. *Tratado*..., t. I, § 118, II, 3, p. 558. LEHMANN, Heinrich. *Tratado*..., v. I, § 50, III, p. 542. PEREIRA, Alexandre Pimenta Batista. *Bens*..., p. 157. Karl Larenz considera incorreto classificar as falsas partes integrantes como parte integrante aparente. Sustenta que o conceito de parte integrante é jurídico, devendo, por isso, pautar-se a qualificação de alguma coisa como parte integrante somente por critério jurídico (LARENZ, Karl. *Derecho*..., p. 386).

102 PONTES DE MIRANDA, Francisco Cavalcanti. *Tratado*..., t. II, § 127, 8, p. 49. ENNECCERUS, Ludwig; KIPP, Theodor; WOLFF, Martin. *Tratado*..., t. I, v. 2, § 118, II, 3, p. 558-559. LARENZ, Karl. *Derecho*..., p. 385. WESTERMANN, Harry. *Código*..., p. 94. LEHMANN, Heinrich. *Tratado*..., v. I, § 50, III, p. 542. OERTMANN, Paul. *Introducción*..., p. 148. PEREIRA, Alexandre Pimenta Batista. *Bens*..., p. 158. SCHAPP, Jan. *Direito*..., p. 40. THUR, Adreas von. *Parte*..., p. 59. WESTERMANN, Harry; WESTERMANN, Harm Peter; GURSKY, Karl-Heinz; EICKMANN, Dieter. *Derechos*..., t. I, p. 714.

103 PONTES DE MIRANDA, Francisco Cavalcanti. *Tratado*..., t. II, § 130, 3, p. 60.

104 THUR, Adreas von. *Parte*..., p. 59.

105 PONTES DE MIRANDA, Francisco Cavalcanti. *Tratado*..., t. II, § 127, 8, p. 49. PEREIRA, Alexandre Pimenta Batista. *Bens*..., p. 158.

106 PONTES DE MIRANDA, Francisco Cavalcanti. *Tratado*..., t. II, § 127, 1, p. 60.

integrantes por incorporação transitória: barracas, quiosques e tendas instaladas para atender a festas e feiras[107]; palmeiras plantadas somente para cercar partes dos fundos de uma casa durante a festa[108]; andaime e barracas fixadas ao solo ao tempo da construção de um edifício[109].

A segunda ocorre quando a coisa é incorporada ao prédio, em decorrência do exercício de algum direito real ou pessoal[110]. *E.g.*, direito real de usufruto, servidão, superfície, uso, habitação ou anticrese[111]; direito pessoal de locação ou comodato[112]. Embora a incorporação de certa coisa a ser efetuada pelo exercício de um direito real ou pessoal seja um critério pacífico na doutrina à configuração da falsa parte integrante, é correto o entendimento que considera ser a transitoriedade da incorporação o verdadeiro fundamento[113].

No caso do contrato de locação, por exemplo, é falsa parte integrante do imóvel locado o aparelho de ar condicionado, instalado pelo locatário. Neste caso, têm de serem observadas as regras referentes aos efeitos da posse (art. 1.219 e 1.220 do Código Civil)[114]. Por exercício do direito do comodatário,

---

PONTES DE MIRANDA, Francisco Cavalcanti. *Tratado...*, t. XI, § 1.183, 5, p. 83. OERTMANN, Paul. *Introducción...*, p. 148. ENNECCERUS, Ludwig; KIPP, Theodor; WOLFF, Martin. *Tratado...*, t. I, v. 2, § 118, II, 3, p. 559. THUR, Adreas von. *Parte...*, p. 59. HEDEMANN, Justus Wilhelm. *Tratado...*, v. II, § 18, II, 4, p. 144. FULGÊNCIO, Tito. *Do direito...*, p. 45.

---

107 CARVALHO SANTOS, João Manuel de. *Código Civil brasileiro interpretado*. 7. Rio de Janeiro: Freitas Bastos, 1958, v. II, p. 10. LÔBO, Paulo. *Direito Civil*: parte geral. 3. São Paulo: Saraiva, 2012, p. 196. OERTMANN, Paul. *Introducción...*, p. 148. ANDREOLLI, Giuseppe. *Le pertinenze...*, p. 146, nota 2. *RT* 84/345. "Benfeitorias. Construções provisórias. Pretendida inclusão entre aquelas para o efeito de indenização pelo proprietário do solo. Não se incluem no rol de benfeitorias, cujo valor ou custo pode ser exigido ao proprietário do solo, as construções provisórias, a título precário, que não aumentam o valor da coisa e podem ser desmontadas e transportadas para outro local, como chalés de madeiras".

108 PONTES DE MIRANDA, Francisco Cavalcanti. *Tratado...*, t. II, § 127, 5, p. 45. FULGÊNCIO, Tito. *Do direito...*, p. 44-45.

109 LARENZ, Karl. *Derecho...*, p. 375.

110 ENNECCERUS, Ludwig; KIPP, Theodor; WOLFF, Martin. *Tratado...*, t. I, § 118, I, 3, p. 559-560. OERTMANN, Paul. *Introducción...*, p. 148. THUR, Adreas von. *Parte...*, p. 59.

111 PONTES DE MIRANDA, Francisco Cavalcanti. *Tratado...*, t. II, § 127, 3, p. 60. PONTES DE MIRANDA, Francisco Cavalcanti. *Tratado...*, t. XI, § 1.183, 5, p. 83.

112 PONTES DE MIRANDA, Francisco Cavalcanti. *Tratado...*, t. II, § 127, 3, p. 60.

113 PEREIRA, Alexandre Pimenta Batista. *Bens...*, p. 157.

114 PONTES DE MIRANDA, Francisco Cavalcanti. *Tratado...*, t. II, § 130, 3, p. 61: "[...]; se o contrato não permitir unir e retirar, o titular do direito pessoal perde a propriedade, salvo quanto às benfeitorias voluptuárias se as puder levantar sem detrimento das coisas (art. 516 [1.219])".

são exemplos de falsas partes integrantes as bombas de abastecimento e os postes de propaganda de postos de combustíveis, incorporados ao imóvel, para serem, ao final do contrato, restituídas ao comodante[115].

Pode uma falsa parte integrante tornar-se parte integrante essencial, se vier a ser alterada a finalidade, em razão de ter se tornado a incorporação permanente pela impossibilidade de separação sem dano[116]. Nesse caso, altera-se a destinação finalística da fixação da coisa, deixando de ser transitória e passando a ser definitiva, pela prática de um ato-fato[117]. Exemplo dessa hipótese está no art. 36 da Lei 8.245/1991, que não permite a separação da benfeitoria voluptuária a qual, ao não poder ser separada sem dano, passou a ser parte integrante essencial.

Após efetuar a análise da categoria das partes integrantes no sistema jurídico brasileiro, destacando ser ela a coisa móvel que, incorporada à coisa principal, móvel ou imóvel, mantém sua identidade, dever-se-á tratar do tema relativo às benfeitorias, construções, plantações e acessões.

2. Benfeitorias, construções, plantações e acessões

É condição prévia destacar, antes de analisar o *ius tollendi*, o equívoco da doutrina, e, consectariamente, da jurisprudência, em tratar, em tom quase uníssono, construções e plantações como sinônimo de acessão e esta, como categoria jurídica contrária à benfeitoria. *Primeiro*, construções e plantações não são sinônimos de acessão, mas modos que, ao serem preenchidos certos requisitos, geram a acessão. *Segundo*, benfeitoria e acessão não são figuras jurídicas que se contrapõem. Há possibilidade de benfeitoria gerar acessão, assim como uma construção ou uma plantação podem não gerar acessão. *Terceiro*, uma construção ou uma plantação pode ser qualificada ou não como benfeitoria.

Considerando essas hipóteses, as quais são desenvolvidas ao longo do presente subparágrafo, analisam-se os conceitos de benfeitorias e acessões e busca-se apreender o significado dos elementos de suporte fático das regras jurídicas relativas a construções e plantações.

2.1. *Benfeitorias*

No artigo 96 do Código Civil, as benfeitorias são classificadas como necessárias, úteis e voluptuárias, estando determinado o conceito jurídico de cada uma das espécies. Essa tricotomia e os respectivos conceitos têm como

---

115 TJRS, Ap. Cív. n. 70026697623, 19.ª Câm. Cív., j. 31.03.2009, rel. José Francisco Pellegrini.

116 WESTERMANN, Harry; WESTERMANN, Harm Peter; GURSKY, Karl-Heinz; EICKMANN, Dieter. *Derechos reales*..., t. I, p. 715.

117 PEREIRA, Alexandre Pimenta Batista. *Bens*..., p. 160.

fonte a tripartição de despesas construída no período clássico do direito romano[118]. Assente nessas preposições e nas apresentadas na introdução do trabalho quanto às despesas, não se pode afirmar ser benfeitoria sinônimo de despesa no Código Civil. Nele, as despesas apresentam *sentido amplo*, sendo a benfeitora espécie de despesa que se faz na coisa[119]. Essa precisão quanto à distinção nominal inexistia no direito romano[120]. A importância da distinção entre benfeitoria e despesa não se restringe ao plano dogmático. Ela também alcança o plano prático, pois o Código Civil prescreve eficácias diversas para cada uma delas. *E.g.*, o possuidor de boa-fé tem direito à indenização quanto às benfeitorias necessárias e úteis – art. 1.219 do Código Civil – mas terá direito apenas à restituição pelas despesas de produção e custeio de frutos – parágrafo único do art. 1.214 do Código Civil.

Não podem ser classificadas como benfeitorias as despesas efetuadas: (a) em razão da situação jurídica da coisa; (b) à exploração da coisa; (c) à transmissão da coisa. Por isso, quanto aos gastos à produção e ao custeio de frutos (*impensae in fructus*), foi correto o legislador ao empregar, como elemento dos suportes fáticos dos artigos 1.214 e 1.216 do Código Civil, o termo despesa e não o de benfeitoria[121]. Não são benfeitorias as despesas que se fazem em determinado direito ou patrimônio – art. 2.020 do Código Civil. Igualmente não é benfeitoria, mas despesa, a coisa que se consome após ser empregada a outra coisa (*e.g.*, o alimento ou medicamento dado para um cão).

A partir da exclusão das hipóteses, pode-se elucidar que as benfeitorias se restringem às despesas decorrentes da incorporação de coisa móvel em coisa principal de modo a bem-fazer (*e.g.*, materiais que se incorporam em outra coisa por conserto). Em sentido mais preciso, benfeitoria é a coisa que, incorporada à coisa principal como despesa, permanece nela, benfazendo-a[122] – *e.g.*, materiais

---

118 RICCOBONO, Salvatore. Dal diritto romano..., p. 653.

119 PONTES DE MIRANDA, Francisco Cavalcanti. *Tratado*..., t. XXII, § 2.731, 2, p. 239. "As despesas ou são *necessárias*, ou *úteis*, ou *voluptuárias*. Se aplicadas a coisas, dizem-se *benfeitorias*" [itálicos do autor].

120 PONTES DE MIRANDA, Francisco Cavalcanti. *Tratado*..., t. X, § 1.128, 1, p. 364. "As fontes romanas falam de *impensae*, *expensae*, *impendium*, *impendia*, *sumptus*, que Fabricius preferia a mais técnica. A diferença entre *impensae* e *expensae* estava em serem despesas na coisa ou com a coisa; mas seria ilusório esperar-se que o emprego dos termos fosse com todo o rigor e precisão, porém J. Garsia dizia só se usar '*expensae*'".

121 PONTES DE MIRANDA, Francisco Cavalcanti. *Tratado de direito privado*. 3. ed. São Paulo: Revista dos Tribunais, 1984, t. XIV, § 1.579, 3, p. 52-53.

122 PONTES DE MIRANDA, Francisco Cavalcanti. *Tratado*..., t. X, § 1.128, 1, p. 364-365. "Benfeitorias custam, ou em numerário, ou em serviços, porém benfeitorias *são o que fica* das *impensae* e, até, das *expensae*. [...]. Tratamento do gado são despesas; não são benfeitorias. Há despesas necessárias e despesas úteis, como despesas voluptuárias; porém a elas não correspondem, sempre, benfeitorias necessárias, úteis ou voluntárias.

que se incorporam em outra coisa por conserto. Concretamente, benfeitoria acaba por ser a coisa incorporada à coisa principal, tornando-se parte integrante, essencial ou não essencial, dela[123]. Em síntese, são as despesas feitas *na* coisa[124].

Em consonância com o conceito e as espécies de benfeitorias conceituadas no art. 96 do Código Civil, revela-se correto afirmar que benfeitoria é toda a coisa que faz bem à coisa à qual foi incorporada, seja pela necessidade, pela utilidade ou pela voluptuariedade[125].

Após essa primeira análise, torna-se possível examinar cada uma das espécies de benfeitorias e o critério para identificá-las.

Benfeitorias necessárias "são as que têm por fim conservar o bem ou evitar que se deteriore"[126]. *E.g.*, a parede erguida para reforçar a sustentação do segundo piso de uma casa. A benfeitoria necessária é aquela sem a qual a coisa benfeitorizada "pereceria, ou se deterioraria, ou diminuiria de valor, ou não mais serviria, qualitativa ou quantitativamente, ao uso a que se destinara"[127].

Benfeitorias úteis "são as que aumentam ou facilitam o uso do bem" [128]. A incorporação, a uma casa, de um tanque de lavar roupas, de grades nas janelas, ou a instalação de cobertura de vidro sobre a porta de entrada são exemplos de benfeitorias úteis. Nesse sentido, também é benfeitoria útil ao imóvel rural a instalação de um poço artesiano.

[...] No mais, é preciso que o *novum* haja ficado, benfazendo a coisa possuída".

123 PONTES DE MIRANDA, Francisco Cavalcanti. *Tratado de direito privado*. 3. ed. São Paulo: Revista dos Tribunais, 1984, t. XV, § 1.740, 1, p. 213. "[...] benfeitorias são parte da coisa, e não bens que se ponham em relação objetiva com outro: quem adquire a coisa adquire a benfeitoria, porque está na coisa, ainda se voluptuárias (essas, enquanto não se exerce o *ius tollendi, só* existem *na coisa*)" [grifos do autor]. Essa posição se depreende da seguinte definição de *instalación* de Enneccerus/ Lehmann: "Por tal se ha de entender una cosa mueble que ha sido unida a otra, la cosa principal, de tal modo que puede seguir siendo reconocida, por ejemplo, instalaciones de mampostería, hornos, instalaciones de alumbrado, estatuas, lo mismo si se han convertido en partes integrantes esenciales o no esenciales que si la unión es transitoria" (ENNECCERUS, Ludwig. LEHMANN, Henrich. Derecho de obligaciones. In: ENNECCERUS, Ludwig. KIPP, Theodor. WOLFF, Martín. *Tratado de derecho civil*. Trad. Blas Pérez Gonzáles y José Alguer. Barcelona: Bosch, 1954, t. II, v. I, § 74, IV, 1, nota 14, p. 495-496.

124 PAULO DA ROCHA, Clóvis. *Das construções na teoria geral da acessão*. Rio de Janeiro: Jornal do Comércio, 1943, p. 36-37.

125 PONTES DE MIRANDA, Francisco Cavalcanti. *Tratado...*, t. II, § 139, 1, p. 74. "As benfeitorias, por definição, fazem bem, ou pela necessariedade delas, ou pela sua utilidade, ou pelo maior deleite, ou recreio, que trazem ao bem".

126 § 3.º do art. 96 do Código Civil.

127 PONTES DE MIRANDA, Francisco Cavalcanti. *Tratado...*, t. XII, § 1.292, 9, p. 84.

128 § 2.º do art. 96 do Código Civil.

Benfeitoria voluptuárias "são as de mero deleite ou recreio, que não aumentam o uso habitual do bem, ainda que o tornem mais agradável ou sejam de elevado valor"[129]. *E.g.*, a anexação a uma casa de jardim de inverno[130], cascata[131] ou piscina[132]; piso cerâmico em prédio destinado a depósito de bebidas e construção de sala onde havia pátio para estacionamento de veículos[133]; construção de casa para empregados sobre imóvel rural arrendado[134]; instalação de divisórias, espelhos, vidros jateados, luminárias não convencionais, portas de correr e ventilador em prédio destinado à locação empresarial[135].

Feitas as distinções entre as benfeitorias, acentuam-se alguns aspectos importantes para a correta distinção entre elas.

Para qualificar a benfeitoria como necessária, útil ou voluptuária, deve o intérprete analisá-la em relação à coisa principal sobre a qual foi incorporada e não sobre a perspectiva de quem a realizou. O artigo 96 do Código Civil não estabelece critério subjetivo, mas critério objetivo[136]. Com razão, a 16ª Câmara Cível do Tribunal de Justiça do Rio Grande do Sul qualificou o aparelho de ar condicionado como benfeitoria voluptuária por tornar a coisa principal mais agradável[137]. Logo, viola a regra contida no artigo 96 do Código Civil qualificar a benfeitoria como voluptuária, tendo por baliza hermenêutica saber se ela serviu ou não ao deleite ou ao recreio de quem tem o poder fático sobre a coisa principal[138].

---

129 § 1.º do art. 96 do Código Civil.

130 BORGES CARNEIRO, Manuel. *Direito civil de Portugal*. Lisboa: J. G. de Souza Neves, 1867, t. IV, § 67, 4, p. 187.

131 BORGES CARNEIRO, Manuel. *Direito civil...*, t. IV, § 67, 4, p. 187.

132 TJRS, Ap. Cív. n. 70015477466, 16.ª Câm. Cív., j. 26/07/2006, rel. Ana Maria Nedel Scalzilli.

133 TJRS, Ap. Cív. n. 70008610867, 16.ª Câm. Cív., j. 19/05/2004, rel. Paulo Augusto Monte Lopes.

134 TJRS, Ap. Cív. n. 70007080856, 9.ª Câm. Cív., j. 12/05/2004, rel. Pedro Celso Dal Pra.

135 TJRS, Ap. Cív. n. 70005544135, 16.ª Câm. Cív., j. 12/03/2003, rel: Claudir Fidelis Faccenda.

136 Com razão, Eduardo de Oliveira afirma: "Não nos parece, entretanto, que esse critério de discriminação tenha sido acolhido em nosso direito. Não é, certamente, o que se encontra na lei que, ao contrário de outros sistemas, nenhuma referência faz à circunstância de o melhoramento só interessar a quem o executou, não aumentando o valor do bem" (OLIVEIRA, Eduardo Andrade Ribeiro de. *Comentários...*, v. II, p. 98).

137 TJRS, Emb. Decl. n. 70008766065, 16.ª Câm. Cív., j. 19/05/2004, rel. Claudir Fidelis Faccenda.

138 Exemplo na doutrina dessa posição está em: BORGES CARNEIRO, Manuel. *Direito civil de Portugal*. Lisboa: J. G. de Souza Neves, 1867, t. IV, § 67, 4, p. 187. RIBAS, Antonio Joaquim. *Curso de direito civil brasileiro*: parte geral. Rio de Janeiro: Typographia Universal de Alemmert, 1865, t. II, p. 223.

Para cumprir o critério objetivo à qualificação da benfeitoria, o intérprete deve observar três requisitos. *Primeiro*, a benfeitoria deverá ser qualificada como necessária, útil ou voluptuária em razão da coisa principal à qual foi incorporada. Desse modo, a 18ª Câmara Cível do Tribunal Justiça do Rio Grande do Sul violou o § 3º do art. 96 do Código Civil, ao qualificar como benfeitoria necessária um portão, por ter ele a finalidade de aumentar a segurança do edifício[139]. O portão é uma benfeitoria útil ao edifício, pois ele não serve para conservar ou evitar o perecimento ou a deterioração do edifício, mas apenas o torna mais seguro. *Segundo*, deverá o intérprete considerar se qualquer pessoa envolta em similares circunstâncias e nas concepções do tráfico teria realizado a obra como benfeitoria necessária, útil ou voluptuária[140]. Se, por exemplo, a benfeitoria realizada pelo possuidor de má-fé fosse realizada igualmente pelo proprietário do imóvel, porquanto evitaria a deterioração ou geraria conservação, não haverá dúvida ao intérprete de que ela deve ser qualificada como necessária. *Terceiro*, levar em consideração os usos do tráfico em determinado espaço-tempo social[141]. *E.g.*, uma churrasqueira construída em uma casa localizada no Rio Grande do Sul, por se inserir na tradição do estado, deve ser vista como benfeitoria útil ao imóvel e não voluptuária[142], como o seria no estado do Amazonas.

Por fim, benfeitorias não podem ser confundidas com pertenças. Conquanto as pertenças sejam coisas destinadas ao uso, serviço ou aformoseamento de coisa principal, elas são distintas das benfeitorias – necessárias, úteis ou voluptuárias –, porque as últimas, por serem fisicamente incorporadas à coisa principal são partes integrantes[143]. Nesse sentido, conforme preceitua o art. 93 do Código Civil, é correto afirmar que "onde há o conceito de pertinencialidade não há o de benfeitoria"[144]. Por isso, os "suportes de bor-

139 TJRS, Ap. Cív. n. 70018290635, 18.ª Câm. Cív., j. 29/04/2008, rel. Mario Rocha Lopes Filho.

140 VAZ SERRA, Adriano Paes da Silva. Obrigação..., n. 80, p. 21-22.

141 CARVALHO SANTOS, João Manuel. *Código Civil...*, v. II, p. 91.

142 TJRS, Ap. Cív. n. 70024344624, 17.ª Câm. Cív., j. 05/06/2008, rel. Elaine Harzheim Macedo.

143 Exemplo dessa dedução retira-se da leitura conjugada do *caput* e do parágrafo único do art. 1.922 do Código Civil, que pode ser lido da seguinte forma: se quem legar um imóvel ajuntar-lhe benfeitorias necessárias, úteis ou voluptuárias, estas se compreendem igualmente no legado, por serem partes integrantes, essencial ou não essencial, do imóvel.

144 PONTES DE MIRANDA, Francisco Cavalcanti. *Tratado...*, t. X, § 1.771, 2, p. 309.

racha que o possuidor pôs para que os pés da geladeira não se enferrujassem, não são benfeitorias"[145], mas pertenças.

2.2. *Construção e plantação*

A doutrina em geral assevera que enquanto as benfeitorias são "obras feitas na coisa, com o fito de conservá-la, melhorá-la, ou embelezá-la"[146], as acessões "são obras que criam coisas novas, diferentes, que vêm aderir à coisa anteriormente existente"[147]. Assente nessa conceituação e considerando o solo como coisa principal, seriam exemplos de benfeitorias: "as valas de irrigação ou drenagem, o arruamento de terreno, o aterro, o preparo do terreno para receber plantações, semeaduras, e enfim todas as outras obras ou trabalhos que não transformam o solo, ou o simples terreno"[148]; e de acessão "as plantações, as construções de prédios, de muros, de moinhos, de instalações industriais e enfim todo e qualquer trabalho no fim do qual o solo não seja somente solo ou terreno somente terreno"[149]. Em síntese, "tudo aquilo que conserva, melhora, ou embeleza, as coisas já existentes são benfeitorias" [150], enquanto "tudo aquilo que cria coisa nova, diferente da coisa que existe é acessão"[151].

Segundo a posição doutrinária apresentada como premissa, seria correto concluir que: (*a*) acessão distingue-se de benfeitoria; (*b*) construção e plantações são sinônimos de acessão; (*c*) benfeitoria é a coisa incorporada como necessária, útil ou voluptuária à coisa principal; (*d*) acessão é a construção ou plantação que incorpora coisa nova à coisa principal. Entretanto, essas conclusões, correntemente afirmadas pela doutrina, não são de todo precisas. Elas implicam apreensão e aplicação sem razão das regras jurídicas do Código Civil. Se fossem de todo precisas, estaria equivocada, por exemplo, a 5ª Câmara de Direito Privado do Tribunal de Justiça de São Paulo, ao qualificar uma piscina tanto como construção quanto como benfeitoria[152].

---

145 PONTES DE MIRANDA, Francisco Cavalcanti. *Tratado*..., t. X, § 1.771, 2, p. 309.

146 PAULO DA ROCHA, Clóvis. *Das construções*..., p. 36. Nesse sentido: MALUF, Carlos Alberto Dabus. Benfeitoria não se confunde com acessão. *Revista dos Tribunais*. São Paulo: Revista dos Tribunais, 1993, v. 692, p. 202.

147 PAULO DA ROCHA, Clóvis. *Das construções*..., p. 36-37. Nesse sentido: MALUF, Carlos Alberto Dabus. Benfeitoria..., p. 202.

148 PAULO DA ROCHA, Clóvis. *Das construções*..., p. 37.

149 PAULO DA ROCHA, Clóvis. *Das construções*..., p. 37.

150 PAULO DA ROCHA, Clóvis. *Das construções*..., p. 37.

151 PAULO DA ROCHA, Clóvis. *Das construções*..., p. 37.

152 TJSP, Ap. Cív. n. 6611474600, 5.ª Câm. Dir. Priv., j. 25/04/2012, rel. Moreira Viegas. "AÇÃO REIVINDICATÓRIA. Área de lazer com piscina construída em parte do imóvel

Passa-se à fundamentação do porquê entende-se ser imprecisa e incompleta a posição doutrinária suso apresentada, relembrando sempre que "se não se têm, rente à vida jurídica, os olhos, se não se chega a noções claras, tudo se confunde e baralha, com prejuízo para a ciência e para a justiça"[153].

Primeiro, construções e plantações não são sinônimos de acessão, mas modos pelos quais a última se configura.

No art. 1.248, V, do Código Civil, consta preceituado que acessão pode se dar pelas 'plantações e construções'. Da leitura singela desta regra, é possível asseverar não poderem ser a plantação ou a construção tratadas como sinônimos de acessão. Em verdade, elas são *modos* pelos quais há possibilidade de advir a aquisição originária da propriedade pela acessão. Empregar acessão como sinônimo de plantação ou construção significa utilizar linguagem elíptica, a qual tem a desvantagem de gerar equívoco na compreensão da categoria da acessão. Equívoco ao qual não se furtou o legislador na redação do art. 1.256 do Código Civil. Para essa assertiva apresentam-se dois fundamentos.

Pela leitura dos léxicos, apreende-se ser a *construção* o "ato ou efeito de construir" [154]; a "atividade de organização e criação de algo" [155]; a "obra construída ou edificada; edifício, estrutura" [156]; a "ação de compor algo estruturado; composição, elaboração, formação" [157]; a "forma como algo é composto; constituição, estrutura"[158]. A *plantação* o "ato ou efeito de plantar; plantio;

de propriedade da autora. Sentença de procedência. Alegação de direito de retenção e de indenização sobre as benfeitorias construídas. Construções que se caracterizam como benfeitorias voluptuárias. Inexistência do direito de retenção ou indenização. Inteligência do artigo 1.219 do Código Civil. Recurso não provido".

153 PONTES DE MIRANDA, Francisco Cavalcanti. *Tratado de direito privado*. 4. ed. São Paulo: Revista dos Tribunais, 1984, t. V, § 623, 4, p. 482.

154 *Dicionário da Língua Portuguesa com Acordo Ortográfico*. Porto: Porto Editora, 2003-2016. [consult. 2016-05-09 18:48:40]. Disponível na Internet: http://www.infopedia.pt/dicionarios/lingua-portuguesa/construção.

155 *Dicionário da Língua Portuguesa com Acordo Ortográfico*. Porto: Porto Editora, 2003-2016. [consult. 2016-05-09 18:48:40]. Disponível na Internet: http://www.infopedia.pt/dicionarios/lingua-portuguesa/construção.

156 *Dicionário da Língua Portuguesa com Acordo Ortográfico*. Porto: Porto Editora, 2003-2016. [consult. 2016-05-09 18:48:40]. Disponível na Internet: http://www.infopedia.pt/dicionarios/lingua-portuguesa/construção.

157 *Dicionário da Língua Portuguesa com Acordo Ortográfico*. Porto: Porto Editora, 2003-2016. [consult. 2016-05-09 18:48:40]. Disponível na Internet: http://www.infopedia.pt/dicionarios/lingua-portuguesa/construção.

158 *Dicionário da Língua Portuguesa com Acordo Ortográfico*. Porto: Porto Editora, 2003-2016. [consult. 2016-05-09 18:48:40]. Disponível na Internet: http://www.infopedia.pt/dicionarios/lingua-portuguesa/construção.

cultivo"[159]; o "conjunto de vegetais plantados num terreno; cultura"[160]; o "terreno cultivado; exploração agrícola"[161]. Significam ambos os substantivos explicitados ou o *ato* de plantar[162] ou de construir[163], ou o *efeito* (resultado) originado do ato, isto é, a obra construída ou a árvore ou a semente plantadas. No sentido da linguagem comum, portanto, construção ou plantação não significam, em hipótese alguma, aquisição de propriedade. Por consectário, esses significados também hão de ser os significados com os quais as palavras construção ou plantação estão empregadas nos suportes fáticos do relativo aos artigos insertos na subseção V, Seção III, Capítulo II, Título II do Livro III do Código Civil.

Nos suportes fáticos dos artigos 1.254 e 1.255 do Código Civil, o *ato de plantar* é identificado pelos elementos 'semeia' e 'planta' e o *ato de construir* pelo elemento 'edifica'. Igualmente, o ato de plantar e o de construir estão no parágrafo único do art. 1.256, nos elementos do suporte fático "trabalho de construção, ou lavoura". O *resultado* do ato de plantar e construir está nos elementos 'construção' e 'plantação', constantes nos suportes fáticos dos artigos 1.253, 1.255, 1.256 parágrafo único do Código Civil. Como coisas a serem utilizadas à realização dos atos de *plantar* e *construir* estão, como elementos dos suportes fáticos, sementes, plantas e materiais.

Após analisar, sob o enfoque lexical, os elementos do suporte fático construção e plantação, demonstrando que por seus significados, na linguagem comum, não se pode depreender aquisição da propriedade pela acessão, apresenta-se agora o segundo fundamento a comprovar o porquê, na lingua-

159 *Dicionário da Língua Portuguesa com Acordo Ortográfico*. Porto: Porto Editora, 2003-2016. [consult. 2016-05-09 21:37:59]. Disponível na Internet: http://www.infopedia.pt/dicionarios/lingua-portuguesa/plantação

160 *Dicionário da Língua Portuguesa com Acordo Ortográfico*. Porto: Porto Editora, 2003-2016. [consult. 2016-05-09 21:37:59]. Disponível na Internet: http://www.infopedia.pt/dicionarios/lingua-portuguesa/plantação

161 *Dicionário da Língua Portuguesa com Acordo Ortográfico*. Porto: Porto Editora, 2003-2016. [consult. 2016-05-09 21:37:59]. Disponível na Internet: http://www.infopedia.pt/dicionarios/lingua-portuguesa/plantação

162 *Plantar* significa "meter (uma planta) na terra"; ou "guarnecer (um terreno ou uma região) com vegetais; cultivar; semear"; ou "fincar na terra verticalmente" (Dicionário da Língua Portuguesa com Acordo Ortográfico [em linha]. Porto: Porto Editora, 2003-2016. [consult. 2016-06-10 21:05:11]. Disponível na Internet: http://www.infopedia.pt/dicionarios/lingua-portuguesa/plantar).

163 *Construir* significa "edificar ou fabricar com materiais diversos e de acordo com um plano ou estrutura; erigir"; ou "reunir e dispor metodicamente (as partes de um todo); organizar; compor; elaborar; formar; [...]" (*Dicionário da Língua Portuguesa com Acordo Ortográfico*. Porto: Porto Editora, 2003-2016. [consult. 2016-05-09 20:06:25]. Disponível na Internet: http://www.infopedia.pt/dicionarios/lingua-portuguesa/Construir).

gem jurídica, de construção ou plantação não poderem ser tratadas como sinônimos de acessão.

Preceitua o art. 79 do Código Civil serem "bens imóveis o solo e tudo quanto se lhe incorporar natural ou artificialmente". A coisa móvel para ter a qualidade de imóvel deverá ser incorporada ao solo. Essa incorporação, conforme anteriormente analisado, deve apresentar caráter permanente. Assim, havendo incorporação com caráter permanente de coisa móvel à coisa principal, ela passa a ser parte integrante, essencial ou não essencial, da última. Perde sua independência como coisa móvel. Se a coisa incorporada não puder ser retirada sem dano ou destruição, ela é uma parte integrante essencial. Se puder, é uma parte integrante não essencial ou uma falsa parte integrante. A categoria das partes integrantes e a precisa distinção entre suas espécies são fundamentais à correta compreensão da acessão[164].

No sistema jurídico brasileiro, o art. 79 é a sede material da acessão[165]. Conquanto desse artigo não conste expressamente, como o era no art. 43, II do Código Civil de 1916, um dos requisitos é a incorporação da coisa ao solo, em carácter permanente. A incorporação de uma coisa ao solo será permanente, se não for possível a retirada da coisa incorporada "sem destruição, modificação, fratura ou dano", ou seja, se ela se tornar parte integrante essencial. Essa conclusão se retira da leitura, em sentido contrário, do art. 82 do Código Civil, o qual preceitua ser móvel, toda aquela coisa que for suscetível "de remoção por força alheia, sem alteração da substância". Desse modo, toda a coisa que for incorporada ao solo e não puder ser 'removida por força alheia' sem 'alteração de sua substância' (destruição, modificação, fratura ou dano) torna-se coisa imóvel.

Por consectário, apenas há acessão, como modo de aquisição da propriedade, se a coisa plantada, semeada ou edificada se incorporar à coisa principal – imóvel – sem poder ser retirada sem dano ou destruição[166]. De modo mais preciso, dar-se-á a acessão quando a coisa incorporada se tornar parte integrante essencial da coisa principal[167]. Por isso, tratando-se "de plantação, esse momento é o da *coalitio*, o em que as raízes se cravam no solo, ou, em caso de sementeira, em que as sementes se misturam com a terra, ou já se tornaria difícil apanhá-las, ou, em caso de construção, o em que se ligam ao terreno,

164 ANDRADE, Manuel A. Domingues de. *Teoria*..., v. I, p. 263. CHAVES, Antônio. *Tratado*..., v. I, t. 2, p. 1043.

165 PONTES DE MIRANDA, Francisco Cavalcanti. *Tratado*..., t. XI, § 1.206, 8, p. 186.

166 PONTES DE MIRANDA, Francisco Cavalcanti. *Tratado*..., t. XI, § 1.206, 8, p. 185.

167 GOMES, Orlando. *Direitos reais*. 7. ed. Rio de Janeiro: Forense, p. 153. GOMES, Orlando. Legado de acessões. Propriedade separada. Legado de coisa alheia. Cláusula de inalienabilidade. *Questões de direito civil*: pareceres. 5. ed. São Paulo: Saraiva, 1988, p. 148-149.

ou se usam nele, misturando-se, os materiais, ou o em que se dá a integração, como parte, ao edifício"[168]. Como se percebe, saber se houve ou não acessão pressupõe uma *quaestio facto*[169].

A partir desses fundamentos, não se pode tratar a construção ou a plantação como sinônimos de acessão, porque não basta haver construção ou plantação para que se possa afirmar a configuração da acessão. Apenas advirá ao proprietário do solo a aquisição da propriedade da coisa construída ou plantada, pela acessão, se a incorporação à coisa principal houver sido em caráter permanente e se a coisa incorporada não se tornou parte integrante essencial. Logo, se os atos de semear, plantar ou edificar, por si só, não irradiam a acessão, mas essa configura-se apenas se as coisas semeadas, plantadas ou construídas se incorporarem em caráter permanente, tornando-se parte integrante essencial da coisa principal, é incorreto empregar o vocábulo acessão como sinônimo de construção ou plantação. Em verdade, a construção ou a plantação decorrentes do ato de construir ou plantar são apenas os modos pelos quais, preenchidos os requisitos – incorporação permanente e tornar-se a coisa incorporada parte integrante essencial – será gerada a acessão.

Segundo, benfeitoria e acessão não são categorias jurídicas que se contrapõem.

Benfeitoria é a despesa que se faz incorporando coisa móvel à coisa principal, sendo considerada em relação a esta necessária, útil ou voluptuária. Acessão é modo de aquisição originário da propriedade imobiliária que ocorre pela incorporação de uma coisa móvel à coisa principal imóvel ou móvel, transformando-se a primeira em parte integrante essencial da coisa principal.

Sob essa perspectiva, a figura da benfeitoria não pode se contrapor à categoria da acessão. Ambas não se excluem. A benfeitoria é apenas uma espécie de despesa. Não consiste em conceito relacionado a modo de aquisição originário da propriedade. Ela existe quando a incorporação de uma coisa sobre a coisa principal é considerada, em relação à última, como despesa necessária, útil ou voluptuária. Por essa razão, não se pode afastar a possibilidade de uma coisa incorporada à coisa principal como benfeitoria não gerar acessão. Se for realizada a incorporação de uma viga de concreto, por exemplo, para que não sigam ocorrendo rachaduras na laje inferior do segundo andar de uma casa, ela deve ser qualificada como uma benfeitoria necessária. Entretanto, também é correto qualificá-la como parte integrante essencial do imóvel, por não mais ser viável retirá-la sem dano ou destruição tanto dela quanto da casa. Consequentemente, ao se tornar parte integrante

168 PONTES DE MIRANDA, Francisco Cavalcanti. *Tratado...*, t. XI, § 1.206, 9, p. 187.

169 PONTES DE MIRANDA, Francisco Cavalcanti. *Tratado...*, t. XI, § 1.206, 8, p. 186.

essencial, ela também preenche os requisitos da acessão. Nesse sentido, também se torna viável afirmar que a coisa incorporada como benfeitoria útil ou voluptuária pode gerar acessão.

Com suporte nesse argumento, conclui-se possível que uma benfeitoria útil ou voluptuária seja qualificada como parte integrante não essencial na coisa principal, e, por conseguinte, não gerar acessão.

Terceiro, uma construção ou uma plantação pode ser qualificada ou não como benfeitoria.

Se, em geral, as benfeitorias são definidas como as "obras feitas na coisa, com o fito de conservá-la, melhorá-la, ou embelezá-la"[170], há ensejo a se comprovar o equívoco em distingui-las da construção e da plantação por serem incompatíveis. Se o vocábulo 'obra' significa não apenas o "reparo ou modificação na estrutura física de algum lugar"[171] ou coisa, mas também "o que resulta de um trabalho ou de uma ação"[172], por exemplo um edifício[173], não se revela viável restringir o vocábulo como se fosse algo contraposto aos vocábulos construção e plantação. Conforme supra analisado, construção e plantação são apenas os modos pelos quais é possível gerar a aquisição originária da propriedade pela acessão. Não são sinônimos de acessão. Acessão é apenas o efeito que decorre quando a coisa construída ou plantada se torna parte integrante essencial da coisa principal. Portanto, se a benfeitoria é a despesa feita na coisa principal para incorporar-lhe outra que será necessária, útil ou voluptuária, não se pode negar que a incorporação decorre da ação de plantar ou construir na coisa principal. Se, por exemplo, no jardim da casa locada, o locatário plantar palmeiras e construir estufa para cultivar orquídeas, tornando-se elas partes integrantes essenciais, houve acessão. Contudo, embora a acessão tenha decorrido do ato de plantar ou construir, também não transparece aceitável deixar de considerar as palmeiras e a estufa benfeitorias voluptuárias da casa.

Maior razão há em negar a contraposição feita pela doutrina entre benfeitoria, de um lado, e construções e plantações, de outro, ao se deduzir, pela leitura atenta do Código Civil, o sentido de construção.

Da disciplina da acessão por intermédio da construção, como elemento do suporte fático dos artigos 1.254 e 1.257 *caput* e parágrafo único, consta a palavra 'materiais', em vez do emprego das palavras construção; construções; edifica; edificação; edifício, como aplicadas nos suportes fáticos de outras regras jurídicas relativas ao tema. Em concordância com as premissas

170 PAULO DA ROCHA, Clóvis. *Das construções...*, p. 36.

171 PAULO DA ROCHA, Clóvis. *Das construções...*, p. 37.

172 PAULO DA ROCHA, Clóvis. *Das construções...*, p. 37.

173 PAULO DA ROCHA, Clóvis. *Das construções...*, p. 37.

doutrinárias apresentadas de que as benfeitorias se distinguem das acessões e, consectariamente, das construções e plantações, se poderia entender que houve erro do legislador em não empregar o vocábulo construção ou edifício. Entretanto, o legislador não incorreu em erro ao empregar o vocábulo 'materiais'. A construção não se configura somente quando se edifica algum prédio. Construção também se configura quando se empregam materiais em edifício já construído, ao qual sejam necessários, úteis ou voluptuários. Portanto, também por intermédio da construção é possível criar benfeitoria. Ou seja, quando se empregam materiais, incorporando-os para benfazer determinada coisa e essas não mais podem ser retiradas sem dano ou destruição, eles tornaram-se parte integrantes essenciais, sendo, por conseguinte, objetos de acessão. Em consequência, a acessão não ocorre somente quando se constrói sobre o terreno um edifício em caráter definitivo, mas também quando se incorpora material como parte integrante essencial em determinado edifício[174].

§ 2º. Do direito de toler (*ius tollendi*)

Após se analisar as figuras jurídicas das partes integrantes, da benfeitoria e da acessão, propedêuticas à correta compreensão e aplicação do direito de toler, nesse parágrafo analisam-se: *primeiro*, sua natureza jurídica; *segundo*, os requisitos à existência; *terceiro*, o exercício desse direito.

1. Natureza jurídica do direito de toler

O *ius tollendi* é o direito de toler a coisa móvel unida à coisa principal móvel ou imóvel[175]. Por consectário, é o direito de separar a coisa móvel incorporada à coisa principal ou de repristinar à sua natureza anterior como coisa individual[176]. A coisa incorporada como benfeitoria voluptuária será repristinada como coisa individual apenas quando for separada.

Segundo o art. 1.219, 1ª parte do Código Civil, só há esse direito se a coisa pode ser tolida "sem detrimento", ou seja, quando não houve acessão por se tornar a coisa incorporada parte integrante essencial da coisa principal

174 Essa conclusão também pode se depreender em Borges Carneiro, ao apresentar, como hipóteses de acessão imóvel, o que se: edifica, planta e semeia sobre o solo e se benfeitoriza (BORGES CARNEIRO, Manuel. *Direito civil*..., t. IV, § 67, 4, p. 183-189).

175 PONTES DE MIRANDA, Francisco Cavalcanti. *Tratado*..., t. XIV, § 1.581, 1, p. 57.

176 PONTES DE MIRANDA, Francisco Cavalcanti. *Tratado*..., t. XXII, § 2.733, 1, p. 242. "[...], é preciso que se divida a coisa, ainda que a divisão seja mais corte, separa, do que propriamente transformação da coisa em duas ou mais coisas da mesma espécie. A retirada do cofre, que se embutira na parede, não é divisão, e sim separação, ainda que o cofre se haja tornado parte não-essencial do prédio".

[177]. Se a coisa móvel for incorporada, tornando-se parte integrante essencial da coisa principal, o domínio sobre ela é adquirido pelo titular da coisa a ser restituída pela acessão, o que impede o nascimento do direito de toler. Ao não se admitir o direito de toler sobre a coisa incorporada como parte integrante essencial, é correto afirmar que, pelo exercício do direito de toler, não se readquire propriedade da coisa incorporada. Portanto, o direito de toler não é direito de expropriação ou de apropriação [178-179]. A incorporação, ao não gerar a perda do direito de propriedade sobre a coisa incorporada, permite qualificar o *ius tollendi* como um direito pessoal[180] de quem está na posse da coisa principal. Exercer o *ius tollendi*, em verdade, é exercer o poder de jurídico conteúdo do direito pessoal de toler – posição jurídica ativa. Em face dessa caraterística, salienta-se também que o direito de toler não configura, ao contrário do que afirma Pontes de Miranda, um direito formativo gerador

177 PONTES DE MIRANDA, Francisco Cavalcanti. *Tratado*..., t. X, § 1.128, 4, p. 369.

178 PONTES DE MIRANDA, Francisco Cavalcanti. *Tratado*..., t. X, § 1.128, 4, p. 369. Sobre direito de apropriação: PONTES DE MIRANDA, Francisco Cavalcanti. *Tratado*..., t. V, § 579, 4-5, p. 299-301. THUR, Andreas von. *Derecho civil*: teoría general del derecho civil. Trad. Tito Ravá. Madrid: Marcial Pons, v. I[1], § 8, p. 175-183.

179 Por honestidade científica, alerta-se o leitor sobre a contradição de Pontes de Miranda quanto à natureza do direito de toler em passagens do Tratado de Direito Privado. No tomo X, afirma não ser correto qualificar o direito de toler como direito de apropriação ou expropriação. No tomo XIV, ao contrário, afirma ser o direito de toler direito de apropriação (PONTES DE MIRANDA, Francisco Cavalcanti. *Tratado*..., t. XIV, § 1.581, 3, p. 59), e, no tomo XXII, define o direito de toler como um "direito formativo gerador de propriedade ou de posse (se a propriedade não foi perdida)" (PONTES DE MIRANDA, Francisco Cavalcanti. *Tratado*..., t. XXII, § 2.732, 1, p. 240). À luz de outras premissas apresentadas por Pontes de Miranda, as quais permitem efetuar a interpretação apresentada, acolhe-se a posição de que o direito de toler é tão somente direito de separação da coisa e sua repristinação ao estado anterior de coisa individual. Somente se poderia acolher a tese do direito de toler como direito de apropriação, se fosse possível ser retirada a coisa incorporada que adquiriu a qualidade de parte integrante essencial, e, com isso, adquirida através da acessão pelo proprietário da coisa a ser restituída, retornando a titularidade do direito real de propriedade ao patrimônio do antigo proprietário. No direito alemão, diferentemente, o *ius tollendi* pode ser qualificado como direito de apropriação, pois o BGB reconhece sua existência ainda que a coisa incorporada se torne parte integrante essencial, conforme se pode depreender, por exemplo, da leitura do § 997, 1: "Si el poseedor ha unido a la cosa otra cosa como parte integrante esencial, puede separarla y apropiársela. Se aplica la disposición del § 258" (*Código Civil alemán y ley de introducción al Código Civil*. Trad. Albert Lamarca Marquès. Madrid: Marcial Pons, 2013, p. 270). Nesse sentido: WOLFF, Martín. RAISER, Ludwig. Derecho de cosas. In: ENNECCERUS, Ludwig. KIPP, Theodor. WOLFF, Martín. *Tratado de derecho civil*. Trad. Blas Pérez Gonzáles, José Alguer y Eduardo Valentí Fiol. Barcelona: Bosch, 1971, t. III, v. I, § 74, IV, 1, nota 14, p. 495-496.

180 PONTES DE MIRANDA, Francisco Cavalcanti. *Tratado*..., t. XIV, § 1.581, 3, p. 59.

de propriedade ou de posse[181], porque, ao exercê-lo, o titular não gera, não extingue e não modifica direito real de propriedade.

O direito de toler pode ser exercido contra massa concursal do proprietário e contra direito real dos credores hipotecários, se o titular ainda está na posse imediata da coisa[182]. Igualmente, é possível ser objeto de penhora e, por conseguinte, entrar na massa de bens do concurso de credores[183].

2. Nascimento do direito de toler: requisitos

Preceitua o art. 1.219 do Código Civil: "O possuidor de boa-fé tem direito à indenização das benfeitorias necessárias e úteis, bem como, quanto às voluptuárias, se não lhe forem pagas, a levantá-las, quando o puder sem detrimento da coisa, e poderá exercer o direito de retenção pelo valor das benfeitorias necessárias e úteis". É artigo "assaz rico em conteúdo"[184] por estabelecer, na primeira parte, o direito à indenização das benfeitorias necessárias e úteis e o direito de toler quanto às voluptuárias e, na segunda parte, o direito de retenção quanto às benfeitorias necessárias e úteis.

Procedendo à leitura sistêmica do Código Civil, constata-se que a regra contida no art. 1.219, 1ª parte, tem caráter geral sobre o direito de toler. Assim, sempre que estiverem atendidos os requisitos nela fixados nascerá o *ius tollendi*, independentemente de regra que expressamente o reconheça para uma situação jurídica em particular[185]. Para aferir a correção em se qualificar a regra contida no art. 1.219, 1ª parte do Código Civil como caráter geral, invocam-se algumas regras jurídicas dispersas no Código Civil. O art. 578 do Código Civil[186] preceitua sobre o direito de retenção do locador e não sobre o *ius tollendi*. Entretanto, estando configurados os requisitos estabelecidos no art. 1.219, 1ª parte, do Código Civil, tem o locatário o direito de toler as benfeitorias voluptuárias. No caso do comodato, conquanto o comodatário não tenha o direito às despesas que realizou com o uso e gozo da coisa infungível

---

181 PONTES DE MIRANDA, Francisco Cavalcanti. *Tratado*..., t. XXII, § 2.733, 1, p. 241.

182 PONTES DE MIRANDA, Francisco Cavalcanti. *Tratado*..., t. X, § 1.128, 4, p. 369.

183 PONTES DE MIRANDA, Francisco Cavalcanti. *Tratado*..., t. XXII, § 2.733, 1, p. 243.

184 PONTES DE MIRANDA, Francisco Cavalcanti. *Tratado*..., t. X, § 1.128, 4, p. 368.

185 PONTES DE MIRANDA, Francisco Cavalcanti. *Tratado*..., t. XXII, § 2.733, 2, p. 244. "Não há *ius tollendi* somente onde a lei o diz. Há tal direito sempre que se compõem os pressupostos de regra jurídica geral, não escrita, que corresponde ao art. 516, 1.ª parte, do Código Civil".

186 Art. 578 do Código Civil: "Salvo disposição em contrário, o locatário goza do direito de retenção, no caso de benfeitorias necessárias, ou no de benfeitorias úteis, se estas houverem sido feitas com expresso consentimento do locador".

emprestada – art. 584 do Código Civil – [187], se houver incorporado coisa móvel àquela, vindo a ser qualificada como falsa parte integrante e benfeitoria voluptuária, ele será titular do direito de toler.

Da interpretação literal do referido artigo, revela-se possível asseverar que o direito de toler nasce quando o possuidor de boa-fé realizar na coisa, móvel ou imóvel, em sua posse, a incorporação de outra, qualificada como benfeitoria voluptuária, a qual poderá ser levantada sem detrimento. No suporte fático do art. 1.219, 1ª parte do Código Civil, estão fixados os três requisitos à existência do direito de toler: (*a*) ser o possuidor de boa-fé; (*b*) ser incorporada coisa à coisa principal como benfeitoria voluptuária; (*c*) ser a coisa incorporada passível de ser 'levantada' 'sem detrimento' ao qual, subliminarmente, está o interesse de toler.

2.1. *Ser o possuidor de boa-fé*

Preliminarmente à análise do que seja posse de boa-fé, é preciso ter em mente só haver direito de toler se quem incorporou coisa à coisa principal a ser restituída ou transferida esteja na posse imediata dela[188]. Sem haver posse imediata, não há direito de toler.

A precisão em se saber trabalhar com a categoria da boa-fé em matéria possessória evidencia-se fundamental, por ser ela, dentre os elementos do suporte fático do art. 1.219 do Código Civil, a dar existência ao direito de toler, o mais difícil de ser identificado.

A posse será de boa-fé quando, conforme o artigo 1.201 do Código Civil, o possuidor "ignora o vício, ou o obstáculo que impede a aquisição da coisa". A posse de boa-fé é a de quem crê ser a sua posse fundada em uma justa causa. O possuidor de má-fé é quem sabe ser a sua posse fundada uma causa injusta. Portanto, será de boa-fé ou de má-fé a posse, quando o possuidor ignorar ou não, *subjetivamente*, a existência de vício ou óbice à aquisição da coisa. É a boa-fé crença[189]. Por conseguinte, não se confunda a boa-fé subjetiva, relativa à posse, com a boa-fé objetiva, relativa aos negócios jurídicos (art. 113; 187; e 421 do Código Civil)[190].

Embora sejam conceitos que se relacionam, a posse de boa-fé ou de má-fé não se confunde com a posse justa ou injusta. Afere-se ser a posse justa ou injusta por uma análise objetiva no mundo dos fatos, ou seja, ser ou não

187 Art. 584 do Código Civil: "O comodatário não poderá jamais recobrar do comodante as despesas feitas com o uso e gozo da coisa emprestada".

188 PONTES DE MIRANDA, Francisco Cavalcanti. *Tratado*..., t. XIV, § 1.581, 2, p. 58.

189 ADIERS, Moacir. A caracterização da boa-fé como arte jurisprudencial. *Revista da AJURIS*. Porto Alegre: Ajuris, 1987, v. 41, p. 227.

190 Sobre a distinção é fundamental ler: MARTINS-COSTA, Judith. *A boa-fé no direito privado*: critérios para a sua aplicação. 2. ed. São Paulo: Saraiva, 2018, § 24, p. 279-289.

a posse decorrente de violência, clandestinidade ou precariedade, conforme preceitua o art. 1.200 do Código Civil. A qualificação da posse como de boa-fé ou de má-fé é aferida por intermédio de um critério de análise subjetivo[191]. É a boa-fé crença[192]. Essa distinção evidencia-se importante, pois, ainda que a posse seja injusta, pode ser possuidor de boa-fé quem crê ser a posse sobre determinada coisa fundada em causa justa[193]. Para que a posse seja de boa-fé, "[n]ão é preciso que exista justo título; o que é preciso é que se creia na existência dele. O que ignora que adquiriu violentamente, ou clandestinamente, ou precariamente, crê que adquiriu sem vício, *e. g.*, pela ocupação da coisa adéspota. O que ignora que havia obstáculo à aquisição da posse, isto é, crendo que o bem imóvel podia ser alienado, estava de boa-fé"[194].

Muito embora a boa-fé quanto à posse seja subjetiva, isto é, em estado de consciência do indivíduo que crê não ser a posse fundada em vício ou obstáculo à sua aquisição, as balizas de interpretação a serem usadas pelo intérprete a declarar a existência ou não da boa-fé são as circunstâncias do caso[195]. A boa-fé subjetiva do possuidor deverá ser aferível com arrimo nos fatos e nos elementos circunstanciais que o envolvem, *e.g.*, quem são os sujeitos envolvidos, suas qualidades pessoais, os usos existentes no círculo social e o modo como se efetivou a aquisição da posse[196]. Portanto, a aferição da existência ou não da boa-fé por uma apreciação eminentemente psicológica ou por meras conjecturas não serve[197]. A subjetividade da boa-fé deverá ser pautada por balizas objetivas de aferição[198].

Igualmente para se aferir se a posse é de boa-fé ou de má-fé, não há que se fundar em um critério de escusabilidade ou inescusabilidade do erro. O erro quanto à ignorância do vício ou obstáculo à aquisição da

191 PONTES DE MIRANDA, Francisco Cavalcanti. *Tratado...*, t. X, § 1.077, 1, p. 120. "É preciso não se confundir a posse injusta com a posse de má fé, nem a posse justa com a posse de boa fé. A posse justa é *ex iusta causa*, o que se passa no mundo fático, objetivamente; a posse de boa fé é a de quem se crê possuidor *ex iusta causa*, ainda que não no seja, - o que ocorre no mundo fático, mas subjetivamente. A posse injusta é *ex iniusta causa*; a má fé é a de quem se crê possuidor *ex iniusta causa*".

192 MARTINS-COSTA, Judith. A *boa-fé...*, § 24, p. 280. ADIERS, Moacir. A caracterização..., p. 227.

193 PONTES DE MIRANDA, Francisco Cavalcanti. *Tratado...*, t. X, § 1.077, 1, p. 120.

194 PONTES DE MIRANDA, Francisco Cavalcanti. *Tratado...*, t. X, § 1.078, 2, p. 128.

195 ADIERS, Moacir. A caracterização..., p. 225.

196 ADIERS, Moacir. A caracterização..., p. 225.

197 ADIERS, Moacir. A caracterização..., p. 225.

198 ADIERS, Moacir. A caracterização..., p. 228.

posse não é de direito[199], mas de fato: "ignora-se, ou não se ignora; sabe-se, ou não se sabe"[200]. Essa revela-se a correta interpretação do *caput* do art. 1.201 do Código Civil. Nesse sentido, "está de boa-fé quem, por ter adquirido posse, conhece a *causa possessionis* e ignora que ele não o fosse suficiente à aquisição *iusta*"[201].

Ao conhecimento de vício ou obstáculo "não equivale o desconhecer por culpa própria, ainda grave"[202]. Por estar a posse eminentemente no mundo dos fatos e, portanto, sem se poder atrair ao seu trato a análise de efeitos imanentes do mundo jurídico, não há de se pensar em cumprimento a dever jurídico de conhecer[203] para que reste caracterizada a ignorância fixada no art. 1.201 do Código Civil. Por conseguinte, sequer há de se pensar em gradação de culpa[204]. Ou se ignora o vício ou obstáculo, ou se conhece[205]. Essa análise de critérios de aferição da boa-fé do possuidor não pode ser confundida com a regra disposta no parágrafo único do art. 1.201, que estabelece presumir-se a posse de boa-fé por ter o possuidor justo título. Essa presunção é *iuris tantum*. Portanto, pode ser afastada por prova em contrário ou quando a lei expressamente não a admitir.

O ponto no tempo em que há a alteração da posse de boa-fé para posse de má-fé é importante, pois não há alteração retroativa. A posse de boa-fé, durante o prazo em que se dá sua tomada até a alteração do estado subjetivo para má-fé, não deixa de existir. O conhecimento posterior do vício ou do obstáculo à aquisição da coisa não altera a ignorância anterior[206].

A alteração do estado subjetivo de boa-fé para o de má-fé não decorre da mera comunicação de conhecimento (atos jurídicos *stricto sensu*) encaminhada pelo interessado ao possuidor, informando-lhe que a posse é viciosa. Apenas haverá alteração do caráter da posse, conforme o art. 1.202 do Código Civil[207], se houver mudança da crença pelo possuidor[208]. O crer "há de recair na existência de *iusta causa possessionis*. Verifica-se o objeto da crença e se ela existiu.

---

199 PONTES DE MIRANDA, Francisco Cavalcanti. *Tratado*..., t. X, § 1.078, 1, p. 126.

200 PONTES DE MIRANDA, Francisco Cavalcanti. *Tratado*..., t. X, § 1.078, 2, p. 128.

201 PONTES DE MIRANDA, Francisco Cavalcanti. *Tratado*..., t. X, § 1.078, 2, p. 128.

202 PONTES DE MIRANDA, Francisco Cavalcanti. *Tratado*..., t. X, § 1.078, 3, p. 130.

203 PONTES DE MIRANDA, Francisco Cavalcanti. *Tratado*..., t. X, § 1.078, 3, p. 130.

204 PONTES DE MIRANDA, Francisco Cavalcanti. *Tratado*..., t. X, § 1.078, 3, p. 130.

205 PONTES DE MIRANDA, Francisco Cavalcanti. *Tratado*..., t. X, § 1.078, 3, p. 130.

206 PONTES DE MIRANDA, Francisco Cavalcanti. *Tratado*..., t. X, § 1.078, 3, p. 130.

207 Art. 1.202 do Código Civil. "A posse de boa-fé só perde este caráter no caso e desde o momento em que as circunstâncias façam presumir que o possuidor não ignora que possui indevidamente".

208 PONTES DE MIRANDA, Francisco Cavalcanti. *Tratado*..., t. X, § 1.078, 4, p.130.

Se não existiu a aparência em que se pudesse crer, claro é que não se estava de boa fé"[209]. Conforme o preceituado no art. 1.202 e 1.203[210] do Código Civil, a presunção da boa-fé apenas pode ser afastada se circunstâncias posteriores puderem ser alegadas e provadas. Do contrário, tem-se como contínua a boa-fé. Nesse sentido, a citação, *e.g.*, em ação reivindicatória, por si só não tem a virtualidade de alterar o caráter da posse de boa-fé para má-fé[211]. Sequer cria presunção de má-fé[212]. Apenas pode servir para marcar no tempo quando a boa-fé tenha deixado de existir ao réu, se vier a ser vencido na demanda[213].

A precisa identificação entre possuidor de boa-fé ou de má-fé é essencial para saber quando existe o direito de toler. Como fica claro no art. 1.291, 1ª parte, do Código Civil, não há direito de toler ao possuidor de má-fé, ainda que a benfeitoria seja voluptuária e possa ser retirada sem dano ou destruição. Desse modo, se, em ação de reivindicatória, o proprietário permite ao possuidor de má-fé toler as benfeitorias voluptuárias passíveis de serem removidas sem dano, em verdade, o possuidor não está exercendo direito de toler fundado no art. 1.219, 1ª parte do Código Civil, mas direito de separação da parte integrante não essencial, decorrente de negócio jurídico gratuito ou oneroso que concluiu com o proprietário[214]. Contudo, se o possuidor de má-fé retirar a coisa incorporada com a qualidade de parte integrante não essencial e benfeitoria voluptuária, antes da citação na demanda reivindicatória, em verdade, estará separando, não por exercício de direito de toler, mas por mero poder fático sobre a coisa, ou seja, a retirada se dará irrestritamente no plano fático[215].

2.2. *Ser incorporada coisa a outra como benfeitoria voluptuária: parte integrante não essencial ou falsa parte integrante*

Invocando os conceitos de parte integrante e benfeitorias supra apresentados, para tornar a análise mais precisa, é possível afirmar que o direito de toler só há quando coisa móvel é unida a outra móvel ou imóvel e sendo essa qualificada como benfeitoria voluptuária e parte integrante não essencial[216]

209 PONTES DE MIRANDA, Francisco Cavalcanti. *Tratado...*, t. X, § 1.078, 4, p.132.

210 Art. 1.203 do Código Civil: "Salvo prova em contrário, entende-se manter a posse o mesmo caráter com que foi adquirida".

211 PONTES DE MIRANDA, Francisco Cavalcanti. *Tratado...*, t. X, § 1.078, 7, p. 135-136.

212 PONTES DE MIRANDA, Francisco Cavalcanti. *Tratado...*, t. X, § 1.078, 7, p. 135-136.

213 PONTES DE MIRANDA, Francisco Cavalcanti. *Tratado...*, t. X, § 1.078, 4, p. 135.

214 PONTES DE MIRANDA, Francisco Cavalcanti. *Tratado...*, t. XIV, § 1.581, 2, p. 57.

215 PONTES DE MIRANDA, Francisco Cavalcanti. *Tratado...*, t. XIV, § 1.581, 2, p. 57.

216 PONTES DE MIRANDA, Francisco Cavalcanti. *Tratado...*, t. XXII, § 2.733, 1, p. 241.

ou falsa parte integrante[217]. Se a coisa incorporada é qualificada benfeitoria voluptuária, mas sendo parte integrante essencial, não há direito de toler, porquanto não poderá ser retirada sem dano ou destruição. Por conseguinte, antes de se investigar se a coisa incorporada é benfeitoria voluptuária, dever-se-á aferir se tornou-se ou não parte integrante essencial da coisa principal. Se tornou-se parte integrante essencial, haverá acessão e, por conseguinte, está afastado o requisito ao nascimento do direito de toler[218]. A benfeitoria voluptuária pode ser retirada sem dano ou destruição, por ser parte integrante não essencial. Sendo parte integrante não essencial, não gera a aquisição de propriedade pela acessão ao proprietário da coisa restituenda[219]. O cofre fixado na parede da casa pelo possuidor de boa-fé (benfeitoria voluptuária), que pode ser retirado sem dano ou destruição a ele ou à coisa principal, é parte integrante não essencial, gerando ao possuidor o direito de toler.

Sobre esse aspecto, apresenta-se uma crítica. Ao contrário de preceituar haver *ius tollendi* quando a coisa incorporada à coisa principal é benfeitoria voluptuária, o legislador teria sido mais preciso e técnico, se houvesse determinado que a coisa incorporada deveria ser parte integrante não essencial da coisa a ser restituída, pois, em verdade, é a parte integrante não essencial que pode ser retirada sem dano ou destruição.

Por ser a pertença categoria distinta da parte integrante – essencial ou não essencial – e da falsa parte integrante, quanto a ela, não há que se pensar em *ius tollendi*. A pertença está fora do alcance da regra contida no art. 1.219 do Código Civil, porque ela, em relação à coisa principal, "tem laço que se desdá, por inessencialidade da ligação"[220]. Não há entre ela e a coisa principal conexão material. Logo, não se confundindo a pertença com as partes integrantes essencial ou não essencial nem sendo ela uma benfeitoria, evidencia-

217 Vaz Serra, ao afirmar caber o *ius tollendi* tanto para as "partes integrantes, essenciais ou não, da coisa principal, como às que a ele estejam só transitoriamente únicas – pois a razão de ser é mesma" (VAZ SERRA, Adriano Paes da Silva. Obrigação..., p. 40) da azo a se afirmar que ele se aplica às falsas partes integrantes.

218 PONTES DE MIRANDA, Francisco Cavalcanti. *Tratado*..., t. XI, § 1.206, 8, p. 186. "No direito brasileiro, só há *ius tollendi* do proprietário dos bens móveis, se ainda não se deu a acessão. Se ainda não ocorreu, não há prazo preclusivo ao *ius tollendi*, fora do que resulta da alegação de prescrição da ação de reivindicação ou da alegação de usucapião, segundo os princípios que regem a essa. Se já ocorreu, não há *ius tollendi* onde não mais há direito de que se irradiasse".

219 PONTES DE MIRANDA, Francisco Cavalcanti. *Tratado*..., t. XV, § 1.771, 2, p. 310. "[...]: o pressuposto de poderem ser retiradas as benfeitorias voluptuárias se não há 'detrimento da coisa' (art. 516 [1.219]) evidencia que não houve aquisição da propriedade da coisa restituenda".

220 PONTES DE MIRANDA, Francisco Cavalcanti. *Tratado*..., t. XXII, § 1.128, 4, p. 368.

-se irrelevante ao seu afastamento da coisa principal e consequente extinção da relação de pertinencialidade o possuidor estar ou não boa-fé. O direito de afastar pertença pela pratica de ato-fato jurídico, ao contrário do direito de toler, é exercício de direito real[221].

2.3. *Ser a coisa incorporada passível de ser levantada sem detrimento*

O terceiro requisito ao nascimento do direito de toler, conforme preceitua o art. 1.219 do Código Civil, é a benfeitoria voluptuária poder ser 'levantada' 'sem detrimento da coisa'. Esse requisito, por exemplo, encontra-se claramente fixado no art. 36 da Lei n. 8245/91, ao preceituar que a benfeitoria voluptuária só poderá ser levantada, "desde que sua retirada não afete a estrutura e a substância do imóvel".

Consoante o requisito preceituado no art. 1.219 do Código Civil, não há direito de toler se, para 'levantar' a coisa incorporada, advir deterioração, ruína, inutilização ou desvalorização tanto dela como da coisa principal[222]. Se a coisa incorporada é uma parte integrante essencial, não há o direito de toler. Será sem detrimento da coisa se o toler não causa dano ou o havendo, ele não é considerável, por ser facilmente reparado[223]. Um critério para aferir se o dano é considerável ou não, é o valor da coisa principal antes da incorporação da benfeitoria voluptuária[224]. Destaca-se que, se o toler importar em dano, mas for possível a reparação imediata (=antes do cumprimento da obrigação de restituir ou de dar coisa certa) às expensas do próprio obrigado, ele será "sem detrimento da coisa"[225].

---

221 PONTES DE MIRANDA, Francisco Cavalcanti. *Tratado...*, t. X, § 1.128, 4, p. 369.

222 PONTES DE MIRANDA, Francisco Cavalcanti. *Tratado...*, t. X, § 1.128, 4, p. 369.

223 PONTES DE MIRANDA, Francisco Cavalcanti. *Tratado...*, t. X, § 1.128, 4, p. 369-370. "O terreno, edifício, ou coisa móvel, há de ficar incólume, ou de fácil reparação, que o possuidor levantante há de fazer por sua conta. Celso (L. 38. D., *de rei vindicatione*, 6, 1) falava de 'tolere ex his rebus, *quae possis*, dum ita, ne deterior sit fundus, quam si initio non foret aedificatum' (retirar aquela coisa, que possas, desde que não fique o fundo mais deteriorado do que se não houvesse sido, de início, edificado)". Nesse sentido está a primeira parte do § 258 do BGB: "Quién está legitimado para separar una instalación de una cosa que debe restituir a otro, para el caso que la separe debe, a su costa, reponer la cosa a su estado anterior. [...]" (*Código Civil alemán y ley de introducción al Código Civil*. Trad. Albert Lamarca Marquès. Madrid: Marcial Pons, 2013, p. 80).

224 PONTES DE MIRANDA, Francisco Cavalcanti. *Tratado...*, t. X, § 1.128, 4, p. 369.

225 PONTES DE MIRANDA, Francisco Cavalcanti. *Tratado...*, t. XXII, § 2.733, 3, p. 245. "'Sem detrimento da coisa' entende-se sem dano que não possa ser reparado imediatamente (=antes da restituição) e às expensas do restituinte".

Esse modo de interpretar o elemento 'levantar' 'sem deterioração' está intimamente vinculado ao *interesse em toler*. Só há direito de toler se há interesse fático no toler. O direito de toler presume utilidade a seu titular em exercê-lo[226]. Se utilidade não há, também não há direito de toler[227]. Portanto, o interesse em toler constitui elemento do suporte fático da regra de direito material que, ao ser concretizada, cria o direito de toler[228]. Por isso, embora o toledor tenha condições de reparar o dano à coisa principal às suas expensas, se, na retirada, ela ficar deteriorada ou danificada, ele estará tolendo coisa que não mais lhe terá utilidade por ficar deteriorada. Nesse caso, não pode toler a coisa parte integrante essencial, ou seja, a coisa que se for tolida causará dano ou destruição não só à coisa principal, como também a ela própria. É nesse sentido que Pontes de Miranda exemplifica: "Quem pintou as paredes, se não há interesse em que o dono não exibia as figuras pintadas (*e.g.*, retratos de família, cópias de ilustrações de livros do locatário), não as pode raspar, ou mandar raspar, para as pintar como eram em prístino. Dá-se o mesmo com ladrilhos, tapetes colados ou não e peças embutidas nas colunas, portões ou paredes, que, arrancados, se quebrariam ou ficariam inutilizados. Tapetes que, retirados, ainda podem ser vendidos, são tolíveis"[229].

3. O exercício do direito de toler

O direito de toler há de ser exercido enquanto o titular está no poder fático da coisa a ser restituída, ou seja, na posse de boa-fé[230]. O titular independe, para exercê-lo, de autorização judicial ou que o seja perante o juiz[231]. Contudo, o juiz pode mandar o titular não alterar o *status quo* pelo exercício do direito[232].

Sendo o possuidor imediato o titular do *ius tollendi*[233], a posse sobre a coisa a ser restituída é requisito ao exercício desse direito. Com a perda da posse imediata, pela restituição da coisa, sem que o titular tenha exercido o direito de toler, consectariamente, haverá preclusão desse direito[234]. Ao se configurarem os requisitos do direito de toler, não se pode olvidar que o titu-

226 PONTES DE MIRANDA, Francisco Cavalcanti. *Tratado...*, t. XIV, § 1.581, 4, p. 59.

227 PONTES DE MIRANDA, Francisco Cavalcanti. *Tratado...*, t. XIV, § 1.581, 4, p. 59.

228 PONTES DE MIRANDA, Francisco Cavalcanti. *Tratado...*, t. XXII, § 2.733, 1, p. 243.

229 PONTES DE MIRANDA, Francisco Cavalcanti. *Tratado...*, t. XXII, § 2.733, 1, p. 243.

230 PONTES DE MIRANDA, Francisco Cavalcanti. *Tratado...*, t. XIV, § 1.581, 2, p. 58.

231 PONTES DE MIRANDA, Francisco Cavalcanti. *Tratado...*, t. XXII, § 2.733, 5, p. 246.

232 PONTES DE MIRANDA, Francisco Cavalcanti. *Tratado...*, t. XXII, § 2.733, 5, p. 246.

233 PONTES DE MIRANDA, Francisco Cavalcanti. *Tratado...*, t. X, § 1.128, 4, p. 369.

234 PONTES DE MIRANDA, Francisco Cavalcanti. *Tratado...*, t. XIV, § 1.581, 1, p. 58.

lar do domínio da coisa principal tem *facultas alternativa* de cumprir a obrigação de indenizar a benfeitoria voluptuária ou a obrigação de tolerar a ação de toler[235]. Se, antes de haver o exercício do *ius tollendi*, o titular do direito a ter a restituição da coisa principal indenizar a benfeitoria voluptuária realizada, haverá a extinção do direito de toler[236].

Apenas não haverá preclusão do direito de toler quando da restituição da coisa principal, se o titular reservar o exercício do direito para mais tarde[237]. Nesse caso, o exercício do direito de toler dependerá, além do dever de prestar caução de reposição da coisa ao estado anterior[238], de permissão de quem está na posse imediata da coisa ou de autorização judicial[239], constrangendo o proprietário a deixar ser tolida a benfeitoria[240].

O direito de toler não pode ser confundido com a pretensão a que se tolere a retirada da coisa. Muito embora a perda da posse gere a perda do direito de toler, é mantida a *pretensão a que se tolere a retirada da coisa*, contida no domínio sobre a coisa incorporada[241]. O *ius tollendi* é a pretensão de toler somado ao poder fático de retirar a coisa incorporada[242].

---

235 PONTES DE MIRANDA, Francisco Cavalcanti. *Tratado*..., t. XIV, § 1.580, 3, p. 56-57. Em sentido contrário, por entender que a faculdade pode lesar interesses do titular do direito de toler, devendo somente existir quando a lei reconhecê-la: VAZ SERRA, Adriano Paes da Silva. Obrigação..., p. 42.

236 PONTES DE MIRANDA, Francisco Cavalcanti. *Tratado*..., t. XIV, § 1.581, 5, p. 60.

237 PONTES DE MIRANDA, Francisco Cavalcanti. *Tratado*..., t. XXII, § 2.733, 3, p. 245. No mesmo sentido, embora considere excessivo que antes da devolução da coisa principal se estipule a separação para que se conserve o *ius tollendi*: VAZ SERRA, Adriano Paes da Silva. Obrigação..., p. 43-44.

238 PONTES DE MIRANDA, Francisco Cavalcanti. *Tratado*..., t. XXII, § 2.733, 3, p. 245. VAZ SERRA, Adriano Paes da Silva. Obrigação..., p. 45-46 e 49.

239 PONTES DE MIRANDA, Francisco Cavalcanti. *Tratado*..., t. XXII, § 2.733, 1, p. 241.

240 PONTES DE MIRANDA, Francisco Cavalcanti. *Tratado*..., t. X, § 1.128, 4, p. 369. "[...]; se a benfeitoria foi feita pelo possuidor imediato e a coisa foi entregue ao proprietário, somente tem o que fez a ação para constranger o proprietário a deixar-lhe levantar as benfeitorias". Nesse sentido estão a segunda e a terceira parte do § 258 do Código Civil alemão: "Quién está legitimado para separar una instalación de una cosa que debe restituir a otro, para el caso que la separe debe, a su costa, reponer la cosa a su estado anterior. Si el otro adquiere la posesión de la cosa, está obligado a autorizar la separación de la instalación; puede denegar la separación hasta que se le preste garantía por los daños vinculados a la separación" (*Código Civil alemán y ley de introducción al Código Civil*. Trad. Albert Lamarca Marquès. Madrid: Marcial Pons, 2013, p. 80).

241 PONTES DE MIRANDA, Francisco Cavalcanti. *Tratado*..., t. XIV, § 1.581, 2, p. 59-60.

242 PONTES DE MIRANDA, Francisco Cavalcanti. *Tratado*..., t. XIV, § 1.581, 2, p. 58. "Só há *ius tollendi* se há poder efetivo, fático, de levantar a coisa móvel. Quem não pode retirar, ou já não no pode, não tem *ius tollendi*. É preciso, portanto, não se confundam *ius tollendi* (*Wegnahmerecht*) e a *pretensão a que se tolere a retirada da coisa*. A pretensão à tolerância subsiste quando já o *ius tollendi* se acabou: com a volta da posse, o *ius tollendi*

Ao exercer o direito de toler, o titular não pode causar dano irreparável à coisa principal retirada sem repará-lo. Se a retirada causa dano, sem ser possível reparação, há ato ilícito por exercício irregular do direito de toler, ou seja, exercício disfuncional da posição jurídica ativa (*a contrario sensu*, art. 188, I, segunda parte conjugado com o art. 187 do Código Civil)[243]. Desse modo, não se pode confundir o exercício irregular do direito de toler com o ato ilícito de toler coisa a que não se tem o direito. Exerce irregularmente o direito de toler quem tendo-o tole armários embutidos, causando dano à parede da coisa restituída, sem possibilidade de reparação. Comete ato ilícito quem não tem direito de toler, por ter a coisa incorporada a qualidade de parte integrante essencial – *e.g.*, papel de parede –, e a tole[244].

---

de novo se liga à pretensão à tolerância. Vulgarmente, os juristas falam do *ius tollendi* como *prius*: se ele acaba, porque o titular do *ius tollendi* perde a posse, também cessa a pretensão a que se tolere a retirada. Ora, esse raciocínio é falso, porque o é a afirmação de *prius* o *ius tollendi*: o *ius tollendi* é *posterius*; é a pretensão à tolerância + ação direta, por ser possuidor de boa fé. Se não é mais possível a ação direta, porque não tem a posse, ou pelo menos à tolerância, o direito de retirar, o que é titular da pretensão à tolerância, o direito de retirar cessa, mas fica o que antes já era e compunha, como um dos elementos o *ius tollendi*: a pretensão à tolerância" [grifos do autor].

243 PONTES DE MIRANDA, Francisco Cavalcanti. *Tratado*..., t. XXII, § 2.733, 3, p. 245. "A restituição com detrimento da coisa é *execução contra a lei*, com todas as suas consequências, como o é a restituição com a retirada sem que houvesse *ius tollendi*" [itálico do autor].

244 PONTES DE MIRANDA, Francisco Cavalcanti. *Tratado*..., t. XIV, § 1.581, 4, p. 59-60. "O *ius tollendi* supõe utilidade para o seu titular. Por isso mesmo, onde a separação deixa de ser útil ao titular do direito, esse desaparece. Quem rasga o papel de parede, que pusera, não exerce, abusivamente, direito de toler ([...]); não tem tal direito, ainda que a parede fique intacta. A doutrina de Celso (L. 38. D., *de rei vindicatione*, 6, 1) foi excelente: 'Edificaste ou plantaste em fundo alheio, que, ignorando que o era, havias comprado (imprudens emeras) e, depois, se reivindica: bom juiz resolverá de diversos modos segundo as pessoas e as causas. Imagina que também o dono tivesse de fazer o mesmo: para recobrar o fundo, devolverá os gastos, até onde se fez de mais valor, ou, se mais valor se lhe acrescentou, só o que se gastou. Imagina o pobre que, tendo de entregar (o fundo), haja de se privar de seus lares (*laribus*) e sepulcros dos seus avós: basta que se te permita retirar daquelas coisas as que possas, desde que não fique mais deteriorado o fundo do que se tivesse sido edificado. Mas determinamos que, se o dono está disposto a dar tanto quanto o possuidor há de perceber daquelas coisas deixadas, se lhe conceda tal direito (*potestas*): *e não se é indulgente com malícia*, se (por exemplo) quiseres arrancar o estuque, que puseste, e as pinturas, sem que hajas de conseguir mais do que o que fazes' (neque malitiis indulgendum est, si tectotrim puta, quod induxeris, pinturasque corradere velis, nihil laturus nisi ut officias). Celso fez a malícia elemento que retira ao suporte fático do ato-fato de construir e plantar o que o faria entrar no mundo jurídico, ou nele permanecer. Arrancar papéis de parede, como raspar ou remover pintura, não é *abuso do direito, é ato sem qualquer direito*. Pode-se pensar em abuso do direito de toler, mas é outra coisa, como se o que tem instalação, que pode arrancar, a arranca de modo irregular (art. 160, I, 2.ª parte), causando dano'" [itálicos do autor].

Responsabilidade civil do auditor independente

Ruy Rosado de Aguiar Júnior[1]

A Auditoria[2]

1. A função do auditor é muito antiga. Consta que os escribas sumérios, 2.600 a.C., preparavam listas sintéticas das transações, que eram confrontadas com as listas originais elaboradas por outras pessoas. Esse mesmo método foi empregado pelas civilizações egípcias, gregas e romanas. Mas o primeiro registro da palavra "auditor" aparece na Inglaterra, em um texto do rei Eduardo I, para controle da arrecadação de fundos destinados à Coroa. O instituto desenvolveu-se na Idade Média e teve maior importância a partir da industrialização e da exploração das colônias, com o surgimento das grandes companhias.

Atualmente, a auditoria é exigida por lei em diversas situações, no Brasil[3,4] e no exterior, podendo ser interna ou externa. Nos EUA, seu uso

---

1 Artigo escrito em homenagem à Professora Judith Martins-Costa, jurista de primeira grandeza, cuja brilhante inteligência e dedicação ao ensino e à pesquisa muito contribuem ao aperfeiçoamento do Direito no Brasil.

2 A auditoria é uma técnica contábil que objetiva obter elementos de convicção que permitam julgar se os registros contábeis foram efetuados de acordo com princípios fundamentais e normas de contabilidade e se as demonstrações contábeis deles decorrentes refletem adequadamente a situação econômico-financeira do patrimônio, os resultados do período administrativo examinado e as demais situações nelas demonstradas (FRANCO, Hilário; MARRA, Ernesto. *Auditoria contábil*: normas de auditoria, procedimentos e papéis de trabalho, programas de auditoria, relatórios de auditoria. 4. ed. atual. São Paulo: Atlas, 2013, p. 28).

3 Lei n. 6.404, de 15.12.1976, art. 177, "§ 3º As demonstrações financeiras das companhias abertas serão obrigatoriamente submetidas a auditoria por auditores independentes. Lei n. 6.435, de 15.7.77, estabelece auditoria independente para as entidades de previdência privada".

4 "Segundo o IBRACON, as entidades que precisam dos serviços de auditoria são: as empresas reguladas pela Agência Nacional de Transportes Terrestres (ANTT), as entidades fechadas de previdência privada complementar (EFPC), as instituições financeiras e demais entidades reguladas pelo Bacen, as companhias abertas e entidades de grande porte, as empresas reguladas pela Agência Nacional de Energia Elétrica (ANEEL), as organizações da sociedade civil de interesse público (OSCIP), as entidades beneficentes de assistência social, e as empresas reguladas pela Superintendência de Seguros Privados (SUSEP) e pelo Conselho Nacional de Seguros Privados (CNSP), dentre outros." (SANTOS, Aline Aparecida Alves dos; BUESA, Natasha Young. Um estudo sobre a

intensificou-se a partir da crise de 1929, para as empresas com cotação de ações na Bolsa, e, na Alemanha, a partir de 1931, para as sociedades anônimas e em comandita por ações. A partir de então, teve cada vez maior presença no mundo dos negócios. Mesa y Represas indicam as causas do crescimento da auditoria:

> a) la acuciente necesidad de una certificación independiente y objetiva de las cuentas de una persona o empresa para atraer fondos de terceros inversores; b) la búsqueda de una garantía de seguridad de la operación financiera realizada para tranquilizar a los inversores; c) la creciente intervención del Estado en la economía, que impuso el cumplimiento de ciertos formalismos para controlar las operaciones económicas de significación y evitar fraudes[5].

Hoje, é universalmente aceito que a auditoria presta serviço de interesse público, cumprindo o fim social de informar o mercado sobre as contas objeto de sua apreciação[6].

2. *Compliance*

Na perspectiva do interesse público e na preservação dos princípios de sanidade das empresas, a auditoria está ao lado da *compliance*. O art. 7º, inc. VIII, da Lei Anticorrupção, dispõe que, na aplicação das sanções administrativas pelos sistemas de controle interno das empresas, serão considerados, entre outros fatores, "[...] a existência de mecanismos e procedimentos internos de integridade, *auditoria* e incentivo à denúncia de irregularidade e a aplicação efetiva de códigos de ética e de conduta no âmbito da pessoa jurídica"[7].

ética na auditoria independente: perspectiva das empresas que contratam os serviços profissionais. *Revista Eletrônica Gestão e Negócios*, São Roque, v. 5, n. 1, 2014).

5 LÓPEZ MESA, Marcelo J.; TRIGO REPRESAS, Félix A. *Responsabilidad civil de los profesionales*. Buenos Aires: Lexis Nexis, 2005, p. 341.

6 "O objetivo principal da auditoria é a confirmação dos registros contábeis e das demonstrações contábeis da empresa auditada. Assim, na consecução dos seus objetivos, a auditoria contribui para confirmar os próprios fins da contabilidade, visto que avalia a adequação dos registros, oferecendo à administração, ao governo e aos acionistas e partes interessadas a convicção de que as demonstrações refletem, ou não, a situação do patrimônio em determinada data e suas variações em certo período. Portanto, a auditoria dá credibilidade às demonstrações contábeis e às informações nelas contidas" (PEDROSO, Marcos Coelho. A responsabilidade penal dos auditores independentes. *Jus Societas*, Ji-Paraná, v. 4, n. 2, pp. 63-96, 2010, p. 63).

7 O art. 41 do Decreto nº 8.420, de 18.03.2015, que regulamentou a lei, define "programa de integridade" (*compliance*), que consiste, no âmbito de uma pessoa jurídica, em um conjunto de mecanismos e procedimentos internos de integridade, auditoria e incentivo à denúncia de irregularidades e na aplicação efetiva de códigos de ética e de conduta,

A auditoria, seja interna, seja independente, fornece aos *Officers* ou controladores da *compliance* elementos informativos sobre a situação da empresa e o comportamento dos seus administradores.

3. *Compliance* não é auditoria. Esta tem uma atuação delimitada no tempo, enquanto a *compliance* é permanente, estabelecendo processos internos de prevenção e de controle de riscos, com permanente acompanhamento.

4. Define-se *compliance* como o conjunto de "[...] medidas de prevenção pelas quais as empresas pretendem assegurar tanto o cumprimento das normas aplicáveis a ela mesma e a seus trabalhadores, como a denúncia e eventual sanção de suas infrações".[8]

Esse conjunto de medidas deve constar de regulamentos com regras claras, contar com o acordo e a adesão dos integrantes da organização, educados e capacitados a lhe dar seguimento, pois somente será eficaz, se efetivamente aplicado. A *compliance* pressupõe constante cooperação interna e externa, transparência, informações públicas, liberdade e independência de investigação. A auditoria é fonte de informação que presta eficaz auxílio ao sistema de *compliance* e tem dupla finalidade: serve para evitar que a empresa cometa delito, e, também, para evitar que a empresa seja vítima de corrupção[9].

5. A auditoria pode ser contábil, exercida por contador, ou por empresa de auditoria, ordinariamente anual, tendo por objeto as informações contábeis de uma sociedade empresária; pode ser contratada para a verificação de uma determinada situação patrimonial, como ocorre nas operações de aquisição, fusão ou incorporação de companhias. Pode ser jurídica[10], exercida por

políticas e diretrizes com objetivo de detectar e sanar desvios, fraudes, irregularidades e atos ilícitos praticados contra a Administração Pública, nacional ou estrangeira".

8 MIR PUIG, Santiago; CORCOY BIDASOLO, Mirentxu; GÓMEZ MARTÍN, Víctor (Dir.). *Responsabilidad de la empresa y compliance*: programas de prevención, detección y reacción penal. Montevideo: Edisofer, 2014, p. 91. Artaza Varela definiu *compliance* como o conjunto de medidas adotadas pela empresa para controlar dentro do exigível os perigos de infração ao ordenamento jurídico que possam derivar de sua atividade. ARTAZA VARELA, Osvaldo. Programas de cumplimiento. Breve descripción de las reglas técnicas de gestión del riesgo empresarial y su utilidad jurídico-penal. In: MIR PUIG, Santiago; CORCOY BIDASOLO, Mirentxu; GÓMEZ MARTÍN, Víctor (Dir.). *Responsabilidad de la empresa y compliance*: programas de prevención, detección y reacción penal. Montevideo: Edisofer, 2014, p. 233.

9 SÁIZ PEÑA, Carlos Alberto (Coord.). *Compliance*: cómo gestionar los riesgos normativos en la empresa. Navarra: Aranzadi, 2015, p. 47.

10 ROSO, Jayme Vita. Auditoria jurídica para a sociedade líquida brasileira. *Revista do*

advogado, para rever e avaliar situações jurídicas, processualizadas ou não, emitindo parecer sobre sua conformidade com a ordem jurídica.

6. A auditoria contábil é uma das atividades compreendidas na profissão contábil, ao lado da escrituração (registros), das demonstrações (balanços) e da análise de balanços.

Pode ser interna ou externa. A interna é prestada por profissional vinculado e subordinado à empresa, feita com o propósito de detectar e evitar falhas, informando isso à diretoria. Participa do processo de *compliance*. A sua vinculação não deve ser com aqueles cujas atividades lhe cabe examinar, recomendando-se seja estabelecida diretamente com a presidência. Embora ocupando posição de independência diante dos demais membros da empresa, não deixa o auditor interno de ser subordinado à companhia, daí que seu relatório sempre sofrerá essa restrição[11].

A auditoria externa vem agregar às informações prestadas pela companhia, em seu balanço e outros documentos, a opinião de profissional habilitado e independente, com capacidade de analisar a documentação e verificar a adequação desses dados com os preceitos reguladores. Parte-se do pressuposto de que, para o público interno (acionistas) e externo (investidores), podem não ser suficientes os dados fornecidos pela empresa, porque podem vir desviados por influências diversas. Por isso, a necessidade de uma revisão por profissional independente, capaz de contribuir, na medida do possível, para a segurança do mercado.

Aqui nos interessa a auditoria contábil externa[12].

Instituto dos Advogados de São Paulo, São Paulo, v. 15, n. 29, pp. 343-376, jan.-jun. 2012, p. 343 e ss.

---

11 "O auditor interno é funcionário da empresa, mas como executa auditoria contábil e operacional, deve ter certa independência dentro da entidade. Se for subordinado ao departamento contábil ou administrativo, pode sofrer pressões quando da execução de seus trabalhos. Para ter maior grau possível de independência, deve ser subordinado à presidência da empresa" (GALO, Gisele Cristiane; BARBOSA, Roseli Aparecida de Oliveira. *Auditoria interna e externa*. Disponível em: <http://www.univale.com.br/portalnovo/images/root/anaisadmix/5.pdf>. Acesso em: 07 jul. 2015).

12 Segundo pesquisa realizada por Aline Santos e Natasha Buesa, "[...] existe um número muito grande de empresas que contratam a auditoria (independente) por decisão interna, e que contam também com o auxílio de auditoria interna" (SANTOS, Aline Aparecida Alves dos; BUESA, Natasha Young. Um estudo sobre a ética na auditoria independente: perspectiva das empresas que contratam os serviços profissionais. *Revista Eletrônica Gestão e Negócios*, São Roque, v. 5, n. 1, 2014).

O Auditor Independente

7. A auditoria contábil[13] externa é prestada por auditor independente[14], que deve ter qualificação profissional e não se enquadrar em uma das situações de impedimento ou de suspeição. Para isso, deve submeter-se às normas próprias da profissão sobre a independência do auditor, conforme a NBC PA 290, aprovada pela Res. CFC nº 1.311-2010, cabendo-lhe identificar as ameaças à sua independência, avaliar sua importância e aplicar salvaguardas, se necessárias. É o profissional autônomo que se coloca como intermediário entre a companhia e os investidores (ou acionistas), para o fim de diminuir a assimetria informacional, pois esses terceiros não dispõem de eficientes meios para conhecer e monitorar a administração da empresa. Está aí a importância do trabalho de auditoria externa:

> O objetivo da auditoria é aumentar o grau de confiança nas demonstrações contábeis por parte dos usuários. Isso é alcançado mediante a expressão de uma opinião do auditor sobre se as demonstrações contábeis foram elaboradas, em todos os aspectos relevantes, em conformidade com uma estrutura de relatório financeiro aplicável [...]. As demonstrações contábeis são as da entidade [...] (Resolução CFC nº 1.203-09, que aprova a NBC TA 200, n. 3 e 4)[15].

---

13 A auditoria independente pode ser: auditoria de balanço, auditoria especial para levantamento de passivos ocultos (*due diligence*), consultoria (BERGAMINI JUNIOR, Sebastião. A crise de credibilidade corporativa. *Revista do BNDES*, Rio de Janeiro, v. 9, n. 18, pp. 33-84, dez. 2012, p. 28).

14 "A auditoria independente das demonstrações contábeis constitui o conjunto de procedimentos técnicos, que tem por objetivo capacitar o auditor a emitir um parecer sobre a adequação com que estas representam a posição patrimonial e financeira, o resultado das operações, as mutações do patrimônio líquido e as origens e aplicações de recursos da entidade auditada, consonante as Normas Brasileiras de Contabilidade e legislação específica, no que for pertinente" (SANTOS, Edson Carlos dos; PEREIRA, Anísio Candido. O parecer dos auditores independentes sobre demonstrações contábeis: uma abordagem sobre o parecer-padrão, atualmente em vigor no Brasil. *Revista Administração On Line – FECAP*, São Paulo, v. 5, n. 3, pp. 26-38, jul.-ago.-set. 2004, pp. 26; 38).

15 Discorre a nossa melhor doutrina: "Os objetivos da auditoria independente são, portanto, a verificação, ou não, dessa 'adequação das contas', à situação do patrimônio da companhia e as mutações ocorridas no exercício, as quais deverão exprimir com clareza, se as mesmas estão escrituradas com obediência aos preceitos da legislação comercial e aos princípios de contabilidade geralmente aceitos, observando métodos e critérios uniformes no tempo e registrando as mutações patrimoniais segundo o regime de competência [...]. Daí por que advertem essas Normas que o parecer dos auditores independentes a ser proferido com base nesses procedimentos técnicos, têm por limite os próprios objetivos da auditoria [...]" (LEÃES, Luiz Gastão Paes de Barros. *Pareceres*. São Paulo: Singular, 2004. v. 1, p. 603).

Em razão do seu trabalho, o auditor deve obter "[...] segurança razoável de que as demonstrações contábeis como um todo estão livres de distorção relevante" (Res. 1.203-09, n. 5). O resultado é apresentado mediante parecer, que pode ser segundo a natureza da opinião que contém: parecer sem ressalva, parecer com ressalva, parecer adverso e parecer com abstenção de opinião[16].

8. Já foi dito que a profissão de auditor é das mais normatizadas[17], por isso o extenso rol dos seus deveres de conduta e do conteúdo de sua prestação, conforme atos normativos expedidos no Brasil em consonância com as normas internacionais promulgadas pelo *International Federation of Accountants* – *IFAC*.

Destaco apenas aqueles que dizem com o tema deste estudo:

i) a Resolução do Conselho Federal de Contabilidade (CFC) n. 1.202-09, que aprova a NBC TA 01, trata da estrutura conceitual para trabalhos de asseguração, definidos como aquele "[...] no qual o auditor independente expressa uma conclusão com a finalidade de aumentar o grau de confiança dos outros usuários previstos, que não seja a parte responsável, acerca do resultado da avaliação ou mensuração de determinado objeto de acordo com os critérios aplicáveis";

ii) a Resolução CFC n. 1.203-09, que aprova a NBC TA 200, "[...] e trata das responsabilidades gerais do auditor independente na condução da auditoria de demonstrações contábeis em conformidade com as normas brasileiras e internacionais de auditoria". Ali consta que "[...] o objetivo da auditoria é aumentar o grau de confiança nas demonstrações contábeis por parte dos usuários. Isso é alcançado mediante a expressão de uma opinião pelo auditor sobre se as demonstrações contábeis foram elaboradas, em todos os aspectos relevantes, em conformidade com uma estrutura de relatório financeiro aplicável";

iii) a Resolução CFC n. 1.207-09, que aprova a NBC TA 240, versa sobre a responsabilidade do auditor em relação a fraudes, no contexto da auditoria de demonstrações contábeis. "O auditor que realiza auditoria de acor-

---

16 SANTOS, Edson Carlos dos; PEREIRA, Anísio Candido. O parecer dos auditores independentes sobre demonstrações contábeis: uma abordagem sobre o parecer-padrão, atualmente em vigor no Brasil. *Revista Administração On-Line – FECAP*, São Paulo, v. 5, n. 3, pp. 26-38, jul.-ago.-set. 2004, p. 31.

17 "Além do código de ética a ser observado por esse profissional, existem também os Princípios Fundamentais de Contabilidade (PFC), as Normas Brasileiras de Contabilidade (NBC) e as Convenções Contábeis, bem como todo um aparato de imposições do Código Civil e do Código Penal para serem seguidos" (FRANCO, Lilian Farias; CARDOSO, Jorge Luis. Responsabilidade civil e penal do profissional contábil. *Revista ConTexto*, Porto Alegre, v. 9, n. 15, pp. 1-24, 1º sem. 2009).

do com as normas de auditoria é responsável por obter segurança razoável de que as demonstrações contábeis, como um todo, não contêm distorções relevantes, causadas por fraude ou erro. Conforme descrito na NBC TA 200, devido às limitações inerentes da auditoria, há um risco inevitável de que algumas distorções relevantes das demonstrações contábeis podem não ser detectadas, apesar de a auditoria ser devidamente planejada de acordo com as normas de auditoria". Essa norma, ao lado da Res. CFC n. 1.203 são as que interessam em especial ao presente estudo e serão referidas mais tarde;

iv) a Resolução CFC n. 1.208-09, que aprova a NBC TA 250, auxilia o auditor na identificação de distorção relevante das demonstrações contábeis pela não conformidade com leis e regulamentos, observando que o auditor "[...] não é responsável pela prevenção e pela não conformidade, e não se pode esperar que detecte a não conformidade com todas as leis e regulamentos";

v) a Resolução CFC n. 1.209-09, que aprova a NBC TA 260, trata da responsabilidade do auditor independente na comunicação com os responsáveis pela governança, quando realiza auditoria de demonstrações contábeis;

vi) a Resolução CFC n. 1.217-2009, que aprova a NBC TA 500, define evidência de auditoria. "Compreende as informações utilizadas pelo auditor para chegar às conclusões em que se fundamenta a sua opinião. A evidência de auditoria inclui as informações contidas nos registros contábeis que suportam as demonstrações contábeis e outras informações. É da responsabilidade do auditor a obtenção de evidência de auditoria apropriada e suficiente, que permita conclusões razoáveis para fundamentar a opinião do auditor";

vii) a Resolução CFC n. 1.222-2009, que aprova a NBC TA 530, dispõe sobre o uso da amostragem na auditoria e dos riscos que envolve. Essa norma se aplica, quando o auditor independente decide usar amostragem na execução de procedimentos de auditoria. Trata do uso de amostragem estatística e não estatística na definição e na seleção da amostra de auditoria, na execução de testes de controles e de detalhes e na avaliação dos resultados da amostra. É complemento da Resolução CFC n. 1.217/2009, que aprova a NBC TA 500, e dispõe sobre Evidência de Auditoria, tratando da responsabilidade do auditor na definição e na execução de procedimentos de auditoria para obter evidência de auditoria apropriada e suficiente para chegar às conclusões razoáveis que fundamentem sua opinião de auditoria;

viii) a Resolução CFC n. 1.231-2009, que aprova a NBC TA 700. "Esta norma trata da responsabilidade do auditor independente para formar uma opinião sobre as demonstrações contábeis e trata da forma e do conteúdo do relatório emitido como resultado da auditoria de demonstrações contábeis";

ix) a Resolução CFC n. 1.321-11, que aprova o CT 08, destinado a orientar o auditor na emissão do seu relatório sobre demonstrações contábeis individuais e consolidadas de instituições financeiras. A Resolução n. 4.786-2009, do Conselho Monetário Nacional, determinou que as instituições financeiras devem "[...] elaborar e divulgar anualmente demonstrações contábeis consolidadas, adotando o padrão contábil internacional, de acordo com os pronunciamentos emitidos pelo IASB", traduzidos para o Brasil pelo IBRACON;

x) a Resolução CFC n. 1.212-09, que aprova a NBC TA 315, e trata da identificação e avaliação dos riscos de distorção relevante por meio de entendimento da entidade e do seu ambiente. A norma e seus anexos instruem o auditor sobre o procedimento adequado diante dos riscos de desvio ou distorção. A Resolução CFC n. 1.214-2009, que aprova a NBC TA 330, trata da resposta do auditor aos riscos avaliados;

xi) a Resolução CFC n. 1.229-09, NBC TA 610, dispõe sobre a utilização do trabalho da auditoria interna. A responsabilidade do auditor externo não é reduzida pelo uso de trabalhos da auditoria interna: "O auditor independente tem total responsabilidade pela opinião expressa em seu relatório de auditoria, e essa responsabilidade não é reduzida pela utilização de trabalhos da função de auditoria interna ou pela obtenção de assistência direta de auditores internos pelo auditor independente no seu trabalho". O auditor externo responde pelo uso dos elementos fornecidos pela auditoria interna, mas não responde pelos erros de quem a elaborou;

xii) vale mencionar o conteúdo do n. 7 da Resolução CFC n. 1203-2009, que aprova a NBC TA 200. O relator deve exercer o julgamento profissional e manter o ceticismo profissional ao longo de todo o planejamento e da execução da auditoria e, entre outras coisas: identificar e avaliar os riscos de distorção relevante; obter evidência de auditoria apropriada e suficiente para sua conclusão; formar uma opinião a respeito das demonstrações contábeis com base em conclusões advindas das evidências de auditoria obtidas.

9. Sobre a responsabilidade civil em geral

Lembro alguns princípios do instituto da responsabilidade civil, úteis ao nosso estudo:

i) a *ação ou a omissão* podem ser lícitas (desapropriação, estado de necessidade agressivo, legítima defesa em *aberratio ictus* etc.) ou ilícitas. O ilícito pode ser absoluto, contra o ordenamento jurídico em geral (ilícito extracontratual, *ex delito*, aquiliana, art. 186 do Código Civil), caso de responsabilidade extracontratual, ou contra o contrato (ilícito contratual, art. 389; art. 394 do Código Civil), espécie de responsabilidade contratual;

ii) a *omissão*, como fundamento da responsabilidade, tem como pressuposto uma regra de dever, que coloca o agente na posição de garantidor do bem lesado;

iii) o *dano injusto* há de ser uma diminuição do patrimônio jurídico do lesado que ele não estava obrigado a suportar. Pode ser de natureza patrimonial ou extrapatrimonial (dano moral);

iv) *fator de atribuição* é a razão pela qual se justifica que o dano sofrido por uma pessoa se transfira economicamente para outra. Será subjetivo, se fundado no dolo ou na culpa do agente, ou objetivo, quando decorrente do risco;

v) a culpa é basicamente a falta de cuidado exigido pelas circunstâncias, que se expressa pela negligência (falta de cuidado para evitar o dano), imprudência (prática de ato descuidado) e imperícia (ato de profissional sem obediência às regras técnicas da profissão). A culpa do auditor, no que tem de específico em relação aos demais, apresenta-se ordinariamente como imperícia;

vi) a responsabilidade objetiva dispensa a culpa e se fundamenta no risco. Explicou o ilustrado Prof. Sergio Cavalieri Filho: risco é uma ideia central, que pode-se apresentar sob diversas modalidades: *risco proveito* é o daquele que se beneficia com a atividade danosa; *risco profissional* há, quando o fato prejudicial é uma decorrência da atividade profissional do agente[18]; risco criado é aquele a que se submete quem, "[...] em razão de sua atividade ou profissão, cria um perigo, (ficando) sujeito à reparação do dano que causar, salvo prova de haver adotado todas as medidas idôneas a evitá-lo"[19]; o risco criado leva à indenização independentemente da prova da vantagem; risco integral é a modalidade extremada da teoria do risco, pela qual o dever de indenizar está presente apenas pela presença do dano[20];

vii) a *relação causal* consiste no "nexo necessário", que corresponde à expressão "direto e imediato" do art. 403 do Código Civil. É apurada, consoante muitos critérios, sendo mais aceita a teoria da conduta adequada, segundo a qual, mediante um juízo *a posteriori*, formulado de acordo com a experiência comum, se avalia qual a condição adequada que teria sido a causa do resultado danoso;

viii) também existe responsabilidade pela perda de uma chance, que ocorre, quando alguém, por culpa, elimina a oportunidade real de outrem alcançar uma vantagem. O tema tem sido versado em outros países, espe-

---

18 CAVALIERI FILHO, Sergio. *Programa de responsabilidade civil*. 3. ed. São Paulo: Malheiros, 2002, p. 167.

19 PEREIRA, Caio Mário da Silva. Responsabilidade civil. 3. ed. Rio de Janeiro: Forense, 1992, p. 24, apud CAVALIERI FILHO, Sergio. *Programa de responsabilidade civil*. 3. ed. São Paulo: Malheiros, 2002, p. 168.

20 DIREITO, Carlos Alberto Menezes; CAVALIERI FILHO, Sergio. *Comentários ao novo código civil*: da responsabilidade civil, das preferências e privilégios creditórios: arts. 927 a 965. Sálvio de Figueiredo Teixeira (Coord.). 3. ed. rev. e atual. com a colaboração de Carlos Gustavo Vianna Direito. Rio de Janeiro: Forense, 2011. v. 13, p. 10 e ss.
Ver sobre a teoria do risco: GONÇALVES, Carlos Roberto. *Comentários ao código civil*: parte especial: do direito das obrigações: responsabilidade subjetiva, responsabilidade objetiva, responsabilidade por fato de outrem, responsabilidade profissional etc.; preferências e privilégios creditórios: arts. 927 a 965. Antônio Junqueira de Azevedo (Coord.). São Paulo: Saraiva, 2003. v. 11, p. 309.

cialmente na França, onde a doutrina, incentivada por decisões da Corte de Cassação, admite a necessidade de ser responsabilizado o autor da ação ou da omissão que causa a outrem a perda de uma oportunidade real de alcançar uma vantagem ou evitar um prejuízo, nas mais diversas *situações jurídicas*[21]. Mme. Viney afirma que a oportunidade, a chance de obter uma certa situação futura é uma realidade concreta, ainda que não o seja a real concretização dessa perspectiva[22]. Ensinou o Prof. François Chabas: "Portanto, o prejuízo não é a perda da aposta (do resultado esperado), mas da chance que teria de alcançá-la"[23]. O fundamento está no art. 186 do Código Civil;

ix) a responsabilidade subjetiva depende de prova da culpa (ou dolo) do autor da ofensa. Em certos casos, pode ser presumida, como acontece no inadimplemento de contrato, quando ao lesado, autor da ação de indenização, basta provar a existência do contrato e o descumprimento. Na responsabilidade extracontratual, na maioria das vezes, cabe ao lesado fazer a prova dos pressupostos da responsabilidade civil. Mas, nesse caso, pode atuar o princípio da carga dinâmica da prova, segundo a qual o juiz transfere ao réu o ônus de produzir a prova, por ser este quem tem melhores condições de informar sobre os fatos. O Código de Defesa do Consumidor tem regra específica sobre isso; o novo Código de Processo Civil, no seu art. 373, § 1º, permite ao juiz alterar a distribuição do ônus da prova;

x) a responsabilidade objetiva atribui o dever de indenizar ao causador do dano, desinteressando-se pelo elemento subjetivo. Durante muitos anos, vigorou no Brasil a teoria subjetiva, admitida a objetiva para alguns casos previstos na lei (acidente no trabalho, responsabilidade civil do estado etc.). Hoje, a nova legislação estendeu os casos de responsabilidade objetiva a muitas situações de direito privado, em especial no âmbito empresarial;

xi) a responsabilidade pode ser comum a todos, ou específica para certas pessoas ou profissões. O regime geral da responsabilidade civil, seus pressupostos e eximentes aplicam-se também à *responsabilidade profissional*, respeitando-se o que para esta é específico;

xii) a obrigação pode ser de meio ou de resultado. É de meio aquela em que o prestador de serviço se obriga a ser diligente e cuidadoso na sua prestação, observando as regras técnicas de sua profissão. A obrigação será de resultado, se o prestador do serviço se obriga a alcançar um determinado resultado. A responsabilidade pelo descumprimento de obrigação de meio decorre da prova da culpa do prestador (é de natureza subjetiva). A respon-

21 Os exemplos estão em Starck, Roland, Boyer, *Obligations*, Litec, 1991, pp. 64-65.

22 VINEY, Geneviève. *Les obligations*: la responsabilité: conditions. Paris: LGDJ, 1982. t. 1 (Traité de droit civil), p. 341 e ss.

23 La Perte d'une Chance en Droit Français, conferência na Faculdade de Direito da UFRGS, em 23.05.1990.

sabilidade, em caso de obrigação de resultado, decorre do simples fato da inexistência do resultado previsto, independente do exame da culpa (é de natureza objetiva), mas admite a defesa fundada no fortuito externo.

xiii) O Código Civil de 2002 dispõe sobre a responsabilidade civil em dispositivos distribuídos em inúmeros capítulos: art. 186; art. 389; art. 402; art. 475; art. 927 e seu parágrafo único, art. 931; art. 932; art. 933; art. 935; art. 944; art. 1.177, e seu parágrafo único, art. 1.178; da Seção III, do Capítulo III, do Título IV, do Código Civil, sobre o *Contabilista* e Outros Auxiliares.

xiv) a Lei n. 9.447/97, art. 3º; o Decreto-Lei n. 2.321, de 1987, e o art. 45 da Lei nº 6.024, de 1974, regulam a situação dos auditores independentes, na prestação de serviços às instituições financeiras submetidas à intervenção, à liquidação extrajudicial, ou ao regime de administração especial temporária, que serão apurados em inquérito. Se houver dolo ou culpa, os bens dos agentes serão sequestrados, instaurada em juízo a ação própria para apuração da sua responsabilidade;

xv) a Lei n° 6.385, de 07.12.1976, dispôs sobre o mercado de valores mobiliários e criou a Comissão de Valores Mobiliários. No seu art. 26, tratou dos auditores contábeis independentes e estabeleceu no § 2°: "As empresas de auditoria contábil ou auditores contábeis independentes responderão, civilmente, pelos prejuízos que causarem a terceiros em virtude de culpa ou dolo no exercício das funções previstas neste artigo".

A Responsabilidade Profissional

10. Há dois critérios para definir *profissional.* Em sentido amplo, profissional é aquele que exerce com habitualidade certa tarefa para a qual se exige nível de conhecimento técnico, o que o distingue das demais pessoas. Em sentido restrito, profissional é quem possui título universitário e desempenha, com sua capacitação, uma específica atividade, preferentemente intelectual, que é vedada a quem não possui o título habilitante[24].

Profissional liberal[25] é quem, detendo essas características do conceito restrito, ainda tem a peculiaridade de exercer sua profissão sem laço de su-

24 LÓPEZ MESA, Marcelo J.; TRIGO REPRESAS, Félix A. *Responsabilidad civil de los profesionales*. Buenos Aires: Lexis Nexis, 2005, p. 21.

25 O Prof. Paulo Luiz Netto Lôbo define o profissional liberal de modo amplo: "Entende-se por profissional liberal todo aquele que desenvolve atividade específica de serviços, com independência técnica, e com qualificação e habilitação determinadas pela lei ou pela divisão social do trabalho. Nesse conceito estão abrangidas profissões: a) regulamentadas ou não por lei; b) que exigem graduação universitária, ou apenas formação técnica; b) reconhecidas socialmente, até mesmo sem a exigência de formação escolar" (LÔBO, Paulo Luiz Netto. Responsabilidade civil dos profissionais liberais e o ônus da prova. In: NERY JUNIOR, Nelson; NERY, Rosa Maria de Andrade (Org.). *Responsabilidade civil:*

bordinação àquele a quem presta o serviço. É um autônomo, e se distingue dos demais profissionais autônomos pela qualificação superior[26]. Consta do *Dicionário Jurídico da Academia de Letras Jurídicas*, no verbete *profissão liberal*: atividade privativa de detentores de diploma universitário, cuja prestação de serviço é caracterizada pela independência quanto ao desempenho científico e à remuneração.

O profissional liberal tem deveres. Trigo Represas e López Mesa os enumeram: dever de guardar segredo das informações que receber durante a relação com o cliente; dever de informar o cliente; o dever de requerer o consentimento do cliente para determinadas práticas; dever de atuação profissional diligente; dever de assessorar devidamente e não induzir o cliente a engano; reduzir os riscos a que se submete o cliente[27].

11. O tema da responsabilidade do profissional propõe uma primeira questão, que diz com o regime legal a ser observado. Predomina o entendimento de que as disposições gerais sobre a responsabilidade civil são aplicáveis à responsabilização do profissional (pressupostos, obrigação de indenizar, excludentes etc.), atendidas as especificidades de cada profissão (exigência de prova da culpa, diferenciação entre o dano ao contratante e o dano a terceiro, natureza da obrigação, se de meio ou de resultado etc.).

Não convém ao princípio da igualdade instituir um regime próprio para as profissões:

> A criação de um direito de responsabilidade privativo de certas profissões poderia representar a consagração de um direito 'estamental' de duvidosa legitimidade por contrariar a universalidade das normas de direito privado[28,29].

direito fundamental à saúde: atividades de prestação de serviços médicos e de saúde, serviços médicos, serviços hospitalares, risco, meio ambiente. São Paulo: Revista dos Tribunais, 2010. v. 5 (Doutrinas essenciais), p. 389).

26 É restrito o conceito de Slaibi Filho: "Não se deve confundir o profissional liberal com qualquer profissional autônomo. O técnico de som, por exemplo, não é um profissional liberal, porquanto não exerce profissão de cunho científico, de grau superior, que é o que diferencia um do outro" (SLAIBI FILHO, Nagib. Responsabilidade civil dos profissionais liberais: a obrigação de diligência. In: RODRIGUES JUNIOR, Otavio Luiz; MAMEDE, Gladston; ROCHA, Maria Vital da (Coord.). *Responsabilidade civil contemporânea*: em homenagem a Sílvio de Salvo Venosa. São Paulo: Atlas, 2011, p. 343).

27 LÓPEZ MESA, Marcelo J.; TRIGO REPRESAS, Félix A. *Responsabilidad civil de los profesionales*. Buenos Aires: Lexis Nexis, 2005, p. 23 e ss.

28 FRADA, Manuel António de Castro Portugal Carneiro da. *Teoria da confiança e responsabilidade civil*. Coimbra: Almedina, 2007, p. 334.

29 "Un gran mérito de Chironi el haber puesto en claro ese principio, contra el parecer de quienes creían ver en la responsabilidad profesional una especie particular de culpa, que debía, por ende, ser apreciada con diferente criterio: ni para la impericia, ni

Isso não impede, porém, que o exercício de uma profissão constitua um elemento relevante na especificação do conjunto de deveres a observar sob pena de responsabilidade. Daí a importância de estabelecer as normativas próprias de cada profissão, para a adequada avaliação da conduta do profissional de que se trata.

Passo assim a mencionar aquelas que me pareceram as principais regras de conduta que regulam a atuação do auditor independente.

12. Antes, porém, faço um resumo: o conceito de profissional é restrito; tem ele deveres que são comuns a todos os profissionais, e deveres específicos de cada profissão; o regime jurídico da sua responsabilidade civil é o comum, respeitadas as peculiaridades de cada profissão, constantes das normas de conduta, especialmente aquelas sobre deveres no desempenho da profissão.

Responsabilidade do Auditor Independente

13. O auditor independente é o profissional liberal (ou a empresa de auditoria) cuja tarefa é buscar "segurança razoável" (mas não absoluta) de que as demonstrações contábeis[30] da entidade auditada estão (ou não) em aderência às normas de contabilidade vigentes e não apresentam "distorções relevantes", mediante a revisão dos registros contábeis e a aplicação de testes por amostragem, cuja extensão é definida por julgamentos do auditor independente, em proporção à sua percepção do nível de risco de auditoria existente, bem como pelas normas profissionais aplicáveis.

Diante da assimetria de informação entre a administração da empresa, os acionistas e os terceiros interessados (investidores, credores, garantes), o auditor independente, como já se disse, ocupa a posição de intermediário, pois recolhe informações da documentação que examina e comunica sua opinião, fruto de um processo de persuasão, sem que se lhe possa atribuir certeza matemática sobre a inexistência de distorções "relevantes" nas demonstrações financeiras.

para los errores profesionales, se deben establecer teorías especiales. [...] no son modos especiales de culpa, sino que entran en los conceptos generales fijados en materia de comportamiento ilícito" (LÓPEZ MESA, Marcelo J.; TRIGO REPRESAS, Félix A. *Responsabilidad civil de los profesionales*. Buenos Aires: Lexis Nexis, 2005, p. 55).

30 Nos termos do art. 176 da Lei n. 6.404, de 15.12.1976 (Lei das S.A.), "[...] as demonstrações financeiras, que deverão exprimir com clareza a situação do patrimônio da companhia e as mutações ocorridas no exercício", consistem em balanço patrimonial, demonstração dos lucros e prejuízos acumulados, demonstração do resultado do exercício, demonstração de fluxo de caixa, se companhia aberta, demonstração do valor adicionado.

Acerca do trabalho do auditor, veja-se o que dispõe o item 5 da Resolução CFC n. 1.203-09, que aprova a NBC TA 200:

> As NBC TAs exigem que ele obtenha segurança razoável de que as demonstrações contábeis como um todo estão livres de distorção relevante, independentemente se causadas por fraude ou erro. Asseguração razoável é um nível elevado de segurança. Esse nível é conseguido quando o auditor obtém evidência de auditoria apropriada e suficiente para reduzir a um nível aceitavelmente baixo o risco de auditoria (isto é, o risco de que o auditor expresse uma opinião inadequada quando as demonstrações contábeis contiverem distorção relevante). Contudo, asseguração razoável não é um nível absoluto de segurança porque há limitações inerentes em uma auditoria, as quais resultam do fato de que a maioria das evidências de auditoria em que o auditor baseia suas conclusões e sua opinião, é persuasiva e não conclusiva.

Assim, percebe-se que a responsabilidade do auditor é reduzir a assimetria de informação existente entre a entidade auditada, sua administração e os usuários das demonstrações contábeis, fator importante para o mercado (ponto de encontro entre oferta e procura), que depende da confiança dos investidores na segurança e qualidade da informação[31]. Deve-se reconhecer que ele próprio, auditor, está em situação de assimetria de informações com relação à administração da entidade, de modo que a auditoria independente não pode ser vista como garantia de segurança absoluta da inexistência de erros ou fraudes.

A partida do trabalho do auditor é sempre voltada para o passado, examinando os controles internos da entidade, bem como os fatos já acontecidos e registrados na contabilidade. Sua atividade exige a realização de julgamentos quanto à qualidade dos controles internos e ao grau de risco existente de que os registros contábeis não reflitam de modo razoável todos os aspectos patrimoniais relevantes que devam ser retratados nas demonstrações contábeis. Tais juízos não derivam de cálculos matemáticos. Embora devam seguir algumas diretrizes estabelecidas nas normas profissionais, são eles decorrentes das experiências pessoais e convicções do profissional. Não há fórmulas matemáticas estabelecidas, porque não seria possível reduzir a complexidade do mundo real a padrões aritméticos. Diante de situações semelhantes, profissionais distintos podem fazer diferentes julgamentos profissionais, de modo que tudo o que se lhes pode exigir é que procedam como profissionais diligentes, honestos, probos e bem informados. Deve agir de boa-fé, atendendo

---

31 MENEZES LEITÃO, Luís Manuel Teles. A responsabilidade civil do auditor de uma sociedade cotada. *Revista da Ordem dos Advogados Portugueses*, Lisboa, ano 65, v. 3, dez. 2005.

"aos deveres jurídicos de cooperação, informação, proteção e consideração às legítimas expectativas do *alter*"[32].

Mas o trabalho do auditor possui, também, uma função prospectiva, para subsidiar decisões a serem tomadas com vistas ao futuro. Em qualquer hipótese, o trabalho tem a característica de ser fundado em estimativas, seja quanto aos fatos passados, cuja avaliação sempre implica uma valoração pessoal, seja quanto aos futuros, ainda mais aleatórios.

O auditor deve assumir sempre uma posição de *ceticismo*, pois poderá enfrentar distorções, presentes na documentação que analisa, oriundas de erros ou de fraudes cometidos por prepostos da empresa ou de seus administradores, sendo estas as de mais difícil verificação. Nesse ponto, pode-se deparar com o denominado "conflito de agência", quando não há coincidência entre o interesse do administrador, os acionistas e os provedores de capital, o que pode se refletir nas demonstrações apresentadas.

Como profissional liberal, deve atender às regras comuns quanto ao comportamento ético, e próprias de sua área. Para isso, deve respeitar e cumprir as normas expedidas pelos órgãos competentes, como acima ficou brevemente enumerado.

Em resumo, para o bom e adequado exercício da sua tarefa, o auditor independente deve atender às normativas que determinam a conduta a ser obedecida nas diversas situações, além do Código de Ética da profissão, cujos enunciados são conceitos jurídicos indeterminados, tais como: integridade, objetividade, competência e zelo profissional, confidencialidade e comportamento profissional.

14. A obrigação do auditor é de meio[33], isto é, não assume ele a obrigação de alcançar certo resultado, mas apenas a de empregar o cuidado e a diligência exigíveis para o caso. O cumprimento das normas próprias de sua profissão, de acordo com as circunstâncias, significa que o auditor independente cumpriu adequadamente com o seu dever profissional.

É certo que o trabalho oferece o risco de o auditor vir a emitir uma opinião de auditoria que não tenha detectado erros ou fraudes que causem distorção relevante. Mas o atendimento das prescrições contidas nos diplomas regulamentadores da profissão põe o auditor diligente a salvo de responsabilização.

32 MARTINS-COSTA. Judith. *A boa-fé no direito privado*. São Paulo: Marcial Pons. 2015, p. 42.

33 "Usualmente os profissionais assumem uma obrigação de meio" (FARIAS, Cristiano Chaves de; BRAGA NETTO, Felipe Peixoto; ROSENVALD, Nelson. *Novo tratado de responsabilidade civil*. São Paulo: Atlas, 2015, p. 553).

15. Deixar de fazer o que deveria ter sido feito é omitir-se. A omissão, para ser relevante na responsabilização do auditor por ofensa a interesse de terceiros, deve decorrer da violação de uma norma que colocava o profissional como garantidor do bem jurídico desse terceiro.

16. Não é correta a difundida expectativa de que o auditor garante a inexistência de erros ou fraudes nas demonstrações contábeis que examina[34].

O auditor deve obter "[...] segurança razoável de que as demonstrações contábeis como um todo estão livres de distorção relevante" (Res. CFC 1.203-2009, n. 5).

Ademais, "[...] a opinião do auditor considera as demonstrações contábeis como um todo e, portanto, o auditor não é responsável pela detecção de distorções que não sejam relevantes para as demonstrações contábeis" (Res. CFC 1.203-2009, n. 6).

Não há, no âmbito da auditoria externa, nível absoluto de segurança: "Asseguração razoável é, no contexto da auditoria de demonstrações contábeis, um nível alto, mas não absoluto, de segurança" (Res. CFC 1.203-2009, n. 13).

Nessa mesma Resolução 1.203-09, que aprova a NBC TA 200, consta que:

> [...] a opinião do auditor sobre as demonstrações contábeis trata de determinar se as demonstrações contábeis são elaboradas, em todos os aspectos relevantes, em conformidade com a estrutura de relatório financeiro aplicável. Tal opinião é comum a todas as auditorias de demonstrações contábeis. A opinião do auditor, portanto, não assegura, por exemplo, a viabilidade futura da entidade nem a eficiência ou eficácia com a qual a administração conduziu os negócios da entidade (Res. n. 1.203-09, alínea A1).

Nesse sentido r. Acórdão do 1º TASP, na apelação 9161946-23.203.8.26.0000, de 10.11.2004: "Hipótese em que não houve descumprimento da obrigação contratual já que o trabalho de auditoria não representa garantia total para a cobertura de irregularidades"[35].

A mesma ideia está expressa na norma elaborada pela Federação Internacional de Contadores (IFAC)[36], sob o título *Objetivo e Princípios Gerais que Regem uma Auditoria das Demonstrações Contábeis*: embora o parecer do

34 Essa ideia explica a quantidade de ações contra auditores e empresas de auditoria, a que se alia a dificuldade de obtenção de indenização por falta de patrimônio da empresa auditada e de seus administradores, além do anonimato das operações de bolsa.

35 Primeiro Tribunal de Alçada de São Paulo, Apelação n. 9161946-23.203.8.26.0000, acórdão de 10 de novembro 2004.

36 ISA 200, editada pela IFAC, que foi internalizada pelo CFC através da NBC TA 200, aprovada pela Resolução CFC n. 1.203/2009.

auditor aumente a credibilidade das demonstrações contábeis, o usuário não pode presumir que o parecer seja uma segurança da viabilidade futura da entidade nem da eficiência ou eficácia com que a administração conduziu os negócios da entidade[37].

17. O risco[38]. A auditoria tem um risco de não detecção de distorções que se relacionam com a natureza, época e extensão dos procedimentos adotados pelo auditor para *reduzir o risco de auditoria a um nível aceitável.* O auditor:

> [...] não é obrigado e não pode reduzir o risco de auditoria a zero e, portanto, não pode obter segurança absoluta de que as demonstrações contábeis estão livres de distorção relevante devido a fraude ou erro. Isso porque uma auditoria tem limitações inerentes (Res. n. 1.203-09, alíneas A-43 e A-45).

A Res. CFC n. 1.207-09 admite que a administração (da empresa auditada) está em posição privilegiada para perpetuar fraudes em função de sua capacidade para manipular registros contábeis e elaborar demonstrações contábeis fraudulentas, burlando controles que sob outros aspectos parecem

---

37 Embora a impossibilidade de a assessoria externa atender à expectativa formada a seu respeito, a consequência disso não é o abandono desse instrumento, pois se reconhece que não poderá ser substituído por outro mais útil, insistindo-se, outrossim, no seu aperfeiçoamento. "O apelo programático da 'auditoria como solução' é tão impactante, então, que a resposta a um autêntico colapso de todos os mecanismos de controle (regras e auditoria) é exatamente [...] mais auditoria." (BITTENCOURT, Fernando Moutinho Ramalho. A jangada de pedra: os caminhos da auditoria. *Revista de Informação Legislativa*, Brasília, v. 42, n. 168, pp. 227-254, out.-dez. 2005, p. 232).

38 NBC T 11 – IT – 03. Devido às limitações inerentes à auditoria, existe risco inevitável de que distorções relevantes resultantes de fraude e, em menor grau, de erro, possam deixar de ser detectadas. Caso se descubra posteriormente que, durante o período coberto pelo parecer do auditor, exista distorção relevante não refletida ou não corrigida nas demonstrações contábeis, resultante de fraude ou erro, isso não indica que o auditor não cumpriu as Normas de Auditoria Independente das Demonstrações Contábeis. O que vai determinar se o auditor cumpriu essas normas é a adequação dos procedimentos de auditoria adotada nas circunstâncias e do seu parecer com base nos resultados desses procedimentos (FRANCO, Hilário; MARRA, Ernesto. *Auditoria contábil*: normas de auditoria, procedimentos e papéis de trabalho, programas de auditoria, relatórios de auditoria. 4. ed. atual. São Paulo: Atlas, 2013, p. 79). "Conforme descrito na NBC TA 200, item 51, em razão das limitações inerentes da auditoria, há um risco inevitável de que algumas distorções relevantes das demonstrações contábeis podem não ser detectadas, apesar de a auditoria ser devidamente planejada e realizada de acordo com as normas de auditoria" (SANTOS, Cleônimo dos. *Auditoria contábil*: aspectos teóricos e práticos. São Paulo: IOB, 2012, p. 205).

funcionar de forma efetiva. Embora o nível do risco de burlar controles pela administração varie de entidade para entidade, o risco, não obstante, está presente em todas as entidades. Como tal burla pode ocorrer de maneira imprevisível, ela é um risco de distorção relevante decorrente da fraude e, portanto, um risco significativo (Res. n. 1.207-09, n. 31).

18. Fraude. A principal responsabilidade pela prevenção e pela detecção da fraude é dos responsáveis pela governança da entidade e da sua administração (Res. CFC n. 1.207-09, n. 4).

Quando isso falha, surge para o auditor o risco de não detectar a fraude, que é maior quando a distorção é "[...] decorrente de fraude da administração" (Res. CFC n. 1.207-09, n. 7).

> Conforme descrito na NBC TA 200, devido às limitações inerentes da auditoria, há um risco inevitável de que algumas distorções relevantes das demonstrações contábeis podem não ser detectadas, apesar de a auditoria ser devidamente planejada de acordo com as normas de auditoria (Res. CFC 1207-09, n. 5).

Além da dificuldade de detecção da distorção patrocinada pela administração da entidade auditada, ainda há a decorrente da própria natureza da fraude:

> O risco de não ser detectada uma distorção relevante decorrente de fraude é mais alto do que o risco de não ser detectada uma distorção decorrente de erro. Isso porque a fraude pode envolver esquemas sofisticados e cuidadosamente organizados, destinados a ocultá-la, tais como falsificação, omissão deliberada no registro de operações ou prestação intencional de falsas representações ao auditor. Tais tentativas de ocultação podem ser ainda mais difíceis de detectar quando associadas a um conluio. O conluio pode levar o auditor a acreditar que a evidência é persuasiva quando, na verdade, ela é falsa (Res. CFC 1207-09, n. 6)[39,40].

39 "Uma das maneiras de 'maquiar' as demonstrações contábeis das empresas consubstancia-se no uso da 'contabilidade criativa'. Este é um tipo de técnica que visa a encobrir erros ou fraudes das referidas demonstrações, de modo que estas não espelhem a realidade da empresa, com vistas à obtenção de alguma vantagem indevida" (PEDROSO, Marcos Coelho. A responsabilidade penal dos auditores independentes. *Jus Societas*, Ji-Paraná, v. 4, n. 2, pp. 63-96, 2010, p. 63).

40 O auditor pode se deparar com as dificuldades estudadas na doutrina sob o título de *teoria da agência*. Entre os administradores, acionistas e investidores podem surgir conflitos latentes que se escondem nas demonstrações contábeis, fonte de fraudes. Esse fenômeno é uma das causas justificadoras da auditoria externa, mas é também uma das dificuldades a serem enfrentadas pelo auditor.

19. A responsabilidade do auditor independente é contratual, relativamente à entidade que o contratou para apreciação das suas demonstrações financeiras. Diz o art. 389 do Código Civil: "Não cumprida a obrigação, responde o devedor por perdas e danos, mais juros e atualização monetária segundo índices oficiais regularmente estabelecidos, e honorários de advogado".

O descumprimento do contrato, seja pela não realização do serviço, pela sua intempestividade, ou pela desatenção a dever inerente à profissão, conduz à responsabilização do auditor faltoso.

20. A responsabilidade do auditor independente perante terceiros, com os quais não mantém nenhuma relação contratual, é de natureza extracontratual, que se realiza quando a conduta do auditor consistir em um fato ilícito absoluto (art. 186 do Código Civil). Nessa hipótese, cabe ao lesado demonstrar os pressupostos da responsabilidade civil *ex delicto*, isto é, a omissão do auditor em apontar a distorção relevante, o dano daí decorrente a esse terceiro, a relação de causalidade entre a omissão do auditor e o prejuízo sofrido, e o fator de atribuição, que é a culpa em sentido lato (dolo ou culpa em sentido estrito, que se manifesta por descuido, negligência, imprudência ou imperícia)[41].

Não se trata aqui de culpa presumida. Não há lei que a estabeleça, e a própria natureza do trabalho do auditor – pelos riscos inerentes e dificuldade de detecção de distorções, especialmente quando derivadas de fraude dos administradores da entidade auditada – afasta o reconhecimento da presunção de culpa.

Assim também em Portugal: "A culpa do auditor, de acordo com a regra geral do art. 487, 1, do Código Civil, terá que ser provada pelo lesado"[42].

41 Alexandre Demetrius Pereira, no seu excelente *Auditoria das Demonstrações Contábeis*, relata o desenvolvimento do tema da responsabilidade do auditor na prática dos EEUU. Inicia com o caso Ultramares, julgado pelo Juiz Cardozo, segundo o qual o auditor não deveria ser responsável por negligência normal (mas somente por fraude ou grave negligência), em relação a terceiros que não o contrataram, pois o entendimento contrário poderia "[...] expor os contabilistas a um passivo de montante indeterminado, por um tempo indeterminado, a uma classe indeterminada". Indica o posterior desenvolvimento do tema e cita julgados e normas, para concluir. "Em suma, temos que o cliente sempre pode processar o auditor, com base na legislação contratual ou no direito comum [...]. Em relação a terceiros, estes sempre podem processar o auditor por negligência grave ou fraude com base no direito comum" (PEREIRA, Alexandre Demetrius. *Auditoria das demonstrações contábeis*: uma abordagem jurídica e contábil. São Paulo: Atlas, 2011, pp. 255-256).

42 MENEZES LEITÃO, Luís Manuel Teles. A responsabilidade civil do auditor de uma sociedade cotada. *Revista da Ordem dos Advogados Portugueses*, Lisboa, ano 65, v. 3, dez. 2005, n. 2, 3.

21. Vejamos o que diz a legislação, já parcialmente transcrita acima.

a) O parágrafo único do art. 1.177 do Código Civil, ao tratar do contabilista empregado (que não é o auditor independente), reza: "No exercício de suas funções, os prepostos são pessoalmente responsáveis perante os preponentes, pelos *atos culposos*; e perante terceiros, solidariamente com o preponente, pelos *atos dolosos*".

A regra distingue a responsabilidade do contabilista empregado diante da sua empresa, que é contratual e pode estar suportada apenas na culpa, e diante de terceiros, quando então se exige ato doloso.

b) O § 4º do art. 14 do Código de Defesa do Consumidor estabelece que a responsabilidade pessoal dos profissionais será apurada mediante a verificação de *culpa*.

É a principal exceção à regra de responsabilidade objetiva do Código de Defesa do Consumidor e se aplica ao profissional auditor externo, quando se cuida de relação de consumo.

c) Segundo disposto na Lei n. 9.447/1997, art. 3º, combinado com o Decreto-Lei n. 2.321, de 1987, e o art. 45 da Lei n. 6.024, de 1974, os atos praticados pelos auditores independentes, na prestação de serviços às instituições financeiras submetidas à intervenção, à liquidação extrajudicial ou ao regime de administração especial temporária, serão apurados em inquérito. Se houver *dolo ou culpa*, os bens dos agentes serão sequestrados, instaurada em juízo a ação própria para apuração da sua responsabilidade.

d) O § 2º do art. 26 da Lei n. 6.385, de 07.12.1976, dispôs: "As empresas de auditoria contábil ou auditores contábeis independentes responderão, civilmente, pelos prejuízos que causarem a terceiros em virtude de culpa ou dolo no exercício das funções previstas neste artigo".

Essa disposição da Lei n. 6.385, de 07.12.1976, sobre mercado de valores mobiliários, deve ser aplicada subsidiariamente a todas as situações de auditoria externa. Por ser específica para auditores contábeis independentes, reforça, para eles, a regra do Código de Defesa do Consumidor, art. 14, § 4º, que exige a culpa.

Como se vê, as disposições legais aplicáveis ao auditor independente atribuem-lhe responsabilidade subjetiva, sempre exigindo culpa ou dolo, e às vezes só o dolo.

22. A interpretação que tem gerado controvérsia diz com a disposição do Código de Defesa do Consumidor, que exclui o profissional liberal do regime da responsabilidade objetiva (art. 14, § 4º).

Considerando as peculiaridades do sistema de consumo, tem sido afirmado que se trata de culpa presumida. Isso é assim na relação do profissional com quem o contratou, quando o inadimplemento pela prestação de serviço defeituoso é de natureza contratual, e é presumida a culpa do inadimplente. Mas, diante de terceiro, com responsabilidade extracontratual, cabe ao lesado a prova dos pressupostos da responsabilidade civil, inclusive da culpa. Quando o consumidor enfrentar dificuldade para demonstrar a culpa, o juiz poderá determinar a inversão do ônus da prova (art. 6º, inc. VII, do Código de Defesa do Consumidor). Por isso, não é necessário recorrer à presunção de culpa para garantir ao consumidor a proteção do seu direito.

23. Conclusão

A responsabilidade civil do auditor independente existe quando presentes os pressupostos: ação (ordinariamente, uma omissão), causadora de um dano injusto, com nexo de causalidade e fator de atribuição.

O auditor independente é um profissional liberal, cuja responsabilidade é de natureza contratual, diante da empresa auditada (art. 389 do Código Civil), e extracontratual, diante de terceiros (investidores, Fisco, credores, garantes), art. 186 do Código Civil).

Em qualquer caso, sua responsabilidade é subjetiva, por culpa ou dolo. Os dispositivos legais sempre referem esse elemento subjetivo como requisito da responsabilização do auditor independente. Não se trata de culpa presumida.

O Código de Defesa do Consumidor tem regra especial para o profissional liberal: excluiu-o do regime da responsabilidade objetiva, e incluiu a culpa como pressuposto.

O auditor independente tem seus deveres explicitados em diversos atos normativos expedidos pelos órgãos competentes. A culpa no descumprimento dessas disposições autoriza a responsabilização do auditor independente.

A atividade do auditor independente tem riscos inerentes, e o seu objetivo é verificar a adequação dos demonstrativos contábeis com as regras incidentes. Não se lhe pode atribuir a responsabilidade pela não detecção de erro ou fraude nas demonstrações, desde que tenha cumprido com diligência e perícia a sua tarefa.

O auditor independente é um profissional liberal que responde civilmente de acordo com o regime comum da responsabilidade civil, atendidas as disposições específicas para a sua profissão, assim como constam das leis e dos atos normativos expedidos pelos órgãos competentes.

Parte V

O CANTEIRO DE OBRAS: PACTOS, CONTRATOS, PRÁTICAS NEGOCIAIS, SOCIEDADES

O CONCEITO DE CONTRATO – PERMANÊNCIA E FUNÇÃO

Luis Renato Ferreira da Silva

À guisa de introdução

1. A metáfora do contrato como a veste jurídica de uma operação econômica[1] pode ser desenvolvida dentro da ideia de que, tal qual as roupas são adaptadas à situação a que se destinam e ao corpo que vestem, também desempenham diversas funções. Não se espera que o traje de gala seja usado na praia, muito menos o traje de banho na festa de gala (as situações não se coadunam). Da mesma forma, não se cogita que um jovem estudante se vista como um advogado na ida ao foro (os corpos são distintos). Tampouco a roupa que esquenta é a mesma que enfeita (porque as funções são diferentes).

2. Tudo isto importa em que a veste, às vezes, possa servir para transvestir, necessariamente modificando-se para cumprir suas múltiplas finalidades.

3. Essa mutabilidade, nem por isso, impede que se reconheça uma noção unitária do que é uma roupa (peça que se usa para vestir) e para que serve basicamente (cobrir e abrigar o corpo).

4. Esse pensamento surge porque a metáfora se expande e prossegue, permitindo a metáfora dentro da metáfora: o contrato como veste permite que se valha da roupa como conceito proteico.

5. Pensar em metáforas e analogias com o mundo da linguagem advém à mente quando pretendo escrever em homenagem à Professora Judith Martins-Costa. Isso não só porque exerceu a cátedra de contratos ao longo de vários anos na Faculdade de Direito da Universidade Federal do Rio Grande do Sul, a qual me orgulho de agora ter assumido; não só porque o contrato é tema que permeou várias de suas obras; não só porque a ela se devem algumas das ideias mais inovadoras entre nós sobre o tema contratual; mas acima de tudo porque pensar o conceito de contrato como categoria jurídica permite um exame dos conceitos jurídicos e de suas funções sistematizadoras.

6. É bem verdade que se pode raciocinar de forma reducionista, considerando o conceito de contrato como um simples resumo de uma ideia geral que oriente no sentindo de entender-se um ramo do Direito. Mais rico, entretanto, é ter desse estudo uma "nozioni rappresentative della concreta fenomenologia contrattuale, il problema stesso della individuazione e concezione

1 ROPPO, Enzo. *O contrato*. Almedina: Coimbra, 1988.

della fattispecie 'contratto' e del rapporto tra congruenza dello strumento concettuale e dati empirici e normativi dell'autonomia privata"[2].

7. Mediado por um espaço de mais de 15 anos, nossa homenageada produziu dois artigos enfocando diretamente o conceito de contrato[3]. No entretempo, outras produções versaram sobre o tema, pressupondo-o[4] ou construindo a sua dogmática principiológica[5].

8. O exame dos artigos especificamente referidos sobre contrato é o norte do presente trabalho, a fim de tentar honrar o convite de participar de obra coletiva em homenagem à Professora Judith.

9. Tendo convivido com ela desde os tempos do Curso de Mestrado em Direito da Faculdade de Direito da Universidade Federal do Rio Grande do Sul, como alunos do Prof. Clóvis V. do Couto e Silva, sempre admirei sua dedicação ao estudo não como um meio, mas como um fim que enobrece e satisfaz, porque só ele transforma o jurista em um humanista.

10. Como diz um autor, que sei ser do agrado da homenageada, "*(e) studar, e não a vaidade de dominar, tem sido meu principal objetivo*"[6].

11. Estudando, com a certeza de não estar dominando, proponho-me a refletir sobre a permanência de uma categoria jurídica que abarque o fenômeno jurídico do contrato, iluminado pela evolução histórica e caracterização dogmática feita pela Professora Judith nos dois artigos que mencionei, dentro da linha que ela trilhou, em relação ao conceito de boa-fé em um sistema aberto.

---

2 GABRIELLI, Enrico. Il contratto e le sue classificazioni. *Rivista di Diritto Civile*. 1997/5/705 e ss.

3 Refiro-me a Noção de contrato na história dos pactos, publicado no livro *Homenagem a Carlos Henrique de Carvalho* (MARTINS-COSTA, Judith. Noção de contrato na história dos pactos. In: *Homenagem a Carlos Henrique de Carvalho. O editor dos juristas*. São Paulo: RT, 1995); e a Contrato, conceito e evolução, publicado no livro *Teoria geral dos contratos* (MARTINS-COSTA, Judith. Contrato. Conceito e evolução. In: LOTUFO, Renan et al. (Org.). *Teoria geral dos contratos*. São Paulo: Atlas, 2011).

4 Por exemplo em "Reflexões sobre o princípio da função social dos contratos", publicado no livro CUNHA, Alexandre dos Santos. *O direito da empresa e das obrigações e o novo código civil brasileiro*. São Paulo: Quartier Latin, 2006.

5 E aí estão as duas obras mestras, os *Comentários ao novo código civil* (TEIXEIRA, Sálvio de Figueiredo (Coord.). *Comentários ao novo código civil*. Rio de Janeiro: Forense, 2003, v. V, t. I e II), e a segunda edição de *A boa-fé no direito privado*: critérios para sua aplicação (MARTINS-COSTA, Judith. *A boa-fé no direito privado*: critérios para a sua aplicação. São Paulo: Marcial Pons, 2015).

6 BORGES, Jorge Luis. *Um ensaio autobiográfico*. São Paulo: Globo, 2000, p. 136.

1. As ameaças à permanência do conceito de contrato

12. O grande problema do conceito de contrato nos dias atuais reside na pluralidade de situações que ele tenta abranger com um limitado material de adaptação às situações correntes.

13. O conceito de contrato, visto, como dito acima, qual veste jurídica da operação econômica, não basta para que se compreenda sua estrutura dogmática, igualmente não abarcando uma ideia funcional.

14. Se é aceito que o Direito é construído como realidade histórica e, portanto, não se presta a conceituar essa realidade, mas nela haure conceitos que, trabalhando em um segundo nível[7], voltam à realidade para atribuir-lhes efeitos jurídicos, impõe-se que estes conceitos (i) não se desprendam da realidade e (ii) não talhem o mundo ao seu gosto, mas sejam consequência do que a ordenação jurídica da vida exige.

15. Não parece ser outro o entendimento da Professora Judith quando afirma que:

> Conceitos jurídicos são, sempre, súmulas de ideias sobre representações ou percepções sociais [...] os conceitos jurídicos, como o de 'contrato', não tendo essência ou imanência, têm contudo, uma história reveladora dessas percepções sociais, nela encontrando sua significação[8].

16. O que se tem visto historicamente é que a expansão do conceito de contrato (ou até mesmo o seu surgimento) está ligada justamente à expansão do fenômeno econômico ao qual ele se prende.

17. Se no Direito Romano a falta de sistematicidade impedia que se tivesse um conceito generalizante de contrato (a ponto de formar uma categoria própria) com a expansão do Império e a necessidade de estender para além dos *cives* a proteção jurídica, foi necessário alargar as estreitas hipóteses de contratos *re*, *litteris* ou *verbis*, admitindo-se os contratos consensuais e as exceções para os casos de pactos nus.

18. Quando o comércio é retomado e as trocas se incrementam no Alto Medievo, torna-se imprescindível abranger mais situações sem os formalismos limitadores e de segurança mais comuns em uma sociedade menor e mais coesa. Despe-se o contrato, então, de todas as formalidades casuísticas, res-

---

7 Como bem explica Natalino Irti, na apresentação que faz a uma compilação de textos de vários autores sobre conceitos jurídicos, "[...]la scienza giuridica è la scienza di secondo grado, scienza di un oggetto che è gia, di per sé, un sapere, un guardare la realtà attraverso tipizzazioni concettuali" (IRTI, Natalino. Presentazione. In: IRTI, Natalino (Coord.). *La polemica sui concetti giuridici*. Milão: Giuffrè, 2004, p. X).

8 MARTINS-COSTA, Judith. Contrato, conceito e evolução. In: LOTUFO, Renan et al. (Org.). *Teoria geral dos contratos*. São Paulo: Atlas, 2011, p. 26.

tando apenas o que de comum havia em todas as situações: o consenso como elemento suficiente (*solo consensus obligat*), afinal de contas "*as necessidades práticas – não a lei nem a doutrina – são as verdadeiras tecelãs do Direito*"[9].

19. O consenso, bastando para gerar a obrigação contratual, servia como esteio genérico e amplo, cabendo aqui qualquer tipo de comportamento que vinculasse duas ou mais pessoas.

20. Nessa toada permaneceu a balada do contrato ao longo do tempo e assim o receberam o Iluminismo e os Códigos Oitocentistas, partituras mais acabadas desse concerto jurídico.

21. Ainda que se tenha dado maior rigor e tecnicismo ao papel do consenso, com a teoria do negócio jurídico, com a pandectística e o BGB, servindo a vontade de elemento de toque, bilateralizada pela declaração, o conceito de contrato funcionava porque abrangia situações de consentimento mútuo gerador de obrigações.

22. Essa função unificadora e sistematizadora, entretanto, começou a sofrer certos abalos, no momento em que a economia deixou de ser a mesma que gerou a ideia clássica de contrato.

23. A alteração nas relações de troca, com a sua massificação, fizeram com que o conceito de contrato (que antes se agigantara para tudo abarcar) começasse a sofrer tantas exceções que pô-lo em xeque como conceito geral começa a ser um mote da doutrina.

24. E isso, atualmente, tende cada vez mais a prosperar na medida em que a pluralidade de situações peculiares vai crescendo. Os corpos a serem vestidos pelo contrato alteram sua forma e não preenchem mais as medidas de pronta entrega. É como se fosse necessário modelar o contrato à operação econômica subjacente. Alguns exemplos podem ser bem característicos.

25. Dá-se o exemplo daquelas situações que geram relações do tipo contratual, mas nas quais o elemento volitivo não está presente de forma imprescindível, dando azo a que até mesmo incapazes possam praticá-las de forma válida, como é o caso dos chamados atos existenciais (na linguagem de Clóvis do Couto e Silva)[10]. Muitos desses atos acabam por abranger figuras que são muitas vezes tratadas como contratos. É o caso do estacionamento em *shoppings centers* (durante muito tempo considerado um depósito tácito pela jurisprudência), ou então de um contrato de transporte público urbano entretido entre um incapaz que vai à escola desacompanhado de seu representante legal. Pode-se chamar de contrato de transporte, mas, certamente, aquele está muito distante, em termos de elementos para a sua existência, do

9 MARTINS-COSTA, Judith. Contrato, conceito e evolução. In: LOTUFO, Renan et al. (Org.). *Teoria geral dos contratos*. São Paulo: Atlas, 2011, pp. 30-31.

10 SILVA, Clóvis do Couto e. *A obrigação como processo*. São Paulo: José Bushatsky Editor, 1976, p. 91 e ss.

contrato de transporte que uma indústria faz com uma empresa transportadora para levar sua carga até determinado porto.

26. Nas hipóteses dessas típicas relações contratuais de fato, está-se muito mais próximo da noção de reciprocidade comutativa do que de consenso.

27. Não à toa a que a"[...] relação entre contrato e comutatividade, de onde provém, inclusive um dos critérios aristotélicos da justiça, poderá, talvez, assim ser retomada"[11].

28. Esses exemplos, entretanto, beiram os extremos. Há outras hipóteses que podem ser mais fronteiriças. Penso aqui nos contratos de adesão. Muito tem-se discutido o quanto ainda resta nessas relação que justifique um conceito único de contrato. Se extrapolarmos isso para o campo dos contratos de consumo, toda uma principiologia distinta rege a fonte das obrigações.

29. As relações de trabalho, gerando toda uma gama de relações permeadas por princípios de ordem pública protetiva, estribam-se no denominado contrato de trabalho.

30. Princípios distintos permitem que se mantenha um conceito único? Se não, teremos tantos conceitos de contrato quanto os ramos nos quais surjam obrigações cujo impulso inicial não vem nem da lei, nem do ato ilícito, mas de uma manifestação de vontade? Se sim, o que sobra desse conceito?

31. Como adverte Darcy Bessone, valendo-se das lições de Osti e de Scutto, ou fixa-se na estrutura do negócio de forma a se verificar quais os elementos essenciais para sua formação ou corre-se o risco de haver um conceito de tão ampla extensão que se confunda com qualquer acordo de vontade[12].

32. O que parece claro é que o contrato não é mais uma categoria que possa ser enunciada sem uma adjetivação – contrato consumerista, contrato trabalhista, contrato paritário, contrato empresarial, contrato adesivo...

33. Neste dilema é que cabe um exame do papel dos conceitos e das categorias jurídicas. Quando se pensa em categorias jurídicas duas questões avultam imediatamente. A primeira é a diferença que existe entre a função das categorias no Direito – onde cumprem finalidade classificatória – e, a segunda, a abrangência que se lhes pode atribuir – o que significa pensar na sua perenidade.

34. Essas são as situações que ameaçam a permanência do conceito. Resta então ver se ainda há finalidade ou função para este conceito permanecer e ser útil.

---

11 MARTINS-COSTA, Judith. Noção de contrato na história dos pactos. In: *Homenagem a Carlos Henrique de Carvalho*. O editor dos juristas. São Paulo: RT, 1995, p. 513.

12 BESSONE, Darcy. *Do contrato. Teoria geral*. 4. ed. São Paulo: Saraiva, 1997, pp. 14-15.

2. A função desempenhada pelo conceito de contrato

35. Em recente trabalho, Nicolò Lipari[13] examina o tema e conduz sua crítica para a tentativa de mutabilidade ou absoluta estabilidade das categorias e conceitos jurídicos, – de forma a que se fossilizem deixando de cumprir a função classificatória – uma vez que se deixa de enquadrar realidades ou se força o seu enquadramento, tal como modernos Procustos na passagem para o mundo jurídico.

36. A contradição apontada pelo autor é a de que, inegavelmente, as categorias jurídicas, que devem sua formação a um longo desenvolvimento histórico[14], devem ser utilizadas como um *a priori* ...

37. Quando passa a examinar a categoria contratual, tendo feito a mesma observação que fiz sobre a necessária adjetivação, afirma que querer manter a categoria contratual "[...] esprime più un desiderio che una constatazione"[15].

38. Guido Alpa[16], em sua mais recente obra sobre a teoria geral do contrato parece ir no mesmo sentido, quando discute e aprofunda a ideia da prevalência de obtenção de direitos muito mais pela posição ocupada pelo sujeito, pelo papel social do indivíduo, pelo seu *status* do que pela manifestação de vontade. Assim, independentemente da situação individual, ocupando o papel de consumidor, por exemplo, o sujeito tem uma gama de dispositivos protetivos fortes, ainda que ele tenha, pessoalmente, condições de livremente estabelecer suas obrigações.

39. É claro que se utiliza do *status* de forma diversa da primitiva visto que "[...] oggi lo status non esprime un privilegio, ma un'esigenza di protezione" [17].

40. Novamente, tem-se uma situação em que a vontade parece ser minorada por conta de elementos objetivos, a tornar o aspecto contratual diverso dos contratos estritamente paritários.

41. Entre os próprios contratos paritários, afastados das relações de consumo, começam a surgir posicionamentos que fazem distinções aparentemente principiológicas.

42. No Direito italiano, ao lado dos contratos entre iguais, haurido das fontes tradicionais e clássicas e com a estrutura voluntarista mais acentuada

13 LIPARI, Nicolò. *Le categorie del diritto civile*. Milão: Giuffrè, 2013.

14 E no artigo citado Noção do contato na história dos pactos, a Professora Judith traça bem essa linha do tempo para os contratos.

15 LIPARI, Nicolò. *Le categorie del diritto civile*. Milão: Giuffrè, 2013, p. 151.

16 ALPA, Guido. Il contratto in generale – Fonti, teorie, metodi. In: CICU, Antonio; MESSINEO, Francesco. *Trattato di diritto civile e commerciale*. Milão: Giuffrè, 2014.

17 ALPA, Guido. Il contratto in generale – Fonti, teorie, metodi. In: CICU, Antonio; MESSINEO, Francesco. *Trattato di diritto civile e commerciale*. Milão: Giuffrè, 2014, p. 232.

(aquilo que a doutrina começou a denominar "*primo contratto*"), e os contratos envolvendo relações de consumo com presunção de vulnerabilidade do consumidor (o *secondo contratto*), fala-se agora de um *terzo contratto*.

43. Trata-se das hipóteses de contratos firmados entre empresários (que recairiam, originalmente, na ideia de contratos paritários) nos quais se vislumbra uma relação de dependência.

44. Diferentemente das relações contratuais de consumo, com uma vulnerabilidade presumida, aqui interessam as circunstâncias concretas, o que não se destina a uma proteção (como na questão estatutária acima referida), mas a um reequilíbrio de contratos que se demonstram assimétricos[18].

45. Assim, o quadro até agora traçado expõe, seguindo a metáfora, um conceito de contrato que é um verdadeiro roupeiro com as mais variadas vestes possíveis – a ponto de reiterar-se a dúvida quanto a uma unidade conceitual.

46. O que chama a atenção, entretanto, é que, embora muito se fale da perda de unidade do conceito, as mais variadas doutrinas e teorias seguem valendo-se da ideia de contrato, ainda que adjetivando-a para melhor entendimento.

47. Posto o problema, a questão é tentar identificar então se ainda remanesce um conceito ou uma categoria contratual que sirva para essas diversas situações. Aí entram os ensinamentos da nossa homenageada.

49. Na linha do que Rodolfo Sacco e Giorgio De Nova fizeram no capítulo em que tratam do contrato no *Tratado de direito civil* dirigido pelo primeiro[19], examinando o contrato a fim de ver o que nele é genética ou fenomenicamente inerente, examinando o genótipo e o fenótipo do contrato, a Professora Judith também examina o tema sob esses dois ângulos. Certamente, isso pressupõe serem ultrapassadas as dificuldades que as variações suprarreferidas apresentam para o tema[20].

50. O *genótipo* do contrato (composto pelos elementos constitutivos comuns a todo e qualquer gênero de contrato necessários para sua existência – ainda que relativizando-se na história) e o *fenótipo* (entendido como a

18 "[...] allorché questa logica protettiva 'pura' venga trasferita al diverso contesto dei contratti tra imprese, alla circostanza formale della predisposizione, parrebe sostituirsi [...] il dato sostanziale, da accertarsi caso per caso, del significativo squilibrio regolamentare discendente dall'abuso della dipendenza economica." AMADIO, Giuseppe. Il terzo contrato. Il problema. In: GITTI, G. et al. (Org.). *Il terzo contratto – L'abuso del potere contrattuale*. Bolonha: Il Mulino, 2008, p. 304.

19 SACCO, Rodolfo; NOVA, Giorgio de. Il Contratto. In: SACCO, Rodolfo (Coord.). *Tratatto di diritto civile*. Turim: Utet, 1993, t. 1, pp. 3-36.

20 Como mencionam Sacco e De Nova, ob. cit. p. 29: "[...] una definizione perfetta del contratto non può non essere complicata, perché deve rendere conto di una enorme quantità di equipolenze, di variabili, di requisiti speciali dipendenti dagli specifici effetti che si tratta de produrre."

indicação de todos os elementos constitutivos necessários para que um fato seja considerado pelo Direito como um contrato, também considerando a positividade do Direito) são utilizados para chegar a uma definição genotípica:

> [...] uma atividade comunicativa voluntária e lícita entre sujeitos qualificados como suas "partes", atividade, essa, expressada em um acordo, determinado ou determinável temporalmente, voltado, teleológica e vinculativamente, para a produção de efeitos jurídicos primordialmente entre as suas partes, e cuja função é a de fazer circular a riqueza entre patrimônios, transformando a situação jurídico-patrimonial dos envolvidos e gerando-lhes uma expectativa ao cumprimento garantida pelo Ordenamento, segundo seus critérios técnicos e valorativos[21].

51. Daqui se pode ver alguns pontos que justificam a realidade contratual de forma unificada, considerando o elemento volitivo e sua declaração (como atividade) que traduzem a manifestação da liberdade das partes contratarem. Ou seja, é comum, mesmo nos contratos em que a declaração de vontade vem mais protegida na sua exteriorização, que haja uma tal declaração, pois é a construção dogmática da autonomia dos privados na liberdade de contratar.

52. Nada obstante essa liberdade, o seu exercício condiz com o que se pretende seja funcionalmente atingido pelas partes, daí o aspecto teleológico que, dada a necessária finalidade de "circulação de riquezas entre patrimônios", reconhece no seio da sociedade um interesse para além das partes, cumprindo assim a sua função social. É que a função, atuando internamente no âmbito da liberdade contratual, acaba por confirmar que a liberdade exerce-se funcionalmente.

53. Judith Martins-Costa, em "Reflexões sobre o princípio da função social dos contratos", artigo citado, resume sua posição quanto ao art. 421 do Código Civil de forma a abranger essas duas perspectivas, pois analisa-o pressupondo (1) a predominância da liberdade que é (2) limitada pela função social mas (3) de forma interna, na medida em que interpreta a expressão "*em razão*" contida no referido artigo, como constitutiva da liberdade[22].

54. Por fim, a expectativa de cumprimento com atendimento dos critérios valorativos contida no final da definição ora analisada está traduzida em uma das funções protetivas do princípio da boa-fé plasmado no art. 422 do Código Civil Brasileiro.

---

21 MARTINS-COSTA, Judith. Contrato, conceito e evolução. In: LOTUFO, Renan et al. (Org.). *Teoria geral dos contratos*. São Paulo: Atlas, 2011, p. 60.

22 MARTINS-COSTA, Judith. Reflexões sobre o princípio da função social dos contratos. In: CUNHA, Alexandre dos Santos. *O direito da empresa e das obrigações e o novo código civil brasileiro*. São Paulo: Quartier Latin, 2006, p. 249.

55. Vê-se, a partir da definição da Professora Judith, que o genótipo contratual envolve sempre liberdade, função e boa-fé. É claro que, em algumas circunstâncias, pende-se mais para um dos elementos, pois há, por vezes, dominância maior de um gene em relação a outro, mas a estrutura contratual está permeada por todos os três.

56. Se não é possível ter-se uma categoria contratual de rígida composição e imutável estrutura, tem-se um conceito que estabelece elementos sempre presentes. Estes servem à sistematicidade aberta que o ordenamento deve ter e parece-me sábio que o Código Civil brasileiro tenha fugido da pretensão de conceituar, para exercer sua função de Código central, fazendo convergir a categoria contratual nos princípios que a regem.

57. Com isso, responde-se à pergunta antes feita: não se trata de princípios distintos impedindo a construção de um conceito de contrato, mas de regras instrumentalizadoras adaptadas à realidade a partir dos princípios de otimização dos elementos necessários de cada relação contratual.

58. O contrato, assim, não perde sua unidade, mas, coerente com um sistema aberto no qual se insere, maleabiliza-se de modo a permitir sistematizar as diversas relações em que a tríade liberdade-função-boa-fé sempre se fazem presentes.

59. Vestir operações econômicas distintas importa em diferenciações a serem feitas, porém não se perde o conceito, que funciona como elemento sistematizador.

60. Isso porque, sempre haurindo os ensinamentos da nossa homenageada:

> A percepção da existência de diferenças entre os fenômenos é um passo elementar no processo intelectivo denominado 'raciocínio jurídico'; é sua 'operação primeira'. O estabelecimento de diferenças, de identidades e de semelhanças permite a classificação. Classificar é distinguir entre categorias[...][23].

61. O conceito de contrato é fruto das distinções que o depuram, permitindo uma categorização que sistematiza a operação econômica quando se veste para entrar no mundo do Direito.

23 MARTINS-COSTA, Judith. *A boa-fé no direito privado:* critérios para sua aplicação. São Paulo: Marcial Pons, 2015, p. 259.

Formação progressiva dos contratos e responsabilidade pré-contratual: notas para uma sistematização[1]

Gustavo Tepedino

Introdução

Tema de extraordinária atualidade no Direito Civil contemporâneo – em que a noção de formação progressiva dos contratos[2] tem adquirido cada vez maior vulto na disciplina contratual –, a responsabilidade pré-contratual constitui objeto de numerosas controvérsias na doutrina e na jurisprudência. No cenário atual, em que se atribui aos princípios o papel de reunificação do sistema a partir da releitura de institutos e categorias de direito privado à luz da axiologia constitucional, há que se delimitar o conceito e operacionalizar os efeitos das cláusulas gerais positivadas pelo legislador.

Especificamente quanto à boa-fé objetiva, o estudo de sua incidência, sobretudo na fase pré-contratual, ainda exige grande esforço por parte da doutrina, com vistas a demarcar suas fronteiras. Releva examinar, em especial, algumas questões em sede de responsabilidade pré-contratual, notadamente: a incidência da boa-fé objetiva como princípio fundamental dos contratos, o dever de lealdade entre as partes decorrente desse princípio, a vedação ao comportamento contraditório, a possibilidade de conferir responsabilidade por interesses positivos delineados pelo contrato em formação.

O tema afigura-se complexo em todos os seus aspectos, o que se evidencia na arguta percepção de Judith Martins-Costa, ao indagar:

> Quando os sujeitos têm em comum não apenas o mero fato de viver em sociedade, mas o *fato de se terem aproximado* em vista de eventualmente vir a firmar no futuro um contrato, não teria o princípio da boa-fé a função de *qualificar* esse contato social, inclusive para o efeito de gerar especiais interesses à proteção de bens e interesse jurídicos dos negociadores?

1 O texto é dedicado à Profª Judith Martins-Costa, cujos extraordinários talento e cultura se somam à gentileza, altivez e vocação humanista, tornando-a referência modelar para os estudiosos do direito civil. O autor agradece enormemente ao Prof. Francisco de Assis Viégas, que se associa a mim nesta modesta homenagem, pelos debates e pesquisas realizados para a elaboração desse trabalho.

2 Vide nota 40 *infra*.

Diante dessa zona gris[3] entre a autonomia privada e a proteção à confiança legítima, a qualificação do contato social sobre o qual devem incidir deveres especiais de proteção constitui-se, segundo a autora, na "questão que desafia continuamente os juristas ocupados em discernir as variadas situações em que *ainda não há* contrato concluído, *mas poderá haver*, porque os sujeitos se aproximaram justamente em vista da possibilidade de vir a concluí-lo, por isso mesmo, estando em tratativas negociais"[4].

1. O desenvolvimento da responsabilidade pré-contratual no direito brasileiro

O desenvolvimento dogmático da responsabilidade pré-contratual encontra suas bases na obra de Rudolf von Jhering publicada em 1861[5], no âmbito da qual se propõe sistematização teórica voltada ao problema da responsabilidade pré-contratual[6]. Partindo das injustiças vislumbradas na aplicação da teoria da vontade[7], a *culpa in contrahendo* de Jhering ocupava-se,

3 A expressão é de Judith Martins-Costa e visa expressar a ausência de nitidez que comumente acompanha o ambiente no qual se desenvolvem as chamadas negociações preliminares (MARTINS-COSTA, Judith. Um aspecto da obrigação de indenizar: notas para uma sistematização dos deveres pré-negociais de proteção no direito civil brasileiro. In: *Doutrinas essenciais de direito civil*. São Paulo: Revista dos Tribunais, 2010, v. IV, p. 697.

4 MARTINS-COSTA, Judith. *A boa-fé no direito privado:* critérios para a sua aplicação. São Paulo: Marcial Pons, 2015, p. 384.

5 Apenas em 2008, com tradução de Paulo Mota Pinto, o artigo de Jhering foi traduzido para a língua portuguesa: JHERING, Rudolf von. *Culpa in contrahendo ou indemnização em contratos nulos ou não chegados à perfeição*. Coimbra: Almedina, 2008. Nas notas introdutórias a esta obra, adverte-se acerca da discussão quanto ao período exato em que teria sido escrito o artigo original, sendo certo que a data está compreendida entre 1859 e 1861.

6 Como observa Ana Prata, já alguns autores do século XVIII e início do século XIX – e, designadamente, Pothier e Domat – faziam referência à responsabilidade pré-contratual. No entanto, anota a autora que a retomada do tema por Jhering foi "considerada, pelo próprio e pelos civilistas em geral, como o estudo de um problema novo, e a solução proposta saudada como uma sensacional *descoberta jurídica*" (PRATA, Ana. *Notas sobre responsabilidade pré-contratual*. Coimbra: Almedina, 2002, pp. 8-9).

7 Considera-se Savigny o principal representante da teoria da vontade, fundada na precedência da vontade sobre a declaração, o que importa graves consequências na teoria das invalidades. A respeito do papel da vontade na elaboração da teoria do negócio jurídico na doutrina alemã, confira-se MORAES, Maria Celina Bodin de. A causa dos contratos. *Revista Trimestral de Direito Civil*. Rio de Janeiro: IBDCivil, jan.-mar. 2005, v. 21, p. 99.

em síntese estreita, da possibilidade de tutelar a parte lesada pela atuação culposa da contraparte na formação do contrato[8].

A consagrada construção de Jhering corresponde atualmente a apenas uma das hipóteses que se apresentam no âmbito da denominada responsabilidade pré-contratual, tal seja, o problema da responsabilidade decorrente da celebração de um contrato frustrado por culpa de uma das partes. A formulação da *culpa in contrahendo*, elaborada na obra seminal de Jhering, associava-se, a rigor, à tutela da confiança na validade do contrato, tendo por objeto a questão da "responsabilidade em que podia incorrer quem causasse a invalidade de um contrato"[9].

Como já se depreende da designação *culpa in contrahendo*, o fundamento do dever de indenizar, na origem, era a culpa, sendo pressuposto, ainda, a celebração de contrato. Nota-se, nessa perspectiva, que a construção da *culpa in contrahendo* não comporta a complexidade das hipóteses abarcadas atualmente no contexto da responsabilidade pré-contratual, cujo *punctum saliens* passou a ser (não já a responsabilidade por erro culposo que gera a invalidade do contrato, mas) a proteção contra a ruptura injustificada das tratativas[10].

---

8 Segundo Giuseppe Bonnì, a questão da responsabilidade pré-contratual "fu posta, per la prima volta, da Jhering, che si occupò di qualificare la responsabilità di chi, per proprio errore, provochi la conclusione di un contratto nullo, cagionando colposamente un danno alla controparte" (BONNÌ, Giuseppe. Inadempimento dell'obbligo di buona fede nelle trattative e natura giuridica della responsabilità precontrattuale. *Rassegna di Diritto Civile*, n. 2, 2013, p. 539). Para uma análise detida sobre o histórico da *culpa in contrahendo*, v. PEREIRA, Regis Fichtner. A *responsabilidade civil pré-contratual:* teoria geral e responsabilidade pela ruptura das negociações contratuais. Rio de Janeiro: Renovar, 2001, pp. 113-128.

9 Ana Prata. *Notas sobre responsabilidade pré-contratual*. Coimbra: Almedina, 2002, pp. 8-9.

10 A necessidade de se expandir a *culpa in contrahendo* para abarcar novas hipóteses de responsabilidade pré-contratual levou a doutrina brasileira a desenvolver concepção mais abrangente da teoria. Assim, Pontes de Miranda já incluía na definição da *culpa in contrahendo* hipóteses em que não se chega a concluir o contrato, aproximando-se, assim, da concepção hodierna: "*Culpa in contrahendo* é toda infração do dever de atenção que se há de esperar de quem vai concluir o contrato, ou de quem levou alguém a concluí-lo. O uso do tráfico cria tal dever, que pode ser o dever de verdade, o dever de diligência no exame do objeto ou dos elementos para o suporte fático (e.g., não deixar que o documento caia da janela e se perca), exatidão no modo de exprimir-se, quer em punctuações, anúncios, minutas ou informes" (PONTES DE MIRANDA, F. C. *Tratado de direito privado*. São Paulo: Revista dos Tribunais, 2012, t. XXXVIII, p. 438). A concepção alargada *da culpa in contrahendo* é igualmente encontrada na lição de Caio Mário da Silva Pereira, que concebe a *culpa in contrahendo* como fenômeno mais amplo, no qual estaria inserida a responsabilidade pré-contratual. Compreende a primeira nos moldes em que foi apresentada por Jhering, enquanto a segunda teria lugar "quando uma pessoa entabula negociações com a outra, induzindo-a a preparar-se para contratar

Com efeito, o desenvolvimento da responsabilidade pré-contratual na experiência brasileira denota alteração profunda em relação às bases teóricas apresentadas por Jhering no Século XIX. A partir da concepção da relação obrigacional como processo que expressa uma "totalidade de efeitos jurídicos"[11], interligados em unidade ontológica repleta de relações recíprocas de instrumentalidade ou interdependência[12], adquirem proeminência na dinâmica das relações contratuais os princípios da função social do contrato, do equilíbrio contratual e, sobretudo, o princípio da boa-fé objetiva[13].

---

e depois, injustificadamente, deixa de celebrar a avença" (PEREIRA, Caio Mário da Silva. *Responsabilidade civil*. Rio de Janeiro: Forense, 2016, p. 100).

11 MARTINS-COSTA, Judith. *A boa-fé no direito privado:* critérios para a sua aplicação. São Paulo: Marcial Pons, 2015, p. 382. Com efeito, sendo "uma relação total, as transformações que a atingem no decorrer de seu iter finalisticamente orientado em direção ao adimplemento devem ser conduzidos ao conceito de 'relação obrigacional', completando-o ou formando-o para que se torne concretamente geral, isto é, para que seja verdadeiramente dotada de uma unidade estrutural e funcional" (MARTINS-COSTA, Judith. *A boa-fé no direito privado*: critérios para a sua aplicação. São Paulo: Marcial Pons, 2015, p. 213). Na sempre referida lição de Clóvis do Couto e Silva, "dentro dessa ordem de cooperação, credor e devedor não ocupam mais posições antagônicas, dialéticas e polêmicas. Transformando o '*status*' em que se encontravam, tradicionalmente, devedor e credor, abriu-se espaço ao tratamento da relação obrigacional como um todo" (SILVA, Clóvis do Couto e. *A obrigação como processo*. Rio de Janeiro: Editora FGV, 2009, p. 19). Explica o autor que, "sob o ângulo da totalidade, o vínculo passa a ter o sentido próprio, diverso do que assumiria se se tratasse de pura soma de suas partes, de um compósito de direitos, deveres e pretensões, obrigações, ações e exceções. Se o conjunto não fosse algo de "orgânico", diverso dos elementos ou das partes que o formam, o desaparecimento de um desses direitos ou deveres, embora pudesse não modificar o sentido do vínculo, de algum modo alteraria a sua estrutura. Importa, no entanto, contrastar que, mesmo adimplido o dever principal, ainda assim pode a relação jurídica perdurar como fundamento da aquisição (dever de garantia), ou em razão de outro dever secundário independente. Com a expressão 'obrigação como processo', tenciona-se sublinhar o ser dinâmico da obrigação, as várias fases que surgem no desenvolvimento da relação obrigacional e que entre si se ligam com interdependência" (SILVA, Clóvis do Couto e. *A obrigação como processo*, op. cit., p. 20).

12 Segundo Luís Manuel Teles de Menezes Leitão, "a obrigação apresenta-se também como uma estrutura temporal, que admite um decurso do tempo com um objectivo final: a satisfação do interesse do credor. A obtenção desse objectivo pode implicar uma modificação do conteúdo da obrigação, já que se a prestação se tornar impossível o interesse do credor só poderá ser satisfeito atráves de uma indemnização. Por outro lado, o decurso do tempo pode implicar o surgimento ou a extinção de certos deveres secundários ou acessórios, consoante a fase do vínculo obrigacional em que se esteja, sendo a satisfação do interesse do credor o objectivo final da obrigação, o que implica que a sua extinção ocorra nesse momento. Assim, poder-se-ia considerar a obrigação como um processo evolutivo temporal" (MENEZES LEITÃO, Luís Manuel Teles de. *Direito das obrigações*. Coimbra: Almedina, 2002, v. 1, pp. 82-83).

13 Trata-se, como destacado em outra sede, dos chamados novos princípios contratuais,

Como se sabe, a boa-fé objetiva apresenta, no Direito brasileiro contemporâneo, ao menos três funções bastante demarcadas, a saber: i) função interpretativa (art. 113 do CC); ii) função restritiva do exercício de direitos (art. 187 do CC); e iii) função geradora de deveres anexos às obrigações contratuais (art. 422 do CC)[14]. Mercê da força normativa da boa-fé, afirma-se que a violação dos deveres associados a qualquer uma das aludidas funções no curso da execução do contrato enseja responsabilidade civil de natureza contratual, deflagrando o dever de reparação.

O Código Civil estabelece os deveres decorrentes da boa-fé "na conclusão do contrato, como em sua execução", não mencionando a hipótese de responsabilidade pré-contratual pelos danos oriundos do descumprimento de tais deveres[15]. Coube, assim, à doutrina a construção dos contornos e dos limites dessa responsabilidade, decorrência do princípio da solidariedade constitucional, a suscitar a expansão da eficácia da boa-fé objetiva precedentemente à formalização do negócio jurídico[16].

Na prática dos negócios, a fase de tratativas e negociações prévias à celebração do contrato apresenta-se, por sua própria natureza, híbrida, entre a liberdade (de decidir por contratar) e o compromisso (gradativamente assumido), sendo-lhe ínsita a possibilidade de ruptura sem que o negócio seja, afinal, formalizado. Suprimir, em abstrato, a possibilidade de ruptura das negociações equivaleria a negar existência à fase das tratativas, pressupondo

dentre os quais a boa-fé objetiva "funciona como o elo entre o direito contratual e os princípios constitucionais" (TEPEDINO, Gustavo. Novos princípios contratuais e teoria da confiança: a exegese da cláusula *to the best knowledge of the sellers*. In: *Temas de direito civil*. Rio de Janeiro: Renovar, 2006, t. II, p. 252).

14 Conforme se afirmou em outra sede: "A rigor, as três funções acima apontadas poderiam ser reduzidas a apenas duas: (i) a função interpretativa dos contratos e (ii) a função criadora de deveres anexos. Tecnicamente, são estes deveres anexos que, formando o núcleo da cláusula geral de boa-fé, se impõem ora de forma positiva, exigindo dos contratantes determinado comportamento, ora de forma negativa, restringindo ou condicionando o exercício de um direito previsto em lei ou no próprio contrato" (TEPEDINO, Gustavo; SCHREIBER, Anderson. A boa-fé objetiva no código de defesa do consumidor e no novo código civil. In: TEPEDINO, Gustavo (Coord.). *Obrigações*: estudos na perspectiva civil-constitucional. Rio de Janeiro: Renovar, 2005, p. 37). A tripartição funcional, inspirada nas funções do direito pretoriano romano, foi modernamente sugerida por BOEHMER, Gustav. *Grundlagen Der Bürgerlichen Rechtsordnung*; e adotada por WIEACKER, Franz. *El principio general de la buena fe*. Madrid: Civitas, 1986, p. 50.

15 "Art. 422. Os contratantes são obrigados a guardar, assim na conclusão do contrato, como em sua execução, os princípios de probidade e boa-fé".

16 Nessa direção, cumpre mencionar o Enunciado n. 25, aprovado na I Jornada de Direito Civil do CJF, em 2002: "O art. 422 do Código Civil não inviabiliza a aplicação pelo julgador do princípio da boa-fé nas fases pré-contratual e pós-contratual".

vínculo contratual desde o primeiro contato entre as partes. Por outro lado, não se pode afirmar que qualquer ruptura imotivada das negociações configure prerrogativa legítima das partes. Com efeito, o ordenamento assegura, além do controle de ilicitude, a tutela contra a abusividade na quebra das tratativas, especialmente quando se tenha despertado a legítima expectativa na outra parte quanto à conclusão do negócio. Apresenta-se, assim, para o Direito Civil, situação bifronte (entre a liberdade de ruptura e a proteção de legítimas expectativas)[17], no âmbito da qual o dever de reparar, tradicionalmente, protege interesses negativos comprovadamente produzidos pela ruptura injusta[18].

Diante desse dilema, Judith Martins-Costa observa que "a atenção às circunstâncias é particularmente relevante no caso da responsabilidade derivada da ruptura das negociações, uma vez que, aí, dois dos elementos apenas analiticamente cindíveis, que a constituem – a ruptura injustificada e a confiança legítima que foi fraudada pela ruptura –, só se evidenciam *in concreto*. Cabe, pois, atentar às sinalizações oferecidas pela jurisprudência, oferecendo a crítica colaborativa"[19].

Nessa linha de entendimento, vale sempre refletir sobre acórdão pioneiro acerca da responsabilidade pré-contratual, da lavra do Ministro Ruy Rosado de Aguiar Júnior, quando ainda atuava no TJRS, publicado em 1991[20]. No caso, determinada comunidade de pequenos agricultores do Rio Grande do

---

17 O dilema aludido é colocado por Judith Martins-Costa nos seguintes termos: "De um lado, há o *interesse da liberdade negocial*, 'ou seja, a vantagem que pode haver em que os negociadores conservem intacta a sua autonomia deliberativa até a formação do contrato, portanto ainda depois da emissão da oferta'. De outro, há o *interesse do fomento da boa-fé e da proteção da confiança*, as quais se manifestam 'em face das expectativas criadas durante a fase pré-contratual, crescendo, via de regra, decerto, à medida que o *iter contractus* progride'" (MARTINS-COSTA, Judith. *A boa-fé no direito privado*: critérios para a sua aplicação. São Paulo: Marcial Pons, 2015, p. 386).

18 Na lição de Judith Martins-Costa, "se as negociações iniciadas em vistas da possibilidade de celebrar um contrato prosseguem, com toda aparência de seriedade, possibilitando a uma das partes crer, fundamentadamente, que o contrato será ajustado, o seu rompimento abrupto e injustificado pode dar ensejo ao dever de indenizar ao agente que confiou na seriedade das tratativas pelas despesas havidas em vista das negociações ('interesse negativo', ou 'interesse da confiança')" (MARTINS-COSTA, Judith. *A boa-fé no direito privado*: critérios para a sua aplicação. São Paulo: Marcial Pons, 2015, p. 404).

19 MARTINS-COSTA, Judith. *A boa-fé no direito privado*: critérios para a sua aplicação. São Paulo: Marcial Pons, 2015, p. 423. Sobre o tema, vale remeter à proposta de MONTEIRO FILHO, Carlos Edison do Rêgo. Reflexões metodológicas: a construção do observatório de jurisprudência no âmbito da pesquisa jurídica. *Revista Brasileira de Direito Civil*. Rio de Janeiro: IBDCivil, 2016, v. 9.

20 TJRS, 5ª C.C., Ap. Cív. 591.028.295, Rel. Des. Ruy Rosado de Aguiar Júnior, j. 06.06.1991.

Sul mantinha com a Companhia Industrial de Conservas Alimentícias (Cica) relação comercial em que a empresa fornecia a totalidade das sementes a serem utilizadas, por intermédio de caminhoneiros, aos produtores de tomate da região. No período da colheita, adquiria os frutos, que eram recolhidos e transportados pelos mesmos caminhoneiros, para integrar sua produção industrial. Tal prática foi reiterada ao longo de muitos ciclos produtivos, sem interrupção. A empresa, entretanto, desistiu de adquirir a safra de 1987-1988, alegando despesas operacionais adicionais.

Irresignado, um dos camponeses ajuizou ação de cobrança pleiteando a indenização pelas despesas decorrentes da perda da produção. O juízo de primeira instância deu total provimento à pretensão indenizatória, condenando a empresa ré ao pagamento do equivalente a 40.000 (quarenta mil) quilos de tomate, no valor de Cr$ 1,20 por quilo, atualizados monetariamente. A ré apelou ao TJRS, cabendo à 5ª Câmara Cível enfrentar a questão. O acórdão concluiu pela procedência parcial do recurso – a reduzir o *quantum* indenizatório pela metade, tendo em vista que parte da produção não se perdeu, mas foi, ao revés, comercializada –, recebendo a seguinte ementa:

> Contrato. Tratativas. *Culpa in contrahendo*. Responsabilidade civil. Responsabilidade da empresa alimentícia, industrializadora de tomates, que distribui sementes, no tempo do plantio, e então manifesta a intenção de adquirir o produto, mas depois resolve, por sua conveniência, não mais industrializá-lo naquele ano, assim causando o prejuízo do agricultor, que sofre a frustração da expectativa da venda da safra, uma vez que o produto ficou sem possibilidade de colocação. Provimento, em parte, do apelo, para reduzir a indenização à metade da produção, pois uma parte da colheita foi absorvida por empresa congênere, às instâncias da ré. Voto vencido, julgando improcedente a ação[21].

21 O caso apresenta algumas peculiaridades. Em reunião com os aludidos transportadores dos tomates, a Cica, declarando sua falta de interesse na aquisição dos frutos daquela safra, indicou que uma segunda empresa, de nome Agapê, ficaria responsável por sua aquisição, bem como pelo pagamento do frete aos caminhoneiros. A primeira carga de tomates chegara a ser transportada até a Cica para pesagem, antes de ser encaminhada à Agapê; após a referida reunião, as cargas seguintes foram encaminhadas diretamente à segunda empresa. A Cica forneceu, ainda, caixas para a embalagem dos tomates. A empresa Agapê acabou por não absorver a integralidade da produção dos colonos, motivando a ação indenizatória por perdas e danos em face da Cica, com quem mantinham sua atividade negocial, e que havia indicado a segunda empresa como compradora. A Agapê, porém, adquiriu cerca de metade de toda a safra da região, o que motivou o juízo de segunda instância a reduzir o valor da indenização a 50%, uma vez que não havia nos autos elementos seguros para a determinação da quantidade de tomates entregues por cada agricultor individualmente.

A decisão ganhou notoriedade por sua fundamentação inovadora. Afirmou-se que "decorre do princípio da boa-fé objetiva, aceito pelo nosso ordenamento jurídico [...], o dever de lealdade durante as tratativas e a consequente responsabilidade da parte que, depois de suscitar na outra a justa expectativa da celebração de certo negócio, volta atrás e desiste de consumar a avença".

O acórdão representa, assim, paradigma antecipatório da aplicação do princípio da boa-fé objetiva no processo de desenvolvimento e consolidação da responsabilidade pré-contratual na doutrina e jurisprudência brasileiras, reconhecendo até mesmo a possibilidade de se indenizarem interesses positivos delineados pelo contrato em formação.

2. A incidência da boa-fé objetiva da fase pré-contratual e a identificação dos deveres de proteção

A fixação de padrão razoável de comportamento fundada na boa-fé fornece ao intérprete instrumento objetivo de aferição valorativa do exercício da ruptura, não reservando essa ponderação a juízos de índole subjetiva, que buscassem perquirir elementos psicológicos ou atribuir culpa à parte que tenha interrompido as negociações.[22] O direito civil contemporâneo, de fato, caminha em direção à crescente previsão de *standards* de conduta que ofereçam análise objetiva da *fattispecie* concreta. Tais padrões de procedimento podem ser fornecidos, no caso da ruptura imotivada de negociações, pelos deveres decorrentes da boa-fé[23].

Se a consolidação da boa-fé na seara contratual representa notável avanço na funcionalização das relações obrigacionais, inaugura também de-

22 "A legitimidade do motivo alegado não deve ser buscada em uma valoração subjetiva e particular que o próprio agente faz da razão para encerrar as negociações, vale dizer, não se deve examinar se para o agente os motivos para o rompimento se apresentavam como legítimos e justos, em uma interpretação subjetiva de sua ação. Na valoração da legitimidade dos motivos apresentados para o abandono das negociações não há espaço para investigações subjetivas, impondo-se, ao contrário, uma apreciação objetiva das razões alegadas. Ou seja, deve-se verificar se estas razões são objetivamente aptas a justificar o rompimento naquela situação" (FRITZ, Karina Nunes. *Boa-fé objetiva na fase pré-contratual*: a responsabilidade pré-contratual por ruptura das negociações. Curitiba: Juruá, 2008, p. 300).

23 "Tecnicamente, são estes deveres anexos, que formando o núcleo da cláusula geral de boa-fé, se impõem ora de forma positiva, exigindo dos contratantes determinado comportamento, ora de forma negativa, restringindo ou condicionando o exercício de um direito previsto em lei ou no próprio contrato" (TEPEDINO, Gustavo; SCHREIBER, Anderson. A boa-fé objetiva no código de defesa do consumidor e no novo código civil. In: TEPEDINO, Gustavo (Coord.). *Obrigações*: estudos na perspectiva civil-constitucional. Rio de Janeiro: Renovar, 2005, p. 37).

safio à doutrina, que possui a missão de depurar conceitualmente a cláusula geral de boa-fé objetiva, desenvolvendo critérios para a sua aplicação. Tal responsabilidade se acentua diante da vasta gama de decisões nos tribunais brasileiros cuja menção à boa-fé se afigura por vezes retórica ou decorativa, não raro acompanhada da invocação de diversos outros princípios, a confirmar o risco de perda de utilidade do princípio.

Além da já aludida tripartição funcional da boa-fé, que configura recurso didático relevante, revelam-se úteis à identificação das possibilidades hermenêuticas do princípio a indicação das denominadas figuras parcelares da boa-fé. Tais figuras, constituindo padrões de conduta abusiva com caracteres distintivos próprios, auxiliam na indicação de "por que naquela situação o exercício do direito confrontaria com a tutela da confiança e das legítimas expectativas", configurando, portanto, *topoi* argumentativos proveitosos na concretização da boa-fé[24], com grande relevância na identificação dos deveres incidentes na fase pré-contratual[25].

Destaca-se em doutrina que na fase antecedente ao contrato, ou fase das tratativas, "há uma qualificação derivada do grau de proximidade do contato social entre os agentes que entraram em contato em vista de um possível futuro contrato", da qual exsurgem, para os sujeitos, "especiais interesses à proteção e à preservação da integridade da esfera jurídica e da confiança que os uniu, os chamados *deveres de proteção*"[26]. Tais deveres consistem nos "de-

24 KONDER, Carlos Nelson. Princípios contratuais e exigência de fundamentação das decisões: boa-fé e função social do contrato à luz do CPC/2015. *Revista Opinião Jurídica*. Fortaleza: Unichristus, jul.-dez. 2016, ano 14, n. 19, p. 42. O autor destaca que: "Figuras como o *tu quoque*, a *supressio*, o *venire contra factum proprium* e o *duty to mitigate the loss* têm o potencial de facilitar o processo argumentativo de fundamentação das decisões baseadas na boa-fé, identificando padrões de conduta já consolidados de forma geral como abusivos por violação a esses princípios. Cada uma delas traz *topoi* idôneos a concretizar de forma mais clara perante a comunidade de interlocutores a quebra de confiança antijurídica, tais como a falta de reciprocidade, a reiteração e a contradição" (p. 42).

25 Afirma-se em doutrina que "a responsabilidade pré-contratual funda-se na *tutela da confiança* e mais diretamente no *nemo potest venire contra factum proprium*. De fato, o que se verifica nos casos de responsabilização por rompimento de negociações preliminares é o comportamento contraditório de uma das partes que, embora agindo de forma aparentemente dirigida à conclusão do contrato, acaba por abruptamente inverter o sentido do seu comportamento, abandonando as negociações ou expressamente lhes pondo termo. Ocorre, nestas hipóteses, um claro *venire contra factum proprium*, sendo o *factum proprium* representado pelo engajamento nas negociações, e a contradição, pela sua ruptura (SCHREIBER, Anderson. *A proibição de comportamento contraditório*: tutela da confiança e *venire contra factum proprium*. São Paulo: Atlas, 2016, pp. 174-175).

26 MARTINS-COSTA, Judith. *A boa-fé no direito privado*: critérios para a sua aplicação. São Paulo: Marcial Pons, 2015, p. 384.

veres de proteção aos legítimos interesses do *alter* e de respeito à confiança legitimamente despertada"[27].

No exame do suporte fático, a tarefa de identificar o que configura – e em que medida – o vínculo jurídico obrigacional na fase das tratativas assume por vezes grande complexidade. Desse modo, apresenta-se ao intérprete a questão de "saber se a mera troca de acordos parciais, de minutas, de consentimentos ainda não definitivos, de propostas ainda não aceitas, de pactos de preferência, de cartas de intenção, de *pourparlers* etc., é suficiente, ou não, para formar um vínculo jurídico-obrigacional entre os agentes"[28]. A concretização da boa-fé nos deveres de proteção, portanto, não prescinde da análise das circunstâncias fáticas relacionadas ao contato social qualificado presente na fase pré-contratual. Fundados na cláusula geral de boa-fé objetiva, tais deveres caracterizam-se pela dinamicidade de seu conteúdo, dependendo, portanto, da relação *in concreto* para que possam assumir contornos próprios[29].

Este preenchimento do conteúdo dos deveres de proteção oriundos da boa-fé não pode, à evidência, ser atribuído ao bom senso do magistrado, permitindo-lhe valoração subjetiva "à moda do jeitão"[30]. Apresentam relevân-

27 MARTINS-COSTA, Judith. *A boa-fé no direito privado*: critérios para a sua aplicação. São Paulo: Marcial Pons, 2015, p. 385.

28 MARTINS-COSTA, Judith. *A boa-fé no direito privado*: critérios para a sua aplicação. São Paulo: Marcial Pons, 2015, p. 387. Destaca a autora que, diante desse cenário, cumpre "discernir até que ponto esses atos são dotados de eficácia negocial típica, ou, diferentemente, se fazem nascer mera eficácia de vinculação a deveres de proteção, ou, ainda, se estão destituídos de qualquer eficácia obrigacional em sentido lato".

29 "Na verdade, os deveres anexos – também chamados acessórios, instrumentais, ou tutelares – variam de acordo com cada relação jurídica concreta da qual decorram, e a precisa identificação do seu conteúdo é, em abstrato, inviável. Isto não apenas os mantêm a salvo de qualquer tipificação, mas também conserva o caráter aberto da cláusula geral de boa-fé objetiva" (SCHREIBER, Anderson. *A proibição de comportamento contraditório:* tutela da confiança e *venire contra factum proprium*. Rio de Janeiro: Renovar, 2007, p. 87). Com efeito, no amplo plexo de deveres possivelmente assumidos pelas partes, há que se analisar, à vista da causa concreta, quais os deveres de conduta impostos pela boa-fé objetiva. Só assim será possível determinar se a tutela da legítima confiança dará lugar, por exemplo, a um dever de sigilo ou a um dever de assistência técnica após o cumprimento das prestações contratualmente ajustadas.

30 TEPEDINO, Gustavo. A razoabilidade e a sua adoção à moda do jeitão. *Revista Brasileira de Direito Civil – RBDCivil*. Rio de Janeiro: IBDCivil, 2016, v. 8.

cia, nesse aspecto, os usos e costumes – usos sociais[31], ou usos do tráfico[32] –, que poderão proporcionar análise mais acurada do conteúdo dos deveres de proteção no caso concreto. Com efeito, a elasticidade semântica do princípio da boa-fé recomenda que o intérprete se valha, por vezes, dos usos do tráfico de dado ambiente negocial, "para que se possa compreender se certa ação ou omissão de um dos sujeitos de uma relação jurídica contratual foi ou não em cumprimento dos deveres laterais dispostos pela boa-fé objetiva"[33].

No campo das tratativas, se há de atentar, prioritariamente, se existe "um razoável grau de probabilidade de sua conclusão", ou "se, diversamente, segundo a prática seguida pelos negociadores ou os usos do setor, se trata de mera prospecção"[34]. Como observa Judith Martins-Costa, "no mais das vezes o início da execução, de um lado, ou, de outro, os usos do setor, indicarão se contrato ainda não há, ou se, diversamente, o contrato já está formado, ainda

31 GOMES, Orlando. *Introdução ao direito civil*. Rio de Janeiro: Forense, 2016, p. 359. O autor destaca a importância dos usos sociais na atividade interpretativa: "práticas usuais e palavras usadas habitualmente no mesmo sentido ajudam o intérprete na realização de sua tarefa. Formam-se, desse modo, usos sociais, que devem ser levados em conta na interpretação dos contratos [...]. Têm, em síntese, função hermenêutica, dizendo-se, por isso, que são usos interpretativos".

32 Na lição de Pontes de Miranda, os usos do tráfico "ou são regras jurídicas de interpretação, ou são enunciados que dizem como se entendem as manifestações de vontade". Explica o autor que "podem ser elementos que entrem no suporte fático integrando o conteúdo do negócio jurídico, ou elementos para interpretação dos negócios jurídicos". Em qualquer das hipóteses "não se confundem com os usos e costumes, direito consuetudinário ou direito costumeiro", isto é, com o costume como fonte do direito (PONTES DE MIRANDA, F. C. *Tratado de direito privado*. São Paulo: Editora Revista dos Tribunais, 2012, t. XXXVIII, p. 174).

33 HAICAL, Gustavo. Os usos do tráfico como modelo jurídico e hermenêutico no código civil de 2002. *Revista de Direito Privado*. São Paulo: Editora Revista dos Tribunais, 2012, v. 50, p. 31. Segundo o autor, "os usos servem para elucidar e fixar como se deve proceder em cumprimento dos deveres impostos pela boa-fé objetiva, pois esse é o comportamento exigido no tráfico". Sobre modelos jurídicos e a integração contratual pelos usos e costumes, anota Miguel Reale: "Poder-se-ia pensar que, estando as normas consuetudinárias vinculadas a particulares usos e costumes, não se poderia falar em modelo costumeiro, mas esta seria uma visão apequenada e errônea da rica produção de regras do direito brotado diretamente da sociedade civil, como reiteradas formas de ação social dotadas de senso ou sentido autônomo de juridicidade, ora preenchendo as lacunas do ordenamento legal, ora abrindo-lhe novas perspectivas de desenvolvimento, sem falar no seu papel mais habitual de inferir das regras legais modalidades imprevistas de comportamento lícito. [...] Não é demais salientar que, às vezes, esses modelos consuetudinários adquirem tamanha eficácia e importância que acabam prevalecendo sobre os modelos legais" (REALE, Miguel. *Fontes e modelos do direito*: para um novo paradigma hermenêutico. São Paulo: Saraiva, 2010, p. 68).

34 MARTINS-COSTA, Judith. *A boa-fé no direito privado*: critérios para a sua aplicação. São Paulo: Marcial Pons, 2015, pp. 391-392.

que sem forma escrita, pelo efetivo encontro entre proposta e aceitação, já tendo havido definição sobre os elementos essenciais do negócio"[35]. A vinculação a critérios afigura-se essencial à fundamentação da responsabilidade pré-contratual, exigindo-se para tanto "rigoroso juízo sobre as circunstâncias do caso, alicerçado em dados concretos e inequívocos acerca da legitimidade da expectativa suscitada na outra parte negociatória de que o contrato seria concluído"[36], tendo em vista que o dever de indenizar somente se caracteriza diante da ruptura *injustificada* em face da confiança despertada na outra parte em que o contrato seria concluído[37].

Nessa tarefa de formular critérios substanciais para a aplicação da boa-fé objetiva na fase pré-contratual, remete-se novamente à proposição de Judith Martins-Costa:

> Para a configuração em concreto de uma situação de ruptura indevida, é preciso analisar com cuidado os dados de fato, bem como os usos do negócio e as práticas até então seguidas pelos negociadores. Caberá considerar, na formação do raciocínio, entre outros elementos, (a) como se desenvolvia o relacionamento pré-contratual; (b) eventual habitualidade do procedimento concretizando, assim, prática adotada pelas partes ou uso do tráfico jurídico; (c) a eventual pendência de condições; (d) outros elementos que evidenciem a potencialidade do comportamento da parte demandada a criar a expectativa fundada de que o contrato seria concluído; bem como (e) a inexistência de justa causa para o rompimento, cabendo lembrar que "a exigência de prova deve ser adequada às circunstâncias do negócio e às condições pessoais das partes"[38].

---

35 MARTINS-COSTA, Judith. *A boa-fé no direito privado*: critérios para a sua aplicação.. São Paulo: Marcial Pons, 2015, pp. 391-392.

36 MARTINS-COSTA, Judith. Um aspecto da obrigação de indenizar: notas para uma sistematização dos deveres pré-negociais de proteção no direito civil brasileiro. In: *Doutrinas essenciais de direito civil*. São Paulo: Revista dos Tribunais, 2010, v. IV, p. 708.

37 Ao propósito, vale sublinhar que "o problema não está na decisão de não contratar, mas na deslealdade que eventualmente reveste essa decisão" (MARTINS-COSTA, Judith. Um aspecto da obrigação de indenizar: notas para uma sistematização dos deveres pré-negociais de proteção no direito civil brasileiro. In: *Doutrinas essenciais de direito civil*. São Paulo: Revista dos Tribunais, 2010, v. IV, p. 708).

38 MARTINS-COSTA, Judith. *A boa-fé no direito privado*: critérios para a sua aplicação. São Paulo: Marcial Pons, 2015, p. 420. Em outra oportunidade, a autora destacou, ainda, que "a sujeição a determinada forma do negócio em ajustamento também faz presumir que, enquanto uma declaração não tiver sido formalizada, não há ainda vontade de assumir um compromisso negocial firme relativamente à conclusão do contrato" (MARTINS-COSTA, Judith. Um aspecto da obrigação de indenizar: notas para uma sistematização dos deveres pré-negociais de proteção no direito civil brasileiro. In: *Doutrinas essenciais de direito civil*. São Paulo: Revista dos Tribunais, 2010, v. IV, p. 708).

A utilização dos usos e costumes, bem como o recurso às funções da boa-fé e às figuras parcelares, portanto, compõem instrumentário de que deve se valer o intérprete no exame da responsabilidade pré-contratual. Somente a partir da análise das circunstâncias concretas relacionadas às tratativas será possível verificar se sua ruptura foi contrária aos deveres de proteção, frustrando a confiança legítima gerada na outra parte[39]. Caberá averiguar, nessa perspectiva, especialmente em negócios complexos, se o suporte fático denota *formação progressiva do contrato*, no âmbito da qual já se verifica o aperfeiçoamento de partes relevantes do contrato, embora não se possa falar, ainda, na consolidação do programa contratual em sua integralidade.

3. A formação progressiva do contrato e a tutela da parte lesada pela ruptura injusta das negociações

Identifica-se, no cenário delineado, a possibilidade de se identificar o que se pode designar *formação progressiva do contrato*, cujo conteúdo vai sendo estabelecido gradualmente ao longo das negociações preliminares. Em outras palavras, o contrato se forma aos pedaços, mediante obrigações paulatinamente assumidas pelas partes[40]. Dito diversamente, uma vez estabelecida

39 Nessa perspectiva, a jurisprudência brasileira tem admitido a responsabilidade pré-contratual sempre que, durante as tratativas, há quebra da confiança legítima comprovadamente despertada na contraparte, gerando danos. V., nessa direção: STJ, REsp 1.051.065/AM, 3ª T., Rel. Min. Ricardo Villas Bôas Cueva, j. 21.2.2013; TJRJ, 14ª C.C., Ap. Cív. 1649105-77.2011.8.19.0004, Rel. Des José Carlos Paes, j. 18.9.2013; TJRJ, 5ª C.C. Ap. Cív. 0104285-03.2004.8.19.0001, Rel. Des. Suimei Meira Cavalieri, j. 4.3.2008; TJSP, 36ª C. D. Priv., Ap. Cív. 1005560-41.2016.8.26.0002, Rel. Des. Milton Carvalho, j. 8.2.2017; TJSP, 33ª C. D. Priv., Ap. Cív. 0063620-60.2012.8.26.0100, Rel. Des. Sá Moreira de Oliveira, j. 29.8.2016; TJSP, 3ª C.D. Priv., Ap. Cív. 3000674-79.2013.8.26.0095, Rel. Des. Marcia Dalla Déa Barone, j. 16.6.2016; TJSP, 1ª C.D.Priv., Ap. Cív. 0112743-61.2011.8.26.0100, Rel. Des. Francisco Loureiro, j. 10.5.2016.

40 Embora com matizes diferenciados, a formação progressiva do contrato não se constitui em designação recente, tendo sido sugerida por Francesco Carnelutti no início do Séc. XX: Formazione progressiva del contratto. *Rivista del diritto commerciale*. Padova: Piccin, 1916, II, pp. 308-319. Em sugestiva síntese, Carnelutti observa: "*la strada del contratto viene percorsa a tappe*" (p. 315; em tradução livre: A estrada do contrato é percorrida por etapas). *Vide*, ainda, sobre o tema, RIUCCIUTO, Vincenzo. La formazione progressiva del contrato. In: Enrico Gabrielli. (Org.). *Contratti in generale*. In: RESCIGNO, Pietro; GABRIELLI, Enrico (Coord.). *Trattato dei contratti*. 2. ed. Torino: UTET, 2006, t. I, p. 177-322. Para o autor, durante as tratativas, trata-se de "individuar o conteúdo de tais momentos *intermediários*, e reconstruir-lhes a função, na perspectiva de compreender sua idoneidade para a produção de efeitos juridicamente relevantes, que poderão mostrar-se ora *finalizados* à definição do regulamento de interesses querido pelas partes, a ser alcançado tão somente com a avença contratual; ora eles próprios *definitivos*, configurando-se aquele momento, a bem observar, só aparentemente intermediário;

a importância do componente volitivo na formação do contrato, há de se indagar se, nas fases de tratativas, não se pode conceber a *formação contratual em etapas*, de modo que muitos dos vínculos contratuais possam ir se formando gradualmente, antes da celebração do contrato definitivo.

Para que isso seja possível, sem impor aos negociadores a contratação coativa, ou a conversão arbitrária das tratativas em vínculo obrigacional, o que seria autoritário e injustificado, pode-se revisitar as teorias que, fundadas nos comportamentos socialmente típicos[41], permitem a admissão de atividades contratuais extraídas do contato social estabelecido no âmbito das tratativas. Tratar-se-ia de entrever, dito por outras palavras, pequenos contratos sem negócio, fundados no comportamento socialmente típico mediante o qual obrigações unilaterais ou bilaterais podem ser progressivamente assumidas mesmo sem negócio jurídico fundante.

Em tais casos, cada vez mais frequentes na prática negocial, a teoria da *culpa in contrahendo* (*negatives Vertragsinteresse*), da qual decorrem exclusivamente interesses negativos, apresenta-se incompatível com a realidade dos fatos, diante das obrigações contratuais já efetivamente assumidas e em relação às quais parece razoável que a parte possa legitimamente almejar, em caso de violação, interesses positivos[42].

Como se sabe, diante da violação aos deveres de proteção na fase pré-contratual, indaga-se se a vítima há de ser indenizada pelo valor das despesas e oportunidades perdidas por conta do inadimplemento, e que a impedia de contratar, ou pelos danos representados pelo conteúdo econômico do contrato, como se este houvesse sido efetivamente firmado. Nesse contexto,

---

mas em realidade, segundo a reconstrução da vontade das partes, compreendido em uma *fattispecie* negocial, a qual, por sua estrutura e função, bem se apresenta com os característicos de natureza definitiva e de completude de um regulamento contratual. No original: trata-se de "*individuare il contenuto di tali momento* intermedi *e ricostruirne la funzione, nella prospettiva di comprenderne l'idoneità a produrre effetti giuridicamente apprezzabili, che potranno apparire ora* finalizzati *alla definizione dell'assetto di interessi voluti dalle parti, che si avrà solo con la regola contrattuale; ora essi stessi* definitivi, *configurandosi, quel momento, a ben vedere, solo apparentemente intermedio, ma in realtà, secondo la ricostruzione della volontà delle parti, riconducibile a una fattispecie negoziale, che, per struttura e funzione, ben si presenti con i caratteri della definitività e della completezza di un regolamento contrattuale*" (p. 179).

41 LARENZ, Karl. O estabelecimento de relações obrigacionais por meio de comportamento social típico (texto original de 1956). *Revista Direito* GV. São Paulo: FGV Direito SP, 2006, v. 2, n. 1, p. 55-63.

42 A matéria, de extrema atualidade, foi objeto de tese exaustiva, em dois densos volumes, de MOTA PINTO, Paulo. *Interesse contratual negativo e interesse contratual positivo*. Coimbra: Coimbra Editora, 2009.

denomina-se *interesse negativo*, ou dano derivado da confiança[43], o prejuízo que o credor evitaria se não tivesse confiado, legitimamente, que o devedor cumpriria com suas obrigações (sejam as obrigações principais e secundárias decorrentes do contrato, sejam os deveres anexos derivados da boa-fé – no que a noção importa especialmente para a hipótese de responsabilidade pré-contratual). Pelo ressarcimento do interesse negativo, busca-se conduzir as partes ao *status quo ante*, vale dizer, ao estado jurídico em que se encontrariam caso o contrato jamais viesse a ser celebrado. Indenizam-se, assim, os danos emergentes (investimentos efetuados e prejuízos sofridos com vistas à celebração do contrato – responsabilidade pré-contratual – ou ao seu cumprimento – responsabilidade contratual) e, ainda, o lucro que, em média, poderia ter sido obtido com outras oportunidades contratuais, das quais o credor poderia ter se beneficiado se não as tivesse enjeitado em prol da celebração ou do cumprimento daquele negócio específico.

No que tange aos interesses positivos, portanto, os valores a serem ressarcidos decorrem do conteúdo contratual. Avalia-se o que se perdeu e o que se deixou de ganhar tendo por parâmetro a comutatividade contratual. Aqui o lucro cessante é valorado pelo que razoavelmente se deixou de obter no contrato inadimplido, ainda que a ruptura tenha ocorrido na fase das tratativas que se viram injustamente interrompidas pela outra parte. Em outras palavras, o interesse positivo busca remeter as partes ao estado jurídico em que se encontrariam caso o contrato viesse a ser celebrado. Especificamente no âmbito da responsabilidade pré-contratual, a possibilidade de ressarcimento pelo interesse positivo mostra-se bastante controversa.

Em geral, mostra-se razoável afastar a indenização pelo "interesse no cumprimento do contrato" nas hipóteses em que sequer há contrato firmado[44]. A admissão de interesses positivos, contudo, pode se revelar plausível desde que se considere, em relação a certas obrigações, o contrato (ou parte

43 A designação, amplamente difundida e atribuída a Larenz (LARENZ, Karl. *Derecho de obligaciones*. Madri: Editorial Revista de Derecho Privado, 1958, t. I, p. 106), não ignora, evidentemente, que o interesse juridicamente relevante do credor que se denomina "negativo" equivale, na verdade, não ao dano em si, mas ao seu ressarcimento.

44 Nesta direção, v. Paulo Mota Pinto: "Entendemos que, em princípio, no caso de não conclusão ou de recusa de celebração do contrato, o comportamento que conduz à indenização é apenas a *criação* da confiança, e não a violação de qualquer dever de contratar ou a própria ruptura. A indenização corresponderá, pois em regra, ao interesse contratual negativo. [...] Só em casos assumidamente *excepcionais*, quando se possa afirmar a existência de um verdadeiro *dever de conclusão* do contrato – ou, de outra perspectiva, um direito a essa conclusão –, a obrigação de indenização de quem rompeu as negociações, recusando-se a essa conclusão, ou de quem se recusou a celebrar o contrato, poderá corresponder ao interesse positivo (na conclusão do contrato)" (MOTA PINTO, Paulo. *Interesse contratual negativo e interesse contratual positivo*. Coimbra: Coimbra Editora, 2008, v. II., pp. 1.345-1.346).

autônoma dele) já formado, extrapolando-se, portanto, a fase pré-contratual. Desse modo, admitir-se-ia, nessa hipótese, a indenização pelo interesse positivo, mesmo no caso de ruptura injusta das negociações. Para o desenvolvimento de construção dessa envergadura mostra-se valiosa a recuperação dos subsídios doutrinários oferecidos pela doutrina das atividades sem negócio e dos comportamentos sociais típicos, que poderiam demonstrar a possibilidade de produção de efeitos do contrato antecedente ou independentemente no negócio jurídico que o constitui.

Com efeito, a partir da constatação de que há inúmeras atividades legítimas sem negócio, que configuram as relações de fato[45] ou comportamentos sociais típicos, ampliam-se as possibilidades de qualificação contratual e abre-se caminho para a vinculação obrigacional progressiva, a partir do *contato social* estabelecido por todo o período das tratativas e da assunção de obrigações pré-contratuais.[46] Em contrapartida, e na mesma esteira, poder-se-ia mesmo reconhecer o esmorecimento progressivo dos vínculos assumidos com ou sem negócio fundante, por conta de circunstâncias fáticas.

Tal entendimento, em última análise, permite a superação da estreitíssima alternativa entre interesses negativos e positivos como forma de ressarcimento oriunda de danos sofridos na fase pré-contratual e contratual. É possível entrever hipóteses em que, sem negócio jurídico, assumem-se vínculos contratuais e em que, na presença de negócio jurídico, sua eficácia vai gradualmente liberando os contratantes de deveres recíprocos. O intérprete há de definir, uma vez efetuada a qualificação da atividade contratual, a causa do contrato traduzida na unidade de efeitos essenciais, identificando, então, a intensidade qualitativa e quantitativa dos deveres assumidos, como forma de estabelecer a execução específica de certas obrigações e o dever de

---

45 HAUPT, Günter. *Über Faktische Vertragsverhältnisse*, 1941, Leipzig; WEICHER, Verlag von Theodor. *Leipziger Rechtswissenschaftliche Studien, Herausgegeben von Der Leipziger Juristenfakultät*. O desenvolvimento jurídico das chamadas relações de fato, com origem na doutrina alemã e italiana ainda na primeira metade do Século XX, constituiu-se em válvula de escape para o rigor da teoria do negócio jurídico. Uma espécie de contraponto – de índole eminentemente prática –, para a teoria dos atos negociais, a qual, formulada no esplendor do voluntarismo do final do Século XIX e dotada de substrato teórico de rara sofisticação, serviu de instrumento técnico para a segurança da autonomia privada, subordinando os efeitos obrigacionais a uma série de pressupostos, requisitos e modalidades associadas a elementos subjetivos, objetivos e formais. Diante do contraste entre a legitimidade da atividade desenvolvida e a invalidação do ato negocial que a constitui, autores de renome buscaram preservar os efeitos de tais atos a despeito de sua invalidade. No início do Século XX, Haupt construiu teoria pioneira nesta vertente.

46 Para o exame das relações contratuais estabelecidas sem negócio jurídico fundante no direito brasileiro, v. PEDREIRA DA SILVA, Juliana, *Contratos sem Negócio Jurídico – Crítica das Relações Contratuais de Fato*, São Paulo: Editora Atlas, 2011, *passim*.

reparar proporcional aos deveres contratuais dotados de eficácia por conta da atividade efetivamente desenvolvida.

4. A qualificação do contrato preliminar autorizadora da execução específica

Ao lado da responsabilidade civil pela ruptura das tratativas, tormentosa se apresenta a definição das hipóteses em que, independentemente do dever de reparar, se admite a execução específica do próprio contrato principal, por ser possível identificar a presença de contrato preliminar, nos termos do art. 462 do Código Civil. Cuida-se de cenário no qual, no curso da concepção e consolidação da relação contratual, à luz do princípio da boa-fé objetiva, tem-se por formado o contrato preliminar, autorizando-se o mecanismo alvitrado pelo codificador para a conservação do contrato.

O contrato preliminar, como se sabe, constitui o negócio jurídico por meio do qual as partes se obrigam a celebrar, em momento futuro, o contrato principal ou definitivo. A função prático-social do contrato preliminar consiste, portanto, em obrigar as partes a celebrar o contrato definitivo posteriormente, conferindo segurança aos contratantes. Nessa direção, preceitua o art. 462 do Código Civil que o contrato preliminar deve conter todos os requisitos essenciais do contrato definitivo, exceto quanto à forma.[47] Exige-se, assim, a presença dos elementos essenciais ao acordo de vontades que, de boa-fé, as partes pretendem alcançar, e que, por circunstâncias negociais diversas, não foi suficiente à celebração do contrato definitivo. Pretendesse o dispositivo restringir a caracterização do preliminar à hipótese de contrato inteiramente concluído, ao qual faltasse tão somente sua formalização em instrumento próprio, como de sua leitura literal se poderia cogitar, pouca ou nenhuma importância prática adquiriria tal instrumento para a execução específica das obrigações – efeito primordial pretendido pelo codificador. Daí indagar-se em que momento a reunião de elementos essenciais autoriza a execução específica do contrato principal ou, por outras palavras, qual o critério, afinal, qualificador do contrato preliminar.

A resposta a tal indagação requer o exame da função desempenhada pelo contrato preliminar. Normalmente vindo a lume ao final de tratativas, tem por finalidade justamente sacramentar o consenso alcançado quanto aos elementos essenciais (exceto quanto à forma), enquanto outros elementos integrantes do conteúdo do negócio (externos aos requisitos essenciais de validade, ainda que certamente relevantes) são ultimados pela vontade das partes ou deliberadamente deixados para a execução do contrato. Nesta esteira,

47 "Art. 462. O contrato preliminar, exceto quanto à forma, deve conter todos os requisitos essenciais ao contrato a ser celebrado".

o contrato preliminar há de conter o conteúdo mínimo capaz de produzir os efeitos essenciais que qualificam o futuro negócio (função prático-jurídica), permitindo ao intérprete identificar os elementos essenciais ao consenso, justificando-se, assim, a vinculação imediata das partes à celebração do contrato definitivo. Em contrapartida, convém repetir, embora presentes todos os elementos essenciais, à exceção da forma, não se poderia exigir, para a qualificação do contrato preliminar, o exaurimento de todo o conteúdo do contrato prometido. Do contrário, tornar-se-ia inútil o contrato preliminar, recorrendo as partes diretamente ao contrato definitivo.[48]

Como se vê, o contrato preliminar desempenha relevante papel em negócios jurídicos complexos, nos quais se revela essencial o espaço de tempo para negociação acerca de elementos do seu conteúdo cuja definição, na ocasião da assinatura do preliminar, não atende ainda aos interesses dos contratantes. Nesses casos, o contrato preliminar se destinaria precisamente a desempenhar a função vinculativa aos contratantes, conferindo-lhes certeza quanto à conclusão do negócio e, ao mesmo tempo, atribuindo-lhes flexibilidade para negociação dos elementos faltantes que integrarão o negócio futuro. A incerteza quanto a eventuais lacunas ou incompletudes, presentes com frequência no contrato preliminar, longe de traduzir defeito ou insubsistência da vontade declarada, revela alocação de risco para as partes que, em nome da conservação dos negócios, se comprometem a gerir a execução do contrato, ainda que incompleto.

Síntese conclusiva

O desenvolvimento do potencial normativo do princípio da boa-fé objetiva permitiu notável ampliação da responsabilidade civil no âmbito das tratativas e de todo o processo obrigacional conhecido como fase pré-contratual. A vinculação jurídica à palavra empenhada, mesmo antes de compromissos formalmente assumidos, pode ser inferida de diversos modos, à luz dos objetivos comuns traçados, da expectativa gerada na contraparte, das práticas estabelecidas anteriormente, dos usos negociais habitualmente levados a cabo em determinadas praças e setores econômicos e do conjunto de circunstâncias fáticas que antecedem o contrato. A partir daí, tem-se obtido resultados alvissareiros no que tange à vinculação jurídica do pré-contrato

48 Daqui a crítica da doutrina contemporânea ao julgamento do célebre caso Disco, no qual o STF, atendo-se exclusivamente à ausência do elemento formal, afastou a caracterização de contrato preliminar (RExt. 88.716, 2ª T., Rel. Min. Moreira Alves, j. 11.09.1979). Em posição crítica, *vide* a estimulante contribuição de BIANCHINI, Luiza Lourenço. *O contrato preliminar incompleto*. Dissertação de mestrado defendida no Programa de Pós-Graduação *Stricto Sensu* da Faculdade de Direito da Universidade do Estado do Rio de Janeiro, 2012, p. 108-120.

e ao alargamento dos danos ressarcíveis, em hipóteses que alcançam, na jurisprudência brasileira, não somente os interesses contratuais negativos, mas também interesses positivos, desde que presentes pressupostos fáticos adequados à sua incidência.

Nessa mesma vertente, percebe-se que grande parte dos contratos complexos se formam por etapas, sendo indispensável assegurar tutela a compromissos que, gradualmente, vão transformando o contato social em relação contratual. Cuida-se aqui do que se tem designado como formação progressiva dos contratos, que amplia os horizontes de aplicação da boa-fé objetiva e da responsabilidade contratual. Nesta mesma toada, fiel à perspectiva da relação contratual como processo vivo e dinâmico, torna-se poderosa a releitura de doutrinas que, com base em comportamentos socialmente típicos, inferem a manifestação de vontade aferida, implicitamente, pela prática reiterada de atos que geram a confiança quanto à contratação e quanto a resultados reciprocamente prometidos.

De outra parte, o desenvolvimento ético e jurídico do direito obrigacional brasileiro em direção à efetividade dos compromissos está a exigir alargamento do halo de incidência do art. 462 do Código Civil, no que tange à qualificação do contrato preliminar e à possibilidade de exigir a sua execução específica sempre que as partes tenham assumido comportamento compatível com a assunção do compromisso e dos riscos a este inerentes relativamente à celebração do contrato definitivo.

O COMPORTAMENTO DAS PARTES COMO ELEMENTO DE INTEGRAÇÃO DOS CONTRATOS

José Roberto de Castro Neves

Plínio, o Velho, no primeiro século da nossa era, registrou um lindo grupo de estátuas, situadas no palácio do imperador Tito, que representavam Laocoonte e seus filhos, personagens da Guerra de Troia. Essa escultura, apesar de seu registro como uma obra-prima, ficou perdida durante séculos. No começo de 1506, depois de um longo período sem que se tivesse notícia dessa imponente estátua, ela foi encontrada, perto de Roma, soterrada numa vinha, onde mais de mil anos antes ficavam as termas de Tito. Michelangelo, famoso artista renascentista, foi reconhecer a obra, imediatamente adquirida pelo Papa Julio II. Ocorre que a estátua estava fragmentada em vários pedaços. Não se encontrara por exemplo, o braço direito de Laocoonte. O Papa, então, estabeleceu uma comissão para discutir como deveria ser a restauração do braço de Laocoonte. Depois de muito debate, venceu a orientação de que seu braço deveria ficar distendido, apontando para cima, contrariando Michelangelo, que imaginava o membro dobrado. Fez-se, então, um novo braço para a estátua, que nela foi implantado. Muito tempo depois, já em 1957, encontrou-se o verdadeiro braço, também soterrado perto de onde se descobriu a obra. O braço direito original estava dobrado – e não distendido. O verdadeiro braço foi acoplado à escultura, corrigindo-se o erro. Hoje, o Laocoonte é uma das maiores atrações do Museu do Vaticano, em Roma[1]. A tentativa de "preencher" o braço perdido, nesse caso, foi desastrosa. Na arte, vigora a convenção de que não se deve "consertar" as obras, mas deixar que suas imperfeições fiquem como estão. Assim, ao menos, as obras de arte não são desvirtuadas. Cabe a cada um imaginar como era a obra, no momento de sua execução. Os românticos dirão, ainda, que há uma beleza na imperfeição.

Infelizmente, nos contratos, não existe, na maioria dos casos, essa opção.

O que ocorre se o contrato não prevê uma determinada situação? Pode acontecer de as partes, no momento em que elaboraram o contrato para reger a sua relação, não terem sequer concebido uma hipótese, que, entretanto, ocorre na prática, já com o contrato em curso, reclamando uma solução. Noutras vezes, as partes desconheciam uma possível situação preexistente,

1 Quando Napoleão invadiu a Itália, em 1799, ele levou o Laocoonte para o Louvre. Com a queda do general corso, a estátua retornou para Roma.

que apenas se revela depois de a relação contratual já estar em vigor. As partes podem, ao regular sua relação, sequer cogitar de certa circunstância, que sobrevenha apenas depois, mas que reclame um regramento. O que fazer?

Numa visão clássica, liberal, de extremo apego à autonomia privada, a vontade é a mola-mestra do negócio jurídico. O contrato representa, nessa acepção subjetivista e kantiana, a vontade. Especificamente no acordo de vontades das partes, o contrato encontraria seu fundamento e seus contornos. Qualquer dúvida acerca da extensão dos efeitos do contrato determinaria ao intérprete o retorno à análise dessa vontade original.

Ainda dentro dessa mesma concepção de ordenamento jurídico, segundo a qual *voluntas facit legem*, o papel do Estado consistia em fazer valer essa vontade, da forma mais pura. Não era dado ao Estado o poder de se imiscuir no conteúdo do negócio jurídico ou, por qualquer meio, substituir a vontade das partes. Como se disse, o Poder Judiciário, caso indagado acerca dos limites do efeito de certo contrato, deveria, exclusivamente, interpretar a vontade dos celebrantes do acordo e, depois, garantir que essa vontade fosse respeitada.

Diante disso, caso as partes deixassem de prever uma determinada situação, numa lacuna do contrato, cabia ao intérprete, dentro de uma corrente que respeitava a autonomia da vontade como uma deidade, reconhecer a sua impossibilidade de suprir o hiato.

Afinal, não se admitiria que o Estado substituísse a vontade das partes. Era inadmissível a complementação externa. Quando muito, era possível extrair do contrato, por analogia, a forma de solucionar os impasses decorrentes da existência de situação não prevista. Reconhecia-se que a lei e os costumes poderiam, também, suprir as lacunas dos contratos, porque, em última análise, isso não violava a autonomia da vontade. Afinal, as partes certamente conheciam as leis e os costumes – e levaram isso em conta quando se manifestaram.

Com a decadência do individualismo jurídico, surge uma nova visão para se identificar os efeitos do contrato. A vontade das partes segue detendo fundamental importância para se compreender a amplitude da relação contratual. Entretanto, como se reconhece que o contrato cumpre uma função social, a necessidade de harmonização com o ordenamento jurídico passa a ser outra fonte para compreender a eficácia contratual. A mais absoluta liberdade contratual deve ceder diante do interesse da sociedade.

Em outras palavras, não se interpreta o contrato, segundo os valores que hoje se protegem no Direito Civil, apenas com base na vontade das partes, porém também com fundamento nos princípios e regras constantes do ordenamento jurídico, atentos aos valores sociais[2].

2 Sobre o estudo histórico do fenômeno da lacuna na lei, ver GENY, François. *Méthode d'interprétation et sources en droit privé positif: essai critique*. Paris: Librairie Générale de Droit & de Jurisprudence, 1919, Tome Seconde, p. 358 e ss.

Interpretar, como se sabe, consiste em compreender o sentido do texto, para, assim, extrair seus efeitos. A fim de indicar a extensão de um contrato, essa tarefa – interpretar – é fundamental. Muitas vezes, a redação é clara e os contratantes deixaram evidente a sua intenção. Noutras, a redação apresenta ambiguidades, incertezas, reclamando uma interpretação mais sofisticada, na qual o intérprete se encontra desafiado a entender o propósito da regra, o contexto em que ela se encontra inserida, o uso de termos técnicos, além da aplicação de outros métodos.

De toda forma, caberá, ao menos num primeiro momento, procurar no próprio documento do acordo e no ordenamento uma interpretação do sentido da regra contratual.

Uma situação diferente ocorre se as partes não previram uma situação que vai ocorrer no curso de sua relação contratual. Imagine-se, por exemplo, que as partes concordaram que, numa obra complexa, seria usado, para executar um certo item, material específico e determinado. Todavia, posteriormente, tal material deixa de ser produzido. O contrato de empreitada não previu essa situação. A obra já está avançada. Pode o empreiteiro usar outro material? Deve-se entender pela não execução daquele serviço? Todo o contrato deve ser rescindido? As partes não se entendem.

Tome-se, ainda, outro exemplo eloquente: as partes ajustam que determinada venda, que elas promovem de imediato, terá seu preço fixado no futuro, por um outro contrato, que as mesmas partes ainda celebrarão. Tempos depois, já com a venda feita, as partes se desentendem. Jamais chegam a celebrar o tal acordo para estabelecer o preço. Fica essa lacuna na relação contratual, sem que haja vontade comum direcionada a qualquer lugar, em relação a elemento essencial do negócio: o preço.

Veja-se ainda outro caso, nada improvável, de duas pessoas terem contratado a venda de ações de uma determinada companhia, mas não indicaram se se tratava de ações ordinárias ou preferenciais, cujo valor e direitos são diferentes. No momento do pagamento, haverá uma discussão acerca da prestação: devem-se entregar ações ordinárias ou preferenciais?

Nas três hipóteses acima não existe vontade das partes indicando qual a solução para o impasse. Observa-se uma lacuna, um hiato. Nestes casos, se as partes divergirem sobre a extensão dos efeitos do negócio – e o dissenso pode ser de diversas naturezas quando se trata da eficácia e da amplitude do negócio – e submeterem o tema a um julgador, este terá que promover a integração do contrato ou, num outro limite, indicar que o negócio não contém os elementos mínimos necessários à sua sobrevivência.

A integração, assim, consiste numa forma de estabelecer os contornos do negócio jurídico, inconfundível com a mera interpretação. Pela integração, suprem-se lacunas do contrato. Stefano Rodotà começa sua análise do tema reconhecendo que o estudo da integração do contrato pode facilmente levar a um labirinto dogmático[3].

A rigor, pode-se dizer que há três funções distintas na interpretação: a hermenêutica, a integrativa e a corretiva.

Em uma apertada síntese, na interpretação hermenêutica, busca-se extrair o sentido do texto do contrato. Na integrativa, o intérprete encontra uma regra de conduta que não fora originalmente prevista no contrato. Finalmente, na corretiva, há uma interpretação que modifica o acordado pelas partes, em função de outro valor maior que se apresenta. Um bom exemplo desta última se encontra na aplicação do art. 330 do Código Civil. De acordo com essa regra, "o pagamento reiteradamente feito em outro local [distinto daquele indicado no contrato] faz presumir renúncia do credor relativamente ao previsto no contrato". Nessa hipótese, portanto, a interpretação, que levará em conta fatos ocorridos no curso da relação contratual, acarretará a alteração do conteúdo do negócio celebrado entre as partes.

Como se registrou, a primeira interpretação será sempre a hermenêutica. Busca-se o sentido do contrato a partir daquilo que as partes estabeleceram no instrumento por elas firmado. Nesse intuito, o passo inicial consiste em ler a cláusula para compreender o que literalmente se desejou. Aqui, segue o preceito do Evangelho: no princípio era o verbo – *in principio erat verbum*.

Essa interpretação, embora a mais óbvia, enseja, advirta-se, normalmente os maiores erros. Entretanto, não há dúvida de que a leitura da norma contratual é por onde se inicia a compreensão do negócio jurídico.

Uma segunda aproximação da hermenêutica é mais abrangente, pois leva em conta a sistematicidade da cláusula examinada. Aprecia-se o contrato como um todo, para verificar a harmonia com o restante das disposições, e o contexto em que a cláusula se insere – se se trata, por exemplo, de uma cláusula específica ou genérica.

Observa-se, ainda na interpretação hermenêutica, o uso de termos técnicos, para compreender se esse uso teve o propósito pensado de gerar um certo efeito específico, próprio daquele conceito técnico.

Outra forma de exegese consiste em compreender a função teleológica da cláusula, isto é, qual era o seu propósito. A compreensão de sua *ratio* pode permitir a identificar sua extensão.

Idealmente, deseja-se extrair do contrato, se houver alguma dúvida sobre seus contornos, os efeitos que espelhem a intenção das partes quando o celebraram. Entretanto, como se sabe, o contrato ganha uma força própria, que vai além da vontade das partes. Seria, ademais, como reconhece Roppo, um risco ficar explorando a esfera psíquica das partes, o que poderia "condu-

3 RODOTÀ, Stefano. *Le fonti di integrazione del contrato*. Milano: Giuffrè, 2004, p. 2.

zir a resultados inconvenientes e arbitrários"[4] e chegar, na definição de Carlos Maximiliano, num "terreno movediço"[5].

Outro tipo de interpretação se revela necessária se ausente cláusula específica para reger as partes em determinada matéria, que surge no âmbito da relação contratual.

Assim, uma forma importante de interpretação consiste em buscar o sentido real ou, ao menos, presumido, da vontade das partes e da força do contrato, naquelas hipóteses nas quais não há expressa manifestação acerca de uma situação. Usa-se, nesses casos, a interpretação integrativa.

Na interpretação integrativa, embora o tema específico não tenha sido previsto no contrato, busca-se encontrar, no bojo do próprio instrumento contratual, elementos que permitam compreender qual seria o interesse das partes.

Muitas vezes, as partes dizem menos do que queriam – *minus dixit quam voluit*, mas se consegue identificar o que diriam se tivessem tratado do tema. A questão, embora não expressa na literalidade, pode ser encontrada no espírito do acordo, comumente com uma leitura sistemática e analógica.

Por meio dessa exegese integradora, consegue-se depreender a eficácia do negócio, mesmo naquilo que não foi previsto de forma detalhada e pormenorizada, na medida em que se consegue ver uma orientação implícita. Assim, "a interpretação integrativa ou interpretação com função integradora visa a preencher as lacunas da regulamentação das partes no conteúdo negocial"[6]. Trata-se, a rigor, de colher no próprio contrato o sentido da interpretação daquilo que não foi previsto expressamente. Trata-se da autointegração[7].

A doutrina, corretamente, distingue duas situações: a interpretação integrativa e a integração.

Na integração, diferentemente, o intérprete é convidado a regulamentar uma situação não prevista no contrato e sob a qual o contrato não oferece qualquer indicação. A omissão é total. Enquanto na interpretação integrativa há um *minus dictum*, na integração deu-se *minus cogitatum*, na medida em que os estipulantes do negócio não previram uma determinada situação.

---

4 ROPPO, Enzo. *O contrato*. Coimbra: Almedina, 2009, p. 171.

5 MAXIMILIANO, Carlos. *Hermenêutica e aplicação do direito*. 19. ed. Rio de Janeiro: Forense, 2003, p. 23.

6 UBALDINO MIRANDA, Custódio da Piedade. *Interpretação e integração dos negócios jurídicos*. São Paulo: Editora Revista dos Tribunais, 1989, p. 135.

7 Vale, nesse fim, seguir a orientação de Pontes de Miranda: "A interpretação integrativa tem de manter-se simples interpretação, embora os seus resultados sejam além do manifestado. Tem de ater-se ao sentido do que se manifestou e do que completou o conteúdo do negócio jurídico. Não pode chocar-se com o que algum manifestou, ou contra o que alguns dos figurantes manifestaram, posto que consiste na revelação do que não foi manifestado" (PONTES DE MIRANDA, Francisco Cavalcanti. *Tratado de direito privado*. Rio de Janeiro: Editor Borsoi, 1962, t. XXXVIII, p.71).

Portanto, o desafio, na integração, é maior: dar uma resposta acerca da eficácia e da extensão do contrato quando não houve qualquer manifestação, mesmo que indireta ou analógica, para tratar de determinada situação que se apresenta.

O nosso Código Civil não tem dispositivo tratando especificamente da integração. O diploma oferece algumas poucas regras de interpretação do negócio jurídico, notadamente os artigos 112 a 114.

O artigo 112 do Código já nasceu defasado, pois endossa a teoria da declaração – no sentido de que a intenção das partes deve prevalecer ao sentido literal da cláusula entre elas estabelecida –, quando, mais recentemente, a teoria da confiança ganhou força. A melhor interpretação seria medida pela confiança que uma parte legitimamente despertou na outra.

O artigo 113, por sua vez, informa que os negócios jurídicos devem ser interpretados conforme a boa-fé e os usos do lugar de sua celebração. Evidentemente, aguarda-se das partes um comportamento leal e transparente na celebração dos contratos, de sorte que a sua interpretação deve seguir esses mesmos conceitos.

Finalmente, o artigo 114 oferece a regra no sentido de que os negócios benéficos e a renúncia receberão uma interpretação restrita. Muito justo. Afinal, busca-se proteger a generosidade. Se alguém realizou um ato gracioso, em benefício de outro, não se poderá retirar desse contrato um efeito não previsto, amplo, lato.

Adiante no Código Civil, ao tratar dos contratos, encontram-se dois importantes dispositivos relacionados à interpretação. O artigo 421 diz que a autonomia contratual deve ser exercida "em razão e nos limites da função social do contrato". O artigo 423, a seu turno, cuida dos contratos de adesão, informando que, neles, a leitura deve sempre favorecer o aderente, isto é, quem não formulou as cláusulas.

O mais relevante dispositivo no Código Civil tratando, indiretamente embora, da integração é o artigo 488, inserido entre as regras que regulam o contrato de compra e venda. Essa norma visa a suprir a hipótese de venda sem fixação do preço, indicando que se aplicará, se não houver tabelamento oficial, o valor normalmente cobrado pelo vendedor.

O Código Civil italiano, ao contrário de nós, possui regra expressa acerca da integração do contrato:

> Articolo 1374 – Integrazione del contratto
> 1. Il contratto obbliga le parti non solo a quanto è nel medesimo espresso, ma anche a tutte le conseguenze che ne derivano secondo la legge, o, in mancanza, secondo gli usi e l'equità (1340 ss., 1368, 2187).

Os franceses também cuidam da integração em seu Código, no artigo 1134, que possui a mesma redação desde 1804:

> Article 1134: Les conventions obligent non seulement à ce qui y est exprimé, mais encore à toutes les suites que l'équité, l'usage ou la loi donnent à l'obligation d'après sa nature.

Segundo os italianos, as lacunas deverão ser preenchidas com a lei e, na falta dela, com os usos e a equidade. Os franceses, como acima se viu, colocam a lei, a equidade e os costumes em pé de igualdade para fins de integrar.

O Código Civil português também possui norma específica cuidando da integração:

> Artigo 239.º
> (Integração)
> Na falta de disposição especial, a declaração negocial deve ser integrada de harmonia com a vontade que as partes teriam tido se houvessem previsto o ponto omisso, ou de acordo com os ditames da boa-fé, quando outra seja a solução por eles imposta.

Esse dispositivo indica que, na ausência de estipulação das partes acerca de determinado aspecto do contrato, caberá ao intérprete, em última análise, buscar identificar, por analogia, qual seria a vontade, além de se socorrer da boa-fé.

Evidentemente, o fato de a nossa lei não ter apreciado expressamente a matéria não torna ilegal a integração. A integração do contrato, em muitos casos, é essencial, até mesmo para proteger um princípio caro ao Direito Civil, consistente na conservação dos negócios jurídicos[8].

A nossa doutrina "aponta como meios de integração contratual a lei, os usos e costumes e a equidade"[9], assim como "normas supletivas, boa-fé e usos"[10]. Como se vê, na integração, adotam-se meios "extracontratuais", isto é, não disponíveis no instrumento celebrado entre as partes, porém fora dele. O julgador inicia uma pesquisa exógena, para colher, fora do contrato, os elementos necessários à sua integração.

A lei, comumente, exerce a função de "corrigir" o contrato, na medida em que cerceia a inicial vontade das partes. Em outros casos, muito comuns, a lei serve como fonte para suprir lacunas do contrato. Nesses casos, a norma atua com uma função supletiva, incidindo no silêncio das partes.

Veja-se, por exemplo, a conhecida regra do artigo 327 do Código Civil, segundo a qual, na ausência de estipulação das partes, o pagamento é feito no domicílio do devedor. Caso as partes não indiquem o local da entrega da prestação, o contrato será integrado com o referido dispositivo.

---

8 Ver CASTRO NEVES, José Roberto de. *Contratos I*. Rio de Janeiro: GZ Editora, 2016, p. 25 e ss.

9 MELLO FRANCO, Vera Helena de. *Aspectos da integração dos contratos no direito comercial*. São Paulo: Livraria Pioneiro, 1979, p. 75.

10 MARINO, Francisco Paulo de Crescenzo. *Interpretação do negócio jurídico*. São Paulo: Saraiva, 2011, p. 220.

Nos negócios típicos, por exemplo, comumente o regulamento se encontra na lei, que trata daquele negócio específico com maior minudência. No silêncio do contrato, adota-se o caminho indicado pela lei.

A lei pode ter regras gerais, que se aplicam indistintamente, ou mesmo específicas. Um bom exemplo, antes mencionado, encontra-se no artigo 488 do Código Civil[11], que vai permitir a compra e venda, mesmo quando o preço não é diretamente estabelecido pelas partes. Trata-se de uma forma de integrar o negócio, permitindo a sua conservação.

A ordem pública é, como se sabe, um complexo de valores, por vezes positivados, que compõem uma sociedade, num determinado momento histórico. Esses preceitos da ordem pública por vezes servem como fatores de correção do conteúdo dos contratos, caso haja alguma estipulação que agrida a ordem pública. Isso se dará, por exemplo, se a cláusula contratual violar princípios como o da dignidade da pessoa humana. Em outras situações, a ordem pública pode funcionar como meio de integração do negócio jurídico. Isso porque as partes podem ter deixado de tratar certa situação, mas aquela lacuna é suprida por um comando derivado da ordem pública. Assim, caso sobrevenha alguma discussão no curso de uma relação, que demande a integração, jamais se poderá admitir, por exemplo, que ao suprir a lacuna uma das partes se submeta a uma situação vexatória, que afete a sua dignidade.

Também servem de fonte de integração os usos e costumes. Comumente as partes deixam de estabelecer expressamente uma circunstância porque o tema já se encontra regulamentado pelos usos e costumes. E, mesmo que elas não tenham sequer cogitado a hipótese, recorrer à forma como, costumeiramente, se age em situações idênticas ou análogas, parece uma maneira justa e razoável para suprir a lacuna do contrato[12].

Outro meio reconhecido de integração é a equidade. Não se cuida, aqui, da equidade, como temperadora do rigor da lei, que Celso, na famosa frase, cunhou: "*Jus est ars boni et aequi*", isto é, o direito é a arte do bem e da equidade. A equidade, para fins da integração, é a contratual. Nesse critério há, de fato, um grau razoável de subjetividade do intérprete – que pode ser um juiz ou um árbitro –, a fim de mensurar os valores em jogo, para

11 "Art. 488. Convencionada a venda sem fixação de preço ou de critérios para a sua determinação, se não houver tabelamento oficial, entende-se que as partes se sujeitaram ao preço corrente nas vendas habituais do vendedor.
Parágrafo único. Na falta de acordo, por ter havido diversidade de preço, prevalecerá o termo médio."

12 Sobre o tema, ver LUDWIG, Marcos de Campos. *Usos e costumes no processo obrigacional*. São Paulo: Editora Revista dos Tribunais, 2005, p. 135 e ss.

completar a lacuna contratual com uma regra que mantenha um equilíbrio no contrato.

Custódio da Piedade Ubaldino Miranda, autor de trabalho sobre a integração – a rigor, tema de seu doutoramento na USP em 1987 –, registra: "Não nos parece que a equidade possa ser admitida como fonte de integração contratual no direito civil brasileiro"[13]. Para o mencionado doutrinador, a ausência de qualquer dispositivo legal que permitisse esse uso torna ilegal o recurso à equidade, no Brasil, para a integração dos contratos. Para fundamentar sua opinião, Ubaldino Miranda faz referência ao artigo 127 do Código de Processo Civil de 1973, que limitava o uso da equidade pelo juiz apenas aos casos admitidos em lei. Vale registrar que o dispositivo do parágrafo único do artigo 140 do Código de Processo Civil de 2015 adotou a mesma regra. As normas francesa e italiana, acima transcritas, autorizam expressamente o juiz a adotar a equidade nos casos de integração. Isso não ocorre na lei brasileira. Assim, o juiz brasileiro não poderia valer-se da equidade.

Ocorre que o dispositivo legal brasileiro, constante da lei processual, fala da equidade na aplicação da lei, ou seja, a possibilidade de o julgador temperar o rigor da norma, em nome de uma "justiça". A equidade contratual tem outro alcance e outro propósito. Seu objetivo consiste em permitir a conservação do negócio, sem, contudo, alterar a sua essência. Como é um princípio do direito contratual brasileiro o da conservação dos negócios[14], a equidade contratual pode, com inteligência e sensibilidade, ser utilizada nos casos nos quais se revele necessária a integração.

Por meio dessa ferramenta – a equidade contratual –, o julgador complementa o conteúdo do negócio, naquilo que ele é omisso, porém sem modificar fundamentalmente o equilíbrio da relação entre as partes. Caso, com a equidade, se chegue a uma realidade absolutamente nova, gerando uma onerosidade não imaginada, o uso desse instrumento se revelará equivocado.

Por todos os motivos, os princípios gerais do direito devem ser usados, quando pertinentes, como meio de integrar o contrato. Segue preciosa a lição de Carlos Maximiliano, para quem "a ausência da vontade é suprida pelas disposições legais, pelos princípios de justiça – *neminem laedere*"[15].

Notadamente, o princípio da boa-fé, com todos os seus correlatos, serve para integrar o contrato, até mesmo pela expressa referência contida no ar-

13 UBALDINO DE MIRANDA, Custódio da Piedade. *Interpretação e integração dos negócios jurídicos*. São Paulo: Editora Revista dos Tribunais, 1989, p. 217.

14 Ver GUERRA, Alexandre. *Princípio da conservação dos negócios jurídicos*. São Paulo: Almedina, 2016.

15 MAXIMILIANO, Carlos. *Hermenêutica e aplicação do direito*. 19. ed. Rio de Janeiro: Forense, 2003, p. 277.

tigo 113 do Código Civil. Como assinala a Professora Judith Martins-Costa, especificamente a boa-fé "tem função integrativa, servindo para identificar outros deveres, outras proibições que não aqueles postos explicitamente pelas partes ou previstos na disciplina específica do tipo contratual (legal ou social) em causa"[16].

Clovis do Couto e Silva anota, com razão, que "em muitos casos, quando se pensa estar fazendo interpretação integradora, em realidade o que se realiza é a aplicação do princípio da boa-fé"[17].

A boa-fé, como fonte integradora, sempre partirá do conceito que as partes devam agir corretamente e com lealdade. Esse padrão ético de conduta engloba, inclusive, a ideia de que não se admite uma relação contratual na qual uma parte possa obter da outra uma vantagem extremamente desigual. Assim, a integração com base na boa-fé objetiva jamais poderá dirigir-se a uma solução na qual uma das partes assuma uma posição de extremo proveito e desigual economicamente em relação à contraparte. Nesse sentido, aliás, é a regra do artigo 1.371 do Código Civil italiano:

> Sempre que, não obstante a aplicação das normas contidas nesse capítulo, o contrato subsista obscuro, deve ser entendido no sentido menos penoso para o obrigado, se a título gratuito, e no sentido que realize de modo equânime a acomodação dos interesses das partes, se a título oneroso[18].

O artigo 114 do Código Civil brasileiro oferece regra idêntica aos contratos graciosos, mas não existe, entre nós, de forma positivada, preceito igual aos contratos onerosos. Esse conceito, contudo, decorre da boa-fé e, nesse sentido, é regra importante para o fim de integração.

---

16 MARTINS-COSTA, Judith. A *boa-fé no direito privado*. São Paulo: Marcial Pons, 2015, p. 513.

17 COUTO E SILVA, Clovis do. A *obrigação como processo*. Rio de Janeiro: Editora FGV, 2007, p. 36.

18 "Art. 1371 Regole finali
Qualora, nonostante l'applicazione delle norme contenute in questo capo (1362 e seguenti), il contratto rimanga oscuro, esso deve essere inteso nel senso meno gravoso per l'obbligato, se è a titolo gratuito, e nel senso che realizzi l'equo contemperamento degli interessi delle parti, se è a titolo oneroso."

Como se vê, encontram-se intimamente relacionados os conceitos da boa-fé e as regras de integração[19] e de interpretação integrativa[20].

Finalmente, há um outro meio relevante de integração, que se constrói a partir do comportamento das partes, seja antes da celebração do contrato, mas, principalmente, já com o negócio firmado.

O comportamento reiterado da parte, no âmbito de um contrato, num determinado sentido faz nascer naturalmente na contraparte a ideia de que essa atuação consiste numa regra, um modelo, um padrão. O comportamento reiterado num sentido cria na contraparte uma justa expectativa de que esse mesmo comportamento seguirá ocorrendo.

Comumente, o contrato que vincula as partes deixa de prever uma determinada circunstância, cujo aparecimento impõe-lhes a adoção de uma conduta. Se as partes discutem qual deve ser a eficácia do contrato, em relação àquela situação não prevista, o julgador deve pesquisar qual o seu pretérito comportamento: se ambas ou uma delas já agiu de determinada maneira diante do fato ou se agiu de certa forma diante de fato semelhante ao discutido. Esse comportamento pode servir de bússola para apontar a melhor forma de integrar o contrato, em consonância com a conduta das partes.

---

19 "A boa-fé (objetiva), por sua vez é outra importantíssima fonte de integração do contrato [...]. Além desses deveres de prestar, ou envolvendo-os, há os deveres laterais de conduta, que normalmente são vistos como decorrentes do princípio da boa-fé objetiva. [...] Adotada uma classificação funcional, uma vez que do ponto de vista do conteúdo as classificações se interpenetram, pode-se subdividir os deveres laterais de conduta em deveres cuja finalidade é positiva, isto é, que possibilitam ao credor atingir o interesse visado com a prestação, e deveres cuja finalidade é negativa, ou seja, deveres que preservam as partes de sofrerem danos pessoas ou patrimoniais que poderiam surgir do contrato entre elas durante a relação obrigacional. Esses últimos são os chamados deveres de proteção. O Superior Tribunal de Justiça vem reconhecendo a integração do contrato por meio de deveres anexos, oriundos da aplicação do princípio da boa-fé objetiva. [...] Também são importantes fontes de integração do negócio jurídico os usos em função normativa, aos quais a lei por vezes remete, tais como aqueles referidos nos arts. 445, § 2°, 529, 628, parágrafo único, 701 e 724 do Código Civil. Tais usos, como já se afirmou, não divergem dos usos em função interpretativa ontologicamente, porém funcionalmente" (MARINO, Francisco Paulo De Crescenzo. Interpretação e integração dos contratos. In: JABUR, Gilberto Haddad; PEREIRA JÚNIOR, Antonio Jorge. (Org.). *Direito dos contratos*. São Paulo: Quartier Latin, 2005, p. 76.)

20 "Para a interpretação contratual integradora, que então há de ter lugar, são decisivos o contexto global do contrato, um escopo do contrato reconhecido por ambas as partes e a situação de interesses, tal como foi configurada por cada uma das partes. Aqui, há que perguntar de novo sobre o que é que, nestas circunstâncias, pode considerar-se como atribuível a cada uma das partes, no sentido de um justo equilíbrio de interesses. Por isso, a lei menciona o princípio da boa-fé (§ 157 do BGB) como pauta da interpretação contratual integradora" (LARENZ, Karl. *Metodologia da ciência do direito.* Lisboa: Fundação Calouste Gulbenkian, 1997, p. 423).

Naturalmente, se o comportamento é uniforme e repetido, o intérprete deve dar a ele maior força, pois revela um padrão. Caso, entretanto, seja apenas um ato ou um comportamento não uniforme, a sua importância é mitigada, a fim de verificar o modelo de conduta.

A noção de se considerar o comportamento das partes como forma de integração do contrato também se justifica no princípio da confiança[21].

No Direito anglo-americano, há o conceito de "*parol evidence*", segundo o qual não se admitem os elementos extrínsecos ao documento do contrato como meio de alterar a sua interpretação literal. Essa regra se dirige especialmente para evitar que depoimentos orais, de pessoas que elaboraram o contrato, possam servir para subtrair ou aumentar o escopo daquilo que se encontra expresso no instrumento.

Essa regra geral do "*parol evidence*" pode, contudo, ceder, se há uma discussão acerca da extensão da interpretação da cláusula. Nesses casos, é natural que se examinem as minutas que antecederam a versão final do contrato ou se procure conhecer melhor as circunstâncias da negociação.

A rigor, a mais simples interpretação reclama a análise das circunstâncias do contrato. Parafraseando Ortega y Gasset, o contrato é ele próprio e suas circunstâncias. Não há como lê-lo fora do contexto. A análise hermenêutica não é digital, mas analógica.

Essa análise do contexto revela-se ainda mais relevante se houver alguma brecha no regramento do contrato, que reclame uma interpretação integrativa, ou mesmo a integração.

A nossa doutrina admite a atividade integradora do intérprete, normalmente quando ele ocupa a posição de julgador[22]. Contudo, com razão, entende-se que a atuação do julgador, no momento de integrar, não pode ter a força de estabelecer uma nova relação, absolutamente não imaginada pelas partes, muito menos acordada entre elas[23]. Paula Greco Bandeira, que

---

21 Ver MARTINS-COSTA, Judith; BRANCO, Gerson. *Diretrizes teóricas do novo código civil brasileiro*. São Paulo: Saraiva, 2002, p. 133.

22 "De natureza híbrida, simultaneamente legislativa e jurisdicional, as sentenças determinativas operacionalizam, assim, as soluções alvitradas pelo magistrado, quando, por norma substantiva, ele estiver autorizado a definir conteúdos abertos pela imprecisão ou vagueza, afora quando a função criadora, em maior ou menor intensidade, for legalmente permitida. Em todas essas hipóteses, o juiz fará da sua vontade um elemento integrativo do negócio jurídico ao lado da vontade das partes antes expressadas" (HEINEMANN FILHO, André Nicolau. A atuação do juiz na interpretação e integração dos contratos, *Revista de Direito Privado*, São Paulo, Editora Revista dos Tribunais, 2009, v. 37, p. 24).

23 "Embora inexista previsão explícita no sentido de atribuir ao juiz o poder de integrar o contrato incompleto, o sistema jurídico brasileiro, como visto, em matéria obrigacional, orienta-se pela execução específica das disposições contratuais, sempre que possível,

promoveu valioso estudo sobre o tema, assevera de forma pertinente que "a atividade de integração do juiz apenas se revelará legal e legítima se exercida dentro dos limites impostos pela lei, em casos excepcionais"[24].

Evidentemente, os limites da integração e a sua pertinência se justificam pela pertinência de se conservar o negócio jurídico[25]. Caso o intérprete se depare com uma situação na qual o seu papel seria o de, na prática, refazer o negócio, não haverá espaço para a integração, porém o de reconhecer que faltam àquela relação os elementos mínimos para gerar efeitos (e, no limite, impor às partes uma obrigação de fazer, consistente em solucionar o impasse). Afinal, integrar, como o próprio nome indica, é agregar e não estabelecer algo novo. Se, de outro lado, houver a justificativa de se conservar o negócio e, adotando os critérios de integração, verificar-se a possibilidade de se sanarem as lacunas, o negócio, com as devidas e justas inserções, deve sobreviver, a fim de cumprir a sua relevante função social.

O intérprete, na maior parte das vezes, não pode permitir que Laocoonte fique sem seu braço.

---

coadunando-se com o principio da conservação dos negócios jurídicos. [...] o juiz, ao integrar o contrato incompleto, irá obedecer rigorosamente aos critérios estabelecidos pelos contratantes para a determinação da lacuna, de modo que sua atividade valorativa se revela limitada, circunscrevendo-se àquilo de antemão acordado pelas partes, a preservar o princípio da autonomia privada. [...] Em contrapartida, se os critérios para a determinação da lacuna não estiverem descritos de modo preciso no negócio, o árbitro juiz não poderá integrar o contrato, pois, nesse caso, estará definindo o elemento contratual faltante segundo critérios subjetivos, em juízo de equidade não autorizado por lei" (BANDEIRA, Paula Greco. *Contrato incompleto*. São Paulo: Atlas, 2015, pp. 213/216).

24 BANDEIRA, Paula Greco. *Contrato incompleto*. São Paulo: Atlas, 2015, p. 209.

25 Ver MARINO, Francisco Paulo de Crescenzo. *Interpretação do negócio jurídico*. São Paulo: Saraiva, 2011, p. 228.

Usos e costumes no direito contratual brasileiro (ou, sobre a precisão da doutrina face à imprecisão do legislador)[1]

Guilherme Carneiro Monteiro Nitschke

En composant la Chartreuse, pour prendre le ton, je lisais chaque matin deux ou trois pages du code civil, afin d'être toujours naturel; je ne veux pas, par des moyens factices, fasciner l'âme du lecteur.

Stendhal (Henri Beyle)[2]

Considerações introdutórias

Duas ou três páginas do *Code Civil*, lidas dia após dia, faziam Stendhal "dar o tom" à sua escrita, tornavam seu exercício criativo "sempre natural" – mas que tom era esse que perseguia? O que buscava todas as manhãs nas linhas de um código, nos interstícios de artigos legais, na tecnicidade do direito positivo, antes de trabalhar em *La Chartreuse de Parme* nos idos da década de 1830? Estudiosos indicam que sua busca era por "precisão" e era por "clareza"[3]. Se havia uma preocupação "léxica" ou "sintática" do romancista com sua própria escrita ao ponto de ver em um código o modelo de "apresentação precisa de um determinado fato", também havia admiração pela "rede de conceitos intrincadamente elaborados e interconectados para aplicação a variadas circunstâncias"[4].

---

1 Trechos deste trabalho encontram correspondência ao Cap. 3.3.1 da Tese de Doutorado *"Integração" de lacunas contratuais:* em busca de um método (Tese de Doutorado). São Paulo: USP, 2018. Agradeço a revisão precisa de Amanda Dill e Gabriela Scalco.

2 Lettre d'Henri Beyle a M. de Balzac. Reponse à l'article de la Revue parisienne, du 25 septembre 1840, sur la Chartreuse de Parme. Civita-Vecchia, le 30 octobre 1840. In: STENDHAL, (Henri Beyle). *La Chartreuse de Parme*. Paris: J. Hetzel, 1846, p. 522.

3 NEWMAN, M. L. Stendhal and the code civil. *The French Review*. Carbondale: AATF, 1970, v. 43, n. 3, pp. 434-435.

4 Idem, p. 437 – nada obstante serem igualmente conhecidas as críticas dirigidas a Stendhal sobre a irregularidade de seu estilo e, portanto, acerca da parcial realização de seu intento, sem prejuízo da inegável genialidade de sua formulação linguística (AUERBACH, Erich. *Mimesis:* a representação da realidade na literatura ocidental (Trad. vários). 5. ed. São Paulo: Perspectiva, 2007, p. 410).

Que principiemos por Stendhal não é aleatório. É *La Chartreuse* um dos diletos romances de Judith Martins-Costa[5], o que não chega a surpreender: a mesma precisão e a mesma clareza de que fala Henri Beyle a Balzac são o que plasma – em exercício reflexivo e na sua própria lição – o mister da doutrina jurídica[6]. Isso se nota do "modelo jurídico"[7] dos usos e costumes por ela própria decantado com a precisão buscada por Stendhal e com a utilidade da doutrina exemplar; precisão e utilidade que, em paradoxal inversão a Stendhal (que via no *Code* os atributos que queria para seu texto), não consta de nosso Código Civil quando trata do tema. O modelo recebeu especial atenção em uma das últimas obras de Judith Martins-Costa[8], mas produto de reflexões que emergem de variados períodos de sua produção, entremeando diferentes campos do Direito Obrigacional. É sobre ele que centraremos nossa atenção.

Não seria completa a análise aqui procedida se não houvesse a proposição de algum *diálogo* para com a elaboração de Judith Martins-Costa, um "pensar com a própria cabeça" que, em tantas oportunidades nos bancos de pós-graduação, foi o mantra que, nós-seus-sempre-alunos, ouvimos da professora, como que nos convidando a duvidar do que aprendíamos (e invocando-nos a *desaprender*), como que nos chamando à conjunta e dialógica construção de nosso direito.

* * *

5 MARTINS-COSTA, Judith. Os livros que fizeram minha cabeça. *Revista Getúlio*. São Paulo: FGV, 2007, nov., p. 58: "Muitos livros foram importantes para minha formação pessoal, mas se devo escolher um, é *A Cartuxa de Parma*, de Stendhal. Creio que dele vem algumas das noções fundamentais que amparam o meu trato com o mundo".

6 Deve o doutrinador "esclarecer os significados dos modelos jurídicos, elaborar conceitos, orientar sua aplicação" e "criar modelos doutrinários" (MARTINS-COSTA, Judith. Autoridade e utilidade da doutrina: a construção dos modelos doutrinários. In: MARTINS-COSTA, Judith (Org.). *Modelos de direito privado*. São Paulo: Marcial Pons, 2014, p. 26); empregar as palavras com o cuidado de quem maneja um bisturi, pois, no direito – à diferença da literatura –, o que se busca não é apenas a *narrativa*, mas também (e principalmente) a *norma*, é estabelecer "pautas de certezas, pois, ao contrário da arte, cabe-lhe apaziguar, e não inquietar, assegurar expectativas, e não subvertê-las, situar um discurso, e não pô-lo em causa" (MARTINS-COSTA, Judith. Os dilemas da incoerência. In: NEVES, José Roberto de Castro (Coord.). *Ele, Shakespeare, visto por nós, os advogados*. Rio de Janeiro: Edições de Janeiro, 2017, pp. 156-157).

7 A noção de "modelo jurídico", amplamente adotada e desenvolvida por Judith Martins-Costa, foi apresentada por Miguel Reale, por primeiro, em seu REALE, Miguel. *O direito como experiência* (introdução à epistemologia jurídica). 2. ed. São Paulo: Saraiva, 1992, pp. 147-234.

8 MARTINS-COSTA, Judith. *A boa-fé no direito privado:* critérios para a sua aplicação. São Paulo: Marcial Pons, 2015, p. 468 e ss. A abordagem restou inalterada na última edição de seu texto: MARTINS-COSTA, Judith. *A boa-fé no direito privado*: critérios para a sua aplicação. 2. ed. São Paulo: Saraiva, 2018.

Não houve precisão terminológica do legislador do Código Civil ao tratar os usos e costumes. No diploma, vê-se o emprego das expressões "usos" (arts. 111, 429, 529, 569, inc. I, 695 e seu parágrafo único e 753, § 4º), "usos do lugar" ou "locais" (arts. 113, 445, § 2º, 628, parágrafo único, 658, parágrafo único, 699, 700, 701, 724, 753, § 1º, e 872), "costumes" (arts. 432 e 597) e "costumes do lugar" (arts. 569, inc. II, 596, 599, 615, 965, inc. I, e 1.297, § 1º). Com umas e outras expressões, está o Código conotando, por vezes, diferentes espécies de usos e costumes, ou fazendo alusão a diversas funções, e, noutras vezes, semelhantes: nos arts. 111, 113 e 429, os usos e costumes servem de critério de interpretação; nos arts. 596, 628, parágrafo único, 658, parágrafo único, 701 e 724, de critério para a colmatação de lacunas; e nos arts. 432, 445, § 2º, 529, 569, incs. I e II, 597, 599, 615, 695, parágrafo único, 699, 700 e 753, §§ 1º e 4º, como fonte do conteúdo contratual. Essa variação denota, sob o ponto de vista crítico, ter carecido o legislador de um maior cuidado com a uniformidade de designações e com a mitigação de nós interpretativos (e de certa cacofonia) que, sobre o tema, grassam entre nós.

A isso se soma não haver precisão em conotar a categoria – como conotou o legislador – enquanto "do lugar" ou "locais", como se o critério espacial fosse o único a ser considerado. Não raro são tidas enquanto usos e costumes as práticas não de um determinado local, mas de certo ramo do mercado, como os bancários, os de bolsa, os do café e do cacau, os do açúcar[9], e mesmo aqueles que transbordam as fronteiras estatais e, atrelados a setores específicos da economia – na melhor exemplificação do que Gunther Teubner aponta como "direito nascido nas periferias", afastado dos centros estatais[10] –, plasmam o que se costuma chamar de *lex mercatoria*[11]. Talvez a exceção a reconhecer no Código Civil seja a do art. 753, § 4º, que dita ser possível ajustar remuneração em contrato de transporte que envolva depósito da coisa de acordo com os "usos adotados em cada sistema de transporte". Implícito está o reconhecimento de que não é apenas quanto aos "usos *do lugar*" que se estima a remuneração, mas em conformidade ao *setor* de transporte em apreço; e a decorrência, pensando em termos gerais, é que, como bem indicava

9 PONTES DE MIRANDA, F. C. *Tratado de direito privado*. 3. ed. São Paulo: RT, 1984, t. 38, pp. 82-83.

10 TEUBNER, Gunther. Global Bukowina: legal pluralism in the world society. In: TEUBNER, Gunther (Ed.). *Global law without the State*. Brookfield: Darthmouth, 1997, p. 10.

11 TEUBNER, op. cit., 1997, p. 10; entre nós, analisa e dialoga com a visão de Teubner: MENDES, Rodrigo Octávio Broglia. *Arbitragem, lex mercatoria e direito estatal. Uma análise dos conflitos ortogonais no direito transnacional*. São Paulo: Quartier Latin, 2010, especialmente pp. 82-95). Analisamos esses aspectos em NITSCHKE, Guilherme Carneiro Monteiro. Ativismo arbitral e lex mercatoria. *Revista de Arbitragem e Mediação*, São Paulo, RT, 2015, especialmente em pp. 99-107.

Andreas von Tuhr, os usos e costumes variam de acordo com três dimensões: o lugar, o setor de atividade e o tempo em questão[12].

A mesma falta de uniformidade se vê em parte da doutrina, que emprega expressões e remete a funções que revelam mais do que a face aparente é capaz de mostrar: elas são como a "casca que envolve o fruto"[13], porque indissociadas dos subjacentes significados, por eles constituídas e deles constituintes. Em uma escalada de normatividade, há quem fale de "práticas" e de "usos individuais"; há quem se refira aos "usos do tráfico", aos "usos propriamente ditos" e aos "usos-atos"; e há quem os chame de "costumes", de "usos-regras" e de "direito consuetudinário"[14]. De igual modo, há quem fale de funções hermenêuticas, integrativas, normativas e supletivas; e há quem conote às mesmas funcionalidades significados diversos, misturando umas com as outras, a destacar que, muitas vezes, o desacordo repousa nas premissas (queremos dizer: no significado e no campo de atuação da integração e da interpretação contratuais).

Diante dessa falta de consenso seja com relação ao significado da categoria e de suas espécies, seja com referência às funções que cada qual assume, a tríade de nomes que nos parece mais precisa, porque reflexiva dos significados que envolucram, é a proposta por Judith Martins-Costa e que não dista de Pontes de Miranda[15], com um pequeno ajuste por nós sugerido: as

---

12 VON TUHR, Andreas. *Derecho civil. Teoria general del derecho civil aleman*. Tradução de Tito Ravà. Buenos Aires: Depalma, 1946, v. 1, t. 1, p. 48.

13 BENJAMIN, Walter. The translator's task. Tradução de Steven Randall. *TTR:* Traduction, Terminologie, Rédaction. [s.l.]: Association Canadienne de Traductologie, 1997, n. 2, p. 158.

14 Também se acham outras denominações em doutrina brasileira, tais como: "usos sociais" em BESSONE, Darcy. *Do contrato*. Rio de Janeiro: Forense, 1960, pp. 232-233; "usos legais (jurídicos ou normativos)" e "usos contratuais" em FRANCO, Vera Helena de Mello. *Aspectos da integra*ção dos contratos no direito comercial. São Paulo: Pioneira, 1979, p. 81; "usos interpretativos" e "normas consuetudinárias" em GOMES, Orlando. *Contratos*. 16. ed. Rio de Janeiro: Forense, 1995, pp. 206-207; "usos normativos" ("direito consuetudinário") e "usos contratuais" ("práticas vigentes entre as diversas categorias de contraentes") em MIRANDA, Custódio da Piedade Ubaldino. *Interpretação e integração dos negócios jurídicos*. São Paulo: RT, 1989, p. 213.

15 PONTES DE MIRANDA, op. cit., t. 38, p. 83; e MARTINS-COSTA, op. cit., 2015, pp. 471-472. Advirta-se, de qualquer sorte, que nem mesmo o grande jurista alagoano é claro noutras passagens de seu *Tratado*, fazendo variar intensamente os nomes que atribui a cada espécie: "costume regra jurídica", "uso-negócio jurídico" e "uso-ato jurídico" em PONTES DE MIRANDA, F. C. *Tratado de direito privado*. 4. ed. São Paulo: RT, 1983, t. 1, p. 70; "usos do tráfico" no mesmo PONTES DE MIRANDA, op. cit., t. 38, p. 331 e pp. 64-65; e "usos do tráfico" como "usos e costumes" também em PONTES DE MIRANDA, op. cit., t. 38, pp. 80-81.

"práticas" (ou "usos individuais"), os "usos do tráfico" e os "costumes" (e não "usos e costumes").

Trata-se de proposta preferível, antes de tudo, por compatível aos dispositivos do Código Civil, que falam de "usos" sendo inespecíficos a qual das espécies se referem (i.e. se individuais ou do tráfico). A dois, porque permite a classificação de acordo com as três espécies que estamos a trabalhar, haja vista que "usos e costumes" agrega, com a conjunção aditiva "e", duas parcelas: a dos usos (que se subdivide em usos individuais, ou práticas, e usos do tráfico) e a dos costumes. A três, porque é divisão mais geral que, mesmo sob o ponto de vista do direito comparado, pode ser encontrada – com nuances próprias e categorias intersticiais – no ordenamento jurídico de outros países: *Gewohnheitsrecht* ("direito costumeiro") e *Verkehrssitte* ("usos do tráfico") no Direito alemão[16], *usages de droit* e *usages conventionnels* do Direito francês[17], e *usi legali, usi negoziali, usi individuali* e *clausole d'uso* do art. 1.340 do *Codice Civile* no Direito italiano[18]. E a quatro, porque é proposição que permite agre-

16 Isso já se via da Exposição de Motivos do BGB citada por DANZ, Erich. *La interpretación de los negócios jurídicos (contratos, testamentos, etc.)*. Tradução de Francisco Bonet Ramon. 3. ed. Madrid: Editorial Revista de Derecho Privado, 1955, p. 150; e de VON TUHR, op. cit., 1946, v. 1, t. 1, pp. 46-48, que distingue entre "usos interpretativos" (ou "do tráfico", para ficarmos com a tradução mais literal, e que encontra expressão nos §§ 157 e 242 do BGB) e "costumes" (que aparece no § 346 do *Handelsgezetbuch*, o HGB, mas sem precisão conceitual e função indicativa). As filigranas do tema não são tranquilas na tradição alemã, como observa DEDEK, Helge. Not merely facts: trade usages in german contract law. In: GÉLINAS, Fabien (Ed.). *Trade usages and implied terms in the age of arbitration*. Oxford: Oxford University Press, 2016, p. 81 e ss. Mostrando que o manejo dos usos do tráfico (*Verkehrssitte*) se dá sempre em simbiose à boa-fé (*Treu und Glauben*), veja-se: FLUME, Werner. *El negócio* jurídico. Tradução de Trad. José María Miquel González e Esther Gómez Calle. Madri: Fundación Cultural del Notariato, 1998, p. 376; e KORNET, Nicole. *Contract interpretation and gap filling:* comparative and theoretical perspectives. Oxford: Intersentia Antwerpen, 2006, pp. 114-115.

17 *Usages de droit* correspondem a normas jurídicas com força equiparada à legal e *usages conventionnels* tiram sua autoridade das partes e correspondem a padrões habitualmente seguidos por profissionais de uma mesma prática (FAGES, Bertrand. *Droit des obligations*. 6. ed. Paris: LGDJ, 2016, p. 229). A distinção é extraída dos novéis arts. 1.163 e 1.194 do *Code Civil* reformado. Sobre isso, veja-se CHANTEPIE, Gael; LATINA, Mathias. *La réforme du droit des obligations. Commentaire théorique et pratique dans l'ordre du code civil*. Paris: Dalloz, 2016, pp. 337-338.

18 A distinção entre os dois primeiros (*usi legali* e *usi negoziale*) costuma ser endereçada a três dispositivos do *Codice Civile*: o art. 1.374, que trataria dos usos legais; o art. 1.368, que trataria dos usos negociais; e o art. 1.340, que fala das *clausole d'uso*, bastante controvertidas na doutrina italiana se subsumidas à primeira (usos legais), à segunda categoria (usos negociais) ou se plasmando caso de *usi individuali*. Sobre a distinção, veja-se: ALPA, Guido; FONSI, Gianluca; RESTA, Giorgio. *L'interpretazione del contratto. Orientamenti e tecniche della giurisprudenza*. 2. ed. Milano: Giuffrè, 2001, pp. 155-165; DEL PRATTO, Enrico. Fonti legali ed usi. *Rivista di Diritto Civile*. Padova: CEDAM, 2002, n.

gar sob seu bojo a espécie das "práticas" (ou "usos individuais"), sobre o que inovadoramente tem refletido nossa doutrina a partir da internalização da Convenção de Viena de 1980 e da alargada interpretação que se passou a propor, ao seu ensejo, do art. 113 do Código Civil.

Ao falarmos de "usos e costumes", portanto, falamos de uma categoria poliédrica, multiforme, que abarca diferentes fenômenos e que assume diferentes funções em nosso Direito. Essas dimensões implicam que tratemos, por primeiro, de suas espécies, em conformidade à tríplice divisão refinada por Judith Martins-Costa (Cap. I); para, a seguir, dissertarmos sobre a dupla função que assumem no direito contratual brasileiro: integrativa, ou normativa, e hermenêutica (Cap. II).

1. As espécies

É a magistral lição de Emilio Betti que as três espécies de usos e costumes aqui trabalhadas correspondem a momentos distintos da evolução do mesmo fenômeno, "no sentido de uma passagem contínua (por recepção) de uma esfera para a outra", queremos dizer, da competência dispositiva privada para a competência normativa legal[19]. Elas principiam como usos individuais, tomam corpo e se coletivizam em dado local ou setor, plasmando usos propriamente ditos, e por fim, em decorrência de sua repetição alongada no tempo, adquirem juridicidade, alçando-se ao patamar de direito costumeiro. As últimas fases desse muito sumário esboço evolutivo correspondem à coagulação em lei dessas práticas, que, por primeiro, são mencionadas in-

4, pp. 515-520; DOSSETTO, Mario. Clausola d'uso. *Novissimo Digesto Italiano*. Torino: Torinese, [s.d.], v. 3, pp. 363-366; FRANZONI, Massimo. *Degli effetti del contratto*. v. Integrazione del contratto. Suoi effetti reali e obbligatori. *Artt. 1.374-1.381*. 2. ed. Milano: Giuffrè, 2013, pp. 67-110. Sobre a proposta de o art. 1.340 ser lido como se referindo a *usi individuali*, veja-se: CATAUDELLA, Antonino. *Sul contenuto del contratto*. Milano: Giuffrè, 1966, pp. 150-160; RODOTÀ, Stefano. *Le fonti di integrazione del contratto*. Milano: Giuffrè, 1970, p. 70; e SCOGNAMIGLIO, Claudio. *Interpretazione del contratto e interessi dei contraenti*. Padova: CEDAM, 1992, pp. 396-402. Delas se distinguem as chamadas *clausole di stile*, que dizem respeito aos dispositivos padronizados inseridos por notários em textos contratuais. Sobre "clausole di stile", veja-se a atual análise de IORIO, Giovanni. Clausole di stile, volontà delle parti e regole interpretative. Profili generali. *Rivista di Diritto Civile*. Padova: CEDAM, 2008, n. 6, pp. 657-681; e IORIO, Giovanni. Clausole di stile, volontà delle parti e regole interpretative. La prassi contrattuale. *Rivista di Diritto Civile*. Padova: CEDAM, 2009, n. 1, pp. 49-64.

19 BETTI, Emilio. *Teoria geral do negócio jurídico*. Tradução de Fernando de Miranda. Coimbra: Coimbra Editora, 1969, t. 1, pp. 184-185.

cidentalmente pela legislação e, por segundo, findam por ser consolidadas enquanto regras legais[20].

Esse arco histórico nos mostra que a classificação dos usos e costumes em práticas, usos do tráfico e costumes abrange o mesmo fenômeno em diferentes estágios, podendo variar, assim – não a classificação, mas o enquadramento da prática à categoria –, a depender do momento histórico, do local e do setor de atividade negocial. Logicamente que nem sempre a linha evolutiva parte das práticas, podendo ser atalhada pela transplantação de modelos contratuais estrangeiros, que chegam até nós como usos, tendencialmente caminham para seu enrijecimento enquanto costumes e, daí, para o reconhecimento legal, sendo o dos contratos legalmente atípicos talvez o exemplo mais expressivo[21].

Mas tratemos apartadamente de cada uma dessas três espécies para o fito de identificar seus principais traços e iluminá-los com alguns exemplos.

1.1. Práticas (ou usos individuais)

As "práticas" (ou "usos individuais") ingressaram no direito positivo brasileiro com a internalização da CISG via Decreto nº 8.327, de 16 de outubro de 2014. Ao passo que o art. 8(3) as menciona como critério de interpretação[22], o art. 9(1) as trata como fonte de disciplina jurídica para os contratantes[23]. Sobre essa dupla função trataremos no Cap. II. Fiquemos por ora com seu conceito, sobre o qual há alguma controvérsia na doutrina internacional por conta de não haver definição expressa na própria CISG. De sua

---

20 BETTI, op. cit., 1969, t. 1, pp. 185-187.

21 Expressivo, inclusive, porque colhe a transplantação de modelos contratuais estrangeiros (e, portanto, dos usos referentes à sua disciplina) em diferentes estágios evolutivos em nosso Direito, valendo exemplificar: com o contrato de *factoring*, que é legalmente atípico mas vem conceituado pela Lei Complementar nº 123/2006, art. 17; com o contrato de *built to suit*, que apesar de legalmente atípico foi mencionado na recente reforma da Lei de Locações, art. 54-A e §§ 1º e 2º (incluídos pela Lei Federal n. 12.744/2012); com variados contratos da grande construção civil, como o EPC (*Engineering Procurement and Construction*), o BOT (*Build Operate Transfer*), o EPCM (*Engineering Procurement Construction Management*) etc., que amplamente praticados no Brasil nos últimos anos mas sem qualquer disciplina legal, fundando-se largamente na disciplina informada pelos usos e costumes, em suplemento ao que deriva da autonomia privada caso a caso; dentre tantos outros casos.

22 "Art. 8 [...] (3) Para determinar a intenção de uma parte, ou o sentido que teria dado uma pessoa razoável, devem ser consideradas todas as circunstâncias pertinentes ao caso, especialmente negociações, práticas adotadas pelas partes entre si, usos e costumes e qualquer conduta subsequente das partes".

23 "Art. 9 (1) As partes se vincularão pelos usos e costumes em que tiverem consentido e pelas práticas que tiverem estabelecido entre si. [...]".

disciplina geral e do modelo jurídico que, a partir da Convenção, a doutrina logrou construir, o conceito que se extrai apoia-se em dois traços distintivos: a habitualidade e a individualidade.

Em primeiro lugar, a habitualidade determina que só se tenham práticas quando houver "um padrão de conduta que cria uma expectativa de que essa conduta se manterá"[24], a pressupor, portanto, certa recorrência, isto é, a reiteração de contratos entre as mesmas partes e a repetição dos termos em análise. É aquilo que os contratantes "costumam fazer, isto é, o ato, ou a série de atos, dotados de uma certa habitualidade"[25]; "modos de conduta que são regularmente observados ou que foram estabelecidos entre as partes de um específico negócio"[26], pelo que "as práticas não podem ser estabelecidas sem que um contrato (no caso da CISG, seria de natureza comercial) precedente tenha sido entre elas entabulado"[27]. A habitualidade que se exige para que se tenham práticas, portanto, é tanto da celebração sequencial de contratos entre as mesmas partes quanto da repetição de certos termos que se tem por expectados como reiterados. Não há que se falar em "práticas" quando o negócio ou as disposições que o disciplinam forem circunstanciais.

A questão mais tormentosa é saber quando a circunstancialidade deixa de existir e cede lugar para a presença de "práticas" propriamente ditas, assunto que é endereçado com pouca precisão pela doutrina internacional e pelo *case law* que se formou em torno da CISG. Os poucos indicativos objetivos consolidam não se poder considerar como "práticas" a celebração de apenas dois contratos em sequência com repetição de sua disciplina[28], tal como expressado no conhecido "caso da ureia branca", julgado pela Corte da Basileia em 1997[29], e no "caso das embalagens de pizza", julgado por um tribunal alemão em 2000[30]; e que, para tê-las por presentes, é necessário uma

24 PAMBOUKIS, Chalarambos. The concept and function of usages in the United Nations Convention on the International Sale of Goods. *Journal of Law and Commerce*. Pittsburgh: University of Pittsburgh School of Law, 2005/2006, v. 25, p. 113.

25 MARTINS-COSTA, op. cit., 2015, p. 471.

26 FERRARI, Franco. Trade usages and practices established between the parties: Article 9. In: FERRARI, Franco; FLECHTNER, Harry; BRAND, Ronald A. (eds.). *The Draft UNCITRAL Digest and Beyond:* cases, analysis and unresolved issues in the U.N. Sales Convention. Munich: Sellier, 2004, p. 195.

27 FRADERA, Véra Jacob de. Justificativa. In: AGUIAR JÚNIOR, Ruy Rosado de (Org.). *V Jornada de Direito Civil*. Brasília: CJF, 2012, p. 101.

28 GRAFFI, Leonardo. Remarks on trade usages and business practices in international sales law. *Journal of Law and Commerce*. Pittsburgh: University of Pittsburgh School of Law, 2011, v. 29, p. 279.

29 Switzerland 3 December 1997 Civil Court Basel (*White urea case*), disponível em <http://www.cisg.law.pace.edu/cases/971203s2.html>.

30 Germany 13 April 2000 Lower Court Duisburg (*Pizza cartons case*), disponível em <http://cisgw3.law.pace.edu/cases/000413g1.html>.

"expectativa justificável" de que a prática seria repetida no futuro[31]. Tanto por isso, a habitualidade só se tem por presente quando a disciplina específica do contrato (i.e. uma ou algumas de suas cláusulas, ou mesmo um todo a que faz menção o contrato, no caso de remissão a "termos e condições gerais") é tantas vezes repetida que cria a objetiva expectativa de que, nos vindouros negócios, deles prosseguirá fazendo parte.

São exemplos de situações em que já se reconheceu a presença de práticas por conta da habitualidade: caso em que as partes, em reiterados contratos, escolheram o mesmo direito material de regência, mas no último celebrado omitiram a escolha, sendo de prevalecer a prática estabelecida em contratações anteriores nada obstante a resistência de uma delas[32]; "condições gerais da contratação" a que as partes fizeram reiterada remissão em sucessivos e diferentes contratos[33]; não necessariamente a repetição literal de cláusulas, mas de significados atribuídos reiteradamente pelas partes a dispositivos similares (ainda que não idênticos)[34]; dentre outros.

O segundo traço distintivo do conceito de práticas é a individualidade. Trata-se de característica que diferencia as práticas dos usos do tráfico, pois ao passo que estes são coletivos, pressupondo sua adoção por certa comunidade, aquelas são restritas ao âmbito *inter partes* e só plasmam relevância por decorrência da conduta das próprias partes, na individualidade de sua relação. Trata-se, assim, de "comportamento individual, mantido pelas próprias partes, por ocasião de anteriores relações negociais mantidas entre elas"[35], e não *transindividual* – isto é, transbordante da relação singular entre determinados contratantes –; e referente a "aspectos individuais e não regulados pelo contrato"[36], visto que a dúvida sobre sua vigência surge apenas quando, depois de sucessivas menções, os contratantes silenciam, ou são pouco claros sobre a prática reiteradamente adotada.

Diante desse seu segundo traço distintivo, há alguma polêmica sobre se as práticas cabem na categoria dos usos e costumes, tendo em vista faltar-lhes o atributo da coletividade que nos usos do tráfico e nos costumes está presen-

31 SCHLECHTRIEM, Peter; SCHWENZER, Ingeborg. *Commentary on the UN Convention on the International Sale of Goods (CISG)*. 3. ed. Oxford: University Press, 2010, p. 186.

32 O exemplo é trazido por FERRARI, Franco; BISCHOFF, Jan A. Commentary to article 10. In: FERRARI, Franco (Ed.). *Rome i regulation. Pocket commentary*. Munich: Sellier, 2015, p. 375.

33 BONELL, Michael Joachim. Article 9. In: BIANCA, Cesare Massimo; BONELL, Michael Joachim. *Commentary on the international sales law*. Milano: Giuffrè, 1987, p. 106.

34 SCHLECHTRIEM, SCHWENZER, op. cit., 2010, p. 168.

35 FRADERA, op. cit., 2012, p. 100.

36 ENDERLEIN, Fritz; MASKOW, Dietrich. *International sales law: United Nations Convention on Contracts for the International Sale of Goods*. New York: Oceana, 1992, p. 66.

te. Ainda que se possa ter alguma dúvida sobre seu preciso enquadramento, há circunstâncias que justificam sua categorização enquanto tal. Um – sob o ponto de vista do direito positivo –, porque propôs a doutrina interpretar a expressão "usos do lugar" do art. 113 do Código Civil como compreendendo as práticas, *rectius* os usos individuais. É o que ficou consolidado no Enunciado n. 409 da V Jornada de Direito Civil, elaborado por Véra Maria Jacob de Fradera, de que se lê: "Os negócios jurídicos devem ser interpretados conforme a boa-fé, os usos do lugar de sua celebração e as práticas estabelecidas entre as partes"[37]. E dois – sob o ponto de vista genético –, porque há entre as práticas e usos do tráfico uma diferença de genericidade na escala de normatividade, que faz agregar à reiteração, que em ambos se faz presente, a coletividade da conduta. Aqui a lição de Emilio Betti mostra-se renovada: as espécies de usos e costumes correspondem a diversas etapas da evolução de um único fenômeno, que principia justamente com a competência dispositiva das partes, isto é, enquanto usos individuais, enquanto práticas, para, aos poucos, se coletivizarem e alçarem-se ao patamar de usos do tráfico e, daí, costumes[38]. Sob essa luz, as práticas cabem na categoria mais geral dos usos e costumes, mesmo que desprovidas da coletividade que os usos do tráfico e o direito consuetudinário pressupõem.

Costuma-se sustentar que a habitualidade e a individualidade são valoradas pelo direito de modo a proteger a confiança, estando a boa-fé "no substrato da norma" tutelando as "*legítimas expectativas* – e, na hipótese, legitimadas justamente em razão da regularidade do comportamento, do que dele *se pode esperar*"[39]. Dela faz viger a regra do *ne venire contra factum proprium*, como destaca Franco Ferrari, que restaria violada caso se admitisse que determinada parte fosse vitoriosa em sustentar a aplicação de disciplina diversa da que adotada com seu cocontratante em reiterados e semelhantes contratos[40]. Isso não significa a imutabilidade da disciplina, já que, querendo, os contratantes poderão dispensar as práticas desde que concordes e explícitos a esse respeito[41]. Do contrário, as práticas mantidas terão prevalência, como decidiu-se em 1997 no "caso dos produtos alimentícios", por não ter um dos contratantes provado que lograra êxito em sua proposta de modificar as práticas até então vigentes[42].

---

37 Consultado de AGUIAR JÚNIOR, Ruy Rosado de (Org.). *V Jornada de Direito Civil*. Brasília: CJF, 2012, p. 100.

38 BETTI, op. cit., 1969, t. 1, pp. 184-185.

39 MARTINS-COSTA, op. cit., 2015, p. 473.

40 FERRARI, op. cit., 2004, p. 196.

41 FERRARI, op. cit., 2004, p. 196; entre nós, FRADERA, op. cit., 2012, p. 101.

42 ICC Arbitration Case No. 8817 of December 1997 (*Food products case*), disponível em: <http://cisgw3.law.pace.edu/cases/978817i1.html>.

Sumarizando, então, o conceito de "práticas" (ou "usos individuais"), estas consistem em disciplina contratual, total ou parcial, que é reiterada pelas mesmas partes em sucessivos contratos, e que, por decorrência dessa habitualidade, cria a mútua e legítima expectativa de que se repetirá em negócios vindouros de semelhante natureza, exceto se expressa e consensualmente afastada pelos contratantes.

Apesar de instituto recepcionado por nosso Direito positivo apenas em 2014, ele não é estranho a outras experiências jurídicas, valendo remeter exemplificativamente ao Direito alemão[43] e ao Direito francês mais recente[44] como exemplos do que falamos. O Direito italiano, porém, merece um comentário à parte, pela profundidade a que chegou o debate por lá à luz do art. 1.340 do *Codice Civile*, que trata das chamadas "cláusulas de uso" (*clausole d'uso*)[45]. A doutrina sempre se digladiou por saber se essa figura está inserida no bojo do art. 1.374, sendo espécie de "usos legais", ou se no do art. 1.368, plasmando "usos negociais"; até que surgida proposta de ler-se o art. 1.340 como fixando uma terceira espécie: a dos *usi individuali*, conforme sugestão de Antonino Cataudella, seu principal proponente[46]. Essa interpretação visa a salvaguardar a sistemática do *Codice*, sob pena de ser redundante, e de valorizar o comportamento reiterado das partes ou de uma delas, em simbiose à atuação do princípio da boa-fé na fase formativa do contrato[47]. Essas "cláusulas de uso", então, não se condicionam "à existência de uma vontade positiva dos contratantes, mas à inexistência de uma vontade negativa destes", no que fica destacada sua função integrativa (ou normativa, o que para nós é

43 Erich Danz, há mais de cem anos, já tratava dos usos individuais como pertencentes ao gênero maior: "Outra norma dos usos sociais que se aplica com frequência é também a de que quando *entre duas pessoas* se estabeleceu durante largo tempo uma conduta uniforme, um proceder constante ao que na vida se atribui uma determinada significação, o juiz, quando os fatos do caso forem *os mesmos*, deverá atribuir-lhe também *este* significado, a menos que uma das partes tenha *declarado* à outra sua vontade de apartar-se daquela conduta" (DANZ, op. cit., 1955, p. 157).

44 Veja-se o art. 1.163 do *Code Civil* francês, recentemente inserido pela reforma de 2016 e que tem tripla importância, seja por fazer alusão às práticas pretéritas das partes, seja por enquadrá-las no mesmo bojo dos usos, seja por tê-los, ambos, como critério de suprimento de lacunas em caso de contrato com prestações determináveis ("Art. 1.163. L'obligation a pour objet une prestation présente ou future. Celle-ci doit être possible et déterminée ou déterminable. La prestation est déterminable lorsqu'elle peut être déduite du contrat ou par référence aux usages ou aux relations antérieures des parties, sans qu'un nouvel accord des parties soit nécessaire").

45 "Art. 1.340. Le clausole d'uso s'intendono inserite nel contratto, se non risulta che non sono state volute dalle parti".

46 CATAUDELLA, op. cit., 1966, pp. 151-152. Com ela concordam: RODOTÀ, op. cit., 1970, p. 70; e SCOGNAMIGLIO, op. cit., 1992, pp. 396-402.

47 CATAUDELLA, op. cit., 1966, p. 156.

sinônimo), queremos dizer, de incremento do conteúdo contratual, enriquecendo sua disciplina[48]; mas também sua função interpretativa, porque aptas a atuarem como "instrumentos de reconstrução da intenção comum dos contratantes em todas as suas complexas articulações"[49].

Entre nós, o conceito de práticas, suas funções e virtualidades ainda carecem de uma maior elaboração teórica e do teste a ser empregado pela prática de nossos tribunais, seja com vistas a consolidá-lo em nosso sistema, seja com a intenção de explorar todas as virtualidades dos arts. 8(3) e 9(1) da CISG, inclusive para práticas que não referentes apenas aos contratos de compra e venda internacional de mercadorias. Tanto é assim que, exceto por alguma jurisprudência anterior à vigência interna da CISG (que não tão claramente tratava das práticas tal como construídas pela Convenção)[50], os tribunais nacionais ainda não registram casos paradigmáticos sobre a matéria.

Traçadas as linhas gerais do conceito de práticas, andemos um degrau acima na escala normativa e tratemos dos "usos do tráfico".

1.2. Usos do tráfico

O segundo conceito a ser firmado é o de "usos do tráfico", ou dos "usos propriamente ditos", correspondentes "às condutas geralmente adotadas em determinados setores da vida social, econômica, profissional"[51]. É percepção tranquila que os usos não plasmam regras jurídicas[52], o que não retira sua juridicidade: a de servirem de critério de interpretação do conteúdo contratual e de colmatação de suas lacunas. À diferença dos usos individuais, os usos do tráfico transbordam a relação *inter partes*, consistindo em práticas já coletivizadas em um determinado local, setor de atividade ou tempo, tais como:

48 CATAUDELLA, op. cit., 1966, p. 153, nota 194. Mais adiante, o mesmo autor deixa bem claro que sua proposta é por entender as "cláusulas de uso" como verdadeiras normas supletivas (idem, p. 154).

49 SCOGNAMIGLIO, op. cit., 1992, p. 402.

50 Como, por exemplo: TJRS, 17ª Câmara Cível, Apelação Cível n. 70049333669, Rel.ª Des.ª Elaine Harzheim Macedo, j. 16.08.2012. Citado e analisado em: FRADERA, op. cit., 2012. Também é exemplo o "caso dos cofres", conflito instaurado entre Lojas Americanas S/A e Tecno Cofres Ltda. (TJRJ, 1ª Câmara Cível, Apelação Cível n. 3.217/94, Rel. Des. Pedro Américo Rios Gonçalves, j. 06.07.1995), em que se reconheceu a presença de prática pretérita *in concreto*, mas sem nela ver força jurígena suficiente para dar ensejo à alegação de inadimplemento por parte de Lojas Americanas.

51 MARTINS-COSTA, op. cit., 2015, p. 474.

52 PONTES DE MIRANDA, op. cit., t. 1, p. 70. Em termos de comparação jurídica, essa é a mesma visão de: FLUME, op. cit., 1998, p. 375; e LARENZ, Karl. *Derecho civil. Parte general*. Tradução de Miguel Izquierdo y Macías-Picaea. Madri: Editorial Revista de Derecho Privado, 1978, p. 464.

os usos do mercado imobiliário, os usos da área médica[53], os usos comerciais sobre pagamento, os usos na *merchandising* do mercado de cigarros[54], os contratos-modelo publicados pela FIDIC para o setor da construção civil, os INCOTERMS para contratos que envolvem transporte e compra de bens[55], dentre tantos outros.

Os traços distintivos dos usos do tráfico, portanto, são dois: a habitualidade ou reiteração, tendo em vista que só reconhecidos se conduta que se costuma adotar em determinado lugar, setor de atividade ou tempo[56]; e a coletividade, uma vez que suplantam o âmbito *inter partes* e apresentam-se como padrão de conduta de determinado grupo de pessoas, coletivamente consideradas. Foi o primeiro traço distintivo, porém, o que mais indagações gerou em nossa tradição jurídica, visto que definir o "quanto de tempo" mostra-se necessário para que um hábito possa ser reconhecido como "uso" revela uma maior ou menor aceitação da categoria. Tanto é assim que, se nas Ordenações Filipinas falava-se que eram usos os que "longamente usados" (Livro Terceiro, Título LXVI), na Lei da Boa Razão o esforço foi por praticamente esvaziá-los de juridicidade ao se exigir que vigentes por, no mínimo, "cem anos". Apenas com o evoluir tardio da doutrina brasileira oitocentista é que se descartou o critério pombalino e resgatou-se o *standard* mais aberto do Código filipino, sem delimitação temporal[57].

---

53 Como se viu em caso que envolvia a fixação de honorários da equipe médica, julgado pelo STJ, em que o uso reconhecido foi de que o médico-chefe receba os honorários e proceda, ato seguinte, à sua divisão entre os membros da equipe atuante (STJ, 4ª Turma, Recurso Especial n. 73.049-SP, Rel. Min. Ruy Rosado de Aguiar Júnior, j. 13.11.1995).

54 Assim analisou MARTINS-COSTA, Judith. Princípio da confiança legítima e princípio da boa-fé objetiva. Termo de Compromisso de Cessação (TCC) ajustado com o CADE. Critérios de interpretação contratual: os "sistemas de referência extracontratuais" ("circunstâncias do caso") e sua função no quadro semântico da conduta devida. Princípio da unidade ou coerência hermenêutica e "usos do tráfego". Adimplemento contratual. *Revista dos Tribunais*. São Paulo: RT, 2006, v. 852, pp. 87-126, em parecer em que se discutia a ambiguidade do termo "exposição" em contrato firmado pelas partes, significado que foi extraído a partir da consideração dos usos do setor.

55 *International Commercial Terms* (INCOTERMS), com versão mais recente de 2010 (em vigência desde 1º.01.2011, in: *INCOTERMS 2010. ICC Rules for the use of domestic and international trade terms*. Paris: ICC, 2010), que, de acordo com a própria ICC, servem para a interpretação de termos comerciais e só vigem enquanto regras se adotados pelas partes (JOLIVET, Emmanuel. *Incoterms* e técnica contratual. *Revista de Direito Mercantil, Industrial, Econômico e Financeiro*. São Paulo: Malheiros, 2008, n. 149/150, p. 103), no que denota serem usos do tráfico.

56 Para voltar-se a fazer uso da tríplice dimensão identificada por VON TUHR, op. cit., 1946, v. 1, t. 1, p. 48.

57 Assim em: RIBAS, Antônio Joaquim. *Curso de direito civil brasileiro*. Rio de Janeiro: Garnier, 1884, t. 1, pp. 15-20; e, depois, BEVILÁQUA, Clóvis. *Theoria geral do direito*

Apanhem-se dois casos destes como exemplo, apenas para ilustrar as coordenadas do conceito.

No "caso da corretagem imobiliária", o debate se centrava em saber se funcionário de imobiliária presente em *stand* de vendas de imóvel tinha direito de cobrar comissão de corretagem de consumidor que acreditava estar tratando com empregado da incorporadora[58]. Os pareceristas que analisaram o caso concluíram que havia o uso do tráfico de cobrar-se a comissão de corretagem, mas que tal uso, em primeiro lugar, não plasmava "costume" e, portanto, não era regra jurídica; em segundo lugar, que se tratava de uso vigente entre imobiliária e incorporadora, apenas, e que não atingia a esfera do consumidor; e em terceiro lugar, que era uso que, para o consumidor, não podia contrariar regra cogente do Código de Defesa do Consumidor, que lhe garante proteção. A importância do caso para nosso ponto, portanto, está em ver *in concreto* que os usos do tráfico não plasmam regra jurídica e que, mesmo quando alguma eficácia jurídica geram, ela afeta apenas e tão somente a esfera das partes que o entretêm.

Outro conflito a exemplificar a natureza dos usos do tráfico foi registrado pelo Tribunal de Justiça do Distrito Federal no "caso da quitação de duplicata", em que o órgão julgador reconheceu a presença de determinado uso do tráfico acerca da comprovação do pagamento, mas deixou de considerá-lo enquanto regra jurídica[59]. Por avaliar que essa comprovação poderia ser

civil. Rio de Janeiro: Francisco Alves, 1908, p. 35. Antes disso, o Decreto n. 738/1850 – que veio acoplado ao Código Comercial – já tentara amenizar as exigências da lei portuguesa, ao dispor que, para serem usos e costumes, era necessário que os fatos em questão preenchessem três requisitos: serem conformes à boa-fé e às máximas comerciais, o que se dessumia de sua prática entre os comerciantes locais (art. 25); que não contrariassem o Código Comercial ou legislação posterior (art. 25); e que excedessem o prazo de cinquenta anos depois de declaração ou assento de Tribunal do Comércio (art. 26). Para além da especificidade desses requisitos, o importante é notar que os usos e costumes, sob a égide da legislação comercial oitocentista, eram apenas os que reconhecidos enquanto tais pelos Tribunais do Comércio, por assento ou informação da Praça (art. 218 do Regulamento n. 737/1850), que tinham justamente a incumbência de coligi-los e publicá-los (art. 26 do Decreto n. 738/1850), a partir da avaliação de que preenchidos os requisitos supraindicados; e no caso do Tribunal da Capital, adotá-los como usos para todo o Império, desde que com aprovação do Conselho de Estado e, depois, do Legislativo (arts. 27 e 28).

58 Analisado por MARTINS-COSTA, Judith; HAICAL, Gustavo. Parecer. Contrato de corretagem imobiliária. Elementos de existência, validade e eficácia. Usos do setor. Contato social de consumo. Dever de informar. Venda casada e assunção de dívida. Pagamento indevido de comissão de corretagem. Responsabilidade solidária entre incorporadora e imobiliária. Prazo prescricional. *Revista dos Tribunais*. São Paulo: RT, 2016, v. 966, pp. 261-303.

59 TJDFT, 1ª Turma Cível, Apelação Cível n. 20020110773198, Rel. Des. Valter Xavier, j. 06.09.2004.

levada a cabo de outros modos, nada obstante a existência do uso, o Tribunal declarou a regularidade do pagamento e a ilegalidade da inclusão do pagador em cadastros de inadimplentes:

> [...] na sistemática das relações comerciais, especificamente no direito creditício, a regra comum do pagamento e quitação de duplicata se dá pela aposição do recibo no próprio título, com seu imediato resgate pelo devedor, lhe assegurando, desse modo, a efetividade da quitação, ante os princípios da cartularidade e literalidade dos títulos de crédito. Tal modalidade de quitação não impede e nem inibe, no entanto, a satisfação diversa da obrigação creditícia estampada no próprio título, tornando, assim, legítimo o pagamento mediante depósito bancário para solver, satisfatoriamente, tal obrigação. Desse modo, o fato do pagamento ter ocorrido da maneira não convencional ou fora dos costumes do mercado não lhe retira a retidão e a legitimidade para a satisfação do débito.

O fato de os usos do tráfico não plasmarem fonte de regras não os despe de eficácia jurídica, que se cinge à sua adoção expressa pelas próprias partes em texto declarado e a servirem de critério de interpretação do conteúdo contratual e para o completamento de suas eventuais lacunas. Nessas três operações, os usos se alçam a um estrato de juridicidade mais elevado, no sentido de, respectivamente, tornarem-se regras jurídicas pelas mãos dos próprios contratantes, figurarem como lente interpretativa para regras jurídicas que compõem o conteúdo contratual e de serem transformados em regras jurídicas por quem procede ao complemento do contrato lacunoso. Veremos mais em frente alguns exemplos pertencentes a essa funcionalidade hermenêutica de que se revestem os usos. Por ora, passemos à última das espécies que nos propusemos a trabalhar.

1.3. Costumes

O terceiro conceito que devemos sumarizar, por fim, é o de "costumes". Estes correspondem ao estágio jurígeno das práticas que, com o tempo e a consolidação, transformam-se em "fonte jurídico-prescritiva"[60]. Se a prática em questão é "aplicada como lei, então é uso noutro sentido, o de direito costumeiro"[61]; noutras palavras, é costume. Isso só ocorre "se passaram a

60 MARTINS-COSTA, op. cit., 2015, p. 474. E aprofunda ao tratar de seus "correspondentes modelos – os "modelos consuetudinários", isto é: aqueles *modelos jurídicos prescritivos* formatados, consolidados e seguidos em determinado setor da experiência jurídica com valor não apenas hermenêutico, mas verdadeiramente vinculativo no plano normativo (usos e costumes como *Direito Costumeiro*)" (idem ibidem).

61 PONTES DE MIRANDA, op. cit., t. 1, p. 70.

ser regras jurídicas por imposição da coletividade, através de uso prolongado e ininterrupto, mediante ato de autoridades administrativas ou de juízes"[62], como lembra Pontes de Miranda, no que fica reinvocado, por pertinente, o processo evolutivo descrito por Emilio Betti. Não é exagero dizer, então, como faz um jurista português, que os costumes possuem "uma dignidade idêntica à da própria lei", constituindo modo de revelação do direito objetivo[63].

Os usos que se alçaram a costumes não deixam, porém, de funcionar também como critério de interpretação *stricto sensu*. Queremos dizer: os costumes, ao deixarem de ser usos, não perdem a funcionalidade hermenêutica, enriquecendo-se, porém, com a normativa, i.e., de tornarem-se fonte do conteúdo contratual, de integrá-lo com normas consuetudinárias. De outro turno, por passarem a ser fonte de regras jurídicas, os costumes não mais oportunizarão seu manejo para o suplemento de lacunas (i.e., para o processo que Pontes de Miranda, em melhor definição, chamou de "interpretação completativa", porque situado dentro do processo de interpretação[64]), pois, pela normatividade de que passaram a se revestir, eles ou comporão o conteúdo do negócio jurídico, não deixando azo para que este seja por eles completado porque lá já estarão; ou não o comporão porque a intenção comum das partes deles se afastou, visto que, mesmo como fontes de regras jurídicas, estas não adquirem *status* de cogência. A feição que passam a assumir finda por equivaler à das regras legais dispositivas[65].

Só se poderia falar de cogência nas regras que, tendo como fonte os costumes, informam elementos categoriais essenciais dos contratos socialmente típicos, permitindo que um negócio *in concreto* exista enquanto enquadrado no tipo social em questão. Trocando termos: se as partes decidem celebrar um

62 PONTES DE MIRANDA, op. cit., t. 38, p. 80.

63 ANTUNES, José Engrácia. A "consuetudo mercatorum" como fonte do direito comercial. *Revista de Direito Mercantil, Industrial, Econômico e Financeiro*. São Paulo: Malheiros, 2007, n. 146, p. 11.

64 PONTES DE MIRANDA, F. C. *Tratado de Direito Privado*. 4. ed. São Paulo: RT, 1983, t. 3, p. 342.

65 Como reconheceu, por exemplo, o STF em caso da década de 1950 atinente ao comércio de café em que se discutia a aplicação dos usos e costumes da Praça de Santos, assim definindo: "Trata-se assim de uma convenção *sui generis*, típica do comércio de café, que tem indiscutivelmente peculiaridades próprias, exigidas pela celeridade e necessidade de desobstruir espaço para que as mercadorias não permaneçam demasiadamente paralisadas. Os Usos e Costumes da Praça de Santos estabelecem regras supletivas para atender a tais necessidades desse comércio especializado que sofreria grandes embaraços se regulados, apenas por preceitos rígidos do Código. Permitindo convenções mistas, sua aplicação não importa violação dos preceitos invocados, reguladores de contratos não desfigurados pela vontade das partes e por elas utilizados" (STF, 2ª Turma, Recurso Extraordinário n. 12.878-SP, Rel. Min. Afrânio Costa, j. 29.12.1959).

contrato de *leasing*, elas deverão preencher os elementos categoriais essenciais do tipo social, sob pena de não terem o contrato de *leasing* por existente[66]. Há cogência, veja-se bem, para fins de existência do contrato enquanto tipo social específico, permitindo sua qualificação como tal – enquanto socialmente típico, i.e., enquanto *leasing* –, mas o desatendimento desses elementos categoriais essenciais, que são informados pelos costumes, não faz com que haja inexistência *tout court* (mas apenas do contrato enquanto tipo social específico), nulidade ou oportunidade para a conversão do negócio jurídico[67]. O que resta como consequência é um contrato atípico, que deixa de se enquadrar no tipo social. De outro lado, observados os elementos categoriais essenciais que darão existência ao contrato socialmente típico, em se tratando o restante de elementos categoriais naturais derrogáveis, todo o mais está à disposição das partes para que regulem do modo que melhor entenderem, no exercício de sua autonomia privada, haja vista que não há cogência nas demais regras informadas pelos costumes. Por lógica, se nada preverem os contratantes, essas regras se integrarão ao conteúdo contratual.

Também nos costumes, portanto, há a habitualidade e há a coletividade como elementos qualificantes, a que se soma sua particular eficácia, que os distinguem dos usos do tráfico: o de terem força jurígena, isto é, de serem fontes de regras jurídicas dispositivas e, excepcionalmente, cogentes.

São exemplos de costumes os do setor de transportes, que fazem agregar taxas e critérios de cálculo na composição final do frete (taxa de cubagem, taxa de permanência de carga, taxa de reentrega, taxa de gerenciamento de risco contra o roubo de cargas, etc.); os costumes do setor bancário, que, por exemplo, firmam fixarem-se os juros de acordo com a "taxa média do mercado" em caso de falta de previsão pelas partes[68]; os costumes do crédito

---

66 Pois "às vezes o enchimento ganha em rigidez, a ponto de tipicizar o negócio jurídico, e os interessados não podem concluir qualquer negócio jurídico de tal tipo sem se subordinarem ao uso do tráfico" (PONTES DE MIRANDA, op. cit., t. 38, p. 65).

67 SILVA, Luis Renato Ferreira da. Autonomia privada e usos negociais empresariais. *Cadernos IEC n. 6. Conversa sobre autonomia privada*. Canela: [s.n.], 2015, p. 31: "Agora, se nestes contratos houver cláusulas que fujam ao "tipificado" pelos usos de quem contrai *leasing, built to suit* ou *factoring*, manter-se o raciocínio de que as partes desviaram-se da função econômico-social estabelecida e privar-lhes da validade do negócio ou impor-lhes a conversão seria ignorar que (i) os usos negociais que criaram o tipo social são fruto da autonomia das partes e que (ii) no sistema jurídico nacional tem função hermenêutica (artigo 113 do Código Civil) ou então de aplicação subsidiária".

68 Tal ocorreu no "caso da capitalização diária", em que celebrado contrato de empréstimo rotativo de longa duração durante a década de 1980 com fixação, pelas partes, de contraprestação que se compunha de juros em percentual bem abaixo da taxa de mercado e, em compensação, fórmula que implicava capitalização diária. Resilido o contrato (*rectius*, a relação jurídica obrigacional irradiada do contrato), o mutuário pleiteou judicialmente o reconhecimento de nulidade da cláusula de capitalização diária e o ressar-

documentário, que se consolidaram internacionalmente no setor bancário[69]; os costumes do setor petrolífero, que deram origem ao que hoje se denomina *lex petrolea*[70]; os costumes do mercado de seguros e resseguros internacionais, que complementam as regras nacionais a respeito, enriquecendo o conteúdo contratual[71]; os costumes do mercado imobiliário, que consolidaram prazo de tolerância para a finalização de obras[72]; os costumes da grande construção civil, que, em contratos de *built-to-suit*, barraram a possibilidade de multa proporcional por devolução antecipada, como previa o anterior art. 4.º da Lei de Locações (Lei Federal n. 8.245/91); os costumes do comércio de cacau na Bahia, conforme em frente analisaremos enquanto amostra de sua função integrativa[73]; dentre tantos outros.

---

cimento dos valores pagos a maior. A decisão foi por reconhecer a nulidade da inteireza da cláusula de contraprestação, visto que seu arranjo econômico era unitário, o que fazia a nulidade de parte se estender para o todo da disposição. Exsurgida lacuna, a solução foi por supri-la com base na "taxa média do mercado", conforme reiterada jurisprudência do Superior Tribunal de Justiça (TJSP, 23ª Câmara de Direito Privado, Apelação n. 0147087-73.2008.8.26.0100, Rel. Des. J. B. Franco de Godoi, j. 26.04.2017; e os vinculados Embargos de Declaração n. 0147087-73.2008.8.26.0100/50001, j. 23.08.2017).

---

69 Trata-se de costumes consolidados desde a década de 1930 nas "Regras e Usos Uniformes relativos aos Créditos Documentários" (RUUCD), depois revisados em seguidas conferências nas décadas de 1950, 1960, 1970, 1980, 1990 e 2000. Isso vem relatado e aprofundado em MENEZES CORDEIRO, António. Créditos documentários. *Revista da Ordem dos Advogados*. Lisboa: Ordem dos Advogados Portugueses, 2007, v. 1, disponível em: <https://portal.oa.pt/comunicacao/publicacoes/revista/ano-2007/ano-67-vol-i-jan-2007/doutrina/antonio-menezes-cordeiro-creditos-documentarios/>.

70 Por todos, veja-se JESÚS O., Alfredo de. The prodigious story of the *lex petrolea* and the rhinoceros. Philosophical aspects of the transnational legal order of the petroleum society. *TPLI Series on Transnational Petroleum Law*. [s.l.]: Transnational Petroleum Law Institute, 2012, v. 1, pp. 5-50.

71 HADDAD, Marcelo Mansur. *O Resseguro Internacional*. Rio de Janeiro: FUNENSEG, 2003, p. 78 e ss.

72 Trata-se de 180 dias, conforme registrado em jurisprudência do Tribunal de Justiça de São Paulo em caso em que se considerou a mora do construtor por exacerbado o prazo fixado pelos costumes do mercado: "No mais, inegável o atraso na entrega da obra, como bem assinalado pelo egrégio juízo, uma vez que extravasado o prazo de 180 dias de tolerância, cuja legalidade a jurisprudência vem reconhecendo, reiteradamente, uma vez que se trata de disposição comum, em contratos que tais, estando já incorporada aos usos e costumes do mercado imobiliário, inexistindo violação à boa-fé objetiva daquele que opta por adquirir imóvel na planta" (TJSP, 5ª Câmara de Direito Privado, Apelação Cível n. 0063696-42.2012.8.26.0405, Rel. Des. A. C. Mathias Coltro, j. 17.05.2017).

73 STF, 1ª Turma, RE n. 79.545, Rel. Min. Aliomar Baleeiro, j. 22.11.1974. O caso foi analisado recentemente por FORGIONI, Paula A. Integração dos contratos empresariais: lacunas, atuação dos julgadores, boa-fé e seus limites. *Revista de Arbitragem e Mediação*. São Paulo: RT, 2015, v. 45, pp. 229-244.

Telúrico exemplo da eficácia dos costumes como fonte de regras jurídicas está no "caso do contrato de pastoreio", analisado *in concreto* por petição levada à publicação por advogado atuante no caso[74]. Destacando tratar-se de prática imemorial na região pampeana do Rio Grande do Sul, do Uruguai e da Argentina, tanto que registrada até mesmo na tradicional lenda do "Negrinho do Pastoreio" de Simões Lopes Neto, o autor frisa a atipicidade do contrato em nosso Direito, mormente se em comparação com os países vizinhos que tratam do *pastoreo* em seus Códigos Rurais (no Uruguai, a *Ley* n. 10.024/41; na Argentina, o *Decreto-Ley* n. 10.081/83). Aponta, com isso, ser negócio que, "pelo seu uso e costume, há séculos, no Rio Grande do Sul, como 'lei inexpressa que o tempo consagrou', já adquiriu força de lei, e ao magistrado impende a sua aplicação"[75].

Talvez o aspecto mais áspero do tema seja o de precisar em qual momento um uso do tráfico se sobreleva à categoria de costume, tornando-se, assim, regra jurídica, sempre partindo-se da premissa própria de nosso Direito acerca da bipartição fundada pela tradição: dos usos do tráfico, que não plasmam regras jurídicas (exceto quando as partes os transformem em disciplina contratual ou quando haja a colmatação de lacuna, ocasiões em que há transmutação do que é uso em regra); e dos costumes, que consolidam direito consuetudinário (novamente destacando que, entre nós, os costumes informam regras jurídicas dispositivas, e não cogentes, exceto quanto aos elementos categoriais essenciais – de existência – do contrato enquanto socialmente típico). Não há caminho fácil para tanto, mormente depois de desaparecidos do Brasil os Tribunais do Comércio que tinham como uma de suas incumbências firmar assento sobre quais usos dever-se-iam considerar como "costumes" (Regulamento n. 737/1850, art. 218). O que se tem hoje, em verdade, é apenas uma breve e pouco considerada passagem da Lei Federal n. 8.934/94, que firma como uma das competências das Juntas Comerciais "o assentamento dos usos e práticas mercantis" (art. 8º, inc. VI). A atribuição de detectar o que é uso do tráfico e o que é costume diante da casuística, em verdade, finda por ser incumbida aos julgadores, circunstância que faz somar à avaliação, inelutavelmente, um grau expressivo de subjetividade e de certo desamparo frente ao escasso material objetivo de que dispõe[76].

---

74 ANSELMI, Mário Russomano. Contrato agrário de pastoreio – decisão do juiz de acordo com os costumes e princípios gerais do direito. *Revista de Processo*. São Paulo: RT, 1987, v. 45, pp. 240-242.

75 ANSELMI, op. cit., 1987, v. 45, p. 241.

76 Isso pode ser exemplificado pelo "caso das sobrestadias em contrato de transporte", julgado pelo STJ, em que o debate instaurado se cingia justamente aos meios de prova disponíveis às partes para a demonstração da existência de um costume (no caso, o costume de indenizarem-se sobrestadias em contrato de transporte rodoviário de cargas

Dentro da moldura de nossa sumária análise e para fins práticos, é possível identificar alguns aspectos que denotam não ter-se mais apenas um uso, e sim já um costume propriamente dito: (i) a existência de litígios quanto ao descumprimento da prática em dados contratos, o que indica não estarem mais os contratantes tratando-a como uso, e sim como regra que pode ou não ser violada; (ii) a jurisprudência reiterada considerando tal enquanto um costume, por analisar *in concreto* seu adimplemento ou seu inadimplemento; (iii) decisões do Superior Tribunal de Justiça tratando o debate sobre o suposto costume como "questão de direito", de modo a admitir, portanto, o trânsito de Recursos Especiais interpostos e a análise do fundo meritório; (iv) assentamentos pelas Juntas Comerciais, em conformidade ao art. 8º, inc. VI, da Lei Federal n. 8.934/94[77]; (v) e sua consolidação em regras setoriais não equiparáveis à legislação. Todos esses são indicativos de que não mais se está a tratar de um uso, e sim de um costume, que plasma, assim, regra jurídica agregada ao conteúdo contratual, caso as partes não a tenham deixado de recepcionar.

Estabelecidos os contornos gerais do que podemos entender por práticas, usos do tráfico e costumes, passemos às suas funções.

2. As funções

As funções assumidas pelos usos e costumes são fundamentalmente duas: em primeiro lugar, uma função normativa, de integração do conteúdo contratual, no sentido de enriquecerem sua disciplina com regras não previstas pelas partes; e em segundo lugar, uma função hermenêutica, que se desdobra em interpretação propriamente dita e em colmatação de lacunas contratuais ("interpretação completativa"). Mais ou menos nesse sentido, alguns juristas passaram a detectar a atuação dos usos e costumes como *modelo jurídico* e como *modelo hermenêutico*[78] a partir das lições de Miguel Reale e

agrícolas decorrentes do tempo excedente de permanência para descarga no porto de entrega). O voto da Relatora, a Ministra Nancy Andrighi, foi por compreender como possíveis todos os meios de prova cabíveis em juízo, não sendo o caso, hoje, de só se ter o costume por provado se com a apresentação de assento (STJ, 3ª Turma, Recurso Especial n. 877.074-RJ, Rel. Min. Nancy Andrighi, j. 12.05.2009).

77 Sobre isso, veja-se CATAPANI, Márcio Ferro. Os costumes mercantis e seu assentamento pela JUCESP. *Revista de Direito Mercantil, Industrial, Econômico e Financeiro*. São Paulo: Malheiros, 2012, n. 158, p. 37 e ss.

78 Casos de: COMIRAN, Giovana Cunha. Critérios de integração e interpretação dos contratos atípicos: o art. 425 do CC/2002 e o método tipológico. In: MARTINS-COSTA, Judith; VARELA, Laura Beck (Orgs.). *Código: dimensão histórica e desafio contemporâneo. Estudos em Homenagem ao Professor Paolo Grossi*. Porto Alegre: Sergio Antonio Fabris Editor, 2013, pp. 359-360; HAICAL, Gustavo. Os usos do tráfico como modelo

Carlos Maximiliano[79], a que correspondem em linhas gerais as funções a que fazemos aqui alusão. Mesmo antes dessas proposições, e sem estabelecer a divisão em conformidade à noção de "modelos", e sim a partir das funções que os usos e costumes assumem, Pontes de Miranda já anotava que os usos e costumes podem entrar "no suporte fáctico integrando o conteúdo do negócio jurídico" ou servir para a "interpretação dos negócios jurídicos"[80].

Dele não se afasta Judith Martins-Costa ao notar dupla funcionalidade nos usos e costumes: uma que "alude à *interpretação* (interpretar determinada manifestação negocial conforme os usos)" e outra à "*integração* (integrar lacuna contratual pelos usos), havendo, ainda, um sentido nomogenético (usos como fonte)"[81]. Nada obstante a precisão em identificar essa bifuncionalidade no modelo jurídico, parece-nos, antes, que o processo de colmatação de lacunas contratuais pertence à fase de interpretação contratual, e não à de integração; e depois, que a integração do contrato é processo anterior à interpretação, concernente à composição da disciplina contratual por fontes diversas, informando variados elementos categoriais ao conteúdo do contrato[82]. Daí que tenhamos optado por falar em uma função normativa, que concerne à participação dos usos e costumes enquanto fontes do conteúdo contratual; e em uma função hermenêutica, que se desdobra em interpretação propriamente dita, voltada a esclarecer a intenção comum das partes enquanto tendo os usos e costumes como parte do "contexto situacional" acessado pelo intérprete, e em interpretação completativa, coordenada à colmatação de lacunas.

Falemos apartadamente de cada uma.

---

jurídico e hermenêutico no Código Civil de 2002. *Revista de Direito Privado*. São Paulo: RT, 2012, v. 50, *passim*; LUDWIG, Marcos de Campos. *Usos e costumes no processo obrigacional*. São Paulo: RT, 2005, *passim*; MARINO, Francisco Paulo De Crescenzo. *Interpretação do negócio jurídico*. São Paulo: Saraiva, 2011, pp. 187-188; MARTINS-COSTA, op. cit., 2015, pp. 474-475.

---

79 MAXIMILIANO, Carlos. *Hermenêutica e aplicação do direito*. 9. ed. Rio de Janeiro: Forense, 1980, pp. 188-194; e REALE, Miguel. *Fontes e modelos do direito. Para um novo paradigma hermenêutico*. São Paulo: Saraiva, 2002, pp. 105-108.

80 PONTES DE MIRANDA, op. cit., t. 38, p. 80.

81 MARTINS-COSTA, op. cit., 2015, p. 474.

82 Sobre isso tratamos mais alentadamente em NITSCHKE, Guilherme Carneiro Monteiro. *"Integração" de lacunas contratuais:* em busca de um método (Tese de Doutorado). São Paulo: USP, 2018, a que fazemos referência.

2.1. Função normativa

A função normativa ou integrativa dos usos e costumes já fora reconhecida em nossa tradição, ainda que com palavras diversas, por doutrina mais antiga e pelos reiterados projetos de código[83]. Trata-se de inequívoca influência das *Regras de interpretação dos contratos*, de Robert-Joseph Pothier, que tiveram penetração no Brasil a partir da tradução publicada por Cândido Mendes de Almeida, e que traziam na Quinta Regra: "[o] uso he de tamnha authoridade na interpretação dos contractos; que se subentendem as clausulas costumadas, ainda que se não exprimissem: *in contractibus tacite veniunt ea quae sunt moris et consuetudinis* (Cod. Civ. art. 1160)"[84]. Seu teor se repetiu no próprio Código Comercial de 1850, quando dispunha terem os usos e costumes vigência enquanto disciplina do contrato quando as partes tivessem omitido "cláusulas necessárias à sua execução" (art. 133).

Aqui falamos da funcionalidade que os usos e costumes assumem como fonte de regras contratuais, isto é, enquanto informando elementos categoriais naturais derrogáveis ao conteúdo do contrato, de incidência presuntiva exceto se o exame da intenção comum das partes afastar essa presunção. Como bem pontuado por Gustavo Haical, "determinado conteúdo de um negócio jurídico, para restar estipulado, não necessita de declaração de vontade, pois seu regramento está fixado no uso do tráfico"[85]; ou, como sustentamos, é derivação dos costumes por serem estes fonte do conteúdo contratual. Daí sua força prescritiva, "como se tivesse sido editado como regra jurídica",

---

83 Falando de cláusulas que são do costume: BORGES, José Ferreira. *Diccionário juridico-commercial*. 2. ed. Porto: Typographia de Sebastião José Pereira, 1856, p. 2010; TRIGO DE LOUREIRO, Lourenço. *Instituições de direito civil brasileiro*. 5. ed. Rio de Janeiro: Garnier, 1884, t. 2, p. 215; RIBAS, op. cit., 1880, t. 1, p. 130; LACERDA DE ALMEIDA, Francisco de Paula. *Obrigações*. Rio de Janeiro: Revista dos Tribunais, 1916, p. 266. Nos projetos de código: Art. 265, § 6°, do projeto de Felício dos Santos (SANTOS, Joaquim Felício dos. *Projecto do codigo civil da Republica dos Estados Unidos do Brazil*. Rio de Janeiro: Imprensa Nacional, 1891, p. 30), art. 353, §§ 4° e 5°, do projeto de Coelho Rodrigues (RODRIGUES, Coelho. *Projeto do código civil Brasileiro*. Brasília: Departamento de Imprensa Nacional, 1980, pp. 86-87), art. 684 do projeto de Código Único de Ingles de Souza (INGLEZ DE SOUZA, Herculano Marcos. *Projecto de codigo commercial*. Rio de Janeiro: Imprensa Nacional, 1912, v. 2, p. 217) e art. 67 do "Ante-projeto de código de obrigações" por Orozimbo Nonato, Philadelpho Azevedo e Hahnemann Guimarães (NONATO, Orozimbo et al. *Ante-projeto de código de obrigações (parte Geral)*. Rio de Janeiro: Imprensa Nacional, 1943).

84 POTHIER, Robert-Joseph. Regras da interpretação dos contratos. In: ALMEIDA, Cândido Mendes de. *Auxiliar juridico servindo de appendice à décima quarta edição do codigo philippino ou ordenações do reino de Portugal*. Rio de Janeiro: Typographia do Instituto Philomathico, 1869, p. 482.

85 HAICAL, op. cit., 2012, v. 50, p. 30.

mas "regra dispositiva", porque "os figurantes podem, por declaração expressa ou tácita que não deixe dúvidas, afastar a aplicação de determinado uso"[86].

Assumem tal funcionalidade em nosso Direito os costumes, por plasmarem direito consuetudinário e, portanto, serem fonte de regras jurídicas. Nem as práticas (usos individuais), nem os usos do tráfico partilham dessa função, exceto para o caso excepcional dos contratos de compra e venda internacional de mercadorias, por incidência do art. 9(1): "As partes se vincularão pelos usos e costumes em que tiverem consentido e pelas práticas que tiverem estabelecido entre si". Afora o caso específico da CISG, que normatiza as práticas e os usos em geral, ao ponto de transformá-los em fontes de regras jurídicas para o contrato *in concreto*, apenas os costumes em nosso sistema jurídico constituem fonte de disciplina contratual. Ainda assim, é de regras dispositivas que se trata, porque informando elementos categoriais naturais *derrogáveis* ao conteúdo, que – reitere-se – se agregam presuntivamente, mas podem ser derrogados pela vontade explícita ou implícita das partes[87].

Ilustrativo, nesse sentido, é o "caso das arrobas de cacau", julgado pelo Supremo Tribunal Federal em 1974 e apreciado por Paula A. Forgioni[88], so-

---

86 HAICAL, op. cit., 2012, v. 50, p. 30.

87 Reitere-se que, exceto para a parcela de qualificação de um contrato como socialmente típico, a ausência de cogência das regras derivadas dos costumes tem explicação na genética do Código Civil de 2002: houve expressa rejeição à sua possível cogência. Falamos do já mencionado não acolhimento da proposta de Clóvis do Couto e Silva por José Carlos Moreira Alves quando da redação do Código Civil de 2002, a indicar a inserção de regra aparentada ao art. 1.135 do *Code Civil* francês e que determinaria: "O negócio jurídico não produz apenas os efeitos expressos, mas também os resultantes da equidade, dos usos e costumes, tomando-se em consideração a finalidade da manifestação de vontade" (MOREIRA ALVES, José Carlos. *A parte geral do projeto de código civil brasileiro, com análise do texto aprovado pela Câmara dos Deputados*. São Paulo: Saraiva, 1986, p. 43). A proposta do jurista gaúcho, além de apoiar-se em solução do *Code Civil*, não chegava a ser inédita na tradição doutrinária brasileira, valendo fazer alusão a Francisco de Paula Lacerda de Almeida que sustentava obrigar o contrato "não sómente ao que nelle está expresso, mas ainda a tudo o que é consequente e decorrente segundo a lei, a equidade, os usos e estylos seguidos" (LACERDA DE ALMEIDA, op. cit., 1916, p. 266). Ela também constava do Projeto de Felício dos Santos, art. 223 (SANTOS, op. cit., 1891, p. 26), e repetiu-se no Projeto de Coelho Rodrigues em dois parágrafos do art. 353, §§ 4º e 5º (RODRIGUES, Coelho. *Projeto do código civil brasileiro*. Brasília: Departamento de Imprensa Nacional, 1980, pp. 86-87). O redator da Parte Geral, contudo, rejeitou a proposta do jurista gaúcho por entender que ela entraria "em choque com o art. 108 do Anteprojeto" (o art. 112 do Código Civil), permitindo ir "além da intenção das partes" e, por isso, com ele não encontrando compatibilidade (MOREIRA ALVES, op. cit., 1986, p. 44).

88 O caso é o seguinte: STF, 1ª Turma, Recurso Extraordinário n. 79.545, Rel. Min. Aliomar Baleeiro, j. 22.11.1974. O trabalho que o apreciou é: FORGIONI, op. cit., 2015, v. 45, pp. 229-244.

bretudo porque nosso entendimento sobre o que a decisão exemplifica é diverso do exposto pela eminente jurista. Recorde-se que o caso em questão derivava de contrato de compra e venda de arrobas de cacau firmado na Bahia, pelo que determinado produtor comprometeu-se a entregar 2.000 arrobas de cacau, mas só remetera ao comprador 800, retenção que alegadamente se fundava no fato de o comprador não ter adiantado o pagamento do preço integral. A ação foi proposta pelo adquirente, então, com vistas a obrigar o cumprimento do acordado, obtendo sentença de procedência que depois foi confirmada pelo Tribunal de Justiça baiano, reconhecendo a dominância da "velha prática mercantil e legal do comprador pagar a mercadoria após seu recebimento" e, por isso, o inadimplemento contratual por parte do vendedor.

Interposto Recurso Extraordinário, este deixou de ser conhecido pelo Relator, que, porém, trouxe à baila algumas circunstâncias relevantes do caso: que de fato "é de uso muito antigo no comércio de cacau entre fazendeiros produtores e firmas exportadoras da Bahia" a operação a ser realizada a termo, para entrega futura, com fixação prévia do pedido com a quantidade, a data de entrega e o preço; e que o estratagema por detrás do inadimplemento do vendedor, de reter a entrega das arrobas enquanto não houvesse pagamento do preço, decorria do fato de o Governo Federal "ter melhorado o dólar-cacau, após o negócio feito", o que, em seu sentir, oportunizava que a "plus-valia" lhe tocasse, "e não ao exportador". Noutras palavras, a alegação de que o preço haveria de ser pago antes da entrega nada mais era do que uma máscara à verdadeira pretensão do vendedor, que queria renegociar o preço com o comprador haja vista a variação cambial que lhe poderia beneficiar. O Ministro Aliomar Baleeiro, então, detectando esse estado de coisas, declarou a licitude de negócios como esse, em que a especulação é deles inerente e reconheceu como corretas as decisões de instâncias inferiores, porque baseadas nos "usos e costumes mercantis das praças da Bahia na espécie"[89].

O que se extrai dessa decisão? Antes de tudo, extrai-se que não se trata de caso em que presente lacuna contratual. A questão em pauta era saber se o vendedor adimpliu ou inadimpliu o contrato de compra e venda, melhor dizendo: se ele manejou legitimamente a *exceptio non adimpleti contractus*, por

89 Acresça-se que o conspícuo voto do Ministro traz lições de Carvalho de Mendonça e do Visconde de Cairu para sustentar que "há muito mais de um século, já acentuava que, na compra-e-venda mercantil, além dos pactos, há que atender a princípios tácitos e sub-entendidos... usos e costumes do lugar e praça tanto sobre a coisa vendida, como sobre o modo, tempo da entrega e pagamento (Princípios, et. C. MENDES, II, p. 472). Nesses usos e costumes se baseou o V. Ac. Chamando-os de práticas. Assim procedendo, não negou vigência à secular excepção non adimpleti contractus, consagrada no art. 1.092, do Código Civil. Nem o fez, por via de consequência, ao art. 1.130, do mesmo diploma".

exigir o pagamento do preço antes da entrega das arrobas de cacau, ou não. Veja-se que a dúvida se cingia em saber qual disciplina submetia as partes e se esta foi atendida ou desrespeitada, tanto que, ao final, reconheceu-se seu descumprimento por parte do vendedor e cominou-se a entrega da diferença (inclusive com a pecha de que havia maquinação inapropriada do vendedor, dissimulando a verdadeira intenção de lucrar com a posterior mudança do dólar-cacau sob a casca de uma vazia exceção de contrato não cumprido[90]).

Queremos dizer: o reconhecimento foi pela existência *prévia* de uma disciplina contratual, bem detectada pelas decisões como provinda dos usos e costumes das praças da Bahia. Eis aqui, portanto, os costumes atuando em sua função jurígena, isto é, como fonte do conteúdo contratual: eles determinavam, enquanto prática imemorial – "uso muito antigo no comércio de cacau entre fazendeiros produtores e firmas exportadoras da Bahia" –, que o preço se paga depois de recebido o produto. Não era de lacuna contratual que o caso tratava; não era de *colmatação* de disciplina lacunosa, mas de descobrir as regras *já existentes* que submetiam a relação *inter partes*; de disciplina já constante do conteúdo contratual, em sua parcela presumida, por derivação da fonte consuetudinária. Do contrário, se fosse de colmatação de lacuna que o caso tratasse, não haveria inadimplemento a ser declarado, mas disciplina a ser agregada, em eficácia constitutiva da decisão, gerando efeitos *ex nunc*. Logicamente, não é o que se teve.

O exemplo plasma, assim, situação em que a funcionalidade jurígena dos usos e costumes atuou, porque reconheceu-se regra derivada dos costumes, e não de sua função interpretativo-completativa.

Outro precedente que se pode trazer à baila e que, em verdade, não apresenta propriamente uma lacuna contratual, nada obstante a decisão fazer alusão à suposta incompletude, é o "caso da devolução do *contêiner*"[91]. A discussão concernia contrato de transporte multimodal em que, dentre outros aspectos, era debatido se havia dever de indenizar a parte prejudicada pela não devolução do *contêiner* pela empresa importadora depois de utilizado, tendo em vista que o contrato nada previa. O magistrado relator bem decidiu:

> Assim, em tese, a não devolução do *container* pela empresa importadora enseja perdas comerciais à proprietária desse, que não pode carregá-lo e

90 Anotou o Ministro em sua decisão, a denotar tanto a existência de um costume quanto a maquinação do vendedor: "Milhões de quilogramas são vendidos desse modo, cada ano, sem estrépito, salvo quando há grande oscilação do preço externo, – algumas dezenas de cents americanos por libra-peso – entre a data do fechamento do negócio e a da entrega ou liquidação, logo após a safra. Por isso mesmo, o caráter especulativo das operações a termo é inevitável na Bolsa de Mercadorias".

91 TJRS, 12ª Câmara Cível, Apelação Cível n. 70043812106, Rel. Des. Umberto Guaspari Sudbrack, j. 14.06.2012.

> realizar novo transporte de mercadoria. Portanto, em caso de inexistência de previsão contratual sobre a necessidade de devolução do *container*, é possível se interpretar que a devolução é obrigatória, pois assim sempre ocorre, sendo tal decorrente dos usos e costumes da atividade.

Ao contrário do trecho conseguinte, porém, em que o voto declara ter havido preenchimento de lacuna, o caso plasma exemplo em que atuantes os costumes em sua função jurígena, isto é, de integração do conteúdo contratual. Queremos dizer: reconheceu-se que o contrato já estava integrado pela disciplina dos costumes, tanto que esta, se violada, daria azo à indenização pelos danos sofridos pelo transportador decorrentes da não devolução do *contêiner* (reiteremos: regra, esta, que *ab initio* presente e que, por isso, suscetível de violação). O magistrado, portanto, nenhuma lacuna completou, mas interpretou o conteúdo contratual declarando que ele se encontrava integrado pela disciplina dos costumes[92].

A funcionalidade jurígena dos costumes é de especial importância para os contratos socialmente típicos mas sem tipicidade legal, em que a fonte heterônoma do conteúdo contratual é, por excelência, os costumes, por "valorizarem o momento da normalidade e da tipicidade do agir privado", como bem ensina Claudio Scognamiglio[93]. A recondução de um contrato em concreto a uma categoria socialmente típica atrai as normas de comportamento (=o direito consuetudinário) a ela vinculadas[94], que atuam informando elementos

---

92 Casos praticamente idênticos foram julgados pelo TJSP anos antes, com mesmo resultado, conforme se pode verificar das ementas ora transcritas: "Transporte de mercadorias. Via Marítima. Sobre-estadia pela não devolução dos '*containers*' no prazo lixado. Cobrança, Possibilidade. Ação procedente. Recurso não provido. A exigência da contraprestação pela sobre-estadia de '*container*' não depende necessariamente de ajuste expresso, pois se regula pelos usos e costumes do lugar em que se deu" (TJSP, 11ª Câmara de Direito Privado, Apelação Cível n. 7223581-9, Rel. Des. Gilberto dos Santos, j. 17.04.2008); "Contrato de transporte marítimo – Mora quanto à entrega dos contêineres – Caracterização da taxa de sobre-estadia ou 'demurrage' ainda que não prevista contratualmente porque é instituto inerente ao Direito Marítimo, advindo de seus usos e costumes. Juntada de documento em momento posterior à oferta da petição inicial – Possibilidade, desde que se respeite o princípio do contraditório e o da ampla defesa e não haja premeditação de ocultação – Situação em que ficou demonstrado o conhecimento dos termos de embarque por parte da apelante logo que proposta a ação, com comprovação documental posterior ao oferecimento da petição inicial. Sentença mantida. Recurso não provido" (TJSP, 24ª Câmara de Direito Privado, Apelação Cível n. 7143179300, Rel. Des. José Luiz Germano, j. 14.12.2007).

93 SCOGNAMIGLIO, op. cit., 1992, p. 401.

94 VASCONCELOS, Pedro Pais de. *Contratos atípicos*. 2. ed. Coimbra: Almedina, 2009, pp. 62-63 e 186; e entre nós, MARINO, Francisco Paulo De Crescenzo. *Contratos coligados no direito brasileiro*. São Paulo: Saraiva, 2010, p. 10.

categoriais essenciais, que qualificam o contrato como típico, determinando a existência concreta do tipo social abstrato, e que determinarão que um contrato de *built-to-suit* seja efetivamente um contrato de *built-to-suit*, que um pretenso contrato de EPCM seja um contrato de EPCM, ou que um pretenso contrato de *leasing* seja um contrato de *leasing*[95]; e elementos categoriais naturais derrogáveis, que nos contratos com tipificação social formam o chamado "conteúdo presumido", isto é, o que se insere por presunção, quando não houver manifestação expressa ou implícita das partes em sentido diverso[96].

Tal ocorre, por exemplo, nos negócios jurídicos fiduciários, como analisa Judith Martins-Costa em texto que revisita um dos primeiros temas sobre os quais dissertou[97]. Aqui o princípio da boa-fé objetiva atua em simbiose aos costumes, estes servindo de fonte do conteúdo contratual por agregarem "deveres jurídicos não necessariamente expressos no instrumento negocial, como os de bem gerir e administrar, com vista ao escopo ao qual se volta o negócio; o de informar e esclarecer sobre os bens, suas eventuais vicissitudes e sucessos; os de prestar contas; os de agir com lealdade e sem abuso no exercício dos direitos subjetivos patrimoniais de que está investido"[98]. Veja-se que aqui, nos exemplos citados pela jurista, o princípio da boa-fé atua como *mediador* de deveres que encontram nos costumes sua verdadeira fonte, a distinguir-se da atuação solitária da boa-fé como fonte de conteúdo negocial,

---

95 Valendo, para este último caso, recordar a discussão que ficou famosa na jurisprudência do STJ sobre se a exigência de pagamento antecipado do VRG, embutido nas contraprestações pelo uso da coisa, descaracterizava o contrato de arrendamento mercantil e o convertia em contrato de compra e venda. A modificação de um elemento essencial do contrato – qual seja, o pagamento do "valor residual garantido" – fez com a jurisprudência singrasse indefinida, em um primeiro momento reconhecendo a descaraterização (Enunciado n. 263 do STJ), mas em um segundo momento retrocedendo e declarando justamente o oposto (Enunciado n. 293 da mesma Corte). Sobre isso, veja-se: PENTEADO, Luciano de Camargo. Causa concreta, qualificação contratual, modelo jurídico normativo: notas sobre uma relação de homologia a partir de julgados brasileiros. *Revista de Direito Privado*. São Paulo: RT, 2004, pp. 235-265; e ZANETTI, Cristiano de Sousa. *Build to Suit*: qualificação e consequências. In: BAPTISTA, Luiz Olavo (Org.). *Construção civil e direito*. São Paulo: LexMagister, 2011, pp. 111-112.

96 Sobre isso tratamos com maior largueza em NITSCHKE, Guilherme Carneiro Monteiro. *"Integração" de lacunas contratuais: em busca de um método* (Tese de Doutorado). São Paulo: USP, 2018, especialmente Cap. 1.2 da Parte II.

97 Fala-se do texto original: MARTINS-COSTA, Judith. Os negócios fiduciários – considerações sobre a possibilidade de acolhimento do "trust" no direito brasileiro. *Revista dos Tribunais*. São Paulo: RT, 1990, v. 657, pp. 37-50. O texto de revisitação do tema é: MARTINS-COSTA, Judith. O *trust* e o direito brasileiro. *Revista de Direito Civil Contemporâneo*. São Paulo: RT, 2017, v. 12, pp. 165-209.

98 MARTINS-COSTA, op. cit., 2017, v. 12, p. 42.

que se dá na concretude do negócio, queremos dizer: a partir das expectativas legitimamente geradas de parte a parte[99].

Como adiantamos, contudo, exceção à regra vem plasmada no art. 9(1) da CISG, que alça as práticas (usos individuais) e os usos enquanto gênero – isto é, sem diferenciação explícita entre usos do tráfico e costumes[100] – ao patamar de fontes do conteúdo dos contratos de compra e venda internacional de mercadorias. Para estes, então, as práticas e os usos entram no Direito brasileiro como fontes primárias do conteúdo contratual, devendo-se considerar que a prática em questão era vinculativa ainda que inexpressa no contrato[101] – desde que, por óbvio, os contratantes não a tenham excluído, visto que "a autonomia das partes é a fonte primária dos direitos e obrigações sob a Convenção"[102]. Noutras palavras, nessa categoria contratual, as práticas e os usos fazem as vezes do que lei dispositiva, costumes e boa-fé fazem para os contratos típicos em nosso direito, fazendo entrar para o conteúdo elementos categoriais naturais derrogáveis. Comente-se, apenas, que quando as partes não endereçam explicitamente a exclusão, cria-se problema interpretativo delicado, que só pode ser resolvido pelo emprego do art. 8(3) e pela consideração conjunta, portanto, de todas as circunstâncias do caso, incluídos os termos do contrato, as práticas estabelecidas pelas partes e os

---

99 Sobre isso disserta FERREIRA DA SILVA, Jorge Cesa. *A boa-fé e a violação positiva do contrato*. Rio de Janeiro: Renovar, 2007, p. 96; no direito estrangeiro, é o mesmo que se vê em: D'ANGELO, Andrea. La buona fede ausiliaria del programma contrattuale. In: D'ANGELO, Andrea; MONATERI, Pier Giuseppe; SOMMA, Alessandro. *Buona fede e giustizia contrattuale. modelli cooperativi e modelli conflituali a confronto*. Torino: Giappichelli, 2005, p. 17; SCOGNAMIGLIO, op. cit., 1992, pp. 372-373; e VASCONCELOS, op. cit., 2009, p. 406.

100 É o que destaca BONELL, Michael Joachim. Article 9 In: BIANCA, Cesare Massimo; BONELL, Michael Joachim. *Commentary on the international sales law*. Milano: Giuffrè, 1987, p. 111, com deliberada intenção de evitar que se assimile o conceito trazido pela CISG aos que se encontram em sistemas jurídicos situados.

101 Tal interpretação vem confirmada pela Nota Explanatória n. 14, emitida oficialmente pelo Secretariado da UNCITRAL (*United Nations Convention on Contracts for the International Sale of Goods*. New York: United Nations, 2010, p. 36). É também o que mostra o *case law* envolvendo a CISG, e.g., CLOUT case N. 579 [U.S. District Court, Southern District of New York, 10 May 2002], disponível em: <http://www.cisg.law.pace.edu/cisg/wais/db/cases2/020510u1.html#vi> (mencionado por *UNCITRAL Digest of Case Law on the United Nations Convention on Contracts for the International Sale of Goods. 2012 Edition*. New York: United Nations, 2012, p. 66).

102 *UNCITRAL Digest of Case Law on the United Nations Convention on Contracts for the International Sale of Goods. 2012 Edition*. New York: United Nations, 2012, p. 66. Isso pode ser visto do seguinte *case law*: Hof van Beroep Antwerpen, Belgium, 24 April 2006, disponível em: <http://cisgw3.law.pace.edu/ cases/060424b1.html>; e CLOUT case n. 292 [Oberlandesgericht Saarbrücken, Germany, 13 January 1993]; CLOUT case n. 777 [U.S. Court of Appeals (11th Circuit), United States, 12 September 2006].

usos e costumes, como indica John O. Honnold[103]. Isso quer dizer que, excepcionalmente, esses elementos que se agregariam como conteúdo presumido aos contratos de compra e venda internacional de mercadorias podem ser afastados também por decorrência da interpretação que tome em consideração todas as circunstâncias contratuais, a depurar, noutras palavras, que apesar de inexpressa, a intenção comum das partes era por não adotar os usos e costumes em questão.

Autores destacam que a expressão "international trade" do art. 9(2) não deve ser interpretada como se obstasse a consideração de usos locais, devendo, pelo contrário, servir de estímulo também para sua consideração. A única ressalva que devemos fazer, para fins de compatibilidade sistemática, é que a disciplina dos usos e costumes locais vem dada pelo Direito brasileiro, conforme acima traçamos, não podendo a lente do art. 9(2) da CISG ser utilizada para aumentar sua eficácia e abraçá-los, dotando também os usos do tráfico de uma função integrativa que não possuem entre nós. Noutras palavras, se é bem verdade que o art. 9(2) não restringe de modo algum a consideração dos usos locais, de outro lado também é verdade que ela não modifica sua disciplina. A questão que daí surge, contudo, é quanto a eventual contradição entre um uso internacional e um uso local quando diante de um contrato de compra e venda internacional: o que fazer? Há doutrina que proponha uma análise casuística em que se mostra necessário levar em conta a *prioridade* e a *relevância* entre os usos. A prioridade, via de regra, seria dos usos internacionais, porque de aplicação mais geral que os usos locais, o que pode ser modulado e até mesmo afastado por estes, caso tenham mais relevância para o acordo das partes *in concreto*[104].

Analisada, então, a funcionalidade integrativa dos usos e costumes, sigamos em frente.

2.2. Função hermenêutica

A segunda função que os usos e costumes assumem no Direito brasileiro é de cunho hermenêutico, e vem consolidada tanto no art. 113 do Código Civil, para os contratos em geral[105], quanto no art. 8(3) da CISG, para os contratos de compra e venda internacional de mercadorias. Essa funcionalidade hermenêutica se bifurca; bifurcação, esta, que reflete a diferenciação

103 HONNOLD, John O. *Uniform law for international sales under the 1980 United Nations Convention*. 3. ed. The Hague: Kluwer Law International, 1999, p. 129.

104 PAMBOUKIS, op. cit., 2005/2006, v. 25, pp. 121-122.

105 "Art. 113. Os negócios devem ser interpretados conforme a boa-fé e os usos do lugar de sua celebração".

entre interpretação propriamente dita e interpretação completativa[106]: os usos e costumes servem como critério para o esclarecimento do significado do conteúdo contratual, pertencendo ao "contexto situacional" que deve ser levado em conta no processo interpretativo[107]; mas eles servem igualmente como critério de colmatação de lacunas, para o caso de o conteúdo total do contrato mostrar-se deficiente.

Fiquemos, por primeiro, com a interpretação propriamente dita. As três espécies de usos e costumes que analisamos no Cap. I desempenham essa funcionalidade, que vem presente em nosso Direito positivo desde o Código Comercial de 1850, quando impunha que os contratos "devem *inteiramente* entender-se segundo o costume e uso recebido no comércio" (art. 130), sendo a interpretação sob seu prisma prevalecente sobre todas as outras (art. 131, 4).

São assim, em primeiro lugar, as práticas (ou usos individuais), e isso não apenas para os contratos regidos pela CISG, mas para todos e quaisquer negócios sob a disciplina do Direito brasileiro. Tal se dessume do Enunciado n. 409 da V Jornada de Direito Civil, proposto por Véra Jacob de Fradera, ao determinar que os negócios se interpretem "também de acordo com as práticas habitualmente adotadas entre as partes"[108]. A proponente do Enunciado deixa bastante claras essas duas características do conceito a que faz alusão ao dizer ser seu objetivo "contribuir para uma melhor e mais extensa interpretação dos negócios jurídicos, sobretudo a dos contratos, sua mais notável espécie, trazendo para o âmbito do art. 113 as práticas estabelecidas entre as partes no seu contrato"[109].

---

106 É o que também detecta HAICAL, op. cit., 2012, v. 50, p. 22, servindo os usos "para viabilizar ao intérprete de um negócio jurídico unilateral, bilateral ou plurilateral o entendimento de certa expressão, comportamento, cláusula ou para a integração de uma lacuna, alcançando com isso a qualidade de modelo hermenêutico".

107 Sobre a noção de "contexto situacional", tanto quanto examinando de que modo os usos e costumes dele fazem parte enquanto critério interpretativo, veja-se entre nós: JUNQUEIRA DE AZEVEDO, Antônio. *Negócio jurídico. Existência, validade e eficácia.* 4. ed. São Paulo: Saraiva, 2002, pp. 118-125; KIRCHNER, Felipe. *Interpretação contratual:* hermenêutica e concreção. Curitiba: Juruá, 2016, pp. 228-233; MARINO, op. cit., 2011, p. 116; MARTINS-COSTA, Judith. O método da concreção e a interpretação dos contratos: primeiras notas de uma leitura suscitada pelo código civil. In: NANNI, Giovanni Ettore (Coord.). *Temas relevantes do direito civil contemporâneo:* reflexões sobre os cinco anos do código civil; estudos em homenagem ao professor Renan Lotufo. São Paulo: Atlas, 2008, pp. 494-495.

108 Consultado em AGUIAR JÚNIOR, Ruy Rosado de (Org.). *V Jornada de Direito Civil.* Brasília: CJF, 2012, p. 100.

109 FRADERA, op. cit., 2012, p. 100. Essa é também a compreensão de MARTINS-COSTA, op. cit., 2015, p. 475.

São também assim, em segundo lugar, os usos do tráfico, haja vista que, por não plasmarem fonte de regras jurídicas, atuam como circunstâncias para a interpretação do conteúdo contratual, como mostram seguidos exemplos da jurisprudência: caso em que os usos de registrarem-se vendas realizadas em cadernetas e cadernos de fornecimento de pequenos armazéns ou bares atribuíram valor de prova a documentos informais e oportunizou a procedência de uma ação monitória, com a constituição de título executivo[110]; caso em que interpretou-se a expressão "área útil" de promessa de compra e venda como equivalente a "área total", haja vista que, antes da superveniência de normativa específica da ABNT, este era o uso comum no Espírito Santo, à época da celebração do contrato[111]; caso em que cláusula ambígua de fixação de contraprestação em contrato de arrendamento rural foi interpretada a partir dos usos da região para o fim de definir que a retribuição deveria se dar em sacas de soja, e não em valor fixo[112]; dentre tantos outros.

A atuação dos usos do tráfico como lente interpretativa é encontrada também em jurisprudência referente à CISG. Tal se pode ver no "caso da galinha congelada", em que se discutiu se os riscos pela entrega da mercadoria deveriam ser alocados ao vendedor francês ou ao comprador alemão, tendo em vista a presença de uma cláusula "free buyer's address, duty paid, untaxed". Para além de reconhecer que esse dispositivo contratual era correntemente praticado pelas partes em contratações anteriores, o tribunal alemão anotou que ele estava em consonância aos usos do tráfico alemães e que, à sua luz, deveria ser interpretado. Essa interpretação, então, fez o tribunal concluir que a cláusula abarcava a alocação integral dos riscos pelo transporte, que, no caso concreto, fora assumido pelo vendedor francês até que entregue a mercadoria ao comprador alemão[113].

---

110 TJRS, 20ª Câmara Cível, Apelação Cível n. 70007049323, Rel. Des. Armínio Abreu Lima da Rosa, j. 1º.01.2003.

111 STJ, 4ª Turma, Recurso Especial n. 1.015.379-ES, Rel. Min. Luis Felipe Salomão, j. 16.02.2012.

112 TJRS, 19ª Câmara Cível, Apelação Cível n. 70068294172, Rel. Des. Voltaire de Lima Moraes, j. 16.06.2016. A cláusula do contrato de arrendamento era ambígua porque previa o seguinte: "O preço do arrendamento rural é de R$ 1.840,00 (hum mil, oitocentos e quarenta reais), equivalentes a 80 (oitenta) sacos de soja de 60 kg, pagável no dia 31 de maio de cada ano, e depositado em nome do arrendador ou aonde este indicar". O Tribunal de Justiça, então, colocou em marcha a funcionalidade interpretativa dos usos do tráfico (nada obstante nominá-los desacertadamente de "costumes" no caso) e chegou à conclusão "de que a intenção dos contratantes foi no sentido de estabelecer o valor do arrendamento em sacas de soja e não em dinheiro", por serem os usos da região nesse sentido.

113 Germany 20 November 1992 Appellate Court Karlsruhe (*Frozen chicken case*), disponível em: <http://cisgw3.law.pace.edu/cases/921120g1.html>.

E são assim, em terceiro lugar, os costumes, porque lente a partir da qual se analisam as disposições das partes para revelar a inteireza de sua intenção. Isso já fora muitíssimo bem flagrado por Pontes de Miranda: "Os usos e costumes, usos do tráfico, quer se trate de usos e costumes regras jurídicas, quer se trate de simples usos e costumes que enchem conteúdo de negócios jurídicos como elementos do suporte fáctico, podem ser *interpretativos*"[114]. Basta pensar em dispositivo contratual em que os contratantes fizeram consolidar um costume, mas o fizeram de maneira imprecisa, com pouca clareza. O costume a que fez referência implícita a cláusula servirá, então, de critério interpretativo para que se possa extrair a inteireza da disciplina intencionada pelas partes, ou para avaliar que, com a inexatidão ou omissão de parcela da regra derivada do costume, os contratantes intencionaram modular a regra costumeira.

Por segundo – ainda sob o bojo da função hermenêutica, mas já no terreno da interpretação completativa –, os usos e costumes servem como critério para a colmatação de lacunas, sendo esta uma função reconhecida por nossa tradição jurídica desde as Ordenações Filipinas e a doutrina portuguesa mais remota[115]. Noutras palavras, tem-se aqui sua atuação quando esgotado o processo interpretativo do conteúdo total do contrato sem que nele tenha sido possível encontrar a disciplina procurada. A interpretação do conteúdo contratual é necessariamente precedente à interpretação completativa, pois lacuna haverá apenas quando da falta de disciplina; e isso significa justamente a ausência de regra que tenha sido informada por qualquer das fontes do conteúdo contratual, pelo que a análise das que são agregadas por atuação dos usos e costumes (*rectius* dos costumes e, sob o bojo estrito da CISG, das práticas e dos usos) pertence à interpretação propriamente dita. Apenas se não se encontrar disciplina alguma é que haverá lacuna contratual, e daí haver-se-á de partir para os critérios de sua colmatação.

Essa residual situação leva o intérprete a procurar critérios objetivos de suprimento, e dentre estes se situam os usos e costumes. Mas não todos: apenas as práticas e os usos do tráfico, não havendo espaço para que os costumes atuem enquanto tal. Reconhecidos os costumes como fonte do conteúdo contratual, ou as regras por eles informadas já farão parte da disciplina, tendo sido agregadas por integração antes de qualquer processo interpreta-

114 PONTES DE MIRANDA, op. cit., t. 38, p. 81.

115 Nas Ordenações, tal era o caso do critério a ser acessado por arbitradores (Livro Terceiro, Título XVII, §2º) e na estimação do preço de compra de escravos mouros (Título XI, §4º). Na doutrina, tal se via em: LOBÃO, Manoel de Almeida e Sousa de. Especialidades de direito nas compras e vendas de vinhos. Exposição especial da Ord., L. 4, T. 8, §§5 e 6 e de outras mais. In: *Fascículo de dissertações jurídico-praticas*. Lisboa: Imprensa Nacional, 1866, t. 1, p. 357; e COELHO DA ROCHA, Manuel Antonio. *Instituições de direito civil portuguez*. 3. ed. Coimbra: Imprensa da Universidade, 1852, t. 1, pp. 73, 608, 652 e 656.

tivo, incumbindo a este apenas reconhecê-lo (e eventualmente reconhecer sua violação por qualquer das partes, pois só se viola o que antes já existia); ou referidas regras já terão deixado de ser recepcionadas porque colidentes com a intenção comum das partes. Há que se desfazer, assim, certa mistura, persistente em parte de nossa doutrina, entre o processo de integração e o de completamento de lacunas[116], mistura que transborda não apenas quando do manejo dos usos e costumes, mas também da lei dispositiva e da boa-fé objetiva, como se as regras informadas por essas fontes se agregassem *a posteriori* e apenas por mediação do intérprete, e não *ab initio*, sofrendo mero reconhecimento posterior do aplicador.

Tal não ocorre, e não ocorre em particular para o caso dos costumes. Se a regra por eles informada é interpretada como não recepcionada pelo conteúdo contratual por descompassada à intenção comum das partes, não poderá servir para o exercício posterior de colmatação. Do contrário, isso implicaria desconsiderar o postulado normativo da intenção comum das partes, passando-se a admitir que a interpretação completativa não é por ele regida e que pode resultar em suplemento que sobrepõe a intervenção do aplicador à intenção comum das partes[117].

De outro turno, as práticas (ou usos individuais) plasmam critério de colmatação de lacunas contratuais em nosso direito, como persistência de se as considerar sob a guarida do art. 113 do Código Civil. O intérprete haverá de verificar, então, se as condutas assumidas pelas partes em negócios pretéritos podem ser qualificadas como "práticas" e, portanto, se podem servir para suplementar o conteúdo do contrato em exame que não as compreendeu. Aqui o funcionamento das práticas enquanto critério de colmatação se assemelha ao que foi reconhecido recentemente pelo legislador francês ao reformar o *Code Civil* e fazer inserir o art. 1.163, que dispõe: "[...] A prestação é determinável quando pode ser deduzida do contrato ou por referência

116 Diferença já flagrada por alguns de nossos juristas, sendo de se fazer referência exemplificativa a Francisco Paulo De Crescenzo Marino, que vê na "integração não um procedimento de preenchimento de lacunas, mas sim *um problema de fontes do regramento negocial, uma regulação* complementar dos efeitos do negócio jurídico" (MARINO, op. cit., 2011, pp. 183-184). Reiteremos, porém, que, em nosso sentir, a fase de integração precede à da interpretação e, logicamente, à da interpretação completativa.

117 Lembremos, sempre com Pontes de Miranda, que na interpretação completativa "é preciso que não se vá além do querido; só se tem como querido, por preenchimento de lacunas, o que é necessário para a realização do que foi manifestado como querido" (PONTES DE MIRANDA, op. cit., 1983, t. 3, p. 342). Devemos a Luis Renato Ferreira da Silva o desenvolvimento da percepção de que a intenção comum das partes funciona como postulado normativo da interpretação contratual no direito brasileiro, a partir do art. 112 do Código Civil. Para uma primeira aproximação, veja-se SILVA, op. cit., 2015, p. 32.

aos usos ou às relações anteriores das partes, sem que um novo acordo entre as partes seja necessário"[118]. Não nos parece que seja diferente para o direito brasileiro, ou que este traga alguma limitação para tanto, ainda que emprego dependente do desenvolvimento de doutrina e da consolidação jurisprudencial a respeito.

Os usos do tráfico igualmente figuram como critério de colmatação de lacunas contratuais no direito brasileiro, tendo em vista não darem origem a regras jurídicas e, portanto, não figurarem como fonte do conteúdo contratual. Para que se torne regra jurídica, um uso do tráfico deve ou ser adotado pelos próprios contratantes enquanto texto expresso do contrato, ou – e aqui o ponto que nos interessa – ser manejado pelo aplicador para suplementar uma omissão de conteúdo. Ele só se torna jurígeno e é alçado ao patamar regra, noutras palavras, se *in concreto* se lhe atribui tal força, por ser acrescido ao conteúdo do contrato enquanto parte de sua disciplina. Tal não significa dizer que, por atuação das partes ou do aplicador, o uso passa ao patamar de direito consuetudinário, mas que, para o caso concreto, ele entra como regra jurídica, queremos dizer: é alçado a elemento acidental do contrato.

As hipóteses em que tal ocorre são variadas. Para ficarmos com alguns dos exemplos de usos do tráfico mencionados no Cap. I, os INCOTERMS, a depender do negócio em análise e da cláusula que se tem por ausente, podem servir de critério para o completamento da falta, fazendo adicionar dispositivos tais como os de "Ex Works", FCA, FOB, CIF, DAT ou outros quando não insertos pelas partes[119]. O mesmo ocorre com os contratos-modelo da FIDIC, que, diante de um negócio lacunoso do setor da construção civil, podem ser acessados pelo aplicador para que se o supra com a sugestão de cláusula informada pela padronagem. A estes se somam casos em que o complemento é de preço, em considerando o "valor do mercado", colmatação que remete, então, ao uso do tráfico concernente à quantia praticada em determinada localidade, setor ou época para o preenchimento do conteúdo falho; e específico exemplo de contrato de cessão onerosa de água em que a cláusula contratual de valor por litragem foi omissa quanto à unidade de tempo a ser considerada

118 "Art. 1163. L'obligation a pour objet une prestation présente ou future. Celle-ci doit être possible et déterminée ou déterminable. La prestation est déterminable lorsqu'elle peut être déduite du contrat ou par référence aux usages ou aux relations antérieures des parties, sans qu'un nouvel accord des parties soit nécessaire". A doutrina exemplifica a aplicação do novel dispositivo justamente com caso de lacuna contratual apreciado pelo judiciário francês: "Une promesse de vente est en revanche incomplète si, bien que le prix ait été fixé, "la surface exacte du lot vendu" restait quant à elle "à convenir"" (FABRE-MAGNAN, Muriel. *Droit des Obligations. I – Contrat et engagement unilatéral.* 4. ed. Paris: PUF, 2016, p. 427).

119 *INCOTERMS 2010. ICC rules for the use of domestic and international trade terms.* Paris: ICC, 2010.

para o preço básico (se 15.000 litros por hora, por dia ou por mês), e que foi completada em conformidade com o uso de fazer-se a medição por hora[120].

Por fim, ressalve-se, apenas, que dentro da moldura específica da CISG e, portanto, para os contratos de compra e venda internacional, as práticas e os usos não funcionam como critérios de suplemento de lacunas, por já se os considerarem como fontes do conteúdo contratual. Tal é o ditado pelo art. 9(1) da CISG, o que, como acima já tratamos, faz das regras por eles informadas presentes *ab initio* na disciplina contratual (do mesmo modo que os costumes para o Direito brasileiro). Ao aplicador restará, então, declarar sua presença ou ausência, e eventualmente sua violação – se o inadimplemento estiver em pauta –, sem que, com isso, esteja colmatando qualquer lacuna ou procedendo com eficácia constitutiva. Tal não surpreende, visto que, por exemplo, nos Princípios UNIDROIT, em que a colmatação de lacunas é expressamente disciplinada, não há menção dos usos e costumes como critério de suplemento, e sim como fonte do conteúdo contratual: sob o título "*Supplying an ommited term*", fazem menção à intenção das partes, à natureza e ao fim do contrato, à boa-fé e à razoabilidade (art. 4.8(2), alíneas *a* a *d*), ao passo que tratam os usos e costumes como "implied obligations" (art. 5.1.1)[121].

Conclusões

Nem sempre a abordagem de nosso legislador foi por fazer as normas positivas permeáveis aos usos e costumes. Em verdade, a longa tradição jurídica luso-brasileira se caracteriza por sucessivas tentativas de plasmar os usos e costumes em recompilações escritas, como é o remoto exemplo das Ordenações portuguesas; algumas vezes por sua acerba rejeição também por decreto, como tentado pela Lei da Boa Razão[122] ou mesmo pelo Código Civil de 1916, que pretendeu, da noite para o dia, revogar os em vigor que referentes a temas tratados pela novel lei[123]; invariavelmente, contudo, tendo-os por

---

120 TJRS, 11ª Câmara Cível, Apelação Cível n. 70056485345, Rel. Des. Luiz Roberto Imperatore Assis Brasil, j. 30.04.2014.

121 "Article 5.1.2 (Implied obligations) Implied obligations stem from (a) the nature and purpose of the contract; (b) practices established between the parties and usages; (c) good faith and fair dealing; (d) reasonableness".

122 A Lei da Boa Razão, que procurou centralizar as fontes jurídicas na lei, só reconhecia como costumes os preenchedores de três requisitos: serem conformes à boa razão, não contrariá-la e excederem o tempo de cem anos. Todos os demais restavam vedados de serem utilizados pelos juízes (Item 14), exceto para as relações comerciais em que seguiram reinantes. Cf. MARCOS, Rui Manuel de Figueiredo. *A legislação pombalina:* alguns aspectos fundamentais. Coimbra: Almedina, 2006, p. 218.

123 "Art. 1.807. Ficam revogadas as Ordenações, Alvarás, Leis, Decretos, Resoluções, Usos e Costumes concernentes às matérias de direito civil reguladas neste Código".

vertendo de frestas da legislação, como que incontidos pela argamassa positiva que sempre teimava em ceder. O fato muitas vezes negligenciado por certo discurso pasteurizado é o de não se poder falar, entre nós, da dominação de um positivismo legalista, que teve surtos bastante pontuais, localizados e temporários, tendo a lei, aqui, assumido um feitio *sui generis*: o de ser vista como instituidora da realidade – o "jurismo" de que nos fala Raymundo Faoro[124] –, o de servir de instrumento para a ativa e proativa modificação do estado de coisas e, por isso, o de não se a ter, em seu conteúdo, como imutável, insuscetível de alteração.

Bem atenta Judith Martins-Costa para o fato de o Código Civil vigente – apesar de seu muitas vezes impreciso tratamento da matéria – possibilitar conexões extrassistemáticas para fins de completamento de "normas parcialmente em branco", abrindo "espaço de concreta normatividade aos *usos*"[125]. Os usos e costumes são chamados amplamente à arena aplicativa, pelo que uma percepção clara de seus conceitos, uma indicação precisa de suas funções e um direcionamento ao que de utilidade transfiguram é pressuposto para seu apropriado emprego. Tal encontramos não na lei positiva – que, por vezes, mais confunde do que esclarece –, mas na doutrina, sendo a obra de nossa homenageada um início de caminhada consistente, a partir do que pudemos esboçar as espécies e as funções do modelo jurídico em questão.

Em esforço de suma, vimos que com relação às *espécies*, os usos e costumes se classificam em práticas (ou usos individuais), consistentes na disciplina habitual empregada pelas partes em sucessivos contratos, e que gera, assim, a expectativa de sua reiteração; em usos do tráfico, consistentes em hábitos coletivos que não se alçam ao patamar de regras jurídicas, mas que encontram juridicidade ao servirem de critério de interpretação do contrato; e em costumes (ou usos e costumes), *rectius* direito consuetudinário e que informam regras jurídicas em patamar similar às regras legais dispositivas, compondo o conteúdo contratual por presunção.

Já com referência às *funcionalidades*, as práticas dispõem de função interpretativa (interpretação propriamente dita e completamento de lacunas), jamais integrativa (jurígena); os usos do tráfico têm função igualmente interpretativa (interpretação propriamente dita e completamento de lacunas), do mesmo modo não assumindo função integrativa (jurígena); e os costumes, por fim, assumem as funções integrativa (jurígena) e interpretativa propriamente

124 FAORO, Raymundo. *Os donos do poder*: a formação do patronato político brasileiro. 3. ed. Rio de Janeiro: Globo, 2007, pp. 26-39, em resgate do conceito de Nestor Duarte.

125 MARTINS-COSTA, Judith. Culturalismo e experiência no novo código civil. *Revista dos Tribunais*. São Paulo: RT, 2004, v. 819. Assim também em MARTINS-COSTA, Judith. O direito privado como um "sistema em construção" – as cláusulas gerais no projeto do código civil brasileiro. *Revista dos Tribunais*. São Paulo: RT, 1998, v. 753.

dita (mas jamais a de completamento de lacunas), pois servem de fonte do conteúdo contratual e de critério de interpretação para as regras que, colhidas pelas partes do direito costumeiro, foram consolidadas em dispositivos contratuais. De seu turno, os contratos de compra e venda internacional de mercadorias, disciplinados pela CISG, não encontram nas práticas e nos usos critérios de colmatação de lacunas, mas fontes do conteúdo contratual, tanto quanto critérios de interpretação propriamente dita, por respectiva aplicação dos arts. 9(1) e 8(3) da Convenção.

Da CISG ao Código Civil, e daí à sua interpretação e aplicação, muitas são as dimensões que se podem explorar a partir dessa proposição de "modelo jurídico" esboçado e bem traçado por nossa homenageada; e muitas são as virtualidades que dele se podem extrair, a relembrar a lição de que o trabalho de doutrina "não é e nem pode ser estático", tanto quanto não estáticos "são os modelos que fornece"[126]. Nessa caminhada do doutrinador que, como Sísifo, sempre ergue e vê cair a pedra do topo da montanha, nada mais recomendável que seguir as pegadas e principiar pelos passos firmes de quem, pelas lições e pelo exemplo, ensina a como caminhar com as próprias pernas.

126 MARTINS-COSTA, op. cit., 2014, p. 31.

Usos comerciais, costumes e práticas das partes[1]: notas para sua distinção

Giovana Cunha Comiran

Orientação integral

Judith Martins-Costa é daquelas pessoas que têm a rara habilidade de transformar as pessoas, as coisas e o ambiente que as circundam. Judith marcou para sempre a Faculdade de Direito da UFRGS. Judith ressignificou a boa-fé no Direito Privado. Judith modificou os rumos do Direito Civil brasileiro. Judith transformou a minha história e, tenho certeza, a dos demais que, como eu, tiveram a honra de conhecê-la e de serem seus orientandos ou amigos.

Foi com Judith que aprendi a amar o Direito Privado, logo nos primeiros anos de faculdade. E lá se vão quase 20 anos... Foi com ela que aprendi a fazer pesquisa jurídica e a enxergar o Direito ao mesmo tempo com rigor científico e um toque de criatividade.

Judith costuma dizer que orientação é um mandato conferido ao professor, pautado pela confiança e pela lealdade. Assim foi como sempre se pautou nossa relação. Mas há muito o vínculo formal de orientação deixou de existir, para se transformar em algo que ultrapassa até mesmo o significado amizade, assumindo também um papel de mentoria informal.

Costumo dizer que Judith faz um trabalho voluntário e contínuo de "orientação integral". Nossa troca transita facilmente das discussões acadêmicas para as dicas práticas do dia a dia (seja de saúde, de alimentação, deliciosas receitas, inspiração para decoração). Judith ofereceu-me seu apoio incondicional – e imensurável auxílio – nos momentos mais difíceis pelos quais passei em minha vida: questões de saúde, mudança turbulenta de cidade, idas e vindas de meu curso de Doutorado, decisões profissionais.

Judith sempre se mostrou resistente a um livro em sua homenagem, o que por muitos anos freou as iniciativas de todos que com esta obra contribuíram. Talvez para materializar o tanto que existe de especial na relação que mantemos, pautada pela lealdade que nos une e pela mais absoluta hones-

1 O presente artigo foi parcialmente tratado como capítulo de minha tese de doutorado, inédita. Cf. COMIRAN, Giovana Cunha. *Usos comerciais*: da formação dos tipos à interpretação e integração de contratos empresariais. Tese de Doutorado apresentada à Faculdade de Direito da Universidade de São Paulo. Orientador: Prof. Associado Dr. Erasmo Valladão Azevedo e Novaes França. São Paulo, 2017. 351 p.

tidade acadêmica, a intenção de homenagear prevaleceu ao receio de não agradá-la.

Devo a ela duas publicações: de minha dissertação de mestrado, por ela orientada, e de minha tese de doutorado, que, muito embora tenha sido orientada pelo Professor Erasmo Valladão Azevedo e Novaes França, contou com sua imprescindível colaboração, mediante sugestões, debates e atenta leitura. Por ora, peço que aceite esse texto que foi preparado a partir de capítulo de minha tese de doutorado. Entendo que ele demonstra uma parcela do aprendizado que me transmitiu durante estes quase 20 anos: a preocupação com o rigor técnico, consistente na definição dos termos jurídicos, em especial quando possuem impactos diversos na vida do Direito.

Introdução

De acordo com Rocco[2], uso é, em sentido lato:

> Toda a repetição consciente e prolongada de actos voluntários, repetição que pode ser um facto meramente individual, fundado sobre a maior facilidade que oferece a repetição de um acto já realizado, em comparação com a prática de um acto novo (hábito); ou então um facto social fundado sobre o hábito e a imitação.

Em complemento, Escarra[3], narrando o desenvolvimento das práticas dos mercadores italianos, demonstra que os usos se configuram na prática dos comerciantes. Configuram-se na sua procura por soluções para os problemas quotidianos e se consolidando na forma de soluções que, pela repetição, acabam por se tornar padrões e, assim, dispensam maiores formalidades.

O termo "uso", no entanto, comporta não apenas uma ambiguidade conceitual, mas também dificuldades decorrentes da imperfeição da própria linguagem[4]. Segundo Escarra, essa polissemia e essa ambiguidade fazem dos usos um tema de estudo deveras complexo, com muitas zonas obscuras – um verdadeiro "*enfant terrible de la grande famille juridique*"[5].

De fato, há diferentes termos que servem, de um lado, para designar a ideia de "uso" no mundo jurídico; de outro, o termo *uso* pode fazer referência

2 ROCCO, Alfredo. *Princípios de direito comercial*. São Paulo: Saraiva, 1931, p. 130.

3 ESCARRA, Jean. De la valeur juridique de l'usage en droit commercial. In: *Annales de droit comercial français, étranger e international*. Librairie Nouvelle de Droit et de Jurisprudence Arthur Rousseau, 1910, pp. 98-99.

4 KASSIS, Antoine. *Théorie générale des usages du commerce*. Paris: LGDJ, 1984, p. 5.

5 ESCARRA, Jean. De la valeur juridique de l'usage en droit commercial. In: *Annales de droit comercial français, étranger e international*. Librairie Nouvelle de Droit et de Jurisprudence Arthur Rousseau, 1910, p. 98.

a figuras distintas. Há, assim, no mínimo três ideias diversas que podem ser depreendidas a partir do termo "uso" no âmbito jurídico: (i) uma prática simplesmente observável como fato social, ou seja, um hábito; (ii) a mesma prática já como um instrumento passível de manipulação jurídica, porém ainda não detentora da qualidade de norma jurídica e (iii) a ideia de uma regra de direito, que se confunde com a noção de costume[6].

Não obstante, pode-se enumerar uma série de diferentes figuras jurídicas, todas elas intrinsecamente ligadas ao que se compreende por usos. Diferentes figuras que possuem, em comum, o fato de terem nascido da espontaneidade da vida social – e não emanadas de um poder estatal. Algumas dessas figuras podem ser compreendidas a partir de um significado mais amplo de usos. Outras devem dele ser diferenciadas.

Jean Escarra afirma que a concepção de "uso" contém um problema elementar, relacionado, a partir de nossa leitura, com sua natureza jurídica. Coloca em xeque a noção de que as convenções legalmente formadas possuem valor obrigatório relativo, subjetivo, e que se opõe ao valor absoluto, objetivo, da lei. A concepção dos usos "estampa os contornos da lei e de convenção, tendo entre eles o papel de um valor de transição, zona de claro e escuro entre o quadro, onde todas as oposições vêm se atenuar e se fundir"[7].

Fundada na diversidade de figuras que podem ser abrangidas pelo termo "usos", a doutrina faz referência aos "usos e costumes", "usos comerciais", "usos mercantis", "usos da prática", "usos do tráfico", "práticas mercantis", "usos do local", "usos gerais", "usos especiais", "usos particulares". Por esse motivo – e porque a diferenciação traz consequências práticas – faz-se necessário esclarecer e apartar *usos comerciais ou usos mercantis* – e sua aproximação aos costumes, contemplando suas duas principais facetas (como fato e como norma) – das práticas individuais, ou das partes.

1. O que são usos comerciais?

Os usos surgem espontaneamente das práticas comerciais. De acordo com Escarra[8], na evolução do Direito Comercial, o nascimento dos usos ocorre quando "as cláusulas escritas se tornam subentendidas, ou a prática geral

---

6 KASSIS, Antoine. *Théorie générale des usages du commerce*. Paris: LGDJ, 1984, p. 6.

7 ESCARRA, Jean. De la valeur juridique de l'usage en droit commercial. In: *Annales de droit comercial français, étranger e international*. Librairie Nouvelle de Droit et de Jurisprudence Arthur Rousseau, 1910, p. 98.

8 ESCARRA, Jean. De la valeur juridique de l'usage en droit commercial. In: *Annales de droit comercial français, étranger e international*. Librairie Nouvelle de Droit et de Jurisprudence Arthur Rousseau, 1910, p. 99.

expressa se destaca da convenção, por se erigir em uma disposição objetiva não expressa".

Dizer que os usos nascem espontaneamente, no entanto, não é o mesmo que afirmar surgirem ao acaso. É pela iniciativa de uma ou outra parte do contrato que eles nascem. Sua espontaneidade diz com o nascimento a partir das partes interessadas, ou seja: não está relacionada à atuação de uma autoridade formal. Isso não reflete necessariamente um ato de inconsciência. Pelo contrário: se é possível afirmar que, em algum momento no passado, as regras costumeiras se estabeleceram mediante mecanismos automáticos, os usos modelos do comércio são, com frequência, produto de uma formação muito elaborada e racional (como contratos tipo do comércio internacional, bastante detalhados)[9-10].

Indiferentemente à sua origem, porém, a força dos usos surge pela adoção reiterada, pelos sujeitos do meio, de determinados negócios sedimentados na prática. Queremos com isso dizer que, mesmo se o nascimento de contratos-tipo, por exemplo, estiver ligado ao interesse de determinadas corporações, e "destinado" a tornar-se prática setorial, eles somente poderão ser chamados de usos se passarem pela provação da prática, mediante a reiteração e aceitação, seja dos modelos contratuais, seja das definições (glossários)[11] adotadas. Os usos, portanto, são a sedimentação de cláusulas originariamente estipuladas por convenção entre as partes[12], mas também esses são padrões ou *standards*, que fixam a compreensão de determinadas expressões ou de determinados atos.

---

9 KASSIS, Antoine. *Théorie générale des usages du commerce*. Paris: LGDJ, 1984, pp. 111-112.

10 Considerando-se esses fatores, Dupuy contrapôs o que chamou de "coutume sage" e o "coutume savage". Muito embora seu texto trabalhe a noção de costumes pelo ponto de vista da absorção dessas normas pelos Estados e a influência dos poderes que nele atuam para essa absorção (o que não é o foco deste texto), é interessante a leitura sob o ponto de vista de que tanto a adoção dos hábitos criados ao longo dos tempos como a interferência intencional da vontade humana atuam na criação de costumes. Seu questionamento, portanto, é se efetivamente os fatos que geram os usos e os costumes são inconscientes ou, pelo contrário, têm origem voluntária. Ele explica, ainda, que a intervenção da vontade não se confunde necessariamente com um acordo tácito. Pode decorrer da imposição voluntária do ente mais forte, apontando, também, que o próprio Estado exerce um papel nessa seleção de normas (DUPUY, Jean-René. Coutume sage et coutume sauvage. In: *La communauté internationale:* Mélanges offerts à Charles Rousseau. Paris: A Pedone, 1974, pp. 76- 77).

11 É bastante comum que associações setoriais ou profissionais elaborem glossários explicando termos comumente adotados em seus setores.

12 ESCARRA, Jean. De la valeur juridique de l'usage en droit commercial. In: *Annales de droit comercial français, étranger e international*. Librairie Nouvelle de Droit et de Jurisprudence Arthur Rousseau, 1910, p. 99.

Por isso mesmo Kassis ressalta que não há usos se não houver prática generalizada. É dizer: "A prática comercial não pode ter um significado e um escopo jurídico, mais precisamente, o valor jurídico de presunção, se ela estiver limitada a alguns comerciantes do lugar, da profissão ou do ramo. Ela deve ser generalizada"[13]. De fato, não se pode impor a aplicação de uso a qualquer sujeito se este uso não puder ser, presumivelmente, conhecido pelo destinatário dessa norma – a presunção, a nosso ver[14], somente se justifica porque há uma expectativa legítima, digna de tutela jurídica.

Agregadas a essa ideia de práticas nascidas, reiteradas e reconhecidas por determinado público, há algumas diferentes concepções. De um lado, há quem sustente que os usos possuem mero caráter convencional; de outro, há quem sustente que possuem natureza de regra, mas que diferem das regras costumeiras, pois as regras do uso não estão aptas à obtenção de força obrigatória; por fim, há quem assimile as duas noções – de usos e de costumes –, sustentando que os usos poderão, sim, ter características prescritivas e cogentes.

1.1. Usos convencionais (interpretativos) v. usos-regra (prescritivos ou obrigatórios): distanciamento e aproximação do conceito de costume

Além de compreender figuras diversas, o termo "usos" serve à designação da prática, mas também, ao ver de muitos, a uma concepção de norma[15]. Na construção de Gény, a noção de usos convencionais – para ele, interpretativos, ou de fato – se contrapõe à noção de usos-regra – aos quais haveria a agregação de uma força prescritiva[16].

Na concepção tradicional de Gény[17], os usos convencionais são práticas (algumas gerais, outras locais ou profissionais,) que compreendem tacitamente a formação dos atos jurídicos, especialmente contratos. E assim se dá em decorrência da atuação da autonomia privada, livre do puro formalismo, po-

---

13 KASSIS, Antoine. *Théorie générale des usages du commerce*. Paris: LGDJ, 1984, pp. 109-110.

14 Nesse sentido. COMIRAN, Giovana Cunha. *Usos comerciais:* da formação dos tipos à interpretação e integração de contratos empresariais. Tese de Doutorado apresentada à Faculdade de Direito da Universidade de São Paulo. Orientador: Prof. Associado Dr. Erasmo Valladão Azevedo e Novaes França. São Paulo, 2017. 351 p.

15 Cf. nesse sentido, a diferença que faz Pontes de Miranda entre "usos e costumes" e regra consuetudinária, esta sim, segundo ele, sendo fonte formal de direito (*Tratado de direito privado*. Rio de Janeiro: Borsoi, 1972, t. 38, § 4.202, p. 80).

16 A expressão é de François GÉNY (*Méthode d'interprétation et sources en droit privé positif*. Paris: LGDJ, 1919, t. 1, em especial p. 418, que os indica como sinônimos de "usos voluntários" ou "usos do comércio".

17 GÉNY, François. *Méthode d'interprétation et sources en droit privé positif*. Paris: LGDJ, 1919, t. 1, pp. 418-419.

rém limitada pela atuação da boa-fé. Na sua lição, é justamente por força de tais princípios que os usos comerciais se fazem subentendidos para interpretar ou complementar a vontade das partes.

Para Thaller[18], o uso convencional é a cláusula tácita, subentendida em uma convenção, por meio da qual as partes regraram suas relações conforme a prática estável. Esta prática é por vezes geral, por vezes limitada a um local particular, mas será sempre elemento legítimo de interpretação. Refutando a ideia de que possam assumir contornos de lei, Thaller afirma que eles possuem força de convenção. Sua autoridade emana de uma simples ideia de observância, de consideração[19].

Escarra[20] chama de "usos de fato" ou interpretativos da vontade das partes aqueles que Gény nomeou de convencionais. Na sua definição, estes usos são compostos de elementos subjetivos, possuindo valor de convenção fundada sobre a vontade das partes. São as consequências subentendidas de contratos obrigatórios e perfeitamente definidos. O julgador de fato os interpreta, como todas as convenções. A força obrigatória destas prestações tácitas é contemporânea àquelas expressas e as regras gerais sobre a prova se aplicam aos usos assim como para toda e qualquer convenção.

Impõe-se discordar, no entanto, que quaisquer usos possam ter natureza subjetiva. A presunção mediante a qual se determina a aplicação dos usos a uma relação contratual não buscará a vontade subjetiva das partes, mas sim elementos objetivos para a sua compreensão.

Muitos autores italianos[21] sustentam uma clara dicotomia entre usos negociais e usos normativos em virtude de uma taxionomia introduzida naquele sistema pelo Código Civil de 1942. Esta corrente sustenta que, enquanto o art. 1.340[22], dispõe sobre a aplicação de usos integrativos, o art. 1.368[23] dispõe sobre

18 THALLER, Edmond Eugène. *Traité élémentaire de droit commercial.* 7. ed. Rev. J. Percerou. Paris: Librairie Arthur Rouseau, 1925, p. 46, quando diferencia usos de costumes.

19 THALLER, Edmond Eugène. *Traité élémentaire de droit commercial.* 7. ed. Rev. J. Percerou. Paris: Librairie Arthur Rouseau, 1925, p. 46.

20 ESCARRA, Jean. De la valeur juridique de l'usage en droit commercial. In: *Annales de droit comercial français, étranger e international.* Librairie Nouvelle de Droit et de Jurisprudence Arthur Rousseau, 1910, p. 120.

21 Cf., por exemplo, BIANCA, Cesare Massimo; BIANCA, Mirzia. *Instituzioni di diritto privato.* Milano: Giuffrè, 2014, pp. 22-24; ASQUINI, Alberto. Usi legali e usi negoziali. *Rivista del Diritto Commerciale e del Diritto Generale delle Obbligazioni*, 1944, v. XLII, parte prima, pp. 71-75.

22 "Art. 1.340. Clausole d'uso. Le clausole d'uso s'intendono inserite nel contratto, se non risulta che non sono state volute dalle parti."

23 "Art. 1368. Pratiche generali interpretative. Le clausole ambigue s'interpretano secondo ciò che si pratica generalmente nel luogo in cui il contratto è stato concluso. Nei contratti in cui una delle parti è un imprenditore, le clausole ambigue s'interpretano secondo ciò che si pratica generalmente nel luogo in cui è la sede dell'impresa.

usos de fato ou interpretativos (e estas duas funções são comumente conjugadas como "usos negociais") e o art. 1.374[24] dispõe sobre os usos normativos[25].

Nesse sentido, logo nos primeiros anos de vigência do Código Civil italiano, Asquini sustentou que os "usos legais" e os "usos negociais" não se confundem[26]. Segundo ele, quando se trata de usos legais, a lei os chama para integrar a si mesma, na função de regular pressupostos negociais. Os usos negociais, por sua vez, são chamados a interpretar e integrar os pressupostos negociais. Assim, a lei daria força aos usos legais para operarem como direito objetivo, o que permite serem conhecidos de ofício pelo juiz e abrir-se a via para a Corte de Cassação. Aos usos negociais, inversamente, a lei somente confere a força para operarem como elementos de fato relacionados à vontade negocial[27].

Ainda de acordo com Asquini, os "usos legais e usos contratuais estão em planos conceitualmente diversos". Ambos deverão ter caráter social, e não individual, deverão ser reconhecidos e ter alguma duração no tempo. No entanto, entre eles há a diferença essencial relacionada ao requisito subjetivo, ou seja, a consciência de que devem ser observados (*opinio iuris vel necessitatis*)[28].

Evidentemente, no entanto, este não é o único entendimento adotado pelos doutrinadores italianos. Para Pavone La Rosa[29] e Emilio Betti[30], por exemplo, a diferença entre eles não é ontológica, mas sim funcional.

Orlando Gomes[31], ao sustentar a diferença entre usos e costumes, afirma que os usos convencionais são "constituídos por cláusulas insertas invariavelmente em certos contratos, chamadas *cláusulas de estilo*, que se presumem

---

24 "Art. 1374. Integrazione del contratto. Il contratto obbliga le parti non solo a quanto è nel medesimo espresso, ma anche a tutte le conseguenze che ne derivano secondo la legge, o, in mancanza, secondo gli usi e l'equità."

25 Há quem agregue as funções dispostas no art. 1.340 e no art. 1.374 sob a mesma função normativa, pois ambos dizem com a integração do contrato, e apenas o art. 1.340 sob a função interpretativa (esclarecimento da vontade das partes). Nesse sentido, cf. BETTI, Emilio. *Teoria generale del negozio giuridico*. Napoli: Edizioni Scientifiche Italiane, 1994, em especial p. 340.

26 ASQUINI, Alberto. Usi legali e usi negoziali. *Rivista del Diritto Commerciale e del Diritto Generale delle Obbligazioni*, 1944, v. XLII, 1944, parte prima, p. 73.

27 ASQUINI, Alberto. Usi legali e usi negoziali. *Rivista del Diritto Commerciale e del Diritto Generale delle Obbligazioni*, 1944, v. XLII, 1944, parte prima, p. 73.

28 ASQUINI, Alberto. Usi legali e usi negoziali. *Rivista del Diritto Commerciale e del Diritto Generale delle Obbligazioni*, 1944, v. XLII, parte priva, pp. 71-7, p. 74.

29 LA ROSA, Antonio Pavone. Consuetudine (Usi normativi e usi negoziali). In: *Enciclopedia del diritto*. IX Coni – Contratto. Milano: Giuffrè, 1961, pp. 513-530.

30 BETTI, Emilio. *Teoria generale del negozio giuridico*. Napoli: Edizioni Scientifiche Italiane, 1994, em especial pp. 340-341.

31 GOMES, Orlando. *Introdução ao direito civil*. 10. ed. Rio de Janeiro: Forense, 1993, p. 43.

quando neles não estão expressas". Acrescenta que a "força obrigatória de tais cláusulas resulta da vontade tácita das partes, não se impondo, desse modo, quando não podem ser presumidas, o que não ocorreria se verdadeiramente costume fossem". Haveria para ele, portanto, uma gradação entre os usos ainda como manifestação de vontade das partes e o costume já como presunção de vontade.

A definição é um tanto quanto reducionista e imprecisa. Usos convencionais são também práticas aptas a formar cláusulas de estilo, isto é, cláusulas padrão. Mas não só isso. São práticas que contêm informações, como a indicação de sentido e significado de expressões utilizadas pelas partes, ou, ainda, de forma mais ampla, podem configurar modelos contratuais completos (um tipo contratual), e não apenas uma parte desse modelo (modelos de cláusulas típicas).

Pontes de Miranda menciona "usos e costumes" no sentido de usos convencionais, sustentando serem eles "elemento do suporte fáctico do negócio jurídico, e não como regra jurídica que incide sobre o suporte fáctico." Assim, o uso entra como "*vontade* do figurante ou dos figurantes, que, concluindo o negócio jurídico, *quiseram* como a generalidade sói querer"[32]. Prossegue afirmando que os usos "servem a completar o conteúdo do negócio jurídico, ora para entendimento do que foi dito (usos do tráfico interpretativos), ora para apreciação das circunstâncias". Mais adiante, em referência ao revogado art. 291[33] do Código Comercial de 1850, afirma, ainda assim, serem os usos do tráfico negociais, e não regras jurídicas.

Ele, contudo, faz uma ressalva: o fato de a lei, mediante regras interpretativas, remeter determinados parâmetros supletivos da vontade das partes aos usos do tráfico não os torna fontes de regras jurídicas gerais. A despeito da remissão, eles seguem sendo "meras práticas gerais, limitadas a certos lugares, certas profissões [...]". Constituem "parte tácita dos negócios jurídicos, enchendo-se com os usos e costumes, em vez de atos explícitos, o espaço deixado à autonomia da vontade". E, a depender da técnica legislativa, serão subentendidos ou referidos, mas não serão tornados regra jurídica[34].

A sua compreensão sobre usos convencionais, no entanto, está no seguinte trecho:

---

32 PONTES DE MIRANDA, Francisco Cavalcanti. *Tratado de direito privado*. Rio de Janeiro: Borsoi, 1971, t. 38, § 4.202, 4, p. 81.

33 "Art. 291. As leis particulares do comércio, a convenção das partes, sempre que não lhes fôr contrária, e os usos comerciais regulam toda a sorte de associação mercantil; não podendo recorrer-se ao direito civil para a decisão de qualquer dúvida que se ofereça, senão na falta de lei ou uso comercial."

34 PONTES DE MIRANDA, Francisco Cavalcanti. *Tratado de direito privado*. Rio de Janeiro: Borsoi, 1971, t. 38, § 4.202, 4, p. 82.

> O fato de haver uso negocial elemento comum ao direito costumeiro não basta para fazê-los um só. Os usos negociais podem ser postos inteiramente de lado pela vontade negocial, ou lhes suprir ou lhes interpretar a vontade. Falta-lhes a fixidez da regra jurídica, ainda dispositiva ou interpretativa, ou de arbítrio[35].

Já aí é possível localizar alguns elementos aptos a identificar o que seja um uso convencional. Podemos verificar que são necessários ao menos três elementos para que se tenha a formação de usos convencionais: (i) a existência de uma prática; (ii) que esta prática seja difundida de maneira generalizada (em um setor, em uma comunidade, em um país, em uma profissão); (iii) que se possa presumir a vontade das partes no sentido da prática estabelecida. À diferença dos chamados "usos-regra", não haverá, na noção de usos convencionais, o elemento de obrigatoriedade ou força normativa.

Para Kassis, duas são as características determinantes dos usos convencionais[36]:

(i) o domínio próprio do uso convencional é o da autonomia privada, ou seja, onde os atos jurídicos podem ser criados por esta vontade livremente, sem que haja uma regra imperativa (proibitiva);

(ii) o modo de intervenção, ou processo por meio do qual o uso convencional opera seus efeitos jurídicos é por meio da interpretação da vontade dos contratantes[37].

Kassis fundamenta a aplicação dos usos convencionais na ideia de presunção. Essa noção também é a suscitada por Lebrun[38], para quem os usos convencionais são práticas geralmente seguidas na vida dos negócios, e às quais os contratantes são presumivelmente vinculados, por interpretação de vontade, a menos que de sua convenção resulte o contrário, isto é, a não vinculação.

Na lição de Gény, os usos convencionais apresentam os mesmos elementos materiais de que são constituídos os costumes: supõe-se uma prática constante e longamente seguida (*corpus*), mas se dispensa o elemento psicológico quanto à sua obrigatoriedade (*opinio juris vel necessitatis*). Somente é possível suplementar ou interpretar a vontade dos contratantes mediante a aplicação dos usos porque as partes a eles *livremente* se sentiriam vinculadas. Sua aplicação, portanto, exclui a ideia de uma sanção jurídica correspectiva[39].

---

35 PONTES DE MIRANDA, Francisco Cavalcanti. *Tratado de direito privado*. Rio de Janeiro: Borsoi, 1971, t. 38, § 4.202, 4, p. 83.

36 KASSIS, Antoine. *Théorie générale des usages du commerce*. Paris: LGDJ, 1984, p. 125.

37 KASSIS, Antoine. *Théorie générale des usages du commerce*. Paris: LGDJ, 1984, p. 125.

38 LEBRUN, Auguste. *La coutume*: ses sources, son autorité en droit privé: contribution à l'etude des sources du droit positif à l'epoque moderne. Paris: LGDJ, 1932, p. 253.

39 GÉNY, François. *Méthode d'interpretation et sources en droit privé positif*. Paris: LGDJ, 1919, t. 1, p. 423.

Gény sustenta, no entanto, que os usos convencionais, em um dado momento, poderiam se transformar em verdadeiras regras jurídicas, os "usos-regra" ou "usos de direito" (em tudo semelhantes aos costumes). Isso se daria quando os usos adquirissem um aspecto mais estável, mais homogêneo, mais fixo, e se aclimatassem de tal maneira, na prática, que chegassem a constituir regra comum, verdadeiramente geral, em um dado meio. Aos poucos, seria possível presumir esta regra, que passaria a entrar na convenção das partes, bem menos mediante psicologia individual dos contratantes que mediante condições gerais denotadas pela natureza e pelas circunstâncias do ato. Nesse momento, segundo Gény, o uso convencional estaria muito próximo de um costume, se não agregado à legislação mediante a criação de normas dispositivas (lei supletiva ou interpretativa de vontade)[40].

Na hipótese de um uso convencional se transformar em uso-regra, segundo Gény, "não será necessário investigar, de forma precisa, em que medida os interessados efetivamente aceitaram, como cláusula de seus atos, nem se eles conheciam ou poderiam conhecer os usos; exceto se houver evidência em contrário, se terá por aplicável necessariamente em suas previsões e em seu querer"[41]. Essa presunção de aplicação independeria de qualquer prova e o juiz deveria conhecer tanto os usos como a todos os princípios de direito objetivo. A aplicação de tais usos, por sua vez, poderia até mesmo resultar no afastamento de uma lei imperativa, desde que preservada a ordem pública superior. E, por fim, tal uso poderia se transformar em um verdadeiro costume, integrando o direito positivo, abrindo, assim, a via da corte de cassação[42].

Na concepção de Gény, portanto, os usos-regra seriam passíveis de uma transformação em costumes, pela aquisição da *opinio iuris vel necessitatis*. Como consequência dessa transformação, surgiria uma regra jurídica e, por conseguinte, não haveria mais a necessidade de lidar com um indício informativo de uma presunção de declaração de vontade.

Em sua tentativa de localizar o valor jurídico dos usos no Direito, Escarra[43] também define o que chama de "usos de direito" em contraposição ao "uso de fato". Apresenta, no entanto, uma crítica à noção adotada por Gény.

---

40 GÉNY, François. *Méthode d'interprétation et sources en droit privé positif*. Paris: LGDJ, 1919, t. 1, pp. 429-431.

41 GÉNY, François. *Méthode d'interprétation et sources en droit privé positif*. Paris: LGDJ, 1919, t. 1, p. 430.

42 GÉNY, François. *Méthode d'interprétation et sources en droit privé positif*. Paris: LGDJ, 1919, t. 1, pp. 425-430. Essa preocupação quanto a ser "questão de direito" e possibilitar recursos aos tribunais superiores é corrente na França e parece ser preocupação central da dicotomia entre usos interpretativos e usos-regra.

43 ESCARRA, Jean. De la valeur juridique de l'usage en droit commercial. In: *Annales de droit comercial français, étranger e international*. Librairie Nouvelle de Droit et de Jurisprudence Arthur Rousseau, 1910, pp. 116-117.

Explica que o uso de direito é formado da mesma matéria de que é formado o uso de fato. No caso dos usos de fato, no entanto, há suporte da vontade individual, a justificar a vinculação das partes (i.e., há uma manifestação de vontade). Nos usos de direito, diferentemente, não há o suporte da vontade a justificar a vinculação[44].

Na opinião de Escarra, ademais, a repetição material dos atos ou das cláusulas (i.e., o *corpus*) não é suficiente para estabelecer, isoladamente, uma força obrigatória dos usos. Seria necessário agregar outro elemento, a lhe conferir força. Este seria uma vontade coletiva, a "consciência da praça", ou seja, uma opinião geral de que o uso em questão é uma regra obrigatória[45]. Isso faria com que houvesse, na opinião de Escarra, uma equivalência entre o uso-regra e o costume (regra jurídica), e não uma gradação, como pretende Gény, entre usos convencionais, usos-regra e, finalmente, costumes. No entanto, Escarra admite que essa definição não está livre de críticas, pois é, na prática, verdadeiramente artificial.

É necessário registrar que a tradicional doutrina do Direito Internacional invariavelmente ignora essa dicotomia entre usos consensuais, usos-regra e costumes, sustentando tão somente a natureza prescritiva dos usos, isto é, os usos como norma jurídica equivalente à regra costumeira.

Fouchard[46] define os usos do comércio internacional como normas não estatais, de origem profissional e que se formam a partir de contratos-tipo e condições gerais estabelecidos por associações profissionais. Podem, inclusive, ser codificados pelos organismos internacionais.

Goldman acaba assimilando as noções de usos e de regras costumeiras, ao afirmar ser o comércio internacional governado por normas de origem profissional, ou regras costumeiras e princípios revelados pelas sentenças arbitrais[47]. Sustenta, ainda, que os contratos internacionais não são regidos pelas leis de um Estado, nem por uma lei uniforme adotada por uma Convenção dos Estados, mas pelos contratos-tipo eles mesmos. Ou seja: vê uma evidente normatividade nos modelos formados a partir de usos do comércio.

---

44 ESCARRA, Jean. De la valeur juridique de l'usage en droit commercial. In: *Annales de droit comercial français, étranger e international*. Librairie Nouvelle de Droit et de Jurisprudence Arthur Rousseau, 1910, pp. 116-117.

45 ESCARRA, Jean. De la valeur juridique de l'usage en droit commercial. In: *Annales de droit comercial français, étranger e international*. Librairie Nouvelle de Droit et de Jurisprudence Arthur Rousseau, 1910, pp. 116-117.

46 FOUCHARD, Philippe. *Travaux du Comité François de droit international privé*. Paris: LGDJ, 1973-1975, p. 74.

47 GOLDMAN, Berthold. Frontières du droit et lex mercatoria. *Revista de Arbitragem e Mediação*, 2009, a. 6, n. 22, p. 212 (originalmente publicado em *Archives de philosophie du droit*, n. 9, 1964, pp. 177-194).

Em sua investigação conclui que os usos do comércio internacional podem ser considerados regras porque atendem definição de Batifol[48], segundo a qual uma norma "é uma prescrição de caráter geral, formulada com uma precisão suficiente para que os interessados possam conhecê-la antes de agir"[49]. Para ele, "as cláusulas dos contratos-tipos, ou os usos codificados correspondem a essa definição, ao menos naquilo que concerne à generalidade, à precisão e à publicidade". Destaca que não é sem dificuldade que se conclui pela possibilidade de que sejam consideradas costumes, pois isso implica na ideia de comando. No entanto, essas cláusulas e usos codificados seriam de livre adesão às partes.

Goldman pondera que, no comércio internacional, "os pequenos são obrigados a seguir as regras estabelecidas pelos mais fortes". Ou seja, a maior parte das empresas deverá, se quiser participar do comércio internacional, adaptar-se a esses modelos contratuais[50]. Na sua concepção, ademais, não é necessária a ligação entre a emanação da norma e uma autoridade, pois, se assumindo tal fato como verdadeiro, uma série de regras permaneceriam à margem do direito[51].

O autor aponta, entretanto, situações em que o contrato-tipo advém de criação de determinadas empresas, de forma isolada. Nesse caso, o contrato-tipo não poderia ser considerado emanado de uma autoridade exterior. Adotada esta hipótese, ele rechaça a possibilidade de serem consideradas normas. Com exceção desses casos, conclui que os usos do comércio internacional "são regras de direito gerais (e não simples normas individuais curvadas a uma forma obrigatória dos contratos)"[52].

Em outro texto[53], Goldman agrega seu entendimento segundo o qual a regra de direito é a norma governante de uma coletividade porque os seus membros têm consciência de que, em sua transgressão, entrariam em conflito não somente com o bem (como seria quando se trata de uma regra moral), mas com a organização, com as estruturas e com o funcionamento dessa coletivi-

48 Faz referência à aula por ele ministrada, e não a uma publicação.

49 GOLDMAN, Berthold. Frontières du droit et lex mercatoria. *Revista de Arbitragem e Mediação*, 2009, a. 6, n. 22, p. 224.

50 GOLDMAN, Berthold. Frontières du droit et lex mercatoria. *Revista de Arbitragem e Mediação*, 2009, a. 6, n. 22, p. 227.

51 GOLDMAN, Berthold. Frontières du droit et lex mercatoria. *Revista de Arbitragem e Mediação*, 2009, a. 6, n. 22, p. 227.

52 GOLDMAN, Berthold. Frontières du droit et lex mercatoria. *Revista de Arbitragem e Mediação*, 2009, a. 6, n. 22, p. 330.

53 GOLDMAN, Berthold. La lex mercatoria dans les contrats et l'arbitrage internationaux: realités e perspectives. *Clunet*, 1979, n. 3, pp. 499-501.

dade. Para ele é esta a realidade dos comerciantes, permitindo-se concluir que as normas modeladas pelos usos do direito internacional são regras jurídicas.

A sua qualificação como norma jurídica, no entanto, somente se dá com a desvinculação de sua origem contratual. É assim que os usos ascendem à condição de normas costumeiras, suscetíveis de serem aplicadas mesmo na ausência de sua adoção por convenção expressa.

Loquin também reconhece os usos internacionais como usos-regras. Segundo ele, os usos são produto da solidariedade social e estão presentes na comunidade dos comerciantes em virtude de uma consciência coletiva, de um reconhecimento pelo conjunto de agentes interessados e de um consenso meio – ou consenso coletivo –, ou um reconhecimento do conjunto de agentes interessados[54].

Adotada esta concepção, os usos internacionais, segundo Kassis, seriam nada mais, nada menos, que costumes[55]. No entanto, haveria, mesmo o elemento coativo tradicionalmente necessário à configuração da regra costumeira nessa concepção? Nossa opinião, acompanhando Kassis, é de que, na verdade, essa obrigatoriedade não existe no direito contratual – seja ele de direito interno ou internacional.

Isso não significa, no entanto, que não se possa atribuir valor prescritivo aos usos. A prescritividade dos usos está nas expectativas geradas nas partes[56]. A suposta cogência de usos internacionais, vista por Goldman, é outra coisa. É uma questão de mercado, de barganha; é questão metajurídica, e não jurídica.

1.2. Críticas à dicotomia

A classificação formal dos usos como consensuais (interpretativos, de fato) ou regra jurídica (impositivos, de direito), bem como a adoção das teorias tradicionais dos costumes para sua explicação, não é imune a críticas. Isso porque ela parte do princípio segundo o qual os usos comerciais, em sua evolução, poderão ser transformados em costumes, trazendo para a teoria dos usos comerciais uma miríade de problemas existentes na teoria dos costumes como regra jurídica.

---

54 LOQUIN, Éric. *Règles matérielles du commerce international et droit économique*. Disponível em: <http://www.cairn.info/article_p.php?ID_ARTICLE=RIDE_241_0081>.

55 KASSIS, Antoine. *Théorie générale des usages du commerce*. Paris: LGDJ, 1984, p. 121.

56 Foi esta a linha que adotamos em nossa tese de doutorado, na qual sustentamos que o fio condutor desta vinculação é o princípio da confiança. Não haveria espaço neste texto, no entanto, para melhor explorar o tema. Cf. COMIRAN, Giovana Cunha. *Usos comerciais:* da formação dos tipos à interpretação e integração de contratos empresariais. Tese de Doutorado apresentada à Faculdade de Direito da Universidade de São Paulo. Orientador: Prof. Associado Dr. Erasmo Valladão Azevedo e Novaes França. São Paulo. 2017.

A conceituação de costume, por sua vez, passa pelo reconhecimento de dois elementos básicos – o *corpus* (elemento objetivo, coincidente com a prática em si) – e a *opinio iuris vel necessitatis* (elemento psicológico que, a depender da corrente de pensamento, poderá ser um sentimento de obrigatoriedade imanente, dado pela sociedade ou afirmado pela jurisprudência). O problema é que, nessa hipótese, para se saber se há já costume (regra jurídica, obrigatória à parte), será necessário examinar se houve a superação do terreno simplesmente fático, para se chegar ao terreno de norma, ou seja, identifica-se o momento em que essa força autorizadora atua ou, como Bederman[57] tentou situar em sua obra, quando é possível localizar o "elemento extra", apto a atribuir caráter normativo aos usos.

Mas mesmo que ultrapassada a tensão entre os significados de usos e costumes, aceitar a teoria tradicional implica atribuir à parcela dos usos a qualidade de norma jurídica, incluindo a noção de obrigatoriedade. A supletividade, no entanto, é a regra para os usos comerciais, e não a obrigatoriedade: nada impede que as partes disponham por expresso contrariamente a um uso estabelecido. Justamente por atuarem no âmbito da autonomia privada, para Kassis a natureza dos usos será sempre convencional[58].

De maneira semelhante, Pédamon[59] afirma a natureza exclusivamente convencional dos usos comerciais. Ao contrapô-los aos usos civis, afirma que estes podem dizer respeito à matéria extracontratual como, por exemplo, as relações de vizinhança, o que não se verifica em matéria de Direito Comercial.

De fato, as construções tradicionais contemplam no mínimo dois problemas: (i) a transmutação de uma regra de caráter supletivo em outra, com natureza de regra obrigatória, o que desafia a lógica jurídica; (ii) não é pos-

---

57 Por tudo, BEDERMAN, David J. *Custom as a source of law*. Cambridge/New York: Cambridge University Press, 2010.

58 A divergência se deve a, pelo menos, quatro diferentes motivos: (i) no âmbito dos contratos, com exceção das regras limitadoras da autonomia privada (cogentes), as regras jurídicas heterônomas são dispositivas e supletivas; portanto, só incidirão no intuito de suplementar a vontade não manifesta das partes; (ii) se a noção de uso-regra é absorvida pela noção de regra costumeira, ela é dependente de uma cogência, aparentemente incompatível com a noção de usos em matéria contratual, pois é difícil sustentar a existência de uma regra usual que limite coativamente a autonomia privada; (iii) a noção de usos-regra compreende os mesmos problemas relacionados à teoria do direito costumeiro, i.e., saber quando o uso se "transforma" em regra e saber qual a fonte autorizadora da *opinio iuris vel necessitatis* (i.e., autoridade da qual emana); (iv) o conceito formal de regra não comporta senão aquele de fonte emanada de um poder autorizador; nesse caso, o reconhecimento de usos-regra depende, portanto, de serem estes reconhecidos como fonte formal de direito (Cf. KASSIS, Antoine. *Théorie générale des usages du commerce*. Paris: LGDJ, 1984, p. 107).

59 PÉDAMON, Michel. Y a-t-il lieu de distinguer les usages et les coutumes en droit comercial? *Revue trimestrale du droit commercialle*, 1959, p. 343.

sível, na prática, identificar o momento em que, de um simples fato (uso) surgiria a norma jurídica (uso-regra ou costume).

Adepto desta diferenciação, Gény sustenta que a transformação dos usos comerciais em normas costumeiras resultaria em uma forma diversa de aplicação dos usos comerciais. Estes, já na condição de regra jurídica:

(i) "entram no ofício do juiz", enquanto os usos devem ser propostos e necessariamente justificados pela parte que os invoca[60];

(ii) não contêm, quanto à sua constituição, a *opinio iuris necessitatis*. Devem, por isso, ser conhecidos pelas partes, presumindo-se que tenham entendido que a eles se submeteram; uma regra costumeira (que para Gény poderia ser supletiva da vontade das partes), por sua vez, deveria se impor ao intérprete, mesmo que as partes a ignorassem, pois haveria uma presunção de que se aplica a todos os relacionamentos jurídicos implicados, indiferente ao seu conhecimento[61];

(iii) possuiriam capacidade de derrogação de lei, o que não ocorre com os usos[62];

(iv) sua ignorância, pelo juiz, resultaria em violação do direito objetivo; quando o caso diz respeito à aplicação de usos convencionais, diferentemente, a questão discutida é de fato (o que, na França, afastaria o controle da Corte de Cassação)[63];

(v) levariam à aplicação de princípios diversos para o caso de conflito de lei em matéria de Direito Internacional[64]. O uso consolidado como costume integra o direito positivo, devendo ser colocado no mesmo nível da lei escrita nas relações internacionais[65].

Observando essas consequências na prática, no entanto, é difícil concluir que, a partir dessa transformação dos usos em regra consuetudinária, haveria, efetivamente uma diferença dessa ordem na prática no sistema brasileiro. Assim, entendemos, comparativamente à listagem acima, que:

---

60 GÉNY, François. *Méthode d'interprétation et sources en droit privé positif*. Paris: LGDJ, 1919, t. 1, p. 425.

61 GÉNY, François. *Méthode d'interprétation et sources en droit privé positif*. Paris: LGDJ, 1919, t. 1, pp. 425-426.

62 GÉNY, François. *Méthode d'interprétation et sources en droit privé positif*. Paris: LGDJ, 1919, t. 1, pp. 426-427 e 431

63 GÉNY, François. *Méthode d'interprétation et sources en droit privé positif*. Paris: LGDJ, 1919, t. 1, pp. 427-428 e 431.

64 GÉNY, François. *Méthode d'interprétation et sources en droit privé positif*. Paris: LGDJ, 1919, t. 1, p. 428.

65 GÉNY, François. *Méthode d'interprétation et sources en droit privé positif*. Paris: LGDJ, 1919, t. 1, p. 431.

(i) exceto se for possível afirmar que o uso ou o direito consuetudinário são de conhecimento público e notório, a parte teria de fazer prova de sua existência e de sua aplicabilidade. A dificuldade de diferenciar do uso convencional o uso transformado em regra é evidente. Como e quando, afinal, é possível localizar a *opinio iuris necessitatis* que tornaria dispensável essa prova? Como demonstrar para o juiz que ele está diante de uma regra de direito consuetudinário, e não mais de um simples uso e que, portanto, deverá aplicá-lo independentemente de prova?;

(ii) a parte interessada, em regra, será obrigada a demonstrar que aquele a quem pretende ver aplicado o uso comercial, já transmutado em costume, dele tinha conhecimento ou era esperado que o tivesse. A presunção não é automática – ela depende da demonstração de circunstâncias que a induzam;

(iii) fica difícil reconhecer, em matéria contratual, uma força derrogatória ao direito consuetudinário. Isso porque, neste campo, as normas são, em sua maioria, dispositivas. Sempre que há uma norma impositiva, ela visa à correção de condutas que o Estado não admitiria em virtude da proteção de determinados interesses.

Vide, por exemplo, a cogência de algumas das normas relativas ao contrato de representação comercial[66]. Nessas hipóteses, mesmo que se sedimentasse um uso contrário à norma, o papel da jurisprudência seria a correção desse comportamento, mediante aplicação impositiva da norma legal, e não a derrogação da norma cogente;

(iv) No que tange à possibilidade de acesso às Cortes superiores, a questão é bastante complexa. No sistema brasileiro, as hipóteses que podem levar às Cortes superiores são aquelas que compreendem violação de lei federal[67], dissídio jurisprudencial[68] e questão relacionada à vigência de norma constitucional[69] ou conflito entre lei local e lei federal[70]. Ainda na vigência do

66 Entre os requisitos da Lei n. 4.886, de 09.12.1965 (com redação dada pela Lei n. 8.420, de 08.05.1992) está o valor mínimo da indenização pela rescisão sem justa causa: "Art. 27. Do contrato de representação comercial, além dos elementos comuns e outros a juízo dos interessados, constarão obrigatoriamente: (...) j) indenização devida ao representante pela rescisão do contrato fora dos casos previstos no art. 35, cujo montante não poderá ser inferior a 1/12 (um doze avos) do total da retribuição auferida durante o tempo em que exerceu a representação. § 1º Na hipótese de contrato a prazo certo, a indenização corresponderá à importância equivalente à média mensal da retribuição auferida até a data da rescisão, multiplicada pela metade dos meses resultantes do prazo contratual".

67 Art. 105, III, "a", da CF.

68 Art. 105, III, "c", da CF.

69 Art. 102, III, "a", "b", "c".

70 Art. 102, III, "d".

sistema anterior, Pontes de Miranda[71] sustentava a possibilidade de se levar às vias extraordinárias questionamento com base em direito consuetudinário, mediante uma extensão da compreensão do termo "lei" nos dispositivos constitucionais.

Sob a vigência da Constituição de 1988, localizamos um único precedente admitindo uma interpretação ampla do sentido de que a ideia de "lei" contida nas normas processuais, pode ser alargada à ideia de costume, mas a decisão tratava da definição das hipóteses de cabimento da ação rescisória[72]. No entanto, a pesquisa jurisprudencial revela uma ausência de debate sobre a abertura das vias extraordinárias pela suposta violação de regra costumeira e consideramos difícil, ante ao sistema de jurisprudência defensiva dos nossos tribunais, a admissão dessa tese de forma isolada, i.e., sem que seja debatido conjuntamente o dissídio pretoriano.

71 PONTES DE MIRANDA chega a admitir que a questão quanto à diferenciação entre direito consuetudinário e "usos e costumes" é importante "em se tratando de ação rescisória e de recurso extraordinário. (...) Não há recurso extraordinário, nem revista, nem ação rescisória de sentença, por infração de uso e costume, porque não há, aí *quaestio iuris*." (*Tratado de direito privado*. Rio de Janeiro: Borsoi, 1971, t. 38, § 4.202, pp. 86-87). E em seu tratado sobre ações rescisórias, por sua vez, referenda o entendimento segundo o qual decisão que aplica costumes (no sentido de direito consuetudinário), pode ser objeto de ação rescisória: "Quanto à 'literal disposição de lei', que está no art. 485, V, temos sempre mostrado que não se pode acolher opinião apegada ao adjetivo. Letra, literal, está aí, como expresso, revelado. O art. 4º da Lei de Introdução do Código Civil não pode ser postergado: 'Quando a lei for omissa, o juiz decidirá o caso de acordo com a analogia, os costumes e os princípios gerais de direito'. Dizer-se que, ao sentenciar invocando costume ou princípio geral de direito, o juiz, que o ofende, apenas erra *in procedendo*, é erradíssimo. Sentenças proferidas contra algum costume, que se aponta como existente, escritível ou já escrito ('literal'), ou contra algum princípio geral de direito, ou contra o que, por analogia, se havia de considerar regra jurídica, são sentenças rescindíveis. Ao juiz da ação rescisória é que cabe dizer se existe ou não existe a regra de direito consuetudinário, ou o princípio geral de direito ou a regra jurídica analógica. Se o juízo rescindente se encontra diante de opiniões divergentes quanto à regra jurídica de costume, ou a interpretação por analogia, ou determinado princípio geral de direito, ele é que tem de dizer qual a opinião que é verdadeira, salvo se há imposição legal da observância de alguma atitude assumida pelo Supremo Tribunal Federal, pelo Superior Tribunal de Justiça ou por outro tribunal" (*Tratado da ação rescisória*. 1. ed. Rio de Janeiro: Bookseller, 1998, pp. 267-268).

72 Nesse sentido, cf. Ação rescisória. Aposentadoria especial (periculosidade). Servidor público. Interpretação razoável. Súmula n. 343 – STF. Preliminar de carência da ação por falta de indicação na petição inicial da rescisória do dispositivo legal violado pelo acórdão rescindendo. Rejeição. A violação de literal disposição de lei a que alude o art. 485, inc. V, do CPC, deve ser frontal e induvidosa. Entendimento do Col. STJ de que "a interpretação do artigo 485, inc. V, do CPC, deve ser ampla e abarca a analogia, os costumes e os princípios gerais do Direito (art. 4º da LICC) (...). (STJ, Ação Rescisória n. 822/SP, 1ª Seção, Rel. Min. Franciulli Neto, j. 26.04.2000)."

Portanto, encontrar nos usos características de regra jurídica costumeira também não parece ter utilidade prática no que diz com a sua apreciação pelos tribunais. Em princípio, ambos serão igualmente matéria de prova; e nenhum deles preencherá, por sua suposta característica de "regra jurídica", o suporte fático das regras que permitem a interposição de recurso especial.

Também para tentar superar o primeiro enigma, sugere Pédamon[73] que haveria uma forma diversa de *opinio juris*, aplicável aos usos convencionais. Na sua teoria, o uso, transformado em regra costumeira[74], tornar-se-ia uma regra jurídica não imperativa, equivalente a uma lei interpretativa ou supletiva. Já aí não se teria a escala de graduação de Gény (usos de fato / usos de direito / costumes), mas uma natureza distinta de regras: regras costumeiras imperativas e regras costumeiras dispositivas.

Independentemente de qual seja a ideia adotada, em matéria contratual essa proposta de transmutação esbarra na natureza jurídica dos usos. Não nos parece, com efeito, que eles possam se impor, de maneira cogente, à vontade das partes, pois o que predomina é justamente o campo de atuação da autonomia privada. A aplicação como norma dispositiva, por sua vez, esbarra, como veremos, em uma questão metodológica: não há usos dispositivos; eles são sempre supletivos.

Nesse ponto, concordamos com Kassis[75], para quem não há costumes "dispositivos", mas tão somente supletivos. A ideia de "obrigatoriedade", inerente ao direito costumeiro, é, por seu turno, incompatível com noção de tutela jurídica da autonomia privada.

Sustentar que usos poderiam gerar regras cogentes, i.e., limitadoras da autonomia privada, seria admitir a possibilidade de determinada cláusula contratual ser considerada inválida porque contraria usos comerciais. Na hipótese de haver uma cláusula contrária ao uso, no entanto, o resultado é a ineficácia do uso ao caso, pois prevalece a autonomia das partes. Os usos se aplicam e vinculam as partes não porque limitam a autonomia das partes, mas porque (i) as partes livremente se vincularam e (ii) as legítimas expectativas criadas a partir desse vínculo devem ser tuteladas pelo direito.

Ou bem a norma é obrigatória – e há cogência – ou ela não o é, e as partes têm, à sua livre disposição, como devem e se devem ou não firmar seus contratos. Já aí não se poderia falar em direito costumeiro. Nessa concepção, não há como a mesma norma, que materialmente serve à livre vontade e

73 PÉDAMON, Michel. Y a-t-il lieu de distinguer les usages et les coutumes en droit comercial? *Revue Trimestrale du Droit Commerciale*, 1959, p. 347.

74 Pédamont adota a teoria de Lambert, segundo a qual a afirmação da obrigatoriedade dos usos se dá pela via jurisprudencial. LAMBERT, Édouard. *Études de droit commun législatif. Introducion. La fonction du droit civil comparé*. Paris: Giard & E. Brière: 1903, t. 1.

75 KASSIS, Antoine. *Théorie générale des usages du commerce*. Paris: LGDJ, 1984, p. 167.

escolha das partes, assumir a condição de direito consuetudinário, i.e., tornar-se mandatória.

Pode-se compreender esse paradoxo estabelecendo-se uma comparação com a formação da norma dispositiva. A força da lei é retirada da autoridade que é institucionalmente rica de poder de legislar. Um uso normativo, de acordo com as correntes majoritárias, retira sua força da convicção de seu caráter obrigatório entre os sujeitos de direito – convicção que assume o lugar de autoridade legislativa, com o poder de conferir força obrigatória aos usos.

Ora, esta convicção falta aos usos por natureza – i.e., a sua aplicabilidade é supletiva. A obrigatoriedade de um uso, portanto, não existe. Faltam a fonte e o fundamento dessa obrigatoriedade[76].

Mas digamos que se possa admitir a ideia de uma *opinio juris* apta a transformar usos convencionais em normas interpretativas ou dispositivas... Ela, entretanto, não sobrevive aos testes da lógica jurídica, tampouco à sua aplicação. Muito embora Gény sustente a existência de usos-regras, e, ademais, a possibilidade de usos de natureza consensual transformarem-se em costumes de caráter dispositivo, dentro, mesmo, da sua própria lição é possível compreender por que essa ideia não funciona.

Há pelo menos duas diferenças fundamentais entre as normas dispositivas e os usos comerciais. A primeira diferença é de ordem conceitual: a lei contém, ela mesma (e exprime diretamente), a regra destinada a complementar a expressão de vontade. Diferentemente, o uso comercial deixa-se descobrir indiretamente, segundo ele mediante um princípio distinto: o da autonomia da vontade[77]. Isso diferencia o uso tanto da lei, quanto da regra costumeira.

Sob um ponto de vista prático – e esta é a segunda diferença –, a norma contida na lei dispositiva, de ofício se impõe ao intérprete, determinando que a omissão dos contratantes deverá ser integrada por determinada forma ou sentido. E isso se dá mesmo que a norma seja ignorada pelos contratantes. Ou seja: salvo disposição em contrário, aplica-se a norma dispositiva. Gény entende, no entanto, que para que os usos possam ser aplicados deverão ser, em princípio, conhecidos pelas partes. Isso porque a aplicação dos usos, a seu ver, sugere uma intenção não expressa, mas que as circunstâncias permitem presumir no sentido da vontade subjetiva das partes[78]. Sua aplicação é, pois, supletiva e não dispositiva.

A aplicabilidade dos usos deverá ser levada a conhecimento do juiz e devidamente demonstrada. Por isso, conforme sustenta Gény, os usos con-

---

76 KASSIS, Antoine. *Théorie générale des usages du commerce*. Paris: LGDJ, 1984, p. 174.

77 GÉNY, François. *Méthode d'interprétation et sources en droit privé positif*. Paris: LGDJ, 1919, t. 1, p. 423.

78 GÉNY, François. *Méthode d'interpretation et sources en droit privé positif*. Paris: LGDJ, 1919, t. 1, p. 425.

vencionais atuam da mesma forma que todas as outras circunstâncias de fato, servindo a revelar a vontade das partes[79]. Significa dizer que, enquanto a presunção informada pela lei dispensa a realização de prova a seu respeito, procedendo-se aplicação automática, a presunção de aplicação do uso comercial dependerá da comprovação de indícios não só de ser ele aplicável ao caso de acordo com suas circunstâncias, natureza etc., mas também de sua existência e oponibilidade.

Temos algumas objeções e essa explicação: entendemos que os usos não integram um contrato porque indicam uma vontade subjetiva. Eles integram o contexto do regramento objetivo do contrato, aplicável aos contratos por presunção. Isso significa, em visão um pouco diversa da sustentada por Gény, que os usos poderão ser aplicados independentemente do conhecimento de uma das partes, desde que se possa razoavelmente deduzir que deles devessem ter conhecimento. No entanto, ele está correto quando afirma que os usos não serão aplicáveis automaticamente a uma generalidade de sujeitos. Sua aplicação dependerá das circunstâncias envolvidas, caso a caso.

A constatação quanto às diferentes formas de aplicação de regras dispositivas e dos usos se traduz em questões de ordem prática: necessidade de provar a relação do sujeito com o meio em que os usos são empregados, necessidade de provar que esta pessoa conhecia os usos [ao que agregamos, ou que devesse razoavelmente conhecer], questões que não ocorrem quando se trata de uma norma dispositiva[80]. Cumpre, entretanto, ressaltar que estas também são questões que não se resolvem se afirmarmos que esses usos, como que por mágica, deixaram o terreno do convencional para assumirem força de regra jurídica dispositiva, emanada do poder social.

Ora, se os usos-regras propostos por Gény são formados da mesma matéria que os usos convenção, evidentemente não possuem força cogente por natureza. Há, entre eles, apenas uma diferença que, digamos assim, é de "grau" de adesão. Portanto, se os usos convencionais fossem transformados em leis, não poderiam dar origem a outra natureza de regra que não a dispositiva.

No entanto, não há lógica na opinião segundo a qual seria possível a formação de um uso "dispositivo" com força vinculativa facultativa, operando da mesma forma que uma norma legal dispositiva. Ou bem o uso integra a vontade não manifesta expressamente pela parte – e atua como presunção daquilo que não se exprimiu, isto é, serão supletivos da vontade das partes –

---

79 Nesse sentido, GÉNY, François. *Méthode d'interpretation et sources en droit privé positif*. Paris: LGDJ, 1919, pp. 424-425: "De fait, les usages des affaires jouent un rôle exactement identique à celui de toutes autres circonstances, pouvant révéler la pensée des auteurs d'un acte juridique: circonstances, tirées du lieu, du temps, du but de la'acte, de la situation personnelle des parties etc." (p. 424 para a citação).

80 KASSIS, Antoine. *Théorie générale des usages du commerce*. Paris: LGDJ, 1984, p. 186.

ou outras circunstâncias assim o farão, ou a lei irá integrá-la por sua força própria (e aí sim, por força de um comando imperativo, ainda que dispositivo). Mas não há como se sustentar a ideia de que um uso, que é sempre supletivo, tenha a força imperativa automática de uma norma jurídica dispositiva.

Pontes de Miranda explica essa diferença com sua costumeira clareza: segundo ele, a lei dispositiva supõe a falta de declaração de vontade negocial; os usos ou costumes supletivos (note-se a inversão) supõem, ainda sem *expressão*, a intenção dos figurantes". Para ele, não há usos dispositivos, mas tão somente supletivos e, a rigor, eles não são interpretativos, mas sim "*exprimem*" o que não se fez expresso nas manifestações de vontade das partes. Mais do que isso, "não são regras sobre declarações de vontade; são vontades"[81].

Em sentido semelhante, Kassis dedica algumas páginas para diferenciar a aplicação de usos convencionas e de normas legais dispositivas. Segundo ele, ambos são presunções de vontade, ambos podem ser descartados por um ato de vontade contrário, ambos desempenham o papel de complementação da vontade. Mas, enquanto o uso é uma presunção de fato, a lei é presunção do legislador[82].

Por isso Kassis critica o posicionamento de Gény sobre o aparecimento de um sentimento de obrigatoriedade com a evolução dos usos comerciais. Tal ideia não estaria acompanhada de um questionamento quanto a se a *opinio iuris* é compatível com a natureza da prática contratual[83]. Ou seja, para ele os usos têm a natureza de uma cláusula contratual subentendida, aplicada em decorrência de uma presunção de vontade, e isso é incompatível com a noção de *opinio iuris vel necessitatis*.

De fato, este é o ponto em matéria contratual: não haverá, em princípio, um sentimento de obrigatoriedade sob a crença de sanção social efetiva. Não haverá um pensamento no sentido de que, não seguindo determinados usos comerciais normalmente adotados em um certo contrato socialmente típico, no ramo de atividade, na profissão etc., este contrato será inválido ou contrário ao sistema jurídico.

Com base nessa constatação – a de que os usos consensuais, por sua natureza, não tendem a se tornar cogentes, e, portanto, faltaria a eles, em essência, algo de que é formado costume regra jurídica –, Kassis questiona como se sustentar um sentimento de necessidade jurídica nascida de um comportamento que, por definição, não é necessário, porém decorre da autonomia privada. O autor afirma que "uma cláusula contratual por natureza, seja ela

81 PONTES DE MIRANDA, Francisco Cavalcanti. *Tratado de direito privado*. Rio de Janeiro: Borsoi, 1971, t. 38, § 4.202, 4, p. 84.

82 KASSIS, Antoine. *Théorie générale des usages du commerce*. Paris: LGDJ, 1984, p. 186.

83 KASSIS, Antoine. *Théorie générale des usages du commerce*. Paris: LGDJ, 1984, p. 163.

expressa, seja tácita, não será jamais necessária, e portanto, não pode jamais ser compreendida por uma parte como obrigatória em um contrato".[84]

Não é bem assim. A autonomia da vontade não é certamente absoluta: ela tem seus limites traçados pelas regras de direito imperativas. Mas no interior de seus limites, "a vontade se move livremente; e toda cláusula contratual expressa ou subentendida" é, para ele, fruto desta liberdade[85].

Mas então, qual seria o valor jurídico dos usos comerciais? Em sua tentativa de encontrar uma resposta, Escarra desenvolve análises das diversas teorias sobre a possibilidade de os usos possuírem ou não o valor de norma jurídica. Critica, assim, a divisão formal entre usos consensuais e usos-regra, bem como a adoção das teorias tradicionais dos costumes para sua explicação, tentando encontrar uma alternativa que faça sentido na prática.

Sustenta que toda e qualquer tentativa de fazer tal construção acaba caindo na artificialidade. Em sua leitura, a distinção entre usos convencionais e usos de direito, tradicionalmente dada por Gény, é "arbitrária e vaga"[86]. O que há é, de um lado, os usos de fato ou práticas e, de outro, costumes[87].

Segundo o autor, a concepção de Gény nega aos usos de direito valor objetivo, reconhecendo-o somente aos costumes. Isso porque Gény vê nos usos uma espécie de formação antiga dos costumes, anterior ao aparecimento do elemento psicológico *opinio iuris*[88]. Ao distinguir usos-regra de costumes, no entanto, acaba assimilando os usos de fato aos usos-regra, pois ambos terão apenas "valor de fato da vida corrente"[89].

Escarra também critica a segunda via que seria "sedutora pela simplificação, mas contraditória pelo mesmo motivo"[90]. Segundo essa via, todas as espécies de usos – de fato ou obrigatórios – têm natureza puramente contratual, mas a lei lhes confere, por reconhecimento, característica obrigatória.

84 KASSIS, Antoine. *Théorie générale des usages du commerce*. Paris: LGDJ, 1984, p. 164.

85 KASSIS, Antoine. *Théorie générale des usages du commerce*. Paris: LGDJ, 1984, p. 164.

86 ESCARRA, Jean. De la valeur juridique de l'usage en droit commercial. In: *Annales de droit comercial français, étranger e international*. Librairie Nouvelle de Droit et de Jurisprudence Arthur Rousseau, 1910, pp. 117-118.

87 ESCARRA, Jean. De la valeur juridique de l'usage en droit commercial. In: *Annales de droit comercial français, étranger e international*. Librairie Nouvelle de Droit et de Jurisprudence Arthur Rousseau, 1910, p. 118.

88 ESCARRA, Jean. De la valeur juridique de l'usage en droit commercial. In: *Annales de droit comercial français, étranger e international*. Librairie Nouvelle de Droit et de Jurisprudence Arthur Rousseau, 1910, p. 101.

89 ESCARRA, Jean. De la valeur juridique de l'usage en droit commercial. In: *Annales de droit comercial français, étranger e international*. Librairie Nouvelle de Droit et de Jurisprudence Arthur Rousseau, 1910, pp. 120-121.

90 ESCARRA, Jean. De la valeur juridique de l'usage en droit commercial. In: *Annales de droit comercial français, étranger e international*. Librairie Nouvelle de Droit et de Jurisprudence Arthur Rousseau, 1910, p. 119.

A obrigatoriedade dos usos, portanto, independeria de qualquer espécie de elemento psicológico ou *opinio iuris*. A generalidade do hábito seria suficiente para fazê-los alçar à categoria de regras contratuais como regras objetivas de direito, a despeito da ignorância das partes. O elemento psicológico, ou "*coscienza della piazza*", seria dispensável, pois a cláusula usual seria jurídica desde a sua concepção. Assim, o uso, no sentido de regra de direito, não seria outra coisa que a prática geral[91].

A essa ideia, Escarra contrapõe que, de acordo com a doutrina, os usos de direito se formam da mesma maneira que os usos de fato. O que os distingue é a repetição material de atos ou de cláusulas que os formam primitivamente. Isso, no entanto, não é suficiente a estabelecer a força obrigatória. Estando fora do domínio da vontade individual, deverá haver um fundamento mais resistente para que os usos se imponham a todos que não tenham declarado a intenção de a eles aderir. Assim, o elemento de autoridade que a eles se agrega, a vontade coletiva, que na Itália é denominada "*conscienza dela piazza*" se assemelha à *opinio iuris*, havendo aí uma evidente aproximação entre os usos e os costumes[92].

Para Escarra, portanto, o uso de direito não é outra coisa que o costume e esta concepção é mais satisfatória e de maior conformidade com a realidade do que aquela que isola os dois fenômenos[93]. Teoricamente, haveria nessa noção a vantagem de que usos poderiam derrogar leis, desde que estivessem de acordo com a ordem pública, bem como que pudessem ser aplicados para contratantes que os desconhecem. Além disso, essa teoria levaria à dispensa da prova dos usos e ao acesso à Corte de Cassação[94].

No entanto, Escarra admite que as consequências dessa assimilação aos costumes são "platônicas"[95]. A análise da prática demonstra que os usos (ou costumes) jamais encontrarão os mesmos contornos jurídicos das leis. Para ele, nem a definição dos usos como de fato, nem como de direito, auxilia na

91 ESCARRA, Jean. De la valeur juridique de l'usage en droit commercial. In: *Annales de droit comercial français, étranger e international*. Librairie Nouvelle de Droit et de Jurisprudence Arthur Rousseau, 1910, p. 119.

92 ESCARRA, Jean. De la valeur juridique de l'usage en droit commercial. In: *Annales de droit comercial français, étranger e international*. Librairie Nouvelle de Droit et de Jurisprudence Arthur Rousseau, 1910, pp. 116-117.

93 ESCARRA, Jean. De la valeur juridique de l'usage en droit commercial. In: *Annales de droit comercial français, étranger e international*. Librairie Nouvelle de Droit et de Jurisprudence Arthur Rousseau, 1910, p. 118.

94 Na França, o acesso à Corte superior depende de a discussão ser de direito. Por serem considerados fatos, os simples usos não levariam à Corte de Cassação, motivo pelo qual a discussão é frequente na doutrina francesa.

95 ESCARRA, Jean. De la valeur juridique de l'usage en droit commercial. In: *Annales de droit comercial français, étranger e international*. Librairie Nouvelle de Droit et de Jurisprudence Arthur Rousseau, 1910, p. 122.

compreensão do fenômeno concreto. E nem a doutrina, nem a jurisprudência encontraram uma resposta satisfatória.

Por isso, para ele, os usos recebem o contorno que a lei lhes oferece. Os usos terão hierarquia diversa (fato, norma interpretativa, norma integrativa), de acordo com a sua aplicação[96].

Em alguns momentos Pontes de Miranda parece comungar desse entendimento.

Ao discorrer sobre noção estrita e lata de norma, Pontes afirma que na determinação legal para que se observe o costume, a natureza jurídica da norma consuetudinária dependerá dela mesma (isto é, de ser ela uma norma cogente, dispositiva, interpretativa). Quando, no entanto, a lei se refere a usos, não os tornaria regras jurídicas[97].

No entanto, em outra passagem afirma que a alusão legal a "usos e costumes" não a faz lata; "se se trata de uso-negócio jurídico, ou uso ato jurídico *stricto sensu*, ou uso fato jurídico *stricto sensu*, não se pode pensar em ser regra jurídica *stricti iuris*". Explica que, quando a regra jurídica interpretativa faz referência aos "usos e costumes", refere-se ao conceito, como seria se integrasse a regra jurídica dispositiva ou imperativa. Assim, para ele os usos poderão assumir três diferentes contornos, de acordo com o que determina (ou não determina) a lei: "a) se o uso é atendido sem lei que remita a ele é só manifestação de vontade; b) se é atendido porque a lei manda atender a ele, é parte integrante (talvez conteúdo variável) da lei; c) se é aplicado como lei, então é uso noutro sentido, o de direito costumeiro"[98].

Discordamos parcialmente dessa posição. A remissão legal aos usos pode modificar a metodologia de sua aplicação, mas não é apta a alterar a natureza jurídica dos usos eles mesmos. Quando o art. 113[99] do Código Civil brasileiro, por exemplo, determina que os contratos sejam interpretados de acordo com os usos do local, sua localização dentro da proposição legislativa não modifica a natureza do uso que, na prática, preencherá o significado da norma; isto é, ele mesmo não se torna norma interpretativa, mas tão somente preenche a norma com um conceito ou termo indeterminado. Os usos seguem sendo critério de interpretação e a norma serve para apontar diretrizes ao aplicador do direito – no caso, a diretriz é buscar usos reconhecidos no mercado.

96 ESCARRA, Jean. De la valeur juridique de l'usage en droit commercial. In: *Annales de droit comercial français, étranger e international*. Librairie Nouvelle de Droit et de Jurisprudence Arthur Rousseau, 1910, pp. 103-104.

97 Nesse sentido, cf. PONTES DE MIRANDA, Francisco Cavalcanti. *Tratado de direito privado*. Rio de Janeiro: Borsoi, 1971, t. 3, § 256, p. 61.

98 PONTES DE MIRANDA, Francisco Cavalcanti. *Tratado de direito privado*. Rio de Janeiro: Borsoi, 1971, t. 1, § 21, pp. 70-71.

99 "Art. 113. Os negócios jurídicos devem ser interpretados conforme a boa-fé e os usos do lugar de sua celebração."

Os vários artigos do Código Civil[100] que determinam a aplicação de usos para integrar vontades não manifestas das partes, por sua vez, não terão como consequência alterar a natureza dos usos eles mesmos, pelo fato de a lei tê-los citado como critério de integração. O que muda, nessas hipóteses, será a forma de aplicação, em especial, e se ela se dará não mais em decorrência de meras presunções de fato, mas sim em virtude de presunção legal.

De outro lado, a crítica de Escarra está correta em apontar que o problema da diferenciação entre usos-regras e usos convencionais é que, ao fim e ao cabo, ou os usos-regras nada mais são do que costumes propriamente ditos, ou configuram normas jurídicas em tudo semelhantes aos costumes, mas de caráter dispositivo. Se admitirmos essa divisão, portanto, não só retornamos ao problema de descobrir o momento mágico dessa transmutação, mas também uma questão paradoxal entre a natureza supletiva dos usos e a cogência do costume, ou, ainda, à aceitação da solução que sustenta a existência de usos com natureza de regra dispositiva – que, como vimos, é incompatível com a lógica de sua aplicação.

2. As práticas individuais ou das partes

As práticas tornadas generalizadas em um determinado grupo, local, setor, ou mesmo país, consistentes em usos gerais (compreendendo usos do tráfico, usos do setor, usos profissionais etc.) não se confundem com os chamados *usos particulares*. São figuras de natureza e aplicação essencialmente distintas.

Em uma relação contratual, os usos decorrentes da construção de um negócio, configurada por ocasião das relações precedentes ou por meio de uma relação continuada, formam os usos particulares ou individuais[101]. Em contraposição a estes, os usos gerais são dotados de âmbito mais difuso e universal de aplicação, ainda que circunscritos, v.g., a determinados setores operativos e a determinadas categorias profissionais[102].

Em virtude dessa diferença, preferimos denominar *práticas das partes* ao que parte da doutrina chama de *usos particulares*, pois não são propriamente usos. Trata-se do conjunto de atos reiteradamente adotados pelas partes no desenvolvimento de relações contratuais de longa duração, verdadeiros hábitos das partes. Assim como os usos integram aspectos que devem ser avalia-

100 Arts. 429, 445, 529, 628, 658, 695, 699, 700, 701, 724, 753.

101 GOMES, Orlando. *Introdução ao direito civil.* Rio de Janeiro: Forense, p. 465.

102 ALPA, Guido; FONSI, Gianluca; RESTA, Giorgio. *L'interpretazione del contratto.* Milano: Giuffrè, 2001, pp. 156-158.

dos pelo intérprete na análise das circunstâncias[103] de cada caso, mas não são de conhecimento da coletividade.

De acordo com Lauro Gama Jr., a diferença entre usos e práticas individuais das partes está no grau de institucionalização. As práticas são meras condutas estabelecidas entre duas ou mais partes em um contrato, as quais se tornam vinculativas, exceto de quando essas mesmas partes expressamente excluírem sua aplicação[104].

Nas práticas *inter partes* não há um elemento de compreensão e normalidade coletivo. Ainda que para ambas as acepções haja estudos que remetam a dados empíricos, as questões que se dispõem, em paralelo, são um tanto ou quanto diversas.

Quando se mencionam "práticas das partes" ou "usos especiais" ou "usos estabelecidos pelas partes" ou, ainda, "práticas individuais", o aplicador do direito está se referindo tão somente à relação estabelecida pelos figurantes de um determinado contrato. Está compreendido aí um contexto interno à relação[105], o qual será sempre fundamental para a compreensão das obrigações assumidas *inter partes*.

Enquanto os usos individuais visam a reconduzir à "vontade real" comum das partes, os gerais visam a um esforço ulterior, que vem do próprio ordenamento, por reconstrução do que é socialmente usual ou típico[106]. Por meio dos práticas das partes, se tem manifestação de vontade a partir de comportamentos, isto é, tácita; por meio de usos gerais, presumem-se vontades a partir de informações colhidas do mercado, do setor, do local.

Judith Martins-Costa sustenta que as meras práticas das partes "denotam um caráter individualizador (as práticas seguidas por aquelas partes, em situações análogas; práticas individuais, portanto); os segundos (usos) podem ter, por sua vez, vários significados e eficácias, mas em todas há um caráter transindividual"[107]. Isso

---

103 LUDWIG trabalha muito bem a relação das "circunstâncias do caso" com os usos em seu *Usos e costumes no processo obrigacional*. São Paulo: Revista dos Tribunais, 2005 (cf. p. 116 e ss.)

104 GAMA JR., Lauro. Usages and implied obligations under the UNIDROIT principles of international commercial contracts. In: GÉLINAS, Fabien. *Trade usages and implied terms in the age of arbitration*. Nova York: Oxford University Press, 2016, versão para kindle, posição 4322.

105 Cf. ESSER, Josef. *Precomprensione e scelta del metodo nel processo di individuazione del diritto*. Tradução de Salvatore Patti e Giuseppe Zaccaria. Camerino: Ed. Scientifiche Italiane, 1983, p. 6. Nesse texto, Esser se preocupa fundamentalmente com a ideia de pré-compreensão subjetiva, carregada pelo intérprete.

106 SCOGNAMIGLIO, Claudio. *Interpretazione del contratto e interessi dei contraenti*. Padova: CEDAM, 1992, p. 402.

107 MARTINS-COSTA, Judith. *A boa-fé no direito privado. Critérios para a sua aplicação*. São Paulo: Marcial Pons, 2015, p. 471.

não as torna menos importantes, pois sua aplicação no direito contratual está essencialmente ligada ao princípio da confiança, visando à proteção das "legítimas expectativas, advindas da regularidade com que se processa, no tempo, uma determinada conduta"[108].

Não haverá usos do tráfico, no entanto, se não houver prática generalizada. Kassis nos diz que "a prática comercial não pode ter um significado e um escopo jurídico, mais precisamente, o valor jurídico de presunção, se ela está limitada a alguns comerciantes do lugar, da profissão ou do ramo. Ela deve ser generalizada"[109]. De fato, não se pode aplicar qualquer uso com força interpretativa ou integrativa se ele não puder ser, presumivelmente, conhecido pelo seu destinatário.

Nessa acepção, em oposição à noção de "usos particulares" estão os "usos gerais", que podem ser referidos como "usos mercantis", "usos comerciais", "usos do tráfico", "usos do setor", a que nos referimos no primeiro capítulo. Todas essas acepções se confundem e se fundem em uma mesma noção de elemento *externo*[110] no tocante à relação das partes. Trata-se de manifestação social em princípio espontânea (embora não desinteressada[111]), levada a efeito por meio de comportamentos reiterados, consubstanciando-se como elemento de interesse para a interpretação e a integração das manifestações de vontade das partes.

Mas, diferentemente dos usos do tráfico (ou gerais), os usos particulares não dizem respeito à repetição de comportamentos no seio de determinada coletividade. Têm ligação tão somente com o desenvolvimento da relação *inter partes*. Sua relevância sob o ponto de vista do processo obrigacional está na compreensão de que não é somente por meio do contrato escrito que as partes se obrigam. As práticas das partes devem ser agregadasà verificação das circunstâncias do caso.

Por isso sua diferenciação é importante, e o método de aplicação das práticas individuais e dos usos comerciais é um tanto ou quanto diverso. Enquanto os usos particulares resultam da vontade manifesta das partes – ainda que por meio de comportamentos – os usos comerciais levam à presunção de vontades que não se manifestaram.

---

108 MARTINS-COSTA, Judith. *A boa-fé no direito privado. Critérios para a sua aplicação.* São Paulo: Marcial Pons, 2015, p. 472.

109 KASSIS, Antoine. *Théorie générale des usages du commerce.* Paris: LGDJ, 1984, pp. 109-110.

110 ESSER, Josef. *Precomprensione e scelta del metodo nel processo di individuazione del diritto.* Tradução de Salvatore Patti e Giuseppe Zaccaria. Camerino: Ed. Scientifiche Italiane, 1983, p. 55.

111 Nesse sentido, cf. DUPUY, Jean-René. Coutume sage et coutume sauvage. In: *La communauté internationale:* Mélanges offerts à Charles Rousseau. Paris: A Pedone, 1974, pp. 75-87.

Ainda no que tange ao método de interpretação e de integração dos contratos, é importante destacar que, diferentemente dos usos comerciais, as práticas nascem e se desenvolvem na execução do contrato. São o que, em inglês, se denominam *course of performance* (ou *course of dealing*, quando se trata de relações de longa duração, marcadas por obrigações reiterados ou contratos quadro)[112]. Os usos comerciais a serem adotados na interpretação e integração do contrato serão, no entanto, estáticos com referência a uma relação formalizada. Serão aqueles que existiam ao tempo da contratação porque são os que melhor corporificam as expectativas das partes no momento em que estas firmaram suas relações[113].

Nesse sentido, diferentemente dos usos comerciais, as práticas das partes, corporificadas mediante condutas adotadas pelos contraentes na execução dos contratos possuem aptidão para paralisar direitos subjetivos inicialmente assumidos, ou para fazer nascer direitos subjetivos não expressos. Isso porque o comportamento das partes é propenso a gerar expectativas, decorrentes da confiança na estabilidade dessas práticas.

A diferença é marcante: no caso dos usos comerciais, tais direitos, ainda que não expressos, se presumem, como se integrantes fossem do contrato no seu nascimento. No caso das práticas das partes, obrigações e direitos que não nasceram da declaração, podem nascer das práticas; direitos existentes e nascidos da declaração, por sua vez, podem ter declarada sua ineficácia.

João Baptista Machado[114] explica que o princípio da confiança gera o chamado *diuturnus et consensus* (i.e., repetição reiterada de comportamentos entre as partes apta a gerar expectativas normativas), capaz de sobrepor-se às estipulações negociais das partes em um contrato de longa duração:

> As lacunas do contrato vão ser colmatadas pelos *usos* particulares das duas empresas, usos esses que, através da habitualização ao longo dos

---

112 Sobre a interação do course of performance, course of dealing e os usos comerciais, cf. BERNSTEIN, Lisa. *The questionable empirical basis of article 2's incorporation strategy*: a preliminary study. Johm M. Olin Law & Economics Working Paper n. 74, disponível em: <http://papers.ssrn.com/paper.taf?abstract_id=162976>, 92p.; id., ibid. Custom in courts. *New York University Law Review*, 2015/2016, n. 63, pp. 63-114.

113 Nesse sentido, cf. GAMA JR., Lauro. Usages and implied obligations under the UNIDROIT principles of international commercial contracts. In: GÉLINAS, Fabien. *Trade usages and implied terms in the age of arbitration*. Nova York: Oxford University Press, 2016, versão para kindle; também assim Customs and usages in England: Achieving interpretative accuracy by giving effect to unexpressed intent. In: GÉLINAS, Fabien. *Trade usages and implied terms in the age of arbitration*. Nova York: Oxford University Press, 2016, versão para kindle, posição 204.

114 MACHADO, João Baptista. Tutela da Confiança e 'venire contra factum proprium'. In: *Obras dispersas*. Braga: Scientia Ivridica, 1991, v. 1, pp. 345-422, pp. 382-383.

tempos e da aceitação sem protesto de parte a parte, adquirem o estatuto de elementos normativos do contrato. Mais do que isso: esses usos constantes e consentidos podem derrogar cláusulas do contrato originário.

Desse modo, as práticas das partes adquirem valor normativo em suas relações, assim como as cláusulas expressamente por elas pactuadas. Esse "valor normativo" se instala mediante "longo processo de confirmação". Quando sucede de tal forma, os usos individuais não poderão mais ser unilateralmente revogáveis por uma das partes. Será necessário um acordo entre elas, pois, do contrário, serão violadas as legítimas expectativas geradas de uma a outra[115].

Exemplos disso são a *suppressio* (direito de paralisar o exercício de direito subjetivo do credor, em virtude do seu não exercício durante determinado tempo)[116] ou a *surrectio* (surgimento de um benefício conferido à contraparte em decorrência de um comportamento reiterado das partes no sentido da assunção de um dever de proporcionar referido benefício)[117], verdadeiros casos de transformações nos contratos, que podem decorrer das práticas individuais, ou de "comportamentos reiterados" das partes, "paralisando" ou dando origem a direitos subjetivos.

De se considerar, também, a configuração de ilicitude no modo do exercício jurídico, na forma comandada pelo art. 187 do Código Civil. Isso pode ocorrer se houver, por exemplo, repentino abandono por um dos contraentes, em contradição desleal com o comportamento anterior que até então as observara.

Também em relações de longa duração, práticas das partes podem indicar que elas se tenham ou não vinculado[118], i.e., se obrigado uma perante a outra, independentemente de um contrato escrito. Essa é uma das hipóteses de comportamento concludente, a dispensar a manifestação expressa de vontade nesse sentido[119].

---

115 MACHADO, João Baptista. Tutela da confiança e 'venire contra factum proprium'. In: *Obras dispersas*. Braga: Scientia Ivridica, 1991, v. 1, pp. 345-422, pp. 382-383.

116 Para o conceito de *suppressio*, cf. MARTINS-COSTA, Judith. *A boa-fé no direito privado. Critérios para a sua aplicação.* São Paulo: Marcial Pons, 2015, p. 648.

117 Para o conceito de *surrectio*, cf. Martins-Costa, Judith. *A boa-fé no direito privado. Critérios para a sua aplicação.* São Paulo: Marcial Pons, 2015, pp. 652-654.

118 Sobre o tema, cf. por todo, MOTA PINTO, Paulo Cardoso C. *Declaração tácita e comportamento concludente.* Coimbra: Almedina, 1995, especialmente p. 660 e ss.

119 Cf. também FRADERA, Véra Jacob de. O valor do silêncio no novo código civil. In: ALVIM, Arruda; ROSAS, Roberto; CERQUEIRA CESAR, Joaquim Portes de (Org.). *Aspectos controvertidos do novo código civil, escritos em homenagem ao Ministro José Carlos Moreira Alves.* São Paulo: Revista dos Tribunais, 2003, pp. 569-582; para ela, a fórmula contida no art. 111 do Código Civil brasileiro teria inspiração no modelo suíço e resquícios do Direito Canônico (*qui tacet consentire videtur*), mas seu aspecto distintivo

Considerando-se a importância, ainda, das práticas das partes na interpretação de negócios jurídicos, Véra Fradera[120] bem lembrou que o art. 113 do CC/2002[121] mereceria um ajuste. Conforme por ela corretamente apontado, deve-se estender a compreensão do texto legal, pois a interpretação dos negócios jurídicos deve se dar "não só conforme os usos do lugar de sua celebração, mas também de acordo com as práticas habitualmente adotadas entre as partes".

Muito embora se trate de figuras jurídicas estanques, a observação de Véra Fradera de vincular os usos particulares ao mesmo texto legal tem duas razões de ser. A primeira, porque de fato não se pode ignorar as práticas das partes quando o intuito é compreender as declarações negociais. A segunda é uma questão gnosiológica: as práticas individuais também possuem uma relação intrínseca com usos do tráfico, podendo constituir-se como seus elementos formadores.

A gênese dos usos está, de fato, em regra[122], justamente na evolução de contratos e práticas individuais para práticas da coletividade. Conforme resume Lauro Gama Jr., o uso é basicamente uma prática que se transformou em uma operação largamente difundida e utilizada em um setor específico, em uma profissão, em uma região, em um ramo de negócio[123].

Da narrativa de Escarra[124] extrai-se, ainda, que os mercadores italianos descreviam minuciosamente o desenvolvimento de suas relações, a merca-

---

"diz com a consideração do silêncio como aceitação somente quando várias circunstâncias estiverem presentes: a particular natureza da relação (contratos com obrigação para apenas uma das partes), ou as particulares circunstâncias do contrato. (...)" (p. 579); também assim PONTES DE MIRANDA, Francisco Cavalcanti. *Tratado de direito privado*. Rio de Janeiro: Borsoi, 1972, t. 38, § 4.188, p. 25.

---

120 FRADERA, Véra Maria Jacob de. Enunciado ao artigo 113. In: AGUIAR JR., Ruy Rosado (Org.). *V Jornada de Direito Civil*. Brasília: Conselho de Justiça Federal, 2012, p. 100.

121 "Art. 113. Os negócios jurídicos devem ser interpretados conforme a boa-fé e os usos do lugar de sua celebração."

122 Diz-se "em regra" porque, por vezes, os usos já nascem destinados a configurar-se como uma prática generalizada, e não como um negócio individual que, ao longo do tempo, pela imitação, tornou-se reconhecido e generalizado. Isso ocorre especialmente quando associações setoriais desenham modelos de contratos como sugestão de instrumentos para que seus associados viabilizem a realização de operações comerciais de forma mais segura e uniforme.

123 GAMA JR., Lauro. Usages and implied obligations under the UNIDROIT principles of international commercial contracts. In: GÉLINAS, Fabien. *Trade usages and implied terms in the age of arbitration*. Nova York: Oxford University Press, 2016, versão para kindle, posição 4335.

124 ESCARRA, Jean. De la valeur juridique de l'usage en droit commercial. In: *Annales de droit comercial français, étranger e international*. Librairie Nouvelle de Droit et de Jurisprudence Arthur Rousseau, 1910, pp. 98-99.

doria, forma de embalá-la, a distribuição de riscos pelo transporte etc. Com o tempo, a necessidade de se descrever todos esses detalhes se diluía porque entre as partes as práticas normalmente adotadas se tornavam um hábito. Chegava, então, um momento que era admitido que as práticas adotadas tornar-se-iam cláusulas tácitas e subentendidas em todos os contratos de mesmo tipo. Assim, haveria aí um "primeiro esboço de uso comercial". Mas uso mesmo, só haveria quando essas práticas se tornassem reconhecidas pela coletividade.

Desta narrativa compreende-se que, em alguns casos, as práticas nascidas no relacionamento de partes determinadas (práticas individuais, portanto) podem, mediante imitação, abranger uma generalidade de sujeitos que realizam operações similares, tornando-se usos comerciais. A generalização desse hábito no seio de uma dada coletividade transmuta a mera prática *inter partes* em uso comercial. A generalidade de sua aplicação e o seu reconhecimento no seio da coletividade evidenciam a existência não mais de usos particulares, mas sim de usos comerciais.

Nem todo uso particular, no entanto, é destinado a se tornar uso comercial. O sucesso do instrumento adotado *inter partes*[125], a sua reiteração, os interesses envolvidos, a cultura local, enfim, os múltiplos fatores que agem na sociedade, determinarão que se tornem práticas coletivas. Conforme ensinamentos de Hayek, há aí um processo de seleção natural, a criar uma *ordem social espontânea*[126].

Por outro lado, os mesmos usos particulares poderão indicar que as partes se distanciaram dos usos ou das práticas do *mercado*, pois no relacionamento entre elas adotaram condutas reiteradas diversas daquelas normalmente aplicadas em situações similares. Ou seja: o desenvolvimento das *práticas das partes* pode vir a evidenciar que seu *consenso* se deu em sentido diverso daquele que seria o usual. E, diante disso, determinar o afastamento *in concreto* da aplicação dos usos *em tese* presumivelmente aplicáveis ao caso.

2.1. A diferenciação na prática

Muito embora sejam figuras diversas, é com frequência que os tribunais confundem os usos e as práticas das partes, referindo-se indistintamente a ambas as figuras.

O Tribunal de Justiça do Rio Grande do Sul[127], por exemplo, ainda sob a vigência do Código Comercial de 1950 e do Código Civil de 1916, analisou

125 Ou, ainda, desenhado e sugerido por uma associação setorial.

126 Cf. HAYEK, Friedrich. *Law, legislation and liberty*. Routledge: Londres/ Nova York: 1973 (reimpr. 1998), v. 1, em especial p. 17.

127 TJRS, A.C. n. 590072161, 4ª Câmara Cível, Rel. João Pedro Pires Freire, j. 19.12.1990). Aqui há elementos de conexão contratual e de direito estrangeiro, levando a utilização

ação de cobrança envolvendo uma empresa de importação e várias indústrias do setor calçadista. Os vínculos contratuais das partes, os quais não haviam sido instrumentalizados por escrito, envolviam contrato de compra e venda de mercadorias para exportação, representação comercial e câmbio. Muito embora a discussão tenha se centrado na competência do juízo, a decisão menciona que, na ausência de contrato escrito, o mecanismo adotado pelas partes demonstra a existência dos contratos, compreensão que seria autorizada pelos "usos e costumes".

Da análise das razões de decidir, no entanto, verifica-se que foram tomados em consideração não os usos comerciais, mas sim as práticas adotadas pelas partes ao longo da relação mantida por elas. É o que se pode conferir do seguinte trecho:

> [do] exame dos pedidos de mercadorias [...] se verifica no campo "terms/ termos" [...] indicativo da forma de pagamento, que a mesma fazia-se através de "pay orders", ou seja, "ordem de pagamento", ou então "as agreed", vale dizer, "como combinado". A utilização de tais métodos pelos comerciantes, durante largo período de tempo, autoriza a interpretação do contrato, que não é escrito, também pelos usos e costumes observados e que se acham demonstrados à saciedade pela farta documentação acostada.

Outro exemplo de dificuldade de diferenciação verifica-se no que denominados *o caso do transporte de leite*[128]. A discussão neste caso estava cen-

dos usos no processo interpretativos: "(...) Contrato de exportação e câmbio: paralelos e inter-relacionados, em face da proibição legal de empresa brasileira adquirir e receber em moeda estrangeira. Lugar do cumprimento da obrigação (art. 88, II, do CPC) comprovação documental de ter o pagamento das mercadorias sido ajustado através de 'pay orders'. Interpretação do contrato, não escrito, pelos usos e costumes utilizados entre as empresas comerciais, evidenciados pelo emprego, nos pedidos de mercadorias, da expressão 'as agreed'. (...). Unânime (15 fls. – d) (Apelação cível n. 590072161, 4ª Câmara Cível, Tribunal de Justiça do RS, Rel. João Pedro Pires Freire, j. 19.12.1990) (...) Contrato de exportação e câmbio: paralelos e inter-relacionados, em face da proibição legal de empresa brasileira adquirir e receber em moeda estrangeira. Lugar do cumprimento da obrigação (art. 88, II, do CPC) comprovação documental de ter o pagamento das mercadorias sido ajustado através de 'pay orders'. Interpretação do contrato, não escrito, pelos usos e costumes utilizados entre as empresas comerciais, evidenciados pelo emprego, nos pedidos de mercadorias, da expressão 'as agreed'. (...)"

128 TJSC, AC n. 2011.026411-0, 2ª Câmara de Direito Privado, Rel. Des. Luiz Fernando Boller, j. 20.01.2015: "Apelação cível. Ação de cobrança. Insurgência da transportadora demandante, objetivando a reforma da decisão que julgou improcedente a ação. Pleito exordial lastreado em conhecimento de transporte rodoviário de carga de leite *in natura*. Incontrovérsia quanto à relação comercial estabelecida pelos litigantes. Discussão

trada no fato de a responsabilidade pela qualidade do produto no momento da entrega recair sobre o transportador do leite. Discutia-se a cobrança de transporte de carga de leite e a negativa de pagamento em virtude da recusa do recebimento da carga justificada pela inadequação do produto.

A transportadora alegou ser responsável apenas pelo transporte da mercadoria, e não pela qualidade do produto. No entanto, a norma do Ministério da Agricultura aplicável ao caso determinava parâmetros para a coleta do leite cru, devendo o funcionário encarregado receber treinamento e cumprir as normas de higiene, o que o instruía a rejeitar o leite se não atendesse às exigências da norma.

Tendo o funcionário aceitado o leite e o carregado no caminhão, entendeu o juízo de primeiro grau que era de se presumir que, quando do carregamento, a mercadoria tinha a qualidade exigida pelo Ministério da Agricultura. A questão que se impunha, no caso, dizia respeito à forma de prova de que a mercadoria não atingia os parâmetros necessários de qualidade.

Segundo a transportadora, seria exigível perícia para a rejeição da carga. O tribunal, no entanto, reconheceu que os testes realizados estavam de acordo com as práticas utilizadas no setor, sendo possível a rejeição da mercadoria independentemente de uma prova pericial.

Na decisão, o Tribunal de Justiça de Santa Catarina diz que o caso "não pode ser examinado em descompasso com a reiterada prática comercial adotada pelos litigantes", ou seja, das "práticas individuais". No entanto, fazendo referência à larga experiência da empresa, atuando ela no mercado de transporte de leite, a decisão abarca questões para além das simples praticas das partes, reconhecendo a existência de usos setoriais quanto ao controle de qualidade da mercadoria.

Para além de ser esta uma prática entre as partes, reconhece-a como uma prática do setor, ao mencionar que a transportadora realizava a operação de transporte de leite para uma "extensa lista de outros pecuaristas", "sendo improvável cogitar que não sabia dos cuidados inerentes ao manejo do transporte do leite *in natura*". Agrega, ainda, com base na prova dos autos que a transportadora "já realizava a aventada operação de transporte antes mesmo de sofrer a negativa alhures", motivo pelo qual entendeu o tribunal que ela

jungida à plausibilidade da recusa manifestada pela destinatária. Acidez constatada pela ré, no momento da entrega do produto. Apelante que aponta a inexistência de prova técnica, apta a corroborar a assertiva de que houve o perecimento do leite cru. Apreciação do litígio com enfoque nas reiteradas práticas comerciais adotadas no transporte de leite. Aferição da acidez, corriqueiramente realizada pela cooperativa apelada. Negativa estribada à semelhança do art. 21, inc. II, da Lei n. 5.474/68. Ausência de qualquer indício de que a tese manejada pela recorrida esteja em descompasso com a realidade. Manutenção da sentença. Reclamo conhecido e desprovido".

"consentia com as rígidas circunstâncias de manuseio e higiene no trato do transporte de leite cru".

Muito embora não houvesse um contrato escrito estabelecendo a responsabilidade da transportadora pela entrega da mercadoria nos parâmetros de qualidade (no caso, nível de acidez) determinados pelo Ministério da Agricultura, o tribunal entendeu por integrar a ausência de manifestação de vontade das partes nesse ponto. Sustentou, assim, ser justa a recusa da mercadoria enjeitada com base em testes normalmente aplicados nesse mercado, e independentemente de uma prova contundente da ausência de qualidade da mercadoria. A presunção aplicada decorreu do fato de que a transportadora deveria conhecer tais usos, por atuar reiteradamente nesse setor.

Também conjugando práticas individuais e usos comerciais, são comuns os casos que vinculam as partes pelo pagamento de valores com base nas "fichas de débito". Situação comum de reconhecimento de vinculação em virtude dos usos comerciais é o reconhecimento de contratos de compra e venda a prazo feitos mediante o sistema de "anotação" ou "fichas". Muito embora tais contratos não sejam necessariamente mercantis, são usuais do comércio, e vêm servindo de base para a vinculação dos devedores ao pagamento de dívidas por séculos no Brasil.

Exemplo disso ocorreu em caso do Tribunal de Justiça do Rio Grande do Sul[129], no qual foram admitidas as fichas e os depoimentos testemunhais como provas dos usos e da vinculação do devedor ao posterior pagamento. A forma de operação dos usos do comércio em conjugação com as práticas das partes, nessa função formativa do vínculo, foi descrita com perfeição no bojo da decisão.

Conforme é narrado:

> Por ocasião das compras os cupons fiscais eram emitidos e entregues ao adquirente das mercadorias, sendo que nas compras a crediário o cliente assinava as fichas onde lançados os valores devidos, fichas estas a partir das quais era efetuado todo o controle da conta-corrente e que, ao final,

129 "Cobrança. Compra a crediário em mercado. Sistema de fichas de controle dos pagamentos contendo anotação do valor das mercadorias adquiridas, data e assinatura do comprador. Quitação efetivada mediante entrega da ficha ao cliente. Usos e costumes evidenciados pela prova documental e oral. Ao devedor incumbe o ônus da prova da quitação. Ausência de demonstração dos pagamentos. Cobrança lícita e regular. Sentença confirmada por seus próprios fundamentos. Recurso improvido. De fato, as testemunhas trazidas pelo autor demonstraram a forma utilizada, costumeiramente, nas vendas de mercadorias a prazo no mercado do autor, bem como o sistema de fichas utilizado para registro das compras realizadas pelos clientes, cujas datas e valores eram anotados, contendo, ao lado, as assinaturas do comprador, como se vê dos documentos juntados às fls. 8/10 e originais às fls. 40/42" (TJRS, AC n. 71005973342, 4ª Turma, Rel. Des. Ricardo Pippi Schmidt, j. 26.04.2016).

por ocasião da quitação dos débitos, era entregue ao cliente, servindo como recibo de quitação.

A decisão reconhece não só a prática individual, adotada pelo autor da ação, como também o uso comercial adotado naquele setor, especialmente em cidades do interior.

Situação bastante semelhante foi analisada pelo Tribunal de Justiça de Santa Catarina[130], em que se discutia a existência de dívida atinente à aquisição de material de construção. Reconhecendo-se, igualmente a prática como usual:

> Na região em que está estabelecida a autora existe a prática reiterada de aquisição de mercadorias por meio do sistema de "fichas de controle interno", pois o próprio apelante declarou em seu depoimento que "é comum na cidade o sistema de comprar por fichas".
> (...) Ademais, também o magistrado *a quo*, ao se valer das regras comuns de experiência, reconheceu na sentença que realmente essa praxe existe naquela localidade.

Aplicando interpretação do art. 113 do CC/2002, o tribunal sustentou que "devem ser considerados como válidos os documentos carreados à peça de introito pela apelada, uma vez que decorrem da prática comercial costumeira no local dos fatos".

---

130 TJSC, AC n. 2005.003362-6, Câmara Especial Temporária de Direito Comercial, Rel. Juiz Rodrigo Collaço, j. 10.08.2009. "Cobrança. Compra e venda de materiais de construção. Aventada inadimplência. Comprovação dos fatos alegados na inicial por meio de fichas de controle interno com rubricas. Prática comercial comum na região em que se sucederam os fatos. Observância ao princípio da boa-fé e aos costumes do local da celebração do negócio jurídico. Art. 113 do Código Civil incidente. Inexistência de prova da quitação. Ônus do réu. Procedência do pedido. Recurso improvido 1. 'Nos termos do art. 112 do CC/2002, é necessário interpretar os negócios jurídicos tendo em vista a intenção das partes ao firmá-los. Essa intenção, nos termos do art. 113, deve ter em conta a boa-fé, os usos e os costumes do local da celebração do contrato' (AC n. 2007.014603-9, Juiz Paulo Roberto Camargo Costa). 2. 'Havendo confissão de inadimplência da obrigação e uma vez não comprovado o pagamento ao menos de parte do débito, a condenação da ré no montante total da dívida é medida que se impõe' (AC n. 2006.019213-6, Juiz Ricardo Roesler). 3. 'Nos termos do art. 333, II, do Código de Processo Civil, o ônus da prova incumbe ao réu, quanto à existência de fato impeditivo, modificativo ou extintivo do direito do autor. Por isso, provada a existência do contrato de compra e venda e a entrega dos bens pelo vendedor, é do comprador a responsabilidade de provar o pagamento do preço, sob pena de procedência do pedido'" (AC n. 2002.013615-3, Des. Luiz Carlos Freyesleben, apud AC n. 2004.030399-1, Juiz Henry Petry Junior).

Conclusões

Muito embora a doutrina tradicional teça longas discussões sobre a natureza diversa dos usos-regra e dos usos-fato, bem como distancie ou aproxime a noção de usos-regra daquela de costumes, entendemos que essa diferenciação não possui relevância prática. A nosso ver, os usos serão sempre formados de um caráter transindividual e sua aplicação não prescindirá de prova de vigência e eficácia, exceto se, sendo gerais, impliquem conhecimento público e notório.

A aptidão dos usos à prescrição de condutas, por sua vez, não se resolve por uma classificação dos usos em diferentes graus que comportem natureza jurídica distinta. Tratando-se de usos comerciais – o que implica a existência de prática reiterada e aceita no seio de determinada comunidade – sua natureza jurídica será sempre de fato, mas com relevância jurídica relativa – ao seio da comunidade onde é difundido. A prescritividade – ou não – é inerente à função desempenhada pelo uso na prática. Ontologicamente, no entanto, os usos comerciais serão os mesmos, ainda que assumam diferentes funções na vida do direito.

Outra coisa, bastante diversa, inclusive em virtude do método de aplicação e das consequências práticas, são as práticas individuais. Estas não possuem caráter que ultrapassa a relação interna das partes de um contrato. Não atingem o seio de uma comunidade.

Como consequência, não seria possível a presunção de que determinada prática individual existiu. Sua prova é, por conseguinte, bastante diversa daquela que diz com a existência, vigência e eficácia de um uso – uma vez demonstrada sua aplicação no seio de uma determinada comunidade, presumem-se aplicáveis à relação. As práticas individuais devem vincular as partes, especificamente, não sendo possível a presunção sobre a existência de uma prática entre as partes.

Na sua aplicação, ademais, as práticas individuais, porque tidas por manifestações de vontades, de regra suplantam, inclusive, os usos comerciais – já que estes somente vinculam as partes por referência àquilo que determinada sociedade confia dever ser, e não porque por vontade o é. As práticas representam, portanto, ainda que de maneira tácita, o que as partes manifestaram querer. Como resultado lógico, devem receber análise diversa do aplicador do Direito e merecida diferenciação na prática.

Efeitos normativos das práticas negociais: atos de autonomia privada ou de heterocomposição?

Gerson Luiz Carlos Branco

Introdução

O estudo sobre as práticas negociais no Direito Privado não é um tema propriamente novo, sendo recorrente sua referência no âmbito da Teoria Geral dos Contratos ou da Teoria Geral do Negócio Jurídico, geralmente quando o objeto de debate é a formação dos contratos, sua interpretação ou integração[1].

Por isso, a proposta deste artigo é a de retomar parcialmente o debate já existente na doutrina a respeito das práticas negociais[2], porém, seu objetivo primordial é o de problematizar um aspecto vinculado às práticas negociais, que é a possibilidade de identificação de um novo modo de compreensão sobre o conteúdo e o sentido dos atos de autonomia privada.

A proposição desta reflexão, portanto, é de que as "práticas negociais", consideradas como um conjunto de atos de caráter preceptivo entre as partes em vias de contratar ou no processo obrigacional de uma relação contratual já estabelecida, consistem em uma modalidade peculiar de atos de autonomia privada, com eficácia jurídica vinculante entre as partes. Essa eficácia vinculante sobreleva-se ou tem importância equivalente com as formas tradicionais de "manifestação da vontade", tais como são consideradas a proposta e a aceitação.

A proposição também compreende que a aplicação da boa-fé objetiva ou dos usos e costumes, costumes do lugar ou práticas sociais reiteradas como

---

1 Este artigo tem como antecedente evento realizado no Instituto de Estudos Culturalistas, especialmente de debate com o Prof. Luis Renato Ferreira da Silva. O debate está publicado nos textos SILVA, Luis Renato Ferreira da. Autonomia privada e os usos na atividade negocial empresarial; e, BRANCO, Gerson Luiz Carlos. Autonomia privada e usos negociais: notas para um debate. Ambos os textos estão nos cadernos do IEC: MARTINS-COSTA, Judith. (Org.). *Cadernos IEC 6* – Conversa sobre autonomia privada. 1. ed. Canela: Instituto de Estudos Culturalistas, 2015, v. 6.

2 O debate a que se refere este artigo é realizado normalmente sobre interpretação e integração dos contratos. Obra que talvez aborde com maior profundidade o tema é a de FERREIRA DE ALMEIDA, Carlos. *Texto e enunciado na teoria do negócio jurídico.* Coimbra: Almedina, 1992.

padrões comportamentais a preencher o conteúdo dos contratos caracterizam modo heterocompositivo das relações contratuais e, portanto, afastam substancialmente a possibilidade de aplicação das práticas negociais, que são atos das partes que colmatam o conteúdo contratual. Em outras palavras, este artigo trata de uma questão central da Teoria Geral dos Contratos que diz respeito ao modo como o Direito deve resolver divergências entre as partes decorrentes de um fenômeno cada vez mais comum, que é a dissociação entre os instrumentos formais ou ajustes iniciais e o modo como as partes efetivamente realizam e instrumentalizam as operações econômicas que são reguladas pelo contrato[3].

Essa dissociação entre os instrumentos contratuais ou os ajustes iniciais e as práticas negociais já foi chamada de um conflito entre o "*real deal and the paper deal*"[4], fenômeno comum nos contratos de longa duração e nos contratos empresariais em que as partes usam formulários ou condições gerais dissociadas do modo como as relações contratuais são realizadas. Embora isso seja particularmente importante nos contratos de longa duração, o interesse da pesquisa subjacente a este artigo é mais amplo do que as hipóteses particulares. Isso porque, a questão que perpassa a resposta ao problema da eficácia das práticas negociais como atos de autonomia privada é a possibilidade de identificarmos algum espaço para a autocomposição e autonomia como meio de resolver os problemas decorrentes das transformações sociais, econômicas e tecnológicas, ou se as soluções heterocompositivas e, portanto, de autoridade, são as únicas alternativas para superar as deficiências da Teoria Geral dos Contratos e da Teoria Geral do Negócio Jurídico.

Para enfrentar o tema, será descrito um caso concreto comum à realidade jurídica e econômica. Tendo em vista que se trata de caso que reproduz muitos contratos vigentes em nossa realidade, compreende-se que é válida sua apresentação, pois faz parte de um modelo negocial comum, de amplo

3 "Contrato", considerado em sua pluralidade de sentidos em sua profunda natureza histórica, tal como acentua Judith Martins-Costa em suas obras, especialmente nos textos: MARTINS-COSTA, Judith. Reflexões sobre o princípio da função social dos contratos. *Revista Direito* GV, São Paulo, v. 1, n. 1, mai. 2005, MARTINS-COSTA, Judith. A noção de contrato na história dos pactos. Porto Alegre, *Revista Organon*, Revista do Instituto de Letras da Universidade do Rio Grande do Sul, v. 06, n.19, 1992, MARTINS-COSTA, Judith. Crise e modificação da noção de contrato no direito brasileiro. São Paulo, RT, v. 3, p. 127-154, 1992, MARTINS-COSTA, Judith. Contratos. Conceito e evolução. In: Renan Lotufo; Giovanni Ettore Nanni. (Org.). Teoria geral dos contratos. São Paulo, Atlas, 2011, pp. 23-66.

4 Expressão utilizada por MACAULAY, Stewart. The real and the paper deal: empirical pictures of relationships, complexity and the urge for transparent simple rules. In: CAMPBELL, David, COLLINS, Hugh and WIGHTMAN, John. Implicit dimensions of contract. Oxfort and Portland, Oregon: Hart Publishing, 2003.

conhecimento daqueles que atuam no Direito Contratual. Trata-se da representação comercial celebrada entre representantes comerciais e a indústria farmacêutica dos medicamentos de prescrição obrigatória ou que não são comercializados via propaganda dirigida diretamente ao público[5].

O caso é de um contrato de distribuição de medicamentos assinado nos anos 1970, em que o mercado de medicamentos era baseado na representação comercial. Segundo as práticas da época, baseadas no contrato escrito, o representante visitava médicos para distribuir amostras gratuitas e fomentar o receituário nas mais longínquas cidades brasileiras, para depois visitar as farmácias e retirar pedidos a fim de que o fabricante os entregasse, conforme a demanda criada pelas visitas médicas. Além disso, os representantes tinham como base, nessa estrutura tradicional, os contratos que eram assinados sob a égide da Lei do Representante Comercial (Lei n. 4.886/1965).

No final dos anos 1990, diante das transformações do mercado, as farmácias começam a organizar-se em rede, tendo sido ampliado o papel dos distribuidores logísticos dos medicamentos, em um processo de concentração de mercado, passando estes atores a agir diretamente perante as farmácias, tornando dispensável a visita do representante à farmácia para retirar pedidos. Entre outras alterações estruturais na área comercial, a principal prestação contratual devida pelo fabricante ao representante, que é a comissão do representante comercial, passou a ser calculada a partir de listas elaboradas por terceiros, que são os distribuidores dos produtos farmacêuticos, que indicam o local e volume de vendas de cada medicamento, os conhecidos "mapas de distribuição"[6].

Apesar dessa transformação, continua importante a atuação dos representantes como propagadores dos produtos perante os médicos, razão pela qual passam a ser denominados "propagandistas" ou simplesmente "REP", espécie de abreviatura de representantes.

A partir da década de 2010, o mercado de medicamentos aprofunda sua transformação, pois a concentração das distribuidoras aumenta ainda mais e estas empresas impedem ou criam dificuldades para fornecer às indústrias os "mapas de distribuição". Para saber quem comprou os produtos fabricados pela indústria torna-se necessário contratar uma empresa especializada em

---

5 A regulamentação da matéria é feita pela Lei n. 9.294/96 e Resolução RDC n. 24, de 15 de junho de 2010, editada pela Anvisa. A propósito das transformações na regulamentação e no mercado de medicamentos, ver NISHIJIMA, Marislei; BIASOTO JR., Geraldo; e, LAGROTERIA, Eleni. A competição no mercado farmacêutico brasileiro após uma década de medicamentos genéricos: uma análise de rivalidade em um mercado regulado. *Economia e Sociedade*, Campinas, v. 23, n. 1 (50), pp. 155-186, abr. 2014.

6 Mapas de distribuição são relatórios comerciais utilizados por distribuidores de medicamentos com a indicação dos produtos, fabricante, quantidades, local de destino e nome dos compradores.

estatística e pesquisas de mercado, para identificar não o que foi vendido pela indústria (*sell out*), mas o que foi comprado pelo mercado consumidor (*sell in*)[7].

Como é comum no âmbito das relações comerciais, o contrato firmado nos anos 1970 é o único instrumento formal representativo do "contrato", sendo que o representante comercial que antes retirava pedidos atualmente é um verdadeiro "propagandista", realizando propaganda médica, porém sem extrair qualquer pedido. Ou seja, o instrumento formal do contrato continua sendo o mesmo, entretanto as práticas das partes não são mais compatíveis com tal instrumento formal.

Embora as partes mantenham consenso sobre o desenvolvimento das práticas negociais, isto é, o objeto do contrato, não há como construir um consenso que permita a elaboração de um novo instrumento contratual, já que, dado o funcionamento adequado dos fins do contrato, não há interesse em revelar divergências na relação entre as partes sobre como tipificar o contrato ou mesmo disciplinar a extinção, modo de solução de conflitos etc. Como é comum nas relações contratuais de longa duração, não há estímulos suficientemente fortes para que a relação seja discutida em sua qualificação jurídica[8].

Da realidade fática surgem indagações, pois a Lei do Representante Comercial, em seu art. 1º, e o próprio contrato de Agência previsto no Código Civil no art. 710, prevê como elemento do tipo a intermediação da venda, algo que nos tempos atuais é discutível que esse representante realize, se ainda for possível chamar o propagandista como representante comercial[9]. Nesse quadro, surgindo uma controvérsia sobre como calcular

---

7 Como por exemplo a IMS Healt, que fornece o DDD (Dados de Distribuição de Drogas), assim como há também a Genexis que provê a "demanda real", do que é vendido pelo varejo ou mesmo empresas como a Auditpharma, que atua como uma espécie de "ibope" do setor farmacêutico, recolhendo informações sobre quais são os médicos que receitam as diferentes modalidades de medicamentos. A propósito, ver o trabalho descritivo de RIBEIRO DE OLIVEIRA, Josmária Lima e OLIVEIRA, Lino, Gestão estratégica de informações na indústria farmacêutica Eli Lilly Brasil. Disponível em: <http://www.contecsi.fea.usp.br/>. Acesso em: 11 mar. 2017.

8 Segundo Fernando Araújo, a questão da incompletude do contrato tenha sido uma das mais "originais e mais férteis contribuições da análise econômica do direito para a Teoria do Contrato. Embora nas cerca de 50 páginas em que a matéria é enfrentada não surjam soluções normativas, o texto é extremamente rico para demonstrar os estímulos ou a falta de estímulos que indicam as razões e fatores determinantes da incompletude contratual, além de sua proposição interpretativa em prol da eficiência econômica. ARAÚJO, Fernando. *Teoria econômica do contrato*. Coimbra: Almedina, 2007, pp. 143 a 189.

9 A propósito da representação comercial, ver a obra de HAICAL, Gustavo. *O contrato de agência*. São Paulo: RT, 2012 e PINTO MONTEIRO, António. *Contratos de distribuição comercial*. Coimbra: Almedina, 2004.

as comissões do representante comercial, será possível aplicar o disposto no contrato assinado?

A título de exemplo, veja-se que o contrato pode ter uma cláusula de exclusividade, dizendo que as vendas intermediadas para os clientes de uma determinada região (Estado de São Paulo, por exemplo) devem ser destinadas ao representante, tenha ele ou não realizado o pedido. Imagine-se, contudo, o distribuidor que altera seu domicílio de São Paulo para Curitiba e que passa a vender não só em São Paulo, como também para outros Estados da Federação. Aplicando a cláusula contratual de exclusividade, isso representaria a necessidade de pagamento das comissões sobre todas as vendas desse distribuidor, que a partir de meados dos anos 1990 passa a atuar em vários Estados e a fornecer mapas de distribuição, indicando para quem está vendendo.

A indústria farmacêutica paga as comissões segundo os mapas de distribuição e depois pelos índices da IMS. Contudo, quando da extinção do contrato, poderia o representante comercial reclamar o recebimento de comissões segundo o instrumento contratual firmado nos anos 1970? Incide sobre a relação o disposto no art. 27, *j*, da Lei do Representante Comercial sobre a atividade de propaganda médica (que não é mais representação), embora o contrato escrito preveja tal indenização?

As partes foram mudando suas condutas conforme sua conveniência comum, as exigências do mercado e também de acordo com as transformações tecnológicas. Seria possível, então, manter o dogma de aplicar o contrato escrito que não tem qualquer contato com a realidade?

Toma-se aqui o exemplo do contrato escrito, porém o caso em evidência poderia ter sido formado a partir de um ajuste decorrente da troca de correspondências, nos moldes do velho Código Comercial de 1850, ou mesmo por conta de um aperto de mão testemunhado por declarações inequívocas sobre o conteúdo contratual decorrente de anos de prática comercial ou de troca de correspondências.

O elemento formal do contrato escrito é importante, porém a questão que é importante para esta pesquisa é a transformação ocorrida ao longo do tempo, independentemente do modo como a "fotografia" do contrato foi realizada. Por isso, é importante saber se são as mudanças sociais e econômicas, os usos e costumes e o mercado que mudou e esses são fatores que determinam o conteúdo do contrato? Ou, foi o ato voluntário de as partes amoldarem-se às novas condições sociais e econômicas e ter construído novas práticas negociais que devem ser consideradas como fonte das obrigações?

1. Práticas negociais na teoria geral dos contratos

1.1. Do comportamento concludente às práticas negociais – um conceito a desenvolver

A contratação através de comportamentos concludentes deu ensejo a partir dos estudos de Haupt[10] a um longo e secular debate sobre os comportamentos sociais fáticos, os contratos de fato, os quase contratos e tantas outras percepções sobre o fenômeno da simplificação e da estandardização do modo de contratar sem a celebração de acordos verbais ou escritos, inclusive no que diz respeito ao uso de máquinas, aparatos tecnológicos etc. Foi de extrema importância no Direito brasileiro a obra de Clóvis do Couto e Silva ao tratar do contato social e dos processos fáticos tendentes a gerar obrigações com eficácia contratual, o que em alguns casos Pontes de Miranda chamava de atos-fatos[11].

Embora o problema deste artigo tangencie essa questão, em certa medida, as práticas negociais são consideradas como o conjunto de atividades voluntárias realizadas pelas partes no desenvolvimento de uma relação eco-

10 A propósito do efeito da teoria das relações contratuais fáticas e sua importância para o Direito das Obrigações ver COUTO E SILVA, Clóvis. *A obrigação como processo*. São Paulo: FGV, 2007, p. 65 e ss., MARTINS-COSTA, Judith. MARTINS-COSTA, Judith. *A boa-fé no direito privado. Critérios para a sua aplicação*. São Paulo: Marcial Pons, 2015, pp. 238-253. LARENZ, Karl. *Derecho de obligaciones*, t. I, Madrid: Editorial Revista de Direito Privado, 1958, p. 58-61 e LARENZ, Karl. O estabelecimento de relações obrigacionais por meio de comportamento social típico (1956). Tradução de Alessandro Hirata, *Revista Direito* GV 3, junho de 2006, v. 2, n. 1, pp. 055-064. Larenz desenvolve a concepção segundo a qual a justiça contratual é baseada na autodeterminação e na autovinculação. Entretanto, é preciso que o direito precise criar pressupostos sob os quais se possa encontrar um acordo justo. Faltando essa justiça que deriva da necessidade de preservação da comutatividade contratual o ajuste não encontrará reconhecimento jurídico. LARENZ, Karl. *Derecho justo*. Madrid: Civitas, 1985, p. 80. Ao desenvolver essa ideia, Larenz reconhece que o fundamento da obrigatoriedade dos contratos está no seu elemento funcional e em ideias de justiça que lhe são inerentes. Porém, mesmo admitindo um amplo espaço de intervenção jurídica no plano da autonomia privada, Larenz considera que é um ato de determinação vincular-se ou não a uma relação social fática, o que faz indicando o exemplo da pessoa que decide tomar um transporte público, pois pode fazê-lo ou não. Essa liberdade é o que mantém a autodeterminação do ato, ainda que o conteúdo da vontade na definição do preço ou demais circunstâncias sejam irrelevantes sob o ponto de vista jurídico.

11 PONTES DE MIRANDA, Francisco Cavalcanti. *Tratado de direito privado*, v. 2. São Paulo: RT, 2012, p. 457-535. Embora a categoria do ato-fato tenha sido desenvolvida por Pontes de Miranda, a partir do desenvolvimento de elementos já presentes na pandectística alemã, a preocupação com o uso de tal categoria vinculada às fontes das obrigações é realizada a partir da obra de COUTO E SILVA, Clóvis. *A obrigação como processo*. São Paulo: FGV, 2007.

nômica disciplinada por um contrato. Para atingir o objetivo do artigo é necessário tratar sobre os possíveis efeitos normativos de caráter vinculante que o comportamento fático das partes pode produzir sobre o conteúdo das obrigações dos sujeitos da relação contratual.

A relação entre a temática aqui desenvolvida e o tema das relações contratuais de fato tem como ponto de contato o reconhecimento de um fenômeno social relevante. Porém, a perspectiva é distinta, pois enquanto a doutrina das relações contratuais de fato acentuavam que o contrato era reconhecível unicamente por ser um ato culturalmente identificável como contrato, os efeitos jurídicos derivavam da incidência do ordenamento e seus princípios sobre a relação fática, sem espaço para a criação voluntária de direitos e obrigações. Se as partes tivessem ou não intenção de regular a relação jurídica derivada de uma "relação contratual de fato", este aspecto não teria relevância substancial.

Em sentido oposto, o questionamento realizado por esta pesquisa está direcionado sobre a possibilidade de que atos tradicionalmente tomados como mero "contato social" ou mesmo como "relações fáticas", as quais são denominadas aqui como práticas negociais, sejam resgatados em uma perspectiva normativa no quadro dos atos de autonomia privada. Ou seja, durante cerca de um século a Teoria Geral dos Contratos desenvolveu a solução da regulação heterocompositiva para situações que aqui são tratadas como soluções derivadas da autorregulação.

O tema está diretamente associado com a identificação de quais são os atos e os métodos que a autonomia privada adota como fonte jurígena hábil a produzir vinculação jurídica. Por consequência, nessa problemática precisa-se compreender a centralidade ou não da proposta e aceitação e do contrato escrito como "instrumentos do contrato" e também dos atos de execução e determinação das alterações dos instrumentos originais da contratação.

Também é preciso saber quais são os limites da heterocomposição na definição ou no preenchimento do conteúdo dos contratos. Isso porque, em admitindo que as práticas negociais consistem em fontes de deveres vinculantes às partes, os efeitos de técnicas heterocompositivas para definição do conteúdo dos contratos, como a interpretação e integração conforme a boa-fé e os usos e costumes (usos do lugar e outras práticas sociais) são afastadas por conta de um novo modo de manifestação da autonomia privada: aquele conjunto contínuo de atos e práticas sociais e econômicas, determinadas voluntariamente que carregam uma intencionalidade prática, dirigida a realização de determinados fins do contrato.

Embora essa compreensão das práticas negociais como fonte de obrigações vinculantes possa resultar numa valorização da autonomia privada como princípio do Direito Contratual, há problemas práticos e sérios para o seu reconhecimento.

O primeiro, de que a possibilidade de apreensão dos fatos e comportamentos praticados pelas partes ao longo do tempo, em alguns casos dos anos, possui um componente de operacionalidade que torna difícil aceitar essa concepção. Se os nossos foros e tribunais estão abarrotados de processos e mesmo a leitura de contratos longos e complexos é difícil, quanto mais a possibilidade de investigação sobre qual foi o comportamento das partes e a intencionalidade comum revelada por tais comportamentos. É, sem dúvida, mais prático e rápido identificar uma norma de caráter heterocompositivo como são as normas decorrentes da aplicação do princípio da boa-fé objetiva para solver a questão.

A segunda dificuldade resulta num dogma secular que é o de considerar como contrato não todo e qualquer comportamento voluntário, mas tão somente aqueles com intencionalidade jurídica representada por um documento escrito e assinado, um aperto de mãos, um ajuste verbal ou equivalente: um ato formal, solene ou mesmo informal, porém um ato, um marco, identificado claramente como sendo realizado em uma certa data e local[12]. Afastar esse dogma representa admitir que é possível que comportamentos reiterados das partes podem derrogar ou mesmo ab-rogar o conteúdo do contrato por conta de atos consensuais sem esse simbolismo, sem a significação e a intencionalidade jurídica que lhes é característica.

É preciso, entretanto, refletir a respeito de alternativas que possam indicar caminhos clarificadores sobre qual é o real papel das práticas negociais na Teoria Geral dos Contratos.

Dado o caráter eminentemente histórico que o Direito tem assumido, é preciso mencionar que o debate encetado neste artigo é decorrente de um conjunto de discussões a respeito dos fundamentos éticos dos contratos[13], dos fenômenos dos contratos de longa duração[14], da noção de teoria geral do con-

---

12 Para uma perspectiva analítica sobre o paradigma da "forma mínima" e dos modelos de enunciados negociais, ver FERREIRA DE ALMEIDA, Carlos. *Texto e enunciado na teoria do negócio jurídico*. Coimbra: Almedina, 1992, especialmente no v. 2, p. 665-758. A esse propósito, embora a teoria dos atos performativos de Carlos Ferreira de Almeida seja compatível com a proposição deste artigo, o elemento diferencial é a preocupação do autor português com a criação de efeitos a partir de atos não voluntários e com a funcionalidade do contrato, diferentemente deste texto que visa a indagar sobre a fonte das obrigações quando as práticas negociais são relevantes.

13 Especialmente, FRIED, Charles. *Contract as promise. A theory of contractual obligation*. Harvard University Press, 1981 e Charles Fried e GORDLEY, James. *The philosophical origins of modern contract doctrine*. Clarendon Law Series, Oxford, 1991.

14 Dentre os de longa duração, especialmente os relacionais: MACNEIL, Ian. *Relational contract theory*: selected works of Ian Macneil. Londres, Sweet & Maxwell, 2001. MACNEIL, Ian. *O novo contrato social*. Elsevier, 2009.

trato como um sistema social autônomo[15], da teoria econômica do contrato[16] e da doutrina da dimensão implícita dos contratos[17].

1.2. Dificuldades da teoria geral dos contratos para admitir as práticas negociais como atos de autonomia privada

As práticas negociais não são generalizáveis, pois dizem respeito ao comportamento de duas partes no curso de seu relacionamento contratual.

Se tomarmos em conta os contratos de trato instantâneo ou contratos descontínuos (*discrete*), tal como os identifica Macneil[18], esses comportamentos podem ser considerados como proposta e aceitação: alguém que chega a uma cafeteria, retira dinheiro do bolso e diz para o caixa "um expresso" pratica atos informais, porém significativos e indicativos sobre uma proposta ou aceitação de contrato, conforme consideremos o exercício da atividade e exposição dos produtos como comportamentos que caracterizam um "convite à oferta" ou uma oferta, propriamente dita; do mesmo modo, a elaboração e entrega do café, ainda quem dirigir uma única palavra ao cliente caracterizará não só aceitação como o adimplemento das obrigações.

É claro que há um elemento diferencial nesse comportamento que permite que possamos distinguir uma relação contratual de um simples ato de cortesia, nas hipóteses em que um amigo, em sua casa, pratica os mesmos atos e nos oferece um café. Neste caso não teremos a obrigação de pagar qualquer

---

15 TEUBNER, Gunther. *O direito como sistema autopoiético*. Lisboa: Fundação Calouste Gulbenkian, 1989. TEUBNER, Gunther. Legal irritants: good faith in british law or how unifying law ends up in new divergences. *Modern Legal Review*, 1998. TEUBNER, Gunther and GRABER, Christoph Beat. *Constitucional rights in the private sphere?* Oxford Journal of Legal Studies, 1998.

16 ARAÚJO, Fernando. *Teoria econômica do contrato*. Coimbra: Almedina, 2007.

17 CAMPBELL, David, COLLINS, Hugh and WIGHTMAN, John. *Implicit dimensions of contract*. Oxfort and Portland, Oregon: Hart Publishing, 2003.

18 Segundo a tradução mais conhecida da expressão "discrete contracts" de Ian Macneil, é feita como significando "contratos descontínuos". Tal tradução foi realizada por Ronaldo Porto Macedo Jr., nas obras MACEDO JR., Ronaldo Porto. *Contratos relacionais e defesa do consumidor*. São Paulo: RT, 2007 e Alvamar de Campos Andrade Lamparelli, sob revisão de André Rodrigues Corrêa, sob coordenação de Ronaldo Porto Macedo Jr. na obra MACNEIL, Ian R. *O novo contrato social*. Elsevier, 2009. Embora o sentido da expressão "contratos descontínuos" seja adequado à expressão "discrete", talvez o sentido da descontinuidade somente pode ser percebido quando confrontado com a relação de continuidade, o que nem sempre está presente, mesmo na obra de Macneil. Seguiu-se a opção já tradicional, com a observação de que talvez o sentido que melhor aproxima tal conceito seja o de contratos singulares ou mesmo instantâneos.

quantia e qualquer comportamento nesse sentido poderia ser interpretado como ato ofensivo sob o ponto de vista das regras da gentileza e da amizade[19].

O elemento diferencial relativamente aos efeitos das duas relações comparativas (pedir um café em uma cafeteria ou na casa de um amigo) não é dado por palavras, mas fundamentalmente pelo contexto, pelos usos e costumes e pelas práticas sociais para situações similares.

De um modo geral, o Direito Privado concede à autonomia privada a possibilidade de que os contratos sejam celebrados de modo informal, estabelecendo a necessidade de forma escrita em alguns casos excepcionais, como é o caso da doação (art. 541, CC), compromisso de compra e venda (art. 11 do Decreto-Lei n. 58/1937), negócios jurídicos dispositivos de direitos reais, conforme disposto no art. 108 do Código Civil etc.

Não escapou ao legislador o problema da dificuldade de interpretar ou provar esse contexto, tendo sido estabelecido em praticamente todos os Códigos Civis alguma regra sobre necessidade de uma prova escrita para provar o conteúdo do contrato, tal como previa o revogado art. 227 do Código Civil brasileiro, que estabelecia o limite de 10 salários mínimos para admitir a prova exclusivamente oral para conceder executoriedade às obrigações contratuais[20].

A revogação do art. 227 indica o reconhecimento de que os negócios mudaram, embora a lei revogadora, o Código de Processo Civil, no art. 410 enuncie o "documento particular" como prova de contrato[21].

A superação do dogma da forma herdado do Direito Romano e a admissibilidade dos *nuda pacta* como fonte de obrigações vinculantes leva o Direito Contratual de um regime de absoluta segurança, para um regime que permite uma série de dúvidas sobre a vinculatividade ou não das condutas que culturalmente consideramos hoje como atos tendentes a realizar um contrato.

A esse respeito é extremamente importante a análise histórica realizada por Gordley[22] sobre os fundamentos filosóficos da liberdade contratual, assim

---

19 O exemplo da distinção é tomado de COLLINS, Hugh. The research agenda of implicit dimensions of contracts. In: CAMPBELL, David, COLLINS, Hugh and WIGHTMAN, John. *Implicit dimensions of contract*. Oxford and Portland, Oregon: Hart Publishing, 2003, p. 1 – 3.

20 A propósito ver o clássico texto de COUTO E SILVA, Clóvis. Direito material e processual em tema de prova. *Revista de Processo*, v. 13, 1979, p. 135 – 146.

21 "Art. 410. Considera-se autor do documento particular: I – aquele que o fez e o assinou; II – aquele por conta de quem ele foi feito, estando assinado; III – aquele que, mandando compô-lo, não o firmou porque, conforme a experiência comum, não se costuma assinar, como livros empresariais e assentos domésticos."

22 GORDLEY, James. *The philosophical origins of modern contract doctrine*. Clarendon Law Series, Oxford, 1991.

como o problema da teoria da *consideration* enfrentada por Grant Gilmore[23], autores preocupados com questões próprias da *common law*, que, entretanto, possuem grande importância ao tratar sobre a gênese da Teoria Geral dos Contratos e também sobre as condições jurídicas para que o contrato produza eficácia vinculante. O primeiro, ao tratar dos fundamentos éticos da liberdade contratual e da importância da segunda escolástica, ou escolástica espanhola, como construtora de uma dogmática que forneceu os contornos do que hoje consideramos como Teoria Geral dos Contratos, e o segundo, ao tratar sobre a construção de uma concepção formal de Teoria Geral dos Contratos a partir do pensamento de Oliver Holmes e as transformações dessa matéria no curso do século XX.

É claro que a opção pelo atual modelo de informalidade representou elevar o contrato a um patamar jurídico relevante, passando a outorgar à autonomia privada o papel de fonte das obrigações, sendo uma categoria responsável por estruturar o tecido social em torno das relações econômicas.

Cabe, então, ao Direito Contratual desenvolver as técnicas necessárias para identificar e determinar o conteúdo das obrigações que são criadas voluntariamente pelos atos da autonomia privada.

Ao construir essa técnica de identificação, são as normas sobre forma e prova dos negócios jurídicos que indicam a preocupação especial da Teoria Geral dos Contratos com a manifestação escrita, ou melhor com o instrumento particular celebrado por escrito, assinado pelas partes em um determinado local e data como demonstração inequívoca sobre qual é o conteúdo do contrato[24].

As normas sobre a matéria consideram que a assinatura de alguém em um documento escrito significa a vinculação de seu consentimento na operação econômica. Isso está baseado em uma convenção milenar de que assinar significa concordar, manifestar consentimento[25]. Essa convenção de que trata Collins pode ser considerada como um velho costume, no sentido tradicional

---

23 GILMORE, Grant. *The death of contract*. Columbus, 1995.

24 É elucidativa a perspectiva da obra de IRTI, Natalino. *Studi sul formalismo negoziale*. Roma: CEDAM, 1997. Sobre diferença entre forma e prova e especialmente o significado dessa matéria em conexão com o objeto deste artigo, ver o capítulo III, *Il contratto tra faciendum e factum*, pp. 95-137. O texto trata sobre o contributo de Grotius, assim como a forma e prova como elementos necessários ao processo de externalização de um acordo e de transformação de um mero ajuste para um fato relevante social e juridicamente. "Un'antica tradizione risolve l'autonomia dei privati nella scelta tra l'una e l'altra possibilità, nel decidere sull'essere o non essere del negozio. Occorre tuttavia aggiungere che l'essere del contratto, come di qualsiasi altro negozio, è un *essere per il diritto*, e non una generica esperienza economica e sociale" (p. 96).

25 COLLINS, Hugh. *The research agenda of implicit dimensions of contracts*. Op. Cit., pp. 1-24.

das fontes, que é o de todos acreditarmos ser obrigatório que determinados contratos devam ser por escrito para que se saiba de modo claro e definido qual é o conteúdo do contrato e, portanto, deixar inequívoca a obrigatoriedade das obrigações previstas pelas partes.

Em torno disso, temos várias normas, tais como a ineficácia das minutas, que ainda que tenham caráter documental não obrigam pela falta da assinatura, bem como a ideia de que o contrato forma um ato jurídico perfeito e, portanto, uma vez assinado sequer a lei pode alterar o seu conteúdo. A obra de Pothier sobre a interpretação é significativa a respeito[26].

Ou seja, a Teoria Geral dos Contratos foi construída a partir da superação do dogma romano que separava os *contractus* dos *nuda pacta*, porém o Direito Contratual moderno manteve a relevância da forma e, especialmente, o caráter singular do documento escrito assinado como método supremo de contratação.

Entretanto, casos como o descrito na introdução deste artigo, entre outros muito comuns da realidade negocial, em geral associados a novas operações econômicas de nossa complexa e ágil vida social, com grande relevo a partir do início do século XXI, deixam esse modelo do "contrato assinado" ou do "aperto de mãos" como não sendo representativo de todo e qualquer contrato, já que se multiplicam as hipóteses de relações contratuais estabelecidas de modo substancialmente informal e difuso, sem um marco claro sobre qual é o conteúdo preceptivo do contrato.

De modo muito sintético pode-se dizer que as transformações relevantes que fazem nascer a discussão sobre as práticas negociais no início do século XXI têm origem no século XX, associadas especialmente ao fenômeno narrado por Enzo Roppo[27] e Ronald Coase[28], de utilização do contrato como instrumento de planificação econômica e expansão da empresa da atividade empresarial.

Além do fenômeno da expansão dos contratos de adesão, há o desenvolvimento de novas estruturas contratuais que geram fenômenos como o narrado por Stewart Macaulay que é a *battle of forms*[29], assim como o nas-

26 POTHIER, Robert Joseph. *Tratado das obrigações*. Campinas: Servanda, 2002, pp. 96-103, capítulo "Regra para a interpretação das convenções".

27 ROPPO, Enzo. *Contratti standard. Autonomia e controlli nella disciplina delle attività negoziali di impresa*. Milano: Giuffrè, 1989 – reimpressão da edição de 1975. Esta obra, antecedente de "Il contratto", consiste em percurso histórico de grande importância para a compreensão das conexões entre o desenvolvimento da teoria da empresa e o contrato como instrumento de planificação e governança.

28 COASE, Ronald H. *The nature of the firm*. Economica, New Series, v. 4, n. 16 (nov. 1937), pp. 386-405.

29 MACAULAY, Stewart. Non-contractual relations in business: a preliminar study. *American Sociological Review*, v. 28, n. 1, February, 1963. Nesse sentido, o trabalho de Stewart Macaulay já indicava, no ano de 1963, a insuficiência dos formulários como técnica de

cimento dos contratos organização, contratos cooperativos e especialmente a conhecida teoria dos contratos relacionais desenvolvida por Ian Macneil.

Em trabalho mais recente, da década de 1990, Macaulay acentua a importância da dimensão implícita dos contratos, reiterando que o problema por ele identificado na década de 1960 continua, sendo que agora o que está posto não diz respeito ao reconhecimento do fenômeno da falta de reflexo entre o *real and formal deal,* mas na problemática jurídica de interpretar na realidade negocial o conteúdo dos deveres das partes. A ideia é de que o contexto da contratação possui elementos muito ricos para permitir aos aplicadores do Direito conceber quais foram os verdadeiros entendimentos das partes[30].

Isso faz nascer o debate sobre a possibilidade de definição do conteúdo do contrato a partir das práticas negociais, em complemento e em situações excepcionais, contra o próprio sentido do contrato escrito eventualmente celebrado pelas partes.

Como no exemplo tratado na introdução, é possível resolver os conflitos entre duas partes cuja relação contratual é mantida por longos anos e que na hipótese de uma controvérsia descobre-se que o contrato escrito, celebrado há muitos anos, não tem mais qualquer conexão com a realidade?

Além dessa hipótese há várias outras, tais como aquelas em que o contrato é pensado, discutido e redigido por advogados, que usam uma linguagem que não é acessível aos gerentes, engenheiros, técnicos e vendedores que serão responsáveis pela sua execução, resultando em um "pedaço de papel" destinado aos arquivos, sem que os processos negociais, modo de negociação e atuação sejam atendidos pelas partes, independentemente da duração do contrato[31].

A resposta segundo a qual o contrato escrito deve ser seguido a qualquer custo, tendo em vista que isso representa um dos modos de se obter segurança e previsibilidade, não é adequada, tendo em vista que não atende o interesse

organização da empresa, denunciando pela primeira vez a *batle of forms*, fazendo referência à riqueza da vida comercial e a incompatibilidade entre o conteúdo dos ajustes reais entre as partes e os *planning documents or paper deals*. Este artigo levou Grant Gilmore a afirmar ter sido Macaulay quem jogou uma pá de cal sobre a Teoria do Contrato, ou ao menos, de uma determinada teoria contratual nascida a partir da pandectística alemã ou da Teoria de Holmes, baseadas em premissas formais dominantes durante o século XX. GILMORE, Grant. *The death of contract*. Columbus, Ohio, 1974.

30 MACAULAY, Stewart. The real and the paper deal: empirical pictures of relationships, complexity and the urge for transparent simple rules. In: COLLINS, Hugh (Org.). *The implicit dimension of contract*. Hart Publishing, Oxford, 2003, p. 103 e ss. Do mesmo modo em: BROWNSWORD, Roger. *Contract law*. Themes for the twenty-first century. Oxford: Oxford University Press, 2006.

31 Tal como propõe COLLINS, Hugh. The law of contract. Cambridge: LexisNexis, 2003.

particular de qualquer das partes, tampouco atende a coerência objetiva que o ordenamento jurídico pretende ter para dar soluções que forneçam uma mínima percepção de justiça na via adotada.

Por isso, embora se possa encontrar quem defenda tal posicionamento, não há que aprofundar-se nele, tendo em vista que embora em alguns casos o documento escrito possa ser uma solução, abstraindo-se elementos materiais de justiça e considerando que o contrato é uma mera solução formal para resolver as controvérsias, em casos como o descrito na introdução é absolutamente impossível a aplicação do formulário contratual, dada a sua desconexão com a realidade e com a demanda das partes.

A conclusão deste capítulo sobre as dificuldades de reconhecimento das práticas negociais como alternativa autocompositiva dos conflitos e também como meio de superar as incongruências de instrumentos formais desconexos da realidade passa pela possibilidade de reconhecimento de um novo modo de reconhecimento de atos de autonomia privada.

Em outras palavras, é preciso identificar quais as condições para que os ajustes voluntários possam receber a condição de ajustes negociais, ou seja, relevantes e aptos a produção de efeitos jurídicos[32].

2. Possibilidades jurídicas para as práticas negociais

As soluções possíveis para preencher o conteúdo dos contratos fornecidas pela Teoria Geral dos Contratos são regra geral metodológicas, transitando basicamente entre a interpretação, integração ou mesmo a chamada interpretação integrativa.

Como evidenciado na introdução, este artigo enfrenta o problema das práticas negociais como modo de compreender a extensão dos atos de autonomia privada e os fundamentos éticos da própria liberdade contratual. Por essa razão, passa ao largo algumas questões metodológicas importantes para solucionar problemas concretos, como as técnicas interpretativas, por extrapolarem o objeto deste artigo, que é a possibilidade de a Teoria Geral dos Contratos considerar que as práticas negociais possuem eficácia normativa.

Assim, como modo de contrastar as soluções possíveis, passa-se a analisar em primeiro lugar a possibilidade de resolver o problema e o caso concreto apresentado na introdução com soluções heterocompositivas como são a boa-fé objetiva e os usos e costumes.

32 Em certa medida é a questão posta na obra de MARINO, Francisco Paulo de Crescenzo. *Interpretação do negócio jurídico*. São Paulo: Saraiva, 2011, p. 30: "Declaração negocial não é sinônimo de declaração de vontade. Declaração negocial é uma espécie de declaração de vontade que observa um determinado modelo, socialmente visto como apto à produção de efeitos jurídicos".

2.1. Boa-fé objetiva, usos e costumes e outras soluções heterocompositivas

Embora intrinsicamente conexo com a autonomia privada, o desenvolvimento da boa-fé objetiva como estrutura normativa para preencher eticamente as relações obrigacionais em razão de sua finalidade, tem como característica a imposição de deveres às partes de uma relação contratual para que o adimplemento ocorra de modo satisfatório para o credor. Trata-se de uma importante transformação material da Teoria do Contrato, se considerarmos a perspectiva formal da escola da exegese e da pandectística alemã[33].

A boa-fé recupera uma dimensão ética que tanto a pandectística alemã e a escola da exegese francesa afastam do Direito Contratual ao valorizar a forma e a "vontade", afastada do sentido ético que representou quando da construção do próprio sentido de liberdade contratual, assim como na *common law*, a boa-fé (diretamente ou através de uma série de outras teorias como a ampliação do conceito de *consideration*, *economic duress*, *estoppel* etc.) rompe com o formalismo holmesiano da Teoria do Contrato.

Indiscutivelmente a boa-fé carrega consigo uma dimensão ética que dá sentido à liberdade contratual, pois a complementa e a justifica como modo organizado de atribuir eficácia aos particulares na autorregulação de sua vida econômica. A competência para criação de atos jurídicos perfeitos, a competência normativa atribuída pelo ordenamento aos particulares ganha sentido com a boa-fé objetiva, tendo em vista que promove uma aproximação da liberdade contratual com as exigências éticas de uma determinada coletividade.

Assim, em casos como o narrado na introdução, não se pode esperar que o "representante comercial", após anos de atuação como propagandista, deixe de receber as comissões relativas às vendas que a indústria farmacêutica realizou em uma determinada área geográfica com fundamento na ausência de pedidos. Os pedidos não foram feitos, pois não há mais essa prática social no mercado, já que da promoção realizada pelo propagandista, o médico receita o medicamento, o paciente procura o medicamento nas prateleiras das farmácias, a farmácia compra esse pedido das distribuidoras atacadistas e estas, então, fazem o pedido à indústria.

A boa-fé objetiva tem o condão de impor deveres éticos de modo que ninguém aproveite-se de um comportamento que lhe beneficia, com o qual concorda e/ou tolera para depois usar disposições formais a fim de afastar obrigações, de modo oportunista.

---

33 Da inesgotável bibliografia a respeito da boa-fé objetiva ver MARTINS-COSTA, Judith. *A boa-fé no direito privado. Critérios para a sua aplicação.* São Paulo: Marcial Pons, 2015, obra recente que sintetiza elementos teóricos, históricos e pragmáticos da boa-fé objetiva.

Os ditames da boa-fé objetiva de comportamento reto, honesto e probo exigem que as expectativas legítimas criadas pelas partes por seu comportamento no ato da contratação sejam atendidas e respeitadas.

Do mesmo modo, pode-se dizer que os usos e costumes produzem efeito similar, pois quando as partes atuam de modo concertado com as práticas de mercado, segundo o que em um determinado local ou setor da economia realiza, há o nascimento de expectativas no comportamento alheio, de modo que o não exercício de direitos ou o exercício de um determinado modo acaba criando uma nova regulamentação.

O caso objeto de análise neste artigo traz um elemento adicional em que é extremamente importante o fator normativo dos usos e costumes, tendo em vista que reflete fenômeno recente numa perspectiva histórica que é o da *velocidade da tipificação* seja legal ou simplesmente social.

Se analisarmos o efeito dos usos e costumes sobre o processo de tipificação legal e social, pode-se observar que a tipicidade era cunhada de forma muito lenta, razão pela qual observa-se que boa parte dos tipos contratuais previstos nos Códigos Civis do século XIX e início do século XX eram herança do velho Direito Romano[34], ou pelo menos dos estudos que a segunda escolástica fez sobre o velho Direito Romano e sobre a doutrina Tomista-Aristotélica[35].

Adicionalmente, a velocidade de formação jurídica de novos tipos contratuais reflete um processo de mitigação da importância do velho costume como fonte do direito para a valorização dos *usos e costumes*[36] no processo de formação de standards ou parâmetros para aferição de condutas no âmbito das relações contratuais, caracterizando de modo nítido uma forma heterocompositiva dos conflitos no plano do Direito Contratual[37].

---

34 A clássica obra de Larenz traz uma preciosa análise sobre o processo de tipificação contratual e do papel do tráfico jurídico na formação do Direito. Embora possa se considerar moderna, a obra de Larenz reflete uma realidade que não é mais a contemporânea. LARENZ, Karl. *Derecho de obligaciones*. t. II. Madrid: ERDP, 1959, pp. 2-11. Uma boa análise do trabalho de Larenz é feito por COMIRAN, Giovana. *Atipicidade contratual: entre a autonomia e o tipo*. Dissertação de mestrado, UFRGS, 2007.

35 GORDLEY, James. *The philosophical origins of modern contract doctrine*. Clarendon Law Series, Oxford, 1991.

36 Uma esclarecedora perspectiva histórica do papel do costume e dos usos e costumes é apresentada por LUDWIG, Marcos. *Usos e costumes no processo obrigacional*. Revista dos Tribunais, 2005. O autor apresenta pesquisa sobre o papel dos usos e costumes como "modelo e como fonte do Direito", descrevendo as transformações sociais e econômicas e o contexto do Código Civil vigente para propor que "os usos e costumes exercem um papel propriamente normativo na qualidade de modelos jurídicos oriundos do poder social" (p. 178) na linha da teoria dos modelos jurídicos de Miguel Reale.

37 O método de verificação, portanto, das condições de intervenção é baseado na verificação empírica de adequação de uma generalidade de situações negociais típicas em que ocorre a distorção funcional da liberdade contratual. Para isso, é necessário "integrar-se

Não é um propósito resolver ou aprofundar esse papel dos usos e costumes na solução do conflito apresentado como pano de fundo, mas é possível considerar que os usos e costumes influenciam fortemente a conduta das partes por conta de um processo de conformação social das condições nas quais os atos de autonomia privada são desenvolvidos.

Entretanto, os usos e costumes genericamente considerados são externos ao comportamento das partes, fazendo depender a regulação e complementação essencialmente da eficácia normativa do comportamento das partes frente aos instrumentos contratuais celebrados no passado, do contexto e das práticas sociais de um determinado tempo e local.

Do mesmo modo, a incidência da boa-fé objetiva como fonte de obrigações de cooperação, informação etc., é inafastável, assim como também é o seu sentido negativo criando a obrigação de comportamento coerente[38]. Na mesma linha, o reconhecimento dos usos e costumes, usos do lugar e outros elementos costumeiros relacionados a práticas sociais possuem uma eficácia normativa indiscutível, sendo certa a sua incidência nos processos de interpretação e integração dos contratos tanto para impor comportamentos segundo expectativas legítimas criadas pelo contexto quanto para impedir comportamentos contrários a essas mesmas expectativas.

Nessas hipóteses, porém, se está diante de um fenômeno normativo externo às partes, pois ainda que conexos com a autonomia privada, tanto a boa-fé objetiva quanto os usos e costumes caracterizam regulamentação cuja fonte de modo mediato deriva da lei, seja do disposto no art. 422 ou do art. 113 do Código Civil.

Embora não exista uma contraposição absoluta entre autonomia privada e regulamentação legal de seus efeitos, há que se distinguir os deveres impostos por efeito do ordenamento jurídico daquele fixado pelo acordo entre as partes a partir de atos volitivos.

A distinção tem sentido porque os atos de autonomia privada possuem um fundamento ético próprio, que está associado ao dever de fidelidade, respeito à palavra empenhada[39], à noção de justiça comutativa ou ao ato de

o contrato concreto numa categoria de contratos" em que as condições negociais são similares para aplicação de determinada disciplina jurídica, e, assim fazer o controle do conteúdo do contrato a partir dos parâmetros valorativos respectivos. A propósito, ver RIBEIRO, Joaquim de Souza. *O problema do contrato, as cláusulas contratuais gerais e o princípio da liberdade contratual.* Coimbra: Almedina, 2003, pp. 174-176.

38 No sentido atribuído por FANDIÑO, Mariana Bernal. *El deber de coherencia en el derecho colombiano de los contratos.* Pontificia Universidad Javeriana. Bogotá, 2012.

39 Sobre a *fides* como *lealdade à palavra dada,* ver MARTINS-COSTA, Judith. *A boa-fé no direito privado.* Critérios para a sua aplicação. São Paulo: Marcial Pons, 2015, p. 52. Nas raízes da boa-fé, ao enfrentar a *fides* romana, Judith Martins-Costa identifica que

liberalidade praticado conforme os fins visados pelas partes quando estipulam a criação de um regulamento contratual para disciplinar suas ações futuras. Por isso a tendência de boa parte da doutrina inclusive rejeitar a possibilidade de aplicação dos usos e costumes quando contrariarem o escopo comum do contrato segundo a perspectiva das partes: uma interpretação objetiva a partir de parâmetros externos ao contrato, pode subordinar à vontade das partes a objetividade rígida das regras do mercado[40], fenômeno que contraria a própria natureza dos atos da autonomia privada. Neste sentido, o principal meio de criação da confiança sobre o outro está no próprio exercício dos atos de autonomia privada, tendo em vista que fazer promessas implica reconhecer o outro como pessoa e comprometer-se ética e moralmente com ele[41].

No âmbito das relações de massa, especialmente no âmbito das relações de consumo, proposições como a dos contratos relacionais desenvolvidas por Ian Macneil afastam a importância dessa distinção, atribuindo ao Direito Contratual um papel de regulação das expectativas legítimas derivadas desses comportamentos sociais no curso da vida contratual.

Importa mais reconhecer o contrato como uma "relação social juridificada" em que o papel da Teoria dos Contratos é mais prover soluções homogêneas a partir de uma ética social predominante do que preocupar-se com a justiça comutativa inerente a cada contrato. Em outras palavras, não interessa qual é o fim visado pelas partes ou qual foi a vontade particular no âmbito

---

a *fides* era considerada como um fundamento da própria promessa, elemento central para assegurar a confiança decorrente da promessa. "E assim o é porque se trata de "uma *fides* que constringe a quem prometeu manter sua promessa não segundo a letra, mas segundo o espírito; não tendo em vista o texto da fórmula promissória, mas ao próprio organismo contratual posto em si mesmo: não seguindo um valor normativo externo ao negócio concretamente posto em si (o contexto verbal da promessa), mas *fazendo do próprio concreto intento negocial a medida da responsabilidade daqueles que a fizeram nascer*" (p. 56).

A análise realizada pela autora indica claramente um fundamento ético da promessa, independente e de modo autônomo do formulário romano que assegurava uma *actio* para o *contractus*, razão pela qual mesmo os *nuda pacta* deviam ser cumpridos dado o valor a palavra empenhada e a confiança criada pela promessa. Numa determinada fase esse fundamento ético está associado de modo direto ao crédito: "Assim, a presença do *creditum* dependerá fundamentalmente da credibilidade que possa ter uma pessoa por ser alguém que cumpre a palavra dada, a oralidade, inclusive, dando a tônica, pois, segundo Sêneca, exige-se o documento escrito somente daquelas pessoas destituídas de *creditum*" (p. 58). Adiante Judith Martins-Costa menciona expressamente que a eficácia obrigatória dos contratos consensuais decorre de uma "aderência a critérios de correção e lealdade traduzidos no valor da palavra dada" (p. 67).

---

40 SCONAMIGLIO, Claudio. Contratos de empresa y voluntad de los contratantes. *Revista de Derecho Privado*, n. 15, 2008, p. 29.

41 LARENZ, Karl. *Derecho justo*. Madrid: Civitas, 1985, p. 74.

de uma determinada relação, razão por que são normas objetivas como a do art. 47, do Código de Defesa do Consumidor, que devem reger a interpretação. Os usos e costumes, por sua vez, fornecem os elementos necessários para a integração contratual quando o contrato celebrado no passado e a lei não prover uma regra para tal fim.

Se analisarmos as transformações históricas ocorridas no Direito Contratual, pode-se perceber que a solução estatal/heterocompositiva foi predominante na regulamentação do contrato de trabalho, ao ponto de que há um conceito de "relação de trabalho" que é central nessa disciplina, pois independentemente da existência de um contrato de trabalho, o reconhecimento de elementos objetivos do tipo previstos no art. 3º da Consolidação das Leis do Trabalho são suficientes para caracterizar a "relação de trabalho" e, portanto, disciplinar a relação intersubjetiva por um conjunto normativo marcado por forte intervenção estatal.

Em certa medida, o mesmo ocorre no âmbito das relações de consumo, pois o Código de Defesa do Consumidor prescinde de um "contrato" para caracterizar uma "relação de consumo", havendo regras objetivas sobre responsabilidade daqueles que promovem a circulação de produtos e serviços no mercado de consumo. São clássicos os casos de responsabilidade independentemente do vínculo contratual.

Por essa razão, é comum a doutrina do Direito do Consumidor invocar a teoria dos contratos relacionais, pois ela está conforme às opções legislativas de nosso ordenamento jurídico que optou por disciplinar uma matéria que anteriormente era regulada pelo Direito Contratual por um conjunto de normas de proteção do consumidor, dada a importância social e a necessidade de preservação do mercado de consumo.

Isso não afastou, de todo, o Direito Contratual das relações de consumo, entretanto o problema deste artigo não tem grande relevância no plano das relações de consumo dadas as opções legislativas em que predomina a regulação social sobre as disposições contratuais, tendo em vista um conjunto de disposições, entre elas a do art. 51, IV, que estabelece a prevalência da boa-fé sobre ajustes contratuais que possam "ofender princípios fundamentais do sistema jurídico", "sejam onerosas, considerando a natureza e o conteúdo do contrato", ou "outras circunstâncias peculiares do caso" etc.

Ademais, a disciplina da publicidade no art. 30 e o regime dos contratos de adesão do art. 54 do Código de Defesa do Consumidor revelam a adoção de uma concepção segundo a qual os contratos são um modo de atuação da empresa para organizar sua atividade econômica, pois o fornecedor fica vinculado nos limites de sua atividade regulamentadora da "relação de consumo".

Na relação de trabalho, o grau de intervenção estatal é maior, tendo em vista que o poder diretivo do empregador e a necessária subordinação transformam a relação entre empregador e empregado em relação de autoridade, a ponto de o empregador poder demitir o empregado insubordinado por justa causa. Embora o grau de intervenção estatal nas relações de consumo seja substancial, o poder regulatório da atividade do fornecedor não chega a criar uma relação vertical entre fornecedor e consumidor, havendo espaço mais amplo para a regulação contratual e para os atos de autonomia privada.

Entretanto, a circunstância de que as relações de consumo são predominantemente massificadas justifica a prevalência de soluções heterocompositivas como a incidência da boa-fé e dos usos e costumes em detrimento das práticas negociais.

Ainda que determinada relação de consumo, na perspectiva do consumidor, possa ser forjada em torno de práticas negociais, o fornecedor possui um parâmetro objetivo e geralmente padronizado para todos os consumidores, ainda que seja inerente a isso um certo grau de personalização no processo de prestação de serviços ou de fornecimento de produtos. Porém, a regulamentação é geral a partir dos instrumentos de adesão e das práticas sociais aplicadas na generalidade dos casos atendidos por determinado fornecedor.

É difícil atribuir papel normativo para o modo como as práticas negociais são estabelecidas entre as partes e considerá-las como atos de autonomia privada, fundamentalmente por duas razões: (a) quem decide o modo como a relação será estabelecida é o fornecedor, dadas as características já apontadas acima; e, (b) a multiplicidade de relações estabelecidas no seio do mercado de consumo afasta a possibilidade prática de um juiz avaliar as práticas negociais.

A primeira circunstância, estabelecimento unilateral de normas relacionais, já é suficiente para justificar o afastamento das regras relativas aos contratos de consumo, dado que entre os fundamentos éticos do contrato está a ideia de que o acordo, o consenso sobre determinado ponto é elemento primordial e isso não está perfeitamente presente. Por essa razão, a doutrina francesa distingue vontade de consentimento. Enquanto a *vontade* expressa poder, manifestação maior da liberdade, o *consentimento* é alinhado à vontade, é ato de subjugação, principalmente na sociedade de massas[42].

Tal posicionamento está alinhado com a narrativa histórica de Roppo e Coase, citada anteriormente, a respeito do papel do contrato como instrumento de organização da empresa. Isso acabou refletindo sobre o modo de resolver os problemas de regulamentação das relações de consumo, sejam relações duradouras ou não.

Todavia, não parece que no âmbito das relações empresariais ou das relações civis tradicionais se possa aplicar a mesma lógica, razão pela qual o

42 FRISON-ROCHE, Marie-Ane. Remarques sur la distinction de la volonté et du consentement en droit des contrats. *Revue Trimestrielle de Droit Civil*, 1995, n. 3, p. 573 e ss .: "Par la volonté, je domine; par le consentement, je me soubets. La force est du côté de la volonté; la faiblesse du côté du consentement" (p. 574).

próximo tópico aborda uma perspectiva diferenciada para as práticas negociais nessas relações.

2.2. Da afirmação das práticas negociais como atos de autonomia privada

O reconhecimento de que as práticas negociais constituem uma modalidade ou um novo modo de expressão do que consideramos como atos de autonomia privada provoca um estrangulamento no modelo jurídico construído ao longo dos séculos segundo o qual é preciso um ato formal que demonstre claramente a aceitação de uma dada proposta, realizada em certa data e local.

Como no exemplo tomado em consideração, as diversas adaptações realizadas entre a indústria farmacêutica e o suposto representante comercial ao longo dos anos demonstra elementos voluntários e involuntários agindo com forças pelo menos equivalentes.

O elemento involuntário é dado pelas diversas transformações do mercado, as ações de terceiros e mesmo a regulamentação legal do exercício das respectivas atividades profissionais.

O elemento voluntário é identificado pelo esforço realizado por cada uma das partes para compatibilizar a manutenção do contrato e da realização de seus fins em um contexto social e econômico adverso à manutenção dos ajustes iniciais.

Adaptar-se às circunstâncias e às condições de mercado para continuar com a relação contratual é ato voluntário de autodeterminação, pois revela a intencionalidade clara e direta no sentido de que a atividade econômica que subjaz ao conjunto normativo da relação contratual ainda é desejada, seja por conta dos efeitos econômicos (remuneração ou lucro), seja por conta do respeito aos valores éticos que fazem com que as partes sintam-se obrigadas perante a outra a continuar no desenvolvimento e cumprimento de obrigações essenciais previstas nos contínuos ajustes que são realizados no *iter* contratual.

Sendo ato de autodeterminação e estando dirigido a fins econômicos, não se pode negar o caráter vinculante de tal comportamento, o que leva a conclusão de que os atos dirigidos à manutenção e adaptação da relação contratual podem ser considerados como atos de autonomia privada.

Faz parte de sua gênese a intenção de vincular o próprio comportamento para poder exigir o cumprimento e atuação das prestações da outra parte.

Poder-se-ia objetar que o elemento determinante de tais ações foram as transformações do mercado ou as circunstâncias externas. Entretanto, seja no contrato celebrado nos anos 1970 ou nas escolhas realizadas pelas partes no curso da relação contratual, houve circunstâncias, contexto e quadro normativo externo que condicionaram assim como condicionam o contrato.

É o contexto que atribui sentido aos atos de autonomia privada. Porém, tal contexto não altera a circunstância de que a opção, a escolha voluntária da parte em agir de determinado modo e a vincular seu comportamento futuro a esse ato de escolha caracteriza um ato que historicamente temos denominado atos de autonomia, pois é a parte decidindo conformar seu comportamento para o futuro com eficácia jurídica.

Se essa linha torna difícil "apreender" qual é o ato de autonomia privada, como ele foi formado e qual o seu conteúdo em situações de estresse, tornando mais difícil a tarefa de julgar litígios envolvendo o contrato, isso é apenas mais uma circunstância decorrente das dificuldades de nossa complexa sociedade e menos um problema de qualificação jurídica.

Ou seja, nestes casos é possível identificar nos atos de autonomia privada não só um elemento voluntário, a "declaração negocial de vontade" de obrigar-se, como também são identificáveis os elementos éticos que fundamentam os atos de autonomia privada, que estão associados à fidelidade ao compromisso assumido e à parte contrária, à noção de se estar vinculado aos próprios comportamentos quando dotados de valor e realizados em razão de uma atividade econômica genética e funcionalmente equivalente, assim como pelo valor de se entender que cumprir as obrigações assumidas voluntariamente é um elemento essencial para a continuidade do exercício das atividades econômicas.

Assim, em casos como o do exemplo deste artigo, é preciso que o julgador, na hipótese de algum conflito, leve em conta esses fatores para que os atos de autonomia privada praticados ao longo dos anos sejam levados em consideração, com sua eficácia vinculante e com seus efeitos.

Tentar solucionar o conflito a partir do instrumento formal assinado há quase quatro décadas tem o mesmo significado que resolver o conflito usando "dados", cujo resultado será aleatório e completamente desvinculado do sentido comutativo e de equivalência que foi construído pelas próprias partes ao longo do tempo. Essa seria a opção de uma justiça procedimentalista em que o formalismo poderia reduzir incertezas: o risco é não alterar o contrato escrito. A perspectiva procedimentalista garante previsibilidade para suportar as atividades econômicas, entretanto derrota a possibilidade de realização da intenção das partes na regulamentação da relação econômica, já que ignora por completo escolhas e decisões válidas em prol de um monumento vazio.

Este artigo afirma, portanto, uma ideia de justiça substancial como fundamento para a Teoria Geral dos Contratos, pois leva em conta o mútuo entendimento das partes sobre o quadro (moldura) em que o contrato foi celebrado[43].

A compreensão de uma noção substantiva de justiça contratual exige a identificação da real intenção das partes, assim como dos entendimentos implícitos que estão em torno do negócio. Esse debate apresenta o dilema sobre

43 COLLINS, Hugh. *The law of contract*. London: Lexis Nexis, 2003, p. 25.

como o Direito Contratual pode cumprir sua finalidade principal de prover suporte, confiança e segurança para as transações no mercado[44].

A proposição deste artigo é de que a "dimensão implícita" segundo o que Collins apresenta, atendidas as diferenças funcionais no estudo do Direito Contratual da perspectiva da *common law*, compreende não só as práticas negociais como os usos e costumes que conformam o contexto contratual.

Talvez seja necessário retornar um pouco aos debates realizados na metade do século XX, quando Emílio Betti tenta resgatar a categoria do negócio jurídico como conceito central do Direito Privado para entender que o contexto social e normativo atribui sentido a esse conjunto de atos voluntários de modo a se poder caracterizá-los como atos de autonomia privada. Tal como dizia Betti, é na vida de relação que a autonomia privada tem sentido, pois de modo subjacente ao Direito as relações econômicas destinadas a fins possuem uma normatividade ética que é recolhida e reconhecida pelo Direito, que lhes atribui efeitos jurídicos[45].

Não obstante a dicção de Collins esteja voltada para o problema das práticas negociais, isso se dá somente de modo parcial, tendo em vista que o contexto pode levar a solução dos conflitos contratuais para dois caminhos distintos.

Em certa medida, esse debate leva a uma outra conclusão, que o "ser" do contrato no seu plano funcional "deve ser" a solução do conflito quando este não se mostra mais funcional. Na perspectiva de Betti, o ser do contrato não é uma situação de fato, pois os atos de autonomia privada são essencialmente preceptivos, e, com isso, carregam prospectividade em seu conteúdo.

Apesar de ter escrito sobre a teoria do negócio jurídico há quase um século, as ideias de Emílio Betti continuam sendo úteis para compreender o problema, pois segundo o autor italiano os interesses e as necessidades são regulados pelo negócio jurídico no plano social, no qual devem ser observados as regras costumeiras e os princípios de correção. No negócio jurídico, manifesta-se um poder pré-jurídico, não concedido ou delegado de uma fonte superior, que é a autonomia privada[46].

---

44 COLLINS, Hugh. The research agenda of implicit dimensions of contracts. In: CAMPBELL, David, COLLINS, Hugh and WIGHTMAN, John. *Implicit dimensions of contract*. Oxford and Portland, Oregon: Hart Publishing, 2003, p. 10.

45 A propósito da análise do pensamento e obra de Emílio Betti, tratamos anteriormente do tema na obra BRANCO, Gerson Luiz Carlos. *Função social dos contratos*. São Paulo: Saraiva, 2009, pp. 68-93.

46 Segundo Natalino Irti, a natureza "privada" no pensamento de Betti é relativa a sua desvinculação das normas do Direito estatal e não por dizer respeito aos particulares. IRTI, Natalino. *Letture bettiane sul negozio giuridico*. Milano: Giuffrè, 1991, p. 13.

A gênese do negócio é descrita sobre a base econômico-social, mas no limiar do Direito estatal, para cujo plano é transposta, sem perder sua natureza.

Na visão de Betti, a passagem para o plano econômico-social não altera nem corrompe a natureza do negócio. Em outra palavras, os atos de autonomia privada quando dotados de juridicidade somente recebem eficácia normativa que o ato de autonomia já tem no terreno social[47].

O preceito normativo não nasce no plano jurídico, assim como não é o plano jurídico que faz nascer o contrato. É na vida social que o contrato nasce, não se podendo confundir o "ser" da força operativa do negócio com o "dever ser" do preceito[48].

Evidentemente que a perspectiva de Betti não leva em conta os atos difusos a que se refere este artigo, porém trata de um pressuposto que na proposta deste artigo continua válido, que diz respeito à força normativa das práticas negociais, as quais podem ser consideradas como uma nova expressão dos atos de autonomia privada[49].

Se no plano social as práticas sociais são consistentes o suficiente para manter uma relação que perpassa décadas, não se pode negar juridicidade a

---

47 "Chi osservi lo svolgersi della vita di relazione in ogni società che abbia raggiunto un sufficiente grado di civilità, trova che gli interessi privati esistono in essa indipendentemente dalla tutela del diritto, e che l'iniziativa privata provvede ad ogni consapevole assetto di tali interessi, esplicandosi non solo nell'aspirare a certi scopi pratici, ma anche nel foggiarsi i mezzi ad essi rispondenti, prima di ogni intervento dell'ordine giuridico." BETTI, Emilio. Negozio giuridico. *Novissimo digesto italiano*, p. 209.

48 IRTI, Natalino. *Letture bettiane sul negozio giuridico*. Milano: Giuffrè, 1991, p. 18.

49 Além disso, não se pode esquecer das tradicionais críticas que são dirigidas ao pensamento de Betti, as quais são consideradas, embora superáveis sob o ponto de vista de um sistema axiológico e teleológico como é o nosso. "Come è possibile, a questo punto, ricondurre il negozio nella sintesi normativa? Conciliare la logica dell'autonomia privata – che apre il mondo del diritto al sottostante piano sociale – e la logica della fattispecie, chiusa nel ritmo delle norme?" IRTI, Natalino. *Letture bettiane sul negozio giuridico*. Milano: Giuffrè, 1991, p. 17. A contribuição de Betti que justificou a crítica está bem sintetizada no primeiro parágrafo de sua definição de negócio jurídico do Novíssimo Digesto Italiano ao afirmar que os atos de autonomia privada têm um caráter normativo na vida de relação, independentemente de seu reconhecimento pelo ordenamento jurídico. IRTI, Natalino. *Letture bettiane sul negozio giuridico*. Milano: Giuffrè, 1991, p. 31. Francesco Calasso faz a análise da crítica de Betti ao "dogma da vontade" tal qual elaborado pela pandectística alemã. Ao fazê-lo, afirma que, "deixando de lado o risco de tautologia, se põe em segundo plano próprio do ato de vontade que é o fato concreto do qual reconduzimos com um processo indutivo ao conceito de autonomia [...]. Nesse processo dialético do qual nasce o negócio, não é conveniente afirmar que a vontade esteja em segundo plano, enquanto no primeiro plano está o regulamento de interesses disposto para o futuro[...]". Tradução livre. CALASSO, Francesco. *Il negozio giuridico* – lezioni di storia del diritto italiano. 2. ed. Milano: Giuffrè, 1967, pp. 27-40.

tais atos, sob pena de a autonomia privada perder um espaço que é essencial, que é o de coordenação dos interesses econômicos dos particulares.

Negar a possibilidade de os particulares regerem suas relações e/ou atribuir efeitos às escolhas que tenham sido feitas, seja por meio dos instrumentos tradicionais da proposta e aceitação ou por meio de práticas negociais consolidadas, representa a atração de soluções heterocompositivas como a da boa-fé, dos bons costumes ou mesmo aleatórias, com evidente empobrecimento dos fundamentos éticos da autonomia privada e seu significado social, econômico e jurídico.

As soluções no plano do Direito do Consumidor ou do Direito do Trabalho indicam a possibilidade de o Direito resolver controvérsias a partir de soluções externas, entretanto as razões sociais e de preservação do mercado são fatores que justificam tais soluções extremadas e objetivas.

O mesmo não se pode dizer dos atos de autonomia privada no plano das relações empresariais e nas relações civis, âmbito no qual a autodeterminação é um valor fundante, tal como a possibilidade de que as pessoas fiquem vinculadas a partir de suas escolhas quando conformam, juntamente com outra, o regulamento da micro relação social estabelecida por meio de um contrato.

Em certa medida, essa proposição passa pela doutrina de Joaquim de Sousa Ribeiro quando analisa a liberdade de contratar, mediante a compreensão de que "autodeterminação" e "funcionalidade" são elementos inerentes à "autonomia privada". Nos atos de liberdade contratual, não se pode afastar a autodeterminação, pois isso desnaturaria o ato, que seria jogado para outra matriz regulatória. Não obstante se possa proteger a confiança, ou outros bens jurídicos, os vetores funcionais do contrato estão associados à necessidade de uma "ordenação social equilibrada"[50].

Ou seja, continua e deve continuar sendo um valor em si mesmo a possibilidade de os particulares terem "competência para normatizar" suas relações econômicas e, com isso, terem tais paradigmas normativos como fonte da solução dos conflitos surgidos nas relações intersubjetivas que digam respeito à interpretação ou aplicação das regras nascidas por meio de práticas negociais particulares.

Essas práticas negociais criam mais do que meras expectativas legítimas, pois são a fonte dos direitos e das obrigações que constituem o preceito a ser seguido pelas partes, são a própria fonte da eficácia obrigacional.

---

50 RIBEIRO, Joaquim de Sousa. *O problema do contrato, as cláusulas contratuais gerais e o princípio da liberdade contratual*. Coimbra: Almedina, 2003, pp. 46 e 47.

Conclusão

Como anunciado na introdução, o objetivo deste artigo foi debater a possibilidade de as práticas negociais serem consideradas como um novo modo de expressão de atos de autonomia privada, bem como identificar até que ponto as práticas negociais consistem em espaço para atuação de valores externos à autonomia privada na solução de conflitos.

A proposição aqui desenvolvida é no sentido de que em certas áreas do Direito, tal como Direito do Consumidor e Direito do Trabalho, nas quais o contrato e seus valores subjacentes cedem espaço para a segurança jurídica, a certeza necessária para as relações massificadas ou em que uma das partes tem um poder fático e jurídico superior a outra, as soluções heterocompositivas ganham espaço, seja pela supremacia da boa-fé objetiva ou dos usos e costumes sobre a intencionalidade das partes ou mesmo pelos ditames frios da lei, como se percebe pelo disposto no art. 47 do Código de Defesa e Proteção ao Consumidor.

Entretanto, o mesmo não ocorre em espaços de maior liberdade como são as áreas reguladas pelo tradicional Direito Civil e pelo Direito Empresarial, nas quais, os valores como fidelidade à parte contrária, autodeterminação e poder de autovincular-se possuem sentido e significado social e jurídico substancial. Embora seja inafastável algum grau de intervenção estatal, o núcleo normativo do contrato continua e deve continuar sendo os atos de autonomia privada.

Evidentemente que a possibilidade de o Juiz identificar, reconhecer e encontrar a melhor solução para os conflitos intersubjetivos a partir da análise das práticas negociais traz dificuldades práticas consideráveis[51]. Contudo, não são tais dificuldades que justificam o abandono dos valores inerentes e subjacentes ao contrato para que se "abrace" soluções heterocompositivas em áreas em que o valor da autocomposição é fundante e fundamental.

Embora não seja objeto deste artigo, a pesquisa aqui realizada possui indicativos de que as práticas negociais podem e devem ser reconhecidas como atos de autonomia privada, o que exige uma transformação no plano da Teoria Geral dos Contratos.

Essa transformação passa pela compreensão de que há uma multiplicidade de situações em que o arcabouço teórico da Teoria resulta em mais de um único conceito de contrato, assim como o seu próprio conteúdo precisa

51 As dificuldades passam pela identificação de qual é o escopo comum das partes, qual foi a intenção objetivada no comportamento das partes, além de exigir a intervenção de peritos conforme a complexidade da relação. MACAULAY, Stewart. The real and the paper deal: empirical pictures of relationships, complexity and the urge for transparent simple rules. In: CAMPBELL, David, COLLINS, Hugh and WIGHTMAN, John. *Implicit dimensions of contract*. Oxford and Portland, Oregon: Hart Publishing, 2003, p. 52 e ss.

incluir debates que extrapolam os tradicionais problemas práticos, para envolver aspectos procedimentais ou mesmo processuais.

Se isso for compreendido como um abandono de uma solução teórica ou um confinamento técnico, talvez James Gordley tenha razão ao afirmar em seu mais recente trabalho que o Direito Privado não tem futuro, pelo menos nos próximos 10, 20 ou 30 anos[52].

Entretanto, essa baixa expectativa pode indicar que talvez o Direito Contratual precise avançar para uma perspectiva sistemática menos rígida e mais valorativa, para reconhecer as práticas negociais como atos de autonomia privada, ainda que isso leve a Teoria Geral dos Contratos a tratar de temas pragmáticos como a arbitragem (como técnica de escolha dos Juízes e das regras a serem aplicadas por esses Juízes),[53] da previsão contratual dos *dispute boards* (mecanismos privados para solução não judicializada de controvérsias) etc., entre outras soluções pouco convencionais como técnicas de elaboração de contratos e as relações entre o contrato e empresa, nos moldes como tem proposto a teoria da contratação proativa e dos contratos como meio de obtenção de vantagens competitivas. Todavia, essas sugestões, embora integrem a mesma pesquisa, extrapolam os fins deste artigo.

52 "Few jurists have given up in theory. It is often said that the critical legal studies movement is dead. Yet many have given up in practice. Some do economic analysis of law. Some present their work as an exegesis of codes or case law although they have abandoned the conceptualism that the 19th century jurists counted on to give the doctrines of private law a structural unity and a rationale. Some have confined themselves to technical problems which they hope to resolve by a technical analysis borrowed from another discipline. [...] Since these problems have not been resolved in the last century, it is unlikely they will be resolved in the next ten, twenty or thirty years. So I reach my conclusion: during that period, private law, in the sense of a meaningful exposition of its core doctrines, does not have a future". GORDLEY, James. *The future of private law*. Texto inédito, 2017.

53 MACAULAY, Stewart. *The real and the paper deal: empirical pictures of relationships, complexity and the urge for transparent simple rules*, op. cit., p. 67.

Os *motivos* enquanto elemento juridicamente relevante

Carla Müller da Rosa

Introdução: delineando contornos

I. O presente artigo tem por finalidade contribuir ao debate e à caracterização do tratamento concedido à questão dos *motivos* pela dogmática contratual, de modo a verificar, também, a sua eficácia nos contratos sinalagmáticos[1], especialmente em face do Código Civil de 2002, que assim capitulou em seu art. 166, inc. III: "é nulo o negócio jurídico quando o motivo determinante, comum a ambas as partes, for ilícito".

Para tanto, foi concebida uma proposta de abordagem que dividisse o tema em dois grandes grupos. O primeiro deles estando a invocar aquelas que pensamos ser as três maiores correntes doutrinárias acerca do tema, quais sejam, a Teoria da Pressuposição, a Teoria da Base do Negócio e a Teoria dos Motivos Determinantes. Num segundo momento, intentaremos promover

---

1 Dessa forma, não obstante o seu valor histórico e a sua inegável contribuição na construção das teorias aqui estudadas, não trataremos, especificamente, da Teoria da cláusula *rebus sic stantibus*, tampouco da Teoria da Imprevisão, as quais, ao lado das Teorias da Pressuposição e da Base do Negócio Jurídico, integram a sistemática de resolução ou modificação dos contratos por alteração das circunstâncias. Eventuais menções àquelas teorias serão levadas a efeito mais pontualmente, por meio de nota de rodapé, e apenas para que se promova uma singela contextualização apta à identificação, diferenciação e correlação entre as teorias. Ademais, embora permitam tópicos de análise relevantes e igualmente interessantes, por questão de limitação temática e temporal, optamos também por não tecer, aqui, discussões pertencentes, em sua essência, ao direito comparado, o qual será aqui trazido à baila não com vistas a um tratamento atomizado, senão como forma de nos alcançar as ferramentas necessárias à melhor compreensão do tema no âmbito do Direito nacional. Relativamente à legislação nacional, excluímos de nossa apreciação o art. 140 do Código Civil, uma vez que tem seus efeitos vinculados ao plano da validade. Com relação ao citado dispositivo, acrescenta-se, tão somente que, dentre os elementos constitutivos do negócio jurídico, temos: 1 – circunstâncias negociais, 2 – forma e 3 – objeto. No objeto, por sua vez, encontramos uma série de elementos. "Não fazem parte, porém, do objeto, nem explícita [...], nem implicitamente, os *motivos* enquanto *motivos*, visto que esses são do agente e nele estão. Para que os motivos façam parte do objeto (e, portanto, do negócio) é preciso que sejam referidos no objeto como *motivos determinantes*", como se percebe claramente no art. 140 do Código Civil vigente (JUNQUEIRA, Antônio. *Negócio jurídico – existência, validade e eficácia*. 4. ed. São Paulo: Saraiva, 2002, pp. 136-137).

uma releitura de tais teorias, de modo a compreender qual a importância da retomada da discussão em torno dos *motivos*, também em face do papel complementar que parece lhe ter sido proposto pelo legislador da codificação civil, como critério hermenêutico, atribuição esta já antevista pela Professora Judith Martins-Costa em 2004[2].

II. Uma das primeiras "lições jurídicas para a vida" (e foram tantas; e foram tão importantes) de que vivamente recordo, compartilhadas pela Professora Judith Martins-Costa com seus alunos, na disciplina de Direito das Obrigações – ministrada no ano de 1996, na Faculdade de Direito da Universidade Federal do Rio Grande do Sul, UFRGS – dizia respeito à importância de se atentar à significação das palavras. É que, no Direito, as palavras detêm o poder de transcender o complexo campo semântico, sendo representativas de institutos, norteadoras de qualificações jurídicas e também geradoras de eficácias diversas. Dizia: "As palavras, no Direito, exercem funções e remetem a efeitos; as palavras são altamente 'performáticas'[3]". É por isso que "a interpretação de um texto não diz apenas com o sentido de cada uma das palavras, nem mesmo apenas com a significação a ser atribuída a uma sequência de palavras e frases, mas à significação dessas palavras e frases a partir de um contexto e das funções que a experiência indica serem atribuíveis ao que o texto descreve ou refere"[4].

Ao longo da história, algumas palavras vão tendo transmutada a sua significação jurídica, ora alargando ou estreitando, ora tendo sobrepostas as suas mais diversas acepções, a tal ponto que, não raro, "chegam a adquirir um sentido místico"[5]. Certamente, uma ilustração possível desse fenômeno poderia ser dada a partir das diversas representações e dos diversos significados jurídicos da palavra *motivo*.

---

2 MARTINS-COSTA, Judith. O método da concreção e a interpretação dos contratos: primeiras notas de uma leitura suscitada pelo código civil. In: DELGADO, Mário Luiz; ALVES, Jones Figueirêdo (Coord.). *Questões controvertidas*. Série Grandes Temas de Direito Privado. São Paulo: Método, 2005, v. 4, pp. 127-155.

3 A Professora Judith Martins-Costa retomaria, por meio de referência textual, a explicação de Carlos Ferreira de Almeida quanto à significação da expressão. Veja-se, assim: MARTINS-COSTA, Judith. Reflexões sobre o princípio da função social dos contratos. *Revista Direito* GV, [S.l.], v. 1, n. 1, 2005, p. 42 e nota 11 (p. 59). Disponível em: <http://bibliotecadigital.fgv.br/ojs/index.php/revdireitogv/article/view/35261/34057>. Acesso em: 15 jan. 2018.

4 MARTINS-COSTA, Judith. O método da concreção e a interpretação dos contratos: primeiras notas de uma leitura suscitada pelo código civil. In: DELGADO, Mário Luiz; ALVES, Jones Figueirêdo (Coord.). *Questões controvertidas*. Série Grandes Temas de Direito Privado. São Paulo: Método, 2005, v. 4, p. 129.

5 A fina ironia está em: GORLA, Gino. *El contrato*. Problemas fundamentales tratados según el método comparativo y casuístico. Tradução de José Ferrandis Vilella. Barcelona: Bosch, 1955, p. 309.

Dedicar-se ao estudo dos *motivos* não é tarefa das mais simples. Dadas as particularidades que o cercam, é tema que ainda se mostra polêmico e não pacificado, acerca do qual a inexistência de consenso toca desde a compreensão das diferenças havidas em face da *causa* do contrato (termo igualmente ambíguo) até mesmo o alcance de sua possível relevância enquanto elemento constitutivo do negócio jurídico. Parcela da doutrina chega, inclusive, a negar uma possível relevância dos *motivos*, tendo por base o argumento pré-concebido (e, certamente, questionável) – verdadeira caixa de ressonância –, de que se trata de mera subjetividade desimportante ao Direito.

Carente de consenso e a refletir esse emaranhado de posicionamentos, a bibliografia relativa à matéria demonstra que os *motivos* são assunto ainda não consolidado, cuja pertinência da discussão está amparada não apenas na necessidade de se coadunar os pactos à intenção comum dos envolvidos, senão – e principalmente – numa compreensão contextualizada[6] do ajuste, também em face das circunstâncias do caso.

III. Causa não é *motivo*; *motivo* não é causa: tratam-se de institutos jurídicos distintos[7]. É possível que dialoguem, é aceitável que possam estar

6 Essa compreensão contextualizada, que leva em conta a "circunstancialidade" na qual se situa o polo da autonomia dos pactuantes é apreendida, como leciona a Professora Judith Martins-Costa, no campo hermenêutico, por meio do raciocínio por concreção. A propósito do tema, consulte-se: MARTINS-COSTA, Judith. O método da concreção e a interpretação dos contratos: primeiras notas de uma leitura suscitada pelo código civil. In: DELGADO, Mário Luiz; ALVES, Jones Figueirêdo (Coord.). *Questões controvertidas*. Série Grandes Temas de Direito Privado. São Paulo: Método, 2005, v. 4, pp. 136-138.

7 De Eduardo Jorge Laje extraímos a lição que tem por propósito classificar aquilo que nomeia "espécies de causa", elencando entre elas a chamada "causa impulsiva", por ele referida como *motivo determinante*. Refere o autor: "Como conseqüência de que todo ato humano está sujeito à lei da finalidade, termos que, ao lado do fim determinado que se persegue em cada obrigação particular, ou seja, ao celebrar-se um determinado contrato, existe outra finalidade especial, própria de cada uma das partes e que depende de múltiplas circunstâncias, pessoais que podem orientar e determinar aos outorgantes do ato. Enquanto em cada contrato particular se entende que o fim é uniforme e invariável, quaisquer sejam as partes, este fim particular é um motivo determinante que varia com os indivíduos e, portanto, resulta estranho à relação jurídica. É o que se denomina causa remota, impulsiva ou simples motivo. [...] Temos aí esboçada a questão da causa e as três acepções da palavra, a saber: causa-fonte, causa-fim e causa-impulsiva ou motivo determinante". LAJE, Eduardo Jorge. *La Noción de causa en el derecho civil.* Buenos Aires: Arayú, 1954, p. XIX, item 10. Com o escopo de afastar, em definitivo, a controvérsia de significados entre *causa* e *motivo*, não adotaremos a classificação do autor. Referindo-se sobre a causa impulsiva ou determinante, anote-se, também, JOSSERAND, Louis. *Derecho civil.* Tradução de Santiago Cunchillos y Manterola. Buenos Aires: Bosch y Cia. Editores, 1950, t. II, v. I, pp. 93-94 e ss. Ainda sobre a teoria da causa, consulte-se: DUALDE. *Concepto de la causa de los contratos.* Barcelona: Bosch Casa Editorial, 1949.

abarcados num conceito que a ambos abranja, mas não é admissível – a menos que se tolere a deturpação dos conceitos – que se tome um pelo outro. Entretanto, por diversas vezes, são abordados pela doutrina com tamanha imprecisão conceitual a ponto de figurarem como se sinônimos fossem, gerando, assim, toda uma gama de equívocos. Importa, então, a fim de contribuir ao debate, estabelecer, de início, um contorno distintivo entre ambos[8], para o que a exemplificação é bastante profícua.

Quando alguma pessoa se vincula a outra por meio de uma operação econômica amoldada sob a forma de um contrato, prometendo aquela empobrecer em proveito desta[9] (a qual, correspectivamente, tem seu patrimônio incrementado), o faz por conta de duas prováveis razões: ou porque, movida por ímpetos altruísticos, quer beneficiar a contraparte desinteressadamente ou, então, porque deseja receber da mesma parte adversa a obtenção de alguma contraprestação. Na primeira situação, entende-se que o próprio empobrecimento em proveito alheio decorreu de uma liberalidade. Essa seria a causa[10] do contrato de doação. Já na segunda hipótese, a causa do contrato foi o intercâmbio de prestações, para o que mutuamente se obrigaram as partes. Note-se: a passagem de riqueza de uma parte em proveito da outra tem como causa a:

> Transferência de riqueza que a outra parte efetua a favor da primeira, e o contrato no seu conjunto encontra causa na combinação e na relação entre as duas transferências de riqueza – em definitivo, na troca. [...] A causa do contrato identifica-se, então, afinal, com a operação jurídico-econômica realizada tipicamente por cada contrato, com o conjunto

8 *Causa*, *motivo* e *fim* do negócio jurídico são conceitos distintos entre si. Para o que importa ao presente estudo, faremos considerações relativamente aos dois primeiros. Anotando, tão somente que *fim* é aquilo que "de positivo ou negativo ocorre na esfera jurídica do figurante do ato jurídico", confundindo-se, então, com o objeto do ato jurídico e possuindo o mesmo sentido de atribuição jurídica, i.e., eficácia do ato jurídico (MELLO, Marcos Bernardes de. *Teoria do fato jurídico*. Plano da existência. 15. ed. São Paulo: Saraiva, 2008, p. 152, nota 156), reportamo-nos aos ensinamentos de PONTES DE MIRANDA, Francisco Cavalcanti. *Tratado de direito privado*. Parte geral. 2. ed. Rio de Janeiro: Borsói, 1954, t. III, § 262, p. 78 e ss.

9 O exemplo é tomado de: ROPPO, Enzo. *O contrato*. Tradução de Ana Coimbra e M. Januário C. Gomes. Coimbra: Almedina, 1988, p. 196.

10 A linha de raciocínio que elegemos é bastante simples e sem muitos meandros, na medida em que não é nosso desígnio, aqui, um aprofundamento no debate da causa. O tema é amplíssimo e demanda estudo próprio. Para um apanhado da Teoria da Causa no Direito italiano, francês e brasileiro, consulte-se: COUTO E SILVA, Clóvis Veríssimo do. A teoria da causa no direito privado. In: FRADERA, Véra Maria Jacob de (Org.). *O direito privado na visão de Clóvis do Couto e Silva*. Porto Alegre: Livraria do Advogado, 1997, pp. 59-71.

> dos resultados e dos efeitos essenciais que, tipicamente, dele derivam, com a sua função econômico-social, como frequentemente se diz[11].

A causa do contrato é sempre relevante e tal característica se bifurca nas seguintes funções[12]: (a) assegurar a não realização de efeitos jurídicos vedados (ou não queridos) pelo ordenamento e (b) verificar a existência das razões que justificaram a transferência de riquezas.

Contraposto ao conceito de causa, está o de *motivo*. Quando as partes contratam, o fazem movidas por interesses particulares, íntimos, de modo a satisfazerem seus anseios individuais, suas necessidades particulares, as quais "ficam de fora do esquema e dos efeitos típicos da operação jurídico-econômica concretamente empregada e que vimos coincidir com a causa do contrato"[13].

Emoldurada uma distinção inicial e posto o problema, cumpre construirmos uma análise que permita verificar *se*, *de que maneira* e *em que medida* os motivos individuais das partes podem ser considerados relevantes na discussão da Teoria dos Contratos.

Parte I
Correntes doutrinárias que colocam os *motivos* em relevo

Durante todo o curso das relações negociais, estão as partes envoltas por circunstâncias pessoais, sociais, econômicas e históricas variadas, uma vasta e complexa teia de elementos diversos que, juridicamente, engloba desde os usos e os costumes, até o tipo negocial. Por vezes, modificam-se essas circunstâncias, fazendo com que as pactuações então já concluídas possam vir a ser afetadas de alguma maneira.

Sem riscos, podemos afirmar que os *motivos* também compõem um dos elementos circunstanciais captáveis dentro de um determinado negócio jurídico, aquilo que é identificado pela Professora Judith Martins-Costa como "elementos de concreção das circunstâncias do caso"[14]. Pertencem os *motivos* ao campo das intencionalidades e, ao longo de séculos, vêm fomentando

11 ROPPO, Enzo. *O contrato*. Tradução de Ana Coimbra e M. Januário C. Gomes. Coimbra: Almedina, 1988, pp. 196-197.

12 ROPPO, Enzo. *O contrato*. Tradução de Ana Coimbra e M. Januário C. Gomes. Coimbra: Almedina, 1988, p. 201.

13 ROPPO, Enzo. *O contrato*. Tradução de Coimbra e M. Januário C. Gomes. Coimbra: Almedina, 1988, pp. 198-199.

14 MARTINS-COSTA, Judith. O método da concreção e a interpretação dos contratos: primeiras notas de uma leitura suscitada pelo código civil. In: DELGADO, Mário Luiz; ALVES, Jones Figueirêdo (Coord.). *Questões controvertidas*. Série Grandes Temas de Direito Privado. São Paulo: Método, 2005, v. 4, p. 145.

uma vasta discussão doutrinária, gerando uma gama de teorias que buscam entender, explicar e, principalmente, justificar sua relevância. Dentre elas, entendemos merecedoras de destaque a Teoria da Pressuposição, a Teoria da Base do Negócio e a Teoria dos Motivos Determinantes, esta, especificamente, atrelada ao Direito Administrativo. Passemos a uma análise sucinta de cada uma delas.

1. Teoria da Pressuposição

Enquanto professor da Basiléia, Bernhard Windscheid publicou, em 1850[15], a obra intitulada *A teoria da pressuposição no Direito Romano*[16], segundo a qual o contratante, quando manifesta a sua vontade, pressupõe um determinado estado de coisas; assim, caso este não se concretize, o efeito jurídico não corresponderia àquela vontade, e, por isso, seria juridicamente anulável[17].

Segundo a construção doutrinária, a pressuposição – remetendo-se à ocorrência ou desaparecimento de fatos pretéritos, presentes ou futuros; dizendo respeito a uma realidade positiva ou negativa; ligando-se a acontecimentos momentâneos ou mesmo a uma relação permanente –, seria uma condição não desenvolvida, mas manifestada expressa ou tacitamente, e que somente poderia ser alegada pela parte interessada quando, da sua declaração de vontade, fosse possível reconhecer que, por detrás dela, haveria outra, esta sim, verdadeira[18]. O *motivo*, então, ter-se-ia elevado à pressuposição[19].

Embora o próprio Windscheid não faça referências explícitas nesse sentido, entende Mário Júlio de Almeida Costa[20] que a teoria em comento é uma espécie de aprimoramento do ponto de partida da Teoria da Cláusula *rebus*

---

15 Para que se tenha ideia da situação jurídico-histórica que envolvia Bernhard Windscheid, veja-se a obra de WIEACKER, Franz. *História do direito privado moderno*. Tradução de A. M. Botelho Hespanha. 2. ed. Lisboa: Fundação Calouste Gulbenkian, 1993, pp. 509-515.

16 WINDSCHEID, Bernardo. *Diritto delle pandette*. Tradução de Carlos Fadda e Paolo Emílio Bensa. Torino: Unione Tipografico, 1902, v. I, parte I, p. 394.

17 WINDSCHEID, Bernardo. *Diritto delle pandette*. Tradução de Carlos Fadda e Paolo Emílio Bensa. Torino: Unione Tipografico, 1902, v. I, parte I, pp. 394-405.

18 Apresentando considerações também sobre a construção de Windscheid, siga-se COUTO E SILVA, Clóvis Veríssimo do. A teoria da base do negócio jurídico. In: FRADERA, Véra Maria Jacob de (Org.). *O direito privado na visão de Clóvis do Couto e Silva*. Porto Alegre: Livraria do Advogado, 1997, pp. 89-96.

19 WINDSCHEID, Bernardo. *Diritto delle pandette*. Tradução de Carlos Fadda e Paolo Emílio Bensa. Torino: Unione Tipografico, 1902, v. I, parte I, pp. 394-405.

20 ALMEIDA COSTA, Mário Júlio de. *Direito das obrigações*. 9. ed. Coimbra: Almedina, 2005, p. 292.

sic stantibus[21], estando assim caracterizada: (1) a declaração negocial tem por base uma convicção acerca da expectativa de manutenção do estado de coisas àquele tempo existentes ou do advento de fatos presentes, pretéritos ou futuros, (2) os quais, acaso não se concretizassem nos termos do pressuposto, implicariam em uma estipulação diferenciada daquela ocorrida ou até mesmo na não realização do negócio, sendo que (3) tão seguro e tão forte é esse convencimento da parte que sequer haveria necessidade de clausulá-lo no contrato[22]: chamar-se-ia pressuposição, portanto, "circunstância ou situação pressuposta e o próprio estado de espírito do pressuponente"[23], acerca da qual a outra parte teria conhecimento, fato este que faria daí emergir a sua eficácia[24].

---

21 Em brevíssima síntese, a Teoria da Cláusula *rebus sic stantibus*, cuja origem remonta à doutrina e prática medievais, considera pré-estipulação implícita o entendimento de que os contratos de longa duração têm sua validade condicionada à conservação do estado de coisas existente quando de sua conclusão. Assim, uma significativa mudança nas circunstâncias que à época existiam, poderia dar azo à resolução do contrato por parte daquele a quem o cumprimento se revelasse gravoso. Dada sua imprecisão, dita teoria não foi adotada pela grande maioria das codificações oitocentistas, em que pese alguns autores, ainda hoje, empregarem a expressão para designar a ideia de condição resolutiva implícita, o que agregou outros desenvolvimentos e explicações àquela concepção original. Alguns autores utilizam, ainda, a expressão similar "superveniência contratual", a exemplo de: GALLO, Paolo. *Sopravvenienza contrattuale e problemi di gestione del contatto*. Milano: Giuffrè, 1992, *passim*. Sobre o tema, refira-se, ainda: MORAES, Renato José de. *Cláusula rebus sic stantibus*. São Paulo: Saraiva, 2001; ALMEIDA COSTA, Mário Júlio de. *Direito das obrigações*. 9. ed. Coimbra: Almedina, 2005, pp. 291-292; MENEZES CORDEIRO, Antônio Manuel da Rocha e. *A boa-fé no direito civil*. Coimbra: Almedina, 2005, pp. 938-954. A relevante modificação havida nas circunstâncias negociais, cerne da Teoria da Cláusula *rebus sic stantibus* serviu de ponto de partida para a elaboração da chamada Teoria da Imprevisão, bastante difundida entre os autores franceses e italianos. Contudo, àquele elemento nuclear se deve ter agregado – sob pena de a teoria perder fundamento – o decisivo fator da imprevisibilidade. Dessa feita, somente quando a profunda modificação dos fatos for imprevisível seria palpável reclamar-se pela resolução ou revisão do negócio. Por tornar sem tutela algumas situações que ensejariam amparo, já que observadas as regras da boa-fé, o mero critério da imprevisibilidade recebe críticas. Veja-se, assim, ALMEIDA COSTA, *Direito das obrigações*. 9. ed. Coimbra: Almedina, 2005, pp. 291-292; e, também, MENEZES CORDEIRO, Antônio Manuel da Rocha e. *A boa-fé no direito civil*. Coimbra: Almedina, 2005, pp. 955-966.

22 A pressuposição se apresentaria como uma "condição embrionária", na expressão de ALMEIDA COSTA, Mário Júlio de. *Direito das obrigações*. 9. ed. Coimbra: Almedina, 2005, p. 292.

23 ALMEIDA COSTA, Mário Júlio de. *Direito das obrigações*. 9. ed. Coimbra: Almedina, 2005, pp. 292-293.

24 Conforme pontua MENEZES CORDEIRO, Antônio Manuel da Rocha e. *A boa-fé no direito civil*. Coimbra: Almedina, 2005, p. 970.

Tão notória[25] quanto polêmica, a teoria de Bernhard Windscheid foi alvo de muitas (e severas) objeções, a maior parte delas calcada no entendimento de que seria fonte causadora de profunda insegurança jurídica.

Efetivamente, o primeiro projeto de BGB possuía um § 742, no qual a pressuposição era recebida apenas em parte – para projeções futuras –, estipulando que "aquele que realizar uma prestação sob a pressuposição, expressa ou tacitamente declarada, da verificação ou não verificação de um acontecimento futuro ou de um efeito de direito, pode exigir a restituição ao destinatário caso a pressuposição não se realize"[26].

Não obstante as diversas críticas que recebera, a própria proposta legislativa, *per se*, deixava transparecer o receio na adoção da teoria. Como leciona Menezes Cordeiro, já naquela justificação de motivos houvera expressa menção à falta de penetração e reconhecimento necessários a uma construção legal sem hesitações, justificando-se, ainda, a rejeição da aceitação das pressuposições de "passado" e de "presente" ante a possibilidade de insegurança jurídica e consequências confusas[27]. E, tão negativa foi a repercussão, que se operou a supressão do texto final.

De todas as censuras que recebera, a dupla formulação de Otto Lenel pareceu ser a mais contundente[28]. A primeira delas está assentada num critério deveras lógico e objetivo, segundo o qual, toda e qualquer criação doutrinária está amparada em um único princípio, ou totalmente certo ou totalmente errado, vedada uma aceitação parcial. Nessa linha de raciocínio, acaso Windscheid estivesse correto, a sua teoria deveria ter sido integralmente recepcionada, posto que, em caso de dúvidas, prudente seria deixar a questão em aberto, para um amadurecimento doutrinário futuro[29]. Ademais, por um critério subjetivo, a existência de dúvidas quanto às bases que estão a dar suporte ao negócio entabulado pode ser fulminada por meio da inserção

25 A justificar a disseminação das ideias do autor da Teoria da Pressuposição, reflete Franz Wieacker: "não é pela audácia e pela originalidade, mas pela objetividade trabalhada, pela formulação classicamente harmônica e concludente dos resultados e pela influência dominadora sobre a jurisprudência e legislação do seu tempo, que ficou célebre o jurista mais citado até os dias de hoje, Bernhard Windscheid [...]". Assim está em: WIEACKER, Franz. *História do direito privado moderno*. Tradução de A. M. Botelho Hespanha. 2. ed. Lisboa: Fundação Calouste Gulbenkian, 1993, p. 509.

26 MENEZES CORDEIRO, Antônio Manuel da Rocha e. *A boa-fé no direito civil*. Coimbra: Almedina, 2005, p. 971.

27 MENEZES CORDEIRO, Antônio Manuel da Rocha e. *A boa-fé no direito civil*. Coimbra: Almedina, 2005, pp. 971-972.

28 MENEZES CORDEIRO, Antônio Manuel da Rocha e. *A boa-fé no direito civil*. Coimbra: Almedina, 2005, p. 974.

29 Otto Lenel apud MENEZES CORDEIRO, Antônio Manuel da Rocha e. *A boa-fé no direito civil*. Coimbra: Almedina, 2005, p. 974.

– sujeita ao crivo da outra parte –, de uma condição. Isso aclararia a situação, porquanto, ou a outra parte não conhece a pressuposição ou, tendo dela ciência, não teve pretensões de fazer com que a eficácia do negócio dela dependesse. A pressuposição, então, teria ficado na esfera íntima daquela parte, sendo uma questão absolutamente particular e desinteressante ao Direito. Logo, não teria por que se falar na diferença entre *motivos* e condição, na medida em que tal segregação geraria insegurança jurídica[30].

Debruçando-se sobre o próprio projeto do BGB e invocando dispositivos do quilate daquele que versa sobre a boa-fé, Menezes Cordeiro[31] rebate as críticas tecidas por Otto Lenel, aduzindo que aquela legislação não concebeu quaisquer restrições ao adotar dispositivos "bem mais ousados e bem menos esclarecidos" que o da pressuposição. Entende, assim, que a suposta insegurança jurídica a ser criada não seria argumento forte para afastar a teoria de Bernhard Windscheid. Por outro lado, a diferença entre os *motivos* e a pressuposição já teria sido tornada bastante evidente pelo próprio Windscheid: "na pressuposição, um motivo teria sido elevado, com cognoscibilidade, por parte de outro contraente, a fator sem o qual não quereria o negócio"[32].

Em contraponto ao argumento de Menezes Cordeiro, Mário Júlio de Almeida Costa[33] – na mesma linha de Otto Lenel –, sustenta que a "possibilidade de impugnação, desde que a pressuposição fosse conhecida ou mesmo só cognoscível do outro contraente", não traduziria, com segurança, a anuência da outra parte quanto a tal fato. *Saber sobre* não significa *concordar com*. Daí porque a teoria da pressuposição conduziria, no seu entendimento, "à denegação do princípio da estabilidade do contrato mesmo que a manutenção dele na afete de modo expressivo a boa-fé".

Sem sucesso no seu país de origem, a teoria da pressuposição encontrou eco em outras legislações, a exemplo do Código Civil italiano de 1942[34], cujo "dispositivo referente à onerosidade excessiva (art. 1.467) foi interpretado pela jurisprudência como uma recepção à teoria da pressuposição"[35].

---

30 Otto Lenel apud MENEZES CORDEIRO, Antônio Manuel da Rocha e. *A boa-fé no direito civil*. Coimbra: Almedina, 2005, p. 974.

31 MENEZES CORDEIRO, Antônio Manuel da Rocha e. *A boa-fé no direito civil*. Coimbra: Almedina, 2005, p. 974.

32 WINDSCHEID, Bernardo. *Diritto delle pandette*. Tradução de Carlos Fadda e Paolo Emílio Bensa. Torino: Unione Tipografico, 1902, v. I, parte I, pp. 397-400.

33 ALMEIDA COSTA, Mário Júlio de. *Direito das obrigações*. 9. ed. Coimbra: Almedina, 2005, p. 293.

34 O destaque deveu-se, sobretudo, aos estudos de Osti e à tradução italiana da obra, a saber: WINDSCHEID, Bernardo. *Diritto delle pandette*. Tradução de Carlos Fadda e Paolo Emílio Bensa. Torino: Unione Tipografico, 1902, v. I, parte I.

35 MENEZES CORDEIRO, Antônio Manuel da Rocha e. *A boa-fé no direito civil*. Coimbra: Almedina, 2005, p. 983.

Inobstante todas as críticas recebidas, o fato é que a ideia de Windscheid se revelou uma verdadeira e significativa influência na formação da concepção sobre a revisão contratual ainda hoje vigente.

2. Teoria da Base do Negócio

Foi Paul Oertmann, por meio da sua Teoria da Base do Negócio, o responsável por dar novo fôlego à discussão das ideias de Windscheid. Aliás, curiosamente, a retomada de tais concepções já teria sido professada, ao final da vida, pelo próprio autor da Teoria da Pressuposição[36].

A Teoria da Base está alicerçada no princípio de que a eficácia dos negócios jurídicos se encontra subordinada à existência e subsistência de sua base, sendo que todos os negócios patrimoniais estão a serviço de um objetivo. Dessa maneira, a conclusão de um contrato só se dá depois de a pessoa ter aceitado, previamente, estar contratualmente vinculada. Essa aceitação – transcreve Menezes Cordeiro[37] – seria a base da conclusão do pacto, o "fundamento do negócio bilateral no seu todo e não um mero motivo unilateral". Esses fundamentos são traduzidos sob a forma de base do negócio e, por isso, não podem ser ignorados, na medida em constituem algo de comum a ambas as partes, sendo, por isso, menos que os *motivos* ("algo de unilateral que só por coincidência rara é compartilhado entre as partes"). Por outro lado, são mais que os *motivos*, porquanto "estes representam uma realidade meramente psicológica, que se prende, quando muito, apenas a uma declaração negocial e não ao contrato no seu todo".

Ao contrário do que se passou com a Teoria da Pressuposição, a Teoria da Base do Negócio não recebeu, de pronto, aplicação no Direito vigente, fato este considerado por alguns doutrinadores como alavanca para o êxito e o amadurecimento da ideia, preocupando-se o seu criador em retomar a análise de conceitos anteriores similares, como a pressuposição[38].

Todavia, Oertmann não pretendeu refletir sobre uma vontade empírica, mas completar a vontade realmente existente com o real objetivo do pacto, para, então, atribuir à base do negócio, num segundo momento, não um

---

36 É o que aponta MENEZES CORDEIRO, Antônio Manuel da Rocha e. *A boa-fé no direito civil.* Coimbra: Almedina, 2005, p. 1.032. Bernhard Windscheid teria consagrado a célebre frase: "É minha convicção firme que a pressuposição, tacitamente expressa, far-se-á sempre falar de novo, faça-se o que se fizer com ela. Expulsa pela porta, ela retorna ela janela".

37 Paul Oertmann apud MENEZES CORDEIRO, Antônio Manuel da Rocha e. *A boa-fé no direito civil.* Coimbra: Almedina, 2005, p. 1.033.

38 MENEZES CORDEIRO, Antônio Manuel da Rocha e. *A boa-fé no direito civil.* Coimbra: Almedina, 2005, p. 1.034.

significado "da vontade das partes, mas sim do seu reconhecimento legal"[39], permitindo que a parte prejudicada pudesse investir contra a estabilidade do pacto nas situações em que houvesse a supressão da base do negócio.

Embora seja considerada uma evolução da pressuposição, a Teoria da Base do Negócio não permite traçar, claramente, um consenso quanto ao que deve ou não deve ser considerado como base negocial. A nova concepção retomaria, então, a própria ideia de pressuposição, todavia, balizada por determinadas exigências, com vistas à salvaguarda da segurança dos contratos[40].

Num dos variados aspectos assumidos pela doutrina da base do negócio, Karl Larenz identificou uma dupla faceta no conceito de base do negócio jurídico: uma subjetiva e outra objetiva[41]. A base negocial subjetiva abarcaria a reserva mental que individualmente guiou as partes na conclusão do pacto[42]. Identificar-se-ia, assim, uma semelhança dessa construção com o significado da pressuposição de Bernhard Windscheid e da base negocial de Paul Oertmann. Já por base negocial objetiva, teríamos todo o conjunto de circunstâncias cuja existência e persistência o próprio contrato exige de acordo com o seu sentido, fim ou objeto, independentemente de as partes assim representarem[43]. Com vistas a ilustrar os casos de quebra da base objetiva do negócio, cita ele[44] a "turbação da equivalência das prestações" (como a ruína da moeda, alterações legislativas, eventos políticos, entre outros) e a "impassibilidade de se atingir o objetivo contratual reconhecido por ambos os pactuantes" (como os afamados casos de coroação[45]).

---

39 MENEZES CORDEIRO, Antônio Manuel da Rocha e. *A boa-fé no direito civil*. Coimbra: Almedina, 2005, pp. 1.034-1.035.

40 MENEZES CORDEIRO, Antônio Manuel da Rocha e. *A boa-fé no direito civil*. Coimbra: Almedina, 2005, pp. 1.034-1.035.

41 LARENZ, Karl. *Base del negocio jurídico y cumplimiento del contrato*. Madrid: Revista de Derecho Privado, 1956, *passim*; e, *Derecho de obligaciones*. Tradução de Jaime Santos Briz. Madrid: Editorial Revista de Derecho Privado, 1958, t. I, p. 154, p. 314.

42 LARENZ, Karl. *Derecho de obligaciones*. Tradução de Jaime Santos Briz. Madrid: Editorial Revista de *Derecho privado*, 1958, t. I, p. 140 e ss.; e, LARENZ, Karl. *Derecho de obligaciones*. Tradução de Jaime Santos Briz. Madrid: Editorial Revista de *Derecho Privado*, 1958, t. II, p. 95, p. 324.

43 LARENZ, Karl. *Derecho de obligaciones*. Tradução de Jaime Santos Briz. Madrid: Editorial Revista de *Derecho Privado*, 1958, t. I, p. 316 e ss.; e, LARENZ, Karl. *Derecho de obligaciones*. Tradução de Jaime Santos Briz. Madrid: Editorial Revista de *Derecho Privado*, 1958, t. II, p. 202, p. 257 e ss., p. 290 e ss.

44 LARENZ, Karl. *Derecho de obligaciones*. Tradução de Jaime Santos Briz. Madrid: Editorial Revista de Derecho Privado, 1958, t. I, *passim*.

45 Relembre-se que em 1901, dada a inesperada doença de Eduardo VII, adiaram-se os festejos de coroação. Por tal razão os locatários dos balcões (sacadas) das residências, nas quais poderia ser vista a cerimônia, negaram-se a pagar a integralidade dos altos

A falta de critérios nítidos destinados à separação do momento subjetivo e do momento objetivo fez com que Larenz recebesse críticas[46], fato que teria sido reconhecido e sanado pelo autor na segunda edição de sua obra[47].

Até hoje a Teoria da Base do Negócio não pode ser considerada pacífica[48]. Modernamente, vêm sendo desenvolvidas novas teorias, que analisam a questão das circunstâncias sobre outro enfoque, sob o rogo da Teoria do Risco, do Princípio da Tutela da Confiança e da Interpretação Contratual[49].

3. Teoria dos Motivos Determinantes

No estudo dos atos administrativos, verifica-se que os *motivos*, em determinadas situações, possuem relevância. E isso se mostra claramente perceptível por meio da Teoria dos Motivos Determinantes[50].

A compreensão desse conceito passa pela diferenciação entre *motivo* e *móvel*. Por *motivo*, há de se entender a realidade objetiva, alheia ao agente. É considerada como que um antecedente[51], que advém da realidade fática (ou empírica) – externa ao agente, portanto –, na qual se tem o embasamento nuclear ou fundamento essencial à expedição do ato administrativo[52]. *Móvel* (ou

valores estipulados. Decidindo a questão, os tribunais, tiveram por legítima a recusa. Veja-se em: ALMEIDA COSTA, Mário Júlio de. *Direito das obrigações*. 9. ed. Coimbra: Almedina, 2005, p. 295.

46 Nesse sentido, veja-se a compilação levada a efeito por MENEZES CORDEIRO, Antônio Manuel da Rocha e. *A boa-fé no direito civil*. Coimbra: Almedina, 2005, p. 1.048 e também ALMEIDA COSTA, Mário Júlio de. *Direito das obrigações*. 9. ed. Coimbra: Almedina, 2005, pp. 294-295, nota 3.

47 A informação foi extraída de ALMEIDA COSTA, Mário Júlio de. *Direito das obrigações*. 9. ed. Coimbra: Almedina, 2005, p. 295, nota 3.

48 Para uma compreensão do tratamento recebido pela Teoria da Base do Negócio em âmbito nacional, consulte-se COUTO E SILVA, Clóvis Veríssimo do. A teoria da base do negócio jurídico no direito brasileiro. In: FRADERA, Véra Maria Jacob de (Org.). *O direito privado na visão de Clóvis do Couto e Silva*. Porto Alegre: Livraria do Advogado, 1997, pp. 59-71.

49 ALMEIDA COSTA, Mário Júlio de. *Direito das obrigações*. 9. ed. Coimbra: Almedina, 2005, p. 296.

50 Para um estudo mais aprofundado da Teoria dos Motivos Determinantes, consulte-se a sua construção e desenvolvimento por: JÈZE, Gaston. Essai d'une théorie générale sur l'influence des motifs déterminants sur la validité des actes juridiques en droit public. *Revue du Droit Public et de la Science Politique en France et à L'étranger*. XXXIXe Année. Paris: Marcel Giard, 1922, t. trente-neuvième, pp. 377-444.

51 MELLO, Celso Antônio Bandeira de. *Curso de direito administrativo*. 33. ed. São Paulo: Malheiros, 2016, p. 411.

52 Daí por que não se confundem *motivo* e *motivação*, esta, traduzindo-se por meio da demonstração da existência dos pressupostos de fato reveladores "[d]aquilo que o agente teve como base para editar o ato", conforme MELLO, Celso Antônio Bandeira de. *Curso*

motif[53]), por sua vez, é o subjetivo, a correspondência psicológica, a vontade interna do agente ou o seu intento pessoal. Somente é dotada de relevância nos atos administrativos discricionários, ou seja, relativamente àqueles atos que requerem uma apreciação subjetiva do agente como conteúdo da finalidade legal do ato. Explica-se:

Segundo a teoria, quando tiverem sua prática motivada, os atos administrativos passam a ficar atrelados, vinculativamente, ao *motif déterminant* apontado ou expressado como seu fundamento. Ora, uma vez invocados como justificativa à realização do ato, há de existir perfeita[54] correlação entre esses mesmos *motivos* e a realidade, pena de nulidade daquele – caso sejam reputados inexistentes[55], falsos[56], equivocados[57] ou incorretamente qualificados[58], ou, ainda, caso o ato esteja desconectado dos *motivos determinantes* de sua prática[59]. É que, como leciona Celso Antônio Bandeira de Mello, "os fatos que serviram de suporte à sua decisão, integram a validade do ato [...] mesmo quando a lei não haja estabelecido, antecipadamente, os motivos que ensejariam a prática [desse mesmo] ato"[60]. Ou seja: tendo a Administração – por meio de agente público no exercício de competência discricionária –

de direito administrativo. 33. ed. São Paulo: Malheiros, 2016, p. 412. No mesmo sentido: DI PIETRO, Maria Sylvia Zanella. *Direito administrativo.* 30. ed. Rio de Janeiro: Forense, 2017, p. 251. Acerca da motivação, consulte-se MARTINS, Ricardo Marcondes. *Efeitos dos vícios do ato administrativo.* São Paulo: Malheiros, 2008, pp. 235-253.

53 Na teoria do administrativista francês Gaston Jèze, o móvel do agente é o *motif.*

54 MEIRELLES, Hely Lopes. *Direito administrativo brasileiro.* 18. ed. São Paulo: Malheiros, 1993, p. 181.

55 MELLO, Celso Antônio Bandeira de. *Curso de direito administrativo.* 33. ed. São Paulo: Malheiros, 2016, p. 416; e, MEIRELLES, Hely Lopes. *Direito administrativo brasileiro.* 18. ed. São Paulo: Malheiros, 1993, p. 181.

56 Assim apontam DI PIETRO, Maria Sylvia Zanella. *Direito administrativo.* 30. ed. Rio de Janeiro: Forense, 2017, p. 252; MELLO, Celso Antônio Bandeira de. *Curso de direito administrativo.* 33. ed. São Paulo: Malheiros, 2016, p. 416; MARTINS, Ricardo Marcondes. *Efeitos dos vícios do ato administrativo.* São Paulo: Malheiros, 2008, pp. 244 - 245; e, MEIRELLES, Hely Lopes. *Direito administrativo brasileiro.* 18. ed. São Paulo: Malheiros, 1993, p. 183.

57 MARTINS, Ricardo Marcondes. *Efeitos dos vícios do ato administrativo.* São Paulo: Malheiros, 2008, p. 244- 245.

58 MELLO, Celso Antônio Bandeira de. *Curso de direito administrativo.* 33. ed. São Paulo: Malheiros, 2016, p. 416.

59 *Vide* Hely Lopes Meirelles ao referir o entendimento de Oreste Ranelletti (MEIRELLES, Hely Lopes. *Direito administrativo brasileiro.* 18. ed. São Paulo: Malheiros, 1993, p. 182).

60 MELLO, Celso Antônio Bandeira de. *Curso de direito administrativo.* 33. ed. São Paulo: Malheiros, 2016, p. 416.

explicitado o *motivo* para a prática do ato administrativo, este somente "será válido se os motivos forem verdadeiros"[61].

O paradigma a que comumente faz referência a doutrina é o da exoneração *ad nutum*, para a qual não exige a legislação qualquer *motivo*, vez que se trata de ato decorrente de faculdade discricionária. Assim, se um superior, dispensando um funcionário exonerável *ad nutum*, "declarar que o faz por improbidade de procedimento, essa 'improbidade' passará a ser motivo determinante do ato e sua validade e eficácia ficarão na dependência da efetiva existência do motivo declarado"[62], de tal sorte que, inexistindo ou improvada a improbidade declarada, o ato de exoneração restará inválido por "ausência ou defeito do motivo determinante"[63]. Por outro lado, na eventualidade de a dispensa do mesmo funcionário ter sido perfectibilizada sem quaisquer referências aos motivos da exoneração, o ato seria, então, "perfeitamente válido e inatacável"[64].

Apresentadas, pois, as teorias que colocam em relevo a questão dos *motivos* e respondida afirmativamente à questão *se* os *motivos* podem ser elemento juridicamente relevante, cumpre conjugar essas teorias num outro campo, mais próximo, com o propósito de identificar *como* e *de que maneira* podem eles contribuir para a Teoria dos Contratos, valendo-se como critério hermenêutico.

Parte II
O problema da relevância dos *motivos*

A discussão havida em torno dos *motivos* guarda, em sua essência, estreitíssima relação com a necessidade de se precisar dos critérios identificadores daquilo que há ou não de ser tido como elemento juridicamente relevante. Iniciemos, então, pelo estabelecimento conceitual daquilo que integraria a noção de *motivos relevantes* e de *motivos irrelevantes*.

---

61 DI PIETRO, Maria Sylvia Zanella. *Direito administrativo*. 30. ed. Rio de Janeiro: Forense, 2017, p. 252.

62 MEIRELLES, Hely Lopes. *Direito administrativo brasileiro*. 18. ed. São Paulo: Malheiros, 1993, p. 182.

63 MEIRELLES, Hely Lopes. *Direito administrativo brasileiro*. 18. ed. São Paulo: Malheiros, 1993, p. 182.

64 MEIRELLES, Hely Lopes. *Direito administrativo brasileiro*. 18. ed. São Paulo: Malheiros, 1993, p. 182.

1. Qual motivo pode ser considerado juridicamente relevante?

Quem adquire um determinado imóvel comercial recém-lançado, o faz porque pretende ser o dono e senhor desse mesmo bem, podendo, então, exercer todos e cada um dos direitos que dessa propriedade são decorrentes. Para tanto, há de cumprir a contraprestação, qual seja, o adimplemento do valor devido, que corresponde à causa do negócio[65]. Mas certo é que essa aquisição está sendo levada a efeito lastreada, potencialmente, por vários motivos: quer o adquirente fazer uso pessoal desse novo imóvel, desempenhando ali suas atividades laborais; quer locá-lo a terceiros, percebendo renda; quer ceder o uso a um filho, que está a iniciar sua vida profissional; quer realizar "um negócio de ocasião", revendendo o bem por valor superior ao adquirido, tão logo o mercado imobiliário volte a "ficar aquecido".

Note-se: nenhum daqueles *motivos* – variantes ao infinito – está englobado pela noção de causa[66], que envolve o binômio prático coisa *vs.* atribuição patrimonial[67]. Ao revés: pode ocorrer que tais *motivos*, tão íntimos, tão reservados e tão privados, sequer sejam manifestados, permanecendo absolutamente alheios ao conhecimento da contraparte. E, pertencendo ao "campo de elaboração psíquica"[68] do pactuante – sua motivação interna, portanto – "o Direito não os investiga, nem lhes sofre a influência"[69], na medida em que não tem interesse pelo inter-humano não exteriorizado e não produtor

---

65 Relembre-se que já na introdução nos posicionamos no sentido de que a causa do contrato possui identificação com a operação jurídico-econômica realizada por meio do contrato. Na dicção de Enzo Roppo, "a satisfação dos interesses e das necessidades particulares – variáveis, segundo os mais variados tipos de contratos – pressupõe a produção dos efeitos típicos do contrato (realização da causa) de que necessitam como instrumento" (ROPPO, Enzo. *O contrato.* Tradução de Ana Coimbra e M. Januário C. Gomes. Coimbra: Almedina, 1988, p. 199).

66 Como assinala Pontes de Miranda, os *motivos* podem ser diferentes para os pactuantes: "as manifestações de vontade coincidem com a mesma causa; porém cada um ou alguns manifestantes foram induzidos à prática do ato por motivos distintos" (PONTES DE MIRANDA, Francisco Cavalcanti. *Tratado de direito privado.* Parte geral. 2. ed. Rio de Janeiro: Borsói, 1954, t. III, § 269, p. 101).

67 Partilhamos do entendimento de que causa do contrato possui identificação com a operação jurídico-econômica realizada por seu intermédio: "A satisfação dos interesses e das necessidades particulares – variáveis, segundo os mais variados tipos de contratos – pressupõe a produção dos efeitos típicos do contrato (realização da causa) de que necessitam como instrumento" (ROPPO, Enzo. *O contrato.* Tradução de Ana Coimbra e M. Januário C. Gomes. Coimbra: Almedina, 1988, p. 199).

68 PONTES DE MIRANDA, Francisco Cavalcanti. *Tratado de direito privado.* Parte geral. 2. ed. Rio de Janeiro: Borsói, 1954, t. III, § 260, p. 70.

69 BEVILÁQUA, Clóvis. *Código Civil dos Estados Unidos do Brasil Comentado.* 10. ed. Rio de Janeiro: Francisco Alves, 1953, t. I, p. 271.

de modificações sobre fatos e circunstâncias[70]. É que, por não entrarem no mundo jurídico (plano da existência) os *motivos* também não o fazem quanto ao plano da validade ou ao plano da eficácia[71], são adventícios[72].

Além disso, diante da necessidade de se resguardar a desejada e necessária segurança do tráfego negocial ("em que a esperada modificação do estado presente das posições jurídicas de alguma pessoa não seja atingida por circunstâncias que ela ignora"[73]), desde longa data, reverberou a ideia de que, por consistirem em projeção simples do intuito particular dos pactuantes, os *motivos* não interessariam ao ordenamento. Num contexto reinante de dogma da vontade, por meio dessa noção, vigoraria uma conveniente indiferença jurídica quanto aos *motivos* do contrato, o que, em certa medida, obteria consagração em uma das possíveis interpretações[74] da frase de Alfred Fouillée: "qui dit contractuel dit juste". Constituindo-se em ato de liberdade das partes, não haveria razões, portanto, para se prestar contas ao juiz sobre os *motivos* que impulsionaram a contratar: a vontade valeria por si mesma.

Encontraram eco, então, concepções reducionistas e atécnicas que, com base no Princípio Geral de Irrelevância dos Motivos – efetivamente dominante em todo o Direito[75], tomaram a parte pelo todo e estabeleceram uma espécie de absolutismo jurídico no tratamento da matéria atinente à (ir)relevância dos motivos. A par da confusão[76] entre causa e *motivo*, passou-se a negar independência a estes, inclusive para aquelas situações em que pudessem ser a única razão pela qual a parte levou o contrato a cabo, a tal ponto que a sua ausência seria óbice à própria conclusão do pacto.

Quiçá com vistas a também solucionar esse problema, houve a tentativa de ampliação do conceito de causa, deturpando-o, para nele se enxertar o de *motivo relevante*: dessa maneira, nos contratos sinalagmáticos, quando o *moti-*

---

70 PONTES DE MIRANDA, Francisco Cavalcanti. *Tratado de direito privado*. Parte geral. 2. ed. Rio de Janeiro: Borsói, 1954, t. I, § 44, p. 131.

71 PONTES DE MIRANDA, Francisco Cavalcanti. *Tratado de direito privado*. Parte geral. 2. ed. Rio de Janeiro: Borsói, 1954, t. III, § 269, p. 101.

72 Sobre a irrelevância dos motivos, tome-se BESSONE, Mario. *Adempimento e rischio contrattuale*. 2. ed. Milano: Dott. A. Giuffrè, 1998, pp. 207-283.

73 PONTES DE MIRANDA, Francisco Cavalcanti. *Tratado de direito privado*. Parte geral. 2. ed. Rio de Janeiro: Borsói, 1954, t. I, § 44, p. 139.

74 REZZÓNICO, Juan Carlos. *Principios fundamentales de los contratos*. Buenos Aires: Astrea, 1999, p. 193.

75 PONTES DE MIRANDA, Francisco Cavalcanti. *Tratado de direito privado*. Parte geral. 2. ed. Rio de Janeiro: Borsói, 1954, t. III, § 260, p. 71.

76 Confusão devida, muito em parte – não se nega, à importação de interpretações doutrinárias sobre sistemas jurídicos estrangeiros.

vo fosse "elevado à categoria do suporte fático, seria causa"[77]. Essa deturpação de conceitos, que em nada contribuía para aclarar a questão, apagaria, ainda, a distinção entre os institutos, eis que o de causa fagocitaria o de *motivos*[78].

Ora, sabido é que os *motivos* singelamente considerados – que, por útil e necessário preciosismo aqui passarão a ter agregada a expressão, distintiva, *simples*[79] – ficam de fora, via de regra, do suporte fático e, por isso, não são relevados no mundo jurídico. Essa ocorrência, como dito, é traduzida por meio do *Princípio Geral da Irrelevância dos Motivos*. Entretanto, situações há que em aquele princípio vai relativizado pelo *Princípio de Inseribilidade dos Motivos*[80]. Por meio deste, os *motivos* se fazem negocialmente relevantes e, excepcionalmente, "sobem de categoria"[81], entrando como elemento integrante do suporte fático de algum fato jurídico; os *motivos*, então, deixam de ser "simples motivos"[82]. Passando a ter relevância para o Direito, daqueles diferem, tornando-se *motivos relevantes* – ou mesmo *determinantes* quando sua falta se mostra impeditiva à própria conclusão do negócio. Alçados a essa

---

77 "Causa adjunta", no dizer de Pontes de Miranda, PONTES DE MIRANDA, Francisco Cavalcanti. *Tratado de direito privado.* Parte geral. 2. ed. Rio de Janeiro: Borsói, 1954, t. III, § 262, p. 80.

78 Como ensina Pontes e Miranda: "Além da confusão [...] entre causa e motivo, houve a tentativa de se alargar o conceito de causa, para nele se inserir o de motivo relevante. Então, o motivo, que, nos contratos sinalagmáticos e, coerentemente, em contratos unilaterais, se a lei permite, se eleva à categoria de elemento do suporte fático, seria causa, [...]. Mas, assim, se deturparia o conceito de causa, que é histórico-sistemático, e se apagaria a distinção entre motivos e causa. Ora, o que importa é justamente não se deixar que o conceito de causa degrade a ponto de confundir-se com o de motivo relevante [...]. A inerência, que é característica das causas, repele que se tomem os motivos, tornados relevantes, por verdadeiras causas. Certamente, pode-se pensar em conceito que abranja a causa e o motivo; o valor de tais conceitos abrangentes depende do serviço que podem prestar [...]. O que de modo nenhum se justifica é dilatar-se o conceito de causa [...]." Transcrição extraída de PONTES DE MIRANDA, Francisco Cavalcanti. *Tratado de direito privado.* Parte geral. 2. ed. Rio de Janeiro: Borsói, 1954, t. III, § 262, p. 80.

79 Pontes de Miranda se refere a eles também como "motivos propriamente ditos". *Vide*: PONTES DE MIRANDA, Francisco Cavalcanti. *Tratado de direito privado.* Parte geral. 2. ed. Rio de Janeiro: Borsói, 1954, t. I, § 44, p. 134.

80 PONTES DE MIRANDA, Francisco Cavalcanti. *Tratado de direito privado.* Parte geral. 2. ed. Rio de Janeiro: Borsói, 1954, t. III, § 269, p. 102.

81 Figura de linguagem tomada de PONTES DE MIRANDA, Francisco Cavalcanti. *Tratado de direito privado.* Parte geral. 2. ed. Rio de Janeiro: Borsói, 1954, t. I, § 44, p. 134.

82 PONTES DE MIRANDA, Francisco Cavalcanti. *Tratado de direito privado.* Parte geral. 2. ed. Rio de Janeiro: Borsói, 1954, t. I, § 44, p. 133.

nova posição, podem ser demonstrados; e, "basta que se demonstre, ainda por circunstâncias, se a lei não limita os meios de prova"[83].

Se o ordenamento, então, tem em conta intencionalidades e opiniões das pessoas quanto a determinados fatos e relativamente a certas circunstâncias, e o faz por meio dos *motivos determinantes*, cuja previsão está também expressa na redação art. 166, inc. III[84], do Código Civil vigente, há de se indagar a relação de causa-efeito havida entre *motivo determinante* e ilicitude[85]. Para além da compreensão do que propriamente possa ser entendido como *motivo determinante*, a resposta à questão parece estar enucleada na pretensão *comum* das partes, significando essa expressão o intuito de obtenção de benefícios recíprocos.

Dessa feita, se, para a aquisição daquele imóvel comercial recém-lançado o comprador estivesse subjetivamente animado pela exploração da atividade de jogos de azar[86], e disso soubesse o vendedor, o negócio jurídico não seria ilícito. E isso acontece porque eventual conhecimento quanto à potencial imoralidade ou ilicitude do *motivo*, por si só não o torna relevante[87]. No entanto, situação diversa – por ilicitude do *motivo comum determinante* – haveria se, conhecedor desse motivo ilícito, o vendedor dele se aproveitasse para exigir e obter do comprador valores muito superiores aos de mercado. Note-se: aqui, do *motivo determinante* e ilícito, tiraram proveito as duas partes.

Nessa linha de raciocínio, não se mostra suficiente, apenas, que um dos pactuantes tenha sabido o fim ilícito pretendido pela contraparte, se-

---

83 PONTES DE MIRANDA, Francisco Cavalcanti. *Tratado de direito privado.* Parte geral. 2. ed. Rio de Janeiro: Borsói, 1954, t. I, § 44, p. 134.

84 Relembre-se a redação do citado dispositivo: "É nulo o negócio jurídico quando [...] o motivo determinante, comum a ambas as partes, for ilícito". O art. 166, inc. III, do Código Civil brasileiro tem correspondência no Código Civil italiano de 1942, no art. 1.345: "Art. 1.345 Motivo illecito. Il contratto è illecito quando le parti si sono determinate a concluderlo esclusivamente per un motivo illecito comune ad entrambe".

85 Sobre a ilicitude dos motivos, refira-se BETTI, Emilio. *Teoria general del negocio juridico.* Tradução de A. Martin Perez. Madrid: Editorial Revista de Derecho Privado, 1984. Sobre a relevância dos motivos apenas na questão do erro: CÉLICE, Raymond. *El error en los contratos.* Tradução de César Camargo y Marin. Madrid: Gongora, 1920, p. 145 e ss. Sobre a relevância dos motivos na interpretação do erro negocial: CORREIA, A. Ferrer. *Erro e interpretação na teoria do negócio jurídico.* Coimbra: Almedina, 1985.

86 Para outros exemplos, consulte-se: ROPPO, Enzo. *O contrato.* Tradução de Ana Coimbra e M. Januário C. Gomes. Coimbra: Almedina, 1988, p. 200.

87 PONTES DE MIRANDA, Francisco Cavalcanti. *Tratado de direito privado.* Parte geral. 2. ed. Rio de Janeiro: Borsói, 1954, t. III, § 269, p. 102. E, como complementa o autor: "Não influi na existência, na validade, ou na eficácia do ato jurídico a circunstância de que o outro figurante ou destinatário conheça o motivo que levou o manifestante da vontade a manifestá-la" (PONTES DE MIRANDA, Francisco Cavalcanti. *Tratado de direito privado.* Parte geral. 2. ed. Rio de Janeiro: Borsói, 1954, t. II, § 225, p. 421.

não é fundamental que tenha "querido associar-se a esse fim e favorecer sua realização"[88] ou, como refere Saleilles, é necessário "que o outro contratante haja tido em conta não somente uma ganância ou um assunto de caráter econômico, senão também um *resultado de propaganda*"[89].

Com base nas Teorias da Pressuposição e da Base do Negócio, verificamos que os *motivos*, em linhas gerais, tornar-se-iam relevantes à negociação quando fossem simplesmente conhecidos ou cognoscíveis pela outra parte. Mas, a partir da Teoria dos Motivos Determinantes, poderíamos ir além, aduzindo que os *motivos* seriam capazes de produzir efeitos (relação de eficácia, portanto), quando, uma vez exteriorizados, se revelassem *motivos determinantes* e fossem comuns a ambas as partes.

Há de se entender, então, que o *simples motivo* não enseja atenção específica na seara das relações negociais, já que, para tanto, é necessário que se constitua em *motivo determinante*. Em sendo comum a ambas as partes – no sentido de que dele ambas tirem proveito – importará verificar se no contrato o *motivo determinante* foi instrumento para alcançar um fim ilícito, o que, numa resposta afirmativa, resultará em nulidade[90]. Caso interessante a ilustrar essa ocorrência nos é dado por Junqueira de Azevedo[91].

Estabelecida a identificação dos *motivos relevantes* e analisadas as nuances dos *motivos determinantes*, é necessário compreender a pertinência e a funcionalidade da sua limitação.

2. Qual a justificativa para uma limitação dos motivos enquanto elemento juridicamente relevante?

Permeada pela boa-fé[92], a dogmática atual coloca em relevo a motivação, "na verdade, em seu aspecto objetivo. É que o comportamento segundo

---

88 DABÍN, Jean. *A teoría de la causa.* 2. ed. Tradução de Francisco de Pelsmaeker. Madrid: Editorial Revista de Derecho Privado, 1955, pp. 375-376.

89 Saleilles apud DABÍN, Jean. *A teoría de la causa.* 2. ed. Tradução de Francisco de Pelsmaeker. Madrid: Editorial Revista de Derecho Privado, 1955, p. 376.

90 Complementarmente: PONTES DE MIRANDA, Francisco Cavalcanti. *Tratado de direito privado.* 2. ed. Rio de Janeiro: Borsói, 1954, t. III, t. IV e t. XXV, respectivamente, pp. 70-72; 283-284; e 231-234.

91 Consulte-se, assim, o Parecer do "Herdeiro *ex re certa.* Direito de preferência entre condôminos. Abuso de direito e fraude à lei" (AZEVEDO, Antônio Junqueira de. *Novos estudos e pareceres de direito privado.* São Paulo: Saraiva, 2009, pp. 546-560).

92 Para um estudo aprofundado sobre a boa-fé, consulte-se, por todos: MARTINS-COSTA, Judith. *A boa-fé no direito privado.* Critérios para a sua aplicação. São Paulo: Marcial Pons, 2015.

a boa-fé importa criar expectativas que são legítimas no desenrolar das relações jurídicas"[93].

Clóvis do Couto e Silva assevera que "os motivos, por serem elementos subjetivos – cálculos, planos, conjecturas, probabilidades – que não se manifestam socialmente de forma visível, não são de regra, valorizados pelo ordenamento jurídico. [...] A medida da intensidade de deveres secundários, ou anexos, é dada pelo fim do negócio jurídico. Mas, tal finalidade, no que toca à aplicação do princípio da boa-fé, não é apenas o fim da atribuição, de que normalmente se fala na teoria da causa. Por certo, é necessário que essa finalidade seja perceptível à outra parte. Não se cuida, aí, de motivo, de algo psicológico, mas de um 'plus' que o integra, o fim da atribuição e que está com ele intimamente relacionado"[94].

O sentido dessa limitação, parece-nos, é muito simples. Se o simples conhecimento relativamente aos motivos ilícitos da contraparte bastasse para fulminar por nulidade o pacto, todas e quaisquer suspeitas quanto à ocorrência de tais fatos tornaria forçosa a invasão na esfera privada alheia por meio da investigação de intenções pessoais, abrindo-se perigoso e indesejado espaço para intromissões na intimidade da outra parte: "Daí resultariam impasses e retardamentos nas contratações, comportamentos indiscretos e intrigantes, intoleráveis pretensões de elevar-se a juízes e censores do foro íntimo alheio"[95].

É fundamental, então, que os motivos sejam perceptíveis e apreensíveis relativamente às próprias partes figurantes num contrato e também relativamente ao seu intérprete, na medida em que este "deve encontrar uma solução para resolver determinado problema prático segundo determinada teia de significações e de acordo com as qualificações predispostas no sistema"[96].

3. Papel complementar dos motivos como critério hermenêutico

Analisando o art. 166, inc. III, do Código Civil, propõe a Professora Judith Martins-Costa[97] uma leitura inversa do dispositivo, revelando, assim,

---

93 SILVA, Luís Renato Ferreira. *Revisão dos contratos*. Do código civil ao código do consumidor. Rio de Janeiro: Forense, 1999, p. 34.

94 COUTO E SILVA, Clóvis Veríssimo do. *A obrigação como processo*. São Paulo: José Bushatsky Editor, 1976, pp. 39-40.

95 ROPPO, Enzo. *O contrato*. Tradução de Ana Coimbra e M. Januário C. Gomes. Coimbra: Almedina, 1988, p. 200.

96 MARTINS-COSTA, Judith. Como harmonizar os modelos jurídicos abertos com a segurança jurídica dos contratos? (Notas para uma palestra). *Revista Jurídica Luso Brasileira*. Lisboa: Centro de Investigação de Direito Privado da Faculdade de Direito da Universidade de Lisboa, 2016, ano 2, v. 1, p. 1.055.

97 MARTINS-COSTA, Judith. O método da concreção e a interpretação dos contratos: primeiras notas de uma leitura suscitada pelo código civil. In: DELGADO, Mário Luiz;

o seguinte significado: não é nulo o negócio jurídico quando o motivo determinante, comum a ambos os contratantes, for lícito·

Dessa maneira, a não nulidade (plano da eficácia) da negociação permite o entendimento de que a noção acerca dos *motivos* se presta também a um critério hermenêutico:

> Em outras palavras, o motivo determinante, comum a ambas as partes, não pode ser descartado como irrelevante, antes formando uma espécie de 'base subjetiva', pressuposto condicionante da compreensão do concreto negócio jurídico considerado como fato social e regulamento de interesses econômicos[98].

Conclusão

Inobstante a oposição da doutrina clássica em conferir relevância aos *motivos*, certo é que a dogmática contratual vigente demanda (i) conceder um tratamento mais preciso do conceito de *motivos*, extraindo daquele o contorno distintivo pretendido pelo legislador; (ii) reconhecer a sua importância no ordenamento enquanto *motivos determinantes*; (iii) admitir a sua autonomia estrutural, mormente no que diz com a impertinência de se distender indevidamente o conceito de causa a fim de que aqueles por este fossem englobados; (iv) reconhecer nos *motivos* determinantes a sua contribuição no enfrentamento das discussões acerca das circunstâncias do caso.

Sob esse último aspecto, os *motivos*, então, porque integrantes das circunstâncias negociais quando *determinantes* e comuns às partes revelam-se como elemento hermenêutico, atuando, portanto, no campo da eficácia, tal como ensinado pela Professora Judith Martins-Costa[99].

ALVES, Jones Figueirêdo (Coord.). *Questões controvertidas*. Série Grandes temas de direito privado. São Paulo: Método, 2005, v. 4, pp. 150-151.

---

98 MARTINS-COSTA, Judith. O método da concreção e a interpretação dos contratos: primeiras notas de uma leitura suscitada pelo código civil. In: DELGADO, Mário Luiz; ALVES, Jones Figueirêdo (Coord.). *Questões controvertidas*. Série Grandes temas de direito privado. São Paulo: Método, 2005, v. 4, p. 151.

99 MARTINS-COSTA, Judith. O método da concreção e a interpretação dos contratos: primeiras notas de uma leitura suscitada pelo código civil. In: DELGADO, Mário Luiz; ALVES, Jones Figueirêdo (Coord.). *Questões controvertidas*. Série Grandes Temas de Direito Privado. São Paulo: Método, 2005, v. 4, pp. 127-155.

A possibilidade de convenção tácita da solidariedade no Direito Obrigacional: análise do artigo 265 do Código Civil

Giovanni Ettore Nanni

Considerações introdutórias

A indiscutível honra de participar da obra em homenagem à Professora Judith Martins-Costa impõe a incumbência de raciocinar criticamente o Direito a partir dos modelos que se apresentam na experiência jurídica.

Tendo em mente tal desafio, propõe-se a refletir acerca de um importante instituto do Direito das Obrigações, a solidariedade. Mais particularmente, o intento é analisar a sua gênese.

Não se pretende examinar os contornos da solidariedade no Direito Civil obrigacional, o que pode ser consultado na doutrina especializada[1]. O propósito é estudar apenas um aspecto que decorre do art. 265 do Código Civil, a saber, se a solidariedade convencional pode ser estipulada tacitamente.

Também não será objeto de exame a longa discussão, especialmente no século antepassado, se no Direito Romano seria cabível uma distinção entre obrigação correal e obrigação solidária, nem os seus elementos de então[2].

---

1 Entre outros: GIORGIANNI, Michele. Obbligazione solidale e parziaria. In: AZARA, Antonio; EULA, Ernesto (Dir.). *Novissimo digesto italiano*. Torino: UTET, 1965, v. 11, pp. 674-685; AMORTH, Giorgio. *L'obbligazione solidale*. Milano: Giuffrè, 1959; TICOZZI, Marco. *Le obbligazioni solidali*. Padova: Cedam, 2001; COREA, Ulisse. *Obbligazioni solidali e giusto processo*. Napoli: Edizioni Scientifiche Italiane, 2012; ROSSETTI, Giulietta. *Le obbligazioni in solido*: modelli romani e disciplina attuale. Napoli: Jovene, 2013; BRECCIA, Umberto; BUSNELLI, Francesco Donato (a cura di). Le "nuove" obbligazioni solidali: principi europei, orientamenti giurisprudenziali, interventi legislativi. In: *I quaderni della Rivista di Diritto Civile*. Padova: Cedam, 2015.

2 Confira-se: DEMANGEAT, Charles. *Des obligations solidaires en droit romain*: commentaire du titre *de duobus reis*, au Digeste. Paris: A. Marescq Ainé Libraire-Éditeur, 1858; SAVIGNY, Friedrich Karl Von. *Le droit des obligations*. Tradução de C. Gérardin e Paul Jozon. 2. ed. Paris: Ernest Thorin Éditeur, 1873, v. 1, pp. 150-326; WINDSCHEID, Bernardo. *Diritto delle pandette*. Tradução de Carlo Fadda e Paolo Emilio Bensa. Torino: Unione Tipografico-Editrice Torinese, 1904, v. 2, parte 1, pp. 144-167; DERNBURG, Arrigo. *Diritto delle obbligazioni*. Tradução de Francesco Bernardino Cicala. Torino: Fratelli Bocca Editori, 1903, pp. 282-303; ZIMMERMANN, Reinhard. *The law of obligations*: roman foundations of the civilian tradition. Oxford: Oxford University Press, 1996, pp.

O fito é único. Discutir se, a despeito de a maioria da doutrina entender que a solidariedade deve necessariamente ser objeto de convenção expressa, pode ela ser tácita.

1. A regra de não presunção da solidariedade na legislação pátria

É de longa tradição no Direito pátrio a regra de que a solidariedade não se presume, eis que procede da lei ou da vontade das partes.

O art. 896, *caput*, do Código Civil de 1916 estipulava: "Art. 896. A solidariedade não se presume; resulta da lei ou da vontade das partes", cujo dispositivo não discrepa do art. 265 do Código Civil vigente: "Art. 265. A solidariedade não se presume; resulta da lei ou da vontade das partes".

Isso porque a solidariedade é um preceito excepcional. Ela implica o afastamento da regra da divisibilidade da obrigação, a qual considera a prestação fracionada, distinta e independente, para cada integrante da pluralidade de credores ou de devedores. Destarte, consubstanciando uma exceção, não se presume.

O regime aplicado pela lei brasileira é diverso de alguns outros sistemas, já que no § 427 do Código Civil alemão, assim como no art. 1294 do Código Civil italiano, a solidariedade passiva é presumida. Destarte, em tais sistemas jurídicos ela consubstancia a regra e não a exceção.

O mesmo posicionamento sempre foi empregado na França no que concerne às obrigações em matéria comercial, em que se presume a solidarieda-

128-129; KASER, Max. *Direito privado romano*. Tradução de Samuel Rodrigues e Ferdinand Hämmerle. Lisboa: Fundação Calouste Gulbenkian, 1999, pp. 308-310; MAYNZ, Charles. *Cours de droit romain*. 5. ed. Bruxelles: Bruylant-Christophe; Paris: A. Durand & Pedone-Lauriel, 1891, v. 3, pp. 67-77; GIRARD, Paul Frédéric. *Manuel élémentaire de droit romain*. 5. ed. Paris: Arthur Rousseau Éditeur, 1911, pp. 740-748; BONFANTE, Pedro. *Instituciones de derecho romano*. Tradução de Luis Bacci e Andres Larrosa. Madrid: Editorial Reus, 2002, p. 393; BIONDI, Biondo. *Istituzioni di diritto romano*. 2. ed. Milano: Giuffrè, 1952, pp. 364-370; MASI, Antonio. Solidarietà (diritto romano). In: AZARA, Antonio; EULA, Ernesto (Dir.). *Novissimo digesto italiano*. Torino: UTET, 1970, v. 17, pp. 830-835; ALVES, José Carlos Moreira. *Direito romano*. 6. ed. Rio de Janeiro: Forense, 2000, v. 2, p. 23; CORREIA, Alexandre; SCIASCIA, Gaetano. *Manual de direito romano e textos em correspondência com os artigos do código civil brasileiro*. 4. ed. São Paulo: Saraiva, 1961, v. 1, pp. 234-236; CHAMOUN, Ebert. *Instituições de direito romano*. 6. ed. Rio de Janeiro: Editora Rio, 1977, pp. 301-302; JUSTO, A. Santos. *Direito privado romano*: v. 2: direito das obrigações. 2. ed. Coimbra: Coimbra Editora, 2006, pp. 219-221; BARASSI, Lodovico. *La teoria generale delle obbligazioni*: v. 1: la struttura. Milano: Giuffrè, 1946, pp. 176-180; ROSSETTI, Giulietta. *Le obbligazioni in solido*: modelli romani e disciplina attuale. Napoli: Jovene, 2013, pp. 33-37.

de quando duas pessoas se obrigam comercialmente[3], de tal sorte que, caso desejem excluí-la, é necessária convenção expressa[4]. Na vigência do Código Comercial brasileiro, o regime era distinto, eis que a solidariedade era estabelecida por lei em alguns negócios jurídicos, não sendo presumida[5].

No entanto, é lícito afirmar que a maioria dos países que adota codificação civil dispõe similarmente à regra pátria quanto ao tema. Principiando pelo artigo, hoje vigente, 1310 do Código Civil francês, incluindo o art. 1.137 do Código Civil espanhol, o art. 513º do Código Civil português, o art. 143 do Código das Obrigações suíço, os arts. 1.197 e 1.202 do Código Civil belga, o art. 828 do Código Civil argentino, o art. 1511 do Código Civil chileno, o art. 1568 do Código Civil colombiano, o art. 1796 do Código Civil do Estado da Louisiana, Estados Unidos da América, entre outros.

No mesmo sentido, legislações ou dispositivos antes vigentes como, *verbi gratia*, os arts. 1197 e 1202 da versão original do Código Civil francês, os arts. 1184 e 1188 do Código Civil italiano de 1865, o art. 701 do Código Civil argentino de 1869.

O cerne da questão, ao estatuir que a solidariedade não se presume, é a imprescindibilidade de sua fonte, legal ou convencional.

A solidariedade é legal quando, mesmo no silêncio das partes, a lei impõe tal regime. O Código Civil consagra algumas disposições nos arts. 154, 518, 585, 680, 698, 756, 829, 942, 993, parágrafo único, 1.003, parágrafo único, 1.016, 1.052, 1.055, parágrafo primeiro, 1.056, parágrafo segundo, 1.091, parágrafo primeiro, 1.146, 1.177, parágrafo único, 1.460, 1.644, 1.752, parágrafo segundo, 1.986, entre outros.

Além disso, se não decorrer de previsão legal específica, ela depende de convenção das partes, sendo vedada a presunção. É necessário que os contraentes estipulem a solidariedade ativa ou passiva no caso concreto.

Caso isso ocorra, a regra matriz da solidariedade ativa, situada na relação externa, é que um credor individualmente, a despeito da pluralidade, pode exigir o cumprimento da totalidade da dívida perante o devedor, mesmo que divisível a prestação (art. 267 CC).

Já na passiva, o credor pode, desde quando se torne devida, exigir a totalidade da dívida, ou parte dela, de um dos devedores apenas, de alguns deles ou de todos ao mesmo tempo, conforme a sua conveniência (art. 275 CC).

---

3 SAVATIER, René. *Cours de droit civil*. 2. ed. Paris: LGDJ, 1949, v. 2, p. 22; LYON-CAEN, Ch; RENAULT, L. *Traité de droit commercial*. 3. ed. Paris: F. Pichon, 1899, v. 3, pp. 36-38.

4 COLIN, Ambroise; CAPITANT, Henri. *Cours élémentaire de droit civil français*. Paris: Dalloz, 1915, v. 2, p. 200.

5 MENDONÇA, José Xavier Carvalho de. *Tratado de direito commercial brasileiro*. 3. ed. Rio de Janeiro: Freitas Bastos, 1939, v. 6, parte 1, pp. 243-244.

Exclusivamente um devedor, mesmo que só deva uma porção dela, pode ser demandado por toda a prestação, como se fosse o único, a despeito da pluralidade de obrigados, não se admitindo o benefício da divisão.

Esclareça-se que cada devedor isoladamente não é obrigado a adimplir tudo de uma vez, mas pode ser forçado a fazê-lo: depende do credor[6]. É a regra matriz do instituto, em sua relação externa.

Tal noção, prescreve Karl Larenz[7], repousa no preceito de que o credor não pode receber mais de uma vez a prestação devida, mas pode exigi-la de qualquer devedor em toda a sua quantia.

2. A solidariedade negocial: necessidade de convenção expressa?

O ponto primordial que o tema suscita, objeto do presente estudo, diz respeito à necessidade de convenção da solidariedade. A declaração negocial que a origina precisa ser expressa ou pode ser tácita?

É sabido que se exige inequívoca declaração negocial das partes no sentido de constituir a solidariedade. Contudo, a doutrina francesa desde há muito escreve que as expressões *solidariamente*, *solidariedade* não são sacramentais, eis que podem ser substituídas por equivalentes. Assim, os devedores são obrigados solidariamente quando se engajem *um pelo outro*, *um por todos*, *cada um por tudo*[8]. Em outras palavras: "Mais le législateur n'a pas exigé l'emploi de termes sacramentels et il suffit, pour qu'il y ait solidaritè, que l'intention qu'ont eue les codébiteurs de s'y soumettre, résulte d'expressions suffisamment claires ou même du rapprochement des clauses de l'acte".[9]

Tais corretas assertivas restaram definitivamente consolidadas, sendo constante e ilimitadamente repetidas[10].

---

6 AMORTH, Giorgio. *L'obbligazione solidale*. Milano: Giuffrè, 1959, p. 33.

7 LARENZ, Karl. *Derecho de obligaciones*. Tradução de Jaime Santos Briz. Madrid: Editorial Revista de Derecho Privado, 1958, v. 1, pp. 502-503.

8 AUBRY, Charles; RAU, Charles Frédéric. *Cours de droit civil français d'après la méthode de Zachariae*. 5. ed. Paris: Librairie Générale de Jurisprudence Marchal et Billard, 1902, v. 4, p. 32.

9 FUZIER-HERMAN, Edouard; DARRAS, Alcide. *Code Civil annoté*. Paris: Librairie de la Societé du Recueil Général des Lois et des Arrêts et du Journal du Palais, 1896-1898, v. 3 (art. 1.168-1.581), p. 56.

10 JOSSERAND, Louis. *Cours de droit civil positif français*. 3. ed. Paris: Librairie du Recueil Sirey, 1939, v. 2, p. 486; PLANIOL, Marcel. *Traité élémentaire de droit civil*. Revisto por Georges Ripert com a colaboração de Jean Boulanger. 2. ed. Paris: LGDJ, 1947, v. 2, p. 598; PLANIOL, Marcel; RIPERT, Georges. *Traité pratique de droit civil français*: v. 7: obligations: deuxième partie. 2. ed. avec le concours de Paul Esmein, Jean Radouant et Gabriel Gabolde. Paris: LGDJ, 1954, p. 421; DE PAGE, Henri de. *Traité élémentaire de droit civil belge*: principes, doctrine, jurisprudence: v. 3: les obligations (seconde partie).

Ainda que a solidariedade convencional dependa de indubitável declaração negocial, subsiste definir se, à luz do art. 265 do Código Civil (896, *caput*, CC/1916), pode ser tácita.

Relevante parcela da doutrina pátria, que inclusive consiste na maioria, sustenta que a solidariedade depende de convenção *expressa*. Isso porque as exceções devem ser expressamente declaradas[11], não sendo possível haver solidariedade sem a manifestação expressa da vontade das partes[12], cujas opiniões são ratificadas por inúmeros autores[13].

Não obstante, na verdade o tema não é objeto de maior atenção. Pouco se vê debate a respeito, embora no cenário fenomênico tal discussão tenda a ser relativamente frequente.

Mesmo assim, vozes esquecidas, não poucas, desde os clássicos, levantam resistência ao entendimento de que a solidariedade apenas possa ser convencionada expressamente.

---

2. ed. Bruxelles: Émile Bruylant, 1950, pp. 298-299; FULGÊNCIO, Tito. *Manual do código civil brasileiro*: do direito das obrigações: Livro III – Título I: das modalidades das obrigações: artigos 863 – 927. Rio de Janeiro: Jacintho Ribeiro dos Santos Editor, 1928, v. 10, p. 230.

---

11 BEVILÁQUA, Clóvis. *Código civil dos Estados Unidos do Brasil commentado*. 8. ed. Rio de Janeiro: Francisco Alves, 1950, v. 4, p. 42.

12 SANTOS, J. M. de Carvalho. *Código civil brasileiro interpretado, principalmente do ponto de vista prático*. 7. ed. Rio de Janeiro: Freitas Bastos, 1956, v. 11, pp. 180-182.

13 GOMES, Orlando. *Obrigações*. 12. ed. Rio de Janeiro: Forense, 1998, p. 62; PEREIRA, Caio Mário da Silva. *Instituições de direito civil*: v. 2: teoria geral das obrigações. Revista e atualizada por Guilherme Calmon Nogueira da Gama. 22. ed. Rio de Janeiro: Forense, 2009, pp. 81-82; MONTEIRO, Washington de Barros; MALUF, Carlos Alberto Dabus. *Curso de direito civil*: v. 4: direito das obrigações, 1ª parte: das modalidades das obrigações, da transmissão das obrigações, do adimplemento e da extinção das obrigações, do inadimplemento das obrigações. 34. ed. São Paulo: Saraiva, 2009, p. 179; RODRIGUES, Silvio. *Direito civil*: v. 2: parte geral das obrigações. 30. ed. São Paulo: Saraiva, 2002, pp. 66-68; DINIZ, Maria Helena. *Curso de direito civil brasileiro*: teoria geral das obrigações. 29. ed. São Paulo: Saraiva, 2014, pp. 186-188; VENOSA, Sílvio de Salvo. *Direito civil*: teoria geral das obrigações e teoria geral dos contratos. 15. ed. São Paulo: Atlas, 2015, p. 112; GONÇALVES, Carlos Roberto. *Direito civil brasileiro*: v. 2: teoria geral das obrigações. 14. ed. São Paulo: Saraiva, 2017, p. 136; GONÇALVES, Carlos Roberto. In: CAMBLER, Everaldo Augusto; GONÇALVES, Carlos Roberto; MAIA, Mairan. *Comentários ao código civil brasileiro, v. 3*: do direito das obrigações: (arts. 304 a 420). Rio de Janeiro: Forense, 2006, pp. 148-149; LOTUFO, Renan. *Código civil comentado*: obrigações: parte geral (arts. 233 a 420), v. 2. São Paulo: Saraiva, 2003, p. 89; NEVES, José Roberto de Castro. *Direito das obrigações*. 7. ed. Rio de Janeiro: GZ Editora, 2017, pp. 137-138; TEPEDINO, Gustavo; BARBOZA, Heloisa Helena; MORAES, Maria Celina Bodin de. Código civil *interpretado conforme a Constituição da República*: v. 1: parte geral e obrigações (arts. 1º a 420). 2. ed. 1. tir. Rio de Janeiro: Renovar, 2011, pp. 549-550.

Ao menos três expoentes do início do século passado assim se posicionam. Carvalho de Mendonça[14] aduz que pode resultar das cláusulas do contrato implicitamente, ou seja, de manifestação expressa ou implícita das partes. Lacerda de Almeida[15] admite que um só e mesmo contrato pode gerar solidariedade, mesmo quando a declaração se faz tacitamente, resultando de fatos inequívocos de onde se deduz a intenção de assim se obrigarem. E Tito Fulgêncio[16] discorre com clareza na linha que se reputa correta: "Não exige a lei que a vontade das partes seja *expressa*, e o intérprete não está autorizado a introduzir palavras na lei, o que indispensavelmente exige, com o emprego dos vocábulos – *não se presume* – é que a solidariedade seja provada por quem a invoca".

Mas, com o passar do tempo, as gerações subsequentes não abraçaram o entendimento esposado pelos célebres autores pátrios.

Embora a assertiva possa não fazer justiça ao que norteou o pensamento dos que contrariamente se posicionaram, nota-se que, em detrimento aos clássicos, houve depois a preponderância da doutrina francesa na matéria aqui em estudo.

Explique-se, com arrimo nas palavras de Renan Lotufo[17]:

> Ainda que no Brasil a influência do Código francês não tivesse preponderado, mas sim a do Código alemão, dúvida não há de que a influência cultural francesa preponderou em nosso país. A visão da escola pernambucana, com prevalência da cultura germânica, não teve predomínio nacional, sendo certo que no Centro-Sul prevaleceu a cultura francesa, sendo corrente o ensino da língua francesa nos cursos secundários e superiores. Tal influência levou ao predomínio da cultura francesa, com o que tivemos, também, no plano doutrinário, a visão presa à escola da exegese, que leva o Código Civil ao centro das relações privadas.

Nesse cenário, é sabida a influência do Código Napoleão na Europa e na América, incluindo o Brasil, como destaca Caio Mário da Silva Pereira[18].

---

14 MENDONÇA, Manoel Ignacio Carvalho de. *Doutrina e pratica das obrigações ou tratado geral dos direitos de credito*. 2. ed. Rio de Janeiro: Francisco Alves, 1911, v. 1, p. 325.

15 ALMEIDA, Francisco de Paula Lacerda de. *Obrigações*. 2. ed. Rio de Janeiro: Typographia Revista dos Tribunaes, 1916, p. 34.

16 FULGÊNCIO, Tito. *Manual do código civil brasileiro*: do direito das obrigações: Livro III – Título I: das modalidades das obrigações: artigos 863 – 927. Rio de Janeiro: Jacintho Ribeiro dos Santos Editor, 1928, v. 10, p. 229.

17 LOTUFO, Renan. Apresentação. In: LOTUFO, Renan (Org.). *Direito civil constitucional*: cadernos 1. São Paulo: Max Limonad, 1999, p. 8.

18 PEREIRA, Caio Mário da Silva. Código Napoleão. In: MENDES, Gilmar Ferreira; STOCO, Rui (Orgs.). *Doutrinas essenciais*: direito civil: parte geral: v. 3: princípios e aspectos gerais. São Paulo: Revista dos Tribunais, 2011, pp. 846-848.

E ela não se resumiu à estrutura da codificação, sendo também de grande relevo a receptividade que a sua doutrina e a sua cultura jurídica obtiveram em vários países, notadamente, da Escola da Exegese[19].

E na perspectiva da Escola da Exegese, o dever do jurista era ater-se ao texto, sem procurar soluções estranhas a ele[20].

Esse movimento encontrava sustento nos princípios liberais que marcaram a Revolução, pelo que era condenada a atividade criativa do intérprete, prestigiando-se a ideia do monopólio das fontes autoritárias. Para interpretar, bastava reconhecer a vontade do legislador[21]. Consoante ilustra John Gilissen[22]: "'Não conheço o direito civil; apenas ensino o Code Napoleón', teria dito o professor Bugnet".

As teses essenciais da Escola da Exegese afirmavam que o estatuto e o direito eram idênticos, e as outras fontes de direito – costume, erudição, jurisprudência, direito natural – tinham apenas importância secundária. Para compreender o significado exato dos códigos, era necessário partir do texto, apenas do texto, e não de suas fontes[23].

Nessa sorte de consideração, a doutrina francesa era unânime ao escrever que a solidariedade convencional necessitava ser *expressamente* convencionada. Mas tal pensamento não era fruto de recurso interpretativo aprofundado, sendo tão somente uma hermética reprodução do que dispunham as regras então vigentes acerca do tema no Código Napoleão, a saber, os já citados arts. 1.197 ("L'obligation est solidaire entre plusieurs créanciers lorsque le titre donne expressément à chacun d'eux le droit de demander le paiement du total de la créance, et que le paiement fait à l'un d'eux libère le débiteur, encore que le bénéfice de l'obligation soit partageable et divisible entre les divers créanciers") e 1202 ("La solidarité ne se presume point; il faut qu'elle soit expressément stipulée. Cette régle ne cesse que dans les cas où

---

19 Sobre a influência e a recepção do Código Napoleão: ZWEIGERT, Konrad; KÖTZ, Hein. *Introduction to comparative law*. Tradução de Tony Weir. 3. ed. Oxford: Clarendon Press, 1998, pp. 98-118; GROSSI, Paolo. Code Civil: una fuente novedosa para la civilización jurídica. In: GROSSI, Paolo. *De la codificación a la globalización del derecho*. Tradução de Rafael D. García Pérez. Navarra: Editorial Aranzadi, 2010, pp. 53-86. A respeito da Escola da Exegese: NEVES, A. Castanheira. Escola da Exegese. In: NEVES, A. Castanheira. *Digesta*: escritos acerca do direito, do pensamento jurídico, da sua metodologia e outros. Coimbra: Coimbra Editora, 1995, v. 2, pp. 181-191.

20 REALE, Miguel. *Lições preliminares de direito*. 25. ed. São Paulo: Saraiva, 2000, p. 280.

21 SACCO, Rodolfo. *Introdução ao direito comparado*. Tradução de Véra Jacob de Fradera. São Paulo: Revista dos Tribunais, 2001, p. 270.

22 GILISSEN, John. *Introdução histórica ao direito*. Tradução de A. M. Hespanha e L. M. Macaísta Malheiros. 2. ed. Lisboa: Fundação Calouste Gulbenkian, 1995, p. 516.

23 CAENEGEM, R. C. Van. *Uma introdução histórica ao direito privado*. Tradução de Carlos Eduardo Machado. São Paulo: Martins Fontes, 1995, p. 154.

la solidarité a lieu de plein droit, en vertu d'une disposition de la loi"), hoje revogados.

Vê-se, sem margem de hesitação, que tanto na solidariedade ativa quanto na passiva a convenção deveria ser "*expressément*" estipulada no Direito francês.

Baseados em textos romanos, os autores franceses desenvolveram a regulação sobre a solidariedade passiva na codificação civil, tarefa empreendida por Dumoulin, Domat e principalmente por Pothier[24]. Segundo Silvio Rodrigues[25], o legislador francês se inspirou em Pothier[26], cuja orientação é no sentido de que a solidariedade pode ser estipulada em todos os contratos, de qualquer espécie que seja. Mas regularmente ela deve ser expressa; senão quando muitos contraírem uma obrigação para com outro, presume-se só se terem obrigado cada qual pela sua respectiva parte.

Eis o posicionamento de Baudry-Lacantinerie e Barde[27]. A solidariedade, tanto ativa quanto passiva, constitui uma derrogação da posição ordinária dos diversos credores ou dos diversos devedores de uma mesma obrigação. Ela constitui, portanto, um caráter excepcional, o qual não pode resultar de uma convenção tácita.

Se a unanimidade da doutrina francesa apontava a necessidade de a solidariedade ser convencionada expressamente, o que defluía inexoravelmente do texto legal, o mesmo não é pertinente concluir sob a redação da lei brasileira, cujo regramento não consagra – como será melhor explanado a seguir – tal imperativo.

Todavia, em função da larga influência do Código Napoleão e de seus comentadores no Direito pátrio, é deduzível que tal ponto de vista tenha assim se consolidado.

Com a devida vênia, é plausível afirmar que os doutos, influenciados pela doutrina francesa, passaram a sustentar que a solidariedade deveria ser celebrada expressamente no contexto do Direito brasileiro, não pelo exercício de raciocínio crítico interpretativo do art. 896, *caput*, do Código Civil de 1916, mas apenas pela reprodução da noção alienígena.

---

24 COLIN, Ambroise; CAPITANT, Henri. *Cours élémentaire de droit civil français*. Paris: Dalloz, 1915, v. 2, p. 199.

25 RODRIGUES, Silvio. *Direito civil*: v. 2: parte geral das obrigações. 30. ed. São Paulo: Saraiva, 2002, p. 66.

26 POTHIER, R. J. *Tratado das obrigações pessoaes e reciprocas nos pactos, contractos, convenções etc.* Tradução José Homem Corrêa Telles. Rio de Janeiro: H. Garnier Livreiro Editor, [s.d.], v. 1, p. 171.

27 BAUDRY-LACANTINERIE, Gabriel; BARDE, Louis. *Trattato teorico-pratico di diritto civile*: delle obbligazioni. Tradução P. Bonfante, G. Pacchioni, A. Sraffa. Milano: Casa Editrice Dottor Francesco Vallardi, 1915, v. 2, p. 257.

Se verdadeira tal proposição, é inegável que havia aí um equívoco de premissa, eis que a norma positivada no Brasil era distinta daquela da França em alguns detalhes, ainda que semelhantes nos conceitos. Em ambas a solidariedade não se presume, no entanto apenas no Código Napoleão se estipulava que a sua pactuação precisava ser expressa.

Em outras palavras, a doutrina exigia e ainda exige um requisito que não está na lei.

Caso assim tenha sido, possivelmente se afigurou uma hipótese de transplante acrítico e inadequado de normas estrangeiras, sem a devida reflexão.

É um tema objeto de atenção do direito comparado – entendido este, em poucas palavras, como a confrontação de normas jurídicas pertencentes a sistemas diversos[28] –, em que, se existe uma tendência à uniformização, pois, como afirmam Antonio Gambaro e Rodolfo Sacco[29], "*viviamo in un'epoca che vede con favore l'unificazione e la incoraggia*", a verdade é que tal acontecimento não chega ao ponto de ignorar o aspecto cultural, as particularidades de cada sistema, que possui suas características próprias.

Não é pertinente, assim, o *fenômeno da imitação espontânea dos modelos*[30], devendo ser evitada uma reprodução ou incorporação automática de regras oriundas de outros sistemas, em detrimento do quadro jurídico local.

Ainda que em outra perspectiva, o tema é abordado por Gunther Teubner[31], que emprega o termo *irritação jurídica*, o que seria muito mais apropriado do que *transplante jurídico*.

Mais uma vez com as escusas quanto à aguda crítica, que pode não se aplicar no que tange ao tema em tela, vale mencionar o exame de Miguel Reale sobre a experiência jurídica brasileira, que perpassa alguns ramos do Direito, porém inicia no Direito Privado. Em tal seara, entre outras considerações, embora enalteça os méritos da produção jurídica brasileira, Miguel Reale[32] aduz que se tem tido, sem dúvida, algumas monografias preciosas sobre problemas particulares, mas o que predomina são os assuntos gerais,

---

28 GAMBARO, Antonio; SACCO, Rodolfo. *Sistemi giuridici comparati*. 2. ed. Torino: UTET, 2002, p. 4.

29 GAMBARO, Antonio; SACCO, Rodolfo. *Sistemi giuridici comparati*. 2. ed. Torino: UTET, 2002, p. 44.

30 GAMBARO, Antonio; SACCO, Rodolfo. *Sistemi giuridici comparati*. 2. ed. Torino: UTET, 2002, p. 50.

31 TEUBNER, Gunther. Irritações jurídicas: sobre a coevolução de normas jurídicas e regimes de produção. In: TEUBNER, Gunther. *Direito, sistema e policontexturalidade*. Tradução de Brunela Vieira de Vincenzi, Dorothee Susanne Rüdiger, Jürgen Volker Dittberner, Patrícia Stanzione Galizia, Rodrigo Octávio Broglia Mendes. Piracicaba: Editora Unimep, 2005, p. 156.

32 REALE, Miguel. A experiência jurídica brasileira. In: REALE, Miguel. *Horizontes do direito e da história*. 3. ed. 3. tir. São Paulo: Saraiva, 2010, p. 216.

abstração feita da grande massa de livros didáticos, ou de mera referência jurisprudencial.

Por isso, Reale[33] observa a falta de uma crítica doutrinária adequada, que supere certa inclinação amistosa no sentido de somente se apontarem os méritos das obras, silenciando-se sobre suas deficiências. E também aponta *a falta de uma crítica interna*, que determine o desenvolvimento das ideias em razão do próprio processo de pesquisa pátrio, isto é, como resultante de um diálogo direto entre os juristas brasileiros, e não como contrastes reflexos devidos à recepção de opostas doutrinas alienígenas. Escreve: "Nesse sentido, nestas últimas décadas, temos feito notáveis progressos, mas ainda persiste o vezo de pensar-se que só se mostra 'ciência' quando se citam autores estrangeiros".

Nesse contexto, o que se coloca em xeque é o papel da doutrina.

Judith Martins-Costa[34], em vigorosa ponderação acerca do assunto, reflete sobre o papel da doutrina, desde o que é, o que foi, para depois averiguar como realiza o objetivo de formular modelos doutrinários destinados a explicitar, examinar e desenvolver os modelos jurídicos.

A autora[35] explica que a autoridade doutrinária está em crise:

> O nosso tempo de irreflexão e de imediatez faz confundir com doutrina jurídica qualquer opinião publicada (qualquer que seja a fonte da publicação, inclusive *blogs* eletrônicos sem qualquer prestígio intelectual, ou textos destituídos de outra fonte que não os *sites* de busca *google* ou similares). Tem-se por doutrinadores não mais os *doctores*, mas (num país que os tem aos milhares) até mesmo aqueles que – formalmente doutores ou não – são paródias de Janjão, o personagem de Machado de Assis, ensinado por seu pai a expressar *fidelidade no repetir numa sala as opiniões ouvidas numa esquina, e vice-versa*. Não é raro encontrar uma doutrina desoladora quanto à consistência intelectual, vazada na superficialidade do manejo de noções elementares, contraditória e, assim, geradora de insegurança, positivamente inútil para dar conta de problemas práticos corriqueiros.

---

33 REALE, Miguel. A experiência jurídica brasileira. In: REALE, Miguel. *Horizontes do direito e da história*. 3. ed. 3. tir. São Paulo: Saraiva, 2010, p. 217.

34 MARTINS-COSTA, Judith. Autoridade e utilidade da doutrina: a construção dos modelos doutrinários. In: MARTINS-COSTA, Judith. *Modelos de direito privado*. São Paulo: Marcial Pons, 2014, p. 11.

35 MARTINS-COSTA, Judith. Autoridade e utilidade da doutrina: a construção dos modelos doutrinários. In: MARTINS-COSTA, Judith. *Modelos de direito privado*. São Paulo: Marcial Pons, 2014, p. 19.

Em seguida, elucida os inúmeros fatores que cada vez mais esfolam a autoridade da doutrina. Judith Martins-Costa[36] também alerta a respeito da *devoção ao imediato*, como se toda e qualquer "novidade" tivesse, no Direito, sem a devida reflexão, apenas dotada de erudição vazia, um valor em si. "Palavras de ordem, soluções mágicas e índices altos de produção para fins de preenchimento dos formulários dos órgãos universitários não substituem a reflexão: apenas instauram uma espécie de *ditadura do instantâneo*, dificultando o progresso do Direito".

Além do mais, não descura da utilidade da doutrina, que se materializa à medida que produz obra útil aos fins que o Direito, ciência prática (e, pois, *prudentia*) está direcionado. Isso porque a *doutrina interpreta, também cria modelos*, justamente os modelos dogmáticos[37]. E destaca[38]: "É por meio da doutrina que o Direito progride sem inseguros saltos nem demasiados sobressaltos, pois o seu papel é construtivo e progressivo. Não constrói do nada a doutrina, antes reaproveita, recombina, reexamina, o material que recava no sistema e no *experienciar* da realidade".

Daí a tão relevante tarefa para quem se propõe a estudar e a meditar com afinco, que se pode afirmar ser um ônus – na acepção própria do Direito Civil –, de sempre ler os clássicos, de viver e refletir a história.

Na ciência jurídica, sem preocupar-se com as diferentes escolas do pensamento jurídico nem com os ditames da Teoria Geral do Direito, a missão da doutrina não se implementa com soberania se há menosprezo aos autores clássicos. Carece de legitimidade, é destituída de alicerce, de estofo.

Por mais simplista que aparente, é precisa a assertiva de Italo Calvino[39] ao ponderar: "A única razão que se pode apresentar é que ler os clássicos é melhor do que não ler os clássicos".

Os antigos mestres são menoscabados. Dá-se, então, uma *ausência de memória*, que representa negação da tradição e ruptura da continuidade histórica. *Memória, tradição, continuidade* espremem-se uma à outra, juntas estão e caem. Não se trata de um simples retornar atrás, por curiosidade ou gosto

36 MARTINS-COSTA, Judith. Autoridade e utilidade da doutrina: a construção dos modelos doutrinários. In: MARTINS-COSTA, Judith. *Modelos de direito privado*. São Paulo: Marcial Pons, 2014, pp. 22-23.

37 MARTINS-COSTA, Judith. Autoridade e utilidade da doutrina: a construção dos modelos doutrinários. In: MARTINS-COSTA, Judith. *Modelos de direito privado*. São Paulo: Marcial Pons, 2014, pp. 26-27.

38 MARTINS-COSTA, Judith. Autoridade e utilidade da doutrina: a construção dos modelos doutrinários. In: MARTINS-COSTA, Judith. *Modelos de direito privado*. São Paulo: Marcial Pons, 2014, p. 26.

39 CALVINO, Italo. Por que ler os clássicos. In: CALVINO, Italo. *Por que ler os clássicos*. Tradução de Nilson Moulin. 2. ed. São Paulo: Companhia das Letras, 2007, p. 16.

de pesquisa, mas, ao contrário, de um *acolher do passado*, de alcançar o tempo atual e quase de descer de ontem a hoje. A ausência de memória repele a tradição e rompe a continuidade: permanece apenas o presente imediato, a plena identificação com os acontecimentos de aqui e agora[40].

Nas palavras de Natalino Irti[41], o retorno aos clássicos, que se propõe e solicita, é um *apelo à memória histórica*, à justiça em relação ao passado, à capacidade de escutar as vozes de ontem e de fazer ecoar nos estudos de hoje. No momento justo é preciso esquecer; no momento justo é necessário recordar. E este é o momento justo para recordar. A história – em referência à história dos problemas exegéticos e dogmáticos – não pode permanecer *externa aos estudos de direito positivo*, mas deve adentrar, organizar-se com o ritmo argumentativo, fazer-se parte vital e necessária do discurso. Retornar aos clássicos é o mesmo que retornar à história, que romper o estreito e pobre horizonte de hoje.

Tais considerações não deixam de ser úteis ao cenário aqui verificado. Se houve ou não transplante inadequado de proposições doutrinárias estrangeiras, não é tarefa deste texto concluir, mas apenas promover o debate.

Todavia, é experiência factível indagar quanto ao alcance da coerência dos três autores clássicos pátrios citados no início deste item. Caso os clássicos tivessem sido lidos com maior reflexão crítica pela doutrina, talvez os resultados fossem diversos quanto ao tema em exame. É o que se propõe a seguir.

3. A possibilidade de convenção tácita da solidariedade

Embora seja enfadonha a repetição, o ponto de partida para analisar o assunto é a redação dada pelo Código Civil pátrio, tanto no art. 896, *caput*, do Código Civil de 1916 ("Art. 896. A solidariedade não se presume; resulta da lei ou da vontade das partes") quanto no art. 265 do Código Civil de 2002 ("Art. 265. A solidariedade não se presume; resulta da lei ou da vontade das partes"). Ou seja, são idênticas.

Não obstante tais regramentos, o posicionamento doutrinário francês predominou, já que a redação original do Código Napoleão, vigente até o ano de 2016, determinava que a solidariedade deveria ser expressamente pactuada.

40 IRTI, Natalino. Del ritorno ai classici (e del negozio giuridico nel pensiero di Vittorio Scialoja). In: IRTI, Natalino. *Destini dell'oggettività*: studi sul negozio giuridico. Milano: Giuffrè, 2011, pp. 4-5.

41 IRTI, Natalino. Del ritorno ai classici (e del negozio giuridico nel pensiero di Vittorio Scialoja). In: IRTI, Natalino. *Destini dell'oggettività*: studi sul negozio giuridico. Milano: Giuffrè, 2011, p. 7.

O pensamento brasileiro, em sua maioria, ficou preso àquele emanado da Escola da Exegese. Ao assim proceder, inclusive deixou de acompanhar a evolução ocorrida na França, eis que doutrina e jurisprudência, com o passar do tempo, flexibilizaram tal exigência[42]. Tanto é assim que a recente alteração legislativa implementada em fevereiro de 2016 revogou os citados arts. 1197 e 1202, atribuindo nova regra ao tema no art. 1310: "*La solidarité est légale ou conventionnelle; elle ne se présume pas*". Ilustre-se que a reforma em tal ponto ocorreu justamente porque já se admitia a declaração tácita[43].

Acrescente-se que, para fins de comparação e efetiva influência ao sistema pátrio, de maneira especial nas últimas cinco décadas, o ideal seria abeberar na doutrina lusitana, eis que a regra sobre a matéria é muito mais próxima à brasileira, como estatui o art. 513º do Código Civil português: "Artigo 513º. (Fontes da solidariedade) A solidariedade de devedores ou credores só existe quando resulte da lei ou da vontade das partes".

E, na linha do que aqui se defende, os autores portugueses admitem sem embaraço a declaração tácita como apta a criar a solidariedade ativa ou passiva[44], inclusive na vigência do Código Civil de 1867, que não tratava diretamente do tema[45].

Nesta senda, é relevante informar que o assunto não passou despercebido por Vaz Serra[46], que presidiu a comissão de reforma do Código Civil ab-rogado:

> Não se afigura de exigir a estipulação expressa de solidariedade. Das circunstâncias pode resultar a vontade de constituir uma obrigação solidária, e isso parece bastante para que esta se admita. A defesa dos interesses dos devedores não deve ir tão longe que se tenha como indispensável uma estipulação expressa, pois uma expressa estipulação seria

---

42 Não só em França. Veja-se também: PAGE, Henri de. *Traité* élémentaire *de droit civil belge*: principes, doctrine, jurisprudence: v. 3: les obligations (seconde partie). 2. ed. Bruxelles: Émile Bruylant, 1950, pp. 298-299.

43 JULIENNE, Maxime. *Le régime général des obligations après la réforme*. Paris: LGDJ, 2017, p. 74.

44 LIMA, Pires de; VARELA, Antunes. *Código civil anotado*: v. 1 (artigos 1º a 761º). 4. ed. revista e atualizada. Reimpressão. Coimbra: Coimbra Editora, 2011, p. 529; VARELA, João de Matos Antunes. *Das obrigações em geral*. 9. ed. Coimbra: Almedina, 1996, v. 1, p. 792; COSTA, Mário Júlio de Almeida. *Direito das obrigações*. 7. ed. Coimbra: Almedina, 1999, p. 582; FARIA, Jorge Leite Areias Ribeiro de. *Direito das obrigações*. Coimbra: Almedina, 1990, v. 2, p. 170.

45 ANDRADE, Manuel A. Domingues de. *Teoria geral das obrigações*. Coimbra: Almedina, 1958, p. 131.

46 SERRA, Adriano Paes da Silva Vaz. Pluralidade de devedores ou de credores. *Separata do Boletim do Ministério da Justiça*. Lisboa: [s.n], v. 69, out. 1957, pp. 80-81.

> muitas vezes praticamente impossível ou difícil, dados os usos correntes da vida, e podem ser, para mais, as circunstâncias tão eloquentes que o credor conte desde logo com a solidariedade dos devedores e veria esta expectativa frustrada se os devedores pudessem opor-lhe a falta de estipulação expressa.

Além disso, sob a égide do Código Civil de 1916, quando se sustentava que a solidariedade necessitava ser expressamente convencionada, a doutrina pátria olvidava outro aspecto importante. O art. 1.079 do Código Civil de 1916 dispunha: "Art. 1.079. A manifestação de vontade, nos contratos, pode ser tácita, quando a lei não exigir que seja expressa". Se o art. 896, *caput*, não impunha que a solidariedade fosse expressa, por que assim determinar?

É o ponto de vista de Serpa Lopes[47], que entendia aplicável tal dispositivo na matéria.

Ainda que se possa controverter sobre o alcance da norma, voltada ao contrato, é inegável que, salvo rara exceção, a solidariedade é uma convenção estipulada contratualmente, pelo que, em um âmbito sistemático de interpretação, estaria submetido a tal regra.

Sob várias perspectivas que se investigue o assunto, parece iniludível que bem andaram os clássicos Carvalho de Mendonça, Lacerda de Almeida e Tito Fulgêncio.

Ademais, justiça seja feita, apesar da maioria contrária, outros autores também levantaram resistência à posição restritiva quanto ao tema, admitindo a convenção tácita[48].

De uma forma ou de outra, na realidade, o tema não é discutido. Ainda quanto aos que entendem cabível a convenção tácita da solidariedade, não se desenvolve sobre seus requisitos. É o que Miguel Reale averba quanto à falta de problematização na doutrina pátria.

Em suma, empreendida ampla contextualização acerca do assunto, resta intuitivo concluir que a solidariedade pode ser convencionada tacitamente no Direito obrigacional pátrio, à luz do que dispõe o art. 265 do Código Civil.

---

47 LOPES, Miguel Maria de Serpa. *Curso de direito civil*: obrigações em geral. 6. ed. Rio de Janeiro: Freitas Bastos, 1995, v. 2, p. 126.

48 LOPES, Miguel Maria de Serpa. *Curso de direito civil*: obrigações em geral. 6. ed. Rio de Janeiro: Freitas Bastos, 1995, v. 2, pp. 125-126; MIRANDA, Pontes de. *Tratado de direito privado*. 3. ed. Rio de Janeiro: Borsoi, 1971, v. 22, pp. 321 e 336; AMARAL NETO, Francisco dos Santos. Solidariedade (direito das obrigações). In: FRANÇA, R. Limongi (Coord.). *Enciclopédia Saraiva do direito*. São Paulo: Saraiva, 1977, v. 70, p. 421; LÔBO, Paulo. *Direito civil*: obrigações. 4. ed. São Paulo: Saraiva, 2015, p. 142; FARIAS, Cristiano Chaves de; ROSENVALD, Nelson. *Curso de direito civil*: direito das obrigações, v. 2. 9. ed. São Paulo: Atlas, 2015, pp. 247-248.

Os que contrariamente pensam, em geral, partem de uma premissa inexistente. O citado dispositivo de lei exige que a solidariedade *não se presuma*, cujo oposto é que *se presuma*, não que *seja expressa*.

A lógica do raciocínio é evitar a *presunção*. É instituir a indispensabilidade de constituição da obrigação solidária por meio de convenção. Não é impor uma declaração negocial *expressa*.

E não há, em tal figura, uma presunção de declaração, mas sim uma efetiva manifestação de vontade, porém tácita.

Consoante Pontes de Miranda[49], o texto legal pré-exclui qualquer presunção *hominis* a respeito de solidariedade, bem assim a revelação de qualquer presunção *iuris tantum*, se não há lei expressa. Porém, não diz que a solidariedade depende de cláusula explícita.

Em nenhum aspecto a citada regra legal inflige a necessidade de declaração expressa. Assim o fazia, para concentrar no de maior relevo, o Código Napoleão.

Evidentemente que, para maior clareza das estipulações, é recomendável que ela seja convencionada por escrito, dispondo explicitamente sobre a assunção da solidariedade, ativa ou passiva. Mas tal não é a regra. Não pode ser, pois nenhum comando assim obriga.

Isso porque o grau de certeza na interpretação do sentido da declaração expressa é muito grande e na declaração tácita o grau de certeza se torna muito menor. Há, pois, aqui, antes de mais nada, um problema de grau referente à interpretação[50]. No mesmo senso, aduz Giorgio Giampiccolo[51]: "Diverso grado di certezza e di precisione presenta perciò nelle due ipotesi la rilevazione dell'intento".

Não custa lembrar que, inexistindo requisito de forma – e forma do negócio juridico é o meio por intermédio do qual o agente expressa a sua vontade[52] –, a declaração negocial dela independe (art. 107 CC). Em tal hipótese, ela pode ser exteriorizada expressa ou tacitamente.

Logo, o cônscio consenso manifestado quanto à solidariedade consubstancia pressuposto para sua formação. Quanto à forma, basta que se externe, sendo apta a ser evidenciada, provada em seus termos.

---

49 MIRANDA, Pontes de. *Tratado de direito privado*. 3. ed. Rio de Janeiro: Borsoi, 1971, v. 22, p. 321.

50 AZEVEDO, Antonio Junqueira de. *Negócio jurídico e declaração negocial*: noções gerais e formação da declaração negocial. São Paulo: [s.n.], 1986, p. 18.

51 GIAMPICCOLO, Giorgio. Note sul comportamento concludente. *Rivista Trimestrale di Diritto e Procedura Civile*. Milano: Giuffrè, ano XV, pp. 778-802, 1961, p. 795.

52 AZEVEDO, Antonio Junqueira de. *Negócio jurídico*: existência, validade e eficácia. 4. ed. 5. tir. São Paulo: Saraiva, 2007, p. 126.

Mesmo porque a forma pode ser uma declaração ou um comportamento[53]. Declaração expressa ou tácita, sendo nesta deduzida de um comportamento, o comportamento concludente.

4. A declaração negocial na solidariedade convencional: expressa ou tácita

A declaração negocial é usualmente manifestada por meio expresso, tácito ou presumido.

Expressa é aquela que se realiza por meio da linguagem, da escrita, de sinais ou gestos, permitindo o conhecimento imediato da vontade declarada, como ocorre, por exemplo, na realização de contratos verbais ou escritos, na emissão de títulos de crédito, no envio de cartas, telegramas, *telex*, *e-mail* etc. Além da linguagem escrita – a mais conveniente pela segurança que oferece – ou falada, outros meios podem ser utilizados, como a gesticulação dos surdos-mudos, ou os gestos consagrados pelo uso, como ocorre nas Bolsas de Valores ou nos leilões, ou ainda, a simples compra de um bilhete de transporte rodoviário, ou o ato de pagar, em silêncio, uma publicação na banca de jornais etc. *Tácita* é a que se deduz do comportamento do agente (*facta concludentia*), ainda que a vontade não seja revelada pelo meio adequado. Verifica-se, por exemplo, nos casos da aceitação da herança, que se deduz da prática de atos compatíveis somente com a condição de herdeiro (art. 1.805 CC), nas hipóteses de aquisição de propriedade móvel pela ocupação (art. 1.263 CC) ou ainda, a exposição dos objetos nas vitrines ou nas prateleiras dos estabelecimentos comerciais, o estacionamento de táxis nos respectivos pontos, a instalação de aparelhos automáticos em locais públicos, tudo isso a caracterizar uma declaração tácita de oferta. *Presumida* é a declaração de vontade que, não sendo expressa, a lei deduz do comportamento do agente, como acontece, por exemplo, com as presunções de pagamento (arts. 322, 323 e 324 CC), ou com a presunção de remissão (art. 387 CC), ou de aceitação de herança (art. 1.807 CC)[54].

A declaração expressa, quanto à celebração da solidariedade convencional, não encerra dificuldades, visto que é largamente aceita, não consistindo em objeto de apreciação no presente texto.

53 BETTI, Emilio. *Teoria generale del negozio giuridico*. 2. ed. Napoli: Edizioni Scientifiche Italiane, 1994, p. 127; LOTUFO, Renan. *Código civil comentado*: parte geral (arts. 1º a 232), v. 1. 3. ed. São Paulo: Saraiva, 2016, p. 353.

54 AMARAL, Francisco. *Direito civil*: introdução. 7. ed. Rio de Janeiro: Renovar, 2008, pp. 412-413.

Por sua vez, admitida a declaração tácita no tema em análise, cumpre asseverar que ela é inferida do comportamento do agente. Tal sucede com esteio na antiga acepção *facta concludentia*.

Autores que se dedicaram ao exame das fontes romanas escrevem há muito acerca do assunto. A *facta concludentia* é compreendida como elemento de manifestação de vontade tácita, também denominada indireta, ainda que sujeita a controvérsias quanto a tais terminologias. A título de exemplo, vale citar Savigny[55], Windscheid[56] e Dernburg[57]. E depois, Andreas Von Tuhr[58], Ludwig Enneccerus[59], Karl Larenz[60], entre outros, versam sobre a matéria.

No Brasil, é igualmente difundida, especialmente em função do que estatuía o art. 1.079 do Código Civil de 1916[61]. Segundo Eduardo Espínola[62], a declaração tácita é deduzida dos *facta concludentia*. Ela pode apresentar-se de modo indireto, por meio de atos que têm outros fins independentes, mas que autorizam a concluir a existência da vontade e que por isso são chamados de *fatos concludentes*. A conclusão deve ser logicamente necessária, embora não de modo absoluto, pois é muitas vezes suficiente uma ilação tirada da experiência da vida, capaz de produzir uma *certeza moral* da existência da declaração de vontade[63].

55 SAVIGNY, Friedrich Karl Von. *Sistema del derecho romano actual*. Tradução de Jacinto Mesía e Manuel Poley. Granada: Editorial Comares, 2005, pp. 460-463.

56 WINDSCHEID, Bernardo. *Diritto delle pandette*. Tradução de Carlo Fadda e Paolo Emilio Bensa. Torino: Unione Tipografico-Editrice Torinese, 1902, v. 1, parte 1, pp. 277-279.

57 DERNBURG, Arrigo. *Pandette*. Tradução de Francesco Bernardino Cicala. Torino: Fratelli Bocca Editori, 1906, v. 1, parte 1, parte geral, pp. 285-286.

58 VON TUHR, Andreas. *Derecho civil*: teoria general del derecho civil aleman. Tradução de Tito Ravà. Buenos Aires: Editorial Depalma, 1947, v. 2, t. 2, pp. 94-95.

59 ENNECCERUS, Ludwig; NIPPERDEY, Hans Carl. Derecho civil: parte general. In: ENNECCERUS, Ludwig; KIPP, Theodor; WOLFF, Martin. *Tratado de derecho civil*. Tradução de Blas Pérez Gonzáles e José Alguer. 3. ed. Barcelona: Bosch, 1981, t. 1, v. 2, parte 1, pp. 175-176.

60 LARENZ, Karl. *Derecho civil*: parte general. Tradução de Miguel Izquierdo e Macías-Picavea. Madrid: Editorial Revista de Derecho Privado, 1978, pp. 486-492.

61 BEVILÁQUA, Clóvis. Código civil *dos Estados Unidos do Brasil commentado*. 8. ed. Rio de Janeiro: Francisco Alves, 1950, v. 4, p. 237; SANTOS, J. M. de Carvalho. *Código civil brasileiro interpretado, principalmente do ponto de vista prático*. 6. ed. Rio de Janeiro: Freitas Bastos, 1954, v. 15, pp. 37-38.

62 ESPINOLA, Eduardo. *Sistema do direito civil brasileiro*. 4. ed. Rio de Janeiro: Conquista, 1961, v. 2, pp. 253-254.

63 Ver também: RÁO, Vicente. *Ato jurídico*: noção, pressupostos, elementos essenciais e acidentais. O problema do conflito entre os elementos volitivos e a declaração. 4. ed. anotada, rev. e atualizada por Ovídio Rocha Barros Sandoval. São Paulo: Revista dos Tribunais, 1999, p. 121.

Eis o cenário da declaração tácita, cujos contornos são examinados a seguir.

4.1. A declaração tácita

Esclareça-se, de início, que não se pretende destrinchar os elementos inerentes ao tema, cuja pesquisa demandaria extensão incompatível com o escopo do trabalho. A intenção é identificar as suas noções fundamentais. Para análise mais aprofundada, há doutrina própria[64].

A declaração tácita é inferida a partir de um elemento objetivo, que é o comportamento concludente.

Segundo Pontes de Miranda[65], a verificação de havido ou não *in casu* tal manifestação é problema psicológico, porém não só psicológico, porque se há de atender ao que objetivamente se manifestou, *ex factis* (concludente ato, concludente obra em sentido estrito, concludentes palavras, concludente silêncio). A manifestação tácita é manifestação em que somente se sabe qual a vontade, o conhecimento ou o sentimento manifestado através de conclusões que se tiram de fatos.

64 PINTO, Paulo Mota. *Declaração tácita e comportamento concludente no negócio jurídico*. Coimbra: Almedina, 1995; MUCCIOLI, Nicoletta. *Studio sul contegno concludente*. Torino: Giappichelli, 2012; GIAMPICCOLO, Giorgio. Note sul comportamento concludente. *Rivista Trimestrale di Diritto e Procedura Civile*. Milano: Giuffrè, ano XV, pp. 778-802, 1961; BETTI, Emilio. *Teoria generale del negozio giuridico*. 2. ed. Napoli: Edizioni Scientifiche Italiane, 1994, pp. 137-148; CARIOTA-FERRARA, Luigi. *Il negozio giuridico nel diritto privato italiano*. Ristampa. Napoli: Edizioni Scientifiche Italiane, 2011, pp. 409-413; ALLARA, Mario. *Corso di diritto civile*: la teoria generale del contratto. Torino: Giappichelli, 1945, pp. 212-217; GALLO, Paolo. *Trattato del contratto*: la formazione. Torino: UTET Giuridica, 2010, v. 1, pp. 643-660; ORESTANO, Andrea. Schemi alternative. In: GRANELLI, Carlo (a cura di); ROPPO, Vincenzo (diretto da). *Trattato del contratto*: v. 1: formazione. Milano: Giuffrè, 2006, pp. 233-248; FLUME, Werner. *El negocio jurídico*: parte general del derecho civil. Tradução de José María Miquel González e Esther Gómez Calle. Madrid: Fundación Cultural del Notariado, 1998, t. 2, pp. 99-109; ANDRADE, Manuel A. Domingues de. *Teoria geral da relação jurídica*: v. 2: facto jurídico, em especial negócio jurídico. 9. reimpressão. Coimbra: Almedina, 2003, pp. 129-134; PINTO, Carlos Alberto da Mota. *Teoria geral do direito civil*. 3. ed. Coimbra: Coimbra Editora, 1996, pp. 424-426; TELLES, Inocêncio Galvão. *Manual dos contratos em geral*. 4. ed. Coimbra: Coimbra Editora, 2002, pp. 135-137; ASCENSÃO, José de Oliveira. *Direito civil*: teoria geral, v. 2: acções e factos jurídicos. 2. ed. Coimbra: Coimbra Editora, 2003, pp. 51-57; FERNANDES, Luís Alberto Carvalho. *Teoria geral do direito civil*: v. 2: fontes; conteúdo e garantia da relação jurídica. 5. ed. Lisboa: Universidade Católica Editora, 2010, pp. 280-286; MIRANDA, Pontes de. *Tratado de direito privado*. 3. ed. Rio de Janeiro: Borsoi, 1970, v. 3, pp. 395-401.

65 MIRANDA, Pontes de. *Tratado de direito privado*. 3. ed. Rio de Janeiro: Borsoi, 1970, v. 2, p. 397.

A declaração, na forma tácita, é deduzida de fatos e atos que a revelam[66]. É por isso que se indica derivar de um dado objetivo, um ou mais eventos conjugados que conduzem à inferência quanto a uma declaração negocial. Afasta-se, assim, qualquer caráter subjetivo.

A conduta é qualificada como *concludente* enquanto impõe uma conclusão, uma *ilação* lógica que não está fundada sobre a consciência do agente (que pode até não se dar conta da concludência do próprio comportamento), mas sobre o espírito de *coerência* em que, segundo os pontos de vista comuns, deve informar todo comportamento entre os membros sociais, e também sobre a autorresponsabilidade que incorpora, por uma exigência social, ao ônus de conhecimento[67].

O comportamento concludente é um fato objetivo, passível de interpretação consoante as suas circunstâncias, a fim de se deduzir sua exteriorização, a qual tipifica uma declaração negocial, plasmada a produzir efeitos jurídicos. Dispensa-se o requisito da certeza inequívoca, satisfazendo-se que a inferência apresente alta probabilidade.

A declaração tácita é, ao lado da expressa, prevista no art. 217º do Código Civil português, que dispõe:

> Artigo 217.º (Declaração expressa e declaração tácita)
> 1. A declaração negocial pode ser expressa ou tácita: é expressa, quando feita por palavras, escrito ou qualquer outro meio directo de manifestação da vontade, e tácita, quando se deduz de factos que, com toda a probabilidade, a revelam.
> 2. O carácter formal da declaração não impede que ela seja emitida tacitamente, desde que a forma tenha sido observada quanto aos factos de que a declaração se deduz.

Paulo Mota Pinto[68] explica que o comportamento concludente não é, por si só, uma espécie de manifestação negocial, consistindo, pois, no elemento objetivo da declaração tácita, o qual é determinado, como na declaração expressa, por via interpretativa.

66 AZEVEDO, Antonio Junqueira de. *Negócio jurídico*: existência, validade e eficácia. 4. ed. 5. tir. São Paulo: Saraiva, 2007, p. 126.

67 BETTI, Emilio. *Teoria generale del negozio giuridico*. 2. ed. Napoli: Edizioni Scientifiche Italiane, 1994, pp. 138-139.

68 PINTO, Paulo Mota. *Declaração tácita e comportamento concludente no negócio jurídico*. Coimbra: Almedina, 1995, p. 747.

O comportamento concludente depende dos *fatos concludentes*, que são todos aqueles nos quais se possa apoiar uma ilação para construir o significado do comportamento, sendo este o resultado da ilação[69].

A ilação não tem de ser necessária e absolutamente inequívoca, sendo bastante um *elevado grau de probabilidade* de uma dada declaração, obtido a partir de uma inferência segundo uma "lógica de interação", de acordo com as regras ou "usos da vida" ou "vida dos negócios"[70].

Assim, para haver declaração tácita basta que o declarante haja praticado fatos dos quais se possa deduzir, *com segurança*, a vontade *provável* de ele emitir certa declaração[71].

A inequivocidade dos fatos concludentes não exige que a dedução seja forçosa ou necessária, bastando que, conforme os usos do ambiente social, ela possa ter lugar, com toda a probabilidade[72].

O comportamento declarativo tácito configura a convenção de solidariedade quando se torna possível, mediante critério interpretativo concreto, inferir uma verossímil conduta, com acentuada probabilidade de certeza, que a indique, relevando consenso.

Impraticável definir um critério único para tal exegese. É a conjuntura do episódio real, particularmente suas circunstâncias, seu ambiente de emprego, seus usos e seus fins próprios que o caracterizam, consoante a boa-fé.

Indispensável é que se apresente uma conjuntura fática crível que permita concluir terem as partes convencionado a solidariedade. Tal pode suceder, conforme o caso, por meio de troca de correspondências ou correios eletrônicos, registros em atas de reuniões, manifestação, declaração ou depoimento de uma das partes a terceiros a título diverso, prática conjunta de atos em comunhão de interesses, comportamento reiterado no sentido de agir como credores ou devedores solidários etc.

Pertinente ainda outra observação. Mesmo que a lei não exija forma escrita para a celebração da solidariedade convencional, na declaração tácita os *facta concludentia* podem perfeitamente ser declarações expressas com diverso

---

69 PINTO, Paulo Mota. *Declaração tácita e comportamento concludente no negócio jurídico*. Coimbra: Almedina, 1995, p. 892.

70 PINTO, Paulo Mota. *Declaração tácita e comportamento concludente no negócio jurídico*. Coimbra: Almedina, 1995, p. 893.

71 FERNANDES, Luís Alberto Carvalho. *Teoria geral do direito civil*: v. 2: fontes; conteúdo e garantia da relação jurídica. 5. ed. Lisboa: Universidade Católica Editora, 2010, p. 282.

72 PINTO, Carlos Alberto da Mota. *Teoria geral do direito civil*. 3. ed. Coimbra: Coimbra Editora, 1996, p. 425.

conteúdo[73]. Uma declaração tácita também pode resultar de palavras ou de um escrito[74].

Isto é, ainda que inexista declaração *expressa* de assunção de débito ou crédito solidário, há *in casu* comportamento concludente consistente em outras manifestações escritas, ou seja, *expressas*, que permitem deduzi-la.

4.2. Sua determinação é matéria de interpretação

Resta claro, por consequência, que a intelecção do aperfeiçoamento ou não do comportamento concludente hábil a configurar a declaração tácita é matéria de interpretação.

Tal declaração está sempre submetida a uma interpretação e valoração do julgador, que deve ser realizada de forma objetiva, não buscando tanto a indução de uma vontade oculta sob os atos concludentes, mas o sentido que o comportamento tem e a confiança que suscita nos demais[75].

Particularmente quanto à solidariedade negocial, Tito Fulgêncio[76] evidencia visão de vanguarda quanto ao seu tempo, asseverando que em todas as declarações de vontade no assunto da solidariedade, como em qualquer outro, o essencial é o apuro da intenção pela regra única de interpretação estabelecida no art. 85 do Código Civil (de 1916, leia-se art. 112 CC/2002), e pelas tradicionais condensadoras da experiência, mira nas particularidades de cada espécie, nas circunstâncias de fato, no costume, na lealdade, boa-fé, alma do mundo de negócios.

Destarte, é de rigor o emprego dos arts. 112 e 113 do Código Civil à hipótese vertente, no que são precisas as palavras de Judith Martins-Costa[77]:

> Na busca do significado declarativo (seja expresso na declaração, seja inferido de um comportamento concludente) a atenção do intérprete deverá estar voltada, primeiramente, à intenção *tal qual exteriorizada* (por palavras ou por comportamento), buscando-se um sentido conotado à manifestação socialmente apreensível. Porém, essa apreensão também é

---

73 ANDRADE, Manuel A. Domingues de. *Teoria geral da relação jurídica*: v. 2: facto jurídico, em especial negócio jurídico. 9. reimpressão. Coimbra: Almedina, 2003, p. 134.

74 VIEIRA, José Alberto. *Negócio jurídico*: anotação ao regime do código civil (artigos 217º a 295º). Coimbra: Coimbra Editora, 2009, p. 16.

75 DÍEZ-PICAZO, Luis. *Fundamentos del derecho civil patrimonial*: introdución. Teoria del contrato. 6. ed. Madrid: Civitas, 2007, v. 1, p. 176.

76 FULGÊNCIO, Tito. *Manual do* código civil *brasileiro*: do direito das obrigações: Livro III – Título I: das modalidades das obrigações: artigos 863 – 927. Rio de Janeiro: Jacintho Ribeiro dos Santos Editor, 1928, v. 10, p. 230.

77 MARTINS-COSTA, Judith. *A boa-fé no direito privado*: critérios para a sua aplicação. São Paulo: Marcial Pons, 2015, pp. 451-452.

> conotada a um determinado contexto. Por isso o art. 113 indica deverem os negócios jurídicos ser interpretados segundo a boa-fé e os usos do lugar da celebração, é dizer: ao menos *prima facie* o sentido deverá corresponder ao que é usual ou corriqueiro no mercado, ou ao específico setor que situa, contextualmente, aquele concreto negócio juridico interpretado. Pode-se sustentar, portanto, que o art. 113 é dirigido às partes, mas, igualmente, ao juiz ou árbitro, pois serve de mandamento que lhes é imposto de não permitir que o contrato, como regulação objetiva dotada de um sentido específico, atinja finalidade oposta ou contrária àquela que, razoavelmente, à vista de seu escopo econômico-social, e considerado o Ordenamento jurídico em que inserido, seria lícito esperar.

Em tal sorte de consideração, é relevante atentar aos traços que a hermenêutica assume nos dias de hoje.

Judith Martins-Costa[78] explica que a tarefa hermenêutica hoje se encontra revolucionada em seus próprios dados constitutivos. Escreve que os contratos constituem, precipuamente, *atos de comunicação*, pelo que as partes intentam enquadrar a vida social dos negócios de acordo com os princípios da autonomia privada, da imputação responsável dos próprios comportamentos e da confiança, pressuposto da própria sociabilidade.

Descreve[79] que ocorreu uma verdadeira revolução no estilo de negociar, ao qual se ajuntou a existência de novos modos de estabelecer contratos, consequentes à expansão, à sofisticação técnica e às peculiaridades dos meios eletrônicos. E a tudo se somou a criação de novos modelos contratuais. Basta pensar na existência de redes, cadeias e grupos contratuais, formas expressivas de operações econômicas múltiplas, complexas e não raramente conexas, porquanto marcadas por uma *unidade finalista,* por uma "supracontratualidade", também o Direito dos Contratos vivenciando, tal qual o Direito Societário, o momento de "passagem do átomo à molécula".

Isso resulta a necessidade de um novo modo de pensar-se a hermenêutica contratual. O intérprete não mais – ou não mais apenas – se vê às voltas da "comum intenção" dos contratantes, devendo considerar outros complexos elementos, pois o campo da autonomia não é pensável como se fosse uma

78 MARTINS-COSTA, Judith. O método da concreção e a interpretação dos contratos: primeiras notas de uma leitura suscitada pelo Código Civil. In: NANNI, Giovanni Ettore (Coord.). *Temas relevantes do direito civil contemporâneo*: reflexões sobre os cinco anos do Código Civil. Estudos em homenagem ao Professor Renan Lotufo. São Paulo: Atlas, 2008, p. 480.

79 MARTINS-COSTA, Judith. O método da concreção e a interpretação dos contratos: primeiras notas de uma leitura suscitada pelo Código Civil. In: NANNI, Giovanni Ettore (Coord.). *Temas relevantes do direito civil contemporâneo*: reflexões sobre os cinco anos do Código Civil. Estudos em homenagem ao Professor Renan Lotufo. São Paulo: Atlas, 2008, pp. 483-484.

mônada, restrita à irredutibilidade do sujeito, mas é visto em sua concreta circunstancialidade. Cabe ao intérprete, portanto, compreender o ajuste, considerando a racionalidade econômica e estratégica do "sistema contratual" em que eventualmente alocados os singulares acordos; atentar para as circunstâncias que ditaram a sua conformação e para a posição social concreta dos contraentes, pois o princípio da desigualdade material convive com o da igualdade formal; ter presentes os motivos que ensejaram o ato comunicativo, percebendo, no espírito e na letra do Código Civil, o relevantíssimo papel reservado às "circunstâncias do caso"[80].

Não que os chamados "elementos" da interpretação (gramatical, ou filológico, lógico, histórico e sistemático), prossegue Judith Martins-Costa[81], sejam de ora em diante desprezíveis. Pelo contrário, são regras técnicas e *pautas argumentativas* que funcionam como poderosas ferramentas para o intérprete, sendo – conjuntamente com os "elementos" axiológico, finalista e funcional – verdadeiramente *imprescindíveis* para que a atividade hermenêutica não resvale para um perigosamente incontrolável subjetivismo, para um voluntarismo judicial em tudo oposto aos postulados da Democracia. Instrumentos auxiliares para situar o processo interpretativo em níveis de objetividade compatíveis com a ordem democrática, esses elementos não esgotam, porém, a metódica da interpretação contratual. Agora, *o polo da autonomia vem situado em sua circunstancialidade*. Essa é apreendida, no plano hermenêutico, mediante o raciocínio por concreção.

Defende, assim, o método hermenêutico da concreção, que designa a construção, no caso, do significado da norma jurídica (legal ou contratual), levando-se em consideração as circunstâncias concretas do caso analisado (elementos fáticos) *em sua correlação* com determinados elementos normativos, a saber, os princípios, os postulados normativos e as regras jurídicas consideradas relevantes para aquele caso. Por essa razão, concretizar implica *sopesar* os referidos elementos fáticos e normativos, de modo que ao "tornar concreto" o intérprete adota uma *atitude de ordenação e de estabelecimento de relações* compondo e entretecendo elementos de ordem fática e normativa[82].

80 MARTINS-COSTA, Judith. O método da concreção e a interpretação dos contratos: primeiras notas de uma leitura suscitada pelo Código Civil. In: NANNI, Giovanni Ettore (Coord.). *Temas relevantes do direito civil contemporâneo*: reflexões sobre os cinco anos do Código Civil. Estudos em homenagem ao Professor Renan Lotufo. São Paulo: Atlas, 2008, pp. 484-485.

81 MARTINS-COSTA, Judith. O método da concreção e a interpretação dos contratos: primeiras notas de uma leitura suscitada pelo Código Civil. In: NANNI, Giovanni Ettore (Coord.). *Temas relevantes do direito civil contemporâneo*: reflexões sobre os cinco anos do Código Civil. Estudos em homenagem ao Professor Renan Lotufo. São Paulo: Atlas, 2008, p. 485.

82 MARTINS-COSTA, Judith. O método da concreção e a interpretação dos contratos: primeiras notas de uma leitura suscitada pelo Código Civil. In: NANNI, Giovanni Etto-

Para tanto, é preciso se ater às *circunstâncias do caso*, pois em cada caso, em cada contrato, serão as circunstâncias que *darão o tom*, vale dizer – *constituirão o filtro* – pelo qual devem ser ponderados e sopesados os princípios e as regras contratuais, por isso, tendo importância decisiva no *modo e na escala de aplicação dos princípios*, permitindo discernir entre o seu valor facial, ou meramente normativo, e o seu valor propriamente hermenêutico[83].

O exame das "circunstâncias do caso" implica a consideração do *inteiro comportamento dos contraentes* avaliando-se inclusive *efeitos* que o comportamento negocial provoca na esfera jurídica alheia, concretamente considerada, seja a conduta anterior à conclusão do negócio, seja a posterior, por conta do *princípio da confiança*. É também importante atentar para outros atos, atividades, comportamentos ou circunstâncias que tenham *conexão finalística* com o negócio, considerado em sua funcionalidade econômico-social (*princípio da utilidade*). Essas circunstâncias formam o contexto da declaração, permitindo detectar, com caráter de objetividade, a "intenção *consubstanciada* na declaração" (art. 112, *in fine*), pois o Código acolheu a teoria da confiança que configura, em termos de ciência jurídica, a adstrição a um princípio objetivo, mas sujeito à determinação do caso, isto é, sujeito à concretização[84].

As circunstâncias do caso assumem papel relevante no que concerne ao comportamento concludente. Mostra Nicoletta Muccioli[85]:

> *L'interprete deve individuare il significato desumendolo dall'integrazione del comportamento nella più vasta cornice delle circostanze in cui esso trova attuazione. Queste ultime determinano in definitiva il significato da attribuire al comportamento, costituendo insieme ad esso il necessario contesto, entro il quale deve attuarsi e svolgersi il rapporto di significazione.*

re (Coord.). *Temas relevantes do direito civil contemporâneo*: reflexões sobre os cinco anos do Código Civil. Estudos em homenagem ao Professor Renan Lotufo. São Paulo: Atlas, 2008, p. 486.

83 MARTINS-COSTA, Judith. O método da concreção e a interpretação dos contratos: primeiras notas de uma leitura suscitada pelo Código Civil. In: NANNI, Giovanni Ettore (Coord.). *Temas relevantes do direito civil contemporâneo*: reflexões sobre os cinco anos do Código Civil. Estudos em homenagem ao Professor Renan Lotufo. São Paulo: Atlas, 2008, p. 493.

84 MARTINS-COSTA, Judith. O método da concreção e a interpretação dos contratos: primeiras notas de uma leitura suscitada pelo Código Civil. In: NANNI, Giovanni Ettore (Coord.). *Temas relevantes do direito civil contemporâneo*: reflexões sobre os cinco anos do Código Civil. Estudos em homenagem ao Professor Renan Lotufo. São Paulo: Atlas, 2008, pp. 494-495.

85 MUCCIOLI, Nicoletta. *Studio sul contegno concludente*. Torino: Giappichelli, 2012, p. 75.

Tendo em vista o exposto no art. 265 do Código Civil, dá-se ao juiz o poder de investigar, com o auxílio de todos os elementos a que possa recorrer, se os devedores quiseram realmente obrigar-se pelo todo[86].

Eis os elementos gerais a serem considerados para interpretar a declaração tácita que constitui a solidariedade negocial. Evidentemente que cada caso concreto reclama a sua particularidade, de tal sorte que deverão ser avaliadas as circunstâncias do evento real, consoante a boa-fé.

Ponderações finais

A justa homenagem a Judith Martins-Costa não poderia ser mais acertada. Seus textos, suas aulas, suas orientações representam inconfundível estímulo ao pensamento crítico.

O Direito em suas mãos é alvo de fino trato, privilégio de poucas mentes dotadas da missão de impulsionar seus alunos, leitores e ouvintes a refletir.

Judith Martins-Costa emprega com extremo êxito o que se identifica como desígnio do termo doutrina, "um círculo mais restrito de pessoas, especificamente aquelas que, tendo por missão ensinar o Direito, têm por vocação refletir sobre o Direito"[87].

Se no campo da dogmática jurídica, a doutrina tem por excelência a tarefa de explicitar, sistematizar, compreender e desenvolver o que está "posto" pelas normas de direito positivo[88], instado a dialogar com a obra da homenageada, nada mais inspirador do que procurar esclarecer o significado dos textos, construindo soluções jurídicas úteis à prática, possibilitando resolver os problemas da humana convivência[89].

Imbuído de tal espírito é que o presente trabalho pretendeu provocar a ponderação a respeito do efetivo alcance do comando contido no art. 265 do Código Civil.

Ainda que a maioria da doutrina sustente que a solidariedade convencional necessite ser expressamente convencionada, não se encontra justificativa plausível para tal ponto de vista à luz da legislação pátria.

---

86 SERRA, Adriano Paes da Silva Vaz. Pluralidade de devedores ou de credores. *Separata do Boletim do Ministério da Justiça*. Lisboa: [s.n], v. 69, out. 1957, p. 81.

87 MARTINS-COSTA, Judith. Autoridade e utilidade da doutrina: a construção dos modelos doutrinários. In: MARTINS-COSTA, Judith. *Modelos de direito privado*. São Paulo: Marcial Pons, 2014, p. 11.

88 MARTINS-COSTA, Judith. Autoridade e utilidade da doutrina: a construção dos modelos doutrinários. In: MARTINS-COSTA, Judith. *Modelos de direito privado*. São Paulo: Marcial Pons, 2014, p. 17.

89 MARTINS-COSTA, Judith. Autoridade e utilidade da doutrina: a construção dos modelos doutrinários. In: MARTINS-COSTA, Judith. *Modelos de direito privado*. São Paulo: Marcial Pons, 2014, p. 14.

A declaração negocial que dá ensejo à solidariedade ativa ou passiva pode ser manifestada expressa ou tacitamente, conforme as circunstâncias do caso, de acordo com a boa-fé.

A PERDA DE INTERESSE DO CREDOR

Cristiano de Sousa Zanetti[1]

Ele ainda era uma criança e achava misterioso como as palavras podiam ter efeito, como podiam fazer alguém se mexer, rir ou chorar. Como as palavras conseguiam aquilo? Não parecia magia?

(Pascal Mercier, Trem noturno para Lisboa, [tradução de Kristina Michahelles], Rio de Janeiro, Record, 2009, p. 53.)

Introdução

As palavras têm força.

No Direito, sua interpretação encerra um desafio constante. Corresponde aos juristas traduzir as palavras da lei em conceitos e enunciados para determinar o sentido das categorias e regras jurídicas. Suas lições são imprescindíveis para todo aquele que pretenda se aventurar nas sendas de um ramo do conhecimento tão importante quanto difícil[2].

No campo das obrigações, mora e inadimplemento definitivo são palavras empregadas para qualificar duas modalidades de descumprimento, cada uma com características e consequências jurídicas próprias. Para extremá-las, cumpre ter presente o conceito de interesse do credor, que persiste na mora, mas não no inadimplemento definitivo.

Sem surpresa, são as indicações de uma jurista que permitem aprofundar a compreensão de tal conceito. De acordo com suas lições, para aferir a perda de interesse do credor, importa considerar tanto fatores relacionados à prestação, nomeadamente a natureza do contrato e sua função, como fatores relacionados aos sujeitos da relação jurídica obrigacional, como a conduta

---

1 O autor agradece aos acadêmicos Henrique Stecanella Cid, Letícia Rocha Gouveia e Beatriz Uchôas Chagas pela pesquisa e pela discussão que se encontram à base das reflexões externadas por meio do presente artigo. O autor também agradece à acadêmica Ana Carolina Devito Dearo Zanetti pela revisão criteriosa do texto, pelo constante diálogo e pelas sugestões de aprimoramento. O autor igualmente agradece a Guilherme Carneiro Monteiro Nitschke pela revisão do texto e pelo envio de observações que lhe permitiram complementá-lo. O autor registra, ainda, a satisfação de todos os seus colaboradores em se associar à homenagem que justifica a edição da obra na qual se insere o presente artigo.

2 PONTES DE MIRANDA, Francisco Cavalcanti. *Tratado de direito privado.* v. XI. 4. ed., São Paulo, Revista dos Tribunais, 1983, p. 42.

das partes no curso da respectiva relação e o impacto do descumprimento para o credor[3].

Nessa ocasião, cumpre levar adiante essa ideia, para formular uma proposta teórica voltada a apontar critérios que permitam identificar grupos de casos que justifiquem a perda do interesse do credor e a consequente caracterização do inadimplemento definitivo. Defende-se, aqui, a adoção de uma dicotomia, a contrapor, de um lado, o critério objetivo, no qual se identifica a perda de interesse do credor na execução da prestação, e, de outro, o critério subjetivo, no qual se identifica a perda de interesse do credor na execução da prestação pelo devedor.

Para justificar a ideia ora avançada, cumpre dividir a exposição em três partes. A primeira será dedicada a situar o conceito de perda de interesse do credor e a apresentar os critérios objetivo e subjetivo que se prestam a aferir sua ocorrência. A segunda se dedicará ao critério objetivo, cuja aplicação leva ao isolamento de um grupo de casos bem conhecido da doutrina brasileira. A terceira se debruçará sobre o critério subjetivo, cuja aplicação leva à identificação de três grupos de casos ainda não inteiramente explorados entre nós. Ao final, seguirá uma conclusão, na qual são sintetizados os resultados obtidos e prestado o devido reconhecimento à linha de pensamento na qual se apoiam.

1. Critérios para aferir a perda do interesse do credor

No Direito brasileiro, a disciplina do inadimplemento das obrigações é caracterizada por uma distinção central, a contrapor, de um lado, a mora, e, de outro, o inadimplemento absoluto, mais bem qualificado como definitivo[4]. A mora pressupõe a possibilidade de cumprimento com proveito para o credor, mediante a execução da prestação, somada ao pagamento de indenização pelas perdas e danos causados pelo devedor, nos termos dos arts. 395, *caput*, e 401, inc. I, do Código Civil. Diversamente, o inadimplemento definitivo somente permite a execução pelo equivalente ou a resolução da relação jurídica, igualmente acrescidas do pagamento da indenização devida ao credor, conforme disposto no art. 475 do mesmo texto legal[5].

---

3 MARTINS-COSTA, Judith. *Comentários ao novo Código Civil*. 2. ed. Rio de Janeiro: Forense, 2009, v. V, t. II, 219 e 359-372.

4 MARTINS-COSTA, Judith. *Comentários ao novo Código Civil*. 2. ed. Rio de Janeiro: Forense, 2009, v. V, t. II, pp. 218-221.

5 MARTINS-COSTA, Judith; ZANETTI, Cristiano de Sousa. Responsabilidade contratual: prazo prescricional de 10 anos. *Revista dos Tribunais*. São Paulo: Revista dos Tribunais, maio 2017, v. 979, pp. 215-240; MARTINS-COSTA, JUDITH. O árbitro e o cálculo do montante da indenização. In: CARMONA, Carlos Alberto; LEMES, Selma Maria Ferreira; MARTINS, Pedro Batista (Orgs.). 20 anos da Lei de Arbitragem: homenagem a Petrônio

Afigura-se, assim, de capital importância diferenciar a mora do inadimplemento definitivo. Para tanto, o critério encontra-se previsto no art. 395, parágrafo único, do Código Civil e consiste na utilidade da prestação para o credor. De acordo com o dispositivo legal, se, a despeito do incumprimento, a execução da prestação ainda for útil para o credor, haverá mora e o inadimplemento será passível de purgação pelo devedor. Diversamente, se a prestação não lhe for mais útil, o credor poderá rejeitá-la e obter a tutela própria ao inadimplemento definitivo.

A utilidade da prestação para o credor consiste, assim, no divisor de águas em matéria de inadimplemento das obrigações. Como ensina a doutrina, trata-se de um verdadeiro *topos*, ou seja, ponto de partida para discriminar as figuras[6]. Ocorre, entretanto, que a ideia de utilidade da prestação para o credor é "*semanticamente vaga*" e, por isso, reclama concretização, a fim de que possa ser aplicada em conformidade com o ordenamento jurídico brasileiro[7].

Depois de importante debate, chegou-se à conclusão de que a utilidade reside na idoneidade da prestação para satisfazer o interesse do credor[8]. Nesse particular, a doutrina assentou que a aferição do interesse na execução da prestação não está sujeita ao arbítrio do credor[9], conforme, inclusive, reconhecido na III Jornada de Direito Civil, realizada em 2004[10]. O credor não é, assim, titular de um direito potestativo de recusar a ulterior execução da prestação inadimplida. Na verdade, o desafio consiste em precisar a fronteira entre, de um lado, o direito do credor de recusar a realização da prestação, e, de outro, o direito do devedor de purgar a mora. Não basta, assim, que o

R. Muniz. São Paulo: Atlas, 2017, p. 609-638; Zanetti, Ana Carolina Devito Dearo. *Contrato de distribuição. O inadimplemento recíproco*. São Paulo: Atlas, 2015, pp. 121 e ss.; e Zanetti, Cristiano de Sousa. A transformação da mora em inadimplemento absoluto. *Revista dos Tribunais*. São Paulo: Revista dos Tribunais, abr. 2014, v. 942, pp. 13-14.

6 Martins-Costa, Judith. *Comentários...*, cit., pp. 329-330 e 358-363.

7 Martins-Costa, Judith. *Notas comparatistas sobre a obrigação fundamental do contrato*, no prelo, p. 20.

8 Nesse sentido, Martins-Costa, Judith. *Notas comparatistas sobre a obrigação fundamental...*, cit., p. 20; Aguiar Junior, Ruy Rosado. *Comentários ao novo Código Civil*. Rio de Janeiro: Forense, 2011, v. VI. t. II, p. 590 e 591; e Pontes de Miranda, Francisco Cavalcanti. *Tratado de direito privado*. 3. ed., São Paulo, Revista dos Tribunais, 1984, v. XXIII, pp. 192.

9 Silva, Jorge Cesa Ferreira da. *Inadimplemento das obrigações*. São Paulo: Revista dos Tribunais, 2007, p. 87; Alvim, Agostinho. *Da inexecução das obrigações e suas consequências*. 5. ed. São Paulo: Saraiva, 1980, p. 48.

10 "Enunciado 162 – Art. 395: A inutilidade da prestação que autoriza a recusa da prestação por parte do credor deverá ser aferida objetivamente, consoante o princípio da boa-fé e a manutenção do sinalagma, e não de acordo com o mero interesse subjetivo do credor".

credor declare sua perda de interesse para que reste caracterizado o inadimplemento definitivo. Tendo em vista que, como regra, a prestação morosa ainda pode conduzir à satisfação do interesse contratual[11], cabe ao credor demonstrar que sua execução deixou de lhe ser útil[12].

No passado, sustentou-se que distinguir a mora do inadimplemento definitivo é matéria de fato, a ser examinada caso a caso, de acordo com o prudente arbítrio do julgador[13]. Em boa hora, a afirmação foi posta em xeque, dado que, na verdade, trata-se não apenas de examinar os fatos, mas de oferecer sua adequada qualificação jurídica[14], providência que reclama a definição de critérios distintivos, de modo a evitar o "*subjetivismo por parte do julgador*" e, *a fortiori*, a "*insegurança jurídica*"[15].

Na esteira da orientação da melhor doutrina[16], já aproveitada e concretizada em estudo recente[17], defende-se agora que a perda do interesse do credor possa ser aferida tanto com base em um critério objetivo, que consiste na perda de interesse na execução da prestação, como com base em um critério subjetivo, que consiste na perda de interesse na execução da prestação pelo devedor.

Na literatura jurídica nacional, há um grupo de casos perfeitamente identificado no qual tem lugar a perda de interesse do credor na execução da prestação. Trata-se dos contratos nos quais foi pactuado termo essencial. Se o termo ajustado é essencial, não há espaço para execução com proveito para o credor depois de sua ocorrência. Ultrapassado o prazo para o cumprimento não há mora, mas inadimplemento definitivo, portanto.

Não têm merecido a mesma atenção, todavia, os grupos de casos que se encontram sob o critério subjetivo, nos quais o credor não perde o interesse na prestação em si, mas na sua execução pelo devedor, seja porque o inadimplemento se deu de modo a pôr em xeque os valores da confiança e lealdade, próprios à boa-fé objetiva, seja porque o pronto cumprimento se afigura im-

---

11 PONTES DE MIRANDA, Francisco Cavalcanti. *Tratado de direito privado*. 3. ed. São Paulo: Revista dos Tribunais, 1984, v. XXVI, p. 9.

12 NANNI, Giovanni Ettore. Mora. In: LOTUFO, Renan; NANNI, Giovanni (Coord.). *Obrigações*. São Paulo: Atlas, 2011, p. 601; ALVIM, Agostinho. *Da inexecução...*, cit., p. 55.

13 ALVIM, Agostinho. *Da inexecução...*, cit., pp. 52-53.

14 MARTINS-COSTA, Judith. *Comentários...*, cit., p. 219.

15 MARTINS-COSTA, Judith. *Notas comparatistas sobre a obrigação fundamental...*, cit., p. 20.

16 MARTINS-COSTA, Judith. *Comentários...*, cit., pp. 219 e 359-372.

17 No âmbito do contrato de distribuição, sustentou-se, por exemplo, a possibilidade de empregar quatro critérios para diferenciar a mora do inadimplemento definitivo, a saber: perda de mercado; extensão temporal; conjuntura de mercado e os custos necessários ao cumprimento do programa contratual (ZANETTI, Ana Carolina Devito Dearo, *Contrato de distribuição...*, cit., pp. 96-98).

perioso para tutelar os interesses em jogo. Tais casos podem ser reunidos em três grupos típicos, caracterizados, respectivamente, pela recusa de cumprimento por parte do devedor, pela perda da confiança do credor e pela ameaça de dano significativo para o credor.

Para mais bem compreender as diversas situações que tipicamente põem em xeque o interesse do credor, cumpre abordá-las em apartado, a partir do grupo de casos já identificado pela doutrina pátria.

2. Critério objetivo: perda do interesse na execução da prestação

Os contratos soem ser celebrados para atingir determinado propósito. O descumprimento do pactuado caracterizará inadimplemento definitivo sempre que obstar o cumprimento do objetivo comum às partes. Trata-se de um dado objetivo: se a prestação não mais atende aos fins contratados, o credor pode repudiá-la e perseguir a execução pelo equivalente ou a resolução da relação contratual, somadas à indenização pelas perdas e danos sofridos. O ângulo de análise tem então em vista "*a função e o fim econômico-social da prestação*", ou seja, "àquilo a que ela normalmente visa a satisfazer conforme o id quod plerumque accidit"[18].

Designadamente, a perda de interesse do credor na execução da prestação, ou seja, pelo critério objetivo, se dá na hipótese de inobservância do termo essencial à satisfação do programa contratual.

No ordenamento jurídico brasileiro, o termo é qualificado como um elemento particular do negócio jurídico e consiste na estipulação de um evento futuro e certo ao qual se encontra submetida a produção de dado efeito[19]. No mais das vezes, o termo é empregado para se fixar uma data para a perfeita execução da prestação. Em qualquer hipótese, a inobservância do termo caracteriza inadimplemento. Deve-se distinguir, no entanto, os casos em que o inadimplemento comporta reparo e, portanto, tem a natureza de mora, daqueles em que é irremediável e, portanto, definitivo.

O critério distintivo reside na importância do termo. Se o termo pactuado tiver importância relativa, o cumprimento tardio da prestação ainda poderá satisfazer o credor e haverá mora. Se, diversamente, o termo tiver importância absoluta, não haverá espaço para o cumprimento tardio e o inadimplemento será definitivo. Para empregar a terminologia da doutrina alemã, a diferença, aqui, é entre negócio jurídico relativamente fixo (*relatives Fixgeschäft*) e negócio jurídico absolutamente fixo (*absolutes Fixgeschäft*)[20].

---

18 MARTINS-COSTA, Judith. *Comentários...*, cit., p. 219.

19 JUNQUEIRA DE AZEVEDO, Antônio. *Negócio jurídico:* existência, validade e eficácia. 4. ed., 6. tir. São Paulo: Saraiva, 2008, pp. 38-39.

20 HEINRICHS, Helmut. *Palandt BGB*. 63. ed., Munique: C.H.Beck, 2004, § 271, p. 333.

Como regra, o termo tem importância relativa e a prestação pode ser executada posteriormente pelo devedor com proveito para o credor[21], como também se reconhece no Direito italiano[22]. A inobservância do termo consiste, assim, em um caso de mora e, como tal, é passível de emenda por parte do devedor. Trata-se, por exemplo, do que sói ocorrer com obrigações de entregar mercadorias: ainda que tardia, a prestação tende a aproveitar ao credor[23]. Bastaria, então, ao devedor ressarcir eventuais prejuízos causados para purgar a mora.

A consideração do contrato, todavia, pode levar a conclusão diversa. Isso ocorre se houver estipulação expressa a propósito[24]. Nessa hipótese, as partes já terão deixado claro que a inobservância do termo poderá acarretar inadimplemento definitivo. Nesse particular, a experiência mostra que são frequentes as cláusulas que permitem a resolução da relação contratual na hipótese de a prestação não ser cumprida de maneira tempestiva, conforme facultado pelo art. 474 do Código Civil.

Em adição, o caráter essencial do termo poderá resultar da interpretação circunstanciada do pactuado, sempre que demonstrar que a execução tardia da prestação não mais aproveitará ao credor[25], conforme, inclusive, dispõe o § 323, inc. 2, item 2, do BGB ao disciplinar a resolução[26].

---

21 Pontes de Miranda, Francisco Cavalcanti. *Tratado de direito privado*. 3. ed. São Paulo: Revista dos Tribunais, 1984, v. XXVI, p. 9; Alvim, Agostinho. *Da inexecução...*, cit., p. 55.

22 Bianca, Massimo. *Diritto civile*, v. 5: La responsabilità, Milano: Giuffrè, 1994, pp. 82-83.

23 Zanetti, Ana Carolina Devito Dearo, *Contrato de distribuição ...*, cit., pp. 119-120.

24 Pontes de Miranda, Francisco Cavalcanti. *Tratado de direito privado*. v. XXIII cit., pp. 186-187.

25 Pontes de Miranda, Francisco Cavalcanti. *Tratado de direito privado*. v. XXIII cit., p. 187.

26 "§ 323 Rücktritt wegen nicht oder nicht vertragsgemäß erbrachter Leistung. [...] (2) Die Fristsetzung ist entbehrlich, wenn [...] 2. der Schuldner die Leistung bis zu einem im Vertrag bestimmten Termin oder innerhalb einer im Vertrag bestimmten Frist nicht bewirkt, obwohl die termin- oder fristgerechte Leistung nach einer Mitteilung des Gläubigers an den Schuldner vor Vertragsschluss oder auf Grund anderer den Vertragsabschluss begleitenden Umstände für den Gläubiger wesentlich ist." O BGB tem tradução do Ministério da Justiça alemão para a língua inglesa, citada nesta e nas próximas notas: "Section 323 Revocation for nonperformance or for performance not in conformity with the contract. [...] (2) The specification of a period of time can be dispensed with if: [...] 2. the obligor does not render performance by a date specified in the contract or within a period specified in the contract, in spite of the fact that, according to a notice given by the obligee to the obligor prior to conclusion of the contract or based on other circumstances attending at the time of its conclusion, the performance as per the date specified or within the period specified is of essential importance to the oblige." Disponível em: <https://www.gesetze-im-internet.de/englisch_bgb/>.

Na doutrina nacional, os exemplos se multiplicam: o cavalo que não chega a tempo de corrida[27]; o cantor que não aparece na data do concerto[28], a publicidade de produtos para a Copa do Mundo concluída depois do término da competição[29]; a orquestra que não se apresenta no evento para o qual foi contratada[30]; os acepipes que chegam depois do jantar para o qual foram encomendados[31]; os doces que não chegam para a festa de casamento[32] e, talvez a mais citada ilustração, o vestido de noiva entregue depois da cerimônia religiosa[33]. No Direito português, são referidos os casos do motorista que não aparece a tempo de levar o cliente ao aeroporto[34] e do especialista que falta à conferência na qual devia expor suas ideias[35]. No Direito alemão, cita-se o contrato *just in time*, no qual a observância do prazo é essencial para manutenção da produção, dado que o adquirente sabidamente não mantém estoque e, portanto, deve prontamente adquirir o que necessita alhures para diminuir o dano decorrente do incumprimento[36].

Note-se, ademais, que somente o perfeito adimplemento da prestação dentro do termo essencial conduz à satisfação do interesse do credor. Isso significa que não basta que o credor cumpra de maneira tempestiva. Em adição, exige-se que a prestação seja cumprida no lugar e no modo adequados, conforme se infere da leitura do art. 394 do Código Civil, a *contrario sensu*[37].

Para ilustrar a ocorrência de inadimplemento definitivo em razão da execução da prestação fora do lugar pactuado, pode-se pensar na hipótese de credor que possua duas unidades industriais, uma em São Paulo e outra em Paranaguá, onde se situa importante porto nacional. Se, em contrariedade ao avençado, o produto adquirido para exportação é entregue em São Paulo ao invés de Paranaguá, o navio destinado a embarcar o produto zarpa e resta inviabilizada sua exportação, o descumprimento é irremediável. Nesse caso,

---

27 Pontes de Miranda, Francisco Cavalcanti. *Tratado de direito privado*. v. XXIII cit., p. 186.

28 Aguiar Júnior, Ruy Rosado de. *Comentários*..., cit., p. 422.

29 Zanetti, Ana Carolina Devito Dearo. *Contrato de distribuição*..., cit., p. 95.

30 Venosa, Sílvio de Salvo. *Direito civil*. 13. ed., São Paulo, Atlas, 2013, v. 2, p. 323.

31 Alvim, Agostinho. *Da inexecução das obrigações e suas consequências*. 5. ed. São Paulo: Saraiva, 1980, p. 55.

32 Gonçalves, Carlos Roberto. *Direito civil brasileiro*. 12. ed., São Paulo, Saraiva, 2015, v. 2, p. 382.

33 Farias, Cristiano Chaves de; Rosenvald, Nelson. *Curso de direito civil*. 9. ed. São Paulo: Atlas, 2015, v. 2, p. 489; Nanni, Giovanni Ettore. Mora. in: LOTUFO, Renan; NANNI, Giovanni Ettore (Coords.). *Obrigações*. São Paulo, Atlas, 2011, p. 601.

34 Varela, Antunes. *Das obrigações em geral* cit., pp. 124-125

35 Menezes Leitão, Luís Manuel Teles de. *Direito das obrigações* cit., p. 241

36 Looschelders, Dirk. *Schuldrecht Allgemeiner Teil*. 10. ed. Munique: Vahlen, 2012, p. 223.

37 Zanetti, Ana Carolina Devito Dearo. *Contrato de distribuição*..., cit., pp. 78-84.

a execução tempestiva no lugar ajustado se afigura essencial à satisfação do interesse do credor. Sua inobservância, assim, caracteriza inadimplemento definitivo.

Da mesma maneira, a prestação realizada em modo inadequado pode levar ao inadimplemento definitivo. Se a mercadoria especialmente produzida para o carnaval é entregue em embalagem inadequada à sua comercialização, sem que haja chance de substituí-la a tempo de vendê-la durante os festejos de Momo, não há mais chance de satisfazer o interesse do credor. O cumprimento tempestivo, mas de maneira inadequada, acarreta, então, o inadimplemento definitivo.

No âmbito da Convenção de Viena, hoje incorporada ao ordenamento jurídico nacional, há uma decisão que põe em evidência a importância do cumprimento perfeito ao tempo do termo essencial. Trata-se de julgado proferido por Tribunal Arbitral no ano de 1995, em procedimento administrado pela Câmara de Comércio Internacional[38]. Naquela oportunidade, discutia-se certo contrato de compra e venda de fertilizantes celebrado entre um vendedor austríaco e um comprador suíço. A observância do termo para a entrega da mercadoria se fazia de particular importância, pois o comprador já havia se obrigado a revendê-la para terceiro, sob pena de arcar com certas penalidades contratuais. No contrato, foi ajustado que a mercadoria seria embalada em sacos fornecidos pelo comprador e fabricados de acordo com as instruções do vendedor. Para dar cumprimento ao pactuado, o vendedor transmitiu as instruções de fabricação ao comprador e contratou uma sociedade ucraniana para embalar a mercadoria. Os sacos produzidos, no entanto, não puderam ser empregados pela sociedade ucraniana, por serem desconformes às especificações técnicas locais. Por conta disso, a mercadoria não pôde ser comercializada a tempo e a compradora optou por adquiri-las junto a outro fornecedor por um preço mais elevado para cumprir o contrato que celebrara com o terceiro. O Tribunal Arbitral considerou que houve descumprimento irremediável por parte do vendedor, que determinou a fabricação em desconformidade com as particularidades técnicas a serem observadas pela empresa ucraniana que contratara[39]. Os julgadores ainda esclarecem que, como regra,

38 Trata-se do caso listado como número 8.128 na base de dados Unilex. O resumo da decisão e seus excertos mais relevantes foram consultados no seguinte endereço eletrônico: <http://www.unilex.info/case.cfm?id=207>.

39 "D'après l'article 49(1)(a) de la Convention, l'acheteur peut déclarer le contrat résolu si le vendeur n'exécute pas ses obligations et si ce défaut d'exécution constitue une contravention essentielle au contrat. La contravention essentielle au contrat est définie à l'article 25 de la Convention [...]. Il est reproché au défendeur plusieurs contraventions essentielles au contrat au sens des articles 49(1)(a) et 25 de la Convention. D'après la déclaration du directeur général [du fournisseur], les sacs fournis par le demandeur au défendeur n'étaient pas conformes aux normes techniques et de production utilisées dans l'industrie

o simples atraso não basta para que o comprador recuse o recebimento da mercadoria[40]. No caso concreto, contudo, o vendedor sabia que a mercadoria se destinava a um terceiro e que o comprador não podia se atrasar na entrega, sob pena de arcar com dadas penalidades contratuais[41]. Tratava-se, portanto,

chimique en Ukraine. Aussi, ils n'ont pu être remplis par [le fournisseur] [...]. L'une des obligations essentielles du défendeur était de donner des instructions qui auraient permis au demandeur de fabriquer des sacs qui pouvaient être remplis par le [fournisseur de l'engrais chimique]. Le défendeur a violé cette obligation. Le défendeur a commis une autre contravention essentielle au sens des articles 49(1)(a) et 25 de la Convention en choisissant un [fournisseur] qui ne pouvait pas pour des raisons techniques remplir correctement [avec l'engrais chimique] les sacs fabriqués selon ses instructions. En conséquence, le défendeur n'a pu exécuter le contrat correctement et dans les délais, au détriment du demandeur. [...] Le défendeur soutient que l'exécution défectueuse du contrat ne lui est pas imputable. Selon ses affirmations, il ne pouvait raisonnablement connnaître les motifs ayant empêché l'exécution du contrat au moment de la conclusion de celui ci. Il allègue qu'il lui était impossible d'éliminer les circonstances ayant empêché l'exécution en agissant lui même [...]. Cette objection n'est pas justifiée. Le défendeur est responsable du défaut de livraison dû à son fournisseur d'après l'article 79(2) de la Convention [...]. Si le vendeur donne des indications sur l'emballage à l'acheteur et si le vendeur fait appel à un fournisseur, il est du devoir du vendeur de s'assurer à l'avance si son fournisseur peut utiliser l'emballage qu'il a prescrit. Le défendeur a clairement manqué de se renseigner auprès de son fournisseur. Toutefois, même s'il s'en était enquis auprès de [son fournisseur] et que ce dernier avait fourni de faux renseignements, ceci n'aurait pas exonéré le défendeur de sa responsabilité. Le défendeur, qui a choisi [le fournisseur] pour l'exécution de son contrat avec le demandeur, doit être tenu pour responsable du comportement de celui ci. Ceci se déduit de l'article 79(2) de la Convention puisque la responsabilité du vendeur pour son fournisseur fait partie intégrante du risque général de la fourniture des marchandises".

40 "Le simple retard ne constitue cependant pas une contravention essentielle d'après l'article 25 de la Convention puisque l'acheteur est habituellement obligé de donner au vendeur un délai raisonnable supplémentaire pour l'exécution de ses obligations conformément à l'article 47 de la Convention. C'est seulement lorsque le délai supplémentaire ainsi imparti arrive à expiration sans que le vendeur ait livré la marchandise que l'acheteur a le droit de déclarer le contrat résolu par application de l'article 49(1)(a) de la Convention. Le retard peut cependant constituer une contravention essentielle au contrat suivant les circonstances spéciales à chaque cas d'espèce dont le vendeur doit avoir connaissance. Un dépassement excessif de la date de livraison, même si aucun délai supplémentaire n'est accordé, peut autoriser l'acheteur à résoudre le contrat. Ceci est tout particulièrement le cas lorsque l'acheteur a donné à la date convenue de livraison une signification particulière connue du vendeur."

41 "Le défendeur savait déjà d'après ce qui était imprimé sur les sacs que [l'engrais chimique] n'était pas destiné au demandeur, mais à un client de celui ci. Le défendeur connaissait, par une lettre que le demandeur lui avait adressé, que ce dernier était, en raison des retards du défendeur, menacé par son client de devoir payer les pénalités contractuelles et les coûts additionnels entraînés par les achats de couverture. Aussi la demande faite au vendeur d›exécuter le contrat sans retard avait un poids particulier. Elle faisait du retard dans les livraisons une contravention essentielle au contrat après réception des lettres du demandeur."

de termo essencial. Como consequência, o Tribunal Arbitral deu por boa a extinção da relação contratual promovida pelo comprador e determinou que o vendedor lhe reembolsasse os custos havidos para comprar a mercadoria junto a outro fornecedor, com o propósito de dar cumprimento ao contrato celebrado com o terceiro[42].

A sentença arbitral acima narrada evidencia que o termo pode desempenhar um papel decisivo na aferição do interesse do credor. Se o termo for relativo, o inadimplemento terá a natureza de mora e comportará emenda; se for absoluto, o inadimplemento será definitivo e o credor poderá repudiar a prestação e exigir a execução pelo equivalente ou a resolução da relação jurídica, observados, cada vez e sempre, os pressupostos necessários para tanto.

3. Critério subjetivo: perda do interesse na execução da prestação pelo devedor

O negócio jurídico nunca existe em abstrato. No mundo dos fatos, não existe o contrato como categoria, mas o contrato de compra e venda celebrado entre dado vendedor e certo comprador[43]. Segue-se daí que a aferição do interesse do credor não deve considerar apenas o seu interesse abstrato na realização da prestação, mas também o seu interesse em que a prestação acordada seja realizada pelo devedor, tendo em vista as circunstâncias contemporâneas ao inadimplemento.

Desse exame, emerge que o inadimplemento será definitivo em ao menos três grupos de casos, a saber: a recusa do devedor em honrar o pactuado; a perda da confiança do credor e a ameaça de dano significativo para o credor. Nos dois primeiros grupos, leva-se em conta "*a conduta das partes no curso da relação*"; no terceiro "*o impacto do não-cumprimento para a relação*"[44]. São todas hipóteses em que, a despeito de a prestação, em abstrato, aproveitar ao credor, não mais lhe interessa recebê-la das mãos do devedor.

---

42 "Le demandeur peut également réclamer au défendeur les couts supplémentaires encourus pour effectuer des achats de remplacement auprès [d'un tiers]. L'acheteur peut effectuer des achats de remplacement en cas d'absence d'exécution ou d'inexécution défectueuse du contrat par le vendeur. Toutefois, d'après l'article 75 de la Convention, ceci présuppose la résolution du contrat tout entier, ou dans le cas d'un contrat à livraisons successives, la résolution du contrat pour une ou plusieurs livraisons comme il est dit à l'article 73(1) de la Convention."

43 JUNQUEIRA DE AZEVEDO, Antônio. *Negócio jurídico...*, cit., p. 31.

44 MARTINS-COSTA, Judith. *Comentários...*, cit., p. 219.

3.1. Recusa do devedor

Nos termos do art. 422 do Código Civil, o credor tem o direito de exigir que o devedor se comporte em conformidade com as exigências da lealdade e da confiança e pode, assim, se recusar a receber a prestação se o inadimplemento vier acompanhado de fatos que ponham em xeque tais valores.

Isso se dá sempre que o devedor se recuse de maneira séria e definitiva a prestar. O credor então pode reputar caracterizado o inadimplemento definitivo, mesmo que ainda não tenha sobrevindo eventual termo ajustado[45], pois não há razões para submetê-lo a uma espera inútil, nem para lhe impor esforços direcionados à manutenção do pactuado, por se tratar de condutas que somente privilegiariam a parte que se comporta de maneira desleal. Nessa circunstância, fica a cargo do credor dar por definitivo o inadimplemento, pois, se a prestação ainda for possível, nada impede que tome a recusa por mora e recorra à execução específica. Segue-se daí que o inadimplemento definitivo pode decorrer – e não que necessariamente decorra – da recusa em prestar por parte do devedor[46]. O regime é voltado à tutela do credor que, diante do devedor recalcitrante, tem à sua disposição diferentes alternativas para tutelar sua posição jurídica.

No Direito alemão, há, inclusive, regras expressas nesse sentido, seja no § 281, inc. 2, 1ª parte, do BGB, que trata do inadimplemento em geral[47], seja no § 323, inc. 2, item 1, do BGB, que se ocupa da resolução[48]. De acordo com a doutrina alemã, não há por que reconhecer ao devedor o direito de purgar

---

45 ZANETTI, Cristiano de Sousa. *Inadimplemento antecipado da obrigação contratual*. In: CELLI JR., Umberto; AMARAL JR., Alberto do; BASSO, Maristela (Coord.). *Arbitragem e comércio internacional: estudos em homenagem a Luiz Olavo Baptista*. São Paulo: Quartier Latin, 2013, pp. 311-332, com indicações bibliográficas, dentre as quais as seguintes merecem destaque: MARTINS-COSTA, Judith. *Comentários...*, cit., pp. 239-244 e, da mesma autora, A recepção do incumprimento antecipado no direito brasileiro: configuração e limites, *RT* 885, pp. 30-48.

46 ALVIM, Agostinho. *Da inexecução...*, cit., pp. 43-49, em sentido semelhante.

47 "§ 281 Schadensersatz statt der Leistung wegen nicht oder nicht wie geschuldet erbrachter Leistung. [...] (2) Die Fristsetzung ist entbehrlich, wenn der Schuldner die Leistung ernsthaft und endgültig verweigert [...]." Em tradução para o inglês: "Section 281 Damages in lieu of performance for nonperformance or failure to render performance as owed. [...] (2) Setting a period for performance may be dispensed with if the obligor seriously and definitively refuses performance [...]."

48 "§ 323 Rücktritt wegen nicht oder nicht vertragsgemäß erbrachter Leistung. [...] (2) Die Fristsetzung ist entbehrlich, wenn: 1. der Schuldner die Leistung ernsthaft und endgültig verweigert." Em tradução para o inglês: "Section 323 Revocation for nonperformance or for performance not in conformity with the contract. [...] (2) The specification of a period of time can be dispensed with if: 1. the obligor seriously and definitively refuses performance."

a mora se ele já deixou claro que não pretende fazê-lo[49]. No mesmo sentido, no Direito francês também se defende que a recusa categórica em prestar por parte do devedor permite considerar a inexecução como definitiva[50].

A recusa deve ser séria e definitiva, de modo que a mudança de orientação do devedor se mostre fora de cogitação[51]. Pode ser expressa ou tácita e, portanto, passível de ser inferida das circunstâncias. A título ilustrativo, haverá recusa tácita se o vendedor vender a terceiro a mercadoria que se obrigou a entregar ao credor ou se o locatário restituir o imóvel sem efetuar os reparos a que se tinha obrigado. A recusa também poderá ser inferida se o devedor, a despeito de não negar a prestação, criar obstáculos arbitrários à sua execução, opuser exigências inapropriadas ou afirmar que somente se dispõe a prestar de maneira essencialmente diversa da contratada[52]. A recusa tácita pode ainda restar caracterizada se o devedor deixar de tomar as providências necessárias ao adimplemento, sobretudo se sua inércia se prolongar no tempo a ponto de, inclusive, desrespeitar os sucessivos prazos contratuais fixados para o cumprimento[53].

No passado recente, há ao menos duas decisões do Tribunal de Justiça do Estado de São Paulo que reconheceram a ocorrência de inadimplemento definitivo em razão da recusa tácita do devedor em honrar o pactuado. No primeiro caso, discutia-se a extinção de dado contrato voltado à construção e transmissão da propriedade de dado bem imóvel. Passados 14 anos sem que as obras tivessem se iniciado, o contrato foi considerado inadimplido de forma definitiva e resolvido pelos julgadores. O longo atraso foi tomado como inexecução definitiva: embora a prestação ainda pudesse ser realizada, não mais interessava ao credor aguardar seu cumprimento pelo devedor[54]. No segundo caso, a controvérsia gravitava em torno de certo compromisso de compra e

49 Looschelders, Dirk. *Schuldrecht Allgemeiner Teil*. 10. ed. Munique: Vahlen, 2012, p. 223.

50 Constantinesco, Léontin-Jean. *Inexécution et faute contractuelle en droit comparé*. In: Publications de l'Institut de Droit Européen de l'Université de la Sarre. Stuttgart/Bruxelas, 1960, v. 5, pp. 42-43.

51 Schwarze, Roland. *Staudinger BGB – Buch 2: Recht der Schuldverhältnisse §§ 255-304 (Leistungsstörungsrecht 1)*. Berlim: de Gruyter, 2014, § 281, n. B-91.

52 Schwarze, Roland. *Staudinger BGB – Buch 2: Recht der Schuldverhältnisse §§ 255-304 (Leistungsstörungsrecht 1)*. Berlim: de Gruyter, 2014, § 281, n. B-92.

53 Aguiar Júnior, Ruy Rosado de. *Comentários...*, cit., p. 593, em sentido semelhante.

54 No caso analisado, o tribunal entendeu que "a prestação embora fisicamente realizável, deixou de ter oportunidade. Juridicamente não existe então simples atraso, mas verdadeira inexecução definitiva", já que era "incontroverso que as obras sequer se iniciaram, evidenciando assim manifesto inadimplemento absoluto das requeridas, que há mais de 14 anos postergam a entrega da unidade autônoma aos requerentes" (TJSP, 7ª Câmara de Direito Privado, Apelação n. 0201675-35.2005.8.26.0100, Rel. Des. Mendes Pereira, j. 29.08.2012).

venda, no qual foi ajustado o pagamento do preço mediante um sinal, seguido de 40 parcelas sucessivas. O promissário comprador deixou de honrar 10 parcelas subsequentes e foi notificado a adimplir pelo promitente vendedor, sob pena de resolução da relação contratual. Ajuizada a ação, o devedor se insurgiu de maneira leviana contra a pretensão do credor, de modo a evidenciar seu desinteresse em purgar a mora. Em razão disso, foi reconhecido o inadimplemento definitivo e resolvido o vínculo entre as partes[55].

O iterativo descumprimento da obrigação de pagar as parcelas do preço evidencia a possibilidade de haver inadimplemento definitivo de obrigações pecuniárias, pois, embora o dinheiro, em abstrato, aproveite ao credor, pode não mais haver interesse em recebê-lo do devedor, se, para tanto, mostrar-se necessário manter uma relação contratual que a contraparte se recusa a honrar. Ora defendida pelos manuais[56], ora referendada pelo Poder Judiciário[57], a afirmação de que as obrigações pecuniárias não comportam inadimplemento definitivo deve ser vista com reserva.

No Direito francês, foi julgado caso em que dado vendedor se recusava a entregar ao comprador dois apartamentos que lhe tinha vendido. Diante da recusa do devedor em prestar, o credor perdeu interesse na execução do

---

55 De acordo com o tribunal: "Neste contexto, as razões de insurgência, em tudo e por tudo vazias de conteúdo, encerram mero exercício de retórica, sem a mínima aptidão para derruir os sólidos fundamentos do desfecho de parcial procedência do pedido". Por conseguinte, a Corte concluiu que "tem-se por legitimada a invocação do remédio resolutório na espécie, notadamente ante o desinteresse da apelante por efetivamente purgar sua mora, não se conduzindo minimante em concreto neste sentido" (TJSP, 10ª Câmara de Direito Privado, Apelação n. 0082912-81.2011.8.26.0224, Rel. Des. Airton Pinheiro de Castro, j. 27.10.2015).

56 FARIAS, Cristiano Chaves de; ROSENVALD, Nelson. *Curso*..., cit., p. 490; VENOSA, Sílvio de Salvo. *Direito civil*. 13. ed. São Paulo: Atlas, 2013, v. 2, p. 322.

57 "Desta feita, em sendo a utilidade mensurada objetivamente, é possível concluir que a obrigação pecuniária nunca estará sujeita ao inadimplemento absoluto, pois sempre será útil ao credor e, bem assim, insuscetível de perda ou deterioração. Nesse sentido: 'o inadimplemento de obrigações pecuniárias é sempre relativo, e sua execução intempestiva nunca é inútil ao credor' e, mais, 'descabe o inadimplemento absoluto das obrigações pecuniárias porque o objeto da prestação é bem insuscetível de perda, no sentido jurídico da expressão. Quando se diz que alguém perdeu dinheiro, a afirmação só pode ser compreendida em termos econômicos: o bem deixou de integrar seu patrimônio sem contrapartida (patrimonial ou extrapatrimonial). Para o direito, o significado de perda é mais restrito e pressupõe a desconstituição do bem. Perda é a deterioração completa da prestação' (Fabio Ulhoa Coelho, *Curso de direito civil*, v. 2, p. 175). Portanto, no caso em tela, afigura-se incorreta a distinção entre inadimplemento absoluto e relativo, pois, tratando-se de obrigação pecuniária, além de não ser suscetível de perda, sua utilidade nunca cessará, como bem apontou Fábio Ulhoa Coelho" (TJSP, 25ª Câmara de Direito Privado, Apelação n. 0004187-62.2010.8.26.0079, Rel. Des. Marcondes D'Angelo, j. 28.09.2011).

negócio e requereu o pagamento das perdas e danos que sofrera. A Corte de Apelação de Grenoble rechaçou o pedido, sob o fundamento de que, primeiro, o credor deveria conferir ao devedor a oportunidade de adimplir o pactuado. A decisão foi considerada ilegal pela Corte de Cassação, pois, dada a recusa do devedor em prestar, o recurso ao regime da mora seria inútil. O Tribunal então concluiu que carecia de sentido conferir ao devedor a oportunidade de cumprir o pactuado e, embora a prestação ainda pudesse ser realizada, considerou o inadimplemento como definitivo, para que o credor pudesse desde logo reclamar o ressarcimento das perdas e danos que lhe foram causados[58].

No âmbito da Convenção de Viena, também há uma decisão digna de nota. Trata-se de julgado proferido na Austrália no qual se discutiu dado contrato de compra e venda de sucata de aço[59]. O negócio jurídico foi celebrado em 7 de maio de 1996 entre dada sociedade australiana, como vendedora, e certa sociedade malaia, como compradora. Por força do pactuado, a vendedora se obrigou a embarcar as mercadorias da Austrália para a Malásia, desde que o comprador expedisse uma carta de crédito irrevogável em seu favor, a título de pagamento. Pouco depois de concluído o contrato, houve uma mudança na estrutura interna da compradora que, assim, passou a necessitar da aprovação de seu comitê executivo para expedir a carta de crédito. No dia 5 de agosto, a vendedora notificou a compradora para insistir na apresentação da carta de crédito em dois dias, sob pena de extinção da relação contratual. No dia 8 de agosto, a possível extinção foi reiterada pela vendedora, com indicação de que pretendia dispensar o navio que fretara para transportar a mercadoria, dispor da sucata de aço e reclamar da compradora a indenização decorrente do descumprimento. A compradora então se limitou a responder que a questão continuava sob a análise do comitê executivo que, possivel-

58 "Sur la première branche du moyen unique: vu l'article 1146 du code civil, attendu qu'une mise en demeure est inutile quand le débiteur prend l'initiative de déclarer a son créancier qu'il refuse d'exécuter son obligation; attendu que l'arrêt attaqué a y... Levy de sa demande tendant à la condamnation de la société civile immobilière les bruyeèes àlui payer des dommages-intérêts en réparation du préjudice qu'il a subi du fait de la résistance de cette société à lui délivrer deux appartements qu'elle lui avait vendus, au motif que Levy s'est abstenu de toute mise en demeure; [...]. par ces motifs : casse et annule l'arrêt rendu le 20 octobre 1971 entre les parties, par la Cour d'Appel de Grenoble". No resumo do julgado a Corte de Cassação deixou claro que "une mise en demeure est inutile quand le débiteur prend l 'initiative de déclarer a son créancier qu'il refuse d'exécuter son obligation" (Cass. Civ. 72-10.247, 3ª Câmara Cível, r. Conseiller M. Guillot, j. 3, 03.04.1973, disponível em: <www.legifrance.gouv.fr/>).

59 Suprema Corte de Queensland, r. Judge B. W. Ambrose, j. 17.11.2000, disponível em <http://cisgw3.law.pace.edu/cases/001117a2.html>.

mente, se reuniria em algum ponto naquele mês[60]. No dia seguinte, a vendedora notificou a compradora para pôr fim à relação contratual. Ao analisar tais fatos, o julgador considerou que a recusa em expedir a carta de crédito caracterizou um inadimplemento irremediável e deu por boa a extinção da relação contratual levada a efeito pela vendedora[61]. Nesse particular, asseve-

---

60 "On 8 August 1996 [seller's] legal representatives asked [buyer's] legal representatives 'to revert by 12 noon of Friday, the 9th August 1996 as to whether your clients are prepared to honour the contract in question'. [Buyer's] lawyers immediately responded 'unfortunately we are unable to obtain any positive instructions from the defendant Steel SDN BHD [buyer] within this short time. We understand that the Board is meeting some time later this month. In the circumstances we will regret that we are unable to provide any repose to your query either way'."

61 "Because the parties to the contract agreed that the law applying in Brisbane would define their contractual obligations, the Sale of Goods (Vienna Convention) Act 1968 (Qld) requires the application of the United Nations Convention on Contracts for the International Sale of Goods 1980 to this contract. Article 64 of the Convention provides – '(1) The seller may declare the contract avoided – (a) if the failure by the buyer to perform any of his obligations under the contract or this Convention amounts to a fundamental breach of contract; or (b) if the buyer does not within the additional period of time fixed by the seller in accordance with paragraph (1) of article 63 perform his obligations to pay the price or take delivery of the goods or if he declares that he will not do so within the period so fixed.' 'Fundamental breach" is defined in article 25 of the Convention to mean a breach 1that results in such detriment to the other party as substantially to deprive him of what he is entitled to expect under the contract unless the party in breach did not foresee and a reasonable person of the same kind in the same circumstances would not have foreseen such a result'. Article 72 provides – '(1) If prior to the date for performance of the contract it is clear that one of the parties will commit a fundamental breach of contract the other party may declare the contract avoided. (2) If time allows, the party intending to declare the contract avoided must give reasonable notice to the other party in order to permit him to provide adequate assurance of his performance. (3) The requirements of the preceding paragraph do not apply if the other party has declared that he will not perform his obligations.' Repudiation involves conduct on the part of one party to the contract which when viewed objectively is such 'as to convey to a reasonable person in the situation of the other party repudiation or disavowal either of the contract as a whole or of a fundamental obligation under it'. See Laurinda Pty Ltd v Capalaba Park Shopping Centre Pty Ltd (1989) 166 CLR 623 per Deane and Dawson JJ. The refusal to establish a timely letter of credit was clearly a fundamental breach within the meaning of Article 25 and Article 64(1)(a) of the Convention. I refer to Honnold, Uniform Law for International Sales under the United Nations Convention 2nd ed at 510, 511 and Helen Kaminiski Pty Ltd v Marketing Products Inc (US Dist CT 21 July 1997 per Cote J). Such a failure would also justify termination at common law – see Trans Trust SPRL v Danubien Trading Company Ltd [1952] 2 QB 297 per Lord Denning at 305. Article 54 of the Convention provides – 'The buyer's obligation to pay the price includes taking such steps and complying with such formalities as may be required under the contract or any laws and regulations to enable payment to be made.' Failure to establish a letter of credit in the circumstances of this case was a failure by [buyer] to meet its 'obligation to pay the price' of the goods

rou que a demora na carta de crédito não passava de mera procrastinação, pautada pela intenção de renegociar o contrato[62]. Houve, portanto, recusa tácita em adimplir o pactuado, o que, na visão do julgador, bastou para que a vendedora tomasse por definitivo o incumprimento da compradora.

A concessão de prazo para que o devedor purgue a mora pode desempenhar um papel decisivo na caracterização tácita da recusa. Nos Direitos alemão, italiano e português há norma que permite a extinção da relação contratual na hipótese de devedor não executar a prestação no prazo adi-

under the contract of sale. [...]. In my view the refusal by [buyer] to establish the letter of credit at a time when the 'Dooyang Winner' was standing by at Bells Bay in Tasmania to commence loading the scrap steel so that it might complete its loading programme either as advised on 18 July 1996 or as subsequently advised on 31 July 1996 was a clear breach by [buyer] of an essential term of the contract as varied. The excuse advanced on behalf of [buyer] for failing to meet its contractual obligation to supply the letter of credit, as it had promised to do on 22 July 1996, that a change of management structure in [buyer] required that an executive management committee approve the issue of letter of credit and that that committee refused to do so, in my view, is at law no excuse at all. Obviously [buyer], whatever changes were made in its management structure or internal arrangements for meeting its financial obligations whilst bound by the contract it had made with [seller] through its authorised officers, was obliged to perform its contractual obligation to procure the issue of a letter of credit as its former authorised officer had undertaken to do."

62 "Thereafter in my view the evidence indicates a simple procrastination on the part of [buyer] to meet its contractual obligation. There is nothing in the evidence to suggest that the appropriate arrangements for the issue of the letter of credit could not have been made within a day or so. Indeed, Rohani Basir had undertaken to do that 'once you have confirmed the vessel of this Contract'. In my view the most likely explanation for the refusal of [buyer] to issue the letter of credit without delay was the resolution of the executive committee on 2 August 1996 that the management be authorised 'to renegotiate and recommend appropriate action in relation to the supply of scrap' by [seller]. In my view [buyer] by the officers who succeeded Rohani Basir and Wan Ghani in its management clearly evinced an intention not to meet [buyer's] contractual obligation. It is clear when one reads the "PAYMENT" clause and the letter from [seller] to [buyer] of 18 July 1996 that the provision of the letter of credit prior to the commencement of loading of the shipment to [buyer] of scrap metal was an essential term of contract. It is clear in my view that [buyer] indicated that it did not intend to comply with that requirement. It is equally clear from the resolution of the committee meeting of 2 August 1996 that [buyer's] proposed instead of meeting its contractual obligations with [seller] to embark upon a 'renegotiation' of that contract – presumably in the light of the fall in the current market value of scrap steel."

cional conferido pelo credor. Nos Direitos alemão[63] e português[64], exige-se apenas que o prazo adicional seja razoável. No Direito italiano reclama-se, em adição, que a resolução somente terá lugar se o inadimplemento não for de escassa importância[65].

No Direito brasileiro, há regra nesse sentido na legislação especial: os arts. 47 e 49 da Convenção de Viena sobre a compra e venda internacional de mercadorias deixam claro que o comprador poderá dar o contrato por inadimplido de maneira definitiva na hipótese de o vendedor não lhe entregar as mercadorias no prazo adicional que lhe foi oferecido para tanto, desde que seja razoável[66]. À diferença do que se dá na Alemanha, na Itália e em

---

63 "§ 281 Schadensersatz statt der Leistung wegen nicht oder nicht wie geschuldet erbrachter Leistung. (1) Soweit der Schuldner die fällige Leistung nicht oder nicht wie geschuldet erbringt, kann der Gläubiger unter den Voraussetzungen des § 280 Abs. 1 Schadensersatz statt der Leistung verlangen, wenn er dem Schuldner erfolglos eine angemessene Frist zur Leistung oder Nacherfüllung bestimmt hat." Em tradução para o inglês: "Section 281 Damages in lieu of performance for nonperformance or failure to render performance as owed. (1) To the extent that the obligor does not render performance when it is due or does not render performance as owed, the obligee may, subject to the requirements of section 280 (1), demand damages in lieu of performance, if he has without result set a reasonable period for the obligor for performance or cure."

64 "Artigo 808.º 1. Se o credor, em consequência da mora, perder o interesse que tinha na prestação, ou esta não for realizada dentro do prazo que razoavelmente for fixado pelo credor, considera-se para todos os efeitos não cumprida a obrigação. 2. A perda do interesse na prestação é apreciada objectivamente".

65 No direito italiano, são dois os dispositivos dignos de nota: "Art. 1454. Diffida ad adempiere. Alla parte inadempiente l'altra può intimare per iscritto di adempiere in un congruo termine, con dichiarazione che, decorso inutilmente detto termine, il contratto s'intenderà senz'altro risoluto. Il termine non può essere inferiore a quindici giorni, salvo diversa pattuizione delle parti o salvo che, per la natura del contratto o secondo gli usi, risulti congruo un termine minore". Decorso il termine senza che il contratto sia stato adempiuto, questo è risoluto di diritto" e "Art. 1455. Importanza dell'inadempimento. Il contratto non si può risolvere se l'inadempimento di una delle parti ha scarsa importanza, avuto riguardo all'interesse dell'altra." Na doutrina: Roppo, Vincenzo. *Il contrato*, Milano: Giuffrè, 2011, pp. 899-900.

66 "Article 47. (1) The buyer may fix an additional period of time of reasonable length for performance by the seller of his obligations. (2) Unless the buyer has received notice from the seller that he will not perform within the period so fixed, the buyer may not, during that period, resort to any remedy for breach of contract. However, the buyer is not deprived thereby of any right he may have to claim damages for delay in performance". "Article 49. (1) The buyer may declare the contract avoided: (a) if the failure by the seller to perform any of his obligations under the contract or this Convention amounts to a fundamental breach of contract; or (b) in case of non-delivery, if the seller does not deliver the goods within the additional period of time fixed by the buyer in accordance with paragraph (1) of article 47 or declares that he will not deliver within the period so fixed. (2) However, in cases where the seller has delivered the goods, the

Portugal, contudo, não há, entre nós, regra geral nesse sentido. O emprego do regime, depende, assim, de estipulação que o incorpore. Não obstante, a concessão do prazo adicional pode ser relevante mesmo na ausência de cláusula que a preveja e discipline seus efeitos[67]. Isso porque a inobservância do prazo adicional, desde que razoável, pode demonstrar a falta de interesse do devedor em levar adiante a execução do pactuado e, com isso, caracterizar sua recusa tácita, o que, como visto, basta à ocorrência do inadimplemento definitivo.

Desse modo, se houver recusa expressa ou tácita do devedor em honrar o pactuado, o credor poderá repudiar a prestação e, com isso, dá-la por inadimplida de maneira definitiva, para, na sequência, perseguir a tutela própria ao descumprimento irremediável.

3.2. Perda da confiança

O direito do credor de exigir a execução da prestação em conformidade com a boa-fé objetiva também justifica sua recusa em receber a prestação se houver fatos que o levem a perder a confiança no devedor. Para que tal hipótese reste caracterizada, o comportamento do credor deve pôr em risco a realização satisfatória da prestação futura[68].

Isso se dá em ao menos três hipóteses.

A primeira consiste nos casos de inexecução dolosa[69]. Se o marceneiro propositalmente danifica o móvel antigo que se obrigou a restaurar, não se pode mais exigir que o credor lhe permita voltar a manuseá-lo. Se o engenheiro intencionalmente elabora um projeto com falha estrutural, não é necessário que o credor lhe confira a oportunidade de corrigir o equívoco. Se o transportador deliberadamente entrega os insumos na unidade fabril equivocada, o credor que constata o ardil pode dar o contrato por inadimplido de maneira definitiva, pois não se lhe pode exigir que suporte a deslealdade da parte contrária.

buyer loses the right to declare the contract avoided unless he does so: (a) in respect of late delivery, within a reasonable time after he has become aware that delivery has been made; (b) in respect of any breach other than late delivery, within a reasonable time: (i) after he knew or ought to have known of the breach; (ii) after the expiration of any additional period of time fixed by the buyer in accordance with paragraph (1) of article 47, or after the seller has declared that he will not perform his obligations within such an additional period; or (iii) after the expiration of any additional period of time indicated by the seller in accordance with paragraph (2) of article 48, or after the buyer has declared that he will not accept performance."

67 Silva, Jorge Cesa Ferreira da. *Inadimplemento...*, cit., pp. 89-90.

68 Silva, Jorge Cesa Ferreira da. *Inadimplemento...*, cit., p. 88.

69 Schwarze, Roland. *Staudinger BGB – Buch 2: Recht der Schuldverhältnisse §§ 255-304 (Leistungsstörungsrecht 1)*. Berlim: de Gruyter, 2014, § 281, n. B-118.

A segunda tem lugar nos casos de inadimplemento reiterado. O credor pode então tomar por definitivo o inadimplemento, pois as circunstâncias justificam a descrença no devedor. No Direito francês, há precedente digno de nota. Trata-se de caso em que um médico anestesista se obrigou em 30 de janeiro de 1986 a prestar serviços com exclusividade pelo prazo de 30 anos para dada clínica, em troca de certa participação societária. Na primeira metade da década de 1990, o profissional descumpriu várias vezes a cláusula de exclusividade e, por isso, esteve indisponível em diversas ocasiões em que deveria dar plantão, fato com grave repercussão para os pacientes da clínica. Em razão do contínuo inadimplemento do pactuado, 30 colegas do anestesista firmaram uma petição para criticar seu comportamento. Mais tarde, em 30 de janeiro de 1995, a clínica o notificou para pôr fim à relação contratual, observado um aviso prévio de seis meses. Irresignado, o anestesista afirmou que o término do vínculo não poderia ter lugar, pois se tratava de uma relação por tempo determinado. Sem razão, de acordo com o Poder Judiciário francês. A Corte de Cassação deu por boa a extinção da relação contratual, diante do reiterado descumprimento do pactuado por parte do anestesista. Embora possível, a execução da prestação que se obrigara já não mais interessava ao credor que, por razões fundadas, não mais confiava no cumprimento do pactuado[70]. O inadimplemento era, então, irremediável.

70 "Attendu que la cour d'appel retient, dans l'exercice de son pouvoir souverain, que le contrat imposait à M. X... de ne pratiquer tous les actes relevant de l'exercice de sa profession qu'à l'intérieur de la clinique, que cependant M. X... a passé outre une mise en demeure de respecter cette clause et continué à consulter en dehors, et ce malgré les inconvénients en résultant pour les patients qui devaient sortir de la clinique, qu'à différentes reprises, des chirurgiens se sont plaints par lettres du comportement de M. X... qui a refusé d'accomplir des actes liés à sa qualité d'anesthésiste, notamment en manquant de disponibilité lorsqu'il était de garde, qu'un chirurgien a souligné qu'en 1993, 1994 et 1995, sont survenus des incidents caractérisés, soit par un manque de disponibilité pouvant avoir des répercussions graves sur la santé des personnes opérées, soit même des états d'énervement et de brutalité à l'égard de certains malades qui s'en sont plaints, qu'une pétition a été signée le 22 décembre 1994 par trente praticiens critiquant le comportement de M. X..., que les témoignages versés aux débats par celui-ci sont contredits par les attestations et autres pièces du dossier qui démontrent qu'en de nombreuses circonstances et depuis 1981, il a gravement manqué à ses obligations de médecin anesthésiste, y compris en compromettant la santé des patients; que, de ces constatations et énonciations, la cour d'appel, répondant aux conclusions dont elle était saisie, et qui n'a ni méconnu les exigences de l'article 455 du nouveau Code de procédure civile, ni violé l'article 59 du Code de déontologie médicale, ni inversé la charge de la preuve, a pu déduire, sans dénaturer le contrat, ni des lettres de la Clinique des 10 décembre 1993 et 16 septembre 1994, justifiant légalement sa décision, que ces violations graves et renouvelées des obligations contractuelles permettaient à la Clinique de résilier le contrat de M. X..." (Cass. Civ. 96-21.485, 1ª Câmara Cível, r. Conseiller M. Chartier, j. 13.10.1998, disponível em: <www.legifrance.gouv.fr/>).

A terceira se verifica nos casos de manifesta imperícia. No Direito alemão, são especialmente considerados os contratos de tratamento de saúde[71]. Se o dentista desnecessariamente causa dores lancinantes no primeiro dia de tratamento, não é exigível que o paciente volte no dia seguinte, mesmo que ainda precise de cuidados. No Direito francês, há julgado digno de nota. No dia 19 de janeiro de 2005, um proprietário de cavalo de corrida concluiu negócio jurídico denominado contrato de associação por tempo determinado com certo treinador. De acordo com o pactuado, este treinaria o cavalo até o dia 31 de outubro do mesmo ano, às suas próprias custas, para, no futuro, receber 70% dos ganhos com o desempenho do animal. Ao analisar o desempenho do cavalo antes e depois da celebração do contrato, o proprietário percebeu que o treinador não tinha competência para desenvolver as qualidades do animal. Na verdade, a falta de expertise do treinador estava a prejudicar a carreira do cavalo e, por conseguinte, os interesses do proprietário que, assim, pôs termo ao vínculo contratual. Atestada a incompetência do treinador, a Corte de Apelação de Angers reconheceu a legalidade da extinção promovida pelo proprietário. Sobreveio recurso interposto pelo treinador que, todavia, foi rejeitado pela Corte de Cassação[72]. Não obstante ainda permanecesse o interesse do proprietário em melhorar o desempenho do seu cavalo de corrida, o inadimplemento foi considerado definitivo, pois a falta de expertise do treinador justificava o descrédito em suas habilidades.

Se devedor inadimplente se comporta de maneira em que nele não se possa confiar, a perda de interesse do credor, à luz da boa-fé objetiva, é justificável e, por conseguinte, autoriza a caracterização do inadimplemento como definitivo.

---

71 SCHWARZE, Roland. *Staudinger BGB – Buch 2: Recht der Schuldverhältnisse §§ 255-304 (Leistungsstörungsrecht 1)*. Berlim: de Gruyter, 2014, § 281, n. B-118.

72 "Attendu que M. X... propriétaire d'un cheval de course a conclu le 19 janvier 2005 avec M. Y..., entraîneur, un contrat d' association aux termes duquel ce dernier entraînerait ce cheval jusqu'au 31 octobre 2005 à ses frais moyennant une répartition des gains potentiels à raison de 70 % pour M. Y... et de 30 % pour M. X... ; qu'il a été mis fin à ce contrat fin juin 2005 ; que M. Y... a assigné, le 23 décembre 2005, M. X... devant un tribunal de grande instance pour faire juger que la rupture de contrat par le propriétaire était abusive et obtenir l'indemnisation de son préjudice; [...] ; Attendu qu'ayant relevé que la comparaison des performances du cheval avant le contrat d'association en cause, pendant la période d'exécution de ce contrat et postérieurement à sa rupture, de même que l'attestation de Mme Z... établissait que M. Y... avait été dans l'incapacité de développer les qualités du cheval qu'il était chargé d'entraîner et de driver, nuisant en cela à la carrière de l'animal et aux intérêts du propriétaire, la cour d'appel a caractérisé un comportement grave de l'entraîneur justifiant la rupture du contrat à durée déterminée ; qu'elle n'était dès lors pas tenue de procéder à une vérification d'écriture que seule, la prise en compte d'une rupture amiable contestée par M. Y... aurait rendu nécessaire ; que le moyen n'est pas fondé" (Cass. Civ. 07-20.113, 1ª Câmara Cível, j. 05.11.2008, , disponível em www.legifrance.gouv.fr/).

3.3. Ameaça de danos iminentes e significativos para o credor

A ponderação dos interesses em jogo também pode levar à ocorrência do inadimplemento definitivo. Isso tem lugar na hipótese em que o descumprimento submete o credor a risco de dano iminente e significativo, conforme reconhece a doutrina alemã ao interpretar o § 281, inc. 2, 2ª parte, do BGB[73]. Nesse caso, tanto o credor quanto o devedor têm interesse na pronta contratação de uma prestação substitutiva que impeça o agravamento do prejuízo: ao credor, aproveita proteger seus bens; ao devedor, aproveita a diminuição dos danos que, pela mora, seria obrigado a indenizar.

Na doutrina alemã, a figura é exemplificada com o caso do encanador que não comparece para conter o vazamento[74]. Nessa hipótese, a diligência recomenda a contratação de um terceiro para prontamente executar o conserto, sob pena de submeter o credor e, indiretamente, o devedor a prejuízos que podem ser evitados. De maneira oportuna, o exemplo também é invocado entre nós[75]. No regime pátrio em vigor, aliás, os arts. 249, parágrafo único, e 251, parágrafo único, do Código Civil, permitem ao credor, em caso de urgência, obter a satisfação por si ou por terceiro da obrigação de fazer ou não fazer descumprida, independentemente de autorização judicial, o que, por força da lógica, pressupõe definitivo o inadimplemento por parte do devedor. Caberá então ao devedor reembolsar o credor dos custos havidos para obter o resultado próprio à obrigação originalmente pactuada, sem prejuízo de arcar com eventuais danos adicionais que seu inadimplemento tenha causado.

Destarte, nos casos em que o incumprimento submeta o credor à ameaça de danos iminentes e significativos, o inadimplemento poderá ser tomado como definitivo, de modo a permitir o repúdio da prestação, somado às demais tutelas próprias ao inadimplemento definitivo.

73 SCHWARZE, Roland. *Staudinger BGB – Buch 2: Recht der Schuldverhältnisse §§ 255-304 (Leistungsstörungsrecht 1)*. Berlim: de Gruyter, 2014, § 281, n. B-118. O § 281, inc. 2, 2ª alt., do BGB tem a seguinte redação: "Die Fristsetzung ist entbehrlich, [...] wenn besondere Umstände vorliegen, die unter Abwägung der beiderseitigen Interessen die sofortige Geltendmachung des Schadensersatzanspruchs rechtfertigen." Em tradução para o inglês: "(2) Setting a period for performance may be dispensed with if [...] there are special circumstances which, after the interests of both parties are weighed, justify the immediate assertion of a claim for damages".

74 SCHWARZE, Roland. *Staudinger BGB – Buch 2: Recht der Schuldverhältnisse §§ 255-304 (Leistungsstörungsrecht 1)*. Berlim: de Gruyter, 2014, § 281, n. B-118.

75 PONTES DE MIRANDA, Francisco Cavalcanti. *Tratado de direito privado*. v. XXIII cit., p. 186.

Conclusão

A "*tarefa primeira*" da doutrina é a construção de "*modelos dogmáticos*" que ofereçam "*esquemas de solução*" para os conflitos entre as pessoas[76]. Conforme se afirma com propriedade, a "*qualificação jurídica dos fatos*" é o ponto mais alto de uma ciência voltada a precisar os contornos dos institutos jurídicos e "*propiciar a fixação do seu campo operativo*". Afinal, "*o direito não pode se dar ao luxo de não ser positivo e o direito positivo não pode se dar ao luxo de desvalorizar a segurança jurídica*", pois a ideia mesma de Estado de Direito reclama que todos saibam como devam proceder para que, querendo, possam agir em conformidade com o ordenamento jurídico[77].

No mundo do Direito, a ciência precede o fazer justiça[78]. A compreensão do ordenamento jurídico, todavia, é cheia de dificuldades, que podem decorrer do emprego de conceitos que reclamam concretização, como vem a ser o *topos* da utilidade da prestação, compreendido como interesse do credor em sua realização.

Para dar solução adequada ao problema no Direito brasileiro, a melhor doutrina recomenda ter em conta fatores relacionados à prestação e fatores relacionados aos sujeitos da relação jurídica obrigacional[79]. Sua consideração permite sustentar a existência de dois critérios voltados a identificar grupos de casos nos quais se justifica a perda do interesse do credor no cumprimento do pactuado: o objetivo e o subjetivo.

O critério objetivo afere a perda de interesse na execução da prestação. Sob tal critério, tem-se o grupo de casos nos quais a perda de interesse do credor decorre da inobservância de termo essencial à satisfação do programa contratual. Se a prestação não for perfeitamente executada dentro do termo essencial, não mais satisfará o interesse do credor e, por isso, poderá ser por ele rejeitada.

O critério subjetivo afere a perda de interesse na execução da prestação pelo devedor. Sob tal critério, há ao menos três grupos de casos a serem considerados, assim discriminados: a recusa do devedor, a perda da confiança no devedor e a ameaça de dano iminente e significativo aos bens do credor. Embora, em abstrato, a prestação ainda possa aproveitar ao credor,

76 MARTINS-COSTA, Judith. *Modelos de direito privado*. São Paulo: Marcial Pons, 2014, pp. 11 e 27.

77 MARTINS-COSTA, Judith. Como harmonizar os modelos jurídicos abertos com a segurança jurídica dos contratos? (Notas para uma palestra). *Revista Jurídica Luso-Brasileira*. Lisboa: Faculdade de Direito da Universidade de Lisboa, 2016, n. 1, pp. 1.058-1.059.

78 PONTES DE MIRANDA. Francisco Cavalcanti. *Tratado de direito privado*. 4. ed., 2. tir. São Paulo: Revista dos Tribunais, 1983, v. 1, p. XXIV.

79 MARTINS-COSTA, Judith. *Comentários*..., cit., p. 219.

em concreto, não mais lhe interessa, seja porque o inadimplemento se fez acompanhar de comportamento que põe em xeque os valores da lealdade e confiança, seja porque a consideração dos interesses em jogo reclama sua pronta obtenção junto a terceiro, para evitar o agravamento dos danos decorrentes do incumprimento.

A proposta teórica ora endereçada não tem a pretensão de esgotar, mas apenas de contribuir para o esclarecimento do conteúdo do conceito de interesse do credor. Não se descarta, pois, que possa haver outros critérios e, consequentemente, grupos de casos que possam conduzir ao inadimplemento definitivo, sem, todavia, se enquadrar nas hipóteses mencionadas. Daí não segue, no entanto, que o esforço seja em vão. Se é verdade que as palavras provocam efeitos, não resta mais que procurar delimitar seu sentido e, com isso, seguir o caminho apontado por quem, no Direito Privado brasileiro, hoje as compreende melhor do que ninguém.

Omissão dolosa no contrato de seguro

Giovana Benetti[1]

Introdução

Elevado é o fluxo de informações trocadas em operações societárias; intenso é o dever de informar a cargo do fornecedor no ambiente de relações de consumo; diversas são as informações postas à disposição das partes, às vezes podendo levar ao excesso nos dados produzidos e até à "ignorância" por sua abundância[2]. Neste cenário, não é rara a situação em que um dos figurantes fornece ao outro, previamente à contratação, informação falsa ou equivocada, ou, ainda, acaba por omitir dado relevante[3].

Percebe-se, pois, a necessidade de verificar se a omissão ou a distorção de informações prestadas à contraparte, durante as fases de formação e de conclusão do contrato, compreendem manobras defesas pelo ordenamento jurídico ou se atenderiam às "regras do jogo" neste processo de negociação.

O dolo insere-se dentre as manobras reprováveis pelo Direito e consiste em ações ou omissões destinadas a induzir o engano experimentado por outrem, traduzindo-se este em influência direta sobre a declaração de vontade da vítima do embuste, a qual não teria contratado não fosse o dolo ou teria contratado em termos menos desvantajosos[4]. Em outras palavras, trata-se

---

1 Este ensaio corresponde, em parte, ao Capítulo 9 da tese de doutorado *Dolo por omissão no direito civil brasileiro:* fundamentos, requisitos e efeitos, defendida junto ao Programa de Pós-Graduação da Faculdade de Direito da Universidade de São Paulo, sob a orientação do Prof. Dr. Francisco Paulo De Crescenzo Marino, em 2018. Também contém trechos que encontram correspondência pontual em outros Capítulos da referida tese.

2 Judith Martins-Costa ressalta que o excesso de informação leva à desinformação (Prefácio a CACHAPUZ, Maria Cláudia Mércio. Intimidade e vida privada no novo código civil brasileiro: uma releitura orientada do discurso jurídico. In: MARTINS-COSTA, Judith (Org.). *Modelos de direito privado*. São Paulo: Marcial Pons, 2014, pp. 41-42).

3 MARTINS-COSTA, Judith. Os regimes do dolo civil no direito brasileiro: dolo antecedente, vício informativo por omissão e por comissão, dolo acidental e dever de indenizar. *Revista dos Tribunais*, v. 923. São Paulo, ano 101, set. 2012, p. 116.

4 AZEVEDO, Antonio Junqueira de. *Negócio jurídico e declaração negocial. Noções gerais e formação da declaração negocial*. São Paulo, Edição do Autor, 1986, p. 182; PONTES DE MIRANDA, Francisco Cavalcanti. *Tratado de direito privado*, t. IV. Atualizado por Marcos Bernardes de Mello e Marcos Ehrardt. São Paulo: Revista dos Tribunais, 2012, § 449, pp. 446-447.

de uma omissão ou de um produto da astúcia, da maquinação ou de artifício empregados com a intenção de enganar a contraparte na fase formativa do negócio jurídico[5].

Judith Martins-Costa examinou de modo atento os diferentes regimes do dolo em recente artigo dedicado ao tema e identificou a especial relevância, na "sociedade da informação", da modalidade que denominou "dolo informativo", afirmando ter a informação sofrido "um processo progressivo de *reificação*, passando a ser dotada, para várias eficácias jurídicas, do valor de coisa (*res*)"[6]. Foi também com precisão que tratou da temática da boa-fé no contrato de seguro, discorrendo a respeito em sua magnífica obra sobre "*A boa-fé no direito privado: critérios para a sua aplicação*"[7] e, inclusive, aprofundando a análise na segunda edição, recentemente publicada[8]. Assim, com o intuito de estabelecer um *diálogo* com a obra de Judith Martins-Costa, escolheu-se o tema da omissão dolosa no contrato de seguro, o que permitirá explorar tanto o problema da violação dolosa ao dever de informar quanto o papel da boa-fé no âmbito do contrato de seguro. Como se verá, trata-se de um caso específico de omissão dolosa previsto no Código Civil.

A omissão dolosa vem definida no art. 147 do Código Civil brasileiro: "Nos negócios jurídicos bilaterais, o silêncio intencional de uma das partes a respeito de fato ou qualidade que a outra parte haja ignorado, constitui omissão dolosa, provando-se que sem ela o negócio não se teria celebrado".

Percebe-se, da leitura do dispositivo referido, que a figura em exame envolve o silêncio intencional acerca de fato ou de qualidade ignorados por um dos contratantes e que, caso conhecidos, não o teriam levado a celebrar o contrato (ou, para alguns doutrinadores, ele o teria feito, mas em termos diferentes).

Além do art. 147, o diploma civil contemplou uma hipótese específica de omissão dolosa relativamente ao contrato de seguro. É o que se verifica no art. 766, *caput*: "Se o segurado, por si ou por seu representante, fizer declarações inexatas ou omitir circunstâncias que possam influir na aceitação da proposta ou na taxa do prêmio, perderá o direito à garantia, além de ficar obrigado ao prêmio vencido". Também assim prevê o art. 47, § 1º, do "Projeto

5 DIEZ-PICAZO, Luis. *Fundamentos del derecho civil patrimonial*, v. I. Madri: Editorial Tecnos, 1972, pp. 115-116.

6 MARTINS-COSTA, Judith. Os regimes do dolo civil no direito brasileiro: dolo antecedente, vício informativo por omissão e por comissão, dolo acidental e dever de indenizar. *Revista dos Tribunais*, v. 923. São Paulo, ano 101, set. 2012, p. 124.

7 MARTINS-COSTA, Judith. A *boa-fé no direito privado*: critérios para a sua aplicação. São Paulo: Marcial Pons, 2015, pp. 340-350.

8 MARTINS-COSTA, Judith. A *boa-fé no direito privado:* critérios para a sua aplicação. 2. ed. São Paulo: Saraiva, 2018, pp. 372-383.

de Lei Geral do Seguro"[9] ao prever que o descumprimento doloso do dever de informar importa a perda do direito à garantia[10].

Dada a gravidade da consequência prevista para a omissão ou a distorção intencional de informações relevantes (*i.e.*, o segurado perde o direito à garantia e, segundo o art. 766 do Código Civil, ainda seria obrigado a pagar o prêmio vencido), o presente ensaio objetiva contribuir com parâmetros para auxiliar na identificação do que efetivamente pode ser caracterizado como omissão dolosa, já que, como é até mesmo intuitivo, nem toda violação a dever de informar pode ser qualificada como dolo.

Para alcançar tal intento, na Primeira Parte será abordado, inicialmente, (A) o conceito da omissão dolosa, passando-se, na sequência, para (B) o breve exame de seus elementos constitutivos. Na Segunda Parte, o enfoque recairá sobre essa modalidade de dolo no âmbito do contrato de seguro, discorrendo-se sobre as especificidades do regime à luz deste tipo contratual (A) e, em seguida, serão abordadas decisões judiciais a fim de identificar exemplos de informações relevantes que, se ocultadas, podem ensejar a configuração da omissão dolosa (B). Ao final, serão apresentadas as conclusões alcançadas.

1. A omissão dolosa no Direito Civil brasileiro

Tanto um comportamento positivo (*i.e.*, dolo comissivo, englobando manobras, mentiras ou artifícios) quanto um negativo (*i.e.*, omissão dolosa, envolvendo o silêncio intencional) podem originar o dolo.

O dolo comissivo consiste em "fazer acreditar por verdadeiros fatos que não o são"[11]. Abrange atos que "podem ir desde as simples afirmações falsas ou inexatas até um complicado *processo enganatório* montado pelo *deceptor*", como na hipótese de falsificação de documentos contábeis para criar no *deceptus* a representação – errônea – de o estabelecimento vendido ter uma larga clientela[12]. Pratica igualmente dolo comissivo quem acorda com terceiro que este último demonstrará interesse na aquisição do imóvel, dispondo-se até mesmo a pagar preço superior por ser uma "excelente oportunidade de ne-

9 Inicialmente, rubricado PL n. 3.555, de 2004 e hoje estando em tramitação no Congresso Nacional sob o n. 29/2017.

10 PL n. 29/2017, art. 47, "§ 1° O proponente é obrigado a fornecer as informações necessárias para a aceitação do contrato e fixação da taxa para cálculo do valor do prêmio, de acordo com o questionamento que lhe submeta a seguradora. § 2º O descumprimento doloso do dever de informar importará perda da garantia".

11 PONTES DE MIRANDA, Francisco Cavalcanti. *Tratado de direito privado.* t. LVI. Atualizado por Giselda Hironaka e Paulo Lôbo. São Paulo: Revista dos Tribunais, 2012, § 5.683, p. 202.

12 O trecho entre aspas e o exemplo da falsificação estão em MIRANDA, Custodio da Piedade Ubaldino. *Teoria geral do negócio jurídico.* 2. ed. São Paulo: Atlas, 2009, p. 210.

gócio", tudo como uma manobra voltada a pressionar o interessado original em firmar o contrato de compra e venda. Pode também decorrer de artifícios utilizados pelo vendedor para esconder defeitos do automóvel decorrentes de um acidente ou mesmo sua quilometragem superior à informada.

O dolo comissivo pode contemplar, portanto, "expedientes enganatórios – puramente verbais ou outros, que podem mesmo importar uma complicada *mise en scéne*"[13]. Em oposição, a omissão dolosa envolve o silêncio intencional sobre fato ou qualidade que o outro figurante tenha ignorado.

O silêncio, via de regra, não gera qualquer efeito jurídico. Contudo, podem ser atribuídas consequências para o silente, se existente o dever de enunciar determinada circunstância no caso concreto[14]. A omissão dolosa enquadra-se, justamente, nas hipóteses em que se retiram do silêncio consequências jurídicas. Cabe, então, examinar mais detalhadamente o que constitui esse regime.

1.1. Conceito

A omissão dolosa consiste, basicamente, no silêncio intencional de uma das partes a respeito de fato ou de qualidade que o outro figurante tenha ignorado e que, caso fossem conhecidos, teriam impactado, de algum modo, a sua decisão de concluir o contrato.

De modo geral, a doutrina brasileira, ao conceituar a omissão dolosa, reproduz, com algumas modificações, a letra do art. 147 do Código Civil (em muito semelhante ao art. 94 do diploma anterior). A título exemplificativo, é definida como o "silêncio consciente" que uma das partes conserva a respeito de fato ou circunstância ignorados pela outra e que, se conhecidos, impediria a formação do contrato ou modificaria seu conteúdo[15]. É também compreen-

---

13 ANDRADE, Manuel A. Domingues de. *Teoria geral da relação jurídica*, v. II, 6. Reimpressão. Coimbra: Almedina, 1983, p. 258.

14 RODRIGUES, Silvio. *Dos defeitos dos atos jurídicos. Do erro. Do dolo.* São Paulo: Max Limonad, 1959, pp. 221-222. Para Wilson Batalha, o silêncio, quando não existente o dever jurídico de a parte manifestar-se, é um "nada jurídico": "O silêncio pode ser interpretado como manifestação de vontade quando a pessoa cala havendo o '*dever jurídico*' de manifestar-se. Não havendo o 'dever jurídico' de manifestação, quer por escrito, quer verbalmente, o silêncio deve ser considerado como um 'nada' jurídico, não produzindo qualquer efeito" (*Defeitos dos negócios jurídicos*. Rio de Janeiro: Forense, 1985, p. 68).

15 MARTINS-COSTA, Judith. Os regimes do dolo civil no direito brasileiro: dolo antecedente, vício informativo por omissão e por comissão, dolo acidental e dever de indenizar. *Revista dos Tribunais*, v. 923. São Paulo, ano 101, set. 2012, p. 130. A autora, ao conceituar o dolo por omissão, refere a possível implicação do instituto na modificação do conteúdo do contrato, admitindo a configuração de dolo negativo na modalidade acidental.

dida como a violação de um dever de agir, ou seja, ao invés do emprego de manobras ativas do agente, o dolo decorre de omissão proposital[16]. É ainda entendida como o silêncio sobre circunstância, que, em função de lei, dos usos do comércio ou da natureza do negócio, deveria ser revelada à outra parte[17]. É retratada, igualmente, como a hipótese em que "um contratante cale intencionalmente sobre circunstâncias essenciais para o consentimento do outro", praticando, assim, "um silêncio desleal"[18].

Não é apenas no Direito brasileiro que a omissão dolosa encontra seu lugar. Assume papel de destaque em outros ordenamentos, como o francês[19]. Sem, porém, adentrar no exame do Direito francês, cumpre abrir breve parêntese sobre a chamada *réticence dolosive*, especialmente em razão de a reforma de 2016 do Direito das Obrigações ter introduzido no Código Civil francês dispositivo específico a este respeito. Trata-se do art. 1.137, o qual enuncia: "Constitui igualmente dolo a dissimulação intencional por um dos contratantes de uma informação que sabe ser de caráter determinante para a outra parte"[20].

Cabe frisar que, muito antes da mencionada alteração legislativa, a doutrina e a jurisprudência francesas discutiam a *réticence dolosive*. Jassuda Bédarride, em seu *Tratado sobre dolo e fraude*, já em 1852 atentava para a noção de omissão dolosa. Para o autor, há *réticence dolosive* quando houver silêncio ou dissimulação sobre um fato que, se a contraparte tivesse conhecimento, a levaria a não contratar[21]. Também Henri Savatier, em 1881, defendia a possibilidade de a omissão dolosa constituir dolo quando a boa-fé impusesse o dever de informar ou quando constatasse estar a outra parte em

16 RODRIGUES, Silvio. *Dos defeitos dos atos jurídicos. Do erro. Do dolo*. São Paulo: Max Limonad, 1959, pp. 221-222.

17 CARVALHO SANTOS, João Manuel de. *Código civil brasileiro interpretado*, v. II. 12. ed. Rio de Janeiro: Freitas Bastos, 1985, p. 327.

18 THEODORO JÚNIOR, Humberto. *Comentários ao novo código civil*, v. III, t. I. 4. ed. Rio de Janeiro: Forense, 2008, p. 142.

19 Para um exame mais detalhado sobre a omissão dolosa em outros ordenamentos, com destaque para o Direito francês e italiano, *vide* BENETTI, Giovana Valentiniano. *Dolo por omissão no direito civil brasileiro*: fundamentos, requisitos e efeitos. Tese de Doutorado. Universidade de São Paulo. Faculdade de Direito. Orientador: Prof. Dr. Francisco Paulo De Crescenzo Marino. São Paulo, 2018, pp. 150-195.

20 No original: "Art. 1.137. [...] Constitue également un dol la dissimulation intentionnelle par l'un des contractants d'une information dont il sait le caractère déterminant pour l'autre partie".

21 BÉDARRIDE, Jassuda. *Traité du dol et de la fraude en matière civile et commerciale*, t. I. Paris: Aubin Editora, 1852, p. 62. No original: "Il y a dol négaitf ou par réticence lorsqu'on tait ou qu'on dissimule un fait dont la connaissance importe à l'autre partie et eùt empêché la confection du contrat".

erro[22]. Mais recentemente, destaque-se clássico artigo de Jacques Ghestin dedicado ao tema, no qual registra haver dolo quando uma das partes for vítima de erro derivado do não fornecimento de informações devidas pela contraparte[23-24]. Já Muriel Fabre-Magnan, em estudo profundo sobre o dever de informar nos contratos, explica ser a *réticence dolosive* "[...] a fraude do contratante que consiste na retenção dolosa de uma informação"[25].

Na jurisprudência, o panorama inicial não era tão favorável quanto os posicionamentos doutrinários descritos: a Corte de Cassação exigia inicialmente a presença de manobras positivas e não admitia que o dolo pudesse resultar de uma simples retenção de informação[26]. Foi devido à grande exigência de lealdade nas relações contratuais que a simples reticência restou

22 SAVATIER, Henri. Étude sur le dol, de sa nature, de son influence sur les faits juridiques volontaires en droit romain et en droit français. Paris: Étoile Editora, 1881, p. 173: "La jurisprudence d'accord avec une partie de la doctrine reconnait que le mot *manoeuvres* employé par l'article 1116 aun sens générique, et qu'il doit s'entendre de tout moyen employé pour induire ou entretenir dans l'erreur celui qu'on veut circonvenir. Lorsque la bonne foi oblige à parler, le simple silence ne devient-il pas un moyen de tromper? Bien plus, quand on connaît l'erreur de l'autre partie, toutes les démarches que l'onfait pour contracter méritent le nom de *manoeuvres*".

23 No original: "Il y aurait dol chaque fois que l'une des parties aurait été victime d'une erreur, alors que l'autre était tenue de lui fournir des renseignements qui l'aurait écartée" (GHESTIN, Jacques. La réticence, le dol et l'erreur sur les qualités substantielles. *Recueil Dalloz Sirey de doctrine, de jurisprudence et de legislation.* Chronique XXXVI. Paris, Dalloz, 1971, p. 248).

24 O autor concluiu: "[a] reticência é o fato de não se falar. Constitui uma simples abstenção. Contudo, este silêncio voluntário pode provocar ou permitir a ocorrência de um erro determinante". No original: "La réticence est le fait de ne pas parler. Elle constitue une simple abstention. Mas ce silence volontaire peut provoquer ou permettre une erreur déterminante" (GHESTIN, Jacques. La réticence, le dol et l'erreur sur les qualités substantielles. *Recueil Dalloz Sirey de doctrine, de jurisprudence et de legislation.* Chronique XXXVI. Paris, Dalloz, 1971, p. 247).

25 FABRE-MAGNAN, Muriel. *De l'obligation d'information dans les contrats. Essai d'une théorie.* Paris: LGDJ, 1992, p. 284. No original: "La fraude de son contractant qui peut consister, en particulier, en la rétention dolosive d'une information".

26 Muriel Fabre-Magnan assim descreve a evolução jurisprudencial acerca da *réticence dolosive*: "La Cour de cassation a commencé par exiger l'existence de manouvres frauduleuses positives, et elle refusait notamment d'admettre que le dol puisse résulter d'une simple rétention d'information. Cependant, de nombreux auteurs énonçaient que la réticence équivalait au dol. La jurisprudence a alors progressivement modifié sa position. [...]" (FABRE-MAGNAN, Muriel. *De l'obligation d'information dans les contrats. Essai d'une théorie.* Paris: LGDJ, 1992, pp. 284-285).

assimilada ao dolo[27] e, a partir de 1958, a jurisprudência francesa passou a reconhecer a reticência como apta a configurar o dolo[28].

Fechado o parêntese sobre a omissão dolosa no Direito francês, é necessário adentrar no exame de seus elementos constitutivos, segundo o ordenamento brasileiro.

1.2. Elementos

A omissão dolosa, assim como os demais regimes do dolo[29], é caracterizada pela presença de um elemento subjetivo e de um objetivo. Na espécie, trata-se da intenção de enganar e do silêncio sobre fato ou qualidade que a outra parte haja ignorado. Discute-se, porém, se a omissão dolosa teria alguma especificidade em sua composição, como a violação ao dever de informar. É, pois, sobre esses tópicos que passaremos a discorrer.

Teixeira de Freitas distingue o discernimento da intenção. O discernimento consistiria na "faculdade que fornece motivos à vontade em todas as suas deliberações, e não o conhecimento em particular de qualquer agente em relação a um ato por ele praticado, cuja moralidade seja necessário apreciar", enquanto a intenção seria o "discernimento aplicado a um ato, que se tem deliberado praticar [...]"[30].

A intencionalidade compreende o móvel, a razão pela qual um dos contratantes omitiu determinada informação[31]. É indicada como o fator que

27 GHESTIN, Jacques. *Traité de droit civil. Les obligations, le contrat.* Paris: LGDJ, 1980, p. 336. No original: "[...] [u]ne exigence plus grande de loyauté dans les relations contractuelles a conduit à assimiler au dol la simple réticence dolosive".

28 Afirma-se que antes de 1958, porém, outros tribunais, como a Corte de Lyon, decidiram diversas vezes pela existência de dolo diante do silêncio sobre um fato que a outra parte teria interesse em conhecer (GHESTIN, Jacques (Coord.). *Traité de droit civil. La formation du contrat*, t. 1. *Le contrat, le consentement.* Paris: LGDJ, 2013, p. 1.102).

29 Tratou-se dos diferentes regimes do dolo em BENETTI, Giovana Valentiniano. *Dolo por omissão no direito civil brasileiro: fundamentos, requisitos e efeitos.* Tese de Doutorado. Universidade de São Paulo. Faculdade de Direito. Orientador: Prof. Dr. Francisco Paulo De Crescenzo Marino. São Paulo, 2018, pp. 65-93.

30 TEIXEIRA DE FREITAS, Augusto. *Código civil – esboço.* v. I. Brasília: Ministério da Justiça, Fundação Universidade de Brasília, 1983, p. 157. E continua: "Se o fato é *voluntário*, houve por certo a intenção de o praticar, isto é, a tendência ou direção da vontade esclarecida pelo discernimento para esse fato que exteriormente se manifestou" (idem, p. 159).

31 FABRE-MAGNAN, Muriel. *De l'obligation d'information dans les contrats. Essai d'une théorie.* Paris: LGDJ, 1992, p. 210. No mesmo sentido, *vide* GHESTIN, Jacques. La réticence, le dol et l'erreur sur les qualités substantielles. *Recueil Dalloz Sirey de doctrine, de jurisprudence et de legislation.* Chronique XXXVI. Paris, Dalloz, 1971, p. 247 ("Le dol serait essentiellement caractérisé par l'intention de tromper qui se recontrerait aussi das la réticence").

"colore" o silêncio, o qual deixaria de ser puro e simples, passando a ser circunstanciado e apto à caracterização do comportamento doloso[32]. Jacques Ghestin expõe, inclusive, não ser contestável a exigência de uma falta intencional (*faute intentionnelle*) para a reprovação da reticência dolosa[33].

A título de exemplo, pode ocorrer de o vendedor ressalvar a dação de determinada informação por ser sigilosa (ou por outra razão apresentada) para induzir o potencial comprador a celebrar o negócio em erro. Ao alegar que a informação excluída é sensível à sociedade e ao assegurar sua irrelevância para o negócio, o vendedor terá provocado intencionalmente o erro do comprador – se for constatado, posteriormente à celebração do negócio, o caráter essencial da informação para a decisão do comprador em concluir o contrato. O vendedor não poderá, então, se beneficiar do erro do comprador[34].

Pode igualmente ocorrer de o vendedor não ressalvar expressamente informações que importem para o potencial adquirente, mas simplesmente omiti-las intencionalmente. Por exemplo, a existência de passivos não contabilizados e a ausência de licenças para funcionamento regular são dados relevantes para o potencial adquirente e devem ser informados pelo vendedor[35].

A omissão dolosa não é composta somente pelo elemento intencional, subjetivo. Há, igualmente, um elemento objetivo: trata-se do silêncio, ao invés de manobras ardilosas ou mentiras.

Silêncio ou omissão são os meios pelos quais se induz a contraparte em erro. Importa saber se todo silêncio ou toda omissão ensejam dolo ou se, ao contrário, adquirem relevo a partir de circunstância que os torne qualifi-

---

32 Neste sentido, Edoardo Ferrante afirma ser a intencionalidade que qualifica o silêncio como 'reticenza': "Sennonché la reticenza è giá di per sé un 'silenzio circostanziato'. [...] Esso richiede – e non puó non richiedere – l'intenzionalitá, che sola qualifica il silenzio come reticenza: l'intenzione d'omettere alcunché, la precisa volontá di prefermettere assegna al silenzio un colore peculiare, diverso da quello, neutro ed insignificante, che spetta alla pura inazione verbale" (Il dolo omissivo nella giurisprudenza: il fine dell'esilio? *Rivista Trimestrale di Diritto e Procedura Civile*, ano LXII, Giuffré, mar. 2008, p. 321).

33 GHESTIN, Jacques (Coord.). *Traité de droit civil. La formation du contrat*, t. 1. *Le contrat, le consentement*. Paris: LGDJ, 2013, p. 1.074: "L'exigence d'une faute intentionnelle n'est pas contestée tant pour la sanction des manoeuvres dolosives et des mensonges que pour celle de la réticence dolosive".

34 MARTINS-COSTA, Judith. Os regimes do dolo civil no direito brasileiro: dolo antecedente, vício informativo por omissão e por comissão, dolo acidental e dever de indenizar. *Revista dos Tribunais*, v. 923. São Paulo, ano 101, set. 2012, p. 134.

35 BUSCHINELLI, Gabriel Saad Kik. *Compra e venda de participações societárias de controle*. Tese de Doutorado. Universidade de São Paulo. Faculdade de Direito. Orientador: Prof. Dr. Eduardo Secchi Munhoz. São Paulo, 2017, p. 271.

cados. Entende-se que, em geral, a omissão importa quando incide sobre o omitente o dever jurídico de agir[36] e este ainda assim se abstém. Indaga-se: qual seria este dever jurídico de agir no caso específico da omissão dolosa? A resposta, assim se compreende, recai justamente sobre o dever de informar, de esclarecer a contraparte sobre circunstâncias relevantes à tomada de decisão para contratar.

Como explana Jacques Ghestin, "segundo a maior parte dos autores contemporâneos, a reticência seria a omissão voluntária de uma coisa que deveria ser dita"[37]. Não se trata, porém, de entendimento unânime. Para alguns, bastaria o silêncio sobre certo aspecto, sem cogitar da presença do dever de informar[38].

O posicionamento aqui adotado – e que recentemente defendemos em tese de doutoramento – é o de que a omissão dolosa compreende a violação ao dever de informar. Considera-se o próprio art. 147 do Código Civil como a fonte de tal dever de informar no contexto do dolo. Explique-se.

A nosso ver, a omissão dolosa, como previsto no art. 147, requer (*i*) o conhecimento por um contratante de fato ou qualidade; (*ii*) a ignorância da outra parte a respeito deste mesmo fato ou qualidade; (*iii*) o conhecimento, pelo contratante mais informado, de que a outra parte ignora essa informação relevante para a tomada de decisão; (*iv*) o silêncio intencional, que leva ao engano do menos informado; além da (*v*) comprovação de que a omissão contribuiu para a celebração do negócio. É a partir da percepção de que o outro contratante ignora o fato ou a qualidade que surge o dever de informar e, ao calar-se intencionalmente, resta configurada a omissão dolosa.

Ou seja, o mecanismo do processo enganatório compreende a percepção pelo agente do estado de ignorância em que o outro contratante se encontra e o conhecimento da relevância da informação que serviria para esclarecê-lo, mas, intencionalmente, a omite. Tendo a vontade sido declarada sob o

36 NUNES DE CARVALHO, Pedro Pitta e Cunha. *Omissão e dever de agir em direito civil*. Coimbra: Almedina, 1999, pp. 136-137: "A violação de direitos ou de interesses juridicamente protegidos de outrem, em consequência de uma omissão, só será injustificada (e por isso ilícita) se existir o dever jurídico de agir".

37 GHESTIN, Jacques. *Recueil Dalloz Sirey de doctrine, de jurisprudence et de legislation*. Chronique XXXVI. Paris, Dalloz, 1971, p. 248: "Selon la plupart des auteurs contemporains la réticence serait l'omission volontaire d'une chose que l'on devrait dire".

38 FERREIRA DA SILVA, Luis Renato. Do dolo. In: LOTUFO, Renan e NANNI, Giovanni Ettore. *Teoria geral do direito civil*. São Paulo: Atlas, 2008, pp. 514-529. Para um exame mais aprofundado dos diferentes entendimentos, *vide* BENETTI, Giovana Valentiniano. *Dolo por omissão no direito civil brasileiro: fundamentos, requisitos e efeitos*. Tese de Doutorado. Universidade de São Paulo. Faculdade de Direito. Orientador: Prof. Dr. Francisco Paulo De Crescenzo Marino. São Paulo, 2018, pp. 164-182.

impacto da errônea representação da realidade, o negócio será formado defeituosamente e o objetivo almejado pelo *deceptor* restará alcançado.

Assim, o lesado decide contratar (ou, ao menos, naqueles termos) apenas em razão de a outra parte ter calado diante de informações devidas. Não se trata de mera abstenção face a engano espontâneo[39], mas de silêncio intencional diante do dever de informar. O silêncio configura o meio utilizado para a obtenção do resultado final. Isso significa que o silêncio intencional é o que permite a celebração do contrato baseado em representação errônea de uma das partes.

O dever de informar tem sua fonte no art. 147 – trata-se de um dever legal, portanto[40]. Por integrar o suporte fático de incidência do referido dispositivo, a violação ao dever de informar consiste em elemento específico, caracterizador da omissão dolosa. E, para que se examine a intensidade do

---

39 Jacques Ghestin questiona se quem conhece o erro da contraparte e não a desengana estaria cometendo efetivamente dolo. Estaria, certamente, agindo de má-fé, porém, é preciso ter em mente que há muito tempo o dolo é considerado como erro provocado. Conclui que raramente o silêncio no período pré-contratual seria desprovido de circunstâncias que permitissem assimilá-lo ao dolo e, somado à intenção de enganar presente na omissão dolosa, isso bastaria para considerar que a ocultação de uma informação provoca o erro (GHESTIN, Jacques (Coord.). *Traité de droit civil. La formation du contrat*, t. 1. *Le contrat, le consentement*. Paris: LGDJ, 2013, pp. 1.106-1.107). No original: "La question s'est posée de savoir si celui qui se borne à avoir connaisissance de l'erreur de l'autre partie, sans la détromper, comment un dol à properement parler. Il est certes de mauvaise foi; mais a-t-il provoqué l'erreur, ne s'est-il pas contenté de l'exploiter ? Or le dol a longtemps été compris comme un erruer provoquée. [...] Il faut bien voir cependant que le silence, dans la période précontractuelle, est rarement dépourvu des circonstances qui justifient son assimilation au dol dès lors qu'il a intentionnellement provoqué une erreur. Surtout, l'intention de tromper, qui caractérise la réticence dolosive comme le dol *stricto sensu*, suffit à voir dans le recel de l'information ce qui a provoqué l'erreur". Alberto Trabucchi alcança conclusão semelhante no Direito italiano, porém parte de premissas diferentes (para o autor, não cabe falar em omissão dolosa): "[...] a consciência do erro, por si só, pode ser má-fé, mas não dolo". No original: "La conoscenza dell'errore di per sè potrà essere mala fede, ma non dolo" (*Il dolo nella teoria dei vizi del volere*. Pádua: CEDAM, 1937, p. 499). Há, todavia, quem entenda de modo diferente. A título de exemplo, para Josep Llobet I Aguado, provocar um erro equipara-se à manutenção do declarante em erro espontâneo (*El deber de infomación en la formación de los contratos*. Madri: Marcial Pons, 1996, p. 145).

40 Não se está defendendo que o dever de informar em geral (isto é, não específico ao contexto da omissão dolosa) surja apenas quando previsto em lei. O posicionamento aqui defendido indica que, em se tratando de omissão dolosa especificamente, o dever de informar surge por força dos requisitos estampados no art. 147 do Código Civil brasileiro. Tratamos das fontes da figura geral do dever de informar em BENETTI, Giovana Valentiniano. *Dolo por omissão no direito civil brasileiro: fundamentos, requisitos e efeitos*. Tese de Doutorado. Universidade de São Paulo. Faculdade de Direito. Orientador: Prof. Dr. Francisco Paulo De Crescenzo Marino. São Paulo, 2018, pp. 226-232.

dever de informar necessária à caracterização da omissão dolosa, analisam-se as circunstâncias concretas com base no princípio da boa-fé objetiva, nos usos ou até em dispositivos normativos (como o artigo 773 do Código Civil[41] e o artigo 17 do Projeto de Lei n. 29/2017[42]).

Em suma: a omissão dolosa requer (*i*) a presença do elemento intencional, isto é, a intenção de enganar do *deceptor*, o que se traduz em sua má-fé – tal como os demais regimes de dolo requerem, e somado a isso, (*ii*) o silêncio que, para ser qualificado, importa na violação de dever prévio de informar ou esclarecer, cujo grau de intensidade é ditado pelo exame das circunstâncias. É neste momento que se pode recorrer ao princípio da boa-fé objetiva de modo a auxiliar no exame dos parâmetros para a intensidade do dever de informar, assim como se poderia invocar os usos ou até dispositivos normativos (como Instruções da CVM). Para que não restem dúvidas, não se está defendendo a boa-fé objetiva como fonte do dever de informar no âmbito da omissão dolosa, mas como um princípio que auxiliará na verificação dos graus de intensidade de tal dever[43].

A omissão dolosa envolve, portanto, a má-fé (em oposição à boa-fé subjetiva)[44] e a violação de diretrizes impostas pela boa-fé objetiva[45]. Não se

---

41 Código Civil brasileiro, "Art. 773. O segurador que, ao tempo do contrato, sabe estar passado o risco de que o segurado se pretende cobrir, e, não obstante, expede a apólice, pagará em dobro o prêmio estipulado".

42 PL n. 19/2017, "Art. 16: O contrato é nulo quando qualquer das partes souber, desde o momento de sua conclusão, que o risco é impossível ou já se realizou. Parágrafo único. A parte que tiver conhecimento da impossibilidade ou da prévia realização do risco e, não obstante, contratar pagará à outra o dobro do valor do prêmio".

43 Há, todavia, quem elenque a boa-fé como uma das fontes possíveis para o dever de informar na omissão dolosa (por todos, PONTES DE MIRANDA, Francisco Cavalcanti. *Tratado de direito privado*, t. IV. Atualizado por Marcos Bernardes de Mello e Marcos Ehrardt. São Paulo: Revista dos Tribunais, 2012, § 449, p. 447: "Para que a omissão possa ser dolosa é preciso que haja dever de falar ou de esclarecer e tal dever – que, assim referido, seria vago – há de resultar dos usos do tráfico, inclusive dos princípios de boa fé, que impõem dever de falar a verdade [...]; mas, por certo, sem existir direito ilimitado à verdade").

44 GHESTIN, Jacques. La réticence, le dol et l'erreur sur les qualités substantielles. *Recueil Dalloz Sirey de doctrine, de jurisprudence et de legislation*. Chronique XXXVI. Paris, Dalloz, 1971, p. 247: "[...] l'attitude réticente de l'autre partie traduit sa mauvaise foi".

45 Na doutrina brasileira, a título exemplificativo, RODRIGUES, Silvio. *Dos defeitos dos atos jurídicos. Do erro. Do dolo*. São Paulo: Max Limonad, 1959, p. 224 ("Êsse dolo por omissão surge, assim, quando o ato se pratica com desprêzo ao princípio da boa-fé, que deve presidir a feitura dos contratos"); MARTINS-COSTA, Judith. Os regimes do dolo civil no direito brasileiro: dolo antecedente, vício informativo por omissão e por comissão, dolo acidental e dever de indenizar. *Revista dos Tribunais*, v. 923. São Paulo, ano 101, set. 2012, pp. 133-135 (a autora afirma ter a regra do art.147 do Código Civil adquirido ainda mais importância na vigência do diploma atual, pois restou combinada com o princípio da

pode perder de vista, porém, que nem toda conduta contrária à boa-fé consistirá em dolo[46].

Tecidas estas breves considerações acerca do conceito e dos elementos da omissão dolosa, passa-se ao exame da sua disciplina no âmbito do contrato de seguro.

2. A incidência da omissão dolosa no contrato de seguro

A intensidade do grau da informação devida depende do regulamento de interesses do tipo contratual envolvido[47-48]. Os diferentes interesses, obrigações e riscos derivados do contrato ensejam a variação do nível de informação tido como relevante para sua formação.

Antonio Junqueira de Azevedo, ao tratar do surgimento do dever de informar a partir da boa-fé objetiva, explicitava ser esta mais intensa nos "contratos existenciais", *i.e.*, os atinentes à subsistência da pessoa humana (como os de consumo, trabalho, locação residencial e compra da casa própria). Nos contratos empresariais, o seu grau seria menos intenso, admitindo variações, a depender de sua qualificação como relacional ou não relacional[49].

---

boa-fé objetiva. Salienta que, no dolo informativo (modalidade omissiva ou comissiva), ocorre "a incidência conjugada entre o princípio da *boa-fé objetiva* (como regra de conduta proba e leal a que são direcionados os figurantes) e [a] proteção dada pelo Direito à *boa-fé subjetiva*, por si mesma (isto é: à legítima confiança depositada pelo lesado) e pela rejeição à má-fé do causante")· Na doutrina estrangeira, *vide*, exemplificativamente, GRISI, Giuseppe. *L'obbligo precontrattuale di informazione*. Nápoles: Jovene Editore, 1990, p. 296 ("Il dolo [...] giustamente si è evidenziato come esso rappresenti anche 'l'antitesi della buona fede oggettiva' e, quindi, un 'comportamento contrario alla buona fede nelle trattative e nella formazione del contratto'"); BENATTI, Francesco. *La responsabilità precontrattuale*. Milão: Giuffrè, 1963, p. 63 ("[...] il dolo rappresenta l'antitesi della buona fede oggettiva").

---

46 Registre-se que aqui se está referindo ao dolo como previsto na parte geral do Código Civil (arts. 145 a 150).

47 Os contratos podem ser (legalmente) típicos, socialmente típicos ou atípicos. Neste sentido, Emilio Betti esclarece que, além da rígida tipicidade legislativa, há a tipicidade social, mais elástica: "[...] al posto della rigida tipicità legislativa imperniata sopra un numero chiuso di denominazioni subentra un'altra tipicità che adempie pur sempre il cómpito di limitare e indirizzare l'autonomia privata, ma, a paragone di quella, è assai più elastica nella configurazione dei tipi, e, in quanti si opera mediante rinvio alle valutazioni economiche o etiche della conscienza sociale, si potrebbe chiamare *tipicità sociale*" (*Teoria generale del negozio giuridico*. Nápoles: Edizioni Scientifiche Italiane, 1994, p. 192). Também Pedro Pais de Vasconcelos admite a existência de "tipos sociais" (*Contratos atípicos*. 2. ed. Coimbra: Almedina, 2009, p. 61).

48 O Código Civil brasileiro prevê no art. 425 que "[é] lícito às partes estipular contratos atípicos, observadas as normas gerais fixadas neste Código".

49 AZEVEDO, Antonio Junqueira de. Renúncia a direitos contratuais. Dolo e descumprimento dos deveres decorrentes da boa-fé objetiva por parte do beneficiário da renúncia.

Os riscos e os interesses envolvidos em um contrato de empreitada são diferentes dos de um contrato de locação; o nível de colaboração necessário em um contrato de sociedade é diferente do de um contrato de compra e venda; o contrato de seguro envolve obrigação de garantia, ao passo que o contrato de prestação de serviços advocatícios contém obrigações de meio; os interesses em um contrato de compra e venda são contrapostos; no mandato, o mandatário age, em regra, no interesse do mandante. Estes são apenas alguns exemplos das particularidades dos diversos tipos contratuais.

A depender do regime do contrato, o regulamento dos interesses dos contratantes variará: nos negócios bilaterais, o interesse de uma das partes encontra limite nos interesses da contraparte que sejam dignos de proteção (*mea res agitur*); na hipótese de ser atribuída a posição de poder a uma das partes sobre o interesse de outrem, tem-se o mandamento de agir em benefício do interesse alheio (*tua res agitur*); quando a cooperação se desenvolve em nível máximo, requer-se disposição para o trabalho conjunto e sacrifícios em vista do fim comum (*nostra res agitur*)[50].

A variação no quadro de interesses refletirá não só nas obrigações a cargo de cada uma das partes, mas também nas informações tidas como relevantes para o processo de contratação. É comum dizer-se que os deveres de informar, avisar e aconselhar serão "menores quando existirem interesses contraditórios do que quando uma actividade no interesse de outrem se torna conteúdo do contrato"[51]. Assim, nos tipos contratuais que envolvem uma especial carga de confiança entre as partes, como o seguro, o mandato e o contrato de sociedade, admite-se maior intensidade do dever de uma parte informar a outra[52].

Não verificação da pressuposição e desaparecimento da base do negócio. Anulabilidade da renúncia e restituição do enriquecimento sem causa. In: *Novos estudos e pareceres de direito privado*. São Paulo: Saraiva, 2009, pp. 99-100. O autor conceitua os contratos relacionais como aqueles de "longa duração que exigem constante relação de confiança entre as partes" (p. 100) e cita como exemplos, dentre outros, contrato de sociedade, de parceira, de distribuição e os acordos de acionistas em geral (p. 101). Para Judith Martins-Costa, além dos contratos duradouros, também poderiam ser relacionais, em algumas hipóteses, os com prestação única diferida latamente no tempo (*A boa-fé no direito privado*: critérios para a sua aplicação. 2. ed. São Paulo: Saraiva, 2018, p. 405).

---

50 COUTO E SILVA, Clóvis do. *A obrigação como processo*. Rio de Janeiro: FGV Editora, 2006, p. 34. Sobre *mea res agitur*, *tua res agitur* e *nostra res agitur* na sua correlação com a boa-fé, *vide* MARTINS-COSTA, Judith. *A boa-fé no direito privado*: critérios para a sua aplicação. 2. ed. São Paulo: Saraiva, 2018, pp. 347-414.

51 SINDE MONTEIRO, Jorge Ferreira. *Responsabilidade por informações, conselhos e recomendações*. Coimbra: Almedina, 1989, p. 628.

52 LEYSSAC, C. Lucas. L'obligation de renseignements dans les contrats. In: Lassouarn, Yvon; Lagarde, Paul (Eds.). *L'information en droit privé*. Paris: LGDJ, 1978, p. 326.

Segundo pesquisa jurisprudencial realizada[53], o contrato de seguro é um dos que mais frequentemente suscita a alegação de omissão dolosa. Assim também se verifica com a compra e venda de imóvel; a compra e venda de estabelecimento comercial; a compra e venda de participação societária ("cessão de quotas"); e a locação.

Considerando o objetivo referido logo na introdução, discorre-se sobre o contrato de seguro e o regulamento de interesses nele envolvido a fim de identificar exemplos de informações que seriam relevantes para a contratação a ponto de, se intencionalmente omitidas, restar caracterizada a omissão dolosa. A análise dos julgados selecionados contribuirá para elencar possíveis parâmetros para auxiliar na identificação do que efetivamente consistirá em dolo.

2.1. O contrato de seguro e a disciplina específica do tema no art. 766 do Código Civil

O contrato de seguro envolve a consideração do interesse alheio (*tua res agitur*)[54]. Por meio deste, o segurador obriga-se, mediante o pagamento do prêmio, a garantir interesse legítimo do segurado (relativo à pessoa ou à coisa) contra riscos predeterminados (Código Civil, art. 757). O núcleo está na obrigação de garantia a cargo do segurador, a qual consiste em sua prestação principal[55-56]. A

53 A pesquisa foi realizada nos sites do STJ e do TJSP. No STJ, a pesquisa abarcou casos julgados até 08.05.2016, resultando em 37 casos, que compreenderam os seguintes filtros: "art. 94", "art. 147", "omissão dolosa, não penal, não administrativo", "omissão dolosa, não consumidor" e "dolo omissivo". No TJSP, a pesquisa foi realizada até 07.05.2016. Foram encontrados 148 acórdãos e, como não é possível a pesquisa por artigos, foram utilizados os seguintes filtros "omissão dolosa, não penal, não administrativo" e "dolo negativo, não penal, não administrativo".

54 Ainda que, na atualidade, estejam presentes as circunstâncias da massificação e do "ânimo" empresarial, a fiduciariedade está presente em certo grau no contrato de seguro (MARTINS-COSTA, Judith. *A boa-fé no direito privado*: critérios para a sua aplicação. 2. ed. São Paulo: Saraiva, 2018, p. 370).

55 COMPARATO, Fábio Konder. Obrigações de meio, de resultado e de garantia. In: *Doutrinas essenciais de direito empresarial*, v. IV. São Paulo: Revista dos Tribunais, 2011, p. 76: o "conteúdo das obrigações de garantia é a eliminação de um risco que pesa sobre o credor. Eliminar um risco significa '*a fortiori*' reparar as consequências de sua realização. Mas mesmo que esta não se verifique, a simples assunção do risco pelo devedor de garantia representa o adimplemento de sua prestação".

56 Discute-se sobre o caráter comutativo ou aleatório do contrato de seguro. Posicionam-se a favor da comutatividade, exemplificativamente: MARTINS-COSTA, Judith. *A boa-fé no direito privado*: critérios para a sua aplicação. 2. ed. São Paulo: Saraiva, 2018, p. 370; TZIRULNIK, Ernesto; CAVALCANTI, Flávio de Queirós B.; PIMENTEL, Ayrton. *O contrato de seguro. De acordo com o código civil brasileiro*. 3. ed. São Paulo: Editora Roncati, 2016, p. 45; Mello Franco, Vera Helena de. *Lições de direito securitário*: seguros terrestres e privados. São Paulo: Maltese, 1993, pp. 18 e 49. E pela aleatoriedade, *v.g.*: GOMES, Orlando. *Contratos*, 26. ed. Atualizado por Antonio

peculiaridade de tal contrato está na estrutura comunitária e na transindividualidade dos interesses envolvidos[57].

Costuma-se dizer que se trata de tipo contratual permeado por especial confiança. Muito embora a boa-fé deva ser guardada em todos os tipos contratuais, no seguro a exigência de sua observância seria ainda maior, pois "é indispensável que as partes confiem nos dizeres uma da outra", respeitando o "dever comum de dizer-se a verdade"[58]. Afirma-se que "o contrato de seguro é um contrato de bôa fé"[59].

Tal lógica reflete uma sociedade com possibilidades informativas e tecnológicas diferentes das empregadas na atualidade[60]. Como bem identificado por Judith Martins-Costa, sob a égide do Código Civil de 1916, "a balança da assimetria informativa pendia em desfavor do segurador"[61], de modo que os deveres informativos recaíam com maior intensidade sobre o segurado. Sendo restritos os meios para avaliação do risco, o segurador dependia largamente das informações recebidas para conhecer as circunstâncias influentes na apreciação do risco. Desse modo, o segurado deveria atender à boa-fé subjetiva, ao informar ao segurador sobre as circunstâncias que, no seu entender, poderiam influenciar o cálculo do risco[62].

Junqueira de Azevedo e Francisco Paulo De Crescenzo Marino. Rio de Janeiro: Forense, 2007, pp. 505-506; Alvim, Pedro. *O contrato de seguro*. 3. ed. Rio de Janeiro: Editora Forense, 2001, p. 123.

57 A relação de seguro envolve tanto aspectos contratuais quanto aspectos institucionais, pois o risco é inserido em uma mutualidade, *i.e.*, "num agrupamento organizado que o *segurador gere no interesse de todos*". Busca-se a proteção tanto da comunidade segurada quanto do segurado individualmente considerado (MARTINS-COSTA, Judith. *A boa-fé no direito privado*: critérios para a sua aplicação. 2. ed. São Paulo: Saraiva, 2018, p. 371).

58 Os trechos entre aspas estão em BEVILÁQUA, Clóvis. *Código civil dos Estados Unidos do Brasil commentado*, v. V. Rio de Janeiro: Francisco Alves, 1926, p. 205.

59 BEVILÁQUA, Clóvis. *Código civil dos Estados Unidos do Brasil commentado*, v. V. Rio de Janeiro: Francisco Alves, 1926, p. 205. Miguel Maria de Serpa Lopes também realça a especial importância da boa-fé no contrato de seguros: "*O contrato de seguros é um contrato de boa-fé*. [...] Assim, [...] se a boa-fé é elemento importante no terreno contratual, ela assume ainda maior realce no que tange ao contrato de seguros. [...]" (*Curso de direito civil. Fonte das obrigações:* contratos, v. IV. 3. ed. Rio de Janeiro: Freitas Bastos, 1962, pp. 375-376).

60 MONTI, Alberto. Boa-fé e seguro. O novo código civil brasileiro e o direito comparado. In: *III Fórum de Direito do Seguro José Sollereto Filho*. São Paulo: IBDS, 2003, pp. 106-122.

61 MARTINS-COSTA, Judith. *A boa-fé no direito privado*: critérios para a sua aplicação. 2. ed. São Paulo: Saraiva, 2018, p. 373.

62 MARTINS-COSTA, Judith. *A boa-fé no direito privado*: critérios para a sua aplicação. 2. ed. São Paulo: Saraiva, 2018, p. 373. Também neste sentido Miguel Maria de Serpa Lopes destaca: a "[...] peça principal [no contrato de seguro] consiste nas declarações

Com as mudanças na sociedade, o incremento das possibilidades tecnológicas e a existência de novas fontes de risco, o sistema normativo integrou às regras sobre boa-fé subjetiva sua faceta objetiva como *standard* de conduta exigível de *ambas as partes*[63]. O panorama se modificou a ponto de se afirmar que atualmente "é o segurado que necessita de proteção para sua posição"[64], não obstante também possa se aproveitar do oportunismo quando omite dolosamente uma informação devida[65].

O Código Civil atual prevê, em linha com a boa-fé objetiva, que tanto o segurado quanto o segurador devem guardar, na conclusão e na execução do contrato, "a mais estrita boa-fé e veracidade", a respeito do objeto, das circunstâncias e das declarações a ele concernentes (art. 765).

Como observado por Judith Martins-Costa, também na fase pré-contratual incide o dever de observar a boa-fé objetiva, sendo, nesta fase, potencializados os deveres de informação devidos por ambas as partes[66]. O segurado deve descrever com clareza e precisão a natureza dos riscos envolvidos, além de ser veraz nas informações relativas à sua pessoa e em suas declarações posteriores. O segurador deve fornecer informações exatas sobre o contrato, redigindo-o de forma clara e buscando evitar dispositivos ou interpretações que limitem sua responsabilidade frente ao segurado[67]. Deve, ainda, guardar a boa-fé objetiva ao formular os questionários, de modo a perguntar os dados relevantes para a aceitação do contrato e a fixação do prêmio, sem importar

do segurado, a respeito do seu conteúdo, da proporção dos riscos e das circunstâncias que possam influir na intensidade de sua gravidade. Ao segurado, portanto, se impõe um comportamento de absoluta franqueza e lealdade, o que justifica a série de sanções contra êle cominadas, no caso de um proceder em contrário à sua boa-fé, em circunstâncias em que o segurador não pode se alongar em pesquisas, fiando-se tão-só no dito do segurado" (*Curso de direito civil. Fonte das obrigações*: contratos, v. IV. 3. ed. Rio de Janeiro: Freitas Bastos, 1962, p. 376).

63 MARTINS-COSTA, Judith. *A boa-fé no direito privado*: critérios para a sua aplicação. 2. ed. São Paulo: Saraiva, 2018, pp. 373-374. A autora cita os arts. 762; 766, parágrafo único, *a contrario*, e 769, *in fine*, como exemplos de dispositivos que tratam da boa-fé subjetiva, e os arts. 765; 766, *caput*, e 771 como referentes à faceta objetiva.

64 MARTINS-COSTA, Judith. A *boa-fé no direito privado*: critérios para a sua aplicação. 2. ed. São Paulo: Saraiva, 2018, p. 375.

65 MARTINS-COSTA, Judith. A *boa-fé no direito privado*: critérios para a sua aplicação. 2. ed. São Paulo: Saraiva, 2018, p. 375.

66 MARTINS-COSTA, Judith. A *boa-fé no direito privado*: critérios para a sua aplicação. 2. ed. São Paulo: Saraiva, 2018, p. 377.

67 SOUZA, Antonio Lober Ferreira de; RIBEIRO, Teresinha Castello. Boa-fé. In: *Dicionário de seguros. Vocabulário conceituado de seguros*. Rio de Janeiro: Funenseg, 1996, p. 10.

em ônus excessivo ao segurado[68]. Cabe também ao segurador observar o ônus de autoinformação, pois, muitas vezes, é ele quem terá a maior possibilidade de obter dados pertinentes ao cálculo do risco, especialmente nos seguros de grandes riscos[69].

Igualmente em atenção aos deveres informativos que lhe incumbem, o segurado não deve omitir circunstâncias relevantes à apreciação do risco pelo segurador. Não se exige que informe o que não sabe nem o que não poderia saber. Além disso, destaca-se não se poder exigir a observância tão estrita do ônus de autoinformação, pelo segurado, como se impõe ao segurador, que é, afinal, o "profissional" na relação[70-71].

Se o segurado (ou por meio de seu representante) emitir "de má-fé"[72] declarações inexatas ou omitir circunstâncias que possam influir na aceitação da proposta ou na taxa do prêmio, a consequência será a perda do direito à garantia, permanecendo obrigado a pagar o prêmio vencido[73-74] (Código

68 MARTINS-COSTA, Judith. A *boa-fé no direito privado*: critérios para a sua aplicação. 2. ed. São Paulo: Saraiva, 2018, p. 376.

69 MARTINS-COSTA, Judith. A *boa-fé no direito privado*: critérios para a sua aplicação. 2. ed. São Paulo: Saraiva, 2018, p. 377.

70 MARTINS-COSTA, Judith. A *boa-fé no direito privado*: critérios para a sua aplicação. 2. ed. São Paulo: Saraiva, 2018, p. 377.

71 O PL n. 29/2017, que atualmente está tramitando no Congresso Nacional prevê, em seu art. 49, o dever de a seguradora alertar o proponente a respeito das informações relevantes para a fase formativa do contrato: "A seguradora deverá alertar o proponente sobre quais são as informações relevantes a serem prestadas para a aceitação e formação do contrato e esclarecer nos seus impressos e questionários as consequências do descumprimento desse dever".

72 Conforme José Augusto Delgado, as "declarações feitas de má-fé" são "as que atentam contra a obrigação do segurado de agir com lealdade, de não faltar a verdade e de atuar com sinceridade" (*Comentários ao novo código civil. Das várias espécies de contrato, do seguro*, v. XI. Rio de Janeiro: Forense, 2004, p. 204).

73 Este sentido depreende-se da leitura conjugada entre o art. 766 e seu parágrafo único: "Art. 766. Se o segurado, por si ou por seu representante, fizer declarações inexatas ou omitir circunstâncias que possam influir na aceitação da proposta ou na taxa do prêmio, perderá o direito à garantia, além de ficar obrigado ao prêmio vencido. Parágrafo único: Se a inexatidão ou omissão nas declarações não resultar de má-fé do segurado, o segurador terá direito a resolver o contrato, ou a cobrar, mesmo após o sinistro, a diferença do prêmio". Nesta linha, também indica a doutrina. Para José Augusto Delgado, ao comentar o referido dispositivo, as declarações proferidas pelo segurado devem, então, representar a verdade dos fatos e das circunstâncias, não sendo permitida a omissão de dados que poderiam influir diretamente sobre a decisão do segurador de contratar (seja pelo fato de ter aceito a proposta, seja pelo fato de a taxa do prêmio ter um valor diferenciado em relação ao que fixaria, se soubesse das circunstâncias) (*Comentários ao novo código civil. Das várias espécies de contrato, do seguro*, v. XI. Rio de Janeiro: Forense, 2004, p. 204).

74 O PL n. 29/2017 distingue os efeitos decorrentes da omissão dolosa ou da violação culposa ao dever de informar, adotando redação mais clara em comparação ao art. 766

Civil, art. 766). Aqui está presente o elemento volitivo, qual seja a intenção de enganar a seguradora[75]. Esta é a hipótese chamada de "omissão dolosa" no contrato de seguro[76].

Ressalta-se, porém, que o art. 766 do Código Civil trata tanto do fornecimento de informações inexatas a ensejar o dolo comissivo quanto da ocultação de circunstâncias, o que configura a omissão dolosa. Salienta-se que, em ambos os casos, o elemento intencional deve estar presente[77].

O dolo por omissão requer a ocultação intencional de circunstâncias pelo interessado em contratar o seguro. As informações omitidas podem dizer respeito à sua pessoa ou à coisa, de modo que a omissão leve ao engano do segurador e tenha impacto determinante na contratação, a qual poderia não ocorrer, se o segurador tivesse conhecimento das circunstâncias, ou dar-se-ia em termos diferentes. Se o segurado prestar intencionalmente informações inexatas, levando o segurador a incorrer em erro, o dolo deve ser enquadrado como comissivo.

Entende-se cometer igualmente omissão dolosa o segurador que, ao tempo do contrato, tem conhecimento de já se ter materializado o risco que o segurado pretende ver assegurado e, não obstante, expede a apólice[78]. Neste

---

do Código Civil. *Vide*, neste sentido, os §§ 1º e 2º do art. 47, respectivamente: "O descumprimento doloso do dever de informar importará perda da garantia"; "A garantia, quando culposo o descumprimento, será reduzida proporcionalmente à diferença entre o prêmio pago e o que seria devido caso prestadas as informações, salvo se, diante dos fatos não revelados, a garantia for tecnicamente impossível ou tais fatos corresponderem a tipo de risco que não seja subscrito pela seguradora, hipótese em que será resolvido o contrato".

---

75 Judith Martins-Costa refere que o elemento volitivo corresponderia à "intenção de lesar a seguradora". Todavia, a intenção de causar dano não é requisito para a configuração do dolo (*A boa-fé no direito privado*: critérios para a sua aplicação. 2. ed. São Paulo: Saraiva, 2018, p. 381).

76 Neste sentido, Antônio Chaves ao discorrer sobre o verbete 'dolo' refere o art. 1.444 do Código Civil de 1916 (equivalente ao art. 766 do Código de 2002) como um "exemplo expressivo" do dolo negativo (Dolo. In: LIMONGI FRANÇA, Rubens (Coord.). *Enciclopédia Saraiva do direito*, v. XXIX. São Paulo: Saraiva, 1977-, p. 275).

77 A este respeito, cabe citar o referido PL n. 29, de 2017, que trata do "descumprimento doloso" do dever de informar: "Art. 47. O proponente é obrigado a fornecer as informações necessárias para a aceitação do contrato e fixação da taxa para cálculo do valor do prêmio, de acordo com o questionamento que lhe submeta a seguradora. § 1º O descumprimento doloso do dever de informar importará perda da garantia".

78 Neste sentido, Serpa Lopes explana que o dolo negativo "tem especial reflexo no contrato de seguro dispondo o art. 1446 [...] [equivalente ao artigo 773 do Código Civil de 2002]" (*Curso de direito civil*, v. I. 4. ed. Rio de Janeiro: Freitas Bastos, 1962, pp. 440-441).

caso, o segurador pagará em dobro o prêmio estipulado (art. 773 do Código Civil).

É curioso notar que a omissão dolosa cometida pelo segurado (ou pelo segurador) no âmbito do contrato de seguro acarreta consequências diferenciadas do regime previsto na Parte Geral do Código Civil. No primeiro, as consequências refletem-se no plano da eficácia, acarretando a perda do direito à garantia cumulada com a necessidade de pagamento do prêmio vencido. No segundo, a omissão qualificável como principal permite que o lesado pleiteie a anulação do contrato (plano da validade) e a cabível indenização (plano da eficácia) – para alguns doutrinadores, admitir-se-ia, igualmente, a omissão dolosa acidental[79].

A omissão dolosa em contratos de seguro também é tratada por outros ordenamentos. O Código Civil italiano prevê em seu art. 1.892 a hipótese de declarações inexatas ou reticência derivadas de dolo ou de culpa grave. Segundo o referido dispositivo, as declarações inexatas ou a reticência relativas a circunstâncias que o segurador, se houvesse conhecido o verdadeiro estado das coisas, não teria consentido com o contrato ou teria consentido de outra forma, constituem causas de anulação na hipótese de dolo ou culpa grave do segurado[80]. Mesmo nos sistemas de *Common Law* em que, a ocorrência de omissão de informações não ensejará, em regra, remédios para a parte "lesada", reconhece-se, excepcionalmente, a relevância do intercâmbio de informações em se tratando de negociações acerca de um contrato de seguro[81].

Delineado o caso específico da omissão dolosa prevista no art. 766 do Código Civil, é chegado o momento de examinar, de modo concreto, como os julgadores vêm aplicando este regime doloso.

---

79 Filiamo-nos ao entendimento que admite a omissão dolosa acidental. Sobre o assunto, *vide* BENETTI, Giovana Valentiniano. *Dolo por omissão no direito civil brasileiro:* fundamentos, requisitos e efeitos. Tese de Doutorado. Universidade de São Paulo. Faculdade de Direito. Orientador: Prof. Dr. Francisco Paulo De Crescenzo Marino. São Paulo, 2018, pp. 198-202.

80 Codice Civile italiano, art. 1.892, no original: "Le dichiarazioni inesatte e le reticenze del contraente, relative a circostanze tali che l'assicuratore non avrebbe dato il suo consenso o non lo avrebbe dato alle medesime condizioni se avesse conosciuto il vero stato delle cose, sono causa di annullamento del contratto quando il contraente ha agito con dolo o con colpa grave".

81 Além do contrato de seguro, também a existência de uma relação de confiança entre as partes (contratos *uberrimae fidei*), *v.g.*, as relações entre tutor e pupilo; representante e representado; *trustee* e beneficiário etc., justifica uma maior atenção ao dever de informar entre as partes (ZWEIGERT, Konrad; KÖTZ, Hein. *Introduction to comparative law*. Tradução de Tony Weir. Nova Iorque: Oxford, 2011, p. 426).

2.2. Exame jurisprudencial

De início, cumpre referir, com base na pesquisa jurisprudencial realizada, que, muito embora sejam regimes distintos, existem decisões que não distinguem dolo comissivo e omissão dolosa, enquadrando como omissão dolosa casos envolvendo declaração de informações inexatas pelo segurado[82].

Apenas a título ilustrativo, em acórdão do TJSP entendeu-se configurada omissão dolosa a respeito de transtorno bipolar de humor, pois o segurado, ao "omiti[r] de maneira consciente que era portador de doença pré existente", "*respondeu de forma não verídica* à pergunta constante do item 3 do cartão-proposta [...]". Assim, não poderia invocar a moléstia descrita como sinistro, pois "fez afirmação falsa". Concluiu a decisão ter havido "dolo [...] do segurado, má-fé, no ato de ocultar a moléstia preexistente ao contrato (CC/1916, arts. 92 a 97)"[83]. O acórdão solucionou a questão pela via da omissão dolosa, apesar de ter reconhecido expressamente que o segurado forneceu informação falsa.

Já outros casos andaram bem ao reconhecer que declarações não condizentes com o estado de saúde do segurado estão ligadas à prestação de informações inexatas (e não à omissão). Por exemplo, considerou-se evidenciada a má-fé do segurado que, ao preencher o cartão-proposta, respondeu estar em "plena atividade para o trabalho" e não ser portador de qualquer moléstia que o obrigasse a consultar médicos ou tomar medicação periodicamente, quando, na verdade, foi aposentado por invalidez. Além disso, foi internado em razão de padecer de hipertensão arterial, enfisema pulmonar e angina,

---

82 TJSP. Apelação Cível n. 0004493-79.2007.8.26.0000. 28ª Câmara de Direito Privado. Rel. Des. Antonio Marcelo Cunzolo Rimola, j. 29.05.2007 (considerou-se prescrita a pretensão do beneficiário contra o segurador relativa ao pagamento da indenização e, no mérito, entendeu-se passível o enquadramento do caso como omissão dolosa, pois, "ao contrário do quanto afirmado pelo apelante quando do preenchimento da proposta, este não possuía garagem fechada e exclusiva para o veículo segurado em sua residência"). TJSP. Apelação Cível n. 0016493-89.2004.8.26.0009. 35ª Câmara de Direito Privado. Rel. Des. Artur Marques, j. 08.02.2010 (o segurado "omitiu dolosamente na sua declaração de saúde a preexistência de doença no aparelho (*sic*) digestivo, ao responder de forma negativa a pergunta específica do item quatro da referida declaração de estado de saúde", correspondendo o trecho entre aspas à manifestação do Procurador de Justiça). TJSP. Apelação Cível n. 0033655-61.2003.8.26.0000. 35ª Câmara de Direito Privado. Rel. Des. Artur Marques, j. 15.08.2005 (a "omissão proposital de circunstâncias específicas de qualquer contrato devem ser fulminadas"; as respostas do segurado, "sobretudo a declaração de veracidade de suas informações, levaram a seguradora a aceitar a proposta e a renová-las").

83 TJSP. Apelação Cível n. 880778-0/3. 25ª Câmara do D. Terceiro Grupo (Ext. 2º TAC). Rel. Des. Antônio Benedito Ribeiro Pinto, j. 21.11.2005. Destacou-se.

tendo recebido alta hospitalar dez dias antes da contratação do seguro[84-85]. Considerou-se também configurada a má-fé do segurado que forneceu informações inexatas a respeito do perfil do motorista: informou não ter em sua moradia filhos de 17 a 25 anos e, em seu depoimento no processo, afirmou ser o veículo furtado costumeiramente dirigido por si e por seus dois filhos. A "mentira quanto ao fato de o segurado morar com filhos jovens", registra o acórdão, "já basta para justificar a recusa da cobertura", porém, há uma circunstância mais grave no caso e que agrava o risco da seguradora – o "fato de que os filhos rotineiramente dirigiam o carro segurado"[86].

Para a configuração da omissão dolosa ou do dolo comissivo por defeito informativo, um ponto será comum: o foco deve recair sobre a violação *intencional* ao dever de informar.

Assim, "não é a simples inexatidão das informações prestadas pelo segurado" que conduzirá à isenção no pagamento da cobertura[87]. A este respeito, a jurisprudência do STJ vem considerando que a má-fé do segurado deve ser devidamente comprovada, não comportando presunções. Além disso, considera-se que a seguradora não poderia recusar a cobertura securitária alegando doença preexistente se não solicitou, antes da contratação, a realização de exames médicos pelo segurado[88-89].

Já se afastou a configuração da má-fé quando não restou comprovado que, no momento da celebração do contrato, o segurado (*i*) tinha plena ciência da doença que o vitimou[90] ou (*ii*) exibia um quadro de comprometimento

84 TJSP. Apelação Cível n. 0006351-06.2003.8.26.0318. 25ª Câmara de Direito Privado. Rel. Des. Hugo Crepaldi, j. 13.06.2013.

85 Em sentido semelhante, TJSP. Apelação Cível n. 0022815-31.2013.8.26.0003. 36ª Câmara de Direito Privado. Rel. Des. Gil Cimino, j. 18.02.2016 ("não se pode concluir tenha o segurado faltado com a verdade ao anuir à declaração de estar gozando de plenas condições de saúde").

86 TJSP. Apelação Cível n. 9173531-04.2005.8.26.0000. 29ª Câmara de Direito Privado. Rel. Des. José Luiz Germano, j. 30.03.2006.

87 TJSP. Apelação Cível n. 9125409-18.2009.8.26.0000. 30ª Câmara de Direito Privado. Rel. Des. Andrade Neto, j. 06.02.2013.

88 STJ. REsp n. 1.394.271/SC. Decisão Monocrática. Rel. Min. Paulo de Tarso Sanseverino, j. 16.04.2015. A decisão cita dois casos para exemplificar o entendimento da jurisprudência: AgRg no Ag n. 1.062.383/RS. 3ª Turma. Rel. Min. Sidnei Beneti, j. 02.10.2008; AgRg no Ag n. 973.265/SP. 3ª Turma. Rel. Min. Humberto Gomes de Barros, j. 12.02.2008.

89 Sobre o tema, o TJSP aprovou a Súmula n. 105 da Seção de Direito Privado, segundo a qual: "Não prevalece a negativa de cobertura às doenças e às lesões preexistentes se, à época da contratação de plano de saúde, não se exigiu prévio exame médico admissional" (DJe 28.02.2013, p. 1).

90 TJSP. Apelação Cível n. 0159603-28.2008.8.26.0100. 28ª Câmara de Direito Privado. Rel.ª Des.ª Márcia Cardoso, j. 23.10.2012. No caso, a enfermidade que vitimou o segurado era preexistente à contratação do seguro, porém não havia provas que de-

significativo de seu estado geral de saúde e tinha conhecimento do risco que a patologia lhe causava[91].

Igualmente, não foi reconhecida a má-fé de segurada que tinha conhecimento da existência de nódulos na tireoide, os quais somente dois anos depois passaram a apresentar indicativo de cirurgia em razão do crescimento. Tal fato não "seria considerado como doença, ao menos em nível de informação e percepção" da segurada, pois não estavam se desenvolvendo à época. Além disso, esses nódulos seriam relativamente comuns, não se desenvolvendo, na maioria das vezes, de forma a causar perigo ao indivíduo[92].

Concluiu-se também pela ausência de má-fé quando o segurado deixa de comunicar o fato de ser portador de doença pulmonar crônica cujo diagnóstico recebera dois anos antes, mas, no período da contratação, não apresentou qualquer problema médico. Ademais, não havia comprovação de que o óbito tivesse decorrido dessa mesma enfermidade[93].

Diferentemente, constatou-se a má-fé do segurado que, no momento da contratação, contava com 33 anos e já padecia de moléstias relacionadas ao alcoolismo, as quais não haviam sido reveladas ao segurador e foram as causadoras de seu óbito[94]. De igual modo, entendeu-se ter agido com má-fé o segurado que, à época da contratação, tinha conhecimento de doença que o atingia (síndrome do intestino curto), já tendo sofrido internações e procedimentos cirúrgicos em decorrência da moléstia cujas complicações vieram a lhe causar a morte[95].

Percebe-se, assim, que, segundo a jurisprudência, para restar caracterizada a má-fé não basta comprovar que a doença era preexistente ao contrato,

---

monstrassem sua plena ciência quando contratou o seguro, pois os exames que constataram a "doença de Chagas" eram posteriores à contratação e, na fase inicial desta doença, o paciente fica assintomático por vários anos.

91 TJSP. Apelação Cível n. 9125409-18.2009.8.26.0000. 30ª Câmara de Direito Privado. Rel. Des. Andrade Neto, j. 06.02.2013. No caso, o segurado fora diagnosticado como hipertenso cerca de um ano antes da contratação do seguro, mas considerou-se razoável presumir que desconhecia a gravidade da moléstia, pois nunca procurou atendimento médico em razão disso. Da leitura do acórdão, não fica claro, porém, se o segurado faleceu em decorrência da hipertensão.

92 STJ. AREsp n. 774.994/DF. Decisão Monocrática. Rel. Min. Ricardo Villas Bôas Cueva, j. 24.11.2015. Os dados fáticos foram transcritos na decisão monocrática, tendo sido conhecido o agravo para negar seguimento ao recurso.

93 TJSP. Apelação Cível n. 9093001-42.2007.8.26.0000. 29ª Câmara de Direito Privado. Rel. Des. Oscar Feltrin, j. 24.08.2011.

94 TJSP. Apelação Cível n. 0033655-61.2003.8.26.0000. 35ª Câmara de Direito Privado. Rel. Des. Artur Marques, j. 15.08.2005.

95 TJSP. Apelação Cível n. 0004396-84.2013.8.26.0286. 25ª Câmara de Direito Privado. Rel. Des. Hugo Crepaldi, j. 06.04.2016.

pois o segurado pode (*i*) não saber ser portador da doença (nas hipóteses em que, por exemplo, o paciente fica assintomático na fase inicial); (*ii*) desconhecer a gravidade da moléstia; (*iii*) não apresentar estado geral de saúde debilitado, no momento da contratação; além do fato de que (*iv*) a doença preexistente pode não ter sido a causa do sinistro.

Dentre os julgados pesquisados, há alguns que versam sobre seguro de danos envolvendo automóveis. Neste contexto, decidiu-se estar configurada a "omissão dolosa" quando o segurado, ao contrário do afirmado no preenchimento da proposta, não tinha garagem fechada e exclusiva para o veículo em sua residência[96]. Além de não diferenciar entre omissão dolosa e dolo comissivo, o acórdão não discorreu sobre os requisitos para a configuração do elemento intencional, bastando, para a conclusão alcançada, apenas a prestação de informação inverídica.

Em outro julgado, não foi reconhecida a má-fé do segurado que teria declarado inveridicamente permanecer o veículo em estacionamento exclusivo, em seu local de trabalho, tendo optado, porém, pelo pagamento como diarista em estacionamento próximo. No dia do furto, teve de estacionar na rua em função de urgência demandada por sua profissão de enfermeiro. O acórdão considerou como "mal colocada" a resposta no questionário, embora tenha reconhecido que o objetivo foi alcançado, pois o segurado guardava o veículo em estacionamento[97]. Foi considerada, portanto, como alcançada a finalidade prevista na cláusula, ainda que "mal colocada" a resposta pelo segurado.

De modo geral, pode-se concluir que, em se tratando de seguro de pessoas, (*i*) conhecendo a doença preexistente causadora do sinistro e a sua gravidade; e (*ii*) apresentando, no momento da contratação ou próximo a ela, estado geral de saúde debilitado; ou, relativamente a seguro de danos, (*iii*) existindo um fator que possa agravar o risco incidente sobre a coisa segurada, deve o interessado revelar tais informações ao segurador, no momento da contratação, e deve fazê-lo de modo veraz, sob pena de perder o direito à garantia e ficar obrigado ao prêmio vencido.

Conclusões

Com maestria, Judith Martins-Costa identificou a relevância do dolo informativo e, mais especificamente, da omissão dolosa nos dias atuais, atentando também para os problemas decorrentes do excesso de informações. Com efeito, não é rara a ocorrência de um fluxo informacional defeituoso nas negociações contratuais e nas operações societárias, sendo imprescindível identificar se a

96 TJSP. Apelação Cível n. 0004493-79.2007.8.26.0000. 28ª Câmara de Direito Privado. Rel. Des. Antonio Marcelo Cunzolo Rimola, j. 29.05.2007.

97 TJSP. Apelação Cível n. 1016376-16.2015.8.26.0100. 32ª Câmara de Direito Privado. Rel. Des. Caio Marcelo Mendes de Oliveira, j. 04.02.2016.

omissão ou a distorção de informações verificadas na fase de formação ou de celebração de um contrato importam em dolo ou constituem prática tolerada.

Assim, é da maior relevância compreender os elementos necessários para a configuração da omissão dolosa (ou mesmo do dolo comissivo operado por meio de mentiras). São eles o elemento intencional e o silêncio voltados a induzir a contraparte em erro.

Como referido, nem todo silêncio ou toda omissão ensejam dolo, adquirindo relevo a partir da violação a dever prévio de informar. A nosso ver, a omissão dolosa, como previsto no art. 147, requer (*i*) o conhecimento por um contratante de fato ou qualidade; (*ii*) a ignorância da outra parte a respeito deste mesmo fato ou qualidade; (*iii*) o conhecimento, pelo contratante mais informado, de que a outra parte ignora essa informação relevante para a tomada de decisão; (*iv*) o silêncio intencional, que leva ao engano do menos informado; além da (*v*) comprovação de que a omissão contribuiu para a celebração do negócio. É a partir da percepção de que o outro contratante ignora o fato ou a qualidade que surge o dever de informar e, ao calar-se intencionalmente, resta configurada a omissão dolosa.

O mecanismo do processo enganatório compreende a percepção pelo agente do estado de ignorância em que o outro contratante se encontra e o conhecimento da relevância da informação que serviria para esclarecê-lo, mas, intencionalmente, a omite. Tendo a vontade sido declarada sob o impacto da errônea representação da realidade, o negócio será formado defeituosamente e o objetivo almejado pelo *deceptor* restará alcançado.

A apreciação do grau de intensidade do dever prévio de informar é ditada pelo exame das circunstâncias concretas, podendo-se recorrer ao princípio da boa-fé objetiva, aos usos ou até dispositivos normativos (como Instruções da CVM). Em relação ao contrato de seguro, no qual tanto o segurado quanto o segurador devem guardar, na conclusão e na execução do contrato, "a mais estrita boa-fé e veracidade", a respeito do objeto, das circunstâncias e das declarações a ele concernentes (art. 765), afiguram-se relevantes as circunstâncias que, se informadas pelo segurado, poderiam influenciar na aceitação da proposta ou na taxa do prêmio. Assim, caso o segurado omita intencionalmente tais circunstâncias, restará configurada a omissão dolosa e, consequentemente, perderá o direito à garantia, além de ficar obrigado ao prêmio vencido (art. 766 do Código Civil).

Por fim, com base na pesquisa jurisprudencial realizada, identificou-se, como exemplo de informações relevantes e que, se ocultadas intencionalmente, poderiam levar à omissão dolosa, as seguintes circunstâncias: em se tratando de seguro de pessoas, (*i*) conhecimento de doença preexistente causadora do sinistro e da sua gravidade; e (*ii*) apresentação, no momento da contratação ou próximo a ela, de estado geral de saúde debilitado; e, relativamente a seguro de danos, (*iii*) a existência de um fator que possa agravar o risco incidente sobre a coisa segurada.

Dos vícios redibitórios e da sua articulação com as cláusulas de declarações & garantias em contratos de compra e venda de empresas

Teresa Negreiros

Este texto não teria sido escrito não fosse o incentivo que recebi da minha querida Mestre e amiga Judith Martins-Costa. Conhecemo-nos na academia, há cerca de 20 anos. Nossas "afinidades eletivas" manifestaram-se desde o primeiro encontro, altura em que ambas estávamos a escrever sobre a boa-fé objetiva. De lá para cá, na vida profissional mas não só, inúmeras têm sido as ocasiões em que nos regozijamos mutuamente diante das manifestações, por vezes completamente inesperadas, de uma misteriosa e permanente sintonia, capaz de desafiar a distância e o silêncio.

Arrisco afirmar que todos os autores que participam desta tão merecida homenagem, apesar de se dedicarem a áreas muito diversas do saber jurídico e de manterem com a Judith relações de natureza também muito diversa entre si, hão de, contudo, partilhar um sentimento idêntico: cada um, à sua maneira, está a ela ligado por uma profunda afinidade de gostos e de ideias.

E isto, naturalmente, diz muito mais acerca da Judith do que acerca de nós – seus alunos, colegas, leitores, fãs e amigos. Diz-nos da sua inigualável aptidão para se tornar uma referência em todas as áreas em que atua. Diz-nos também da sua humildade, abertura, ausência de preconceitos, curiosidade e, sobretudo, generosidade para, com um entusiasmo sempre contagiante, partilhar o seu conhecimento e as suas experiências.

Quem teve o privilégio de conviver ou trabalhar com a Judith se torna a ela ligado por esta inspiradora sintonia – expressão máxima da sua capacidade para criar empatias intelectuais, que só são possíveis graças à sua inteligência e sensibilidade ao mesmo tempo únicas e múltiplas; expressão máxima, enfim, do seu interesse genuíno pelo conhecimento e pelo outro (suas preferências e escolhas).

O texto a seguir, como referi, surge graças a uma conversa que tivemos em janeiro de 2017, altura em que a Judith me desafiou para escrevermos um artigo sobre as cláusulas de declarações e garantias em contratos de compra e venda, que buscasse determinar a sua qualificação jurídica à luz do Direito brasileiro. Dando seguimento àquela conversa, dei aqui um primeiro passo.

Concentrei-me neste artigo exclusivamente nos vícios redibitórios e em alguns problemas que a articulação entre este regime e as ditas declarações e garantias pode suscitar. É um passo pequeno, mas que julgo necessário, a caminho de uma reflexão mais abrangente acerca da categorização dessas cláusulas no Direito brasileiro (o tal artigo que ainda havemos de escrever...). Trata-se, sobretudo, de um texto que visa a celebrar, uma vez mais, as nossas afinidades, pelas quais sou imensamente grata e que espero perdurem e frutifiquem em diálogos como este, indefinidamente.

Introdução

As chamadas cláusulas de declarações e garantias, cuja denominação tem origem no Direito anglo-saxónico – representations and warranties –, são muitas vezes o cerne da negociação dos contratos de compra e venda, sobretudo quando se trata da aquisição de participações sociais de controle como veículo de transmissão de empresas.

A problemática acerca da articulação ou possível convivência entre estas cláusulas e o regime dos vícios redibitórios é um dos muitos aspectos por explorar em torno do uso hoje generalizado destas cláusulas em contratos de compra e venda de empresas[1].

O objetivo deste artigo é demonstrar que as declarações e garantias, apesar da sua "vocação auto-suficiente"[2] em termos de alocação de riscos entre o comprador e o vendedor, não podem, ou nem sempre devem, ser interpretadas sem referência ao regime legal dos vícios redibitórios. E o inverso é igualmente verdade: também o regime do Código Civil em matéria de responsabilidade por vícios redibitórios não está imune ao que as partes em um contrato de compra e venda, precisamente por meio da pactuação de um regime de responsabilidade pela não observância ou violação de declarações e garantias, venham a livremente estabelecer.

Para tanto, iremos discorrer sobre o regime dos vícios redibitórios, tal como estabelecido pelo Código Civil, aludindo às polêmicas sobre o seu fundamento dogmático, para ao final apontar situações em que este regime é confrontado com o disposto contratualmente por meio de declarações e ga-

---

1 Embora os defeitos do negócio jurídico (erro e dolo) e o princípio da boa-fé, em especial no que se refere ao dever" ao dever de informar, também apresentem elementos de conexão relevantes, este artigo concentra-se especificamente no regime dos vícios redibitórios e na sua relevância para a interpretação e aplicação das declarações e garantias inseridas em contratos de compra e venda de participações sociais de controle, âmbito no qual assumem uma importância fulcral.

2 A expressão é de autoria de Catarina Tavares LOUREIRO e Manuel Cordeiro FERREIRA. In: As cláusulas de declarações e garantias no direito português – reflexões a propósito do acórdão do Supremo Tribunal de Justiça de 1 de março de 2016, pp. 15-30, p. 28 (disponível em: <http://www.uria.com/documentos/publicaciones/5143/documento/art01.pdf?id=6819>).

rantias, procurando em cada caso determinar a resposta mais adequada à luz do nosso sistema jurídico.

1. Vícios redibitórios – noções preliminares

Chama-se vício redibitório o defeito (vício) oculto capaz de tornar o bem recebido ao abrigo de um contrato comutativo impróprio ao uso a que se destina ou de lhe reduzir o valor de forma significativa.

Em linhas muito gerais, o regime dos vícios redibitórios, disciplinado nos arts. 441 a 445 do Código Civil, institui uma garantia legal em favor de quem recebe um bem defeituoso em virtude de contrato comutativo, facultando-lhe, desde que preenchidos certos pressupostos, a redibição do contrato (do latim *redhibere*, que significa retomar, reaver – i.e. reaver o estado em que se encontrava antes de celebrar o contrato) ou, caso pretenda ficar com a coisa defeituosa, a redução da contraprestação (i.e. o abatimento do preço).

Aí se incluem todos os casos em que, por uma falha constitucional, por um defeito de fabricação ou mesmo pelo uso (vício de durabilidade), o bem não atende à destinação a ele atribuída específica ou normalmente, ou tem o seu valor diminuído em razão de tal vício. Nestes casos, ocorre a quebra do sinalagma contratual, já que deixa de existir equivalência entre a qualidade devida e a contrapartida acordada, daí resultando uma situação de injustiça comutativa à qual o regime dos vícios redibitórios visa a dar resposta.

Esta é precisamente a ideia central do instituto dos vícios redibitórios: a possibilidade, em derrogação à regra do *caveat emptor*[3], de o cumprimento da obrigação de entregar vir a ser questionado, ainda que o bem já tenha sido recebido pelo credor, desde que este não tivesse conhecimento da existência do defeito no momento do recebimento da prestação (vício ou defeito *oculto*).

---

3 Historicamente, a possibilidade de, após ter recebido e aceito o bem, vir o credor a rejeitá-lo, ou a exigir a redução da contraprestação, significou uma "conquista da equidade pretoriana sobre a rigidez do direito civil" (cf. DANTAS, San Tiago. Meios de proteção ao comprador. In: *Problemas de direito positivo – estudos e pareceres*. 2. ed. Rio de Janeiro: Forense, 2004, pp. 179-198, p. 184). Isto porque, ao receber o bem sem reservas, o credor está, de certa forma, externando a sua intenção de o aceitar no estado em que se encontra. Ou seja, a aceitação da entrega do bem pelo credor tem justamente o efeito de indicar que o bem em questão está de acordo com o esperado. Afinal, se o bem não corresponde ao esperado e não é por isso idôneo a satisfazer o legítimo interesse do credor, cabe a este rejeitá-lo desde logo. O rigor desta regra clássica, conhecida como *caveat emptor*, ía ainda mais longe, imputando-se ao comprador o ônus de proceder ao prévio exame do bem. Assim, se, por um lado, o comprador estava protegido porque lhe assistia o direito de apenas aceitar o bem de determinada qualidade, por outro lado, cabia-lhe o ônus de proceder com toda a cautela ao prévio exame do bem, pois a entrega deste reputava perfeito o cumprimento da obrigação por parte do vendedor. Acima de tudo, a máxima *caveat emptor* prestigiava a segurança e previsibilidade nas relações econômicas ao impedir que vendas consumadas fossem ulteriormente questionadas.

Neste sentido, abrindo a seção dedicada aos vícios redibitórios, dispõe o *caput* do art. 441 do Código Civil: "A coisa recebida em virtude de contrato comutativo pode ser enjeitada por vícios ou defeitos ocultos, que a tornem imprópria ao uso a que é destinada, ou lhe diminuam o valor". Na sequência, o art. 442 faculta ao credor a quem interesse manter o bem a alternativa de exigir o abatimento do preço pago pelo bem defeituoso: "Em vez de rejeitar a coisa, redibindo o contrato (art. 441), pode o adquirente reclamar abatimento do preço".

Vale dizer: quando o ato de recepção da prestação se dá ao abrigo de um contrato comutativo, o seu efeito exoneratório é em parte relativizado pelo regime dos vícios redibitórios. Apenas em parte, pois que o recebimento da prestação continua a significar, em princípio, que o credor considera o bem, no estado em que se encontra, satisfatório, sendo que a sua inércia pelo período decadencial fixado legalmente (art. 445 do Código Civil) importará a efetiva e irremediável aceitação da prestação.

O regime dos vícios redibitórios previsto no Código Civil é, naturalmente, muito diverso do que se encontra consagrado no Código de Defesa do Consumidor ("CDC") em matéria de responsabilidade por vício do produto e do serviço (arts. 18 e ss. da Lei n. 8.078/90), o qual não é objeto do presente artigo, que, pelo contrário, se centra na análise de questões próprias a contratos firmados entre partes sofisticadas, não sujeitos ao regime especial do CDC. Enquanto neste último existe responsabilidade por desconformidades tanto ocultas como aparentes, ou de fácil constatação – *caveat venditor* –, no Código Civil impera, em princípio, a regra da não responsabilidade do alienante pelos vícios aparentes.

Assim, conforme o disposto no art. 441 do Código Civil, é próprio dos vícios redibitórios serem ocultos, ou escondidos, tendo sido nesta medida legitimamente ignorados pelo credor aquando da entrega efetiva da coisa. Da parte do devedor, o fato de desconhecer o vício não influi sobre a garantia, que será devida independentemente da sua boa-fé, embora seja decisivo para o efeito de determinar o agravamento da sua responsabilidade por perdas e danos (art. 443, 1ª parte).

2. Os mecanismos clássicos de proteção ao adquirente[4]: as ações edilícias

Nos termos do disposto no Código Civil, a garantia por vícios redibitórios faculta ao adquirente uma das seguintes alternativas, conjuntamente

4 Utiliza-se o termo "adquirente" em sentido amplo para neste contexto designar o contratante a quem o domínio, posse ou uso são transferidos (o "acipiente", como designava Clóvis Beviláqua, *Direito das obrigações*. Ed. Histórica, Rio de Janeiro: Editora Rio, 1977, p. 176).

denominadas, como já foi referido, *ações edilícias*: (i) ou rejeita o bem defeituoso, assim se operando a *redibição* do contrato, (i.a) com a devolução do valor pago, acrescido das despesas incorridas com a contratação se o alienante desconhecia sem culpa o vício, (i.b) ou com a devolução do valor pago e ainda a indenização por perdas e danos se o alienante agiu culposamente (art. 443); (ii) ou fica com o bem, a despeito dos vícios, exigindo no entanto um correspondente abatimento do preço (ação estimatória ou *actio quanti minoris* – art. 442) e ainda, se for o caso, o ressarcimento das perdas e danos.

Embora a admissibilidade de uma terceira alternativa, consistente na reparação ou mesmo na substituição da coisa, não esteja consagrada expressamente no Código Civil, esta deve também ser admitida: afinal, as garantias edilícias visam a proteger (e não prejudicar) o credor, cujo interesse primário – a realização da prestação (entrega de coisa livre de vícios), tal como originariamente pactuada – não raro se mantém intacto no curso do tempo, possibilitando a "purga" dos vícios, tal como sucede com a purga da mora enquanto a prestação ainda lhe for útil.

Pela mesma razão, parece-nos que o devedor, a seu turno, poderá resistir às ações edilícias mediante a reparação do defeito ou a substituição do bem sempre que o credor não conseguir demonstrar que tais medidas são incapazes de satisfazer ao interesse do "comum das pessoas" que viesse a estar no seu lugar, naquela mesma situação. Na análise acerca do direito do devedor à reparação do bem ou à sua substituição como forma de evitar as ações edilícias, é fundamental não perder de vista que, conforme assinalado por Judith Martins-Costa, atualmente "[...] a cooperação entre as partes da relação e a consideração dos interesses de ambas as partes tomam o lugar da relação de subordinação, ao credor, dos interesses do devedor: ambos os interesses são dignos de tutela". Todavia, vale ressaltar, a reexecução da prestação não impede que o adquirente pleiteie a reparação dos danos eventualmente sofridos em razão da entrega de um bem defeituoso nos termos do art. 443 do Código Civil.

Assim, a *redibição* do contrato é apenas um dos possíveis efeitos previstos pelo regime legal, já que a garantia poderá resultar em outras medidas, como o abatimento do preço – esta expressamente consagrada – ou até mesmo, conforme defendemos, a reparação ou substituição da coisa viciada, medida esta que encontra o seu fundamento na aplicação ao regime dos vícios redibitórios de normas e princípios que informam o regime do inadimplemento em geral[5].

---

5 O fato de não necessariamente ensejarem a redibição do contrato, haja vista a existência de outras alternativas de tutela dos direitos do adquirente de bem defeituoso, como seja o abatimento do valor da contraprestação, torna a denominação de tais vícios como "redibitórios" algo redutora. Trata-se, contudo, de terminologia amplamente consagrada, inclusive, como referido, no título atribuído pelo Código Civil à seção dedicada a esta matéria: "Dos Vícios Redibitórios".

Para que se verifique a responsabilidade por vícios redibitórios, estes hão de impedir a realização do fim a que se destina o bem transacionado, ou desvalorizá-lo. Há também pressupostos temporais a levar em conta: o Código estabelece prazos decadenciais apertados, após os quais caduca o direito do credor de redibir o contrato ou de exigir a redução no preço (art. 445 – trinta dias para móveis e um ano para imóveis), o que se justifica por razões de segurança e previsibilidade no comércio jurídico.

3. Pressupostos das ações edilícias

Quando é que um vício existente sobre o bem transacionado dá lugar à incidência do regime dos vícios redibitórios, acarretando a responsabilidade do devedor? Como se verá a seguir, a responsabilidade do devedor pressupõe que o vício seja oculto, ignorado pelo credor, e de certa gravidade.

3.1. Vício oculto: incognoscibilidade objetiva e desconhecimento subjetivo

Para que a garantia por vícios redibitórios seja aplicável, o Código Civil exige que o vício em questão seja oculto (o que se vincula à exigência de que o credor não tenha ciência da existência de tal vício). Afinal, em se tratando de vícios manifestos, o adquirente os percebeu ou deveria tê-los percebido (não fosse a sua negligência), supondo-se, portanto, ter querido assumir os respectivos ônus, renunciando a uma garantia que, no contexto do Código Civil (ao contrário do que ocorre no CDC), se reputa como disponível. Nesta linha, argumenta Pontes de Miranda: "Se o outorgado conhecer o vício do objeto depois da conclusão do contrato e antes da recepção, a sua pretensão à responsabilidade pelo vício do objeto extingue-se se não faz a reserva. A reserva obsta à perda, porque a perda resultaria do silêncio"[6].

Ressalte-se, contudo, que o caráter dispositivo da garantia não é absoluto, e deverá seguir de perto o princípio estabelecido no art. 461: "A alienação aleatória a que se refere o artigo antecedente poderá ser anulada como dolosa pelo prejudicado, se provar que o outro contratante não ignorava a consumação do risco, a que no contrato se considerava exposta a coisa"[7].

6 MIRANDA, Francisco Cavalcanti Pontes. *Tratado de direito privado*. 2. ed. Rio de Janeiro: Borsoi, 1962, v. XXXVIII, p. 293.

7 Ademais, a responsabilidade por vícios redibitórios torna-se imperativa nos contratos de adesão, quando tal responsabilidade decorrer da "natureza do contrato" (*vide* arts. 423 e 424 do Código Civil).

Assim é que, havendo dolo por parte do alienante, que pré-exclui a responsabilidade sabendo, de antemão, da existência do vício, a respectiva cláusula deverá reputar-se nula. Neste sentido, ensina Pontes de Miranda: "A cláusula de pré-exclusão da responsabilidade pelo dolo é nula"[8].

Ademais, a responsabilidade por vícios redibitórios torna-se imperativa nos contratos de adesão, quando tal responsabilidade decorrer da "natureza do contrato" (*vide* art. 424).

Define-se como oculto o vício que, por antítese, é não aparente, não ostensivo, não reconhecível por meio de um exame com o grau de profundidade que se espera em vista dos (des)conhecimentos técnicos do credor. Assim, é oculto o vício que, além de subjetivamente desconhecido por parte do credor, este não teria mesmo condições de o descobrir, já que se encontrava apenas em germe, sem que um exame prévio, ainda que diligente, o pudesse revelar.

Com efeito, é preciso conjugar os dois aspectos: o vício deve ser oculto, ou seja, de difícil verificação, e desconhecido por parte do credor. Neste sentido, o STJ teve a ocasião de lembrar que "[...] não basta que o defeito da coisa esteja escondido. É necessário que ele seja desconhecido pelo comprador" (STJ, 3ª Turma, REsp 299.661/RJ, Min. Humberto Gomes de Barros, v.u., j. 02.09.2004, *DJ* 04.10.2004).

Segundo Caio Mário da Silva Pereira, esta característica exigida como condição para a caracterização do vício apto a desencadear a garantia há de ser avaliada "*in abstracto*, considerando-se oculto o defeito que uma pessoa, que disponha dos conhecimentos técnicos do adquirente, ou que uma pessoa de diligência média, se não for um técnico, possa descobrir a um exame elementar. Não se reputa oculto o defeito somente porque o adquirente o não enxergou, visto como a negligência não merece proteção"[9].

Releva, pois, avaliar, caso a caso, se o desconhecimento do credor resultou da sua negligência ou se, pelo contrário, deve ser tido como um desconhecimento escusável, pois que mesmo uma análise diligente da situação não seria suficiente para que o vício fosse revelado: "O defeito oculto é aquele que, sendo desconhecido do credor, pode ser legitimamente ignorado, pois não era detectável através de um exame diligente"[10].

As condições subjetivas do credor – se é ou não um especialista – influem sobre a caracterização do vício como oculto ou aparente. Neste sentido, observa Jorge Cesa Ferreira da Silva: "O profissional do ramo terá, assim,

8 MIRANDA, Francisco Cavalcanti Pontes de, op. cit., p. 286.

9 PEREIRA, Caio Mário da Silva. *Instituições de direito civil*. 1. ed. Rio de Janeiro: Forense, v. III, p. 124.

10 MARTINEZ, Pedro Romano. *Cumprimento defeituoso – em especial na compra e venda e na empreitada*. 1. ed. Coimbra: Almedina, 2001, p. 36.

maiores dificuldades para se beneficiar da regra"[11]. Trata-se, pois, de uma matéria de prova acerca das faculdades de percepção do credor.

Mesmo sendo "objetivamente" ocultos, os vícios só se configuram como redibitórios se o credor de fato deles não tinha conhecimento: os vícios hão de ser, pois, subjetivamente desconhecidos. Do contrário, isto é, "se deles tiver [o adquirente] conhecimento, mesmo que não sejam aparentes, não se pode queixar de sua presença"[12].

Excepcionalmente, se o adquirente não enxerga o vício devido à sua negligência, ainda assim poderá valer-se da garantia no caso de demonstrar que o alienante agiu de forma fraudulenta, pois se, por um lado, não se quer proteger o contratante negligente, por outro, é ainda menos admissível favorecer aquele que agiu dolosamente, com a intenção clara de iludir a contraparte acerca das qualidades do bem.

O caráter oculto dos vícios como requisito para a aplicação da garantia por vícios redibitórios deve existir até o momento da realização da prestação. De fato, se no período que corre entre a celebração do acordo e a realização da prestação principal o vício, antes oculto, se tornar aparente, então, neste caso, devem aplicar-se as normas contidas nos arts. 235 e 236, referentes à inexecução das obrigações:

> Art. 235. Deteriorada a coisa, não sendo o devedor culpado, poderá o credor resolver a obrigação, ou aceitar a coisa, abatido de seu preço o valor que perdeu.
> Art. 236. Sendo culpado o devedor, poderá o credor exigir o equivalente, ou aceitar a coisa no estado em que se acha, com direito a reclamar, em um ou em outro caso, indenização das perdas e danos.

Assim é que, vindo a se constatar o surgimento de um vício após a celebração do contrato mas antes de efetuada a entrega do bem, o credor poderá resolver o contrato ou aceitar o bem com abatimento proporcional do preço, sendo que se a impossibilidade do cumprimento da obrigação se dever a culpa do alienante, este estará ainda obrigado a proceder à indenização por perdas e danos em favor do credor.

Portanto, é próprio dos vícios redibitórios que estes, já existentes no momento da entrega do bem, até então sejam ocultos, somente vindo a se tornar ostensivos após o recebimento da coisa pelo credor[13].

---

11 SILVA, Jorge Cesa Ferreira da. *A boa-fé e a violação positiva do contrato*. 1. ed. Rio de Janeiro: Renovar, 2002, p. 179.

12 PEREIRA, Caio Mário da Silva. *Instituições de direito civil*, op. cit., p. 124.

13 A hipótese foi examinada por Guilherme Döring Cunha Pereira, em relação a uma compra e venda de lote de ações representativas do controle acionário de uma sociedade: "Se antes da transferência [das ações] se constata uma insuficiência no ativo ou um

A ignorância do vício por parte do credor (outorgado) constitui, nas palavras de Pontes de Miranda, um pressuposto da responsabilidade do devedor (outorgante):

> Um dos pressupostos para a responsabilidade do outorgante pelo vício do objeto é o de desconhecer o outorgado a existência do vício do objeto ou a sua inevitabilidade, ou a ausência de qualidade assegurada. O momento em que tem de apurar esse conhecimento é aquele em que se conclui o negócio[14].

É que, neste caso, tendo o adquirente ciência da existência do defeito e mesmo assim acordado a aquisição, o alienante terá cumprido perfeitamente a sua obrigação de entregar o bem no estado em que se encontrava ao tempo da conclusão do negócio. Mais: "como poderia o comprador alegar um vício, que conhecia na conclusão do contrato, sem violar o princípio da boa-fé?"[15].

Note-se, no entanto, que, a fim de exonerar o devedor da responsabilidade pelo vício, o conhecimento do credor deve ser completo, ou seja, deve o alienante provar (a ele se impõe o *onus probandi*, nos termos das regras gerais de repartição de tal ônus) que o credor tinha não só ciência do vício, mas, igualmente, dos efeitos que tal vício seria capaz de provocar sobre a utilidade e/ou valor do bem[16].

No mesmo sentido, esclarece João Calvão da Silva:

> Pelo que, se alegada e evidenciada a existência do defeito pelo comprador [...], a prova de que este o conhecia ou o não podia legitimamente ignorar na conclusão do contrato incumbirá ao vendedor [...], que assim mostrará a conformidade da coisa entregue com a coisa prevista na compra e venda[17].

acréscimo do passivo, o adquirente pode simplesmente recusar as ações ou aceitá-las exigindo ao mesmo tempo uma diminuição no preço. Não se trata aí da incidência dos arts. 1.101 a 1.106 do Código Civil [artigos referentes aos vícios redibitórios no Código de 1916], mas sim dos princípios mais gerais que regem a inexecução das obrigações" (PEREIRA, Guilherme Döring Cunha. *Alienação do poder de controle acionário*. 1. ed. São Paulo: Saraiva, 1995, p. 101).

14 MIRANDA, Francisco Cavalcanti Pontes de. *Tratado de direito privado*, op. cit., p. 285.

15 CALVÃO DA SILVA, João. *Compra e venda de coisas defeituosas (conformidade e segurança)*. 1. ed. Coimbra: Almedina, 2002 (reimpressão), p. 21.

16 LARENZ, Karl. *Derecho de obligaciones.*, tradução esp. de Jaime Santos BRIZ. Madrid: Editorial Revista de Derecho Privado, t. II, 1959, p. 68.

17 CALVÃO DA SILVA, João. *Compra e venda de coisas defeituosas...*, op. cit., p. 21.

Por outro lado, pode acontecer o oposto, isto é: o vício ser oculto embora seus efeitos, aparentes. O exemplo nos é trazido por Antonio Herman Vasconcellos e Benjamin e, embora se reporte ao CDC, é perfeitamente adequado à conceituação do caráter oculto do vício também no âmbito do Código Civil. Exemplifica Benjamin:

> [...] o consumidor pode adquirir um televisor com vício de sintonia e, por serem difíceis as condições de transmissão na sua região, atribuir tal vício a este e não àquele. Aí temos que os efeitos do vício são totalmente aparentes e o vício, em si considerado, não o é. Um técnico, com conhecimento especializado, poderia, de imediato, atribuir a irregularidade na sintonização ao produto mesmo e não às condições físicas da área. Mas tal conhecimento não se exige do consumidor[18].

Portanto, se é verdade que não se pretende, mediante a imposição da garantia pelos vícios redibitórios, premiar a negligência do credor, é igualmente verdade que tampouco se deseja premiar a esperteza ou a sorte do devedor às custas do empobrecimento do credor. O ponto justo, isto é, o ponto de equilíbrio é aqui, como em outras tantas situações, impossível de ser determinado em tese ou *a priori*. Mas é nele que deve mirar o intérprete ao se deparar com a análise do requisito referente ao caráter incógnito do vício. Não é suficiente que o credor não se tenha apercebido do vício para que o mesmo se revista do caráter de vício "objetivamente" oculto, indispensável para que se configure como redibitório; no entanto, o caráter oculto do vício pode existir ainda que, como lembra Benjamin no exemplo acima citado, seus efeitos já se fizessem notar – embora, devido a certas circunstâncias, tais efeitos tenham sido erroneamente atribuídos a fatores exógenos, que acabaram por "ocultar" o vício que, na verdade, era a sua causa. O que não se pode mesmo aceitar é que o credor negligente invoque mais tarde a existência de vício que desde logo poderia ter sido acusada.

3.2. Gravidade do vício: de minimis non curat Pretor

Finalmente, cumpre referir o requisito definido como "seriedade", "relevância" ou "gravidade" do vício. O parâmetro para que se avalie o grau mínimo de relevância do vício, a justificar o seu enquadramento como vício redibitório ao abrigo do Código Civil capaz de ensejar a responsabilidade do devedor, consiste na expectativa do credor, a fim de determinar se o contrato ainda assim teria sido concluído nas mesmas condições[19]. Os defeitos despre-

---

18 BENJAMIN, Antonio Herman Vasconcellos. *Comentários ao* Código de *Proteção ao Consumidor*. São Paulo: Saraiva, 1991, p. 133.

19 Trata-se do parâmetro implícito na antiga definição constante do Código Comercial, que assim dispunha no seu art. 210: "O vendedor, ainda depois da entrega, fica respon-

zíveis sob o ponto de vista de uma possível perturbação do equilíbrio entre as prestações não se qualificam como redibitórios na medida em que não chegam a comprometer o sinalagma contratual:

> É preciso que a alteração ou falta sejam de tal entidade a comprometer o equilíbrio das prestações negociais, ou, como diz Pipia, é preciso que o vício ou defeito tenham uma tal relevância e gravidade que exerçam direta influência sobre o equilíbrio da relação econômica ou jurídica[20].

Em sentido aparentemente contrário, Scartezzini argumenta que "no mundo moderno, de produção e consumo de massa, qualquer imperfeição, qualquer desconformidade com o prometido, desde que não seja insignificante, pode caracterizar o vício"[21]. A rigor, porém, os argumentos invocados pelo autor para que se proceda a uma (re)leitura não "tão rígida" do art. 441 remetem para a normativa do CDC, e não para a do Código Civil[22].

Portanto, a diminuição do valor como requisito para a configuração do vício redibitório há de ser apreciável. Embora o Código Civil não o explicite, a admissibilidade da *ação quanti minoris* (abatimento do preço – art. 442) com fundamento em todo e qualquer defeito, mesmo aqueles que pouco ou nada teriam influenciado na determinação do valor do bem transferido, parece desproporcional e injustificada face à desejável estabilidade das relações negociais entre contratantes com poder negocial presumivelmente equiparável.

4. Enquadramento dogmático dos vícios redibitórios

Estas noções preliminares acerca da configuração básica do instituto dos vícios redibitórios permitem-nos desde logo apreender os seus traços essenciais: trata-se de instituto voltado para a preservação do sinalagma contratual, como expressão da justiça comutativa (daí serem os contratos comutativos o seu campo privilegiado de incidência). Mas escondem as dificuldades e perplexidades que o seu manuseio revela na prática: "A ação redibitória, sendo uma

sável pelos vícios e defeitos ocultos da coisa vendida, que o comprador não podia descobrir antes de a receber, sendo tais que a tornem imprópria ao uso a que era destinada, ou que de tal sorte diminuam o seu valor, que o comprador, se os conhecera, ou a não comprara, ou teria dado por ela muito menor preço".

20 LIMA, Otto de Souza. *Teoria dos vícios redibitórios*. Tese para concurso à Cátedra de Direito Civil da Faculdade de Direito da Universidade de São Paulo, 1965, p. 316.

21 GUIMARÃES, Paulo Jorge Scartezzini. *Vícios do produto e do serviço por qualidade, quantidade e insegurança – cumprimento imperfeito do contrato*. São Paulo: Revista dos Tribunais, 2004, p. 167.

22 GUIMARÃES, Paulo Jorge Scartezzini, ob. cit., p. 227.

das primeiras que é apresentada ao estudante de Direito, suscita incertezas que o acompanharão até o seu último dia de atividade profissional"[23].

Há quem defenda que a teoria dos vícios redibitórios ocupa um lugar indefinido, situando-se entre a teoria do inadimplemento e a teoria do erro, como há quem afirme que, na verdade, tanto o erro como o inadimplemento servem para explicar o regime dos vícios redibitórios, um regime por natureza híbrido, pois tudo vai depender da verificação, em concreto, do conteúdo ou abrangência do contrato, invocando-se ora o inadimplemento, ora o erro, consoante as qualidades em questão integrem ou não o programa prestacional[24].

Com efeito, muitas dúvidas existem a propósito da melhor forma de posicionar a garantia por vícios redibitórios, hesitando-se entre o seu enquadramento em meio aos defeitos do negócio jurídico, às modalidades de descumprimento contratual ou ainda como uma categoria à parte (dever autônomo de garantia).

Para Serpa Lopes, a teoria dos vícios redibitórios situa-se num "não-lugar", entre o erro e o inadimplemento:

> [...] nesta matéria pairam a incerteza, a dificuldade e a sua própria delicadeza, tanto mais quando a teoria dos vícios redibitórios [...] permanece num campo duvidoso, situada entre a teoria do inadimplemento e a do erro, com o risco de perder a sua autonomia, para se converter ou em teoria do erro ou em teoria do inadimplemento[25].

Estas discussões têm efeitos concretos na aplicação prática da lei, como seja a fixação dos prazos a que está sujeito o exercício dos direitos conferidos ao credor prejudicado. Aliás, não raro são razões de ordem prática, e não teórica, que parecem motivar as escolhas feitas pela doutrina e pela jurisprudência nesta matéria. Com efeito, a qualificação sob o regime dos vícios redibitórios do erro ou do inadimplemento esteve sempre muito ligada à questão da definição dos prazos para o exercício das pretensões associadas. Mas não só. Mesmo com o alargamento dos prazos consagrado no Código Civil de 2002, a questão do enquadramento dogmático dos vícios redibitórios não perdeu importância prática. Basta atentar para o fato de que, enquanto o regime do erro é tendencialmente imperativo, o dos vícios é de caráter

---

23 É Filippo de Maria quem lembra essas palavras "desconsoladas mas realistas" de Jemolo (*Azione contrattuale e azione redibitoria*. In: *Riv. dir. civ.* 1967, II, 640 apud MARIA, Filippo de. *La compravendita di azioni non quotate*. Padova: CEDAM, 1994, p. 18).

24 Cf. CALVÃO DA SILVA, João. *Compra e venda de coisas defeituosas...*, op. cit., pp. 49 e ss.

25 LOPES, Miguel Maria de Serpa. *Curso de direito civil*. 6. ed. rev. e atual. pelo professor José S. Santa Maria. São Paulo: Freitas Bastos Editora, v. III, p. 176.

essencialmente dispositivo, situando-se no campo da responsabilidade negocial, no qual as partes são dotadas de autonomia para, respeitadas certas condições, autorregularem o regime da indenização aplicável[26].

Vejamos, pois, os pontos de aproximação e de distância entre a teoria dos vícios redibitórios frente à teoria do erro e frente à teoria da inexecução das obrigações.

4.1. Vícios redibitórios e erro

Os autores que aproximam os vícios redibitórios do erro o fazem por considerar que, na aquisição de um bem defeituoso, o que se verifica é uma manifestação de vontade por parte do adquirente inquinada pelo erro quanto às qualidades do bem. Segundo esta corrente, "a distinção entre erro-vício do consentimento e erro-vício redibitório torna-se teoricamente um sofisma e deve ser repudiada pela ciência"[27].

Fato é, porém, que tal distinção não tem sido repudiada. Pelo contrário, para além das distinções no plano do regime legal, apontam-se critérios científicos para separar as hipóteses de erro das hipóteses de vícios redibitórios.

No plano do regime legal, várias são as diferenças que separam os regimes do erro e dos vícios redibitórios. Por exemplo, o erro há de ser substancial e deve necessariamente poder ser percebido pelo destinatário da declaração (art. 138). Já no regime dos vícios redibitórios, dispensa-se o requisito da essencialidade, bastando que sejam suficientemente graves sob o ponto de vista de uma possível perturbação do equilíbrio entre as prestações, sendo certo que a garantia opera mesmo que o alienante desconhecesse a existência do defeito (art. 443, *in fine*, onde fica claro que a culpabilidade é pressuposto para a responsabilidade por perdas e danos, mas não para o acionamento da garantia). Ademais, o regime do erro tem-se por imperativo, ao passo que o regime dos vícios redibitórios estabelecido no Código Civil tem natureza tendencialmente supletiva (diz-se "tendencialmente" pois o caráter supletivo pode, em certas circunstâncias específicas, não se verificar, como nos casos abrangidos pelo art. 424 – contratos de adesão).

No plano conceitual, a fronteira entre o erro e os vícios redibitórios pode ser traçada da seguinte forma: o erro recai sobre a base do consen-

---

26 Neste sentido, Judith Martins-Costa afirma: "[...] ao pactuar negócios jurídicos, as partes podem, em linha de princípio, estipular cláusulas acerca da limitação ou da exclusão do dever de indenizar, desde que atendido o ponto de equilíbrio entre o exercício da liberdade individual e as necessidades sociais de proteção do lesado" (cf. *Comentários ao novo código civil – do inadimplemento das obrigações*. Sávio de Figueiredo Teixeira (Coord.). Rio de Janeiro: Forense, 2009, v. V, t. II, p. 159).

27 GIORGI, *Obligazione*, *apud* DANTAS, San Tiago, op. cit., p. 181.

timento, apresentando-se como uma "anomalia constitucional" do negócio jurídico, ao passo que os vícios redibitórios recaem sobre o bem em si mesmo, pressupondo a existência de um contrato válido mas que ostenta uma "anomalia funcional", isto é, no plano do (mau) cumprimento[28].

O erro pressupõe uma caracterização subjetiva, e por isso mesmo há hipóteses em que o erro se configura, levando à invalidação do contrato, sem que, não obstante, o bem em si mesmo, objetivamente, apresente qualquer defeito, ou sem que necessariamente ocorra uma perturbação no sinalagma contratual.

Neste sentido, exemplifica Jorge Cesa Ferreira da Silva:

> [...] o sujeito que compra o prédio porque julga que tem quinze apartamentos, vindo a constatar que tinha, em realidade, dez, vole erradamente. No entanto, se compra o prédio que tinha dez apartamentos, mas constata após a compra que o prédio possuía rachaduras geradoras de infiltração, abaixo da fina camada de gesso, o caso é de vício redibitório"[29].

Erro e vícios distinguir-se-iam, portanto, na medida em que a caracterização do primeiro é subjetiva, pressupondo um exame acerca da representação (subjetiva) que o declarante faz da realidade (objetiva), ao passo que, no caso dos vícios redibitórios, estes se configuram por meio da comparação *objetiva* entre as características que integram o conteúdo do contrato e o estado da coisa entregue. Diversamente do que ocorre no erro, o contratante prejudicado pelos vícios redibitórios adquiriu exatamente aquilo que intencionava adquirir; não existe qualquer perturbação no processo de formação do contrato:

> De fato, um defeito que surja em uma máquina qualquer, ou em algum aparelho de precisão, não poderá ser visto como um erro do adquirente, ou como um vício de sua vontade, na formação do contrato. Isto porque, a máquina e o aparelho comprados foram, exata e precisamente, os que se entregou, e, assim, não haverá qualquer vício de vontade. Mas, é evidente que aquele defeito, tornando, no todo ou em parte, imprestável a máquina ou o aparelho, não poderá permitir a subsistência do contrato.

---

28 MARTINEZ, Pedro Romano, op. cit., p. 38

29 SILVA, Jorge Cesa Ferreira da. *A boa-fé e a violação positiva do contrato*, op. cit., p. 184. E ainda Paulo Luiz Neto Lôbo: "[...] a aquisição de um automóvel com ano de fabricação diferente do ano de modelo, supondo o adquirente ser aquele idêntico ao deste, caracteriza erro. O automóvel novo que apresenta defeito de desempenho regular quando usado, sujeita-se a vício redibitório" (LÔBO, Paulo Luiz Neto. Responsabilidade por vícios e a construção jurisprudencial. *Revista do Direito do Consumidor.* São Paulo: Revista dos Tribunais, 1995, pp. 45-51, p. 47.

> Este, embora perfeito e válido, não poderá deixar de ser resolvido, ou de autorizar a diminuição do preço pago[30].

João Baptista Machado dedicou-se a este tema, enfatizando que o erro se situa na fase formativa do acordo, ao passo que os vícios redibitórios decorrem do próprio acordo, pressupondo, logicamente, a sua válida constituição:

> As normas relativas ao erro são normas materiais ou de regulamentação directa que colhem na sua hipótese o dado de facto consistente na divergência entre a intenção e vontade real do declarante e o sentido juridicamente válido da sua declaração – ou, por outras palavras, a divergência entre a consequência jurídica negocial efetivamente querida pelo declarante e aquela que efetivamente se produz por força dos critérios legais relativos à interpretação e integração das declarações negociais[31].

Já a garantia edilícia decorre do contrato, ou, por outras palavras: "[...] em toda a medida que as qualidades da coisa vendida devam considerar-se como abrangidas pelo acordo, não se põe um problema de erro na formação do contrato. Ao invés, [...] "trata-se de uma responsabilidade *ex pacto*", pelo que a ação redibitória não traduz uma impugnação ao contrato (como é o caso da ação de anulação com base no erro), mas, antes, o seu reconhecimento[32].

Daí decorre, ainda segundo João Baptista Machado, que o regime da garantia por vícios redibitórios tem natureza essencialmente supletiva, admitindo-se o acordo dos contratantes no sentido de excluir ou modificar tal garantia, ao passo que "o erro está sempre do lado de fora do conteúdo negocial; de modo que, tentar resolver o problema do erro por acordo seria como perseguir a própria sombra ou tentar saltar por cima dela"[33].

Contudo, ainda que seja possível, em termos lógicos e conceituais, delinear uma fronteira bem demarcada entre o erro e os vícios redibitórios, e daí retirar consequências práticas relevantes – como seja o caráter imperativo do primeiro e supletivo do segundo –, na prática as dúvidas podem avolumar-se a ponto de levar alguma doutrina a postular a possibilidade de uma dupla qualificação e, nesta medida, a cumulatividade dos remédios cabíveis[34].

30 LIMA, Otto de Souza. *Teoria dos vícios redibitórios*, op. cit., p. 231.

31 MACHADO, João Baptista. Acordo negocial e erro na venda de coisas defeituosas. In: *Obra dispersa*. Braga: Scientia Ivridica. 1991, pp. 31-124, p. 55.

32 MACHADO, João Baptista, op. cit., p. 45.

33 MACHADO, João Baptista, op. cit., p. 70.

34 Neste sentido, defendia San Tiago Dantas: "A dupla configuração, numa espécie dada, do vício e do erro, ou do erro ou do inadimplemento, conduz não à exclusão mas à cumulação dos meios de defesa, ficando o comprador habilitado a escolher, como acima se mostrou, o que julgar mais adequado à sua proteção" (DANTAS, San Tiago, op. cit., p. 192).

4.2. Vícios redibitórios e inadimplemento contratual

Não menos problemática é a aproximação entre vícios redibitórios e o inadimplemento contratual, a qual se passa a examinar em seguida.

4.2.1. Unidade de fundamento teórico

Existe um fundamento próprio, autônomo, capaz de justificar a existência de uma *teoria dos vícios redibitórios*, ou, ao invés, a responsabilidade do alienante pelos vícios redibitórios decorre muito simplesmente da inexecução de uma obrigação contratual, sendo, assim, absorvida pela teoria relativa ao inadimplemento das obrigações?

Entre nós, Paulo Luiz Neto Lôbo postula a existência de um fundamento autônomo, o *dever de garantia*, donde deriva a responsabilidade do alienante por vício *apesar* do cumprimento:

> [...] nada é mais antinômico com a idéia de responsabilidade por vício (dever de garantia) que a do dever de adimplemento. Deste não se cuida porque é pressuposto daquele. Só há responsabilidade por vício onde há adimplemento contratual. No caso, a prestação do alienante não é viciada, porque a cumpriu com a entrega da coisa; viciado é o objeto da prestação, até mesmo quando não há dolo ou ciência por parte de quem a entrega[35].

Veja-se bem que, de acordo com tal entendimento, o regime dos vícios redibitórios não se reconduz a uma espécie de inadimplemento, pelo contrário, pressupõe precisamente que haja adimplemento contratual – entrega da coisa tal qual ela é –, daí que se lhe atribua um fundamento autônomo. A chamada teoria da garantia visa, pois, a responsabilizar o devedor *apesar* do cumprimento, *e não por causa* do descumprimento[36], sendo, neste contexto, a garantia "encarada autonomamente, como obrigação que *acresce* à obrigação essencial do contrato, em torno da qual gravita, para a reforçar, assegurando o resultado prático da execução normal do contrato; mas sem se confundir com a obrigação de cumprimento do direito comum dos contratos, de cujas regras exorbita agravando a responsabilidade do devedor garante"[37].

A teoria da garantia, que rejeita o enquadramento da responsabilidade por vícios redibitórios no âmbito da teoria do inadimplemento, encontrou certo eco em nossos tribunais:

35 LÔBO, Paulo Luiz Neto. Responsabilidade por vícios e a construção jurisprudencial, op. cit., p. 48.

36 CALVÃO DA SILVA, João, op. cit., p. 51.

37 MACHADO, João Baptista, aludindo a Gross, op. cit., p. 107.

> No caso de vício redibitório o contrato é cumprido de maneira perfeita, pois a coisa tem defeito oculto que a torna imprópria ao uso a que se destina ou lhe diminui o valor. Já no caso de entrega de coisa diversa, o contrato é descumprido, caracterizando inadimplemento, e não defeito oculto (TACivSP, Ap. 419.670-9, 4ª C., Rel. Walter Guilherme, j. 14.03.1990).

Conforme se pode perceber, no acórdão acima citado procurou-se distinguir o vício redibitório – caso em que o "contrato é cumprido de maneira perfeita" – do inadimplemento contratual.

Karl Larenz rejeitava a aproximação dos vícios redibitórios à teoria do inadimplemento contratual, contestando que o contrato que tivesse por objeto uma coisa específica pudesse considerar-se inadimplido pelo fato de a coisa afinal ser defeituosa:

> A entrega de una cosa defectuosa – siempre que se trate de cosa específica – no implica incumplimiento parcial del deber de prestación. De ahí que la mencionada entrega no produzca la consecuencia de que el comprador, en cuanto sea posible, pueda exigir el cumplimiento de lo que reste (la llamada eliminación del vicio) o que en caso de culpa del vendedor pueda reclamar indemnización de daños por incumplimiento según los preceptos generales, sino que únicamente le son atribuídas las pretensiones por vicios. *El fundamento de estas pretensiones, si no radica en la infracción del deber de prestación del vendedor, puede ser hallado en que el comprador es engañado en una aceptación o expectativa en las que según el contrato podía confiar*[38].

A fim de discernir a teoria do inadimplemento da teoria dos vícios redibitórios, recorria-se a um argumento alegadamente irrefutável: a coisa devida é a coisa (específica) tal qual ela é, e não como deveria ser, pois não seria "logicamente concebível o querer que a coisa específica, na sua individualidade espaço-temporal, seja diversa daquela que é"[39].

No extremo oposto, defende-se que, pese embora existir uma diferenciação no plano do regime legal aplicável, o fundamento da teoria do inadimplemento e da teoria dos vícios redibitórios é um só.

Isto porque o alienante estaria deixando de cumprir a sua obrigação sempre que, em lugar de uma coisa livre de defeitos, fizesse a entrega de uma coisa afinal defeituosa, imprópria ao uso a que se destina ou simplesmente menos valiosa do que se poderia supor, não fosse a existência daqueles defeitos. Por outras palavras, a obrigação não seria satisfeita senão com a entrega

38 LARENZ, Karl, op. cit., p. 91, grifou-se.

39 CALVÃO DA SILVA, João, op. cit., p. 50.

da coisa no estado que decorre do próprio conteúdo do contrato em relação ao padrão normal; do contrário, caracterizado estaria o inadimplemento, daí emergindo a responsabilidade do alienante a título de vícios redibitórios.

Neste sentido, Judith Martins-Costa considera a normativa sobre os vícios redibitórios integrada ao "modelo do inadimplemento, não havendo razão, nem sistemática, nem axiológica, para tê-los como espécie divorciada do regime geral"[40].

De fato, quando alguém, por força de uma relação contratual, se obriga a entregar um bem a outrem, este bem deve apresentar características e qualidades em conformidade com o convencionado. Assim já apontavam autores clássicos, como Pontes de Miranda e San Tiago Dantas:

> Quem recebe o bem, objeto de negócio jurídico comutativo, recebe o bem com as suas qualidades e o seu tamanho. Não se pode dizer que a vontade negocial só se dirigiu à coisa tal qual é, com abstração das suas qualidades; nem que se precise de cláusula para se tornar exigida a qualidade, pois que não é mais do que motivo. *Ninguém quer a coisa em si, sem atenção às suas qualidades*[41].
> Não lhe basta [ao vendedor] entregar a coisa vendida, para dar cumprimento ao encargo contratual: cumpre-lhe entregar a coisa com as características previstas na declaração de vontade não só com as qualidades ali prometidas (*dicta et promissa*), mas também com os requisitos indispensáveis ao preenchimento do fim a que se destina[42].

Parece mesmo um truísmo dizer-se que o credor não tem direito apenas a um bem, mas a bem de certa qualidade, apto a satisfazer as suas legítimas expectativas, conforme o convencionado. O bem aparece, aqui, não apenas como objeto do contrato, mas como expressão da própria declaração de vontade. Conforme desenvolvido por João Baptista Machado, a coisa (objeto da declaração) pode funcionar também como meio de expressão da vontade:

> Como sinal ou símbolo significativo das qualidades ou préstimos essenciais e próprios das coisas do seu género. Para nós, entendemos que nada obsta a que a designação da coisa individual valha como meio de expressão ou significação; isto é, que ela funcione como meio ou instrumento da declaração negocial – e, portanto, com um significado que transcende os limites da sua individualidade concreta. Se os usos do comércio ou a

40 MARTINS-COSTA, Judith. *Comentários ao novo código civil.* Rio de Janeiro: Forense, 2003, v. V, t. II, p. 72; no mesmo sentido, v. ainda SILVA, Jorge Cesa Ferreira da, op. cit., p. 199 e GUIMARÃES, Paulo Jorge Scartezzi, op. cit., p. 132.

41 MIRANDA, F. C. Pontes de, op. cit., p. 280, grifou-se.

42 DANTAS, San Tiago, op. cit., p. 181.

> lei derem às declarações de compra e venda o significado de traduzirem a vontade negocial de compra e venda da coisa com as qualidades e os préstimos próprios das coisas daquele género – a coisa individualmente designada não funciona (ou não funciona apenas) como objecto ou termo de referência da declaração, mas (também) como meio de manifestação da vontade negocial, como elemento integrante da própria declaração[43].

Não se deve deixar de assinalar, no entanto, que em nosso ordenamento, tendo por referência o Código Civil, não existe uma regra que categoricamente imponha a obrigação de entregar o bem livre de defeitos. Assim é que, em matéria de compra e venda – o contrato comutativo por excelência –, a obrigação do vendedor é descrita, no art. 481, como a de "transferir o domínio de certa coisa", sem que se explicite que a coisa a ser transferida deve sê-lo livre de vícios.

Esta necessidade de descrever a obrigação do vendedor em termos mais abrangentes, por forma a nela incluir expressamente a entrega da coisa *conforme ao contrato*, foi sentida na Alemanha. Por ocasião da reforma do Código Civil alemão ("BGB") em novembro de 2001, o art. 433, n. 1, passou a dispor que "Pelo contrato de compra e venda o vendedor de uma coisa fica vinculado a entregar a coisa ao comprador e a transmitir-lhe a propriedade sobre a coisa. *O vendedor deve transmitir a coisa ao comprador livre de vícios de facto ou de direito*"[44]. A alteração teve em vista, segundo palavras de Claus-Wilhelm Canaris, integrante da Comissão nomeada para proceder à reforma do BGB, justamente inserir a responsabilidade por defeitos da coisa no sistema do inadimplemento em geral: "A conexão entre a lei de vendas e a lei geral das obrigações foi obtida mediante a formulação de uma obrigação legal explícita do vendedor de entregar mercadorias sem defeito em termos de qualidade e título [...]"[45]. E ainda: "Desta forma, a entrega de uma coisa defeituosa torna-se uma violação de dever, à qual se ligam – tal como no regime geral do não cumprimento – as consequências jurídicas da resolução e da indemnização, e bem assim, como especificidade da compra e venda, a redução do preço"[46].

---

43 MACHADO, João Baptista, op. cit., p. 78.

44 Tradução de Paulo Mota PINTO. In: *Cumprimento defeituoso do contrato de compra e venda – anteprojecto de diploma de transposição da directiva 1999/44/CE*. 1. ed. Lisboa: Instituto do Consumidor, 2002, p. 21, grifou-se).

45 CANARIS, Claus-Wilhelm. O novo direito das obrigações na Alemanha. In: *Revista da EMERJ*. Rio de Janeiro, v. 7, n. 27, 2004, p. 121.

46 Exposição de Motivos da Reforma do BGB apud Paulo Mota Pinto, op. cit., p. 22. No mesmo sentido, aponta Hans Schulte-Nölke: "This was a fundamental change, because the BGB had previously drawn a sharp distinction between e.g. the buyer's rights in the event of defects on the one hand, and in the event of non-performance on the other.

Face ao Direito brasileiro, a obrigação de o alienante não apenas entregar a coisa, mas também de a entregar *conforme* ao contrato (ainda que se trate de coisa específica, uma coisa isenta de vícios ou defeitos), embora não esteja expressamente destacada, pode ser depreendida do conceito de "mora" (art. 394), haja vista a amplitude e a flexibilidade que, no nosso sistema, caracterizam este conceito, a abarcar não somente a demora na realização da prestação, mas, bem assim, o "*modo de ser integral da prestação*"[47].

Com efeito, não é de todo convincente, neste contexto, dissociar a prestação em si (o ato de entrega) do objeto da prestação (a coisa). Tal dissociação conduz a um artificialismo incompatível com a concepção da obrigação como um processo dirigido ao "cumprimento da prestação concretamente devida, presente a realização dos deveres derivados da boa-fé que se fizeram instrumentalmente necessários para o atendimento satisfatório do escopo da relação, em acordo ao seu fim e às suas circunstâncias"[48]. A prestação não pode, pois, ser concebida abstratamente, divorciada do fim concreto a que visa satisfazer. Os interesses do credor na prestação não se cingem à entrega em si mesma, mas à entrega de certo bem, em determinada quantidade e qualidade, e, consequentemente, o inadimplemento, quanto à prestação, deve ser examinado com base em todas as deficiências que podem prejudicar a satisfação desses interesses. Somente uma interpretação excessivamente literal, divorciada do princípio da boa-fé e que negligenciasse o fim último da relação obrigacional – qual seja, a satisfação do legítimo interesse do credor – é que poderia conduzir à afirmação de que o vendedor cumpre a obrigação de transferir o domínio da coisa ainda que mediante a entrega de uma coisa inútil, porque defeituosa.

Neste sentido, esclarece Jorge Cesa Ferreira da Silva: "O cumprimento, assim, só se verificará quando tanto o ato de prestar quanto o seu objeto, estiverem em condições de satisfazer objetivamente os interesses do credor, concretizando o fim da obrigação"[49].

À semelhança do regime aplicável ao inadimplemento absoluto e à mora, o regime dos vícios redibitórios procura assegurar a tutela dos inte-

German law has now developed a general type of breach of contract – to be precise, the notion even transcends contract law, and extends, as breach of duty, to the entire law of obligations. This makes many distinctions, which had previously been necessary, either superfluous or at least easier" (*The new German law of obligations*: an introduction. Disponível em: <http://germanlawarchive.iuscomp.org/?p=357>).

47 MARTINS-COSTA, Judith. *Comentários ao novo código civil*, op. cit., p. 225, grifou-se.

48 MARTINS-COSTA, Judith, op. cit., p. 67.

49 SILVA, Jorge Cesa Ferreira da. *A boa-fé e a violação positiva do contrato*, ob. cit, p. 201, nota 342.

resses do credor que estejam diretamente relacionados com a realização da prestação principal, no caso, a entrega do bem.

Por isso mesmo, aliás, não há necessidade de enquadrar os vícios redibitórios fora da mora ou do inadimplemento absoluto, recorrendo-se a uma terceira espécie de inadimplemento. De notar que em outros ordenamentos da família romano-germânica se justifica a existência de uma terceira categoria autônoma que tutelaria justamente aquelas situações lacunosas, não apanhadas pela mora, nem pelo inadimplemento absoluto, em que o inadimplemento não decorre da inércia do devedor, mas de sua atuação positiva, porém incorreta, que não satisfaz os interesses do credor relacionados com a prestação devida.

No Direito brasileiro, porém, não se vislumbra esta mesma necessidade, salvo para abarcar hipóteses de "inadimplemento decorrente de descumprimento de dever lateral, quando este dever não tenha uma vinculação direta com os interesses do credor na prestação"[50]. Isto porque o sistema jurídico brasileiro contempla conceitos mais abrangentes tanto de mora como, precisamente, de vícios redibitórios (não circunscritos ao contrato de compra e venda), tornando desnecessária, em relação aos deveres de prestação propriamente ditos, esta terceira categoria de descumprimento[51].

Outro ponto de convergência está no fato de a responsabilidade pelos vícios redibitórios estar relacionada à tutela do sinalagma funcional, pois, assim como a mora ou o inadimplemento absoluto, a existência de vícios ocultos rompe a *correspectividade* entre as obrigações convencionadas no contrato.

No entanto, não obstante esta unidade de fundamento, não se deve olvidar que o Código Civil diferencia a responsabilidade num caso e no outro, isto é, o inadimplemento contratual gera responsabilidade cujo regime é diferente daquele aplicável especificamente à responsabilidade por vícios redibitórios. Impõe-se, por isso, delimitar o campo de aplicação do regime dos vícios redibitórios face ao regime geral do inadimplemento.

4.2.2. Inadimplemento vs. Vícios redibitórios – distinções de regime legal

Ao tempo em que não se vislumbrava a possibilidade de o devedor evitar as clássicas ações edilícias mediante a reparação do defeito ou a substituição da coisa, a diferença entre os regimes da responsabilidade por vícios redibitórios e por inadimplemento era mais vincada, conforme o testemunho de Otto de Souza Lima: "[...] a nossa legislação distingue entre inadimplemento contratual e responsabilidade por vícios redibitórios, subordinando-os

50 SILVA, Jorge Cesa Ferreira da, op. cit., p. 266.

51 SILVA, Jorge Cesa Ferreira da, op. cit., loc. cit.

a regras diversas e a tratamento diferente, e dando-lhes ações de índole absolutamente distintas e submetidas a outras regras e conseqüências"[52].

Atualmente, porém, apesar de o Código Civil de 2002 ter reproduzido, no tocante a este aspecto, a disciplina já constante do Código anterior, outros mecanismos para o saneamento dos vícios passam a ser admitidos, diluindo-se a distância entre a responsabilidade por vícios e o inadimplemento contratual. Referimo-nos, concretamente, à possibilidade de o devedor cumprir preferencialmente a sua prestação, ainda que com atraso, afastando, desta forma, a resolução (ação redibitória) e a revisão do contrato (*quanti minoris*). Em favor desta alternativa, militam (i) os ditames da boa-fé objetiva, a exigir que a manutenção do interesse do credor para fins de viabilizar a purga da mora seja apreciada concretamente, mas sempre com base em critérios não arbitrários; (ii) o princípio da conservação do negócio jurídico, que privilegia a preservação do negócio sobre a sua extinção ou modificação; e, mais especificamente, (iii) a invocação, com recurso à analogia, do disposto no art. 144 do Código Civil.

De qualquer maneira, em que pese uma certa tendência de aproximação dos regimes, certas distinções permanecem, especialmente no que diz respeito à abrangência da responsabilidade do devedor pelos danos provocados. Este fato, constatável face ao disposto no art. 443 do Código Civil, já era destacado por Serpa Lopes, ao observar que "as conseqüências do vício redibitório, se consideradas como um resultado do inadimplemento do contrato, deveriam importar sempre no mais completo ressarcimento dos prejuízos conseqüentes de tal situação, o que não acontece"[53]. Além disso, permanece a distinção relativa aos prazos conferidos ao credor lesado, os quais, no âmbito da garantia por vícios redibitórios, são sensivelmente mais apertados dos que os aplicáveis no âmbito do inadimplemento em geral.

Ora, se o ordenamento subtrai as hipóteses de vícios redibitórios do regime geral aplicável à inexecução das obrigações, continua a ser relevante, do ponto de vista prático, qualificar uma dada *desconformidade* da coisa entregue como sendo ou não um vício redibitório, ou, por outra, como dando lugar à responsabilidade do devedor por inadimplemento ou por vícios redibitórios[54].

---

52 LIMA, Otto de Souza. *Teoria dos vícios redibitórios*, op. cit., pp. 204-205.

53 LOPES, Miguel Maria de Serpa. *Curso de direito civil*, v. III, op. cit., p. 177.

54 De notar que o regime diferenciado dos vícios redibitórios se revela, sob certos aspectos, prejudicial ao credor. Basta lembrar que os prazos previstos para as ações edilícias (art. 445: 30 dias para móveis e um ano para imóveis) são mais exíguos do que os prazos aplicáveis aos remédios disponíveis com base no inadimplemento contratual (art. 205: 10 anos, aplicando-se o prazo de prescrição da pretensão de crédito disposto no art. 205 do Código Civil, visto inexistir regra específica fixando o prazo de extinção do direito potestativo de resolver o contrato – cf. STJ, REsp n. 770.746/RJ, 3ª Turma, Rel.ª Min.ª Nancy Andrigui, v. u., j. 05.09.2006.

Além disso, em caso de vícios redibitórios, é preciso estabelecer que o alienante tinha conhecimento do vício para atrair a sua responsabilidade pelos danos daí decorrentes (*vide* art. 443), enquanto, em sede de inadimplemento contratual, basta que o inadimplemento seja imputável ao devedor para que este seja obrigado a proceder ao ressarcimento das perdas e danos.

4.3. Delimitando o campo de aplicação do regime dos vícios redibitórios face ao regime do inadimplemento

Conforme examinado no item anterior, a duplicidade de regimes implica a necessidade de demarcar fronteiras entre os vícios redibitórios e o inadimplemento contratual em geral, pois é na especificidade de tais vícios que se justifica a aplicação de um regime que o Código optou por diferenciar. Com efeito, diante de uma hipótese de vício redibitório, as regras (gerais) atinentes ao inadimplemento contratual deverão ser afastadas sempre que existirem regras (específicas) para tal hipótese, pois estas últimas prevalecem sobre aquelas.

Para levar a cabo esta tarefa, vamos examinar, com ênfase na abordagem jurisprudencial, duas das distinções mais usualmente invocadas no sentido de circunscrever o regime dos vícios redibitórios: (i) a distinção entre vício redibitório e vício de quantidade e (ii) a distinção entre vício redibitório e *aliud pro alio*. Em ambos os casos, como teremos oportunidade de constatar, o propósito que esteve na origem destas sutis (e, para alguns, enfadonhas[55]) distinções era o de justificar a aplicação do regime prescricional próprio do inadimplemento e desta forma salvaguardar o interesse do credor lesado pela aquisição de um bem defeituoso.

4.3.1. Vícios de qualidade e vícios de quantidade

Em primeiro lugar, distinguem-se os vícios de *quantidade* dos vícios redibitórios, já que estes últimos supõem a entrega do bem por inteiro. Afirma-se, pois, que a entrega do bem em quantidade superior ou inferior à contratada se enquadra, em princípio, na hipótese de inadimplemento (parcial), e não na hipótese de vício redibitório. Isto porque, regra geral, a *quantidade* não se confunde com a *qualidade* do bem[56].

A jurisprudência debateu o tema em torno de problemas tendo por objeto a venda de bens imóveis. Assim é que em 1951 o STF assentou que "o desfalque na quantidade não importa em vício redibitório" (STF, RE 18.637,

---

55 CALVÃO DA SILVA, João. *Compra e venda*, op. cit., p. 102.

56 Neste sentido, João Calvão da Silva, Vício de quantidade: defeito da coisa, erro autónomo e não cumprimento. In: *Estudos jurídicos (pareceres)*, São Paulo: Almedina, p. 337.

2ª Turma, Rel. Min. Afranio Costa, j. 08.05.1953, *DJ* 02.02.1953). Daí aquela Corte Suprema esclarecer que a falta de entrega de parte da coisa não ensejava as ações edilícias, mas sim a ação *ex empto*, fundada no descumprimento parcial:

> [...] se não confundem as três ações – a redibitória, a *quanti minoris* e a *ex empto*, as primeiras das quais se referem a vícios ocultos, que habilitam a rejeitar a coisa vendida, ou pedir abatimento e a última, que tem como razão a falta de entrega da coisa, no todo ou em parte (STF, RE n. 9.431 – Embs., Tribunal Pleno, Rel. Min. Mario Guimarães, j. 18.01.1952 – trecho do voto do Min. Rocha Lagoa).

Em sentido semelhante, afirmou o Ministro Orosimbo Nonato:

> As ações edilícias [...] têm o fim de rescindir a venda ou abater o preço, ao passo que a *actio ex empto* mira, precipuamente, à complementação da área e, como sucedâneo, apenas, caso seja possível, as perdas e danos (STF, RE n. 9.431 – Embs., Tribunal Pleno, Rel. Min. Mario Guimarães, j. 18.01.1952 – trecho do seu voto).

Mais recentemente, no âmbito já da competência do STJ, o mesmo conceito voltou a ser invocado:

> V – O prazo prescricional de seis meses definido no art. 178, § 5º, IV do Código Civil diz respeito às ações por vício de qualidade (vício redibitório), e, não, por vício de quantidade (diferença de área) (STJ, REsp 83.751/SP, 4ª Turma, Rel. Min. Sálvio de Figueiredo Teixeira, *DJ* 25.08.1997; no mesmo sentido, v. REsp 22.711/SP, 4ª Turma, Rel. Min. Barros Monteiro, *DJ* 19.06.1995 e REsp 7.359/SP, 3ª Turma, Rel. Min. Dias Trindade, *DJ* 22.04.1991).

Contudo, esta distinção não é absoluta, sendo possível, por vezes, que a falta ou mesmo o excesso de quantidade resultem em um vício de qualidade, na medida em que a diferença para mais ou para menos comprometa a função a que se destina o bem. Conforme exemplifica Pedro Romano Martinez:

> A prancha de madeira, por ser demasiado grossa, não encaixa no local a que se destinava. O objecto de prata, por não ter o peso indicado, tem um valor de mercado inferior ao referido. A gasolina fornecida, por ter menos octanas do que o estabelecido, não é adequada para aquele tipo de motor.

> Sempre que a falta de quantidade, como nos casos referidos, está intimamente ligada com a qualidade do bem, ela é, em si, um defeito[57].

Nos casos acima, a quantidade passa a integrar a qualidade por força de disposição contratual que estabelece a função a que se destina o bem transacionado. É o que sucede, especificamente, em relação à disciplina que o Código reserva à compra e venda de imóveis, em que a falta de quantidade assegurada pelo vendedor – as ditas vendas *ad mensuram* – equivale à falta de qualidade, dando ensejo às seguintes medidas em favor do adquirente: complementação da área (execução específica); resolução do contrato; ou redução do respectivo preço (cf. art. 500 do Código Civil).

Ainda em relação a imóveis, a jurisprudência procurou excluir do conceito de vícios redibitórios defeitos como "trincas, fissuras e manchas de umidade", causados por "falha na impermeabilização das paredes externas do prédio". Segundo o Ministro Fontes de Alencar, tais defeitos "não se apresentam como vícios redibitórios, inerentes à própria coisa, mas sim conseqüência do mau cumprimento do contrato de construção, defeitos que só o transcorrer do tempo possibilitaria a constatação (STJ, REsp 32.676, 4ª Turma, Rel. original Min. Athos Carneiro, Rel. designado Ministro Fontes de Alencar, j. 09.08.1993).

A distinção é confusa, excessivamente sutil, mas o objetivo visado é muito claro: tratava-se de evitar a aplicação do art. 178, § 5º, IV, do Código Civil de 1916, que previa o prazo decadencial de seis meses:

> Defeitos decorrentes do mau adimplemento do contrato de construção, e prejudiciais à utilização das unidades de moradia, não constituem vícios redibitórios, e sua reparação pode ser exigida no prazo vintenário. *Não incidência do art. 178, § 5º, IV, do Código Civil aos casos em que o defeito na coisa imóvel não se caracteriza como vício redibitório* (STJ, REsp 32.676, 4ª Turma, Rel. original Min. Athos Carneiro, Rel. designado Ministro Fontes de Alencar, j. 09.08.1993, grifou-se).

Percebe-se que esta distinção entre vício de quantidade e vício de qualidade traduz um esforço da doutrina, acolhido pela jurisprudência, com vistas a permitir ao credor que recebe coisa defeituosa, mas que deixou de observar os breves prazos legalmente previstos para reclamar, que ainda assim possa agir face ao devedor.

Na Alemanha, a reforma em 2001 estabeleceu um novo regime que busca contemplar a um só tempo (i) a segurança do tráfego jurídico, (ii) o fato

---

57 MARTINEZ, Pedro Romano. *Cumprimento defeituoso – em especial na compra e venda e na empreitada*, op. cit., p. 216.

de o devedor ter procurado cumprir a obrigação com a entrega do bem (posto que defeituoso) e ainda (iii) o fato de o credor ter aceito o bem sem reservas, como também (iv) não constranger o credor a um prazo demasiadamente breve, sendo de dois anos o prazo para reclamar no caso de bens móveis e de cinco, no caso de bens imóveis[58]. Ao debelar o problema na sua origem, a reforma do BGB torna desnecessárias e datadas as distinções que, como a que acaba de ser examinada, parecem explicar-se mais por imperativos de ordem prática do que propriamente teórica.

O mesmo se pode dizer da distinção, de que trata o próximo item, entre a entrega de coisa defeituosa, de um lado, e a entrega de coisa diversa (o chamado *aliud pro alio*), de outro lado. Mais uma vez, a finalidade da distinção parece ser a de reduzir, na prática, o âmbito de incidência do regime dos vícios redibitórios (e seus breves prazos decadenciais), reenviando estas hipóteses de entrega de coisa diversa para o regime geral da inexecução. Como se terá a oportunidade de demonstrar, assiste-se a uma tendência no sentido do alargamento do conceito de *aliud*, incorporando à noção de "coisa diversa" aspectos funcionais, concretos, numa tentativa de, ampliando a abrangência do *aliud pro alio*, restringir o campo de incidência das ações edilícias em favor das ações fundadas no não cumprimento de obrigação contratual. É o que se passa a examinar.

4.3.2. Vícios redibitórios e *aliud pro alio*

Outra distinção invocada com vistas à proteção do credor que se manteve inerte durante o prazo de que dispunha para interpor as ações edilícias é a que distingue entre, de um lado, a entrega de bem diverso do combinado (*aliud pro alio*) e, de outro, a entrega de bem que padece de vícios de inadequação – i.e. vícios redibitórios.

A expressão *aliud pro alio* remonta ao Direito Romano: *Aliud pro alio invito creditori solvi non potest.* Contra a vontade do credor, não se pode pagar uma coisa por outra. No Direito atual, o art. 313 do Código Civil consagra o princípio: "O credor não é obrigado a receber prestação diversa da que lhe é devida, ainda que mais valiosa".

Assim, tem-se, de um lado, a entrega de mercadorias que diferem substancialmente das que foram contratadas e, de outro, a entrega de mercadorias que se enquadram perfeitamente no gênero objeto do contrato, embora careçam de qualidades imprescindíveis ao desempenho da função que se lhes pretende atribuir, ou cuja falta acarreta a sua desvalorização.

58 CANARIS, Claus-Wilhelm, op. cit., pp. 123-124.

No primeiro caso, a entrega de uma coisa de espécie diversa daquela convencionada importa em inadimplemento contratual, sendo facultado ao credor resolver o contrato. Não se trataria, aqui, de vício redibitório.

Já no segundo caso, em que a mercadoria corresponde substancialmente ao mesmo gênero que havia sido contratado, mas, concretamente, vem a apresentar defeitos os quais, sem a desnaturar, são, contudo, impeditivos do desempenho da sua função ou lhe retiram parte substancial de seu valor, então, neste caso, é correto cogitar-se da existência de vícios redibitórios.

San Tiago Dantas dá-nos o exemplo do comprador que recebeu um automóvel da série 1936, em lugar do modelo de 1937, que encomendara[59].

Há também o sempre citado caso da venda de quadro falso. Na verdade, há aqui que distinguir duas situações. Em primeiro lugar, tem-se o caso em que foi convencionada a venda de quadro genuinamente original, porém um quadro falso foi entregue em seu lugar. Seria uma hipótese de erro, de vícios redibitórios ou de inadimplemento contratual (*aliud*)? Uma vez que se estaria entregando coisa diversa da comprada, faz sentido qualificar a hipótese como de inadimplemento. Em segundo lugar, tome-se a hipótese em que o quadro, objeto do negócio, era falso, muito embora o adquirente acreditasse (erroneamente) tratar-se de um original, vindo a descobrir a verdade somente após a entrega. Neste caso, a melhor solução é considerar esta alienação anulável por erro (ou dolo, a depender do comportamento do alienante), pois, aqui sim, há manifestação de uma vontade viciada. Ou seja, no primeiro caso, a anomalia situa-se na fase de execução do contrato, ao passo que no segundo caso a anomalia afeta a própria formação do contrato, incidindo sobre o processo de formação da vontade do adquirente.

Na tentativa de diferenciar os vícios redibitórios do *aliud pro alio*, é sublinhado que este último só se aplica quando o bem efetivamente entregue não corresponde em gênero, nem em espécie, ao bem prometido. Com base em tal raciocínio, o *aliud* estaria configurado quando bastar para a configuração da *desconformidade* a divergência em gênero e espécie entre o bem entregue e o bem objeto do contrato, sem que seja necessário averiguar se estão ou não presentes as qualidades esperadas ou se está ou não apto a satisfazer a finalidade pretendida. Se, por outro lado, a *desconformidade* apenas se revelar com base nesta última avaliação, estaríamos então em face da existência de vícios ocultos ou, eventualmente, de erro ou dolo. A propósito destas distinções, assim se pronunciou o Tribunal de Alçada do Estado de São Paulo:

59 DANTAS, San Tiago. *Problemas de direito positivo*, op. cit., p. 186. Note-se que, segundo o autor, o fato de ter havido uma encomenda já por si impede a caracterização do erro. Se, pelo contrário, a compra tivesse sido feita diante do carro, que o comprador pensava tratar-se de um modelo ano 37, mas que afinal era um modelo ano 36, então o caso estaria perfeitamente enquadrado como erro de fato.

Se, em contrato de compra e venda de bem móvel, o *adquirente recebe exatamente a coisa que tencionava* ***adquirir*** e esta contém o vício oculto que lhe prejudica o uso ou diminui o valor, caracteriza-se vício redibitório – e não inadimplemento contratual (o adquirente recebe outra coisa que não aquela que comprou) ou erro substancial (falta ao objeto adquirido qualidade importante com a qual contava e que influiu decisivamente em seu consentimento) – prescrevendo a respectiva ação para haver a indenização devida no prazo do art. 178, § 2º, do CC (1º TACivSP, Ap. 368.375, 6ª C., Rel. Juiz Carlos Gonçalves, j. 03.02.1987 – grifos nossos).

Contudo, há uma orientação alternativa que alarga o campo de incidência do *aliud* para aqueles casos em que o bem entregue, muito embora corresponda em gênero e espécie ao bem que foi objeto do negócio, possui um defeito tão grave que o torna absolutamente imprestável.

Tal abordagem foi endossada pelo STF que, com base numa concepção assim alargada do *aliud pro alio*, afastou a incidência dos prazos previstos para a propositura das ações edilícias: "A prescrição do artigo 178, parágrafo 2º do Código Civil se refere à rescisão do contrato, por vício redibitório, e não à *rescisão por imprestabilidade absoluta* da coisa comprada" (STF, RE 34.036, 2ª Turma, Rel. Min. Antonio Villas Boas, *DJ* 14.10.1958 – grifou-se).

A utilização do critério da gravidade do vício para o fim de distinguir este da entrega de um *aliud*, longe de esclarecer a questão, definindo a fronteira que separa o regime da inexecução da obrigação do regime dos vícios redibitórios, antes demonstra o quão confusos estamos nesta matéria. Conforme constata Hans Schulte Nolke: "Não existem, como é óbvio, critérios gerais adequados para elaborar esta distinção crucial entre a entrega de bens defeituosos e a entrega de um *aliud*"[60].

Em suma, a conceituação do *aliud pro alio*, tanto aqui como alhures, mostra-se controvertida, contribuindo para que a sua aplicação prática seja, como foi visto, extremamente delicada[61].

60 NOLKE, Hans Schulte. *The new German law of obligations:* an Introduction, pp.1-6, p. 3: "There are, of course, no suitable general criteria for making this crucial distinction between the delivery of defective goods and the delivery of an aliud". Disponível em: <http://germanlawarchive.iuscomp.org/?p=357>.

61 Este ponto foi argutamente salientado por María Martínez Martínez, em seus comentários ao acórdão do Tribunal Superior, de 21 de outubro de 2005, que considerou como *aliud pro alio*, e não como vício redibitório, a entrega de azeite cuja composição química indiciava a utilização de outros óleos que não exclusivamente o de oliva, desta forma impedindo que o comprador, ao revender a mercadoria, fizesse jus a um determinado benefício econômico outorgado no âmbito da legislação comunitária aplicável às exportações de azeite de oliva (MARTÍNEZ María Martínez. *"Aliud pro alio" versus vicios ocultos en compraventa mercantil de cosa genérica (aceite de oliva)". Comentarios de sentencias, nulidad de los actos jurídicos.* Disponível em: <http://www.codigo-civil.info/nulidad/

4.4. A convergência dos regimes sob o conceito de conformidade

Diante da insegurança gerada pelas dificuldades suscitadas por essas distinções, na Alemanha passou-se a reunir sob um regime único quer a entrega de coisa diversa, quer a de coisa em quantidade inferior, quer ainda a de coisa defeituosa. Com efeito, o BGB é expresso ao equiparar a entrega de coisa diversa ou em quantidade inferior à entrega de coisa defeituosa (*vide* § 434, n. 3, do BGB), o que, aliás, é coerente com a opção naquele sistema de integrar a garantia dos vícios redibitórios no regime do inadimplemento em geral.

Muito antes, já a Convenção de Viena das Nações Unidas sobre Contratos de Compra e Venda Internacional de Mercadorias (CISG, na sigla em inglês) eliminara a concorrência de diversos (e fragmentados) regimes em favor de um regime único (convergente) de responsabilidade em razão da desconformidade do produto entregue. À luz do disposto no art. 35 da CISG, o vendedor tem a obrigação de entregar as mercadorias em conformidade com o contrato, fixando-se um conceito de conformidade abrangente quer da qualidade, quer da quantidade, do tipo e demais características das mercadorias que, de acordo com a finalidade a que estas se destinam, deverão estar presentes sob pena de se caracterizar o descumprimento da obrigação:

> Seção II. Conformidade das mercadorias e direitos ou pretensões de terceiros
> Artigo 35
> (1) O vendedor deve entregar mercadorias que pela quantidade, qualidade e tipo correspondam às previstas no contrato e que tenham sido embaladas ou acondicionadas de acordo com a forma prevista no contrato.
> (2) Salvo se as partes tiverem convencionado outra coisa, as mercadorias só estão conformes ao contrato, se:
> (a) forem adequadas às finalidades para as quais seriam usadas habitualmente mercadorias do mesmo tipo;
> (b) forem adequadas a qualquer finalidade especial expressa ou tacitamente levada ao conhecimento do vendedor no momento da conclusão do contrato, a não ser que resulte das circunstâncias que o comprador não confiou na competência e apreciação do vendedor, ou que não era razoável da sua parte fazê-lo;
> (c) possuírem as qualidades de mercadorias que o vendedor apresentou ao comprador como amostra ou modelo;

lodel/document.php?id=153>, afiliación: Universidad de Zaragoza). Ainda no Direito espanhol, consulte-se Verónica San Julián Puig, *El objeto del contrato*. Aranzadi, 1996, pp. 303 e ss. No Direito italiano, *vide* Paolo Marta, *Garanzia per vizi e aliud pro alio: analisi di un cambiamento in atto*. Disponível em: <http://www.dirittoepiemonte.it/articoli/aliud_proalio.htm>.

> (d) forem embaladas ou acondicionadas na forma habitual para as mercadorias do mesmo tipo ou, na falta desta, de um modo adequado a conservá-las e a protegê-las.
> (3) O vendedor não é responsável, nos termos das alíneas (a) a (d) do parágrafo anterior, por qualquer falta de conformidade das mercadorias que o comprador conhecia ou não podia ignorar no momento da conclusão do contrato.

Esta "síntese ou fusão da garantia por vícios e das sanções comuns da obrigação de entrega" merece os maiores elogios de João Calvão da Silva[62].

> Há aqui, portanto, um conceito amplo e uniforme de falta de conformidade, englobante das diferentes espécies de inadimplemento da obrigação de entrega e da clássica garantia por vícios da coisa, seja coisa genérica seja coisa específica, que dispensa a enfadonha distinção entre vícios, falta de qualidade e *aliud pro alio* – o que não se afigura desprovido de interesse dada a ausência de critério indiscutível, distintivo de tais conceitos[63].

Entre nós, a superação da distinção entre o regime dos vícios redibitórios e o *aliud pro alio* faz-se sentir no âmbito do CDC, que traz um regime único para a responsabilidade do fornecedor de produto ou serviço em razão dos defeitos apresentados. Pode-se dizer que o CDC consagrou um regime geral de responsabilidade do fornecedor pela desconformidade do produto ou serviço prestado, de tal maneira que pouco importa se foi entregue um produto defeituoso ou um produto totalmente diverso daquele previsto, pois, em todo caso, não só o fundamento da responsabilidade é o mesmo, mas também o próprio regime aplicável, inclusive no que diz respeito aos prazos cabíveis.

O CDC também simplificou a questão ao reunir sob a mesma disciplina a responsabilidade em razão do defeito de qualidade e a decorrente do defeito de quantidade.

Por isso, há quem diga que, com o advento do CDC, torna-se ainda mais obscura a distinção entre os vícios redibitórios e o inadimplemento contratual: "O espaço aberto à prestação *in natura*, ou o alargamento da proteção dos casos de vícios aparentes, bem demonstram que as fronteiras dissociativas do inadimplemento e dos vícios, se não se apagam definitivamente, pelo menos se atenuam de modo considerável"[64].

---

62 CALVÃO DA SILVA, João. *Compra e venda...*, op. cit., p. 101.

63 CALVÃO DA SILVA, João. *Compra e venda...*, op. cit., p. 102.

64 SILVA, Jorge Cesa Ferreira da, op. cit., p. 199.

Contudo, as relações comutativas regidas pelo Código Civil (em oposição ao CDC) estão sujeitas ao regime específico dos vícios redibitórios, que, dada a sua especialidade, prevalece sobre o regime do inadimplemento em geral. Assim, as distinções acima, que procuram restringir o âmbito de aplicação do regime das ações edilícias, não perderam a sua razão de ser.

A não ser que se opte pela tese da cumulatividade das ações edilícias com as que resultam do inadimplemento. Tal entendimento era o defendido por Carvalho de Mendonça, que não concorda que "os remedios do adquirente contra os vicios da cousa se resumam nas duas acções edilicianas. Além dellas cabe ao adquirente a acção commum por inexecução das obrigações do contrato, ao menos *no caso de dólo, no de garantia expressa de qualidades ou ausência de vícios*"[65]. Outros autores, como San Tiago Dantas, admitem mesmo a possibilidade de certas situações concretas se sujeitarem a uma "dupla configuração", o que justificaria a cumulação dos meios de defesa à disposição do credor lesado, que tanto poderia, seguindo esta lógica, invocar o regime dos vícios redibitórios como o do inadimplemento, ou do erro[66].

5. A responsabilidade por vícios redibitórios face à pactuação de declarações e garantias em contratos de compra e venda de participações sociais

É neste contexto de dúvida acerca da articulação (ou mesmo sobreposição) entre o regime legal próprio dos vícios redibitórios e os regimes do inadimplemento e do erro que se torna ainda mais importante, na prática, definir contratualmente a alocação de riscos entre as partes em um contrato de compra e venda, estabelecendo longas e detalhadas "declarações e garantias" prestadas, sobretudo, pela parte vendedora, bem como as consequências que a sua não observância suscitam.

São ainda especialmente úteis as cláusulas de declarações e garantias em contratos de compra e venda de participações sociais tendo em conta que poderiam levantar-se dúvidas acerca da aplicabilidade do regime dos vícios redibitórios em casos, por exemplo, de ulterior revelação de um passivo não revelado até ocorrer a transmissão da participação. É que, a rigor, a existência de um passivo oculto não afeta o uso das quotas ou das ações da sociedade que foram adquiridas, mas apenas o seu valor. Assim, embora entre nós prevaleça o entendimento de que se enquadram no conceito de vícios redibitórios os passivos descobertos após a alienação do controle societário não

65 CARVALHO DE MENDONÇA, M. I. *Doutrina e prática das obrigações*. São Paulo: Francisco Alves e cia., t. II, § 700, p. 389, grifou-se.

66 DANTAS, San Tiago, op. cit., p. 188.

obstante o objeto do contrato ser as participações sociais e não a *empresa*[67], fato é que tornar esta garantia expressa e regulada contratualmente constitui um mecanismo valioso para proteger os interesses do adquirente.

Estas cláusulas são, também por isso, típicas em contratos de compra e venda de participações sociais de controle, e estipulam, em geral, que a "a empresa objeto da operação é conduzida de acordo com as exigências legais e com as melhores práticas de mercado, que a empresa adquirida é titular de todos os ativos necessários à condução das atividades sociais, e que a venda das ações ou quotas não encontra restrições de caráter legal ou contratual"[68]. Em particular, assumem especial relevância as declarações e garantias concernentes à precisão e à veracidade das demonstrações financeiras e contábeis da sociedade-alvo, incluindo a inexistência de passivos ocultos, e que abrangem a situação patrimonial, laboral, fiscal e jurídica, em geral, da empresa, dada a sua relevância para a determinação do valor de mercado da sociedade-alvo e, portanto, do preço acordado.

Ressalta desde logo a função informativa das declarações do vendedor sobre a empresa objeto da venda e, correlata a esta função informativa, a função de atribuição de responsabilidade ao vendedor, assegurada pelas garantias que este presta, no caso de tais declarações virem a se revelar inexatas ou imprecisas.

Não tendo uma única função e, por outro lado, podendo tais cláusulas remeter para consequências ou remédios os mais diversos, com configurações virtualmente ilimitadas, pois dependentes do concreto programa contratual livremente pactuado pelas partes, a natureza jurídica das cláusulas de declarações e garantias é um tema aberto a múltiplas interpretações. Não por acaso, aquelas mesmas dúvidas antes referidas acerca do enquadramento dos vícios redibitórios no quadro geral do inadimplemento (relativo, portanto, à fase executiva do negócio), ou como dever de garantia ou, ainda, como causa de anulação do contrato por uma falha constitutiva (isto é, erro ou dolo relativo à fase estipulativa do negócio)[69] também são pertinentes quando se trata de definir a qualificação jurídica destas cláusulas.

Assim, pense-se na hipótese de os contratantes estipularem que determinados fatos objeto das declarações e garantias inseridas no contrato foram essenciais para que os compradores decidissem avançar com o negócio. Neste

67 Cf., por exemplo, COMPARATO, Fábio Konder e SALOMÃO FILHO, Calixto. *O poder de controle na sociedade anônima*. 4. ed. Rio de Janeiro: Forense, 2005, p. 275 e PEREIRA, Guilherme Döring. *Alienação do poder de controle acionário*, São Paulo: Saraiva, 1995, p. 99.

68 BOTREL, Sergio. *Fusões & aquisições*. 3. ed. São Paulo: Saraiva, 2014, p. 279.

69 São expressões de João Baptista Machado. In: Acordo negocial e erro na venda de coisas defeituosas, *Obra dispersa*, op. cit., pp. 40 e 41.

caso, estaríamos no campo de um defeito quanto à própria constituição do negócio jurídico[70]. Por outro lado, se neste mesmo contrato são estabelecidas as consequências que resultam de eventual inexatidão destas declarações, afastando-se a possibilidade da anulação do contrato e prevendo-se, ao invés, uma limitação para o dever de prestar imposto ao vendedor, neste caso nos aproximaríamos da responsabilidade contratual consequente ao inadimplemento de uma obrigação.

Fábio Castro Russo abordou o tema em sua dissertação de mestrado e concluiu que se trata de "*obrigações de garantia* que apenas em sentido impróprio poderão ser incumpridas, pois têm por objeto uma mera assunção do risco (ou um "binómio sujeição-expectativa") e não um comportamento, de resto sendo a culpa do vendedor irrelevante"[71].

Na realidade, será sempre imprescindível compreender o sentido e o alcance destas cláusulas à luz do programa contratual como um todo, sem que nos pareça possível predeterminar, em abstrato, a sua qualificação jurídica. Por esta mesma razão, tampouco será possível definir *a priori* a validade destas cláusulas face aos regimes legais com que necessariamente interagem, antes sendo necessário um exame casuístico e concreto.

A propósito do exemplo referido acima, Catarina Tavares Loureiro e Manuel Cordeiro Ferreira observam o seguinte:

> Nestes casos, sem surpresa, haverá que averiguar até que ponto o comprador se encontrava ou não em situação de erro e assumia a possibilidade de determinada coisa não apresentar certas qualidades.

---

70 É a posição defendida por Claudia Lorena Escandón Lozano, *Efectos de la inexactitud o falta de veracidad de la causa expresada en el contrato*. Tese de Mestrado, ICESI, Cali, 2015, disponível em; <https://repository.icesi.edu.co/biblioteca_digital/bitstream/10906/79108/1/T00445.pdf>. Para a autora, à luz do Direito colombiano as declarações e garantias remetem para estipulações acessórias às obrigações principais, podendo constituir-se na causa determinante de um negócio: "[...] dichas representaciones incluidas en un contrato son prueba de los hechos que indujeran a las partes a celebrar el contrato, luego afectan directamente su perfeccionamiento e influyen en su voluntad para formalizarlo" (p. 1). Contesta, portanto, a recondução das declarações e garantias ao regime do cumprimento/incumprimento da obrigação.

71 RUSSO, Fábio Castro, op. cit., p. 136. Idêntico enquadramento dogmático foi acolhido pelo Supremo Tribunal de Justiça português, concluindo por isso que: "A violação da cláusula de garantia não gera um dever de indemnizar na aceção do regime legal da responsabilidade civil, mas apenas um dever de prestar em sentido estrito, correspondente à diferença entre o valor económico-financeiro da sociedade garantido pelo vendedor através de contas apresentadas e o seu valor real, que teria determinado o preço do negócio" (Acórdão do Supremo Tribunal de Justiça n. 4915/04.9TVLSB.L1.S1, de 1º de março de 2016, p. 2).

Em todo o caso, e ainda que o regime contratual das declarações e garantias não possa, quanto a nós, afastar a aplicabilidade de outras figuras na medida em que os requisitos de que depende a sua aplicação se encontrem verificados, essas cláusulas poderão desempenhar também aí um papel importante na reconstituição da vontade das partes e na determinação do objeto pretendido pelo comprador"[72].

Com efeito, por via da pactuação destas cláusulas busca-se uma maior previsibilidade para a resolução de disputas contratuais acerca do regime legal a aplicar a uma situação de fato envolvendo a "desconformidade" da coisa entregue em um contrato de compra e venda. Daí Arnold Wald afirmar que "essas cláusulas visam estender e reforçar a proteção dada ao comprador" para depois concluir que "a sua violação submete o vendedor a todas as consequências do inadimplemento contratual"[73].

O resultado perseguido pelos contratantes que pactuam declarações e garantias parece ser, portanto, o de afastar o regime típico dos vícios redibitórios, permitindo a aplicação de um regime autônomo (no sentido de autossuficiente) de alocação de riscos entre os contratantes. É que, no silêncio do contrato, e caso a coisa vendida apresentasse defeitos ocultos, seria aplicável o dever de garantia tal como definido pelo regime de responsabilidade específico estabelecido para os vícios redibitórios. Já com a estipulação expressa de garantias sobre as características do bem é o próprio perímetro da prestação objeto do contrato que está em causa, pelo que, não estando tais características presentes, o credor pode acionar a garantia que reforça o cumprimento da prestação, sem necessidade de discutir os pressupostos da responsabilidade por vícios redibitórios. Quando, ao invés, são expressamente estipuladas declarações e garantias, o cumprimento da obrigação principal passa a pressupor inequivocamente a entrega da coisa tal qual é *garantido* que ela seja.

Contudo, não há que se falar necessariamente de um regime garantístico autossuficiente e fechado em si mesmo, estabelecido por meio da pactuação de declarações e garantias que funcionam numa base de "haja o que houver"[74]. Antes, tais cláusulas não podem ser interpretadas e aplicadas em

72 Catarina Tavares Loureiro e Manuel Cordeiro Ferreira, op. cit., p. 29.

73 WALD, Arnoldo. Dolo acidental do vendedor e violação das garantias prestadas. In: *Revista dos Tribunais*, v. 949/2014, p. 95, 2014, p. 2. E ainda, a seguir: "[...] a violação da garantia de qualidade se configura com o inadimplemento das declarações e garantias que vinculam contratual e objetivamente as partes" (op. cit., p. 5).

74 É a expressão de Mario Júlio de Almeida Costa retomada por Fábio Castro Russo. Das cláusulas de garantia nos contratos de compra e venda de participações sociais de controlo. In: *Direito das Sociedades em Revista*, 2010, pp. 115-136, p. 132 e citada pelo Supremo Tribunal de Justiça de Portugal no acórdão n. 4915/04.9TVLSB.L1.S1, de 1º de março de 2016.

abstrato, senão com referência ao sistema legal em concreto no qual a sua própria validade assenta. Ou seja, embora as declarações e garantias detalhadamente negociadas em contratos de compra e venda de participações sociais busquem muitas vezes estabelecer um regime contratual de alocação de risco e de responsabilidade automático e exaustivo, o fato é que o regime legal não deixa por isso de ser relevante, verificando-se uma articulação inevitável entre a lei e o contrato, quer no plano do exame acerca da validade destas cláusulas, quer no plano da sua interpretação supletiva quando forem lacunosas e o intérprete for levado a recorrer à lei para suprir tais lacunas (deverá, neste caso, recorrer ao regime do inadimplemento ou dos vícios?).

Com efeito, o regime legal ele próprio se baseia numa ótica de equilíbrio contratual, o que desde logo obriga a que as declarações e garantias sejam um elemento essencial para a reconstituição do programa contratual; a seu turno, o contrato está inserido num sistema legal, devendo por isso respeitar os limites deste mesmo sistema e dele se socorrer para a sua melhor interpretação.

Exemplos não faltam para ilustrar o quão problemática pode ser esta interdependência entre, de um lado, o regime contratualmente fixado por meio da técnica da estipulação de declarações e garantias e, de outro, os remédios legalmente estabelecidos para situações de fato idênticas às previstas no contrato.

Pense-se, por exemplo, nas cláusulas que definem um prazo para o exercício dos direitos do comprador caso as declarações e garantias não correspondam à realidade ("*survival period*"). Como é que tais cláusulas interagem com as normas previstas pelos arts. 445, § 1º (o prazo só começa a contar quando o vício, por sua natureza, só puder ser conhecido mais tarde, desde que respeitados os limites máximos de 180 dias, em se tratando de bens móveis, e de um ano, para os imóveis) e 446 (não correrão os prazos do artigo antecedente na constância de cláusula de garantia; mas o adquirente deve denunciar o defeito ao alienante nos 30 dias seguintes ao seu descobrimento, sob pena de decadência).

Parece-nos que deve prevalecer o regime contratualmente estabelecido, seja ele de reforço, seja de diminuição da garantia legal, uma vez assente na liberdade contratual consubstanciada, neste caso, na forma como os contratantes decidiram distribuir os riscos do negócio. Contudo, a disposição contratual deixará de poder ser invocada se comprovado o dolo do vendedor, isto é, na hipótese de o vendedor ter prestado declaração que sabia falsa, com o propósito justamente de enganar o comprador. Neste caso, uma vez caracterizado o dolo, então entrar-se-á no domínio dos defeitos do negócio jurídico e da responsabilidade extracontratual, impondo-se ao vendedor o dever de indenizar cabalmente o comprador pelos danos causados por este ter confiado na veracidade da declaração[75].

75 Cf. MARTINS-COSTA, Judith. Os regimes do dolo civil no direito brasileiro: dolo antecedente, vício informativo por omissão e por comissão, dolo acidental e dever de indenizar. In: *Revista dos Tribunais*, 923, set. 2012, pp. 115-143, p. 136.

Outra situação potencialmente controversa refere-se a cláusulas que, no contexto das declarações e garantias, atribuem determinadas consequências ao conhecimento/desconhecimento dos contratantes acerca de fatos relativos ao objeto do contrato. Conforme foi examinado acima, é próprio dos vícios redibitórios serem ocultos, ou escondidos, tendo sido nesta medida legitimamente ignorados pelo credor aquando da entrega efetiva da coisa. Da parte do devedor, o seu conhecimento determina o agravamento da sua responsabilidade por perdas e danos (art. 443, 1ª parte).

Imagine-se, assim, hipótese em que o comprador sabia, ou deveria saber, que uma determinada declaração feita pelo vendedor não correspondia à realidade. Poderá ainda assim invocar a cláusula contratual para exigir do vendedor que lhe entregue a prestação (normalmente pecuniária) pactuada no contrato como consequência de a declaração não ser verdadeira?

Na ausência de cláusula contratual, em contratos de compra e venda de empresas no contexto dos quais é tipicamente exigido do comprador que se informe sobre o objeto do contrato (a chamada *due diligence*), certos defeitos reputam-se aparentes e nesta medida impedem a invocação do regime dos vícios redibitórios. Mas e se, pelo contrário, o devedor houver declarado, por exemplo, um certo volume médio de vendas que se vem a revelar falso? Poderá o vendedor nesta hipótese invocar o regime dos vícios redibitórios para afastar qualquer responsabilidade com base no fato de que o comprador sabia, ou deveria saber, haja vista a *due diligence* realizada, o verdadeiro volume de vendas? O Tribunal de Justiça do Rio Grande do Sul entendeu que não caberia ao comprador qualquer abatimento do preço ou indenização uma vez que, a despeito de o contrato referir como característico do seu objeto o volume médio de vendas, a inexatidão do número ali referido poderia ter sido facilmente detectada pelo comprador, a quem foram facultados todos os registros contábeis da sociedade[76].

76 Cf. TJRS. Apelação Cível AC 70062890413. Data de publicação: 06.07.2015. Ementa: Apelações cíveis. Direito privado não especificado. Compra e venda de ponto comercial. Vício redibitório. Alegação da autora de que adquiriu ponto comercial (venda de gás) com vício redibitório, consubstanciado na informação errônea acerca do volume médio de vendas. Prova nos autos a indicar que a autora, antes da compra, teve acesso franqueado às informações contábeis da ré, o que descaracteriza a ocorrência do vício redibitório. Diferença no volume de vendas, ademais, que não é suficiente para presumir que a autora, empresa do ramo, se estivesse ciente das informações contábeis, não teria realizado o negócio ou aceitado o preço. Afastada a tese do vício redibitório, mantém-se hígida a dívida da autora com a ré, relativa ao saldo devedor da compra e venda. Verba honorária mantida, por atender aos critérios do art. 20, § 3º , CPC . Apelações desprovidas (Apelação Cível n. 70062890413, 11ª Câmara Cível, TJRS, Rel. Luiz Roberto Imperatore de Assis Brasil, j. 1º.07.2015).

Em sentido algo diverso, recente acórdão do Supremo Tribunal de Justiça de Portugal entendeu que "a cláusula de garantia não se reconduz a qualquer obrigação de comportamento, mas à assunção do risco da desconformidade entre a situação declarada e a real situação das sociedades objeto do negócio", pelo que os vendedores respondem "de forma automática, isto é, independentemente da verificação dos pressupostos da responsabilidade civil – fato ilícito, culpa ou dano – por qualquer divergência entre o declarado contratualmente e a realidade, desde que abrangida pela cláusula de garantia", o que sugere que no caso de existir garantia contratual assegurando a qualidade do bem, mesmo na hipótese de o credor não se ter apercebido da discrepância entre o declarado e a realidade devido à sua negligência, nem por isso o devedor poderia exonerar-se do dever de prestar que lhe advém por força de expressa disposição contratual [77].

Não nos parece, contudo, que estas questões possam ser resolvidas em abstrato, estando antes fortemente atadas às circunstâncias de cada caso, não só aos fatos em concreto, mas, também, ao programa contratual como um todo, e aqui tampouco será suficiente interpretar a disposição que refira, como no exemplo acima, o volume médio de vendas isoladamente, antes sendo necessário interpretá-la como parte do *sistema* de alocação de riscos contratualmente estabelecido.

Além disso, cumpre ainda atentar que, diante de uma hipótese de defeito do negócio jurídico (quer de erro, quer, por maioria de razão e conforme já referido, de dolo), é muito duvidoso que o regime contratual possa sobrepor-se, afastando a possibilidade de invocar as consequências legalmente estabelecidas para o caso de se configurar vício na fase formativa do negócio, pois neste caso já não estaremos no plano da normal distribuição dos riscos do negócio entre os contratantes, mas de uma renúncia ao direito de o anular com base em erro ou dolo, o que não nos parece dever ser permitido à luz do nosso Direito.

Conclusão

Como dito no início, deu-se aqui um primeiro passo no tratamento do tema das cláusulas de declarações e garantias face a regimes legais de proteção ao adquirente, em particular o regime de responsabilidade por vícios redibitórios. Outras tantas situações poderiam ser trazidas para esta reflexão, revelando a complexidade em torno do funcionamento destas cláusulas no Direito brasileiro e a importância, muitas vezes negligenciada na prática, de as partes, ao procederem à redação de tais cláusulas com o objetivo de colma-

77 Cf. Supremo Tribunal de Justiça de Portugal, acórdão n. 4915/04.9TVLSB.L1.S1, de 1º de março de 2016, Rel. Fernando do Vale., v.u., pp. 1-37, p. 4.

tar as insuficiências da tutela *ex lege* e de promover a adaptação de tal tutela ao caso concreto, atentarem para o sistema jurídico no qual tais cláusulas estão inseridas e do qual necessariamente retiram a sua validade.

Esta reflexão é tanto mais relevante quando, como é notório, não raro a redação destas cláusulas reproduz acriticamente modelos de contratos elaborados com referência a uma matriz jurídica completamente diversa, como sejam os ordenamentos da família da *common law*.

Procurou-se, portanto, demonstrar que a articulação entre a tutela *ex lege* e a tutela contratual opera de uma forma circular (e não puramente binária). Se é verdade que as declarações e garantias pactuadas livremente pelas partes não podem ser interpretadas sem referência ao regime legal aplicável a cada caso, igualmente essencial é reconhecer que tais disposições contratuais têm um papel fundamental na determinação do programa contratual (e do seu específico equilíbrio), o que a seu turno terá um impacto decisivo na delimitação dos pressupostos de aplicação do regime legal.

TEORIA DA IMPREVISÃO E ONEROSIDADE EXCESSIVA

Tercio Sampaio Ferraz Junior

O foco deste trabalho está na relação entre imprevisão e onerosidade excessiva. Na medida em que contingência envolve álea, levanta-se a hipótese, em sede de teoria da imprevisão, de se tratar de contrato aleatório, o que levaria a implicações referentes ao modo de tratar as transformações ocorridas no contexto econômico em que o contrato é executado (*rebus sic stantibus*). À primeira vista, essa eventualidade tem o sentido de um risco, posto que pode acontecer por acaso.

Já na Antiguidade, Aristóteles falava das coisas que ocorrem por acaso. Diz ele (*Física*, II, 5,196b10 e ss., também 6, 197b e ss.): as coisas ou se passam sempre do mesmo modo (coisas necessárias) ou quase sempre do mesmo modo (coisas frequentes). Há, porém, uma terceira espécie que não acontece como as precedentes, isto é, coisas que não são nem necessárias nem frequentes, mas contingentes. Nesta terceira, porém, está contida uma dualidade que deve ser esclarecida (o que nem o próprio Aristóteles faz em algumas passagens como *De Generatione et Corruptione*, II, 6,333b4 e Metaf., 2,7,1032a15). As coisas não só são necessárias ou frequentes ou nem necessárias nem frequentes (por acaso), mas são também tendo em vista um fim ou não tendo em vista um fim. A partir disto, diz-se que aquela terceira espécie (por acaso) pode ser *por fortuna*, isto é, causas nem necessárias nem frequentes (casualidade, eventualidade), tendo em vista um fim determinado, ou *por acidente*, isto é, eventuais, casuais, tendo em vista um fim *não* determinado.

O tema do acaso sempre trouxe repercussões para o Direito. O esforço doutrinário em distinguir força maior de caso fortuito tem a ver com isso. Esses termos costumam ser associados à noção de risco, em face de ocorrências que, por serem imprevisíveis e inevitáveis (acaso por acidente), isentam de responsabilidade.

O acaso por acidente recebe um tratamento legal expresso, em que força maior e caso fortuito, sem maiores distinções, consideram-se verificados no fato necessário, cujos efeitos não era possível evitar ou impedir (Código Civil/2002, art. 393, parágrafo único), não se responsabilizando o devedor pelos prejuízos deles resultantes, *salvo se houver por eles se responsabilizado expressamente* (art. 393, *caput*). Trata-se de álea, que significa para os negócios humanos um risco, o risco gerado pela inevitabilidade e imprevisibilidade de certas ocorrências, cujo caráter acidental ora está na própria ocorrência (uma inundação) – imprevisibilidade de acontecimento que não se pode impedir

– ora no momento em que esta se produz (a morte) – acontecimento que, previsto, não se pode evitar[1].

Daí as questões referentes à *imprevisibilidade* e à aplicação do art. 478 do Código Civil/2002. Por conta deste artigo tornam-se relevantes as questões referentes à onerosidade excessiva em contraposição à extrema vantagem conferida à outra parte, bem como o sentido do caráter extraordinário dos acontecimentos que deles fazem acontecimentos imprevisíveis, mas não, exatamente, no sentido de *força maior* (art. 93, parágrafo único: "*O caso fortuito ou de força maior verifica-se no fato necessário, cujos efeitos não era possível evitar ou impedir*").

Da álea na teoria da imprevisão

De plano deve-se deixar clara a diferença entre a álea objeto da teoria da imprevisão e a álea visada pelas provisões de um contrato aleatório.

Num contrato aleatório, como, por exemplo, o contrato de seguro, o elemento relevante é a própria aleatoriedade. Mas o contrato, por tê-la em relevo, não a cria, não cria álea, mas tem por fim sua prévia eliminação (teoria da previdência). Nem contraente nem segurador criam a álea, mas referem-se a ela e concordam no que toca à cobertura do risco de sua ocorrência.

Essa cobertura pode ser total ou parcial, ficar desatualizada e ser atualizada. Mas ocorrido o sinistro (risco de ocorrência da álea), se o bem patrimonial ou o ser humano (vida, saúde) é ou não recomposto não entra em questão. Porque o que se segura não é o bem, mas o *status quo*, patrimonial ou do ser humano. Nesses termos, essa consumação do risco em circunstâncias de maior ou menor probabilidade ou de maior ou menor onerosidade nada tem a ver com desequilíbrio na relação contratual. Como a obrigação visa à aleatoriedade (risco), sua ocorrência em maior ou menor grau, por força de alteração das circunstâncias, não afeta o equilíbrio entre a ocorrência e a prestação.

Diferente é a situação das obrigações condicionais, pois nelas o risco, por estar previsto como condição de sua eficácia, faz da própria obrigação uma obrigação contingente, sujeita, por isso, às circunstâncias contextuais. Isto é, sendo a obrigação condicional constituída para prever uma prestação que *não* se efetiva enquanto não se realiza uma condição futura – condição suspensiva – (por exemplo, os custos serão suportados pela receita apurada, salvo [condição suspensiva] se a receita for insuficiente, quando será coberta por contribuição adicional), ela pode, com isso, vir a sofrer com as alterações contextuais em que a condição ocorre.

1 PONTES DE MIRANDA, Francisco Cavalcanti. *Tratado de direito privado*, t. XXIII. Rio de Janeiro: Borsói, 1958, p. 88.

Uma obrigação condicionada a um evento futuro, cuja inocorrência lhe suspende a eficácia, pressupõe uma regularidade ou normalidade (a receita será suficiente) cuja falha (insuficiência de receita) torna eficaz a obrigação. Nesse caso, uma imprevisível modificação no contexto de regularidade pode desequilibrar a previsão de ocorrência da condição, fazendo de uma obrigação contingente uma obrigação frequente e constante. Afetando a eficácia da prestação, esta pode tornar-se mais ou menos onerosa. Nesses termos, as alterações na consumação da contingência podem gerar a imprevisibilidade exigida pela teoria da imprevisão.

Não faz mister reproduzir aqui a vasta pletora de pronunciamentos doutrinários e jurisprudenciais que implicam a admissão da teoria da imprevisão, inclusive por onerosidade excessiva, aos contratos, inclusive públicos. Restrinjo-me, assim, no que interessa, a um breve comentário sobre a noção de *imprevisão*.

Da imprevisão

Modernamente, a teoria da imprevisão, para além da cláusula *rebus sic stantibus*, não se reporta apenas à alteração do estado de fato no momento da formação do vínculo, mas exige a impossibilidade de prever aquela mudança. Nesse caso, quando a superveniência imprevista ou imprevisível, alterando o ambiente objetivo anterior, constitui para uma das partes uma fonte de enriquecimento inesperado e um sacrifício para a outra parte, deve-se reconhecer que não é o contrato a verdadeira fonte desse enriquecimento, mas sim a superveniência imprevista.

A imprevisibilidade tem a ver com certas ocorrências, cujo caráter acidental ora está na própria ocorrência – imprevisibilidade de um acontecimento –, ora no momento em que essa se produz – imprevisibilidade do momento.

Não se trata de imprevisibilidade de acontecimentos sem qualquer racionalidade finalista, mas uma imprevisibilidade que tem mais a ver com a fortuna própria dos negócios humanos. Para além dos riscos de força maior e caso fortuito, os negócios podem envolver um tipo de imprevisibilidade, acaso por fortuna (*chance*), referente a acontecimentos eventuais e casuais (contingentes) que alteram a intencionalidade racional das ações, e que atinge as relações contratuais ou porque desconstitui o próprio objeto da obrigação ou porque altera sua condição de eficácia.

Do art. 478 do Código Civil/2002

A imprevisibilidade de que trata o art. 478 do Código Civil/2002 tem a ver com acontecimentos que modificam a normalidade (e, dentro dela, a anormalidade) prevista pela intencionalidade da ação humana. O acontecimento é imprevisível não porque é anormal, mas porque constitui uma irregularidade que ultrapassa os limites da anormalidade prevista (contingência da ação humana). Nesse sentido, o acontecimento se diz imprevisível e extraordinário.

> Art. 478. Nos contratos de execução continuada ou diferida, de a prestação de uma das partes se tornar excessivamente onerosa, com extrema vantagem para a outra, em virtude de acontecimentos extraordinários e imprevisíveis, poderá o devedor pedir a resolução do contrato. Os efeitos da sentença que a decretar retroagirão à data da citação.

Assim, uma obrigação condicionada a um evento futuro, cuja inocorrência lhe suspende a eficácia, pressupõe uma regularidade ou normalidade, cuja falha (irregularidade) torna eficaz a obrigação. Nesse caso, uma imprevisível modificação no contexto de regularidade/irregularidade pode desequilibrar a previsão de ocorrência da condição. A imprevisibilidade diz, pois, com uma alteração no contexto de regularidade ou normalidade que, por sua vez, altera o sentido contingente da falha.

A imprevisibilidade deve ser objetiva, no sentido da funcionalidade dos contratos e, em se tratando de contratos comerciais, de sua funcionalidade econômica. Sendo objetiva, não precisa ser percebida por todas as partes, pois a objetividade não resulta do concurso das subjetividades. Ademais, falando o art. 478 que *o devedor poderá pedir a resolução do contrato*, é provável que a percepção do acontecimento imprevisível lhe diga respeito mais propriamente.

Por fim, o risco de baixa probabilidade, que nenhuma das partes previu, é, justamente, o fundamento da imprevisibilidade do acontecimento em termos de uma *alteração no contexto de regularidade ou normalidade que, por sua vez, altera o sentido contingente da falha*.

Assim, ocorrendo a anormalidade da álea, é necessário que a alteração imprevisível do estado de fato determine a dificuldade de o contratante cumprir a obrigação, por ter-se tornado excessivamente onerosa a prestação[2].

Onerosidade excessiva

Onerosidade excessiva implica o aporte de elemento que não é próprio da relação e que imponha a uma das partes encargo originariamente inexistente.

A onerosidade excessiva é mencionada expressamente no art. 478 do Código Civil/2002, que fala da hipótese de, *em virtude de acontecimentos ex-*

2 GOMES, Orlando. *Contratos*. 17. ed. Rio de Janeiro: Forense, 1997, p. 39.

traordinários e imprevisíveis, uma prestação tornar-se *excessivamente onerosa* para uma das partes, *com extrema vantagem para a outra*.

Tratando-se de *excesso*, o termo pode ser encarado, juridicamente, em termos de irrazoabilidade da prestação. Uma prestação torna-se excessiva porque se torna irrazoável.

Quando se fala da razoabilidade jurídica, pensa-se, em geral, numa adequada subsunção: adequada essencialmente, quando se dá em face de uma norma jurídica, adequada existencialmente, quando se dá em face de um *standard* comportamental jurídico, adequada verdadeiramente, quando se dá em face de critério de justiça acolhido pelo ordenamento.

Num sentido estrito, pensa-se na adequação verdadeira ou de justiça[3]. Em termos de justiça, está em questão o equilíbrio entre o fato e a consequência. Nesses termos, fala-se em razoabilidade/irrazoabilidade de ponderação que, nos EUA, é conhecida como *balance of convenience rule*. Trata-se da razoabilidade/irrazoabilidade da imputação de algo a alguém.

Mas a razoabilidade tem a ver também com o princípio da igualdade. É a razoabilidade de seleção ou seletiva. Trata-se, no estabelecimento de uma regra, contratual, legal, administrativa, da determinação de quais os conteúdos que integram o fato antecedente, que ou compõem ou ficam de fora da sua extensão. Aqui, a razoabilidade se refere não à imputação de *algo* a alguém, mas à condição do *imputado*, ou seja, se um sujeito, em face de outro, é tratado com proporcionalidade. Por exemplo, na imputação subjetiva de uma obrigação de uma determinada prestação, qual o alcance do fato antecedente para o imputado em face do que é imputado à outra parte.

A valoração da razoabilidade em termos ponderativos se dá pela comparação, em uma dada norma, do fato antecedente e a prestação da consequência. *Já a valoração da razoabilidade eletiva exige a comparação de pelo menos duas regras distintas e do modo como nelas, a certos fatos*, são imputadas certas *consequências e a outros não*.

É nesses termos que a razoabilidade/irrazoabilidade, ponderativa *e* seletiva, constitui um instrumento adequado para entender a onerosidade excessiva, podendo-se, pois, falar em onerosidade excessiva por razões ponderativas e seletivas. Digo que constitui um instrumento adequado porque, à primeira vista, da leitura do art. 478 do Código Civil/2002, pode parecer que a onerosidade excessiva para uma parte, com extrema vantagem para a outra, dê a entender que só estamos falando de relações comutativas (em termos de razoabilidade: de justiça comutativa), em que as partes não entram em consideração, porque presumidas como iguais na relação. A distorção da relação, no entanto, não ocorre apenas porque há um desequilíbrio pondera-

3 LINARES, Juan Francisco. *Razonabilidad de las leves*. Buenos Aires: Astrea, 1989, p. 114 e ss.

tivo (mais para um e menos para outro), mas também porque é gerada uma desproporção entre os sujeitos definidos conforme os encargos assumidos. Trata-se de relação distributiva (justiça distributiva) cujo desequilíbrio está no tratamento desproporcional dos sujeitos (partes) em face do modo como são constituídos no instrumento contratual (segundo Aristóteles, que desde a antiguidade marcou o entendimento desses conceitos, a justiça comutativa atua "em transações entre homem e homem" (Ética a *Nicômaco*,V,2,1131a), ao contrário da justiça distributiva (Ética a *Nicômaco*, V,7,1131b30) que regula a participação nos objetivos comuns à sociedade ou a um grupo, entre os seus membros).

Assim, a onerosidade excessiva não cabe apenas em situações comutativas, mas alcança também relações distributivas, como ocorre, por exemplo, em contratos consorciais, caracterizando, desse modo, o sentido abrangente e diverso, o sentido sinalagmático dos contratos.

Destarte, em se tratando de onerosidade patrimonial, a onerosidade excessiva resulta da irrazoabilidade de um montante a ser evidenciado. No caso de onerosidade, excessiva para uma parte, que acarreta vantagem extrema para a outra, a razoabilidade exige *ponderação* com base em critérios fáticos (por exemplo, análise do mercado) e normativos (conduta das partes, por exemplo, conforme a boa-fé).

Em termos de imprevisão, trata-se, portanto, de determinar se, pela ocorrência de fato imprevisto, certas prestações prescritas passam a impor um encargo excessivamente oneroso em termos de excesso irrazoável de um encargo em face de um antecedente previsto.

Isso, porém, não é suficiente para entender a onerosidade excessiva nos termos do art. 478 do Código Civil/2002, que exige também um desequilíbrio entre os sujeitos tal como constituídos no contrato, de tal modo que um seja favorecido em detrimento de outro. Nesse caso, o excesso se qualifica não em face do valor apurado (excesso por irrazoabilidade ponderativa), mas pela vantagem desproporcional que confere a uma parte em face do que foi por ela assumido (excesso por irrazoabilidade seletiva), quando então o aspecto qualitativo se torna preponderante.

A onerosidade excessiva tem, pois, por fulcro técnico um desequilíbrio. A balança pende para um lado em detrimento do outro, não necessariamente em termos comutativos, mas também distributivos, razão pela qual ela é apropriada para enfrentar os problemas gerados pelas alterações nas condições das obrigações.

Da excessividade

A Constituição Federal, no art. 37, XXI, fala que contratos de obras, serviços, compras e alienações serão contratados mediante cláusulas que estabeleçam obrigações de pagamento, "*mantidas as condições efetivas da proposta,* nos termos da lei". No Direito Administrativo fala-se, assim, em "desequilíbrio muito grande", mas não há, para isso, parâmetros quantitativos.

Em sede de Direito Civil, o pagamento de perdas e danos é efeito da obrigação de indenizar, que nasce com um inadimplemento imputável. Para recorrer a um aforismo clássico, trata-se de *recolocar a vítima na situação em que se encontraria se o prejuízo não tivesse sido produzido*. Essa recolocação da vítima tem a ver com a razoabilidade da medida correspondente. Assim, na fixação de perdas e danos (Código Civil/2002, art. 402), o juiz se encontra diante da tarefa delicada: não recair nem numa reparação insuficiente que não indeniza totalmente a vítima, nem numa reparação excessiva que atribuirá, para além do dano sofrido, um verdadeiro benefício.

"Por isso, a matéria é regida pelo 'princípio da reparação integral' (art. 944) [CCiv. 2002], que indica: em linha de princípio, o dano deve ser integralmente indenizado, isto é – não deve ser indenizado a mais nem a menos"[4].

O princípio da reparação integral tem a ver com a razoabilidade ponderativa. O art. 402 (Código Civil/2002) determina que as perdas e danos abranjam, além do que o credor perdeu, o que ele *razoavelmente* deixou de ganhar. Daí o dano emergente e os lucros cessantes. Como dizia Agostinho Alvim, "se, como dizem os civilistas, para a verificação do dano, devemos ter em vista o patrimônio daquele que sofreu, tal como estaria se não existira o dano, bem se vê, desde logo, a necessidade de levar em conta não somente o desfalque, mas aquilo que não entrou ou não entrará para este patrimônio, em virtude de certo fato danoso. Assim que o dano, em toda a sua extensão, há de abranger aquilo que efetivamente se perdeu e aquilo que se deixou de lucrar"[5].

O que efetivamente se perdeu caracteriza o dano emergente. Mas não só, pois não se trata apenas de diminuição do ativo, mas também de aumento do passivo, ausência de ganhos da qual se ressente o lesado, donde a diminuição do ativo e o aumento do passivo integram o dano emergente. Em se tratando de dano patrimonial, a razoabilidade ponderativa resulta de um montante a ser evidenciado. E, no caso de lucro cessante, a razoabilidade – expressa na lei – exige ponderação com base em critérios fáticos (análise do mercado) e normativos (conduta das partes, por exemplo, conforme a boa-fé).

O problema de um eventual valor quantitativo que, supostamente, venha a ser considerado excessivo (irrazoável), para além de um montante evidenciado em provas, aponta para a questão da avaliação técnico-social. Quando o intérprete de uma norma (uma sentença) se propõe determinar se ela é razoável porque o valor quantitativo é excessivo não em face do valor

---

4 MARTINS-COSTA, Judith. *Comentários ao novo código civil:* do inadimplemento das obrigações. *Arts. 389 a 420*, v. V, t. II. 2. ed. Rio de Janeiro: Forense, 2008, p. 324.

5 ARRUDA ALVIM, Agostinho Neves de. *Da inexecução das obrigações e suas consequências*. 5. ed. São Paulo: Saraiva. 1980, p. 174

apurado, mas pelo montante alcançado pura e simplesmente (valor "estratosférico"), o aspecto qualitativo se torna preponderante. Na verdade, não é a quantidade, mas o sentido qualitativo da quantidade que entra em jogo.

Ora, a avaliação técnico-social, que daria suporte ao exame da avaliação jurídica, tem de levar em conta os meios para obter certos fins. A técnica exige que se principie pela razoabilidade dos fins perseguidos, para depois avaliar a razoabilidade do meio. A relação meio/fim tem, contudo, certas condições formais. A primeira e mais óbvia é que fim e meio não se confundam, isto é, que o fim não se reduza ao meio, caso contrário a razoabilidade é formalmente elidida, pois estaríamos diante de um fim em si.

Em casos em que há condenação de alto valor contra a União, a Advocacia da União tem argumentado que o erário sofreria um prejuízo em montante exagerado (fim) tendo em vista que o montante da indenização é exagerado (meio). Em termos de uma *relação*, o montante é, por assim dizer, considerado *exagerado* porque é *exagerado*. Ou seja, o que resta dessa argumentação é a simples alegação de um exagero. Não haveria como apreciar a razoabilidade que, sendo termo relacional, exige o confronto de um padrão com outro padrão.

Mas a alegação, no que respeita à ponderação jurídica (com base na técnica social), faria a indenização redundar em pena. Ou seja, admitido que o montante da indenização é irrazoável, a relação comutativa prejuízo/indenização estaria transformada em prejuízo/pena.

Ora, no dano patrimonial, indeniza-se o patrimônio que foi injustamente lesado. Um dano ao patrimônio é, pois, suscetível de avaliação em dinheiro, sendo mais fortemente sujeito à restituição pelo equivalente e plenamente sujeito à avaliação pecuniária. A razoabilidade ponderativa, nesse caso, tem a ver com uma comutatividade quantitativa (princípio da reparação integral). Esta ou está demonstrada ou não está.

A possibilidade de extrapolação da indenização em pena tem a ver com os danos extrapatrimoniais, que tornam indenizáveis prejuízos que violam a esfera existencial da pessoa humana ou a honra objetiva das pessoas jurídicas. É nesse terreno que o valor excessivo da indenização pode ter a ver com a sua transformação em pena.

Por isso, afora os parâmetros oferecidos pelo Código Civil, em certos casos, faz sentido aqui a exigência da modicidade, deixando-se ao arbítrio do juiz a avaliação do dano[6]. Aliás, a jurisprudência[7] fala, justamente, de dano moral e de arbitramento da indenização, sendo nesse contexto que aparece a exigência de moderação.

6 ASSIS, Araken de. Liquidação do dano. *Revista dos Tribunais*. São Paulo, v. 759, p. 11 e ss.

7 Superior Tribunal de Justiça (STJ). 4ª Turma. Recurso Especial: 216904 DF 1999/0046782-5, Rel. Min. Sálvio de Figueiredo Teixeira, j. 19.08.1999, *DJ* 20.09.1999.

Como arremate cabe, assim, a judiciosa percepção de Judith Martins-Costa, quando diz:

> "A rigor, não é possível falar em 'indenização' do dano não patrimonial. Nestes casos, a entrega de uma soma em dinheiro tem uma função ao mesmo tempo *satisfativa* à vítima e *punitiva* do autor do dano", donde "a denominação do Direito anglo-saxão, '*punitive dammages*', que vem sendo aceita pela jurisprudência brasileira"[8].

Em suma, a determinação da excessividade exige razoabilidade.

Para apreciar a razoabilidade, é preciso entender como nela atua uma valoração técnico-social ou política, que dá suporte à valoração jurídica. Trata-se da apreciação da norma contratual enquanto técnica social, na qual se utilizam certos meios para obter certos fins (veja-se, no caso dos contratos, o princípio da sua função social – Código Civil/2002, "Art. 421. A *liberdade de contratar será exercida em razão e nos limites da função social do contrato*").

Para compreender, nesse modelo, um contrato, inclusive um contrato comercial, é preciso estar atento à sua função. Como observava, já de há muito[9], é necessário, além de decompor sua estrutura em suas ligações fundamentais, verificar para que serve ele na vida social. Não se trata, em suma, de descobrir a chamada vontade das partes, mas de explicitar o sentido da intencionalidade funcional das cláusulas contratuais em termos de *mens contracti*.

Assinale-se, por fim, que, como regra, para o intérprete, o mero acerto técnico-social não interessa. Interessa ao sociólogo ou ao político. Ao intérprete jurídico incumbe, por sobre o acerto técnico, encontrar o acerto jurídico de justiça, isto é, o acerto justo, buscando determinar o primeiro para alcançar o seu fundado juízo sobre o segundo.

---

8 MARTINS-COSTA, Judith. *Comentários ao novo código civil. do inadimplemento das obrigações. Arts. 389 a 420*, v. V, t. II. 2. ed. Rio de Janeiro: Forense, 2008, p. 350.

9 COMPARATO, Fábio Konder. *Novos ensaios e pareceres de direito empresarial*. Rio de Janeiro: Forense, 1981, p. 331 e ss.

Eficácia da convenção de arbitragem perante terceiros: o caso do terceiro beneficiário

Francisco Paulo De Crescenzo Marino

Introdução. Algumas questões terminológicas

O tema da vinculação da convenção de arbitragem a terceiros, por vezes ditos não signatários, suscita rica reflexão, que em última análise leva a questionar alguns princípios cardeais da arbitragem. Premissa do raciocínio é a existência de uma convenção arbitral válida entre duas ou mais partes, cuja vinculação a outro figurante se passa a debater.

Nesse contexto, costumam reunir-se situações muito díspares, tais como aquelas envolvendo: (i) sociedades não signatárias, porém integrantes do mesmo grupo de sociedades da signatária da convenção arbitral; (ii) contratos coligados; (iii) incorporação por referência; (iv) representação; (v) contrato em favor de terceiro; (vi) *estoppel*; (vii) desconsideração da personalidade jurídica; (viii) cessão de posição contratual; (ix) cessão de crédito; (x) assunção de dívida; e (xi) sub-rogação. A essas, poder-se-iam agrupar, ainda, outras hipóteses menos usuais, tais como o interveniente anuente, o contrato com pessoa a declarar e o contrato com eficácia de proteção de terceiros.

A complexidade dos casos reflete-se na terminologia. A expressão "extensão (subjetiva) da convenção arbitral", bastante encontrada na literatura jurídica nacional e na estrangeira, enseja viva controvérsia. A principal crítica a ela feita parece residir no fato de que não se trataria, propriamente, de *estender* os efeitos da convenção a terceiros, mas de *determinar* quem são, de fato, as suas partes[1]. Judith Martins-Costa observa não se cuidar, propriamente, de extensão subjetiva, mas de "adesão tácita à cláusula", toda vez que a intenção de vincular-se por parte de um não signatário for "exte-

1 Na literatura nacional, endossa a crítica Cristina Saiz Jabardo, muito embora o faça tendo em vista o caso específico do grupo de sociedades (*Extensão da cláusula compromissória na arbitragem comercial internacional:* o caso dos grupos societários. Dissertação de mestrado apresentada à Faculdade de Direito da Universidade de São Paulo, 2009, p. 69). *Vide*, ainda, MAZZONETTO, Nathalia. *Partes e terceiros na arbitragem*. Dissertação de mestrado apresentada à Faculdade de Direito da Universidade de São Paulo, 2012, p. 260, nota 711.

riorizada, pelo seu comportamento e deduzida, objetivamente, pelo mesmo comportamento"[2].

Com efeito, a expressão "extensão da convenção arbitral", que mais propriamente designa a extensão da *eficácia* da convenção de arbitragem, parece pressupor a existência de *dois momentos distintos*: no primeiro, o acordo produziria efeitos no tocante à esfera jurídica de determinados figurantes; no segundo, sua eficácia viria a ser subjetivamente ampliada, de modo a projetar-se também sobre a esfera jurídica de outro ou de outros figurantes, até então terceiros em relação a ela. Essa ampliação eficacial remete aos fatores de dilatação de eficácia, de que fala Antonio Junqueira de Azevedo. Possível, ainda, aludir à "extensão" para tratar dos casos de eficácia contratual perante terceiros em geral. Nesses, conquanto não se vislumbre, necessariamente, uma gradativa ampliação do espectro eficacial, parece viável falar em extensão, a fim de diferenciar a produção de efeitos perante terceiros da situação "ideal" da eficácia *inter partes*.

Muito embora a crítica seja fundada no que diz respeito à não recondução da totalidade da vasta fenomenologia, acima exemplificada, à extensão da eficácia da convenção de arbitragem a terceiros propriamente dita, parte de tais casos cuida, efetivamente, de uma semelhante ampliação eficacial. Pense-se, por exemplo, na dilatação dos efeitos de uma cláusula compromissória, inserida em determinado contrato, a sujeito que dele não é parte, porém figura em contrato coligado. A presença de uma operação econômica estruturada por meio de uma pluralidade de contratos conexos funcionará, nesse caso, como fator de dilatação dos efeitos contratuais a terceiros. Nessas hipóteses parece válida a terminologia em questão, desde que se tenha consciência de sua inerente limitação.

Parte da doutrina tem preferido recorrer à expressão "vinculação de não signatários" à convenção arbitral. Ela não parece, contudo, imune a críticas. O termo "vinculação", conquanto amplo, em dados contextos parece designar um tipo mais restrito de eficácia contratual, compatível com as situações nas quais o terceiro se encontra adstrito ("vinculado") a participar de procedimento arbitral que poderá lhe gerar efeito desfavorável. A expressão "não signatário" (*non signatory*), a seu turno, é polissêmica. Ora é empregada em sentido amplo, para aludir a todo aquele que não firmou a convenção de arbitragem, mas que de algum modo sofrerá os seus efeitos, seja na qualidade de parte ou de terceiro; ora alude apenas às *partes* não signatárias, isto é, àqueles que consentem (aderem) tacitamente à convenção[3], excluindo, portanto,

2 MARTINS-COSTA, Judith. *A boa-fé no direito privado*. 2. ed. São Paulo: Saraiva, 2018, p. 548.

3 CARDOSO, Paula Butti. *Limites subjetivos da convenção de arbitragem*. Dissertação de mestrado apresentada à Faculdade de Direito da Universidade de São Paulo, 2013, p. 10 e 28.

os terceiros; ora se refere somente aos terceiros[4]. A polissemia recomenda cautela no uso da expressão, para que não se misturem partes com terceiros. Doravante, ela será empregada nesse texto no primeiro sentido.

1. Em busca de um critério classificatório

Uma das maiores dificuldades diz respeito à sistematização das hipóteses acima exemplificadas, o que demanda a prévia eleição de um critério apto a classificá-las de modo a construir hipóteses de vinculação submetidas a regimes distintos.

Sem a pretensão de exaurir o tema, vislumbram-se algumas possibilidades. Primeiramente, os casos poderiam ser agrupados entre os que cuidam da determinação de quem são as partes da convenção de arbitragem, de um lado, e os que tratam da eficácia da convenção arbitral perante terceiros, de outro. Estariam posicionadas no primeiro grupo, v.g., as situações de sociedades não signatárias, porém integrantes do mesmo grupo da signatária, incorporação por referência, representação, sub-rogação e cessão de posição contratual. Já os casos de contratos coligados[5], contrato em favor de terceiro, desconsideração da personalidade jurídica, cessão de crédito e assunção de dívida envolveriam, *a priori*, a eficácia da convenção perante terceiros.

Outra possível dicotomia poderia ser construída a partir da distinção entre a eficácia *originária* da convenção arbitral frente a não signatários (*lato sensu*), tal como se dá com o representado, com a parte de contrato coligado e com o terceiro beneficiário, no contrato em favor de terceiro, de um lado, e a eficácia *subsequente ou sucessiva*, de outro, verificada sempre que houver uma ampliação (extensão subjetiva, em sentido próprio) da eficácia para além da esfera inicialmente projetada.

Viável, ainda, moldar tricotomias classificatórias. Uma delas é ensaiada por De Nova, que segrega problemas atinentes (i) à identificação de quem está vinculado à convenção arbitral; (ii) à substituição de uma parte por outra; e (iii) à adição de uma parte à convenção de arbitragem[6].

A partir da proposição de De Nova, talvez fosse o caso de elaborar uma classificação quadripartite, composta pelos seguintes grupos de situações: (i) determinação das *partes originárias* da convenção de arbitragem (v.g., o representado e, quando for o caso, o interveniente anuente); (ii) *partes super-*

---

4 Nesse último sentido, BERALDO, Leonardo de Faria. *Curso de arbitragem*. São Paulo: Atlas, 2014, p. 210, nota 187.

5 Tem-se em mente a situação de contratos coligados com partes distintas, sendo que apenas um deles contém cláusula compromissória.

6 DE NOVA, Giorgio. I terzi e la convenzione arbitrale. *Rivista dell'arbitrato*, ano XXII, n. 4, 2012, p. 777.

venientes por sucessão, isto é, terceiros que se tornam parte da convenção, em substituição à parte originária (v.g., o cessionário da posição contratual e o que se sub-roga na posição da parte); (iii) *partes supervenientes por adição*, isto é, terceiros que se tornam parte da convenção arbitral, em adição às partes originárias (v.g., a adesão de acionistas à convenção de arbitragem, por força de cláusula estatutária); e (iv) *terceiros*, em cuja esfera se irradia a eficácia da convenção arbitral (v.g., o cessionário do crédito, o assuntor da dívida, o beneficiário do contrato em favor de terceiro e a parte de contrato coligado[7]).

No que diz respeito à determinação das partes da convenção de arbitragem que não declararam a sua vontade de modo expresso, o consentimento deve ser buscado atentando-se ao cânone hermenêutico da boa-fé. É o que alerta Judith Martins-Costa, ao deduzir, em bela síntese, que, nesse campo:

> A boa-fé como norma de interpretação há de servir como balança entre, de um lado o consentimento (e suas variadas formas), expressão maior da autonomia privada, e de outro a confiança (com sua inescapável subjetividade, refratária à prova), por isto sendo exigível uma confiança objetivada por elementos externos, e não apenas a confiança como crença subjetiva.

Importante, ainda, o alerta da autora, no sentido de que, na dúvida quanto à configuração do consentimento tácito, "prevalece a interpretação que restringe a legitimidade subjetiva apenas às partes signatárias"[8].

2. Os terceiros beneficiários

As dificuldades teóricas emergentes das diversas teorias acerca da vinculação de terceiro à convenção de arbitragem podem ser exemplificadas a partir do estudo do grupo de casos envolvendo os terceiros beneficiários. A questão central, nesse contexto, é se o terceiro beneficiário de um contrato contendo cláusula compromissória – espécie do gênero convenção de arbitragem à qual se dará mais atenção, por sua maior importância prática – pode, ou mesmo deve, demandar, por meio da arbitragem, o direito que o contrato lhe atribui. Relacionada a essa encontra-se uma segunda questão: Em caso positivo, basta que este terceiro demonstre que o contrato lhe outorga o di-

---

7 Não se está afirmando que *necessariamente* a parte do contrato coligado desprovido de cláusula compromissória estará vinculada à convenção, mas apenas que, quando as circunstâncias assim o autorizarem, ter-se-á um caso de eficácia do contrato arbitral perante um terceiro.

8 MARTINS-COSTA, Judith. *A boa-fé no direito privado*. 2. ed. São Paulo: Saraiva, 2018, p. 553.

reito, ou deve haver alguma prova da intenção específica das partes no sentido de "estender" os efeitos da cláusula compromissória ao terceiro?

Diversos são os casos nos quais podem surgir disputas sobre a arbitrabilidade da pretensão de um terceiro, oriunda de contrato contendo cláusula compromissória, o que demandará enfrentar a vinculação desse terceiro beneficiário à arbitragem.

Basta pensar nas frequentes hipóteses em que uma parcela do preço da aquisição de uma participação societária vem a ser depositada pelo comprador em uma conta *escrow*, sendo o vendedor o beneficiário da quantia custodiada. O levantamento desse valor por parte do alienante dependerá, via de regra, da não materialização de determinadas contingências cuja responsabilidade foi por ele assumida, ou da verificação de determinadas metas de performance (*earn out*), dentre outros eventos futuros usualmente regulados em contratos de alienação de participação societária. Tem-se, então, em uma configuração possível, um contrato de depósito celebrado entre o comprador e a instituição financeira, em relação ao qual o vendedor é terceiro beneficiário, eis que titular de pretensão ao levantamento da soma depositada, no todo ou em parte, desde que preenchidas as condições contratuais[9]. Se o contrato de depósito em questão contiver cláusula compromissória, caberá indagar se ela vinculará o vendedor, mesmo na ausência de semelhante cláusula no contrato de cessão da participação societária, ou de cláusula incompatível com aquela constante do contrato *escrow*.

Situação análoga pode surgir no contexto do contrato de transporte de coisas. Ressalvada a hipótese de um contrato trilateral, o destinatário da coisa transportada qualificar-se-á como terceiro em relação ao contrato de transporte, porém um terceiro titular do direito à prestação e de ação contra o transportador (art. 754 do Código Civil). Novamente, a discussão sobre a arbitrabilidade dessa pretensão do destinatário pode se colocar, diante da presença de cláusula compromissória.

Bastante usual, ainda, em contratos societários e em outros contextos, a previsão de que a indenização que uma das partes se compromete a prestar, na presença de algum tipo de evento futuro gerador de prejuízo, beneficiará não somente a contraparte, mas também terceiros de algum modo relacionados àquela (tais como pessoas jurídicas integrantes do mesmo grupo econômico ou societário da parte; e diretores, conselheiros e funcionários da parte). Estes terceiros, por vezes abrangidos na definição de "parte indenizada" (*indemnified party*), também se qualificam como terceiros beneficiários da prestação indenizatória assumida pela parte, cabendo discutir se deverão

9 A despeito de não regular a figura, o Código Civil traz regra atinente aos depósitos no interesse de terceiro (art. 632).

pleiteá-la por meio de arbitragem, na eventualidade de ser esse o meio de solução de controvérsias contratualmente eleito.

Acordos de acionistas, ou de quotistas, também abrigam, com alguma frequência, a previsão de prestações que reverterão em benefício da sociedade. Nesses casos, mesmo não sendo parte do acordo, a sociedade será terceira beneficiária em relação a ele. Figurem-se, por fim, transações em que a parte renuncia a demandar contra terceiros ligados à contraparte, bem como na prestação de garantias em favor de terceiro[10].

Tal como se dá em boa parte das figuras estudadas no âmbito da vinculação de terceiro à arbitragem, também no campo mais restrito da vinculação do terceiro beneficiário há, ao menos em tese, duas perspectivas analíticas possíveis: uma contratualista, normalmente voltada às particularidades de cada direito nacional, e outra arbitralista, por vezes calcada em regras e princípios transnacionais.

3. Premissa necessária: o contrato em favor de terceiro

A perspectiva contratualista assenta no conceito de contrato em favor de terceiro, cujo estudo se revela, assim, fundamental. Dado, contudo, que a convenção de arbitragem, mesmo quando assume a forma de cláusula compromissória, se qualifica como um negócio jurídico autônomo, dotado de regime jurídico próprio (contrato típico), é preciso considerar as particularidades da convenção de arbitragem e dos seus limites, para saber se o terceiro efetivamente se vincula a essa convenção.

O contrato em favor de terceiro, como se sabe, é aquele em que uma das partes (o promitente) se obriga a realizar uma prestação – não necessariamente a prestação principal – a alguém que não figura como parte da avença. Forma-se, pois, uma estrutura triangular, envolvendo o promitente, o estipulante ou promissário – contraparte do promitente neste contrato – e o terceiro beneficiário. Ao passo que a relação entre promitente e promissário é designada, por alguns autores, como relação de cobertura ou de provisão, o vínculo entre terceiro e estipulante é chamado relação de valuta[11].

A relação de valuta, que também pode ser estruturada por meio de um contrato, normalmente permite revelar a causa da atribuição patrimonial feita em benefício do terceiro, desnudando as razões pelas quais o promitente assume a obrigação de prestar ao terceiro e o estipulante abre mão da pres-

10 Útil sistematização dos casos de contrato em favor de terceiro pode ser encontrada em FERRANTI, Ione. *Causa e tipo nel contrato a favore di terzo*. Milano: Giuffrè, 2005, p. 339 e ss.

11 LEITE DE CAMPOS, Diogo. *Contrato a favor de terceiro*. 2. ed. Coimbra: Almedina, 1991, p. 79 e ss.

tação, optando por direcioná-la ao terceiro. Pode se tratar, assim, de *causa donandi, credendi* ou *solvendi*, para aludir apenas às mais conhecidas.

A eficácia típica da estipulação em favor de terceiro reside na aquisição do direito à prestação por parte do terceiro beneficiário, *independentemente de aceitação* ou de qualquer outro ato seu. Nesse sentido, Pontes de Miranda, com a habitual agudeza, após criticar os "sistemas jurídicos retardados"[12], nos quais "ainda se faz a eficácia da estipulação a favor de terceiro depender da adesão do terceiro ao contrato", esclarece a imediatidade, em nosso sistema, da aquisição do direito por parte do terceiro: "A aquisição do direito e da pretensão pelo terceiro não exige vontade, nem conhecimento, nem capacidade negocial do terceiro"[13].

A figura *sub examine* não se confunde com as situações, por vezes denominadas "contratos impróprios em favor de terceiro", nas quais o terceiro é mero destinatário da prestação, sem ter direito a ela.

Deflui dos arts. 436 e 437 do Código Civil a regra da aquisição do direito, por parte do terceiro, em razão da simples conclusão do contrato contendo a cláusula em favor dele. Ela pode, contudo, ser derrogada por força de lei especial ou por convenção entre as partes, tal como se dá nos casos de aposição de condição, termo ou *conditio iuris* (v.g., no caso de seguro de vida, a morte do estipulante).

No Direito brasileiro, a resolução ou modificação do direito do terceiro beneficiário depende de previsão contratual expressa ("reserva", na dicção do art. 438 do Código Civil). Nessa hipótese, o direito também é imediatamente adquirido por parte do terceiro – exceto se derrogada a regra geral, como acima exposto –, porém sem caráter definitivo[14].

4. A vinculação do terceiro beneficiário à convenção arbitral

Retomando a indagação sobre a vinculação do terceiro beneficiário à convenção de arbitragem, o maior óbice, do ponto de vista do direito contratual, parece residir na impossibilidade de o contrato *em favor* de terceiro impor *obrigações* ao beneficiário. Com efeito, a doutrina dominante refuta a possibi-

---

12 O autor criticava, notadamente, o sistema jurídico francês. A crítica, hoje, não parece subsistir, uma vez que a reforma do direito das obrigações implementada pela *Ordonnance* 2016-131, de 10.02.2016, alterou o regime do contrato em favor de terceiro naquele país.

13 PONTES DE MIRANDA, Francisco Cavalcanti. *Tratado de direito privado*, t. XXVI. Rio de Janeiro: Borsoi, 1959, p. 241.

14 PONTES DE MIRANDA, Francisco Cavalcanti. *Tratado de direito privado*, t. XXVI. Rio de Janeiro: Borsoi, 1959, p. 261.

lidade de atribuir obrigações ao terceiro, "por mero efeito do contrato"[15], isto é, independentemente da sua aceitação. A adstrição da atribuição de posições jurídicas *ativas* ao terceiro beneficiário é, aliás, o que justifica a aparente derrogação do princípio da relatividade dos efeitos contratuais, verificada no contrato em favor de terceiro. Diz-se "aparente", pois soa preferível, ao invés de qualificar a estipulação em favor de terceiro como "exceção" ao princípio da relatividade, tomá-la como índice de conformação do princípio, como o faz Bianca, a admitir a produção de efeitos contratuais perante terceiros com foros de generalidade, desde que favoráveis[16]. A compatibilidade da figura em comento com o princípio da relatividade é asseverada, ainda, por Roppo, para quem inexistem casos nos quais, mesmo excepcionalmente, sejam impostas obrigações a um terceiro[17].

Nesse sentido, afirma-se, de modo expressivo, só ser possível "que a esfera jurídica de alguém seja aberta de fora, sem autorização prévia do seu titular, quando se prossegue, em abstrato, um interesse deste, quando ao terceiro são atribuídos unicamente direitos. Nos casos em que há encargos – e mesmo que os benefícios ultrapassem os encargos – esta intromissão, não só não se pode presumir no interesse do terceiro, como não é necessária tecnicamente"[18].

A convenção de arbitragem impõe às suas partes, tipicamente, duas obrigações de fazer principais, sendo uma delas positiva – submeter eventuais controvérsias à jurisdição do árbitro único ou do tribunal arbitral – e outra negativa – não demandar perante o Poder Judiciário, exceto no tocante a medidas urgentes e em outras situações permitidas por força de lei ou da convenção. A observância estrita da regra da inadmissibilidade da imposição de posições jurídicas de desvantagem ao terceiro levaria, pois, a concluir pela inviabilidade da vinculação do terceiro, beneficiário em dado contrato, à convenção arbitral a ele relativa.

A mitigação dessa resposta rigorosa tem sido obtida por meio do recurso à noção de ônus. Com efeito, a doutrina contratualista admite que o contrato, juntamente com a atribuição de um direito de crédito em favor do terceiro, lhe imponha um ônus[19]. É o caso, por exemplo, do ônus de informar

---

15 LEITE DE CAMPOS, Diogo. *Contrato a favor de terceiro*. 2. ed. Coimbra: Almedina, 1991, p. 114.

16 Nesse sentido, BIANCA, Cesare Massimo. *Diritto civile*. 2. ed. Milano: Giuffrè, 2000, pv. 3, p. 567.

17 ROPPO, Vincenzo. *Il contrato*. 2. ed. Milano: Giuffrè, 2011, p. 533-535.

18 LEITE DE CAMPOS, Diogo. *Contrato a favor de terceiro*. 2. ed. Coimbra: Almedina, 1991, p. 114.

19 LEITE DE CAMPOS, Diogo. *Contrato a favor de terceiro*. 2. ed. Coimbra: Almedina, 1991, p. 115.

a morte do segurado ou algum outro fato relevante, no seguro de vida, ou o ônus de vistoriar a mercadoria recebida, no transporte de coisas (art. 754 *caput* do Código Civil).

Como sabido, o ônus consiste na necessidade de observar um determinado comportamento "como meio de obtenção ou de manutenção de uma vantagem para o próprio onerado". Não se trata, pois, de um dever. O ato é praticado, também ou exclusivamente, no interesse próprio.[20]

Transpondo a noção de ônus ao caso específico, entende-se que a vinculação do terceiro à arbitragem, no contexto da atribuição de um direito de crédito, equivale a impor-lhe um ônus, e não propriamente uma obrigação, na medida em que se lhe prescreve uma determinada conduta no interesse próprio, isto é, com o objetivo de fazer valer o direito que o contrato lhe confere. Nesse sentido, parece possível qualificar a posição jurídica em questão como uma espécie de ônus processual. Ao exercer a pretensão oriunda do contrato, e o correlato direito de ação, o terceiro deve observar o rito estabelecido no mesmo contrato.

Essa qualificação parece subjazer à posição de Bianca. Em parecer publicado, voltado especificamente ao tema, afirma ele que a cláusula compromissória, sendo "um negócio distinto com relação ao contrato constitutivo do crédito (analogamente, por exemplo, ao negócio constitutivo de garantia)", confere o direito de "exercer em sede arbitral as razões inerentes ao crédito, que é um acessório deste último". Salienta, ainda, que o direito de o terceiro se valer da arbitragem é um direito que "acede ao crédito, reforçando a sua tutela". E conclui: "A atribuição do crédito implica, portanto, a atribuição do direito de fazer valer a cláusula compromissória. A solução contrária levaria a privar o terceiro de uma posição integrativa do crédito, em violação à regra segundo a qual o acessório segue o principal". Neste último ponto, Bianca advoga a aplicação, ao menos analógica, da regra da acessoriedade prevista em matéria de cessão de crédito[21].

Como se vê, tomar a posição jurídica oriunda da cláusula compromissória como ônus processual, ou meio de tutela, favorece a concepção de sua transmissão automática ao terceiro beneficiário, independentemente de aceitação específica. Ademais, a qualificação de tal posição jurídica como "acessória" ao direito de crédito não parece contrariar o princípio da autonomia e da separabilidade da convenção de arbitragem, seja porque gera efeitos distintos, seja porque a associação do destino da convenção arbitral ao do

---

20 ANTUNES VARELA, João de Matos. *Das obrigações em geral.* 10. ed. Coimbra: Almedina, 2000, v. 1, p. 58.

21 BIANCA, Cesare Massimo. Se il terzo a favore del quale sai stato stipulato il contratto possa avvalersi dela clausola compromissória contenuta nel contratto medesimo. *Rassegna di diritto civile*, 1988, v. 4, pp. 923-924.

contrato subjacente é admitida em outros casos, notadamente naqueles envolvendo a transmissão de direitos e obrigações oriundos do contrato (cessão de crédito, sub-rogação etc.).

Em suma, afirmar a vinculação do terceiro à convenção de arbitragem não é incoerente com o conceito de contrato em favor de terceiro. Ao contrário, uma vez contornado o óbice da inviabilidade de impor obrigações ao terceiro – por meio do recurso à noção de ônus processual, meio de tutela ou outras análogas –, a consideração de uma ótica estritamente contratualista parece legitimar a irradiação da eficácia da convenção de arbitragem ao beneficiário.

Deve-se ressalvar, contudo, a hipótese (pouco comum, ao que parece) de as partes – promitente e estipulante – terem excluído expressamente a possibilidade de o terceiro vir a integrar a arbitragem, pois nesse caso a exclusão deverá ser prestigiada, ainda que o beneficiário queira submeter a controvérsia à jurisdição arbitral.

5. A perspectiva da arbitragem: o consentimento como fundamento da vinculação do terceiro beneficiário?

É tempo, contudo, de integrar a análise com a segunda perspectiva já anunciada, voltada à consideração dos princípios e regras expostos pela doutrina arbitralista. Nesse campo, como em tantos outros casos, sobressai a necessidade de legitimar a presença do terceiro beneficiário, na arbitragem, com base no consentimento, isto é, na prova de alguma forma de manifestação da intenção de arbitrar. Essa intenção, vale lembrar, não se restringe ao terceiro, mas deve apanhar também a declaração de vontade das partes (promitente e estipulante). Em outras palavras, é preciso que as partes tenham querido arbitrar com o terceiro, e vice-versa.

O confronto de duas lógicas alternativas para a solução do problema – uma que prestigia a natureza da estipulação em favor de terceiro, e outra que privilegia a natureza da arbitragem – foi bem destacado por Larroumet. No tocante à primeira, o autor ressalta o fato de o contrato em favor de terceiro[22] consistir em exceção ao princípio da relatividade dos efeitos contratuais,

22 O autor diferencia a estipulação em favor de terceiro (*stipulation pour autrui*) do contrato em favor de terceiro (*contrat pour autrui*), pois neste o terceiro assumiria obrigações, o que, naturalmente, demandaria a sua aceitação (LARROUMET, Christian. Promesse pour autrui, stipulation pour autrui et arbitrage. *Revue de l'arbitrage*, 2005, n. 4, p. 908). A distinção, reconhecida na doutrina francesa (LARROUMET, Christian. *Les obligations. Le contrat*. 8. ed. Paris: Economica, 2016, p. 971; GHESTIN, Jacques; JAMIN, Christophe; BILLIAU, Marc. *Les effets du contrat*. 2. ed. Paris: LGDJ, 1994, p. 686), não é usual em nossa doutrina, razão pela qual empregamos as expressões "estipulação em favor de terceiro" e "contrato em favor de terceiro" de forma indistinta.

dado que estes se projetam sobre a esfera do beneficiário independentemente da sua aceitação. Indagando, então, se se deveria "estender a exceção ao efeito relativo dos contratos à cláusula compromissória contida no acordo", ele responde de forma positiva:

> A *priori*, a partir do momento em que o direito do beneficiário da estipulação em favor de terceiro resulta do contrato concluído entre o promitente e o promissário, deveríamos considerar que a cláusula compromissória estende os seus efeitos ao beneficiário. A consequência seria que ela deveria vinculá-lo, do mesmo modo que ele poderia invocá-la. Com efeito, essa conclusão segue a lógica de que o direito do beneficiário se origina de um contrato, por exceção ao princípio do efeito relativo[23].

Observa, em seguida, que a consideração da natureza da arbitragem poderia levar à afirmação da *não vinculação* do terceiro beneficiário à cláusula compromissória. Isso porque a arbitragem deveria repousar em uma manifestação de vontade clara, no sentido de renunciar à jurisdição estatal, algo inexistente, em muitos casos, quando se cuida de contratos em favor de terceiro. Ele aduz, contudo, que nas hipóteses em que:

> A cláusula compromissória é acessória de um direito ou de uma obrigação, devemos considerar que ela se transmite ao mesmo tempo que o direito ou a obrigação que são objeto de uma cessão de crédito, de uma cessão de contrato ou de uma sub-rogação, sem que se deva exigir uma aceitação do cessionário ou do sub-rogado. A razão é que o titular está na mesma situação em que estaria o seu autor e não pode ter mais direitos do que esse último[24].

Nota Larroumet, ainda, que a exigência de aceitação inequívoca da arbitragem por parte do terceiro poderia levar a distinguir os casos em que o beneficiário invoca a convenção arbitral – nos quais se deveria considerar ter havido aceitação – daqueles em que o terceiro é requerido na arbitragem. Esse meio-termo, no entanto, lhe parece insuficiente. A distinção deve ser afastada adotando-se o ponto de vista da natureza da estipulação em favor de terceiro, dado que o direito do terceiro resulta de um contrato concluído sem a sua participação, sendo "aquilo que o promitente e o promissário quiseram que ele fosse". Assim, "se o promitente e o promissário desejaram uma cláusula compromissória, não parece possível descartá-la no tocante ao

---

23 LARROUMET, Christian. Promesse pour autrui, stipulation pour autrui et arbitrage. *Revue de l'arbitrage*, 2005, n. 4, p. 909.

24 LARROUMET, Christian. Promesse pour autrui, stipulation pour autrui et arbitrage. *Revue de l'arbitrage*, 2005, n. 4, p. 912.

terceiro beneficiário". A natureza da arbitragem não deveria levar a afastar os princípios inerentes à figura da estipulação em favor de terceiro[25].

O autor recorda, por fim, de modo importante, que a cláusula compromissória, assim como as cláusulas de solução de litígios de modo geral, muitas vezes assume papel preponderante para as partes, integrando a economia do contrato. Permitir que o terceiro beneficiário se subtraia a ela geraria, nesse contexto, uma "dissociação no seio de um conjunto coerente, tal como querido pelas partes iniciais".[26]

A contraposição de perspectivas lucidamente apontada por Larroumet não parece, entretanto, ter se traduzido em uma divergência de posicionamento acentuada. Um panorama útil do tema na arbitragem internacional – mas que pode ser transposto à arbitragem doméstica, com a devida atenção às particularidades do Direito brasileiro – é colhido da obra de Gary Born. Para ele, em sistemas jurídicos nos quais terceiros podem ser titulares de pretensões contratuais, a regra é a de que o beneficiário tanto possa invocar a cláusula arbitral contida no contrato, como esteja vinculado a ela. Nesse sentido, diversas decisões judiciais e arbitrais teriam sustentado a vinculação do terceiro beneficiário à cláusula compromissória, quando ele a invoca. De outro lado – é ainda Born quem observa –, em certas circunstâncias algumas Cortes concluíram, após análise cuidadosa do texto do contrato, que as cláusulas compromissórias teriam sido "redigidas de modo a não se estender a terceiros beneficiários".[27]

Se a regra geral da vinculação do terceiro beneficiário – à exceção de cláusulas compromissórias redigidas de modo restritivo – parece estabelecida de modo consistente, menos claro afigura-se o respectivo fundamento. Nesse ponto, naturalmente entram em jogo dois pilares da arbitragem: o consentimento das partes e a autonomia da cláusula arbitral. Cuidando do tema dos não signatários em geral, Born critica a expressão "extensão" da convenção de arbitragem a não signatários, por entender que ela implica a vinculação de um terceiro ao acordo, em virtude de algum fundamento distinto do consentimento. Ao contrário, tratar-se-ia, em muitos casos, de concluir que uma pessoa "é, em verdade, parte da convenção de arbitragem – que, portanto, não necessita ser 'estendida' a um 'terceiro' –, porque a sua conduta constitui o consentimento em relação ao acordo, a despeito de não tê-lo celebrado". O problema, portanto, seria de identificação das verdadeiras partes da conven-

25 LARROUMET, Christian. Promesse pour autrui, stipulation pour autrui et arbitrage. *Revue de l'arbitrage*, 2005, n. 4, pp. 914-915.

26 LARROUMET, Christian. Promesse pour autrui, stipulation pour autrui et arbitrage. *Revue de l'arbitrage*, 2005, n. 4, pp. 905-906.

27 BORN, Gary. *International commercial arbitration*. 2. ed. The Hague: Kluwer Law International, 2014, pp. 1.455-1.457.

ção de arbitragem, e não de sua extensão. Em verdade, como já se viu, a crítica não se aplicaria a algumas teorias, que efetivamente levariam a tratar terceiros como partes da convenção de arbitragem "sem uma demonstração de consentimento". Esse não seria, contudo, o caso dos terceiros beneficiários, em relação aos quais, portanto, persistiria a exigência da demonstração do consentimento[28]. Invocando o princípio da separabilidade da convenção de arbitragem em relação ao negócio jurídico subjacente, o autor aduz ser decisiva a vinculação do não signatário à convenção arbitral, e não ao contrato subjacente[29].

Ao cuidar do tema no contexto específico dos terceiros beneficiários, Born vê na *intenção das partes* o fundamento para a vinculação do terceiro: "O exame essencial nos casos de terceiro beneficiário diz com a intenção das partes: elas pretenderam, ou não, conferir, a terceiros, direitos oriundos da convenção de arbitragem? O objetivo dessa análise é determinar a intenção objetiva, de boa-fé, das partes"[30].

Digno de nota que a vontade relevante, na ótica do autor, não é propriamente a do beneficiário, mas sim a das *partes* do contrato em favor de terceiro (promitente e promissário). A nosso ver, com isso a natureza consensual da arbitragem é apenas parcialmente prestigiada, na medida em que a exigência de demonstração de que as partes desejaram vincular o beneficiário não é acompanhada da necessidade de comprovar a vontade do terceiro no sentido de aderir à convenção de arbitragem, ainda mais premente nos casos em que a arbitragem é requerida *contra* o beneficiário.

Mas até mesmo o consenso das partes no tocante à vinculação do beneficiário parece algo mitigado, pois o autor, criticando os que demandam uma "demonstração particularmente clara" da intenção de conferir o direito de invocar a cláusula compromissória ao terceiro, advoga a adoção de "regras de interpretação pró-arbitragem": "[O] *status* de terceiro beneficiário não deveria requerer um padrão de prova especial ou elevado no contexto de convenções internacionais de arbitragem. Ao contrário, considerações de eficiência e soluções de disputa '*one-stop*' pedem um padrão de prova reduzido"[31].

---

28 BORN, Gary. *International commercial arbitration*. 2. ed. The Hague: Kluwer Law International, 2014, p. 1.414 e nota 44.

29 BORN, Gary. *International commercial arbitration*. 2. ed. The Hague: Kluwer Law International, 2014, p. 1.413.

30 BORN, Gary. *International commercial arbitration*. 2. ed. The Hague: Kluwer Law International, 2014, p. 1.457.

31 BORN, Gary. *International commercial arbitration*. 2. ed. The Hague: Kluwer Law International, 2014, p. 1.458. Essa prova acaba sendo muito facilitada, por exemplo, quando se tem em mente que a redação das cláusulas compromissórias normalmente não restringe as lides submetidas à arbitragem às lides entre as partes. A redação padrão da cláusula compromissória muito provavelmente levará à conclusão de que também a disputa envolvendo o terceiro beneficiário deve ser submetida à arbitragem.

6. Os limites da vinculação do terceiro beneficiário

Posição algo diversa encontra-se na obra de Brekoulakis, dedicada ao estudo dos terceiros na arbitragem comercial internacional. O autor distingue o direito do terceiro beneficiário a demandar, mediante arbitragem, a pretensão de que é titular por força do contrato, da legitimidade do terceiro para figurar no polo passivo de arbitragem requerida pelas partes do contrato.

No tocante à primeira questão, bastaria ao terceiro demonstrar a titularidade de direitos advindos do contrato, sem a necessidade de provar a intenção específica das partes no sentido de lhe outorgar os benefícios da cláusula compromissória. Nesse sentido, uma vez estabelecido que o terceiro é titular de direitos sob o contrato, ele "será automaticamente intitulado a executar a cláusula arbitral contida no contrato"[32].

Essa abordagem parece, em certa medida, descolar-se das duas ideias-chave da arbitragem. Primeiro, pois se a vinculação do terceiro à convenção de arbitragem advém *automaticamente* de sua posição frente ao contrato subjacente, a ideia da autonomia da convenção arbitral parece, no mínimo, perder força. Segundo, ao contentar-se com a demonstração de que as partes pretenderam atribuir direitos ao terceiro no tocante ao negócio subjacente, resta dispensado, ou ao menos presumido, o consenso das partes no que diz respeito à eficácia da convenção de arbitragem perante o terceiro beneficiário. Nesse ponto, a análise empreendida é muito similar àquela feita pelos autores que privilegiam, enquanto fundamento da vinculação do terceiro beneficiário, a própria natureza da figura da estipulação em favor de terceiro.

Já a segunda questão é dirimida de modo distinto por Brekoulakis. A condição de terceiro beneficiário não seria suficiente para obrigá-lo a participar de arbitragem contra ele movida pelo promitente. Por outro lado, se o terceiro aceitar a vantagem outorgada pelo contrato, estará vinculado à cláusula compromissória, "do mesmo modo que o cessionário está vinculado à convenção de arbitragem contida no contrato transmitido"[33]. Nos Estados Unidos, o fundamento para essa regra residiria no *equitable estoppel*[34].

Não fica clara, contudo, a razão da não vinculação do terceiro à convenção de arbitragem, enunciada, segundo o autor, como orientação majori-

32 BREKOULAKIS, Stavros. *Third parties in international commercial arbitration*. Oxford: Oxford University Press, 2010, pp. 59 e 61.

33 A analogia com a cessão de posição contratual soa criticável, pois nesta o cessionário efetivamente se torna parte da avença, em substituição ao cedente, o que inocorre no contrato em favor de terceiro.

34 BREKOULAKIS, Stavros. *Third parties in international commercial arbitration*. Oxford: Oxford University Press, 2010, p. 63-64.

tária em vários países[35,36]. A não vinculação em todos os casos de arbitragem requerida contra o terceiro não parece sustentável. Com efeito, se a arbitragem vier a ser requerida pelo promitente após a aceitação do terceiro, mesmo que a prestação não tenha sido realizada, parece mais adequado considerar que o beneficiário está vinculado à arbitragem[37].

A não vinculação estaria restrita, assim, aos casos de arbitragens requeridas contra o terceiro que ainda não aceitou o direito que lhe foi atribuído, tampouco recebeu a prestação, no todo ou em parte. De se indagar, assim, o que justificaria diferenciar tais casos dos demais. Sob a ótica da vontade das partes (promitente e promissário) – de que partem Born e Brekoulakis[38] –, o *distinguo* não parece explicado. Isso porque o fato de o terceiro não ter declarado aceitar o direito a ele atribuído, tampouco haver, de outro modo, recebido a prestação ou colhido o benefício do contrato, não altera o resultado do exame da intenção das partes (promitente e promissário) quando da celebração da avença.

A justificativa poderia residir, em tese, na vontade do beneficiário. Ao passo que, em outras hipóteses, o terceiro teria de algum modo manifestado a vontade de aceitar o direito oriundo do contrato – declarando-o expressamente, recebendo a prestação no todo ou em parte, ou requerendo arbitragem para exigi-lo –, nos casos em exame haveria um déficit volitivo por parte do beneficiário. Essa possível construção, contudo, parece esbarrar em dois óbices. Em primeiro lugar, ao menos em sistemas jurídicos como o nosso, a vontade do beneficiário não é determinante para a aquisição da posição jurídica que as partes lhe atribuíram. Em segundo lugar, haveria uma incongruência com o fundamento apontado para a vinculação do beneficiário nos

---

35 Naturalmente, essa orientação deverá ser confirmada à luz das características de cada direito nacional, dada a influência do direito material – notadamente o regime da estipulação em favor de terceiros – para a solução do problema.

36 Ao buscar comprovar a sua assertiva no contexto do Direito francês, o autor referiu a posição de Larroumet, para quem o terceiro beneficiário "que aceita o benefício substancial estará necessariamente vinculado à cláusula arbitral" (BREKOULAKIS, Stavros. *Third parties in international commercial arbitration*. Oxford: Oxford University Press, 2010, p. 63, nota 175). A posição de Larroumet, contudo, é a de o terceiro beneficiário estar vinculado à cláusula compromissória mesmo na hipótese de figurar no polo passivo da arbitragem, como acima se examinou.

37 Os casos de prestação já realizada são exemplificados por Andrea Meier e Anna Lea Setz, que sustentam, nesse contexto, a vinculação do terceiro beneficiário à arbitragem movida pelo promitente (MEIER, Andrea; SETZ, Anna Lea. Arbitration clauses in third party beneficiary contracts – Who may and who must arbitrate?. *ASA Bulletin*. Kluwer Law International, 2016, v. 34, issue 1, p. 75).

38 A despeito de endossar a ideia, este último a desenvolve de modo algo distinto, como ele próprio reconhece (BREKOULAKIS, Stavros. *Third parties in international commercial arbitration*. Oxford: Oxford University Press, 2010, p. 59).

demais casos. Isso porque a vontade das partes (promitente e promissário), tida como decisiva para a vinculação do terceiro, em tese estaria presente do mesmo modo nas situações em comento.

Abrem-se, aqui, duas alternativas. A primeira é simplesmente negar a distinção entre os casos apontados, afirmando a vinculação do terceiro beneficiário em todas as hipóteses, como o faz parte da doutrina. A segunda é propor outro fundamento, que efetivamente possa servir de critério distintivo entre os dois grupos de casos. A nosso ver, uma possibilidade, convenientemente relacionada à própria natureza da estipulação em favor de terceiro, diz respeito à índole vantajosa do direito atribuído ao terceiro. Toda vez que a arbitragem tenha sido requerida pelo terceiro, ou, sendo ele o requerido, desde que tenha colhido o benefício oriundo do contrato ou pretenda fazê-lo, a qualificação da participação do terceiro como ônus processual ou meio de tutela do crédito, posições jurídicas acessórias em relação a ele, soa adequada. O mesmo já não poderia ser dito da participação em arbitragem requerida contra terceiro que não colheu o benefício do contrato tampouco declarou intenção de fazê-lo. Nesse caso, a posição do terceiro não parece qualificável como ônus, dado que não se vislumbra a conduta voluntária, voltada à obtenção de um benefício. Ter-se-ia, mais propriamente, a imposição de uma obrigação, incompatível com a natureza da estipulação em favor de terceiro.

Importante notar, contudo, que a não vinculação de que se fala diz com a convenção de arbitragem. Salvo nos casos de renúncia do terceiro à prestação prometida pelo promitente, ele permanecerá titular do direito a ela. Impõe-se, aqui, a autonomia da convenção de arbitragem: ao passo que o contrato subjacente permanece produzindo efeitos perante o terceiro, que poderá receber a prestação, ou mesmo vir a exigi-la em caso de inadimplemento do promitente, a convenção de arbitragem não lhe gerará efeitos na situação examinada, a prevalecer a orientação em questão.

Muito embora a questão nem sempre venha abordada de modo expresso, os critérios propostos pela doutrina nacional parecem conduzir à não vinculação do terceiro beneficiário no segundo grupo de situações acima identificado. Guilherme Recena Costa entende que a vinculação do terceiro beneficiário à convenção de arbitragem advém da mera alegação, por sua parte, do *status* de beneficiário[39], o que, ao que tudo indica, o levaria a negar vinculação do terceiro nessas hipóteses. Já Paula Butti Cardoso sustenta que a vinculação do terceiro beneficiário à convenção de arbitragem surge quando ele aceita o benefício atribuído por força do contrato. Não sendo possível obrigá-lo contra a vontade, não estará ele vinculado em caso de não aceita-

39 RECENA COSTA, Guilherme. *Partes e terceiros na arbitragem*. Tese de doutorado à Faculdade de Direito da Universidade de São Paulo, 2015, p. 135.

ção da prestação[40]. E Nathalia Mazzonetto, a seu turno, a despeito de partir da acertada constatação de que o "direito nasce instantaneamente no patrimônio do terceiro", termina por impor, a nosso ver sem razão, a exigência de aceitação específica da convenção de arbitragem por parte do terceiro[41].

Conclusões

A análise da eficácia da convenção de arbitragem perante o terceiro beneficiário, tal como se dá com o exame de muitas das demais figuras relativas ao tema mais amplo dos limites subjetivos da convenção de arbitragem, deve necessariamente envolver as duas perspectivas complementares, aqui denominadas "contratual" e "arbitral", em busca de uma convergência que, sem descurar da autonomia da convenção de arbitragem, respeite a natureza jurídica e os limites das figuras relativas ao contrato subjacente, coligado à convenção arbitral, naturalmente dependentes dos influxos do regime de cada Direito nacional.

Nessa busca de convergência, desafiam-se alguns dogmas de ambos os lados, tais como a impossibilidade de o contrato em favor de terceiro impor obrigações ao beneficiário e a exigência cardeal de consentimento para a arbitragem.

O dimensionamento adequado desse desafio será facilitado quando a situação específica for inserida em uma sistematização completa dos diversos casos em que se discute a vinculação da convenção de arbitragem a não signatários. Distinguir se se está a tratar de quem é parte do contrato arbitral, ou da extensão da eficácia de cláusula compromissória a terceiro, é fundamental para delimitar os efeitos da vinculação em questão, ao menos tendencialmente mais intensos no tocante às partes, eis que terceiros podem estar limitadamente vinculados à convenção.

Nesse sentido, oportuno considerar que há diversos tipos de terceiro. Há terceiros que se tornam parte do contrato, muito embora sem sê-lo em um primeiro momento. A cessão de posição contratual e a sub-rogação são exemplos. Nesses casos, a vinculação do terceiro à convenção de arbitragem será menos problemática. Há terceiros que não se tornam parte, mas que adqui-

---

40 CARDOSO, Paula Butti. *Limites subjetivos da convenção de arbitragem.* Dissertação de mestrado apresentada à Faculdade de Direito da Universidade de São Paulo, 2013, pp. 121-122.

41 "Em havendo estipulação em favor de terceiro da convenção arbitral, o beneficiário de tal acordo somente se encontrará vinculado à arbitragem se subsequentemente concordar com este específico instrumento de solução de conflitos. Caso contrário, a arbitragem a ele não se aplicará, porque com ela não consentiu" (MAZZONETTO, Nathalia. *Partes e terceiros na arbitragem.* Dissertação de mestrado apresentada à Faculdade de Direito da Universidade de São Paulo, 2012, p. 274).

rem direitos ou assumem obrigações oriundas do contrato, caso do terceiro beneficiário e do cessionário do crédito. Em última análise, é isso que legitima a analogia entre o contrato em favor de terceiro e a cessão de crédito, feita por parte dos autores. Assim como o crédito, ao ser cedido, transmite-se com os seus acessórios, no contrato em favor de terceiro os ônus processuais e a exceção de arbitragem também seriam, em um certo sentido, acessórios em relação à posição transmitida.

A despeito de o terceiro não se tornar parte do contrato, há quem entenda que ele é parte da relação contratual. Evocando Pontes de Miranda, Luciano Penteado considera haver, no contato em favor de terceiro, uma espécie de esgalhamento da relação contratual, que se bifurca, sendo que um ramo ou "galho" dessa relação vai alcançar o terceiro[42].

Há, ainda, outros tipos de terceiros. O terceiro interessado, por exemplo, não é parte do contrato, tampouco é titular de direitos ou posições jurídicas oriundas do contrato, mas tem interesse juridicamente relevante em relação a ele. Há terceiros que ocupam posição jurídica afim à da parte, ou suscetível de ser afetada negativamente pelo contrato. E há, por fim, o terceiro totalmente estranho, que se costuma chamar de *poenitus extraneus*, que é o terceiro que não tem nenhuma relação com a parte e nem com o contrato[43].

A consideração dessa tipologia dos terceiros poderá trazer maior clareza à ordenação das figuras associadas à eficácia da convenção arbitral perante terceiros.

42 PENTEADO, Luciano de Camargo. *Efeitos contratuais perante terceiros*. São Paulo: Quartier Latin, 2007, p. 129.

43 Sobre o tema, *vide* a já citada obra de Luciano de Camargo Penteado.

Notas sobre a igualdade no Direito Privado: o exemplo do Direito Societário[1]

Jorge Cesa Ferreira da Silva
Luis Felipe Spinelli

Ainda que se possa dizer com correção que a igualdade sempre exerceu um papel relevante também no âmbito do Direito Privado, parece inegável que, atualmente, esse papel vem assumindo um maior protagonismo. À constatação dessa maior preponderância não serve apenas a identificação do peso adquirido pelos assim chamados estatutos protetivos – como o Estatuto da Criança e do Adolescente, o Estatuto do Idoso, o Estatuto da Igualdade Racial, o Estatuto da Pessoa com Deficiência[2] –, mas também discussões tópicas atuais, como a da viabilidade ou não da cobrança de preços diferenciados para homens e mulheres em restaurantes ou casas noturnas[3], a legalidade das práticas de "geopricing" e "geoblocking"[4], a possibilidade ou não de celebração de contratos com regras distintas mais favoráveis a alguns do que a outros, estando todos nas mesmas condições básicas (como ocorre em contratos de distribuição), e assim sucessivamente.

---

1 O presente ensaio é dedicado à Judith Martins-Costa, professora na mais verdadeira acepção da palavra, que nos mostrou e continua nos mostrando (ainda que fora dos bancos universitários) o caminho da pesquisa e da verdadeira função da doutrina jurídica.

2 Respectivamente, Lei 8.069/90; Lei 10.741/2003; Lei 12.288/2010; Lei 13.146/2015.

3 Nesse sentido, a Nota Técnica 2/2017, da Secretaria Nacional do Consumidor – SENACON, cuja ementa é assim redigida: "Direito do consumidor. Diferenciação de preços entre homens e mulheres. Afronta ao princípio da dignidade da pessoa humana e princípio da isonomia. Prática comercial abusiva. Utilização da mulher como estratégia de marketing que a coloca em situação de inferioridade." Esta nota técnica tem sido objeto de diversas discussões nos tribunais, que vêm decidindo em sentido contrário à sua aplicabilidade. Ver, exemplificativamente, decisões nos processos 5009720-21.2017.403.6100, que tramita na 17a Vara Federal Cível de São Paulo, TRF 3ª Região e 0000712-58.2018.8.19.0000, recentemente julgado pela 7ª Câmara Cível do Tribunal de Justiça do Rio de Janeiro, Rel. Des. Luciano Rinaldi.

4 Ver sobre o tema o Regulamento (UE) 2018/302 do Parlamento Europeu e do Conselho de 28 de fevereiro de 2018, que visa prevenir o bloqueio geográfico injustificado e outras formas de discriminação baseadas na nacionalidade, no local de residência ou no local de estabelecimento dos clientes no mercado interno, e que altera os Regulamentos (CE) nº 2006/2004 e (UE) 2017/2394 e a Diretiva 2009/22/CE.

Como pano de fundo, esses debates trazem duas relevantes – e entrelaçadas – questões. A *primeira*: qual a eficácia da igualdade sobre o Direito Privado? Essa primeira questão corresponde à dúvida acerca da existência de um dever geral de respeitar a igualdade ou se ela só se torna devida em situações particulares. A *segunda*: qual a articulação existente entre a igualdade e a autonomia privada? Aqui se está a discutir a relação de prioridade entre ambas, ou seja, em que medida uma pode se impor à outra quando há uma relação de tensão entre elas.

A essas questões básicas é que se volta o presente ensaio, buscando lançar luzes sobre o tema, cujo estudo ainda é incipiente no Brasil. Por certo, uma investigação profunda sobre essas questões demanda uma análise minuciosa do material normativo, a partir do que se podem constatar fronteiras mais nítidas entre as diversas manifestações da igualdade no Direito Privado. Porém, como bem demonstrou Ludwig Raiser há mais de sete décadas, mesmos textos curtos e limitados em suas abrangências são capazes de trazer à tona elementos de base do problema, bem como enfoques necessários da discussão[5].

No presente estudo, a abordagem das questões gerais antes levantadas será feita em duas partes. Na primeira, serão referidos os modos de incidência da noção de igualdade sobre o Direito Privado, do qual resulta uma espécie de matriz analítica. Na segunda, a matriz será aplicada sobre o Direito Societário, campo de provas onde vicejam, com relevo, tanto a igualdade quanto a autonomia privada.

Antes de abordar esses aspectos, e tendo em conta a extensão e a diversidade dos temas que circundam a noção de igualdade, fundamental deixar claro os temas que não serão tratados.

O primeiro deles é o significado próprio da igualdade[6]. Não se vai aqui esmiuçar os mais diversos sentidos possíveis da igualdade, bem como as suas mais variadas divisões de sentido. Nada obstante e sem embargo de outras tan-

---

5 RAISER, Ludwig. Gleichheitsgrundsatz im Privatrecht. *Zeitschrift für das gesamte Handelsrecht und Konkursrecht*, n. 111, Stuttgart, 1948, p. 75-101.

6 E são muitas as definições de igualdade, como a clássica lançada por Rui Barbosa em seu discurso de paraninfo para os formandos da turma de 1920 da Faculdade do Largo do São Francisco, em São Paulo, que, reafirmando o pensamento aristotélico, asseverou que *a regra da igualdade não consiste senão em quinhoar desigualmente aos desiguais, na medida em que se desigualam. Nesta desigualdade social, proporcionada à desigualdade natural, é que se acha a verdadeira lei da igualdade. O mais são desvarios da inveja, do orgulho, ou da loucura. Tratar com desigualdade a iguais, ou a desiguais com igualdade, seria desigualdade flagrante, e não igualdade real. Os apetites humanos conceberam inverter a norma universal da criação, pretendendo, não dar a cada um, na razão do que vale, mas atribuir o mesmo a todos, como se todos se equivalessem* (BARBOSA, Rui. *Oração aos moços*. 7 ed. Guanabara: Elos, 1961, p. 27).

tas, vale referir que a noção de igualdade pode ser utilizada como *valor* e como *medida*. Quando, por exemplo, se diz que "a humanidade anseia por maior igualdade", usa-se a igualdade como um *valor*, um fim a ser atingido, ainda que se possa ter dúvida sobre qual seja o exato delineamento desse fim. Por sua vez, quando se diz que "os alunos de primeiro ano têm de concluir o ciclo igualmente alfabetizados", não se está indicando qual é o valor perseguido, mas sim que uma mesma *medida* tem de ser verificada em todos os alunos do grupo. Por certo que essas noções se interconectam e, ao se escolher a igualdade como medida, é provável que ela seja pressuposta como um valor a ser atingido e vice-versa. Porém, essa identidade não é necessária. Tanto no Direito Privado quanto em outros campos, a igualdade pode ser utilizada como valor e a medida ser desigual, assim como a medida pode ser a da igualdade, *não* para preservar-se o valor igualdade, mas sim outro, como a liberdade.

O segundo tema que não será abordado são as funções normativas da igualdade, ou seja, os distintos papeis exercidos por ela no âmbito normativo. Recentemente, Humberto Ávila dedicou-se ao tema, distinguindo três dimensões normativas da igualdade: a de *postulado*, a de *princípio* e a de *regra*[7]. Como postulado, a igualdade atua como uma metanorma, ou seja, como uma norma de aplicação das outras normas. Já como princípio, a igualdade age como um fim a ser perseguido ou estado ideal a ser buscado. Por sua vez, como regra, a igualdade determina, por si e diretamente, a conduta a ser seguida ou a ser evitada[8]. Ainda que se possa discutir acerca dessa tripartição, parece inegável que o modo de atuação da igualdade envolve matizes normativos distintos, incapazes de serem restritos a um modelo unitário.

O terceiro tema que não será analisado diz respeito ao conteúdo intrínseco da igualdade, vale dizer, o que é tido (ou deve ser tido) como igual e como diverso. A identificação desses padrões é inegavelmente relevante para a atuação da igualdade, notadamente quando aplicável a sua fórmula típica que indica tratar igualmente os iguais e diferentemente os diferentes, na medida das suas respectivas diferenças. Todavia, a identificação do que é igual ou diferente, ao menos no âmbito social, é contingente e extremamente variável conforme a história e a geografia. O que é igual para uns, em um determinado momento, é desigual para outros e/ou em outro momento. A possibilidade jurídica de casamento entre pessoas do mesmo sexo bem demonstra isso. Ela, que por muitos anos foi negada por ser diferente do padrão aplicável, passou a ser admitida grandemente em razão da igualdade que pas-

7 ÁVILA, Humberto. *Teoria da igualdade tributária*. 2. ed. São Paulo: Malheiros, 2009, p. 133 ss. Igualmente, ver: ÁVILA, Humberto. *Teoria dos Princípios*: da definição à aplicação dos princípios jurídicos. 14 ed. São Paulo: Malheiros, 2013, p. 171-172.

8 ÁVILA, Humberto. *Teoria da igualdade*, cit., , p. 134 ss.

sou a ser acolhida entre os casais de mesmo sexo e os casais formados por pessoas de sexo distinto.[9] O que o exemplo demonstra é que, conquanto seja possível serem estabelecidos critérios de identificação do que é tido por igual ou por desigual, estes são necessariamente mutáveis, de modo que, ao fim da catalogação, é provável que já seja necessário atualizá-la.

Desse modo, o estudo que se seguirá evitará análises materiais, buscando deter-se em aspectos estruturais, notadamente as formas como a igualdade se manifesta e a articulação dessas formas com a autonomia privada.

I. Manifestações da igualdade no Direito Privado

Deve-se, em um primeiro momento, identificar as diferentes manifestações da ideia de igualdade encontráveis no Direito Privado para, com isso, compreender as distintas eficácias. Não se trata aqui de realizar uma análise crítica do conteúdo, uma referência ao significado essencial da igualdade ou às respectivas funções exercidas. Trata-se tão somente de identificar os distintos modos como a ideia geral de igualdade se manifesta e, ao fazê-lo, qual é a eficácia usual no tocante à autonomia privada.Fundamentalmente, a ideia de igualdade se projeta em três planos, exercendo diferentes atribuições em cada um deles. Esses planos podem ser didaticamente identificados como "igualdade de reconhecimento", "igualdade de tratamento" e "igualdade de equiparação".

1. Igualdade de reconhecimento

A igualdade de reconhecimento encontra-se representada em disposições como "todos são iguais perante a lei", ou "toda pessoa é capaz de direitos e deveres na ordem civil", ou, ainda, "a soberania popular será exercida pelo sufrágio universal e pelo voto direto e secreto, com valor igual para todos". Essa igualdade não provém da conduta das partes envolvidas e nem é conquistada em razão de méritos ou necessidades. Essa igualdade, correspondente a um *status* jurídico mínimo e básico, é *reconhecida* aos membros da comunidade simplesmente por nascerem ou por serem dotados de algum atributo genérico e destituído de mérito, como uma certa idade. Para o Direito Privado, essa igualdade se concretiza, por exemplo, nas noções de sujeito de direito e de capacidade jurídica, atualmente atribuídas, pelos mais diversos ordenamentos, àquele que nasce com vida.

---

9 Ver sobre a linha evolutiva dessa vedação à autorização, RIOS, Roger Raupp. A homossexualidade e a discriminação por orientação sexual no direito brasileiro. *Revista de Informação Legislativa*, Brasília, DF, v. 38, n. 149, p. 279-295, jan./mar. 2001.

Apesar de mostrar-se hoje como algo absolutamente natural que aquele que nasce com vida goza (ou deve gozar) de um igual *status* mínimo na comunidade política à qual pertence, a igualdade dos sujeitos de direito entre si e a igualdade na capacidade não só representa uma enorme conquista de um longo processo histórico, como também pode ser tida como tudo, menos por óbvia. Como bem lembra Hattenhauer, até os Séculos XV e XVI não se tinha na Europa uma distinção clara entre o ser humano e outros animais ou quaisquer outros entes da natureza como "pessoas", sujeitos de normas jurídicas. Todos eram fruto de uma mesma criação divina[10]. Sendo assim, também se mostrava natural a existência de distintos *status* jus-subjetivos, haja vista que, se é verdade que o *status* jurídico do homem é diferente do *status* do animal, por exemplo, ainda que sejam ambos igualmente "irmãos na criação", também é razoável supor que existam distinções no grupo dos homens entre si. Para além disso, o indivíduo só era reconhecido como algo dotado de valor a partir do seu pertencimento a dado grupo, como à família, à religião, ao povo. Dessa forma, aquele que não fazia parte do grupo não era visto como alguém dotado de algum reflexo de uma "igual humanidade" pressuposta, mas, sim, grosso modo, como um inimigo ou uma ameaça que, como tal, tornava-se passível de aniquilação.

Em certa medida, esta visão se preserva na Europa até o Século XVIII, para o que contribuíram as adaptações que se fizeram necessárias à noção panpersonalista da Igreja decorrentes da era dos grandes descobrimentos. Foi somente depois de um longo processo que partiu do racionalismo jurídico e do iluminismo que se concebeu possível que o ser humano individualizado fosse alguém capaz de, por si mesmo, formar a sociedade e não o oposto. É a esse ser humano, a quem Kant atribui a capacidade de estabelecer a sua própria lei, que se torna o sujeito de direito: um ser humano dotado de igual capacidade e de igual personalidade como todos os outros seres humanos[11].

Por certo, essa operação formaliza o sujeito – "retira-lhe a carne", para usar a expressão de Paolo Grossi[12] – e lhe atribuiu uma função fundamentalmente operativa, o que acaba por custar uma certa redução valorativa. No entanto, também não resta dúvida de que essa equalização de base corresponde a uma grande conquista, não só operativa, como também valorativa, já que reconhece a todos uma posição de equilíbrio jurídico mínimo à partida. Essa igualdade é, evidentemente limitada e restrita ao plano ideal, não pressupondo nenhum efeito sobre as condições concretas dos sujeitos

10 HATTENHAUER, Hans. „Person": Zur Geschichte eines Begriffs. *Juristische Schulung*, München, v. 22, n. 6, 1982, p. 405.

11 HATTENHAUER, Hans. „Person, cit., p. 407.

12 GROSSI, Paolo. *Mitologie giuridiche della modernità*. Milano: Giuffrè, 2001, em especial p. 99 e 106.

e tampouco impedindo restrições tópicas da capacidade de exercício ou do *status* de certos sujeitos ao longo da história (distinção de direitos e deveres entre homens e mulheres, privilégios de primogenitura, distinção entre filhos legítimos e ilegítimos etc.). Mas é essa equalização de base que permite efetuar uma síntese mínima dos indivíduos membros da comunidade jurídica, sem apelar para qualquer referência qualitativa concreta que, *ou bem* tenderia a reproduzir padrões grupais antigos, *ou bem* tenderia a exigir um consenso ideológico dificilmente possível de ser atingido, seja hoje, seja à época de sua construção[13]. Nesse sentido, a formalização do sujeito paga o preço da sua despersonalização para poder adquirir uma maior igualdade, ao menos no plano formal.

Além disso, é ela que permite traçar parâmetros mínimos que atuarão na dinâmica do sistema, delimitando a noção de igualdade que servirá como meta-norma orientadora da aplicação de outras normas. Isso porque, sendo todos os sujeitos dotados de um mesmo *status* jurídico básico, terá de haver algum fator suplementar e legítimo de distinção para que uma diferenciação seja feita. São esses os parâmetros que são capazes de impor que, em certos casos, dois indivíduos possam ou devam ser tratados de modo semelhante.

Em outras palavras, é essa igualdade de reconhecimento que serve de base à segunda igualdade antes referida, a igualdade de tratamento.

1. Igualdade de tratamento

A igualdade de tratamento manifesta-se em normas que estabelecem que um mesmo tratamento seja dispensado a duas ou mais pessoas colocadas em determinadas situações similares.

Essa manifestação da igualdade é visualizada em dois grandes grupos de situações, distinguíveis pelo padrão de equiparação. Em um deles, o padrão de equiparação encontra-se no âmbito do objeto da relação jurídica em questão e, por haver identidade nele, um mesmo tratamento é demandado ("igualdade objetiva"). Em outro, a equiparação é feita em razão dos sujeitos e, por se entenderem equiparáveis os sujeitos, um mesmo tratamento é imposto ("igualdade subjetiva"). Cada uma dessas situações enseja distintos regimes jurídicos. Cumpre identificá-los.

2.1. Igualdade Objetiva

São diversos os exemplos da igualdade objetiva visualizáveis no Direito Privado. Entre eles se encontram as disposições dos artigos 283, 551, 858

13 ATIYAH, Patrick Selim. *The rise and fall of freedom of contract.* Oxford: Clarendon Press, 1979, p. 286 ss.

e 1.843, § 3º, do Código Civil. O art. 283, relativo à solidariedade passiva, dispõe que o devedor que satisfaz a dívida por inteiro tem o direito de exigir dos codevedores as suas respectivas quotas, sendo dividida igualmente entre eles a quota do devedor insolvente; além disso, estabelece que se presumem iguais as quotas de todos os codevedores no débito. O art. 551, sobre doação comum, também estabelece uma presunção, ao dispor que, "salvo declaração em contrário, a doação em comum a mais de uma pessoa entende-se distribuída entre elas por igual". O art. 858, atinente à promessa de recompensa, determina que, se a execução do ato que gera a recompensa tiver sido simultaneamente realizada por duas ou mais pessoas, ela deverá ser dividida igualmente, salvo se indivisível, hipótese na qual um sorteio determinará a sua destinação. Por sua vez, o art. 1.843, § 3º, relativo à ordem de vocação hereditária, dispõe que, se os irmãos forem, todos, igualmente bilaterais ou unilaterais, herdarão por igual. Na mesma linha encontra-se a regra decorrente do art. 2.017 do Código Civil, relativa à partilha, cujo texto é significativo: "no partilhar os bens, observar-se-á, quanto ao seu valor, natureza e qualidade, a maior igualdade possível". Algo semelhante ocorre em relação aos direitos de preferência, quando estabelecem que, havendo igualdade entre duas propostas, uma prefere a outra. É o caso regulado nos artigos 1.373 e 1.510-D, do Código Civil, e no art. 27 da Lei 8.245/91.

Nos casos de igualdade objetiva, a igualdade se estabelece no suporte fático da norma e, usualmente, também na consequência jurídica.

Com relação ao suporte fático, trata-se de um mesmo direito ou dever, ou uma mesma fonte de titulação, ou condições similares em uma proposta e assim sucessivamente. Há uma questão de alocação ou de divisão a ser resolvida. Diante disso, a igualdade atua como mecanismo disponível à resolução do problema posto.

Por sua vez, com relação à consequência jurídica, a igualdade usualmente não se impõe como necessária, mas, sim, de modo subsidiário. Ou seja, a igualdade é aplicável à mingua de um outro critério. Ela não atua impondo a sua autoaplicação, mas apenas age quando não há fator específico de determinação da consequência jurídica. Este "fator específico" pode ser determinado desde logo pela lei (como no direito de preferência) ou determinável pela autonomia privada (como na solidariedade passiva ou na divisão da herança).

Por isso, na hipótese de tensão entre igualdade e autonomia privada, a tendência é que esta prevaleça, quando o caso for de igualdade de tratamento objetiva.

2.2. Igualdade Subjetiva

Por sua vez, na igualdade de tratamento subjetiva, o regramento jurídico é distinto. Aqui, o foco não é a qualidade do tratamento a ser dispensado, mas a necessidade de preservar-se uma paridade de tratamentos entre duas situações – envolvendo pessoas diferentes ou não – que podem ser tidas como diferentes pelo aplicador. O que essas normas estabelecem é que, para as suas respectivas aplicações, certas circunstâncias devem ser observadas pelo aplicador ou certas circunstâncias não podem ser observadas pelo aplicador. Desse modo, determina-se uma paridade de tratamento que leva em conta as condições particulares de um determinado sujeito. É essa a condição que impõe o tratamento igualitário.

Entre os exemplos dessa igualdade de tratamento subjetiva, encontra-se o art. 727 do Código Civil, relativo ao contrato de corretagem. Segundo ele, fica expresso que a dispensa do corretor pelo dono do negócio ou a extinção do contrato pela fluência do prazo contratual não afasta o direito do corretor à remuneração, caso o negócio se realize posteriormente à extinção do contrato. O que o dispositivo estabelece é uma proibição de diferenciação entre duas situações distintas: uma que envolve um contrato vigente e, a outra, na qual o contrato já foi extinto. Ou seja, para o efeito "dever de pagamento da comissão", estabelece a norma que não pode o aplicador levar em conta a extinção do contrato decorrente de certas circunstâncias para determinar se ela incide o não. Havendo ou não a extinção do contrato, a norma incide. O tratamento terá de ser o mesmo, ainda que as situações em questão possam ser consideradas distintas.

Algo semelhante ocorre com relação ao disposto no art. 158 do Código Civil, que equipara, para fins de legitimidade ativa à anulação do negócio jurídico por fraude contra credores, os credores quirografários aos credores cuja garantia tenha se tornado insuficiente. Em face do referido dispositivo legal, não se discutem, por exemplo, as razões pelas quais a garantia se tornou insuficiente. Essa insuficiência pode ter decorrido, por hipótese, da desídia do credor. Mas essas circunstâncias não podem ser levadas em conta, haja vista a aplicação da norma de equiparação.

Também assim ocorre em relação ao disposto no art. 36, § 3º, X, da Lei 12.529/2011, protetiva da concorrência. Visando a evitar infração à ordem econômica, conforme definida naquela lei, veda-se a discriminação entre adquirentes ou fornecedores na fixação diferenciada de preços, ou de condições operacionais de venda ou prestação de serviços. Aqui é a condição subjetiva de uma das partes em relação ao mercado que determina se ela pode ou não se valer de critérios diferenciadores entre os seus contratantes – diferenciações que, aliás, são usuais nas práticas comerciais – para a fixação de preços ou de condições operacionais em seus contratos. Portanto, o tratamento isonômico é determinado pela norma em razão da condição subjetiva da parte.

Na Lei de Locações (Lei 8.245/91), estabelece o art. 11, I, que, em caso de morte do locatário em locação residencial, o contrato permanece, nas mesmas condições, mas agora com o "cônjuge sobrevivente ou o companheiro e, sucessivamente, com os herdeiros necessários e as pessoas que viviam na dependência econômica do de cujus, desde que residentes no imóvel". Aqui a morte de uma das partes não é considerável como elemento diferenciador das circunstâncias concretas e, por isso, o mesmo tratamento jurídico deve ser dispensado a terceiros.

Também exemplifica esse padrão o disposto no art. 1.636 do Código Civil, que determina que o fato de o pai ou de a mãe terem contraído novas núpcias ou encontrarem-se em nova união estável não pode ensejar nenhum efeito diferenciador em relação aos seus respectivos direitos do poder familiar. É provável que, nesses casos, a situação fática do pai ou da mãe que constitui nova família venha a ser muito diferente da anteriormente vivenciada. No entanto, essa distinção não poderá ser levada em conta para a determinação do regime legal aplicável.

Como se constata, em todos esses casos, uma equiparação é determinada por lei como proibição de diferenciação baseada em dado critério, ou como imposição de um mesmo tratamento a duas situações dotadas de particularidades que, em tese, poderiam distingui-las. Esse mesmo tratamento pode ser exigido em benefício de uma mesma pessoa, colocada em situação diversa ao longo do tempo, ou em benefício de pessoas distintas, mas vinculadas a situações que são tidas por idênticas para a adoção de dado tratamento igualitário. Assim, uma mesma consequência jurídica – ou seja, uma igualdade de tratamento – é determinada, abstraindo-se as diferenças concretas.

Como também se constata, em todos esses casos se têm normas de caráter protetivo, no sentido de garantir-se um dado tratamento a certas pessoas. Nessas situações, é usual que a proteção não possa ser afastada pela autonomia privada. No entanto, há que se diferenciar. Normas protetivas tendem a estabelecer uma consequência jurídica aplicável *prima facie*, mas acolhem exceções quando demonstrada a força de outras circunstâncias particulares do caso concreto. Uma delas é reconhecida desde o Direito Romano, correspondendo à *exceptio doli*. Outra é a impossibilidade objetiva de cumprimento. Outra ainda é a pré-exclusão da aplicabilidade. Em quaisquer dessas hipóteses, cabe o ônus argumentativo a quem alega a necessidade de afastamento da imposição de igualdade ao caso concreto.

3. Igualdade de equiparação

A igualdade de equiparação assemelha-se à igualdade de tratamento subjetiva, na medida em que, também nela, busca-se garantir um tratamento isonômico a pessoas colocadas em situações que são ou que podem ser tidas por distintas. Todavia, quando se pensa sobre a igualdade de equiparação, entram em cena situações em que se busca equiparar as condições entre as partes – condições jurídicas ou de barganha – em determinadas situações.

Em decorrência de necessidade de equiparação entre as partes, muitas vezes motivada pela garantia da autonomia privada, formou-se uma série de microssistemas, como é o caso das locações (Lei 8.245/91), da venda de imóveis decorrentes de parcelamento de solo urbano (Decreto-Lei 58/37 e Lei 6.766/79), da atividade do representante comercial autônomo (Lei 4.886/65), entre tantas outras. Exemplo mais marcante no Direito brasileiro é, sem dúvida, o Direito do Consumidor.

Nessas situações, como claramente demonstra o Código de Defesa do Consumidor, não se pressupõe o equilíbrio entre as partes, mas, sim, à partida, um desequilíbrio fático que deve ser compensado com um desequilíbrio jurídico. Na igualdade de equiparação, um regime jurídico é construído em benefício de uma das partes, por meio de nítidas distinções de tratamento, a fim de garantir-se uma maior igualdade no resultado final, novamente fático, da relação.

Em geral, a igualdade de equiparação demanda uma intervenção legislativa, não só pelas particularidades próprias da relação, mas também por ela corresponder a um tratamento anti-isonômico. Nesse sentido, ela tem um campo de atuação mais restrito do que as outras duas igualdades acima consideradas.

Diante disso, cumpre fazerem-se aqui apenas algumas observações.

A primeira é de que não é estranho ao Direito Privado a existência de um conjunto de normas que restringem a autonomia privada em face das dissintonias fáticas existentes entre as partes e da necessidade, em tais casos, de equilibrar a relação. Todavia, pode-se dizer tratar-se de uma igualdade estruturalmente "antinatural", pois distinta do padrão de igualdade decorrente da noção de sujeito de direito. Por ser assim, goza de caráter de excepcionalidade e, como tal, não pode ser ampliada. Em outras palavras: da existência de um caso de igualdade de equiparação não se retiram outros casos (ainda que similares) de igualdade de equiparação.

A segunda observação diz respeito ao seu caráter paradoxal em relação à autonomia privada. Normas vinculadas à igualdade de equiparação se destinam, não raro, a potencializar o poder de barganha de uma das partes, agindo, portanto, em homenagem ao real exercício da autonomia privada. Porém, para garantir esse poder de barganha, é a liberdade contratual que sofre limitações.

Disso decorre a terceira observação: na igualdade de equiparação, o regime jurídico é protetivo e, como tal, inafastável pela vontade das partes.

II.
A igualdade no Direito Societário

Como não poderia ser diferente, a igualdade, em seus diferentes planos, também é aplicada no Direito Societário, apesar de ser tão pouco estudada entre nós[14].

14 Para uma ampla visão no direito pátrio e estrangeiro do princípio da igualdade de tratamento no direito societário, ver: ADAMEK, Marcelo Vieira von. *Abuso de minoria em direito societário (abuso das posições subjetivas minoritárias)*. 2010. 436 p. Tese (Doutorado

No Direito Societário, pode-se identificar, em um primeiro plano, a *igualdade de reconhecimento*. Isso porque os sócios, reconhecidas as suas capacidades, podem contratar sociedade. E, a rigor, a qualquer sujeito é dado contratar sociedade, respeitadas eventuais restrições existentes na legislação com o objetivo de tutelar determinadas pessoas – como existe na infeliz redação do art. 974, §3º, do Código Civil, que objetiva autorizar que incapazes sejam sócios desde que, entre outros requisitos, exista efetiva limitação da responsabilidade.

Também no âmbito do Direito Societário, essa igualdade é inata, não correspondendo a um mérito ou a uma conquista, decorrendo apenas da participação da comunidade política. Ela também não pressupõe a autonomia privada. Ao contrário, é a autonomia privada que atua pressupondo que os sujeitos de direito estão, igualmente, capacitados para contratar sociedade, em iguais condições. Decorre disso, também, uma atuação como metanorma no âmbito do Direito Societário: este será interpretado a partir da noção de que, salvo regra particular, os sócios são iguais em seus direitos e obrigações.

Nesse sentido, partindo-se do pressuposto de que, de regra, as sociedades são constituídas por um contrato plurilateral, tem-se que tal estrutura fornece direitos e confere obrigações às partes de uma forma igualitária, não

---

em Direito). São Paulo, Faculdade de Direito da Universidade de São Paulo, 2010, p. 87-91. Interessante é que Pontes de Miranda já trabalhava a questão da igualdade entre os membros (PONTES DE MIRANDA, Francisco Cavalcanti. *Tratado de Direito Privado*, t. I. 3 ed. São Paulo: Borsoi, 1970, p. 380, 394-396). Também lembrando o princípio da igualdade no Direito Societário, com base em Pontes de Miranda, ver: TOMASETTI JUNIOR, Alcides; LOPES, Mauro Brandão. Deliberação arbitrária excludente de membro de sociedade por quotas de responsabilidade limitada. Abusividade. Ilicitude. Nulidade. *Revista dos Tribunais*, a. 84, v. 714, p. 56-77, abr. 1995, p. 60 ss. Trabalhando a igualdade entre os acionistas, especialmente com base no art. 109, §1º, da LSA, ver: TEIXEIRA, Egberto Lacerda; GUERREIRO, José Alexandre Tavares. *Das Sociedades Anônimas no Direito Brasileiro*, v. I. São Paulo: José Bushatsky, 1979, p. 279-280. Ao comentar o art. 44, §4º, da Lei das S.A. (que dispõe que, caso o resgate ou a amortização não abarque a totalidade das ações de uma mesma classe, devem ser sorteadas as ações, entre as que integram a mesma classe, a serem resgatadas ou amortizadas), José Waldecy Lucena, por exemplo, afirma que tal regra positiva o princípio da igualdade entre os acionistas, o qual tem influência sobre todas as sociedades (LUCENA, José Waldecy. *Das sociedades anônimas*, v. I. Rio de Janeiro: Renovar, 2009, p. 449-450); no mesmo sentido, ver: PEIXOTO, Carlos Fulgêncio da Cunha. *Sociedades por ações*, v. 1. São Paulo: Saraiva, 1972, p. 183-184. E Edmar Andrade Filho faz referência a tal princípio ao tratar da exclusão de sócio: ANDRADE FILHO. *Sociedade de responsabilidade limitada*, cit., p. 207-209; ver, também: ADAMEK, Marcelo Vieira von. Anotações sobre a exclusão de sócios por falta grave no regime do Código Civil. In: ____ (coord.). *Temas de Direito Societário e Empresarial Contemporâneos* – Liber Amicorum *Prof. Dr. Erasmo Valladão Azevedo e Novaes França*. São Paulo: Malheiros, 2011. p. 185-215, p. 191-192. Nós tivemos a oportunidade de abordar o tema em: SPINELLI, Luis Felipe. *Exclusão de sócio por falta grave na sociedade limitada*. São Paulo: Quartier Latin, 2015, p. 228 ss.

fazendo distinção entre elas. Cada uma delas tem direitos (sendo o principal o direito aos dividendos) iguais em qualidade mas não em quantidade, visto que proporcionais à participação societária – já que as prestações de cada uma não necessitam ser equivalentes às das outras[15]. Além disso, todas as partes, igualmente, prendem-se à realização da finalidade comum[16]. Nesse campo, a todos é reconhecido constituir sociedades e, estando nelas, a todos é devido um *status* comum mínimo, não vinculado a particularidades subjetivas.

Isso, evidentemente, conduz à *igualdade de tratamento* no Direito Societário – tanto em sua matriz objetiva quanto em sua matriz subjetiva –, que é tida como um "princípio geral das associações privadas de pessoas"[17] e cujo fundamento é extremamente controverso[18].

---

15 "Na sociedade, justamente à vista do fato de visar ela a consecução de um lucro a distribuir entre os socios, o direito destes tem um conteudo tipico e constante, qualquer que seja o objeto da sociedade. Diversas entretanto, podem ser, mesmo qualitativamente as entradas dos socios; esta diversidade respeita não apenas às diversas sociedades, mas até aos diversos socios de uma sociedade.", cf. ASCARELLI, Tullio. *Problemas das sociedades anônimas e direito comparado*. São Paulo: Saraiva, 1945, p. 300-301.

16 Cf. ASCARELLI, Tullio. *Problemas das sociedades*, cit., p. 294.

17 "Allgemeiner Rechtsgrundsatz für privatrechtliche Personenzusammenschlüsse." (BAUMBACH, Adolf; HUECK, Alfred. *GmbHG*. 20 Aufl. München: C. H. Beck, 2013, p. 316). Ver, também: CAEIRO, António. A exclusão estatutária do direito de voto nas sociedades por quotas. In: ____. *Temas de direito das sociedades*. Coimbra: Almedina, 1984. p. 9-160, p. 72, nota de rodapé; CUNHA, Paulo Olavo. *Direito das sociedades comerciais*. 2 ed. Coimbra: Almedina, 2006, p. 66-67.

18 Sustenta-se que o princípio da igualdade de tratamento no âmbito societário tem sua origem no princípio constitucional da isonomia (Constituição Federal, art. 5º, *caput*), pese embora com ele não se confunda. É importante salientar que a transposição direta da ideia de isonomia para as relações jurídicas privadas não é possível e exige adaptações, uma vez que na esfera privada vige o princípio da autonomia privada, o qual permite que os particulares criem posições que não sejam igualitárias, desde que respeitados certos limites. Cf. ADAMEK, Marcelo Vieira von. Anotações sobre a exclusão, cit., p. 185-215, p. 191, nota de rodapé; ADAMEK, Marcelo Vieira von. *Abuso de minoria*, cit., p. 87. Fazendo referência ao art. 5º da Constituição Federal para fundamentar a incidência do princípio da igualdade no direito societário, ver: TOMASETTI JUNIOR, Alcides; LOPES, Mauro Brandão. Deliberação arbitrária, cit., p. 60 ss. Herbert Wiedemann assim anota: "Para estabelecer claramente a diferença com relação ao princípio de isonomia, fala-se, no direito privado, em princípio da igualdade de tratamento ou em preceito (*Gebot*) da igualdade de tratamento. Com isto simplesmente chama-se à consciência [o fato de] que a aplicação do princípio da isonomia em direito privado requer especial fundamentação, uma vez que o cidadão, em face do princípio da autonomia privada dos negócios jurídicos, está fundamentalmente autorizado a dispor de suas relações livremente (*unkontrolliert*) e, com isso, também arbitrariamente (*willkürlich*). O conteúdo do preceito da igualdade de tratamento em direito privado é assim formulado como o do princípio da isonomia constitucional; aplica-se o dever platônico-aristotélico do *suum cuique*, não o princípio da ***égalité*** da Revolução Francesa" (WIEDEMANN,

Tome-se, em primeiro lugar, a igualdade de tratamento objetiva, ou seja, aquela que não se vincula às características pessoais dos envolvidos, mas sim à identidade de direitos ou titulações, ou, em outras palavras, a aspectos relativos ao objeto das relações jurídicas. No caso da igualdade de tratamento objetiva, como referido acima, tem-se que esta vigora no âmbito da consequência jurídica como critério subsidiário, aplicável à míngua de outro. O tratamento igualitário não é, portanto, imposto como consequência necessária, haja vista que, nesses casos, o ordenamento aceita alterações decorrentes da autonomia privada. Esse padrão também é visualizável no Direito Societário.

No âmbito das associações finalísticas de pessoas, por exemplo, salvo consentimento, tendo em vista a comunhão de escopo, vigora a regra de que alguém que ingressa em um ente coletivo deve ser tratado de modo idêntico aos demais, pois seus direitos são os mesmos. O tratamento igualitário dos sócios é, evidentemente, uma condição básica para o próprio funcionamento do ente coletivo[19]. Mais: não pode ser renunciado de modo geral pelo sócio, somente assim se podendo fazer, a depender do caso, *in concreto*; nesse sentido, inexistindo vedação diante do caráter protetivo da norma, o desvio com a concordância do sócio é permitido tendo em vista a necessidade de respeito à liberdade contratual (autonomia privada), podendo-se, então, criar (originalmente ou por alteração contratual, desde que com a concordância do membros afetados) direitos e obrigações diferentes entre os sócios (e desde que respeitadas as normas de ordem pública do tipo societário e que isso não conduza à arbitrariedade)[20].

Herbert. *Gesellschaftsrecht*, B. I. München: Beck, 1980, p. 428, tradução livre de Erasmo Valladão A. e N. França, extraída de ADAMEK, Marcelo Vieira von. *Abuso de minoria*. cit., p. 87, nota de rodapé). Muito se discute sobre o fundamento da igualdade de tratamento no Direito Societário; sobre o tema, entre outros, ver: VERSE, Dirk A. *Der Gleichbehandlungsgrundsatz im Recht der Kapitalgesellschaften*. Tübingen: Mohr Siebeck, 2006, p. 67 ss; PERIS, Juan Ignacio Ruiz. *Igualdad de trato en el derecho de sociedades*. Valencia: Tirant lo Blanch, 2007, p. 25 ss (trabalhando questões relacionadas ao princípio da igualdade e sua aplicação no âmbito das relações privadas), 107 ss (analisando, especificamente, a igualdade de tratamento na esfera societária); D'ATTORRE, Giacomo. *Il principio di eguaglianza tra soci nelle società per azioni*. Milano: Giuffrè, 2007, p. 15 ss.

19 FASTRICH, Lorenz. *Raciocínio jurídico funcional a exemplo do direito societário*. Trad. de Nilson Lautenschleger Jr. *Revista de Direito Mercantil, Industrial, Econômico e Financeiro*, v. 44, n. 140, p. 52-85, out./dez. 2005, p. 77.

20 BAUMBACH, Adolf; HUECK, Alfred. *GmbHG*, *cit.*, p. 317; FASTRICH, Lorenz. Raciocínio jurídico funcional, cit., p. 57; SCHMIDT, Karsten. *Gesellschaftsrecht*, B. I. 4 Aufl. Köln: Carl Heymanns, 2002, p. 462-464 e B. II. 4 Aufl. Köln: Carl Heymanns, 2002, p. 1.038; CAEIRO, António. A exclusão estatutária, cit. p. 72, nota de rodapé; PERIS, Juan Ignacio Ruiz. *Igualdad de trato*, cit., p. 121.

A igualdade de tratamento independe de previsão legal para que incida no âmbito no Direito Societário, estando, de qualquer sorte, expressamente positivada na Alemanha (no §53a da *Aktiengesetz*)[21] e na Espanha (*Ley de Sociedades de Capital*, art. 97)[22-23]. No Brasil, existe referência à igualdade de

---

21 "§53a. Gleichbehandlung der Aktionäre. Aktionäre sind unter gleichen Voraussetzungen gleich zu behandeln". Em tradução livre: "§53a. Tratamento igualitário dos acionistas. Os acionistas, nas mesmas condições, são tratados de forma igual". De qualquer modo, por se tratar de princípio central do Direito Societário, ele possui eficácia ainda que inexista previsão legal expressa; assim, doutrina e jurisprudência entendiam que, mesmo antes da positivação, já incidia nas sociedades anônimas e que, mesmo que não positivado para as sociedades de pessoas e para a sociedade limitada, sobre estas incide (e faz-se referência a diversos dispositivos da *GmbH-Gesetz* que trariam tal princípio). Sobre o tema, na Alemanha: BAUMBACH, Adolf; HUECK, Alfred. *GmbHG*. cit., p. 316-317; RAISER, Thomas; VEIL, Rüdiger. *Recht der Kapitalgesellschaften*. 5 Aufl. München: Franz Vahlen, 2010, p. 80-83, 397-398; SCHMIDT, Karsten. *Gesellschaftsrecht*, B. I., cit., p. 462-465, 798-799; WIEDEMANN, Herbert. *Gesellschaftsrecht*, cit., p. 427-431; ADAMEK, Marcelo Vieira von. Anotações sobre a exclusão, cit., p. 191, nota de rodapé; ADAMEK, Marcelo Vieira von. *Abuso de minoria*, cit., p. 88-89. Também sobre o tema no direito alemão (além de tratar da questão em outros ordenamentos jurídicos – França, Inglaterra, Holanda, Áustria e Suíça), trabalhando a matéria no âmbito das sociedades de capital (o que inclui a sociedade limitada), remetemos a VERSE, Dirk A. *Der Gleichbehandlungsgrundsatz*, cit.

22 "Artículo 97. Igualdad de trato. La sociedad deberá dar un trato igual a los socios que se encuentren en condiciones idénticas." E é importante referir que o dispositivo legal é aplicável tanto às sociedades por ações quanto às sociedades limitadas. Na Espanha, sobre o tratamento igualitário no direito societário, ver: CODINA, Joaquim Castañer; COSTA, Vivianna Colomà; PARRAMON, Cristina Roset. *Todo Sociedades de Responsabilidad Limitada*. Valencia: Kluwer, 2012, p. 204; PERIS, Juan Ignacio Ruiz. *Igualdad de trato*, cit. (também salientando que se trata de princípio implícito do ordenamento jurídico e que não precisa restar positivado para que se constate sua incidência).

23 Em Portugal, vários dispositivos do Código das Sociedades Comerciais que disciplinam as sociedades anônimas fazem referência ao tratamento igualitário (especialmente o art. 321º, que, ao cuidar da aquisição das ações próprias, dispõe que "As aquisições e as alienações de acções próprias devem respeitar o princípio do igual tratamento dos accionistas, salvo se a tanto obstar a própria natureza do caso"), estando implícito a muitos institutos e outras regras, já se tendo dito que se trata de um princípio geral (cf. CORDEIRO, António Menezes. *Manual de Direito das Sociedades*, v. II (Das Sociedades em Especial). 2 ed. Coimbra: Almedina, 2007, p. 575-577). E, de fato, entende-se que a igualdade de tratamento é princípio fundamental (basilar) do Direito Societário (dizendo respeito a todos os sócios, e em especial aos acionistas) (cf. CUNHA, Paulo Olavo. *Direito das sociedades*. cit., p. 66-67). Ver, também: CAEIRO, António. A exclusão estatutária, cit., p. 72, nota de rodapé; NUNES, A. J. Avelãs. *O direito de exclusão de sócios nas sociedades comerciais*. 1 ed. Reimpressão da ed. de 1968. Coimbra: Almedina, 2002, p. 275. Na Itália também se fala do princípio da igualdade, ainda que ausente a sua previsão legal: FERRI, Giuseppe. *Manuale di diritto commerciale*. 4 ed. Torino: UTET, 1976, p. 292-293; D'ATTORRE, Giacomo. *Il principio di eguaglianza tra soci nelle società per azioni*. Milano: Giuffrè, 2007.

tratamento para os acionistas titulares de ações da mesma classe (art. 109, §1º, da Lei 6.404/76) bem como na regra sobre o resgate e amortização de ações (LSA, art. 44, §4º), enquanto que se infere o princípio, no Código Civil, por meio da interpretação sistemática de várias regras (arts. 1.004, 1.007, 1.008, 1010, § 2º, 1.013, 1.023, 1.055, § 1º, 1.072, *caput*, 1.081, § 1º, 1.094, VI e VII)[24].

Como regra, os sócios são tratados de modo igual tendo em vista o *status socii*, *i.e.*, a condição de sócio. Tal igualdade, todavia, não é absoluta, uma vez que a própria lei ou as partes podem estabelecer critérios diferenciadores.

Dessa forma, veja-se, por exemplo, que a cada ação ou quota corresponde um voto (Código Civil, art. 1.010, *caput*, e Lei das S.A., art. 110, *caput*), podendo, todavia, o estatuto social excluir ou restringir o direito de voto das ações preferenciais (Lei 6.404/76, art. 111). No mesmo sentido, as ações de cada classe conferem aos acionistas os mesmos direitos, sendo, todavia, possível a criação de classes de ações ou mesmo a emissão de ações preferenciais que conferem certas preferências a seus titulares (arts. 16 a 18 da Lei das S.A.). Da mesma forma, a regra é que os sócios participem dos lucros proporcionalmente à participação no capital social, sendo vedada a sociedade leonina; entretanto, é admitida a distribuição desproporcional dos resultados (CC, arts. 1.007 e 1.008) bem como, diante das ações preferências, regras diversas de distribuição dos lucros (Lei 6.404/76, art. 17). Quanto à responsabilidade dos sócios, como regra, respondem proporcionalmente à participação de cada um dos sócios no capital social – sendo que, mesmo nas hipóteses em que há responsabilidade solidária, a solidariedade é externa, admitindo-se, ainda, pactos diversos que produzirão efeitos somente entre os sócios (*v.g.*, Lei das S.A., art. 1º, e Código Civil, arts. 1.023, 1.039 e 1.052).

Assim, todos os sócios devem ser tratados de modo igual quando existentes as mesmas condições (circunstâncias fáticas), uma vez que a igualdade de tratamento (o tratamento equivalente entre os sócios em face de seus iguais direitos) pressupõe a igualdade das circunstâncias relevantes[25].

---

24 Cf. ADAMEK. *Abuso de minoria em direito societário*, cit., p. 89.

25 "Puede verse como el trato igual a los socios solamente se reconoce cuando se encuentren en situaciones idênticas lo que si, por un lado, resulta lógico (no puede tratarse igual a socios que se encuentren en situación desigual), por otro añade complejidad al cumplimiento y respeto del principio dado que se aplicación dependerá de que se estime esa identidad situacional, lo que puede no resultar fácil en ocasiones mientras que otras veces dará lugar a interpretaciones en exceso restrictivas (ya que 'identidad' significa igualdad en todos los extremos)." (CODINA, Joaquim Castañer; COSTA, Vivianna Colomà; PARRAMON, Cristina Roset. *Todo Sociedades de Responsabilidad Limitada*. Valencia: Kluwer, 2012, p. 204). Ver, também: CAEIRO, António. A exclusão estatutária, cit p. 72, nota de rodapé. E assim, inclusive, dispõe o §53a da *Aktiengesetz* alemã e o art. 97 da *Ley de Sociedades de Capital* espanhola – sendo devidamente comentados pela doutrina.

Consequentemente, é lógico que existam situações objetivas que criam uma medida proporcional de igualdade – *proportionaler Gleichheitsmaßstab* –, como a divisão dos lucros e o poder de voto, que são proporcionais à participação no capital social, ou mesmo a necessidade de deter participação mínima no capital social para o exercício de determinados direitos, como o previsto no art. 1.066, §2º, do Código Civil. Ainda, em caso de extinção da sociedade, os ex-sócios respondem proporcionalmente ao que receberam na liquidação (CC, art. 1.010). Do mesmo modo, há situações subjetivas que fazem com que os direitos envolvidos sejam dotados de características distintas e, portanto, baseiem diferenciações. Bom exemplo é o do sócio controlador, sobre o qual incidem deveres mais fortes (como resta positivado nos arts. 116 e 117 da LSA) que permitem ou exigem o tratamento diferenciado entre os sujeitos[26].

Como se constata, a igualdade de tratamento objetiva ocorre quando se mostram iguais os elementos objetivos dos direitos ou dos deveres dos sócios, ou mesmo elementos subjetivos que se refletem na qualidade dos direitos e deveres, como no caso do controlador. Nesses casos, ao menos em regra, o exercício da autonomia privada dos sócios poderá moldar os efeitos da igualdade, estabelecendo distintos regimes mesmo quando, em essência, há uma mesma igualdade de base: a condição de sócio. Em grande medida, a riqueza do Direito Societário se estabelece pela estruturação de distintos regimes a partir dessa igualdade preliminar. No entanto, também no âmbito do Direito Societário, inexistindo razão que justifique o tratamento diferenciado, o tratamento igualitário se faz necessário como critério subsidiário.

Esse modelo se altera quando é analisada a igualdade de tratamento subjetiva, ou seja, aquela que se vincula às características ou particularidades dos sujeitos. Tome-se o caso da exclusão de sócio por falta grave. Sem dúvida, não é igualitário manter o sócio faltoso e os quotistas que cumprem os seus deveres na sociedade enquanto ela durar.[27] Nesses casos, a autonomia

---

26 Desenvolvido com base em: ADAMEK, Marcelo Vieira von. Anotações sobre a exclusão, cit., , p. 191, nota de rodapé; ADAMEK, Marcelo Vieira von. *Abuso de minoria*, cit., p. 87-90; PONTES DE MIRANDA, Francisco Cavalcanti. *Tratado de Direito Privado*, t. I. 3 ed., cit., p. 934; BAUMBACH, Adolf; HUECK, Alfred. *GmbHG*. cit., p. 316-317; RAISER, Thomas; VEIL, Rüdiger. *Recht der Kapitalgesellschaften*, cit., p. 80-81, 397; SCHMIDT, Karsten. *Gesellschaftsrecht*, B. I., cit., , p. 462-464, 798-799; WIEDEMANN, Herbert. *Gesellschaftsrecht*, B. I. München: Beck, 1980, p. 427; PERIS, Juan Ignacio Ruiz. *Igualdad de trato*, cit, p. 107 ss; CAEIRO, António. A exclusão estatutária., cit, p. 9-160, p. 72, nota de rodapé; CUNHA, Paulo Olavo. *Direito das sociedades*, cit., p. 66; NUNES, A. J. Avelãs. *O direito de exclusão*. cit., p. 275; FERRI, Giuseppe. *Manuale di diritto commerciale*. 4 ed. Torino: UTET, 1976, p. 292-293.

27 LEÃES, Luiz Gastão Paes de Barros. Exclusão extrajudicial de sócio em sociedade por quotas. *Revista de Direito Mercantil, Industrial, Econômico e Financeiro*, São Paulo, a. 34, n. 100, p. 85-97, out./dez. 1995, p. 94. Em certo sentido, ver, também: NUNES, A. J. Avelãs. *O direito de exclusão*, cit., p. 275; e ANDRADE FILHO, Edmar Oliveira. *Sociedade*, cit., p. 208-209.

privada dos sócios poderá estabelecer os critérios de exclusão, o procedimento aplicável e as suas consequências, mas mostrar-se-ia incompatível com a estrutura geral do Direito Societário se nenhuma consequência societária em sentido estrito – vale dizer, não apenas no âmbito da responsabilidade civil, por exemplo – decorresse da conduta faltosa do sócio. Exatamente por isso, disposições legais como a do art. 1.030 do Código Civil devem ser lidas como regras cogentes.

Ainda no âmbito da exclusão de sócios, a aplicação da igualdade de tratamento subjetiva revela uma outra relevante faceta, a de servir de barreira à exclusão. Apesar de inexistir regra expressa nesse sentido, entende-se que um sócio não pode um sócio ser excluído sob a alegação de que tenha cometido uma falta grave se conduta semelhante (ou, pior, se conduta mais grave) cometida por outro quotista é tolerada, aceita ou incentivada na esfera societária nem se a falta grave tenha origem em vários sócios e não se objetiva a exclusão dos demais (salvo se a imputação da responsabilidade for preponderante a um quotista)[28-29].

---

28 Seguindo precedentes do Supremo Tribunal Federal da Alemanha, sustenta-se que não se pode admitir a exclusão de sócio quando, em uma sociedade composta por dois membros (ou dois grupos), ambos os lados dão causa para tal medida. Assim, seria despropositado autorizar a um sócio afastar o outro e continuar conduzindo o ente coletivo sozinho. A solução é a dissolução total (cf. BAUMBACH, Adolf; HUECK, Alfred. GmbHG. cit., , p. 765; RAISER, Thomas; VEIL, Rüdiger. *Recht der Kapitalgesellschaften*, cit., p. 438; KÜBLER, Friedrich. *Derecho de sociedades*. Trad. Michèle Klein. 5 ed. rev. y ampl. Madrid: Fundación Cultural del Notariado, 2001, p. 401; WOLF, Martin. Abberufung und Ausschluβ in der Zweimann-GmbH. *Zeitschrift für Unternehmens- und Gesellschaftsrecht*, B. 27, p. 91-115, Jan. 1998, p. 95-96; ADAMEK, Marcelo Vieira von. Anotações sobre a exclusão, cit., p. 191-192; ADAMEK, Marcelo Vieira von. *Abuso de minoria*, cit., p. 88, 348-349).

29 Assim, do mesmo modo como o comportamento dos sócios e as demais circunstâncias *in concreto* nos dizem quais deveres recaem sobre eles e qual a sua intensidade, tem-se que deve ser levado em conta, consoante o princípio do tratamento igualitário, o comportamento dos demais quotistas, pois não se pode tratar os sócios que se encontram na mesma situação de modo desigual. Não se pode aceitar que diferenciações injustificadas sejam realizadas quando da apreciação da falta grave. Cf. ADAMEK, Marcelo Vieira von. Anotações sobre a exclusão,cit, p. 185-215, p. 191-192; ADAMEK, Marcelo Vieira von. *Abuso de minoria*, cit., , p. 88, 308, 348-349; PONTES DE MIRANDA, Francisco Cavalcanti. *Tratado de Direito Privado*, t. I. 3 ed., cit., , p. 394-395; BAUMBACH, Adolf; HUECK, Alfred. *GmbHG*., cit., p. 482, 765; KÜBLER, Friedrich. *Derecho de sociedades*, cit., p. 401; RAISER, Thomas; VEIL, Rüdiger. *Recht der Kapitalgesellschaften*., cit., p. 438; PERIS, Juan Ignacio Ruiz. *Igualdad de trato*, cit., p. 102-104, 358-360. E, tendo em vista que a igualdade deve ser analisada de acordo com o caso concreto, tem-se que, se determinado sócio não foi excluído ao praticar determinado ato, isso não significa que, automaticamente, outro quotista que realizou o mesmo ato não será eliminado. Assim, por exemplo, não se pode excluir um sócio por ser ele remisso enquanto não se confere o mesmo tratamento a outro sócio re-

Finalmente, também se visualiza no Direito Societário a aplicação da *igualdade de equiparação*, ainda que de um modo mais tímido. Não sendo o Direito Societário o espaço por excelência de transformações sociais, a atuação da igualdade de equiparação se restringe à realização dos próprios fundamentos do Direito Societário. Seus ditames também se assentam fundamentalmente na lei, de modo excepcional e com caráter protetivo, restringindo, portanto, a aplicação da autonomia privada.

Exemplos desse igualdade de equiparação encontram-se em diversos direitos de minoria. Isso porque, apesar da igualdade formal entre os sócios, o controlador tem o poder de dirigir as atividades da sociedade e orientar o funcionamento de seus órgãos. Assim, inclusive com o objetivo de equilibrar as regras do jogo e proteger os minoritários, a Lei das S.A., por exemplo, prevê que estes últimos têm o direito de se valerem de mecanismos para viabilizar a eleição ou mesmo de elegerem membros do Conselho de Administração

---

misso; diferente é a situação, contudo, em que se busca excluir um sócio remisso que não possui bens disponíveis a suportar eventual processo de execução, enquanto que se executa judicialmente outro sócio inadimplente e que possui bens suficientes para aportar os recursos referentes à participação subscrita no capital social. Nesse sentido, Adolf Baumbach e Alfred Hueck sustentam que, existindo mais de um sócio inadimplente, não necessariamente o processo de exclusão deve se operar em relação a todos, e o dever de igualdade de tratamento não obsta o interesse no aporte de capital, sendo que, desde que existam razões objetivas, sejam tomadas medidas diferentes para cada um dos quotistas: que um seja excluído, que outro seja cobrado e, ainda, que se aguarde que um terceiro tenha condições financeiras para realizar o pagamento; contrariamente, o tratamento desigual de modo arbitrário não é permitido (BAUMBACH, Adolf; HUECK, Alfred. *GmbHG*., cit., p. 482). Plínio Paulo Bing leciona que, na análise das alternativas colocadas à sociedade diante do quotista remisso (cobrança/execução, exclusão ou redução do valor de sua participação ao montante realizado), cumpre à pessoa jurídica analisar a opção menos onerosa, inclusive diante da condição econômica do devedor (BING, Plínio Paulo. *Sociedade limitada*. Porto Alegre: Safe, 2006, p. 97). Por fim, afirmando que a sociedade seria livre para decidir se exclui um sócio remisso e não exclui outro, dando a entender que a sociedade teria ampla discricionariedade, ver: NUNES. *O direito de exclusão*, cit., p. 106, nota de rodapé. Da mesma forma, *v.g.*, a posição que a sociedade passou ou deixou de ocupar no mercado também pode ser relevante ao definir as razões que fizeram com que um determinado sócio não fosse excluído, em determinado período, pela prática de concorrência enquanto que outro, posteriormente, o foi. Isso tudo é importante também porque a relação custo-benefício da exclusão de um quotista (o julgamento da conveniência e oportunidade) não é constante, mas sim mutável no tempo. A tolerância a determinado comportamento dos sócios durante certo período e tendo em vista específicas circunstâncias não significa que tal comportamento será admitido para todo o sempre Cf. ESPOSITO. *L'esclusione del socio nelle società di capitali*, cit., p. 188. Por tudo, ver o nosso SPINELLI, Luis Felipe. *Exclusão de sócio*, cit., p. 231-235.

(LSA, art. 141)[30]; do mesmo modo, a LSA (art. 161, §4º) e o Código Civil (art. 1.066, §2º) preveem a possibilidade de os minoritários elegerem membros para o Conselho Fiscal[31]. Essa proteção não é absoluta, mas restrita a pontos particulares estabelecidos pelo ordenamento. De qualquer sorte, nada impede que a autonomia privada crie, em sociedades, outras formas de manifestação dessa igualdade. Tal como ocorre em outros ramos, a igualdade de equiparação possui atuação restrita, na medida em que, como visto antes, ela pressupõe um regime de tratamento desigualitário, o que vai de encontro às bases do sistema.

Nota Conclusiva

A compreensão jurídica da igualdade no Direito Privado é tema multifacetado, complexo e que envolve consideráveis dificuldades interpretativas. Qual o fundamento de sua cogência? Qual a extensão de sua aplicação? Qual a articulação dela com a autonomia privada? Todas essas são questões de difícil resposta. Não obstante essas dificuldades, a relevância jurídica da igualdade tem-se acentuado nos últimos tempos, notadamente no âmbito privado, o que exige uma maior proximidade com o tema.

Faz parte da conduta típica do jurista perceber as distinções entre os fenômenos e buscar, a partir dessas distinções, os regimes aplicáveis. Foi essa a conduta adotada no presente ensaio. Não se buscou resolver as questões gerais da igualdade, mas sim lançar luzes sobre três distintos modos de atuação da ideia de igualdade no Direito Privado, cada um com diferentes regimes gerais. São eles a igualdade de reconhecimento, a igualdade de tratamento e a igualdade de equiparação. A separação entre essas distintas ema-

---

30 Evidentemente, não se está aqui fazendo referência a outros interesses que, eventualmente, justifiquem a possibilidade de terceiros elegerem membros ao Conselho de Administração, como o caso de os trabalhadores assim o fazerem (Lei das S.A., art. 140, parágrafo único).

31 "Portanto, a proteção à minoria não se deve a ela mesma, mas à violação de seus direitos pela maioria. Todos os acionistas, em princípio, são iguais e têm os mesmos direitos. Maioria e minoria contribuem para a formação da vontade social; de uma só vontade jurídica. Não se conceberia, assim, um direito do grupo minoritário, sobrepondo-se à maioria ou vice-versa. Na prática, como a maioria abusa do seu poder, tem-se então a necessidade de tutelar a minoria." "Apesar da igualdade formal dos acionistas, reconhece-se que alguns detêm o controle da sociedade (maioria) o que acresce aos seus direitos de acionistas, mais o poder decorrente da direção da sociedade, criando-se assim um 'plus' em relação aos demais." "Face ao que se deve dar aos demais, pela inferioridade da sua posição, meios legais para a sua defesa, utilizáveis na exata medida do eventual uso abusivo do poder dos controladores." (BULGARELLI, Waldírio. *Regime jurídico da proteção às minorias*. Rio de Janeiro: Renovar, 1998, p. 41-42).

nações da igualdade permite perceber mais claramente o âmbito de atuação da igualdade no Direito Privado, em especial no tocante à relação com a autonomia privada.

E o Direito Societário se mostra como especial campo de provas – e que, na prática, no Brasil, desponta como um dos pioneiros na aplicação da igualdade. Por um lado, ele pressupõe uma igualdade de base, decorrente da condição de sócio; por outro, ele pressupõe a utilização, com força, da autonomia privada. Observado o Direito Societário, o modelo se apresenta aplicável e a distinção entre as três referidas emanações da igualdade parece dar conta de explicar, bem como de circunscrever, diferentes virtualidades das igualdade encontráveis no Direito Privado.

Limites à atuação do administrador da companhia em recuperação judicial: a interface entre o Direito Societário e o Direito da empresa em crise

Mariana Martins-Costa Ferreira

Introdução

As sociedades anônimas envolvem múltipla gama de interesses: da própria sociedade, dos seus acionistas, credores, trabalhadores, consumidores etc. Diante do contexto da preparação do anteprojeto da Lei das S/A[1], teve especial destaque o propósito da lei de "[...] *criar modelo de companhia adequado à organização e ao funcionamento da grande empresa privada* [...]"[2], como requerido pelo estágio da economia brasileira à época. Ou seja, a Lei das S/A inovou em comparação com a legislação societária até então vigente.

Para se criar as condições necessárias para o desenvolvimento do mercado de valores mobiliários, permitindo-se ampliar as possibilidades de financiamento da companhia, era preciso prever estruturas jurídicas sólidas e maleáveis para lidar com uma "nova e moderna" sociedade anônima. Nesse sentido, Lamy Filho e Bulhões Pedreira ressaltam a responsabilidade social da sociedade anônima na qual se associam tantos interesses legítimos e absolutamente distintos[3], motivo pelo qual a sociedade e seus agentes passam a ter deveres e responsabilidades muito mais claros para guiar a condução das atividades sociais.

A verdade é que o nosso sistema precisava (e ainda precisa) de previsibilidade, de segurança jurídica, para permitir que as relações empresariais se desenvolvam. Sejam relações entre acionistas, entre acionistas e sociedade, entre sociedade e credores, o que se precisa é saber os limites da atuação da companhia na busca pelo desenvolvimento e preservação da empresa.

1 Referências neste estudo à "Lei das S/A" devem ser compreendidas como referências à Lei n. 6.404, de 15 de dezembro de 1976.

2 LAMY FILHO, Alfredo; BULHÕES PEDREIRA, José Luiz. A discussão pública do anteprojeto. In: LAMY FILHO, Alfredo; BULHÕES PEDREIRA, José Luiz. *A lei das S.A.*: pressuposto, elaboração, aplicação. Rio de Janeiro: Renovar: 1992, p. 147.

3 LAMY FILHO, Alfredo; BULHÕES PEDREIRA, José Luiz. *A lei das S.A.*: pressuposto, elaboração, aplicação. 2. ed. Rio de Janeiro: Renovar: 1995, p. 147.

As sociedades anônimas são estruturadas internamente por meio de sistema de divisão de competências. Como dito, uma das possíveis inovações que a Lei das S/A trouxe em termos de organização da sociedade anônima foi a previsão de um sistema de deveres e responsabilidades bastante claro para o acionista controlador. Juntamente com isso a função dos administradores foi detalhada por meio da discriminação dos diversos deveres legais atribuídos a esses agentes no exercício do seu encargo[4].

É o sistema de competências orgânicas da Lei que (i) organiza e estrutura internamente as sociedades anônimas, assegurando que (ii) os acionistas deem a última palavra em matérias de maior relevância para a companhia (arts. 121 e 122), (iii) o acionista controlador possa exercer seu poder de controle para efetivamente "*dirigir as atividades sociais e orientar o funcionamento dos órgãos da companhia*" (art. 116), e, principalmente, (iv) os administradores, instruídos pelo acionista controlador, quando houver, tenham independência e imparcialidade para atuar nas funções deliberativas e executivas no interesse da companhia (arts. 153 e 154).

Nesse sentido, nas companhias em recuperação judicial, os administradores assumirão papel fundamental na superação da crise da companhia, na medida em que atuarão diretamente na preparação e negociação do plano de recuperação judicial com os credores. Isso não significa, porém, como se verá, que os administradores terão, a partir do pedido de recuperação judicial, ampliação de seus poderes ou competências legais e estatutárias para atuar na representação da companhia em recuperação judicial.

A atuação dos administradores durante a recuperação judicial deve ser, inclusive, objeto de análise do juízo da recuperação judicial, haja vista sua competência para verificar a legalidade do plano e para fiscalizar a atuação do administrador da companhia, podendo, quando cabível, destituí-los, na ocorrência das hipóteses do art. 64 da Lei n. 11.101/2005.

Em virtude disso, questiona-se os limites de atuação dos administradores das companhias em recuperação judicial à vista dos seus deveres legais, competências legais e estatutárias, para possibilitar, ao fim e ao cabo, a aprovação pelos credores do plano de recuperação judicial.

Para isso pretende-se analisar, (i) o sistema orgânico das companhias, e, (ii) o princípio da manutenção do devedor na condução da empresa durante a recuperação judicial, traçando os fundamentos dessa escolha do legislador brasileiro e suas consequências práticas. Ao final, (iii) será analisado o caso Renuka, que trata de pretensão de acionistas minoritários frente à atuação de administradores na negociação e aprovação de plano de recuperação judicial

4 LAMY FILHO, Alfredo; BULHÕES PEDREIRA, José Luiz. *A lei das S.A.*: pressuposto, elaboração, aplicação. Rio de Janeiro: Renovar: 1992, p. 196.

em inobservância a determinadas competências estatutárias e direitos previstos em acordo de acionistas.

A escolha do tema justifica-se por ao menos três motivos.

O primeiro motivo é de ordem fática. Recentemente, foram proferidas decisões em mais de um caso envolvendo sociedades brasileiras em recuperação judicial, que tiveram seu plano de recuperação judicial questionado por acionistas, em virtude da alegada ausência de determinadas autorizações orgânicas para vinculação da sociedade devedora perante terceiros[5]. Assim, nada mais pertinente parece ser para uma obra coletiva voltada ao "fazer doutrinário" buscar enfrentar os problemas práticos da maior atualidade.

O segundo motivo é de ordem jurídica, pois esse cenário apesar de ter sido objeto de debates em eventos e reuniões acadêmicas[6] ainda não foi enfrentado sob a perspectiva ora proposta, ao menos ao que se sabe, em estudos jurídicos. Portanto, busca-se analisar, refletir e questionar os limites jurídicos à atuação dos administradores de companhias em recuperação judicial na negociação do plano, à vista do sistema de competências orgânicas das sociedades anônimas.

Por fim, o terceiro e mais relevante motivo é, evidentemente, revisitar a obra da Prof. Judith Martins-Costa, de quem tive a honra de ser orientanda ainda durante a graduação na Faculdade de Direito da UFRGS. Foi com a Prof. Judith Martins-Costa que aprendi as primeiras e mais preciosas lições sobre o Direito Civil.

No seu grupo semanal de estudos, quando ainda estava no segundo ano da Faculdade de Direito, aprendi a complexidade e a relevância das obrigações, do princípio da autonomia privada, dos pressupostos da responsabilidade civil, dos novos critérios de imputação de responsabilidade trazidos pelo então "novo" Código Civil de 2002, entre tantos outros tópicos essenciais

---

5 Cita-se, exemplificativamente, a recuperação judicial da Oi (Processo judicial n. 0203711-65.2016.8.19.0001, decisão proferida pelo Juiz Fernando Cesar Ferreira Viana, em 08.01.2018, TJRJ), Renuka (Processo judicial n. 1099671-48.2015.8.26.0100, decisão proferida pelo Juiz João de Oliveira Rodrigues Filho, em 06.12.2016, TJSP), Daslu (Agravo de Instrumento n. 0154311-66.2011.8.26.000, Câmara Reservada à Falência e Recuperação do TJSP, Des. Rel. Manoel Pereira Calças, j. 24.01.2012; REsp 1.539.445 – SP, 3ª Turma do STJ, Min. Rel. Ricardo Villas Bôas Cueva, j. 13.03.2018).

6 Cita-se dois recentes eventos que abordaram o tema: (1) "8º Congresso de Direito Comercial", que aconteceu nos dias 17 e 18 de maio de 2018, em São Paulo, contando com as exposições de Marcos Andrey de Souza, Sérgio Campinho e Eduardo Secchi Munhoz no painel "O Plano de Recuperação Judicial e os Direitos Societários" (disponível em: <http://www.congressodireitocomercial.org.br/site/8o-congresso/programacao>) e (2) Reunião mensal de abril de 2018 do Instituto de Direito Societário Aplicado – IDSA (disponível em: <http://www.idsa.com.br/reunioes?l=pt>), em São Paulo, que contou com a exposição de Juliana Krueger Pela e Sheila Neder Cerezetti sobre o tema "Interfaces e conflitos entre direito societário e direito da empresa em crise".

para o estudo do Direito. Foram lições jamais esquecidas, que me mostraram como o Direito das Obrigações é tema central do Direito Privado, sem o qual a análise do Direito Societário e da Empresa em Crise que ora se propõe ficaria absolutamente prejudicada.

Assim, pretende-se revisitar os estudos da homenageada sobre a conduta do administrador de sociedades, os parâmetros para sua atuação[7], pautada nos seus deveres legais e seguindo o mandamento *tua res agitur*[8], para indicar os limites à atuação do administrador na negociação do plano de recuperação judicial.

Participar dessa importante homenagem à minha tão querida prima e professora orientadora não apenas me enche de alegria e orgulho, mas me traz a esperança de dias melhores. Espero que as lições da Prof. Judith Martins-Costa, que ora inspiram essa obra, possam fomentar o verdadeiro papel social da doutrina para formação de verdadeiros *modelos orientadores*[9].

1. Estrutura orgânica das companhias

Ao tratar sobre os critérios de aplicação da boa-fé, Judith Martins-Costa ressalta que na relação jurídica de administração, tradicionalmente pautada em duplo elo contratual e orgânico, os deveres legais atuam como um "[...] *'continuum' do mandamento imposto pela boa-fé que governa a relação contratual formadora da sociedade*"[10]. A boa-fé, nesse contexto, deve atuar "[...] *(i) con-*

7 MARTINS-COSTA, Judith. Os avatares do abuso do direito e o rumo indicado pela boa-fé. In: TEPEDINO, Gustavo (Org.). *Direito civil contemporâneo:* novos problemas à luz da legalidade constitucional. São Paulo: Atlas, 2008, p. 90 (exemplificando hipóteses de abuso do direito realizadas por administradores, ao atuarem de forma *disfuncional* no exercício do seu encargo).

8 MARTINS-COSTA, Judith. *A boa-fé no direito privado:* critérios para sua aplicação. 2. ed. São Paulo: Saraiva Educação, 2018, p. 355.

9 A expressão é trazida pela homenageada em seu artigo sobre a autoridade e utilidade da doutrina: "[...] é mister da doutrina atuar como instância de orientação e reflexão produzida pelo conjunto de juristas aos quais é reconhecida, por seus pares, autoridade na formulação de modelos dogmáticos que servem para explicitar, confirmar, sistematizar, propor, e corrigir os modelos prescritivos (legais, jurisprudenciais, costumeiros, negociais) em vigor. A doutrina desempenha o seu papel social quando não apenas *explica* o sistema, mas, por igual, ao *antecipar* possibilidades de sentido e soluções práticas que venham a atender as necessidades sociais, e – principalmente – ao formular e permitir a sobrevivência – de *modelos orientadores*, provendo a comunidade jurídica com representações, indicações e proposição de comportamentos", cf. MARTINS-COSTA, Judith. A autoridade e a utilidade da doutrina: a construção dos modelos doutrinários. In: MARTINS-COSTA, Judith (Coord.). *Modelos de direito privado*. São Paulo: Marcial Pons, 2014, p. 32.

10 MARTINS-COSTA, Judith. *A boa-fé no direito privado:* critérios para sua aplicação. 2. ed. São Paulo: Saraiva Educação, 2018, p. 354.

juntamente com os deveres fiduciários tradicionais, 'otimizando-os' em vista da sua melhor realização, [...]; (ii) como cânone de hermenêutica dos comportamentos devidos pelo administrador e, [...] de modo autônomo, para integrar lacuna legal, então apanhando casos de violação da fidúcia em que estruturada a atividade de administração"[11].

Os deveres legais dos administradores são, portanto, a régua que deve guiar a sua atuação, sem a qual os *direitos-função* dos administradores na estrutura interna da companhia não poderiam ser fielmente cumpridos. A boa-fé, nesse contexto, atuará de diversas formas, complementando o sistema de deveres e responsabilidade dos administradores. É precisamente essa faceta da relação orgânica da administração com a sociedade que se pretende abordar.

1.1. Sistema de divisão de competências das sociedades anônimas

Como pessoa jurídica que depende de seus membros para atuar, as sociedades anônimas estão organizadas internamente em órgãos[12], cada qual com a sua função própria[13]: assembleia geral (art. 121, Lei das S/A), conselho fiscal (art. 161, Lei das S/A)[14] e diretoria e conselho de administração (art. 138, Lei das S/A)[15]. Como ressaltam Erasmo Valladão Azevedo e Novaes França e Marcelo von Adamek, "o órgão pode ser integrado por uma ou mais pessoas, físicas ou jurídicas, mas ele não é a pessoa investida no cargo, e sim, concretamente, é o próprio *cargo* ou *centro de imputação de poderes funcionais*"[16].

---

11 MARTINS-COSTA, Judith. *A boa-fé no direito privado:* critérios para sua aplicação. 2. ed. São Paulo: Saraiva Educação, 2018, p. 360.

12 "Órgão é, portanto, o centro de imputação de poderes funcionais exercidos, por um ou mais indivíduos que nele estejam investidos, para formar e manifestar a vontade juridicamente imputável à pessoa jurídica", cf. ADAMEK, Marcelo Vieira. *Responsabilidade civil dos administradores de S/A e as ações correlatadas*. São Paulo: Saraiva, 2009, p. 11.

13 GUERREIRO, José Alexandre Tavares Guerreiro. Sociologia do poder na sociedade anônima. *RDM 77*, jan.-mar. 1990, pp. 52-52 (ressaltando que apesar de as competências orgânicas outorgarem aparente independência funcional à cada órgão, em verdade, a "estrutura burocrática da administração social" permite que a companhia possa ser comandada para atender apenas aos interesses do acionista controlador).

14 Órgão obrigatório nas sociedades anônimas, que possui funcionamento meramente facultativo, salvo nas sociedades de economia mista, conforme art. 240, Lei das S/A.

15 Conselho de administração é órgão obrigatório apenas nas companhias abertas, sociedades de economia mista e com capital autorizado, nos termos dos arts. 138, § 2º, e 239, Lei das S/A.

16 FRANÇA, Erasmo Valladão Azevedo e Novaes; ADAMEK, Marcelo Vieira. Vinculação da sociedade: análise crítica do art. 1.015 do Código Civil. In: FRANÇA, Erasmo Valladão Azevedo e Novaes. *Temas de direito societário, falimentar e teoria da empresa*. São Paulo: Malheiros, 2009, p. 149.

A própria Lei das S/A prevê determinadas competências privativas (art. 122) e residuais (art. 121) à assembleia geral de acionistas, ao conselho de administração, quando houver (art. 142) e à diretoria (art. 144). Ademais, as atribuições e poderes conferidos por lei aos órgãos sociais não podem ser delegados a outros órgãos, sejam eles criados pela lei ou pelo estatuto social (arts. 139 e 163, § 7º). Consabidamente, o estatuto poderá especificar determinadas competências adicionais a determinado órgão, ou, ainda, elevar o quórum para aprovação de determinadas matérias, no caso das companhias fechadas.

Dessa forma, entende-se os diversos órgãos sociais como partes de um sistema que somente poderá atender à sua finalidade se todas as suas partes funcionarem adequadamente.

Cabe à assembleia geral de acionistas a eleição dos membros do conselho de administração (art. 122, II); ao conselho de administração, por exemplo, a eleição dos diretores, bem como a autorização, se o estatuto não dispuser em contrário, (i) da alienação de bens do ativo não circulante, (ii) da constituição de ônus reais e (iii) da prestação de garantias a obrigações de terceiros (art. 142, II e VIII). Ou seja, os diretores somente poderão prestar garantias a obrigações de terceiros, vinculando a sociedade (art. 144), se os demais órgãos sociais tiverem atuado dentro das suas atribuições.

O sistema orgânico das sociedades anônimas tem como propósito criar estrutura hierárquica e instrumental[17] de competências. Se os diretores detêm amplos poderes de vinculação e representação da sociedade perante terceiros, assegura-se aos acionistas – em especial ao acionista controlador, quando houver – o poder de eleger e destituir os administradores e orientar os negócios sociais, seja direta, seja indiretamente, por meio da eleição dos membros do conselho de administração[18].

Há, portanto, determinados atos ou contratos que o diretor não poderá realizar em nome da sociedade sem autorização prévia da assembleia geral de acionistas ou do conselho de administração.

1.2. Abuso do direito de voto pelos acionistas

O exercício do direito de voto pelos acionistas em assembleia deve observar o art. 115 da Lei das S/A, segundo o qual o acionista deve sempre

17 FRANÇA, Erasmo Valladão Azevedo e Novaes; ADAMEK, Marcelo Vieira. Vinculação da sociedade: análise crítica do art. 1.015 do Código Civil. In: FRANÇA, Erasmo Valladão Azevedo e Novaes. *Temas de direito societário, falimentar e teoria da empresa*. São Paulo: Malheiros, 2009, p. 150.

18 Caso haja acordo de acionistas arquivado na sede da companhia, os membros do conselho de administração, eleitos pelos acionistas vinculados por acordo, estarão vinculados aos termos do acordo de acionistas, conforme art. 118, § 9º, Lei das S/A.

exercer o direito de voto no interesse da companhia. Além disso, a lei considera abusivo o voto exercido com o fim de causar dano à companhia ou a outros acionistas, ou de obter, para si ou para outrem, vantagem a que não faz jus e de que resulte, ou possa resultar, prejuízo para a companhia ou para outros acionistas.

Nesse sentido, caso determinada deliberação da assembleia geral de acionistas tenha sido tomada em virtude de voto abusivo, a deliberação será passível de anulação (art. 286, Lei das S/A) e o acionista que proferiu o voto abusivo deverá responder por eventuais prejuízos aos quais seu ato tenha dado causa (art. 115, § 3º, e 117, *caput*, Lei das S/A).

Ocorre que enquanto a deliberação tomada com voto abusivo não for desconstituída por ação anulatória, a deliberação social, a princípio, surtirá todos os seus efeitos. Diante disso, os administradores da companhia estariam obrigados a cumprir a deliberação abusiva?

Os administradores não devem dar cumprimento a deliberações inválidas tomadas pela assembleia geral de acionistas[19], tampouco a deliberações tomadas pela assembleia geral ou conselho de administração que excedam as competências legais ou convencionais daquele determinado órgão social[20]. Caso contrário, o administrador que der cumprimento à deliberação inválida estará sujeito à responsabilização em conjunto com os principais responsáveis pelo ilícito (arts. 117, § 2º, e 158, §§ 1º e 2º, da Lei das S/A).

A aceitação irrefletida das ordens oriundas de deliberações tomadas pela assembleia geral e pelo conselho de administração pode ocasionar descumprimento do dever de diligência do diretor, como alerta Marcelo Adamek[21]. Isso não significa que os administradores devam desatender a determinações de outros órgãos sociais por mera discordância com seu teor. Deliberações sociais que não sejam, portanto, flagrantemente inválidas devem, como regra geral, ser cumpridas pelos administradores.

O cumprimento dos deveres legais e fiduciários impostos aos administradores perpassa a atuação diligente e criteriosa em cada ato realizado, inclusive no cumprimento de ordens. Com efeito, espera-se dos administradores da companhia cuidado e diligência também na sua relação com os demais órgãos sociais.

19 FRANÇA, Erasmo Valladão Azevedo e Novaes. *Invalidade das deliberações de assembleia das S/A*. São Paulo: Malheiros, 1999, p. 64.

20 COMPARATO, Fábio Konder. Ineficácia de estipulação, em acordo de acionistas, para eleição de diretores em companhia com conselho de administração. In: COMPARATO, Fábio Konder. *Direito empresarial:* estudos e pareceres. São Paulo: Saraiva, 1990, p. 180.

21 ADAMEK, Marcelo Vieira von. *Responsabilidade civil dos administradores de S/A*. São Paulo: Saraiva, 2009, p. 142.

1.3. Limites à atuação dos diretores na representação da companhia perante terceiros

Especificamente com relação aos diretores, a Lei das S/A delimita suas competências funcionais no art. 144, quais sejam, "*a representação da companhia e a prática dos atos necessários ao seu funcionamento regular*". Além disso, no estatuto social ou no acordo de acionistas pode-se prever determinados limites aos poderes dos diretores da companhia, exigindo-se convencionalmente que determinados atos praticados em nome da sociedade dependam de prévia autorização de outro órgão social, i.e. assembleia geral ou conselho de administração. Assim, além da delimitação de competências legais, os diretores devem observar as delimitações de competências convencionais.

Estando delimitados os poderes do diretor, pode-se dizer que o direito-função[22] ou prerrogativa de exercício de poder[23] conferido aos diretores deve atender a determinados fins, dentre eles, ao interesse da companhia – nele compreendido a realização do objeto social –, satisfeitas as exigências do bem público e da função social da empresa (art. 154 da Lei das S/A).

Além disso, os diretores devem cumprir todos os deveres legais ou fiduciários impostos pela Lei das S/A, quais sejam, o dever de diligência (art. 153), de lealdade (art. 155), dever de não atuar em conflito de interesses com a companhia (art. 156) e o dever de informar (art. 157). Trata-se de deveres característicos de relação de confiança estabelecida entre a companhia e o administrador, esse na qualidade de agente responsável pela administração dos bens daquela[24].

O exercício do direito-função de representação da companhia e a prática de todos os atos para seu regular funcionamento também devem obedecer aos liames do art. 187 do Código Civil. Com efeito, o exercício desse poder

---

22 Fábio Konder Comparato, ao conceituar o poder, ressalta que "a todo poder correspondem deveres e responsabilidades próprias, exatamente porque se trata de um *direito-função*, atribuído ao titular para consecução de finalidades precisas", cf. COMPARATO, Fábio Konder. O poder de controle na sociedade anônima. 3. ed. Rio de Janeiro: Forense, 1983, p. 294.

23 Emmanuel Gaillard, em sua obra sobre *O poder no direito privado*, define o poder como uma "prerrogativa finalística", cf. GAILLARD, Emmanuel. *Le pouvoir em droit privé*. Paris: Economica, 1985, p. 15 e ss. Disponível em: <https://www.calameo.com/books/000319731a016bcd4b4af>.

24 Os deveres legais positivos e negativos buscam evitar que os administradores não abusem da confiança depositada em detrimento da companhia, cf. SPINELLI, Luis Felipe. *Conflito de interesses na administração da sociedade anônima*. São Paulo: Malheiros, 2012, p. 85.

não deve exceder manifestamente os limites impostos pelo seu fim econômico ou social (art. 154 da Lei das S/A), pela boa-fé ou pelos bons costumes[25-26].

A atuação ilícita do diretor pode ensejar distintas consequências jurídicas, como a sua responsabilização por prejuízos gerados à companhia ou, ainda, invalidade do ato ou sua ineficácia frente à sociedade.

Conforme previsto no art. 158 da Lei das S/A, na sua atuação funcional, o administrador não será pessoalmente responsável pelas obrigações que contrair em nome da sociedade, em virtude de ato regular de gestão. A lei excetua dois casos em que o administrador será pessoalmente responsável pelos atos que realizar em nome da sociedade (art. 158, I e II, da Lei das S/A). Em primeiro lugar, caso o administrador atue dentro das suas atribuições com culpa ou dolo. Em segundo lugar, se o administrador violar a lei ou o estatuto social[27].

O art. 1.015 do Código Civil, por outro lado, trata dos limites aos poderes do administrador sob a ótica da sua oponibilidade frente a terceiros. Com efeito, os administradores vinculam a sociedade no exercício do seu encargo,

---

25 A verificação da ilicitude no modo de exercício de direitos-função depende, em grande medida, da análise da relação jurídica subjacente e dos deveres legais que as partes estavam sujeitas. Nas palavras de Judith Martins-Costa, "A atenção é, pois, ao momento do exercício dos direitos. Para averiguar sua licitude em concreto é preciso ter em mente a regulação e os interesses que conformam as situações jurídicas em que atuará a boa-fé", cf. MARTINS-COSTA, Judith. *A boa-fé no direito privado:* critérios para sua aplicação. 2. ed. São Paulo: Saraiva Educação, 2018, p. 346.

26 Ainda que não se reconheça no Direito brasileiro dever autônomo imputado ao administrador de agir de boa-fé, percebe-se no sistema de deveres e responsabilidades dos administradores de sociedades anônimas que a boa-fé objetiva atua como cânone hermenêutico das condutas esperadas dos administradores, complementando a aplicação dos deveres legais. Nesse sentido, Judith Martins-Costa ressalta: "De fato, como em qualquer relação fiduciária, também naquela a ligar administrador e sociedade não há como estabelecer *a priori*, de modo fixo e indelével, todos os limites de atuação. Seria, também, inviável prever um controle prévio amarrando o dinamismo que é próprio à atividade empresarial e afastando o administrador da assunção do risco, como é próprio de sua atividade" , cf. MARTINS-COSTA, Judith. *A boa-fé no direito privado:* critérios para sua aplicação. 2. ed. São Paulo: Saraiva Educação, 2018, p. 360.

27 Para José Alexandre Tavares Guerreiro, a hipótese de responsabilização do administrador prevista no art. 158, I, Lei das S/A seria diferente daquela prevista no art. 158, II, Lei das S/A. Na hipótese de violação da lei ou do estatuto, o administrador estaria atuando fora de seus poderes, portanto, a companhia não seria responsabilizada por tais atos, mas tão somente o administrador, ressalvado o direito do terceiro de boa-fé. Já nos casos de ato regular de gestão, realizado com culpa ou dolo pelo administrador, a companhia seria responsabilizada perante terceiros, podendo, posteriormente, buscar a responsabilização do administrador pelos prejuízos que incorreu, cf. GUERREIRO, José Alexandre. Responsabilidade dos administradores de sociedades anônimas. *RDM* n. 42, abr.-jun. 1981, p. 77.

exceto se (i) a limitação de poderes estiver inscrita ou averbada no registro próprio da sociedade, (ii) provando-se que era conhecida do terceiro, ou, ainda, (iii) se se tratar de operação evidentemente estranha aos negócios da sociedade.

Nesse sentido, pode-se dizer que quando os administradores atuarem em desrespeito às restrições convencionais de poderes não vincularão a sociedade perante terceiros, caso os terceiros tenham conhecimento da restrição ou devessem ter conhecimento da restrição, em virtude da inscrição ou averbação no registro da sociedade. Os casos de operação evidentemente estranha aos negócios da sociedade seriam aqueles em que o administrador age em inobservância ao objeto social.

Há que se diferenciar, nesse particular, os atos *ultra vires societatis* daqueles realizados em excesso de poderes atribuídos a determinado órgão social. Com efeito, a realização de atos em nome da sociedade sem as necessárias autorizações legais ou estatutárias significa atuar em excesso ou desvio de poderes (poder do órgão). Já realizar atos que fogem do objeto social da companhia são considerados atos *ultra vires societatis*, que fogem do seu escopo de atividade (capacidade da companhia) [28].

Apesar das diferenças entre as duas situações, o art. 1.015, parágrafo único, do Código Civil previu que ambas as restrições aos administradores atuam no plano da eficácia dos negócios jurídicos. Assim, o administrador que atua fora da sua competência legal ou convencional ou, ainda, sem observância dos limites do objeto social, não vincula a sociedade, por não ter poderes para vinculá-la nesses atos[29].

Como ressaltam Erasmo Valladão Azevedo e Novaes França e Marcelo von Adamek[30], a oponibilidade ou inoponibilidade das restrições do administrador a terceiros não afasta a aplicação dos requisitos legais de validade do

---

28 Para Waldírio Bulgarelli, os atos *ultra vires societatis* seriam inválidos, haja vista a necessária limitação do escopo da sociedade por meio do seu objeto social como forma de proteção da sociedade, acionistas e terceiros, cf. BULGARELLI, Waldirio. A teoria "ultra vires societatis" perante a Lei das Sociedades por Ações. *RDM* n. 39, jul.-set. 1980, pp. 111-124. No entanto, como alertam Erasmo Valladão e Marcelo Adamek, a solução trazida pelo art. 1.015 do Código Civil de 2002, aplicável subsidiariamente às sociedades anônimas (art. 1.089 do Código Civil), foi de considerar ineficazes perante a sociedade os atos *ultra vires societatis*, cf. FRANÇA, Erasmo Valladão Azevedo e Novaes; ADAMEK, Marcelo Vieira. Vinculação da sociedade: análise crítica do art. 1.015 do Código Civil. In: FRANÇA, Erasmo Valladão Azevedo e Novaes. *Temas de direito societário, falimentar e teoria da empresa.* São Paulo: Malheiros, 2009, p. 166, nota 47.

29 SACRAMONE, Marcelo. *Administradores de sociedades anônimas.* São Paulo: Almedina, 2014, p. 77.

30 FRANÇA, Erasmo Valladão Azevedo e Novaes; ADAMEK, Marcelo Vieira. Vinculação da sociedade: análise crítica do art. 1.015 do Código Civil. In: FRANÇA, Erasmo Valladão Azevedo e Novaes. *Temas de direito societário, falimentar e teoria da empresa.* São Paulo: Malheiros, 2009, p. 162.

negócio jurídico. Assim, se o administrador atuou em conluio com o terceiro, o negócio defeituoso estará sujeito à posterior anulação.

Por outro lado, a sociedade se vinculará perante terceiros, mesmo nas hipóteses do art. 1.015, parágrafo único, do Código Civil, se (i) houver posterior ratificação dos órgãos competentes, (ii) a sociedade se beneficiar com o ato exercido em excesso de poderes[31] ou, ainda, (iii) o terceiro for considerado de boa-fé, merecendo tutela com base na teoria da aparência[32].

Há quem diferencie, ainda, os casos em que a limitação à atuação do diretor é *convencional* daquelas de origem *legal* para o fim de qualificar o negócio jurídico como inválido[33]. Parece-nos, a esse respeito, necessária a diferenciação entre os atos que o diretor depende de prévia autorização de outro órgão social daqueles que o diretor não poderia licitamente realizar em nome da sociedade determinado ato, para qualificá-lo como ineficaz ou inválido. Assim, nem toda limitação de origem legal ensejaria a nulidade do ato.

Nos casos em que a própria lei prevê determinada autorização orgânica para a prática do ato pelo diretor, i.e., alienação de bens do ativo não circulante (art. 142, VII, Lei das S/A), o ato do diretor representando a sociedade no negócio sem autorização seria *ineficaz* até a posterior ratificação pelo órgão competente[34]. Por outro lado, nos casos em que o diretor atua de forma ilegal, envolvendo a sociedade em atos ou negócios jurídicos proibidos pela lei, estaríamos no âmbito da *nulidade* por força do art. 166, II, III, VI, Código Civil.

Com efeito, quando o administrador atuar *fora das suas atribuições* (i) não vinculará a sociedade (art. 1.015, parágrafo único, do Código Civil) e (ii) poderá, ainda, ser responsabilizado por eventuais prejuízos causados a ela pela atuação em violação da lei ou do estatuto social (art. 158, II, Lei das S/A).

---

31 LEÃES, Luiz Gastão Paes de Barros. Sociedade por ações – atos praticados por seus diretores, em razão de administração – Responsabilidade daquela e destes, solidariamente, se agiram com culpa ou contrariamente aos estatutos sociais. *RDM* n. 2, ano X, 1971, p. 80.

32 *Vide*, a esse respeito, precedente da 4ª Turma do STJ, que reconheceu a responsabilidade da companhia perante terceiros para proteção de terceiro de boa-fé, responsabilizando o administrador perante a companhia por excesso de poderes: REsp 1.349.233/SP, Rel. Min. Luis Felipe Salomão, 4ª Turma, j. 06.11.2014, *DJe* 05.02.2015.

33 FRANÇA, Erasmo Valladão Azevedo e Novaes; ADAMEK, Marcelo Vieira. Vinculação da sociedade: análise crítica do art. 1.015 do Código Civil. In: FRANÇA, Erasmo Valladão Azevedo e Novaes. *Temas de direito societário, falimentar e teoria da empresa.* São Paulo: Malheiros, 2009, p. 163.

34 Tanto quanto o ato do mandatário sem poderes é válido, porém ineficaz até a posterior ratificação pelo mandante, o ato do diretor sem a prévia autorização do conselho de administração ou da diretoria é ineficaz até a posterior ratificação. A esse respeito, *vide* PONTES DE MIRANDA, Francisco Cavalcanti. *Tratado de direito privado*, t. L. Rio de Janeiro: Borsoi, 1965, pp. 389-390; AZEVEDO, Antonio Junqueira de. *Negócio jurídico:* existência, validade e eficácia. 4. ed. São Paulo: Saraiva, 2002, p. 55.

Nos casos em que o administrador atuar *dentro das suas atribuições* com culpa ou dolo (art. 158, I, Lei das S/A), ou, ainda, excedendo manifestamente os limites do seu poder (arts. 154, 158, II, Lei das S/A e 187 do Código Civil), os atos do administrador vincularão a sociedade, porém, o administrador poderá ser responsabilizado pelos prejuízos que causar à sociedade[35].

Nesse sentido, o diretor que atua dentro das suas atribuições legais ou convencionais pode, ainda assim, atuar de forma ilícita, podendo ser responsabilizado pela sociedade ou terceiros pelos prejuízos que ocasionar. O ilícito pode decorrer do descumprimento de um dever legal imposto ao administrador ou ainda da violação dos limites impostos pelo fim econômico e social, pela boa-fé objetiva e bons costumes ao exercício dos poderes de administração.

Ao tratar sobre hipóteses de exercício *ilícito e disfuncional* do direito nas relações societárias, Judith Martins-Costa exemplifica o caso do administrador que adota determinada conduta "[...] *em si mesma lícita – que pelo modo e pelas circunstâncias, implicasse deslealdade aos sócios*"[36]. São os casos dos administradores que, atuando dentro das suas competências legais ou convencionais – direitos e poderes decorrentes do encargo –, excedem-nas, adentrando, consequentemente, no campo da *ilicitude*.

Em determinados casos, os diretores agem formalmente conforme suas atribuições e competências e em observância aos deveres legais impostos pela Lei das S/A. No entanto, ainda assim, se a sua atuação não observar a finalidade para a qual sua função dentro da companhia foi instituída, o diretor incorrerá em ilícito sancionável (art. 187 do Código Civil e art. 154 da Lei das S/A)[37].

---

35 A esse respeito vale citar a lição de José Alexandre Tavares Guerreiro: "Mesmo que o administrador aja dentro de suas atribuições e de conformidade com os poderes que a lei e o estatuto lhe conferem, pode ele desvirtuar as finalidades da gestão, procurando benefício próprio ou alheio, mas em detrimento da sociedade, de seus acionistas e de terceiros. Evidentemente, não pode a sociedade deixar de responder perante terceiros que com ela se relacionaram, *exempli gratia*, celebrando determinado contrato, porquanto a tais terceiros não se poderá exigir mais do que a normal diligência em verificar se o administrador que representa a sociedade procede, no caso, consoante as normas que lhe determinam seus poderes e atribuições. O contrato celebrado, no exemplo oferecido, permanece válido e eficaz entre as partes, ainda que ruinoso para a sociedade e seus acionistas, cabendo entretanto a estes, àquela ou a ambos, conforme o caso, promover a responsabilização do administrador culpado", cf. GUERREIRO, José Alexandre. Responsabilidade dos administradores de sociedades anônimas. *RDM* n. 42, abr.-jun. 1981, p. 77.

36 MARTINS-COSTA, Judith. Os avatares do abuso do direito e o rumo indicado pela boa-fé. In: TEPEDINO, Gustavo (Org.). *Direito civil contemporâneo:* novos problemas à luz da legalidade constitucional. São Paulo: Atlas, 2008, p. 90.

37 O critério da boa-fé é utilizado na interpretação de condutas de administradores sujeitos ao dever de lealdade, como por exemplo, ocorreu no julgamento do recurso de apelação n. 70071191175, pelo Tribunal de Justiça do Rio Grande do Sul: "Segundo Marpal, João

Nesse sentido, o modo como os administradores exercem seu direito-função de representar a companhia perante terceiros é fundamental para verificar a licitude de seus atos.

Por outro lado, o parâmetro da boa-fé pode atuar como critério de exoneração de responsabilidade. Mesmo quando o administrador descumpra deveres legais, a Lei das S/A excepcionou a responsabilidade dos administradores quando for demonstrada sua atuação conforme a boa-fé e no interesse da companhia (art. 159, § 6°). São os casos em que o administrador cometeu ilícito (art. 158, I ou II, Lei das S/A) passível de responsabilização, porém, em virtude da sua atuação conforme os parâmetros da boa-fé, autoriza-se o juiz a exonerá-lo da responsabilidade[38].

Assim, ainda que seja objeto de críticas[39], a norma do art. 159, § 6°, da Lei das S/A, utiliza-se do parâmetro da boa-fé objetiva para eximi-los da responsabilidade pelos ilícitos cometidos, justamente porque é a boa-fé objetiva que traz os parâmetros de conduta esperados do agente que atua na gestão de bens alheios. Dessa forma, comprovando-se que diante de decisão negocial o administrador teve conduta justificável visando ao atendimento do interesse da companhia, a responsabilização pode ser afastada[40].

Com efeito, a atuação dos diretores na representação da sociedade perante terceiros deve estar voltada sempre ao atendimento do interesse da companhia – por mais difícil que seja dar concretude a essa noção na prática –, daí por que a necessidade de utilização de cláusulas gerais para regulação da atuação do administrador. No exercício das atribuições legais e convencionais, o diretor deve observar os deveres legais de natureza fiduciária impostos pela Lei das S/A, os limites da sua competência legal e convencional e os parâmetros de conduta decorrentes do princípio da boa-fé objetiva, que incidem como cânone hermenêutico da sua conduta.

Carlos violou o dever de lealdade e o impedimento previstos nos arts. 153 a 156 da Lei das S/A, valendo-se de posição privilegiada para acessar informações, inclusive a carteira de clientes do Grupo Vipal, em proveito próprio, ferindo a boa-fé objetiva que deveria nortear o negócio", cf. Apelação Cível n. 70071191175, 6ª Câmara Cível, Tribunal de Justiça do RS, Rel. Ney Wiedemann Neto, j. 09.03.2017.

38 Trata-se, como nota Marcelo Adamek, de autêntico perdão judicial, cf. ADAMEK, Marcelo Vieira. *Responsabilidade civil dos administradores de S/A e as ações correlatadas*. São Paulo: Saraiva, 2009, p. 287.

39 PARGENDLER, Mariana. Responsabilidade civil dos administradores e business judgment rule no direito brasileiro. *Revista dos Tribunais*, v. 953/2015, pp. 51-74, mar. 2015, *DTR*\2015\1540.

40 SAMPAIO CAMPOS, Luiz Antonio de. Deveres e responsabilidades. In: LAMY FILHO, Alfredo; BULHÕES PEDREIRA, José Luiz. *Direito das companhias*. 2. ed. Rio de Janeiro: Forense, 2017, p. 905.

No âmbito da recuperação judicial, esse equacionamento torna-se ainda mais desafiador, haja vista a ampla gama de interesses existente na reorganização da companhia em crise[41], como se verá a seguir.

Em suma, deve-se atentar na avaliação da conduta dos diretores da companhia em recuperação judicial (i) se o diretor tem competência legal ou estatutária para decidir sobre determinada matéria para propô-la no plano de recuperação judicial, (ii) se não tem essa competência, cabe ao órgão social da companhia competente autorizá-lo ou não a propor determinada medida no plano de recuperação judicial.

Se o diretor atuou com excesso de poderes na negociação do plano de recuperação judicial, as limitações legais ou convencionais de competência do diretor serão oponíveis aos credores que tenham aprovado o plano de recuperação judicial em assembleia, nas hipóteses do art. 1.015, parágrafo único, do Código Civil. Dessa forma, as obrigações assumidas pela companhia no plano de recuperação judicial que demandarem autorização da assembleia geral de acionistas ou do conselho de administração serão ineficazes até que sejam autorizadas pelos órgãos competentes.

Nessa toada, é importante distinguir os atos realizados pelos diretores em excesso de poderes (art. 1.015, parágrafo único, do Código Civil) dos atos ilícitos, esses últimos seja pela culpa ou dolo, descumprimento de deveres legais ou pelo exercício disfuncional de direitos (art. 158, I e II, da Lei das S/A e art. 187 do Código Civil).

Os atos realizados em excesso de poderes têm consequência própria: oponibilidade frente a terceiros. O que significa que o ato realizado pelo diretor em excesso de poderes não surtirá efeitos perante a sociedade. Além disso, evidentemente, a companhia poderá buscar a responsabilização do administrador, que tiver descumprido a lei ou o estatuto, nos termos do art. 158, II, da Lei das S/A.

Por outro lado, os atos ilícitos realizados pelos diretores vincularão a sociedade perante terceiros, ao menos até que sejam invalidados, se cabível. Assim, os efeitos do ilícito, nesses casos, poderão ser no âmbito da validade do negócio jurídico, caso o ato ilícito tenha algum defeito ou seja nulo, e da eficácia, com o surgimento do dever de indenizar do administrador perante a companhia.

Com isso, passa-se aos limites ao princípio da manutenção do devedor (e seus administradores) na condução da companhia em recuperação judicial.

---

41 CEREZETTI, Sheila Christina Neder. A *recuperação judicial de sociedades por ações:* o princípio da preservação da empresa na lei de recuperação e falência. São Paulo: Malheiros, 2012, p. 216 e ss.

2. O princípio da manutenção do devedor na condução da empresa no Direito brasileiro: limites internos e externos

Diferentemente da falência (arts. 75 e 103, Lei n. 11.101/2005), na recuperação judicial o devedor permanece na condução das atividades empresárias (art. 64, Lei n. 11.101/2005), de modo que não há o chamado desapossamento que leva à perda do poder de disposição sobre seus bens.

Dessa forma, toda a estrutura orgânica da companhia durante a recuperação judicial permanece inalterada, mantendo-se todos os poderes da assembleia geral de acionistas, conselho de administração, conselho fiscal e diretoria. Isso não significa que a recuperação judicial não ocasiona qualquer efeito na companhia devedora. Em verdade, a partir do deferimento da recuperação judicial, a devedora passa a ser fiscalizada pelo administrador judicial[42] (art. 22, I) e comitê de credores (art. 27, II), se houver.

Além disso, o juízo da recuperação judicial passará a ter competência para decidir questões envolvendo a companhia relacionadas ao patrimônio da companhia em recuperação judicial[43], inclusive, em alguns casos, deterá o poder de autorizar a realização de determinados negócios pela companhia em recuperação judicial[44].

A manutenção do devedor na condução da empresa pressupõe, ainda, que a própria devedora, por meio de seus órgãos sociais, irá preparar e apresentar o plano de recuperação judicial para negociação com os credores (art. 53, Lei n. 11.101/2005). A devedora mantém também o poder de vetar eventuais alterações ao plano de recuperação judicial proposta pelos credores (art. 56, § 3º, Lei n. 11.101/2005)[45].

---

42 Segundo Sheila Neder Cerezetti o papel do administrador judicial na recuperação judicial distinguiria o sistema de manutenção do devedor na condução da empresa do Direito brasileiro do *debtor-in-possession* do Direito norte-americano, já que neste a fiscalização do devedor seria feita pelos próprios credores. A esse respeito, *vide* CEREZETTI, Sheila Christina Neder. *A recuperação judicial de sociedades por ações:* o princípio da preservação da empresa na lei de recuperação e falência. São Paulo: Malheiros, 2012, pp. 386-389.

43 AgInt no CC 154.731/SP, Rel. Min. Marco Buzzi, 2ª Seção, j. 23.05.2018, *DJe* 30.05.2018 ("o juízo onde se processa a recuperação judicial tem competência para a prática de atos de execução relativamente ao *patrimônio* da sociedade afetada, fundamentado tal objetivo no desiderato de evitar a realização de medidas expropriatórias individuais que possam prejudicar o cumprimento do plano de recuperação").

44 A respeito do impacto do processo de recuperação judicial na governança da companhia, *vide* PIVA, Fernanda; SETOGUTI, Guilherme. A governança corporativa das companhias em recuperação judicial. *Revista Brasileira da Advocacia*, v. 2, jul.-set. 2016, pp. 191-206.

45 Vetos abusivos devem ser apreciados pelo juízo da recuperação judicial, evitando-se que o devedor possa impedir injustificada e abusivamente a recuperação judicial. A esse

Pode-se dizer, portanto, que a manutenção do devedor na condução da empresa no Brasil não é injustificada.

Em primeiro lugar, trata-se de incentivo *ex ante* à companhia devedora em crise socorrer-se do instrumento da recuperação judicial para reestruturação das suas dívidas. Com isso, a devedora tem a segurança de que continuará tendo o controle sobre a gestão do seu negócio, de modo a incentivá-la a recorrer ao Judiciário logo, enquanto a sua recuperação é ainda de fato viável.

Em segundo lugar, como já dito, imputa-se à própria devedora a obrigação de preparar o plano de recuperação judicial, que pautará a negociação com os credores. Indiscutivelmente, ao menos nesse momento inicial, somente a devedora terá todas as informações sobre o estado da crise, podendo, portanto, com mais facilidade e em menor tempo, preparar um plano apto à consecução do soerguimento da empresa.

Por fim, uma das principais vantagens é justamente a manutenção da mesma estrutura orgânica da companhia ao longo do processo de recuperação da empresa. Trata-se de momento de crise e debilidade da companhia, motivo pelo qual aqueles que já conhecem a companhia e seu funcionamento – ao menos em tese – têm maiores condições de conduzir suas atividades de forma satisfatória, evitando grandes rompimentos e mudanças em termos de governança[46].

Embora o sistema de manutenção do devedor na condução da empresa não seja predominante em outros países[47], parece ser solução adequada à realidade empresarial brasileira. Eventuais modificações – se necessárias – devem ser pontuais, apenas para assegurar melhor fiscalização e controle de eventuais abusos perpetrados pela companhia devedora e seus administradores durante a recuperação judicial.

Somente em hipóteses excepcionais, o administrador da companhia em recuperação judicial poderá ser substituído, nos termos do art. 64, parágrafo

respeito, *vide* MUNHOZ, Eduardo Secchi. Anotações sobre os limites do poder jurisdicional na apreciação do plano de recuperação judicial. *Revista de Direito Bancário e do Mercado de Capitais*, v. 36, p. 184, abr. 2007, *DTR*\2007\828.

46 É claro que esse fator também pode ser visto como uma desvantagem, nos casos em que os administradores tenham dado causa à crise da companhia. A esse respeito, *vide* FRANCO, Gustavo Lacerda. *A condução da sociedade em recuperação judicial:* análise da solução brasileira à luz dos modelos globais e dos seus pressupostos. Dissertação de Mestrado. Faculdade de Direito. Universidade de São Paulo, 2018, p. 114 e ss.

47 CEREZETTI, Sheila Christina Neder. *A recuperação judicial de sociedades por ações:* o princípio da preservação da empresa na lei de recuperação e falência. São Paulo: Malheiros, 2012, p. 389.

único, Lei n. 11.101/2005. Situação ainda mais excepcional seria a do afastamento do "devedor", conforme previsto no art. 65 da Lei n. 11.101/2005. Trata-se de norma de redação confusa que supostamente levaria ao desapossamento do empresário ou sociedade empresária, tal qual ocorre na falência, levando à nomeação de gestor judicial que passaria, a partir de então, a conduzir as atividades do devedor (empresário ou sociedade empresária recuperanda)[48].

Ocorre que, diferentemente da falência, durante a recuperação judicial a recuperanda permanece em constante atividade, o que levaria à curiosa situação de o gestor judicial, nomeado pela assembleia geral de credores, passar a efetivamente administrar os negócios sociais da recuperanda, ficando, inclusive, encarregado de negociar o plano de recuperação judicial com aqueles que o nomearam. Trata-se de evidente situação de conflito de interesses que não soluciona os casos de abuso.

Como as hipóteses de substituição dos administradores ou afastamento do devedor (arts. 64 e 65, Lei n. 11.101/2005) não são objeto central deste estudo, cita-se tais normas apenas como indicação dos limites ao sistema da manutenção do devedor na condução da empresa.

A única norma da Lei n. 11.101/2005 que trata claramente de limitações aos poderes de disposição e administração da empresa pela devedora

48 Sheila Neder Cerezetti e Eduardo Secchi Munhoz apresentam relevantes críticas à redação do art. 65 da Lei n. 11.101/2005, em especial, a consequência indesejada da interpretação literal da referida norma que seria o afastamento de toda estrutura orgânica da companhia prejudicando acionistas minoritários, cf. CEREZETTI, Sheila Christina Neder. *A recuperação judicial de sociedades por ações:* o princípio da preservação da empresa na lei de recuperação e falência. São Paulo: Malheiros, 2012, pp. 398-408, em especial p. 407 ("Entender que o art. 65 se refere ao afastamento da própria empresa, dissolvendo-se sua estrutura societária interna, em decorrência de atos que não poderiam ser praticados pela empresa senão em virtude de condutas do acionistas controlador, seria atribuir reconhecimento jurídico à lamentável realidade brasileira de promiscuidade entre interesses do controlador e interesse da empresa, prejudicando, mais uma vez, aqueles que não deram causa ao ato ilegal"); MUNHOZ, Eduardo Secchi. "Arts. 64 e 65". In: SOUZA JÚNIOR, Francisco Satiro; PITOMBO, Antônio Sérgio A. de Moraes (Coord.). *Comentários à lei de recuperação de empresas e falência: Lei 11.101/2005*. 2. ed. São Paulo: RT, 2007, pp. 307-315, em especial p. 308 ("Ao referir-se à devedor, em vez de sócio controlador, o art. 64 está a determinar o afastamento da própria sociedade empresária do exercício das suas atividades, em prejuízo dos seus sócios não controladores, que podem não ter – como na maioria dos casos não terão – nenhuma relação com os atos irregulares que levaram à decisão de afastamento").

durante a recuperação judicial é o art. 66[49-50], segundo o qual "*o devedor não poderá alienar ou onerar*[51] *bens ou direitos de seu ativo permanente, salvo evidente utilidade reconhecida pelo juiz, depois de ouvido o Comitê, com exceção daqueles previamente relacionados no plano de recuperação judicial*".

O art. 66 da Lei n. 11.101/2005 prevê relevante limitação à atuação da companhia devedora em recuperação judicial. No entanto, a verdade é que os bens ou direitos do ativo permanente da devedora nem sempre representam parte relevante de seu patrimônio, de modo que a norma não necessariamente atende à sua finalidade de proteção dos credores[52].

---

49 Há quem defenda que, além da limitação ao poder de disposição sobre bens do ativo permanente, os poderes que a assembleia geral de credores deteria, nos termos do art. 50 da Lei n. 11.101/2005, seriam forma de limitação ou interferência na governança da companhia (cf. MENEZES, Mauricio Moreira Mendonça. *O poder de controle nas companhias em recuperação judicial*. Rio de Janeiro: Forense, 2012, p. 78 e ss.). Em primeiro lugar, há que se diferenciar eventuais restrições – se existentes – ao exercício do poder de controle do acionista controlador de limitações à sociedade recuperanda sobre a administração e disposição de seus bens. Em segundo lugar, não concordamos que os meios de recuperação judicial previstos no art. 50 da Lei n. 11.101/2005 possam ser considerados propriamente limitações ou interferências na governança da companhia. Os meios de recuperação judiciais serão acordados entre recuperanda e credores, de modo que as medidas que de alguma forma alterarão a governança da companhia dependerão de autorizações dos órgãos sociais da companhia. Por fim, ainda que se possa considerar que a recuperação judicial, na prática, afetará as escolhas de gestão diante do cenário da crise da companhia recuperanda, entendemos que há verdadeiro sistema de freios e contrapesos entre devedor e credores, o que significa que o devedor mantém-se na administração da empresa e os credores passam a deter maiores direitos e poderes de fiscalização e barganha na negociação dos meios de recuperação judicial.

50 Não se ignora, ademais, outras limitações inerentes ao procedimento de recuperação judicial, em especial fiscalização dos atos de gestão da companhia por administrador e comitê de credores, se houver, possibilidade de substituição dos administradores e de destituição do devedor em casos excepcionais (como já referido acima), necessidade de submeter contratos de financiamento à análise do juízo da recuperação judicial, quando prever oneração de bens em garantia, necessária anuência dos credores titulares de garantias sobre bens que se pretende alterar a garantia etc.

51 No caso de bens com garantia real, se a alienação implicar supressão ou modificação da garantia, além da autorização judicial, a companhia devedora precisará receber a anuência dos credores titulares da garantia real, nos termos do art. 50, § 1º da Lei n. 11.101/2005. A esse respeito, *vide* MUNHOZ, Eduardo Secchi. Art. 66. In: SOUZA JÚNIOR, Francisco Satiro; PITOMBO, Antônio Sérgio A. de Moraes (Coord.). *Comentários à lei de recuperação de empresas e falência: Lei 11.101/2005*. 2. ed. São Paulo: RT, 2007, p. 316.

52 MUNHOZ, Eduardo Secchi. Art. 66. In: SOUZA JÚNIOR, Francisco Satiro; PITOMBO, Antônio Sérgio A. de Moraes (Coord.). *Comentários à lei de recuperação de empresas e falência: Lei 11.101/2005*. 2. ed. São Paulo: RT, 2007, p. 316.

Especial atenção deve ser dada ao fato de que a proposta de plano de recuperação é apresentada pela companhia recuperanda (art. 53, Lei n. 11.101/2005), representada pelos seus diretores (art. 144, Lei das S/A). Assim, o plano, verdadeira proposta de contrato, poderá ser objetado pelos credores, ensejando a convocação de assembleia geral de credores para deliberação sobre sua aprovação, modificação ou rejeição (arts. 35, I, 'a', 55 e 56, Lei n. 11.101/2005).

A assembleia geral de credores, a sua vez, é formada pelos credores sujeitos à recuperação judicial (art. 39, Lei n. 11.101/2005), sendo que os acionistas da devedora, mesmo que sejam também seus credores com créditos sujeitos à recuperação judicial, não deterão direito de voto na assembleia geral de credores (art. 43, Lei n. 11.101/2005).

Ademais, no caso de o acionista não ser credor da companhia recuperanda, em tese, não poderá nem mesmo participar do processo de recuperação judicial, de modo que não terá legitimidade para recorrer contra eventual decisão concedendo a recuperação judicial, à vista da aprovação do plano pela assembleia geral de credores (art. 59, § 2º, Lei n. 11.101/2005)[53].

Nesse sentido, percebe-se o relevante papel que o diretor da companhia deterá no momento central da recuperação judicial: preparação e representação da companhia na negociação do plano de recuperação judicial. Eventuais limitações legais ou convencionais à sua livre representação da companhia deverão, evidentemente, ser observadas também na recuperação judicial.

Em outras palavras, o diretor de companhia em recuperação judicial não passa a deter maiores poderes para negociar o plano de recuperação judicial do que aqueles que deteria durante situação de solvência da companhia. Se antes da recuperação judicial não tinha poderes para alienar ativo da sociedade, sem expressa autorização da assembleia geral de acionistas, por exemplo, durante a recuperação judicial não adquirirá esse poder.

Diante disso, considerando a ampla abrangência de meios de recuperação judicial (art. 50, Lei n. 11.101/2005), é impositivo que se verifique (i) se o administrador tem poderes para vincular a companhia nos termos propostos no plano de recuperação judicial, e, ainda, (ii) se o meio de recuperação judicial proposto no plano depende de deliberação tomada por outro órgão social para ser cumprido pela sociedade.

Isso revela o papel fundamental que o juízo da recuperação judicial exerce na análise da legalidade do plano de recuperação judicial[54] aprovado

---

53 REsp 1.539.445/SP, Rel. Min. Ricardo Villas Bôas Cueva, 3ª Turma, j. 13.03.2018, *DJe* 23.03.2018.

54 O enunciado n. 44 da I Jornada de Direito Comercial estabelece que "a homologação de plano de recuperação judicial aprovado pelos credores está sujeita ao controle judicial de legalidade".

pela assembleia de credores (art. 58, Lei n. 11.101/2005). O juízo da recuperação judicial não pode simplesmente homologar de forma automática todas as decisões da assembleia geral de credores, se ao juízo se atribui a relevante função de fiscalizar a legalidade de todos os atos jurídicos e processuais da recuperação judicial.

A ausência na Lei n. 11.101/2005 de mecanismos próprios à tutela do interesse de acionistas minoritários e terceiros, direta e legitimamente interessados na recuperação da companhia, não permite que planos de recuperação judicial violadores das normas aplicáveis ao funcionamento e estrutura das sociedades anônimas sejam aprovados e homologados.

3. O caso Renuka

A recuperação judicial do Grupo Renuka enfrentou alguns dos problemas relacionados à representação da companhia no âmbito da negociação do plano de recuperação judicial.

Em 14 de julho de 2016, a assembleia geral de credores do Grupo Renuka foi suspensa para modificação do plano de recuperação judicial proposto pelas devedoras, a fim de "*constar a constituição de uma Unidade Produtiva Isolada ('UPI') que será composta, entre outros elementos, pelos ativos da Usina Madhu, situada no munícipio de Promissão, Estado de São Paulo*"[55].

Em virtude disso, Halpink Consultoria e Assessoria Empresarial Ltda., a acionista de uma das devedoras, Renuka do Brasil S/A ("Companhia"), peticionou ao juízo da recuperação judicial para informar que (i) detém aproximadamente 40% de participação no capital votante da Companhia, (ii) nos termos do item "xviii", do Artigo 10, do Estatuto Social da Companhia, a transferência de ativos cujo valor ultrapasse dois milhões de reais depende de prévia aprovação do Conselho de Administração, (iii) conforme item "ii", do parágrafo segundo, do Artigo 15 do Estatuto Social da Companhia, é necessário o voto afirmativo de 80% (oitenta por cento) do capital social com direito a voto para a aprovação de qualquer reorganização societária da companhia, incluindo-se, dentre outras, incorporações, fusões, cisões e/ou reduções de capital, (iv) a transferência de qualquer ativo da Companhia, cujo valor ultrapasse cinco milhões de reais, depende não apenas de aprovação da maioria do Conselho de Administração, mas também do voto afirmativo da Halpink, e, (v) qualquer controvérsia a respeito de matérias apontadas pela Halpink estariam abrangidas pela cláusula arbitral estatutária da Companhia[56].

---

55 Processo n. 1099671-48.2015.8.26.0100, 1ª Vara de Falências e Recuperações Judiciais do Foro Central da Comarca de São Paulo/SP, p. 27.411.

56 Conforme Estatuto Social da Companhia juntado à folha 33 do Processo n. 1099671-48.2015.8.26.0100, 1ª Vara de Falências e Recuperações Judiciais do Foro Central da

Nesse sentido, Halpink defendeu que seria imprescindível sua prévia aprovação para venda dos ativos da Usina Madhu, como discutido na última assembleia geral de credores. Dessa forma, a acionista da Companhia recuperanda requereu ao juízo da recuperação judicial que seus direitos fossem ressalvados, caso essa proposta viesse a se confirmar.

Em 25 de julho de 2016, o juízo da recuperação judicial decidiu que a questão levantada por Halpink deveria ser deliberada no âmbito da próxima assembleia geral de credores.

Em 25 de agosto de 2016, o plano de recuperação judicial, prevendo a constituição da Unidade Produtiva Isolada Madhu ("UPI Madhu") foi aprovado em assembleia geral de credores. Posteriormente, em 26 de setembro de 2016, o plano aprovado foi homologado pelo juízo. Em 09 e 18 de novembro de 2016, foram realizadas, respectivamente, reunião do conselho de administração e assembleia geral da Companhia para ratificação das propostas previstas no plano de recuperação judicial já aprovado pela assembleia geral de credores e homologado pelo juízo.

Na reunião do conselho de administração três membros, dentre eles um dos membros nomeados pela Halpink, abstiveram-se de votar, pois gostariam de maiores esclarecimentos relacionados aos atos necessários para constituição da UPI Madhu. Na assembleia geral extraordinária, Halpink votou contrariamente à constituição da UPI Madhu, nos termos estabelecidos no plano de recuperação judicial[57].

Nessa medida, Halpink condicionou sua aprovação à realização de determinadas medidas pela Companhia no período entre a constituição da UPI e a data da alienação das ações do seu capital social. Todas as exigências feitas pela Halpink, registradas na fundamentação de seu voto, dizem respeito (i) à contratação com terceiros, (ii) ao dever de informação dos administradores da UPI Madhu sobre suas atividades aos acionistas da Companhia e, ainda, (iii) aprovação de Plano de Negócios da Companhia que permita efetivamente seu soerguimento.

Em outras palavras, Halpink não aprovou a constituição da UPI Madhu na assembleia geral de 18 de novembro de 2016, pois determinadas medidas

Comarca de São Paulo/SP, a cláusula arbitral estatutária da Companhia prevê o que segue: "Artigo 19. Arbitragem. Todas as disputas, controvérsias ou reclamações que surgirem entre as acionistas relacionadas à interpretação dos termos e/ou execução das obrigações estipuladas neste Estatuto Social, incluindo a inexecução de qualquer obrigação aqui prevista por qualquer uma das acionistas, que não possam ser resolvidas amigavelmente, deverão ser submetidas à arbitragem".

57 Cf. Processo n. 1099671-48.2015.8.26.0100, 1ª Vara de Falências e Recuperações Judiciais do Foro Central da Comarca de São Paulo/SP, pp. 31.247-31.256.

necessárias para proteção dos interesses da Companhia no processo de constituição de uma UPI não foram acordadas entre os acionistas.

Em 05 de dezembro de 2016, a Companhia requereu ao juízo da recuperação judicial que o voto de Halpink fosse dispensado para implementar qualquer medida de reorganização prevista no plano de recuperação judicial. Isso porque o voto que impeça a implementação do plano de recuperação judicial caracterizaria – supostamente – abuso de voto.

Ademais, Halpink estaria atuando de forma contraditória, pois na deliberação da assembleia geral de acionistas da Companhia, que aprovou a proposta de ajuizamento do pedido de recuperação judicial, Halpink se absteve de votar, por entender que tal decisão não lhe caberia, nos termos do art. 122, IX e parágrafo único, da Lei das S/A. No entanto, posteriormente, insurgiu-se contra a implementação do plano de recuperação judicial. Na sua visão, Halpink estaria atuando para defender seus interesses egoísticos sem se preocupar com a coletividade de credores e com a própria Companhia.

Ao final, a Companhia defendeu que, uma vez deliberada e aprovada pelos credores as medidas de recuperação previstas no plano de recuperação judicial, não haveria necessidade de aprovação da matéria pelo conselho de administração ou pela assembleia geral.

Em 06 de dezembro de 2016, o juízo da recuperação judicial proferiu decisão para desconstituir o voto de Halpink na assembleia de acionistas de 18 de novembro de 2016, por supostamente violar o art. 115 da Lei das S/A, haja vista que "*uma vez aprovado o plano de recuperação judicial, é obrigação da recuperanda, consequentemente, de seus acionistas, comportarem-se de modo a proporcionar o seu integral cumprimento*", "[...] *ainda mais porquanto não demonstrada a utilidade econômica de tal postura*"[58]. Além disso, o juízo da recuperação judicial deferiu o pedido da Companhia para autorizá-la a tomar todas as medidas necessárias à implementação do plano de recuperação judicial, de modo a ser dispensado o voto afirmativo de Halpink, "[...] *sempre que sua postura se mostrar contrária ao cumprimento do plano*".

A decisão foi objeto de agravo de instrumento interposto por Halpink, que teve liminar concedendo efeitos suspensivos ao recurso, a fim de suspender a restrição a seu direito de voto[59].

O caso do Grupo Renuka enseja diversas questões. Em primeiro lugar, os diretores da Companhia tinham poderes para propor plano de recuperação judicial que abrangesse operações cuja realização dependesse de autorização de outros órgãos sociais? Em segundo lugar, o juízo da recuperação judicial é

58 Processo n. 1099671-48.2015.8.26.0100, 1ª Vara de Falências e Recuperações Judiciais do Foro Central da Comarca de São Paulo/SP, p. 31.320.

59 Agravo de Instrumento Processo n. 2257715-26.2016.8.26.0000, Des. Rel. Alexandre Marcondes, 2ª Câmara Reservada de Direito Empresarial.

competente para desconstituir voto proferido por acionista em assembleia geral, se o estatuto social prevê cláusula arbitral para dirimir litígios entre acionistas relacionados a matérias previstas no estatuto social? Em terceiro lugar, ainda que o juízo da recuperação judicial fosse competente para decidir sobre anulação de voto em assembleia geral de acionistas, o acionista minoritário estaria (sempre) obrigado a votar favoravelmente às medidas previstas no plano de recuperação judicial, sob pena de ter seu voto considerado abusivo?

Com relação aos poderes dos diretores, se estes não têm poderes para vincular a companhia em determinados atos ou negócios jurídicos sem autorização de determinado órgão social, até sua ratificação pelo órgão competente, o ato ou negócio jurídico não surte efeitos.

Nessa medida, caberia ao juízo da recuperação judicial avaliar os poderes dos diretores da companhia em recuperação judicial, antes de homologar plano que não faça qualquer ressalva à necessidade de posterior ratificação pela assembleia geral de acionistas ou conselho de administração de alguma medida nele prevista.

Trata-se de análise de legalidade do plano, que, portanto, integra o rol de competências do juízo da recuperação judicial. Além disso, a decisão judicial em respeito às normas legais societárias garante segurança jurídica não apenas à companhia e seus acionistas, mas também aos credores que terão assegurada a plena eficácia e exequibilidade do plano de recuperação judicial homologado.

Com relação à desconstituição do voto proferido por acionista em assembleia, considerando a existência de cláusula arbitral estatutária para resolver litígios envolvendo interpretação ou cumprimento de normas previstas no estatuto social, o juízo da recuperação judicial não é competente para decidir anulação de voto alegadamente abusivo. Os acionistas decidiram se submeter à arbitragem para decidir disputas relacionadas ao exercício do voto em matérias de competência da assembleia geral de acionistas, por expressa previsão do estatuto social.

Nesse sentido, não cabe ao Poder Judiciário decidir quanto à eventual abusividade de voto proferido por acionista, ainda que envolva o cumprimento do plano de recuperação judicial.

Isso nos leva à próxima questão relacionada ao modo de exercício do direito de voto pelo acionista. Como visto (item 1, *supra*), os acionistas devem votar sempre no interesse da companhia, de modo que eventual voto proferido em infração ao art. 115 da Lei das S/A será passível de anulação e imputação de responsabilidade ao acionista faltoso, caso seu voto cause qualquer prejuízo à companhia ou terceiros.

A Lei das S/A previu, portanto, parâmetros de como o voto do acionista deveria ser proferido. Considerando que a preparação e negociação do plano de recuperação judicial é feita pelos diretores da companhia em recuperação judicial com os credores, o sistema legal brasileiro não previu propriamente espaço para os acionistas participarem formalmente desse processo de negociação. Dessa forma, à exceção do acionista controlador que poderá exercer seu poder de controle para orientar a administração da companhia na negociação do plano (art. 116, Lei das S/A), os demais acionistas estarão, como regra geral, excluídos desse processo de negociação do futuro da companhia recuperanda.

Assim, não são raros os casos em que a participação dos acionistas minoritários se dará apenas em eventual assembleia geral de acionistas para autorização de alguma medida prevista no plano de recuperação judicial.

Ocorre, porém, que não necessariamente as medidas previstas no plano de recuperação judicial atenderão legitimamente ao interesse da companhia. Consabidamente, a dificuldade de concretização de tal critério legal eleva as incertezas que circundam o tema. De qualquer forma, não é certo concluir que os acionistas da companhia em recuperação judicial estarão obrigados a autorizar todas as medidas previstas no plano – caso seja de sua competência essa decisão – pelo simples fato de o plano já ter sido aprovado pelos credores e homologado pelo juízo da recuperação judicial.

Por fim, questiona-se se seria possível concluir que houve abuso no exercício do voto pela Halpink, nos termos do art. 115 da Lei das S/A. Não é o que nos parece. A acionista justificou – mesmo que não fosse legalmente necessário – os motivos pelos quais não aprovou a constituição da UPI Madhu. A fundamentação está inteiramente baseada na exigência de proteção do patrimônio da companhia no período entre a constituição da UPI Madhu e a alienação das suas ações a terceiros.

Ainda que se possa questionar se de fato o voto atende ao interesse da companhia no contexto da recuperação judicial, o simples fato de a fundamentação do voto não estar baseada na utilidade econômica da sua decisão não significa que o voto seja abusivo.

Nesse sentido, discorda-se da decisão proferida pelo juízo de primeira instância no processo de recuperação judicial do Grupo Renuka, por (i) desrespeitar as competências estatutárias dos órgãos da Companhia, (ii) violar a cláusula arbitral estatutária da Companhia, e, ainda, (iii) por não demonstrar a efetiva violação do art. 115 da Lei das S/A para desconstituição do voto proferido por Halpink na assembleia geral de acionistas de 18 de novembro de 2016, limitando-se a justificar genericamente o dever da acionista de aprovar as medidas previstas em plano de recuperação judicial já aprovado pelos credores e homologado pelo juízo da recuperação judicial.

Conclusão

A partir do presente estudo, pode-se tecer algumas considerações finais.

A Lei das S/A prevê sistema de competências orgânicas e funcionais que deve ser observado tanto pela companhia solvente quanto por aquela em recuperação judicial, na condução das atividades sociais.

Os diretores de sociedades anônimas devem observar as limitações legais e convencionais ao seu amplo poder de representação da sociedade perante terceiros.

Caso o diretor realize atos ou celebre contratos sem a necessária autorização do conselho de administração ou da assembleia geral de acionistas, o ato pode ser ineficaz perante a sociedade, salvo se (i) houver posterior ratificação dos órgãos competentes, (ii) a sociedade se beneficiar com o ato exercido em excesso de poderes ou, ainda, (iii) o terceiro for considerado de boa-fé, merecendo tutela com base na teoria da aparência.

O diretor que (i) viola a lei ou o estatuto social, (ii) excede manifestamente os fins econômico e social ou a boa-fé objetiva no exercício de suas atribuições, ou, ainda, (iii) age com culpa ou dolo no exercício das suas atribuições pode ser responsabilizado por eventuais prejuízos causados à sociedade ou terceiros.

Ao ter deferido o pedido de recuperação judicial, a companhia mantém a sua estrutura orgânica. Eventuais abusos realizados pelo administrador da companhia em recuperação judicial, porém, podem ensejar sua substituição, nos termos do art. 64, parágrafo único, da Lei n. 11.101/2005.

A previsão de cláusula arbitral no estatuto de companhia em recuperação judicial, a princípio[60], afasta a competência do juízo da recuperação judicial para dirimir litígios envolvendo acionistas relacionados ao exercício do direito de voto.

O juízo da recuperação judicial, no âmbito da sua competência de verificar a legalidade do plano de recuperação judicial, deve verificar os poderes dos diretores da companhia em recuperação judicial para representá-la nesse ato, bem como exigir a ressalva no próprio plano quanto à eventual ineficácia das obrigações assumidas por representante legal da companhia sem a necessária autorização orgânica.

O voto em assembleia geral de acionistas contrário ao cumprimento do plano de recuperação judicial não é necessária e automaticamente abusivo pelo simples fato de contrariar o quanto decidido na assembleia geral de credores.

60 Evidentemente que o teor da cláusula arbitral estatutária será determinante para alcançar-se a conclusão de que determinada demanda deverá ou não ser decidida por arbitragem. De qualquer forma, toma-se como exemplo o conteúdo sugerido para cláusulas arbitrais estatutárias previsto no art. 109, § 3º, da Lei das S/A.

A TEORIA GERAL DOS CONTRATOS APÓS 18 ANOS DE VIGÊNCIA DO CÓDIGO CIVIL BRASILEIRO: UM RETROSPECTO E ALGUMAS PREVISÕES PARA O FUTURO

Vera Jacob de Fradera

Boas leis civis representam o maior bem que os homens podem dar e receber.
Redatores do Code Napoléon

Introdução

Antes de tudo, agradeço aos organizadores desta obra o honroso convite a dela participar, mediante um texto tratando de um dos múltiplos temas abordados pela homenageada em sua vasta produção.

Dezoito anos transcorridos após a publicação do nosso Código Civil de 2002, uma reflexão acerca de seus acertos e seus desacertos merece ser realizada, alçando-me eu à condição de uma pitonisa, com a veleidade de prever o seu futuro como legislação.

Acredito ser este um intervalo temporal suficiente para, mediante a análise da produção jurisprudencial e doutrinária nacional, assinalar aspectos positivos e negativos desse Código e avaliar a contribuição da nossa homenageada e seus discípulos para o seu aperfeiçoamento.

No momento de empreender essa análise, convém lembrar o fato de ter sofrido o Código Civil de 2002 influências várias, determinando relevantes mudanças em seu teor.

Com efeito, passando a adotar como filosofia o Culturalismo, foi posto de lado o Positivismo Jurídico, dominante em 1916; priorizando o Solidarismo ao invés de Individualismo, outra marca do Código de 1916 e de seus contemporâneos, instaurou nova forma de relacionamento entre os partícipes de uma relação contratual. Nesse aspecto, absolutamente sem razão uma parcela da doutrina, com destaque para a Escola do Direito Civil Constitucional, criada e desenvolvida na UERJ (Universidade Estadual do Rio de Janeiro) qualificando o Código Civil de 2002 como *velho e revelho* [1].

---

1 *Vide* por exemplo, TEPEDINO, Gustavo, O velho Projeto de um revelho Código Civil. In: *Temas de direito civil*, Rio de Janeiro: Renovar, 2000, p. 438. Opinião contrária a

Durante mais de década e meia, o Código Civil de 2002 vem sofrendo uma importante evolução, seja pela hermenêutica de seus artigos, desenvolvida via Tribunais, seja pela iniciativa do Conselho da Justiça Federal, o CJF, reunindo periodicamente, operadores do Direito (advogados, juízes, professores, membros do MP) mediante a formulação e publicação de enunciados, resultantes das Jornadas promovidas por esse Conselho, seja mediante uma lenta, mas progressiva abertura em direção a outras formas legislativas, como é o caso dos documentos internacionais, de natureza *soft law*, representando uma influência da família da *Common Law* em nosso Direito.

De grande relevo é o fato de, após a publicação do Código, ter sido dado um importante passo à frente na modificação de uma antiga tradição brasileira, a de não acatar os termos dos acordos internacionais firmados pelos nossos Governos, ainda após a sua internalização, conforme uma antiga e criticável tradição nacional.

Nesse sentido, evocamos um evento denominado *Journées Allemandes*, da Associação Henri Capitant dos Amigos da Cultura Jurídica francesa, realizadas em junho de 2016, nas cidades de Münster e Berlim, sendo a sua primeira parte intitulada *Fontes do Direito*, tendo como relator geral o professor Benoît Frydman, da Universidade Livre de Bruxelas. Neste evento, restou evidenciada a firme disposição do Brasil de alterar sua atitude em relação a vários aspectos de sua legislação, demasiado retrógrada em alguns aspectos, bem como a de modificar o seu comportamento tradicional de não recepcionar internamente os documentos internacionais firmados pelo Governo.

Antes de abordar o tema central de minha contribuição, devo apresentar algumas das características do atual Código, para, posteriormente, adentrar no tema objeto deste artigo.

Assim, em uma primeira parte, apresentarei os traços mais marcantes do Código Civil de 2002, no referente à Teoria Geral dos Contratos, sempre em confronto com o antigo Código, pois neste preciso âmbito, encontra-se a maior parte da produção intelectual de nossa homenageada; num segundo momento, abordaremos os fatores suscetíveis de operarem importantes transformações, já em curso, no terreno da Teoria Geral dos Contratos e no Direito dos Contratos Civis e Empresariais do amanhã.

esse posicionamento é a de LEAL, Fernando, cujo pensamento, a nosso ver, perfeitamente correto, está exposto em primoroso artigo, intitulado "Seis objeções ao direito civil constitucional". Disponível em: <http://www.academia.edu>.

Parte I
O Código Civil de 2002, um modelo aberto, voltado para uma concepção moralizante do direito contratual

O projeto de Código Civil data de 1975, elaborado por uma notável comissão de juristas, presidida pelo professor Miguel Reale, cujos méritos todos conhecemos.

É interessante evocar as características mais importantes desse Código, a começar por sua inspiração, sobretudo no referente ao Direito dos Contratos, na doutrina francesa, originada na Escola de Lyon, cujo maior representante foi Louis Josserand[2]. As ideias desse jurista foram adotadas pelos italianos, ao elaborarem seu Código Civil de 1942.

Já Miguel Reale, legislador do Código Civil de 2002, passou alguns anos na Itália, onde estudou com mestres italianos renomados, tomando contato com o teor do projeto italiano de Código Civil de 1942. Anos mais tarde, ao ser indicado para presidir a Comissão elaboradora do projeto de Código Civil brasileiro, dele se inspirou, em grande parte. Não obstante isso, o Código de 2002 conservou alguns traços do Código de 1916 e incorporou a maior parte dos avanços da jurisprudência nacional após 1988, quando a publicação da Constituição Democrática projetou novas formas de conceber o Direito Privado.

A adoção do Culturalismo pelo legislador, deixando para trás o Positivismo, doutrina cuja influência marcara não só o Direito, mas a cultura brasileira como um todo, representou uma mudança visceral na maneira de pensar o Direito Civil, mormente no referente à Teoria Geral dos Contratos e ao Contratos civis e empresariais[3].

2 Sobre a influência desse doutrinador em nosso Código de 2002, *vide* meu estudo L`influence de la doctrine française dans l`actuel code civil brésilien, *Liber Amicorum Camille Jauffret-Spinosi*, Paris: Dalloz, 2013, pp. 659-670.

3 Tendo como lema a expressão *conservar melhorando*, o Positivismo professa o universalismo, enquanto o Culturalismo como que *encerra* o direito dentro de cada sociedade, afirmando ser ele algo próprio de cada cultura. A respeito, consultar REALE, Miguel, *Cinco temas do culturalismo*. São Paulo: *Saraiva*, 2000; do mesmo autor, Teoria do conhecimento e teoria da cultura, *Revista Brasileira de Filosofia*, São Paulo, v. 45, fasc. 194, editora Instituto Brasileiro de Filosofia, 1999; BOTELHO Afonso, Miguel Reale, filósofo da complementaridade, *Revista Brasileira de Filosofia*, Editora Instituto de Filosofia de São Paulo, v. 42, fasc. 173, p. 103 e ss.
Sobre a importância e relevo do Positivismo político no Brasil de modo geral, consultar TRINDADE, Helgio (Org.). *O positivismo, teoria e prática*, Editores UNESCO/ UFRGS, 2007, 3. ed. *Vide*, sobretudo a contribuição de TRINDADE, H., pp. 13-140, por tratar mais aprofundadamente o tema em relação ao Brasil.

Segundo Miguel Reale, o âmago da noção de Cultura se traduz na interdisciplinaridade, no processo, na dialética e na integralidade[4].

Embora em razão de veto de Mussolini os italianos não tivessem adotado a função social do contrato no seu Código de 1942, a sua recepção, pelo legislador Reale, no art. 421 do Código Civil de 2002[5], representou o acolhimento das doutrinas solidaristas e finalistas de Josserand e sua Escola[6], das quais um primeiro exemplo, reputado emblemático, é o da função social do contrato, inaugurando uma autonomia solidarista da vontade, cuja origem está posta no Projeto de Código civil italiano de 1942; um segundo exemplo dessa recepção, é o da visão finalista do abuso do direito, estampada no art. 187[7], qualificado por nosso legislador como um ato ilícito, por tratar-se de uma conduta desviada da finalidade do Direito e contrária à normalidade e à forma como deve ser usado o Direito[8].

Aspecto a ser destacado no Código Civil de 2002, é o da valorização da *eticidade*, um autêntico pilar, ou coluna mestra, a sustentar essa construção[9].

---

4 *Vide* MARTINS-COSTA, Judith e BRANCO, Gerson Luiz Carlos, *Diretrizes teóricas do novo código civil brasileiro*. São Paulo: Saraiva, 2002, especialmente pp. 9-23; pp. 61-64; pp.130-161.

5 *A liberdade contratual será exercida em razão e nos limites da função social do contrato.*

6 Dentre outros, podemos citar Émile Durkheim e León Bourgeois. Sobre esses autores e sua influência, se bem que indireta, no Código Civil brasileiro de 2002, consultar a tese de USTARROZ, Daniel, *Responsabilidade civil por ato lícito*. São Paulo: Saraiva, 2014. *Vide* também, sobre a relevante contribuição de Josserand para o progresso do Direito de modo geral, e para a Teoria Geral dos Contratos em especial, o artigo clássico de PIROVANO, Antoine, La fonction sociale des droits: réfléxions sur le destin des théories de Josserand, *Recueil Dalloz*, 1972, Chroniques, p. 68 e ss.

7 *O titular de um direito que, em o exercendo, exceda de maneira manifesta os limites impostos pelo seu fim econômico e social, pela boa fé ou pelos bons costumes, comete ato ilícito.*

8 Entre nós, GOMES, Orlando, tratou, pioneiramente, em sua *Introdução ao direito civil* desse tema, considerando o abuso de direito como *uma fórmula para conter toda a ação inconveniente*, e que o exercício do direito deve ocorrer de forma *normal*. *Vide Introdução ao direito civil*. Rio de Janeiro: Forense, 2. ed., 1965, pp. 118 a 127. Nossa homenageada aborda essa temática em um dos seus primeiros textos sobre o Código Civil de 2002, Os avatares do abuso de direito e o rumo indicado pela boa-fé. In: TEPEDINO, Gustavo (Org.). *Direito civil contemporâneo. Novos problemas à luz da legalidade constitucional*. Congresso Internacional de Direito Civil-Constitucional da Cidade do Rio de Janeiro, Atlas, 2008.

9 O professor LE TOURNEAU, Philippe, em sua conhecida obra, Éthique et *affaires, l'éthique des affaires et du management au XXIe siècle*, Paris: Dalloz, 2000, oferece um panorama sobre um dos temas mais controvertidos do direito dos negócios, a saber, o papel da ética (*business ethics*, para os ingleses). É a ética do Mercado, visualizada como um conjunto de regras de comportamento, distintas da moral geral, para orientar a ação dos operadores econômicos. *Vide* igualmente, LAGARDE, G. Le droit des affaires, droit sentimental. In: *Mélanges Savatier*, Paris: Dalloz, 1965, p. 491 e ss. Esse tema da ética é recorrente em nosso atual Código Civil, mas não tem merecido a devida atenção por parte da doutrina privatista.

Com efeito, já à primeira vista, percebe-se, no novo Código, a introdução de um aspecto moral nos conceitos de contrato e de empresa (ambos devem exercer uma função social), bem como relativamente ao exercício dos direitos subjetivos (o exercício anormal dos direitos redunda em ato ilícito, porque abusivo), isso graças à recepção das já mencionadas ideias finalistas e solidaristas[10]. Contudo, deve ser frisado, trata-se de uma moral de cunho social, distinta da preconizada no Código Civil de 1916, de origem canonista.

Dentro dessa nova perspectiva, situa-se o maior poder atribuído aos juízes pelo Código Civil, poder este fundado no valor da pessoa humana.

O legislador de 2002 inclui ainda a *eficacidade* como elemento presente na construção no Código, afirmando existir o Direito para ser realizado, do contrário, se tornaria letra morta.

É igualmente digna de nota, a unificação das obrigações civis e comerciais, solução pioneiramente apresentada por Teixeira de Freitas, atualmente alvo de críticas, a maioria sem fundamento, não obstante, esse ponto de vista encontrou eco em uma parte substancial da doutrina especializada[11], estando o projeto de lei, que o tornará concreto, em fase de votação pelo Poder Legislativo[12].

Por outro lado, inversamente do ocorrido em relação ao Código de 1916, o atual diploma civil apresenta-se como um modelo aberto, ou seja, ele não exclui o jogo de outras fontes, como o costume, a Constituição Federal e até mesmo as normas internacionais, como veremos mais adiante, modelo esse, cuja operacionalidade repousa sobretudo nas cláusulas gerais, abundantes no novo texto civilista.

Com efeito, o Código Civil de 2002 foi construído de forma distinta da escolhida pelo legislador de 1916, ou seja, nele foram inseridas disposições legislativas abertas, as cláusulas gerais, textos cujo teor, propositadamente vago e impreciso, visa a dar maior mobilidade e atualidade ao Código, outra característica absolutamente nova desse diploma, afastando definitivamen-

10 Lamentavelmente, sob a influência do já há muito ultrapassado, em outras paragens, movimento denominado Direito Civil Constitucional, a quase totalidade dos privatistas afirma, categoricamente, que o solidarismo nas relações contratuais deriva de preceito constitucional, inserto no art. 3º da CF, onde está posto: [...] Constituem objetivos fundamentais da República Federativa do Brasil: I – construir uma sociedade livre, justa e *solidária* (grifo meu), olvidando ser a doutrina solidarista francesa muito anterior à CF brasileira, sendo a verdadeira origem do solidarismo adotado em nosso Código.

11 Dentre os favoráveis à elaboração de um Código Comercial independente do Civil, citamos o ilustre e renomado comercialista, professor Arnoldo Wald; em sentido contrário, outro não menos importante autor e professor nessa área, Modesto Carvalhosa.

12 Projeto de Lei n. 1572, de 2011, do Sr. Vicente Cândido, que "institui o Código Comercial" (PL157211).

te o qualificativo de *velho e revelho*, atribuído pela Escola do Direito Civil Constitucional.

Dentre todas as características desse Código, aqui apontadas, talvez seja essa a mais interessante, não por seu ineditismo, pois o Código de 1916 já as acolhia, é bem verdade, em menor monta, assim como a Constituição Federal de 1988[13], parcimoniosamente, por serem então consideradas fator de insegurança aos jurisdicionados e por atribuir, segundo seus críticos, demasiado poder aos juízes, no que estavam, e estão, equivocados, porquanto as cláusulas gerais, textos cujo teor, propositadamente é vago e impreciso, visando a desta sorte, dar maior mobilidade e atualidade ao Código[14]. Já com relação ao aplicador da cláusula, o juiz, este tem a tarefa de construir a solução para o caso concreto, atingindo assim, uma importante qualidade requerida no recurso às cláusulas gerais, ou seja, a sua precisão. Isso porque a cláusula geral é sempre expressa, diversamente do princípio, que poderá ser implícito, como foi o caso da Boa-fé Objetiva, no período de vigência do Código de 1916.

Mário Júlio de Almeida Costa, em notável conferência pronunciada em nossa Universidade Federal do Rio Grande do Sul, ainda nos anos 1980[15], afirmou serem as cláusulas gerais *um voto de confiança do Legislador ao juiz*, permitindo-lhe, desde que se mantenha estritamente dentro do Código, decidir o caso, *quase* como se fora ele próprio o legislador. Pois bem, a presença de várias cláusulas gerais no Código de 2002 tem uma importante consequência no futuro do nosso Código Civil. Ademais, a sua presença é importante

---

13 Por exemplo, a inserida no § 2º do inc. LXXVII do art. 5º da CF: "Os direitos e garantias expressos nesta Constituição não excluem outros decorrentes do regime e dos princípios por ela adotados, ou dos tratados internacionais em que a República Federativa do Brasil seja parte".

14 MARTINS-COSTA, Judith, As cláusulas gerais como fatores de mobilidade do sistema jurídico, *RT* n. 680, p. 51, jun. 1992. Da mesma autora, O direito privado como um "sistema em construção – as cláusulas gerais no projeto do código civil brasileiro, *RT*, n. 753, p. 25, jul. 1998. Para um estudo mais aprofundado do tema, consultar, da mesma autora, Contexto, noção e aplicação das cláusulas gerais. In: *A boa-fé no direito privado:* critérios para a sua aplicação. São Paulo: Saraiva, 2. ed., 2018, pp. 133 a 208. Sobre a discussão a propósito da validade ou não da abertura de um Código mediante cláusulas gerais, há abundante literatura, tanto contrária como favorável a essa técnica. *Vide* HEDEMANN, J. *Die Flucht in die Generalklauseln, Eine Gefahr für Recht und Staat,* T□bingen, 1933; ESSER, J. *Principio y norma en la elaboración jurisprudencial del derecho privado,* Bosch, 1961; *Generalklausen als Gegenstand der Sozialwissenschaften,* mit Beiträgen von LUEDERSSEN, K., NEUMANN, Noelle, RAISER, L., TEUBNER G.und A. ZIELCKE, Baden-Baden, Nomos Verlag, 1978; RODOTÀ, Stefano. Il tempo delle clausole generali, *Riv. Crit del Diritto Privato,* v. 05, 1986, p. 709 e ss.; PISU Luciana Cabella e NANNI Luca (a cura di) *Clausole e principi generali nell'argomentazione giurisprudenziale degli anni novanta,* Cedam, 1998.

15 Lamentavelmente não publicada.

também pelo fato de permitirem ao Código Civil evoluir com a sociedade, de acordo com a economia do país e também com a moral social.

Apesar de sua reconhecida importância para assegurar a permanência de um Código, as cláusulas gerais não constituem unanimidade na doutrina, tanto estrangeira como nacional[16], sobretudo face à alegação, já referida, de essas cláusulas afetarem a segurança dos jurisdicionados, merecendo, por parte desses setores, críticas contundentes. *Data venia*, essas assertivas não procedem, pois somente quem desconhece esse mecanismo, ou não o maneja corretamente, pode pensar desta sorte.

Malgrado toda essa polêmica, podemos afirmar sem medo, com Alberto Gosson[17]:

> Transitando entre a generalidade, a vagueza e os valores, inseridas numa roupagem de proposição prescritiva escrita, as cláusulas gerais afirmam o objetivo de dotar o sistema de normas com característica de mobilidade, que propiciem abertura ao ordenamento jurídico, evitando-se a tensão entre preceitos normativos rígidos e valores em mutação a implicar um indesejável mal-estar decorrente de um embate sem solução sistêmica[18].

---

16 Basta evocar aqui a interessante polêmica a esse propósito, instaurada na Alemanha, relativamente ao método de grupos de casos (*Fall Gruppen Methode*) para tornar a aplicação dessas cláusulas mais segura. Três destacados professores alemães discutiram a validade desse método, discussão essa estampada em quatro artigos, publicados no conhecido periódico alemão, *Archiv fur die civilistiche Praxis* (AcP). O primeiro da lavra de WEBER, Ralph, intitulado *Einige Gedanken zur Konkretisierungen von Generalklauseln durch Fallgruppen*, 1992, p. 517 e ss.; após, uma réplica a esse artigo de BEATER, Axel, *Generalklauseln und Fallgruppen* (Erwiderung auf Ralph Weber), (1994), p. 83 e ss.; neste mesmo número da AcP, a resposta de Weber a essa réplica, (1994) 1º caderno): Erwiderung, p. 90 e ss.; finalmente, um estudo de KAMANABROU, Sudabeh (1994), num sentido mais conciliador ou meio-termo, intitulado: *Die Interpretation zivilrechtlicher Generalklauseln*, p. 662 e ss.

17 JORGE, Junior, Alberto Gosson, *Cláusulas gerais no novo código civil*. São Paulo: Saraiva, 2004, p. 10. *Vide* sobre o mesmo tema, SALOMÃO Filho, Calixto, Função social do contrato: primeiras anotações, *Revista de Direito Mercantil*, 132, São Paulo: Malheiros, p. 7 e ss.; WAMBIER, Alvim, Arruda, Teresa. Uma reflexão sobre as cláusulas gerais do código civil de 2002 – A função social do contrato, *RT* n. 831, jan. 2005, São Paulo, p. 59 e ss.

18 As cláusulas gerais vêm sendo reconhecidas pela doutrina em geral como o tema de preferência dos juristas alemães. Contudo, renomados comparatistas franceses, como Camille Jauffret-Spinosi, se debruçaram com êxito sobre esse assunto. *Vide* JAUFFRET-SPINOSI, Camille, Théorie et pratique de la clause générale en droit français et dans les autres systèmes juridiques romanistes. In: General clauses and standard in European contract law, *Kluwer Law*, 2006, p. 23 e ss.

Dentre todas as cláusulas gerais presentes em nosso Código Civil, nenhuma alcançou tanta projeção como a do art. 422, onde o legislador dispôs sobre a exigência de as partes portarem-se de acordo com os princípios da probidade e da boa-fé, desde o momento da conclusão do contrato, até a sua execução.

Este tema vem sendo objeto de estudo da Professora Judith há muitos anos, culminando com a publicação de sua obra capital, *A boa-fé no direito privado*, já aqui referida, constituindo um repositório de seu pensamento em vários setores do Direito privado, reunindo suas impressões críticas sobre a doutrina e a jurisprudência nacionais sobre esse tema, tendo, ao longo do tempo, trazido esclarecimentos sobre a natureza da boa-fé objetiva, apresentando-a em sua feição principial e como *standard*[19].

A exemplo de outros Códigos, o atual Código dos brasileiros emprega, quase de forma exagerada, os conceitos indeterminados, os quais, malgrado a sua proximidade com as cláusulas gerais, em razão de sua falta de precisão, com elas não se confundem, conforme ensina Judith Martins-Costa, podendo ser de duas espécies, ou seja, referentes a valores ou concernentes a realidades fáticas[20].

No referente ao denominado *sistema jurídico* brasileiro[21], percebem-se nitidamente as profundas modificações nele operadas desde algum tempo, atingindo sua estrutura original, sobretudo em razão de uma falta de coerência interna, importando isso, segundo meu entendimento, no desaparecimento do sistema em sentido próprio, substituído pelo conjunto, ou seja, totalidade de elementos reunidos, ou uma *massa regulamentar disparatada*, como afirmou Bruno Oppetit, em um notável artigo, escrito já há alguns anos[22].

19 Sobre esse tema, apesar de tanto tempo decorrido desde a publicação do BGB (1900), grassa todavia muita incerteza. O *Code*, por exemplo, na maioria das vezes, concebe a boa-fé como *standard* (conceito de geometria variável), sem, contudo, excluir outras acepções, *vide* arts. 550, 1134 e 187; o Uniform Commercial Code americano recebe a boa-fé apenas no sentido de *standard*; no BGB, a boa-fé é considerada como um princípio geral do direito, dotado de grande força cogente, por exemplo, os §§ 242, 157, 162, 320 e 815. No Brasil, coexistem as duas concepções, *standard* e princípio.

20 MARTINS-COSTA, Judith, *A boa-fé no direito privado*, cit., pp. 156 a 158; *Vide* igualmente, PERELMAN, C. et ELST, Raymond van der, *Les notions à contenu variable en droit*, Bruxelles: Bruylant, 1984.

21 Judith Martins-Costa tratou deste tema em um artigo intitulado O direito privado como um sistema em construção, *Revista da Faculdade de Direito da UFRGS*, v. 15, 1998, p. 129 e ss. Sobre a Teoria Geral dos Sistemas, ver também a importante obra de INTZESSILOGLOU, N. L'espace-temps du système juridique: de la spatio-temporalité systémique à la spatio-temporalité juridique, *Arch. Phil. Droit*, 42, 1997, p. 285 e ss.; sobre o mesmo tema, BERTALANFFY, L. considerado o criador da teoria dos sistemas, *Théorie générale des systèmes:* physique, biologie, sociologie, philosophie. Dunod, Paris, 1973.

22 *Droit et modernité*, PUF, Paris, 1998, p. 75, nota 04.

Essa classificação é confirmada pela existência, no conjunto de normas relativas ao Direito Privado, de múltiplas facetas, de falta de homogeneidade entre seus numerosos microssistemas, bem como uma distância temporal entre as leis que deveriam defini-lo, tais a Constituição Federal, o Código Civil, o CDC e a Lei de Arbitragem[23]. Nesse particular aspecto, discordamos da ilustre homenageada, pois entendemos ter a noção de sistema jurídico desaparecido há muitos anos, dada a falta de coerência interna.

É de ser referida a abertura à influência estrangeira em certos setores da vida nacional naquilo concernente ao Direito Privado em geral, e, mais particularmente, no plano do Direito dos Contratos e da Empresa, notando-se, no texto do Código Civil, uma forte influência ítalo-francesa, pois o legislador de 2002 jamais negou ter sido inspirado pelo projeto de Código Civil italiano de 1942, o qual, por sua vez, estava impregnado da influência das doutrinas francesa (solidarismo, funcionalismo), no tocante à teoria geral dos contratos, e da alemã e norte-americana, sobretudo no campo relativo ao Direito Societário.

Não obstante a validade dessa afirmativa, o fato da circulação de modelos jurídicos provindos da *Common Law*, inglesa ou americana, é incontestável, sobretudo a partir da segunda metade do século XX, verificando-se um crescendo nesse aspecto. Nesse específico âmbito, podemos lembrar os contratos inominados, como o *leasing,* o *factoring,* o *franchising,* o *know-how*, o *turn-key* e o *time sharing*. Da mesma forma, a fidúcia começa a ter no Brasil um relativo sucesso, sendo considerada um contrato inominado.

Frente a tão variados elementos a influenciar o Direito Privado brasileiro como um todo, e, em particular, o Direito Contratual, passarei a descrever os fatores atualmente contribuintes para sua substancial alteração, a qual, no futuro, será mais evidente, sobretudo no campo da Teoria Geral dos Contratos e nos Contratos em espécie.

Parte 2
Os fatores suscetíveis de operarem importantes transformações no direito dos contratos civis e empresariais do amanhã

Variados e importantes são os fatores suscetíveis de operarem transformações no Direito Privado brasileiro, com grande ênfase no mundo dos contratos.

---

23 Sobre a constatação, no Brasil, de fenômeno idêntico ao francês, *vide* nosso artigo Le système est mort, vive l`ensemble. In: *Études à la mémoire du professeur Bruno Oppetit* (collectif), *éditeur* LexisNexis, Paris, 2010, p. 193.

Em primeiro lugar, a comprovada aproximação do Direito Civil brasileiro com a *Common Law*, mediante o recurso às cláusulas gerais, que, como visto *supra*, permitem uma maior abertura e maior liberdade ao juiz, gerando a possibilidade de serem adotados recursos visando a uma maior segurança aos jurisdicionados, como o precedente, originado da Common Law e os *Fallgruppen*, criação da doutrina alemã, como antes referido. O fenômeno da *afirmação de um direito jurisprudencial*, referido por Bruno Oppetit, grassa também em França, onde *a jurisprudência conquistou progressivamente um lugar considerável. [...] sendo a sua unidade assegurada pela Corte de Cassação*[24].

Em razão da globalização, do incremento dos negócios no plano internacional, ocorre atualmente, e certamente continuará ocorrendo, uma internacionalização do Direito Civil dos contratos, por motivos a seguir elencados.

1. A internacionalização do Direito Civil mediante a circulação de modelos jurídicos, a doutrina, o influxo dos princípios Unidroit, da Uncitral e da CISG

Esse fenômeno da internacionalização do Direito Civil ocorre em todo o mundo, tanto no plano internacional como no dos mercados regionalizados, onde a necessidade de facilitarem-se as trocas impõe a adoção das regras uniformes e/ou harmonizadas, sobretudo no referente aos contratos, utilizados no plano interno, mas cujo modelo é de origem externa, tal como aludido *supra*.

Por outro lado, segundo abalizada opinião, a doutrina[25] surge como uma fonte de unificação internacional do Direito, porquanto ela comanda todos os esforços em direção à formação de uma concepção metanacional do Direito, ou, como afirma C. Mouly, "*à l'état d'esprit qui préside au dépassement et à l'abstraction des cadres nationaux*[26].

---

24 OPPETIT, Bruno. L'affirmation d'un droit jurisprudentiel. In: *Droit et modernité*, Puf, Paris, 1998, p. 65 e ss.

25 A homenageada nesta obra refletiu profundamente sobre esse tema e as diferentes acepções do termo *Doutrina*, sobretudo em *Modelos de direito privado*, obra em colaboração com seus ex-orientandos, tendo como mote a Teoria dos Modelos de Miguel Reale: *Modelos de direito privado*, Marcial Pons, Editora do Brasil Ltda., 2014, sobretudo, pp. 09-36, onde é feita a apresentação da obra. Interessante, a respeito, a observação de CRÉPEAU, Paul, professor canadense: « Em direito civil, o verdadeiro papel da doutrina não é o de seguir a jurisprudência, mas sim inspirá-la ». No original: "*En droit civil, le véritable rôle de la doctrine n'est pas de suivre la jurisprudence, mais bien de l'inspirer.* In *L'intensité de l`obligation juridique*", Montréal, CRDPCQ, Éditions Yvon Blais Inc., 1989, p. 94, nota 47, *in fine*.

26 No original: "[...] ao estado de espírito que preside a ultrapassagem e a abstração dos limites nacionais". *Revue internationale de droit comparé*, v. 38, n. 02, avril-juin, 1986, pp. 351-368.

O Direito Comercial Internacional nos oferece, há muito tempo, alguns bons exemplos dessa vocação: a Convenção da Haia de 1964, sobre a formação do contrato de venda de objetos móveis corporais, a Convenção de Bruxelas de 1970, relativa aos contratos de viagem, a Convenção de Genebra de 1983, sobre a representação em matéria de venda internacional de mercadorias, as Convenções de Ottawa, de 1988, sobre os contratos de *leasing* e *factoring* internacionais.

Ao referir esse aspecto do Direito Privado atual, influenciado por instrumentos internacionais, uma noção convém ser destacada, a de *soft law*, merecendo nossa atenção mais apurada, porquanto as normas integrantes desses instrumentos internacionais, Princípios Unidroit e regras da Uncitral (área comercial), antes mencionados, são assim qualificados.

Embora referida em uma profusão de escritos, a noção de *soft law* tem sido objeto de discussão e de cisão entre membros da melhor doutrina, nacional e internacional. Segundo reporta Jean Michel Jacquet[27], hoje em dia, percebe-se a crescente complexidade do Direito, tanto pela quantidade de normas publicadas como pela sua tecnicidade, além da sua opacidade. Em meio a tantos modos de regular a sociedade e os negócios, merece destaque a *soft law*, ou *droit souple*[28], com variadas utilizações, podendo consistir em regras técnicas ou de comportamento, de amplo espectro, impossível de serem trazidas em sua integralidade, em um texto como este, de extensão limitada. Contudo, no referente ao tópico ora sendo apresentado, trata-se de regras desprovidas de força obrigatória, mas cuja função postulada é das mais clássicas, como os Princípios Unidroit, para os contratos comerciais internacionais, elaborados por um grupo de experts.

No referente a sua obrigatoriedade, a *soft law* visa à produção de certos efeitos, a despeito de seu caráter não obrigatório. Jean Michel Jacquet dá como exemplo dessas regras todas aquelas limitando-se abertamente a exercer apenas uma *influência* sobre a conduta de seus destinatários, podendo compreender desde conselhos, recomendações, modelos de comportamento, códigos de conduta privados...[29].

27 L'émergence du droit souple (ou le droit réel, dépassé par son double). In: *Études à la mémoire du professeur Bruno Oppetit*. Paris: LITEC, 2009, p. 331 e ss.

28 Essa forma de legislar chamou a atenção, primeiramente, da doutrina internacionalista publicista. *Vide* DAILLIER, P. Soft law. In: *Droit de l'économie internationale*, Pedone, 2004, p. 123 e ss.

29 Exemplo bem conhecido de Código de Conduta tem-se nos princípios diretores da OCDE (Organização de Cooperação e de Desenvolvimento Econômico) criada em 1976, revisada em 2000, para a orientação da conduta das sociedades multinacionais, declarando-se, contudo, não obrigatório. Hoje, praticamente todos os Ministérios e muitos órgãos da Administração Pública federal e estadual no Brasil, cooperam com a Organização, participando de cerca de 36 instâncias da organização, como "associado",

Jean Michel Jacquet, em seu artigo aqui referido, expõe a anatomia da *soft law* ou *droit souple*, afirmando ser possível examiná-la sob dois ângulos distintos, em primeiro lugar, sua flexibilidade e, em seguida, a sua força[30].

No âmbito do Direito Contratual, é cada vez mais corrente o recurso à *soft law*, especialmente no plano dos negócios, nacionais e internacionais.

O mesmo ocorre em relação aos Princípios Unidroit, passíveis de aplicação no plano nacional, sobretudo nos contratos prevendo cláusula arbitral, justamente em razão de seu caráter *soft* ou *flou*, como querem os franceses. Algumas das soluções previstas nos Princípios Unidroit, por exemplo, podem servir a preencher as lacunas de todo tipo de contrato,

Da mesma forma, a recente recepção da CISG pelo Brasil certamente acarretará transformações no Direito Contratual interno brasileiro, a exemplo do ocorrido em outros países. Mercê de recursos postos aos contratantes na Convenção, ocorrerá um implemento da cooperação entre as partes, visando a estimular um adimplemento contratual mais célere e perfeito.

No caso do Brasil, antes mesmo da ratificação da Convenção pelo país, foram introduzidas, em nosso Direito Contratual, soluções dela inspiradas, tais o dever de mitigar o dano[31] e a interpretação do contrato com fulcro nas práticas desenvolvidas entre as partes[32].

Uma mudança na cultura contratual civilista decorrente da adoção de novos comportamentos das partes contratantes vem acarretando uma comercialização do Direito Contratual e uma civilização do Direito Comercial, como veremos a seguir.

2. A comercialização do Direito Civil e a civilização do Direito Comercial

O Direito Civil, campo tradicionalmente voltado para regular a vida do indivíduo sob vários de seus aspectos, o *homem situado*, como disse o nosso legislador, ou seja, o pai de família, o vizinho, o testador, o doador, o contra-

"participante" ou "convidado". O Brasil já aderiu a 26 Recomendações e outros instrumentos da Organização. Em junho de 2015, o Brasil e a OCDE assinaram um Acordo de Cooperação objetivando aprofundar o relacionamento bilateral. O acordo institucionaliza a participação brasileira em diversos foros da OCDE e estabelece mecanismos para a definição de linhas de trabalho futuras. Sobre esse tema, *vide* nosso Les sources du droit. In: *La mondialisation*, t. LXVI année 2016, Journées allemandes de Münster et Berlin, Paris: LB2V et Bruylant, 2017.

30 Op. cit., p. 333.

31 Enunciado ao art. 422 do CC, de n. 169 (III Jornada de Direito Civil) inspirado do art. 77 da CISG.

32 Enunciado ao art. 113 do CC, de n. 409 (V Jornada) inspirado do art. 9º da CISG.

tante..., vem se transformando em um setor do Direito, onde o afã de lucro é mais visível do que no campo do Direito Empresarial, âmbito tradicionalmente voltado a esse objetivo, bastando lembrar aqui o exemplo da *indústria* da indenização por dano moral, uma verdadeira praga, assolando os nossos tribunais, pretendendo mudar o antigo aforisma de ser *a vida um vale de lágrimas* para o de ser a *vida um mar de rosas*. Esse posicionamento deverá, no futuro, dar lugar a outra forma de pensar a responsabilidade civil, o contrato e a empresa, mediante a recepção pela sociedade brasileira de uma moralização como um todo, da moralização do Direito Privado, sobretudo relativamente ao conceito de contrato e de empresa, bem como relativamente ao exercício dos direitos subjetivos, graças à adoção das concepções solidaristas e finalistas, presentes de forma basilar no Código Civil.

Esse mesmo movimento pode ser detectado no Direito Privado de outros países e nos instrumentos internacionais de harmonização desse ramo do Direito, mediante a recepção de conceitos como os de cooperação[33], equilíbrio contratual [34], coerência de comportamento e lealdade[35].

Nesse passo, relevante destacar ter o Direito brasileiro sofrido, recentemente, um grande e positivo incentivo para aderir a uma concepção mais comercialista do contrato, em razão da ratificação, pelo governo brasileiro, da Convenção de Viena de 1980 sobre venda internacional de mercadorias, conhecida mundialmente como CISG (*Convention of international sale of goods*), inserida no ordenamento nacional pelo Decreto n. 8.327, de 17 de outubro

33 A propósito desse tema, *vide* o excelente estudo de KUYVEN, Luiz Fernando Martins, Cooperação como princípio diretor dos contratos: a lição dos acordos de acionistas. In: *Temas essenciais de direito empresarial, Estudos em homenagem ao Professor Modesto Carvalhosa*. São Paulo: Saraiva, 2012, p. 764 e ss.

34 O art. 5.2 dos Princípios Unidroit explicita a fonte dessas *obrigações*: a natureza e a finalidade do contrato, as práticas estabelecidas pelas partes e os usos, a boa-fé e a lealdade contratual e a razoabilidade. O seu art. 5.3 reza: "Cada parte deverá cooperar com a outra quando essa cooperação puder ser razoavelmente esperada para o cumprimento das obrigações da parte". *Vide* DIESSE, François, Le devoir de coopération comme principe directeur du contrat, APhD, Sirey, Paris, 1999, n. 43, p. 259 e ss.; *vide*, também, MAZEAUD, Denis, Loyauté, solidarité, fraternité: la nouvelle devise contractuelle? In: *L'avenir du droit*, Mélanges Terré, Dalloz. PUF. Juris-Class., 1999, p. 603 e ss.

35 Sobre esse tema, *vide* MARTINS-COSTA, Judith, O fenômeno da supracontratualidade e o princípio do equilíbrio: inadimplemento de deveres de proteção (violação positiva do contrato) e deslealdade contratual em operação de descruzamento acionário, Parecer, publicado na *RTDC*, v. 26, abr.-jun. 2006, p. 213 e ss. Recente artigo aborda o aspecto da possibilidade de inserção de cláusula moral em contratos brasileiros, sob inspiração do ocorrente na *Common Law. Vide* LEITE, Ana Paula Parra e CONSALTER, Zilda Mara, O caso Ryan Lochte e a aplicação da cláusula moral no direito negocial brasileiro, *Revista Brasileira de Direito Civil – RBDCivil*, Belo Horizonte, v. 12, pp. 37-57, abr.-jun. 2017, p. 37 e ss.

de 2014, evento fadado a acarretar grandes mudanças em vários aspectos do nosso Código Civil e no agir dos contratantes em geral, como vem ocorrendo em todos os Direitos nacionais dos países dela signatários[36].

Por outro lado, embora timidamente, os contratos já estão sendo influenciados pelas decisões da Corte Europeia de Direitos Humanos, algo que, com certeza, se tornará muito frequente no futuro, como veremos a seguir.

3. A influência ainda pouco perceptível da Convenção Europeia dos Direitos Humanos, CEDH, nos contratos

Embora a Corte Europeia de Direitos Humanos – EDH – não se debruce diretamente sobre os contratos, fazendo-o apenas indiretamente[37], não obstante, há grandes pressões para que o Direito dos Direitos do Homem, sejam eles de origem interna, constitucional ou europeia, penetre no conjunto dos ramos do Direito. Assim, no campo contratual, já se vislumbram influências da Convenção Europeia dos Direitos Humanos[38], valendo evocar aqui uma decisão pioneira da Corte de Cassação francesa, de 06 de março de 1996, onde foi decidido que a cláusula de um contrato de locação, estipulando dever o local ser ocupado unicamente pelo locatário e seus filhos, não poderia ser invocada pelo locador, por ferir o art. 8º da CEDH, cujo texto preserva o direito de respeito à vida familiar.

A Corte de Cassação francesa permitiu, pois, aos particulares invocar o Direito dos Direitos do Homem nas suas relações horizontais, ou seja, nas relações contratuais de direito privado.

Neste passo, é interessante referir o chamado controle da convencionalidade das normas, tornado possível, no Brasil, após a publicação da Emenda Constitucional n. 45, de 2004, inserindo o § 3º ao art. 5º da Constituição

36 Juntamente com dois outros professores brasileiros, Eduardo Grebler (MG) e César Guimarães Pereira (PR), participei como revisora da tradução para o português do mais recente e importante comentário artigo por artigo da CISG, da lavra dos professores Ingeborg Schwenzer (Universidade de-Basileia) e Professor Schlechtriem, falecido pouco antes da sua publicação, em sua versão original, obra publicada pela Thomson Reuters, Editora Revista dos Tribunais, São Paulo, 2014, com a colaboração, na tradução, de alunos integrantes do grupo de pesquisa sobre *Contratos internacionais, Arbitragem e CISG*, da UFRGS, todos participantes do Vis Moot, de Viena. Nossa participação teve o intuito de contribuir para uma maior difusão dessa importante Convenção, estudada, na UFRGS, há muitos anos, antes mesmo de sua ratificação pelo Brasil.

37 Art. 1º do Protocolo adicional n. 04, ao precisar: « Que ninguém pode ser privado de sua liberdade pela única razão de não estar em condições de executar uma obrigação contratual ».

38 Sobre esse tema, *vide* a excelente obra de RENUCCI, Jean François, *Droit européen des droits de l'homme*; *Droits et libertés fondamentaux garantis par la CEDH*; 7e édition, Editeur: L.G.D.J, Paris, 6/2017.

Federal, trazendo o procedimento para aprovação por 3/5 dos votos de cada Casa do Congresso, em dois turnos, de tratados e convenções internacionais sobre direitos humanos, com equivalência a emendas constitucionais. Assim, ampliou-se o instrumental jurídico para dar efetividade aos tratados e convenções internacionais sobre direitos humanos, além dos instrumentos jurídicos já previstos no art. 5º, §§ 1º e 2º, da CF. Neste sentido, no futuro, não somente as leis ordinárias deverão se ajustar aos termos dos instrumentos internacionais nos quais o Brasil for parte, como também, no plano do Direito Privado, deverá ser levado em conta esse aspecto.

Conclusão

À guisa de síntese do aqui exposto, é possível apontar alguns aspectos denotando um evidente progresso na área do Direito Privado aqui analisada, por exemplo, a moralização do Direito Civil por via do Direito Comercial, a moralização do Direito Contratual por intermédio das ideias finalistas e da função social do contrato.

Ademais, percebe-se progressivo retorno dos princípios da *Law Merchant* e a revalorização do *pacta sunt servanda*, movimento esse de cunho internacional.

Desta sorte, facilmente se percebe uma visível transformação e evolução do Direito Civil brasileiro, com tendência a tornar-se todavia mais evidente, de sorte a merecer, obrigatoriamente, a atenção da boa doutrina nacional.

Segundo afirmou Georges Ripert[39], *o direito progride na medida em que ele realiza mais perfeitamente seu objeto, ele deve assegurar, na sociedade humana, uma ordem considerada como justa.*

Nesse sentido, a Professora Judith Martins-Costa estará, seguramente à frente das iniciativas em prol desse progresso de nosso Direito dos Contratos, contribuindo, como o fez até o presente momento, para sua melhor compreensão e o seu aperfeiçoamento.

39 RIPERT, Georges, *Les forces créatrices du droit*, PUF, 1955, n. 24, pp. 66 a 71.

Parte VI

ANTIDORALIA VARIA

Lettera a Judith

Paolo Grossi

Nel lontano 1976, partecipando a Porto Alegre alle prime giornate italo-brasiliane di diritto agrario, conobbi Clovis do Couto e Silva, cattedratico di Diritto civile nella Facoltà giuridica riograndense, e subito si originò – tra me e lui – un rapporto di grande amicizia e una intensa familiarità che è durata fino alla sua morte prematura. Ci siamo, poi, spesso rivisti a Rio e a Firenze, ammirando io in lui uno dei più prestigiosi giuristi operanti nell'America Latina e un vero Maestro.

Sì, Maestro, che volle farmi conoscere i suoi molti discepoli. Fra questi, mi colpì una giovane donna, che capii subito essere la sua allieva più stimata, la sola che egli vedeva quale erede della sua cattedra universitaria. Era Judith Martins-Costa.

In lei contemplavo le grandi virtù di Clovis: la ampia apertura culturale e il colloquio vivo e fertile che, superando i confini brasiliani, si allargava alla riflessione europea, sia filosofica, sia giuridica; la grossa capacità di costruzione giuridica, con dei contributi specifici che hanno straordinariamente irrobustito la riflessione civilistica brasiliana. In Judith, più che in Clovis, personaggio di grande signorilità ma anche di molta riservatezza, ho constatato una eccezionale versatilità didattica e uno slancio verso i giovani che ha fatto di lei la docente più amata e più seguita nelle Università riograndense e paulista.

L'amicizia con Judith forte e intatta è uno dei beni della mia vita di giurista, con il solo rammarico che la enorme lontananza fra Italia e Brasile, fra Roma/Firenze e San Paolo/Porto Alegre, impedisce di vederci spesso.

Nell'ultimo mio soggiorno nel Rio Grande do Sul, quando fui colà per la laurea honoris causa promossa proprio da Judith, ebbi ospitalità nella grande casa di Canela, trasformata da Judith e dal validissimo marito Miguel Reale figlio in un vero tempio della cultura giuridica, grazie anche alla ricchissima biblioteca di un amico mio e maestro indiscusso della filosofia del diritto, Miguel Reale padre. Lì potei respirare un clima universale, quello della cultura vera, che non ha e non può avere confini. Lì vidi Judith all'opera, in mezzo a tanti collaboratori e a tanti giovani, tutti attratti dalla sua cultura, dal suo stile, dalla sua generosità.

Per tutto ciò, sono lietissimo di aggiungere queste mie sincere parole fra le *Antidoralia* in onore di una collega e amica a me carissima e da me stimatissima.

PARA DIZER O BELO E O TERRÍVEL

Eros Roberto Grau

01. Ensaiei mais de uma vez escrever as primeiras linhas – e as seguintes! – deste texto em homenagem à Professora Judith Martins-Costa.

Somos amigos há mais de trinta anos, múltiplos, inúmeros. Várias vezes nos encontramos aí no Sul, mesmo porque – embora vivendo em São Paulo – sou gaúcho de Santa Maria! De modo que somos irmãos, nascidos onde, como diz aquela canção que ressoa em meus ouvidos, tudo que se planta cresce!

A oportunidade de escrever em homenagem à Professora minha Amiga me enternece.

02. Pensei inicialmente em cogitar da decisão judicial, produzir uma digressão sobre o belo e o terrível. Não de um e outro na retórica das cores, na ponta do arco-íris, mas do belo e do terrível que a decisão correta carrega em si.

A decisão judicial há de ser adequada às leis, conforme o direito posto pelo Estado, objeto a partir ou em torno do qual os juízes se exercitam no desempenho de uma atividade técnica, à margem da política.

Pois o chamado *direito moderno* opera a substituição da subjetividade – equânime ou não, sabe-se lá – pela objetividade da lei para e a fim de, no mundo da Terra, instalar a segurança e a certeza jurídicas indispensáveis à fluência da circulação mercantil.

Seus limites e possibilidades decorrem do seu próprio ser: o *direito moderno* não instrumenta a realização de *justiça*. Aqui não se trata de discutirmos a *justiça* ou *injustiça* da *norma* produzida e da *decisão* tomada pelo juiz, dado que nem uma nem outra (*justiça* ou *injustiça*) existem *em si*. Os sentidos de uma e outra são assumidos exclusivamente quando se as relacione à *segurança social* perseguida no âmbito da sociedade civil, *rectius* do mercado.

Daí que – com certa dose de ironia – direi que não há nenhuma relação entre *justiça* e *direito*, *lex* e *jus*, tal e qual ao final deste texto novamente direi.

03. A decisão judicial resulta, caso a caso, da interpretação/aplicação de textos normativos pelos juízes. Há de ser conforme esses textos.

Não me excederei, neste momento de Amizade, reproduzindo o que tenho afirmado, repetitivamente, a respeito disso[1].

Lembro, porém – em síntese – que *texto normativo* e *norma* não se identificam. A *norma jurídica* é produzida pelo intérprete. A tarefa do legislador esgota-se na produção do *texto*. A *norma* vem depois. Quem a produz é o intérprete. Por isso insisto em que não se interpreta a *norma*. A *norma* é o resultado da interpretação.

A interpretação é atividade que se presta a transformar enunciados, preceitos, disposições em normas. Podemos dizer, portanto, que: [i] as normas resultam da interpretação; [ii] o ordenamento é um conjunto de interpretações, isto é, conjunto de normas; e [iii] o conjunto das disposições é apenas ordenamento em potência, um conjunto de possibilidades de interpretação, um conjunto de normas potenciais.

04. Insisto, além disso, em que a interpretação é uma *prudência, saber prático*, a *phrónesis* aristotélica. Razão intuitiva que não discerne o *exato*, porém o *correto*.

O juiz não *pode*, o juiz *deve*, em cada caso, fazer o que *deve* fazer. Não o que os outros esperam que ele faça. Saber-se o que se *deve* fazer é uma *virtude*, no sentido aristotélico.

O homem prudente – ensina Aristóteles na *Ética a Nicômaco* – é aquele capaz de deliberar corretamente sobre o que é bom e conveniente não sob um aspecto particular, porém de um modo geral. A *prudência* é uma virtude, uma disposição [capacidade], acompanhada de razão, capaz de agir na esfera do que é bom ou mau para um ser humano. Ou, dizendo-o de outro modo – prossigo transcrevendo Aristóteles – capaz de agir na esfera dos bens humanos. É razão intuitiva, a *prudência*, razão que não discerne o exato, porém o correto. Não é saber puro, separado do ser.

05. A interpretação/aplicação do Direito sendo uma *prudência*, a decisão jurídica correta a ser tomada em cada caso deve ser aquela que o juiz entende, em sua consciência, que *deve* [não que *pode*] tomar.

O grave, contudo, está em que cada caso sempre comporta mais de uma solução correta, nenhuma exata. Eis porque toda decisão jurídica é dramática. Mais do que dramática, terrível.

A decisão jurídica correta há de ser conforme a uma lei preexistente. Mas a interpretação dessa lei, que a decisão pressupõe, é recriadora.

1 Reporto-me, em síntese, ao que escrevi em meus *Por que tenho medo dos juízes*, 8. ed. São Paulo: Malheiros Editores, 2017 e *Pourquoi j'ai peur de juges*. Paris: Éditions Kimé, 2014.

Por isso toda decisão, mais do que dramática, é terrível. O belo sendo a porta do terrível, toda decisão jurídica – como todo anjo, qual nos diz Rilke na maravilhosa *Primeira Elegia de Duíno* – é terrível.

06. A decisão jurídica é produzida no âmbito da singularidade. E as singularidades *desafiam o universal*, efetivando-o, determinando-o. A decisão do juiz explicita o universal normativo. Para ser justa segundo a lei, há de ser *terrível*, no sentido de que deve, em certas situações, aparentemente transgredir o texto da lei.

Isso pretendo assim explicar: o universal é determinado pelo problema que suscita; a transgressão explicita, determina o universal; daí que o universal normativo que o texto manifesta nela efetivamente se realiza; a aparente transgressão é um momento do universal.

Não é negação, não é abolição, porém suprassunção do texto. *Transgredir* o texto é tomá-lo como padrão da decisão, de modo que ele se torne plenamente adequado ao caso e à realidade. A transgressão equivale a sua reafirmação, em cada momento, a cada caso. *Aufhebung*, como diria neste ponto, se estivesse entre nós, o velho Hegel. A quem tivesse paciência eu sugeriria que lesse o quanto anotei em um voto no HC 94.916, julgado pelo STF.

07. Embora o Direito – a *Lex* – seja uma *prudência*, o abuso da liberdade de interpretação por alguns juízes nos coloca em perigo, sobretudo quando fundada na *ponderação* entre princípios, despedaçando a segurança jurídica. Ponderação que inúmeras vezes não é senão expressiva de arbitrária formulação de juízos de valor, como afirmei em voto proferido no julgamento da ADPF 101.

A incerteza dessa ponderação apavora, qual se apura da leitura, por exemplo, do acórdão lavrado no HC 82.424/RS (o *caso Elwanger*, caso dos livros antissemitas). Dois ilustres membros do Supremo Tribunal Federal lançaram mão da regra da proporcionalidade para analisar a colisão da liberdade de expressão e da dignidade do povo judeu, disso resultando conclusões que se opõem. Um afirmando que a restrição à liberdade de expressão provocada pela condenação à publicação do livro antissemita *não é uma medida adequada, necessária e razoável*, logo não constitui uma limitação permitida pela Constituição. Outro a dizer que a restrição à liberdade de expressão causada pela necessidade de se coibir a intolerância racial e de se preservar a dignidade humana é adequada, necessária e proporcional, logo permitida pela Constituição[2].

2 Recomendo a leitura de um texto denso e sólido de Celso Lafer, meu amigo desde os anos 50, O crime da prática do racismo: o caso Ellwanger. In: *Grandes crimes*. Pierre Moreau (Org.). São Paulo: Três Estrelas, 2017, pp. 214-266.

08. A esta altura retorno ao que afirmei linhas acima: não há nenhuma, absolutamente nenhuma relação entre *direito* e *justiça*, *lex* e *jus*.

Kelsen – que quando eu era jovem tinha como inimigo intelectual, mas hoje compreendo, finalmente – afirmou, no final de sua vida, que a justiça absoluta é um ideal irracional; a justiça absoluta "*só pode emanar de uma autoridade transcendente, só pode emanar de Deus [...] temos de nos contentar, na terra, com alguma justiça simplesmente relativa, que pode ser vislumbrada em cada ordem jurídica positiva e na situação de paz e segurança por esta mais ou menos assegurada*".

Os juízes aplicam o *direito*, não fazem *Justiça*. Vamos à Faculdade de Direito aprender *direito*, não *Justiça*. *Justiça* – repito – é com a religião, a filosofia, a História.

Uma indagação de Bernd Rüthers cabe, qual uma luva, aos nossos tribunais e juízes: pode um Estado, pode uma democracia existir sem que os juízes sejam servos da lei? A independência judicial é vinculada à obediência dos juízes à lei. Os juízes – todos eles – hão de ser servos da lei.

Permitam-me transcrever pequeno trecho de voto que proferi, no STF, na ADPF 153:

> Estamos, todavia, em perigo quando alguém se arroga o direito de tomar o que pertence à dignidade da pessoa humana como um seu valor (valor de quem se arrogue a tanto). É que, então, o valor do humano assume forma na substância e medida de quem o afirme e o pretende impor na qualidade e quantidade em que o mensure. Então o valor da dignidade da pessoa humana já não será mais valor do humano, de todos quantos pertencem à Humanidade, porém de quem o proclame conforme o seu critério particular. Estamos então em perigo, submissos à tirania dos valores. [...] quando um determinado valor apodera-se de uma pessoa tende a erigir-se em tirano único de todo o ethos humano, ao custo de outros valores, inclusive dos que não lhe sejam, do ponto de vista material, diametralmente opostos.

Mais ainda, afirmar e sustentar, veementemente, *a positividade do direito* – apesar de, muitas vezes, *juízes sem preconceito, sem saberem o que é o direito, fazerem suas próprias leis!*

Penso ter linhas acima explicitado a diferença entre *lex* e *ius*, *direito* e *justiça*. O que me dá paz, aos 77 anos, além do cultivo da Amizade, é ler o profeta Isaias (32,15-17): "O direito habitará no deserto e a justiça morará no vergel. O fruto da justiça será a paz, e a obra da justiça consistirá na tranquilidade e na segurança para sempre".

Justiça é lá em cima! Lá no céu, uma cidade de férias – como diz nosso irmão gaúcho, Álvaro Moreyra –, "uma cidade de férias que não acabam mais"!

Outro poeta, Paulo Mendes Campos, estava também muito certo ao afirmar – como se fosse por mim – que, se multiplicou a sua dor, também multiplicou sua esperança.

Dos alunos à professora: o desejo pelo mar

Erika Donin Dutra
Giacomo Grezzana
Maurício Licks
Gustavo Sanseverino
Guilherme Seibert

Atribui-se aos rascunhos de Antoine de Saint-Exupéry a célebre frase, que talvez sintetize a função mais difícil e importante de um professor: "Se desejas construir um barco, não inicie por dar ordens, por explicar os detalhes ou por dizer aos homens e mulheres onde encontrar cada coisa; se desejas construir um barco, faça nascer no coração das pessoas o desejo pelo mar"[1]. Enquanto aluno, falar da Professora Judith – e em agradecimento a ela – é sobretudo relatar um pouco e em breves linhas a experiência do surgimento deste desejo pelo mar.

Paradoxalmente, enquanto ano após ano o número de mestres e doutores cresce vertiginosamente no Brasil, tornam-se cada vez mais escassos os professores que possuem a capacidade de ensinar e pensar o Direito, transmitindo o conhecimento jurídico com seriedade, coerência e profundidade. Esta, contudo, é apenas uma faceta da docência, cuja simplicidade a faz facilmente substituível pela leitura de um bom livro. Assimilar o conhecimento básico de determinado ramo do Direito e transmiti-lo aos alunos é a tarefa mais elementar e, no entanto, carecem nos quadros das Faculdades professores com condições reais e efetivas de condução da formação jurídica em um sentido mais amplo. O resultado deste processo de substancial esvaziamento do corpo docente (multifacetado, é verdade)[2] verifica-se na formação cada vez mais precária dos discentes e culmina no ocaso da doutrina diante das evidentes limitações na capacidade de análise, sistematização e crítica do conhecimento jurídico.

Nesse contexto, mais raros são aqueles que lecionam o Direito por vocação, que voltam sua investigação à construção sólida do universo jurídico. Os verdadeiros professores, na contramão da produção massificada da mera

---

1 ANTOINE DE SAINT-EXUPÉRY, *Citadelle*.

2 As causas, consequências e o panorama do ocaso doutrinário encontram-se em MARTINS-COSTA, Judith. Autoridade e utilidade da doutrina: a construção dos modelos doutrinários. In: MARTINS-COSTA, Judith (Org.). *Modelos de direito privado*. São Paulo: Marcial Pons, 2014.

"opinião publicada", acessam as profundezas de seu ramo de conhecimento, sistematizam seu desenvolvimento, reconstroem seus sentidos e, demonstrando a imensidão e a riqueza do oceano, transmitem a paixão pelo mar.

Em sua trajetória, a Professora Judith corporifica esta rara vocação. Quem a conhece leva para a vida uma *teima interrogante do saber*[3], que impede qualquer tipo de acomodação e resignação. O convívio de constante aprendizado com a Professora Judith nos ensina que o Direito não é produto pronto disponível nas prateleiras, mas construção perene que se dá sobre a realidade cambiante e, por isso, não surge *ab ovo*, não se exaure no que já foi produzido, nem se limita à mera reprodução de legislação e jurisprudência. É tanto na sala de aula como a partir dela que se compreende que é essa desconfiança, esse desconforto intelectual, que anima o pesquisador (como eterno aluno daqueles que o antecederam) a continuar sua construção.

Em sala de aula, a Professora Judith desperta a desconfiança no intelecto daqueles curiosos que buscam "construir conhecimento" e não adquiri-lo no mercado de frases e jargões pasteurizados. E a construção inicia-se já na elaboração do plano da disciplina. Lá nos primeiros semestres, percebe-se que a História do Direito não precisa ser vaga e abstrata, não necessariamente tem de reproduzir o caminho engessado dos livros esquemáticos, que, *per saltum*, partem do Direito mesopotâmico para chegar aos dias atuais, como se os modelos jurídicos se tratassem de fotografias desconexas meramente justapostas. A História do Direito pode ser – e quiçá deva ser – a história do *nosso* Direito, galho transplantado do Direito português que se desenvolve a partir das primeiras Escolas em Olinda, depois Recife, e em São Paulo. A História do nosso Direito é também a história dos nossos pensadores do Direito, que desenvolveram as soluções adequadas ao nosso pano de fundo. Mas o plano da disciplina precisa ser preenchido e, assim, a Professora ensina que os conceitos não podem ser distantes da realidade. O Direito obrigacional (como as demais matérias) não se aprende a partir das disputas entre Caio e Tício, mas passa pelos contratos de M&A, pelos derivativos ou pelas complexas relações travadas no âmbito da construção civil. Por fim, aprende-se que as avaliações não são um simples decorar e repetir de conceitos gerais e abstratos inaplicáveis a caso algum. Direito é ciência social aplicada e, portanto, o aluno só é preparado e avaliado quando verificada sua capacidade de concatenar os conceitos jurídicos (ou os modelos doutrinários, legais e jurisprudenciais) na resolução de uma disputa. Esta resolução, aliás, pode ter de ocorrer na

3 A expressão foi cunhada por Eduardo Giannetti, em *Trópicos utópicos*: "[a] teima interrogante do saber não admite ser detida ou barrada, como contrabando ou imigrante clandestino, pela polícia de fronteira na divisa onde findam os porquês da ciência" (GIANNETTI, Eduardo. *Trópicos utópicos:* uma perspectiva brasileira da crise civilizatória. São Paulo: Companhia das Letras, 2016, p. 33).

madrugada, já que o prazo de resposta se exaure em um termo predefinido tanto na sala de aula como na praxe real – e esse sacrifício também é parte do mister jurídico.

Em síntese, a Professora expôs um mundo muito mais amplo do que aquele representável pelo riscar do giz no quadro negro, por aulas expositivas, trabalhos curriculares e avaliações. Abriu a nós, alunos, as portas de um mundo acadêmico, da pesquisa no Direito e de encontros intelectuais em que densas discussões jurídicas têm espaço para florescer. Um campo onde se apresentam disponíveis os materiais, o exemplo e conhecimento dos mestres, bem como o suporte dos amigos para transformar potência em hábito. Um mundo que ainda não conhecíamos, mas em que já surgia o desejo de navegar.

Fora da sala de aula, o convívio com a Professora descortina aos seus alunos um universo no qual se somam sinergicamente a sistematicidade do conhecimento, a profundidade na apreensão e o refinamento da linguagem. Ao fazê-lo, no entanto, não se firmam duas posições estanques e antagônicas: a do aluno, que tudo ignora, e a da professora, fonte de sabedoria individual. Pelo contrário, conviver com a Professora Judith é aprender que o conhecimento deve ser laborado em conjunto, debatido entre colegas, moldado no contraditório das ideias. É entender que o estudo e a reflexão são atividades solitárias que só se aperfeiçoam no debate sério e produtivo daqueles que animados pela mesma razão.

A inquietação que daí exsurge é que toda esta experiência não inspira somente sentimento de gratidão para com a pessoa da Professora Judith. A inspiração e o conhecimento que se adquire faz com que surjam a vontade, a necessidade e a *obrigação* de retribuir. Esta lição também nos foi ensinada pela Professora: em seu discurso de despedida da sua *alma mater*, a Professora definiu o vínculo com seus alunos como uma relação obrigacional *antidoral*. Trata-se de relação obrigacional que não se extingue pelo adimplemento – e, portanto, não se termina –, mas se renova mediante retribuição. Com isso, a noção de obrigação, um dos principais temas abordados pela Professora, converte-se em metáfora do mundo que nos apresentou e da eterna relação que construiu. O grande paradoxo encontra-se exatamente na impossibilidade de liquidação da contraprestação: nosso "dever" perante a Professora Judith é de valor inestimável, de satisfação impossível, de forma que o pagamento será sempre e constantemente insuficiente; isto é, assim como a obrigação antidoral, sem *solutio*. A relação não extingue, porque a retribuição é eterna.

E a nós, alunos, a dúvida é quase imediata: mas retribuir como? A resposta de como dar retribuição a esta obrigação antidoral talvez chegue a nós pela Professora Judith por intermédio da crucial lição herdada do Professor Clóvis do Couto e Silva. A Professora conta que foi nas aulas do Professor Clóvis que aprendeu a diferença entre a Escola de Paris, construída verticalmente a partir de e por seus Professores, e a Escola de Bolonha, desenvolvida horizontalmente pelo trabalho de seus estudantes. Curiosamente, alinhando-

-se a esta segunda, a Professora Judith completa a tarefa, que seu mestre profeticamente anunciava ao falar da circularidade da academia ("os senhores serão os futuros professores e doutrinadores, que formarão os futuros professores e doutrinadores"). Professora por vocação, retribui a seu mestre formando novos laços indissolúveis com seus alunos, inspirando em novas gerações a paixão que lhe foi anteriormente transmitida.

Enfim, ainda que nossa obrigação seja de caráter *antidoral*, que nossa retribuição só possa ocorrer reproduzindo e laborando a partir das lições que tivemos a honra de receber, seríamos ingratos se olvidássemos uma mensagem de agradecimento direto à Professora Judith. Seríamos, afinal, extremamente mal-agradecidos se não a deixássemos saber, ainda que por este pequeno e singelo texto, quão importante foi o amor que ela, com seu exemplo, despertou pela imensidão e riqueza do mar.

Da professora aos alunos: a obrigação antidoral[1]

Judith Martins-Costa

Desde que eu soube dessa tão inesperada e generosa homenagem, vinda daqueles que deram, e dão, e darão o sentido àquilo que fiz aqui por tantos anos, tenho estado a pensar no que poderia falar, além de agradecer, do fundo do coração, *aos meus alunos*, e também aos meus amigos, especialmente Eros Grau, Paulo Sanseverino, Vera Fradera, e todos vocês.

Eu bem sei que o tema geral desse encontro chama-se "Novas Perspectivas do Direito Obrigacional". Mas só consegui pensar numa perspectiva muito antiga do Direito das Obrigações, traduzida numa estranha e sonora palavra: *Antidora.*

É dela que vou agora falar um pouquinho.

Como vocês sabem – sempre tratamos disto nas primeiras aulas de Direito das Obrigações – a noção de "obrigação" e a expressão "relação obrigacional" designam *uma instituição imaginária da sociedade*, um esquema representativo e um instrumento jurídico-constitutivo criado e recriado, incessantemente, na relação entre os homens e a realidade[2].

A instituição imaginária da sociedade, escreveu Cornelius Castoriadis, significa a "criação incessante e essencialmente indeterminada (social-histórica e psíquica) de figuras/formas/imagens, somente a partir das quais é possível falar-se de "alguma coisa", razão pela qual "aquilo que denominamos realidade e racionalidade são seus produtos".

A "instituição imaginária" diz respeito, portanto, à criação das formas e das percepções sociais, dos seus significados e dos valores atribuídos simbolicamente às coisas criadas pelos homens, tal qual, exemplificativamente, o Direito e suas instituições – pois, como dizia o nosso primeiro culturalista, Tobias Barreto: "É preciso bater cem vezes e cem vezes repetir: o Direito não

---

1 Oração proferida na Faculdade de Direito da UFRGS por ocasião de cerimônia de homenagem organizada por alunos de graduação (Porto Alegre, 26 de novembro de 2010) [Nota dos organizadores].

2 Utilizo esta noção tal qual proposta por Castoriadis (ver: CASTORIADIS, Cornelius. *A instituição imaginária da sociedade*. Tradução de Guy Reynaud. Rio de Janeiro: Paz e Terra, 1982, p. 13 e ss.).

é um filho do céu, é, simplesmente, um fenômeno histórico, um produto cultural da humanidade"[3].

Portanto, como todos os conceitos jurídicos, obrigação como *conceito jurídico geral* é uma abstração, uma construção da ciência jurídica destinada a englobar e a categorizar as distintas formas pelas quais nos vinculamos – voluntária e involuntariamente – com os outros sujeitos sociais, respondendo com o nosso patrimônio por essa vinculação.

Como *forma* jurídica e veículo de *funções* que lhe são próprias, a noção de obrigação – assim como a de "contrato", a de "família", a de "coisa", e tantas outras [todas as outras?] ata-se aos *específicos e diversos processos de produção, experiência e poder estruturantes das sociedades*. Seja qual for a perspectiva adotada – histórica, teórica, pragmática ou comparatista – não há conceito imutável e naturalisticamente apreensível[4] as realidades jurídicas: não podemos apreender a "relação obrigacional" como se pudesse ser descoberta e descrita por esta gravada de uma vez por todas na natureza das coisas[5], muito embora se possa aceitar a existência de uma "ideia de obrigação" – o

3 BARRETO, Tobias. Ideia do direito. Ora in: *Estudos do direito*. Salvador: Livraria Progresso Editora, 1951, pp. 168-169. Clóvis Beviláqua, que transcreve essa passagem, afirma que "a campanha que Tobias dirigiu contra o direito natural constitui uma das partes mais brilhantes de sua obra" (BEVILÁQUA, Clóvis. *História da Faculdade de Direito do Recife*. II v. Rio de Janeiro: Francisco Alves, 1927, p. 108).

4 Por essa razão escrevi em outra sede não defender a ideia da existência de "um" conceito de contrato, empregando o termo para designar um instrumento proteiforme cuja unificação conceitual opera pela interligação de três pontos ou perspectivas, a saber, a sua função, a sua estrutura e sua eficácia (In: MARTINS-COSTA, Judith. O método da concreção e a interpretação dos contratos: primeiras notas de uma leitura suscitada pelo código civil. In: NANNI, Giovanni Ettore (Org.). *Temas relevantes de direito civil contemporâneo*. São Paulo: Atlas, 2008, pp. 475-506).

5 Um conceito é uma unidade abstrata criada a partir de uma combinação única de características, sendo designado por um *termo* ou *expressões*. Estes, por sua vez, são signos linguísticos que diferem da "palavra" por serem qualificados no interior de um discurso determinado, consistindo, portanto, em uma palavra *contextualizada no discurso*. A dificuldade está em que o jurista trabalha necessariamente com conceitos, sendo os institutos e instituições do Direito expressados por meio de conceitos dotados de elevado grau de abstração cuja função é sistematizadora, classificadora e ordenante (no sentido de "pôr ordem"). A abstração é necessária para alcançar determinados patamares de classificação que seriam impedidos por um excesso de concretização, pois, então, só se perceberia o singular, impossibilitando-se o pensar que é justamente, o estabelecer relações, traçando-se distinções e semelhanças. Porém o conceito, justamente por sua inerente abstração, pode deixar de dar conta dos fenômenos da realidade, então deixando de corresponder às necessidades impostas pela factualidade do mundo empírico que ao Direito cabe ordenar justamente por seu intermédio. Ocorre, então, o movimento de sua ressignificação que é, na verdade, ressignificação do termo indicativo do conceito (sobre a formação dos conceitos v. LARENZ, Karl. *Metodología de la ciencia del derecho*. Tradução espanhol de Marcelino Rodriguez Molinero. Barcelona: Ariel, 1994, p. 440 e ss.; na doutrina brasileira v. GRAU, Eros Roberto. *Direito, conceitos e normas jurídicas*. São Paulo: Revista dos Tribunais, 1988).

ob + ligare, como laço, a perpassar as sociedades como tradução de um fenômeno prático, um "fato social fundamental"[6]: o *fato de uma vinculação a outra pessoa, e pela qual respondemos* – hoje em dia com o nosso patrimônio, nos arcanos tempos até com a nossa própria pessoa.

Este fato social não recebe, do Direito, uma apreensão rigorosamente linear, mas, felizmente, nada é linear na História, há sempre a convivência de várias temporalidades a recobrir a ideia de obrigação. Temos a nossa, que se fez de nova há uns 300 anos, (revestindo as Obrigações com a racionalidade moderna do *homo oeconomicus*, exemplarmente exposta e sistematizada na obra de Savigny, instrumentalizando, tornando possível, uma realidade nova – a economia de mercado); temos a novíssima que despersonaliza e desmaterializa a um ponto extremo a relação obrigacional – ainda a ser perfeitamente estudada, desvelada em sua conexão com o *capitalismo informacional*[7], – mas temos, também, escondida em cantos menos visíveis, mas nem por isso menos reais, a persistência de racionalidades mais antigas, atadas a outros vetores simbólicos, psíquicos, valorativos que não sempre são muito evidentes.

Eu lembro essas platitudes por todos sabidas justamente para chegar a uma dessas persistências de sentidos, de antigas percepções da relação obrigacional, usando-a como metáfora desse agradecimento. É a noção de *Antidora* que quero agora resgatar, lembrando a possibilidade, ainda hoje, ainda aqui, da *persistência das relações antidorais*.

O que significam as relações antidorais? O que tem a ver com a relação obrigacional?

Investigou esse tema o historiador espanhol Bartolomé Clavero. No séc. XVI europeu – já a racionalidade moderna, do "*homo economicus*" permeando todos os setores da vida social – e o instituto do adimplemento das obrigações sofrendo fortemente o influxo dessa nova racionalidade (basta pensar nas regras sobre a formação do preço, o regramento dos juros, na ficção da força liberatória do pagamento substitutivo, chamado "indenização pelo equivalente", do direito restitutório etc.) – persistiam, ainda certas *relações obrigacionais de empréstimo e doação fundadas na amizade, e, portanto, escapando da possibilidade de usura ou adimplemento, em sentido próprio, isto é, com função liberatória* – essas, sendo chamadas, justamente, de antidorais[8].

---

6 Apontando ao contrato como "un fondamentale fatto sociale": TRABUCCHI, Alberto. Il contrato como fato giuridico. L'accordo. L'impegno. In: *Il contrato. Silloge in onore di Giorgio Oppo*, v. I. Padova: CEDAM, 1992, p. 2.

7 Expressão cunhada por M. Castells para cunhar o sistema econômico que se alastra globalmente desde os anos 80 do séc. XX, sucedendo, na linha histórica, o capitalismo industrial (V. CASTELLS, Manuel. A *sociedade em rede*, v. I. 5. ed. Tradução de Roneida Venancio Majer. São Paulo: Paz e Terra, 2001, p. 36 e ss.).

8 CLAVERO, Bartolomé. *Antidora*. Antropología católica de la economía moderna. Milão: Giuffrè, 1991.

A palavra "Antidora" traduzia, portanto, certas relações obrigacionais de empréstimo (mútuo) e doação fundadas na amizade. Tinham força jurídica – podiam ter contraprestação pela *retribuição* – mas não admitiam pagamento como "*solutio*" – no sentido de um ato que, por ter uma correspondência com o crédito, tem efeito principal "liberatório", desatando o vínculo que até então ligara as partes: *ob+ligatio*.

Insisto: a obrigação antidoral é uma obrigação que não admite pagamento – e, por isso, persiste, permanece – *literalmente não tem solução* – não há desate do vínculo.

A minha relação com vocês, alunos desta Faculdade, é uma relação antidoral. Eu posso retribuir, não pagar.

Tentei retribuir antidoralmente, o que recebi dos que vieram antes de mim, meus professores: meu avô, Zeca Martins-Costa; meu pai, Antonio Martins-Costa, e meu tio, Celso Martins-Costa; meu orientador, Clovis do Couto e Silva, todos eles dotados da imensa capacidade de compartilhar com sabedoria projetos intelectuais, dúvidas, mistérios, experiências, tempo; homens que jamais colocaram a "instituição Faculdade" a serviço de briguinhas, politicagem, politiquinha, coisas pequenas.

Deles recebi muito. Foram exemplos de integridade, lealdade, curiosidade intelectual, amabilidade. Nós todos precisamos de exemplos não para nos sufocar, mas para balizar um rumo.

Tentei retribuir o que deles recebi referindo a vocês, alunos queridos, algumas metáforas – como, por exemplo, a de meu avô Zeca sobre o jurista – advogado, professor, magistrado – não ser nunca um "ator", mas sempre um "autor" do fenômeno jurídico; como que várias vezes ouvi do Professor Clóvis (e contei, também, várias vezes, a vocês) sobre os paradigmas de universidade, Bolonha e Paris, uma feita de cima para baixo (Paris, universidade "dos professores") outra feita de baixo para cima (Bolonha, universidade dos alunos), uma e outra correspondendo às duas concepções de poder, de que tratou Walter Ullmann – a concepção ascendente e a descendente.

Hoje eu estou absurdamente emocionada por tudo – mas, estou especialmente gratificada, feliz por constatar que essas metáforas foram compreendidas e levadas adiante, estão a ser levadas adiante por vocês, que, por vezes, têm de enfrentar percalços tão duros para manter a integridade, têm que desmanchar mitos de pés de barro e – como é próprio dos corajosos – às vezes devem nadar contra a corrente.

Fico feliz por constatar que vocês não estão "debussolados" – o maior mal do nosso tempo – que têm um rumo, sabem perceber e aproveitar a força de exemplaridade de uma tradição que vem de tão longe, desses arcanos de nossa história cultural. Fico feliz com a nossa troca, com os nossos empréstimos, com a mútua doação que nos fizemos nesses anos todos – e continuaremos tecendo daqui para frente, de outras formas.

Por tudo isso esta minha relação com vocês, alunos, é também uma relação antidoral, – uma relação de obrigação sem liberação, só com retribuição.

Confessando essa dívida sem possibilidade de pagamento finalizo lendo um trecho da crônica de Roberto DaMatta publicada anteontem no Caderno Dois do *Estado de São Paulo* – pois DaMatta, com sua inteligência e sensibilidade, conseguiu expressar, numa homenagem ao seu antigo professor, o que eu quero dizer aos meus alunos:

> Como foi prazeroso reconhecer e testemunhar como as nossas vidas se fazem por meio de outras vidas e essas, por meio das nossas. Quantos não são tocados por nós no curso de nossa trajetória; e que privilégio enorme foi poder testemunhar vivamente que, sem aquela pessoa, e esses maravilhosos professores e amigos [e eu digo: sem esses maravilhosos alunos e amigos] – eu não estaria aqui contando essa história. O mundo, apesar de tudo, é bom[9].

9 DAMATTA, Roberto. Recebido por Cachorros. *O Estado de S.Paulo*, quarta-feira, 24 de novembro de 2010, Caderno 2, p. 14.

Posfácio à revelia

Laura Beck Varela

"*Não contrariar o mestre*" era preceito básico, regra de conduta essencial entre os antigos estudantes de leis e cânones. "*Conetur praeceptoris opiniones defendere quantum potest*" ("procurar defender as opiniões do preceptor sempre que possa"), aconselhava Giovanni Battista Caccialupi em seu célebre *Modus studendi in utroque iure* (1467), obra de síntese dos tópicos acerca dos deveres, vícios e virtudes dos estudantes juristas na tradição acadêmica medieval e moderna[1]. Numa tardia paráfrase castelhana da obra de Caccialupi, afirmava o licenciado Bermúdez de Pedraza que "*no se han de contradecir las respuestas del Maestro, que si se haze muchas vezes será descortesía*". Ao contrário, dizia, invocando Santo Agostinho, "*antes está obligado en ley de discípulo a defender sus opiniones*"[2].

Esta velha "*ley de discípulo*" foi escandalosamente descumprida pelos autores e autoras cujos nomes figuram neste volume. Colegas, fãs, amigos e amigas, ex-alunos e ex-alunas decidimos dar forma livresca à desobediência. Cientes da sua ojeriza aos "livros-homenagem" de recente proliferação, um grupo de rebeldes releu seus artigos, livros e pareceres, e trocou ideias, às escondidas, durante meses a fio. Intercambiaram textos e comentários, iniciaram um intenso exercício de diálogo e leitura de seus escritos, passados e recentes, nem sempre mantendo conformidade com sua doutrina, por vezes optando por não seguir a *opinio communis* sugerida pelo *mos Clodovici iura docendi*[3]. Mais exatamente, poder-se-ia dizer que foi de natureza *tripla* a ação à revelia, pois além de desafiarem o mandato expresso de não lhe dedicar um

---

1 Foi reimpressa diversas vezes entre os séculos XV e XVII; aqui utilizamos a edição veneziana, onde figura como apêndice às *Titulorum omnium iuris tam civilis quam canonici expositiones* de Sebastian Brant: *Modus studendi in utroque iure, per Ioannem Baptistam Caccialupum. Omnia ad vestustorum exemplarium fidem nunc demum diligentissime repurgata*, Venetiis, 1600, apud Lucium Spinedam, p. 238v.

2 BERMÚDEZ DE PEDRAZA, Francisco. *Arte legal para estudiar la jurisprudencia. Con la Paratitla y Exposicion a los titulos de los quatro libros de las Instituciones de Iustiniano...* Salamanca: Antonia Ramirez, 1612, p. 39.

3 LUDWIG, Marcos de Campos. A *Escola Civilista Gaúcha e a jurisprudência do Superior Tribunal de Justiça: modelos doutrinários e a uniformização da interpretação da lei*, neste volume.

volume, e de nem sempre sancionar sua doutrina, atreveram-se até mesmo a publicar um texto seu sem consentimento (como se já não bastasse seu nome na folha de rosto, a dar unidade a uma obra cuja gestação por completo desconhecia).

Aliás, seu texto, *Da Professora aos Alunos*, reimpresso de forma não autorizada nas páginas antecedentes, fala na *obrigação antidoral*, uma imagem recorrente entre suas preferências. Invoca a obra de outro autor e amigo, Bartolomé Clavero, também cúmplice nesta conspiração[4]. O termo *antidora* traduzia certas relações obrigacionais de empréstimo (mútuo) fundadas na amizade, que não admitiam pagamento, não esgotavam o vínculo entre as partes. Era uma forma de contraprestação graciosa, conceito chave para escapar à proibição canônica da usura, que marcava as relações obrigacionais em um universo normativo distinto, em uma *antropologia católica* onde cabia à teologia moral, e não à jurisprudência, definir o espaço da *iustitia* ao lado das demais virtudes. Neste universo normativo distinto, o do antigo regime europeu antidoral, cujo estudo sempre frequentou quem ora desobedecemos, a conduta e a ordem pertenciam ao campo das virtudes. As virtudes, como os direitos, os *iura*, eram faculdades de disposição dos sujeitos dentro de uma ordem predeterminada. E a virtude da justiça subordinava-se a outras, como a *charitas*, a *amicitia* e a *reverentia*, a *pietas*, a *clementia* e a *temperantia*.

É talvez à virtude da *amicitia* a que nos resta apelar para suplicar a *clementia* e o beneplácito de quem, durante tanto tempo, ignorou nossas silenciosas intenções, e agora depara-se com o fruto escrito, já inevitável, de uma conjuração coletiva. E é também a amizade que une a muitos dos ex-orientandos e orientandas, membros de uma pequena *gens* acadêmica – *juditheana* – que se reconhece unida numa espécie de "irmandade discipular", laço presente mesmo entre os mais distantes. Esta sensação de pertença a uma comunidade de "*afinidades eletivas*" também é fruto do seu espírito gregário e generoso, do "*seu interesse genuíno pelo conhecimento e pelo outro*", da sua "*capacidade para criar empatias intelectuais*"[5].

Os capítulos deste livro à revelia reúnem pessoas que participaram de diversas fases do seu magistério – desde 1992 até 2010 e mais além – e evocam, para os que nos definimos como *nós-seus-sempre-alunos*[6], memórias das suas aulas na Casa de André da Rocha, das reuniões individuais de orientação,

4 CLAVERO, Bartolomé. *Antidora. Antropología católica de la economía moderna* [Biblioteca Centro di Studi per la Storia del Pensiero Giuridico Moderno, v. 39]. Milano: Giuffrè, 1991.

5 NEGREIROS, Teresa, *Dos vícios redibitórios e da sua articulação com as cláusulas de declarações & garantias em contratos de compra e venda de empresas*.

6 NITSCHKE, Guilherme, *Usos e costumes no direito contratual brasileiro (ou, sobre a precisão da doutrina face à imprecisão do legislador)*.

das sessões vespertinas dos grupos de estudos em Porto Alegre (de Ipanema ao Moinhos de Vento e à Independência), em Canela, em Campo Verde e em São Paulo. Nessas inúmeras ocasiões, seu comentário crítico era tão temido quanto a sua enigmática caligrafia. Mesmo assim, era disputada a sua "*orientação integral*"[7], pela diligência que sempre a caracterizou. A muitos ela acolheu. Alguns, trânsfugas, oriundos de outros magistérios. Outros, exilados, vindos de outras latitudes. Alguns se acercaram ao seu magistério graças à "epifania" produzida pela leitura de algum de seus textos[8]; outros recordamos com entusiasmo os primeiros dias de um curso de Direito dos Contratos, onde anunciava, para surpresa dos assistentes, que (*sic*) "*não havia assinado nenhum pacto de mediocridade*". Desta premissa derivava um programa denso, como até então não havíamos conhecido os então jovens escolares, acompanhado de um cronograma minucioso de leituras, onde nos iniciávamos na leitura de monografias especializadas, artigos científicos e comentários de jurisprudência. Também implicava uma avaliação exigente, baseada em problemas, para a qual de pouco serviam os manuais vulgares, as coleções de "resumos" e as sebentas que a *mestra* publicamente abominava. Havia que estabelecer relações, romper os departamentos estanques e as artificiais divisões disciplinares. Não eram cursos para memorizadores e preguiçosos. Suas aulas visaram sempre a formação de leitores críticos, o ensinar "*a caminhar com as próprias pernas*"[9]. Após as intensas sessões de debate nos seminários de teoria geral do direito privado, mestrandos e doutorandos terminavam com "*a sensação que um explorador deve ter ao desembarcar nas praias de um novo continente*"[10]. Começaram a soar nomes de procedências diversas, que nos acompanhariam ao longo dos anos – Enzo Roppo, Stefano Rodotà, Paolo Grossi, Franz Wieacker, Oliveira Ascensão, Pontes de Miranda, Almeida Costa, Orlando Gomes – entre tantos outros. Na contracorrente das modas e das metáforas vazias de curto alcance, propunha um constante "*comprometimento com a precisão de conceitos e com a definição clara do uso dos modelos doutrinários pressupostos ao estudo*"[11].

A esta exigência, a este acolhimento, se uniu sua proverbial dedicação a seus orientandos. Desconhecemos, nós, os membros da *gens juditheana*, a sensação de solidão que sói acompanhar os que empreendem o desafio de

7 COMIRAN, Giovana, *Usos comerciais, costumes e práticas das partes: notas para sua distinção*.

8 CORREA, André Rodrigues, *Sobre um punhado de tomates, de novo (uma pequena reflexão sobre um grande caso)*.

9 NITSCHKE, Guilherme, *Usos e costumes...* .

10 MICHELON JR., Cláudio, *A inferência à melhor explicação e a autoridade da doutrina*.

11 CACHAPUZ, Maria Cláudia, *Configuração e restrição de direitos subjetivos a partir da análise de um modelo de posições jurídicas fundamentais*.

uma tese. Durante os meses e anos de formação, Judith foi para todos uma presença constante, uma permanente disposição ao diálogo, à correção do "plano francês", à preparação das apresentações orais para os seminários do mestrado ou para os salões de iniciação científica. Além do acompanhamento intelectual cabe lembrar – por que não fazê-lo? – sua sensibilidade diante de eventuais dificuldades e dilemas pessoais durante o percurso, sua predisposição para compartilhar "*lições jurídicas para a vida*"[12]. *Doctrina, mores, diligentia*: tais eram, enfim, as virtudes que tradicionalmente haviam orientado os discípulos na escolha de um bom *magister*, e que alguns temos tido a sorte de desfrutar[13].

É por essas razões que ex-orientandas e ex-orientandos, quiçá mais do que outros autores aqui presentes, devemos à homenageada um especial agradecimento, ainda que *posfacial* e à revelia. E este reconhecimento de uma dívida antidoral estende-se também às suas filhas, Mariana e Clarissa, e aos seus netos, Pedro e Dora, pela paciência, pelo carinho e pela cumplicidade.

12 ROSA, Carla Müller da, *Os motivos enquanto elemento juridicamente relevante*.

13 CACCIALUPI, "*Doctor eligendus*", p. 240r.

Epílogo

Perfil acadêmico e bibliografia de Judith Martins-Costa[1]

BREVE BIOGRAFIA

Judith Martins-Costa graduou-se em Direito na Universidade Federal do Rio Grande do Sul em 1980. Em 1996, obteve o título de Doutora em Direito pela Universidade de São Paulo, defendendo a tese *Sistema e Cláusula Geral: a boa-fé no processo obrigacional*, sob orientação do prof. Antônio Junqueira de Azevedo, em prosseguimento à orientação que prestava o prof. Clóvis V. do Couto e Silva, na Universidade Federal do Rio Grande do Sul, antes de seu falecimento. Em 2003, obteve o título de Livre-Docente também pela Universidade de São Paulo defendendo a tese *Pessoa, Personalidade, Dignidade: ensaio de uma qualificação*.

Judith Martins-Costa foi professora adjunta da Faculdade de Direito da Universidade Federal do Rio Grande do Sul de 1991 a 2010, período durante o qual lecionou cadeiras: (i) na graduação, de *Direito Civil I: Parte Geral*, *Direito Civil II: Teoria Geral das Obrigações*, *Direito Civil III: Teoria Geral dos Contratos*, *Direito Civil IV: Contratos em Espécie*, *História do Direito*, *Instituições de Direito Privado* e *Direito Comparado*, tendo sido escolhida em diversas ocasiões professora homenageada e paraninfa; (ii) na pós-graduação *lato sensu* (Especialização), de *Teoria Geral do Direito Comercial* e *Teoria Geral das Obrigações*; (iii) e na pós-graduação *stricto sensu* (Mestrado e Doutorado), de *Fundamentos do Direito Privado* e *Teoria Geral do Direito Privado*. Capitaneou as linhas de pesquisa *Fundamentos Dogmáticos da Experiência Jurídica*, *Fundamentos Teórico-Filosóficos da Experiência Jurídica*, tendo dirigido projetos de pesquisa *Bases para a Unificação do Direito Privado no Mercosul* (em co-direção com Noemi Nicolau, da Universidad Nacional de Rosario, Argentina), *Conceitos Centrais do Direito Obrigacional – dogmática e interpretação*, *A Construção do Biodireito: a normatividade jurídica da Bioética. Reflexões Atuais sobre a Sociedade do Futuro*, *Direito Privado: um espaço de mentalidades* e *A Reconstrução do Direito Privado*, orientando sob seu bojo uma diversidade de Teses de Doutorado, Dissertações de Mestrado e Trabalhos de Especialização.

---

1 A comissão organizadora agradece a Carla Müller da Rosa o auxílio na elaboração deste documento.

Foi também Coordenadora do Programa de Intercâmbio Discente e Docente entre a Faculdade de Direito da UFRGS e a Facultad de Derecho da Universidad Nacional de Rosario entre 1995 e 1996, Vice-Coordenadora do Programa de Pós-Graduação em Direito entre 1997 e 2000, membro da Comissão Coordenadora entre 1997 e 2002, membro da Comissão de Avaliação e Acompanhamento de Bolsas entre 1997 e 2000, e Coordenadora Substituta de 2009 a 2010. Em 2010 pediu exoneração do cargo de professora, mas manteve-se como professora colaboradora do Programa de Pós-Graduação em Medicina da UFRGS até o presente momento, lecionando as cadeiras *Bioética e Responsabilidade Civil* e *Direitos de Personalidade* .

Outras universidades e instituições vinculadas ao ensino e à pesquisa em que Judith Martins-Costa lecionou ou ocupou cargos incluem a Universidade Federal de Minas Gerais (consultora *ad-hoc*), FAPESP (consultora *ad-hoc*), CNPq (consultora *ad-hoc*), CAPES (consultora *ad-hoc*), Centro Universitário Ritter dos Reis (professora convidada do programa de pós-graduação), Universidade Federal de Pernambuco (professora convidada do programa de pós-graduação), Universidade do Vale do Rio dos Sinos (professora convidada do programa de pós-graduação) e Universidade de Passo Fundo (professora convidada do programa de pós-graduação). Realizou, ainda, estadia de pesquisa na Università degli Studi di Milano em 1991.

É conferencista em universidades nacionais e estrangeiras, entre outras: Universidad de Valencia (1991), Università degli studi di Genova (1992), Universidad de Buenos Aires (1993), Università degli studi di Roma – Tor Vergata (2000; 2003), Università degli studi di Salerno (2002), Universidade de Coimbra (2007, 2008, 2017), Universidade Nova de Lisboa (2007), Université Sorbonne-Nouvelle - Paris 3 (2008) e Université de Rennes (2008).

É Membro da *Societé de Legislation Comparée*, da *Association Internationale de Sciences Juridiques*, do Comitê de Bioética do Hospital de Clínicas da Universidade Federal do Rio Grande do Sul, do Instituto Brasileiro de Filosofia; do Instituto Brasileiro de Direito Privado e da Academia Brasileira de Direito Civil. É Presidente do Comitê Nacional Brasileiro da *Association Internationale de Sciences Juridiques* e Presidente e fundadora do Instituto de Estudos Culturalistas.

Integrou e integra o corpo editorial de uma série de periódicos jurídicos, tais como *Revista Arquivos do Ministério da Justiça, Revista do Curso de Pós-Graduação da FADUSP, Revista da Procuradoria-Geral do Município de Porto Alegre, Revista da Faculdade de Direito da UFRGS, Revista Ius Commune, Res Severa Verum Gaudium, Revista Jurídica Themis, Revista Trimestral de Direito Civil, Roma e America. Diritto Romano Comune* e *Direito Atual.*

Na prática jurídica, Judith Martins-Costa foi conselheira substituta do Tribunal de Contas do Estado do Rio Grande do Sul de 1989 a 2001, tendo recebido, ao final de sua atuação, *Diploma por relevantes serviços prestados* (2001). É desde então advogada, parecerista e árbitra, com atuação em processos judiciais e arbitragens. Redige pareceres em matérias relacionadas ao Direito Privado (Direito Civil e Empresarial). Tem desempenhado a função de árbitra, com atuação, entre outras, nos Centros de Arbitragens das seguintes Câmaras: CAM-CCBC (Centro de Arbitragem e Mediação da Câmara de Comércio Brasil-Canadá); CMA-CIESP (Câmara de Conciliação, Mediação e Arbitragem Ciesp/Fiesp, onde integra o Conselho Superior); CAMARB (Câmara de Arbitragem Empresarial – Brasil) e CAMFIEP (Câmara de Arbitragem e Mediação da Federação das Indústrias do Paraná), entidades onde integra a Lista de Árbitros. Tem atuação, também, junto à CCI (Câmara de Comércio Internacional) e FGV – RJ (Câmara FGV de Conciliação e Arbitragem). É também Consultora para casos envolvendo matérias relacionadas ao Direito Privado brasileiro.

Dentre os tantos reconhecimento que recebeu, destacam-se homenagem da Semana do Advogado pelo Instituto dos Advogados do Rio Grande do Sul (*As mulheres que fizeram e fazem a história: ontem e hoje*, 2004), Medalha Osvaldo Vergara (OAB/RS, 2003), Medalha Escola da Magistratura do Estado do Rio de Janeiro (2002), VIII Prêmio Mestre Jurídico (OAB/RS, 2013). É Membro Titular da Academia Brasileira de Letras Jurídicas.

Abaixo arrolam-se as principais produções de Judith Martins-Costa: livros publicados e organizados, capítulos de livros e artigos publicados em periódicos. Ficam de fora da relação Prefácios, Apresentações, apresentações constantes de Anais de Congressos e Pareceres produzidos à época em que a jurista era Conselheira do Tribunal de Contas do Estado do Rio Grande do Sul.

Bibliografia

1. Livros publicados/organizados

MARTINS-COSTA, Judith. A Boa-Fé no Direito Privado: critérios para a sua aplicação. 2 ed. São Paulo: Saraiva, 2018.

MARTINS-COSTA, Judith. A Boa-Fé no Direito Privado: critérios para a sua aplicação. São Paulo: Marcial Pons, 2015.

MARTINS-COSTA, Judith. Modelos de Direito Privado (org.). São Paulo: Marcial Pons, 2014.

MARTINS-COSTA, Judith; FRADERA, Véra Maria Jacob de (Orgs.). Estudos de Direito Privado e Processual Civil: em homenagem a Clóvis do Couto e Silva. São Paulo: Revista dos Tribunais, 2014.

MARTINS-COSTA, Judith; VARELA, Laura Beck (Orgs.). Código: Dimensão Histórica e Desafio Contemporâneo. Porto Alegre: Sergio Antonio Fabris Editor, 2013.

MARTINS-COSTA, Judith (Org.). Narração e Normatividade: Ensaios de Direito e Literatura. Rio de Janeiro: GZ Editora, 2013.

MARTINS-COSTA, Judith; FERREIRA DA SILVA, Jorge Cesa; HAICAL, Gustavo Luís da Cruz. Atualização do Tratado de Direito Privado de Pontes de Miranda. Tomo I - Parte Geral. São Paulo: Revista dos Tribunais, 2012.

MARTINS-COSTA, Judith; REALE, Miguel (Org.). Coleção Biblioteca de Direito Civil – Estudos Em Homenagem Ao Professor Miguel Reale. Editora Revista dos Tribunais, 2004-2011. 9 volumes.

MARTINS-COSTA, Judith; MÖLLER, Letícia Ludwig. Bioética e Responsabilidade. Rio de Janeiro: Forense, 2009.

MARTINS-COSTA, Judith. Comentários ao Novo Código Civil. Do inadimplemento das obrigações. Arts. 389 a 420. Vol. V. Tomo II. 2 ed. Rio de Janeiro: Forense, 2009.

MARTINS-COSTA, Judith. Comentários ao Novo Código Civil. Do adimplemento e da extinção das obrigações. Arts. 304 a 388. Vol. V. Tomo I. 2. ed. Rio de Janeiro: Forense, 2005.

MARTINS-COSTA, Judith. Comentários ao Novo Código Civil. Do adimplemento e da extinção das obrigações. Arts. 304 a 388. Vol. V. Tomo I. Rio de Janeiro: Forense, 2003.

MARTINS-COSTA, Judith. Comentários ao Novo Código Civil. Do inadimplemento das obrigações. Arts. 389 a 420. Vol. V. Tomo II. Rio de Janeiro: Forense, 2003.

MARTINS-COSTA, Judith. Pessoa, Personalidade, Dignidade (ensaio de uma qualificação). 273 f. Tese (Livre Docência em Direito Civil) – Faculdade de Direito, Universidade de São Paulo, São Paulo. 2003.

MARTINS-COSTA, Judith (org.). A Reconstrução do Direito Privado - Reflexos dos Princípios, Diretrizes e Direitos Fundamentais Constitucionais no Direito Privado. São Paulo: Revista dos Tribunais, 2002.

MARTINS-COSTA, Judith; BRANCO, Gerson. Diretrizes Teóricas do Novo Código Civil. São Paulo: Saraiva, 2002.

MARTINS-COSTA, Judith. A Boa Fé no Direito Privado: Sistema e Tópica no Processo Obrigacional. São Paulo: Revista dos Tribunais, 1999 (1ª Edição) e 2000 (reimpressão).

2. Capítulos de livros

MARTINS-COSTA, Judith. Art. 5º, XXX e Art. 5º, XXXI. In: J. J. Gomes Canotilho; Gilmar Ferreira Mendes; Ingo Wolfgang Sarlet; Lênio Luiz Streck (Orgs.). Comentários à Constituição do Brasil. 2 ed. São Paulo: Saraiva, 2018, p. 364-373.

MARTINS-COSTA, Judith. A cláusula de *Buy or Sell* na perspectiva do direito das obrigações. In: Alberto Venancio Filho; Carlos Augusto da Silveira Lobo; Luiz Alberto Colonna Rosman (Org.). Lei das S.A. em seus 40 anos. Rio de Janeiro: Forense, 2017, p. 535-561.

MARTINS-COSTA, Judith. O árbitro e o cálculo do montante da indenização. In: Carlos Alberto Carmona; Selma Maria Ferreira Lemes; Pedro Batista Martins

(Org.). 20 anos da Lei de Arbitragem: homenagem a Petrônio R. Muniz. São Paulo: Atlas, 2017, p. 609-638.

MARTINS-COSTA, Judith. Os dilemas da incoerência. In: José Roberto de Castro Neves (Org.). Ele, Shakespeare, visto por nós, os advogados. Rio de Janeiro: Edições de Janeiro, 2017, p. 153-162.

MARTINS-COSTA, Judith; BENETTI, Giovana Valentiniano. As cartas de conforto: modalidades e eficácias. In: Gisela Sampaio da Cruz Guedes; Maria Celina Bodin de Moraes; Rose Melo Vencelau Meireles (Org.). Direito das Garantias. São Paulo: Saraiva, 2017, p. 433-463.

MARTINS-COSTA, Judith. Imparcialidade do Árbitro e Impugnações Fúteis. In: André Jobim de Azevedo (Org.). II Dia Gaúcho da Arbitragem. Porto Alegre: Lex Magister, 2017, p. 75-85.

MARTINS-COSTA, Judith; MARTINS-COSTA, Fernanda Mynarski. Introdução à Responsabilidade Civil em Ginecologia e Obstetrícia. In: Fernando Freitas; Sérgio H. Martins-Costa; José Geraldo Lopes Ramos; José Antônio Magalhães (Org.). Rotinas em Ginecologia. 7 ed. Porto Alegre: Artmed, 2017, p. 3-32.

MARTINS-COSTA, Judith. Tiers et contrat au Brésil. Rapport brésilien. In: Association Henri Capitant (Org.). Les Tiers. Tome LXV. Bruxelas: Bruylant, 2016, p. 71-84.

MARTINS-COSTA, Judith. O Princípio da Boa-Fé Objetiva: Notas Comparativas entre as Perspectivas da CISG e do Direito Civil Brasileiro. In: Sílvio de Salvo Venosa; Rafael Villar Gagliardi; Eduardo Ono Terashima (Org.). A Convenção de Viena sobre Contratos de Compra e Venda Internacional de Mercadorias: Desafios e Perspectivas. São Paulo: Atlas, 2015, p. 118-148.

MARTINS-COSTA, Judith; HAICAL, Gustavo Luís da Cruz. O corretor autônomo e a empresa de corretagem: entre colaboração e subordinação. In: Yone Frediani (Org.). A Valorização do Trabalho Autônomo e a Livre-Iniciativa. Porto Alegre: Lex Magister, 2015, p. 131-154.

MARTINS-COSTA, Judith. Dano Moral à Brasileira. In: Janaína da Conceição Paschoal; Renato de Mello Jorge Silveira (Coords.). Livro Homenagem a Miguel Reale Júnior. Rio de Janeiro: GZ Editora, 2014, p. 289-322.

MARTINS-COSTA, Judith. Notas sobre o Dies a Quo do Prazo Prescricional. In: Daniel Gomes de Miranda; Leonardo Carneiro da cunha; Renato Paulino de Albuquerque Júnior (Org.). Prescrição e Decadência: Estudos em Homenagem a Agnelo Amorim Filho. Salvador: Editora JusPodovim, 2013, p. 291-303.

MARTINS-COSTA, Judith. Cláusulas Gerais: Um Ensaio de Qualificação. In: José Augusto Fontoura Costa; José Maria Arruda de Andrade; Alexandra Mery Hansen Matsuo (Org.). Direito: Teoria e Experiência. Estudos em Homenagem a Eros Grau. São Paulo: Malheiros Editores, 2013, p. 993-1021.

MARTINS-COSTA, Judith. Art. 5°, Inc. XXX – A Garantia Fundamental do Direito de Herança. Art. 5°, Inc. XXXI – A Garantia da Lei Sucessória Mais Benéfica. In: J. J. Gomes Canotilho; Gilmar Ferreira Mendes; Ingo Wolfgang Sarlet; Lênio Luiz Streck (Orgs.). Comentários à Constituição do Brasil. São Paulo: Saraiva, 2013, p. 337-345.

MARTINS-COSTA, Judith; FERNANDES, Márcia Santana. Os biobancos e a doação de material biológico humano: um ensaio de qualificação jurídica. In: Débora Gozzo; Wilson Ricardo Ligiera (Org.). Bioética e Direitos Fundamentais. São Paulo: Saraiva, 2012, p. 223-259.

MARTINS-COSTA, Judith; FERNANDES, Marcia Santana. Droit à la santé et droit de propriété intellectuelle. Rapport Brésilien. In: Association Henri Capitant (Org). *Le Droit de La Santé*: aspects nouveaux. Tome LIX. Paris: Bruylant, 2012.

MARTINS-COSTA, Judith. Contratos. Conceito e evolução. In: Renan Lotufo; Giovanni Ettore Nanni (Org.). Teoria Geral dos Contratos. São Paulo: Atlas, 2011, p. 23-66.

MARTINS-COSTA, Judith. Introdução à Responsabilidade Civil em Gineco-Obstetrícia. In: Fernando Freitas; Sérgio H. Martins-Costa; José Geraldo Lopes Ramos; José Antônio Magalhães (Org.). Rotinas em Obstetrícia. 6 ed. Porto Alegre: Artmed, 2011, p. 851-887.

MARTINS-COSTA, Judith. Direito e Literatura. Linguagem. In: João Maurício Adeodato; Eduardo C. B. Bittar (Org.). Filosofia e Teoria Geral do Direito - Homenagem a Tercio Sampaio Ferraz Junior. São Paulo: Quartier Latin, 2011, p. 703-718.

MARTINS-COSTA, Judith. O caso dos produtos Tostines: uma atuação do princípio da boa-fé na resilição de contratos duradouros e na caracterização da *suppressio* - Comentários ao acórdão REsp 401.704/PR. In: Ana Frazão; Gustavo Tepedino (Org.). O Superior Tribunal de Justiça e a Reconstrução do Direito Privado. 2011: Revista dos Tribunais, 2011, p. 513-542.

MARTINS-COSTA, Judith. Os direitos fundamentais e a opção culturalista do novo Código Civil. In: Ingo Wolfgang Sarlet (Org.). Constituição, Direitos Fundamentais e Direito Privado. 3 ed. Porto Alegre: Livraria do Advogado, 2010, p. 77-96.

MARTINS-COSTA, Judith. Depoimento: Antes de Clóvis vem Tobias Barreto. Para entender um, temos que iniciar pelo outro. In: Cássio Schubsky (Org.). Clóvis Beviláqua: um senhor brasileiro. São Paulo: Lettera, 2010, p. 210-216.

MARTINS-COSTA, Judith. Raymundo Faoro: o advogado como "líder da comunidade" e "transmissor da cultura". In: Carlos Guilherme Mota; Natasha Salinas (Org.). Os juristas na formação do Estado-Nação brasileiro. São Paulo: Saraiva, 2010, p. 341-366.

MARTINS-COSTA, Judith. Capacidade para consentir e esterilização de mulheres tornadas incapazes pelo uso de drogas: notas para uma aproximação entre a técnica e a reflexão bioética. In: Judith Martins-Costa; Letícia Ludwig Möller (Org.). Bioética e Responsabilidade. Rio de Janeiro: Forense, 2009, p. 299-346.

MARTINS-COSTA, Judith. A recepção do incumprimento antecipado no direito brasileiro: configuração e limites. In: Fulvio Santarelli; Fernando Sagarna (Org.). Responsabilidad civil y seguros. Homenaje al Prof. Atilio Anibal Alterini. Buenos Aires: La Ley, 2009, p. 255-272.

MARTINS-COSTA, Judith. Ação indenizatória. Dever de informar do fabricante sobre os riscos do tabagismo. Parecer. In: LOPEZ, Teresa Ancona (Org.). Estudos e Pareceres sobre Livre-Arbítrio, Responsabilidade e Produto de Risco Inerente – o paradigma do tabaco: aspectos civis e processuais. Rio de Janeiro: Renovar, 2009, p. 277-318.

MARTINS-COSTA, Judith. Le Préjudice Écologique. In: Association Henri Capitant (Org.). L'Indemnisation. Tome L. Paris: Société de Législation Comparée, 2008, p. 339-361.

MARTINS-COSTA, Judith. Usucapião de coisa incorpórea: breves notas sobre um velho tema sempre novo. In: Gustavo Tepedino; Luiz Edson Fachin (Org.). O Direito e o Tempo: embates jurídicos e utopias contemporâneas. Estudos em homenagem ao Professor Ricardo Pereira Lira. Rio de Janeiro: Renovar, 2008, p. 631-653.

MARTINS-COSTA, Judith. Bioética e dignidade da pessoa humana: rumo à construção do biodireito. In: José de Oliveira Ascensão (Org.). Estudos de Direito da Bioética. Vol. II. Coimbra: Almedina, 2008, p. 87-109.

MARTINS-COSTA, Judith; FERNANDES, Márcia Santana; GOLDIM, José Roberto. Lei da Biossegurança - Revisitando a Medusa legislativa. In: José de Oliveira Ascensão (Org.). Estudos de Direito da Bioética Vol. II. Coimbra: Almedina, 2008, p. 111-124.

MARTINS-COSTA, Judith. O método da concreção e a interpretação dos contratos: primeiras notas de uma leitura suscitada pelo Código Civil. In: Giovanni Ettore Nanni (Org.). Temas Relevantes do Direito Civil Contemporâneo. São Paulo: Atlas, 2008, p. 475-506.

MARTINS-COSTA, Judith. Os campos normativos da Boa-fé objetiva: as três perspectivas do Direito Privado Brasileiro. In: Antonio Junqueira de Azevedo; Heleno Taveira Tôrres; Paolo Carbone (Org.). Princípios do Novo Código Civil Brasileiro e outros temas. Homenagem a Tullio Ascarelli. São Paulo: Quartier Latin, 2008, p. 388-421.

MARTINS-COSTA, Judith. Os avatares do abuso do Direito e o rumo indicado pela boa-fé. In: TEPEDINO, Gustavo (Org.). Direito Civil Contemporâneo - Novos Problemas à luz da legalidade constitucional. São Paulo: Atlas, 2008, p. 57-95.

MARTINS-COSTA, Judith. Os avatares do abuso do Direito e o rumo indicado pela boa-fé. In: NICOLAU, Mario Jr. (Org.). Novos Direitos. Curitiba: Juruá, 2007, p. 193-232.

MARTINS-COSTA, Judith; GOLDIM José Roberto; FERNANDES, Márcia Santana. Lei de Biossegurança - revisitando a Medusa Legislativa. In: Mauro Nicolau Jr. (Org.). Novos Direitos. Curitiba: Juruá, 2007, p. 233-246.

MARTINS-COSTA, Judith. Um aspecto da obrigação de indenizar: notas para uma sistematização dos deveres pré-negociais de proteção no direito civil brasileiro. In: Diogo Leite de Campos; Gilmar Ferreira Mendes (Org.). A evolução do direito no século XXI. Estudos em homenagem ao Professor Arnoldo Wald. Coimbra: Almedina, 2007, p. 301-355.

MARTINS-COSTA, Judith. A dupla face do princípio da equidade na redução da cláusula penal. In: Araken de Assis; Eduardo Arruda Alvim; Nelson Nery Jr.; Rodrigo Mazzei; Teresa Arruda Alvim Wambier; Thereza Alvim (Org.). Direito Civil e Processo - Estudos em Homenagem ao Professor Arruda Alvim. São Paulo: Revista dos Tribunais, 2007, p. 60-73.

MARTINS-COSTA, Judith. Os avatares do abuso do direito e o rumo indicado pela boa-fé. In: Mário Luiz Delgado; Jones Figueiredo Alves (Org.). Questões Controvertidas. Parte Geral do Código Civil. São Paulo: Método, 2007, p. 505-544.

MARTINS-COSTA, Judith. O método da concreção e a interpretação dos contratos: primeiras linhas duma releitura suscitada pelo Código Civil. In: Carlos Alberto Soto Coaguila (Org.). Tratado de la Interpretación del Contrato en la América Latina. Lima-Perú: Ed. Jurídica Grijley, 2007, p. 683-719.

MARTINS-COSTA, Judith. Culturalismo e Experiências no Novo Código Civil. In: Fredie Didier Jr.; Rodrigo Mazzei (Org.). Reflexos do Novo Código Civil no Direito Processual. Salvador: Edições Podivm, 2006, p. 01-22.

MARTINS-COSTA, Judith. Reflexões sobre o Princípio Social dos Contratos. In: David Fabio Esborraz (Org.). Sistema Jurídico Latinoamericano y Derecho de los Contratos. México: Editorial Porrúa, 2006, p. 297-326.

MARTINS-COSTA, Judith. O Adimplemento e o Inadimplemento das Obrigações no Novo Código Civil e seu Sentido Ético e Solidarista. In: Domingos Franciulli Neto; Ives Gandra Martins Filho; Gilmar Ferreira Mendes (Org.). O Novo Código Civil Brasileiro. Homenagem ao Prof. Miguel Reale. 2 ed. São Paulo: LTr, 2006, p. 351-379.

MARTINS-COSTA, Judith. Sobre o princípio da insolidariedade (os cumes das montanhas e os universos submersos). In: Martonio Mont'Alverne Barreto Lima; Paulo Antonio de Menezes Albuquerque (Org.). Democracia, Direito e Política: estudos internacionais em homenagem a Friedrich Müller. Florianópolis: Fundação Boiteux, 2006, p. 421-434.

MARTINS-COSTA, Judith. Culturalismo y Experiencia en el nuevo Código Civil. In: Atilio Alterini; Noemí Nicolau (Org.). El Derecho Privado ante la internacionalidad, la integración y la globalización. Homenaje al Profesor Miguel Angel Ciuro Caldani. Buenos Aires: La Ley, 2005, p. 125-144.

MARTINS-COSTA, Judith. Método da concreção e a interpretação dos contratos: primeiras notas de uma leitura suscitada pelo Código Civil. In: Mário Luiz Delgado; Jones Figueiredo Alves (Org.). Questões Controvertidas no Direito das Obrigações e nos Contratos. São Paulo: Método, 2005, p. 127-155.

MARTINS-COSTA, Judith. Almiro do Couto e Silva e a Re-significação do Princípio da Segurança Jurídica na relação entre o Estado e os cidadãos. In: Humberto Ávila (Org.). Fundamentos do Estado de Direito - Estudos em Homenagem ao Professor Almiro do Couto e Silva. São Paulo: Malheiros, 2005, p. 120-148.

MARTINS-COSTA, Judith. Entendendo problemas médico-jurídicos em ginecologia e obstetrícia. In: Fernando Freitas; Sérgio H. Martins-Costa; José Geraldo

Lopes Ramos; José Antônio Magalhães (Org.). Rotinas em Obstetrícia. 5 ed. Porto Alegre: Artmed, 2005, p. 653-672.

MARTINS-COSTA, Judith. O que é pesquisa em Direito? In: Marcos Nobre (Org.). O que é pesquisa em Direito? 46 ed. São Paulo: Quartier Latin, 2005, p. 38-45.

MARTINS-COSTA, Judith. Buena Fe y Cumplimento das Obrigaciones. In: Marcos Cordoba; Lídia Garrido; Viviana Kluger (Org.). Tratado de la Buena Fe em el Derecho. Tomo II. Buenos Aires: La Ley, 2004, p. 95-128.

MARTINS-COSTA, Judith. A Ilicitude Derivada do Exercício Contraditório de um Direito: O Renascer do Venire Contra Factum Proprium. In: Miguel Reale; Miguel Reale Jr.; Eduardo Reale Ferrari (Org.). Experiências do Direito. São Paulo: Millenium, 2004, p. 23-62.

MARTINS-COSTA, Judith. Reflexões sobre o princípio da função social dos contratos. In: Alexandre dos Santos Cunha (Org.). O direito da Empresa e das obrigações e o Novo Código Civil Brasileiro. São Paulo: Quartier Latin, 2004, p. 218-248.

MARTINS-COSTA, Judith. O Adimplemento e o Inadimplemento das Obrigações no Novo Código Civil e seu Sentido Ético e Solidarista. In: Domingos Franciulli Neto; Ives Gandra Martins Filho; Gilmar Ferreira Mendes (Org.). O Novo Código Civil Brasileiro. Estudos em Homenagem ao Prof. Miguel Reale. São Paulo: LTr, 2003, p. 331-359.

MARTINS-COSTA, Judith. Os Direitos Fundamentais e a Opção Culturalista do Novo Código Civil. In: Ingo Wolfgang Sarlet (Org.). Constituição, Direitos Fundamentais e Direito Privado. Porto Alegre: Livraria do Advogado, 2003, p. 61-85.

MARTINS-COSTA, Judith. O Direito Privado como um "Sistema em Construção": As Cláusulas Gerais no Projeto do Código Civil Brasileiro. In: Aparecido Hernani Ferreira (Org.). O Novo Código Civil: Discutido por Juristas Brasileiros. Bookseller, 2003, p. 227-266.

MARTINS-COSTA, Judith. Entendendo Problemas Médico-Jurídicos em Ginecologia e Obstetrícia. In: Fernando Freitas; Sérgio H. Martins-Costa; José Geraldo Lopes Ramos; José Antônio Magalhães (Org.). Rotinas em Obstetrícia. 4 ed. Porto Alegre: Artmed, 2001, p. 602-612.

MARTINS-COSTA, Judith; BORTOLON, Luiz Angelo. Aspectos Médico-Legais em Anestesia. In: James Manica (Org.). Anestesiologia - Princípios e Técnicas. 2ª ed. Porto Alegre: Artes Médicas, 1997, p. 106-122.

MARTINS-COSTA, Judith. Os Princípios Informadores do Contrato de Compra e Venda Internacional na Convenção de Viena de 1980. In: Paulo Borba Casella (Org.). Contratos Internacionais e Direito Econômico no Mercosul. São Paulo: LTr, 1996, p. 163-187.

MARTINS-COSTA, Judith. A Noção de Contrato na História dos Pactos. In: Cláudio Lembo (Org.). Uma Vida Dedicada ao Direito: Homenagem a Carlos Henrique de Carvalho. São Paulo: LTR, 1995, p. 497-513.

MARTINS-COSTA, Judith. O princípio da vinculação contratual da publicidade: características e interpretação do negócio jurídico da oferta no microssistema do Código de Defesa do Consumidor. In: Cláudia Lima Marques (Org.). Estudos sobre a proteção do consumidor no Brasil e no Mercosul. Porto Alegre: Livraria do Advogado, 1994, p. 47-59.

MARTINS-COSTA, Judith. L'informatica e l'elaborazione delle leggi: a proposito di un recente manuale brasiliano sulla tecnica legislativa. In: Giovanna Visintini (Org.). Il diritto dei nuovi mondi. Pádua: Cedam, 1994, p. 551-570.

3. Artigos

MARTINS-COSTA, Judith; ZANETTI, Cristiano de Sousa. Responsabilidade contratual: prazo prescricional de dez anos. Revista dos Tribunais, São Paulo, v. 979, p. 215-241, 2017.

MARTINS-COSTA, Judith. O Trust e o Direito Brasileiro. Revista de Direito Civil Contemporâneo, v. 12, p. 165-209, 2017.

MARTINS-COSTA, Judith; FERNANDES, Santana; SILLA, Lucia Mariano da Rocha; GOLDIM, Roberto. Brazilian legal and ethical approach about donation for research and patents of human body parts. JOURNAL OF COMMUNITY GENETICS, Jul; v. 8(3), p.199-208. doi: 10.1007/s12687-017-0303-y, 2017.

MARTINS-COSTA, Judith; HAICAL, Gustavo. Direito Restitutório. Pagamento Indevido e Enriquecimento sem Causa. Erro Invalidante e Erro Elemento do Pagamento Indevido. Prescrição. Interrupção e Dies a quo. Revista dos Tribunais, São Paulo, v. 956, p. 257-295, 2015.

MARTINS-COSTA, Judith; FERNANDES, Santana; ASHTON-PROLLA, DE MORAES, Leonardo Stoll; MATTE, Silveira; GOLDIM, Roberto; Genetic information and biobanking: a Brazilian perspective on biological and biographical issues. Journal of Community Genetics; Jul; v. 6(3):295-9. doi: 10.1007/s12687-015-0242-4, 2015.

MARTINS-COSTA, Judith; HAICAL, Gustavo. Parecer. Contrato de Corretagem Imobiliária. Elementos de Existência, Validade e Eficácia. Contato Social de Consumo. Dever de Informar. Venda Casada e Assunção de Dívida. Pagamento Indevido de Comissão de Corretagem. Responsabilidade Solidária entre Incorporadora e Imobiliária. Prazo Prescricional. Revista dos Tribunais, São Paulo, v. 966, p. 261-303, 2015.

MARTINS-COSTA, Judith. Como harmonizar os modelos jurídicos abertos com a segurança jurídica dos contratos? (notas para uma palestra). Revista Brasileira de Direito Civil, Rio de Janeiro, v. 5, p. 67-76, 2015.

MARTINS-COSTA, Judith; NITSCHKE, Guilherme Carneiro Monteiro. Contratos duradouros lacunosos e poderes do árbitro: questões teóricas e práticas. Revista Jurídica Luso-Brasileira, Lisboa, v. 1, p. 1247-1299, 2015.

MARTINS-COSTA, Judith. Contrato de Seguro e Contrato de Resseguro. Sinistro Complexo e Cláusula de Interdependência. Defeito no Fornecimento.

Interpretação Contratual. Parecer. Revista dos Tribunais, São Paulo, v. 948, p. 193-246, 2014.

MARTINS-COSTA, Judith. Contrato de Seguro. Suicídio do Segurado. Art. 798, Código Civil. Interpretação. Diretrizes e Princípios do Código Civil. Proteção ao Consumidor. Parecer. Revista Brasileira de Direito Civil, Rio de Janeiro, v. 1, p. 353-424, 2014.

MARTINS-COSTA, Judith. Contrato de Cessão e Transferência de quotas. Acordo de Sócios. Pactuação de Parcela variável do Preço Contratual Denominada Earn Out. Características e Função ('Causa Objetiva') do Earn Out. Parecer. Revista de Arbitragem e Mediação, São Paulo, v. 11, n. 44, p. 153-188, 2014.

MARTINS-COSTA, Judith. Contrato de Construção. 'Contratos-Aliança'. Interpretação Contratual. Cláusulas de Exclusão e de Limitação do Dever de Indenizar. Parecer. Revista de Direito Civil Contemporâneo, São Paulo, v. 1, p. 315-351, 2014.

MARTINS-COSTA, Judith. A Concha do Marisco Abandonada e o Nomos (Ou os Nexos entre Narrar e Normatizar). Revista do Instituto do Direito Brasileiro, Lisboa, n. 5, p. 4121-4157, 2013.

MARTINS-COSTA, Judith; BENETTI, Giovana Valentiniano. Arbitragem e Construção Civil: Algumas Notas. Revista Direito ao Ponto, Rio de Janeiro, ano 6, n. 8, 2013.

MARTINS-COSTA, Judith. O Pacto no Sertão Roseano: Os Pactos, os Contratos, o Julgamento e a Lei. Revista do Instituto do Direito Brasileiro, Lisboa, v. 2, p. 5227-5254, 2013.

MARTINS-COSTA, Judith. Contratos de Derivativos Cambiais. Contratos Aleatórios. Abuso de Direito e Abusividade Contratual. Boa-fé objetiva (Parecer). Revista de Direito Bancário e do Mercado de Capitais, São Paulo, v. 55, p. 321-381, 2012.

MARTINS-COSTA, Judith. O Projeto de Código Comercial: desnecessário e inoportuno. Letrado - Instituto dos Advogados de São Paulo, São Paulo, v. 98, p. 16-17, 2012.

MARTINS-COSTA, Judith. A Relação Contratual de Shopping Center. Revista do Advogado, São Paulo, v. 116, p. 110-117, 2012.

MARTINS-COSTA, Judith. Os Regimes do Dolo Civil no Direito Brasileiro: Dolo Antecedente, Vício Informativo por Omissão e por Comissão, Dolo Acidental e Dever de Indenizar. Revista dos Tribunais, São Paulo, v. 923, p. 115-144, 2012.

MARTINS-COSTA, Judith; NITSCHKE, Guilherme Carneiro Monteiro. Contratos duradouros lacunosos e poderes do árbitro: questões teóricas e práticas. Revista de Arbitragem - GEArb, Belo Horizonte, v. 2, p. 71-121, 2012.

MARTINS-COSTA, Judith. O direito sucessório na Constituição: a fundamentalidade do direito à herança. Revista do Advogado, São Paulo, v. 112, p. 79-87, 2011.

MARTINS-COSTA, Judith. Negócio jurídico de assunção de dívida: algumas notas. Revista Jurídica In-Pactum, Recife, v. 7, p. 158-170, 2011.

MARTINS-COSTA, Judith. Os Contratos de Leasing Financeiro, A qualificação jurídica da Parcela denominada 'Valor Residual Garantido' - VRG e a sua Dupla Função: Complementação de Preço e Garantia. Revista de Direito Bancário e do Mercado de Capitais, São Paulo, v. 49, p. 109, 2010.

MARTINS-COSTA, Judith. A Cláusula de Hardship e a obrigação de renegociar nos contratos de longa duração. Revista de Arbitragem e Mediação, São Paulo, v. 25, p. 11-39, 2010.

MARTINS-COSTA, Judith. A recepção do incumprimento antecipado no direito brasileiro: configuração e limites. Revista dos Tribunais, São Paulo, v. 885, p. 30-48, 2009.

MARTINS-COSTA, Judith. Indivíduo, Pessoa, Sujeito de Direitos: contribuições renascentistas para uma história dos conceitos jurídicos. Cadernos do Programa de Pós-Graduação em Direito - PPGDir./UFRGS, Porto Alegre, v. 6, p. 13-49, 2009.

MARTINS-COSTA, Judith. O Contrato de Resseguro e o Princípio da Partilha da Álea. Revista Brasileira de Direito do Seguro e da Responsabilidade Civil, São Paulo, v. 1, n. 2, p. 157-179, 2009.

MARTINS-COSTA, Judith. O método da concreção e a interpretação dos contratos: primeiras linhas duma releitura suscitada pelo Código Civil. Revista Brasileira de Direito Comparado, Rio de Janeiro, n. 31, p. 135-178, 2009.

MARTINS-COSTA, Judith. Um aspecto da obrigação de indenizar: notas para uma sistematizacão dos deveres pré-contratuais de proteção no direito civil brasileiro. Revista dos Tribunais, São Paulo, v. 867, p. 11-51, 2008.

MARTINS-COSTA, Judith. O exercício jurídico disfuncional e os contratos interempresariais. Revista do Advogado, São Paulo, v. 96, p. 48-58, 2008.

MARTINS-COSTA, Judith. O pacto no "sertão" roseano: os pactos, os contratos, o julgamento e a lei. Revista Trimestral de Direito Civil, Rio de Janeiro, v. 33, p. 247-266, 2008.

MARTINS-COSTA, Judith. A Contribuição do Código Civil Português ao Código Civil Brasileiro e o Abuso do Direito: Um Caso Exemplar de Transversalidade Cultural. Themis: Revista da Faculdade de Direito da Universidade Nova de Lisboa, Coimbra, v. Edição Especial, 2008, p. 107-128.

MARTINS-COSTA, Judith. O Regime dos Juros no Novo Direito Privado Brasileiro. Revista da Ajuris, Porto Alegre, v. 105, p. 237-264, 2007.

MARTINS-COSTA, Judith. Os Livros que fizeram minha cabeça. Getulio, São Paulo, v. 06, p. 56-58, nov. 2007.

MARTINS-COSTA, Judith. O fenômeno da supracontratualidade e o princípio do equilíbrio: inadimplemento de deveres de proteção (violação positiva do contrato) e deslealdade contratual em operação de descruzamento acionário. Revista Trimestral de Direito Civil, Rio de Janeiro, v. 26, p. 213-249, 2006.

MARTINS-COSTA, Judith. Princípio da confiança legítima e princípio da boa-fé objetiva. Termo de compromisso de cessação (TCC) ajustado com o Cade. Critérios da interpretação contratual: os 'sistemas de referência extracontratuais' ("circunstâncias do caso") e sua função no quadro semântico da conduta devida. Princípio da unidade ou coerência hermenêutica e 'usos do tráfego'. Adimplemento contratual. Revista dos Tribunais, São Paulo, v. 852, p. 87-126, 2006.

MARTINS-COSTA, Judith; PARGENDLER, Mariana Souza. Us et abus de la fonction punitive (dommages-intérêts punitifs et le droit brásilien). Revue Internationale de Droit Comparé, Lyon, v. 58, n. 4, p. 1145-1184, 2006.

MARTINS-COSTA, Judith. Resenha de Arnoldo Wald, Comentários ao Novo Código Civil. Livro II – Do Direito da Empresa. Revista Direito GV, São Paulo, v. 2, n. 1, p. 263-268, 2006.

MARTINS-COSTA, Judith. Culturalismo e Experiência no Novo Código Civil. Revista do Tribunal Regional Federal da 1ª Região, Brasília, v. 6, p. 21-34, 2006.

MARTINS-COSTA, Judith. Sobre o Princípio da Insolidariedade: os cumes das montanhas e os universos submersos. Letras, Santa Maria, n. 32, p. 145-179, 2006.

MARTINS-COSTA, Judith. Entendendo problemas médico-jurídicos em ginecologia e obstetrícia. Revista dos Tribunais, São Paulo, v. 831, p. 106-131, 2005.

MARTINS-COSTA, Judith; REALE, Miguel. Da prescrição aquisitiva de ações escriturais. Revista de Direito Bancário e do Mercado de Capitais, São Paulo, v. 27, p. 13-19, 2005.

MARTINS-COSTA, Judith; FERNANDES, Márcia Fernandes; GOLDIM, José Roberto. Lei de Biosseguranç a - Medusa Legislativa?. Jornal da ADUFRGS, Porto Alegre, p. 19-21, 2005.

MARTINS-COSTA, Judith; PARGENDLER, Mariana Souza. Usos e Abusos da Função Punitiva (punitive damages e o Direito Brasileiro). Revista CEJ, Brasília, v. 28, p. 15-32, 2005.

MARTINS-COSTA, Judith. Reflexões sobre a função social dos contratos. Revista Direito GV, São Paulo, v. 1, n. 1, p. 41-66, 2005.

MARTINS-COSTA, Judith; PARGENDLER, Mariana Souza. Usos e Abusos da Função Punitiva (*punitive damages* e o Direito Brasileiro). Revista da Ajuris, Porto Alegre, v. 100, p. 229-262, 2005.

MARTINS-COSTA, Judith. A ilicitude derivada do exercício contraditório de um direito: o renascer do *venire contra factum proprium*. Revista da Ajuris, Porto Alegre, v. 97, p. 143-170, 2005.

MARTINS-COSTA, Judith. Os campos normativos da boa-fé objetiva: as três perspectivas do direito privado brasileiro. Revista Forense, Rio de Janeiro, v. 382, p. 119-144, 2005.

MARTINS-COSTA, Judith. Novas reflexões sobre o princípio da função social dos contratos. Estudos de Direito do Consumidor, Coimbra, v. 7, p. 49-109, 2005.

MARTINS-COSTA, Judith; REALE, Miguel. Casamento sob o regime da separação total de bens, voluntariamente escolhido pelos nubentes. Compreensão do fenômeno sucessório e seus critérios hermenêuticos. A força normativa do pacto antenupcial. Revista Trimestral de Direito Civil, Rio de Janeiro, v. 24, p. 205-230, 2005.

MARTINS-COSTA, Judith. Reflexões sobre o princípio da função social dos contratos. Revista Brasileira de Direito Comparado, Rio de Janeiro, v. 29, p. 63-102, 2005.

MARTINS-COSTA, Judith. Notas Sobre o Princípio da Função Social dos Contratos. Revista Literária de Direito, São Paulo, n. 53, p. 17-30, 2004.

MARTINS-COSTA, Judith. A Metodologia do Novo Código Civil. Revista do Tribunal de Contas do Rio Grande do Sul, Porto Alegre, n. 36, p. 84-91, 2004.

MARTINS-COSTA, Judith. A ilicitude derivada do exercício contraditório de um direito: o renascer do venire contra factum proprium. Revista Forense, Rio de Janeiro, v. 376, p. 109-129, 2004.

MARTINS-COSTA, Judith. A re-significação do princípio da segurança jurídica na relação entre o Estado e os cidadãos: a segurança como crédito da confiança. Revista do CEJ, Brasília, v. 27, p. 110-120, 2004.

MARTINS-COSTA, Judith. A boa-fé objetiva e o adimplemento das obrigações. Revista Brasileira de Direito Comparado, Rio de Janeiro, v. 25, p. 229-282, 2004.

MARTINS-COSTA, Judith. Os campos normativos da boa-fé objetiva: as três perspectivas do direito privado brasileiro. Estudos de Direito do Consumidor, Coimbra, v. 6, p. 85-128, 2004.

MARTINS-COSTA, Judith. Breves Anotações acerca do Conceito de Ilicitude no Novo Código Civil (Estruturas e Rupturas em torno do Artigo 187). Boletim Adcoas, São Paulo, n. 10, p. 309-310, 2003.

MARTINS-COSTA, Judith. A Revisão Contratual no Código Civil Brasileiro. Roma e America. Diritto Romano Comune. Rivista di Diritto nell'Integrazione e Unificazione del Direitto in Eurasia e in America Latina. Roma, n. 16, p. 135-172, 2003.

MARTINS-COSTA, Judith. Ação indenizatória - dever de informar do fabricante sobre os riscos do tabagismo. Revista dos Tribunais, São Paulo, v. 812, p. 75-99, 2003.

MARTINS-COSTA, Judith. O Co-Seguro no Direito Brasileiro: entre a fragilidade da prática e a necessidade de reconstrução positiva do instituto. Revista da Faculdade de Direito da UFRGS, Porto Alegre, v. 21, p. 161-178, 2002.

MARTINS-COSTA, Judith. A Proteção da Legítima Confiança nas Relações Obrigacionais entre a Administração e os Particulares. Revista da Faculdade de Direito da UFRGS, Porto Alegre, v. 22, p. 228-257, 2002.

MARTINS-COSTA, Judith. Culturalismo e Experiência no Novo Código Civil. Anais do VII Congresso Brasileiro de Filosofia do Direito, João Pessoa, p. 85-95, 2002.

MARTINS-COSTA, Judith. A Boa-Fé como Modelo. Roma e America, Roma, n. 13, p. 71-98, 2002.

MARTINS-COSTA, Judith. A Boa-Fé como Modelo. Revista Brasileira de Direito Comparado, Rio de Janeiro, v. 21, p. 80-106, 2002.

MARTINS-COSTA, Judith. Culturalismo e Experiência no Novo Código Civil. Boletim da Faculdade de Direito da Universidade de Coimbra, Coimbra, p. 603-627, 2002.

MARTINS-COSTA, Judith. Los Daños a la Persona en el Derecho Brasileño y la Naturaleza de su Reparación. Revista de Responsabilidad Civil y Seguros, Buenos Aires, n. 2, p. 28-49, 2002.

MARTINS-COSTA, Judith. Projeto de Código Civil Brasileiro - Em Busca da Ética da Situação. Revista Jurídica, Puerto Rico, vol. XXXV, n. 3, p. 443-482, 2001.

MARTINS-COSTA, Judith. Projeto de Código Civil Brasileiro - Em Busca da Ética da Situação. Revista Jurídica, Porto Alegre, v. 282, p. 27-53, 2001.

MARTINS-COSTA, Judith. O Novo Código Civil Brasileiro - Em Busca da Ética da Situação. Revista da Faculdade de Direito da UFRGS, Porto Alegre, v. 20, p. 211-260, 2001.

MARTINS-COSTA, Judith. A Universidade e a Construção do Biodireito. Revista de Direito Sanitário, São Paulo, v. 2, n. 2, p. 61-81, 2001.

MARTINS-COSTA, Judith. Bioética e Dignidade da Pessoa Humana: Rumo à Construção do Biodireito. Revista da Pós-Graduação da Faculdade de Direito da USP, São Paulo, v. 3, p. 13-30, 2001.

MARTINS-COSTA, Judith. Os Danos à Pessoa no Direito brasileiro e a Natureza da sua Reparação. Revista dos Tribunais, São Paulo, v. 789, p. 21-47, 2001.

MARTINS-COSTA, Judith. Os Danos à Pessoa no Direito brasileiro e a Natureza da sua Reparação. Revista da Faculdade de Direito da UFRGS, Porto Alegre, v. 19, p. 181-208, 2001.

MARTINS-COSTA, Judith. Direito e Cultura: entre as veredas da existência e da história. Revista Brasileira de Filosofia, São Paulo, v. 2, p. 204-219, 2001.

MARTINS-COSTA, Judith. Direito e Cultura: entre as veredas da existência e da história. Revista da Faculdade de Direito Ritter dos Reis, Porto Alegre, v. 5, p. 11-28, 2001.

MARTINS-COSTA, Judith. Direito e Cultura: entre as veredas da existência e da história. Investigación y Docencia, n. 33, Rosário, p. 91-103, 2000.

MARTINS-COSTA, Judith. A Universidade e a Construção do Biodireito. Bioética, Brasília, v. 8, n. 2, p. 229-246, 2000.

MARTINS-COSTA, Judith. Os Danos à Pessoa no Direito Brasileiro e a Natureza da Reparação. Roma e America, Roma, n. 10, p. 157-185, 2000.

MARTINS-COSTA, Judith. Bioética e Dignidade da Pessoa Humana: Rumo à Construção do Biodireito. Revista da Faculdade de Direito da UFRGS, Porto Alegre, v. 18, p. 153-170, 2000.

MARTINS-COSTA, Judith. Bioética e Dignidade da Pessoa Humana: rumo à Construção do Biodireito. Revista Trimestral de Direito Civil, Rio de Janeiro, v. 3, p. 59-78, 2000.

MARTINS-COSTA, Judith. O Sistema na Codificação Civil Brasileira: de Leibniz a Teixeira de Freitas. Revista del Centro de Investigaciones de Filosofía, Rosario, v. 23, p. 89-108, 1999.

MARTINS-COSTA, Judith. Alternativas de Gestão da Administração Pública: o Regime das Concessões e Permissões Municipais. Revista da Procuradoria Geral do Município de Porto Alegre, Porto Alegre, n. 13, p. 29-44, 1999.

MARTINS-COSTA, Judith. O Direito Privado como um "Sistema em Construção": As Cláusulas Gerais no Projeto do Código Civil Brasileiro. Revista de Informação Legislativa, Brasília, v. 139, p. 5-22, 1998.

MARTINS-COSTA, Judith. O Direito Privado como um "Sistema em Construção": As Cláusulas Gerais no Projeto do Código Civil Brasileiro. Revista dos Tribunais, São Paulo, v. 753, p. 24-48, 1998.

MARTINS-COSTA, Judith. Os Princípios Informadores do Contrato de Compra e Venda Internacional na Convenção de Viena de 1980. Revista da Faculdade de Direito da UFRGS, Porto Alegre, v. 11, p. 40-54, 1996.

MARTINS-COSTA, Judith. A Responsabilidade do Prefeito Municipal na Gestão da Coisa Pública. Revista da Procuradoria Geral do Município de Porto Alegre, Porto Alegre, v. 7, n. 8, p. 45-56, 1995.

MARTINS-COSTA, Judith. O Regulamento Legal dos Contratos de Locação em que é Parte Locatária a Administração Pública. Revista do Tribunal de Contas do Estado de Minas Gerais, Belo Horizonte, v. 14, n. 1, p. 221-255, 1995.

MARTINS-COSTA, Judith. Os Princípios Informadores do Contrato de Compra e Venda Internacional na Convenção de Viena de 1980. Revista de Informação Legislativa, Brasília, v. 126, p. 115-128, 1995.

MARTINS-COSTA, Judith. As cartas de intenção no processo formativo da contratação internacional: os graus de eficácia dos contratos e a responsabilidade pré-negocial. Revista da Faculdade de Direito da UFRGS, Porto Alegre, v. 10, p. 39-55, 1994.

MARTINS-COSTA, Judith. As Cartas de Intenção no processo formativo da contratação internacional. Graus de Eficácia dos Contratos. Responsabilidade Pré-Negocial. Revista Trimestral de Direito Público, Londrina, v. 5, p. 207-224, 1994.

MARTINS-COSTA, Judith. Clóvis do Couto e Silva. Revue Internationale de Droit Comparé, Lyon, vol. 45, n. 1, p. 175-177, 1993.

MARTINS-COSTA, Judith. O Limite Constitucional aos Gastos Relativos às Despesas com Pessoal. Revista de Informação Legislativa, Brasília, v. 117, p. 219-226, 1993.

MARTINS-COSTA, Judith. A "guerra" do vestibular e a distinção entre publicidade enganosa e clandestina. Revista de Direito do Consumidor, São Paulo, v. 6, p. 219-231, 1993.

MARTINS-COSTA, Judith. A distinção entre publicidade enganosa e clandestina e os princípios do Código de Defesa do Consumidor. Revista da Faculdade de Direito da UFRGS, Porto Alegre, v. 9, n. 1, p. 78-88, 1993.

MARTINS-COSTA, Judith. A guerra do vestibular e a distinção entre publicidade enganosa e clandestina. Ajuris, Porto Alegre, v. 59, p. 113-130, 1993.

MARTINS-COSTA, Judith. As funções do princípio da moralidade administrativa (o controle da moralidade na administração pública. Revista do Tribunal de Contas do Estado do Rio Grande do Sul, Porto Alegre, v. 11, p. 121-146, 1993.

MARTINS-COSTA, Judith. A Noção de contrato na História dos Pactos. Organon - Revista do Instituto de Letras da Universidade do Rio Grande do Sul, Porto Alegre, v. 6, n. 19, 1992.

MARTINS-COSTA, Judith. Il Compito del Diritto Privato. Revista de Direito do Consumidor, São Paulo, v. 4, p. 281-282, 1992.

MARTINS-COSTA, Judith. A incidência do princípio da boa fé no período pré--negocial: reflexões em torno de uma notícia jornalística. Revista de Direito do Consumidor, São Paulo, v. 4, p. 140-172, 1992.

MARTINS-COSTA, Judith. Clóvis do Couto e Silva. Revista de Direito do Consumidor, São Paulo, v. 3, p. 239-241, 1992.

MARTINS-COSTA, Judith. Clóvis do Couto e Silva. Ajuris, Porto Alegre, v. 5, p. 268-271, 1992.

MARTINS-COSTA, Judith. Crise e modificação da noção de contrato no direito brasileiro. Revista de Direito do Consumidor, São Paulo, v. 3, p. 127-154, 1992.

MARTINS-COSTA, Judith. O Princípio da Boa Fé e a Publicidade no Código de Defesa do Consumidor. Revista Direito do Consumidor, vol. 4, São Paulo: Editora Revista dos Tribunais, 1992.

MARTINS-COSTA, Judith. A competência dos Tribunais de Contas para determinar a sustação de contratos ilegais: extensão e alcance da regra do art. 71, parágrafos 10 e 20 da Constituição Federal. Revista do Tribunal de Contas do Estado de São Paulo, São Paulo, v. 68, p. 33-35, 1992.

MARTINS-COSTA, Judith. As Cláusulas Gerais como Fatores de Mobilidade do Sistema Jurídico. Revista dos Tribunais, São Paulo, v. 680, p. 47-58, 1992.

MARTINS-COSTA, Judith. Publicidade e Ação Administrativa. Revista de Direito do Ministério Público, São Paulo, v. 97, p. 166-170, 1991.

MARTINS-COSTA, Judith. A Teoria da Imprevisão e a Incidência dos Planos Econômicos Governamentais na Relação Contratual. Revista dos Tribunais, São Paulo, v. 670, p. 41-48, 1991.

MARTINS-COSTA, Judith. As Cláusulas Gerais como Fatores de Mobilidade do Sistema Jurídico. Revista de Informação Legislativa, Brasília, v. 112, p. 13-32, 1991.

MARTINS-COSTA, Judith. O Princípio da Boa-Fé. Ajuris, Porto Alegre, v. 50, p. 207-227, 1991.

MARTINS-COSTA, Judith. Licença-Prêmio. Exercício de Direito Formativo Gerador. Revista do Tribunal de Contas do Estado do Rio Grande do Sul, Porto Alegre, v. 14, p. 54-56, 1991.

MARTINS-COSTA, Judith. Os Fundamentos da Responsabilidade Civil. Revista Trimestral de Jurisprudência dos Estados, São Paulo, v. 93, p. 29-52, 1991.

MARTINS-COSTA, Judith. Os Negócios Fiduciários: Considerações sobre a Possibilidade de Acolhimento do Trust no Direito Brasileiro. Revista dos Tribunais, São Paulo, v. 657, p. 37-50, 1990.

MARTINS-COSTA, Judith. A Estrutura do Estado Brasileiro: Discriminação das Competências na Organização Federativa. Revista do Tribunal de Contas do Estado do Rio Grande do Sul, Porto Alegre, v. 12, p. 79-85, 1990.

MARTINS-COSTA, Judith. Desvio Funcional. Mandamento Constitucional Impositivo de Obrigação ao Estado. Direitos Públicos Subjetivos. Revista do Tribunal de Contas do Estado do Rio Grande do Sul, Porto Alegre, v. 12, p. 30-32, 1990.

MARTINS-COSTA, Judith. A Compreensão da História de Miguel Reale. Anais do IV Congresso Brasileiro de Filosofia do Direito, João Pessoa, p. 106-111, 1990.

MARTINS-COSTA, Judith. A Teoria da Causa em Perspectiva Comparativista: A Causa no Sistema Civil Francês e no Sistema Civil Brasileiro. Ajuris, Porto Alegre, v. 45, p. 213-224, 1989.

MARTINS-COSTA, Judith. O Crime de Sonegação Fiscal: Sua Alocação no Campo do Direito Penal Econômico. Revista de Direito do Ministério Público, Porto Alegre, v. 23, p. 81-89, 1989.

MARTINS-COSTA, Judith. Publicidade dos Atos Administrativos. Moralidade dos Atos Administrativos. Revista do Tribunal de Contas do Estado do Rio Grande do Sul, Porto Alegre, p. 16-17, 1989.